‘कौन हैं भारत माता?’

इतिहास, संस्कृति और भारत की संकल्पना

जवाहरलाल नेहरू के लेखों और
उनके बारे में लेखों का एक चयन

जवाहरलाल नेहरू

सम्पादन एवं भूमिका
पुरुषोत्तम अग्रवाल

अनुवाद
पूजा श्रीवास्तव

राजकमल पेपरबैक्स

राजकमल पेपरबैक्स में
पहला संस्करण : 2021
पाँचवाँ संस्करण : 2024

राजकमल पेपरबैक्स : उत्कृष्ट साहित्य के जनसुलभ संस्करण

राजकमल प्रकाशन प्रा. लि.
1-बी, नेताजी सुभाष मार्ग, दरियागंज
नई दिल्ली-110 002
द्वारा प्रकाशित

शाखाएँ : अशोक राजपथ, साइंस कॉलेज के सामने, पटना-800 006
पहली मंजिल, दरबारी बिल्डिंग, महात्मा गांधी मार्ग, प्रयागराज-211 001
1, अनमोल सोराबजी संतुक लेन, धोबी तलाव, मरीन लाइंस, मुम्बई-400 002
वेबसाइट : www.rajkamalprakashan.com
ई-मेल : info@rajkamalprakashan.com

बी.के. ऑफसेट
नवीन शाहदरा, दिल्ली-110 032
द्वारा मुद्रित

मूल्य : ₹ 599

'KAUN HAIN BHARAT MATA?'
Writings by and on Jawaharlal Nehru
Edited and with an Introduction by Purushottam Agrawal

ISBN : 978-81-950995-7-3

पुरुषोत्तम अग्रवाल

पुरुषोत्तम अग्रवाल ने जवाहरलाल नेहरू विश्वविद्यालय से 'कबीर की भक्ति का सामाजिक अर्थ' विषय पर पीएच.डी. की डिग्री प्राप्त की और रामजस कॉलेज, दिल्ली तथा जेएनयू में अध्यापन कार्य किया।

प्रकाशित कृतियाँ : 'संस्कृति : वर्चस्व और प्रतिरोध', 'तीसरा रुख़', 'विचार का अनंत', 'शिवदानसिंह चौहान', 'निज ब्रह्म विचार', 'कबीर : साखी और सबद', 'हिन्दी सराय : अस्त्राखान वाया येरेवान' तथा 'पद्मावत : एन एपिक लव स्टोरी' (अंग्रेज़ी में) पुस्तकों के लेखक।

उनकी पुस्तक 'अकथ कहानी प्रेम की : कबीर की कविता और उनका समय' भक्ति-सम्बन्धी विमर्श में अनिवार्य ग्रन्थ का दर्जा हासिल कर चुकी है। पिछले कुछ वर्षों में प्रकाशित कहानियाँ जीवन्त और विचारोत्तेजक चर्चा के केन्द्र में रही हैं, जिनमें शामिल हैं—'चेंग-चुई', 'चौराहे पर पुतला', 'पैरघंटी', 'पान पत्ते की गोठ' और 'उदासी का कोना'। 'नाकोहस' उनका पहला और अत्यन्त चर्चित उपन्यास है।

भक्ति-संवेदना, शान्तिपूर्ण सह-अस्तित्व और सांस्कृतिक इतिहास से सम्बद्ध समस्याओं पर आयोजित गोष्ठियों और भाषणमालाओं के लिए अमेरिका, इंग्लैंड, जर्मनी, फ्रांस, आयरलैंड, नेपाल, श्रीलंका, थाईलैंड, ऑस्ट्रेलिया आदि देशों की यात्राएँ कीं। कैम्ब्रिज यूनिवर्सिटी और कॉलेज ऑफ़ मेक्सिको में विजिटिंग प्रोफ़ेसर भी रहे।

आलोचना पुस्तक 'तीसरा रुख़' के लिए 1996 में देवीशंकर अवस्थी सम्मान, 'संस्कृति : वर्चस्व और प्रतिरोध' के लिए 1997 में मध्य प्रदेश साहित्य परिषद् के मुकुटधर पाण्डेय सम्मान तथा 'अकथ कहानी प्रेम की : कबीर की कविता और उनका समय' के लिए 2009 में राजकमल प्रकाशन के प्रथम राजकमल कृति सम्मान—कबीर, हजारीप्रसाद द्विवेदी पुरस्कार से सम्मानित।

राजकमल प्रकाशन की 'भक्ति श्रृंखला' के सम्पादक हैं। इसके तहत अभी तक डेविड लोरेंजन की पुस्तक 'निर्गुण संतों के स्वप्न', जॉन स्ट्रैटन हॉली की 'भक्ति के तीन स्वर' और डॉ. रमण सिन्हा की पुस्तक 'रामचरितमानस : पाठ : लीला : चित्र : संगीत' का विस्तृत भूमिकाओं के साथ सम्पादन कर चुके हैं।

एनसीईआरटी की हिन्दी पाठ्य-पुस्तक समिति के मुख्य सलाहकार, भारतीय भाषा केन्द्र, जेएनयू के अध्यक्ष तथा संघ लोक सेवा आयोग के सदस्य भी रह चुके हैं।

पूजा श्रीवास्तव

पूजा श्रीवास्तव इन दिनों दूरदर्शन में समाचार वाचक के पद पर हैं। जन-संचार व पत्रकारिता में लगभग 15 वर्षों से सक्रिय हैं। समाजशास्त्रीय विवेचन व हिन्दी साहित्य में गहरी अभिरुचि रखती हैं और विभिन्न पत्र-पत्रिकाओं में सामयिक व सामाजिक तथा कला विषयों पर उनके लेख प्रकाशित हैं।

क्रम

खंड : दो
नेहरू के बारे में

भूमिका

नेहरू क्यों?

जवाहरलाल नेहरू को जानने-समझने की कोशिश मैं पिछले कोई पन्द्रह-सोलह बरसों से करता रहा हूँ। इस कोशिश के एक पड़ाव तक पहुँच जाने का ही नतीजा था—*हू इज़ भारत माता* का प्रकाशन। *स्पीकिंग टाइगर* द्वारा प्रकाशित यह किताब विद्वानों और आम पाठकों द्वारा जिस तरह हाथों-हाथ ली गई, उससे ज़ाहिर हुआ कि नेहरू के विरुद्ध सारे कुप्रचार के बावजूद, बल्कि किसी हद तक उसके कारण भी, लोगों में नेहरू को जानने-समझने की इच्छा बढ़ी ही है। तमाम दोस्तों का आग्रह रहा कि यह पुस्तक अन्य भाषाओं में जल्दी-से-जल्दी सुलभ होनी चाहिए। सबसे पहले प्रो. राधाकृष्ण ने इसका कन्नड़ अनुवाद (*यारु भारत माते*—सपना पब्लिशिंग हाउस, बैंगलुरु) किया। अब यह हिन्दी अनुवाद आपके हाथों में है। मेरी लिखी प्रस्तावना समेत ज़्यादातर हिस्सों का अनुवाद सुश्री पूजा श्रीवास्तव ने किया है। उन्होंने ख़ुद आगे बढ़कर यह काम हाथ में लिया, बख़ूबी निभाया। आभारी हूँ।

कुछ अनुवाद, सस्ता साहित्य मंडल, नई दिल्ली द्वारा प्रकाशित *हिन्दुस्तान की कहानी, मेरी कहानी, विश्व इतिहास की झलक, जवाहरलाल नेहरू वाङ्मय* तथा राजकमल प्रकाशन द्वारा प्रकाशित *भगत सिंह और उनके साथियों के दस्तावेज़* से लिये गए हैं।

यह पुस्तक नेहरू का समग्र तो क्या आंशिक आकलन करने का भी दावा नहीं करती। इसका उद्देश्य संस्कृति, धर्म, भारतीय तथा विश्व इतिहास के बारे में नेहरू के विचारों की झलक दिखाने और उनकी भारत-संकल्पना की बुनावट को रेखांकित करने तक सीमित है। ध्यान रखना चाहिए कि नेहरू की भारत-संकल्पना केवल सांस्कृतिक या भावनात्मक संकल्पना नहीं; उसमें सामाजिक-आर्थिक पहलू भी महत्त्वपूर्ण है। आलोचनाएँ ज़रूर हो सकती हैं, होनी ही चाहिए, लेकिन बुनियादी सवाल यह है कि उस भारत-संकल्पना की सामाजिक-आर्थिक-सांस्कृतिक दिशा सही है या ग़लत? उसे बचाने, सशक्त करने की ज़रूरत है या उसका तिरस्कार करने की?

हू इज़ भारत माता की प्रकाशित-अप्रकाशित समीक्षाओं ने सोच-विचार के लिए काफ़ी सामग्री दी है। *कौन हैं भारत माता?* के प्रकाशन के बाद भी यह सिलसिला जारी रहना ही है। इसके फलस्वरूप जो भी सवाल सामने

आएँगे, सो सोच विकसित होगी, उसे नेहरू के बारे में एक अलग किताब में समाहित किया जाएगा।

यह किताब आपके सामने है। श्री अशोक महेश्वरी की प्रतिबद्धता और श्री सत्यानन्द निरुपम के कल्पनाशील परिश्रम, शिप्रा किरण, आर. चेतनक्रान्ति और राजकमल प्रकाशन के अन्य साथियों की मेहनत के कारण। मैं इन सभी का बहुत आभारी हूँ।

1

कैसा रोचक संयोग है कि *हू इज़ भारत माता* की प्रस्तावना उस समय लिखी गई थी, जब देश ख़तरे में है के सुप्रचारित बोध के असर में हुए मतदान में भाजपा को तीन सौ तीन सीटें हासिल हुईं; और *कौन है भारत माता?* की भूमिका तब लिखी जा रही है जब डोनाल्ड ट्रम्प (जिनके लिए भारत के माननीय प्रधानमंत्री अमेरिकी मतदाताओं से 'अबकी बार, ट्रम्प सरकार' की अभूतपूर्व अपील कर आए थे) के समर्थकों ने 6 जनवरी को वाशिंगटन डी.सी. में कैपिटोल पर धावा बोलकर, अमेरिकी मीडिया के शब्दों में 'सशस्त्र विद्रोह' करके बहुत कड़वे ढंग से अमेरिका को याद दिला दिया कि 'अमेरिकन वैल्यूज, अमेरिकन वे ऑफ़ लाइफ़' के नाम पर, अमेरिका को फिर से महान बनाने के नाम पर तानाशाह मिज़ाज के ज़िद्दी, संकीर्ण-चित्त, आसमाँ पे है ख़ुदा, और ज़मीं पर मैं के सिद्धान्त में बेशर्मी से विश्वास करनेवाले, हर हाल में ख़ुद को सही माननेवाले व्यक्ति को देश के सर्वोच्च पद पर बिठाने के नतीजे क्या हो सकते हैं।

ऐसे में, यदि आप नेहरू के बारे में वाट्सएप पर संचालित विश्वविद्यालयों के ज़हरीले पाठ्यक्रम से बाहर जरा-सा भी जानते हैं, तो मुमकिन नहीं कि आपको लोकतंत्र में उनकी अटूट आस्था और इसे भीड़तंत्र में बदल जाने से रोकने की सतत कोशिश याद न आए।

लेकिन...

मेरे फ़ेसबुक दोस्त आनन्द श्रेष्ठ मेरे जन्मदिन पर कोई उपहार भेजना चाहते थे, नेहरू के प्रति मेरी दिलचस्पी को देखते हुए उन्होंने तय किया कि नेहरू का एक छोटा-सा स्टेच्यू बढ़िया रहेगा। लेकिन बावजूद तमाम कोशिशों के किसी भी ऑनलाइन साइट पर उन्हें नेहरू का स्टेच्यू नहीं मिला, जबकि गांधी, भगतसिंह और आंबेडकर के स्टेच्यू आसानी से उपलब्ध थे।

ज़ाहिर है, कि इन साइट्स के हिसाब से नेहरू की मूर्ति या तस्वीर हासिल करने में लोगों की कोई दिलचस्पी नहीं है। ऐसी चीज़ों में दिलचस्पी तब होती है, जब विचारों में दिलचस्पी हो, किसी तरह का कृतज्ञता-बोध हो। गांधी, आंबेडकर और भगतसिंह में लोगों की दिलचस्पी है, उनके प्रति कृतज्ञता है। नेहरू में दिलचस्पी घट गई है और उनके प्रति कृतज्ञता और सम्मान भी। यह बात सोशल मीडिया पर

बीच-बीच में होते रहनेवाले मतदानों में भी देखी जा सकती है। गांधी, आंबेडकर, भगतसिंह को लोग वोट करते हैं, नेहरू को नहीं।

यह तो लोकप्रिय माध्यमों की बात हुई, लेकिन एकेडमिक जगत में भी नेहरू क्या सहज रूप से याद किए जाते हैं?

राजनीति-विज्ञानी, जेएनयू में प्रोफ़ेसर मणीन्द्र ठाकुर ने क्रिएटिव थ्योरी कॉलोकियम द्वारा आयोजित वेबिनार के अक्तूबर 2020 में होनेवाले सत्र की अध्यक्षता के लिए मुझे आमंत्रित किया। अनेक सत्रों में सम्पन्न हुए इस वेबिनार का विषय था—'रिक्लेमिंग रिपब्लिकन डेमोक्रेसी इन ट्वेंटीफ़र्स्ट सेंचुरी'। मणीन्द्र मेरे पुराने दोस्त हैं। भारतीय समाज और राजनीति के बारे में उनकी अन्तर्दृष्टियाँ और शोध तो बहुत विचारोत्तेजक हैं ही, साहित्य पर भी उनकी पकड़ कमाल की है। इस आयोजन से वरिष्ठ विद्वान मनोरंजन मोहंती और युवा राजनीति-विज्ञानी हिलाल अहमद भी जुड़े हुए थे।

वेबिनार के कंसेप्ट नोट में गांधी, टैगोर, आंबेडकर और एम.एन. राय सरीखे विचारकों के नाम थे, जिन्होंने उपनिवेशवाद की समाप्ति और गणतांत्रिक जनतंत्र के विचार को सँवारने में महत्त्वपूर्ण भूमिका निभाई। नेहरू यहाँ भी नहीं थे।

उपनिवेशवाद वह ऐतिहासिक परिघटना है, जिसे भूलकर न हम विश्व इतिहास से सही सबक़ ले सकते हैं, और न भविष्य की चुनौतियों को समझ सकते हैं। उपनिवेशवाद के बाद दुनिया कैसी बनी, अब कैसी बन रही है—इन सवालों के लिहाज़ से नेहरू का कोई महत्त्व है या नहीं? लोकतांत्रिक विचार के विकास और व्यवहार में नेहरू का योगदान क्या एम.एन. रॉय और आंबेडकर जितना भी नहीं?

~

मैंने अपने वक्तव्य में इस पर टिप्पणी भी की, आयोजकों की झेंपी मुस्कानों से लगा कि महसूस कर रहे हैं कि चूक तो हुई।

यह चूक कोई अनोखी चूक नहीं, बल्कि देश के मानस में व्याप चले नेहरू के प्रति स्मृति-लोप का ही एक और उदाहरण है। इस ख़ास उदाहरण में यह स्मृति-लोप अत्यन्त रोचक इसलिए है कि वेबिनार के कंसेप्ट नोट में जिन लोगों के नाम हैं, उनके वैचारिक योगदान का महत्त्व असन्दिग्ध है लेकिन इनमें से किसी को भी, औपनिवेशिक राज की समाप्ति के बाद एक शासन-व्यवस्था का नेतृत्व करते हुए लोकतंत्र सम्बन्धी अपने विचारों को व्यवहार में उतारने का अवसर नहीं मिला था। नेहरू को मिला, और उनका नाम कंसेप्ट नोट में शामिल नहीं किया गया।

लेकिन इन सबसे रोचक, और साथ ही दुखद यह...

सन् दो हज़ार दो या तीन की बात होगी। कांग्रेस कार्यकर्ताओं के एक ट्रेनिंग कैम्प को सम्बोधित करने के लिए कुछ अन्य बुद्धिजीवियों के साथ मैं भी आमंत्रित था। मेरे सत्र की अध्यक्षता स्व. श्री प्रणब मुखर्जी कर रहे थे। मंच के ठीक सामने, पंडाल के दूसरे सिरे पर राष्ट्रनेताओं के चित्र लगे हुए थे, गांधी, भगतसिंह, आंबेडकर,

मौलाना आज़ाद, इन्दिरा गांधी और तत्कालीन कांग्रेस अध्यक्ष श्रीमती सोनिया गांधी... विचित्र, अविश्वसनीय किन्तु सत्य...नेहरू का चित्र नहीं था।

ऐसा क्यों हो रहा है कि आम लोगों से लेकर विद्वानों, बुद्धिजीवियों तक की चेतना में नेहरू की स्मृति धुँधलाती जा रही है? नेहरू की अपनी पार्टी और उसकी सरकारों ने उनका नाम ज़रूर कितनी ही इमारतों, संस्थाओं से जोड़ दिया है, लेकिन क्या स्वयं को नेहरू की वैचारिकी से भी जोड़े रखा है? उनसे असहमत होने के लिए भी, आख़िरकार नेहरू के विचारों को तो याद करना होगा, उनके योगदान के प्रति कृतज्ञता का रेखांकन तो करना होगा।

विद्वान लोग शायद गांधी में ही नेहरू को समाहित मान लेते हैं। दलील में कहा जा सकता है कि यह बात तो ख़ुद नेहरू ने कई बार कही कि हम तो बस गांधी जी के सिखाए पर अमल करने की कोशिश कर रहे हैं। इस पुस्तक में संकलित आर.के. करंजिया के साथ बातचीत में भी आप उनका यही रुख़ देखेंगे। करंजिया के लाख ज़ोर देने पर भी नेहरू किसी 'नेहरू-लाइन', 'नेहरू-नीति' या 'नेहरू-युग' का अस्तित्व पुरज़ोर ढंग से नकारते हैं; जिन बातों के कारण करंजिया इन शब्दों के प्रयोग का आग्रह कर रहे हैं, नेहरू उन सबको 'भारतीय एप्रोच' में समाहित करते हैं, गांधी जी को उस एप्रोच का प्रतिनिधि कहते हैं।

ध्यान दें, भारतीय एप्रोच...उसके प्रतिनिधि गांधी...मोहक अतिवादों से बचते हुए सम्यक् की खोज...स्वाभाविक ही है कि नेहरू आजीवन अपनी वैचारिकी को गांधी-वैचारिकी का विस्तार ही मानते रहे।

गांधी जी कहते थे कि सत्य और अहिंसा शाश्वत हैं, उनकी बात करके मैंने कोई नया काम नहीं किया है, लेकिन क्या हम इस बात को शब्दश: स्वीकार कर सकते हैं? गांधी जी से पहले अहिंसा की बात करते समय 'पवित्र' हिंसा यानी अपने पक्ष की हिंसा को जायज़ ही ठहराया जाता रहा था। गांधी पहले व्यक्ति हैं जिन्होंने हिंसा मात्र को प्रश्नविद्ध किया, अहिंसा को व्यक्तिगत गुण मात्र नहीं, बल्कि सामूहिक और संस्थाबद्ध करुणा और संयम के संगम के रूप में परिभाषित किया।

इस बात पर मैंने अपने गांधी शान्ति प्रतिष्ठान व्याख्यान 'मज़बूती का नाम महात्मा गांधी' (2005) में विस्तार से विचार किया है।[1]

गांधी जी औद्योगिक सभ्यता को अभूतपूर्व चुनौती देते हैं। 'सही' राजनीति के पक्ष में हिंसा, संसदीय लोकतंत्र, नगरीय जीवन, आधुनिक जीवन की तेज़ रफ़्तारी जैसी कई चीज़ें जो बिलकुल सहज मान ली गई हैं, उन्हें अस्वीकार करने का साहस दिखाते हैं। कई सवालों पर ऐसी बातें करते हैं जिनकी उम्मीद उनके प्रति भक्तिभाव रखनेवालों को नहीं होती। मसलन, धर्म को महत्त्वपूर्ण बल्कि जीवनाधार मानते हैं, लेकिन धार्मिक शिक्षा और संस्कार देना स्कूल का नहीं, माता-पिता का काम मानते हैं। और, ऐसी तमाम 'अटपटी' बातें करते गांधी संसार के मायाजाल से दूर एकान्त में साधना करते हुए नहीं, बल्कि जीवन की आपाधापी और राजनीति के दाँव-पेंच के बीच, सत्य के प्रयोग करते हुए महात्मा कहलाने का गौरव हासिल करते हैं। ताज्जुब

1. देखें, किया-अनकिया, सं. ओम थानवी, आनन्द पांडेय, राजकमल प्रकाशन, 2015, पृ. 85-102

नहीं कि गांधी इतिहासकार सुधीर चन्द्र को 'एक असम्भव सम्भावना' (राजकमल प्रकाशन, 2011) और फ़ैसल देवजी को 'एन इम्पासिबिल इंडियन' (हार्वर्ड यूनिवर्सिटी प्रेस, 2012) नज़र आते हैं।

इसी तरह, तुलसीदास जी का कथन है, 'कवित विवेक एक नहीं मोरे...'

क्या कवि के इस विनम्र वक्तव्य को शुद्ध तथ्यात्मक तौर से पढ़ना उचित है? तुलसीदास की चार कविताएँ पढ़ना काफ़ी हैं, जानने के लिए कि उनके पास कवित विवेक कितना था, कितना नहीं। कहनेवाले का बड़प्पन दिखानेवाले ऐसे विनम्र वक्तव्यों को वस्तुनिष्ठ मूल्यांकन का आधार नहीं बनाया जा सकता। नेहरू के नेहरूवियन वैचारिकी से इनकार को भी वैसे ही पढ़ना चाहिए जैसे सत्य और अहिंसा के प्रसंग में अपने अभूतपूर्व चिन्तन के प्रति गांधी जी की विनम्रता को और तुलसीदास जी की काव्य-विवेक से वंचित होने की घोषणा को, यानी बड़प्पन के प्रमाण की तरह, तथ्यकथन की तरह नहीं। उनके योगदान की मौलिकता और महत्त्व का मूल्यांकन उनके अपने वक्तव्यों के आधार पर नहीं, वस्तुनिष्ठ ढंग से ही करना चाहिए।

बहुत से लोग गांधी-नेहरू मतभेदों पर बहुत ज़ोर देते हैं। कुछ लोग तो घुमा-फिराकर नेहरू पर गांधी जी को छलने का भी आरोप लगाते हैं, कुछ लोग गांधी जी की समझदारी पर ही सन्देह करने लगते हैं कि उन्होंने ज़ोर देकर 'राजाजी नहीं, सरदार (पटेल) नहीं, जवाहर' को ही अपना उत्तराधिकारी घोषित किया। इस बात पर कुछ परम वामपंथी पूरी तरह दक्षिणपंथी सुर में बोलते हैं जैसा कि आप 'अतियों के मोह से मुक्त मध्यमार्ग की ओर' में देखेंगे।

नेहरू यदि गांधी जी की हर बात की ताईद करनेवाले ही होते, अपने सवालों और शंकाओं को छिपा लेनेवाले होते, तो मुझे नहीं लगता कि गांधी जी इतने आग्रह के साथ उन्हें अपना उत्तराधिकारी घोषित करते। 'मेरे जाने के बाद जवाहर मेरी ही ज़बान बोलेगा'—गांधी जी को यह विश्वास इसी कारण था कि वे जानते थे कि जवाहर के पास अपनी भी ज़बान है, मेरे प्रभाव से मुक्त होकर सोचने, असहमतियों को खुलकर व्यक्त करने का साहस है।

अक्तूबर 1945 में इन दोनों के बीच 'हिन्द स्वराज' (1909) में गांधी जी द्वारा प्रस्तावित शासन-पद्धति को लेकर हुए साफ़-साफ़, बल्कि तीखे पत्र-व्यवहार में नेहरू ने गांधी जी को दो-टूक शब्दों में याद दिलाया, "आप जानते ही हैं कि कांग्रेस ने इस तस्वीर ('हिन्द स्वराज' में प्रस्तावित शासन-व्यवस्था) पर कभी विचार तक नहीं किया है, उसे अपनाने की बात तो दूर की है। ख़ुद आपने भी, इसके कुछ साधारण पहलुओं के अलावा, इसे (कांग्रेस कार्यक्रम के तौर पर) अपनाने का आग्रह कभी नहीं किया। आप ख़ुद ही सोचिए कि कांग्रेस के लिए इतनी बुनियादी बातों पर, जिनमें कई दार्शनिक दृष्टियों के सवाल शामिल हैं, विचार करना कहाँ तक उचित होगा।"

'हिन्द स्वराज' में दी गई तस्वीर उचित है या अनुचित, व्यावहारिक है या हवाई, यह सवाल अपनी जगह; लेकिन नेहरू याद दिला रहे हैं कि राष्ट्रीय आन्दोलन 'हिन्द स्वराज' में दी गई तस्वीर को वास्तविक बनाने के वादे के साथ नहीं चलाया गया था। वह जिस सपने के साथ चलाया जा रहा था, वह गांधी जी के मूल सरोकारों के

तो अनुरूप था, लेकिन 'हिन्द स्वराज' में प्रस्तावित आर्थिक-राजनीतिक पद्धति के अनुरूप नहीं। यह बात स्वयं गांधी जी द्वारा कराची कांग्रेस में पेश किए गए नीतिगत प्रस्ताव (इसे आप इस संकलन में पढ़ सकते हैं) से साफ़ हो जाती है। नेहरू का सवाल है—क्या यह नैतिक रूप से सही होगा कि स्वाधीन भारत में कांग्रेस एक ऐसे कार्यक्रम को लागू करने में लग जाए, जिसके लिए उसने जनता से स्वीकृति हासिल नहीं की है?

इस पत्राचार में नेहरू 'सभ्यता में पनप रहे बुराई के बीज' को स्पष्ट रूप से स्वीकारते हैं, लेकिन वर्तमान औद्योगिक सभ्यता में केवल बुराई ही बुराई देखने का पुरज़ोर प्रतिवाद करते हुए। औद्योगिक सभ्यता में पनपनेवाली आध्यात्मिक रिक्ति के प्रति उनकी संवेदनशीलता लगातार बढ़ती चली गई थी। गम्भीर आध्यात्मिक साधकों के साथ नेहरू अपने पद और साधक की साधना दोनों का सम्मान करते हुए संवाद करते थे। चूँकि वे जानते थे कि ऐसी जिज्ञासा नितान्त व्यक्तिगत मामला है, इसलिए अपनी आध्यात्मिक जिज्ञासा का सार्वजनिक प्रदर्शन करने से बचते थे।

करंजिया से बात करते समय भी नेहरू ने इस आध्यात्मिक रिक्ति को दूर करने के उपाय खोजने पर बल दिया था। उनका प्रबुद्ध चित्त इस रिक्ति का समाधान मानवीय सर्जनात्मकता में देखता था, किसी तथाकथित सद्गुरु या दो-दो श्री के चमत्कारों में नहीं। आध्यात्मिक रिक्ति के सन्दर्भ में मानवीय सर्जनात्मकता पर विश्वास के कारण ही नेहरू साहित्य और कला के सम्मान और संरक्षण पर इतना बल देते थे।

असल में वह दौर ही ऐसा था। सामाजिक पहचान से अधिक व्यक्ति-सत्ता को महत्त्व देनेवाली, स्वाधीनता, समता, न्याय और विवेक को सार्वभौमिक मूल्य माननेवाली प्रबोधनपरक, आधुनिक सोच के आत्मविश्वास का दौर। उन दिनों यह दुनिया-भर में अटपटा लगने लगा था कि परम्परा के नाम पर औरतों पर दस तरह की पाबन्दियाँ लगा दी जाएँ, प्रतिक्रियावादी रिवाजों को सामाजिक पहचान का प्रतीक मानकर उनके गुण गाये जाएँ या भावना के नाम पर किसी भी तरह की रचनात्मक अभिव्यक्ति को असम्भव बना दिया जाए। आज हिजाब को मुस्लिम पहचान का प्रतीक बना दिया गया है, उस दौर में मिस्र के नेता नासर और उनके हज़ारों श्रोता ठहाका लगाकर हँस सकते थे कि काहिरा के मुख्य मुफ़्ती साहब चाहते हैं कि हर औरत बुर्का नहीं तो हिजाब तो ज़रूर ही धारण करे। आचार्य रजनीश हज़ारों स्त्रियों, पुरुषों की सभा में 'सम्भोग से समाधि की ओर' विषय पर अनेक भाषण दे सकते थे। कुछ भावनाएँ आहत तब भी होती थीं, लेकिन विवेक का लिहाज़ करके ज़्यादा शोर नहीं मचाती थीं। आजकल जलवा आहत भावना का है; विवेक का लिहाज़ करना अब आउट ऑफ़ फ़ैशन है।

आधुनिक सोच के प्रभाव के उन दिनों में नेहरू हिन्दू स्त्रियों की दशा को चुनावी मुद्दा बनाकर पहला आम चुनाव, जैसी कि अपेक्षा थी, ज़ोरदार बहुमत के साथ जीते, हिन्दू कोड बिल के ज़रिये महिला अधिकार सुरक्षित करने में सफल हुए। यही काम उन्होंने मुस्लिम महिलाओं के सन्दर्भ में नहीं किया। कारण सम्भवत: यह रहा हो कि विभाजन के तुरन्त बाद, जो मुसलमान भारत में थे, उन्हें विश्वास बना रहे कि उनकी धार्मिक परम्पराओं में सरकार हस्तक्षेप नहीं करेगी। ऐसा विश्वास बनाए रखना

भारतीय राज्यसत्ता का कर्तव्य भी था; लेकिन इसका यह अर्थ कैसे मान लिया गया कि मुस्लिम जनता की चेतना पर धार्मिक नेताओं का एकाधिकार बना रहने दिया जाए?

आज़ादी से पहले, चौथे दशक में पहले नेहरू की ही पहल पर कांग्रेस ने ज़ोरदार मुस्लिम-जनसम्पर्क-अभियान चलाया था, और बढ़िया कामयाबी हासिल की थी। कांग्रेस के प्रभाव से मुस्लिम समुदाय को निकालने के लिए व्यक्तिगत जीवन में नितान्त अधार्मिक जिन्नाह की मुस्लिम लीग को प्रतिक्रियावादी मौलानाओं के साथ मिलकर एड़ी-चोटी का ज़ोर लगाना पड़ा था।

इसी तरह का अभियान मुस्लिम समुदाय में आधुनिक मूल्यों की स्वीकृति सम्भव करने के लिए क्यों नहीं चलाया जा सकता था? मुसलमानों के सुरक्षा-बोध को समुदाय के तथाकथित 'स्वाभाविक नेताओं' (नेचुरल लीडर्स) को सन्तुष्ट रखने के बराबर क्यों मान लिया गया? सुरक्षा-बोध को आर्थिक बेहतरी और तंत्र में भागीदारी के बजाय पर्सनल लॉ के बने रहने के बराबर क्यों मान लिया गया?

आधुनिक मूल्यों में आस्था के साथ ही नेहरू को यह विश्वास भी था कि समाज के आधुनिकीकरण का प्रवाह अबाध रूप से चलता ही रहेगा। वे ही क्या, उनके निधन के समय तक, दुनिया में शायद ही किसी ने यह सोचा हो कि कुछ ही दशकों बाद, आधुनिकता के सार्वभौम मूल्य इतने सन्दिग्ध बना दिए जाएँगे। उन दिनों का एक फ़िल्मी गीत इस आत्मविश्वास की लोक-व्याप्ति की सूचना देता है—'तू न हिन्दू बनेगा, न मुसलमान बनेगा, इनसान की औलाद है, इनसान बनेगा।'

कोई नहीं सोच सकता था कि कुछ ही बरसों बाद इनसानी पहचान पर धार्मिक सांस्कृतिक पहचान हावी हो जाएगी, वह भी इस तरह कि हिजाब पहनना 'आइडेंटिटी ऐसर्शन' का तरीक़ा माना जाने लगेगा, जौहर प्रथा को जायज़ ठहराने के लिए तर्क जुटाए जाने लगेंगे।

नेहरू की, और उनके समय की सीमाओं का बोध उनकी राजनीतिक और बौद्धिक विरासत के दावेदारों को होना चाहिए था। उन्हें नेहरू के सोच की समस्याओं से टकराना चाहिए था। उनके समय की सीमाओं को जान-बूझकर अपनी ख़ुद की भी सीमाएँ बना लेने के बजाय उन्हें अतिक्रांत करना चाहिए था। ठीक वैसे ही जैसे स्वयं नेहरू ने गांधी जी की सोच के साथ किया था।

मौलिकता हवा में से पैदा नहीं होती, कोई मौलिक विचारक ऐसा नहीं होता जो उपलब्ध विचार-परम्परा से मुखामुखम किए बिना ही विचार करने लगे। नेहरू की मौलिकता इसमें थी कि गांधी जी से जो कुछ उन्होंने सीखा, अपने स्वार्जित विवेक की कसौटी पर कसकर सीखा। उन्होंने वह तरीक़ा अपनाया जो कोई भी विवेकी व्यक्ति अपनाता है—'संग्रह त्याग न बिनु पहचाने...'

लेकिन नेहरू के उत्तराधिकारियों ने ऐसा नहीं किया। नेहरू से सीखते हुए, उनकी और उनके समय की सीमाओं से आगे जाकर मुस्लिम समुदाय को सामाजिक-आर्थिक-वैचारिक विकास से जोड़ने के बजाय, उनके बीच आधुनिक मूल्यों, मान्यताओं का प्रचार-प्रसार करने के बजाय उन्हें निहित स्वार्थी नेताओं के भरोसे ही छोड़ दिया गया। इस निरन्तर लापरवाही के कारण, हालात यहाँ तक पहुँचे कि

राजीव गांधी के कार्यकाल में भारत सलमान रुश्दी के उपन्यास 'सेटेनिक वर्सेज़' को प्रतिबंधित करनेवाला पहला देश बना। मुस्लिम महिलाओं के पक्ष में दिए गए सर्वोच्च न्यायालय के फ़ैसले को संसदीय बहुमत के ज़रिये बदल दिया गया।

राजनीति को केवल दो-चार वर्षों के परिप्रेक्ष्य में देखनेवाले कांग्रेसी, ग़ैर-कांग्रेसी नेताओं और बौद्धिकों ने अनजाने, अनचाहे ही 'मुस्लिम तुष्टीकरण' के उस प्रचार को बल प्रदान किया जो बहुसंख्यक समुदाय के बीच बरसों से किया जाता रहा है। आज, अपने देश में आक्रामक हिन्दुत्व का जो उभार है, सेकुलर शब्द तक की जो पतली हालत है, उसकी रचना में इस बौद्धिक आलस्य और नैतिक लापरवाही का योगदान कम नहीं है। मान लिया गया कि अपन चाहे जो करते रहें, देश के मानस में सहिष्णुता और खुलेपन का संस्कार तो बना ही रहेगा।

ऐसा होता नहीं है, हुआ भी नहीं। समाज में जिन मूल्यों को आप प्रतिष्ठित करना चाहते हैं, उनके लिए सतत प्रयत्न करना होता है। लोकतंत्र को यदि केवल संख्याओं के खेल में, बहुसंख्यकवाद में बदलने से बचाना हो, तो लोकतांत्रिक संस्थाओं का सम्मान और मर्यादाओं का पालन निरन्तर करना होता है। देश के सभी समुदायों के भीतर आधुनिक, सेकुलर मूल्यों की स्वीकृति के लिए सरकारी, ग़ैरसरकारी धरातल पर कोशिश करनी होती है। इस प्रसंग में अपने किए-अनकिए की सच्ची समीक्षा से ही वह प्रामाणिकता हासिल होगी जो आज लोकतांत्रिक मर्यादाओं और संस्थाओं पर निरन्तर किए जा रहे हमलों का प्रतिरोध करने के लिए ज़रूरी है।

ऐसी समीक्षा यह याद रखे बिना नहीं की जा सकती कि कांग्रेस और दूसरे लोकतांत्रिक, सेकुलर दलों ने सामाजिक मान्यताओं और कॉमनसेंस को प्रगतिशील दिशा में ले जाने का काम औपचारिक शिक्षा के भरोसे छोड़कर छुट्टी पा ली; बल्कि शिक्षातंत्र में भी प्रगतिशील मूल्यों के रेखांकन का काम गम्भीरता और निरन्तरता से नहीं किया गया। किसी भी समाज में लोकमत को प्रभावित करने में सरकारी शिक्षातंत्र के बराबर ही, बल्कि कई बार उससे भी ज़्यादा महत्त्वपूर्ण होती है अनौपचारिक सम्प्रेषण की भूमिका। भारत जैसे जटिल समाज में तो यह बेहद नाज़ुक थी और है। राजनीतिक हिन्दुत्व की विचारधारा को मिली सफलता में पिछली एक सदी से चले आ रहे, सोशल मीडिया के ज़माने में और भी सघन हो गए अनौपचारिक, ग़ैरसरकारी प्रचार और सम्प्रेषण की भूमिका कौन नकार सकता है? गोडसे के महिमामंडन और नेहरू के विरुद्ध कुत्सित प्रचार को स्वीकृति एकाएक नहीं मिलने लगी है। ऐसे में जब हिन्दू सभा गांधी-हत्या का पुन: नाट्य करे या गोडसे ज्ञानशाला स्थापित करे, तो तिलमिलाने से क्या होनेवाला है? लोकतांत्रिक दलों को, बौद्धिकों को अपने आपसे पूछना यह चाहिए कि स्वयं उन्होंने लोक-शिक्षण पर कितना ध्यान दिया? हिन्दू राष्ट्रवादी सोच के फैलाव से चिन्तित होते वक़्त सोचना चाहिए कि समावेशी, लोकतांत्रिक भारतीय राष्ट्रवाद को लोगों के संस्कार में गहराई से पैठाने के लिए कितना प्रयत्न किया गया है? सोचना चाहिए कि क्या वजह थी कि नेहरू हिन्दू या मुस्लिम साम्प्रदायिकता का विरोध भारतीय राष्ट्रवाद के प्रस्थान बिन्दु से करते थे, कोरे 'लिबरल वैल्यूज़' के नाम पर नहीं।

राष्ट्रवाद की अवधारणा की सैद्धान्तिक समस्याएँ अपनी जगह, लेकिन जो विश्व-व्यवस्था संचालित ही होती है राष्ट्र-राज्यों के ज़रिये, उसमें रहते हुए आप राष्ट्र और राष्ट्रवाद की उपेक्षा तो नहीं कर सकते। यह भी नहीं भुलाया जा सकता कि औपनिवेशिक विश्व-व्यवस्था की समाप्ति में राष्ट्रवाद की अवधारणा का कितना योगदान रहा है। वास्तविकता यह है कि जहाँ यूरोपीय राष्ट्रवाद साम्राज्यवादी होड़ और औपनिवेशिक लूट का ज़रिया बना, वहीं एशिया और अफ्रीका में राष्ट्रवाद ने उपनिवेशवाद-विरोधी भूमिका निभाई। भारत में ही नहीं, अन्य समाजों में भी देशभक्ति की स्वाभाविक भावना को कुछ लोगों ने संकीर्ण और आक्रामक राष्ट्रवाद में ढाला तो कुछ ने देशभक्ति को सार्वभौम मानवीय मूल्यों पर आधारित समावेशी राष्ट्रवाद का रूप दिया। हिन्दू सभा, आरएसएस, मुस्लिम लीग के हिन्दू या मुस्लिम राष्ट्रवाद और कांग्रेस के भारतीय राष्ट्रवाद में बुनियादी फ़र्क़ यही था।

इस समावेशी राष्ट्रीय भावना को दादा धर्माधिकारी ने बहुत सटीक नाम दिया था—'मानवनिष्ठ भारतीयता'।

जिन लोकतांत्रिक मर्यादाओं, मूल्यों, न्याय और विवेकपरक चित्त को यह मानवनिष्ठ भारतीयता धारण करती थी और करती है उनके पक्ष के लिए संघर्ष करना इस वक़्त बेहद ज़रूरी होने के साथ ही बहुत कठिन भी है। हमारा वक़्त ऐसा है जबकि सामाजिक मानस प्रबोधन की नहीं, उसकी उलट दिशा में चल रहा है। यह तर्क और भावना के संवाद पर आधारित मानवीय विवेक के कमज़ोर पड़ने का समय है। यह ऐसा समय है जब नाच-नाच कर ख़बरें देते, त्योहारों की बधाई देते टीवी रिपोर्टर और एंकर; माँ-बहन की गाली देते, बल्कि हाथ में तलवारें भाँजते पेनलिस्ट किसी को अजीब नहीं लगते। करेंसी नोटों में इलेक्ट्रॉनिक चिप देख लेने और गाय की छोड़ी साँस में ऑक्सीजन सूँघ लेनेवाले एंकर भी किसी को अजीब नहीं लगते।

ऐसे बुद्धि-विरोधी समय में संसद के भीतर 'बौद्धिक आतंकवाद' शब्द-बंध का प्रयोग एक मंत्री के द्वारा किया जाना क्यों किसी को अटपटा लगेगा? यह भी कालचक्र का ही प्रताप है कि सदन में बहस का उत्तर देते हुए माननीय प्रधानमंत्री जी ग़ालिब का शे'र बताकर ये चलताऊ पंक्तियाँ पूरे आत्मविश्वास के साथ उद्धृत कर देते हैं—'ग़ालिब यह भूल तमाम उम्र करता रहा, धूल चेहरे पर थी, आईना साफ़ करता रहा' (26 जून, 2019)। इस बात की ओर इशारा करनेवाले, ज़ाहिर है कि एंटी-नेशनल ही कहलाएँगे। जिस ज़माने में, अधिकांश लोगों का साहित्य और इतिहास-बोध सोशल मीडिया से प्राप्त सामग्री पर निर्भर करने लगा हो, उस ज़माने में ऐसा होना स्वाभाविक ही है। यह भुला ही दिया गया है कि समाज के नेता की भूमिका लोगों को अज्ञान से, भ्रांतियों से बाहर निकालने की होनी चाहिए, स्वयं उस अज्ञान में शामिल हो जाने, उसका उत्सव मनाने की नहीं।

नेहरू इस अर्थ में नेता ही नहीं, फ्रेंच साहित्यकार और कूटनीतिज्ञ आन्द्रे मॉलरो के शब्दों में 'राष्ट्र के गुरु' भी थे।

साहित्य और इतिहास के प्रति सजगता और रुचि का यह हाल करने में स्वयं नेहरू की पार्टी द्वारा पिछले तीन-चार दशकों में अपनाई गईं 'मानव संसाधन विकास'

नीतियों की भूमिका कुछ कम नहीं। अनौपचारिक लोक-शिक्षण पर तो पहले से ही ध्यान नहीं था। अपने भाषणों से लेकर मुख्यमंत्रियों को हर महीने लिखी जानेवाली चिट्ठियों के ज़रिये नेहरू स्वयं तो यह काम करते रहते थे, लेकिन इसे कांग्रेस पार्टी की गतिविधि का अनिवार्य अंग बनाने पर उन्होंने भी ध्यान नहीं दिया। उनके बाद शायद ही किसी प्रधानमंत्री ने मुख्यमंत्रियों को नियमित रूप से पत्र लिखे हों। पिछले तीसेक सालों में तो न्यू एजुकेशन पॉलिसी के तहत औपचारिक शिक्षा में भी आदमी को इनसान बनानेवाली मानविकी विद्याओं—इतिहास, समाजशास्त्र, राजनीति-विज्ञान और साहित्य को बेमतलब का बोझ ही मान लिया गया।

इन दिनों गढ़े जा रहे 'न्यू इंडिया' का उस न्यू एजुकेशन से गहरा रिश्ता है। इस न्यू आइडिया ऑफ़ इंडिया में निहित चुनौती के प्रति और लापरवाही बरतना घातक होगा।

इस पुस्तक के अंग्रेज़ी अवतार की प्रस्तावना में. प्रो. अमर्त्य सेन की एक टिप्पणी की तरफ़ बस इशारा भर किया गया था। यहाँ उस इशारे को खोलने की ज़रूरत महसूस हो रही है।

वह टिप्पणी प्रो. सेन ने 24 मई, 2019 के 'न्यूयॉर्क टाइम्स' में लिखी थी। शीर्षक से ही उनका मत ज़ाहिर है, 'मोदी वन पावर, नॉट दि बैटल ऑफ़ आइडियाज़' (मोदी ने सत्ता हासिल की है, वैचारिक संघर्ष में जीत नहीं)। टिप्पणी का अन्त इन शब्दों से होता है, "हिन्दू राष्ट्रवादी आन्दोलन सत्ता के धरातल पर ज़रूर कुछ जीत हासिल कर ले गया है लेकिन वैचारिक संघर्ष में वह कोई बड़ी चीज़ नहीं हासिल कर पाया है। कुछ ही दिन पहले प्रज्ञा ठाकुर ने गांधी जी के हत्यारे नाथूराम गोडसे को देशभक्त बताया था, इससे बीजेपी तक को असुविधा हुई, जिसने उनसे माफ़ी मँगवाई। हालाँकि प्रज्ञा ठाकुर मध्य प्रदेश राज्य से लोकसभा में पहुँचकर क़ानून बनानेवालों में शामिल हो गई हैं। यह सत्ता के हलक़े में ही जीत है, विचारों के संघर्ष में नहीं।"

यदि अमर्त्य सेन का आशय शुद्ध तर्क और मानवीय विवेक के धरातल पर जीत-हार से है, तब तो तानाशाही और सर्वसत्तावाद का कोई भी संस्करण कभी वैचारिक संघर्ष में विजय हासिल कर ही नहीं सकता। इस तरह के मिज़ाज का बुद्धि और विवेक से छत्तीस का आँकड़ा है। लेकिन, बात यदि सामाजिक स्वीकृति, लोगों की चेतना में जगह बनाने की हो, तो प्रो. सेन की सदिच्छा की सराहना करते हुए भी उनके आकलन से सहमत होना असम्भव है।

वरिष्ठ पत्रकार प्रकाश के रे ने अपने ब्लॉग पर प्रो. अमर्त्य सेन के बयान पर 'प्रो. सेन मोदी ने वैचारिक संघर्ष में भी जीत हासिल की है' शीर्षक से टिप्पणी की।[1] उनकी यह टिप्पणी एशियाविलेन्यूज.कॉम पर भी 28 मई, 2019 को प्रकाशित हुई। प्रकाश के रे का दो टूक कथन है, "प्रो. सेन की समझ बौद्धिक आलस्य और भोलेपन से उत्पन्न समझ है।" प्रकाश के रे ने प्रो. सेन के बारे में ऐसे शब्दों का प्रयोग करने की विवशता पर खेद भी प्रकट किया। प्रकाश के रे के शब्द कठोर हैं, लेकिन यथार्थपरक भी।

---

1. https://pkray.blog/2019/05/27/prof-sen-modi-the-battle-of-ideas/?fbclid=I-wAR1GTyZbSHCsWJrnLF_q1u6G-sDaejnQjSgmTvLIoXGX9EyGrX-FZnaLxDBM

ऐसा मानना कि हिन्दू राष्ट्रवाद ने वैचारिक धरातल पर कोई ख़ास जीत हासिल नहीं की है, और प्रमाणस्वरूप संघ परिवार की ऐसी चतुराई याद करना जो वह बरसों से बारम्बार बरतता रहा है, सचमुच अजीब लगता है। माफ़ी केवल दिखावे के लिए माँगी गई थी। सचाई यह है कि न भी माँगी जाती तो भी प्रज्ञा ठाकुर वरिष्ठ कांग्रेसी नेता दिग्विजय सिंह के विरुद्ध भारी बहुमत से ही जीततीं। वजह यह कि गांधी-नेहरू को देश के खलनायक और गोडसे को नायक माननेवाली सोच ने जनमानस में जगह बनाने में अच्छी-ख़ासी कामयाबी हासिल कर ली है। जिस ज़माने में भारत में करोड़ों वाट्सएप कनेक्शंस हैं, और समाज के हर तबक़े के लोग ट्वीटर पर सक्रिय हैं, उस ज़माने में सोशल मीडिया के अधिकांश को नेहरू के बारे में कैसी राय, उनकी कैसी छवि आच्छादित किए हुए है, क्या यह अलग से बताने की ज़रूरत है? सोशल मीडिया के बाहर भी, कैसी छवि बनाई गई है नेहरू की? कितने योजनाबद्ध ढंग से, झूठ-सच, नैतिक-अनैतिक के झंझटों से पूरी तरह मुक्त होकर यह छवि बनाई गई है, इसके उदाहरण मैंने प्रस्तावना लेख (प्रबुद्ध मध्यमार्ग की ओर) में दिए थे, देने को ढेरों दिए जा सकते हैं। आप स्वयं भी याद कर सकते हैं कि नेहरू के विरुद्ध कितना विष उगला गया है। अजब बात यह है कि नेहरू के नाम पर एक के बाद एक इमारतों का नामकरण करनेवालों ने इस विषतमन के विरुद्ध कोई उपाय करने पर शायद ही कभी गम्भीरता से विचार किया।

प्रकाश के रे ने 3 जून, 2019 के 'आउटलुक' में प्रकाशित मेरी टिप्पणी, 'नो मोर बिज़नेस एज युजअल इन इंडिया'[1] से निम्नलिखित पैराग्राफ़ पूरी सहमति के साथ उद्धृत किया :

"भाजपा की ज़बरदस्त जीत का सबसे महत्त्वपूर्ण पहलू है—टीवी चैनल्स के सक्रिय सहयोग से, एक गर्वीले, मुखर, भारत के साझे सपने की, एक राष्ट्रीय विज़न की प्रस्तुति, और सारे विपक्ष, ख़ासकर कांग्रेस के बारे में इस धारणा का प्रचार कि वे सब इस गर्वीले भारतीय राष्ट्रवाद के विरोधी नहीं, तो उसके प्रति उदासीन अवश्य हैं। याद रहे कि अतीत के प्रति भावात्मक लगाव और भविष्य के साथ सरोकार सभी समाजों में बहुत वज़नदार भूमिका निभाता है। इस देशभक्ति को कट्टर, संकीर्ण, हिंसक राष्ट्रवाद के खाँचे में भी ढाला जा सकता है, और लोकतांत्रिक, समावेशी राष्ट्रवाद के रूप में भी। राष्ट्रवाद के विभिन्न आयामों पर अकादमिक बहसें चलती रह सकती हैं, लेकिन रोज़मर्रा की राजनीति में राष्ट्रवाद की ताक़त से इनकार नहीं किया जा सकता।"

इस सचाई से मुँह चुराना व्यर्थ है कि मीडिया, सोशल मीडिया, वाट्सएप के ज़रिये, हिन्दुओं के बड़े हिस्से (इसमें केवल सवर्ण नहीं हैं, केवल सवर्ण वोट के बूते न यूपी-बिहार में चुनाव जीते जाते हैं, न कहीं और) को यक़ीन दिला दिया गया है कि अब तक चली आई भारत-संकल्पना—आइडिया ऑफ़ इंडिया—में बुनियादी खोट है, यह हिन्दू-विरोधी है। मोदी जी इसकी जगह हिन्दू हितों और भावनाओं का सम्मान करनेवाला राष्ट्रवाद स्थापित कर रहे हैं। राष्ट्र निर्माण चल रहा है, न्यू इंडिया बन रहा

1. https://magazine.outlookindia.com/story/india-news-no-more-business-as-usual-in-new-india/301665

है। नोटबन्दी जैसे तुगलकी फ़ैसले, कोविड-19 के प्रति घोर असंवेदनशीलता, प्रवासी मज़दूरों की दुर्दशा और रोज़मर्रा की दीगर तकलीफ़ें—ये सब झेल लेना राष्ट्रहित में ज़रूरी है, जो इन तकलीफ़ों के लिए सरकार की आलोचना करें वे एंटी नेशनल हैं।

इसी समझ के नतीजे समाज में बढ़ती नफ़रत, बात-बात में मुसलमानों को टारगेट करने के रूप में दिखते हैं। इसी स्थिति का लाभ ओवैसी जैसे नेता उठाने की कोशिश कर रहे हैं। ओवैसी की आलोचना ज़रूर करें, साथ ही उन पर भी ज़रा ध्यान दें, जो कांग्रेस और बीजेपी को एक ही थैले के चट्टे-बट्टे के रूप में देखते हैं। अगर वास्तव में ऐसा है तो एनडीए की बढ़ती से परेशान क्यों होना? यदि अन्ना हज़ारे का आन्दोलन सचमुच इतना डेमोक्रेटिक था कि उस आन्दोलन के मंच पर जाने में लेफ़्ट नेताओं, लिबरल बुद्धिजीवियों, क्रान्तिप्रेमी लेखकों, अध्यापकों और छात्रों को भी परेशानी नहीं थी, तो उसके नतीजों का दोष किसी और के माथे क्यों मढ़ना? बबूल के बीज बोकर आम खाने की उम्मीद क्यों करना?

उस तथाकथित आन्दोलन के विरोध में दो टूक पोज़ीशन केवल लालू यादव और शिवसेना ने ली थी।

तथाकथित भ्रष्टाचार विरोधी आन्दोलन की सफलता का पहला क़दम था—कांग्रेस की ज़बरदस्त पराजय। दूसरा है—'न्यू इंडिया' का निर्माण। जो आन्दोलन का समर्थन और संचालन कर रहे थे, उन्हें तो अपने आप को बधाई देनी चाहिए कि "चट्टा (कांग्रेस) तो निबट गया, बट्टा (भाजपा) भी निबट ही जाएगा" यह और बात है कि बट्टा इतना भोला नहीं कि लिबरलों को ख़ुश करने के लिए लोकपाल जी को जन्म देनेवाली टीम में उन्हें शामिल कर ले।

भाजपा में पिछले कुछ वर्षों में आए सारे बदलाव के बावजूद एक चीज़ नहीं बदली है, वह है—राजनीतिक हिन्दुत्व का नैरेटिव, और उसे हर हाल में लागू करने का कमिटमेंट। इस तथाकथित राष्ट्रवाद की आड़ में दोस्त पूँजीपतियों की पौ-बारह है, और जनता का मरण, लेकिन मीडिया से परोसे जा रहे ज्ञान और भाजपा के विरोधियों की वैचारिक दरिद्रता का कमाल है कि लोग ख़ुशी से अपने गले में फंदा डालकर राज़ी हैं।

लिबरल बौद्धिक समझ नहीं पाते कि आम लोग भी केवल रोज़ी-रोटी के सवालों पर अपनी राजनीति तय नहीं करते। रोज़ी-रोटी से आगे, मूल्यों और कल्पनाओं के आधार पर सोचना केवल इंटेलेक्चुअलों तक सीमित गतिविधि नहीं है। नितान्त साधारण व्यक्ति के लिए भी देशहित दूर की कौड़ी नहीं, बुनियादी सरोकारों में से एक है।

> *सच यह है कि ग़रीब के बारे में यह मान लेना कि वह दो जून की रोज़ी-रोटी से आगे कुछ सोचता ही नहीं, उसके जीवन में धार्मिक आस्था, सांस्कृतिक संवेदना और राजनीतिक विचार की कैसी भी, कोई भी भूमिका नहीं होती, उसकी बुनियादी मानवता का घोर अपमान है।*

नेहरू ने 1922 की जनवरी में, अवध के किसान आन्दोलन के सन्दर्भ में लिखा था—"आम जनता नहीं, बल्कि हम लोग, जो पश्चिमी वातावरण में पले-बढ़े हैं,

शान्तिपूर्ण तरीक़ों की अपर्याप्तता का रोना रोते हुए बड़ी-बड़ी बातें करते हैं। आम जनता अहिंसा की ताक़त समझती है।" अकेले नेहरू ही नहीं, राष्ट्रीय आन्दोलन का सारा नेतृत्व यह जानता था कि रोज़ी-रोटी से आगे मानवीय गरिमा और अधिकारों के प्रति संवेदनशील होना केवल उच्च या मध्यवर्ग का, केवल अंग्रेज़ी शिक्षा प्राप्त लोगों का विशेषाधिकार नहीं है। भले ही बहुत परिष्कृत रूप में न हो, भले ही हमेशा प्रगतिशील दिशा में न हो, साधारण से साधारण मनुष्य भी रोज़ी-रोटी से आगे की, यहाँ और अभी से आगे की चिन्ता करता ज़रूर है। चुनौती इस चिन्ता को व्यापक मानवीय मूल्यों से जोड़ने की है। व्यावहारिक राजनीति के धरातल पर कहें तो चुनौती लोगों के स्वाभाविक देशप्रेम को लोकतांत्रिक, समावेशी, न्यायपरक राष्ट्रवाद में ढालने की है।

'कौन हैं भारत माता?'—यह प्रश्न करते और उत्तर में यह बताते कि 'सारे मुल्क में फैले करोड़ों हिन्दुस्तानी, भारत माता दरअसल यही करोड़ों लोग हैं, इन्हीं की जय है भारत माता की जय' नेहरू आम हिन्दुस्तानी की चेतना का सम्मान करते हुए, उसके साथ संवाद करते हुए, उसकी देशभक्ति को सही दिशा में ले जाने की कोशिश ही तो आजीवन करते रहे। 'डिस्कवरी ऑफ़ इंडिया' में उन्होंने नोट किया (यह अंश आप इस संकलन में पढ़ेंगे), "राष्ट्रीयता असल में पिछली तरक़्क़ी, परम्परा और अनुभवों की एक समाज के लिए सामूहिक याद है...समाजवाद ने, जिसकी पृष्ठभूमि में सर्वहारा वर्ग है, क़ौमी संस्कृति का मज़ाक़ उड़ाया है, क्योंकि उसकी समझ से इस संस्कृति का ताल्लुक़ उस मध्यवर्ग से है जिसका ज़माना अब ख़त्म हो गया है।" नेहरू ने समाजवादियों और कम्यूनिस्टों को, दूसरे विश्वयुद्ध की यह वास्तविकता याद दिलाई कि "जब कोई संकट आया है, राष्ट्रीयता उठ खड़ी हुई है, और उसी का बोलबाला रहा है। और लोगों ने पुरानी परम्पराओं में ही ताक़त और आराम को ढूँढ़ा है। मौजूदा ज़माने की एक अहम घटना यह है कि गुज़रे हुए ज़माने की दोबारा खोज हुई है और उसका एक नया रूप सामने आया है। राष्ट्रीय परम्पराओं में वापस लौटने की बात मज़दूरों की जमात में और मेहनत का काम करनेवालों में ख़ासतौर से दिखाई दी है।"[1]

क्या यह बात आज भी सच नहीं है? 9/11 के घटनाक्रम के बाद, दुनिया-भर में जिहादी आतंकवाद के कारण जो संकट-बोध उत्पन्न हुआ, उससे भारत कैसे और कब तक अछूता रह सकता था? अपने देश में ध्रुवीकरण के प्रयास बहुत पहले से चल ही रहे थे, 1992 में बाबरी मस्जिद विध्वंस और उसके बाद की घटनाएँ उन प्रयासों का महत्त्वपूर्ण पड़ाव थीं। ऊपर से भ्रष्टाचार का नैरेटिव और इन चुनौतियों में अन्तर्निहित असली एजेंडा—यानी नेहरूवियन भारत-संकल्पना—को समाप्त करने की लगातार कोशिश—इन सब बातों की कांग्रेस के द्वारा और उन महानुभावों के भी द्वारा उपेक्षा जिन्हें श्री अन्ना हजारे में गांधी जी के दर्शन हो रहे थे। 'मानवनिष्ठ भारतीयता' की जगह संकीर्ण राष्ट्रवाद को लोक-स्वीकृति दिलाने के लिए घटनाओं और स्थितियों का इससे बेहतर योग हिन्दुत्ववादी विचारधारा के लिए और क्या हो सकता था?

1. 'हिन्दुस्तान की कहानी', अनुवाद रामचन्द्र टंडन, नई दिल्ली, सस्ता साहित्य मंडल, 2016, पृ. 598-99

काश, लोकतांत्रिक नेताओं और लिबरल बौद्धिकों ने नेहरू के ऊपर उद्धृत तथा ऐसे और अनेक कथन ध्यान से पढ़े-गुने होते। काश, वे अपने कल्पना-लोक से बाहर निकलकर देख सके होते कि "जब कोई संकट आया है, राष्ट्रीयता उठ खड़ी हुई और उसी का बोलबाला रहा है।" काश, उन्होंने राष्ट्रवाद की सामाजिक गतिकी पर ध्यान दिया होता, और 'संकट-काल' में समावेशी, लोकतांत्रिक, सेकुलर भारतीय राष्ट्र के विचार को मज़बूत करने पर विचार किया होता। काश, उन्होंने समझा होता कि ग़रीब से ग़रीब इनसान भी, बुनियादी ज़रूरतों के साथ ही कुछ मानवीय मूल्यों और सामाजिक-राजनीतिक भावनाओं के लिए भी जीता-मरता और संघर्ष करता है।

चुनौती यही है—आम हिन्दुस्तानी की देशहित सम्बन्धी कल्पना और रोज़मर्रा की ज़रूरतों, भावनाओं और नागरिक के तौर पर अधिकारों और ज़िम्मेदारियों को एक साथ साधनेवाला लोकतांत्रिक, प्रगतिशील और समावेशी नैरेटिव सम्भव करना। ऐसे नैरेटिव के बिना जनता को राजनीतिक हिन्दुत्व या ओवैसी के नैरेटिव की तरफ़ जाने से रोकना मुमकिन नहीं। जिस भारत-संकल्पना को सन्दिग्ध बनाने में लिबरल बौद्धिकों ने योगदान किया है, भाजपा ने उसका विकल्प पेश कर दिया है। उसके पास सोशल मीडिया का मैनेजमेंट है, टीवी चैनल्स में अधिकांश उसकी जेब में हैं। विरोधियों के पास संसाधन तो क्या वैकल्पिक नैरेटिव तक ठीक से नहीं है।

इस नैरेटिव के आने की सबसे ज़्यादा उम्मीद कांग्रेस से की जानी चाहिए, लेकिन—'कोसल में विचारों की कमी है।'

स्वाधीनता आन्दोलन के दिनों की कांग्रेस पार्टी के लिए शिवजी की बारात का रूपक बहुत सही है। शिवजी के ब्याह के लिए जब बारात चली तो उसमें उनके विचित्र आकार-प्रकार वाले गणों के साथ देवता भी थे, असुर भी। नर थे तो गंधर्व भी। सब तरह के लोग थे, एक-दूसरे को पसन्द करनेवाले एक-दूसरे को नापसन्द करनेवाले, परस्पर आदर जतानेवाले और एक-दूसरे की खिल्ली उड़ानेवाले—सब। लेकिन बारात एक थी, दूल्हा एक था। आज़ादी की लड़ाई के दौरान बना कांग्रेस का यह रूप आज़ादी के बाद भी कुछ अरसे तक बना रहा। ध्यान देने की बात यह है कि इस रूपक में दूल्हा के रूप में यानी केन्द्र में कोई नेता नहीं, बल्कि लोकतांत्रिक, प्रगतिशील रुझानवाला भारतीय राष्ट्रवाद था। परस्पर तीखे मतभेदों के बावजूद गांधी, नेहरू, पटेल, राजाजी, आज़ाद, बोस इस समावेशी राष्ट्रवाद के सिद्धान्तकार और प्रवक्ता थे।

पिछले कुछ बरसों में शिवजी की बारात के इस दूल्हे को ही घोड़ी से उतार दिया गया है। उसे वापस बैठाए बिना कांग्रेस का संकट नहीं समाप्त होनेवाला।

कांग्रेस के लिए ही नहीं, उन सबके लिए जो समाज में बढ़ती असहिष्णुता, संकीर्णता और हिंसकता से चिन्तित हैं—यह बात याद रखना ज़रूरी है कि इतिहास के इस पल में शिवजी की बारात के इस दूल्हे यानी समावेशी, लोकतांत्रिक राष्ट्रवाद—मानवनिष्ठ भारतीयता—को फिर से केन्द्र में लाए बिना समाज को वापस पटरी पर ला पाना मुश्किल ही नहीं, बल्कि नामुमकिन है।

~

अक्तूबर 1945 के ऊपर उल्लिखित पत्राचार से स्पष्ट हो जाता है कि नेहरू गांधी जी के मूल सरोकारों को गहरे में सराहते थे, लेकिन उन्हें साधने की गांधी जी द्वारा सुझायी गईं विधियाँ उन्हें स्वीकार्य नहीं थीं। गांधी और नेहरू की सहमति-असहमति विद्वानों के बीच चर्चा का विषय रही है, यहाँ बस इतना नोट करें कि इस पत्राचार के बाद, 12 नवम्बर, 1945 को गांधी जी और नेहरू के बीच आमने-सामने लम्बी बातचीत हुई। इस बातचीत में बनी सहमति को गांधी जी ने 13 नवम्बर के दिन नेहरू को लिखे पत्र में इन शब्दों में नोट किया :

1. तुम्हारे अनुसार, सबसे बड़ा सवाल यह है कि मनुष्य का मानसिक, आर्थिक, राजनीतिक और नैतिक विकास कैसे सुनिश्चित किया जाए। मैं भी यही मानता हूँ।
2. और ऐसा करने के क्रम में हर व्यक्ति को एक-सा अधिकार और अवसर मिलना चाहिए।

सहमति के ये दो बुनियादी, सैद्धान्तिक बिन्दु नोट करने के बाद, गांधी जी ग्राम-स्वराज पर बल देते हैं। उनके अनुसार यह स्वराज आदर्श समूह या ग्राम को इकाई मानकर ही सम्भव है। ऐसे स्वराज में हरेक ग्राम द्वारा अपने भोजन और आवास की व्यवस्था करने तक ही सीमित न रहकर अपनी ज़रूरत के मुताबिक़ बिजली और पेयजल का स्वयं 'उत्पादन' करने तक जाना चाहिए।[1]

इस पत्राचार और अन्य गांधी-नेहरू संवादों से यह भी ज़ाहिर होता है कि 'जवाहर ही मेरा उत्तराधिकारी होगा'—यह घोषणा करते समय गांधी जी के मन में समावेशी, उदारचित्त राष्ट्रवाद के प्रति नेहरू की असन्दिग्ध निष्ठा, सभी सामाजिक तबक़ों, भाषाई, धार्मिक और सांस्कृतिक समूहों में नेहरू की व्यापक लोक-स्वीकृति, अन्तर्राष्ट्रीय मामलों पर नेहरू की गहरी नज़र—ये सब बातें तो थीं ही, नितान्त निजी स्तर पर भी गांधी जी को वैचारिक चुनौतियाँ देनेवाले शिष्य-संवादी की तलाश थी, अंधभक्त की नहीं। बाक़ी सब पर नेहरू को वरीयता देने का कारण यही था।

गांधी-नेहरू संवाद अपने आपमें अध्ययन और विश्लेषण का बेहद विचारोत्तेजक और विस्तार की माँग करनेवाला विषय है। गांधी को सपाट ढंग से भारतीय परम्परा का अनुयायी और नेहरू को उस परम्परा से उदासीन मानना हद दर्ज़े का सरलीकरण है, जैसा कि आप 'अतियों के मोह से मुक्त, प्रबुद्ध मध्यमार्ग की ओर' में देखेंगे। असल में यह पूरा संकलन ही इस बात का प्रबल रेखांकन करता है कि भारतीय परम्परा की विभिन्न धाराओं से नेहरू का परिचय और लगाव कितना गहरा था। जिस व्यक्ति के विचारों और कामों से आप प्रभावित हों, उसका अंधानुकरण नहीं, सही दिशा में उन विचारों का समयानुकूल विस्तार ही श्रेयस्कर है, यह भारत की, असल में किसी भी समृद्ध बौद्धिक परम्परा के बुनियादी उसूलों में से एक है। नेहरू ने गांधी-विचार के साथ यही करने की कोशिश की। उनकी कोशिश का मूल भावनात्मक और नैतिक

1. यह पत्राचार सम्पूर्ण गांधी वांङ्मय और नेहरू के लेखन के संकलनों के अलावा, 'टुगेदर दे फॉट : गांधी-नेहरू कॉरस्पॉन्डेंस' सं. उमा आयंगर, ललिता ज़कारिया, नई दिल्ली, ऑक्सफोर्ड यूनिवर्सिटी प्रेस, 2011 में भी देखा जा सकता है। पृ. 449-457

सन्दर्भ भारत के भविष्य का वही सपना, वही नियति-बोध था, जो भारतीय राष्ट्रीय आन्दोलन का मूल प्रेरक तत्त्व था—दुनिया के रंगमंच पर महत्त्वपूर्ण भूमिका निभाने की नियति। यही नियति-बोध नेहरू-नीति, नेहरू-लाइन को तय करता था।

गांधी-नेहरू को पक्ष-प्रतिपक्ष में बाँटकर किसी एक की तरफ़ खड़े होने से पहले यह ज़रूर सोचना चाहिए कि जिस दुनिया में यह आदर्श ग्राम-स्वराज बनना है, वह बँटी हुई है एक-दूसरे से प्रतिस्पर्धा करते राष्ट्र-राज्यों में। औपनिवेशिक काल के प्रभाव अभी तक बाक़ी हैं, उस वक़्त तो औपनिवेशिक ताक़तें अपना राज फिर से स्थापित क़ायम करने के स्वप्न देख रही थीं। ऐसी स्थिति में भारत के सामने एक मज़बूत राष्ट्र-राज्य के रूप में उभरने की कोशिश करने का विकल्प क्या था? औद्योगीकरण और सशक्त केन्द्रीय सत्ता के अलावा इस तरह की कोशिश करने का तरीक़ा क्या था? दूसरे महायुद्ध के बाद, परमाणु बम के बाद, दुनिया में महत्त्वपूर्ण भूमिका निभाने का इच्छुक देश क्या भारी उद्योगों की उपेक्षा कर सकता था? व्यापक औद्योगीकरण और उस वक़्त दूर की कौड़ी, कुछ लोगों को तो फ़िज़ूलख़र्ची तक दिख रही परमाणु रिसर्च के बिना क्या भारत अन्तर्राष्ट्रीय समुदाय में सम्मानजनक स्थान पाने की कल्पना कर सकता था? क्या ग्रामोद्योगों पर आधारित अर्थव्यवस्था देश के लिए ज़रूरी आधारभूत ढाँचा उपलब्ध करा सकती थी?

सीखना चाहिए 'हिन्द स्वराज' में दी गई आदर्श समाज की तस्वीर के ब्योरों से नहीं, बल्कि उसमें निहित अन्तर्दृष्टि से, औद्योगिक सभ्यता की निर्मम आलोचना में निहित नैतिक सरोकार से। नवस्वाधीन भारत के नेतृत्व ने उससे जितना सीखा, निस्सन्देह उससे अधिक सीखा जा सकता था, अभी भी सीखा जा सकता है, लेकिन उस पर हर्फ़-ब-हर्फ़ अमल करने की बात सोचना ख़ामख़्याली के सिवाय कुछ नहीं।

इस भयानक समय में हमारा सौभाग्य यह है कि हमें गांधी और नेहरू का वाद-विवाद-संवाद विरासत में मिला है। यह केवल दो व्यक्तियों का नहीं, बल्कि भारत की अपनी देशभाषागत आधुनिकता और नेहरू की यूरोपीय आधुनिकता, प्रबोधन का संवाद है। इससे न केवल भारत बल्कि सारा विश्व सीख सकता है। सीखने की सम्भावना बहुत है, लेकिन याद रखें, वक़्त बहुत कम। क्योंकि...

हमारा समय उत्तर-आधुनिक (पोस्ट-मॉडर्न) होने के साथ ही सत्यातीत (पोस्ट-ट्रुथ) भी हो गया है। दूसरा महायुद्ध शुरू होने के पहले ही नेहरू इन्दिरा प्रियदर्शिनी के नाम लिखे पत्रों में उन्हें नात्सीवाद की उस 'विचित्र विचारधारा' के बारे में बता रहे थे, "जो मानती है कि शुद्ध तर्क और पूर्वग्रह रहित विज्ञान का ज़माना लद चुका है।" लेकिन, अपने इस उत्तर-आधुनिक समय में तो, डोनाल्ड ट्रम्प और उनके समर्थक ही वैकल्पिक तथ्यों (आल्टरनेटिव फैक्ट्स) की बात नहीं कर रहे, बड़े-बड़े प्रगतिशील बौद्धिक भी बरसों से कहते रहे हैं कि सार्वभौम सत्य और मूल्यों की भ्रामक धारणा का अन्त हो चुका है। अपनी सांस्कृतिक अस्मिता के नाम पर सार्वभौम मानवीय मूल्यों और साझी ज्ञानपद्धति और परम्परा का नकार संकीर्ण राष्ट्रवाद की विशेषता तो रही ही है; उत्तर-आधुनिकतावाद द्वारा प्रचारित नैतिक सापेक्षतावाद और आइडेंटिटी पॉलिटिक्स के 'प्रगतिशील' समर्थक भी मानने लगे हैं कि सभी

सामाजिक अस्मिताओं और सांस्कृतिक परम्पराओं के अपने-अपने सत्य हैं, तर्क के किसी साझे पैमाने की, पूर्वग्रह रहित ज्ञान-विज्ञान की कोई सम्भावना है ही नहीं।

इस टुकड़े-टुकड़े संवेदना का नतीजा यह है कि यदि आप नारीवादी लेखन करती हैं, तो जेंडर जस्टिस पर लिखें, सेक्सुअलिटी एक्सप्लोरेशन करें, प्रगतिशील हलक़ों में गद्‌गद प्रशंसा पाएँगी, भले ही आप अल्पसंख्यकों, दलितों, किसानों-मज़दूरों के विरुद्ध कितना ही ज़हर उगलें, उनके आन्दोलनों के कठोर दमन की सराहना ही नहीं, बाक़ायदा सरकार से माँग भी करें कि इन्हें 'ठोक दिया जाए।' इसी तरह आप 'दलित विचारक' हो जाएँ, और स्त्रियों के बारे में हिटलर को भी पीछे छोड़ देनेवाली बात करें, उन्हें औक़ात में रखने की तजवीज़ें सुझाएँ, फिर भी बड़े-बड़े जनवादी आपके गुण गाएँगे। नाम लेने की ज़रूरत नहीं, हिन्दी के सजग पाठक जानते हैं, आप भी थोड़ा सोचें, जान जाएँगे।

इस समय व्यक्ति-सत्ता से अधिक महत्त्व सामाजिक अस्मिता को दिया जा रहा है और जिज्ञासु विवेक से अधिक आहत भावना को। जब अच्छे-बुरे के मूल्यांकन का कोई सार्वभौम, साझा पैमाना है ही नहीं, तो ज़ाहिर है कि हर अस्मिता, हर परम्परा अपनी किसी भी बात, किसी भी रूढ़ि और व्यवहार को जायज़ ठहरा सकती है, भले ही वह कितनी भी पिछड़ी हुई और मानव-विरोधी क्यों न हो। इतिहास लेखन हो या समकालीन आकलन, प्रमाण नहीं आत्मानुभव अधिक महत्त्वपूर्ण मान लिया गया है। इस विवेकहीन सोच को बौद्धिक स्वीकृति और सामाजिक मान्यता मिलने का ही नतीजा है कि तरह-तरह की रंग-बिरंगी आहत भावनाओं का डरावना खेल हम रोज़ देख रहे हैं।

सार्वभौम मूल्यों के प्रति इस सन्देह का निस्सन्देह ऐतिहासिक आधार है। उन्नीसवीं और बीसवीं सदी के अधिकांश में यूरोपीय आधुनिकता को ही एकमात्र आधुनिकता माना जाता रहा, किसी भी ग़ैर-यूरोपीय समाज के आधुनिक हो जाने का पैमाना यही माना और मनवाया जाता रहा कि वह अपनी ख़ुद की परम्परा और सांस्कृतिक अनुभवों के अधिकांश को ख़ारिज कर दे और जल्दी से जल्दी पश्चिम की कार्बन कॉपी बन जाए। स्वयं यूरोपीय सांस्कृतिक अनुभव को बस श्वेतांग पुरुष की नज़र से देखा जा रहा था। यहाँ तक कि भयानक उपनिवेशवाद को भी 'वस्तुनिष्ठ' तौर पर इतिहास में प्रगतिशील भूमिका निभानेवाला घोषित किया गया।

ग़ैर-यूरोपीय परम्पराओं के प्रसंग में भी यह सचाई है कि नस्ल, जाति और जेंडर के आधार पर चले आ रहे अन्याय को स्मृति-विलोपन के हवाले किया जाता रहा।

इस स्मृति-विलोपन में निहित अन्याय से इनकार असम्भव है। इसके प्रति मुखर असन्तोष स्वागत-योग्य है। लेकिन, अन्याय का समाधान यह नहीं कि सार्वभौम मानवीय मूल्यों और ज्ञानमीमांसा की सम्भावना से ही इनकार कर दिया जाए; एक तरह के नस्लवाद या जातिवाद के बरक्स दूसरी तरह के जातिवाद या नस्लवाद की प्रतिष्ठा कर दी जाए। समस्या अस्मिताओं के आत्म-रेखांकन भर से हल नहीं होनेवाली। पिछले वर्ष अमेरिका में एक अश्वेत की पुलिसिया हत्या के सन्दर्भ में उठे विवाद में अग्रणी अश्वेत बुद्धिजीवी कारनेल वेस्ट ने दो टूक शब्दों में याद दिलाया

था—'ब्लैक फेसेज इन हाइ प्लेसेज' की रणनीति विफल रही है। उनका इशारा इस ओर था कि बराक ओबामा और कांडेलेसा राइस जैसे अश्वेत चेहरों के सत्ता के सर्वोच्च स्थानों तक पहुँच जाने के बावजूद अश्वेतों पर अन्याय, उनके प्रति पूर्वग्रह जारी हैं। समस्या का समाधान व्यवस्था और सामाजिक कॉमनसेंस में बदलाव के ज़रिये ही सम्भव है। ऐसे बदलाव के लिए बुनियादी मानवीय मूल्यों और तर्क-विवेक की सार्वभौमिकता में आस्था अनिवार्य है। चूँकि सार्वभौमिकता की धारणा का दुरुपयोग हुआ है, इसलिए उस धारणा को ही त्याग देना, अंग्रेज़ी मुहावरे का सहारा लेकर कहें तो, वैसा ही है, जैसे नहलाने के बाद गंदे पानी के साथ बच्चे को भी फेंक देना।

मैंने बीस बरस पहले लिखा था, "किसी एक सांस्कृतिक परम्परा को, किसी ऐतिहासिक बिन्दु-विशेष पर जन्मे संस्कृति-बोध को मनमाने ढंग से बाक़ी सभी संस्कृतियों पर थोप देना निश्चय ही तानाशाही है। लेकिन, मनुष्य के सरोकारों की व्यापकता और सार्वभौमिकता की सम्भावना मात्र को नकार देना गहरी नैतिक असमर्थता में स्वयं को धँसा लेना है।"[1] यह तय जानिए कि इस नैतिक असमर्थता की गिरफ़्त में आकर विवेक और तर्क की जैसी अवहेलना हम करने लगे हैं; अस्मिता, आस्था और भावना को ही किसी बात या कर्म के मूल्यांकन का आधार माननेवाली व्यवस्था की दिशा में, जिस तेज़ रफ़्तार से हम जा रहे हैं, उसके फलस्वरूप मेरे उपन्यास 'नाकोहस' (राजकमल प्रकाशन, 2016) की फैंटेसी—राष्ट्रीय आहत भावना आयोग—के यथार्थ बनने में अधिक समय नहीं लगेगा। अभी ही, यथार्थ के कुछ साक्षात्कारों के सामने तो वह फैंटेसी भी कमज़ोर लगने लगी है।

2

इस समय की एक विशेषता यह भी है कि अपने देश के महत्त्वाकांक्षी मध्यवर्ग (एसपिरेशनल मिडिल क्लास) के बीच लोकतंत्र के प्रति घृणा बहुत ज़्यादा बढ़ गई है। वैसे तो इस तबक़े के कुछ लोग हमेशा से ही भारत में कड़े बल्कि मिलिटरी शासन की फैंटेसी पालते रहे हैं, लेकिन पिछले दो-तीन दशकों में ऐसे लोगों की तादाद ही नहीं ताक़त में भी अभूतपूर्व वृद्धि हुई है। लोकतंत्र को देश के 'विकास' में बाधक मानने की सोच तेज़ी से फैली है। जैसा कि अज्ञान और मूर्खता से उत्पन्न आत्मविश्वास के हर संस्करण के साथ होता है, ऐसी सोच भी सचाइयों से सुविधानुसार आँखें मूँदे रहती है। इसके कई निजी अनुभव हैं, मुझे (आपको भी होंगे ही)।

इनमें से एक मज़ेदार अनुभव उस नौजवान से सम्बन्धित है, जो विकास की दौड़ में चीन से पिछड़ जाने का दोष लोकतंत्र और नेहरू के 'सोशलिस्ट ऑबसेशन' को दे रहा था। वह नौजवान यह कर रहा था सिविल सर्विस के इंटरव्यू के दौरान। मैंने उसे याद दिलाया कि नेहरू के जीवनकाल में तो चीन का सोशलिस्ट ऑबसेशन उनसे कहीं ज़्यादा था, भारत के विपरीत चीन में तो प्राइवेट सेक्टर का अता-पता तक नहीं था। यह सुनकर वह थोड़ा-सा लड़खड़ाया, लेकिन फिर उसने माओ के बाद

1. 'विचार का अनंत', राजकमल प्रकाशन, नई दिल्ली, तीसरा संस्करण, 2020, पृ. 19

के चीन से नेहरू के बाद के भारत से तुलना करते हुए निष्कर्ष निकाला कि असल दोष तो 'टू मच डेमोक्रेसी' में है, जो कि ज़ाहिर है कि नेहरू की ही ग़लती थी। इसी 'टू मच डेमोक्रेसी' का नतीजा है कि डॉ. मनमोहन सिंह की सरकार "इकॉनॉमिक रिफ़ार्म की दिशा में अभी भी बोल्ड क़दम नहीं उठा पा रही, डॉ. बाई नेचर थोड़े सबमिसिव भी हैं।"

बोर्ड के एक सदस्य, भारत सरकार के निवर्तमान सचिव से रहा नहीं गया। उन्होंने कहा, "अच्छा, जरा कल्पना करें कि यह इंटरव्यू दिल्ली में नहीं, बीजिंग में हो रहा है..."

बहुतों की तरह यह सिविल सर्विस एसपिरेंट भी 'स्मार्ट' तो था, लेकिन सोचने में ज़्यादा वक़्त शायद बर्बाद नहीं करता था। सदस्य महोदय की बात सुनकर हम लोगों का मुँह देखने लगा। मैंने उससे निवेदन किया, "यह इंटरव्यू चाइनीज़ सिविल सर्विस के लिए हो रहा होता और आप इसी लहज़े में माओ की और वर्तमान शासक हु जिन ताओ की खिंचाई कर रहे होते तो इंटरव्यू ख़त्म होने के बाद, आपके ही नहीं, मेरे और साथ बैठे चार आदरणीय बोर्ड मेंबर्स के घरवाले भी हम लोगों को ढूँढ़ते ही रह जाते। बरसों तक पता नहीं चलता कि कौन, कहाँ किस जेल में है, धराधाम पर है भी या नहीं। आप देश के पहले और वर्तमान प्रधानमंत्री की आलोचना को अपना सहज अधिकार मानते हैं, यह उसी डेमोक्रेसी का कमाल है जिसके लिए आप नेहरू को कोस रहे हैं।"

यह केवल संयोग नहीं है कि लोकतंत्र से परेशान लोग नेहरू से भी परेशान रहते हैं। वे अपने लिए लोकतंत्र से प्राप्य सभी सुविधाएँ और अधिकार चाहते हैं, बल्कि इन्हें अपना विशेषाधिकार मानते हैं। लोकतंत्र तभी टू मच होता है जब दूसरे भी इससे प्राप्य अधिकारों और शासनतंत्र में अपनी भूमिका की बात करने लगें। याद करें, पिछले कुछ बरसों में शासक दल और उसके समर्थकों द्वारा एंटी-नेशनल शब्द का प्रयोग कितना आम हो गया है। छात्र हों या किसान, बुद्धिजीवी हों या मजदूर—आपने सरकार के किसी फ़ैसले, उसकी विचारधारा के विरुद्ध ज़रा भी आवाज़ उठाई, और आप हुए एंटी नेशनल, राष्ट्रविरोधी, देशद्रोही...

पिछले दिनों, मोदी सरकार द्वारा लाए गए कृषि-क़ानूनों के किसानों द्वारा विरोध के प्रसंग में भी यही हो रहा है। मोर लॉयल देन दि किंग का प्रमाण देते हुए, नीति-आयोग के मुख्य कार्यकारी अधिकारी जी ने किसान आन्दोलन की आलोचना करते हुए फ़रमाया कि टू मच डेमोक्रेसी की वजह से इंडिया में इकोनॉमिक रिफॉर्म मुश्किल हो गया है। याद करें नीति आयोग नेहरू द्वारा स्थापित योजना आयोग का ही नया नाम है, फ़र्क़ यह है कि नीति आयोग की हैसियत बस एक थिंक-टैंक की है, योजना या किसी अन्य तरह की नीति निर्धारित करने की नहीं; और थिंकिंग आपको पता ही है—'डेमोक्रेसी समस्या है समाधान नहीं।'

जिस सिविल सर्विस एसपिरेंट को ऊपर याद किया, ज़रूरी नहीं कि उसकी सहानुभूति किसी तरह की साम्प्रदायिक राजनीति के साथ रही हो। लोकतंत्र का तिरस्कार हमारे 'एसपिरेशनल मिडिल क्लास' के एक बड़े तबक़े का संस्कार बन

चुका है। बहुत से लोग लोकतंत्र और बहुसंख्यकवाद में फ़र्क़ अज्ञान या परम ज्ञान के कारण भूल भी जाते हैं।

भारतीय स्वाधीनता आन्दोलन की कई ख़ामियाँ गिनाई जा सकती हैं लेकिन इसकी मुख्यधारा का मिज़ाज बुनियादी तौर से लोकतांत्रिक था, इस बात से इनकार नहीं किया जा सकता। सभी नेता मानते थे कि लोकतंत्र केवल संख्याओं का खेल नहीं, बल्कि संस्थाओं, मर्यादाओं और परम्पराओं के आधार पर चलनेवाली व्यवस्था है। उनके लिए लोकतंत्र बहुमत के ज़रिये सत्ता हथियाकर मनमानी करने का नहीं, जवाबदेह सरकार चलाने का ज़रिया था। वे स्वाधीनता के बाद भारतीय लोकतंत्र के सामने आनेवाली उस बुनियादी चुनौती से भी बख़ूबी वाक़िफ़ थे, जिसे संविधान सभा में डॉ. आंबेडकर ने रेखांकित किया था—अलोकतांत्रिक सामाजिक ढाँचे में लोकतांत्रिक शासनतंत्र चलाने, और उसे लोकतांत्रिक बनाने की चुनौती। इस चुनौती का सामना किसी सशस्त्र क्रान्ति के ज़रिये नहीं, लोकतांत्रिक क़ानूनों और व्यवहारों के ज़रिये किया जाना था।

डॉ. आंबेडकर, जगजीवनराम, जैसे दलित नेताओं ने भारतीय समाज के संरचनागत अन्याय और उत्पीड़न को प्रत्यक्ष रूप से झेला था। अभिजन पृष्ठभूमि की सरोजिनी नायडू जैसी महिलाओं ने भी जेंडर पूर्वग्रह झेले ही थे; जबकि नेहरू और सुभाष बोस अत्यन्त समृद्ध परिवार के थे, गांधी जी और सरदार पटेल भी मध्यवर्गीय तो थे ही। भारतीय स्वाधीनता आन्दोलन की सर्वाधिक प्रेरणाप्रद विशेषता यह है कि अलोकतांत्रिक सामाजिक ढाँचे का लोकतंत्रीकरण केवल उनका सरोकार नहीं था, जो इस ढाँचे के अन्याय के सीधे शिकार थे। कांग्रेस में गांधी जी का प्रभाव बढ़ने के बाद समाज के उपेक्षित, वंचित और दलित तबक़ों को ताक़त देना स्वाधीनता आन्दोलन का अनिवार्य अंग बन गया था। इस प्रक्रिया में डॉ. आंबेडकर की तीखी आलोचना की भूमिका निर्विवाद है।

दलितों, स्त्रियों, आदिवासियों और अल्पसंख्यकों के सशक्तिकरण में राष्ट्रीय आन्दोलन को कितनी सफलता मिली, कितनी और मिल सकती थी, इस बात पर निस्सन्देह बहस हो सकती है, लेकिन यह उस आन्दोलन के केन्द्रीय सरोकारों में से था—इस बात को नकारना असम्भव है। इस सरोकार का ही नतीजा था, देश आज़ाद होने के साथ ही एक व्यक्ति—एक वोट के सिद्धान्त की बिना किसी तत्तो-थंभो के स्वीकृति।

सार्वभौम वयस्क मताधिकार पर आधारित पहले आम चुनाव का क्या ऐतिहासिक महत्त्व है, यह समझने में, अत्यन्त सभ्य और प्रगतिशील देशों में स्त्रियों को मताधिकार-प्राप्ति की यह समय-तालिका कुछ सहायता कर सकती है—संसदीय लोकतंत्र का जन्मदाता होने के गौरव से सम्पन्न ब्रिटेन-1928, (मैग्नाकार्टा के कोई सात सौ साल बाद। इसी समय मताधिकार को सम्पत्ति से अलग किया गया, यानी ग़रीबों, मज़दूरों को वोट देने का अधिकार पहली बार मिला), अत्यन्त गर्वीला, ताक़तवर लोकतंत्र अमेरिका-1920, (स्वाधीनता की घोषणा के डेढ़ सौ साल बाद) और यूरोपीय समझ के अनुसार, प्राचीन इतिहास का अकेला लोकतंत्र यूनान-1952।

जो भारतीय नागरिक लोकतंत्र के कारण प्राप्त अपने ख़ुद के मताधिकार तथा अन्य अधिकारों को भगवान की देन या पुश्तैनी विरासत मानते हैं, लेकिन दूसरों के अधिकारों को टू मच डेमोक्रेसी—वे थोड़ी खोजबीन करके इस समय-तालिका को और लम्बी तथा ज्ञानवर्धक बना सकते हैं।

नेहरू मानते थे कि लोकतंत्र का मूल मंत्र है—हर व्यक्ति का सम्मान करना और ऐसी व्यवस्था का निर्माण करना जिसमें साधारण से साधारण आदमी भी अपनी बात कहने का मौक़ा पाए। वे यह भी जानते थे कि घर हो या देश उसे चलाने के फ़ैसले यथासम्भव आम राय से या फिर ज़्यादातर लोगों की राय के हिसाब से लेने चाहिए। यह राय आक्रामकता, हिंसा और मूर्खता पर नहीं बल्कि सोच-विचार पर आधारित भी होनी चाहिए, वरना लोकतंत्र आत्ममुग्ध तानाशाहों की हरकतों को जायज़ ठहराने का ज़रिया बनाया जा सकता है। इसीलिए नेहरू अपने शब्दों और आचरण में लोकतांत्रिक संस्कारों के निर्माण की कोशिश लगातार करते थे। उनके द्वारा रेडियो पर, आम सभाओं में दिए जानेवाले लगभग हर भाषण में यह कोशिश दिखती है।

आप इस संकलन में पढ़ेंगे नेहरू का वह रेडियो-भाषण जिसमें वे इतने जतन और सरोकार से भारतीय मतदाताओं को पहले आम चुनाव के लिए तैयार कर रहे हैं।

लोकतंत्र को लोगों का संस्कार बनाने की यह कोशिश कितनी महत्त्वपूर्ण थी। ऐसे संस्कार से वंचित, लोकतंत्र को बस अपनी मनमानी पर मोहर लगाने का ज़रिया माननेवाले लोग जब लोकतांत्रिक प्रक्रिया के ज़रिये ही सत्ता हासिल कर लेते हैं, तब क्या होता है यह समझने के लिए एक बार फिर अमेरिका का घटनाक्रम याद करें। डोनाल्ड ट्रम्प मानने को तैयार नहीं थे कि उन्हें कम वोट मिले हैं। वे लगातार कहते रहे कि उन्हें वोट फ्रॉड के ज़रिये हराया गया है, अमेरिकी चुनाव से जुड़ी तमाम संस्थाएँ और न्यायपालिका इन आरोपों को ख़ारिज करती गईं लेकिन ट्रम्प का दिल है कि मानता ही नहीं। उन्हें अपने विरोधी ही नहीं, अपने से ज़रा-सा भी असहमत व्यक्ति चरमपंथी, कम्यूनिस्ट, एंटी-अमेरिकन, एंटी नेशनल नज़र आता रहा, अभी भी आ ही रहा है। नतीजा यह कि जिस दिन अमेरिकी सदन राष्ट्रपति के तौर पर जो बाइडेन के नाम पर मोहर लगाने जा रहा था, उस दिन ट्रम्प ने अपने समर्थकों को भड़काकर कैपिटोल पर सशस्त्र हमला ही करा दिया। नतीजतन यह अभूतपूर्व स्थिति बनी कि अमेरिका का महाबली राष्ट्रपति लगभग हर सोशल प्लेटफ़ॉर्म पर बैन कर दिया गया। दिन में पचीस-पचास ट्वीट किए बिना जिन्हें कल न पड़ती थी, भगवान जाने, उन ट्रम्प साहब को कैसा लग रहा होगा।

नेहरू के सामने तानाशाह बन जाने के ढेरों प्रलोभन थे। चर्चिल जैसे नस्लवादी भारत-निन्दक मानते थे कि भारतीय लोग कुछ ही बरसों में हम अंग्रेज़ों के पास गिड़गिड़ाते हुए वापस आएँगे कि हुज़ूर हम पर हुकूमत करने फिर से आ जाइए। भारत के हितचिन्तक मानते थे कि इतने बड़े, विविधतापूर्ण, लेकिन व्यापक दरिद्रता और निरक्षरता की चुनौतियों के साथ ही विभाजन से जुड़ी भयानक हिंसा की चपेट में फँसे हुए देश में लोकतंत्र व्यावहारिक विकल्प नहीं हो सकता। नेहरू को मुस्तफ़ा कमाल पाशा की तरह प्रबुद्ध तानाशाह की भूमिका अपनानी चाहिए, यह न भी करें

सभी वयस्क नागरिकों को हासिल मताधिकार लागू करने की बजाय 'पढ़े-लिखे, ज़िम्मेदार' लोगों तक सीमित मताधिकार तो अपना ही लेना चाहिए।

नेहरू अपनी लोकप्रियता से वाक़िफ़ थे, उस पर गर्व भी करते थे, लेकिन ऐसी लोकप्रियता और ऐसे गर्व के ख़तरों को भी भली-भाँति जानते थे। नेहरू ने 'नहीं चाहिए कोई तानाशाह' लेख चाणक्य छद्मनाम से केवल साथी देशवासियों को ही नहीं, ख़ुद को भी इन ख़तरों से आगाह करने के लिए ही लिखा था।

उनके लिए लोकतंत्र केवल शासन-व्यवस्था नहीं, एक संस्कार था, जिसे शासन से लेकर सामाजिक मानस तक में स्थापित होना चाहिए। वे स्वयं को सचमुच देश का प्रधान सेवक मानते थे। नियमित पत्रकार वार्ताओं के साथ ही, नेहरू हर महीने मुख्यमंत्रियों को चिट्ठियाँ लिखा करते थे, राष्ट्रीय-अन्तर्राष्ट्रीय घटनाक्रम के साथ इन चिट्ठियों में संस्कृति और कला के बारे में सरकार की ज़िम्मेदारी जैसे विषयों पर भी विचार-विमर्श करते थे। उनके बाद मुख्यमंत्रियों को प्रधानमंत्री द्वारा नियमित पत्र लिखने का सिलसिला समाप्त हो गया। पिछले सातेक वर्षों में तो भारतीय प्रधानमंत्री की पत्रकारवार्ता तक अकल्पनीय हो गई है। उनके इंटरव्यू तीखे प्रश्नों के सटीक उत्तरों के लिए नहीं, आम चूसकर खाये जाएँ या काटकर? जेब में बटुआ रखते हैं या नहीं? न थकने के लिए टॉनिक लेते हैं क्या? सरीखे मार्मिक प्रश्नों के सुन्दर उत्तरों के लिए चर्चित होते हैं।

यह कभी नहीं भूलना चाहिए कि यह स्थिति अपने आप नहीं पैदा हो गई है, व्यवस्थित प्रयत्न के ज़रिये बनाई गई है कि टीवी पर होनेवाली बहसें मुहल्ले के चौराहे पर होनेवाले झगड़ों और स्टैंड-अप कॉमेडी, बल्कि हॉरर शो से होड़ ले रही हैं। सरकार से जवाबदेही की उम्मीद करना लोकतांत्रिक अधिकार नहीं, महापाप मान लिया गया है। इस बात को भुला देने की पुरज़ोर कोशिशें की जा रही हैं कि लोकतंत्र केवल संख्याओं का खेल नहीं, बल्कि संस्थाओं, मर्यादाओं और परम्पराओं के आधार पर चलनेवाली व्यवस्था है; यह अल्पमत के साथ सम्मानपूर्वक संवाद करनेवाली व्यवस्था है, बहुमत को मनमानी की छूट देनेवाली व्यवस्था या साधनसम्पन्न लोगों के मनोरंजनार्थ चलनेवाली डिबेटिंग सोसायटी नहीं।

विडम्बना यह है कि लोकतंत्र को बोझ या बस संख्याओं का खेल समझनेवाले एसपिरेशनल मिडिल क्लास का इतनी तेज़ी से विस्तार कांग्रेस सरकार द्वारा अपनाई गई उदारीकरण, निजीकरण की 'विकासपरक' नीतियों के फलस्वरूप ही हुआ है। उदारीकरण निस्सन्देह ज़रूरी भी था। लेकिन क्या निजीकरण, उदारीकरण के साथ ही लोकतंत्र का महत्त्व समझनेवाले; भारतीय समाज की बहुलता, विविधता में एकता का सम्मान करनेवाले सामाजिक मानस को बनाए रखना, इन चीज़ों को नई पीढ़ी का संस्कार बनाना भी उतना ही ज़रूरी नहीं था?

इस सवाल को पूछे बिना यह समझना असम्भव है कि क्योंकर भारतीय लोकतंत्र तेज़ी से कोरी औपचारिकता और बहुमतवाद में बदलता जा रहा है! नई पीढ़ी के मानस से नेहरू की स्मृतियाँ, उनके योगदान का बोध ग़ायब क्यों होता जा रहा है! यह सवाल नेहरू की पार्टी, कांग्रेस, को तो अपने आपसे पूछना ही होगा, उन्हें भी पूछना होगा जो भारतीय लोकतंत्र का महत्त्व समझते हैं, उसे बचाए रखना चाहते हैं। इन्हीं में से

बहुत से लोगों को 2014 तक यक़ीन था कि भारतीय लोकतंत्र का संस्थागत आधार इतना मज़बूत हो चुका है कि तानाशाही मिज़ाज इसे कोई नुक़सान नहीं पहुँचा सकता। 2015 में एक टीवी डिबेट में यह कहने पर कि 'वर्तमान प्रधानमंत्री को आपातकाल की औपचारिक घोषणा की ज़रूरत ही नहीं है, वे और उनके समर्थक ऐसी किसी घोषणा के बिना ही भय का वातावरण बना देने में सक्षम हैं' भाजपा के प्रवक्ता ही नहीं, लिबरल, लोकतांत्रिक तबक़ों में परम लोकप्रिय एंकर साहब भी कुपित हो गए थे। वे ही क्या, देश-विदेश के अग्रणी विद्वान भी आश्वस्त थे कि भारतीय लोकतंत्र की संस्थाएँ इतनी मज़बूत हो चुकी हैं कि तानाशाही मिज़ाज की प्रतिष्ठा अब असम्भव है।

पिछले कुछ बरसों के घटनाक्रम ने इस यक़ीन की सीमाएँ उजागर कर दी हैं। दिखा दिया है कि संविधान-निर्माताओं और स्वाधीनता के तुरन्त बाद के शासकों के सारे नेक इरादों के बावजूद हमारे लोकतंत्र के सांस्थानिक आधार जितने होने चाहिए उतने मज़बूत अभी हैं नहीं। सत्ता में कोई भी हो, लोकतंत्र तो चलता ही रहेगा, इतनी परिपक्वता हमारे लोकतंत्र में अभी नहीं आई है।

चीन के साथ युद्ध में पराजय नेहरू के राजनीतिक जीवन की सबसे बड़ी दुर्घटना थी। देश में सरकार के विरुद्ध स्वाभाविक क्रोध था; कुछ विरोधी दल ऐन उस समय जबकि संसद में इस बारे में बात चल रही थी, संसद के बाहर सरकार के विरोध में प्रदर्शन कर रहे थे। अख़बार नेहरू की आलोचना से भरे पड़े थे। भारतीय सेना के सत्ता-प्रतिष्ठान और रक्षामंत्री कृष्ण मेनन पर तो और भी तीखी बौछारें पड़ रही थीं। 'देश की सीमा रोती है, बेशर्म हुकूमत सोती है' सरीखे तीखे नारे वातावरण में गूँज रहे थे।

ज़रा पता लगाइए कि सरकार के विरोधियों के लिए एंटी नेशनल और देशद्रोही जैसे शब्द भी क्या उस वातावरण में इसी इफ़रात से गूँज रहे थे, जैसे आजकल गूँजते हैं। क्या उस समय भी सरकार के मंत्रीगण 'गोली मारो सालों को' जैसे हिंसक नारे लगाती भीड़ों में शामिल हो रहे थे? क्या उस समय भी भारतीय सीमा में चीन के बढ़ाव को जनता से छुपाने की कोशिश की जा रही थी?

यह पता लगाते-लगाते यह भी याद कीजिए कि जून 2020 में चीन द्वारा लद्दाख में अतिक्रमण के बाद क्या हुआ? देश को चीन का नाम लिये बिना बताया गया कि 'देश की सीमा में कोई घुस नहीं आया'; लेकिन यह नहीं समझाया गया कि फिर बीस भारतीय सैनिक शहीद कैसे हो गए? यह बताया गया कि चीन के अड़ियल रुख़ के बावजूद वार्ता चल रही है, लेकिन यह नहीं समझाया गया कि जब कोई घुस ही नहीं आया है तो वार्ता किसलिए चल रही है, चीन का रुख़ अड़ियल किस बात पर है? ये सवाल मीडिया के अधिकांश तबक़े के लिए ज़रूरी ही नहीं रहे। टू मच डेमोक्रेसी अच्छी चीज़ नहीं है ना! जिन लोगों ने ये सवालात पूछे, उन्हें एंटी नेशनल तो कहा ही गया, भारतीय सेना के पराक्रम पर सन्देह करने का अपराधी भी ठहराया गया।

1962 की पराजय के बाद, आज तक सेनाधिकारियों से लेकर राजनीतिक नेतृत्व तक पर सवाल उठाए जा सकते हैं, उठाए ही जाने चाहिए; लेकिन 2020 और 2021 में लद्दाख और अरुणाचल प्रदेश में चीन क्या कर रहा है, और भारत सरकार क्या कर रही है, यह पूछनेवाले एंटी-नेशनल हैं।

सोचें कि ऐसा क्यों हुआ कि इस सीमा-विवाद के दौरान भी सन् बासठ की पराजय बहुतों ने याद की, लेकिन नेहरू का लोकतांत्रिक प्रक्रिया और संस्थाओं के प्रति सम्मान शायद ही किसी को याद आया हो।

नेहरू-निन्दा से चित्त को थोड़ी फ़ुरसत देकर सोचना चाहिए कि 1962 से हासिल असली सबक़ क्या है?

दुनिया के अन्य देशों के विपरीत, चीन तीसरी सदी ईसापूर्व में ही केन्द्रीकृत राज्यतंत्र में बदल चुका था। क्विन राजवंश सियान नगर को केन्द्र बनाकर चीन के सारे भौगोलिक विस्तार को एक राजनीतिक सत्ता के तहत ले आया। यही नहीं, विभिन्न क्षेत्रों की बोलियों, भाषाओं को भी एक केन्द्रीकृत, मानकीकृत भाषा-व्यवस्था के तहत लाया गया। चीन में विविधता उतनी थी भी नहीं कि इस तरह के केन्द्रीकरण में कोई बहुत बड़ी बाधा सांस्कृतिक स्तर पर सामने आए। सबसे बड़ी बात यह कि क्विन राजवंश के दौर में ही चीनी नौकरशाही का गठन किया गया। दूसरे शब्दों में, जब दुनिया के किसी देश ने सोचा भी नहीं था, तब से चीन में ऐसा प्रशासन-तंत्र चलता रहा है, जिसमें प्रवेश प्रतियोगिता के आधार पर होता है, जन्म के आधार पर नहीं। इन नौकरशाहों को मंडारिन कहते थे, केन्द्रीकृत, मानकीकृत भाषा का विकास इसीलिए किया गया था ताकि इन मंडारिनों को सारे देश में प्रशासन चलाने में सुविधा हो। इस भाषा का नाम ही पड़ गया—मंडारिन।

इसके बाद विभिन्न राजवंशों ने नियति के उतार-चढ़ाव ज़रूर देखे, राजधानियाँ बदलती रहीं, लेकिन केन्द्रीकृत, चीनी साम्राज्य चीनी जनमानस का अनिवार्य अंग बना रहा। इस साम्राज्य को ईश्वरीय व्यवस्था मानने का संस्कार बनाया गया, जिसके साथ चीनी सभ्यता को न केवल सर्वश्रेष्ठ, बल्कि बाक़ी दुनिया को सभ्य बनाने का दैवी उपकरण भी स्वाभाविक रूप से माना ही गया।

नेहरू की सबसे बड़ी चूक यह थी, (केवल उन्हीं की नहीं, दुनिया-भर के बहुत से विद्वानों की भी) कि वे यह समझने में विफल रहे कि माओ और उनके साथियों के मन में मार्क्स के वर्गपरक, अन्तर्राष्ट्रीयतावादी इतिहास-बोध से कहीं ज़्यादा महत्त्व उस घोर संकीर्ण इतिहास और संस्कृति-बोध का था जिसके अनुसार चीन द्वारा दुनिया पर वर्चस्व स्थापित करना ऐसी दैवी नियति है, जिसे जल्दी से जल्दी हासिल किया जाना है। भारत के साथ बरसों से चले आ रहे सीमा-विवाद को एकाएक आक्रमण में बदल देना इसी सोच के तहत उठाए गए कई क़दमों में से एक था।

नेहरू-निन्दा करते वक़्त, यदि चीन के मानस को न समझ पाने की उनकी बुनियादी भूल से सीख ली गई होती, तो बेहतर होता। आप कितना भी झूला झुला लें, कितनी भी यात्राएँ कर लें, मानने से इनकार कर दें कि "हमारी सीमा में कोई घुस आया है," यहाँ तक कि चीन का नाम लेने से बचते रहें, अरुणाचल में चीन गाँव बसा ले, और आप वहाँ कोई कार्रवाई करने के बजाय नेहरू को ही कोसते रहें, सवाल पूछनेवालों को देशद्रोही मनवाते रहें...चीन को कोई फ़र्क़ नहीं पड़नेवाला, उसकी विदेश-नीति अपने नियति-बोध से संचालित होती है, होती रहेगी।

समस्या 'टू मच डेमोक्रेसी' में नहीं, डेमोक्रेसी को बहुसंख्यकवाद (मेजोरिटेरियनिज़्म) और भीड़तंत्र में बदलने की व्यवस्थित कोशिशों में है। हर तानाशाह मिज़ाज यह

कोशिश करता है। वह सचमुच मानता है कि उसकी कोई ग़लती या कमी है ही नहीं। वह डिल्यूज़न, मतिभ्रम का शिकार होता है। इस मतिभ्रम का सच्ची दृढ़ता से कोई लेना-देना नहीं। नेता में यह डिल्यूज़न ख़ुद को मसीहा समझने के रूप में काम करता है, उसे देवता माननेवालों में उसकी मसीहाई में अटूट आस्था के रूप में। तानाशाह मिज़ाज बख़ूबी जानता है कि सोचने का अवसर मिला, तो उसके समर्थक भी उसकी राजनीति की वास्तविकता समझ सकते हैं। इसीलिए, वह शान्त चित्त से सोचने के अवसर कम से कम कर देना चाहता है। वह चाहता है कि समाज में हर समय किसी न किसी बहाने उत्तेजना का माहौल बना रहे। कभी डर, कभी ग़ुस्से के कारण लोगों का मन हमेशा हाइपर टेंशन मोड में ही रहे।

आप स्वयं अपने अनुभव से जानते हैं कि सोशल मीडिया और वाट्सएप के ज़माने में उत्तेजना, डर और ग़ुस्से को समाज का स्थायी भाव बनाना कितना आसान हो गया है। इस अनुभव के आधार पर ही तय करें कि समाज में लोकतांत्रिक संस्कार और शान्तचित्त से सोचने की आदत की व्याप्ति श्रेयस्कर है या उत्तेजना, आशंका और आक्रामकता की।

वैसे हर्ज यह सोचने में भी नहीं कि यदि नेहरू ने सचमुच प्रबुद्ध या अप्रबुद्ध तानाशाह की भूमिका अपना ली होती, तो टू मच डेमोक्रेसी से परेशान पवित्रात्माओं का क्या होता!

3

नेहरू-निन्दकों के लिए सबसे रस-भरे विषय हैं—चीन और कश्मीर। तरह-तरह के आरोप नेहरू पर लगाए गए हैं, अनर्गल प्रचार किए गए हैं। ऐसा जताने की कोशिश की गई है जैसे कि नेहरू जो चाहते थे, कर लेते थे, उनके कैबिनेट में किसी की मजाल नहीं थी कि उनका विरोध कर सके। ऐसा मानने और मनवानेवाले लोग समझते हैं कि नेहरू के मंत्रियों की भी उनके सामने वही हैसियत थी, जैसी आज के मंत्रियों की प्रधानमंत्री के सामने है। मज़े की बात यह है कि ऐसा प्रचार करनेवाले अपने अज्ञानजनित अदम्य आत्मविश्वास में उन्हीं का अपमान कर रहे होते हैं जिनकी पूजा का दिखावा करते हैं।

यदि नेहरू की कश्मीर-नीति ऐसी ही देश-विरोधी थी, यदि नेहरू ने प्लेबिसाइट की बात कैबिनेट को विश्वास में लिए बिना ही कर दी थी, तो उनके कैबिनेट के किसी भी सदस्य ने विरोधस्वरूप इस्तीफ़ा क्यों नहीं दिया? यह तो संसदीय लोकतंत्र की स्थापित परम्परा है कि प्रधानमंत्री से गहरा मतभेद होने पर या स्वयं को उपेक्षित महसूस करने पर मंत्री इस्तीफ़ा दे देते हैं। मोरारजी देसाई ने 1969 में इन्दिरा गांधी की सरकार से इस्तीफ़ा दिया था। रामविलास पासवान ने 2002 में वाजपेयी सरकार से इस्तीफ़ा दे दिया था क्योंकि उनके अनुसार वाजपेयी जी गुजरात में भयानक साम्प्रदायिक हिंसा के सन्दर्भ में तत्कालीन मुख्यमंत्री नरेन्द्र मोदी के विरुद्ध कोई कार्रवाई करने में विफल रहे थे।

कश्मीर पर नेहरू द्वारा 'देश-विरोधी' काम करने के विरोध में किस मंत्री ने इस्तीफ़ा दिया? पटेल उप-प्रधानमंत्री और गृहमंत्री थे, आंबेडकर क़ानून मंत्री। क्या इन दोनों के बारे में माना जा सकता है कि ये प्रधानमंत्री की मनमानी के आगे चुप रहते? आंबेडकर ने आगे चलकर हिन्दू कोड बिल के सवाल पर नेहरू सरकार से इस्तीफ़ा दे भी दिया था, लेकिन कश्मीर के सवाल पर नहीं। और तो और, हिन्दू सभा के नेता और आगे चलकर भारतीय जनसंघ (जो बाद में चलकर भारतीय जनता पार्टी के रूप में विकसित हुई) के संस्थापक डॉ. श्यामाप्रसाद मुखर्जी ने भी कश्मीर के सवाल पर, प्लेबिसाइट के सवाल पर, मामले के संयुक्त राष्ट्रसंघ में पहुँचने के सवाल पर नेहरू सरकार से इस्तीफ़ा नहीं दिया था।

जिस फ़ैसले में आपकी भी हिस्सेदारी हो, जिसे आप इतना आपत्तिजनक न मानते हों कि उसे लेनेवाली सरकार से अलग हो जाएँ, उसी फ़ैसले को लेकर बाद में ऐसा जताने लगना कि वह तो देश-विरोधी फ़ैसला है और आप उसके घोर विरोध में हैं, राजनीतिक नैतिकता का प्रमाण नहीं देता।

डॉ. मुखर्जी ने नेहरू कैबिनेट से इस्तीफ़ा दिया ज़रूर लेकिन 1950 में नेहरू-लियाक़त पैक्ट के विरोध में। उस पैक्ट के विरोध में जिस पर नेहरू ने पाकिस्तान को अप्रत्यक्ष रूप से सैनिक कार्रवाई की धमकी देकर मजबूर किया था। तत्कालीन पूर्वी पाकिस्तान में अल्पसंख्यक हिन्दुओं पर हो रहे हमलों के सन्दर्भ में नेहरू ने दो टूक शब्दों में कहा था—"पाकिस्तान सरकार को गम्भीरता से विचार लेना चाहिए कि यदि वह अपने ही नागरिकों को सुरक्षा देने में असमर्थ रहती है तो नतीजे क्या हो सकते हैं। इस असुरक्षा के नतीजे भारत पर भी पड़ने लगे हैं। हम उदासीन नहीं रह सकते। हमारे सुझाए उपायों पर पाकिस्तान सहमत नहीं हुआ तो हम दूसरी तरह के क़दम भी उठा सकते हैं।"[1]

इन शब्दों का आशय समझने में पाकिस्तान को देर नहीं लगी। पाक प्रधानमंत्री लियाक़त अली 8 अप्रैल, 1950 को नई दिल्ली पहुँचे और दोनों देशों में अल्पसंख्यकों की सुरक्षा की गारंटी देने के लिए सरकारों को प्रतिबद्ध करनेवाला यह समझौता हुआ। इसी के विरोध में डॉ. मुखर्जी ने नेहरू सरकार से इस्तीफ़ा दिया था, वे ट्रांसफ़र ऑफ़ पॉपुलेशन पर अड़े हुए थे, यानी सारे मुसलमान पाकिस्तान जाएँ और सारे हिन्दू भारत आएँ। ज़ाहिर है कि यह घोर साम्प्रदायिक माँग भारतीय राष्ट्र की मूल धारणा के ही विपरीत थी, इसे माने जाने का कोई सवाल ही नहीं उठता था।

एक प्रचार यह भी किया गया है कि यदि कश्मीर पटेल के हाथ में होता, तो सब ठीक हो गया होता। नेहरू की वजह से ही कश्मीर का एक हिस्सा हाथ से निकल गया, और एक समस्या देश के सामने खड़ी हो गई।

वास्तविकता यह है कि पटेल को कश्मीर के पाकिस्तान में जाने से कोई एतराज़ नहीं था, यदि बदले में पाकिस्तान हैदराबाद के निज़ाम को उकसाना बन्द कर दे। पटेल की चिन्ता निराधार नहीं थी। पूर्व और पश्चिम में पाकिस्तान के साथ ही, दक्षिण

1. श्रीनाथ राघवन द्वारा उद्धृत, 'वार एंड पीस इन मॉडर्न इंडिया : ए स्ट्रैटेजिक हिस्ट्री ऑफ़ नेहरू ईयर्स', रानीखेत, परमानेंट ब्लैक, 2010, पृ. 162

में एक और सिरदर्द मोल लेना भारत कैसे बर्दाश्त कर सकता था? उनसे सहमति लेकर ही माउंटबेटन ने कश्मीर के राजा से कहा था कि यदि कश्मीर पाकिस्तान में शामिल हो जाए तो भारत इसे शत्रुतापूर्ण कार्रवाई नहीं मानेगा।

नेहरू कश्मीर के सवाल को केवल स्वयं कश्मीरी होने की भावुकता से नहीं देख रहे थे। इतिहास, अन्तर्राष्ट्रीय सम्बन्धों और भू-राजनीति की गहरी पकड़ के नाते वे कश्मीर के सामरिक महत्त्व की उपेक्षा करने को घातक मानते थे। कश्मीर राज्य की सीमाएँ भारत, पाकिस्तान और चीन के अलावा सोवियत संघ और अफ़ग़ानिस्तान से भी मिलती थीं। इसके अलावा कश्मीर में चल रहे राजशाही विरोधी जन-आन्दोलन से नेहरू की सहानुभूति थी। नेहरू कश्मीर का सामरिक महत्त्व पटेल को समझाने में अन्ततः कामयाब हुए। पटेल के रुख़ में बदलाव लाने में गांधी जी की कश्मीर यात्रा की महत्त्वपूर्ण भूमिका थी।

नेहरू और पटेल के मतभेद कोई रहस्य की बात नहीं थे। कांग्रेस की अन्दरूनी राजनीति में शुरू से ही दोनों अलग-अलग थे। लेकिन ये मतभेद सरकार के संचालन में बाधक न हों, इसका ध्यान दोनों ने ही रखा था, ख़ासकर गांधी जी की हत्या के बाद। कश्मीर मामले की विशिष्ट जटिलता देखते हुए अनुच्छेद 370 संविधान में जोड़ा गया, इसमें पटेल ने महत्त्वपूर्ण भूमिका निभाई। सारे मतभेदों के बावजूद, जैसा कि आप इस पुस्तक में संकलित पटेल के लेख में देखेंगे, वे नेहरू को निस्संकोच 'लीडर ऑफ़ अवर लीजियंस' मानते थे।

'लीजियन' प्राचीन रोमन सेना के सर्वश्रेष्ठ योद्धाओं की टुकड़ियों को कहते थे।

दूसरी ओर, प्रधानमंत्री नेहरू ज़रूरत पड़ने पर उप-प्रधानमंत्री पटेल को बुलाने के बजाय स्वयं उनके घर या दफ़्तर जाया करते थे। उन्होंने पटेल के जीवन-काल में ही, गोधरा में पटेल की प्रतिमा का अनावरण किया था। दोनों नेता, यदा-कदा होनेवाले परस्पर मतभेद के बावजूद, पटेल के ही शब्दों में, एक-दूसरे की सोच और राय को 'समायोजित (एकोमोडेट)' करना जानते थे।

कश्मीर के बारे में अशोक पांडेय ने 'कश्मीरनामा' (राजपाल, दिल्ली, 2018) में कश्मीरी इतिहास के व्यापक सन्दर्भ में, और पीयूष बबेले ने 'नेहरू : मिथक और यथार्थ' (संवाद प्रकाशन, मुम्बई, 2019) ने नेहरू की नीतियों के सन्दर्भ में वे तथ्य दिए हैं जो इस सिलसिले में फैलाई गई अफ़वाहों और भ्रान्तियों का निराकरण करने के लिए पर्याप्त हैं। इच्छुक पाठक ये पुस्तकें देख सकते हैं। मैं यहाँ बस एक महत्त्वपूर्ण और रोचक बात की ओर संकेत करना चाहता हूँ।

उस वक़्त शेष भारत के साथ कश्मीर के जो भी सड़क या रेल सम्पर्क थे, वे उन्हीं इलाक़ों के ज़रिये थे, जो विभाजन की स्थिति में पाकिस्तान को मिलनेवाले थे। सारा व्यापार और आवागमन इन्हीं से होता था। सड़क के ज़रिये कश्मीर पहुँचने का रास्ता वाया रावलपिंडी था और रेल के ज़रिये वाया स्यालकोट। जो हिस्से भारत को मिलने की सम्भावना थी, उनके साथ कश्मीर का सम्पर्क केवल ज़िला गुरदासपुर होकर जानेवाली कच्ची सड़क से था। यदि सारा गुरदासपुर ज़िला पाकिस्तान को चला जाता तो शेष भारत से कश्मीर का सम्पर्क केवल हवा के ज़रिये सम्भव था, न

सड़क और न रेल। यह तथ्य सभी इतिहासकारों ने नोट किया है कि यदि गुरदासपुर भारत को न मिला होता तो कश्मीर पर कबाइली हमले के समय भारतीय फ़ौजों का कश्मीर पहुँचना असम्भव था।

रोचक यह है कि 17 अगस्त, 1947 तक यानी रेडक्लिफ एवार्ड के औपचारिक रूप से घोषित होने तक यही माना जा रहा था कि गुरदासपुर ज़िला पाकिस्तान को ही जाएगा।

रेडक्लिफ एवार्ड में गुरदासपुर का पूर्वी हिस्सा भारत को मिलना पाकिस्तानी सत्ता-प्रतिष्ठान और इतिहासकारों को बहुत खटकता रहा है, वे इसे माउंटबेटन द्वारा नेहरू के प्रभाव में किए गए भारत के प्रति पक्षपात का परिणाम मानते हैं। नेहरू की कश्मीर-नीति के पाकिस्तानपरस्त होने और इस मामले में पटेल की सख़्ती की जैसी धारणा फैलाई गई है, उसके अनुसार तो कश्मीर के सवाल पर पाकिस्तानी सत्ता-प्रतिष्ठान को, उसके समर्थक कश्मीर-अध्येताओं को नेहरू के प्रति नरम और पटेल के प्रति कठोर होना चाहिए।

किन्तु वास्तविकता है सर्वथा विपरीत। कश्मीर के सवाल पर पाकिस्तानी सत्ता-प्रतिष्ठान शुरू से ही पटेल के 'यथार्थवादी' रुख़ की सराहना करते हुए, नेहरू से बहुत कुपित रहा है।

विभाजन में कौन-सा नगर किस देश को दिया जाएगा, यह तय करने के दो आधार माने गए थे—भौगोलिक समीपता और आबादी की संरचना। गुरदासपुर की आबादी में, 1941 की जनगणना के अनुसार, 50.4 मुस्लिम थे, और 49.4 हिन्दू और सिख। संख्या में मुसलमान केवल 43,000 अधिक थे। मुस्लिम लीग का तर्क था—भौगोलिक समीपता के आधार पर गुरदासपुर पाकिस्तान को ही मिलना चाहिए, आबादी में भी ग़ैर-मुस्लिम प्रतिशत इतना अधिक नहीं कि इसे भारत को दे दिया जाए। उसे विश्वास था कि ऐसा ही होगा भी, हालाँकि वैवेल ने 1946 में ही सिफ़ारिश कर दी थी कि गुरदासपुर के रावी नदी के पूर्व में पड़नेवाले हिस्से भारत को मिलने चाहिए। लेकिन मुस्लिम लीग वाले लन्दन तक लॉबिंग कर रहे थे, और उन्हें पक्की उम्मीद थी कि अन्त में पूरा का पूरा गुरदासपुर पाकिस्तान को ही मिलेगा। इसके लिए वे सिखों को मनाने की भी भरपूर कोशिश कर रहे थे। उस समय के दस्तावेज़ों के अध्ययन से स्पष्ट हो जाता है कि गुरदासपुर हासिल करने पर इतना ज़ोर देने के पीछे कश्मीर पर पाकिस्तानी निगाह ही थी।

क्या भारतीय पक्ष में भी कोई इतनी दूर की सोच रहा था?

इतिहासकारद्वय एस.एम. बर्क और सलीम अल-दिन क़ुरैशी की पुस्तक—'दि ब्रिटिश राज इन इंडिया : एन हिस्टॉरिकल रिव्यू' (ऑक्सफ़ोर्ड यूनिवर्सिटी प्रेस, 1995, कराची) भारत में अंग्रेज़ी राज की स्थापना से लेकर विभाजन तक के इतिहास के बारे में पाकिस्तानी दृष्टिकोण का परिष्कृत पाठ पेश करती है। ये विद्वान बिना किसी तीखेपन के, तथ्यों की अपने ढंग से व्याख्या करते हुए भारत-विभाजन और पाकिस्तान के निर्माण का वृत्तान्त प्रस्तुत करते हैं। उनके लिए गुरदासपुर का महत्त्व इससे ज़ाहिर है कि इस बारे में, उन्होंने पुस्तक के अन्त में नहीं, बीच में ही, तेईसवें

अध्याय के साथ एक परिशिष्ट दिया है, जिसमें 'कुछ ही समय पहले' हासिल हुए दस्तावेज़ रखे गए हैं। इनके आधार पर बर्क और क़ुरैशी का कहना है कि रेडक्लिफ ने तो पहले पूरा ही गुरदासपुर पाकिस्तान को दिया था, लेकिन माउंटबेटन के दबाव में वे ऐन आख़िरी पल पलटी खा गए और गुरदासपुर की पूर्वी तहसीलें भारत को दे दीं। इन दस्तावेज़ों में सेक्रेटरी ऑफ़ स्टेट नोएल-बेकर का प्रधानमंत्री ऐटली को 25 फ़रवरी, 1948 के दिन लिखा नोट है। वे ऐटली को बताते हैं—"ऐसा सोचने के आधार तो निश्चय ही हैं कि सर सिरिल रेडक्लिफ ने गुरदासपुर को पश्चिमी पंजाब के बजाय पूर्वी पंजाब को दे देनेवाला बदलाव ऐन आख़िरी पल में किया, लेकिन ऐसा उन्होंने क्या माउंटबेटन की सलाह पर किया? हम नहीं जानते।" (पृ. 554)

बर्क-कुरैशी इस सिलसिले में चौधरी मुहम्मद अली का क्रोध और दुख उद्धृत करते हैं—"यदि रेडक्लिफ ने केवल ग़ैर-मुस्लिम बहुल तहसील पठानकोट ही भारत को दी होती तो भी भारत के लिए जम्मू-कश्मीर तक पहुँच पाना सम्भव नहीं होता क्योंकि दो मुस्लिम बहुल तहसीलें—गुरदासपुर और फाजिल्का—बीच में पड़तीं। इन दो मुस्लिम बहुल तहसीलों को भी भारत को देकर रेडक्लिफ ने भारत को जम्मू-कश्मीर पहुँचने के लिए रास्ता दे दिया और इस तरह भारत-पाकिस्तान के बीच कटुतम विवाद का बीज बो दिया।" (पृ. 552)

ज़ाहिर है, चौधरी साहब के हिसाब से कटुतम विवाद की जड़ यही थी कि कबायलियों को खदेड़ने के लिए भारतीय सेना कश्मीर पहुँच गई, वरना तो सारा ही कश्मीर पाकिस्तान के हाथ होता और विवाद खड़ा ही न हो पाता।

बर्क-कुरैशी दस्तावेज़ों और 'परिस्थितिजन्य साक्ष्य' के आधार पर आरोप लगाते हैं कि रेडक्लिफ ने माउंटबेटन के दबाव में ऐसा किया। ऐसे दबाव लिखित रूप में तो डाले नहीं जाते। यह तो दस्तावेज़ों से ही ज़ाहिर है कि रेडक्लिफ ने गुरदासपुर के बारे में अपना फ़ैसला आख़िरी पल बदला। इस बदलाव के पीछे माउंटबेटन का हाथ होने का बर्क-कुरैशी का अनुमान भी काफ़ी तर्कसंगत लगता है। वे इस बात का भी संकेत कर देते हैं कि माउंटबेटन की इस दिलचस्पी के पीछे किसका हाथ था। वे बताते हैं कि 4 अगस्त, 1947 को माउंटबेटन ने भोपाल के नवाब और इन्दौर के महाराजा से कहा, "कश्मीर की भौगोलिक स्थिति ऐसी है कि वह भारत या पाकिस्तान दोनों में से किसी में भी शामिल हो सकता है, बशर्ते सीमा-आयोग (रेडक्लिफ) गुरदासपुर को पूर्वी पंजाब में रख दे।" यह सूचित करने के बाद बर्क-कुरैशी सवाल उठाते हैं—"क्या यह सम्भव नहीं कि ठीक यही बात जवाहरलाल नेहरू के मन में भी रही हो?" (पृ. 555)

प्रसंगवश, लेखकद्वय अन्दमान-निकोबार द्वीप समूह के भारत को मिलने का 'श्रेय' भी माउंटबेटन की इस शरारत को ही देते हैं कि उन्होंने इंडिपेंडेंस बिल से यह उल्लेख हटवा दिया कि यह द्वीपसमूह 15 अगस्त, 1947 के बाद भारत का अंग नहीं रहेंगे। इस तरह आई अस्पष्टता के चलते अन्दमान-निकोबार स्वतः ही भारत को प्राप्त हो गए।

बर्क-कुरैशी कश्मीर को भारत में शामिल करने के नेहरू के भावुक, अयथार्थवादी रुख़ के विपरीत पटेल के 'यथार्थवादी' रुख़ की सराहना भी करते हैं, "पटेल पाकिस्तान

के दोस्त नहीं थे, लेकिन जानते थे कि मुस्लिम बहुल कश्मीर भारत में अस्थिरता ही पैदा करेगा।" (पृ. 588)

कैसी रोचक बात है कि एडविना माउंटबेटन के साथ नेहरू की जिस मित्रता में नेहरू-निन्दक न केवल अश्लील रस लेते हैं, बल्कि उसके कारण देशहित की उपेक्षा करने का आरोप नेहरू पर लगाते हैं, पाकिस्तानी सत्ता-प्रतिष्ठान कश्मीर से भारत को सड़क-सम्पर्क प्राप्त होने और अन्दमान-निकोबार को भारत के हिस्से आने के लिए उसी घनिष्ठता को कोसता है।

कश्मीर की विशेष भौगोलिक स्थिति, भारतीय सुरक्षा की दृष्टि से कश्मीर का महत्त्व, वहाँ की जनसंख्या की संरचना और राजा हरिसिंह की अदूरदर्शिता, अपरिपक्वता, इन सब चीज़ों से वाक़िफ़ नेहरू के दिमाग़ में गुरदासपुर का सामरिक महत्त्व पहले से ही स्पष्ट था।

गुरदासपुर के ज़रिये भारत को कश्मीर से सड़क-सम्पर्क प्राप्त हो गया, और वह भी इस तरह कि रेडक्लिफ एवार्ड के बदले जाने की सम्भावना में औपचारिक रूप से नेहरू तो क्या माउंटबेटन का भी सीधे-सीधे नाम लेना मुश्किल है। नोएल-बेकर हों, या पाकिस्तानी सत्ता-प्रतिष्ठान—माउंटबेटन पर पक्षपात या अनफ़ेयर प्ले का सीधा, दो टूक आरोप नहीं लगा सकते। अधिक से अधिक यही कर सकते हैं कि परिस्थितिजन्य साक्ष्यों का हवाला देते हुए, 'अनुमान' लगाएँ कि माउंटबेटन ने नेहरू की इच्छा के अनुरूप, भारत के हित में रेडक्लिफ को प्रभावित किया।

चाणक्य नीति इसे कहते हैं।

4

नेहरू की विदेश-नीति ही नहीं, उनको अर्थनीति की भी काफ़ी आलोचना की गई है। बात कुछ ऐसे की जाती है जैसे कि नेहरू देश का नेतृत्व बीसवीं सदी के पाँचवें-छठे दशक में नहीं बल्कि इक्कीसवीं सदी शुरू होने के बाद कर रहे हैं। वक़्त बीत जाने की बुद्धिमत्ता की सुविधा के साथ (with the benefit of hindsight) ज्ञान बघारनेवाले महानुभावों की शिकायत यह प्रतीत होती है कि नेहरू नॉस्ट्राडॉमस क्यों नहीं थे? उन्हें सन् सैंतालीस से लेकर सन् चौंसठ के बीच ही यह क्यों नहीं मालूम पड़ गया था कि सन् इक्यानवे में सोवियत-संघ विघटित हो जाएगा। वे यह क्यों नहीं जानते थे कि सन् इकहत्तर में पूर्वी पाकिस्तान बांग्लादेश में बदल जाएगा। हो सकता है कि कुछ दिनों बाद हमें यह भी सुनने को मिले कि नेहरू कोरोना वायरस की वैक्सीन बनवाकर क्यों नहीं रख गए थे!

आलोचना तभी सार्थक और शिक्षाप्रद हो सकती है जबकि यह ध्यान रखते हुए की जाए कि आलोच्य व्यक्ति ने उपलब्ध स्थितियों में जो चुनाव किए, उनकी मूल दिशा क्या थी? नेहरू ने जो नीतिगत फ़ैसले किए, वे 'मानवनिष्ठ भारतीयता' पर आधारित भारत-संकल्पना और 'या तो विश्व-रंगमंच पर महत्त्वपूर्ण भूमिका या कुछ नहीं' की नियति के अनुरूप थे या नहीं?

सबसे बड़ा सवाल तो स्वयं आलोचक के प्रस्थान-बिन्दु का है।

भारतीय लोकतांत्रिक व्यवस्था की आलोचना इस आधार पर भी हो सकती है कि लोकतंत्र तो ठीक है लेकिन जैसी ईरान में है, वैसी धर्मसंसद यहाँ क्यों नहीं है? लोकतंत्र के विस्तार के नाम पर यह भी किया जा सकता है कि सम्पूर्ण क्रान्ति तो जब होगी, तब होगी, इस बीच वर्तमान लोकतांत्रिक प्रक्रिया और संस्थाओं को भली-भाँति ध्वस्त तो कर ही लिया जाए, चुने हुए प्रतिनिधियों को अपमानित करके इस्तीफ़ा देने पर मजबूर तो कर ही दिया जाए। दूसरी ओर, आलोचना इस आधार पर भी हो सकती है कि लोकतंत्र के मूल आधार—कार्यपालिका, न्यायपालिका, विधायिका के बीच शक्ति-विभाजन पर ठीक से अमल हो रहा है या नहीं? राजनीतिक लोकतंत्र को सामाजिक लोकतंत्र में बदलने के समुचित प्रयत्न हो रहे हैं या नहीं?

लेकिन, उपरोक्त बातें उस 'स्मार्टनेस' के अनुकूल नहीं पड़तीं, जो इस युग की पहचान हैं; और इतिहास के प्रति अचेतन रहने के अपने सुख हैं ही, तभी तो परम लोकप्रिय लेखक चेतन भगत ट्वीट कर सकते हैं कि "स्मार्टनेस विनर का साथ देने में है, भारत को फ़िफ़्टीज में ही अमेरिकी गुट में शामिल हो जाना चाहिए था।" यह बात वही कह सकते हैं जो समझते हों कि 'स्पुतनिक' तो बस रूस में विकसित की गई कोविड-वैक्सीन का नाम है और जिन्हें सेटों, सीएटो का न आग़ाज़ पता हो न अंजाम, जो सिंगापुर जैसे सिटी-स्टेट को भारत महादेश के लिए आदर्श समझते हों।[1]

'स्पुतनिक' से आरम्भ हुई अन्तरिक्ष अनुसंधान की होड़ में सोवियत संघ 1969 (भगत जी के स्मरणार्थ, नेहरू का निधन 1964 में हो गया था) तक अमेरिका से आगे ही माना जाता था। मानव संसाधन विकास के विभिन्न पैमानों पर भी यही स्थिति थी। अन्तर्राष्ट्रीय राजनीति में सोवियत-संघ की मौजूदगी अमेरिकी मनमानी के मार्ग में सबसे बड़ी बाधा थी। इस आधार पर तो भगत जी को प्रसन्न होना चाहिए कि नेहरू ने 'विनर' का ही चुनाव किया! हालाँकि नेहरू चूँकि गहराई में सोचनेवाले दूरन्देश विज़नरी थे, इसलिए उनके नेतृत्व में भारत गया सोवियत ब्लॉक में भी नहीं था, भगत जी शायद नहीं जानते, नेहरू ने गुट-निरपेक्ष आन्दोलन की पहल की थी, इससे भारत को ठोस फ़ायदे हुए थे।

1. स्पुतनिक पहला कृत्रिम उपग्रह था जिसे सोवियत संघ ने 4 अक्तूबर, 1957 को अन्तरिक्ष में भेजा था। सेटो (सेन्ट्रल एशिया ट्रीटी ऑर्गेनाइज़ेशन) का गठन अमेरिका के नेतृत्व में 'कम्यूनिज़्म का विस्तार' रोकने के लिए 1955 में किया गया था। 1979 में इसका अवसान हो गया, क्योंकि तब तक सोवियत संघ के प्रति अमेरिकी विदेश-नीति में बदलाव आ चुके थे। इसी इरादे से 1954 में सीएटो (साउथ ईस्ट एशिया ट्रीटी ऑर्गेनाइज़ेशन) का गठन किया गया था। इसका विघटन 1975 में वियतनाम युद्ध में अमेरिकी पराजय के बाद, 1977 में कर दिया गया, क्योंकि अमेरिकी विदेश-विभाग की बेवसाइट के अनुसार, "इसके अस्तित्व में आने का मुख्य कारण (वियतनाम पर हमला) ही ग़ायब हो गया।"

पाकिस्तान दोनों का सदस्य था। भारत में कुछ आत्मघोषित राष्ट्रवादी नेहरू से ख़फ़ा थे कि भारत इनमें क्यों नहीं शामिल हुआ। श्री चेतन भगत इन्हीं सन्धियों में शामिल होने, दूसरे शब्दों में अन्तर्राष्ट्रीय शतरंज में अमेरिका का मोहरा बनने की 'स्मार्टनेस' न दिखाने पर क्रुद्ध हैं। हमारे ही नहीं, स्वयं श्री भगत के सौभाग्य से भी नेहरू का भारत इतना 'स्मार्ट' सचमुच नहीं था कि ख़ुद को अमेरिका या सोवियत संघ का पिट्ठू बना ले।

ख़ैर, चेतन भगत या कसम-खाए नेहरू-निन्दक तो अपनी जगह, लेकिन श्री शशि थरूर...?

श्री थरूर विद्वान व्यक्ति हैं, कांग्रेस के प्रमुख नेता और सांसद हैं। उनकी पुस्तक 'एन एरा ऑफ़ डार्कनेस' (एलेफ बुक्स, 2016) के प्रकाशन से मुझे ख़ुशी हुई क्योंकि ब्रिटिश राज द्वारा भारत की निर्मम लूट के बारे में जो बातें भारत में अंग्रेज़ी राज के गम्भीर अध्येता कहते रहे हैं और जो मैंने 'अकथ कहानी प्रेम की : कबीर की कविता और उनका समय' (राजकमल, 2016) के दूसरे अध्याय में पाठकों के विचारार्थ रखी थीं, वे श्री थरूर की इस किताब के माध्यम से आम अंग्रेज़ी पाठक तक भी पहुँची हैं। हालाँकि किताब का बल आर्थिक लूट पर ही है, अंग्रेज़ी राज द्वारा भारतीय मानस में पैदा किए गए स्मृति-विलोपन और संवेदना-विच्छेद की चिन्ता यहाँ नहीं है।

लेकिन, उनकी पुस्तक 'नेहरू : दि इंवेंशन ऑफ़ इंडिया' (न्यूयॉर्क, आर्केड पब्लिकेशंस, 2003) पढ़ना अत्यन्त चकित और निराश करनेवाला अनुभव है। नेहरू के लोकतंत्र-प्रेम और उदार (लिबरल) चित्त की प्रशंसा श्री थरूर ज़रूर कर देते हैं, लेकिन उनका मत है कि नेहरू की विदेश-नीति ज़रूरत से ज़्यादा आदर्शवादी थी, और अर्थनीति कट्टर सिद्धान्तवादिता से ग्रस्त। वे नेहरू द्वारा सुरक्षा-परिषद की स्थायी सीट का ऑफ़र 'ठुकरा' देने का आरोप भी वाट्सएप फारवर्ड की शैली में दोहरा देते हैं। इस आरोप का हवाईपन समझने के लिए यह जान लें कि सुरक्षा-परिषद की बात, पहले-पहल, दूसरे महायुद्ध के दौरान आई थी, जब अमेरिका, सोवियत संघ, ब्रिटेन और चीन ने संयुक्त राष्ट्र घोषणा नामक दस्तावेज़ पर दस्तख़त किए। युद्ध के बाद, इस परिषद के गठन के समय इसमें फ्रांस को भी शामिल कर लिया गया। चीन में क्रान्ति के बाद सरकार बदल गई। अन्तर्राष्ट्रीय व्यवहार के नियमों के अनुसार सुरक्षा-परिषद में मुख्य चीन को होना ही चाहिए था, लेकिन पश्चिमी ताक़तों ने साम्यवाद के भूत के डर से कमाल की चतुराई की। सुरक्षा-परिषद की सीट चीन के नाम पर छोटे से टापू ताइवान को दे दी गई।

सुरक्षा-परिषद की सीट भारत को ऑफ़र करने की अफ़वाह उन अनौपचारिक, अनधिकृत बातों के ज़रिये उड़ाई गई है जो कुछ अमेरिकी कूटनीतिज्ञों ने भारत का मन टटोलने-भर के लिए की थीं। अमेरिका और चीन दोनों जगह भारत के राजदूत रह चुके करुणाशंकर वाजपेयी "हर बात के लिए नेहरू को दोष देने के प्रचलित फ़ैशन" को नोट करते हुए याद दिलाते हैं कि "चीन का नाम सुरक्षा-परिषद के स्थापना दस्तावेज़ में है, उसे कब तक बाहर रखा जा सकता था?"[1]

ताज्जुब की बात है कि यूएनओ में उच्च पद पर आसीन रह चुके थरूर यह बात भूल गए हैं।

सोचना चाहिए कि यदि सरकार बदलने (लोकतांत्रिक ढंग से या क्रान्ति के ज़रिये) के बाद किसी देश को अन्तर्राष्ट्रीय मंचों से इसलिए हटा दिया जाए कि दुनिया में अपनी चौधराहट चलानेवाले नई सरकार की विचारधारा को पसन्द नहीं

1. https://theprint.in/world/india-never-had-an-offer-to-become-permanent-unsc-member-this-is-a-fact/206091/

करते, तो कैसी दुनिया बनेगी? राष्ट्रपति के अभिभाषण पर बहस का जवाब देते हुए नेहरू ने संसद में 17 फ़रवरी, 1953 को इस बात पर निगाह रखने पर बल दिया था कि यूएनओ जैसी महत्त्वपूर्ण संस्था किसी सुपर-पावर की मनमानी पर लगनेवाली रबर-स्टैंप न बना दी जाए। नेहरू कितने दूरदर्शी थे, कितने अदूरदर्शी—इस पर सोचने में मदद मिलेगी यदि याद कर लिया जाए कि इराक़ पर हमला करने की अमेरिकी ज़िद के वक़्त यूएनओ की क्या हालत होकर रह गई थी।

शशि थरूर का मानना है : 'अर्थनीति से लेकर विदेश-नीति तक नेहरू, सचाई से एकदम दूर अपनी ख़याली दुनिया में ही मगन रहते थे।' वे पाठक को सूचित करते हैं कि "व्यंग्यकार को प्राप्त विशेषाधिकार का उपयोग करते हुए," उन्होंने अपने उपन्यास 'दि ग्रेट इंडियन नॉवल' (1989) में नेहरू की कल्पना धृतराष्ट्र के रूप में की है, क्योंकि भविष्य के सपनों और आदर्शों में डूबे हुए नेहरू आसपास की सचाइयों से क़तई बेख़बर थे। हालाँकि वे यह भी कह देते हैं कि "क्षुद्र राष्ट्रवादियों को प्रेरित करनेवाले अतीत-मोह से नेहरू का विज़न अधिक मूल्यवान है।" (पृ. 227-28)

लेकिन, स्वयं श्री थरूर इस मूल्यवत्ता को लेकर बहुत आश्वस्त तो नहीं लगते। लोकतांत्रिक संस्थाओं का निर्माण और सेकुलरिज़्म तो उन्हें काम के लगते हैं, मिश्रित अर्थव्यवस्था और गुट-निरपेक्षता फ़ालतू। मिश्रित अर्थव्यवस्था की आलोचना करते हुए थरूर अमेरिका से भारतीय मध्यवर्ग द्वारा आयातित मुहावरे 'टैक्सपेयर्स मनी' का इफ़रात से उपयोग करते हैं। कुल मिलाकर, शशि थरूर के अनुसार 'नेहरूवियनिज़्म' बीते वक़्त की बात है। इसका एक कारण यह भी है कि नेहरू यह समझ ही नहीं पाए कि इक्कीसवीं सदी में 'कंप्यूटर सॉफ्टवेयर और स्प्रिचुअलिटी, प्रोग्रामिंग और प्रेयर' साथ-साथ चलेंगे। (पृ. 250-251)

इस किताब का महत्त्व इसमें दिए तर्कों की मौलिकता या विचारोत्तेजकता के कारण नहीं, बल्कि नेहरू के बारे में आमफ़हम, सपाट बातों की परिष्कृत प्रस्तुति के कारण है। लेखक कांग्रेस के अग्रणी नेता ही नहीं, 'एसपिरेशनल मिडिल क्लास' के 'आइकॉन्स' में से एक हैं। उनकी बातों का परीक्षण इसीलिए ज़रूरी है क्योंकि उनमें वर्तमान भारतीय मध्यवर्ग का कॉमनसेंस बोलता है।

पहले विदेश-नीति। श्री थरूर के अनुसार, नेहरू अपनी विदेश-नीति में जिन सिद्धान्तों पर बल दे रहे थे, "उनका भारतीय जनता की ज़रूरतों से कोई सम्बन्ध नहीं था। जिस देश के नाम पर चलाई जा रही थी, नेहरू की विदेश नीति का लक्ष्य उस देश के नागरिकों की सुरक्षा और कल्याण में योग करनेवाला नहीं था, वह अपने आप में ही लक्ष्य थी।" (पृ. 184)

नेहरू की विदेश-नीति की इससे अधिक कठोर आलोचना की कल्पना करना मुश्किल है। यहाँ थरूर चेतन भगत की तरह नज़र आ रहे हैं, यानी—छठे दशक की भू-राजनीतिक वास्तविकताओं के प्रति आनन्दपूर्वक अचेतन।

मज़े की बात यह है कि इसी किताब में वे सिलिकॉन वैली में आईआईटी डिग्री को प्राप्त सम्मान पर बड़े प्रसन्न नज़र आते हैं। अब, यह मानने को तो जी

नहीं चाहता कि श्री थरूर को मालूम न हो कि आईआईटी मुम्बई सोवियत संघ के सहयोग से, मद्रास पश्चिम जर्मनी के सहयोग से, कानपुर अमेरिका के सहयोग से और दिल्ली ब्रिटेन के सहयोग से स्थापित हुए थे। यह मानने में भी थरूर साहब को शायद एतराज़ न हो कि इन सब आईआईटी के कारण भारतीय जनता का कुछ तो हित हुआ ही होगा। टैक्सपेयर्स मनी का कुछ सदुपयोग इन संस्थानों में अत्यन्त महँगी शिक्षा बहुत कम फ़ीस पर उपलब्ध कराने में हुआ ही होगा। वैसे, मेरी स्पष्ट राय है कि जो आईआईटी ग्रेजुएट सिलिकॉन वैली की शोभा बढ़ा रहे हैं, उनसे तो अमेरिकी व्यवस्था की श्रेष्ठ परम्परा का पालन करते हुए, उन पर, टैक्सपेयर्स मनी में से खर्च की गई सब्सिडी मय सूद के वसूल ही ली जानी चाहिए।

इसी तरह, भिलाई (सोवियत संघ के सहयोग से) और दुर्गापुर (ब्रिटेन के सहयोग से) में स्थापित इस्पात कारख़ानों से भी शायद देश का कुछ हित हुआ हो।

सहायता पश्चिमी ब्लॉक से भी मिल रही है, और पूर्वी से भी, बन्धन आप पर न सेटों-सीएटो के न वारसा पैक्ट के—इस स्थिति का कुछ सम्बन्ध शायद उस विदेश-नीति से भी हो, देश की सुरक्षा और जनता का कल्याण जिसका लक्ष्य ही नहीं था। ताज्जुब ही है कि श्री थरूर इस बात का कोई नोटिस नहीं लेते कि व्यावहारिक धरातल पर पश्चिमी ब्लॉक की तुलना में सोवियत संघ के निकट होने के कारण नेहरू केवल हवाई आदर्शवाद से नहीं जुड़े थे। यह निकटता संयुक्त राष्ट्र में कश्मीर के प्रश्न पर अमेरिका, ब्रिटेन की हरकतों की परिणति थी। (इस बात का संकेत आप इस संकलन में मौजूद नेहरू द्वारा कृष्ण मेनन को लिखे पत्रों में पाएँगे)।

आगे चलकर पाकिस्तान का विखंडन, बांग्लादेश का जन्म और इस तरह चीन की ऐन नाक के नीचे उसके वर्चस्व-स्वप्नों को चुनौती देना भी इसी निकटता के कारण सम्भव हो सका था।

कसम खाए विरोधियों या निन्दकों की पंगत अपनी जगह, शशि थरूर जैसे समझदार लोगों की समस्या यह है कि वे विज्ञान के प्रति नेहरू का लगाव तो याद रखते हैं, उनका इतिहास-बोध भूल जाते हैं। कोई वजह रही होगी कि नेहरू ने अपनी पुत्री को विज्ञान में लेटर-ट्यूटोरियल देने से ज़्यादा ज़रूरी 'विश्व इतिहास की झलकें' दिखाना समझा। ये झलकें घने छपे कोई साढ़े ग्यारह सौ पन्नों में फैली हैं। न्यूयॉर्क टाइम्स के अनुसार यह "बीसवीं सदी की सबसे महत्त्वपूर्ण किताबों में से एक है, और नेहरू का ऐतिहासिक विज़न एच.जी. वेल्स के विज़न से कहीं अधिक व्यापक है।"

नेहरू अतीत से चिपके रहने और उसे ख़ारिज कर देने—इन दोनों प्रकार की बेवकूफ़ियों के ख़तरों से वाक़िफ़ थे, अपनी पुत्री के बहाने हिन्दुस्तान-भर की नई पीढ़ी को इन ख़तरों से वाक़िफ़ कराना भी चाहते थे।

विडम्बना यह है कि यह बेवक़ूफ़ी नेहरू की ही पार्टी की सरकार की 'नई शिक्षा-नीति' में संस्थाबद्ध कर दी गई। उदारीकरण के नाम पर विकास का ऐसा मुहावरा गढ़ा गया जिसमें मानविकी और लिबरल आर्ट्स—यानी मनुष्य चेतना को

उदार, विवेकसंगत बनानेवाली विद्याएँ—इतिहास, साहित्य, दर्शन—हाशिए के भी हाशिए पर फेंक दी गईं। इस नीति के नतीजे आज हम झेल रहे हैं। वाट्सएप पर मूर्खता के जो विश्वविद्यालय इस वक़्त चल रहे हैं, उनके लिए अनुकूल वातावरण उसी नीति ने तैयार किया है जो भाषाओं को साहित्य के नहीं, सेक्रेटेरियल कोर्स के ज़रिये पढ़ाना चाहती है और इतिहास को टूरिस्ट गाइड-बुक के ज़रिये।

विज्ञान नेहरू के लिए टेक्नोलॉजी तक सीमित नहीं था। टेक्नोलॉजी में महारत नितान्त कूढ़मगज, प्रतिक्रियावादी मनोवृत्ति के साथ भी हासिल की जा सकती है। यक़ीन न हो तो किसी भी टिपीकल वाट्सएप ग्रुप में इंजीनियरों, इन्फोटेक वालों, बायोटेक वालों के श्रीवचनों का पाठ कर लीजिए। या स्वामी नित्यानन्द जी (इन दिनों कैलासवासी) का वह वीडियो देख लीजिए जिसमें वह दावा कर रहे हैं कि उस दिन सूरज उनके आदेश का पालन करने के लिए नियत समय से आधे घंटे बाद उदित हुआ। देखिए कि अंग्रेज़ी में निःसृत उनके प्रवचनों पर गद्गद होनेवालों में से कितने 'अशिक्षित' हैं, और कितने साइंस और टेक्नोलॉजी में हाईली ट्रेंड।

वैज्ञानिक सोच और पद्धति का सार है—सार्वभौमिकता, प्रयोगपरक तार्किकता और संवादधर्मिता। विज्ञान जिज्ञासा का व्यवस्थित रूप है। इसमें विवेक और भाव-संवेदना के बीच विरोध नहीं संवाद की स्वीकृति निहित है। तार्किकता को केवल प्रयोगशाला और वर्कशॉप तक अपना कर टेक्नोलॉजी की तरक़्क़ी ज़रूर हो सकती है, ज़रूरी नहीं कि संवेदना और विवेक की भी हो। नात्सी क्रूरता के प्रतीक गैस-चैंबर दक्षता और कमखर्च टेक्नोलॉजी के लिए बहुत मशहूर थे।

नेहरू के लिए वैज्ञानिक मनोवृत्ति टेक्नोलॉजी के प्रति व्यामोह तक सीमित वस्तु नहीं, मानवीय चेतना की समग्रता को छूनेवाली वस्तु थी। उनके लिए साहित्य, इतिहास और दर्शन निठल्लों के मनोविनोद नहीं थे, जैसा कि आजकल बहुत से लोग मानने लगे हैं, और जिनमें ख़ुद नेहरू की पार्टी के लोगों की तादाद बहुत है। प्रसंगवश, थरूर साहब का यह भी कहना है कि नेहरू समझ नहीं पाए कि "सॉफ़्टवेयर और स्प्रिचुअलिटी साथ-साथ चल सकते हैं, कि इक्कीसवीं सदी के भारत में प्रोग्रामिंग और प्रेयर दोनों चलेंगे।" (पृ. 250-51) यह नेहरू के बारे में ठेठ अमेरिकन कॉमनसेंस है, और उस कॉमनसेंस के कई अन्य पहलुओं की तरह इसका भी वास्तविकता से कोई लेना-देना नहीं।

यह तो सही है कि नेहरू की रुचि सूर्योदय विलम्बित करा देने के दावे करनेवाले नित्यानन्द, गुरुत्वाकर्षण के नियमों से परे ले जाने के दावे करनेवाले 'सद्गुरु' और प्राणायाम को 'सुदर्शन क्रिया' को एग्जोटिका में बदलकर बेचनेवाले श्री श्री यहाँ तक कि आचार्य से भगवान, भगवान से ओशो बन गए रजनीश के टाइप की आध्यात्मिकता में तो निश्चय ही न होती।

लेकिन, नेहरू का जे. कृष्णमूर्ति जैसे गम्भीर दार्शनिक साधकों और एल्डुअस हक्सले जैसे मानवीय नियति का अन्वेषण कर रहे लेखकों से गहरा संवाद था। वे टेक्नोलॉजिकल सभ्यता से उत्पन्न 'आध्यात्मिक रिक्ति' को बीसवीं सदी की बुनियादी समस्या मानते थे, और इसके निवारण के प्रयत्नों को राज्यसत्ता का दायित्व। स्वयं

को अद्वैत वेदान्त और प्राचीन यूनान की पैगन दृष्टि के निकट पानेवाले, नियमित रूप से शीर्षासन करनेवाले नेहरू योग को केवल फ़िटनेस ट्रेनिंग माननेवालों को निरन्तर याद दिलाते थे कि योग असल में चित्त के अन्वेषण की विधि है।

नेहरू के लिए अध्यात्म सामाजिक वास्तव से पलायन का, खोखले रूढ़िवाद को जायज़ ठहराने का बहाना नहीं, बल्कि जीवन-वास्तव की समग्रता का एक आयाम था। उनका यह बोध कल्हण की 'राजतरंगिणी', 'महाभारत' के बारे में उन्हें पढ़ते हुए ही नहीं, दिनकर की पुस्तक 'संस्कृति के चार अध्याय' की उनकी लिखी भूमिका देखने से भी स्पष्ट समझ में आता है।

जीवन-वास्तव की, भीतर-बाहर की निरन्तरता का ऐसा समग्र बोध धर्म-अर्थ-काम-मोक्ष चारों को जीवन-लक्ष्य माननेवाली परम्परा के सर्वथा अनुरूप है। जिन्हें थरूर नेहरू का श्रेष्ठतम जीवनीकार कहते हैं, उन एस.गोपाल ने नेहरू को 'एग्नॉस्टिक हिन्दू' ख़ामख़ाह नहीं कह दिया था।

एग्नॉस्टिक कहते हैं ऐसे व्यक्ति को जो ईश्वर के अस्तित्व के विषय में कोई बहुत कट्टर रवैया नहीं रखता, न पक्ष में, न विपक्ष में। इस मामले में नेहरू की सोच क्या थी, इसकी कुछ विस्तृत चर्चा 'अतियों के मोह से मुक्त : प्रबुद्ध मध्यमार्ग की ओर' में की गई है।

नेहरू की विदेश-नीति में बात केवल देश के नैतिक बल या नेहरू की व्यक्तिगत महत्त्वाकांक्षा की नहीं थी जैसा कि बहुत से लोग समझ बैठे हैं। इतिहास-बोध, अपने वक़्त की चेतना और भविष्य के विज़न से सम्पन्न नेहरू जानते थे कि भारतीय स्वाधीनता आन्दोलन ब्रिटिश साम्राज्य के अन्त का आरम्भ भी है। ब्रिटेन के नज़रिये से, यह आन्दोलन अमेरिकी स्वाधीनता आन्दोलन से शुरू हुई प्रक्रिया का अगला, कहीं अधिक महत्त्वपूर्ण चरण था। लॉर्ड इरविन के सामने अपने बनाए 'ग़ैरक़ानूनी' नमक की पुड़िया खोलते गांधी जी लाट साहब को 'बॉस्टन टी पार्टी'[1] की याद इसी बात को रेखांकित करने के लिए दिला रहे थे।

ब्रिटिश और फ्रेंच साम्राज्यों का अन्त दुनिया के इतिहास के ऐसे नये दौर का आरम्भ भी था, जिसमें राजनीतिक, आर्थिक ही नहीं, वैचारिक-सांस्कृतिक शक्ति-सन्तुलन भी सदा के लिए बदल जाना था। ज़ाहिर है कि उपनिवेशवादी इस हालत को हँसी-ख़ुशी तो स्वीकार करनेवाले थे नहीं, उनकी नीति उपनिवेशवाद की समाप्ति के बाद भी अपना वर्चस्व बनाए रखने की थी।

---

1. बॉस्टन चाय पार्टी अमेरिका के बॉस्टन नगर-निवासियों द्वारा ब्रिटिश सरकार के ख़िलाफ़ प्रत्यक्ष कार्यवाही थी। 16 दिसम्बर, 1773 को जब बॉस्टन के ब्रिटिश अधिकारियों ने करमुक्त चाय के ब्रिटेन से आए तीन जहाज़ों को ब्रिटेन लौटाने की माँग मानने से इनकार कर दिया तो, स्थानीय बाशिन्दों के एक झुंड ने जहाज़ों पर चढ़कर सारी चाय समुद्र में फेंक दी। विरोध का कारण यही था कि इस करमुक्त चाय का आयात ब्रिटिश गवर्नर द्वारा बॉस्टन के चुने हुए प्रतिनिधियों के आयातित जिंसों पर कर लगाने के अधिकार का उल्लंघन था। इसके बाद घटनाक्रम बहुत तेज़ी से चला, और 4 जुलाई, 1776 को ब्रिटेन के तेरह 'अमेरिकी उपनिवेशों' ने ब्रिटेन से आज़ादी का ऐलान कर दिया।

दूर की न सोच पानेवालों के लिए, आज़ादी के बाद, आसान विकल्प था—दुनिया के दो धड़ों में से एक के साथ लग जाना। या तो अमेरिका वाला फ्री वर्ल्ड गुट, या सोवियत संघ वाला समाजवादी गुट। उन दिनों भी कुछ 'राष्ट्रवादी' चाहते थे कि भारत अमेरिकी छतरी के नीचे चला जाए, साम्यवादी चाहते थे कि सोवियत संघ का हाथ थाम लिया जाए। दोनों रास्तों के हालिया लाभ भी ज़ाहिर थे। लेकिन नेहरू के विज़न में भारत की भूमिका विश्व-रंगमंच पर किसी का पिछलगुआ बनने की नहीं, स्वयं नेतृत्व करने की थी। इसीलिए उनने गुट-निरपेक्षता के तीसरे रास्ते की कल्पना की। इस पर चलने की शुरुआत आज़ादी के पहले ही हो गई थी, जिसका महत्त्वपूर्ण पड़ाव आया 23 मार्च, 1947 को जब दिल्ली में 'थ्योरिटिकली नॉन पॉलिटिकल एशियन रिलेशंस कॉन्फ्रेंस' का आयोजन किया गया। फ़िलिप्स टालबोट ने 'दि न्यू रिपब्लिक' में अपने लेख के पहले वाक्य में ही कॉन्फ्रेंस के ऐतिहासिक महत्त्व का सार बता दिया था, "यह दिन उन लोगों के लिए चिन्ताजनक है, जो समझते हैं कि एशिया कभी बदलेगा ही नहीं।"

यह हवाई आदर्शवाद नहीं, इतिहास-बोध सम्पन्न, व्यावहारिक विवेक था कि नेहरू ने नाटो के एशियाई संस्करणों—सेंटो, सीएटो से और दूसरी ओर सोवियत ब्लॉक से दूर रहने का फ़ैसला किया। गुट-निरपेक्ष आन्दोलन का विचार अपनी इमेज की चिन्ता से नहीं, अपने देश को विश्व-रंगमंच पर महत्त्वपूर्ण और कालान्तर में निर्णायक भूमिका में देखने की महत्त्वाकांक्षा से जन्मा था। इस महत्त्वाकांक्षा का महत्त्व शशि थरूर, चेतन भगत और उनके प्रशंसक समझें न समझें, लेकिन जिनके ये सब महानुभाव परम प्रशंसक हैं, आधुनिक सिंगापुर के वे निर्माता ली क्वान यु बख़ूबी समझते थे। नेहरू को 'पहला एफ्रो-एशियाई' उन्हीं ने कहा था। इस कथन का आशय क्या था, आप इस संकलन में उनका लेख पढ़कर समझ सकते हैं।

बिलकुल सही है यह बात कि अन्तर्राष्ट्रीय राजनीति में न मित्रता स्थायी होती है न शत्रुता, स्थायी होते हैं राष्ट्रीय हित। सवाल यह है कि राष्ट्रीय हित साल दो-साल के पैमाने पर नापे जाएँगे या दूर की सोच पर? दोनों में से किसी एक ब्लॉक के साथ चिपकने से नेहरू का एतराज़ केवल नैतिक नहीं, राजनीतिक भी था। वे जानते थे कि अमेरिका या सोवियत संघ में से किसी के भी साथ जाने का अर्थ है भारत की अपनी अन्तर्राष्ट्रीय भूमिका को कमज़ोर करना। भारत की नियति को पिछलगुओं की नियति बना देना नेहरू को मंज़ूर नहीं था। सोवियत संघ के विघटन के बाद भी, एक ध्रुवीय दुनिया बन जाने के बाद भी, यदि भारत इस समय दुनिया में ख़ास हैसियत रखता है तो वह नेहरू की दूरन्देशी के कारण ही। अपने-अपने हितों के कारण न अमेरिकी गुट भारत को एक सीमा से अधिक नाराज़ कर सकता था, न सोवियत गुट। नेहरू के तथाकथित हवाई आदर्शवाद का नहीं, सोची-समझी विदेश-नीति का ही परिणाम था कि दोनों गुटों से भारत को आर्थिक मदद मिलती रही, और सोवियत गुट से अन्तर्राष्ट्रीय राजनीति में सहयोग भी। स्तालिन के ज़माने का सोवियत-संघ नेहरू को सन्देह की दृष्टि से ही देखता था। वहाँ की कम्यूनिस्ट पार्टी की मशहूर बीसवीं कांग्रेस द्वारा स्तालिन के पर्सनैलिटी कल्ट के तिरस्कार के

बाद, सोवियत संघ की आन्तरिक और विदेश-नीति में बदलाव आए, गुटनिरपेक्षता के प्रति सद्भाव की नीति अपनाई गई।

नेहरू अपनी राह से नहीं डिगे, अपने-अपने कारणों से सोवियत संघ और अमेरिका दोनों ही गुट-निरपेक्ष भारत के महत्त्व को स्वीकारने पर विवश हुए।

~

नेहरू द्वारा अपनाई गई मिश्रित अर्थव्यवस्था की ख़ामियों से मुँह चुराना व्यर्थ है, लेकिन क्या उसमें केवल ख़ामियाँ ही ख़ामियाँ थीं? क्या इक्कीसवीं सदी की दुनिया के लिए उससे सीखनेवाली कोई भी बात नहीं है? शशि थरूर के अनुसार "आज़ादी के बाद के पाँच दशकों के अधिकांश में भारत ने अनुत्पादकता को सब्सिडी देने की, जड़ता का विनियमन करने की और ग़रीबी का वितरण करने की अर्थनीति अपनाई। नेहरू इसे समाजवाद कहते थे।" (पृ. 241)

यह कथन 'एन एरा ऑफ़ डार्कनेस' के प्रकाशन से तेरह साल पहले का है। सम्भवत: उस समय श्री थरूर जानते नहीं थे कि आज़ादी के वक़्त भारत को कैसी अर्थव्यवस्था मिली थी। वे सम्भवत: यह भी भूल गए हैं कि फ़ासिज़्म से यूरोप का उद्धार करने के लिए बहु-प्रशंसित चर्चिल महाशय की कृपा से बंगाल में लाए गए कृत्रिम अकाल के शिकार कितने लाख लोग हुए थे, और यह भी कि विभाजन के दौरान कितने लाख लोगों को बसाने का काम भारत-सरकार के ज़िम्मे आया था, कितने लाख लोग उस विभीषिका में मारे गए थे। और यह भी कि 1947 में भारतीय मनुष्य की जीवनाशा केवल बत्तीस बरस थी, जो 1963 में बढ़कर पचास बरस हो चुकी थी। इसे महत्त्वपूर्ण उपलब्धि मानें या नहीं? इसका कुछ श्रेय योजनाबद्ध विकास को दें या नहीं?

मिश्रित अर्थव्यवस्था के बारे में टैक्सपेयर्स मनी जैसे सतही मुहावरे में बात करने से बेहतर है कि इसकी कमियों की बात करते समय भी सोचा जाए कि इसे अपनाने की मूल प्रेरणा क्या थी, और वह प्रेरणा सही थी या ग़लत? टैक्सपेयर्स मनी का मुहावरा सतही इसलिए है कि इसका इस्तेमाल इस भोली समझ के साथ किया जाता है कि टैक्स तो बस एक ही है—इनकम टैक्स। यह भुला दिया जाता है कि आधुनिक अर्थव्यवस्था में एक रुपये की माचिस डिबिया ख़रीदनेवाला भी अप्रत्यक्ष कर के ज़रिये योगदान करता है। टैक्सपेयर्स मनी का मुहावरा केवल एक चीज़ की सूचना देता है, और वह है अज्ञानजनित आत्मविश्वास की अदम्यता।

कोटा-परमिट राज के भ्रष्टाचार और नौकरशाही की निन्दा करना सर्वथा सही है, लेकिन क्या विकल्प यही है कि सबको जो जी चाहे करने की छूट दे दी जाए? नौकरशाही और व्यापार के स्वभाव में मूल अन्तर है, इसलिए यह तो किसी हद तक सही है कि व्यापार दूसरे लोग करें और प्रशासन दूसरे। नव उदारवाद के समर्थक कहते भी हैं कि सरकार का व्यापार में क्या काम? गवर्नमेंट हैज नो बिज़नेस टु बी इन बिज़नेस। चलिए मान लिया, सवाल यह है कि शिक्षा, स्वास्थ्य आदि बिज़नेस

के मामले हैं या जन-कल्याण के? पता नहीं कि अमेरिका-मुग्ध लोगों में से कितनों को याद रहता है कि वहाँ तो जेलख़ाने भी इसी कोटि में आते हैं कि गवर्नमेंट हैज नो बिज़नेस टु बी इन बिज़नेस। विडम्बना यह है कि जेलख़ानों की मिल्कियत निजी हाथों में है, उन्हें चलाने का खर्चा उसी टैक्सपेयर्स मनी से दिया जाता है जिसे कमज़ोर तबक़ों के हित में ख़र्च किए जाने पर टैक्सपेयर बिलबिलाने लगता है। निजी जेलख़ानों को साठ हज़ार डॉलर प्रति क़ैदी प्रति वर्ष दिया जाना टैक्सपेयर्स मनी का सदुपयोग है, लेकिन यूनिवर्सिटी एजुकेशन को सब्सिडी देना फ़िज़ूलख़र्ची। जो पढ़ना चाहते हैं, उनमें से अधिकांश भारी सूद पर स्टूडेंट लोन लेकर जीवन-भर दुष्चक्र में फँसे रहते हैं। स्टूडेंट लोन अमेरिका की प्रचंड समस्याओं में से एक है, पिछले कुछ बरसों में इस दुष्चक्र की चर्चा अमेरिकी मीडिया और पॉपुलर कल्चर में बारम्बार हुई है। अत्यन्त लोकप्रिय लेखक जॉन ग्रीशम का 2017 में प्रकाशित उपन्यास 'दि रूस्टर बार' इसी समस्या पर केन्द्रित है।

यही हाल स्वास्थ्य का है। अमेरिका की 'फ्री' व्यवस्था में स्वास्थ्य नागरिक का अधिकार नहीं, कमोडिटी है, जिसकी हैसियत हो, ख़रीदे...नहीं तो भगवान भरोसे जिए और मरे। 'हेल्थ इंडस्ट्री' और 'इंश्योरेंस इंडस्ट्री' की मिलीभगत ने कैसी भयानक विडम्बना रची है, यह जानने के इच्छुक पाठक हार्वर्ड से चिकित्सा विज्ञान पढ़ने के बाद कई हस्पतालों में काम कर चुकी एलिज़ाबेथ रोज़ैंथल की किताब देख सकते हैं। किताब का शीर्षक ही अमेरिकी स्वास्थ्य व्यवस्था की वास्तविकता को उजागर कर देता है, 'एन अमेरिकन सिकनेस' (पेंग्विन बुक्स, न्यूयॉर्क, 1917)।

यह स्थापित तथ्य है कि कोविड-19 महामारी में काल के गाल में समानेवाले कोई सवा चार लाख अमेरिकी नागरिकों में से अधिकांश को बचाया जा सकता था, बशर्ते कि स्वास्थ्य सेवाओं को व्यापार न बनाकर रखा गया होता, मान लिया गया होता कि गवर्नमेंट हैज ए बिज़नेस टु बी एट लीस्ट इन दि बिज़नेस ऑफ़ हेल्थ...

अप्रैल 2020 में, 'न्यू स्टेट्समैन' में, जॉन ग्रे ने "यूनाइटेड किंगडम में अभूतपूर्व पैमाने पर बिग गवर्नमेंट का पुनराविष्कार" नोट किया था। वाल स्ट्रीट जर्नल मार्च में ही अमेरिका के सन्दर्भ में 'बिग गवर्नमेंट के दिनों की वापसी' की घोषणा कर चुका था। वैसे तो ओबामा बारह साल पहले, सबप्राइम क्राइसिस के दौरान ही चेता चुके थे कि स्वतंत्रता का मतलब निजी बैंकों को मनमानी की छूट दिए रहना नहीं हो सकता, कुछ पाबन्दियाँ तो ज़रूरी हैं।

बिग गवर्नमेंट का मतलब यदि निजी क्षेत्र को पूरी तरह ग़ायब कर देना, अर्थतंत्र पर अबाध अधिकार के ज़रिये नेताओं-नौकरशाहों की तानाशाही की रचना कर देना हो, तो इसके दिन न कभी आए थे, न आएँगे। यदि बिग गवर्नमेंट का मतलब जनकल्याण को सरकार की बुनियादी ज़िम्मेदारी बनाना, टैक्सपेयर्स मनी को सार्वभौम शिक्षा, स्वास्थ्य, पेयजल, सर्वसुलभ परिवहन माध्यमों पर खर्च करना हो तो इसके दिन कभी गए नहीं, न कभी जाएँगे।

नियो-लिबरल आर्थिक सोच के अंधविश्वासों की सीमाएँ उजागर होना कोरोना-संकट का एक सुपरिणाम माना जा सकता है।

दूसरी ओर कम्यूनिस्ट व्यवस्था में समाजवाद के नाम पर ताक़त पार्टी और सरकार के नौकरशाहों के हाथों सिमटती चली जाती है। बाज़ार की प्रतियोगिता के न होने की वजह से उत्पादित वस्तुओं में न गुणवत्ता रह पाती है न वे साधारण ढंग से लोगों को उपलब्ध हो पाती हैं। सारे अर्थतंत्र पर जनता के नाम पर सरकार का, सरकार के नाम पर पार्टी का और पार्टी के नाम पर सुप्रीम लीडर का क़ब्ज़ा होने के कारण, निजी सम्पत्ति का पूर्ण निषेध होने के कारण व्यक्ति की स्वाधीनता और अभिव्यक्ति की स्वतंत्रता असम्भव हो जाती है। बुनियादी ज़रूरतें पूरी करने की यह क़ीमत इतनी ज़्यादा साबित हुई कि सोवियत संघ विघटित हो गया और चीन कम्यूनिस्ट शासन-पद्धति में चलनेवाला पूँजीवादी देश बन गया।

सोवियत संघ के विघटन और चीन के रूपान्तरण के साथ इस तरह के सर्वसत्तावाद की विफलता इतिहास में दर्ज़ हो गई। लेकिन, क्या यह विफलता मिनिमम गवर्नमेंट के नाम पर एकाधिकारी पूँजी का खुला खेल फर्रुखाबादी चलानेवाले नियो-लिबरल मॉडल की सफलता भी थी? बीसवीं सदी के अन्तिम दशक की शुरुआत में बहुत से लोगों को यही लगा था। फ्रांसिस फुकुयामा ने अमेरिकी ढर्रे के पूँजीवादी लोकतंत्र को इतिहास का अन्त ही घोषित कर दिया था। लेकिन, वही फुकुयामा, आज कोई तीस साल बाद 'समाजवाद की वापसी को अवश्यंभावी और वांछनीय' ठहरा रहे हैं। उनका कथन आप प्रस्तावना में देख सकते हैं।

नेहरू द्वारा परिकल्पित मिश्रित अर्थव्यवस्था की आलोचना करके उसे सुधारने की कोशिश करना ज़रूरी है, लेकिन उस दिशा में क़दम बढ़ाना ही अपराध था, ऐसा मानकर नेहरू को कोसना बुद्धिमत्ता नहीं कहा जा सकता। कोरोना वायरस के सबक़ के बाद तो उनके प्रति कृतज्ञ होते हुए उनकी दूरन्देशी से सीखना ही समझदारी का प्रमाण माना जाएगा। वैसे, सीखनेवाले तो उसी समय सीख रहे थे, सराहनेवाले उस समय भी सराह रहे थे। 1964 में सोवियत संघ में कोसीगिन सुधार लागू किए गए थे, ताकि सरकारी तंत्र में दबी जा रही निजी पहलक़दमी को कुछ अवकाश मिले। फ़ैक्टरियाँ अपने उत्पादन लक्ष्य पार्टी कमेटी के निर्देशों पर नहीं, माँग और आपूर्ति के 'पूँजीवादी बाज़ार नियमों' के हिसाब से तय करें। लेकिन, तब तक सोवियत संघ को यह सुविधा बाक़ी नहीं रह गई थी कि अभिव्यक्ति की स्वाधीनता और विनियमित निजी सम्पत्ति को भी सम्भव कर सके। कोसीगिन सुधार सही दिशा में अपर्याप्त क़दम बनकर रह गए।

यान टिनबर्जन प्रसिद्ध अर्थशास्त्री थे, अर्थशास्त्र में दिया जानेवाला नोबल पुरस्कार 1968 में सबसे पहले उन्हीं को दिया गया था। नेहरू जन्मशती वर्ष 1989 में नेहरू की अर्थनीति का आकलन करते समय यान टिनबर्जन ने समकालीन राजनेताओं से 'नेहरू के विचारों की तुलना' की और निष्कर्ष निकाला कि "नेहरू किसी भी तरह के अतिवाद को ख़ारिज करते थे : न तो पूँजीवादी व्यवस्था और न ही सोवियत यूनियन की केन्द्रीकृत साम्यवादी व्यवस्था ही उन्हें प्रभावित करती थी। सोवियत संघ में पिछले दिनों हुए परिवर्तनों को देखते हुए, पश्चिमी यूरोपीय और जापानी व्यवस्थाओं, जो कि अमेरिकन व्यवस्था से भिन्न हैं, को ध्यान में रखते हुए

निस्सन्देह कहा जा सकता है कि नेहरू का चयन स्पष्ट रूप से विश्व के वास्तविक विकास से कहीं अधिक भविष्योन्मुख था।"

नेहरू के विज़नरी होने में जिन्हें सन्देह है, वे ध्यान दें, "विश्व के वास्तविक विकास से कहीं अधिक भविष्योन्मुख"। नेहरू का भविष्य हमारा वर्तमान है, "टेक्नोलॉजिकल सभ्यता से उत्पन्न आध्यात्मिक रिक्ति" कहीं अधिक प्रबल रूप से हमारे समय को आच्छादित किए हुए हैं। हम जान चुके हैं कि ज़रूरी नहीं कि बिग गवर्नमेंट हर हाल में बिग ब्रदर भी हो, यह भी ज़रूरी नहीं कि योजनाबद्ध विकास को नौकरशाही जड़ता का पर्याय बना दिया जाए। इतिहास-क्रम ने हमें अवसर दे दिया है कि अतियों के मोह से मुक्त हो कर न्यायसंगत, स्वाधीनतापरक मध्यमार्ग की खोज करें।

5

नेहरू के व्यक्तित्व और सोच का सार इन शब्दों में व्यक्त किया जा सकता है—

> *महर्षि वाल्मीकि ने रामायण में भगवान राम के सम्बन्ध में कहा है कि वे असम्भवों के समन्वय थे। पंडित जी के जीवन में महाकवि के उसी कथन की एक झलक दिखाई देती है। वह शान्ति के पुजारी, किन्तु क्रान्ति के अग्रदूत थे; वे अहिंसा के उपासक थे, किन्तु स्वाधीनता और सम्मान की रक्षा के लिए हर हथियार से लड़ने के हिमायती थे।*
>
> *वे व्यक्तिगत स्वाधीनता के समर्थक थे किन्तु आर्थिक समानता लाने के लिए प्रतिबद्ध थे। उन्होंने समझौता करने में किसी से भय नहीं खाया, किन्तु किसी से भयभीत होकर समझौता नहीं किया। पाकिस्तान और चीन के प्रति उनकी नीति इसी अद्‌भुत सम्मिश्रण का प्रतीक थी। उसमें उदारता भी थी, दृढ़ता भी थी। यह दुर्भाग्य है कि इस उदारता को दुर्बलता समझा गया, जबकि कुछ लोगों ने उनकी दृढ़ता को हठवादिता समझा।*

उपरोक्त शब्द मेरे नहीं, श्री अटल बिहारी वाजपेयी के हैं।

प्रस्तावना

अतियों के मोह से मुक्त, प्रबुद्ध मध्यमार्ग की ओर

1

नरेन्द्र मोदी के नेतृत्व वाली भारतीय जनता पार्टी की सरकार के धुआँधार बहुमत से दोबारा सत्ता में वापसी के कुछ दिन बाद ही मैं यह प्रस्तावना मई 2019 में लिख रहा हूँ। जवाहरलाल नेहरू, भारत के पहले प्रधानमंत्री, ठीक पचपन साल पहले गुज़र चुके हैं। लेकिन अगर आप किसी और दुनिया से आए हुए तटस्थ चुनावी टिप्पणीकार हों और हाल में हुए चुनावों का जायज़ा लें, तो आप इस निष्कर्ष पर भी पहुँच सकते हैं कि दिवंगत नेहरू ही इस चुनाव में मुख्य विपक्षी थे। वो अपने विरोधियों और निन्दकों के लिए अभी भी उतने ही जीवित हैं कि उन लोगों ने अपने चुनाव अभियानों में नेहरू के व्यक्तित्व, उनकी विरासत, उनके वैश्विक दृष्टिकोण, सब पर लगातार प्रहार किया। इससे भी आगे बढ़कर एक 'अराजनीतिक' प्रचार नेहरू के ख़िलाफ़ हर सम्भव संचार माध्यम द्वारा चलाया गया। अब जबकि चुनाव में नेहरू के सबसे मुखर विरोधी और निन्दक विजयी हुए हैं तो शायद आप सोचें कि अब तो ये प्रोपेगंडा, गाली-गलौज, विष-वमन, घृणा कुछ थमेगी। लेकिन ऐसा नहीं होने जा रहा, ये हो भी नहीं सकता। जब तक नेहरू की विरासत का कुछ भी अंश जीवित बचा रहेगा, ये विजेता ख़ुद को कहीं न कहीं पराजित महसूस करते रहेंगे।

नरेन्द्र मोदी का पिछला कार्यकाल साधारण से भी ख़राब होने के बावजूद उन्हें इस बार और अधिक बहुमत व बढ़े हुए वोट शेयर के साथ दोबारा चुन लिया गया। इस तथ्य को यह कहकर हल्के में नहीं लिया जा सकता कि "उन्होंने विचारों का युद्ध नहीं जीता है।" यह सोचना बौद्धिक अनभिज्ञता होगी या ख़ुद को धोखे में रखने की प्रवृत्ति ही होगी। ऐसी बातें तभी की जा सकती हैं जबकि आप तस्वीर के एक ही पहलू पर इतना ध्यान जमा लें कि पूरी तस्वीर निगाह से ओझल ही हो जाए। सच यह है कि नरेन्द्र मोदी जो सर्वव्यापी और महामानव से दिखते हैं, वास्तव में एक बहुत बड़ी मशीन का छोटा-सा हिस्सा-भर हैं। तथ्य यह है कि बहुत-से विश्लेषक 2014 के चुनावों की अहमियत को भी समझ सकने में विफल रहे थे। यह मात्र सत्ता-परिवर्तन नहीं था, यह प्रधानमंत्री मोदी के ही शब्दों में आर.एस.एस. की पाँच पीढ़ियों द्वारा किए गए सतत परिश्रम का परिणाम था।

तब से, सारी सरकारी मशीनरी, संस्थाओं और रीढ़हीन मीडिया को इस 'सतत कार्य' में लगा दिया गया है, जिसका तरीक़ा है, संवैधानिक संस्थाओं को गरिमाहीन करना, हर प्रकार के विरोध का दमन करना या ज़बरदस्ती चुप करा देना और इलेक्ट्रॉनिक व सोशल मीडिया के माध्यम से झूठ की बरसात करना; और इन सारे 'सतत कार्यों' का एक ज़रूरी अंग नेहरू को इतिहास का खलनायक साबित करना है। 2014 के चुनाव परिणाम ने भारतीय जनता पार्टी को अपने दम पर पूर्ण बहुमत दिया। 'हिन्दुत्व के जनक' विनायक दामोदर सावरकर के शब्दों में यह 'समग्र राजनीति के हिन्दूकरण' की यात्रा का एक महत्त्वपूर्ण पड़ाव था। सावरकर 'हिन्दुत्व' और 'हिन्दूइज़्म' (हिन्दू धर्म) में फ़र्क़ करते थे। उनके अनुसार हिन्दुत्व का मतलब हिन्दू धर्म नहीं है, क्योंकि हिन्दू धर्म या हिन्दूइज़्म तो 'एक संकुचित, संकीर्ण और पंथनुमा' शब्द है। सावरकर का अभीष्ट लोगों को ज़्यादा धार्मिक या अधिक राष्ट्रवादी बनाना नहीं, बल्कि हिन्दू राष्ट्रवादी बनाना था। आर.एस. एस. व समूचा संघ परिवार पिछली 'पाँच पीढ़ियों' से इसी काम में लगा रहा है। उनका वास्तविक लक्ष्य न हिन्दू धर्म है न राष्ट्रवाद, उनका उद्देश्य सारी सरकारी मशीनरी को हिन्दुत्व विचार के एकाधिकार वाले भारत के निर्माण में लगाना है, जो कि अनिवार्यतः एक लोकतांत्रिक भारतीय राष्ट्रवाद के विचार के विरोध में है। नेहरू इस लक्ष्य को प्राप्त करने के रास्ते में सबसे बड़ी रुकावट हैं क्योंकि उनकी 'भारत माता', संघ परिवार की एकच्छत्रवादी 'भारत माता' की परिकल्पना के लिए बहुत बड़ी चुनौती है।

हमारा स्वतंत्रता आन्दोलन इस मायने में अनूठा था कि उसने देशभक्ति और उपनिवेशवाद विरोधी भावनाओं के आधार पर एक लोकतांत्रिक, समावेशी राष्ट्रवाद का निर्माण किया। विख्यात समाज-सुधारक और स्वतंत्रता सेनानी दादा धर्माधिकारी ने इस राष्ट्रवाद को 'मानवनिष्ठ भारतीयता' या करुणामय भारतीय राष्ट्रवाद कहा था। प्रतिक्रियावादी और साम्प्रदायिक शक्तियों ने इस समावेशी राष्ट्रवाद का हमेशा विरोध किया है, और यही कारण है कि नेहरू और हमारे स्वतंत्रता आन्दोलन के अन्य नेताओं ने साम्प्रदायिकता के उलट अपने समावेशी राष्ट्रवाद को रखा—साम्प्रदायिकता, चाहे हिन्दू साम्प्रदायिकता हो या मुस्लिम साम्प्रदायिकता हो या कोई भी अन्य। वे राष्ट्रवाद से विमुख नहीं हुए, बल्कि लोगों को मानवनिष्ठ भारतीयता के रूप में राष्ट्रवाद की ओर अभिप्रेरित करने का प्रयास किया और इसमें सफल भी हुए। हिन्दुत्ववादियों के द्वारा सबसे ज़्यादा नेहरू को ही भला-बुरा कहा गया है, क्योंकि यह नेहरू ही थे, जिनके पास एक ऐतिहासिक अवसर और ज़िम्मेदारी थी, जिसको उन्होंने महती सफलता के साथ निभाया भी कि उन्होंने भारतीय जनता के भीतर की देशभक्ति की भावना को मानवनिष्ठ भारतीयता में परिवर्तित करके एक आधुनिक भारतीय राष्ट्रवाद को संस्थाबद्ध किया—ऐसा भारतीय राष्ट्रवाद जो कि भविष्योन्मुखी और आधुनिक तो था ही, साथ ही साथ जिसकी भारतीय परम्परा और विरासत में गहरी जड़ें भी थीं; एक ऐसा राष्ट्रवाद जो कि सबको साथ लेकर चलनेवाला, सकारात्मक, राष्ट्रीय हितों को सर्वोपरि रखनेवाला और गर्वपूर्ण भी था।

नेहरू ने उन सभी तत्कालीन देशज व विदेशी राजनीतिक पंडितों की निराशामूलक भविष्यवाणियों को निर्मूल साबित कर दिया, जो समझते थे कि भारत एक राष्ट्र कभी बन ही नहीं सकता।

हिन्दुत्ववादियों की दृष्टि में नेहरू का मुख्य अपराध यह था कि उन्होंने अडिग प्रतिबद्धता के साथ प्रबुद्ध राष्ट्रवाद के विज़न को व्यावहारिक रूप दिया। हिन्दुत्व के पैरोकार भली-भाँति जानते हैं कि बिना नेहरू की यादों और छवि को मिटाए, बिना नेहरू के विराट व्यक्तित्व का क़द गिराए—बिना भारतीय जनता के दिमाग़ पर नेहरू की छाप को हटाए—वे अपने हिन्दुत्ववादी प्रोजेक्ट में कामयाब नहीं हो सकते।

यह बिलकुल साफ़ कहने की ज़रूरत है कि नेहरू को भला-बुरा कहनेवाले ट्रोल्स और उनके राजनीतिक आक़ाओं के लिए मामला केवल एक व्यक्ति के रूप में नेहरू को 'मिटाने' भर का नहीं है। वास्तव में, जो भारत-संकल्पना (आइडिया ऑफ़ इंडिया) नेहरू ने देश को दी, उसे नष्ट करना उनका असली अभीष्ट है। सभी जम्हूरियत पसन्द नागरिकों को यह सवाल ख़ुद से पूछना होगा : राष्ट्र की समावेशी, प्रबुद्ध और सही मायनों में आधुनिक संकल्पना, जिसे 'नेहरूवियन आइडिया ऑफ़ इंडिया' कहा जाता है, बचाकर रखने, और अधिक मज़बूत करने लायक़ है या नहीं?

यह किताब इसी प्रश्न का जवाब ढूँढ़ने की दिशा में एक प्रयास है।

2

मेरे बचपन की यादों में, नेहरू को लेकर मेरी जो सबसे हृदयस्पर्शी स्मृति है, वह 27 मई, 1964 की एक गर्मी-भरी मटमैली दोपहरी की है। हम बच्चों को खाना खिलाकर धूप से बचाने के लिए ज़बरदस्ती सुला दिया गया था, ताकि मेरी माँ (जिन्हें हम सब जीजी कहते थे) को घर के थकाऊ काम के बाद कुछ आराम मिल सके। मैं नींद के आगोश में जा ही रहा था कि मेरे गालों पर आँसू की एक बूँद गिरी और मैंने अपनी जीजी की काँपती आवाज़ में सुना कि 'उठ, नेहरू नहीं रहे'।

कुछ देर बाद बाबूजी भी दुकान बढ़ाकर घर आ गए। उजड़े हुए-से बाबूजी अपने आँसुओं को भरसक रोकने की कोशिश कर रहे थे। उन्होंने दुकान की चाभियाँ जीजी को थमाईं और चुपचाप चारपाई पर लेट गए। उस शाम घर में खाना नहीं बना, हालाँकि हम बच्चों को कुछ चुटुर-पुटुर खाने के लिए दे दिया गया।

मेरे माता-पिता, नेहरू के प्रशंसक होना तो दूर, उनकी काफ़ी आलोचना किया करते थे। ख़ासकर 1962 के अपमानजनक भारत-चीन युद्ध के बाद वह नेहरू को काफ़ी भला-बुरा कहने लगे थे। फिर भी उस दिन उनको देखकर यह लग रहा था कि नेहरू उनके घर के ही कोई प्रिय सदस्य थे, जिनको उन्होंने खो दिया था।

ग्वालियर का वह मोहल्ला जहाँ हम रहते थे, हिन्दू महासभा का गढ़ था। कुछ लोग अपने उस मुख्य शत्रु के मरने पर प्रफुल्लित थे और लोगों से ख़ुशी के दीप

जलाने (जलाओ दीये घी के...) का आह्वान कर रहे थे। लेकिन कुछ देर में उनकी ख़ुशियाँ ठंडी पड़ गईं, क्योंकि अपने चारों ओर एक ग़म और दुख का माहौल देखकर वे ख़ुद में लज्जित से हुए। वह 24X7 टी.वी. चैनल्स और सोशल मीडिया के दिन नहीं थे, फिर भी कई दिनों तक पूरे शहर में सभी बिरादरियों और वर्गों में शोक का माहौल साफ़ देखा जा सकता था।

वहीं एक वैष्णव मठ था, जिससे हमारा परिवार आध्यात्मिक रूप से जुड़ा हुआ था, वहाँ भी एक अचम्भित करनेवाली घटना घटी। यह वही प्रसिद्ध मठ है, जहाँ के महंत गंगादास जी ने झाँसी की रानी लक्ष्मीबाई का 1858 में अन्तिम संस्कार किया था। जगन्नाथदास जी (जो 1964 में वहाँ के महंत थे) नेहरू से बहुत से कारणों से नफ़रत ही दर्शाते थे। उनकी नफ़रत का मुख्य कारण यह था कि नेहरू की 'दुष्टतापूर्ण नीतियों के कारण' उनकी बहुत-सी माफ़ीदारी की ज़मीनें छिन गई थीं। महंत जी ख़ासे रोबदार, लगभग डरावने व्यक्तित्व के शख़्स थे। उस शाम वह भी ख़ुश होने के बजाय ग़म, वेदना और दुख की प्रतिमूर्ति लग रहे थे। उस शाम मठ की रसोई में भोजन नहीं बना। मठ में तीन दिन तक सूतक माना गया।

दशकों बाद 15 अगस्त, 2014 के दिन मैं एक टी.वी. वार्ता में था, जब प्रधानमंत्री लाल क़िले से देश को सम्बोधित कर रहे थे। जैसे ही नये प्रधानमंत्री नरेन्द्र मोदी ने अपना भाषण ख़त्म किया, एक युवा टी.वी. एंकर अपनी उत्तेजना छुपा न सकी और किलककर बोलीं : "मुझे पक्की तरह पता है कि भारत के इतिहास में कोई दूसरा प्रधानमंत्री इस तरह जनता से कनेक्ट नहीं हो सका है जैसे यह पी.एम.। प्रोफ़ेसर अग्रवाल आपको इस पर क्या कहना है?"

कुछ क्षण के लिए मेरे मन में आया कि काश मेरे पास महंत जगन्नाथ दास जी का टेम्पर होता और वह अथॉरिटी भी होती, जो उन्हें महंत होने के नाते मिली थी, तो मैं इस सवाल का मुँहतोड़ जवाब दे सकता। लेकिन मैंने ख़ुद को संयमित किया।

मैंने जवाब दिया, "आदरणीय प्रधानमंत्री की लोकप्रियता से कौन इनकार करेगा? लेकिन कोई दूसरा प्रधानमंत्री (इतना लोकप्रिय) नहीं हुआ? आप आराम से नेहरू और इन्दिरा गांधी को भूल जाइए, लेकिन अभी हाल में एक सज्जन हुए हैं, जिनका नाम अटल बिहारी वाजपेयी था, जिनके भाषण सुनने के लिए मेरी उम्र के नौजवान धैर्यपूर्वक रात-भर इन्तज़ार करते थे। यह टी.वी. युग की पत्रकारिता के पहले के दौर की बात है।"

वह टी.वी. एंकर मेरे जवाब से ख़ुश तो नहीं ही हुई और कुछ तर्क-वितर्क के बाद मैं उस एंकर से यह कहने को मजबूर ही हो गया कि "आप जैसे लोगों के साथ समस्या यह है कि आप समझते हैं कि भारत का इतिहास मई 2014 से शुरू हुआ है...सौभाग्य से ऐसा है नहीं। भारत का एक लम्बा इतिहास रहा है और उसमें बहुत-सी पुरानी यादें शामिल हैं।"

बिना दिमाग़ इस्तेमाल किये ग़ुलाम मानसिकता से किसी का महिमामंडन करना, और, किसी नेता के साथ (उसके कुछ कार्यों और नीतियों की आलोचना करते हुए भी) 'दिली जुड़ाव महसूस करना', दोनों बिलकुल अलग-अलग बातें

हैं। अफ़सोस कि उन आह्लादित एंकर की तरह ही बहुत सारे लोग इस अन्तर को समझ पाने में अक्षम हैं। और साथ ही वह यह भी नहीं समझ पाते कि इस अन्धभक्ति का दीर्घकालिक परिणाम अपने नागरिक अधिकारों को धीरे-धीरे जान-बूझकर अनजान बनते हुए समाप्त करते जाना है। यह बुद्धिहीन, युद्धोन्माद-प्रेरित समर्पण, बिना इतिहास को तोड़े-मरोड़े और स्मृतियों का लोप हुए नहीं किया जा सकता। 'नेहरू से नफ़रत करो' प्रोजेक्ट तब ही सफल हो सकता है, जब नेहरू से जुड़ी तमाम उन स्मृतियों का लोप कर दिया जाए, जैसी कि मई 1964 की उस दोपहर में हमारे जैसे लाखों लोगों को हुई थीं, क्योंकि तभी भारत को एक लोकतांत्रिक देश से एक अधिनायकवादी व बहुसंख्यकवादग्रस्त देश बनाया जा सकेगा।

नेहरू की ख़ूब आलोचना करनेवाले महंत जी उनकी मृत्यु पर इतना शोकग्रस्त हो गए कि सूतक की घोषणा कर दी, तो उनका यह विरोधाभासी कृत्य मुझे कई दिन उलझन में डाले रहा। कुछ हफ़्ते बाद मैंने महंत जी से अपनी दुविधा पूछी, "बाबा, आप तो उनकी इतनी बुराई करते थे, तब भी उस दिन इतना दुखी क्यों हो गए थे?" बाबा को मेरी अपनी उम्र से बड़ी बातों की आदत थी और वह मुझे हर तरह के सवालों के लिए प्रोत्साहित भी किया करते थे। मेरे सवाल पर कुछ देर वह मौन रहे, फिर उन्होंने धीरे-धीरे समझाना शुरू किया, "हाँ, कुछ चीज़ें जो उन्होंने कीं, बिलकुल ग़लत थीं, जैसे—हिन्दू कोड बिल या हम जैसे माफ़ीदारों से ज़मीनें वापस ले लेना...लेकिन तुम समझो कि इस तरह के लोग साधारण मनुष्य नहीं होते, उनके कुछ कार्यों की हम बुराई कर सकते हैं और विरोध भी कर सकते हैं—लेकिन पता है तुम्हें वह अपने पिछले जन्म में महान योगी थे, जो अपनी साधना पूरी नहीं कर पाए और फिर से जन्म लिया। हम उनके बहुत-से कामों की आलोचना कर ही सकते हैं, लेकिन, मैं यह कैसे भूल जाऊँ कि उन्होंने देश के लिए कितने दुख सहे? ये बात क्या भुलाई जा सकती है कि उनकी वजह से लोगों की ज़िन्दगियाँ बदल गईं?...अगर ये मनहूस और धोखेबाज़ चीन न होता तो वह अभी और जीते।"

और फिर बाबा दुख मिश्रित ग़ुस्से से उबलकर बोल पड़े, "और जवाहरलाल को क्या खुजली उठी यमराज को चुनौती देने की? उन्होंने क्यों यह बड़ा बोल बोल दिया कि 'मैं इतनी जल्दी जानेवाला नहीं हूँ!' यम किसी को नहीं छोड़ते, योगियों की कौन कहे, अवतारों तक को नहीं छोड़ते...नेहरू को यह नहीं बोलना चाहिए था।"

नेहरू के पूर्व जन्म में योगी रहे होने की धारणा उनके बारे में प्रचलित मिथकों में से एक है। शशि थरूर अपनी किताब 'द इन्वेंशन ऑफ़ इंडिया' के शुरू में ही इसका उल्लेख करते हैं, एम.जे. अकबर भी नेहरू की जीवनी में इसे याद करते हैं। किंवदंती यह है कि एक बार हिमालय की यात्रा के दौरान मोतीलाल नेहरू, मदन मोहन मालवीय और पंडित दीनदयाल शास्त्री, एक योगी से मिले और उनसे प्रार्थना की कि मोतीलाल को पुत्र प्राप्ति का वरदान दें। बिंदास योगी ने साफ़ कह दिया, "मोतीलाल की क़िस्मत में पुत्र प्राप्ति नहीं है।" मालवीय और शास्त्री ने योगी से

विनती की कि आप कुछ करिए। योगी उनकी फ़रियाद टाल न सके और समाधि ले ली, ठीक दस महीने बाद जवाहरलाल का जन्म हुआ। बताने की ज़रूरत नहीं कि नेहरू ने ख़ुद इस कहानी को विश्वसनीय नहीं माना है। महत्त्वपूर्ण यह है कि यह किंवदंती समझाती है कि महंत जगन्नाथ जी सरीखे बहुत-से लोग नेहरू के प्रति अपने स्नेह को किस प्रकार व्याख्यायित करते थे, भले ही वे नेहरू की नीतियों से क्षुब्ध और कभी-कभी ग़ुस्सा भी रहे हों।

महंत जी की यह व्याख्या वास्तव में एक सूत्र देती है कि किस तरह से 'अधार्मिक' नेहरू का कनेक्ट न केवल मेरे माता-पिता जैसे सामान्य श्रद्धालु हिन्दुओं से था, बल्कि परम्परावादी धार्मिक संस्थाबद्ध व्यक्तियों, जैसे महंत जी, से भी था। उनकी निगाह में कुछ मामलों में नेहरू 'अधार्मिक' ज़रूर थे, लेकिन उनको ऐसा इसलिए भी होना पड़ा, क्योंकि उन्हें तो देश के लोगों की क़िस्मत बदलनी थी और भारत को एक आधुनिक देश बनाना था। आख़िरकार वह योगी थे, और योगी सामान्य मनुष्यों की सोच से अलग चल सकते हैं।

इस तरह से, महंत जी जैसा परम्पराप्रिय व्यक्ति भी नेहरू की तरफ़ ही खड़ा था। इसी बात को नेहरू ने अपनी 'द डिस्कवरी ऑफ़ इंडिया' में भारत के विकास की बाधाओं और बदलाव की तुरन्त ज़रूरत पर लिखा था, "हो सकता है कि इस प्रक्रिया में पुरानी सोच में बड़े बदलाव करने पड़ें, लेकिन ये बदलाव बाहर से थोपे हुए नहीं होने चाहिए और उन्हें भारतीय जनता की सांस्कृतिक विरासत की ज़मीन से ही उभरना होगा।"

~

जब नेहरू गुज़रे, तब मैं नौ साल का था। मुझे उन सब गतिविधियों में ख़ास दिलचस्पी नहीं थी, जो कि उस उम्र के बच्चे करते हैं। मुझे पढ़ने की सनक-सी थी और मैं हर तरह के विषय पढ़ता था। इस सनक के कारण मैं थोड़ा-थोड़ा एन्टी-सोशल होने की हद तक एकान्तप्रिय था। फिर, उस समय वहाँ सामाजिक और सांस्कृतिक गतिविधियों के लिए कोई जगह या अवसर भी न के बराबर था। बस एक चीज़ थी, वह थी सर्वव्यापी राष्ट्रीय स्वयंसेवक संघ।

आर.एस.एस. के स्थानीय शाखा चालक ने जीजी और बाबूजी को यह समझाने की कोशिश की कि मुझे रोज़ सवेरे शाखा में भाग लेने के लिए भेजें, क्योंकि इससे मुझे "अपने धर्म, संस्कृति और परम्परा को सीखने का मौक़ा मिलेगा।" मेरे माता-पिता भले बहुत पढ़े-लिखे न हों, लेकिन सांस्कृतिक स्मृति से इतने दरिद्र भी नहीं थे कि अपने बच्चों को अपने धर्म, संस्कृति और परम्परा का बोध न दे सकें। लेकिन वे एक दूसरी वजह से मुझे शाखा में भेजने को तैयार हो गए। शायद उन्होंने महसूस किया कि यह अन्तर्मुखी एकान्तपसन्द लड़का वहाँ जाकर कुछ सामाजिक बनेगा और कुछ खेल-कूद भी लेगा।

मैं कुछ वर्ष तक शाखा में गया। शुरुआत में ख़ूब उत्साह से नियमित होकर और बाद के कुछ महीनों में बेमन से। शाखा में रोज़ दिए जानेवाले बौद्धिक में

नेहरू निन्दा होना अनिवार्य था। रोज़ सुबह की ड्रिल और क्रीड़ा के बाद नेहरू पर 'बौद्धिक' भाषण/उपदेश दिए जाते। कोशिश यह रहती कि हमारे बाल-मन पर उस शख़्स के लिए कोई भी अच्छा विचार न आए, जो कि निर्विवाद रूप से सारे देश में सबसे अधिक लोकप्रिय और सम्मानित नेता था (सारे अतिवादी विचार वाले लोग नेहरू से दिक़्क़त महसूस करते थे)। वहाँ नेहरू के बारे में जो बताया जाता था, वह केवल नेहरू की राजनीति की आलोचना-भर नहीं थी, हमें उनके चरित्र और आचरण के बारे में अजीब-अजीब बातें बताई जाती थीं। मेरे जैसे खोजी बच्चों के लिए कुछ किताबें भी सुझाई जाती थीं। उनमें एक किताब, जो कि नेहरू के प्रति हर प्रकार के निन्दा रस से ओत-प्रोत थी, वह 'गुरुदत्त' की लिखी थी। इन 'गुरुदत्त' को प्रसिद्ध फ़िल्म निर्माता और अभिनेता 'गुरुदत्त' या प्रसिद्ध आर्यसमाज कार्यकर्ता 'गुरुदत्त' एम.एस.सी. से मत जोड़िए। ये हमारे नेहरू वाले 'गुरुदत्त' ऐसी किताबें लिखने से बचे वक़्त में वैद्यकी किया करते थे। वो लेखन की मशीन जैसे थे, जो कि हर महीने एक मोटा नॉवेल लिख डालते थे, जिसमें भले ही कोई साहित्य जैसी बात न हो, लेकिन राजनीतिक हिन्दुत्व की भारी-भरकम डोज़ उसमें ज़रूर होती थी। नेहरू की मृत्यु के 6 महीने के भीतर 'गुरुदत्त' का 'जवाहरलाल नेहरू : एक विवेचनात्मक वृत्त' छपा। इसमें लम्बे-लम्बे उद्धरण अंग्रेज़ी भाषा के दिए गए थे, जिनका हिन्दी अनुवाद भी था। यह शायद इसलिए कि पाठक उद्धरणों की प्रामाणिकता पर सन्देह न करें। लेकिन 'गुरुदत्त' की किताब से मेरे प्रश्नों और शंकाओं का समाधान न हो सका। जैसे, एक साधारण-सा सवाल कि "भारत अंग्रेज़ी राज के अधीन था तो क्या इसी वजह से नेहरू ने अंग्रेज़ लेखकों की जो तारीफ़ की है, उसमें ग़लत क्या है?"

लगभग उसी समय हिन्दी के मशहूर उपन्यासकार और क्रान्तिकारी भगत सिंह के साथी यशपाल की एक किताब आई—'सिंहावलोकन'। 'सिंहावलोकन' में यशपाल ने अपनी स्मृतियों को लेखनीबद्ध किया था। आर.एस.एस. की शाखा में हमें भगत सिंह और दूसरे 'दमदार' क्रान्तिकारियों की जयंती मनाने के लिए प्रोत्साहित किया जाता था और गांधी व उनके अनुयायियों, ख़ासकर नेहरू की नामर्दानगी वाले तरीक़ों को बेकार का बताने के लिए तैयार किया जाता था। हमें यह भी बताया जाता था कि भगत सिंह और दूसरे क्रान्तिकारी नेहरू जैसे लोगों को सख़्त नापसन्द करते थे। लेकिन भगत सिंह के गहरे दोस्त यशपाल की किताब एक दूसरी कहानी कह रही थी। ठीक है कि भगत सिंह ने गांधी और नेहरू की आलोचना की है, लेकिन उनकी आलोचना का बिन्दु हिन्दुत्ववादियों की गांधी-नेहरू के प्रति नफ़रत से मेल नहीं खाता। शाखा के सीनियर बताते थे कि नेहरू तो ढंग से भारतीय भी नहीं थे, वो एक कमज़ोर तबीयत के समझौतावादी थे। जबकि सरदार पटेल और लाजपत राय मुकम्मल भारतीय थे और सुभाषचन्द्र बोस एक सच्चे, न झुकनेवाले क्रान्तिकारी थे। लेकिन दिक़्क़त ये कि यशपाल की किताब का कहना था कि भगत सिंह इन सब में से ज़्यादा जवाहरलाल नेहरू को पसन्द करते थे और वरीयता देते थे। (देखें, पृष्ठ 378)

ये सब बातें तो उलझन में डालनेवाली थीं ही, पर और बातें भी थीं। हमें बताया जाता था कि ये कम्यूनिस्ट 'कौमनष्ट' यानी 'देश को बर्बाद करनेवाले' होते हैं। 21वीं सदी के हिन्दुत्व के शब्दों में 'एन्टी नेशनल' (देशद्रोही) होते हैं। (ध्यान दीजिए कि यहाँ अशुद्ध व विदेशी शब्द 'क़ौम' और एक 'शुद्ध भारतीयता' का शब्द 'नष्ट' कितने आराम से साथ-साथ बैठे हैं।) लेकिन हमने देखा कि हमारे हीरो भगत सिंह तो कम्यूनिस्टों की तरह बात कर रहे थे! यहाँ तक कि जब भगत सिंह गांधी और नेहरू की आलोचना कर रहे थे, तब भी उनकी भाषा में एक तरह का स्नेह व अपनापन झलकता है, जैसे कोई लड़का अपने पिता या बड़े भाई के लिए बोल रहा हो।

मैं अपने आपको रोक नहीं सका और अपने सन्देहों के साथ शाखा-चालक को लगातार सवाल करके परेशान करता रहा। आख़िर में उन्होंने हारकर मुझे एक वरिष्ठ स्थानीय कार्यकर्ता के पास शंका समाधान के लिए भेज दिया। उन महाशय को मेरे 'मति भ्रष्ट' होने के बारे में पहले से ही अन्देशा हो गया था। कुछ देर की बातचीत या कहें कि बहसबाजी के बाद आख़िरकार वो पस्त हो गए और अपना अन्तिम अस्त्र चलाते हुए कहा, "कुछ भी हो, भगत सिंह के चाहे जो विचार हों, लेकिन थे तो आख़िरकार हिन्दू ही।"

मैं उन आर.एस.एस. के महाशय से कह देता कि भगत सिंह तो जन्म से सिख थे और ख़ुद को अधार्मिक कहते थे। बजाय इसके मैंने पलटकर जवाब दिया, "लेकिन इस हिसाब से तो नेहरू भी हिन्दू ही थे।"

उन महाशय ने तुरन्त कहा, "नहीं, वो नहीं थे। वो तो हिन्दुओं से नफ़रत करते थे। उन्होंने तो वास्तव में ख़ुद को हिन्दू होना एक दुर्घटना कहा है।"

मैंने जवाब दिया, "लेकिन क्या वो सही नहीं कह रहे थे? क्या हम सब हिन्दू, मुसलमान, ईसाई केवल कोई दुर्घटनावश (इत्तेफ़ाक़ से) ही उस धर्म में नहीं पैदा होते?"

उन्होंने घोषणा की, "हमें अपनी सभ्यता और अपनी विरासत पर गर्व करना आना चाहिए।"

मैंने जवाब दिया, "तो नेहरू तो हिन्दुस्तानी सभ्यता-संस्कृति पर काफ़ी गर्व करते हैं, जैसा कि उन्होंने गंगा जी के बारे में अपनी वसीयत में कितनी ख़ूबसूरती से लिखा है कि..."

उन्होंने फिर से कहा, "वो सब बकवास है। वो और गांधी हिन्दू विरोधी थे... तुमको यह समझना चाहिए पर तुम बहुत ज़्यादा बात करते हो। क्या तुमने बौद्धिक कक्षाएँ नहीं अटैंड कीं? गुरुदत्त जी की किताब नहीं पढ़ी क्या?"

मेरा जवाब—"जी नहीं, मैंने पढ़ी है, लेकिन..."

उन्होंने कहा—"फिर? बहुत ज़्यादा सवाल पूछना अच्छी बात नहीं होती। अपने से बड़ों का सम्मान करना सीखो और अपनी संस्कृति से प्रेम करो। यशपाल जैसे क़ौमनष्ट लोगों और उनकी जहरीली किताबों से दूर रहो। अपने गुरुओं की बात सुनो। एक बात अभी के लिए और हमेशा के लिए गाँठ बाँध लो—नेहरू हिन्दू राष्ट्र का सबसे बड़ा दुश्मन था।'

मेरा जवाब—"लेकिन भगत सिंह तो कम्यूनिस्टों की तरह बात करते थे..."

उन्होंने कहा—"तुम बहुत बकवास कर चुके। जाओ और खेलो-कूदो। किसी ने बताया है तुम खो-खो बहुत अच्छा खेलते हो। चलो भागो..."

वह शाखा में मेरा आख़िरी दिन था।

3

आर.एस.एस. शाखा के बौद्धिक जो मैंने बचपन में सुने, और, आज के पूर्वग्रहयुक्त सत्यातीत (पोस्ट-ट्रुथ) युग में व्हाट्सअप, ट्विटर, यू-ट्यूब और फ़ेसबुक पर जो 'सच' परोसा जा रहा है, उसमें अद्भुत समानता है। इस 'सच' के भेष में झूठ बताकर ट्रोल किए जानेवालों में नेहरू से ज़्यादा शायद ही किसी को निशाना बनाया जा रहा हो। वैसे नेहरू तो तब भी ट्रोल किए जा रहे थे, जब ये ट्रोल शब्द प्रचलन में भी नहीं था। उनके जीवनकाल में उन पर विष-वमन किया ही जाता रहा था, बल्कि उनकी मृत्यु पर भी ज़हर उगला जाता रहा। लेकिन तब यह इतना खुलकर गर्व के साथ ज़ोर देकर नहीं किया जाता था, जितना कि पिछले एक दशक में सोशल मीडिया के युग में हुआ है। नेहरू को हर-हाल में ध्वस्त करना है, जिसके लिए असभ्यता और झूठ की पराकाष्ठा के नये कीर्तिमान बन रहे हैं, और नीचता की हद से भी ज़्यादा गिरना मंजूर है। सब चलेगा इस मक़सद के लिए—नेहरू की पारिवारिक ज़िन्दगी, उनका खान-पान और यहाँ तक कि उनकी व्यक्तिगत त्रासदियाँ—सब कुछ।

व्हाट्सअप यूनिवर्सिटी के इन शिक्षकों की मानसिक बुनावट का अध्ययन अलग से मनोवैज्ञानिकों के लिए विश्लेषण का बिन्दु है, लेकिन इस सबका राजनीतिक उद्देश्य बिलकुल साफ़ है—नेहरू की छवि को मटियामेट करना। नेहरू ने आज़ादी की लड़ाई के दौरान नौ साल जो जेल में काटे, उसको यह कहकर ख़ारिज करना है कि वो तो उनका सस्ते प्रचार के लिए प्रोपेगंडा था; उनकी मृत्यु का कारण सेक्सजनित बीमारियों से होना बताना है; नेहरू से सम्बन्धित झूठ बात (वह चाहे जितनी भद्दी हो) को सच बताने में कुछ भी कहा जा सकता है, किया जा सकता है। दो उदाहरणों पर ग़ौर कीजिए—

'भारतीय संस्कृति' के स्वयंभू प्रवक्ता राजीव दीक्षित का एक यू-ट्यूब वीडियो है। राजीव दीक्षित का एक अन्य परिचय यह भी है कि वह टी.वी. में योग सिखानेवाले एक 'बाबा', जो कि बाद में योग सिखाने से आगे बढ़कर तमाम सामग्री निर्माता व्यवसायी हुए, उनके बहुत घनिष्ठ सहयोगी भी थे। तो उस वीडियो में राजीव दीक्षित ने दावा किया है कि नेहरू, मोहम्मद अली जिन्ना और एडविना माउंटबेटन तीनों एक साथ लन्दन में हैरिस कॉलेज में पढ़ते थे। उनकी ये खोजी ज्ञानपरक बातें यू-ट्यूब[1] पर उपलब्ध हैं और अप्रैल 2019 तक इसे लगभग 57 लाख लोग देख भी चुके थे। दीक्षित का यह बौद्धिक भारत-विभाजन और पाकिस्तान के निर्माण के कारणों पर है। वह बताते हैं कि इसके पीछे चतुर अंग्रेज़ महिला एडविना का हाथ

1. http://www.youtube.com/watch?time_continue=33&v=5XtcFiZwENY

है; दरअसल नेहरू और जिन्ना एडविना को हासिल करना चाहते थे। वे एडविना के इशारे पर नाचते थे। इसीलिए उन दोनों ने एडविना के भारत बँटवारे के मिशन में उनके विश्वस्त सिपहसालारों की तरह अपनी भूमिका निभाई। इस वीडियो में चार मिनट बीत जाने पर, दीक्षित इन शब्दों में अपनी बात रखते हैं—"...ये जो पाकिस्तान बना, उसमें मोहम्मद अली जिन्ना की भूमिका इतनी बड़ी नहीं थी—उससे ज़्यादा बड़ी भूमिका लेडी माउंटबेटन की थी। एडविना माउंटबेटन का नाम आप जानते हैं, नहीं जानते हैं तो जान लीजिए, वो भारत का अन्तिम अंग्रेज़ अधिकारी जिसका नाम था लुई माउंटबेटन, उसकी पत्नी थीं...पाकिस्तान बनने का सबसे बड़ा कारण वो एडविना थी। आप जानते हैं क्या खेल खेला उसने? एडविना माउंटबेटन लन्दन के हैरिस कॉलेज में पढ़ती थी, जिसमें ये जिन्ना पढ़ा करता था। और उसी कॉलेज में भारत के पहले प्रधानमंत्री पंडित जवाहरलाल नेहरू भी पढ़ते थे। हैरिस कॉलेज में तीन लोग पढ़ते थे साथ में, एक ही क्लास में—एक ही क्लास में, ध्यान देना—जिन्ना मोहम्मद अली, पंडित जवाहरलाल नेहरू और एडविना...उस समय वो माउंटबेटन नहीं थी, शादी उसकी बाद में हुई...तो एडविना, जिन्ना और नेहरू एक ही क्लास में पढ़ते थे, और रिकॉर्ड और दस्तावेज़ बताते हैं कि एडविना से दोनों लगे हुए थे। ये डॉक्यूमेंट बताते हैं। और एडविना इतनी चालाक महिला थी कि दोनों को हैंडल करती थी वो। इतनी चालाक थी। एक को सवेरे, दूसरे को शाम को। और जिन्ना और नेहरू का सबसे बड़ा जो झगड़ा होता था वो एडविना को लेकर। ये झगड़ा वहाँ से शुरू हुआ, हैरिस कॉलेज से..."

दीक्षित अपने इस खोजपरक ज्ञान-प्रस्फुटन में आगे बताते हैं कि मोतीलाल नेहरू ने अंग्रेज़ों से डील करके एक राजनीतिक पार्टी बनाई जिसका मक़सद ये था कि जब अंग्रेज़ भारत छोड़ेंगे तो उनके पुत्र जवाहरलाल को प्राइम मिनिस्टर बना जाएँगे। साथ ही दीक्षित कहानी में आगे बताते हैं कि ब्रिटिश ख़ुफ़िया एजेंसी ने माउंटबेटन को भारत को आज़ाद कराने और पाकिस्तान बनने के उद्‌देश्य से वायसराय बनाकर भेजने से पहले उनकी शादी रूप-फरेबी एडविना से कराई जो कि 'नेहरू और जिन्ना की कमज़ोरी' थी।

उनकी इस कहानी में और भी बहुत कुछ है—अल्कोहल, शयनकक्ष, ब्लैकमेल और दुष्ट नेहरू जिनका शरीर एड्स जैसी किसी सेक्स-संक्रमित बीमारी से उनके मरने से पहले ही सड़ गया था।

दीक्षित के इस वीडियो में कही गई अपरिपक्व मानसिकता में बोली गई कुत्सित कामुकतापूर्ण बातों और स्त्री जाति के प्रति कुंठित दृष्टिकोण पर ध्यान न दें, क्योंकि यह सब तो दक्षिणपंथी सोच का पहले से ही हिस्सा रहा है और अब तो ऊँचे पदों पर बैठे लोग भी यह भाषा इस्तेमाल करने लगे हैं। हम केवल वीडियो में दी गई तीन सूचनाओं की तथ्यात्मक जाँच करते हैं।

लन्दन में हैरिस कॉलेज नाम का कोई कॉलेज नहीं है। जिन्ना नेहरू से 13 साल बड़े थे और नेहरू के इंग्लैंड पहुँचने के दस साल पहले जिन्ना लन्दन छोड़ चुके थे और बेचारी एडविना ने तो हाईस्कूल के बाद कॉलेज की शक्ल तक नहीं

देखी। लेकिन जब उद्देश्य इतना महान हो कि भारतीयों, विशेषकर हिन्दुओं, को नेहरू से नफ़रत करना सिखाना हो तो फिर सफ़ेद झूठ बोलने में हिचक कैसी!

और अब दूसरा उदाहरण : 2017 के अन्त में भाजपा के आई.टी. सेल के मुखिया अमित मालवीय ने एक ट्वीट करके कुछ फ़ोटो जारी कीं, जिनमें जवाहरलाल नेहरू अलग-अलग महिलाओं के साथ फ़ोटो में थे ताकि उन्हें अय्याश दिखाया जा सके।[1] इन नौ चित्रों में से तीन में नेहरू अपनी बहन विजय लक्ष्मी पंडित को गले लगाए हुए हैं और उनकी भांजी नयनतारा उन्हें गाल पर चूम रही हैं। चौथी फ़ोटो में वह अपनी पारिवारिक मित्र मृणालिनी साराभाई को उनकी क्लासिकल डान्स परफ़ारमेंस के बाद बधाई दे रहे हैं। बाक़ी चित्रों में वे सार्वजनिक लोगों और सरकारी मेहमानों जैसे जैकी कैनेडी और माउंटबेटन की छोटी पुत्री पामेला के साथ हैं।

आर.एस.एस., भाजपा और उनके विचारधारात्मक क़रीबियों ने इधर यह महसूस किया कि वह गांधी, पटेल, बोस और आंबेडकर को सार्वजनिक रूप से भला-बुरा नहीं कह सकते और न ही उनको गिरा हुआ बता सकते हैं, इसलिए इन लोगों ने उन्हें हथियाने के प्रयास करने शुरू किए। लेकिन नेहरू हिन्दू दक्षिण पंथ के लिए संकट बने हुए हैं। अपनी मृत्यु के 50 साल बाद भी उन्हें नेहरू के डरावने सपने आते हैं। क्यों? इसलिए, क्योंकि नेहरू तर्कवादी एवं आधुनिकतावादी थे और साथ ही साथ भारतीय परम्परा व संस्कृति में पूरी तरह स्थित थे। इसीलिए जनता के बीच उनका प्रभाव असन्दिग्ध है। तथाकथित 'नास्तिकता' और 'पश्चिमी रास्ते के हिमायती'—यद्यपि उनके प्रशंसक और विरोधी दोनों इन बातों को बढ़ा-चढ़ाकर पेश करते हैं—होने के बावजूद उनके भीतर यह क्षमता थी कि वह बाँध और बड़े कल-कारख़ानों को 'आधुनिक भारत के मन्दिर' कह सकते थे और इससे किसी की भावनाएँ भी आहत नहीं होती थीं। वह खुलेआम हिन्दू और मुस्लिम कट्टरपंथ के ख़तरों के बारे में बोल सकते थे और फिर भी तमाम वर्गों व बिरादरी में लोकप्रिय रह सकते थे। वह धार्मिक पहचान वाली राजनीति और गोपनीय राजनीतिक कारगुज़ारियों और प्रक्रियाओं के सख़्त ख़िलाफ़ थे। उन्होंने ख़ैरात में नहीं, बल्कि बहुत मेहनत करके जनता के दिलों में अपनी जगह बनाई। राष्ट्रीय आन्दोलन के दौरान उनका जनता से यह दिली रिश्ता जादुई ऊँचाइयों तक पहुँचा और दरअसल यही बाद में उन लोगों के लिए सबसे बड़ी बाधा है जो कि भारत पर धर्म की राजनीति और राजनीतिक हिन्दुत्व को थोपना चाहते हैं।

नेहरू-निन्दक उनसे इसलिए भी चिढ़ते हैं कि आज भी सारी दुनिया में उन्हें एक शीर्ष नेता के तौर पर इसलिए सम्मान दिया जाता है कि उन्होंने वैश्विक मामलों में भारतीय ज्ञान व प्रज्ञा के आलोक में अतिवाद के ख़िलाफ़ एक प्रबुद्ध मध्यम मार्ग के रास्ते की पुरज़ोर वकालत की। इस प्रकार से सांस्कृतिक दक्षिण पंथ के साथ-साथ आर्थिक दक्षिण पंथ को भी नेहरू से समस्या हो जाती है।

---

1. http://www.altnews.in/bjp-cell-head-amit-malviya-shares-affectionate-pictures-nehru-sister-niece-claims-hardik-patel-dna/

यद्यपि नेहरू के बारे में यही धारणा है कि वह धर्म व धार्मिक रुझानों के प्रति उदासीन ही रहे और इस बात पर हमेशा ज़ोर देते रहे कि "देश को धार्मिक भावनाओं की बजाय राजनीतिक सिद्धान्तों के आधार पर चलना चाहिए"; फिर भी, नेहरू को अपने धार्मिक देशवासियों का ख़ूब विश्वास और सम्मान मिला। आज भी वह श्रद्धा और मधुर स्मृतियों के वाहक हैं। लेकिन यह भी सच है कि जैसे-जैसे भारत में नौजवान पीढ़ी की तादाद बढ़ी है और स्वतंत्रता संघर्ष और आज़ादी के बाद के आरम्भिक दशकों की यादें धुँधली हुई हैं, तो ऐसे माहौल में नेहरू-घृणा का अभियान इस हद तक सफल भी हुआ है कि आम लोग इस ग़लतफ़हमी में रहते हैं कि नेहरू को भारतीय संस्कृति की जानकारी नहीं थी या उनके मन में हिन्दू धर्म के प्रति हिकारत थी, या कि वह सामान्य रूप से धर्म के ख़िलाफ़ थे। यहाँ तक कि बुद्धिजीवी/शैक्षणिक जगत में भी इस तरह की भ्रान्तियाँ फैली हुई हैं। सन् 2004 में मैं एसालेन इंस्टीट्यूट, कैलिफोर्निया में भारतीय धर्मों और संस्कृतियों की एक कॉन्फ्रेंस में शिरकत कर रहा था, तभी वहाँ पर मौजूद एक बहुत सम्मानित दर्शनशात्री और इतिहासकार विदुषी ने नेहरू के बारे में जो टिप्पणी की, उससे मैं हतप्रभ ही रह गया। कहा कि "भारत में हिन्दुत्व की राजनीति का उभार इसलिए हुआ है क्योंकि नेहरू ने धर्म का, ख़ासकर उसके सार्वजनिक रूपों का दमन किया।"

कोई भी भारतीय जो नेहरू के भारत में रहा होगा, इस टिप्पणी को विचित्र कथन ही मानेगा। नेहरू और उनके लोग बहुत दूरदर्शी थे और उन्होंने गांधी जी के धर्म के बारे में मूल विचार कि 'सभी धर्मों में सत्य का कुछ अंश है', को आत्मसात् करते हुए इस तरह के राज्य का निर्माण करने का प्रयास किया, जो कि किसी भी धर्म के प्रति न तो दुर्भावनायुक्त था और न ही पक्षपाती था; और सभी को सार्वजनिक प्रदर्शनमूलक धार्मिक स्वतंत्रता देनेवाला था। यहाँ तक कि उन्होंने किसी भी धर्म को न माननेवालों के लिए भी एक सामाजिक स्पेस सुनिश्चित किया।

भारतीय दर्शन व चिन्तन के जानकार मानेंगे कि इन सब बिन्दुओं पर भारतीय दृष्टिकोण भी यही रहा है। जब नेहरू के बाद, भारतीय संविधान की प्रस्तावना में 'सेक्यूलर' शब्द स्पष्ट रूप से जोड़ा गया तब भी सेक्यूलर शब्द का हिन्दी अनुवाद 'धर्मनिरपेक्ष' नहीं बल्कि 'पंथ-निरपेक्ष' किया गया, क्योंकि भारतीय भाषाओं में 'धर्म' शब्द का प्रयोग किसी धार्मिक सिद्धान्त, कर्मकांडीय विशिष्टता या धार्मिक विश्वास प्रणाली के लिए नहीं किया जाता, बल्कि अन्त:करणीय प्रवृत्तिमूलक प्रकृति या कर्तव्य व नीति-विधान के लिए किया जाता है।

मैं यह दावा तो नहीं कर सकता कि मैंने नेहरू का सारा लिखा या बोला पढ़ा हुआ है, लेकिन फिर भी यह ज़रूर कहना चाहूँगा कि उनका लिखा ज़्यादातर मेरी नज़रों से गुज़रा ज़रूर है; और इस आधार पर मैं कह सकता हूँ कि मुझे आज तक एक शब्द भी ऐसा नहीं मिला, जिसके आधार पर कहा जा सके कि नेहरू किसी भी रूप से किसी भी हिन्दू सांस्कृतिक या धार्मिक परम्परा के ख़िलाफ़ थे। एक बात जो उनकी तरफ़ से आत्मनिरूपण के रूप में प्रचारित कर दी गई—"शिक्षा से अंग्रेज़, संस्कृति से मुसलमान और दुर्घटनावश हिन्दू"—नेहरू के किसी भी तरह के लेखन, वक्तव्यों या वार्तालाप में कहीं भी नहीं मिलती है। यह 'जुमला' सबसे पहले 1950

में हिन्दू महासभा नेता एन.बी. खरे द्वारा नेहरू पर थोप दिया गया, जिसे जाने-माने पत्रकार व लेखक, अब भाजपा सदस्य एम.जे. अकबर और अन्य जीवनीकारों ने चिह्नित भी किया है।[1] हाल में आल्ट न्यूज वेब पोर्टल ने इस जुमले की बहुत बारीक़ी से जाँच की है और उन्होंने भी इसे निस्सन्देह एन.बी. खरे द्वारा उत्पन्न बताया है।[2]

यह अफ़वाहबाज़ी असल में दिखाती है कि अफ़वाहबाज़ों के मन में नेहरू का भय कितना गहरा पैठा हुआ है। इस भय की जड़ में समावेशी भारत के उस विचार के प्रति नफ़रत है, जो कि भारतीय जनता के पास समृद्ध और विविध सांस्कृतिक अनुभवों के रूप में मौजूद था और जिसे राष्ट्रीय आन्दोलन के दौरान, व्यवस्थित रूप से आधुनिक राष्ट्रवाद के रूप में विकसित किया गया। राष्ट्रीय आन्दोलन के नेता यह भली-भाँति जानते थे कि केवल समावेशी और प्रबुद्ध राष्ट्रवाद के ही आधार पर स्वाधीनता आन्दोलन चलायां जा सकता है, और इसी आधार पर आधुनिक राष्ट्र का निर्माण किया जा सकता है। वह लोग इस विराट कार्य में हमेशा और पूरी तरह से सफल नहीं हुए, लेकिन उनकी कमज़ोरियों व असफलताओं को इंगित करते हुए भी हमें यह क़तई नहीं भूलना चाहिए कि यह कार्य बहुत आसान भी नहीं था। यह भी याद रखना ज़रूरी है कि ऐसी भारत-संकल्पना केवल एक अस्पष्ट सांस्कृतिक सोच या बनावटी राजनीतिक मुद्दा-भर नहीं थी। नेहरू ने इस भारत-संकल्पना को पूरी तरह से आत्मसात् किया और राष्ट्रीय आन्दोलन के नेता के तौर पर और बाद में प्रधानमंत्री के रूप में इसके प्रतीक भी बन गए।

4

नेहरू 'डिस्कवरी ऑफ़ इंडिया' (1945) में धर्म के बा़रे में अपनी समझ को विस्तारपूर्वक रखते हैं, जो उन्होंने अपनी आत्मकथा (1936) में गांधी जी के अस्पृश्यता के ख़िलाफ़ अनशन के सन्दर्भ में व्यक्त की थी। वे उन अन्धविश्वासपूर्ण प्रथाओं और 'जड़ मान्यताओं' और 'तर्क बुद्धिहीन आस्थाओं' के बारे में अरुचिपूर्ण ढंग से लिखते हैं, जो कि अक्सर धर्म के साथ जुड़ी रहती हैं। साथ ही वे यह भी रेखांकित करते हैं कि "धर्म ने इनसानी फ़ितरत की कुछ गहरी ज़रूरतों को पूरा किया है और सारी दुनिया में, बहुत ज़्यादा कसरत से, लोग बिना मज़हबी अक़ीदे के रह नहीं सकते। इसने बहुत से ऊँचे दर्जे के आदमियों और औरतों को पैदा किया है और साथ ही तंगनज़र और जालिम लोगों को भी। इसने इनसानी ज़िन्दगी को कुछ जीवन-मूल्य दिए हैं और यद्यपि इन मूल्यों में से कुछ आज के ज़माने पर लागू नहीं हैं, बल्कि उसके लिए नुक़सानदेह भी हैं। दूसरी ऐसी भी बातें हैं, जो नैतिकता और अच्छे व्यवहार के लिए बुनियादी तत्त्व हैं।"[3]

---

1. एम.जे. अकबर, 'नेहरू : द मेकिंग ऑफ़ इंडिया', (नई दिल्ली : रोली बुक्स, 2002), पृ. 27
2. http:// www.altnews.in/did-jawaharlal-nehru-ever-say-i-am-english-by-education-muslim-by-culture-and-hindu-by-accident/
3. जवाहरलाल नेहरू, 'द डिस्कवरी ऑफ़ इंडिया', (नई दिल्ली, पेंगुइन, 2010), पृ. 13

धर्म की ऐसी गहरी समझ का मूल इस अन्तर्दृष्टि में है कि "ज़िन्दगी वहाँ तक महदूद नहीं जहाँ तक हम ख़ुद को दिखनेवाले समय और अवकाश में देख पाते हैं। ज़िन्दगी उस अनदेखी दुनिया को लगातार छूती चलती है जिसमें शायद ज़्यादा टिकाऊ या उतने ही परिवर्तनशील तत्त्व मौजूद हैं। कोई भी विचारवान मनुष्य इस अनदेखी दुनिया की अवहेलना नहीं कर सकता।[1] इस अन्तर्दृष्टि के साथ-साथ नेहरू ज़िन्दगी में रहस्यों और 'अनजानी गहराइयों' को भी महसूस करते हैं, यह मानते हुए कि इन्हें समझा 'वैज्ञानिक तरीक़े से ही जा सकता है।'[2]

मानव-अस्तित्व के इन 'रहस्यों और अनजानी गहराइयों' से जुड़ाव महसूस करना मनुष्य-चेतना का एक हिस्सा है और इससे जुड़ना ज़रूरी भी है। यह बात 'ऋग्वेद' के नासदीय सूक्त ('द डिस्कवरी ऑफ़ इंडिया' में समग्रतः उद्धृत) और चीन के प्राचीन ताओ मत की शिक्षाओं में ख़ूबसूरती से बयान हुई है। इसी जुड़ाव को आइंस्टीन ने 'वैश्विक विस्मय' कहा है। मनुष्य चेतना के इसी आन्तरिक रुझान को मानवता तमाम धर्मों के माध्यम से पाने की कोशिश करती रही है। साथ ही मनुष्य चेतना की तमाम अन्य रचनात्मक अभिव्यक्तियों जैसे—कला, संगीत, साहित्य ने भी इस भाव को पा सकने में महत्त्वपूर्ण योगदान किया है। आज़ादी के बाद नेहरू जिस प्रकार से टेक्नोलॉजी और नाभिकीय संस्थाओं के निर्माण के लिए उत्सुक थे, उसी तरह से साहित्य अकादमी, ललित कला अकादमी, संगीत-नाटक अकादमी, राष्ट्रीय नाट्य विद्यालय और फ़िल्म इंस्टीट्यूट की स्थापना के लिए भी। नेहरू के हिसाब से इन संस्थाओं के निर्माण का उद्देश्य केवल 'सराहनीय भारतीय संस्कृति' का प्रचार करना भर नहीं था, बल्कि अधिक महत्त्वपूर्ण यह था कि 'प्रौद्योगिकी निर्भर आधुनिक सभ्यता से उपजे आध्यात्मिक ख़ालीपन' को भरा जा सके।

नेहरू अपने जीवन-दर्शन को परिभाषित करते हुए कहते हैं कि वह 'सर्वात्मवादी परिवेश' में स्वयं को सहज और 'वेदान्त के अद्वैतवादी दर्शन' व 'जीवन के प्रति नैतिक दृष्टिकोण' के प्रति निकटता महसूस करते हैं। उन्होंने लिखा है :

"रहस्यमय क्या है, यह मुझे नहीं मालूम। मैं उसे ईश्वर नहीं कहता, क्योंकि ईश्वर का अर्थ बहुत कुछ इस तरह का लगाया जाता है, जिसमें मुझे विश्वास नहीं। मैं अपने को इस बात के लिए नाक़ाबिल पाता हूँ कि किसी देवता या अनजानी महान शक्ति की कल्पना साकार रूप में करूँ और जब बहुत-से लोग बराबर ऐसा करते हुए दिखाई देते हैं, तो मुझे बड़ी हैरत होती है। एक शख़्सी सूरत में ईश्वर का ख़याल मुझे बड़ा अटपटा जान पड़ता है। अक़्ली तौर पर मैं कुछ हद तक अद्वैत के विचार को समझ सकता हूँ, और अगरचे मुझे इस बात का दावा नहीं कि मैं वेदान्त के अद्वैत मत की सभी बारीकियों और गहराइयों को जानता हूँ, फिर भी मेरा उसकी तरफ़ खिंचाव रहा है। मैं मानता हूँ कि बौद्धिक जानकारी इस तरह की बातों में हमें दूर तक नहीं ले जाती...प्रकृति की विविधता और भरा-पूरापन मुझमें उत्साह पैदा करते हैं और उनसे मुझे आत्मिक शान्ति भी मिलती है, और मैं ख़याल करता हूँ कि

1. जवाहरलाल नेहरू, 'द डिस्कवरी ऑफ़ इंडिया', पृ. 13-14
2. वही, पृ. 15-16

पुराने हिन्दुस्तान के लोगों या यूनानियों में मैं घुल-मिल सकता था—हालाँकि उनसे जुड़ी देवताओं की कल्पना मुझे माफ़िक़ न पड़ती।

"यह बात मुझे बहुत ही पसन्द आती है कि ज़िन्दगी की ओर हमारे रुख़ का किसी-न-किसी तरह का नैतिक या इख़लाक़ी आधार होना चाहिए। हाँ, दलील से इसका समर्थन करना मेरे लिए मुश्किल होगा। गांधी जी सही साधनों पर जो ज़ोर देते हैं, उनकी तरफ़ मेरा खिंचाव रहा है और मेरा ख़याल है कि हमारे सार्वजनिक जीवन के लिए गांधी जी की यह सबसे बड़ी देन है।"[1]

न केवल मेरे माता-पिता या महंत जगन्नाथदास जी, बल्कि कोई भी जो भारतीय धार्मिक संवेदनाओं व परिवेश में पला-बढ़ा है, नेहरू के इस वक्तव्य से तुरन्त तादात्म्य स्थापित कर लेगा। भारतीय धार्मिक परम्परा हमेशा से बहुदेववादी रही है और उसमें बहुत से देवताओं-देवियों और दैवीय रूपों का उत्सवमूलक समावेश होता रहा है। हिन्दू परम्परा इस 'सर्वात्मवादी परिवेश' वाली रही है और इसमें हर व्यक्ति को यह स्वतंत्रता है कि वह भगवान को किस रूप में स्वीकारे और किसमें न स्वीकारे। एकेश्वरवादी धर्मों—इस्लाम और ईसाई धर्म—में भी व्यवहार के धरातल पर तो बहुत-सी दैवी शक्तियाँ आस्थावानों की आध्यात्मिक साधना और शान्ति के लिए उपस्थित हैं ही। भिन्नता की सराहना, मतान्तर के प्रति सहिष्णुता और सभी धर्मों के प्रति सम्मान, ये सब कोई राजनीति प्रेरित नारेबाज़ी नहीं है। ये तो भारतीय सामाजिक जीवन का यथार्थ हैं बल्कि इसकी सांस्कृतिक-सामाजिक साधना का सार हैं।

यहाँ यह कहना भी ज़रूरी है कि इस साधना और इस सर्वात्मवादी सोच का मतलब दीन-दुनिया से परे कोई नैराश्यपूर्ण चिन्तन नहीं है। नेहरू ग्रीक इतिहासकार एरियन जो कि सिकन्दर के भारत आक्रमण के दौरान उसके साथ आया था, को उद्धृत करते हैं—"कोई दूसरा देश नाच-गाने में इतना रस नहीं लेता जितना कि यह देश—भारत।"[2] निराशावाद से ख़ुद को अलगाते हुए नेहरू एक बार फिर स्वयं को पेगन-बहुदेववादी कहते हैं, "अपने मन के भीतर मैं पेगन हूँ, प्रकृति और जीवन की उमंग से भरपूर, साथ ही जीवन की चुनौतियाँ झेलने के लिए तैयार।"[3]

सामान्य श्रद्धालु हिन्दू जिनमें विद्वान भी शामिल हैं और धार्मिक संस्थाओं से जुड़े हुए लोग भी, नेहरू के इस दृष्टिकोण से ख़ुद को अलग न महसूस करेंगे। वास्तव में, नेहरू के समकालीन, और बाद में बहुत से महत्त्वपूर्ण साधु और आचार्य भी, नेहरू की प्रशंसा में काफ़ी मुखर थे। आप आगे के पन्नों में रामानन्दी सम्प्रदाय की महत्त्वपूर्ण हस्ती भगवदाचार्य की आत्मकथा का एक हिस्सा पढ़ेंगे, जो बहुत से लोगों के विरोध के बावजूद अपने प्रवचन का आरम्भ 'महात्मा जी और पंडित जी' के प्रति सम्मान व्यक्त करते हुए करते थे (देखें पृष्ठ 438)।

नेहरू के विवेकवादी प्रबुद्ध दृष्टिकोण से, चिढ़ आम हिन्दू को नहीं, राजनीतिक हिन्दुत्ववादियों को, और अमेरिकापंथी हिन्दुओं को ही होती है। इन दोनों की सोच

1. जवाहरलाल नेहरू, 'द डिस्कवरी ऑफ़ इंडिया', पृ. 16
2. वही, पृ. 119
3. वही, पृ. 133

गहरी हीनभावना की उपज है। बहुदेववादी भारतीय परम्परा में किसी व्यक्ति की परख इस आधार पर नहीं की जाती कि वह किन देवी-देवताओं को मानता है। यहाँ आचरण व चरित्र ही मूल पैमाना माना जाता है। इसमें कुछ भी आश्चर्यजनक नहीं है कि हिन्दू धर्म के स्वघोषित ठेकेदार अपने विरोधियों पर 'चरित्र' को ही आधार बनाकर आक्रमण करते हैं। लेकिन ईसाई प्रोटेस्टेंट परम्परा के प्रतिक्रियात्मक शुद्धतावाद (प्यूरिटनिज़्म) की गिरफ़्त में फँसे ये बेचारे चरित्र के सवाल को केवल सेक्स, खानपान और पहनावे से जोड़कर देख पाते हैं। इन ढोंगपसन्दों को यह नहीं पता कि भारतीय परम्परा इन सारे विषयों पर बहुत परिपक्व सोच की रही है। भारतीय जनता अपने नेताओं को—सामाजिक, राजनीतिक, सांस्कृतिक व बौद्धिक किसी भी क्षेत्र के—केवल इसी आधार पर नहीं त्यागती, चाहे जितने भी झूठे अभियान चलाए जाएँ।

हिन्दुत्ववादियों के विपरीत, नेहरू भारतीय संस्कृति और परम्परा की एक सच्ची और परिपक्व समझदारी भरी सोच से सम्पन्न थे। धार्मिक पहचानों के राजनीतिक इस्तेमाल को नेहरू बिलकुल बर्दाश्त नहीं कर सकते थे। उन्होंने राजनीतिक सत्ता के लिए धर्म के इस्तेमाल का, यानी साम्प्रदायिक राजनीति का हमेशा विरोध किया। यह याद रखना बेहद ज़रूरी है कि नेहरू ने किसी भी तरह की साम्प्रदायिकता—हिन्दू, मुस्लिम, सिख, ईसाई—का प्रतिरोध केवल 'धर्मनिरपेक्षतावाद' की बिना पर नहीं किया बल्कि 'भारतीय राष्ट्रवाद' के वैचारिक आधार पर उन्होंने साम्प्रदायिकता का डटकर सामना किया। भारतीय राष्ट्रवाद—जो कि विविधताओं को स्वीकारता था और कोरी भावुकता का पसारा नहीं था। नेहरू विश्व राजनीति पर गहरी निगाह रखते थे, साथ ही नैतिक मूल्यों के प्रति आस्था-सम्पन्न मानवतावाद उनकी सोच में गहन रूप से पिरोया हुआ था। इसीलिए अपने अन्य बहुत से समकालीन लोगों की अपेक्षा हिटलर और मुसोलिनी के राष्ट्रवाद की भावनात्मक तिकड़मबाज़ी को समझ सके और उन्होंने यह भी समझ लिया कि भारतीय राजनीति में हर तरह की साम्प्रदायिकता हिटलर, मुसोलिनी की राजनीति का भारतीय संस्करण मात्र है। द्वितीय विश्वयुद्ध के छह वर्ष पूर्व ही नेहरू अपनी पुत्री इन्दिरा को 'अजीब नात्सीवादी विचारधारा' के बारे में बता रहे थे, जो कि किसी भी तरह से न केवल जर्मन श्रेष्ठतावाद को स्थापित करने में लगी थी बल्कि जिन जातियों को हीन मानती थी, उनको नष्ट करने में यक़ीन कर रही थी। उन्होंने इन्दिरा को यह भी बताया कि नात्सी समझते हैं कि 'शुद्ध तर्क' और पूर्वग्रह रहित विज्ञान के ज़माने लद चुके हैं।[1]

यह जानना दिलचस्प होगा कि लगभग उसी समय सुभाषचन्द्र बोस एक 'साम्यवादी संघ' की कल्पना कर रहे थे, जिसका आधार मार्क्सवाद और फ़ासीवाद के सम्मिश्रण को होना था। वे नात्सी विचारधारा की गहराई में उतरे बिना उसकी सराहना भी करने लगे थे। उन्हें यक़ीन था कि नात्सी तो केवल "यहूदी प्रभाव को ख़त्म करना भर चाहते हैं।" उन्हें "बहुत आश्चर्य हुआ जब जवाहरलाल ने कांग्रेस वर्किंग

1. पत्र दिनांक जुलाई 31, 1933 "द नाज़ी ट्रियम्फ इन जर्मनी", ग्लिम्पसेस ऑफ़ वर्ल्ड हिस्ट्री (नई दिल्ली : पेंगुइन, 2004), पृ. 1065।

कमेटी में एक रिज़ोल्यूशन इस आशय का दिया कि कांग्रेस उन यहूदी निर्वासितों को रोज़गार उपलब्ध कराएगी, जो कि अपने-अपने क्षेत्रों में कुशल और विशेषज्ञ थे।"[1]

नेहरू ने यह बात बार-बार नोट की कि केवल हिन्दू ही नहीं, मुस्लिम साम्प्रदायिकता भी हिटलर की प्रशंसा करती थी। दोनों साम्प्रदायिकताएँ लोकतांत्रिक राष्ट्रवाद से चिढ़ महसूस करने में एक-दूसरे की साथी थीं (जो कि आज भी हैं)। बस दोनों में एक अन्तर था (यह जानना आज भी ज़रूरी है जैसे कि तब था) जिसे नेहरू ने बहुत साफ़गोई से व्यक्त किया है : "मुस्लिम संगठनों का साम्प्रदायिक रूप हरेक पर ज़ाहिर है, सबको दिखता है। हिन्दू महासभा की साम्प्रदायिकता इतनी स्पष्ट नहीं दिखती क्योंकि वह राष्ट्रवाद का चोगा ओढ़े रहती है।"[2]

5

इतिहासकार रामचन्द्र गुहा ने अपनी विचारोत्तेजक किताब 'इंडिया आफ़्टर गांधी' में किताब लिखने के पीछे अपनी दो आधारभूत महत्त्वाकांक्षाएँ बताई हैं : "भारत की सामाजिक और राजनीतिक विविधता को यथोचित सम्मान देना, और उस गुत्थी को सुलझाना, जो कि बहुत समय से देशी, विदेशी विद्वानों और आम लोगों को उलझन में डाले रही है कि—आख़िर भारत है ही क्यों?"[3]

'आख़िर भारत है ही क्यों?' इसी सवाल का एक संस्करण विविध रूपों में भारतीय स्वतंत्रता संग्राम सेनानियों और बुद्धिजीवियों को बीसवीं सदी के मध्य में रोमांचित और प्रेरित कर रहा था। भारत एक भौगोलिक विस्तार मात्र नहीं है और न ही केवल एक राजनीतिक इकाई भर है। इसकी सजीव विविधता और तमाम संघर्षों के बावजूद बने रहने की क्षमता इसे 'राष्ट्र' की तमाम पश्चिमी सभ्यता आधारित बौद्धिक परिभाषाओं और ऐतिहासिक अनुभवों से अलगाती है। फिर भी भारत एक राष्ट्र के रूप में अस्तित्ववान है और एक सभ्यतामूलक इकाई के रूप में सतत विद्यमान भी है। भारत एक विचार के रूप में एक भरोसा, एक विश्वास है, जो कि राष्ट्रीय आन्दोलन की देन है, एक संकल्प कि भारत समूचे विश्व को कुछ अनूठा योगदान दे सकने के लिए नियति द्वारा संकल्पित है। इस विचार के फलीभूत होने के लिए एक अलग तरह की राष्ट्र-निर्माण की प्रक्रिया की आवश्यकता है, जिससे कि बाक़ी दुनिया भी कुछ सीख सके—जैसा कि डॉ. जाकिर हुसैन ने एक बार कहा था। यही वह विचार था जिससे नेहरू प्रेरित हुए और जिसने उन्हें और अन्य नेताओं को एक प्राचीन और सतत सभ्यता को आधुनिक राष्ट्र-राज्य में बदलने का विराट अनुष्ठान करने का आत्मविश्वास दिया। ऐसा आधुनिक राष्ट्र-राज्य जो विविधता-सम्पन्न और समावेशपरक हो और साथ ही आधुनिकता व परम्परा के सबसे श्रेष्ठ, मानवीय और प्रबुद्ध तत्त्वों को भी धारण करे।

1. रूद्रांशु मुखर्जी, 'नेहरू एंड बोस : पैरेलल लाइव्स', (नई दिल्ली : पेंगुइन-विकिंग, 2014), पृ. 128
2. जवाहरलाल नेहरू, 'एन ऑटोबायोग्राफी' (नई दिल्ली, पेंगुइन, 2004), पृ. 484
3. रामचन्द्र गुहा, 'इंडिया आफ्टर गांधी : द हिस्ट्री ऑफ़ द वर्ल्ड्‌स लार्जेस्ट डेमोक्रेसी' (नई दिल्ली, पिकाडोर, 2008) पृ. 26

यह आत्मविश्वास उस गहरी छुपी हीनभावना से पूरी तरह अलग है जो कि विश्वगुरु होने के गर्व को जन्म देती है, जैसा कि आजकल कुछ लोग भारत को बनाने का दावा कर रहे हैं। टैगोर के प्रसिद्ध रूपक में भारत 'मनुष्यता का विशाल समुद्र' है—स्वभावतः समावेशी है। इस रूपक में निहित दावे की जड़ें यहाँ की ऐतिहासिक विकास-यात्रा व अनुभवों में थी, जिनके परिणामस्वरूप ही एक आधुनिक-बोध युक्त व सच्चे बहु-सांस्कृतिक लोकतांत्रिक राष्ट्र-राज्य के निर्माण की आत्मविश्वास युक्त परियोजना सामने आई और इसमें विश्व के लिए बहुत कुछ सीखनेवाला है। इसके विपरीत, हिन्दुत्ववादियों का विश्वगुरुवाद एक अलग सोच से प्रकट हुआ है, जो कि पश्चिम की हर खोज और आविष्कार को सुदूर अतीत में खोज लेने के दिवास्वप्न में खोई है। एयर क्राफ्ट, अन्तरिक्ष शटल, टेलीविज़न, इंटरनेट सब प्राचीन काल में पहले से ही थे। यहाँ एक स्वर्ण काल की कल्पना है—जिसके कोई अवशेष-प्रमाण नहीं हैं—और यह मान्यता भी कि प्राचीन काल के बाद भारतीय सभ्यता लगातार रसातल में गिरती रही। हिन्दुत्ववादी 'इतिहासकारों' को अपनी बातों की तार्किक परिणति ख़ुद पल्ले नहीं पड़ती। वे मानते हैं कि बारहवीं सदी तक हमारे पूर्वज शुद्ध, सर्वगुण सम्पन्न और अपने भाग्य-विधाता थे। सारी गड़बड़ बारहवीं सदी के बाद ही शुरू हुई। तो फिर वैदिक युग के वैज्ञानिक चमत्कार बारहवीं सदी के पहले ही किसके कारण ग़ायब हो गए थे?

नेहरू में भारतीय होने को लेकर किसी भी तरह की हीनभावना नहीं थी। उनके लिए हमारी महान सभ्यता की कहानी सतत पतन की कथा नहीं है। वे इस कथा को किसी प्राचीन पांडुलिपि के पन्ने के रूपक में बाँधते हैं। इस पन्ने पर कई इबारतें दर्ज़ हैं लेकिन कोई भी इबारत पहले से मौजूद इबारतों को पूरी तरह मिटा नहीं पाई है। पुरानी से पुरानी इबारत के कुछ न कुछ निशान इस पन्ने पर आज तक मौजूद हैं। नेहरू के अपने शब्दों में :

"(भारत के) इतने विस्तार से या उसकी विविधता से मैं नहीं घबड़ाता था, लेकिन उसकी आत्मा की गहराई ऐसी थी, जिसकी थाह मैं न पा सकता था—अगरचे कभी-कभी उसकी झलक मुझे मिल जाती थी। यह झलक किसी क़दीम ताल-पत्र जैसी थी, जिस पर विचार और चिन्तन की तहें, एक-पर-एक जमी हुई थीं, और फिर भी किसी बाद की तह ने पहले से आँके हुए लेख को पूरी तरह से मिटाया न था। उनका हमें भान हो चाहे न हो, ये सब एक साथ हमारे चेतन और अचेतन दिमाग़ में मौजूद हैं और ये सब मिलकर हिन्दुस्तान के पेचीदा और भेद-भरे व्यक्तित्व का निर्माण करती हैं।"[1]

निस्सन्देह यह उस समाज का सटीक वर्णन है, जहाँ आपको आज भी न केवल सिंधु घाटी सभ्यता की बैलगाड़ी, बल्कि सूक्ष्मतर निशान भी मिल जाएँगे और बाद की विकास-यात्रा के चिह्न भी। साथ ही जहाँ आप लगभग हर नस्ल के मनुष्यों की छाप भी देख सकते हैं।

---

1. जवाहरलाल नेहरू, 'द डिस्कवरी ऑफ़ इंडिया', पृ. 51

भारतीय स्वतंत्रता आन्दोलन का राजनीतिक और बौद्धिक नेतृत्व इस 'आत्मा की गहराई' के प्रति बहुत सजग और ज़िम्मेदारी भरा था और उसे भारत की इस नियति की एक ठोस समझ भी थी। उन्होंने इसे कई प्रकार से अपने शब्दों और विभिन्न प्रतीकों व रूपकों के द्वारा सुस्पष्ट भी किया। भारत माता—मदर इंडिया—एक केन्द्रीय रूपक था। 'भारत माता की जय' का नारा इस भारत के विचार से एक भावनात्मक बन्धन के साथ बार-बार पुनर्जीवित किए जाने का एक माध्यम था। यह विभिन्न सांस्कृतिक परम्पराओं से सम्बद्ध तमाम भारतीयों की साम्राज्यवाद-विरोधी एकता को प्रतिबिम्बित करता था

नेहरू ने 'भारत माता की जय' नारे पर गहराई से विचार किया था, आत्मकथा में लिखते हैं, "'भारत' देश 'माता' का रूप ले लेता है—एक सुन्दर स्त्री, बहुत ही वृद्ध होते हुए भी देखने में युवती, आँखों में दुख और शून्यता भरी हुई, विदेशी और बाहरी लोगों के द्वारा अपमानित और उत्पीड़ित...लेकिन हिन्दुस्तान तो मुख्यत: उन किसानों और मज़दूरों का देश है, जिनका चेहरा ख़ूबसूरत नहीं है क्योंकि ग़रीबी ख़ूबसूरत नहीं होती।" विचार-क्रम को आगे बढ़ाते हुए नेहरू सवाल उठाते हैं, "मतलब क्या है भारत माता से प्रेम करने का?' लिखते हैं : "क्या वह सुन्दर स्त्री, जिसका हमने काल्पनिक चित्र खड़ा किया है, नंगे बदन और झुकी हुई कमरवाले, खेतों और कारख़ानों में काम करनेवाले किसानों और मज़दूरों का प्रतिनिधित्व करती है? या वह उन थोड़े-से लोगों के समूह का प्रतिनिधित्व करती है, जिन्होंने ख़ुद युगों से जनता को कुचला और चूसा है, उस पर कठोर-से-कठोर रिवाज लाद दिए हैं और उसमें से बहुतों को अछूत तक क़रार दे दिया है।"[1] यह साल 1936 की बात है; इसके 9 साल बाद नेहरू याद करते है कि वे किस तरह से अपने श्रोताओं से यह प्रश्न करते थे कि "यह भारत माता कौन है जिसकी आप लोग इस नारे में जय चाहते हैं?" वह जवाब भी याद करते हैं जो वे स्वयं लोगों के सामने रखते थे "हिन्दुस्तान के नदी और पहाड़, जंगल और खेत, जो हमें अन्न देते हैं, ये सभी हमें प्यारे हैं। लेकिन असल में भारत माता हैं, वे सारे मुल्क में फैले करोड़ों हिन्दुस्तानी, भारत माता दरअसल यही करोड़ों लोग हैं, और इनकी जय ही है, 'भारत माता की जय!'"[2]

करोड़ों हिन्दुस्तानी ही हैं भारत माता, उन्हीं की जय है भारत माता की जय—नेहरू ही नहीं, स्वाधीनता आन्दोलन के सभी प्रगतिशील और उदार नेताओं का नज़रिया यही था।

इस पुस्तक का शीर्षक (कौन है भारत माता?) यह याद दिलाने की कोशिश है कि भारत के अस्तित्व का एक विशेष अर्थ और उद्देश्य है; भारत 'राष्ट्र' सभी भारतवासियों से बना है—भले ही उनकी जाति, धर्म और लिंग कुछ भी हो, वे किसी भी सांस्कृतिक या नृजातीय संरचना व सामाजिक हैसियत के हों। स्वतंत्र भारतीय राष्ट्र की ये वह दृष्टि है, जो कि गांधी, सरोजिनी नायडू, सुभाषचन्द्र बोस, पटेल, मौलाना आज़ाद, भगत सिंह, आंबेडकर और कई अन्य हस्तियों की है। यही वह दृष्टि थी

1. जवाहरलाल नेहरू, 'ऐन ऑटोबायोग्राफी', पृ. 448
2. 'द डिस्कवरी ऑफ़ इंडिया' पृ. 53

जिसको नेहरू ने सर-आँखों पर लिया और वास्तव में उसे जिया भी। 'भारत माता की जय' का नारा कभी भी भारत देश के किसी भी धार्मिक समूह के सामने हिंसात्मक धमकी या चुनौती की तरह नहीं उछाला जा सकता। भारत माता के रूपक को उन लोगों के विरुद्ध हथियार नहीं बनाया जा सकता जो अपने देशप्रेम को किसी अन्य रूपक के ज़रिये व्यक्त करना चाहें। भारत माता के जयघोष में भारत माता की ही संतानों में से कुछ की दुख-भरी चीख़ों की कोई गुंजाइश नहीं हो सकती।

6

भारतीय जनता के हज़ारों साल पुराने, समृद्ध सांस्कृतिक अनुभव का सार है—अति सर्वत्र वर्जयेत—अति किसी चीज़ की अच्छी नहीं। ऋग्वेद का नासदीय सूक्त किसी भी ज्ञान प्रणाली द्वारा अन्तिम सत्य प्राप्त कर लेने के दावे को साफ़तौर से नकारता है। सूक्त इस हद तक जाने का साहस करता है कि सृष्टि के सारे रहस्य तो उसके सामने भी नहीं खुलते, जो इसका 'अध्यक्ष' है। उपनिषद इसी बात को और ज़्यादा प्रभावी ढंग से व्यक्त करते हैं। महाभारत की रचना का उद्देश्य यही था कि लोगों को व्यक्तिगत अतिवादी मनोविकारों के अनिष्टकारी परिणामों से सचेत कर धर्म—(यानी उचित मार्ग) पर चलने की प्रेरणा दी जाए। महाभारत के रचयिता वेद व्यास अपनी विराट रचना के अन्त में कैसी व्यथा से कहते हैं—"भुजाएँ उठाकर कहता रहा हूँ, धर्म को साध लो, बाक़ी सब ख़ुद ही सध जाएगा। लेकिन कोई सुनता है मेरी?"

बुद्ध ने प्रखर ढंग से मध्यम प्रतिपदा—'स्वर्णिम मध्यमार्ग'—के सिद्धान्त को रखा, जिसका अर्थ विचार एवं कर्म में अतिवाद से दूरी बनाकर चलना है। महावीर ने 'अनेकान्तवाद' के द्वारा सत्य अनुभूति के बहुलतावादी स्वरूप के महत्त्व को बताया, जिसके लिए एक वैचारिक खुलापन और संवादी माहौल अनिवार्य पहलू हैं। कश्मीर के तंत्र और सौन्दर्य शास्त्र के महान शैव विद्वान अभिनव गुप्त ने इस समग्र परम्परा को और भी सारगर्भित कर व्यक्त किया—'नहि एकया दृष्ट्या सम्यंगं निर्वर्णनं निर्वहति' (कोई भी अकेला दृष्टिकोण सब कुछ की व्याख्या नहीं कर सकता)। यह महत्त्वपूर्ण टिप्पणी आनन्दवर्धन के 'ध्वन्यालोक' की व्याख्या में की गई है, सन्दर्भ कविता की सराहना का है, किन्तु याद इसे भारतीय मेधा के विकासमान स्वरूप को समझने के लिए भी किया जा सकता है क्योंकि 'ध्वन्यालोक लोचन' में की गई यह टिप्पणी भारतीय विचार-परम्परा के स्वभाव को भी ध्वनित करती है।

आगे चलकर इस सोच ने एकेश्वरवादी इस्लाम और ईसाइयत को भी प्रभावित किया। सतत पारस्परिक वैचारिक आदान-प्रदान की यह धारा जहाँ एक ओर भक्ति आन्दोलन और सूफ़ी काव्य में दिखाई पड़ती है, वहीं दूसरी ओर अशोक और अकबर जैसे शासकों के दृष्टिकोण में भी इसका स्पष्ट प्रभाव देखा जा सकता है।

नेहरू इसी बहुलवादी सारवान 'भारतीयता' की नुमाइंदगी करते हैं। यह तथ्य उन लोगों के लिए एक अभिशाप-सा है, जो लोग पूर्ण सत्य को जानने का दावा करते हैं, जो कि स्वाभाविक ही उनके अपने निजी संकीर्ण सच के लघुतम अंश के अलावा

कुछ नहीं है। नेहरू और उनके साथियों की गुटनिरपेक्षता, मिश्रित अर्थव्यवस्था और राष्ट्र निर्माण की विराट परियोजना पर दक्षिणपंथ और वामपंथ, दोनों कमोबेश समान रूप से आक्रमण करते रहे हैं।

भारतीय राष्ट्रीय आन्दोलन के नेताओं को महत्त्वहीन बताने का एक अन्तहीन सिलसिला चलाना, नेहरू के प्रति घृणा का माहौल बनाना और गांधी द्वारा नेहरू को अपना राजनैतिक उत्तराधिकारी चुनने को 'भयंकर भूल' के रूप में दर्शाना—यह सब, निस्सन्देह आर्थिक व राजनीतिक-सांस्कृतिक धुर दक्षिणपंथ के लिए बहुत निर्णायक बिन्दु रहा है। लेकिन कुछ उदारवादी भी इसी तरह से सोचते हैं और इस घृणा अभियान को अपने ढंग से बढ़ानेवाले रहे हैं। पश्चिमी अकादमिक जगत में एक बड़ा हिस्सा ऐसा है जो उपनिवेशवाद या उपनिवेशीकरण के गम्भीर हानिकारक प्रभावों को नज़रअन्दाज़ करता है और भारत की सारी समस्याओं की जड़ में यहाँ की पिछड़ी संस्कृति और परम्पराओं को ज़िम्मेदार ठहराता है। औपनिवेशिक काल में जान-बूझकर पैदा किए गए भयानक अकालों को बहुत सामान्य ढंग से भारतीय इतिहास में बार-बार घटित होनेवाली एक प्राकृतिक आपदा के रूप में दर्शा दिया जाता है। सुनियोजित तरीक़े से अंजाम दिए गए वि-औद्योगीकरण और वि-शहरीकरण को भारतीय समाज के पिछड़ेपन से भरे एक नैसर्गिक चरित्र से जोड़कर देखा जाता है। औपनिवेशिक दौर में किए गए भयंकर आर्थिक शोषण को पश्चिम जगत के सभ्यता मिशन का 'सर्विस चार्ज' बना दिया जाता है।

महात्मा गांधी तो इतना बड़ा नाम हैं कि उन्हें आसानी से बदनाम नहीं किया जा सकता। इसलिए उन्हें एक विलक्षण संत श्रेणी में डालकर राजनीतिक रूप से अप्रासंगिक बना दिया जाता है, और उनके राजनीतिक उत्तराधिकारी नेहरू को अनिवार्य रूप से सत्ता के भूखे पाखंडी के रूप में दर्शा दिया जाता है। यह सिद्ध करने के लिए नेहरू को अन्य समकालीन नेताओं की तुलना में उनके विरुद्ध खड़ा किया जाता है। जैसे 'समझौतावादी' नेहरू बनाम 'क्रान्तिकारी' सुभाष बोस, 'अंग्रेज़ीदां' नेहरू बनाम 'सच्चे भारतीय' सरदार पटेल और ब्राह्मण नेहरू बनाम दलित आंबेडकर। इस तरह से उपनिवेशवाद को एक ऐतिहासिक सच न माननेवाले, हिन्दुत्व समर्थक गैंग, चरम वामपंथी, चरम दक्षिणपंथी, ये सभी 'नेहरू के प्रति एक घृणा' के बिन्दु पर एकमत हो जाते हैं। ज़ाहिर है कि नेहरू और उनकी विरासत कट्टरपंथियों, अतिवादियों और हर तरह के हवाई क्रान्तिकारियों के लिए आज भी एक चुनौती है।

लेखक और टिप्पणीकार पंकज मिश्र 'न्यूयॉर्क टाइम्स' (11 अगस्त, 2017) में अफ्रीकी अमेरिकन लेखक डब्लू.ई.बी. द बोई के हवाले से 15 अगस्त, 1947 को आधुनिक इतिहास का 'एक महान दिन' बताते हैं। मिश्र लिखते हैं, "द बोई के अनुसार यह तिथि ब्रिटेन में लोकतंत्र की स्थापना, अमेरिका में ग़ुलामों की मुक्ति या रूसी क्रान्ति से भी अधिक महत्त्वपूर्ण थी।" 15 अगस्त, 1947 के साथ ही यह सोच कि "गोरे लोग केवल अपने उजले रंग की त्वचा के आधार पर काले लोगों पर राज कर सकते हैं ख़त्म हो रही थी।" लेकिन मिश्र के हिसाब से एक बहुत बड़ी गड़बड़

हो गई। उनके अनुसार—"गांधी इस बात पर दृढ़ थे कि स्वाधीन भारत में आधुनिक सभ्यता में अन्तर्निहित अन्यायों, दूसरे शब्दों में 'अंग्रेज़ों के बिना अंग्रेज़ी राज' के लिए कोई जगह नहीं होगी। लेकिन इस लिहाज से गांधी ने अपना उत्तराधिकारी बुद्धिमत्ता से नहीं चुना क्योंकि नेहरू तो एक अंग्रेज़ियतपसन्द ब्राह्मण परिवार के कुलदीपक थे।"

दिलचस्प बात है कि ठीक इसी तरह का आरोप गांधी पर आर.एस.एस. लगाता रहा है। बस फ़र्क़ यह है कि वह 'ब्राह्मण' शब्द पर ज़ोर नहीं देता। आर.एस.एस. गांधी के लिए बहुत श्रद्धा दर्शाता है। मिश्र भी यही करते हैं। लेकिन दोनों ही इस बात को पचा नहीं पाते कि गांधी जी ने तो 1947 से बहुत पहले जनवरी 1942 में ही ऑल इंडिया कांग्रेस कमेटी की वर्धा में हुई बैठक में साफ़-साफ़ घोषणा कर दी थी कि 'न तो राजा जी, न ही सरदार बल्कि जवाहर मेरा उत्तराधिकारी होगा' (देखें पृष्ठ 375)।

आगे मिश्र हमें बताते हैं, "नेहरू ने अंग्रेज़ों द्वारा निर्मित औपनिवेशिक राज्य और इसकी दमनकारी संचालित मशीनरी को ख़त्म नहीं किया। 1948 में भारतीय पुलिस और सेना की क्रूर ताक़त का इस्तेमाल भारतीय राज्य के लिए हैदराबाद रियासत की बाड़ाबंदी करने के लिए किया गया। लगभग 40 हज़ार मुस्लिम मारे गए और यह एपिसोड आज़ाद भारत के इतिहास में आज भी सबसे बड़ा नरसंहार है।" भारतीय राज्य की 'क्रूर शक्ति' के प्रति यह निर्दोष मासूम भाव हैदराबाद के निजाम और जिन्ना की साज़िशी चालों और रजाकारों द्वारा 'हैदराबाद के रियासती राज्य' में मचाए गए आतंक पर कोई ध्यान नहीं देता (देखें, नेहरू का वी.के. कृष्णा मेनन को पत्र, पृष्ठ 177)। इसके अलावा मिश्र नेहरू-लियाक़त समझौते (1950) को पूर्णतः नज़रअन्दाज़ करते हैं, जिसके द्वारा नेहरू ने भारत और पाकिस्तान की सरकारों को न्यायिक रूप से अल्पसंख्यकों की सुरक्षा की अनिवार्यता के लिए वचनबद्ध किया। इसके लिए उन्होंने 'समझाने-बुझाने' की नीति के साथ-साथ ताक़त का इस्तेमाल करने की चेतावनी भी दी। केवल इसी मुद्दे पर नहीं बल्कि सामान्य रूप से भी नेहरू समझते थे कि "पावर को कभी भी नैतिक वैधता से च्युत करके नहीं प्रयोग करना चाहिए" जैसा कि श्रीनाथ राघवन ने अपने अध्ययन में बिलकुल सही ढंग से सुझाया है, "जबकि भारत अपने को सुपर पॉवर्स समूह में शामिल होने के लिए तैयार कर रहा है, तब उसके नीति-निर्धारकों और नागरिकों के लिए यह अभीष्ट है कि वे नेहरू की पावर सम्बन्धी गूढ़ समझ से ख़ुद को पुनः परिचित कराएँ।"[1]

पश्चिमी जगत के सुरक्षित महलों में रहनेवाले 'विद्वान' जो बँटवारे के सत्तर साल बाद मुसलमानों के प्रति सहानुभूति दर्शाने का ढोंग करते हैं, उन्हें इस बात का कोई अन्दाज़ा नहीं है कि नेहरू सरकार पश्चिम बंगाल के उन हिन्दू उपद्रवियों के साथ राज्य की 'क्रूर शक्ति' का प्रयोग करके कितना सख़्ती से पेश आई थी, जो पूर्वी पाकिस्तान में हिन्दुओं पर हुए हमलों का बदला यहाँ पश्चिम बंगाल में लेना चाहते थे। वे कल्पना भी नहीं कर सकते कि नेहरू को अपनी पार्टी और सरकार में उस समय कितना दबाव उठाना पड़ा। 'आबादी की अदला-बदली' कर देने का

1. श्रीनाथ राघवन, 'वार एंड पीस इन मॉडर्न इंडिया : ए स्ट्रेटेजिक हिस्ट्री ऑफ़ द नेहरू इयर्स', (रानीखेत : पर्मानेंट ब्लैक, 2017), पृ. 320

एक भयानक शोर था—एक ऐसा शोर, जिसमें आंबेडकर भी सावरकर के सुर में सुर मिला रहे थे कि "साम्प्रदायिक शान्ति के लिए यही एक स्थायी समाधान है—आबादी की अदला-बदली।"उनका तर्क एकदम साफ़ था : "भारत-पाकिस्तान के बीच अल्पसंख्यकों की परस्पर सुरक्षा के उपाय खोजने का कोई मतलब नहीं, ऐसे सभी उपाय व्यर्थ सिद्ध हो चुके हैं।"[1] माहौल इतना गरम था कि न केवल 'सख़्त लौहपुरुष' पटेल बल्कि 'शान्तिवादी' आचार्य कृपलानी तक 'जैसे को तैसा' की नीति की वकालत कर रहे थे। नेहरू-लियाक़त पैक्ट के विरोध में ही हिन्दुत्ववादी श्यामा प्रसाद मुखर्जी ने नेहरू कैबिनेट से इस्तीफ़ा दिया था।

नेहरू अपनी कैबिनेट और कांग्रेस पार्टी के भीतर चल रहे इस सब माहौल से इतना व्यथित थे कि एक समय उन्होंने प्रधानमंत्री पद से त्याग-पत्र देकर पूर्वी पाकिस्तान में एक सामान्य नागरिक की हैसियत से मानवता के सन्देश के लिए यात्राएँ करने तक का सोच लिया था। आख़िर महात्मा गांधी (जिन्होंने नेहरू को अपना उत्तराधिकारी चुनने का बुद्धिमत्तापूर्ण व उचित फ़ैसला लिया था) ने दो साल पहले ये किया भी था। नेहरू ने 21 फरवरी, 1950 को पटेल को पत्र भी लिखा था कि उनका यह कार्य "पश्चिम और पूर्वी बंगाल के लोगों की भावना शक्ति को उभारेगा और उन्हें ठहरकर सोचने को मजबूर कर सकेगा।"[2]

हमें ये बात साफ़तौर पर समझ लेनी चाहिए कि भारत जैसे बहुधर्मी देश में कोई भी शासक तब तक अल्पसंख्यकों के लोकतांत्रिक अधिकारों की रक्षा नहीं कर सकता, जब तक कि उसे बहुसंख्यक समुदाय का विश्वास और समर्थन न हासिल हो। नेहरू के प्रति हिन्दुत्ववादियों की नफ़रत का मूल कारण यही है कि एक 'अधार्मिक' 'अंग्रेज़ियतपसन्द' शख़्स को अपने देशवासियों का विश्वास व प्यार कैसे हासिल हुआ जबकि उसने यह भरोसा बहुत मेहनत करके, निम्न प्रवृत्तियों और सतही भावनाओं को भड़काए बिना कमाया था।

कोई भी आलोचना से परे नहीं हो सकता (नेहरू ने स्वयं 1930 के दशक में एक छद्म नाम चाणक्य से 'जवाहरलाल की नायकपूजा' के ख़िलाफ़ अपने देशवासियों से दो टूक कहा था, "हमें कोई सीज़र नहीं चाहिए" (देखें पृष्ठ 370) इससे इनकार नहीं किया जा सकता कि नेहरू की कुछ नीतियाँ नुक़सानदेह साबित हुई हैं। फिर भी समग्र ऐतिहासिक सन्दर्भ के प्रति संवेदनशीलता के साथ किया गया कोई भी गम्भीर मूल्यांकन यह तथ्य अवश्य रेखांकित करेगा कि नेहरू एक शासन-मर्मज्ञ और राजपुरुष के रूप में बहुत ऊँचे पायदान पर हैं और यह किसी व्यक्तिगत शुचिता/नैतिकता से इतर ऐतिहासिक तथ्य है। किसी राष्ट्रीय नेता के लिए यह बिलकुल अभीष्ट है कि वह कुछ ऐसे कार्य करे, जो कि कोई अन्य सामान्य नागरिक न करना चाहेगा। यह बात जितनी अकबर या फ्रेडरिक़ ('ईमानदारी सर्वश्रेष्ठ नीति है'—वाक्य के लिए प्रसिद्ध) के लिए सच है, उतन ही निस्सन्देह नेहरू के लिए भी। पंकज मिश्र जैसों

1. बी.आर. आंबेडकर, 'पाकिस्तान ऑर द पार्टिशन ऑफ़ इंडिया', इन राइटिंग्स एंड स्पीचेज़ वॉल्यूम-8', (बॉम्बे : एजुकेशन डिपार्टमेंट, गवर्नमेंट ऑफ़ महाराष्ट्र, 1990), पृ. 116
2. श्रीनाथ राघवन, 'वॉर एंड पीस इन मॉडर्न इंडिया', पृ. 160

को यह तथ्य समझाने के लिए उन्हें राजनीति सिद्धान्त पर एक आरम्भिक कोर्स करने की सलाह दी जा सकती है, जिसकी शुरुआत में उन्हें महान भारतीय रचना 'अर्थशास्त्र' या कदरन सरल, सुबोध 'शुक्रनीतिसार' का अध्ययय करना चाहिए। 'शुक्रनीतिसार' वह पुस्तक है, जिसको 'अंग्रेज़ियतपसन्द' नेहरू ने अपने लेखन में विस्तार से जगह दी है।

मिश्र जैसे विश्लेषण-पटु विद्वान हिन्दू धार्मिक परम्पराओं और हिन्दुत्ववादी राजनीति में बुनियादी अन्तर नहीं करना चाहते और इस तरह से इन लोगों ने भी हिन्दुत्व के विजय घोष में कम योगदान नहीं किया है। उदाहरण के लिए, 'न्यूयॉर्क टाइम्स' के अपने लेख में, मिश्र नेहरू को हिन्दू 'राष्ट्रवादियों' के साथ जोड़कर देखते हैं, क्योंकि नेहरू का गुनाह ये था कि वह 'भारतीय सभ्यता को प्राचीन काल से आधुनिक राज्य तक एक सतत प्रवाह के रूप में' देखना पसन्द करते थे। निश्चित ही नेहरू को भारतीय सभ्यता की उस निरन्तरता व सतत प्रवाह में विश्वास था, लेकिन हिन्दू 'राष्ट्रवादियों' के विपरीत, उनका यह विश्वास अतीत की मूढ़ काल्पनिक व्याख्याओं पर आधारित नहीं था और न ही उन्होंने पुनरुत्थानवादी नज़रिये से वर्तमान कार्यभार व भविष्य को तोड़-मरोड़कर पेश किया। जैसा कि मैंने ऊपर लिखा है, भारत के 'निरन्तरता के साथ परिवर्तन' के सारतत्त्व को अभिव्यक्त करने के लिए उनका सबसे प्रिय रूपक पांडुलिपि का ऐसा पन्ना या 'ताल पत्र' था जो अपने ऊपर लिखी अनेक इबारतों के ज़रिये तमाम सांस्कृतिक स्मृतियों को सहेजे हुए है। नेहरू स्पष्ट कहते हैं, "अतीत के प्रति अन्ध-भक्ति बुरी है। साथ ही उसके प्रति तिरस्कार भी उतना ही बुरा है। उसकी वजह यह है कि इन दोनों में से किसी पर भविष्य की बुनियाद नहीं रखी जा सकती।"[1] आगे वह लिखते हैं, "इसलिए राष्ट्रीय तरक़्क़ी न तो गुज़री चीज़ों को दोहराने से हो सकती है और न उनसे आँखें फेर लेने से हो सकती है। लाजमी तौर से अब नये नक़्शों की ज़रूरत है, लेकिन साथ ही उसमें पुराने का मेल होना भी ज़रूरी है। जो कुछ नया है उसमें अगरचे पहले के मुक़ाबले में बहुत फ़र्क़ मिलता है, फिर भी पुराने निशानात मिलते हैं और इस तरह तरक़्क़ी का एक सिलसिला बना रहता है और यह नयापन क़ौमी इतिहास की ज़ंजीर की एक कड़ी जैसा होता है। हिन्दुस्तानी इतिहास में इस तरह की तब्दीलियाँ ख़ासतौर से मिलती हैं। पुराने विचारों का नई परिस्थितियों में मेल बिठाने और पुराने नक़्शों का नये से सामंजस्य करने की बराबर कोशिश उसमें ज़ाहिर होती है। इसकी वजह से उसमें कोई सांस्कृतिक विच्छेद नहीं मालूम होता। मोहनजोदड़ो के अति प्राचीन समय और परम्पराओं के लिए श्रद्धा थी, लेकिन साथ ही आज़ादी थी, दिमाग़ का लचीलापन था और रवादारी थी। इस तरह के ढाँचे के बने रहने पर भी उसका अन्दरूनी तथ्य बराबर बदलता रहा।"[2]

~

1. 'द डिस्कवरी ऑफ़ इंडिया', पृ. 573
2. वही, पृ. 576

नेहरू का सबसे मुख्य सिद्धान्त था--'स्वर्णिम मध्यमार्ग'। लेकिन इस मार्ग पर बल देती उनकी विश्वदृष्टि और सबको ख़ुश रखने की कोशिश करनेवाली कायर निष्पक्षता के बीच ज़मीन-आसमान का फ़र्क़ था। नेहरू के मध्यमार्ग का अनैतिक के साथ प्रतिरोधहीन समझौते से भी कोई लेना-देना नहीं था। अन्तर्राष्ट्रीय मसलों पर नेहरू सक्रिय गुटनिरपेक्षता के हिमायती थे, निठल्ली तटस्थता के नहीं। नेहरू के घोर आलोचक भी इस बिन्दु पर एक भी विपरीत प्रमाण उनके निजी या सार्वजनिक जीवन से नहीं पा सके हैं। प्रधानमंत्री के रूप में नेहरू के लिए मध्यमार्ग का आशय था—तमाम स्थितियों-परिस्थितियों के मध्य एक सन्तुलन बनाना, सबको साथ लेकर चलना और क्रान्तिकारी उत्साहवाद को ज़रूरी नियंत्रण और सन्तुलन के साथ समेकित व समायोजित करना। भारत में लोकतांत्रिक व्यवस्था के सुदृढ़ीकरण और समुन्नतिमूलक विकास के लिए यह बुनियादी शर्त भी थी।

इस दृष्टिकोण को समझने के लिए उनकी आर्थिक नीतियों पर एक निगाह डाली जाए। आज़ादी के कुछ साल पहले, 'द डिस्कवरी ऑफ़ इंडिया' लिखते हुए, नेहरू का साफ़ नज़रिया था कि "भारत की नियति ही यह है कि यह दुनिया में दोयम दर्जे का रोल नहीं रख सकता। या तो यह एक महान योगदान वाला देश बनेगा या फिर बिलकुल निरर्थक-सा।"[1] 'भारत की इस नियति' को पहचानते हुए उन्होंने नव साम्राज्यवादी कुचक्रों में फँसने से इनकार करके उपनिवेशवाद से स्वतंत्र हुए देशों को साथ लेकर गुट निरपेक्षता का एक प्रभावी मंच तैयार किया, जो कि द्वितीय विश्वयुद्ध के बाद की सुविधाजनक दो ध्रुवीय राजनीति से चिपकने की नीति से अलग था। साथ ही, घरेलू रूप से उन्होंने मिश्रित अर्थव्यवस्था के ढाँचे में एक मज़बूत सार्वजनिक क्षेत्र का निर्माण किया। नेहरू का यह मॉडल एक भविष्योन्मुखी वैज्ञानिक रिसर्च और सांस्कृतिक उन्नति की ओर ले जानेवाला था। उनकी यह नीतियाँ आज बहुत फलदायी सिद्ध हुई हैं। कोई बहुत नाशुक्रा इनसान ही इसको नज़रअन्दाज़ कर सकता है।

'मिश्रित अर्थव्यवस्था' की विस्तृत विवेचना इस प्रस्तावना की परिधि से बाहर है। फिर भी यह तथ्य तो मानना ही होगा कि तत्कालीन परिस्थितियों में यही सबसे बुद्धिमत्तापूर्ण विकल्प था। भारत एक नया स्वतंत्र हुआ देश था, जिसे आर्थिक रूप से सदियों की औपनिवेशिक लूट ने तबाह कर दिया था और जो शीत युद्ध युग की दो ध्रुवीय दुनिया में किसी गुट/ब्लॉक के साथ पिछलग्गू की तरह नहीं रहना चाहता था। ऐसे उदीयमान, आत्मविश्वासयुक्त राष्ट्र के लिए अपनी राजनीतिक और आर्थिक स्वतंत्रता को बरक़रार रखने के लिए एक ठोस औद्योगिक आधार देना अपरिहार्य था। उसे अपने सार्वजनिक क्षेत्र और निजी क्षेत्र, दोनों के संसाधनों का इस्तेमाल करना था; उसे विदेशी मदद भी लेनी थी, लेकिन अपनी घरेलू पूँजी को सुरक्षा प्रदान करने के लिए संरक्षणात्मक नीतियों को भी अपनी योजना में जगह देनी थी। साथ ही यह 'प्राकृतिक संसाधनों के न्यायपूर्ण वितरण' की भी उपेक्षा नहीं कर सकता था। पूँजी उत्पादन और तमाम आर्थिक गतिविधियों के लिए ठोस औद्योगिक ढाँचा तैयार करना भी मूलभूत ज़िम्मेदारी थी जिससे कि राष्ट्र विश्व परिदृश्य में स्वतंत्र रूप से अपने

1. 'द डिस्कवरी ऑफ़ इंडिया', पृ. 48

पैरों पर खड़ा हो सके। अनियंत्रित बाज़ार आधारित अर्थव्यवस्था की ओर अन्धाधुंध बढ़ना राष्ट्रीय आन्दोलन के मूल्यों और समानता के सिद्धान्तों से पीछे हटना होता। और साथ ही यदि देश राज्य के पूर्ण नियंत्रण की अवधारणा पर ही निर्भर करता तो धन-सम्पदा का निर्माण लगभग असम्भव हो जाता, साथ ही इससे लोकतांत्रिक स्वतंत्रता का आदर्श भी कमज़ोर होता।

'नेहरूनॉमिक्स' यानी मिश्रित अर्थव्यवस्था को वाम और दक्षिण—दोनों तरह के शुद्धतावादियों ने ख़ूब कोसा। लेकिन, इतिहास ने नेहरूनॉमिक्स के मूल विचार और दृष्टिकोण को सही साबित किया है। यदि विस्तार में न भी जाएँ तो भी हमें याद रखना चाहिए कि जहाँ एक ओर सोवियत संघ का विघटन और पतन हुआ और 'पीपुल्स रिपब्लिक ऑफ़ चाइना' लोकतंत्र को तो न अपना सका, लेकिन राज्य-नियंत्रित अर्थव्यवस्था से बाज़ार अर्थव्यवस्था में रूपान्तरित ज़रूर हो गया। पश्चिमी जगत के स्वतंत्र बाज़ार पर पूर्ण निर्भर हो जाने का हश्र भी हम देख ही रहे हैं। नेहरूनॉमिक्स पुनर्वितरणमूलक न्याय, लोकतांत्रिक राज्य प्रणाली, व्यक्तिगत स्वतंत्रता और राष्ट्रीय स्वतंत्रता को एक साथ लेकर चला। इसके ऐतिहासिक महत्त्व को सामयिक दृष्टिकोण से बेहतर ढंग से समझने के लिए फ्रांसिस फुकुयामा के हाल के वक्तव्य को देखा जाना चाहिए। फुकुयामा ने कुछ साल पहले पश्चिमी पूँजीवादी व्यवस्था को 'इतिहास के अन्त' के तौर पर देखा था। अभी हाल में 'न्यू स्टेट्समैन' के अपने साक्षात्कार (17 अक्टूबर, 2018) में वे कहते हैं, "अगर समाजवाद से आपका आशय न्यायसंगत पुनर्वितरण करनेवाली यानी आमदनी और धन की वर्तमान भयंकर असमानता समाप्त करनेवाली व्यवस्था से है तो मैं कहूँगा कि समाजवाद न केवल वापस आ सकता है बल्कि उसे आना ही चाहिए। रीगन और थैचर के शासन-काल से जो दौर चला, उसमें हर तरह के क़ायदे-क़ानून से मुक्त बाज़ार के गुण गानेवाले विचार बहुत प्रभावी हो गए। इसका बहुत विनाशकारी प्रभाव हुआ।"

निश्चित ही, नेहरूवादी मिश्रित अर्थव्यवस्था आलोचना से परे नहीं है। उसकी प्राथमिकताओं और कार्यान्वयन की आलोचना की जा सकती है। अन्य बिन्दुओं पर भी यह नीति आलोचना से परे नहीं है। फिर भी कोई भी वास्तविक आलोचना तत्कालीन सन्दर्भों के प्रति सजग रहकर ही हो सकती है तथा उसे इसकी अन्तर्वस्तु और रुझान के प्रति प्रशंसामूलक भाव तो रखना ही होगा। यह भी ध्यान देना होगा कि हमें वक़्त गुज़र जाने के बाद के अनुभवों का, उपरान्त-बुद्धि का लाभ हासिल हो, जो नेहरू और उनके साथियों को हासिल नहीं था।

7

कुछ लोग तर्क करते हैं कि नेहरू का जन्म एक समृद्ध अभिजात परिवार में हुआ था और इस कारण वह भारत के सच्चे प्रतिनिधि कभी नहीं हो सकते थे। या कि भारतीय जनता उन्हें पूरी तरह से स्वीकार नहीं कर सकती थी, क्योंकि भारतीय जनता तो संत-महात्माओं और त्यागी लोगों के प्रति ही श्रद्धा भाव रखती है। यह सही है कि नेहरू एक

सम्पन्न 'धनी' परिवार से थे। लेकिन यह भी तो तथ्य है कि हिन्दू लोग जो महात्माओं को पसन्द करते हैं, वे धनी, सम्पन्न घरबार वालों से नफ़रत नहीं करते, बल्कि सच ये है कि वे उनसे भी सीखते हैं। आधुनिक मिथकों के उलट, हिन्दू परम्परा कभी भी 'दीन-दुनिया से बेख़बर अध्यात्मवादी' नहीं रही है। इस पुस्तक के (पृष्ठ 291) पर नेहरू सही कहते हैं कि परलोकोन्मुखता का महिमामंडन मध्यकालीन यूरोपीय ईसाइयत में मिलता है, हिन्दू परम्परा में नहीं। भारतीय लोग किसी को केवल इसलिए नहीं नकार देते कि उसका जन्म और पालन-पोषण सुविधासम्पन्न अभिजात परिवेश में हुआ है। हाँ, निश्चित रूप से वह उन लोगों की अथक प्रशंसा करते हैं, जो कि सत्य और लोक-कल्याण के लिए अपने विशेषाधिकारों और धन-सम्पदा को त्याग दें।

1930 के लाहौर कांग्रेस अधिवेशन के बाद, जवाहरलाल अपने पिता मोतीलाल नेहरू की परछाईं से पूरी तरह बाहर आ गए थे और स्वयं 'जवाहरलाल' के रूप में बहुत लोकप्रिय हो चुके थे। आत्मकथा में वे उल्लास-मिश्रित गम्भीरता के साथ 'जनता के बीच अपनी असामान्य लोकप्रियता' के बारे में लिखते हैं। वह अपने से जुड़ी उन किंवदंतियों को भी बताते हैं, जो कि मेरे बचपन से 1960 के दशक के अन्त तक ख़ूब चलीं। उनमें से एक मजेदार किंवदंती यह है कि नेहरू परिवार 'अपने कपड़ों को भारत से पेरिस धुलने के लिए भेजता था।' इस पर नेहरू का कथन उनके व्यक्तित्व के अनुरूप ही है—'इससे ज़्यादा हवाई और बेतुकी बात की कल्पना करना मेरे लिए मुश्किल है...'

'मजेदार' तो यह है, लेकिन निश्चित रूप से बेतुकी नहीं है। किंवदंतियाँ 'सुनिश्चित तथ्य' नहीं होतीं, लेकिन उनमें लोक और काव्यात्मक अभिव्यक्तियों का सम्मिश्रण होता है। इस किंवदंती में असली बात पेरिस की लॉन्ड्री नहीं है, बल्कि नेहरू-परिवार का त्याग है। कुछ लोग हमेशा हर चीज़ और हर व्यक्ति को जाति, रंग, नस्ल, धर्म, लिंग भेद की आधारभूत अस्मितामूलक श्रेणियों में ही बाँटकर देख पाते हैं और मनुष्य की व्यक्तिगत क्षमता व चुनने की स्वतंत्रता को केवल अपना ही ख़ास हक़ मान बैठते हैं। यह बौद्धिक कुतर्कवाद मनोरंजक होने के साथ खीज भी उत्पन्न करता है। नेहरू, 'एक धनी ब्राह्मण अंग्रेज़ियतपसन्द परिवार' के वंशज थे, जिन्होंने जाति और वर्ग के अपने विशेषाधिकारों को त्यागकर राष्ट्रीय आन्दोलन में नेतृत्वकारी भूमिका निभाई। उन्होंने अपने जीवन के लगभग दस साल ब्रिटिश जेलों में रहना पसन्द किया। इस बात का मर्म वे ब्राह्मण, एंग्लोफाइल (अंग्रेज़ियतपसन्द) टिप्पणीकार कैसे समझें जो हिन्दुस्तान की लू-लपट, धूल-गर्द से भागकर भूतपूर्व ब्रिटिश राज की वर्तमान राजधानी लन्दन में जा बसे हैं। वे उस लड़ाई को भी कैसे समझें जो लोकतांत्रिक मूल्यों और आदर्शों पर दक्षिणपंथी हमलों के विरोध में भारत में लड़ी जा रही है।

~

यह भी तर्क किया जाता है कि नेहरू कुछ अधिक ही 'आधुनिक' थे और इस वजह से भारत और भारतीय जनता को समझ नहीं सके। यह अत्यंत दुखद है कि न केवल

नेहरू से घृणा करनेवाले ट्रोल बल्कि ख़ुद को उदारवादी कहनेवाले और यहाँ तक कि गम्भीर विद्वान और समझदार लोग भी 'परम्परा प्रिय' महात्मा गांधी और 'आधुनिकता प्रेमी' नेहरू के बीच में खाई-नुमा अन्तर मानते हैं। कम से कम विद्वानों से तो बेहतर समझ की उम्मीद की जा सकती है।

हमें जानना चाहिए कि गांधी के लिए 'परम्परा' के क्या व्यावहारिक मायने थे और वह किस प्रकार उससे जुड़ते थे। दक्षिण अफ्रीका से लौटने के बाद उन्होंने अहमदाबाद में साबरमती के किनारे कोचरब में अपना पहला आश्रम बनाया। आश्रम में अन्य लोगों के अलावा एक अछूत दम्पती दादू भाई और उनकी पत्नी भी थे, जो चर्मकार ढेढ़ जाति से थे। अछूत दम्पती की आश्रम में मौजूदगी से कस्तूरबा तक असहज थीं। गांधी के आश्रमवासियों, समर्थकों ने भी कहा कि वे गांधी के कार्यक्रमों से दूरी बना लेंगे अगर अछूत दम्पती आश्रम में रहा तो। आर्थिक सहयोग देनेवालों ने सहयोग रोकने की धमकी तक दे डाली। 'परम्परावादी' गांधी ने विनम्रता से उनकी बात मानने से इनकार कर दिया, 'आप अपना चन्दा अपने पास रखें' अछूत दम्पती को आश्रम से निकालने का प्रश्न ही नहीं।[1]

हमें नहीं भूलना चाहिए कि महात्मा गांधी की जान लेने का पहला प्रयास 25 जून, 1934 को पूना में हुआ, जिसका कारण गांधी का यह अपराध था कि वह 'परम्परासम्मत' छुआछूत के ख़िलाफ़ आन्दोलन चला रहे थे।

परम्परा अनुसार तो महिला को अपने घर तक सीमित रहना चाहिए। जबकि, गांधी ने न केवल अपने पहले आश्रम की स्थापना और पहले सत्याग्रह—चम्पारन से शुरू कर बाद तक महिलाओं की भागीदारी को प्रत्येक सामाजिक-राजनीतिक गतिविधि के लिए प्राथमिक शर्त बनाया। उनके अनुसार किसी भी सार्वजनिक गतिविधि की सार्थकता का एक मानक महिलाओं की भागीदारी भी था।

गांधी जी समझते थे कि परम्परा कोई ठहरा हुआ वक़्त नहीं, बल्कि एक सतत धारा है। प्राचीन ग्रंथ और कर्मकांड का अपना महत्त्व अपनी जगह है लेकिन परम्परा तो वे तभी बनते हैं, जब ऐतिहासिक रूप से विकसित होते हुए दैनिक जीवन में स्थान पा जाएँ। इस प्रक्रिया में परम्पराएँ कभी-कभी इतना बदल जाती हैं कि उनका मूल रूप ही पहचान में न आए। गांधी ने ख़ुद को वर्चस्ववादी शक्तिशाली परम्पराओं की बजाय वर्चस्व के प्रतिरोध वाली उदार परम्पराओं से ख़ुद को जोड़ा। बिना नैतिकता के मापदंड पर खरा उतरे केवल अन्धानुकरण उन्हें स्वीकार न था। उन्होंने परम्परा को देशभाषाओं में रचे गए भक्ति साहित्य की संवेदना के माध्यम से देखा, जिसमें भारत की अपनी आरम्भिक आधुनिकता मुखर हो रही थी। उन्होंने गीता पढ़ने से पहले नरसी मेहता की बानी सुनी थी, जिनका भजन 'वैष्णव जन तो तेणे कहिए' गांधी की सिग्नेचर ट्यून बन गया। यह याद रखें कि गांधी ने गीता पहली बार अंग्रेज़ी में ही पढ़ी थी, उसके बाद संस्कृत में।

---

1. राजमोहन गांधी, 'मोहनदास : ए ट्रू स्टोरी ऑफ़ ए मैन, हिज़ पीपुल एंड ऐन एम्पायर' पेंग्विन इंडिया, 2006, पृ. 195

गांधी को 'परम्परावादी' और नेहरू को 'आधुनिकतावादी' मानने के द्वैध (बायनरी) के पीछे यह धारणा है, गांधी परम्परा प्रेमी थे, और नेहरू परम्परा-विमुख, बल्कि परम्परा-विरोधी। यह धारणा सच से कोसों दूर है जैसा कि इस पुस्तक में संकलित अंशों से पता चलेगा। नेहरू को हिन्दू परम्परा और संस्कृति का बोध बचपन से ही संस्कारों में मिला था, इसके साथ ही थियोसॉफी, ईसाइयत व इस्लाम की जानकारी भी उन्हें अपने परिवेश से प्राप्त हुई थी।

दूसरी ओर गांधी ने अभारतीय टॉलस्टॉय, रस्किन और निस्सन्देह ईसा मसीह के प्रति भी अपना सम्मान कभी छुपाया नहीं। जब गांधी की अहिंसा पर 'अभारतीय' होने के 'आक्षेप' लगाए गए, उन्होंने दो-टूक कहा, "मुझे इस बात पर कोई शर्म नहीं होगी, अगर किसी को मेरी अहिंसा मेरी पश्चिमी शिक्षा का परिणाम लगे। मैं न तो सभी पश्चिमी विचारों को त्याज्य मानता हूँ और न ही पश्चिम से आनेवाली हर चीज़ को अनिवार्यतः अशुभ।"[1]

'पवित्र' हिन्दू या भारतीय परम्परा के बहुत सारे स्वघोषित प्रेमियों की अपेक्षा नेहरू भारत और भारतीय संस्कृति की कहीं बेहतर समझ रखते थे। आर.के. करंजिया ने 1960 में जब नेहरू से यह कहा कि कांग्रेस को एक कैडर आधारित पार्टी बनाने की ज़रूरत है तो नेहरू ने तुरन्त कबीर और उनके बाद उनके नाम पर बने पंथ का हवाला दिया और कहा कि किसी आन्दोलन के मात्र कैडर आधारित व्यवस्था बन जाने के ख़तरे होते हैं। उन्होंने करंजिया से कहा कि "आप जानते हैं कि कबीर पहले तो एक समाज सुधारक रूप में हमारे सामने आते हैं और कबीर के जाने के बाद वह कबीर पंथ में बदल दिए जाते हैं। तात्पर्य यह है कि मामला (बाद में) केवल आपसी संघर्ष का होकर रह जाता है, जिसमें देश की ऊर्जा व्यर्थ होती है।"[2]

नेहरू ने भारतीय स्वतंत्रता संघर्ष के माध्यम से और दशकों के अपने अध्ययन व मनन-चिन्तन से ठोस अर्थों में 'भारतीय होने के मायने' समझने की कोशिश की। इससे उपजे उनके सन्देह, प्रश्न और विचार उनके लेखों, पत्रों, आत्मकथा और 'ग्लिम्प्सेज़ ऑफ़ वर्ल्ड हिस्ट्री' स्वयं जेल में रहते हुए अपनी किशोरवय पुत्री इन्दिरा प्रियदर्शिनी को लिखे गए अद्‌भुत ज्ञानवर्धक पत्रों का संग्रह में बिखरे हुए हैं। जब उन्होंने अप्रैल-सितम्बर 1945 में अहमदनगर क़िले में पाँच महीने की क़ैद के दौरान 'द डिस्कवरी ऑफ़ इंडिया' लिखी, तब तक भारतीय सांस्कृतिक अनुभवों पर उनके विचार तमाम प्रश्नों, प्रति प्रश्नों, जिज्ञासाओं और नई-नई जानकारियों के साथ परिपक्व हो चुके थे। गम्भीर मनन-चिन्तन और अध्ययन के बाद वे अपने भारत के प्रति एक मुकम्मल सोच बना सके थे। उन्हें अपनी भारतीयता का बाह्य कृत्रिम भोंड़ा प्रदर्शन करने की कोई ज़रूरत नहीं थी। उनकी 'भारतीयता' उनके शब्दों और कर्मों में सहज ही झलकती थी। प्रसंग चाहे किसी गम्भीर विमर्श का हो चाहे झल्लाहट का। एक बार जब नेहरू बिहार में थे तो उनकी एक पब्लिक मीटिंग में भीड़ का उत्साह उपद्रव का रूप ले रहा था। बाबू जगजीवन राम ने अपने स्वागत वक्तव्य में नेहरू का स्वागत

1. यंग इंडिया, 11-10-1928, राजमोहन गांधी द्वारा उद्धृत, 'मोहनदास 3' पृ. 318
2. 'द माइंड ऑफ़ मि. नेहरू', जार्ज एल्विन एंड अनविन, लन्दन, 1960, पृ. 58

करते हुए कहा, "महात्मा बुद्ध और सम्राट अशोक के बिहार में पंडित जी का स्वागत है।" भीड़ के उत्साही उपद्रव से चिढ़ चुके नेहरू ने अपना भाषण यह कहते हुए शुरू किया, "बाबूजी ने मेरा स्वागत बुद्ध और अशोक के बिहार में किया है, लेकिन आप लोगों की हरकतों से लगता है कि मैं जरासंध के मगध में आ गया हूँ।"

नेहरू की इस विटी चोट को समझने के लिए जरासंध की कहानी को जानना होगा, तभी हम जान पाएँगे कि उस भीड़ पर नेहरू के शब्दों का कितना गहरा असर पड़ा होगा। जिन वरिष्ठ विद्वान ने यह घटना मुझे बताई थी, उनके शब्दों में, "तुरन्त वहाँ पर एकदम घनघोर सन्नाटा छा गया था।" संस्कृति में गहरे पैठे इस विट की तुलना ज़रा 'हिन्दुत्वा आइकन' के बिहार की चुनावी सभा में दिए गए भाषण से कीजिए, जिसमें सिकन्दर को पाटलिपुत्र तक पहुँचा दिया गया था, ताकि बिहार की महान जनता सिकन्दर को हराने का गौरव अनुभव करते हुए आइकन की पार्टी को जिता दे।

नेहरू के पत्रों और वार्तालापों में एक गरिमामय व आत्मविश्वासयुक्त सांस्कृतिक शख़्सियत साफ़ नज़र आती है। 20 जनवरी, 1931 को अपनी पुत्री इन्दिरा को एक पत्र में वे भागवत महापुराण के एक श्लोक का अनुवाद करते हुए राजा रतिदेव के बारे में बताते हैं, जो अपने लिए कुछ नहीं चाहते थे, बल्कि उनकी केवल इतनी कामना थी कि प्राणिमात्र के दुखों का अन्त हो जाए—कामये दु:खतप्तानाम् प्राणिनामार्तिनाशनम्। उपनिषद, भागवत, महाभारत, रामायण, पंचतंत्र, अर्थशास्त्र, शुक्रनीतिसार और राजतरंगिणी और दूसरे प्राचीन ग्रंथों के इस तरह के प्रत्यक्ष-अप्रत्यक्ष संकेत सन्दर्भ नेहरू के लेखों व अन्य वक्तव्यों में भरे पड़े हैं। अपनी आत्मकथा में नेहरू 'क़ानून और व्यवस्था' की आधुनिक अवधारणा पर लिखते हुए 'हज़ार साल पुराने कश्मीरी ऐतिहासिक महाकाव्य' राजतरंगिणी और उसके लेखक कल्हण को याद करते हैं। वह कहते हैं : "क़ानून और व्यवस्था के अर्थों में मैंने पाया कि राजतरंगिणी में कुछ इस तरह से कहा गया है कि यह राजा का कर्तव्य है और राज्य की ज़िम्मेदारी है कि वह धर्म और अभय—कर्तव्यनिष्ठता और डर से मुक्ति—को स्थापित, संरक्षित करे। कल्हण के लिए क़ानून का मतलब केवल क़ानून भर से ज़्यादा था और व्यवस्था का मतलब जनता की (शासक से) निडरता था। लोगों में डर की भावना हटाना कितना अधिक श्रेयस्कर है, बजाय इसके कि 'जनता को भयभीत करके' एक 'व्यवस्था' क़ायम करना!"

कल्हण ही नहीं, भारतीय परम्परा मात्र के लिए धर्म का मतलब मानव-जीवन के सभी आयामों को नियंत्रित करनेवाला एकाधिकारवादी वर्चस्व क़ायम करना नहीं था और न आज ही धर्म के यह मायने हैं। यूरोप में पैगनिज़्म की समाप्ति के बाद (जिससे नेहरू एक लगाव महसूस करते थे), चर्च ने वहाँ के लोगों की नैतिक और भावनात्मक ज़िन्दगी के ऊपर अपनी एकाधिकारवादी कट्टर सोच को हिंसात्मक तरीक़ों से थोपा और राजनैतिक जीवन पर अपना शिकंजा कसा। चर्च का दावा था कि सारी नैतिकता का एकमात्र स्रोत वही है और उसी के बताए रास्ते से आध्यात्मिक शान्ति मिल सकती है। भारत और हिन्दू धर्म का सौभाग्य है कि यह परम्परा कुल मिलाकर, ऐसे धार्मिक, नैतिक एकाधिकारवाद से मुक्त रही है। यह मुक्ति राजनीतिक

हिन्दुत्व के लिए सबसे बड़ी बदक़िस्मती भी है, और सबसे बड़ी चुनौती भी, क्योंकि वह ऐन मध्यकालीन यूरोप के चर्च की ही तरह लोगों की नैतिक और भावनात्मक ज़िन्दगी पर अपना एकाधिकार क़ायम करना चाहता है, इस लक्ष्य की प्राप्ति के लिए अधिनायकवादी राजनीतिक व्यवस्था अनिवार्य है, और हिन्दुत्व की राजनीति उसी के लिए प्रयासरत है।

'ग्लिम्प्सेज़' में नेहरू, वास्तव में, अपनी किशोरवय पुत्री के ज़ेहन में 'सभ्यता और संस्कृति' के मूल तत्त्वों को बिठाना चाहते थे, जैसा कि वो शुरुआत में ही स्पष्ट कर देते हैं। 18 जनवरी, 1931 के अपने पत्र की समाप्ति वे इन शब्दों के साथ करते हैं : "सभ्यता और संस्कृति को शब्दों में ढाल पाना कठिन है और मैं इसे परिभाषित करने की कोशिश नहीं करूँगा। लेकिन संस्कृति का एक मतलब ख़ुद पर नियंत्रण करना और दूसरों का ख़याल रखना ज़रूर है। संयम और संवेदनशीलता से जो सम्पन्न नहीं, ऐसे व्यक्ति को सुसंस्कृत कहना नामुमकिन है।"[1]

सभ्यता और संस्कृति में सब अच्छा-अच्छा ही नहीं होता। उसमें बहुत से तत्त्व घुले-मिले रहते हैं। किस बात या प्रवृत्ति पर ज़ोर देना है, यह उस व्यक्ति पर निर्भर करता है, जो कि सभ्यता-संस्कृति के बारे में बोल रहा हो। ऊपर उद्धृत नेहरू का कथन संस्कृति के बारे में उनके अपने विचार और रुझान को दर्शाता है न कि कोई 'एकमात्र मानक' परिभाषा गढ़ने की कोशिश करता है। यहाँ याद करें कि गांधी जी अहिंसा के बारे में क्या कहते हैं : "अहिंसा एक बहुत व्यापक सिद्धान्त है। हम सब हिंसा की होली की चपेट में फँसे पामर प्राणी हैं। 'जीवैजीव आहारा' की बात निराधार नहीं है। मनुष्य एक पल भी जान-बूझकर या अनजाने में बिना हिंसा किए रह नहीं सकता। खाना-पीना, उठना-बैठना, चलना-फिरना सभी में तो कुछ न कुछ हिंसा और किसी न किसी जीवन की समाप्ति अवश्य होती ही है, चाहे वह कितनी ही सूक्ष्म क्यों न हो। इसलिए अहिंसा-साधक को अपने कर्तव्य पथ पर माना जाएगा, यदि उसके हर काम के मूल में करुणा भाव हो, वह आत्मसंयम बनाए रखे...इससे वह लगातार अहिंसा की ओर अग्रसर होता जाएगा यद्यपि मनुष्य कभी भी पूरी तरह बाहरी हिंसा से बच नहीं सकता।"[2]

जो दो गुण नेहरू के लिए संस्कृति के लक्षण हैं, वे ही गांधी के लिए अहिंसा को परिभाषित करते हैं। संयम और करुणा। अपनी ज़रूरतें कम करते हुए दूसरे की ज़रूरतों, तकलीफ़ों के बारे में सोचना। मैंने पीछे गांधी का ए.आई.सी.सी. वर्धा में जनवरी 1942 को दिया हुआ वक्तव्य याद किया है। यह मीटिंग कांग्रेस वर्किंग कमेटी के दिसम्बर 1941 के बारडोली प्रस्ताव पर चर्चा व पुष्टि के लिए बुलाई गई थी, जैसा कि आप आगे (पृष्ठ 365) पर उस वक्तव्य के अंश के साथ के नोट में देखेंगे। उस वक्तव्य का सन्दर्भ समझने पर गांधी द्वारा खुले तौर पर नेहरू को अपना उत्तराधिकारी घोषित करने का मार्मिक ऐतिहासिक महत्त्व एकदम साफ़ हो जाएगा।

---

1. जवाहरलाल नेहरू, 'ग्लिम्प्सेज़ ऑफ़ वर्ल्ड हिस्ट्री', (नई दिल्ली : पेंग्विन, 2004), पृ. 40
2. एम.के. गांधी, 'एन ऑटोबायोग्राफी ऑर द स्टोरी ऑफ़ माय एक्सपेरिमेंट्स विद ट्रुथ', (अहमदाबाद : नवजीवन, 2005), पृ. 321

गांधी और नेहरू का आपसी सम्बन्ध किसी भीतरी खाई को नहीं, बल्कि परम्परा के आधुनिकीकरण और एक प्राचीन सभ्यता को आधुनिक राष्ट्र-राज्य में रूपान्तरित करने के दो रास्तों को जोड़नेवाले पुल को दिखलाता है।

8

नेहरू तर्कवादी थे, बावजूद इसके उन्होंने अपनी स्वर्गीय पत्नी की राख अन्त तक इसलिए अपने पास रखी कि जिससे उसे भी बाद में उनकी राख के साथ प्रवाहित किया जा सके। उन्होंने अपनी वसीयत और अन्तिम इच्छा-पत्र में गंगा नदी पर एक अत्यन्त हृदयस्पर्शी, प्रशंसात्मक काव्यात्मक गद्य लिखा है—गंगा—'द रिवर ऑफ़ इंडिया'। तर्कवादी होने का अर्थ रोबो हो जाना नहीं होता। सच यह है कि नेहरू की तर्कबुद्धि मनुष्य की आध्यात्मिक खोज को नकारती नहीं है और न ही उसे ख़ारिज करती है। इसी तरह, आधुनिक होने का अर्थ अपनी, या किसी भी, परम्परा से असम्बद्ध हो जाना या उसके प्रति तिरस्कारपूर्ण भावना रखना नहीं है। बल्कि, इसके इतर आधुनिक चेतना-सम्पन्न होने का मतलब है परम्परा की वास्तविक पड़ताल करना, उसके साथ अपने अन्तस्सम्बन्धों को तलाशना और परम्परा में पाई जानेवाली प्रवृत्तियों को एक गतिशील दिशा प्रदान करते हुए उन्हें सामयिक व आधुनिक बनाना।

गांधी और नेहरू, दोनों ने, अपने-अपने ढंग से यह करने का प्रयास किया। उनमें जो फ़र्क़ था वह उनके 'परम्परावादी' या 'आधुनिकतावादी' होने का नहीं, बल्कि 'औद्योगीकरण' और 'शहरीकरण' पर उनके नज़रिये को लेकर था। नेहरू का रुझान साफ़तौर से औद्योगीकरण और टेक्नोलॉजी की तरफ़ था, वे 'ग्राम्य जीवन या ग़रीबी के महिमामंडन के दर्शन' को लेकर कभी आश्वस्त नहीं रहे। उन्होंने गांधी जी से इन बातों पर बहस करते हुए महसूस होनेवाली अपनी हताशा और संशय का साफ़ तौर से दस्तावेज़ीकरण किया है। गांधी-इरविन समझौते के बाद एक झटके में सिविल नाफ़रमानी आन्दोलन की वापसी पर नेहरू अपनी भावनाओं की अभिव्यक्ति के लिए टी.एस. इलियट की इन पंक्तियों का सहारा लेते हैं, 'यूँ ही ख़त्म हो जाती है दुनिया, किसी धमाके के साथ नहीं बल्कि रिरियाते हुए।' अपनी पूरी आत्मकथा में नेहरू गांधी जी के 'गूढ़ और जटिल व्यक्तित्व' को समझने की कोशिश करते दिखते हैं। एक ओर जहाँ वह गांधी जी द्वारा असहयोग आन्दोलन को वापस लेने या 1934 में बिहार में आए भयंकर भूकम्प के लिए 'अस्पृश्यता के पाप' को ज़िम्मेदार ठहराने पर अपनी झुँझलाहट बल्कि ग़ुस्से को नहीं छिपाते, वहीं दूसरी ओर, वे 'पार्लर (सजे-धजे ड्राइंगरूम) समाजवादियों' को इसलिए आड़े हाथों लेते हैं क्योंकि वे गांधी को 'प्रतिक्रियावादी' मानते हैं।

यह तो अब पूरी तरह से स्पष्ट हो चुका है कि औद्योगिक सभ्यता पर गांधी जी के 'अटपटे विचार' इसकी गम्भीर आलोचना के कुछ वैध सूत्र प्रदान करते हैं। गांधी जी के 'हिन्द स्वराज' में व्यक्त आधुनिक सभ्यता के 'रोगों' के निदान और रोगमुक्ति के लिए उपचारों से सहमत हुए बिना भी आज कहा जा सकता है इस पुस्तिका की आत्मा प्रोफेटिक है। गांधी की इस कृति की मूल भावना का सन्तुलन नेहरू के टेक्नोलॉजी-प्रेम

व अन्य विचारों के साथ बैठाया जा सकता था। नेहरू ने यह प्रयास किया भी, लेकिन बहुत सफल न हो सके। हमें उनकी असफलताओं से सीख लेनी है, लेकिन यह तभी सम्भव है जब हम उनकी उपलब्धियों को भी सही ढंग से पहचानें और साथ ही उन विराट समस्याओं को भी समझें जिनका सामना एक नवजात लोकतंत्र कर रहा था। क्या बिना किसी सुदृढ़ औद्योगिक आधार के एक नवस्वाधीन राष्ट्र स्वतंत्र नीतियाँ अपना सकता था? क्या हम निजी क्षेत्र को जोड़े बिना ऐसे दृढ़ औद्योगिक आधार का निर्माण कर सकते थे? क्या हम निजी क्षेत्र को खुली छूट देकर कल्याणकारी राज्य को स्थायित्व प्रदान कर सकते थे? अतीत पर कीमियागीरी कर ख़ुद को बुद्धिमान प्रदर्शित करना और तरह-तरह की अनैतिहासिक बयानबाजियाँ करना बहुत आसान है। लेकिन, जितान आसान, उतना ही फ़िज़ूल भी। सही तरीक़ा यह है कि नेहरू द्वारा वह रास्ता अपनाने की ज़रूरतों को समझा जाए, साथ ही उस रास्ते के अनुभवों की रोशनी में उचित क़दम उठाकर बेहतर भविष्य की ओर बढ़ा जाए।

इसी तरह से सामाजिक व्यवस्थाओं और राजनीतिक व्यवस्था के बारे में गांधी जी के बहुत से विचार बेहद समस्यामूलक हैं। साथ ही, अटपटे से लगनेवाले अनेक गांधी-विचार बेहद विचारोत्तेजक हैं। हालाँकि, यहाँ इन मुद्दों पर विस्तृत चर्चा करना विषयान्तरण हो जाएगा, लेकिन, यह तो स्पष्ट है कि 'बापू' और 'जवाहर' के बीच के मतान्तरों को दो साथियों के बीच होनेवाले ज्ञानवर्धक संवाद के रूप में देखा जाना चाहिए न कि दो विरोधियों के बीच होनेवाले मनमुटाव या विवाद के रूप में। अपने पत्र-व्यवहार में भी दोनों नेता अपने-अपने विचारों को खुलेपन से और कई बार तीखेपन से भी व्यक्त करते हैं, लेकिन इसके पीछे उनका उद्देश्य अपने को दूसरे से ऊँचा दिखाने का नहीं बल्कि अपनी बात को स्पष्ट रूप से सामनेवाले के साथ साझा कर एक सामान्य साझी समझ बनाना था। गांधी जी उनके साथ चर्चा को याद करते हुए लिखते हैं कि नेहरू के अनुसार 'मूल प्रश्न' यह था कि किस प्रकार मनुष्य की उच्चतम बौद्धिक, आर्थिक, राजनीतिक और नैतिक उन्नति हो और किस तरह से इस बात को सुनिश्चित किया जाए कि 'सभी को समान अधिकार और अवसर प्राप्त हो सकें'। थोड़ी-बहुत भी नैतिक समझ रखनेवाला कोई भी शख़्स, वह भी गांधी जी जैसा, इस बात से असहमत कैसे हो सकता था। बापू ने 13 नवम्बर, 1945 को पुणे से लिखा कि "हमारी कल की बातचीत का मेरे ऊपर जो असर हुआ है उससे मैं समझ गया हूँ कि हमारे दृष्टिकोण में कुछ ख़ास अन्तर नहीं है।"[1]

इन पत्राचारों को पढ़कर हम गांधी-नेहरू विवाद पर अपनी ख़ुद की राय बना सकते हैं। भारत के आगामी स्वरूप और वैश्विक समुदाय को लेकर उनके बीच की सहमतियों और असहमतियों को बेहतर ढंग से समझ भी सकते हैं। लेकिन इसके बावजूद, इस बात से इनकार नहीं किया जा सकता कि इस सबके बावजूद गांधी के पास अवश्य ऐसे कुछ ठोस कारण थे जिनकी वजह से उन्होंने बड़े आत्मविश्वास के साथ कहा था कि "जब मैं नहीं रहूँगा, जवाहर मेरी भाषा बोलेगा।"

1. जवाहरलाल नेहरू, 'ए बंच ऑफ़ ओल्ड लेटर्स', (बॉम्बे : एशिया पब्लिशिंग हाउस, 1960), पृ. 507

नेहरू ने आत्मकथा के 47वें अध्याय का शीर्षक ही ख़ास तौर से 'धर्म क्या है?' रखा है। इसमें उन्होंने बापू के 'रहस्यात्मक' तौर-तरीक़ों के परिप्रेक्ष्य में जीवन के प्रति धार्मिक दृष्टिकोण में निहित अन्त:प्रज्ञापरक और तर्केतर पहलुओं की समीक्षा की है। गांधी जी ने मई 1933 में अस्पृश्यता के ख़िलाफ़ नैतिक दबाव बनाने के लिए उपवास शुरू किया था। इस मुद्दे पर एक साल से भी कम समय के भीतर उनका यह तीसरा उपवास था। उपवास शुरू करने के कुछ दिन पूर्व गांधी ने नेहरू को एक बहुत मर्मस्पर्शी पत्र लिखा और उनसे उसका जवाब देने का आग्रह किया। नेहरू ने उसी मार्मिकता के साथ उनको जवाब लिखा, "मैं उन मुद्दों के बारे में क्या कह सकता हूँ जिनकी मुझे कोई समझ ही नहीं है? ऐसा लगता है, मैं किसी अनजान देश में खो गया हूँ, जहाँ केवल आप ही मेरे जाने-पहचाने मील का पत्थर (लैंडमार्क) हैं और मैं इस अँधेरे में अपनी राह टटोलने की कोशिश करता हूँ लेकिन ठोकरें खाता हूँ।"[1] नेहरू भावनात्मक और बौद्धिक रूप से बहुत उद्वेलित थे, वह लिखते हैं, "उपवास के दौरान मैंने देश में भावनात्मक उबाल देखा और मुझे यह देखकर हैरानी हुई कि क्या राजनीति में यह एक सही तरीक़ा है। यह तो केवल पुनरुत्थानवाद लग रहा था, जिसमें स्पष्ट समझ की बात समझने समझाने की कोई गुंजाइश ही नहीं थी। गांधी जी दूसरों को भी सोचने के लिए प्रेरित नहीं करते थे, बल्कि उनका सारा ज़ोर पवित्रता और त्याग पर ही था। मुझे महसूस हुआ कि मैं उनसे मानसिक रूप से दूर हो रहा हूँ, उनके प्रति अपने गहरे लगाव के बावजूद।"[2]

ऐसे कई अवसर आए जब गांधी जी ने नेहरू को एक बौद्धिक नैराश्य में जाने का अवसर उत्पन्न कराया। उदाहरण के लिए बिहार में आए भूकम्प को लेकर गांधी जी की प्रतिक्रिया। नेहरू इस बात को भली-भाँति जानते थे कि 'बापू' ने किसी कुशल 'रणनीति के तहत' (जैसा कि कुछ आलोचकों का मानना है) धार्मिक मुहावरे का इस्तेमाल नहीं किया, बल्कि वह वास्तव में दुनिया को धार्मिक (जिसका अर्थ उनके लिए नैतिकता से था) नज़रिये से ही देखते थे। और यही वह बात थी, जिसकी वजह से लोगों पर 'जादूगर' बापू की बातों का इतना गहरा असर होता था। नेहरू जब 'उपनिषद' के बारे में लिख रहे थे तो उन्हें गांधी जी की 'तपस्या' का भी स्मरण हुआ। वह लिखते हैं कि "तपस्या का विचार भारतीय मानस में बहुत गहरा पैठा हुआ है—उच्च कोटि के विचारकों से लेकर अशिक्षित जनसाधारण तक। यह बात आज भी उतनी ही सच है जितनी हज़ारों साल पहले थी। गांधी जी के नेतृत्व में जिन आन्दोलनों ने भारत में खलबली मचा दी है, उन्हें समझने के लिए इस बात को ध्यान में रखना ज़रूरी है।"[3]

नेहरू ने 'नैतिक मार्ग' का महत्त्व सहज निज-बोध के स्तर पर गांधी के निकट आने के पहले ही समझ लिया था। अवध के किसानों के असन्तोष और आन्दोलन के बारे में 22 जनवरी, 1922 को नेहरू ने लिखा, "आम जनता नहीं, बल्कि हम

1. 'एन ऑटोबायोग्राफी', पृ. 389
2. वही, पृ. 390
3. 'द डिस्कवरी ऑफ़ इंडिया', पृ. 91

लोग, जो पश्चिमी वातावरण में पले-बढ़े हैं, शान्तिपूर्ण तरीक़ों की अपर्याप्तता का रोना रोते हुए बड़ी-बड़ी बातें करते हैं। आम जनता अहिंसा की ताक़त समझती है।"[1] 1960 में आर.के. करंजिया से बात करते हुए जवाहर बिलकुल गांधी की भाषा बोल रहे थे, जब उन्होंने यह रेखांकित किया कि "टेक्नोलॉजी पर निर्भर हमारी सभ्यता जिस तरह आध्यात्मिक रिक्ति का सामना कर रही है, उसका समाधान तो खोजना ही होगा।"[2]

प्रख्यात कवि रामधारी सिंह दिनकर की पुस्तक 'संस्कृति के चार अध्याय' (1955) की प्रस्तावना में नेहरू भारतीय समाज की 'आत्मा के संकट' पर प्रकाश डालते हुए लिखते हैं, "एक ओर तो विचारों और सिद्धान्तों में हमने अधिक-से-अधिक उदार और सहिष्णु होने का दावा किया। दूसरी ओर, हमारे सामाजिक आचार अत्यन्त संकीर्ण होते गए। यह फटा हुआ व्यक्तित्व, सिद्धान्त और आचरण का यह विरोध आज तक हमारे साथ है और आज भी हम इसके विरुद्ध संघर्ष कर रहे हैं। कितनी विचित्र बात है कि अपनी दृष्टि की संकीर्णता, आदतों और रिवाजों की कमज़ोरियों को हम यह कहकर नज़रअन्दाज़ कर देना चाहते हैं कि हमारे पूर्वज बड़े लोग थे और उनके बड़े-बड़े विचार हमें विरासत में मिले हैं। लेकिन, पूर्वजों से मिले हुए ज्ञान एवं हमारे आचरण में भारी विरोध है और जब तक हम इस विरोध की स्थिति को दूर नहीं करते, हमारा व्यक्तित्व फटा का फटा रह जाएगा।

"जिन दिनों जीवन अपेक्षाकृत अधिक गतिहीन था, उन दिनों सिद्धान्त और आचरण का यह विरोध उतना उग्र नहीं दिखाई देता था। जब तक समाज इतना गतिशील नहीं था, तब तक इन दो तत्त्वों का परस्पर संघर्ष इतना स्पष्ट नहीं था, लेकिन ज्यों-ज्यों राजनैतिक और आर्थिक परिवर्तनों की रफ़्तार तेज़ होती गई है, इस विरोध की उग्रता भी अधिक से अधिक प्रत्यक्ष होती आई है।" ('संस्कृति के चार अध्याय', उदयाचल, पटना, तीसरा संस्करण, 1962, पृ. 14.)

भारतीय इतिहास का कोई भी गम्भीर छात्र इस मीमांसा में छिद्रान्वेषण नहीं कर सकता। इस समय तो इस पर तुरन्त ध्यान देने की ज़रूरत है, क्योंकि 'बदलाव की रफ़्तार' तेज़ी से बढ़ रही है; और साथ ही साथ 'प्रथाओं की संकीर्णता और नैतिक पतन' के लिए 'बहानेबाज़ी' भी उसी तेज़ी से बढ़ी है।

नेहरू इस आधुनिक व तकनीकी सभ्यता के दौर में नवसृजित राष्ट्रीय-राज्य की मूलभूत कशमकश को बख़ूबी समझते थे। भारत जैसा विशाल और आत्मसम्मानपूर्ण राष्ट्र केवल अमेरिका या सोवियत संघ की छत्रच्छाया में विकसित होने की सोच भी नहीं सकता था। इसे तो अपनी स्वयं की उच्चस्तरीय तकनीकी, जिसमें नाभिकीय ऊर्जा भी शामिल थी, के सहारे आगे बढ़ना था। नेहरू इस बात को लेकर अपनी अन्तरिम सरकार के दिनों में भी सुस्पष्ट थे। भारत आज 'न्यूक्लियर क्लब' में शामिल हो चुका है। इसके पीछे नेहरू की दूरदृष्टि का ही योगदान है।

---

1. जवाहरलाल नेहरू, 'सेलेक्टेड वर्क्स', वॉल्यूम-1, सम्पादक, एस. गोपाल (नई दिल्ली : ओरिएंट लॉन्गमैन, 1972), पृ. 211
2. 'द माइंड ऑफ़ मिस्टर नेहरू', पृ. 25

लेकिन, 'तकनीक निर्भर समाज' अपरिहार्य रूप से 'आध्यात्मिक रिक्ति या सूनापन' भी तो पोसता है। इससे कैसे निपटा जाए? नेहरू ने इसके लिए कला और साहित्य की ओर देखा, ताकि जैसा कि उन्होंने करंजिया के साथ बातचीत में कहा था, "हर नागरिक सम्पूर्ण समग्र व्यक्तित्व की गुणवत्ता और चरित्र प्राप्त कर सके।" जीवन के प्रति उनका नज़रिया शुष्क 'वैज्ञानिकता' का क़तई नहीं था, उसमें गहरी काव्यात्मकता भी निहित थी। कविता और अध्यात्म के गहरे अन्तस्सम्बन्ध को लेकर नेहरू की अन्तर्दृष्टि गहरी थी। इलाहाबाद-कारावास (1922) के दौरान उन्होंने बहुत-सी 'धार्मिक' पुस्तकों को एक कविहृदय की संवेदना के साथ पढ़ा। इसी दौरान उन्होंने विख्यात साहित्यिक विभूति रामनरेश त्रिपाठी की मदद से रामचरितमानस का अध्ययन किया। त्रिपाठी जी, बाद में, दिनकर को बड़े गर्व से यह बात बताते थे। नेहरू अपने इस अध्ययन को एक प्रोग्रेस रिपोर्ट की तरह गांधी जी को पत्र लिखकर बताते थे। इसी क्रम में वह तुलसीदास की 'रामायण' पर एक बहुत सारगर्भित, मार्मिक टिप्पणी करते हैं, "यह पुस्तक राम के काव्यात्मक इतिहास से भी कहीं अधिक कवि की आध्यात्मिक आत्मकथा है।"[1]

इसलिए यह बहुत आश्चर्यजनक नहीं है कि आज़ादी के बाद साहित्य और कला को आगे बढ़ानेवाली संस्थाओं को भी उसी तत्परता से स्थापित किया गया जिस तरह से आई.आई.टी. या आई.आई.एम. की स्थापना की गई। साथ ही इन संस्थाओं की स्वायत्तता को भी सुनिश्चित किया गया। नेहरू स्वयं साहित्य अकादमी के पहले अध्यक्ष चुने गए। चयन पर स्वयं को गौरवान्वित अनुभव करते हुए उन्होंने इस बात पर बल दिया कि "मैं यह नहीं चाहूँगा कि प्रधानमंत्री मेरे काम में दख़ल दें।" जैसा कि पहले रेखांकित किया गया है, ललित कलाओं, संगीत और नाटक के लिए अलग-अलग अकादमियाँ भी स्थापित की गईं। नेशनल स्कूल ऑफ़ ड्रामा (एन.एस.डी.) और फ़िल्म इंस्टीट्यूट भी स्थापित हुए। साहित्य अकादमी के अध्यक्ष होने के अलावा नेहरू दूसरी अकादमियों में भी बहुत रुचि लेते थे। वह कभी-कभी नाटक देखने एन.एस.डी. चले जाया करते थे। पुराने लोग बताते हैं कि कभी भी ऐसा नहीं हुआ कि प्रधानमंत्री के आगमन की वजह से किसी भी शो की टाइमिंग बदली गई हो या देर से शुरू किया गया हो।

साहित्य अकादमी के अध्यक्ष के रूप में नेहरू ने 13 मार्च, 1954 को अकादमी के सचिव कृष्ण कृपलानी को एक पत्र लिखा था। यह पत्र कवियों और लेखकों की देखभाल को लेकर उनकी चिन्ता को दिखाता है, जो औपचारिक नियमों और प्रक्रियाओं से आगे की बात है। हिन्दी के प्रख्यात कवि निराला उन दिनों आर्थिक बदहाली से गुज़र रहे थे। इस पत्र में वे 'निराला जी' को 100/रु. की मासिक सहायता देने की सलाह देते हैं। (देखें पृष्ठ 356) साथ ही, वो ये भी बताना नहीं भूलते कि यह सहायता राशि महादेवी वर्मा के ज़रिये ही पहुँचाई जाए, क्योंकि निराला अपने फक्कड़पन के लिए मशहूर थे और ऐसे लोग ख़ुद अपनी देखभाल नहीं कर

1. 'गांधी पेपर्स', अहमदाबाद में संरक्षित एक पत्र जिसका उल्लेख रामचन्द्र गुहा ने अपने एक लेख में किया है। देखें, रामचन्द्र गुहा : 'नेहरू द स्पिरिचुअलिस्ट?', द टेलीग्राफ, 15 नवम्बर, 2014

पाते। (उन दिनों प्रतिष्ठित साहित्य अकादमी की ओर से दी जानेवाली सम्मान राशि 5000 भी बहुत बड़ी धनराशि थी, तो इस हिसाब से 100 रुपये निजी खर्चे के लिए अच्छी-ख़ासी रक़म थी।)

केन्द्र की इस पहल के बाद, राज्यों ने भी इसी तरह की संस्थाओं का निर्माण किया। नेहरू के विचार में संस्कृति को उनकी स्वायत्तता बरक़रार रखते हुए राज्य द्वारा समर्थन कोई 'फ़िज़ूल' विलासिता नहीं थी, बल्कि राज्य के प्राथमिक दायित्वों में से एक था। फ्रांसीसी लेखक, राजनयिक और भारतप्रेमी आन्द्रे मॉरलो ने इन्हीं सब कारणों से नेहरू को 'गांधी की ही तर्ज पर राष्ट्रगुरु' की उपमा दी थी।[1]

9

नेहरू ने 'राष्ट्रगुरु' (प्रेरक व्यक्तित्व) की भूमिका इस तरह निभाई कि उन्होंने सृजनात्मक अभिव्यक्ति और विद्वत्ता को सम्मान देने की भारतीय परम्परा का निर्वहन किया; और साथ ही लोगों के चित्त में लोकतांत्रिक मूल्यों को प्रतिष्ठित करने का प्रयास किया। आज के दौर में तो यह बात और भी ज़्यादा गहरी है जब 'बुद्धिजीवी' शब्द लगभग एक गाली के रूप में प्रयोग किया जाने लगा है और लोकतंत्र जैसे किसी पीछेदेखू टी.वी. सीरियल में बदल रहा है। नेहरू, बुद्धिजीवियों से उनके 'राष्ट्रवादी' होने का प्रमाणपत्र नहीं माँगते थे और न ही उनसे अपने प्रति किसी व्यक्तिगत निष्ठा की अपेक्षा करते थे। बल्कि नेहरू बुद्धिजीवियों की वैचारिक स्वायत्तता और 'असहमति के अधिकार' का सम्मान करते थे। वह बुद्धिजीवियों और विद्वानों का सम्मान किसी 'त्वरित लाभ' की उम्मीद से नहीं, बल्कि समाज में उनके सांस्कृतिक महत्त्व को ध्यान में रखते हुए करते थे। 1 अगस्त, 1956 को 'महाभारत' के 'शान्ति पर्व' के आलोचनात्मक संस्करण (जिसका सम्पादन वी.एस. सुकथांकर और प्रकाशन पुणे के भंडारकर इंस्टीट्यूट ने किया था), का लोकार्पण करते हुए नेहरू ने कहा था, इस बात को अनुभव किया कि "व्यापक नज़रिये से देखें तो आप लोगों के इस काम का महत्त्व हम राजनेताओं के काम से कहीं ज़्यादा है।"[2]

लोकतंत्र केवल संख्याओं का खेल नहीं है। यह विभिन्न संस्थाओं, प्रक्रियाओं, अधिकारों और कर्तव्यों का गतिशील समुच्चय है। नेहरू इस बात को बहुत गहरे में मानते थे, और इसे लोगों के संस्कार का हिस्सा बनाने की हरचन्द कोशिश उन्होंने की थी। तमाम मानदंडों, संस्थाओं और उनकी कार्य-प्रणाली में नागरिक अधिकार और कर्तव्य गुँथे हुए हैं। नेहरू ने इस सन्देश को तमाम लोगों तक विभिन्न माध्यमों से संचारित किया। मैं 'इंडियन न्यूज रील' का वह छोटा-सा अंश कभी नहीं भूल सकता (जिसे मैंने पिछली सदी के आख़िरी दशक के मध्य, किसी समय टीवी

---

1. आन्द्रे मॉरलो, 'एन्टी-मेमोइर्स', ट्रांस. टी. किलमाट्रिन (लन्दन : पेंगुइन, 1968), पृ. 164
2. जवाहरलाल नेहरू, 'सेलेक्टेट स्पीचेज़', वॉल्यूम-3 (नई दिल्ली : पब्लिकेशन डिवीजन, 1958), पृ. 419

पर देखा था)। इसमें नेहरू एक चुनावी भाषण में लोगों को 'जम्हूरियत के मायने' समझाते हुए कहते हैं :

"मैं आपका प्रधानमंत्री हूँ, आपका राजा नहीं, न ही आपका शासक ही। मैं तो आपका सेवक हूँ, और जब कभी आपको ऐसा लगे कि मैं अपनी ज़िम्मेदारी ठीक ढंग से नहीं निभा रहा हूँ तो यह आपकी ज़िम्मेदारी होगी कि आप मेरा कान पकड़कर मुझे कुर्सी से उतार दें।"

'गुरु' (प्रेरक व्यक्तित्व) होने से पूर्व साधक बनना ज़रूरी है। इसके लिए अपनी सीमाओं/कमियों को पहचानते हुए सीखने की आदत डालनी पड़ती है। नेहरू आम जनता और 'पश्चिमी माहौल में पले-बढ़े बात-बहादुरों' के बीच की दूरी को भली-भाँति समझते थे। इसलिए उन्होंने भारत को केवल बाहर से ही नहीं आन्तरिक रूप से भी जानने-समझने की, खोजने की रोमांच-भरी यात्रा की। केवल रूपक में नहीं, वास्तविकता में भी। तीस के दशक के चुनाव-प्रचार को याद करते हुए नेहरू बड़े गर्व के साथ नोट करते हैं कि लोगों तक पहुँचने की कोशिश में 'परिवहन का कोई साधन उनसे छूटा नहीं'। बाहर के साथ-साथ भीतर के धरातल पर भी उन्होंने भारत के अतीत और भविष्य में इसकी नियति की 'खोज' करने के लिए सारे विश्व के इतिहास का 'भ्रमण' किया।

हिन्दुत्ववादी राजनीति इन सभी तथ्यों की उपेक्षा करते हुए नेहरू पर 'हिन्दू विरोधी और अपर्याप्त भारतीय' होने का आरोप लगाती रही है। कारण यह है कि हिन्दुत्ववादी राजनीति के पैरोकार जिस परम्परा के होने का दावा करते हैं उसी से असुविधा महसूस करते हैं। इस रुग्ण मनोदशा के जाने-पहचाने प्रत्यक्ष उदाहरण हैं—वैदिक युग में अन्तरिक्ष यान और महाभारत काल में इंटरनेट होने के दावे। लेकिन, इस बीमार सोच के कुछ अधिक गम्भीर यद्यपि तुरन्त न दिख सकनेवाले परिणाम भी हैं—एक स्थायी रूप से असुरक्षित मानसिकता और हीनता-बोध से ग्रस्त खोखलापन, ढोंग पसन्द विक्टोरियन नैतिकता का आत्मसातीकरण; खोखली, बड़बोली 'मर्दानगी' का ख़तरनाक गुणगान; सभ्य आचरण और करुणामूलक चिन्तन के प्रति दुर्भाव; और इसी प्रकार की अन्य अनेक नकारात्मक मानसिक प्रवृत्तियाँ।

शरीर और दिमाग़ की किसी बीमारी की तरह ही यह मानसिक अवस्था भी एक 'बीमारी' ही है, जिसका इलाज सुझाने से पहले इसकी जाँच-पड़ताल ज़रूरी है।

इस बेचैनी और रुग्णता का एक विशिष्ट ऐतिहासिक सन्दर्भ है—औपनिवेशिक शासन और उसका ज्ञानकांड, जिसने शासित जनमानस पर लगातार हमले कर एक सांस्कृतिक असुरक्षा-बोध भर दिया। इतिहासकार निकोलस डर्क्स इसे 'शासन करने की सांस्कृतिक टेक्नोलॉजी' कहते हैं, जिसने कई तरह से उपनिवेशित भारतीय दिमाग़ों पर अपना काम किया। इस औपनिवेशिक सांस्कृतिक तकनीक का एक तरीक़ा यह था कि उपमहाद्वीप के किसी एक हिस्से के किसी अनुभव या घटना को सारे उपमहाद्वीप में एक 'सामान्य नियम' की तरह से 'थोप' देना। यहीं से भारतीयों, ख़ासकर हिन्दुओं को एक जड़ मानसिकता की ओर धकेलने

की शुरुआत हुई, और उनके भीतर अपने सांस्कृतिक क्रियाकलापों, जीवनशैलियों, पौराणिक आख्यानों, आस्था तंत्र आदि को लेकर एक संशय और शर्मिन्दगी का भाव पैदा किया गया।

उदाहरण के लिए समुद्र पार करने की 'हिन्दू' वर्जना का मिथ। जी हाँ, बंगाल और बिहार के ब्राह्मणों के बीच कभी ज़रूर यह एक वर्जित कृत्य माना गया, लेकिन, पश्चिम और दक्षिण भारत की व्यापारी जातियों के बीच ऐसा बिलकुल नहीं था। दक्षिण भारत के हिन्दू पूरे दक्षिण पूर्व एशिया में व्यापार करते थे, यहाँ तक कि हिन्दू राजाओं ने वहाँ अपने साम्राज्य तक स्थापित किए। राजस्थान और गुजरात के व्यापारी नियमित समुद्र यात्राएँ करते थे और उनके काहिरा और अस्त्राखान (रूस) जैसे नगरों से सम्पर्क ही नहीं थे, इनमें से बहुत सारे वहाँ बस भी गए थे। मैं स्वयं अस्त्राखान गया हूँ और शहर के अभिलेखागार को खँगाला है जिसमें हिन्दू व्यापारियों की जनसंख्या और उनकी गतिविधियों तथा भारत से निरन्तर बने रहे सम्पर्क और आवागमन के दस्तावेज़ मौजूद हैं।[1] यह व्यापार जान-बूझकर ब्रिटिश राज द्वारा नष्ट किया गया। इसी दौरान लगभग एक शताब्दी तक सभी हिन्दुओं को असहिष्णु, संकीर्ण और अन्धविश्वासी बताया गया। उन्हें पूरी तरह से उद्यमता और साहस, जोख़िम लेने की क्षमता और खोज वृत्ति से विमुख चित्रित किया गया। लम्बे औपनिवेशिक शासन ने लोगों के स्वयं के बारे में नज़रिये को ही बदल दिया और स्वाभाविक रूप से ज़्यादातर भारतीय अपने बारे में इसी तरह से सोचने भी लगे और सतत बचाव की मुद्रा में रहने के आदी हो गए।

आज़ादी के तुरन्त बाद देश की बागडोर सँभालनेवाले स्वतंत्रता आन्दोलन के नेताओं ने कभी भी अपनी धरती और अपने समाज के बारे में इस तरह की कुंठा या हीनभावना नहीं रखी। वे आत्मविश्वास और गर्व से भरपूर थे, लेकिन भारत को लेकर कभी जड़, मंत्रमुग्ध मुद्रा में नहीं रहे। नेहरू उन नेताओं में सबसे ऊँचे पायदान पर थे, जिन्हें अपनी भारतीयता पर विवेकसम्मत गर्व था। फिर भी विडम्बना यह है कि भारतीय इतिहास को लेकर औपनिवेशिक सत्ता द्वारा गढ़ी गई बहुत-सी स्थापनाएँ, उनके प्रधानमंत्रित्व काल में भी स्कूलों की पाठ्यपुस्तकों में पढ़ाई जाती रहीं। यद्यपि नेहरू स्वयं इन औपनिवेशिक धारणाओं की तीखी आलोचना करते थे। निश्चित रूप से यह एक असफलता थी, क्योंकि तथ्य यह है कि उनके काल में उच्च शिक्षा की संस्थाओं के निर्माण पर बहुत अधिक ध्यान केन्द्रित होने के चलते प्राथमिक शिक्षा आमतौर पर नज़रअन्दाज़ हुई। ब्रिटिश औपनिवेशिक शासन से उपजे पूर्वग्रहों और असन्तुलन को दूर कर सकने में विफलता का परिणाम यह रहा कि भारतीय प्रशासनिक सेवा का चरित्र और रुझान औपनिवेशिक दायरे से बाहर न आ सका।

नेहरू की किसी भी समग्र आलोचना के लिए इन बिन्दुओं पर ध्यान देना ज़रूरी है, सपाट ढंग से ख़ारिज कर देना या पूजा-पाठ करने लगना—नेहरू ही नहीं, किसी

1. मैंने अपने यात्रा संस्मरण 'हिन्दी सराय : अस्त्राखान वाया येरेवान' (नई दिल्ली, राजकमल प्रकाशन, 2013) में इस पर विस्तार से लिखा है।

भी ऐतिहासिक व्यक्तित्व के सन्दर्भ में इन दोनों अतियों से बचना ज़रूरी है। आज़ादी पूर्व के विद्रोही नेहरू और आज़ादी के बाद के शासक नेहरू के बीच में फाँक साफ़ है, जिसकी आलोचना आवश्यक है। लेकिन, इस आलोचना का उद्देश्य हमारे संविधान और आज़ादी के निर्माताओं के विचारों को और अधिक समावेशी और संवेदनशील बनाने का होना चाहिए न कि अधिनायकवाद के दक्षिणपंथी अथवा वामपंथी संस्करण की स्थापना करना।

औपनिवेशिक ज्ञानकांड ने एक 'कॉमन सेंस' निर्मित किया, जिसमें 18वीं सदी में अंग्रेज़ी शासन के पूर्व के भारत को न केवल राजनैतिक रूप से अस्थिर बताया गया (जो कि वह था) बल्कि साथ ही उसे सांस्कृतिक और बौद्धिक रूप से गतिहीन और मरणासन्न भी समझा गया (जो कि वह नहीं था)। तत्कालीन देशज ज्ञान को केवल संस्कृत या फ़ारसी पांडित्य के अच्छे या बुरे अनुवाद के रूप में प्रस्तुत किया गया। औपनिवेशिक शासन के दौरान और तुरन्त उसके बाद बहुत से भारतीय विद्वानों ने अपनी ही संस्कृति और इतिहास को लेकर इस औपनिवेशिक समझ को सही मानते हुए उसकी धारणाओं को आत्मसात् कर लिया। इसका नतीजा यह हुआ कि सांस्कृतिक और बौद्धिक संवेदना में एक फाँक पड़ गई। इस संवेदना-विच्छेद के शिकार हिन्दू और मुस्लिम दोनों हुए। दोनों ही अपने वर्तमान और निकट अतीत पर घबराहट-भरी आकुलता महसूस करने लगे। इस मानसिक व्यग्रता से मुक्ति की छटपटाहट में वह किसी यूटोपियन 'शुद्ध' हिन्दू या मुस्लिम अतीत की खोज में लग गए।

यह पुनरुत्थानवादी और प्रतिक्रियावादी सोच हमारे साथ बहुत पहले से चिपकी रही है और आज अपने निकृष्टतम रूप में हमारे सामने है। यही भारत की मिली-जुली संस्कृति और साझी विरासत को नकारने के पीछे की बौद्धिक पृष्ठभूमि है। यह साझी विरासत, निश्चित ही, कलह और संघर्षों से मुक्त नहीं थी। लेकिन इसमें गतिशीलता और पारस्परिक एडजस्टमेंट भी था। इसमें सहअस्तित्व व पारस्परिक ग्रहणशीलता लिये हुए विभिन्नता का आत्मविश्वासयुक्त सहकार भी था; भले ही यह एडजस्टमेंट हमेशा बहुत आदर्शपरक व प्रबोधनयुक्त न रहा हो। यह साझी विरासत गौरवशाली अतीत और उसकी क्लासिकल परम्परा से विमुख बिलकुल नहीं थी, लेकिन, उसका अनुवाद-भर भी नहीं थी। यह अपनी स्वायत्तता के प्रति सजग होने के साथ ही नई चीज़ों के नयेपन को सहज रूप से स्वीकारने में सक्षम भी थी। उस दौर के किसी भी हिन्दू कवि या विद्वान ने यह साबित करने का प्रयास नहीं किया है कि 'हलवा' मिठाई या 'बाबा' अभिव्यक्ति या 'ताजमहल' नाम की लाजवाब इमारत भारत में मुसलमानों के आने के पहले से ही मौजूद थी।

धुर दक्षिणपंथी और धुर वामपंथी, दोनों ही ब्रिटिश-पूर्व भारत की सांस्कृतिक विशिष्टता को नहीं समझ पाते। धुर वामपंथी हर उस चीज़ से चिढ़े से लगते हैं जिसमें कुछ भी हिन्दूपन शामिल हो। इस रवैये ने उस 'बीमारी' को और नाज़ुक बनाया, जिससे कि पहले से ही बहुत से भारतीय ग्रस्त रहे हैं। इस तरह उन्होंने धुर दक्षिणपंथियों के प्रतिगामी प्रोजेक्ट को प्रत्यक्ष-अप्रत्यक्ष फ़ायदा ही पहुँचाया है। जो कुछ भी हिन्दू हो उसकी निन्दा करना (जिसमें कभी-कभी गांधी भी शामिल होते

हैं), सभी ठेठ क़िस्म के वामपंथियों, उदारवादियों और अतिवादियों का एक शगल रहा है। यह इस बात का प्रतीक है कि इतिहास की उनकी समझ कितनी सतही और यान्त्रिक है और उनमें सृजनात्मक कल्पनाशीलता का कितना अभाव बल्कि दरिद्रता है। अपने दंक्षिणपंथी साथियों के समान ही वे भी परम्पराओं को केवल 'प्राचीन मूल ग्रंथों' के ज़रिये ही जानते हैं। इसकी सारी जटिलताओं और दैनिक जीवन के क्रियाकलापों/व्यवहार में निरन्तर रूप से आ रहे सभी बदलावों को नकारते हैं। यही कारण है कि आज के संवेदनशील मुद्दे 'गोरक्षा' पर तर्क-वितर्क करते हुए तमाम वामपंथी और उदारवादी बुद्धिजीवी इस बात को साबित करने में लग जाते हैं कि प्राचीन काल में भारत में गाय का मांस खाया जाता था। अपने तर्क या कुतर्क को सिद्ध करने के लिए वे दक्षिणपंथियों की तरह ही प्राचीन ग्रंथों का हवाला देने लगते हैं। भले ही उनका उद्देश्य दक्षिणपंथियों से अलग हो, लेकिन तरीक़ा उनके जैसा ही है। धुर दक्षिणपंथ इस धारणा में जीता है कि प्राचीन 'स्वर्ण' युग (मतलब 'शुद्ध' और 'हिन्दू') के बाद भारत ने बरबादी के सिवा कुछ नहीं देखा; वहीं, 'वैदिक भारत में गोमांस भक्षण' वाले उत्साही वामपंथी भी यह मानकर चलते हैं कि प्राचीन काल के बाद हिन्दुओं को यह अधिकार ही नहीं रहा कि वे अपनी भोजन प्राथमिकताओं में कुछ बदलाव ले आएँ। उन्हें तो बस अपने पूर्वजों के ही विश्वासों और तौर-तरीक़ों पर चलते रहना चाहिए था। सौभाग्य से हिन्दू या कोई भी जन-समुदाय अपनी परम्परा को लेकर ऐसा ठसबुद्धि होता नहीं है।

स्मृतियाँ किसी व्यक्तिगत और सामूहिक चेतना व पहचान को निर्धारित करती हैं। स्मृति नैतिक ज़िम्मेदारी है। हम क्या भूलें क्या याद करें, यह इस पर निर्भर करता है कि हम भविष्य कैसा चाहते हैं। अतीत की कोरी भावुक, तर्कहीन स्मृतियाँ और भविष्य की ऐसी कल्पना जिसे नैतिक प्रश्नों से कोई लेना-देना नहीं, भयानक भ्रमों को जन्म देती हैं। भारत की सांस्कृतिक स्मृतियाँ संकुचित और बहिष्कारवादी नहीं हो सकतीं, क्योंकि ऐसी स्मृतियाँ न केवल 'स्मृति' के नैतिक उद्देश्य के प्रतिकूल होंगी बल्कि भारतीय जनता के वास्तविक ऐतिहासिक अनुभवों और उसकी विभिन्न परम्पराओं के भी ख़िलाफ़ होंगी। नेहरू ने इस बात को समझा, इसीलिए उनकी 'डिस्कवरी ऑफ़ इंडिया' 'राष्ट्रवादी परिकल्पना' की प्रामाणिक अभिव्यक्ति तो है लेकिन जैसा कि सुनील खिलनानी लिखते हैं, "ऐसी कल्पना जो एक विलक्षण, विशाल और तर्कसंगत स्वीकार पर आधारित कट्टरपंथी, इतिहास-विरोधी बहिष्कार पर नहीं।"[1]

भारतीयों को भारतीय राष्ट्रीय आन्दोलन के राजनैतिक और बौद्धिक नेतृत्व के प्रति, ज़रूरी आलोचना करते हुए भी कृतज्ञ होना चाहिए। भारतीय स्वतंत्रता आन्दोलन कोरा राजनैतिक आन्दोलन नहीं था, इसका एक सुस्पष्ट नैतिक पक्ष भी था। जिसके कारण इसने पूरे आत्मविश्वास के साथ अपने समाज की ख़ामियों को भी पहचाना। अस्पृश्यता, स्त्री द्वेष जैसी बुराइयों और तमाम कट्टरताओं को दूर करने का प्रयास किया। आज़ादी के सिपाहियों और भारतीय गणतंत्र की स्थापना करनेवाले, संविधान निर्माताओं ने भारत की वास्तविक सांस्कृतिक स्मृति का सम्मान करने के साथ ही

1. सुनील खिलनानी, 'द आइडिया ऑफ़ इंडिया' (लन्दन : हामिश हैमिल्टन, 1997), पृ. 168

इसे प्रतिगामी राजनीति का मोहरा बनाने के कुचक्रों का विरोध भी किया। नेहरू में निस्सन्देह सांस्कृतिक निरन्तरता का बोध है और इस कारण से जो लेफ़्ट-लिबरल उन्हें हिन्दुत्व के एजेंडे से नत्थी कर देते हैं, वे तो शायद नहीं समझेंगे लेकिन बाक़ी सभी समझदार नागरिकों को यह जानना ही होगा कि कोई भी राजनीतिक समुदाय सांस्कृतिक विस्मृति या अतीत के प्रति पूर्ण उदासीनता के साथ नहीं जी सकता। कोई भी प्रगतिशील व समतामूलक राष्ट्र अपनी संस्कृति और विरासत के साथ आत्मविश्वासयुक्त, तर्कसंगत जागरूकता का रिश्ता बनाए बिना नहीं चल सकता। नेहरू की कोशिश ऐसा ही रिश्ता रचने की थी।

10

नेहरू भले ही पूर्वजन्म में योगी रहे हों, लेकिन इस जन्म में तो राजनैतिक व्यक्ति थे। यहाँ यह फिर दोहराना ज़रूरी है कि एक राजनेता के रूप में उनकी नैतिकता का स्तर बहुत ऊँचा था। यह बात मैं किसी व्यक्तिगत नैतिकता पर फोकस करने के लिए नहीं कह रहा हूँ बल्कि उससे बढ़कर व्यापक सामाजिक-राजनीतिक अर्थों में कह रहा हूँ। फिर भी यह तो है ही कि वे और उनके साथी अन्तत: इनसान ही थे। उनकी अपनी कुछ महत्त्वाकांक्षाएँ थीं; सोच-समझ के अपने कुछ मज़बूत पक्ष और कमज़ोरियाँ/कमियाँ भी थीं। आपस में परस्पर अविश्वास और ग़लतफ़हमियों के पल भी उन्होंने जिये थे। नेहरू और मौलाना आज़ाद के बीच आपसी सम्बन्ध बहुत सौहार्द्रपूर्ण थे, लेकिन, 1946 में पंजाब में यूनियनिस्ट पार्टी के साथ गठबन्धन के मुद्दे पर दोनों की राय भिन्न थी। कुछ लोगों ने जान-बूझकर नेहरू और मौलाना के आपसी रिश्तों को बिगाड़ने की कोशिश की, और एक समय मौलाना इतने ग़ुस्से में थे कि उन्होंने नेहरू के बारे में कहा था कि वे "बहुत अहंकारी हैं और कभी भी ये बर्दाश्त नहीं कर सकते कि किसी भी व्यक्ति को उनसे ज़्यादा समर्थन और प्रशंसा मिल सके।"[1]

यह महत्त्वपूर्ण है कि इस क्षणिक आपसी मतभेद का जिक्र किया जाए, लेकिन यह भी जानना ज़रूरी है कि इस विरक्तिजनक तमाशे की इतिश्री भी बहुत जल्दी ही हो गई। आज़ादी के बाद नेहरू की सरकार में मौलाना को बहुत उच्च पद मिला और वह पुस्तक जिसमें मौलाना ने यह आलोचनात्मक टिप्पणी दर्ज़ की, वह किताब भी जवाहरलाल को ही इन शब्दों के साथ समर्पित है 'जवाहरलाल—दोस्त और कामरेड।'

हाँ, यह सच है कि उन दिनों विचार के स्तर पर बहुत-सी मतभिन्नताएँ थीं, जिन्हें कभी-कभार व्यक्तिगत रूप से और सार्वजनिक तौर पर भी बहुत तीखेपन से व्यक्त कर दिया जाता था। कई बार रास्ते भी अलग हो जाते थे। लेकिन कुछ लोग ख़ास मक़सद से इन राजनैतिक तनावों का बेहद विकृत रूप प्रस्तुत करते रहे

1. अबुल कलाम आज़ाद, 'इंडिया विन्स फ्रीडम : द कम्पलीट वर्ज़न', (हैदराबाद : ओरिएंट लॉन्गमैन, 1988) पृ. 137-38

हैं। स्वाभाविक रूप से नेहरू इस तोड़-मरोड़ के कृत्य और अभियोग के सबसे आसान लक्ष्य बन ही जाते हैं क्योंकि गांधी के बाद वह ही शीर्ष पर थे। जैसे जनवरी 2016 में देश के 'सबसे तेज़' समाचार चैनल ने 'ऑफ़िशियल' साक्ष्यों का हवाला देते हुए एक कार्यक्रम चलाया, जिसमें 'नेहरू द्वारा लिखे गए' एक ऐसे पत्र का 'खुलासा' किया जा रहा था, जिससे यह बात निकलकर आ रही थी कि नेहरू ने सुभाषचन्द्र बोस के जीवन के साथ समझौता किया और बोस को 'युद्ध अपराधी' कहा। यह तथाकथित पत्र हास्यास्पद रूप से 'डाउन स्ट्रीट में रहनेवाले इंग्लैंड के प्रधानमंत्री क्लेमेंट एटले' को लिखा हुआ बताया गया। प्रोग्राम के निहायत फैंसी अंग्रेज़ी बोलनेवाले एंकर को कुछ अटपटा नहीं लगा। शायद उनका ख़याल रहा हो कि नेहरू कहाँ अंग्रेज़ी-वंग्रेज़ी जानते थे। शायद मुख-कमल से ज्ञान-वर्षा करते एंकर महोदय को पता ही नहीं हो कि नेहरू की स्कूली शिक्षा तक इंग्लैंड में हुई थी। एंकर और उनके साथियों के बारे में तो कह नहीं सकते लेकिन नेहरू निश्चित रूप से जानते थे कि उस समय एटले नहीं, एटली प्रधानमंत्री थे, और इंग्लैंड के नहीं, ब्रिटेन के प्रधानमंत्री थे, डाउन नहीं डाउनिंग स्ट्रीट पर निवास करते थे। जैसी अंग्रेज़ी में वह पत्र लिखा गया था, नेहरू लाख चाहकर भी वैसी ख़राब अंग्रेज़ी नहीं लिख सकते थे। और तो और सबसे तेज़ चैनल ने अपनी तेज़ी में इस बात तक पर ध्यान नहीं दिया कि इस पत्र पर दस्तख़त तक नहीं थे। इतनी मूर्खताओं से भरा कार्यक्रम चलानेवाले जनता को मूर्ख समझते हैं यह तो ज़ाहिर ही है, लेकिन वे स्वयं मूर्ख नहीं हैं, यह भी तय है। नेहरू को बदनाम करने की कोशिशों, साज़िशों का स्रोत मूर्खता में नहीं कहीं और है।

इस तमाशे के दो-चार दिन पहले ही 23 जनवरी (नेताजी जयंती) को भाजपा सरकार ने एक धमाका यह घोषित करके किया कि वो 'नेताजी फ़ाइल्स' को खोलने जा रही है। मंशा थी नेताजी के बारे में उन सारे तथ्यों को उजागर करना जिनसे पता चल जाएगा कि नेहरू ने सुभाष पर क्या-क्या ज़्यादतियाँ की थीं। उद्‌देश्य साफ़ था, नेहरू को अपमानजनक स्थिति में पहुँचाना। लेकिन हुआ इसका उलटा। उन फ़ाइल्स को पढ़ने के बाद 'नेहरू की सहृदयता—न कि पापयुक्त साज़िशें' सामने आ गईं जैसा कि अनिर्बान मित्रा ने 'द वायर' की अपनी स्टोरी में शीर्षक दिया है।[1] अनिर्बान ने इन्हीं विवर्गीकृत साक्ष्यों के आधार पर 'कहानी' को पुनर्गठित किया। उन्होंने बताया कि किस तरह से नेहरू ने शुरू में ही नेताजी की पत्नी और पुत्री को अन्तरिम सहायता सरकार के द्वारा मुहैया कराई और फिर अपनी कांग्रेस पार्टी को उन्हें दीर्घकालिक आर्थिक मदद के लिए व्यवस्था करने के लिए कहा। यह सब नेहरू ने किसी 'इवेंट' के बिना अपने पुराने प्रिय साथी सुभाष के लिए किया था।

मुझे नहीं याद पड़ता कि आज की भारतीय राजनीति जिस तरह से बँटी हुई है, उतनी पहले कभी रही हो, या एक 'पढ़ी-लिखी' जनता इस प्रकार से मिथ्या सूचनाओं

1. अनिर्बान मित्रा, 'द नेताजी फ़ाइल्स रिवील ए टेल ऑफ़ नेहरूज़ वार्मेथ—नॉट सिनिस्टर कॉन्सप्रेसी', द वायर, मई 27, 2017, http://thewire.in/137206/netaji-files-family-nehru/

से लैस और आत्मविश्वासहीन जैसी आज है वैसी कभी पहले रही हो। इसलिए आज बहुत से लोगों को यह जानकर आश्चर्य होगा कि हिटलर के साथ गठजोड़ के सवाल पर गांधी, नेहरू के साथ-साथ स्वाभाविक रूप से कांग्रेस से भी अलगाव के बावजूद सुभाषचन्द्र बोस वह पहले व्यक्ति थे, जिन्होंने जुलाई 1944[1] में रंगून (अब यंगून) से किए गए राष्ट्र के नाम अपने सम्बोधन में गांधी जी को राष्ट्रपिता (फादर ऑफ़ द नेशन) कहा था। उन्होंने अपनी इंडियन नेशनल आर्मी की ब्रिगेडों के नाम भी गांधी, नेहरू और मौलाना आज़ाद के नाम पर रखे। आख़िर अपने सारे आपसी मतभेदों के बावजूद वे एक-दूसरे के न केवल प्रशंसक थे बल्कि एक-दूसरे को प्यार भी करते थे। जितने उनके मतभेद वास्तविक थे उतने ही सच्चे उनके विस्तृत आम सहमति बनाने के प्रयास भी थे। इस प्रयास में वे सब लोग एक-दूसरे के साथ किसी न किसी स्तर पर एक वृहद सामंजस्य और सम्मान मूलक रिश्ते भी क़ायम रखते थे। मूलभूत अधिकारों और आर्थिक कार्यक्रमों पर कराची कांग्रेस (1931) में पारित प्रस्ताव इस तरह के प्रयासों का मार्मिक रूपक है। यह प्रस्ताव स्वतंत्रता आन्दोलन की मूल आत्मा को धारण किये हुए है और भारतीय संविधान की 'न्याय' और 'समानता' के लिए प्रतिबद्धता का पूर्वाभास भी देता है। प्रस्ताव तैयार किया था नेहरू और बोस ने मिलकर, पेश किया था गांधी जी ने, और सत्र की अध्यक्षता कर रहे थे सरदार पटेल!

पटेल को, कुछ लोगों द्वारा एक 'विशुद्ध भारतीय' और 'अंग्रेज़ीदां' नेहरू के ख़िलाफ़ विषनाशक के रूप में पेश किया जाता है। ये सब पटेल के जीवनकाल में भी होता था और उन्होंने इस 'खेल' के चरित्र को भली-भाँति समझा भी था। पटेल ने लिखा : "कुछ ख़ास मक़सद वाले लोगों के द्वारा जो विभ्रम फैलाया गया है और जिसे सहज विश्वासी भोले-भाले लोग सही मान बैठे हैं, उसके विपरीत, हम लोगों ने जीवन-भर दोस्ती और साथीपन से काम किया है और एक दूसरे के विचारों के साथ ख़ुद को एडजस्ट करते हुए चले हैं..."[2]

'एक-दूसरे के साथ एडजस्ट करना, तालमेल बिठाना' यही वह मूल मंत्र है जो न केवल भारत जैसे जटिल देश को चलाने के लिए ज़रूरी है, बल्कि जो लोकतंत्र का विशिष्ट लक्षण भी है। इस तरह के सामंजस्य को मूलभूत सिद्धान्तों पर समझौता 'समझने की भूल नहीं करनी चाहिए। कट्टर, रूढ़िवादी विरोध का सामना करते हुए प्रगतिशील अधिनियमों को पास कराने के लिए अपार धीरज और कौशल बुनियादी योग्यता है। नेहरू की यह योग्यता अपनी सारी प्रखरता के साथ तब सामने आई जबकि उन्हें हिन्दू विवाह और उत्तराधिकार अधिनियम को संसद में पास कराने के लिए तमाम राजनैतिक और विधायी प्रक्रियाओं का सामना करना पड़ा। ये सारे नियम-अधिनियम एक साथ नहीं बल्कि क्रमशः थोड़े-थोड़े अन्तराल पर पारित किए गए जबकि आंबेडकर चाहते थे कि एक साथ ही सभी सामाजिक क्रान्तिकारी बदलाव कर दिए जाएँ। इस सबका पूरा वर्णन इस किताब के क्षेत्र से अलग विषय

1. http://www.gandhi-manibhavan.org/main/ql.htm
2. फ्रॉम द नेहरू अभिनंदन ग्रंथ : ए बर्थडे बुक, 1949, पृ. 29

है फिर भी मैं नेहरू द्वारा 6 दिसम्बर, 1956 को लोकसभा में दिया गया वक्तव्य उद्धृत करने का लोभ संवरण नहीं कर पा रहा। इसी दिन डॉ. आंबेडकर का निधन हुआ था और नेहरू ने सामाजिक बदलाव के अधिनियमों के सन्दर्भ में आंबेडकर के योगदान को याद करते हुए कहा कि उन्हें इसलिए याद किया जाएगा कि "... उन्होंने हिन्दू लॉ में सुधार के प्रश्न को बहुत गम्भीरता से लेते हुए उसके लिए कष्ट उठाए। मुझे ख़ुशी है कि उन्होंने उनमें से बहुत से सुधारों को अपने सामने लागू होते हुए देखा। उस वृहद रूप में तो नहीं जो कि उन्होंने स्वयं तैयार किया था बल्कि छोटे-छोटे हिस्सों के रूप में।"[1]

आंबेडकर ने इसी सवाल पर नेहरू कैबिनेट से इस्तीफ़ा दे दिया था और उन पर आरोप लगाया था कि वह इस मुद्दे पर सुस्त और ढुलमुल ढंग से चल रहे थे। नेहरू का इस पर यह सोचना था कि 'हिन्दू लॉ रीति-रिवाज पर आधारित है,' और रीति-रिवाजों को 'बदलते माहौल में ख़ुद को थोड़ा-बहुत ही अनुकूलित करने के लिए मजबूर किया जा सकता है।' वे 'ब्रिटिश पावर के साथ प्रतिक्रियावादियों के स्वाभाविक गठजोड़' की गत्यात्मकता को जानते थे जिसके परिणामस्वरूप सब पिछड़े हुए रीति-रिवाज चिरस्थायी बन गए थे और 'नये रीति-रिवाजों के आलोक में क़ानून न बदलने के कारण' यह जटिल स्थिति बनी थी। बहुत से प्रगतिशील यह सोचते थे कि ब्रिटिश राज के ख़िलाफ़ विरोध-प्रदर्शन करते हुए भारतीय जनता भी स्वत: समग्र रूप से प्रगतिशील हो गई है और क्रान्तिकारी सामाजिक सुधारों के पक्ष में तैयार खड़ी है। कुछ लोग ब्रिटिश सरकार से प्रगतिशील सामाजिक सुधार की उम्मीद करते थे और राष्ट्रीय आन्दोलन पर क्रान्तिकारी सामाजिक सुधार न करने का दोषारोपण भी करते थे। नेहरू इस तरह के दृष्टिकोण की सीमाओं को समझते थे जैसा कि उन्होंने लिखा भी कि "बदलाव केवल अच्छे क़ानूनों के द्वारा लाया जा सकता था लेकिन ब्रिटिश सरकार जिसके पास विधायी शक्तियाँ थीं कभी भी उन रूढ़िवादी तत्त्वों को नाराज़ नहीं कर सकती थी जिसका समर्थन उसके लिए मायने रखता था।"[2]

नेहरू सरकार समाज के रूढ़िवादी, कट्टरपंथी तत्त्वों के समर्थन पर नहीं खड़ी थी लेकिन वह उन तत्त्वों के सामाजिक प्रभाव को नकार भी नहीं सकती थी। हिन्दू कोड बिल के मुद्दे पर उन्हें अपनी सरकार, पार्टी और समाज के बड़े तबक़े के रूढ़िग्रस्त विरोध से सामना करना पड़ा, जिसमें भारतीय गणतंत्र के राष्ट्रपति तक का विरोध शामिल था। इन चुनौतियों से निपटने के लिए बुद्धिमत्तापूर्ण व दूरदर्शी तरीक़ा यह था कि वे साबित करें कि उन्हें और उनकी सरकार को भारत की जनता का अटूट भरोसा व विश्वास प्राप्त था भी या नहीं? सन् 1952 के आज़ाद भारत के पहले आम लोकसभा चुनाव में भारी जीत हासिल कर उन्होंने सिद्ध किया और उसके बाद ज़रूरी सुधारों की ओर दृढ़ता से क़दम बढ़ाया। अन्य दूसरे बहुत से राष्ट्रीय महत्त्व के मुद्दों की तरह इसमें भी नेहरू 'बिना आधारभूत सिद्धान्तों को छोड़े समायोजन करने' की नीति पर चले। नाव को चट्टान से टकराकर चूर कर देने की बजाय

1. गुहा द्वारा, 'इंडिया आफ्टर गांधी', पृ. 240 में उद्धृत
2. 'द डिस्कवरी ऑफ़ इंडिया', पृ. 360-61

उन्होंने एक कुशल नौचालक की भूमिका को श्रेष्ठ समझा। इसीलिए वह अपने 'बापू' की तरह ही बहुत से लोगों को 'अनफ़ेयर' भी लगने के लिए नियतिबद्ध थे। उन बहुत से लोगों में वे लोग भी शामिल हैं जिनके लिए उन्होंने जो कुछ भी उन विषम परिस्थितियों में सर्वश्रेष्ठ हो सकता था, किया।

घरेलू मसलों के साथ-साथ विदेशी मुद्दों, सामाजिक और आर्थिक के साथ ही सांस्कृतिक मुद्दों पर भी नेहरू ने भारतीय ज्ञान व संवेदना के मर्म को अपना कर्मवाक्य बनाया—नैतिक रूप से सही कार्य को ही करना लेकिन साथ ही यथासम्भव बहुत-सी सचाइयों को भी समायोजित करते हुए चलना, चाहे वह हिन्दू कोड बिल का प्रश्न हो या कि साम्प्रदायिकता से निपटने का सवाल हो, गुटनिरपेक्षता की नीति हो या कि मिश्रित अर्थव्यवस्था का बिन्दु हो; उन्होंने अतिवाद की लुभावनी झप्पियों से परहेज किया और आधारभूत मानवतावादी नैतिक मूल्यों से समझौता किए बग़ैर 'मध्यमा प्रतिपदा' का, प्रबुद्ध मध्यमार्ग अनुसरण करने का अथक प्रयास किया।

नेहरू जानते थे कि उन्हें 'सभी वर्गों की श्रद्धा, प्रशंसा और स्नेह' प्राप्त है। जैसा कि उन्होंने 21 जून, 1954 के अपने वसीयतनामे में नोट भी किया है। यह वसीयत अद्भुत रूप से काव्यात्मक गंगा-स्तुति भी है। उनकी दृष्टि में गंगा पहचान है—'भारत के अतीत की स्मृतियों की, वर्तमान में सतत बहती हुई, और भविष्य के विशाल सागर की ओर बढ़ती हुई।

जवाहरलाल के लिए, गंगा केवल सामूहिक सांस्कृतिक स्मृतियों की नहीं, व्यक्तिगत स्मृतियों की भी नदी है, जो उन्हें उस अखंड स्मृति-शृंखला से जोड़ती है जो कि भारत के इतिहास के बिलकुल आरम्भ तक, अतीत के असीम विस्तार तक फैली हुई है।

अपनी प्यारी स्मृतियों के साथ-साथ नेहरू वसीयत में अपनी उस अदम्य इच्छा को भी दोहराते हैं कि भारत स्वयं को उन सभी बेड़ियों से मुक्त कर ले जो इसे आपस में बाँटती हैं और अधिसंख्य लोगों का दमन करती हैं...'

दमनकारी और समाज-विभाजक व्याधियों से मुक्ति पाने की कोशिश करना ही अपनी परम्पराओं और संस्कृति से जुड़ने का सही रास्ता है। यही भविष्य की दृष्टि से आगे बढ़ने का सही तरीक़ा भी है।

नेहरू की राजनीतिक और बौद्धिक यात्रा का सार यही है, और भारत के एक लोकतांत्रिक राज्य और एक मानवीय, संवेदनशील समाज के रूप में अपने अस्तित्व को बनाए रखने की प्राथमिक शर्त भी यही है।

27 मई, 2019 **—पुरुषोत्तम अग्रवाल**

नई दिल्ली

खंड : एक

नेहरू : देश और दुनिया

भारत संकल्पना : भारतीयता की पहचान

ऐसे जानें-समझें भारत को

हिन्दुस्तान की खोज

(*हिन्दुस्तान की कहानी से*)

हिन्दुस्तान या किसी भी मुल्क का ख़याल आदमी के रूप में करना एक फ़िज़ूल-सी बात थी। मैंने ऐसा नहीं किया। मैं यह भी जानता था कि हिन्दुस्तान की ज़िन्दगी में कितनी विविधता है और उसमें कितने वर्ग, क़ौमें धर्म और वंश हैं और सांस्कृतिक विकास की कितनी अलग-अलग सीढ़ियाँ हैं फिर भी मैं समझता हूँ, किसी देश में, जिसके पीछे इतना लम्बा इतिहास हो और ज़िन्दगी की जानिब जहाँ एक आम नज़रिया हो, वहाँ एक ऐसी भावना पैदा हो जाती है, जो और भेदों के रहते हुए भी समान रूप से वहाँ रहनेवालों पर अपनी छाप लगा देती है। इस तरह की बात क्या चीन में किसी से छिप सकती है, वह चाहे किसी दक़ियानूसी अधिकारी से मिले, चाहे किसी कम्यूनिस्ट से, जिसने गुज़रे ज़माने से अपना ताल्लुक़ तोड़ रखा है? हिन्दुस्तान की इस आत्मा की खोज में मैं लगा रहा—कुतूहलवश नहीं—अगरचे कुतूहल यक़ीनी तौर पर मौजूद था—बल्कि इसलिए कि मैं समझता था कि इसके ज़रिये मुझे अपने मुल्क और मुल्क के लोगों को समझने की कोई कुंजी मिल जाएगी और विचार और काम के लिए कोई धागा हाथ लग जाएगा। राजनीति और चुनाव की रोज़मर्रा की बातें ऐसी हैं, जिनमें हम ज़रा-ज़रा से मामलों पर उत्तेजित हो जाते हैं। लेकिन अगर हम हिन्दुस्तान के भविष्य की इमारत तैयार करना चाहते हैं, जो मज़बूत और ख़ूबसूरत हो, तो हमें गहरी नींव खोदनी पड़ेगी।

भारत माता

अक्सर जब मैं एक जलसे से दूसरे जलसे में जाता होता, और इस तरह चक्कर काटता रहता होता था, तो इन जलसों में मैं अपने सुननेवालों से अपने इस हिन्दुस्तान या भारत की चर्चा करता। भारत एक संस्कृत शब्द है और इस जाति के परम्परागत संस्थापक के नाम से निकला हुआ है। मैं शहरों में ऐसा बहुत कम करता, क्योंकि वहाँ के सुननेवाले कुछ ज्यादा सयाने थे और उन्हें दूसरे ही क़िस्म की गिज़ा की

ज़रूरत थी। लेकिन किसानों से, जिनका नज़रिया महदूद था, मैं इस बड़े देश की चर्चा करता, जिसकी आज़ादी के लिए हम लोग कोशिश कर रहे थे और बताता कि किस तरह देश का एक हिस्सा दूसरे से जुदा होते हुए भी हिन्दुस्तान एक था। मैं उन मसलों का ज़िक्र करता, जो उत्तर से लेकर दक्खिन तक और पूरब से लेकर पश्चिम तक, किसानों के लिए यकसां थे, और स्वराज्य का भी ज़िक्र करता, जो थोड़े लोगों के लिए नहीं, बल्कि सभी के फ़ायदे के लिए हो सकता था। मैं उत्तर-पश्चिम में खैबर के दर्रे से लेकर धुर दक्खिन में कन्याकुमारी तक की अपनी यात्रा का हाल बताता और यह कहता कि सभी जगह किसान मुझसे एक-से सवाल करते, क्योंकि उनकी तकलीफ़ें एक-सी थीं—यानी ग़रीबी, क़र्ज़, पूँजीपतियों के शिकंजे, ज़मींदार, महाजन, कड़े लगान और सूद, पुलिस के जुल्म, और ये सभी बातें गुँथी हुई थीं, उस ढढ्ढे के साथ, जिसे एक विदेशी सरकार ने हम पर लाद रखा था और इनसे छुटकारा भी सभी को हासिल करना था। मैंने इस बात की कोशिश की कि लोग सारे हिन्दुस्तान के बारे में सोचें और कुछ हद तक इस बड़ी दुनिया के बारे में भी, जिसके हम एक जुज़ हैं। मैं अपनी बातचीत में चीन-स्पेन, अबीसिनिया, मध्य-यूरोप, मिस्त्र और पश्चिमी एशिया में होनेवाली कशमकशों का ज़िक्र भी ले आता। मैं उन्हें सोवियत यूनियन में होनेवाली कशमकशों का ज़िक्र, भी ले आता। मैं उन्हें सोवियत यूनियन में होनेवाली अचरज-भरी तब्दीलियों का हाल भी बताता और कहता कि अमेरिका ने कैसी तरक़्क़ी की है यह काम आसान न था, लेकिन जैसा मैंने समझ रखा था, वैसा मुश्किल भी न था। इसकी वजह यह थी कि हमारे पुराने महाकाव्यों ने और पुराणों की कथा-कहानियों ने, जिन्हें वे ख़ूब जानते थे, उन्हें इस देश की कल्पना करा दी थी, और हमेशा कुछ लोग ऐसे मिल जाते थे, जिन्होंने हमारे बड़े-बड़े तीर्थों की यात्रा कर रखी थी, जो हिन्दुस्तान के चारों कोनों पर हैं। या हमें पुराने सिपाही मिल जाते, जिन्होंने पिछली बड़ी जंग में या और धावों के सिलसिले में विदेशों में नौकरियाँ की थीं सन् 1930 के बाद जो आर्थिक मंदी पैदा हुई थी, उसकी वजह से दूसरे मुल्कों के बारे में मेरे हवाले उनकी समझ में आ जाते थे।

कभी ऐसा भी होता कि जब मैं किसी जलसे में पहुँचता, तो मेरा स्वागत 'भारत माता की जय।' इस नारे से ज़ोर के साथ किया जाता। मैं लोगों से अचानक पूछ बैठता कि इस नारे से उनका क्या मतलब है? यह भारत माता कौन है, जिसकी वे जय चाहते हैं। मेरे सवाल से उन्हें कुतूहल और ताज्जुब होता और कुछ जवाब न बन पड़ने पर वे एक-दूसरे की तरफ़ या मेरी तरफ़ देखने लग जाते। मैं सवाल करता ही रहता। आख़िर एक हट्टे-कट्टे जाट ने, जो अनगिनत पीढ़ियों से किसानी करता आया था, जवाब दिया कि भारत माता से उनका मतलब धरती से है। कौन सी धरती? ख़ास उनके गाँव की धरती, या ज़िले की या सूबे की, या सारे हिन्दुस्तान की धरती से उनका मतलब है? 'इस तरह सवाल-जवाब चलते रहते, यहाँ तक कि वे ऊबकर मुझसे कहने लगते कि मैं ही बताऊँ। मैं इसकी कोशिश करता और बताता कि हिन्दुस्तान वह सब कुछ है, जिसे उन्होंने समझ रखा है, लेकिन वह इससे भी बहुत ज़्यादा है। हिन्दुस्तान के नदी और पहाड़, जंगल और खेत, जो हमें अन्न देते हैं, ये

सभी हमें अज़ीज़ हैं लेकिन आख़िरकार जिनकी गिनती है, वे हैं हिन्दुस्तान के लोग, उनके और मेरे-जैसे लोग, जो इस सारे देश में फैले हुए हैं। भारत माता दरअसल यही करोड़ों लोग हैं, और 'भारत माता की जय!' से मतलब हुआ इन लोगों की जय का। मैं उनसे कहता कि तुम इस भारत माता के अंश हो, एक तरह से तुम भी भारत माता हो, और जैसे-जैसे ये विचार उनके मन में बैठते, उनकी आँखों में चमक आ जाती, इस तरह, मानो उन्होंने कोई बड़ी खोज कर ली हो।

~

हिन्दुस्तान का फ़लसफ़ियाना नज़रिया

(*हिन्दुस्तान की कहानी* से)

अगरचे एक विचार से दूसरे विचार का सिलसिला लगा रहता है, और आमतौर से इनमें से हर एक का ज़िन्दगी के बदलते हुए ताने-बाने से ताल्लुक़ होता है और इनसानी दिमाग़ में कभी-कभी एक तर्क-पूर्ण प्रवाह देखने को मिलता है, फिर भी ऐसा होता है कि ये विचार एक-दूसरे पर चढ़ आते हैं और नये और पुराने साथ-साथ चलते रहते हैं, जो आपस में मेल नहीं खाते और अक्सर विरोधी होते हैं। अकेले आदमी के दिमाग़ को लीजिए, तो उसे भी हम विरोधी विचारों की एक गठरी पाएँगे, और उसके कामों में आपस में कोई मेल मुश्किल से ढूँढ़ सकेंगे। जब एक क़ौम का सवाल हो, जिसमें सांस्कृतिक विकास की सभी मंज़िलें मिलती हों, तो हम देखेंगे कि वह अपने में, अपने विचारों, यक़ीनों और धंधों में, गुज़रे ज़मानों को लेकर आज तक के सभी युगों की नुमाइंदगी करती है। शायद इसके लोगों के काम मौजूदा ज़माने के समाजी और सांस्कृतिक नमूने से ज़्यादा मिलते हुए हों, नहीं तो वह ज़िन्दगी की बहती हुई धार से अलग-थलग जा पड़ेंगे, लेकिन इन कामों के पीछे आदिम विश्वास और ऐसे यक़ीन लगे हुए हैं, जिनकी कोई दलील नहीं। ऐसे मुल्कों में भी, जो तिजारत के लिहाज से तरक़्क़ी-याफ़्ता हैं, जहाँ पर शख़्स ख़ुद-ब-ख़ुद नई-से-नई ईजादों या तरीक़ों को इस्तेमाल में लाता है या उनसे फ़ायदा उठाता है, हमें ऐसे यक़ीन और विचार मिलेंगे, जिन्हें दलील इनकार करती है और अक्ल क़बूल नहीं करती, और यह देखकर हद दर्जे का अचरज होता है। समझ और अक्ल की उम्दा मिसाल हुए बिना ही एक राजनीतिज्ञ कामयाब हो सकता है। एक वकील मार्के का पैरोकार और न्याय-शास्त्री होते हुए भी और बातों में हद दर्ज़े का जाहिल हो सकता है, और एक वैज्ञानिक्र भी, जो मौजूदा ज़माने का ख़ास नुमाइंदा है, अक्सर अपने तरीक़ों और विज्ञान के नज़रिये को अपने पढ़ने के कमरे और प्रयोगशाला से बाहर आते ही भुला देता है।

यह बात उन मसलों पर सही आती है, जो हमारी रोज़मर्रा की ज़िन्दगी के भौतिक पहलुओं पर असर डालते हैं। फ़लसफ़े और आधिभौतिक विचारों में ये मसले ज़्यादा

दूर के, कम क्षणिक और हमारे रोज़ के कामों से कम ताल्लुक़ रखनेवाले जान पड़ते हैं। हम लोगों में से ज़्यादातर के लिए—अगर हमने अपने ऊपर कड़ा संयम नहीं लगाया है, और दिमाग़ को इस तौर पर मायल नहीं किया है—ये मसले अपने पहुँच से बिलकुल बाहर के हुआ करते हैं। लेकिन फिर भी हममें से सभी का कुछ-न-कुछ ज़िन्दगी का फ़लसफ़ा होता है, वह जान में हो या अनजान में, और अगर वह ख़ुद अपने चिन्तन का नतीजा नहीं है, तो वह विरासत में मिला हुआ और दूसरों से क़बूल किया गया और ज़ाहिरा तौर पर सही मान लिया गया फ़लसफ़ा होता है। या यह हो सकता है कि हम ख़ुद विचार करने के ख़तरे से बचकर किसी मज़हबी अकीदे या धार्मिक विश्वास या क़ौम के भाग्य या एक अस्पष्ट इनसानी-दर्दमंदी के ख़याल में पनाह लें। अक्सर ये सभी बातें और दूसरी बातें भी एक साथ मौजूद रहती हैं, चाहे उनमें आपस में कोई ताल्लुक़ न भी हो। इस तरह से हमारा व्यक्तित्व टुकड़ों में बँट जाता है, जो आपस में ताल्लुक़ रखते हुए अलग-अलग काम करते रहते हैं।

शायद गुज़रे ज़माने में इनसान के व्यक्तित्व में ज़्यादा एकता और समतौल रहे हैं, अगरचे कुछ बहुत ऊँचे लोगों की मिसालों को छोड़कर, आज के मुक़ाबले में ये नीची सतह पर रहे होंगे। परिवर्तन के इस लम्बे दौर में, जिससे दुनिया गुज़र रही है, हमने इस एकता को तोड़ दिया है, लेकिन हम एक नई एकता हासिल करने में अभी तक कामयाब नहीं हुए हैं। हम अब भी हठवादी धर्म के तरीक़ों से चिमटे हुए हैं, पुराने रस्मों और विश्वासों को पकड़े हुए हैं, फिर भी विज्ञान की रीति के बमूजिब रहने का दावा करते हैं। शायद विज्ञान, ज़िन्दगी के प्रति अपने नज़रिये में, बहुत तंग रहा है और इसने बहुत-से जीते-जागते पहलुओं को नज़रअन्दाज़ कर दिया है; इसी से यह एक नई एकता और नये समन्वय का आधार नहीं पेश कर सकता है। शायद यह रफ़्ता-रफ़्ता इस आधार को फैला रहा है, और हम इनसानी, व्यक्तित्व के लिए पिछली सतह से ऊँचे स्थान पर एक नया मेल-जोल हासिल कर सकेंगे।

लेकिन मसला अब ज़्यादा मुश्किल और जटिल हो गया है, क्योंकि अब यह इनसानी व्यक्तित्व के दायरे से बाहर पहुँच गया है। पुराने ज़माने और बीच के युग के महदूद दायरे में एक तरह से मिले-जुले व्यक्तित्व का विकास कर सकना शायद ज़्यादा आसान था। गाँवों और शहरों की उस छोटी-सी दुनिया में, जहाँ समाजी संगठन और व्यवहार के ख़याल बँधे-तुले थे, व्यक्ति और उनके गिरोह, अपने तक महदूद और आमतौर पर बाहरी तूफ़ानों से महफ़ूज़ ज़िन्दगी बिताया करते थे। आज व्यक्ति तक का दायरा सारी दुनिया तक फैल गया है और समाजी संगठन के जुदा-जुदा ख़याल एक-दूसरे के साथ टक्कर ले रहे हैं और उनके पीछे हैं ज़िन्दगी के जुदा-जुदा फ़लसफ़े। वहीं ज़ोर की हवा कहीं तूफ़ान बरपा करती है, तो कहीं बवंडर उठाती है। इसलिए अगर व्यक्ति को शान्ति और सकून हासिल करना है, तो यह तभी हो सकता है, जबकि उसे सारी दुनिया में फैली हुई एक ही क़िस्म की समाजी व्यवस्था का सहारा मिले।

हिन्दुस्तान में और जगहों से कहीं ज़्यादा समाजी संगठन का पुराना विचार और ज़िन्दगी का यह फ़लसफ़ा, जो इसकी तह में है, कुछ हद तक आज भी चला आ

रहा है। अगर उसमें समाज को पायदारी देनेवाला और उसका ज़िन्दगी के हालात से मेल करानेवाला कोई गुण न होता है, तो ऐसा न हुआ होता। साथ ही, उनकी बुराई उनके गुण पर छा न गई होती, तो आख़िरकार वह नाकामयाब न हुए होते और ज़िन्दगी से अलग-थलग होकर उसके लिए बोझ न बन जाते। लेकिन हर हालत में आज उन्हें हम दुनिया से जुदा चीज़ की हैसियत में नहीं देख सकते, हमें तो उन्हें दुनिया के साथ-साथ ही देखना पड़ेगा और उनका दुनिया के साथ मेल बिठाना होगा।

हैवल ने कहा है—"हिन्दुस्तान में धर्म की हैसियत एक हठवादी मत की नहीं है, वह इनसानी व्यवहार का एक ऐसा चालू सिद्धान्त है, जिसने अपने को रूहानी तरक़्क़ी की मुख़्तलिफ़ मंज़िलों और ज़िन्दगी के मुख़्तलिफ़ हालात के माफ़िक़ बना लिया है।" एक हठवादी मत में तो ज़िन्दगी से अलग हटकर भी यक़ीन क़ायम रखा जा सकता है, लेकिन इनसानी व्यवहार के एक चालू सिद्धान्त को तो ज़िन्दगी से अपना मेल बनाए रखना है, नहीं तो वह ज़िन्दगी के रास्ते में रुकावट बन जाएगा। ऐसे सिद्धान्त का मूल आधार ही यह है कि वह अमली हो, ज़िन्दगी से मेल रखनेवाला हो और अपने को बदलती हुई हालतों के मुताबिक़ ढाल सके। जब तक वह ऐसा कर सकता है, तब तक वह अपना काम कर रहा है। ज़िन्दगी के झुकाव से दूर हुआ, सामाजिक ज़रूरतों से सम्पर्क छूटा, तो इसके और ज़िन्दगी के बीच फ़ासला बढ़ जाता है और यह अपनी जीवनी-शक्ति और महत्त्व खो बैठता है।

आधिभौतिक सिद्धान्त और कल्पनाओं का विषय ज़िन्दगी की बराबर बदलती रहनेवाली चीज़ें नहीं हैं, बल्कि उनके पीछे जो परम सत्ता है—अगर इस तरह की कोई सत्ता है भी—वह है। इसलिए उनमें कुछ ऐसी पायदारी है, जिसमें बाहरी तब्दीलियों से फ़र्क़ नहीं आता। लेकिन जिस वातावरण में ये पैदा होते हैं और जिन इनसानी दिमाग़ों की ये उपज हैं, उनकी इन पर छाप रहती है। अगर इनका असर फैलता है, तो लोगों के ज़िन्दगी के आम फ़िलासफ़े को ये बदल देते हैं। हिन्दुस्तान में अगरचे फ़लसफ़ा, जहाँ तक कि ऊँचे विचार का ताल्लुक़ है, कुछ चुने हुए लोगों तक महदूद रहा है, फिर भी और जगहों के मुक़ाबले में यह ज़्यादा आम रहा है और क़ौमी नज़रिये के ढालने और दिमाग़ का एक ख़ास रुझान पैदा करने में इसका गहरा हाथ रहा है।

बौद्ध फ़लसफ़े ने इस अमल में एक अहम हिस्सा लिया और बीच के ज़माने में इस्लाम ने ऐसे नये फ़िरक़े पैदा करके—जिन्होंने हिन्दू धर्म और इस्लामी समाजी और मज़हबी गठन के बीच की खाई पर पुल बाँधने की कोशिश की सीधे तरीक़े से या घुमाव-फिराव के साथ, क़ौमी नज़रिये पर अपनी छाप डाली। लेकिन यों ख़ासतौर पर जिसका असर रहा है, वह हिन्दुस्तान के छह दर्शनों का है। इनमें से कुछ पर ख़ुद बौद्ध-विचारों का प्रभाव पड़ा था। ये सभी कट्टर मत माने जाते हैं, लेकिन अपने नज़रिये और परिणामों में ये एक-दूसरे से जुदा हैं, अगरचे इनमें बहुत-से विचार एक-से भी हैं। इनमें हमें बहुदेववाद मिलेगा, साकार ईश्वरवाद मिलेगा, विशुद्ध अद्वैतवाद मिलेगा और ऐसा दर्शन भी मिलेगा, जो ईश्वर पर ध्यान न देते हुए विकास के सिद्धान्तों को आधार बनाता है। हमें आदर्शवाद भी मिलेगा

और पदार्थवाद भी। इन दर्शनों की एकता और विविधता में हमें जटिल और सर्वग्राही हिन्दुस्तानी मानस के अनेक रुख देखने को मिलेंगे। मैक्समूलर ने इन दोनों बातों पर ध्यान दिलाया है—"इस सत्य का मुझ पर अधिकाधिक प्रभाव पड़ा है...कि इन छह दर्शनों की विविधता के पीछे कोई ऐसी आम पूँजी है, जिसे हम क़ौमी या आम फ़लसफ़ा कह सकते हैं जिससे हर एक विचारक अपने मतलब के माफ़िक़ विचार ले सकता था।"

इन सबमें समान रूप से माना गया यह विश्वास है कि विश्व में एक व्यवस्था है और उसका परिचालन नियम के अनुसार होता है और उसमें एक विशाल तारतम्य है। कुछ इस तरह का ख़याल ज़रूरी हो जाता है, नहीं तो कोई ऐसी व्यवस्था नहीं रह जाएगी, जिसका समझना ज़रूरी हो। अगरचे हेतुवाद और कार्य-कारण के सिद्धान्त चलते रहते हैं, फिर भी व्यक्तियों को अपने भाग्य का निर्माण करने की कुछ स्वतंत्रता रहती है। हमें इनमें पुनर्जन्म में विश्वास मिलता है और इनमें नि:स्वार्थ प्रेम और निष्काम कर्म पर ज़ोर दिया गया है। विवेचन में तर्क और बुद्धि का सहारा लिया जाता है, लेकिन यह बात मान्य है कि अन्तरप्रेरणा इन दोनों से बढ़कर है। साधारण विवेचन बुद्धि के धरातल पर चलता है जहाँ तक कि बुद्धि का सहारा उन बातों के विषय में लिया जा सकता है, जो उसकी सीमा से बाहर है। प्रोफ़ेसर कीथ ने बताया है कि "इन दर्शनों में निश्चय ही एक कट्टरता है और धर्मग्रंथों के प्रमाण को माना गया है, लेकिन वे अस्तित्व सम्बन्धी समस्याओं को इनसानी तरीक़ों से समझना चाहते हैं, और देखा यह जाता है कि धर्मग्रंथों का इस्तेमाल केवल उन नतीजों के समर्थन में हुआ है, जिन पर वे स्वतंत्र रूप से पहुँचे हैं अक्सर तो प्रमाणों का उनके सिद्धान्तों से लगाव भी सन्दिग्ध रह जाता है।"

~

हिन्दुस्तान-पुराना और नया

(*मेरी कहानी* से)

यह स्वाभाविक और अनिवार्य बात थी कि हिन्दुस्तान में राष्ट्रवाद विदेशी हुकूमत का विरोधी हो। मगर फिर भी यह कितने कुतूहल की बात है कि हमारे बहुसंख्यक पढ़े-लिखे लोग 19वीं सदी के अन्त तक जान में या अनजान में, साम्राज्य के ब्रिटिश आदर्श में विश्वास करते थे। वही आदर्श उनकी दलीलों का आधार होता था और उसके कुछ बाहरी लक्षणों पर ही वे नुक्ताचीनी करके सन्तुष्ट हो जाते थे। स्कूलों और कॉलजों में इतिहास, अर्थशास्त्र या जो भी दूसरे विषय पढ़ाए जाते हैं वे ब्रिटिश साम्राज्य के दृष्टिकोण से लिखे होते थे और उनमें हमारी पिछली और मौजूदा बहुतेरी बुराइयों और अंग्रेज़ों के सद्गुणों और उज्ज्वल भविष्य पर ज़ोर दिया रहता था। हमने उनके इस तोड़े-मरोड़े वर्णन को ही कुछ हद तक मान लिया और अगर

कहीं हमने उसका सहज स्फूर्ति से प्रतिकार किया तो भी उसके असर से हम न बच सके। पहले-पहल तो हमारी बुद्धि उसमें से निकल ही नहीं सकती थी, क्योंकि हमारे पास न तो दूसरी घटनाएँ थीं और न दलीलें। इसलिए हमने धार्मिक राष्ट्रवाद और इस विचार की शरण ली कि कम-से-कम धर्म और तत्त्वज्ञान के क्षेत्र में कोई जाति हमसे बढ़कर नहीं है। हमने अपने दुर्भाग्य और पतन पर इस बात से संतोष कर लिया कि यद्यपि हमारे पास पश्चिम की बाहरी चमक-दमक नहीं है तो भी अन्दर की वास्तविक चीज़ है जो उससे कहीं ज़्यादा क़ीमती और रखने लायक़ निधि है। विवेकानन्द और दूसरों ने तथा पश्चिमी विद्वानों ने हमारे पुराने दर्शनशास्त्रों में जो दिलचस्पी ली, उसने हमें कुछ स्वाभिमान प्रदान किया और अपने भूतकाल के प्रति अभिमान का जो भाव मुरझा गया था, उसे फिर से लहलहा दिया।

धीरे-धीरे हमारी पुरानी और मौजूदा अवस्था के सम्बन्ध में अंग्रेज़ों के बयानों पर हमें शक होने लगा और हम बारीक़ी से उनकी छानबीन करने लगे। मगर तब भी हम उसी ब्रिटिश विचार-श्रेणी के घेरे में ही सोचते और काम करते थे। अगर कोई चीज़ ख़राब होती तो वह अब्रिटिश कहलाती थी। यदि किसी अंग्रेज़ ने हिन्दुस्तान में ख़राब बर्ताव किया तो वह उसका कसूर समझा जाता था, उस प्रणाली का नहीं। लेकिन इस छानबीन के द्वारा हिन्दुस्तान में ब्रिटिश शासन-सम्बन्धी जो आलोचनात्मक सामग्री हाथ लगी, उसने लेखकों का दृष्टिकोण मॉडरेट रहते हुए भी राक क्रान्तिकारी हेतु को सिद्ध किया और हमारे राष्ट्रवाद को राजनीतिक और आर्थिक पाये पर खड़ा कर दिया। इस तरह दादाभाई नौरोजी की 'पावर्टी एंड अन-ब्रिटिश रूल इन इंडिया' (भारत में ग़रीबी और अब्रिटिश शासन) और रमेशचन्द्र दत्त, विलियम डिग्वी आदि की किताबों ने हमारे राष्ट्रीय विचारों के विकास में एक क्रान्तिकारी काम किया। भारत के प्राचीन काल की उच्च सभ्यता के उज्ज्वल युगों का वर्णन हमारे सामने ला दिया और हम बड़े सन्तोष के साथ उन्हें पढ़ते हैं। हमें यह भी पता लगा कि अंग्रेज़ों के लिखे इतिहासों से हिन्दुस्तान में अंग्रेज़ों के कारनामों के बारे में हमारे मन में जो धारणा बन गई थी उससे उलट ही उनके कारनामे हैं।

हम इतिहास, अर्थशास्त्र और भारत में उनके शासन-व्यवस्था-सम्बन्धी वर्णनों को उत्तरोत्तर चुनौती देने लगे। मगर फिर भी हम काम तो उन्हीं की विचारधारा के घेरे में करते हैं। उन्नीसवीं सदी के आख़िर तक हिन्दुस्तानी राष्ट्रवाद की कुल मिलाकर यही हालत रही। आज लिबरल दल का, दूसरे और छोटे-छोटे दलों का और कुछ नरम कांग्रेसियों का भी, जो भावुकता में कभी-कभी आगे बढ़ जाते हैं, लेकिन विचार की दृष्टि से अभी भी उन्नीसवीं सदी में रह रहे हैं, यही हाल है। यही सबब है कि एक लिबरल हिन्दुस्तान की आज़ादी के भाव ग्रहण करने में असमर्थ है; क्योंकि ये दोनों चीज़ें मूलत: अनमेल हैं। वह सोचता है कि क़दम-ब-क़दम में ऊँचे पदों पर पहुँचता चला जाऊँगा और बड़ी-बड़ी तथा महत्त्व की फ़ाइलों पर कार्रवाई करूँगा। सरकारी मशीन पहले की ही तरह आराम से चलती रहेगी, सिर्फ़ वह उसका एक धुरा बन जाएगा और ब्रिटिश फ़ौज ज़रूरत के वक़्त उसकी रक्षा करने के लिए, बिना ज़्यादा दख़ल दिए, किसी कोने में पड़ी रहेगी। साम्राज्य के अन्तर्गत औपनिवेशिक

स्वराज्य (डोमिनियन स्टेट्स) से उसका यही मतलब है। यह एक बिलकुल वाहियात बात है जो कभी पूर्ण नहीं हो सकती, क्योंकि अंग्रेज़ों द्वारा रक्षित होने की क़ीमत है, हिन्दुस्तान की ग़ुलामी। यदि यह मान भी लिया जाए कि ग़ुलामी एक महान देश के आत्मसम्मान को गिरानेवाली नहीं है तो भी हम दही और मही दोनों एक साथ नहीं खा सकते। सर फ्रेडरिक हाइट, जिन्हें भारतीय राष्ट्रवाद का पक्षपाती नहीं कह सकते, अपनी एक नई किताब 'दी फ्यूचर ऑव ईस्ट एंड वेस्ट' (पूर्व तथा पश्चिम का भविष्य) में लिखते हैं—"वह (हिन्दुस्तानी) अब भी यह मानता है कि जब कभी सर्वनाश का दिन आएगा तो इंग्लैंड उसके और सर्वनाश के बीच में आकर खड़ा हो जाएगा, और जब तक वह इस धोखे में है तब तक वह ख़ुद अपने स्वराज की भी बुनियाद नहीं डाल सकता।" ज़ाहिर है कि उनकी मंशा उन लिबरल या दूसरे प्रतिगामी और साम्प्रदायिक ढंग के हिन्दुस्तानियों से है, जिनसे उनका साबका हिन्दुस्तान की असेम्बली के अध्यक्ष की हैसियत से पड़ा होगा। कांग्रेस का ऐसा विश्वास नहीं है। तब और आगे बढ़ी हुई दूसरी जमातों का तो ज़रूर ही नहीं हो सकता। मगर हाँ, वे सर फ्रेडरिक की इस बात से सहमत हैं कि, जब तक यह भ्रम हिन्दुस्तान में मौजूद है, और हिन्दुस्तान अपने सर्वनाश का सामना करने के लिए अकेला नहीं छोड़ दिया जाता—यदि सर्वनाश ही उसके भाग्य में बदा है—तब तक वह आज़ाद नहीं हो सकता। जिस दिन हिन्दुस्तान से ब्रिटिश फ़ौज का नियन्त्रण पूर्ण रूप से हट जाएगा, उसी दिन हिन्दुस्तान की आज़ादी का श्रीगणेश होगा।

यह कोई ताज्जुब की बात नहीं है कि उन्नीसवीं सदी के पढ़े-लिखे हिन्दुस्तानी ब्रिटिश विचारधारा के प्रभाव में आ जाए, लेकिन बड़े ताज्जुब की बात तो यह है कि बीसवीं सदी के परिवर्तनों और दिल दहला देनेवाली घटनाओं के होने पर भी कुछ लोग अभी तक उसी भ्रम में पड़े हुए हैं। उन्नीसवीं सदी में ब्रिटिश शासकवर्ग दुनिया के उन उच्च वर्गों में था, जिनके पास काफ़ी धन-दौलत, हुकूमत और सफलताएँ थीं। इस लम्बी सफलता और शिक्षा ने उनमें कुछ सामन्तशाही के सद्गुण भी पैदा किए और कुछ दुर्गुण भी। हम हिन्दुस्तानी इस बात से अपने को सांत्वना दे सकते हैं कि हमने पिछले लगभग पौने दो सौ बरसों में उन्हें इस उच्च स्थिति पर पहुँचाने और ऐसी तालीम दिलाने की साधन-सामग्री जुटाने में उन्हें काफ़ी मदद की। वे अपने को—जैसा कि कितनी ही जातियों और राष्ट्रों ने किया है—ईश्वर के लाड़ले और अपने साम्राज्य को पृथ्वी पर का स्वर्ग समझने लगे। यदि आप उनके इस ख़ास दरजे और रुतबे को मानते रहें और उनकी उच्चता को चुनौती न दी जाए तो वे बड़े मेहरबान रहेंगे और आपकी ख़ातिर करेंगे बशर्ते कि उससे उनका कुछ नुक़सान हो। लेकिन उनका विरोध करना मानो ईश्वरीय व्यवस्था का विरोध करना है और इसलिए वह ऐसा पाप है जिसको हर तरह से दबाना ही उचित है।

सारे जगत के प्रति अंग्रेज़ों का यदि यह आम रवैया है तो हिन्दुस्तान में तो यह और भी ज़्यादा प्रकट है (अंग्रेज़ लोग हिन्दुस्तान के मसलों को जिस तरह हल करना चाहते हैं, वह कुछ आकर्षक तो है, मगर है भड़कानेवाला। शान्ति के साथ आश्वासन देते हुए यह उनका कहना कि हमने जो कुछ किया है वह सही किया

है और हमने अपनी ज़िम्मेदारी बहुत योग्यता के साथ निबाही है, अपनी जाति की भवितव्यता और अपने तर्ज के साम्राज्यवाद पर श्रद्धा, और यदि कोई उस श्रद्धा की बुनियाद पर सवाल उठाए तो ऐसे नास्तिकों और पापियों पर क्रोध और घृणा—इन भावों की तह में एक क़िस्म का धार्मिक जोश दिखाई देता था। मध्यकालीन रोमन कैथलिक धर्म-विचारकों की तरह वे हमारी इच्छा या अनिच्छा की परवा न करते हुए हमारे उद्धार के लिए तुले हुए थे। भलाई के इस व्यापार में राह चलते उनको भी कुछ लाभ हो गया और इस तरह वे 'ईमानदारी ही सबसे अच्छी व्यवहार-नीति है' इस पुरानी कहावत को चरितार्थ कर दिखाने लगे। हिन्दुस्तान की उन्नति का अर्थ, देश को ब्रिटिश योजनाओं के अनुकूल बनाना और कुछ चुने हुए हिन्दुस्तानियों को ब्रिटिश साँचे में ढालना हो गया। जितना ही ज़्यादा ब्रिटिश आदर्शों और ध्येयों को मानते जाएँगे, उतना ही ज़्यादा हम स्वशासन के अधिक योग्य समझ लिये जाएँगे। ज्योंही हम इस बात की गारंटी दे दें और यह दिखला दें कि हम अंग्रेज़ों की इच्छा के अनुसार ही अपने को मिली हुई आज़ादी का उपयोग करेंगे, त्यों ही आज़ादी हमारे पास आ जाएगी।

लेकिन मुझे भय है कि हिन्दुस्तान में ब्रिटिश शासन के इस कच्चे चिट्ठे पर हिन्दुस्तानी और अंग्रेज़ एकमत न होंगे। और शायद यह स्वाभाविक भी है। जब बड़े-बड़े ब्रिटिश अफ़सर, यहाँ तक कि भारतमंत्री भी, हिन्दुस्तान के भूत और वर्तमान का कल्पित चित्र खींचते हैं और ऐसी बातें कहते हैं जिसकी वास्तव में कोई बुनियाद ही नहीं होती, तो एक बड़ा धक्का लगता है। यह कितने असाधारण आश्चर्य की बात है कि कुछ विशेषज्ञों और दूसरे लोगों को छोड़कर अंग्रेज़ लोग हिन्दुस्तान के बारे में बेख़बर हैं! जबकि हक़ीक़तें ही उनकी पहुँच के बाहर हैं, तब हिन्दुस्तान की आत्मा तो उनकी पहुँच के कितने परे होगी! उन्होंने हिन्दुस्तान के शरीर पर अधिकार कर तो लिया, पर वह अधिकार बलात्कार का था। वे न तो उसकी आत्मा को ही समझते हैं और न समझने की कोशिश ही करते हैं। उन्होंने कभी उसकी आँख-से-आँख नहीं मिलाई। वे मिलाते भी कैसे! क्योंकि उनकी तो आँखें फिरी हुई थीं और उसकी शर्म व जिल्लत से झुकी हुई थीं। सदियों के इतने सम्पर्क के बाद भी जब वे एक-दूसरे के सामने आते हैं, तो अब भी अजनबी-से बने हुए हैं और दोनों के मन में एक-दूसरे के प्रति अरुचि के भाव भरे हुए हैं।

घोर अध:पतन और दरिद्रता होते हुए भी हिन्दुस्तान में काफ़ी शालीनता और महानता है और हालाँकि वह पुरानी परम्परा और मौजूदा मुसीबतों से काफ़ी दबा हुआ है और उसकी पलकें थकान से कुछ भारी मालूम होती हैं, फिर भी "अन्दर से निखरती हुई सौन्दर्य-कान्ति उसके शरीर पर चमकती है। इसके अणु-परमाणु में अद्भुत विचारों, स्वच्छन्द कल्पना और उत्कृष्ट मनोभावों की झलक दिखाई देती है। उसके जीर्ण-शीर्ण शरीर में अब भी आत्मा की भव्यता झलकती है। अपनी इस लम्बी यात्रा में वह कई युगों से होकर गुज़रा है और रास्ते में उसने बहुत ज्ञान और अनुभव संचित किया है, दूसरे देशवासियों से लेन-देन किया है, उन्हें अपने बड़े कुटुम्ब में मिला लिया है, उत्थान और पतन, समृद्धि और ह्रास के दिन देखे

हैं, बड़ी-बड़ी जिल्लतें उठाई हैं, महान दुख झेले हैं और कई अद्‌भुत दृश्य देखे हैं, लेकिन अपनी इस सारी लम्बी यात्रा में उसने अपनी अति प्राचीन संस्कृति को नहीं छोड़ा है। उससे उसने बल और जीवन-शक्ति प्राप्त की है और दूसरे देश के लोगों को उसका स्वाद भी चखाया है। घड़ी के काँटे की तरह वह कभी ऊपर गया और कभी नीचे आया है। अपने साहसिक विचारों से स्वर्ग और ईश्वर तक पहुँचने की उसने हिम्मत की है, उसके रहस्य खोलकर प्रकट किए हैं और उसे नरक-कुंड में गिरने का भी कटु अनुभव हुआ है। दु:खदायी अन्धविश्वासों और पतनकारी रस्म-रिवाज के बावजूद, जो कि उसमें घुस आए हैं और जिन्होंने उसे नीचे गिरा दिया है, उसने उस आदर्श को अपने हृदय से कभी नहीं भुलाया जो कि उसकी कुछ ज्ञानी संतानों ने इतिहास के उषा-काल में उसके लिए उपनिषदों में संचित कर दिया था। उसके ऋषियों की कुशाग्र-बुद्धि सदा खोज में लीन रहती थी, नवीनता को पाने की कोशिश करती थी और सत्य की शोध में व्याकुल रहती थी। वह जड़ सूत्रों को पकड़कर नहीं बैठी रही और न लुप्तप्राय विधि-विधानों, ध्येय-वचनों और निरर्थक कर्म-कांडों में ही डूबी रही। न तो उन्होंने इस लोक में ख़ुद अपने लिए कष्टों से छुटकारा चाहा, न उस लोक में स्वर्ग की इच्छा की। बल्कि उन्होंने ज्ञान और प्रकाश माँगा। "मुझे असत् से सत् की ओर ले जा, मुझे अन्धकार से प्रकाश की ओर ले जा; मुझे मृत्यु से अमरता की ओर ले जा।"[1] अपनी सबसे प्रसिद्ध प्रार्थना—गायत्री मंत्र में जिसका लाखों लोग आज भी नित्य जप करते हैं, शान और प्रकाश के लिए ही प्रार्थना की गई है।

हालाँकि राजनीतिक दृष्टि से अक्सर उसके टुकड़े-टुकड़े होते रहे हैं, लेकिन उसकी आध्यात्मिकता ने सदा ही उसकी सर्व-सामान्य संस्कृति की रक्षा की है और उसकी विविधताओं में हमेशा एक विलक्षण एकता रही है। सभी पुराने देशों की तरह इसमें भी अच्छाई और बुराई का एक अजीब मिश्रण था। मगर अच्छाई तो छिपी हुई थी और उसे खोजना पड़ता था, लेकिन सड़ाँध ज़ाहिर थी और सूरज की कड़ी तथा निष्ठुर धूप ने उसे दुनिया के सामने प्रकट कर दिया।

इटली और भारतवर्ष में कुछ समता है दोनों प्राचीन देश हैं और दोनों की संस्कृति भी पुरानी है, हालाँकि हिन्दुस्तान के मुक़ाबले में इटली ज़रा नया है और हिन्दुस्तान उससे बहुत विशाल। राजनीतिक दृष्टि से दोनों के टुकड़े-टुकड़े हो गए हैं। लेकिन इटालियनों की यह भावना कि हम 'इटालियन' हैं, हिन्दुस्तानियों की तरह कभी नहीं मिटी और उनकी तमाम विविधता और विरोधों में एकता ही मुख्य रही। इटली में वह एकता अधिकांश रोमन एकता थी, क्योंकि उस विशाल नगर का उस देश में बहुत प्रभुत्व रहा और वह एकता का स्रोत और प्रतीक रहा है। हिन्दुस्तान में ऐसा कोई एक केन्द्र या प्रधान नगर नहीं रहा। हालाँकि काशी को पूर्व की मोक्षपुरी कह सकते हैं—हिन्दुस्तान के लिए ही नहीं बल्कि पूर्वी एशिया के लिए भी, लेकिन रोम की तरह काशी ने कभी साम्राज्य या लौकिक सत्ता के फेर में पड़ने की कोशिश नहीं की। सारे हिन्दुस्तान में भारतीय संस्कृति इतनी फैली हुई थी कि किसी भी एक भाग

1. 'असतो मा सद्‌गमय, तमसो मा ज्योतिर्गमय, मृत्योर्मामृतं।'—बृहदारण्यक उपनिषद् 1-3-26

को संस्कृति का केन्द्र नहीं कह सकते। कन्याकुमारी से लेकर हिमालय में अमरनाथ और बदरीनाथ तक और द्वारिका से जगन्नाथपुरी तक एक ही से विचारों का प्रचार था और यदि किसी एक जगह में विचारों का विरोध होता तो उसकी प्रतिध्वनि देश के दूर-दूर हिस्सों तक पहुँच जाती थी।[1]

इटली ने जिस प्रकार पश्चिमी यूरोप को धर्म और संस्कृति की भेंट दी, उसी प्रकार हिन्दुस्तान ने पूर्वी एशिया को संस्कृति और धर्म प्रदान किया, हालाँकि चीन भी उतना ही पुराना और आदरणीय है जितना कि भारतवर्ष। और तब, जबकि इटली राजनीतिक दृष्टि से निर्बल होकर चित पड़ गया था, उसी की संस्कृति का यूरोप में बोलबाला था। मेटर्निख[2] ने कहा था कि इटली तो एक 'भौगोलिक शब्द' है; कितने ही भावी मेटर्निखों ने इसी शब्द का व्यवहार हिन्दुस्तान के लिए भी किया है। यह भी एक अजीब-सी बात है कि दोनों देशों की भौगोलिक स्थिति में भी समता है। लेकिन इंग्लैंड और आस्ट्रिया की तुलना तो इससे भी ज़्यादा दिलचस्प है। क्योंकि बीसवीं सदी के इंग्लैंड की तुलना उन्नीसवीं सदी के उस मगरूर, हठी और प्रतापी आस्ट्रिया के साथ की गई है, जो था तो प्रतापी, मगर जिन जड़ों ने उसे ताक़त दी थी, वे सिकुड़ रही थीं और उस ज़बरदस्त वृक्ष में पतन के कीटाणु घुसकर उसे खोखला बना रहे थे।

यह अजीब बात है कि देश को मानव-रूप में मानने की प्रवृत्ति को कोई रोक नहीं सकता। हमारी आदत ही ऐसी पड़ गई है और पहले के संस्कार भी ऐसे ही हैं। भारत 'भारत माता' बन जाती है—एक सुन्दर स्त्री, बहुत ही वृद्ध होते हुए भी देखने में युवती, जिसकी आँखों में दु:ख और शून्यता भरी हुई, विदेशी और बाहरी लोगों के द्वारा अपमानित और पीड़ित, और अपने पुत्र-पुत्रियों को अपनी रक्षा के लिए आर्त स्वर से पुकारती हुई। इस तरह का कोई चित्र हज़ारों लोगों की भावनाओं को उभाड़ देता और उनको कुछ करने और क़ुर्बान हो जाने के लिए प्रेरित करता है। लेकिन हिन्दुस्तान तो मुख्यत: उन किसानों और मज़दूरों का देश है, जिनका चेहरा ख़ूबसूरत नहीं है, क्योंकि ग़रीबी ख़ूबसूरत नहीं होती। क्या वह सुन्दर स्त्री, जिसका हमने काल्पनिक चित्र खड़ा किया है, नंगे बदन और झुकी हुई कमर वाले, खेतों और कारख़ानों में काम करनेवाले किसानों और मज़दूरों का प्रतिनिधित्व करती है? या वह उन थोड़े-से लोगों के समूह का प्रतिनिधित्व करती है, जिन्होंने युगों से

1. "हिन्दुस्तान में सबसे बड़ी परस्पर-विरोधी बात यह है कि इस विविधता के अन्दर एक भारी एकता समाई हुई है। यों सरसरी तौर पर वह नहीं दिखाई देती; क्योंकि किसी राजनीतिक एकता के द्वारा सारे देश को एक सूत्र में बाँधने के रूप में इतिहास में उसने अपने को प्रकट नहीं किया, लेकिन वास्तव में यह एक ऐसी असलियत है और इतनी शक्तिशाली है कि हिन्दुस्तान की मुस्लिम दुनिया को भी यह क़बूल करना पड़ता है कि उसके प्रभाव में आने से उस पर भी गहरा असर हुए बिना नहीं रहा।"—'फ्यूचर ऑव ईस्ट एंड वेस्ट' में सर फ्रेडरिक व्हाइट।
2. मेटर्निख 1807 से 1848 तक आस्ट्रिया का प्रधानमंत्री था। यह प्रगति-विरोधी और अन्धराष्ट्रीयता की प्रत्यक्ष मूर्ति था और अपनी चाणक्य-नीति से जर्मनी और इटली को आस्ट्रिया के पंजे में इसने बहुत दिनों तक रखा था। नेपोलियन के पतन के बाद कोई 20 साल तक मेटर्निख का डंका यूरोप में बजता था। 1848 में जब जगह-जगह बलवे हुए, तब उसका अन्त हुआ।

जनता को कुचला और चूसा है, उस पर कठोर-से-कठोर रिवाज लाद दिए हैं और उसमें से बहुतों को अछूत तक करार दे दिया है? हम अपनी काल्पनिक सृष्टि से सत्य को ढकने की कोशिश करते हैं और असलियत से अपने को बचाकर सपनों की दुनिया में विचरने का प्रयत्न करते हैं।

~

जनता की संस्कृति

(*हिन्दुस्तान की कहानी से*)

...इस तरह मैं आज की हिन्दुस्तान की जनता का मार्मिक नाटक देखता था और अक्सर मैं उन धागों का पता लगा पाता था, जो उनकी ज़िन्दगी को गुज़रे हुए ज़माने से जोड़ रहे थे, जबकि उनकी निगाहें आनेवाले ज़माने की तरफ़ लगी हुई थीं। मैं पाता था कि तहज़ीब की एक पृष्ठभूमि है, जो उनकी ज़िन्दगी पर गहरा असर डाल रही है। यह पृष्ठभूमि साधारण फ़लसफ़े, परम्परा, इतिहास, पुराण की और कल्पित कथाओं के मेल-जोल से तैयार हुई थी और इन विविध अंगों को एक-दूसरे से अलग नहीं किया जा सकता था। जो लोग बिलकुल अनपढ़ और अशिक्षित थे, उनकी भी यही पृष्ठभूमि थी। अपने पुराने महाकाव्यों, रामायण और महाभारत से, और दूसरी किताबों से, सुगम अनुवादों या संक्षेपों के ज़रिये जनता अच्छी तरह परिचित थी। एक-एक घटना और उपदेश उनके मन में टँके हुए थे और इस तरह उनके दिमाग़ भरे-पूरे थे। अनपढ़ देहातियों को भी सैकड़ों पद्य ज़बानी याद थे और उनकी बातचीत में इनके या किसी प्राचीन कथा या उपदेश के हवाले आते रहते थे। मुझे इस बात पर अचरज होता था कि गाँव के लोग आजकल की साधारण बातों को साहित्यिक लिबास दे देते थे। अगर मेरे दिमाग़ में लिखे हुए इतिहास और कमोबेश जाने हुए वाक्यों के चित्र भरे हुए थे, तो मैंने अनुभव किया कि अनपढ़ किसान के दिमाग़ में भी एक चित्रशाला थी, हाँ, इसका आधार परम्परा, पुराण की कथाएँ और महाकाव्य के नायकों और नायिकाओं के चरित्र थे। इसमें इतिहास कम था, फिर भी चित्र काफ़ी सजीव थे।

मैं उनके जिस्मों और उनकी सूरतों की तरफ़ देखता और उनके रहने-सहने के ढंग पर ग़ौर करता। उनमें बहुत-सी सूरतें ऐसी थीं, जो बातों का जल्द असर लेनेवाली थीं, उनमें हट्टे-कट्टे, सीधे और साफ़ अंग वाले लोग मिलते, और औरतों में अदा और लोच तथा शान और समतौल होती और बहुत अक्सर उनके चेहरों पर उदासी दिखाई पड़ती। आमतौर पर ऊँची जात के लोगों में, जिनकी माली हालत दूसरों के मुक़ाबले में कुछ अच्छी होती, अच्छे शरीर वाले मिलते। कभी-कभी जब मैं किसी देहाती सड़क या गाँव से होकर गुज़रता, तो मुझे किसी अच्छे बदन के आदमी को देखकर या सुन्दर स्त्री को देखकर अचरज होता और

मुझे पुराने ज़माने के दीवालों पर बने चित्रों की याद हो आती। युगों की कुलफ़त और मुसीबत के बाद भी हिन्दुस्तान में आज ऐसे नमूने किस तरह मिल जाते हैं, इस बात पर मुझे हैरत होती। अच्छी हालत में और अच्छे अवसर मिलने पर ये लोग क्या नहीं कर सकते थे?

ग़रीबी और ग़रीबी से उपजी हुई अनगिनत बातें सभी जगह दिखाई पड़ती थीं और इसके हैवानी पंजे के निशान हर एक माथे पर लगे हुए थे। ज़िन्दगी इस तरह कुचल और मरोड़ दी गई थी कि एक पाप बन गई थी, और दमन और असुरक्षा की हालत ने बहुतेरी बुराइयाँ पैदा कर दी थीं। ये बातें देखने में ख़ुशगवार नहीं हो सकती थीं, फिर भी हिन्दुस्तान में बुनियादी हक़ीक़त यही थी। लोग ज़रूरत से ज़्यादा भाग्य पर भरोसा करते थे और जैसी भी बीतती, उसे क़बूल करते थे। साथ ही उनमें एक नरमी और भलमनसाहत थी, जो हज़ारों साल की तहज़ीब का नतीजा थी और जिसे सख़्त-से-सख़्त बदक़िस्मती भी नहीं मिटा पाई थी।

~

साध्य और साधन

(कोलम्बिया यूनिवर्सिटी, अमेरिका द्वारा डॉक्टर ऑफ़ लॉ की मानद उपाधि प्रदान किए जाने के अवसर पर दिया गया वक्तव्य, 17 अक्टूबर, 1949) [1]

मैं यहाँ आपके पास एक महान देश के प्रधानमंत्री या राजनेता की तरह से उतना नहीं आया हूँ जितना सत्य की खोज में लगे एक साधारण इनसान के रूप में, जो अपने उद्देश्यों और आदर्शों के अनुरूप सही रास्ते की खोज की जद्दोजहद में हमेशा रहा है। इसमें हर बार सफलता ही मिली हो, ऐसा नहीं कह सकता। यह प्रक्रम हमेशा कठिन रहा है, लेकिन आज के संघर्षों और आवेगों से भरी दुनिया में यह और कठिन है। नेताओं को रोज़मर्रा की समस्याओं से रूबरू होना पड़ता है और वह उन्हें तुरन्त निपटाना चाहते हैं। दार्शनिक अन्तिम उद्देश्य के बारे में सोचते हैं और यह आज की दुनिया और उसकी समस्याएँ उनके ज़ेहन से दूर हो जाती हैं। दोनों में से कोई भी दृष्टिकोण अपने आपमें मुकम्मल नहीं है। क्या यह सम्भव है कि कोई इन दोनों दृष्टिकोणों को आपस में मिला सके और प्लेटो के फ़िलॉसफ़र राजाओं की तरह चल सके? महोदय, आपके पास एक कर्मशील व्यक्ति का रोल अदा करने का अनुभव है, और साथ ही, इस विश्वविद्यालय के मुखिया होने के नाते आप एक दार्शनिक भी हैं। आप इस गुत्थी को सुलझा सकने में हमारी मदद कर सकते हैं।

---

1. जवाहरलाल नेहरू, 'जवाहरलाल नेहरूज़ स्पीचेज़', 1949-1953 वॉल्यूम-2 (नई दिल्ली, पब्लिकेशन डिवीज़न, 1954) 391-398

आज की दुनिया निरन्तर अशान्त है, तीव्र गतिविधियों में लिप्त है और लोगों के पास कुछ सोच सकने का वक़्त ही नहीं है। आदर्शों और उद्‌देश्यों के बारे में ध्यान देना और भी कम हो गया है। फिर भी, आख़िरकार हम जीएँगे कैसे अगर हम यही न जानें कि हम किधर जा रहे हैं और हमारा मक़सद क्या है? इन बुनियादी सवालों पर केवल विश्वविद्यालय के शान्तिपूर्ण वातावरण में ही ध्यान से सोचा जा सकता है। आज विश्वविद्यालय में जो युवक और युवतियाँ हैं और जिन पर आनेवाले समय में जीवन की समस्याएँ पड़नेवाली हैं, उन्हें स्पष्ट उद्‌देश्यों और जीवन-मूल्यों के बारे में सीखना होगा, तभी आनेवाली पीढ़ियों के लिए कोई उम्मीद रहेगी। पिछली पीढ़ी में कुछ महान लोग हुए, लेकिन एक पीढ़ी के रूप में इसने दुनिया को बार-बार बर्बादी में भी ढकेला है। इस पीढ़ी में ज्ञान और विवेक की कमी रही और इसने दो विश्वयुद्धों के रूप में इसकी क़ीमत भी चुकाई है। यह एक डरावनी क़ीमत है और इसका दुखद पहलू यह है कि इतनी बड़ी क़ीमत चुकाने के बावजूद हमें बदले में कोई वास्तविक शान्ति या संघर्ष-विराम नहीं मिला है। और भी बड़ी त्रासदी यह है कि मानव जाति अपने ख़ुद के अनुभवों से फ़ायदा नहीं उठाती और लगातार उसी रास्ते की ओर बढ़ती रहती है, जिसने उसे पहले बर्बादी में झोंका था।

हमने ख़ूब युद्ध लड़े हैं, हमें जीत मिली है और हमने उस जीत पर ख़ुशियाँ भी मनाई हैं, लेकिन, जीत क्या है और हम इसे कैसे मापेंगे? माना जाता है कि युद्ध किसी उद्‌देश्य की प्राप्ति के लिए लड़ा जाता है। दुश्मन को हरा देना अपने आपमें काई उद्‌देश्य नहीं, बल्कि उसे हासिल करने की राह में आनेवाली बाधा को हटाना-भर है। अगर यह उद्‌देश्य न प्राप्त हो तो दुश्मन पर जीत केवल एक नकारात्मक राहत देती है, जो कि एक सच्ची जीत नहीं है। बावजूद इसके, हम देखते हैं कि युद्धों में सारा जोश दुश्मन को परास्त करने का होता है और दूसरे व वास्तविक उद्‌देश्य अक्सर भुला दिए जाते हैं। परिणाम यह होता है कि दुश्मन को परास्त कर देनेवाली जीत केवल आधी-अधूरी होती है और वास्तविक समस्या का समाधान नहीं होता है। अगर यह तात्कालिक समस्या का समाधान कर भी दे, तब भी ऐसी जीत बहुत सारी दूसरी और अक्सर बदतर समस्याओं को पैदा कर देती है। इसीलिए यह बहुत ज़रूरी है कि हमारे दिमाग़ों में असली उद्‌देश्य हमेशा साफ़ रहे और हम, चाहे वो युद्ध हो या शान्ति हो, उद्‌देश्य प्राप्त करने के लिए ही हों।

मुझे लगता है कि हमारे साध्य और उसे पाने के लिए प्रयुक्त साधनों के बीच में हमेशा एक बहुत क़रीबी और सघन सम्बन्ध रहा है। भले ही हमारा उद्‌देश्य सही हो लेकिन अगर हमारे साधन ग़लत हैं तो वो हमारे उद्‌देश्य को भ्रष्ट कर देंगे या फिर ग़लत दिशा में मोड़ देंगे। साध्य और साधन आपस में एक-दूसरे से बहुत सघन व यौगिक रूप से जुड़े हुए हैं और उन्हें अलग नहीं किया जा सकता। यह सीख हमें अतीत में बहुत से महापुरुषों द्वारा मिल चुकी है, लेकिन, दुर्भाग्य से, इसे शायद ही याद रखा जाता हो।

मैं इनमें से कुछ विचारों को आपके सामने रखने का जोख़िम ले रहा हूँ। इसलिए नहीं कि ये नये विचार हैं, बल्कि इसलिए कि इन्होंने मेरे जीवन को प्रभावित किया

है। मेरा जीवन, जिसमें बीच-बीच में अन्तरालों के साथ लगातार गतिविधियाँ, संघर्ष और ज़बरदस्ती का आराम (जैसे जेल) आते रहे हैं।

मेरे देश के महान नेता महात्मा गांधी, जिनकी प्रेरणा और देखरेख में मैं बड़ा हुआ, उन्होंने हमेशा नैतिक मूल्यों पर ज़ोर दिया और हमें आगाह किया कि साध्य के फेर में कभी भी साधन को कमतर न किया जाए।

हम उनके लायक़ नहीं थे, फिर भी हमने अपनी सारी क्षमता के साथ उनकी बातों पर चलने की कोशिश की। जिस भी थोड़ी-बहुत-सीमा तक हमने उनकी बातों को अपनाने की कोशिश की, उसके बहुत अच्छे परिणाम आए। एक महान और ताक़तवर देश के साथ हमारी पीढ़ी सघन संघर्ष में रही और हमने सफलता पाई। शायद उसका सबसे महत्त्वपूर्ण हिस्सा उसे पाने का तरीक़ा था। इसका श्रेय दोनों पक्षों को जाता है। इतिहास में शायद ही कोई दूसरा उदाहरण मिले जिससे इस तरह के संघर्ष का शान्तिपूर्ण तरीक़े से समाधान हुआ हो और बाद में दोस्ताना और सहयोगात्मक सम्बन्ध रहे हों। यह ताज्जुब ही की बात है कि दो देशों के बीच में कटुता और बदनीयती इतनी जल्दी समाप्त हो गई और उसकी जगह सहयोग ने ले ली हो। और, भारत में हमने अपनी मर्ज़ी से बिना किसी दबाव के एक स्वतंत्र राष्ट्र के रूप में यह सहयोग आगे बढ़ाने के लिए निर्णय किया है।

मैं, दूसरे और अपने से अधिक अनुभवी देशों को कोई सलाह नहीं देना चाहूँगा। लेकिन क्या मैं आपके सामने सोचने-विचारने के लिए यह कह सकता हूँ कि भारत की शान्तिमूलक क्रान्ति में ऐसा बहुत कुछ सीखने को है जो कि दुनिया की सारी बड़ी समस्याओं को देखते हुए उपयोग में लाया जा सकता है। उस क्रान्ति ने हमें दिखाया कि यह ज़रूरी नहीं कि भौतिक ताक़त ही मनुष्य की क़िस्मत का फ़ैसला करे। किसी संघर्ष को चलाना और उसे ख़त्म करने का तरीक़ा सबसे महत्त्वपूर्ण तथ्य है। इतिहास बताता है कि भौतिक ताक़त का बहुत बड़ा रोल है। लेकिन वही यह भी बताता है कि कोई भी ऐसी ताक़त अन्ततोगत्वा नैतिक शक्तियों को झुठला नहीं सकती, और अगर कोई ताक़त ऐसा करने का जोख़िम ले भी तो वो ख़ुद को ही बरबाद करेगी। आज समस्या हमारे सामने अपने पूरे दुर्दान्त रूप में खड़ी है, क्योंकि भौतिक ताक़त के पास वो भयानक हथियार हैं जिनके बारे में सोचना भी थरथराहट पैदा कर देता है। क्या बीसवीं सदी उस आदिम बर्बर युग से केवल विनाशकारी हथियारों के प्रभाव की दृष्टि से ही अलग है कि उसने अपनी अल्प बुद्धि से मनुष्य के सर्वनाश के विनाशक हथियारों को खोज निकाला है? मैं अपने गुरु की शिक्षाओं के आधार पर भरोसा रखता हूँ कि जो समस्या हमारे सामने है, उससे निपटने का दूसरा रास्ता भी है।

मैं महसूस करता हूँ कि सार्वजनिक मसलों में लगा राजपुरुष या कोई भी व्यक्ति वास्तविकताओं को झुठला नहीं सकता और न ही किसी अमूर्त सत्य के लिए कार्य ही कर सकता है। जितना सच उसके देश की जनता स्वीकार कर ले, वही उसकी गतिविधियों की सीमा है। फिर भी जो मूल सत्य है वो हमेशा सच रहता है और इस बात को हमेशा अपनी निगाह में रखना होता है। और जहाँ तक हो सके, इसे ही

हमारे कार्यों का आधार होना चाहिए। वरना हम दुष्टता के एक ऐसे दुरूह चक्र में फँस जाएँगे, जिसमें एक बुरा कृत्य हमें दूसरे बुरे कृत्य की ओर धकेलता रहेगा।

भारत अपने शानदार अतीत के साथ एक बहुत प्राचीन देश है। लेकिन यह एक नवीन राष्ट्र भी है, जिसमें नई उमंगें और इच्छाएँ हैं। अगस्त 1947 से यह अपनी स्वयं की बनाई विदेश नीति को लागू करने की स्थिति में है। यह अपनी स्थिति की सीमाओं में बँधा है जिन्हें हम न तो झुठला सकते थे और न ही जिनसे पार पा सके हैं। लेकिन फिर भी, यह अपने महान नेता की बातों को भूल नहीं सकता। इसने, चाहे आधे-अधूरे ढंग से ही, वास्तविकताओं के अनुरूप ख़ुद को सिद्धान्तों के अनुरूप ढालने की कोशिश की है, जितना उसके लिए सम्भव था। तमाम देशों के परिवार में भारत एक नवागन्तुक था और शुरू से ही सबको प्रभावित नहीं कर सकता था। लेकिन हमें एक फ़ायदा भी था। भारत के पास, बिना शक, वो क्षमतावान संसाधन थे जो उसकी ताक़त और प्रभाव को बढ़ा सकते थे। उससे भी ज़्यादा फ़ायदे की बात थी कि उस पर अतीत का बोझ नहीं था। न कोई पुरानी दुश्मनियाँ थीं, न ही पुराने गठजोड़ थे, न ही ऐतिहासिक दावे या परम्परागत प्रतिद्वन्द्विताएँ थीं। यहाँ तक कि अपने पूर्व शासकों के साथ भी कोई कटुता शेष न थी। इस प्रकार, भारत, देशों के परिवार में, बिना किसी पूर्वग्रह या बिना किसी दुश्मनी के सबका स्वागत करने और सबका स्वागतार्थी होने के भाव से आया। अवश्यम्भावी रूप से उसे अपनी विदेश नीति को बनाने में प्रबुद्ध स्व-हितों को देखना पड़ा। लेकिन साथ-साथ उसने उसमें एक आदर्शवाद का पुट भी दिया। उस नीति के मुख्य उद्‌देश्य हैं: किसी शक्ति या शक्ति समूह के साथ बिना गठजोड़ किए हर विवादास्पद मुद्‌दे पर एक स्वतंत्र दृष्टिकोण बनाते हुए शान्ति को लक्ष्य बनाना, पराधीन देशों के लोगों की मुक्ति, राष्ट्रीय और व्यक्तिगत स्तर पर स्वतंत्रता का रक्षण, नस्लीय भेदभाव की समाप्ति और दुनिया की अधिकतर जनसंख्या को प्रभावित करनेवाली बीमारियाँ, अज्ञानता और अभाव का ख़ात्मा। मुझसे बार-बार पूछा जाता है कि भारत क्यों किसी ख़ास देश या देशों के गुट से ख़ुद को नहीं जोड़ता, और यह जवाब सुझाया जाता है कि क्योंकि हमने ऐसा नहीं किया है और इसीलिए हम अलग-थलग हैं। यह सवाल और जवाब आसानी से समझ आ सकते हैं क्योंकि संकट के समय में यह अस्वाभाविक नहीं है कि जो लोग इन सब चीज़ों से गहराई से जुड़े हैं, उन्हें दूसरों की शान्त तटस्थता अतार्किक, अदूरदर्शी, नकारात्मक, बनावटी या कि बुजदिली लगे। लेकिन मैं यह साफ़ करना चाहूँगा कि भारत ने जो नीति अपनाने की कोशिश की है, वह न तो नकारात्मक है और न ही एक विश्व के प्रति उदासीन। यह एक सकारात्मक और ऊर्जस्वी नीति है, जो कि हमारे स्वतंत्रता-संघर्ष और महात्मा गांधी की शिक्षाओं से निकली है। शान्ति केवल भारत के विकास और उन्नति के लिए ही कोई एक अनिवार्य शर्त नहीं है, बल्कि सारी दुनिया के लिए इसका आला महत्त्व है।

शान्ति का रक्षण कैसे हो सकता है? यह आक्रमण के सामने समर्पण से नहीं हो सकता, बुराई या अन्याय के साथ समझौता करके नहीं हो सकता, लेकिन केवल

बोलने और युद्ध की तैयारियों से भी नहीं हो सकता! आक्रामकता को चुनौती की तरह लेना होगा क्योंकि यह शान्ति को ख़तरे में डालती है। इसके साथ ही हमें पिछले दो युद्धों से मिली सीख को याद रखना होगा। मुझे बहुत ताज्जुब होता है कि उस सीख के बावजूद हम उसी रास्ते पर बढ़ते जाते हैं। दुनिया को प्राथमिक रूप से दो शत्रु शिविरों में देखनेवाला नज़रिया उस संघर्ष को स्थायी बनाएगा, जिससे बचने की यह कोशिश करता है। यह एक डर के भाव को पैदा करता है और भय मनुष्यों के दिमाग़ों को अन्धकार में ढकेलता है, उन्हें ग़लत रास्ते की ओर ले जाता है। शायद जीवन में डर से ज़्यादा बुरी और ख़तरनाक चीज़ और कोई नहीं है। जैसा कि यूनाइटेड स्टेट्स के एक महान राष्ट्रपति ने कहा था, "वास्तव में कुछ भी डरावना नहीं होता, सिवाय डर के।"[1]

इसलिए हमारी समस्या इस डर को कम करने और आख़िरकार इसे ख़त्म करने की है। यह हो नहीं सकता अगर सारी दुनिया इधर या उधर के गुट में तब्दील हो जाए और युद्ध के बारे में बातें करती रहे, तब युद्ध लगभग तय है।

हम देशों के परिवार के एक सदस्य हैं और हमारी ऐसी कोई इच्छा नहीं है कि हम उसके कर्तव्यों और उसके सदस्य होने के नाते अपने कर्तव्यों और ज़िम्मेदारियों से मुँह चुराएँ। हमने संयुक्त राष्ट्र संघ की सदस्यता से उपजे सारे कर्तव्यों का पालन करना स्वीकार किया है और हम उस पर अडिग रहना चाहते हैं। हम उस साझा भंडार में पूरा योगदान करना चाहते हैं और अपनी सारी सेवाएँ देना चाहते हैं। लेकिन इस काम को हम अच्छी तरह से केवल अपने तरीक़े और अपनी पसन्द के हिसाब से ही कर सकते हैं। हम लोकतांत्रिक पद्धति को शिद्दत से मानते हैं और लोकतंत्र की परिधि को आर्थिक और राजनीतिक दोनों धरातल पर फैलाना चाहते हैं, क्योंकि कोई भी लोकतंत्र अभाव, ग़रीबी और असमानता के साथ लम्बे अरसे तक नहीं चल सकता। हमारी फ़ौरी ज़रूरत, आर्थिक उन्नति और हमारे लोगों के जीवन-स्तर को उठाना है। हम जितना ज़्यादा इसमें सफल होंगे, उतना ही हम दुनिया में शान्ति के मक़सद की सेवा कर सकेंगे। हमें अपनी कमज़ोरियों और असफलताओं का पूरा ध्यान है और हम दूसरों से ख़ुद को अधिक गुण-सम्पन्न नहीं समझते; लेकिन हम अपनी उस फ़ायदेमन्द स्थिति को भी छोड़ना नहीं चाहते, जो कि वर्तमान निरपेक्षता से हमें मिली है। हम मानते हैं कि उस निरपेक्षता को बनाए रखना केवल हमारे हित में नहीं है, बल्कि विश्व-शान्ति और स्वतंत्रता के हित में भी है। वो निरपेक्षता न तो एकान्तवाद है, न ही उपेक्षा भाव है और न ही उदासीनता है। जब व्यक्ति की स्वतंत्रता या शान्ति ख़तरे में हो, तब हम उदासीन नहीं रह सकते और न ही हमें रहना चाहिए। तब तो निरपेक्षता एक तरह से उन बातों के साथ धोखा होगी, जिनके लिए हमने संघर्ष किया है और जो हमारे उसूल हैं।

अगर हम शान्ति को स्थापित करना चाहते हैं तो हमें युद्ध के मूलभूत कारणों पर चोट पहुँचानी होगी, न कि केवल ऊपरी लक्षणों पर। आज दुनिया में युद्ध के मूलभूत कारण क्या हैं?

1. फ्रैंकलिन रूजवेल्ट, 1933

मूलभूत कारणों में से एक कारण एक देश द्वारा दूसरे देश पर प्रभुत्व ज़माना या ज़माने की कोशिश करना है। एशिया का बड़ा हिस्सा अभी कुछ समय पहले तक विदेशी, और उसमें भी मुख्यतः यूरोपीय, शक्तियों के द्वारा शासित था। हम स्वयं ब्रिटिश साम्राज्य का हिस्सा थे और उसी तरह बर्मा, सीलोन और पाकिस्तान भी थे। फ्रांस, हॉलैंड और पुर्तगाल के पास अभी भी विदेशी हिस्से हैं, जिन पर वो शासन करते हैं। लेकिन राष्ट्रवाद की प्रचंड धारा और स्वातंत्र्य प्रेम के चलते ज़्यादातर यूरोपीय शक्तियाँ एशिया में नीचे डूब गई हैं। मुझे उम्मीद है कि इंडोनेशिया जल्द ही एक स्वतंत्र सम्प्रभु राज्य होगा। हमें आशा है कि फ्रेंच इंडो-चाइना जल्दी ही अपनी ख़ुद की पसन्द की सरकार बनाकर स्वतंत्रता और शान्ति हासिल करेगा। हालाँकि अफ्रीका का बहुत-सा हिस्सा अभी भी विदेशी शक्तियों के अधीन है और उनमें से कुछ तो अभी भी वहाँ अपना प्रभुत्व बढ़ाने की कोशिश में हैं। यह साफ़ है कि साम्राज्यवाद और उपनिवेशवाद के बचे हुए अवशेष लुप्त हो जाएँगे।

दूसरी समस्या नस्ली सम्बन्धों की है। कुछ जातियाँ, ज्ञान में और खोजों में, और युद्ध में सफलता प्राप्त कर लेने की क्षमता के कारण, यह गुमान करती हैं कि वो नस्ली तौर पर दूसरों से श्रेष्ठ हैं। इस वजह से वह दूसरे देशों के साथ हिकारत का व्यवहार करती हैं। इसका हालिया उदाहरण यहूदियों को पूर्णतः नष्ट कर देने की कोशिश थी, जिसमें वो काफ़ी हद तक कामयाब भी हो गए। एशिया और अफ्रीका में, इस नस्ली श्रेष्ठता बोध का ख़ूब ज़ोर से और भोंडे रूप में प्रदर्शन किया जाता रहा है। यह भुला दिया गया है कि मानवता के लगभग सभी महान धर्म पूरब में ही जन्मे और वहाँ पर उस समय महान सभ्यताएँ फली-फूली थीं जब यूरोप और अमेरिका इतिहास में कहीं दर्ज़ भी न थे। पश्चिम, बार-बार, एशिया और अफ्रीका को अपने से तुच्छ समझता है और अभी भी कई जगहों पर न केवल उन्हें समान अधिकारों के लायक़ नहीं समझता, बल्कि सामान्य मनुष्योचित व्यवहार और सज्जनता से उनसे पेश नहीं आता। यह हमारी आज की दुनिया के सबसे ख़तरनाक बिन्दुओं में से है। एशिया और अफ्रीका अपनी नींद और सुस्ती को त्यागकर जग रहे हैं और उन बुराइयों के कारण एक ऐसी प्रचंड ज्वाला निकल सकती है जिसका क्या परिणाम होगा, कोई सोच भी नहीं सकता।

आपके ही महान लोगों ने कहा है कि यह धरती बरक़रार नहीं रह सकती अगर इसमें रहनेवाले आधे लोग ग़ुलाम और आधे लोग स्वतंत्र हों। यह दुनिया लम्बे समय तक शान्तिपूर्वक नहीं रह सकती अगर इसके आधे लोग ग़ुलाम बनाकर रखे जाएँ और उनसे घृणा की जाए। यह समस्या आसान नहीं है और न इसे एक प्रस्ताव या डिक्री से सुलझाया जा सकता है। जब तक एक दृढ़ और ईमानदार इच्छाशक्ति इसे सुलझाने के लिए नहीं होगी तब तक कोई शान्ति स्थापित नहीं हो सकती।

युद्ध और उथल-पुथल का तीसरा कारण तमाम देशों, ख़ासकर एशिया और अफ्रीका, में लाखों-करोड़ों लोगों का अभाव और कष्ट में होना है। पश्चिम में

यद्यपि युद्ध ने लोगों को बहुत तकलीफ़ें और कष्ट दिए हैं लेकिन फिर भी वहाँ आम आदमी सामान्यतः कुछ मूलभूत सुविधाओं के साथ जीता है—उसके पास कुछ हद तक भोजन, कपड़ा और सिर छुपाने को छत है। पूरब की मूलभूत समस्या ज़िन्दगी की इन ज़रूरियात को पाना है। अगर उन्हें यह नहीं मिलता तो उनमें निराशा या उदासीनता भरती है या फिर सब कुछ उथल-पुथल कर देने का घातक ग़ुस्सा आता है। अगर हम शान्ति रखना चाहते हैं तो हमें राजनीतिक परतंत्रता, नस्ली असमानता, आर्थिक असमानता और क्लेश-सन्ताप जैसी जो बुराइयाँ हैं, उन्हें ख़त्म करना होगा। अगर हम कोई निदान नहीं सुझा पाते तो दूसरे नारों और चिल्लाहटों की ओर लोगों के दिमाग़ आकर्षित होंगे।

एशिया के बहुत सारे देश राष्ट्रों के इस परिवार में शामिल हुए हैं और हमें उम्मीद है कि दूसरे देश भी इसमें जल्द आएँगे। अफ्रीका के देशों के बारे में भी हमें यही उम्मीद है। यह सब जल्दी ही हो जाए और अमेरिका और यूरोप को अपने प्रभाव व ताक़त से यह होने में मदद करनी चाहिए। हम अपने सामने बड़े बदलाव होते देख रहे हैं और ये बदलाव केवल राजनीतिक और आर्थिक धरातल पर ही नहीं हो रहे हैं, बल्कि मनुष्यों के दिमाग़ भी बदल रहे हैं। एशिया फिर से गतिशील हो रहा है और वह पूरी शिद्दत से प्रगति करना चाहता है और अपनी जनता के आर्थिक स्तर को उठाना चाहता है। एक विशाल महाद्वीप का यह जागरण मानवता के भविष्य के लिए सबसे महत्त्वपूर्ण है और इसके लिए बहुत ऊँचाई की दूरदर्शिता से पूर्ण नीति-ज्ञान की आवश्यकता है। इस जागृति से जो समस्याएँ उपजेंगी उन्हें न तो इससे डरकर और न ही हममें से किसी के द्वारा अलग-थलग पड़े रहने की नीति से सुलझाया जा सकता है। इसके लिए एक दोस्ताना और समझदारी-भरे दृष्टिकोण, स्पष्ट उद्देश्य और इन्हें हासिल करने के लिए सामूहिक प्रयास की ज़रूरत होगी।

आज बहुत सारे राष्ट्रीय बजटों का एक मुख्य लक्षण हथियारों के लिए प्रचंड ख़र्च का है, लेकिन इससे विश्व शान्ति की समस्या नहीं सुलझती। शायद इस बजट का बहुत छोटा हिस्सा दूसरे तरीक़ों और उद्देश्यों पर खर्च कर दिया जाए तो शान्ति और ख़ुशहाली के लिए ज़्यादा मज़बूत ज़मीन तैयार हो सकेगी।

यह भारत का विचार है जो पूरे दोस्ताना भाव से सभी समझदार स्त्री-पुरुषों और सभी साख वाले लोगों को हमारी साझा मानवता के नाम पर प्रस्तुत है। ये विचार कोरी सहृदय कल्पनाशीलता नहीं हैं बल्कि जिन समस्याओं से हम सब रूबरू हैं और प्रभावित भी हैं, उन पर गुण-दोष के आधार पर गहरे विचार के बाद इन्हें मैंने आपके सामने रखा है।

महोदय, मैं कुछ बातें और जोड़ना चाहूँगा। आपने पहले जो कहा है और मेरे बारे में और पिछले उद्धरण में कहा, उसे मैंने गहराई से महसूस किया है और उन बातों को सुनकर विनम्रता से अनुगृहीत महसूस कर रहा हूँ।

आपकी अध्यक्षता में जो विहंगम दृश्य मैंने यहाँ देखा वो लम्बे अरसे तक मेरे दिमाग़ पर अंकित रहेगा। वास्तव में, मुझे नहीं लगता कि मैं इसे कभी भी भूल

पाऊँगा। मैं यह दृश्य याद रखूँगा और सबसे बढकर जिस शिष्टाचार, सज्जनता और उदारता से आपने मुझे यहाँ पर इज़्ज़त दी और मुझे अपने में मिला लिया, वह हमेशा याद रहेगा।

इस महान विश्वविद्यालय के फ़ेलो के रूप में जो सम्मान आपने प्रदान किया है, उसे मैं उन सम्मानों से ऊपर रखूँगा जो मेरी ज़िन्दगी के हिस्से आए हैं। यह सम्मान केवल मुझे व्यक्तिगत स्तर पर नहीं है, बल्कि मुझे लगता है कि यह सम्मान केवल व्यक्ति विशेष के लिए नहीं, उससे बढकर था। मुझे यह भी महसूस हुआ कि इस क्षण आपने मुझे केवल एक व्यक्ति नहीं बल्कि भारत के एक प्रतीक और प्रतिनिधि के रूप में भी सम्मानित किया है। और, यहाँ पर महोदय, कुछ क्षण के लिए ख़ुद को भूलकर, मैं अपने देश और देशवासियों की तरफ़ से आपको धन्यवाद देता हूँ।

भारतीय इतिहास के नायक

'देवानां प्रिय' अशोक

(विश्व इतिहास की झलक से)

मुझे लगता है कि शायद मैं राजा-महाराजाओं की बुराई करने का ज़रूरत से ज़्यादा शौक़ीन हो गया हूँ। मुझे इस वर्ग में कोई ऐसा कुछ नहीं दिखाई देता जिसकी तारीफ़ या इज़्ज़त करूँ लेकिन अब हम एक ऐसे व्यक्ति का ज़िक्र करनेवाले हैं जो बादशाह और सम्राट् होते हुए भी महान था और मानव-प्रशंसा के लायक़ था। वह था चन्द्रगुप्त मौर्य का पोता अशोक। एच.जी. वेल्स ने (जिनकी कुछ रोमानी रचनाएँ तुमने पढ़ी होंगी) अपनी 'इतिहास की रूपरेखा'[1] में उसके बारे में लिखा है, "इतिहास के पृष्ठों में संसार के जिन तरह-तरह की उपाधियों वाले लाखों राजाओं के नाम भरे पड़े हैं, उनमें अकेले अशोक का नाम ही सितारे की तरह चमकता है। वोल्गा नदी से जापान तक आज भी उसका नाम आदर के साथ लिया जाता है। चीन, तिब्बत और भारत ने भी हालाँकि उसने उसके स्पर्म-सिद्धान्तों को छोड़ दिया है—उसकी महानता की परम्परा को क़ायम रखा है। आज अशोक का नाम श्रद्धा के साथ याद करनेवालों की संख्या उनसे कहीं ज़्यादा है जिन्होंने कॉन्स्तेंतीन[2] या शार्लमेन[3] के नाम कभी सुने हों।"

यह वास्तव में बहुत ऊँचे दर्जे की प्रशंसा है। लेकिन अशोक इसका पात्र था, और एक भारतवासी का हृदय तो भारत के इतिहास के इस काल का विचार करने में आनन्द से भर जाता है।

चन्द्रगुप्त की मृत्यु ईसाई सन् के शुरू होने के क़रीब 300 वर्ष पहले हुई। उसके बाद उसका पुत्र बिन्दुसार गद्दी पर बैठा जिसने पच्चीस वर्ष तक शान्ति के साथ शासन किया। यूनानी जगत् से उसने अपना सम्पर्क बनाए रखा। उसके दरबार में पश्चिम एशिया के सेलेउक के पुत्र अन्तीओक और मिस्र के तालमी की ओर से राजदूत आते थे। बाहरी दुनिया से व्यापार बराबर जारी था और कहा जाता है कि मिस्र वाले अपने

---

1. Outline of History—H.G. Wells
2. कॉन्स्तेंतीन या कॉन्स्टेंटाइन—बिज़ैंतीन साम्राज्य का पहला बादशाह जो 'महान्' कहलाता है। इसका समय 273-237 ई. है। तुर्की का कुस्तुन्तुनिया नगर इसी का बसाया हुआ है। अब इस शहर का नाम इस्ताम्बूल है।
3. शार्लमेन—पवित्र रोमन सम्राट् और फ्रांसीसी जाति का राजा था। इसका जन्म सन् 742 में हुआ था। इसके साम्राज्य में क़रीब सारा पश्चिमी था। 874 ई. में इसकी मृत्यु हुई।

कपड़े भारत के नील से रँगा करते थे। कहते हैं कि ये लोग अपनी मोमियाइयाँ भारत की मलमल में लपेटते थे। बिहार में कुछ पुराने अवशेष मिले हैं, जिनसे मालूम होता है कि मौर्य-युग के पहले भी वहाँ एक तरह का काँच बनाया जाता था।

तुम्हें यह बात दिलचस्प मालूम होगी कि मैगस्थेने ने, जो चन्द्रगुप्त के दरबार में राजदूत होकर आया था, लिखा है कि भारतीय लोग शृंगार और सौन्दर्य के बड़े प्रेमी थे। उसने इस बात का ख़ासतौर से ज़िक्र किया है कि लोग अपना क़द ऊँचा करने के लिए जूते पहनते थे! इससे मालूम होता है कि ऊँची एड़ी का जूता कोई हाल की ईजाद नहीं है।

बिन्दुसार की मृत्यु होने पर ईसा से 268 वर्ष पूर्व अशोक उस विशाल साम्राज्य का उत्तराधिकारी हुआ, जिसमें सारा उत्तर और मध्य भारत शामिल था और जो ठेठ मध्य एशिया तक फैला हुआ था। शायद भारत के बाक़ी दक्षिण-पूर्वी और दक्षिणी हिस्से को अपने साम्राज्य में मिलाने की इच्छा से उसने अपने राज्य के नवें वर्ष में कलिंग पर चढ़ाई की। कलिंग भारत के पूर्वी समुद्रतट पर महानदी, गोदावरी और कृष्णा नदियों के बीच का देश था। कलिंग वाले बड़ी बहादुरी से लड़े, लेकिन आख़िर में बहुत भयंकर मारकाट के बाद वे कुचल दिए गए। इस युद्ध और मारकाट का अशोक के दिल पर इतना गहरा असर हुआ कि उसे युद्ध और युद्ध की सब कार्रवाइयों से घृणा हो गई। उसने यह तय कर लिया कि आगे वह कोई युद्ध नहीं करेगा। दक्षिण के एक छोटे-से सिरे को छोड़कर क़रीब-क़रीब सारा भारत उसके क़ब्ज़े में था। इस छोटे से सिरे को जीतकर अपनी विजय पूर्ण कर लेना उसके लिए बहुत आसान बात थी, लेकिन उसने ऐसा नहीं किया। एच. जी. वेल्स के अनुसार इतिहास भर में अशोक ही एक ऐसा सैनिक राजा हुआ है, जिसने विजय के बाद युद्ध करना त्याग दिया हो।

सौभाग्य से हमारे पास ख़ुद अशोक के ही शब्द हैं, जिनसे पता चलता है कि उसके विचार क्या थे और उसने क्या-क्या काम किए। पत्थरों या धातु-पत्रों पर ख़ुदवाए हुए अनेक अभिलेखों में अपनी प्रजा और भावी संतति के नाम उसके सन्देश आज भी मिलते हैं। तुम जानती ही हो कि इलाहाबाद के क़िले में अशोक का एक ऐसा ही स्तम्भ है। हमारे प्रान्त में इस तरह के और भी कई स्तम्भ हैं।

इन धर्मलेखों में अशोक ने बताया है कि युद्ध और देश-विजय से होनेवाली हत्याओं से उसके दिल में कितनी घृणा और कितना अनुताप हुआ। उसका कहना है कि धर्म से अपने और मानव-हृदय के ऊपर विजय हासिल करना ही एकमात्र सच्ची विजय है। मैं तुम्हारे लिए इन धर्मलेखों में से दो-एक यहाँ देता हूँ। उन्हें पढ़कर मन मोहित हो जाता है। उनसे तुम्हें अशोक को समझने में मदद मिलेगी।

एक धर्मलेख में कहा गया है—

"देवानां प्रिय प्रियदर्शी महाराज ने अपने अभिषेक के आठ वर्ष बाद कलिंग को जीता। डेढ़ लाख आदमी वहाँ से क़ैद करके लाए गए, एक लाख वहाँ मारे गए और इससे कई गुना अधिक मर गए।

"कलिंग-विजय के ठीक बाद ही देवानां प्रिय बड़े उत्साह से धर्म की रक्षा, धर्म के पालन और धर्म के प्रचार में जुट गए। उनके हृदय में कलिंग-विजय के लिए

पश्चात्ताप शुरू हुआ, क्योंकि किसी अपराजित देश पर विजय प्राप्त करने में लोगों की हत्या, मृत्यु और देश-निष्कासन ज़रूरी हो जाता है। देवानां प्रिय को इस बात पर बहुत गहरा दुःख और खेद होता है।"

आगे चलकर इसी धर्मलेख में लिखा है कि कलिंग में जितने आदमी मारे गए या क़ैद हुए उसके सौवें या हज़ारवें हिस्से का भी मारा जाना या क़ैद किया जाना अब अशोक को सहन नहीं होगा।

"इसके सिवा अगर कोई देवानां प्रिय का अपकार भी करेगा तो वह उसे, यदि वह क्षमा के योग्य है तो क्षमा कर देंगे। अपने साम्राज्य के वनवासियों को भी देवानां प्रिय सन्तुष्ट रखते हैं और उन्हें धर्म में लाने का यत्न करते हैं, क्योंकि अगर वह ऐसा न करे तो उन्हें पश्चात्ताप होता है। देवानां प्रिय की इच्छा है कि समस्त प्राणियों के साथ अहिंसा, संयम समानता और मृदुता का व्यवहार किया जाए।"

इसके आगे अशोक बताता है कि 'उपासना' और 'शील' से मनुष्यों का हृदय जीतना ही सच्ची विजय है और उसने हमें बताया है कि उसे ऐसी सच्ची विजय केवल अपने ही साम्राज्य में नहीं बल्कि दूर-दूर के राज्यों में भी प्राप्त हुई।

जिस धर्म का इन धर्मलेखों में बार-बार ज़िक्र आया है वह बौद्ध धर्म है। अशोक बड़ा उत्साही बौद्ध हो गया था और उसने इस धर्म के प्रचार की भरसक कोशिश की। लेकिन उसमें किसी तरह की ज़बरदस्ती या दबाव का नाम-निशान भी नहीं था। वह लोगों के दिलों को जीतकर ही उन्हें बौद्ध धर्म का अनुयायी बनाना चाहता था। धर्म-प्रचारकों में ऐसे बहुत कम क्या, बिलकुल ही कम हुए हैं जो अशोक की तरह दूसरे धर्मों के प्रति इतने उदार रहे हों। लोगों को अपने धर्म में लाने के लिए धर्मप्रचारकों ने बल, आतंक और धोखेबाज़ी काम में लाने में आनाकानी नहीं की है सारा इतिहास मज़हबी अत्याचारों और मज़हबी युद्धों से भरा पड़ा है और मज़हब व ईश्वर के नाम पर जितना ख़ून बहा है उतना शायद ही किसी दूसरे नाम पर बहा होगा। इसलिए यह याद करके ख़ुशी होती है कि भारत के एक महान सपूत ने, जो बहुत ही गहरा धार्मिक था और एक शक्तिशाली साम्राज्य का अध्यक्ष भी था, लोगों को अपने मत का अनुयायी बनाने के लिए कैसा मार्ग अपनाया; ताज्जुब है कि कोई इतना बेवक़ूफ़ हो कि यह ख़याल करे कि धर्म और विश्वास तलवार या संगीन की नोक पर लोगों के गले उतारे जा सकते हैं!

इस प्रकार देवताओं के प्रिय, या धर्मलेखों के शब्दों में 'देवानां प्रिय' अशोक ने पश्चिम में एशिया, अफ्रीका और यूरोप के राज्यों में अपने सन्देश-वाहक और राजदूत भेजे। तुम्हें याद होगा कि उसने अपने सगे भाई महेंद्र और बहन संघमित्रा को लंका भेजा था और कहा जाता है कि ये अपने साथ गया से पवित्र बोधि-वृक्ष की एक टहनी भी ले गए थे। तुम्हें याद है न कि अनुरुद्धपुर के मन्दिर में हम लोगों ने एक पीपल का पेड़ देखा था? कहते हैं कि यह वही पेड़ है, जो उस प्राचीन टहनी से उगकर बड़ा हुआ है।

भारत में बौद्ध धर्म बहुत तेज़ी से फैल गया। और चूँकि अशोक के लिए कोरी प्रार्थनाओं और पूजा-पाठ और कर्मकांड का नाम धर्म न था, बल्कि उसका अर्थ

था नेक काम करना और समाज को ऊँचा उठाना, इसलिए सारे देश में सार्वजनिक बाग़-बग़ीचे, अस्पताल, कुएँ और सड़कें बनाए जाने लगे। स्त्रियों की शिक्षा के लिए ख़ास इन्तज़ाम किया गया था। चार बड़े विश्वविद्यालय वाले नगर थे : ठेठ उत्तर में पेशावर के पास तक्षशिला, मथुरा, मध्य भारत में उज्जैन और पटना के पास नालन्दा यहाँ सिर्फ़ भारत के ही नहीं बल्कि चीन से लेकर पश्चिमी एशिया तक के दूर-दूर के देशों से विद्यार्थी पढ़ने के लिए आते थे और लौटकर अपने देशों को बुद्ध के उपदेशों का सन्देश अपने साथ ले जाते थे। सारे देश में बड़े-बड़े मठ बन गए थे, जो विहार कहलाते थे। मालूम होता है, पाटलिपुत्र या पटना के आसपास इतने ज़्यादा विहार थे कि सारा प्रान्त ही विहार, या जैसा कि आजकल पुकारा जाता है, बिहार कहलाने लगा। लेकिन जैसा कि अक्सर होता है, ये विहार अध्ययन और विचार की साधना थोड़े ही दिनों में खो बैठे, और सिर्फ़ ऐसे स्थान बन गए जहाँ लोग एक ढर्रे पर चलते थे और पूजा-पाठ करते रहते थे।

जीव-रक्षा के लिए अशोक की लगन जानवरों तक के लिए बढ़ गई थी। जानवरों के लिए ख़ासतौर से अस्पताल खोले गए थे, और पशुबलि बन्द कर दी गई थी। इन दोनों बातों में अशोक हमारे ज़माने से भी कुछ आगे था। अफ़सोस की बात है कि पशुओं का बलिदान कुछ हद तक अभी भी जारी है और धर्म का एक ज़रूरी अंग माना जाता है, और जानवरों के इलाज का कोई इन्तज़ाम नहीं है।

अशोक के उदाहरण से और बौद्ध धर्म के प्रचार से मांस न खाना बहुत अच्छा समझा जाने लगा। उस समय तक भारत के ब्राह्मण और क्षत्रिय आमतौर पर मांस खाते थे और शराब पीते थे। अशोक के ज़माने में मांस खाना और मदिरा पीना दोनों ही बहुत कम हो गए।

इस तरह अशोक ने 38 वर्ष राज किया और उसने शान्तिपूर्वक जनता की भलाई करने की भरसक कोशिश की। सार्वजनिक काम के लिए वह हमेशा तैयार रहता था :

"हर समय और हर जगह—चाहे मैं खाता होऊँ या रनिवास में होऊँ, अपने सोने के कमरे में होऊँ या टहलता होऊँ, या सवारी पर होऊँ या कूच कर रहा होऊँ, प्रतिवेदकों को चाहिए कि वे प्रजा के हालचाल की मुझे बराबर सूचना देते रहें।" अगर कोई कठिनाई उठ खड़ी होती तो "चाहे जो समय या जो जगह हो" उसकी सूचना तुरन्त उसे दी जानी ज़रूरी थी, क्योंकि उसका कहना था कि "मैं प्रजा का काम सब जगह करता हूँ" और "सब लोगों का हित करना मैं अपना प्रधान कर्तव्य समझता हूँ।"

ईसा से 226 वर्ष पूर्व अशोक की मृत्यु हो गई। मृत्यु के कुछ दिन पहले वह राजपाट छोड़कर बौद्ध-भिक्षु हो गया था।

मौर्य-युग के बहुत कम अवशेष पाए जाते हैं। लेकिन जो मिलते हैं, वे ही, अभी तक की खोज के अनुसार, भारत में आर्य-सभ्यता के लगभग सबसे पहले अवशेष हैं। अभी हम मोहेन-जो-दड़ो के खँडहरों का ज़िक्र नहीं कर रहे हैं। बनारस के पास सारनाथ में तुम अशोक का सुन्दर स्तम्भ देख सकती हो, जिसकी चोटी पर शेर बने हुए हैं।

अशोक की राजधानी पाटलिपुत्र के विशाल नगर का अब कोई निशान बाक़ी नहीं है। पन्द्रह सौ वर्ष पहले, यानी अशोक के छह सौ वर्ष बाद, फ़ाहियान[1] नामक एक चीनी यात्री ने पाटलिपुत्र वास्तव में देखा था। उस समय यह नगर गुलज़ार था और मालदार और ख़ुशहाल था, लेकिन तब तक अशोक का पत्थर का राजमहल खँडहर हो चुका था। इन खँडहरों ने ही फ़ाहियान को बहुत प्रभावित किया और उसने अपनी यात्रा के विवरण में लिखा है कि राजमहल मनुष्यों का बनाया हुआ नहीं मालूम होता था।

बड़े भारी-भारी पत्थरों से बनाया हुआ राजमहल नष्ट हो गया और अपनी कोई निशानी नहीं छोड़ गया, लेकिन अशोक की कीर्ति एशिया के सारे महाद्वीप में आज भी जीवित है और उसके धर्मलेख आज भी ऐसी भाषा बोलते हैं, जिसे हम समझ सकते हैं और जिसकी क़ीमत हम पहचान सकते हैं। आज भी हम उनसे बहुत कुछ सीख सकते हैं। यह पत्र बहुत लम्बा हो गया है और मुमकिन है तुम इससे उकता जाओ। अशोक के एक धर्मलेख से एक उद्धरण देकर मैं इसे ख़त्म करता हूँ—

"हर अवस्था में दूसरे सम्प्रदायों का आदर करना लोगों का कर्तव्य है। ऐसा करने से मनुष्य अपने सम्प्रदाय की अधिक उन्नति और दूसरे सम्प्रदायों का उपकार करता है।"

~

हिन्दुस्तानी कला का विदेशों में प्रभाव

(*हिन्दुस्तान की कहानी* से)

पुराने साम्राज्यों और वंशों का यह हाल पुरातत्त्वज्ञों की दिलचस्पी का है, लेकिन सभ्यता और कला के इतिहास के लिए उसकी दिलचस्पी और भी ज़्यादा है। हिन्दुस्तान के नज़रिये से यह ख़ासतौर पर महत्त्व का है, क्योंकि वहाँ जो कुछ था, वह हिन्दुस्तान का किया-धरा था और हिन्दुस्तान की जीवनीशक्ति और प्रतिभा मुख़्तलिफ़ शक्लों में वहाँ ज़ाहिर हुई थी।

हम हिन्दुस्तान को उत्साह से भरा हुआ और दूर-दूर तक फैलता हुआ पाते हैं, और यह देखते हैं कि वह न महज़ अपने विचारों, बल्कि दूसरे आदर्शों, अपनी कला, अपने व्यापार, अपनी भाषा और साहित्य और अपने हुकूमत के तरीक़ों को सब जगह ले जाता है। न वह मंद पड़ा हुआ है, न अलग-अलग रहनेवाला है या समुन्दर और पहाड़ से कटकर अकेला पड़ गया है। उसके निवासी इन ऊँचे पहाड़ों को पार करते हैं और ख़तरनाक समुन्दर को लाँघते हैं, और जैसा कि मो. रोनी ग्रूसे ने बताया है, "एक बृहत्तर हिन्दुस्तान का निर्माण करते हैं, जो राजनीतिक हैसियत से उतना ही

1. फ़ाहियान—एक चीनी बौद्ध यात्री था। मगध-सम्राट् चन्द्रगुप्त द्वितीय के समय में भारत में आया था और छह बरस तक यहाँ घूमता रहा। इसने उस ज़माने के भारतवर्ष का बहुत अच्छा वर्णन किया है। इसका समय 375 ई. है।

कम संगठित है, जितना कि बृहत्तर यूनान था, लेकिन जो नैतिक हैसियत से वैसा ही मधुर और व्यापक प्रभाव रखनेवाला है।" दरअसल मलय-एशिया की इन रियासतों का राजनीतिक संगठन भी बड़े ऊँचे दर्ज़े का था, अगरचे यह हिन्दुस्तानी राजनीतिक व्यवस्था का अंग नहीं था। लेकिन मो. ग्रूसे उन विस्तृत प्रदेशों का हवाला देते हैं, जहाँ हिन्दुस्तानी तहज़ीब फैल गई थी—"पूरबी ईरान के ऊँचे पठार में, सेरिंडिया के नख़्लिस्तानों में, तिब्बत, मंगोलिया और मंचूरिया के सूखे बंजरों में, चीन और जापान के सुसभ्य क़दीम मुल्कों में, मोनों और ख्मेरों और हिन्द-चीन की और आदिम जातियों की भूमियों पर, मलय-पोलिनीसियों के मुल्कों में, इंडोनेशिया और मलय में, न सिर्फ़ मज़हब पर, बल्कि कला और साहित्य पर भी, या एक शब्द में कहिए, तो आत्मा की सभी बुलन्द चीज़ों पर, हिन्दुस्तान ने अपनी ऊँची संस्कृति की अमिट छाप छोड़ी है।"[1]

हिन्दुस्तानी तहज़ीब ने ख़ासतौर पर दक्खिन-पूरबी एशिया के मुल्कों में जड़ पकड़ी, और इसका सबूत आज वहाँ सब जगह मिलता है। चम्पा, अंगकोर, श्रीविजय, मज्जापहित और और जगहों में संस्कृत की शिक्षा के बड़े-बड़े केन्द्र थे। मुख़्तलिफ़ राजाओं के नाम और उन राज्यों और साम्राज्यों के नाम, जो वहाँ क़ायम हुए, बिलकुल हिन्दुस्तानी और संस्कृत नाम हैं। इससे यह मतलब न निकालना चाहिए कि वे पूरी तौर पर हिन्दुस्तानी थे, बल्कि यह कि उनमें हिन्दुस्तानीपन आ गया था। राज्य की मुख़्तलिफ़ रस्में हिन्दुस्तानी ढंग की थीं और वे संस्कृत के ज़रिये अदा की जाती थीं। राज्य के सभी कर्मचारियों के पद प्राचीन संस्कृत में आए हुए पद हैं और ये पद अब तक न महज़ थाईलैंड में चले आ रहे हैं, बल्कि मलाया की मुस्लिम रियासतों में भी। इंडोनेशिया की इन जगहों के पुराने साहित्य में हिन्दुस्तानी कथाएँ और गाथाएँ भरी पड़ी हैं। जावा और बोली के मशहूर नृत्य हिन्दुस्तान से हासिल किए हुए हैं। बाली के छोटे टापू ने तो अपनी पुरानी हिन्दुस्तानी तहज़ीब को अब तक बहुत-कुछ क़ायम रखा है, यहाँ तक कि हिन्दू धर्म भी वहाँ चला आ रहा है। फिलिपीन में लिखने की कला हिन्दुस्तान से गई।

कम्बोडिया की वर्णमाला दक्खिन हिन्दुस्तान से ली गई है और बहुत-से संस्कृत लफ़्ज़ छोटे-मोटे हेर-फेर के साथ लिये गए हैं। दीवानी और फ़ौजदारी के क़ानून हिन्दुस्तान के क़दीम स्मृतिकार मनु के क़ानून के आधार पर बने हैं और इन्हें बौद्ध धर्म के असर से होनेवाली कुछ तब्दीलियों के साथ कम्बोडिया के मौजूदा क़ानून में ले लिया गया है।[2]

लेकिन जिन चीज़ों में हिन्दुस्तानी असर सबसे ज़्यादा साफ़ तौर पर मिलता है, वे हैं इन क़दीम हिन्दुस्तानी नौ-आबादियों की कला और इमारतें। मौलिक प्रेरणा में कुछ तब्दीली आई, उसने अपने को परिस्थितियों के मुताबिक़ ढाला और मुक़ामी गुणों का उसमें मेल-मिलाप हुआ और इस मेल-मिलाप से अंगकोर और बोरोबुदर की शानदार इमारतें और अद्‌भुत मन्दिर तैयार हुए। जावा में बोरोबुदर में बुद्ध की

1. रोनी ग्रूसे : 'सिविलाइजेशन्स ऑव दि ईस्ट', जिल्द 2, पृ. 276
2. बी. आर. चटर्जी के 'इंडियन कल्चरल इन्फ्लूएंस इन कम्बोडिया' (कलकत्ता, 1928) ग्रंथ में ए. लेकलेयर की 'रिसर्चेज़ सरले ऑरिजिंस ब्रह्मनाक्स देलाय कम्बोजियनिस' से उद्धृत।

ज़िन्दगी की सारी कहानी पत्थरों में गढ़ी हुई मिलती है। दूसरी जगहों में मूर्तिपट्टों पर विष्णु और राम और कृष्ण की कथाएँ खुदी हुई हैं। अंगकोर के बारे में ऑस्बर्ट सिटवेल ने लिखा है—"इस बात को तुरन्त मान लेना चाहिए कि अंगकोर, जिस रूप में वह खड़ा हुआ मिलता है, आज दुनिया के ख़ास अजायबों में है; इनसानी प्रतिभा ने पत्थर पर खुदाई करके जो कुछ भी पेश किया है, यह उसकी चोटी पर है और इसके मुक़ाबले की दर्शनीय, सुन्दर और अद्भुत चीज़ तो चीन में कहीं नहीं देखी जाती।...ये एक ऐसी सभ्यता के जड़-अवशेष हैं, जिसने छह सदियों तक अपने अत्यन्त चमकीले पर फड़काए और जो इस तरह नष्ट हो गई कि अब उसका नाम भी इनसान के होंठों पर नहीं आता।[1]

अंगकोर वट के विशाल मन्दिर के गिर्द एक बड़ा रक़बा बहुत दूर तक फैले हुए खँडहर का है, जिसमें बनावटी झीलें और पोखरे हैं और नहरें हैं, जिन पर पुल बने हुए, और एक बड़ा फाटक है, जिन पर "एक बहुत बड़े आकार का सिर पत्थर में खुदा हुआ है; यह एक सुन्दर, मुस्कराता हुआ, लेकिन रहस्यमय कम्बोडियाई मुख है, जो शक्ति और सुन्दरता में देवताओं जैसा है।"[2] यह मुख, अद्भुत रूप से आकर्षक है और इसकी मुस्कान विचलित करनेवाली है—इसे अंगकोर की मुस्कान कहेंगे। मुख कई जगह दुहराया गया है। इस फाटक से मन्दिर के लिए रास्ता है—"पड़ोस का बयान दुनिया में सबसे अजीब और कल्पनापूर्ण है, अंगकोर वट से ज़्यादा सुन्दर है, क्योंकि इसकी कल्पना ज़्यादा अलौकिक है, यह किसी दूर के नक्षत्र के शहर का मन्दिर जान पड़ता है...और इसकी सुन्दरता उसी तरह अग्राह्य है, जिस तरह कि बड़े काव्य की पंक्तियों की हुआ करती है।"[3]

अंगकोर को प्रेरणा हिन्दुस्तान से मिली, लेकिन यह ख्मेर-प्रतिभा थी, जिसने उसे विकसित किया, या यह कहिए कि दोनों ने एक-दूसरे से मिलकर यह अचरज की चीज़ पैदा की। कम्बोडिया के जिस राजा ने, कहा जाता है कि इसे बनवाया, उसका नाम जयवर्मन (सप्तम) था और यह एकदम हिन्दुस्तानी नाम है। डाक्टर क्वार्टिश वेल्स कहते हैं—"जब हिन्दुस्तान का राह दिखानेवाला हाथ हट गया, तब भी जो प्रेरणा उससे मिली थी, वह नहीं भुलाई गई, बल्कि ख्मेर-प्रतिभा ने मुक्त होकर उससे विशाल, नई और अद्भुत रूप से सजीव कल्पनाएँ ढालीं, जो विशुद्ध हिन्दुस्तानी वातावरण में पली किसी भी चीज़ से जुदा थीं, इसलिए उनका आपस में मुक़ाबला न होना चाहिए।...यह बात सही है कि ख्मेर-संस्कृति हिन्दुस्तानी प्रेरणा के आधार पर क़ायम हुई और यह प्रेरणा न रही होती, तो ख्मेर लोग मध्य-अमेरिका के मय लोगों जैसी बर्बर शान दिखाने से कुछ ज़्यादा न कर पाते; लेकिन यह मानना पड़ेगा कि इस प्रेरणा ने जैसी उपजाऊ धरती यहाँ पाई, वैसी बृहतर भारत में उसे और कहीं न मिली।"[4]

1-2. ये दो उद्धरण ऑस्बर्ट सिटवेल की पुस्तक 'इस्केप विद मी—एन ओरिएंटल स्केच बुक' (1941) से लिये गए हैं।

3. वही।

4. डॉक्टर एच.जी. क्वार्टिश वेल्स की पुस्तक 'टुवड्र्स अंगकोर' (हैरप, 1933) से।

इससे यह ख़याल पैदा होता है कि ख़ुद हिन्दुस्तान में यह प्रेरणा जो रफ़्ता-रफ़्ता मिट गई, उसकी वजह यह थी कि उसके दिमाग़ और ज़मीन नई धाराओं और विचारों की खुराक़ की कमी की वजह से दब गए और कमज़ोर हो गए। जब तक हिन्दुस्तान ने अपने दिमाग़ को दुनिया के लिए खुला रखा, अपनी दौलत दूसरों को दी और ख़ुद उसमें जिस चीज़ की कमी थी, उसे दूसरों से लिया, तब तक उसमें ताज़गी रही और वह मज़बूत और जीवट वाला बना रहा। लेकिन जितना ही वह अपने भीतर सिमटा और अपनी रक्षा करने की कोशिश में रहा और बाहरी असरों से उसने अपने को जितना अछूता रखना चाहा, उतना ही उसने अपनी प्रेरणा को खो दिया और उसकी ज़िन्दगी अधिकाधिक मंद पड़ती गई और ऐसी हो गई कि वह अपने मरे हुए अतीत के गिर्द व्यर्थ धंधों में फँसी हुई चक्कर काटती रही। सौन्दर्य की रचना करने की कला तो खोई ही, उसकी औलाद ने उसे पहचानने की बुद्धि भी खो दी

जावा, अंगकोर और बृहत्तर भारत की दूसरी जगहों की खुदाई और खोजों का यश यूरोपीय विद्वानों और पुरातत्त्वविदों को है, ख़ासकर फ्रांसीसी और डच विद्वानों को। बड़े-बड़े शहर और स्मारक शायद अब भी मिट्टी में दबे हुए पड़े हैं, और उनकी खोज होनी बाक़ी है। इस बीच में, कहा जाता है कि खानों के खोदने की वजह से या सड़क बनाने का सामान लेने में मलाया की ख़ास-ख़ास पुरानी जगहें, जहाँ पुराने खँडहर थे, जाया हो गई हैं और यक़ीनी तौर पर युद्ध इस बरबादी में इज़ाफ़ा करेगा। कुछ साल हुए, मुझे एक थाई (स्यामी) विद्यार्थी का, जो ठाकुर के शान्तिनिकेतन में आया था और थाईलैंड को वापस जा रहा था, एक ख़त मिला था। उसने लिखा था—"मैं अपने को बार-बार ख़ासतौर पर ख़ुशक़िस्मत समझता हूँ कि मुझे इस बड़े और पुराने देश आर्यावर्त में आने का और मातामही भारतभूमि को अपनी विनम्र श्रद्धांजलि अर्पित करने का मौक़ा मिला। यह मातामही ऐसी है जिसकी गोदी में मेरी मातृभूमि प्रेमपूर्वक पली है और उसने सभ्यता और धर्म में जो कुछ भी सुन्दर है, उसे पहचानना और उससे मुहब्बत करना सीखा है।" मुमकिन है कि यह एक आम मिसाल न हो, फिर भी इससे कुछ पता इस बात का चलता है कि हिन्दुस्तान के बारे में दक्खिन-पूरबी एशिया में किस तरह के ख़याल लोगों के दिलों में हैं, अगरचे यह ख़याल धुँधला है और इसके साथ बहुत कुछ और भी मिला-जुला है। वहाँ सभी जगह एक तंग क़िस्म की जातीयता पैदा हो गई है, जो अपने ही तक देखकर रह जाती है और दूसरों का यक़ीन नहीं करना चाहती। यूरोप के आधिपत्य से भय है और नफ़रत है, फिर भी यूरोप और अमेरिका की नक़ल करने की एक ख़्वाहिश भी है। अक्सर हिन्दुस्तान के लिए कहीं-कहीं हिक़ारत के भाव भी हैं, क्योंकि हिन्दुस्तान ग़ुलामी की हालत में है, लेकिन फिर भी इन सब बातों के पीछे हिन्दुस्तान के लिए एक आदर और मित्रता का भाव है, क्योंकि पुरानी यादें क़ायम रहती हैं, और लोग इस बात को नहीं भूले हैं कि एक ज़माना था, जब हिन्दुस्तान उनके लिए मातृभूमि-जैसा था और उनका अपने भंडार के पुष्ट भोजन से पालन करता था। जिस तरह से यूनान से भूमध्य सागर के मुल्कों में 'हेलेनिज़्म'

या यूनानियत फैली, उसी तरह से हिन्दुस्तान का सांस्कृतिक असर बहुत-से मुल्कों में फैला और वहाँ उसने अपनी ज़बरदस्त छाप छोड़ी।

~

प्राचीन भारत में गणित

(*हिन्दुस्तान की कहानी* से)

चूँकि क़दीम हिन्दुस्तानी ऊँचे दिमाग़ वाले और सूक्ष्म बातों पर सोच-विचार करनेवाले लोग थे, इसलिए हमें उम्मीद ही करनी चाहिए कि वे गणित-शास्त्र में बढ़े-चढ़े रहे होंगे। यूरोप ने शुरू में अंकगणित और बीजगणित अरबों से सीखा—इसी से उन्होंने संख्याओं को 'अरबी संख्याओं' का नाम दिया—लेकिन अरबों ने ख़ुद पहले हिन्दुस्तान से सीखा था। हिन्दुस्तानियों ने गणित में जो अचरज-भरी तरक़्क़ी की थी, उसे अब लोग अच्छी तरह से जानते हैं और यह माना जाता है कि अंक-गणित और बीजगणित की बुनियाद बहुत पहले ही हिन्दुस्तान में पड़ी थी। गिनती के चौखटे की मदद से गिनने के भद्दे तरीक़े और रोमन और इसी तरह की संख्याओं के इस्तेमाल ने बहुत दिनों तक तरक़्क़ी को रोक रखा था, जबकि शून्यांक मिलाकर दस हिन्दुस्तानी अंकों ने इनसान के दिमाग़ को इन बन्धनों से आज़ाद कर दिया और अंकों के आचरण पर बहुत रोशनी डाली। अंकों के ये चिह्नों और मुल्कों में इस्तेमाल किए जानेवाले चिह्नों से बिलकुल जुदा थे। आज वे इतने आम हैं कि हम उन्हें माने बैठे हैं, लेकिन उनमें क्रान्तिकारी तरक़्क़ी के बीज थे। हिन्दुस्तान से बग़दाद होते हुए पश्चिमी दुनिया में पहुँचने में इन्हें सदियाँ लग गईं।

डेढ़ सौ साल हुए, नेपोलियन के ज़माने में लाप्लास ने लिखा था—"यह हिन्दुस्तान है, जिसने हमें सभी संख्याओं को दस चिह्नों के ज़रिये प्रकट करने का युक्तिपूर्ण तरीक़ा बताया, जिसमें हर एक चिह्न का एक अपना मूल्य है और एक उसके स्थान की वजह से मिला हुआ मूल्य है। यह एक गहरा और अहम ख़याल है, जो अब हमें इतना सीधा-सादा जान पड़ता है कि हम उसकी सही ख़ूबियों को भूल जाते हैं। लेकिन इसकी सादगी ही से जो आसानी हमारी गिनतियों में हो गई हैं, उसने अंकगणित को उपयोगी आविष्कारों की पहली कोटि में ला दिया है और हम इस कारनामे के महत्त्व को तब समझेंगे, जब हम यह याद रखेंगे कि क़दीम ज़माने के दो सबसे बड़े लोगों यानी आर्कमीडिस और अपोलोनियस की प्रतिभा से भी यह विचार बच निकला था।"[1]

हिन्दुस्तान में ज्यामिति, अंकगणित और बीजगणित की शुरुआत हमें बहुत प्राचीन ज़माने तक पहुँचा देती है। शायद शुरू में वैदिक वेदियों पर चित्रों के बनाने में एक तरह के ज्यामितीय बीजगणित का इस्तेमाल किया जाता था। सबसे प्राचीन

1. हागबेन की 'मैथमेटिक्स फ़ॉर दि मिलियन' (लन्दन, 1942) में उद्धृत।

किताबों में एक वर्गाकार को आयत में, जिसकी एक भुजा दी गई हो, बदलने की रीति बताई गई है (अ क्ष = स)। हिन्दू संस्कारों में ज्यामिति-चित्र अब भी आमतौर से इस्तेमाल में आते हैं। ज्यामिति ने हिन्दुस्तान में तरक़्क़ी ज़रूर की, लेकिन इस विषय में यूनान और सिकंदरिया आगे बढ़ गए। अंकगणित और बीजगणित में ही हिन्दुस्तान आगे बना रहा। स्थान-मूल्य की दशमलव-विधि और शून्यांक के आविष्कारक या आविष्कारकों का पता नहीं। शून्यांक के सबसे पहले प्रयोग का जो अब तक पता लगा है, वह लगभग 200 ई. पू. के एक शास्त्रीय ग्रंथ में है। यह मुमकिन समझा जाता है कि स्थान-मूल्य का तरीक़ा ईसाई संवत् के शुरू के लगभग ईजाद किया गया। शून्य, जिसके मानी कुछ नहीं हैं, शुरू में एक बिंदी या नुक़्ते की शक्ल में था। बाद में यह एक छोटे वृत्त की शक्ल में बदल गया। यह और अंकों की तरह एक अंक समझा जाता था। प्रोफ़ेसर हाल्स्टेड ने इसके गहरे महत्त्व के बारे में इस तरह लिखा है—"शून्य के चिह्न की रचना में महत्त्व को चाहे जितना बढ़ाकर कहा जाए, अत्युक्ति न होगी। एक ऐसी चीज़ को, जो हवाई और कुछ न हो, एक स्थिति और नाम दे देना, एक चित्र और प्रतीक में बदल देना, जिसमें मदद करने की शक्ति आ जाए; हिन्दू जाति की ही विशेषता है, जहाँ इसका जन्म हुआ। यह निर्वाण को बिजली पैदा करनेवाले यंत्र में ढाल देने जैसी बात है। गणित की कोई भी ईजाद बुद्धि और शक्ति को आमतौर पर आगे बढ़ाने में इतनी कारगर नहीं हुई है।"[1]

इस तारीख़ी घटना को लेकर इस ज़माने के एक और गणितज्ञ ने बड़ी ज़ोरदार प्रशंसा की है। डानज़िग अपनी पुस्तक 'नम्बर' में लिखते हैं—"पाँच हज़ार साल के इस लम्बे ज़माने में न जाने कितनी तहज़ीबें उठीं और गिरीं और इनमें से हर एक अपने साहित्य-कला, फ़लसफ़े और मज़हब की विरासत छोड़ गई। लेकिन गिनती के मैदान में, जो इनसान की पहली कला रही है, सब कुछ मिलाकर उनके क्या कारनामे रहे? गिनती का ढंग इतना भोंडा और ग़ैर-लचीला था कि तरक़्क़ी को ग़ैर-मुमकिन बना देनेवाला, और जोड़ने के ढंग इतने महदूद कि मामूली हिसाब के लिए भी विशेषज्ञ की मदद लेनी पड़े। आदमी इन तरीक़ों को हज़ारों साल तक इस्तेमाल में लाता रहा, लेकिन इनमें कोई मार्के का सुधार न कर सका, इसमें एक भी मतलब का विचार न जोड़ सका। यह सही है कि अँधेरे युगों में विचार बहुत धीरे-धीरे तरक़्क़ी करते थे, फिर भी उनके मुक़ाबले में गिनती के इतिहास को देखा जाए, तो ख़ासतौर पर गतिहीन और अटका हुआ जान पड़ता है। इस नज़र से देखने से उस अनजाने हिन्दू का कारनामा, जिसने हमारे संवत् की पहली सदियों में किसी वक़्त स्थान-मूल्य के सिद्धान्त को ईजाद किया, एक लोकव्यापी महत्त्व का कारनामा हो जाता है।"[2]

डानज़िग को ताज्जुब इस बात का है कि यूनान के बड़े गणितज्ञों में से किसी ने इसकी ईजाद क्यों न की। "क्या यह बात है कि यूनानी प्रयोगात्मक विज्ञान को हेठा समझते थे और अपने बच्चों की तालीम तक को ग़ुलामों के सिपुर्द कर देते थे?

1. जी.बी. हाल्स्टेड की 'आन दि फाउंडेशन एंड टेकनीक ऑव अरिथमेटिक' (शिकागो, 1912), पृ. 20 से बी. दत्ता और ए.एन. सिंह की 'हिस्ट्री ऑव हिन्दू मैथमेटिक्स' (1935) में उद्धृत।
2. एल. हागबेन की 'मैथमेटिक्स फ़ॉर दि मिलियन' (लन्दन, 1942) से उद्धृत।

अगर ऐसा है, तो यह कैसे हुआ कि जिस क़ौम ने हमें ज्यामिति दी और उसे उतना आगे बढ़ाया, वह बीजगणित के मोटे सिद्धान्त भी हमें न दे सके? क्या यह उतने ही ताज्जुब की बात नहीं कि बीजगणित भी, जो आजकल के गणित का बुनियादी पत्थर है, हिन्दुस्तान में उपजा और क़रीब-क़रीब उसी वक़्त, जबकि स्थान-मूल्य की ईजाद हुई?"

प्रोफ़ेसर हागबेन ने इस सवाल के जवाब में यह सुझाव दिया है—"हिन्दुओं ने ही इस दिशा में क़दम क्यों बढ़ाया, क्यों अपने क़दीम गणितज्ञों ने ऐसा नहीं किया, क्यों व्यावहारिक मनुष्यों द्वारा यह बन सका, इस बात को समझने की कठिनाई को हम हल न कर सकेंगे, अगर हम बौद्धिक उन्नति को कुछ प्रतिभा वाले मनुष्यों की कोशिशों का नतीजा समझते रहेंगे, बजाय इसके कि हम उसे रीति-रिवाज और विचार के पूरे सामाजिक संगठन का नतीजा समझें, जो बड़े-से-बड़े प्रतिभा वाले के गिर्द होता है। 100 ईस्वी के लगभग हिन्दुस्तान में जो हुआ है, वह पहले भी हो चुका है। हो सकता है कि यह इस वक़्त रूस में हो रहा हो। इस सत्य को मानने का अर्थ यह है कि अगर कोई संस्कृत आम जनता की तालीम की तरफ़ उतना ही ध्यान नहीं देती, जितना कि वह विशेष प्रतिभा वाले लोगों की तरफ़ देती है, तो यह समझना चाहिए कि उसके विनाश का बीज उसी के अन्दर है।"[1]

तब हमें मान लेना होगा कि ये मार्के की ईजादें किसी ऐसे प्रतिभा वाले व्यक्ति की क्षणिक सूझ का नतीजा नहीं है, जो अपने समकालीनों से बहुत आगे बढ़ा हुआ था, बल्कि यह कि वे दरअसल सामाजिक परिस्थितियों का नतीजा हैं और अपने ज़माने की लगातार माँग के जवाब में थीं। इस माँग को पूरा करने के लिए ऊँचे दर्जे की प्रतिभा की यक़ीनी तौर पर ज़रूरत थी, लेकिन अगर यह माँग मौजूद न रही होती, तो कोई रास्ता निकालने की प्रेरणा ही न हुई होती और अगर यह ईजाद हुई भी होती, तो इसे लोग या तो भुला देते, या उस वक़्त तक के लिए रख छोड़ते, ज़ब इसकी ज़रूरत आकर पड़ती। संस्कृत के शुरू के गणित-सम्बन्धी ग्रंथों से यह साफ़ ज़ाहिर है कि माँग मौजूद थी, क्योंकि इन ग्रंथों में व्यापार के और ऐसे समाजी ताल्लुक़ों के सवाल भरे पड़े हैं, जिनमें टेढ़े-मेढ़े जोड़ लगाने पड़ते थे, कर, उधार और सूद के मसले हैं, साझेदारी के, चीज़ों के अदल-बदल और लेन-देन के और सोने की परख और तौल-काँटे के मसले भी मिलते हैं। समाज जटिल हो चुका था और सरकारी धंधों में और लम्बे रोज़गारों में बहुत-से लोग लगे हुए थे हिसाब के सीधे तरीक़ों के जाने बिना काम चलाना ग़ैर-मुमकिन था।

शून्यांक और स्थान-मूल्य वाली दशमलव विधि को क़बूल कर लेने से हिन्दुस्तान में अंकगणित और बीजगणित की तरक़्क़ी के दरवाज़े तेज़ी से खुल गए। भिन्न और भिन्न राशियों के गुणा व भाग प्रचलित हुए; त्रैराशिक निकला और उसे पूर्ण बनाथा गया; वर्ग और वर्गमूल, उसके साथ-साथ वर्गमूल का चिह्न (√) निकला, घन और घनमूल; ऋण-चिह्न, ज्या की तालिकाएँ उपयोग में आईं, वृत्त की परिधि तथा व्यास के अनुपात π का मूल्य 3.1416 ठहराया गया; अनजान राशियों के लिए बीजगणित

1. हागबेन की 'मैथमेटिक्स फ़ॉर दि मिलियन' (लन्दन, 1942), पृ. 285

में वर्णमाला के अक्षरों का इस्तेमाल हुआ; सामान्य और वर्ग समीकरण का विचार उठा, शून्यांक के गणित की छानबीन हुई, शून्यांक की परिभाषा इस तरह दी गई : अ – अ = 0; अ + 0 = अ; अ – 0 = अ; अ × 0 = 0; अ ÷ 0 = अनंत संख्या। ऋण राशियों की कल्पना भी की गई है। इस तरह : 4 = ± 2

गणित की ये और दूसरी प्रगतियाँ पाँचवीं से बारहवीं सदी के बीच होनेवाले अनेक मशहूर गणितज्ञों की पुस्तकों में दी गई हैं। इससे पहले के भी ग्रंथ हैं (ईसा से पहले की आठवीं सदी के लगभग का 'बौद्धायन'; ईसा से पहले की पाँचवीं सदी के 'आपस्तंब' और 'कात्यायन'), जिनमें ज्यामिति के प्रश्नों, ख़ासतौर पर त्रिभुज, आयत और वर्ग के सवालों को बताया गया है। लेकिन बीजगणित पर जो सबसे पुरानी पुस्तक मिलती है, वह प्रसिद्ध ज्योतिर्विद आर्य भट्ट की है, जिनका जन्म 476 ई. में हुआ था। ज्योतिष और गणित पर उसने अपनी किताब जब लिखी, तब उसकी उम्र सिर्फ़ 23 साल की थी। आर्य भट्ट ने, जिसे कभी-कभी बीजगणित का ईजाद करनेवाला बताया जाता है, अपने से पहले के लेखकों से कम-से-कम कुछ अंशों में मदद ली होगी। हिन्दुस्तानी गणित-शास्त्र में दूसरा बड़ा नाम जो आता है, वह है भास्कर प्रथम का (522 ई.) और उसके बाद ब्रह्मगुप्त (628 ई.) हुआ। वह भी एक ज्योतिर्विद था। उसने शून्यांक के नियमों का बयान किया और इस विद्या में और भी तरक़्क़ी की। इसके बाद लगातार कई गणितज्ञ हुए हैं, जिन्होंने अंकगणित और बीजगणित पर पुस्तकें लिखी हैं। आख़िरी बड़ा नाम भास्कर द्वितीय का है, जिसका जन्म 1114 ई. में हुआ था। उसने ज्योतिर्विज्ञान, बीजगणित और अंकगणित, इन पर तीन पुस्तकें लिखी हैं। उसकी गणित की पुस्तक का नाम 'लीलावती' है, जो गणित की किताब के लिए कुछ अनूठा नाम है, क्योंकि यह एक औरत का नाम है। इस किताब में एक लड़की के बार-बार हवाले आते हैं, जिसे 'हे लीलावती' करके पुकारा गया है, उसके बाद किसी दिए गए सवाल को समझाया गया है। यह ख़याल किया जाता है (अगरचे इसका सबूत नहीं है) कि लीलावती भास्कर की बेटी थी। किताब की शैली साफ़ और सादी है और ऐसी है कि उसे छोटी उम्र के लोग समझ सकें। यह किताब संस्कृत स्कूलों में, कुछ हद तक अपनी शैली के कारण, अब भी इस्तेमाल में आती है।

गणित-शास्त्र की किताबें (नारायण, 1150; गणेश, 1545), बनती रहीं; लेकिन ऐसा जान पड़ता है कि जो काम हो चुका था, उसे इनमें महज़ दुहराया गया है। हिन्दुस्तान में गणित-शास्त्र में बारहवीं सदी के बाद जब तक कि हम मौजूदा ज़माने तक नहीं आ जाते हैं, मौलिक काम बहुत थोड़ा हुआ है।

आठवीं सदी में, ख़लीफ़ा अल्मंसूर के राज्यकाल में (753-774), कई हिन्दुस्तानी विद्वान बग़दाद गए और जिन किताबों को वे अपने साथ ले गए थे, उनमें ज्योतिर्विज्ञान और गणित की भी किताबें थीं। शायद इससे पहले भी, हिन्दुस्तानी गिनती के अंक बग़दाद पहुँच चुके थे, लेकिन यह पहला नियमित सम्पर्क था और आर्य भट्ट की और दूसरी किताबों के अरबी तरजुमे हुए। इन्होंने अरबी दुनिया में गणित और ज्योतिष की तरक़्क़ी पर असर डाला और वहाँ हिन्दुस्तानी अंक प्रचलित हुए। बग़दाद उस

ज़माने में इल्म का एक बड़ा केन्द्र था और यूनानी और यहूदी आलिम वहाँ जमा हुए थे और इन लोगों के साथ-साथ यूनानी फ़लसफ़ा, ज्यामिति और विज्ञान वहाँ पहुँचे थे। बग़दाद का सांस्कृतिक असर मध्य-एशिया से लेकर स्पेन तक सारी इस्लामी दुनिया में पहुँचा था और इस तमाम खित्ते में अरबी तरजुमों के ज़रिये हिन्दुस्तानी गणित-शास्त्र का ज्ञान फैल गया था। अरब इन अंकों को 'हिन्दसा' कहते थे और अंकों के लिए अरबी लफ़्ज़ 'हिन्दसा' ही है, जिसके माने हैं 'हिन्द से आया हुआ।'

अरबी दुनिया से यह नई गणित, शायद स्पेन के मूर विश्वविद्यालयों के ज़रिये, यूरोपीय मुल्कों में पहुँची और यूरोपीय गणित-शास्त्र की इससे बुनियाद पड़ी। यूरोप में इन नये 'हिन्दसों' का विरोध हुआ। वे क़ाफ़िरों के निशान समझे जाते थे, और उनके आमतौर पर इस्तेमाल में आने में कई सौ साल लग गए। सबसे पहला इस्तेमाल जो हुआ, वह सिसली के एक सिक्के में 1134 ई. में हुआ, इंग्लिस्तान में इसका पहला इस्तेमाल 1490 में हुआ।

यह साफ़ मालूम पड़ता है कि हिन्दुस्तानी गणित की जानकारी और ख़ासतौर पर अंकों के स्थान-मूल्य की पद्धति की जानकारी, पश्चिमी एशिया में बग़दाद में हिन्दुस्तानी विद्वानों के जाने से पहले पहुँच चुकी थी। सीरिया के एक विद्वान भिक्खु ने, जिसका सीरियनों को हिकारत से देखनेवाले कुछ यूनानी विद्वानों के ग़रूर से दिल बहुत दुखा था, उनकी एक शिकायत में कुछ दिलचस्प वाक्य लिखे हैं। उसका नाम सेवेरस सेबोख्त था और वह दज़ला नदी के किनारे के एक धर्माश्रम में रहा करता था। उसने 662 ई. में लिखा है और यह जताने की कोशिश की है कि सीरिया के लोग यूनानियों से किसी तरह घटकर नहीं हैं। मिसाल के तौर पर वह हिन्दुस्तानियों का हवाला देता है—"मैं हिन्दुओं के विज्ञान का बयान बिलकुल न करूँगा, वे सीरियनों-जैसे लोग नहीं हैं, ज्योतिर्विज्ञान की उनकी सूक्ष्म खोजों को, जो यूनानियों और बैबिलोनिया वालों की खोजों से कहीं बढ़कर हैं, न बताऊँगा। उनकी गणना का तो बयान ही नहीं हो सकता। मैं सिर्फ़ यह बताना चाहूँगा कि यह गणना नौ चिह्नों के सहारे की जाती है। अगर यूनानी भाषा बोलने ही की वजह से कोई समझता हो कि वह यह सारा विज्ञान जान गया है, तो उसे ये बातें भी जाननी चाहिए। तब उसे पता चलेगा कि दूसरे लोग भी हैं, जो कुछ जानते हैं।"[1]

हिन्दुस्तान के गणित का ज़िक्र करते हुए हाल के ज़माने के एक असाधारण व्यक्ति की बरबस याद आती है। यह श्रीनिवास रामानुजम् थे। दक्खिन हिन्दुस्तान के एक ग़रीब ब्राह्मण के घर में जन्म लेकर और उचित शिक्षा न पाकर वह मद्रास पोर्ट ट्रस्ट में क्लर्क हो गए। लेकिन उनमें कुदरती प्रतिभा का एक न दब सकनेवाला गुण था और वह अपने फ़ुरसत के घंटों में अंकों और उनके समीकरण से अपना जी बहलाया करते थे। ख़ुशक़िस्मती से एक गणितज्ञ का ध्यान इस पर गया और उसने इनको कुछ काम के लिए इंग्लिस्तान में कैम्ब्रिज भेज दिया। वहाँ के लोगों पर इसका असर पड़ा और उनके लिए एक वज़ीफ़े का इन्तज़ाम कर दिया गया। इस तरह उन्होंने

1. बी. दत्ता और ए.एन. सिंह की 'हिस्ट्री ऑव हिन्दू मैथमेटिक्स' (1933) में उद्धृत। इस विषय की बहुत-सी जानकारी के लिए मैं इस पुस्तक का आभारी हूँ।

अपनी क्लर्की छोड़ी और वह कैम्ब्रिज चले गए। थोड़े ही समय में उन्होंने वहाँ कुछ बड़ा अहम और मौलिक काम पेश किया। इंग्लिस्तान की रॉयल सोसायटी ने अपने क़ायदों को तोड़कर उन्हें अपना एक 'फ़ेलो' चुन लिया, लेकिन वह दो साल बाद 33 साल की उम्र में शायद तपेदिक से मर गए। मेरा ख़याल है कि जूलियन हक्सले ने उनके बारे में कहीं कहा है कि वह इस सदी के सबसे बड़े गणितज्ञ थे।

रामानुजम् की छोटी ज़िन्दगी और मौत हिन्दुस्तान की हालत की प्रतीक है। हमारे करोड़ों लोगों में कितने थोड़े हैं, जो कुछ शिक्षा भी पा लेते हैं; कितने हैं, जिन्हें पेट भर खाना नहीं मिलता; उन लोगों में से भी, जिन्हें कुछ तालीम हासिल हो जाती है, कितने हैं, जिनके लिए किसी दफ़्तर में क्लर्की करने के सिवा कुछ चारा नहीं होता, और इस क्लर्की की तनख़्वाह इंग्लिस्तान के बेकारों को मिलनेवाली ख़ैरात से कम होती है? अगर ज़िन्दगी इनके लिए अपने दरवाज़े खोल दे और उन्हें खाना और दूसरी सुविधाएँ दे, और तालीम और तरक़्क़ी के मौक़े दे, तो इन करोड़ों में से कितने हैं, जो बड़े वैज्ञानिक, शिक्षक, हुनर जाननेवाले, व्यापारी, लेखक और कलाकार बन सकते हैं और नये हिन्दुस्तान और एक नई दुनिया के बनाने में मदद कर सकते हैं?

~

दक्षिण भारत के उपनिवेश

(*विश्व इतिहास की झलक* से)

कुषाणों के सरहदी साम्राज्य की तुम्हें याद होगी। यह एक बहुत बड़ा बौद्ध साम्राज्य था, जिसमें पूरा उत्तरी भारत और मध्य एशिया का एक बहुत बड़ा हिस्सा भी शामिल था। इसकी राजधानी पुरुषपुर या पेशावर थी। तुम्हें शायद यह भी याद होगा कि उस समय भारत के दक्षिण में एक बहुत बड़ा राज्य और था जो समुद्र के एक तट से दूसरे तट तक फैला हुआ था। यह आन्ध्र-राज्य था क़रीब तीन सौ साल तक कुषाण और आन्ध्र-राज्य ख़ूब फूले-फले। लेकिन ईसा की तीसरी सदी के बीच में ये दोनों साम्राज्य ख़त्म हो गए और कुछ समय के लिए भारत छोटे-छोटे राज्यों में बँट गया। लेकिन सौ साल के अन्दर ही पाटलिपुत्र में एक दूसरा चन्द्रगुप्त पैदा हुआ, जिसने उग्र हिन्दू साम्राज्यवाद के काल की बुनियाद डाली। पर इन गुप्तों की चर्चा करने से पहले यह उचित मालूम होता है कि हम दक्षिण भारत के उन महान साहसपूर्ण कारनामों के आरम्भ पर नज़र डालें, जिनकी बदौलत पूर्वी दुनिया के सुदूर टापुओं में भारत की कला और सभ्यता जा पहुँची।

हिमालय और दो समुद्रों के बीच फैले हुए भारत की शक्ल तुम अच्छी तरह जानती हो। इसका उत्तरी हिस्सा समुद्र से बहुत दूर है। पुराने ज़माने में भारत के लोगों को सबसे ज़्यादा चिन्ता अपनी उत्तरी सरहद की रही है, क्योंकि इधर होकर दुश्मन और हमला करनेवाले यहाँ आया करते थे। लेकिन भारत के पूर्व, पश्चिम

और दक्षिण में समुद्र का बहुत लम्बा किनारा है। दक्षिण की ओर भारत सँकरा होता गया है, यहाँ तक कि कन्याकुमारी पर जाकर पूर्व और पश्चिम के दोनों किनारे मिल जाते हैं। समुद्र के पास रहनेवाले ये लोग कुदरती तौर पर समुद्र से लगाव रखते थे और यह उम्मीद की जा सकती है कि उनमें से बहुत-से समुद्र यात्रा के अभ्यासी रहे होंगे। मैं तुम्हें पहले ही बता चुका हूँ कि बहुत ही प्राचीन ज़माने से दक्षिण भारत का पश्चिमी दुनिया से बड़ा भारी व्यापार होता चला आया था। इसलिए यह जानकर कोई ताज्जुब नहीं होना चाहिए कि भारत में शुरू से ही जहाज़ तैयार होते थे और यहाँ के रहनेवाले व्यापार के लिए या शायद साहसिक खोजों के लिए समुद्र पार जाया करते थे। ख़याल किया जाता है कि गौतम बुद्ध के ज़माने में विजय ने भारत से लंका जाकर उसे जीत लिया। मेरा ख़याल है कि अजंता की गुफाओं में एक तसवीर है जिसमें विजय समुद्र पार करके लंका जा रहा है और घोड़े और हाथी जहाज़ों में उस पार पहुँचाए जा रहे हैं। विजय ने लंका को सिंहल-द्वीप का नाम दिया था सिंहल शब्द सिंह से निकला है और लंका में सिंह की एक पुरानी कहानी भी प्रचलित है, लेकिन मैं उसे भूल गया हूँ। मेरा ख़याल है कि सीलोन नाम सिंहल से बिगड़कर बना है।

दक्षिण भारत से लंका जाने में समुद्र का जो छोटा-सा टुकड़ा पड़ता है, उसे पार करना कोई बहुत जीवट का काम नहीं था। लेकिन हमें इस बात के बहुत काफ़ी सबूत मिलते हैं कि भारत में जहाज़ बनते थे, और बहुत लोग बंगाल से गुजरात तक के समुद्रतट पर छिटके हुए भारतीय बन्दरगाहों से समुद्र पार जाया करते थे। नैली-जेल से मैंने चन्द्रगुप्त मौर्य के मशहूर मंत्री चाणक्य के अर्थशास्त्र के बारे में तुम्हें लिखा था। इस अर्थशास्त्र में समुद्री सेना का कुछ वर्णन है। चन्द्रगुप्त के दरबार में यूनानी राजदूत मेगस्थेने ने भी इसका ज़िक्र किया है। इससे पता चलता है कि मौर्य-काल के शुरू में भारत में जहाज़ बनाने का उद्योग बहुत बढ़ा-चढ़ा था, और ज़ाहिर है कि जहाज़ इस्तेमाल किए जाने के लिए ही बनाए जाते हैं। इसलिए बहुत लोग उन पर बैठकर समुद्रों को पार किया करते होंगे। इन बातों को सोचकर और फिर यह सोचकर कि हमारे मुल्क में आज भी कुछ लोग ऐसे हैं जो समुद्र-यात्रा से डरते हैं और उसे धर्म के विरुद्ध समझते हैं, तो आश्चर्य होता है। ऐसे लोगों को हम प्राचीन के प्रतीक भी नहीं कह सकते, क्योंकि तुम देखोगी कि पुराने ज़माने के लोग कहीं ज़्यादा समझदार थे। ख़ुशक़िस्मती से अब ऐसी अजीब भावनाएँ बहुत कुछ दूर हो गई हैं और इने-गिने लोगों पर ही अब उनका असर है।

दक्षिण भारत क़ुदरती तौर पर उत्तर भारत की बनिस्बत समुद्र पर ज़्यादा निर्भर था। विदेशी व्यापार ज़्यादातर दक्षिण के साथ ही होता था और तमिल भाषा की कविताओं में यवन देश के सुरा, कलशों और दीपकों के प्रसंग भरे पड़े हैं। 'यवन' शब्द ख़ासतौर पर यूनान के रहनेवाले के लिए इस्तेमाल होता था, लेकिन मोटे तौर पर शायद यह सब विदेशियों पर लागू था। दूसरी और तीसरी सदियों के आन्ध्र देश के सिक्कों पर दो मस्तूल वाले बड़े जहाज़ की शक्ल है। इससे यह पता चलता है कि पुराने ज़माने के आन्ध्र लोग जहाज़ बनाने और समुद्री व्यापार में कितनी दिलचस्पी रखते थे।

इसलिए यह कहा जा सकता है कि दक्षिण भारत ही ने उन साहसिक कारनामों में सबसे आगे क़दम बढ़ाया, जिनके फलस्वरूप पूर्व के तमाम टापुओं में भारतीय नई बस्तियाँ या उपनिवेश क़ायम हुए। इन उपनिवेशी यात्राओं की शुरुआत ईसवी सन् की पहली सदी में हुई और कई सौ वर्षों तक उनका सिलसिला जारी रहा। मलय, जावा, सुमात्रा, कम्बोडिया, बोर्नियो, वग़ैरा सब जगह दक्षिण के लोग जाकर बस गए और अपने साथ भारतीय-कला और संस्कृति ले गए। बर्मा, स्याम और हिन्द-चीन में भी भारतीयों की बड़ी-बड़ी बस्तियाँ थीं। इन नई बस्तियों और नगरों के बहुत से नाम भी भारत से लिये गए थे, जैसे अयोध्या, हस्तिनापुर, तक्षशिला और गांधार। अजीब बात है कि इतिहास अपने को किस तरह दोहराता है! अमेरिका में जाकर बसनेवाले एंग्लो-सैक्सन लोगों ने भी ऐसा ही किया था और संयुक्त राज्य अमेरिका में आज भी इंग्लैंड के पुराने शहरों के नाम वाले शहर हैं।

इनमें शक नहीं कि ये भारतीय उपनिवेशी जहाँ-जहाँ गए वहाँ के पुराने निवासियों के साथ इन्होंने बुरा बर्ताव किया, जैसा कि सभी उपनिवेशी किया करते हैं। उन्होंने इन टापुओं के निवासियों को ज़रूर चूसा होगा और उन पर प्रभुत्व जमाया होगा। लेकिन कुछ दिनों बाद उपनिवेशी और पुराने निवासी आपस में मिल-जुल गए होंगे, क्योंकि भारत के साथ बराबर सम्पर्क रखना मुश्किल था। पूर्व के इन टापुओं में हिन्दू राज्य और साम्राज्य क़ायम हुए। बाद में वहाँ बौद्ध राजा पहुँचे और हिन्दुओं और बौद्धों में प्रभुता के लिए रस्साकशी हुई। विशाल या बृहत्तर भारत के इतिहास की यह एक लम्बी और आकर्षक कहानी है। बड़े-बड़े खँडहर हमें अभी तक उन आलीशान इमारतों और मन्दिरों की याद दिलाते हैं, जो इन भारतीय उपनिवेशों के भूषण थे। काम्बोज, श्रीविजय, अंकोर और मज्जापहित जैसे बड़े-बड़े नगर भारतीय शिल्पियों और कारीगरों ने वहाँ बनाए।

ये हिन्दू और बौद्ध राज्य इन टापुओं में क़रीब चौदह सौ वर्षों तक क़ायम रहे और प्रभुता के लिए आपस में लड़ते रहे। कभी एक का अधिकार हो जाता तो कभी दूसरे का, और कभी-कभी वे एक-दूसरे को नष्ट भी कर देते थे। पन्द्रहवीं सदी में मुसलमानों ने इन टापुओं पर क़ब्ज़ा जमा लिया और उनके थोड़े दिन बाद ही पुर्तगालवासी, स्पेनवासी, हालैंडवासी और अंग्रेज़ आए। सबके आख़िर में अमेरिकावासी पहुँचे। चीनवासी तो इन टापुओं के हमेशा से ही नज़दीकी पड़ोसी थे। ये कभी-कभी इनके मामलों में दख़ल देकर इन्हें जीत लेते, अक्सर उनके साथ दोस्तों की तरह रहते और भेंटों की अदला-बदली करते, साथ ही अपनी महान संस्कृति और सभ्यता का असर भी उन पर बराबर डालते रहते।

पूर्व के इन हिन्दू उपनिवेशों में हमारी दिलचस्पी की कितनी ही बातें हैं। सबसे ज़्यादा मार्के की बात यह है कि ज़ाहिरा तौर पर इन उपनिवेशों को बसाने की संगठित कोशिश उस ज़माने की दक्षिण भारत की एक प्रमुख सरकार ने की थी। शुरू में बहुत-से खोज करनेवाले अलग-अलग वहाँ गए होंगे, फिर जब व्यापार बढ़ा होगा, तब कुटुम्ब-के-कुटुम्ब और लोगों के जत्थे अपने-अपने कामों से वहाँ गए होंगे। कहा जाता है कि शुरू-शुरू में जो लोग जाकर बसे वे कलिंग (उड़ीसा) और पूर्वी समुद्रतट

से गए थे। शायद कुछ लोग बंगाल से भी गए होंगे। एक कहावत यह चली आती है कि कुछ गुजराती अपने घर-बार से निकाले जाने पर इन टापुओं में जाकर बस गए। मगर यह सब अन्दाज़ा है। उपनिवेशियों की मुख्य धारा तमिल भूमि के दक्षिणी हिस्से पल्लव-प्रदेश से, जहाँ एक बड़े पल्लव वंश का शासन था, इन टापुओं में पहुँची मालूम होता है, इसी पल्लव सरकार ने मलय में उपनिवेश बसाने की संगठित कोशिश की। शायद उत्तर भारत से लोगों के दक्षिण में घुस आने से यहाँ की आबादी पर दबाव पड़ा होगा। वजह कुछ भी हुई हो, भारत से बहुत दूर अलग-अलग बिखरे हुए टापुओं में बस्तियाँ बसाने की योजना समझ-बूझकर बनाई गई थी, और इन सब जगहों में एक साथ उपनिवेश बसने शुरू हुए थे। ये उपनिवेश हिन्द-चीन, मलय प्रायद्वीप, बोर्नियो, सुमात्रा, जावा, वग़ैरा में थे। ये सब भारतीय नाम वाले पल्लव उपनिवेश थे। हिन्द-चीन वाली बस्ती का नाम काम्बोज (जो आजकल कम्बोडिया कहलाता है) था। यह नाम काबुल-काँठे में गांधार के काम्बोज से चलकर, इतनी दूर पहुँचा था।

चार-पाँच सौ साल तक ये बस्तियाँ हिन्दू धर्म को मानती रहीं, पर बाद में धीरे—धीरे सब जगह बौद्ध धर्म फैल गया। बहुत दिन बाद इस्लाम पहुँचा और मलय के एक हिस्से में फैल गया, बाक़ी हिस्सा बौद्ध ही बना रहा।

मलय में साम्राज्य और राज्य बनते-बिगड़ते रहे। लेकिन दक्षिण भारत के उपनिवेश बसाने के इन हौसलों का असली नतीजा यह हुआ कि दुनिया के इस हिस्से में भारतीय आर्य-सभ्यता की नींव पड़ गई और कुछ हद तक मलय के निवासी आज भी हम लोगों की तरह इसी सभ्यता में पले हुए हैं। उन पर दूसरे असर भी पड़े, जिनमें से चीन का असर उल्लेखनीय है। मलेशिया[1] के जुदा-जुदा देशों पर भारत और चीन के दो शक्तिशाली प्रभावों की मिलावट पर ग़ौर करना बड़ा दिलचस्प है। कुछ पर तो भारतीय सभ्यता का ज़्यादा असर है और कुछ में चीनी असर ज़्यादा दिखाई देता है। मुख्य भूमि पर, जिसमें बर्मा, स्याम, हिन्द-चीन वग़ैरा हैं, चीनी असर बहुत ज़्यादा है, लेकिन मलय में नहीं है। जावा, सुमात्रा और दूसरे टापुओं में भारतीय असर ज़्यादा दिखाई देता है, जिस पर इस्लाम की नई क़लम चढ़ी हुई है।

लेकिन चीनी और भारतीय प्रभावों में कोई टक्कर नहीं थी। इन दोनों में बहुत फ़र्क़ था, फिर भी दोनों ही बिना किसी दिक़्क़त के बराबर-बराबर अपना काम करते रहे। हाँ, धर्म के मामले में तो भारत हिन्दू धर्म और बौद्ध धर्म दोनों का ही स्रोत था। धर्म के लिए चीन भी भारत का क़र्ज़दार था। मलेशिया की कला में भी भारत का असर सबसे ज़्यादा था। हिन्द-चीन में भी, जहाँ चीनी असर ज़्यादा था, इमारतें बनाने की कला बिलकुल भारतीय ही थी। चीन ने बर्मा वग़ैरा बड़े देशों की शासन-प्रणाली पर और लोगों के साधारण जीवन-दर्शन पर ज़्यादा असर डाला। इसीलिए इंडो-चीन, बर्मा और स्याम के निवासी आज भारतीयों की बनिस्बत चीनियों के ज़्यादा नज़दीकी रिश्तेदार मालूम होते हैं। इसमें शक नहीं कि नस्ल के लिहाज से इनमें मंगोली ख़ून ज़्यादा है और इसी वजह से, कुछ हद तक, वे चीनियों से अधिक मिलते हैं।

1. मलेशिया—एशिया के दक्षिण-पूर्व भाग से आस्ट्रेलिया तक फैला हुआ द्वीप-समूह जिसे ईस्ट इंडीज या मलय-द्वीप समूह कहते हैं।

जावा के बोरोबुदुर में भारतीय कारीगरों के बनाए हुए बड़े-बड़े बौद्ध-मन्दिरों के खँडहर अब भी पाए जाते हैं। इन मन्दिरों की दीवारों पर बुद्ध के जीवन की पूरी कहानी खुदी हुई है और ये सिर्फ़ बुद्ध की ही नहीं, बल्कि उस ज़माने की भारतीय कला की अनोखी यादगारें हैं

भारतीय प्रभाव इससे भी और आगे फैला। वह फिलीपाइन और फ़ारमूसा तक जा पहुँचा। ये दोनों कुछ समय तक श्रीविजय के हिन्दू-राज्य सुमात्रा के अंग थे

~

अकबर

(*विश्व इतिहास की झलक* से)

अपनी सिपहसालारी और योग्यता के बल पर बाबर ने उत्तर भारत का बहुत-सा भाग जीत लिया था। उसने दिल्ली के अफ़ग़ान सुल्तान को हरा दिया और बाद में इतिहास के एक मशहूर वीर, चित्तौड़ के रण-बाँकुरे राणा साँगा की नेतागिरी में लड़नेवाले राजपूतों को हराया, जो ज़्यादा मुश्किल काम था। लेकिन उससे भी ज़्यादा मुश्किल काम वह अपने पुत्र हुमायूँ के लिए छोड़ गया। हुमायूँ बहुत सुसंस्कृत और विद्वान् था, लेकिन अपने पिता की तरह सिपाही न था। उसके नये साम्राज्य में सब जगह गड़बड़ फैल गई और आख़िर 1540 ई. में, बाबर की मृत्यु के दस वर्ष बाद, बिहार के शेरख़ाँ नामक अफ़ग़ान सरदार ने उसे हराकर भारत से बाहर निकाल दिया। इस तरह यह दूसरा महान मुग़ल इधर-उधर छिपता हुआ और बड़ी मुसीबतें झेलता हुआ मारा-मारा फिरने लगा। इसी भागदौड़ की हालत में, राजपूताना के रेगिस्तान में, नवम्बर 1542 ई. में, उसकी पत्नी ने एक पुत्र को जन्म दिया। रेगिस्तान में पैदा हुआ यह पुत्र आगे जाकर अकबर के नाम से मशहूर हुआ।

हुमायूँ भागकर ईरान पहुँचा और वहाँ के बादशाह शाह तहमास्प ने उसे शरण दी। इस अर्से में उत्तरी भारत में शेरख़ाँ का दबदबा ख़ूब फैला और उसने शेरशाह के नाम से पाँच वर्ष राज किया। इस थोड़े से समय में ही उसने बतला दिया कि वह बहुत योग्य और कुशल व्यक्ति था। वह प्रतिभाशाली संगठक था, और उसका शासन क्रियाशील और कुशल था। अपने युद्धों के बीच भी उसने काश्तकारों पर टैक्स लगाने की एक नई और अच्छी मालगुजारी प्रणाली जारी करने का समय निकाल लिया। वह रूखा और कठोर व्यक्ति था, लेकिन भारत के सारे अफ़ग़ान शासकों में, और बहुत-से दूसरे शासकों में भी, वह बेशक सबसे ज़्यादा क़ाबिल और अच्छा था लेकिन जैसा कि अक्सर कुशल निरंकुश शासकों का हाल हुआ करता है, वह ख़ुद ही अपने सारे शासन का कर्ता-धर्ता था, इसलिए उसकी मृत्यु के बाद सारा ढाँचा टुकड़े-टुकड़े हो गया।

हुमायूँ ने इस गड़बड़ी से फ़ायदा उठाया और 1556 ई. में वह एक सेना लेकर ईरान से लौटा। उसकी जीत हुई और सोलह वर्ष बाद वह फिर दिल्ली के सिंहासन

पर आ बैठा। लेकिन वह ज़्यादा दिन के लिए नहीं। छह महीने बाद ही वह जीने पर से गिरकर मर गया। शेरशाह और हुमायूँ के मक़बरों का मुक़ाबला करने से एक दिलचस्प बात मालूम होती है। अफ़ग़ान शेरशाह का मक़बरा बिहार में सासाराम में है और यह इमारत उसी की तरह रूखी, मज़बूत और शाही बनावट की है। हुमायूँ का मक़बरा दिल्ली में है। एक निखारदार और सुडौल इमारत है। पत्थर की इन इमारतों से साम्राज्य के लिए सोलहवीं सदी के इन दो विरोधियों के बारे में अच्छा अन्दाज़ा लगाया जा सकता है।

अकबर उस समय सिर्फ़ तेरह साल का था। अपने दादा की तरह इसे भी राजगद्दी बहुत जल्दी मिल गई। बैरमख़ाँ, जिसे ख़ानबाबा भी कहते हैं, इसकी निगरानी और रक्षा करनेवाला था। लेकिन चार ही वर्षों में अकबर इस निगरानी से और दूसरे लोगों के इशारे पर चलने से तंग आ गया। उसने शासन की बागडोर अपने हाथों में ले ली।

1556 ई. के शुरू से 1605 ई. के अन्त तक, यानी क़रीब पचास वर्ष तक, अकबर ने भारत पर राज किया। वह ज़माना यूरोप में नीदरलैंड के विद्रोह का और इंग्लैंड में शेक्सपियर का था। अकबर का नाम भारत के इतिहास में जगमगा रहा है और कभी-कभी कुछ बातों में वह हमें अशोक की याद दिलाता है। यह एक अजीब बात है कि ईसा से तीन सौ वर्ष पहले का एक बौद्ध सम्राट् और ईसा के बाद सोलहवीं सदी का एक मुसलमान सम्राट् दोनों एक ही ढंग से और क़रीब-क़रीब एक ही आवाज़ में बोल रहे हैं। ताज्जुब नहीं है कि यह ख़ुद भारत की ही आवाज़ हो, जो उसके दो महान पुत्रों के ज़रिये बोल रही हो। अशोक के बारे में सिर्फ़ उतना ही जानते हैं जितना उसने ख़ुद पत्थरों पर तराशा हुआ छोड़ा है। लेकिन अकबर के बारे में हम बहुत कुछ जानते हैं। उसके दरबार के दो समकालीन इतिहासकारों के लम्बे विवरण मिलते हैं और जो विदेशी उससे मिलने आए थे—ख़ासकर जेजुइट लोग, जिन्होंने उसे ईसाई बनाने की ज़ोरदार कोशिश की थी—उन्होंने भी लम्बे-चौड़े बयान लिखे हैं।

यह बाबर की तीसरी पीढ़ी में था। लेकिन मुग़ल लोग अभी इस देश के लिए नये थे। वे विदेशी समझे जाते थे और उनका क़ब्ज़ा फ़ौजी ताक़त के बल पर था। अकबर के राज ने मुग़ल राजवंश की जड़ जमा दी और उसको यहीं की धरती का और पूरी तरह भारतीय नज़रिये वाला बना दिया। इसी के राज में यूरोप में 'महान मुग़ल' का खिताब काम में लाया जाने लगा। वह बहुत निरंकुश था और उसके हाथों में बेलगाम सत्ता थी। मालूम होता है कि उस वक़्त भारत में राजा के अधिकारों पर रोकथाम लगाने की कोई हल्की-सी चर्चा तक नहीं थी। संयोग से अकबर एक बुद्धिमान स्वेच्छाचारी था और वह भारत के लोगों की भलाई के लिए जी-तोड़ कोशिश करता रहता था। एक तरह से वह भारतीय राष्ट्रीयता का जन्मदाता माना जा सकता है। ऐसे समय में, जबकि देश में राष्ट्रीयता का कुछ भी निशान न था, और मज़हब लोगों को एक-दूसरे से अलग कर रहा था, अकबर ने समझ-बूझकर, समान भारतीय राष्ट्रीयता के आदर्श को, फूट डालनेवाले मज़हबी दावों के ऊपर, रख दिया। वह अपनी कोशिशों में पूरी तरह तो सफल नहीं हुआ, लेकिन यह अचम्भे की बात है कि वह कितना आगे बढ़ गया और उसकी कोशिशों को कितनी ज़्यादा सफलता मिली।

लेकिन फिर भी अकबर को जो कुछ सफलता मिली, वह अकेले उसी की, दूसरों की मदद के बिना नहीं थी। जब तक कि ठीक समय न आ गया हो और आसपास की हालतें मदद न करें तब तक कोई भी मनुष्य महान कामों में सफल नहीं हो सकता। महापुरुष ख़ुद अपना चौगिर्द तैयार करके ज़माने को जल्दी बदल सकता है। लेकिन महापुरुष ख़ुद भी तो ज़माने के चौगिर्द का ही फल होता है। इसी तरह अकबर भी भारत के उस ज़माने का फल था।

पिछले एक पत्र में मैंने तुमको बतलाया था कि जिन दो संस्कृतियों और मज़हबों का इस देश में साथ आ पड़ा था, उन दोनों के समन्वय के लिए भारत में कैसी ख़ामोश ताक़तें काम कर रही थीं। मैंने तुमको भवन-निर्माण की नई शैली और भारतीय भाषाओं, ख़ासकर उर्दू या हिन्दुस्तानी, के विकास के बारे में लिखा था। और मैं तुमको रामानन्द, कबीर और गुरु नानक जैसे सुधारक और धर्म-गुरुओं के बारे में भी लिख चुका हूँ जिन्होंने इस्लाम और हिन्दू धर्म के एक-से पहलुओं पर ज़ोर देकर और उनके बहुत-से रीति-रस्म और आडम्बरों की निन्दा करके दोनों को एक-दूसरे के नज़दीक लाने की कोशिश की थी। उस समय समन्वय की यह भावना चारों ओर फैली हुई थी। और अकबर के ऐसे दिमाग़ ने, जो हर बात को बारीक़ी से महसूस करता था, जब इस भावना को हजम किया तो उसमें बहुत बड़ा जवाबी असर हुआ होगा। वास्तव में वह इस भावना का सबसे बड़ा व्याख्या करनेवाला बन गया।

एक राजनीतिज्ञ की हैसियत से भी वह इसी नतीजे पर पहुँचा होगा कि उसका बल और राष्ट्र का बल इसी समन्वय से बढ़ सकते हैं। वह एक बहुत बहादुर, लड़ाका और कुशल सेनानायक भी था। अशोक की तरह वह लड़ाइयों से नफ़रत नहीं करता था। लेकिन तलवार की विजय से वह स्नेह की विजय को ज़्यादा अच्छी समझता था और यह भी जानता था कि ऐसी विजय ज़्यादा टिकाऊ होती है। इसलिए वह पक्के इरादे के साथ हिन्दू सरदारों और हिन्दू जनता का स्नेह हासिल करने में जुट गया। उसने ग़ैर-मुस्लिमों से वसूल किया जानेवाला जजिया और हिन्दू तीर्थयात्रियों पर लगाया जानेवाला टैक्स बन्द कर दिया। उसने ख़ुद अपना विवाह एक ऊँचे राजपूत घराने की लड़की से किया। बाद में उसने अपने पुत्र का विवाह भी एक राजपूत लड़की से किया। और उसने ऐसी मिली-जुली शादियों को बढ़ावा दिया। उसने अपने साम्राज्य के ऊँचे-से-ऊँचे ओहदों पर राजपूत सरदारों को मुकर्रर किया। उसके सबसे बहादुर सिपहसालारों और सबसे योग्य वजीरों और सूबेदारों में कितने ही हिन्दू थे। राजा मानसिंह को तो उसने कुछ दिनों के लिए काबुल का सूबेदार बनाकर भेजा था। देखा जाए तो राजपूतों को और अपनी हिन्दू-प्रजा को मनाने के लिए कभी-कभी तो वह इतना आगे बढ़ जाता था कि मुसलमान-प्रजा के साथ अक्सर अन्याय हो जाता था। बहरहाल वह हिन्दुओं की सद्भावना हासिल करने में सफल हुआ और उसकी नौकरी करने और उसे सम्मान देने के लिए चारों ओर से लगभग सभी राजपूत इकट्ठे होने लगे, सिवाय मेवाड़ के राणा प्रताप के, जिसने कभी सिर नहीं झुकाया। राणा प्रताप ने अकबर को नाम के लिए भी अपना सम्राट् मानने से इनकार कर दिया। लड़ाई के मैदान में हार जाने पर भी उसने अकबर का

ताबेदार बनकर मौज़-मज़े का विलासी जीवन बिताने की बनिस्बत जंगल में छिपते फिरना ज़्यादा पसन्द किया। ज़िन्दगी भर यह अभिमानी राजपूत दिल्ली के महान सम्राट् से लड़ता रहा, और इसने उसके सामने सिर झुकाना मंज़ूर नहीं किया। अपने जीवन के आख़िरी दिनों में उसे कुछ सफलता भी मिली। इस रण-बाँकुरे राजपूत की यादगार राजपूताना की एक बेशक़ीमती थाती है, और इसके नाम के साथ कितनी ही गाथाएँ जुड़ गई हैं।

इस तरह अकबर ने राजपूतों को अपनी तरफ़ कर लिया और वह जनता का प्यारा बन गया। वह पारसियों और उसके दरबार में आनेवाले जेजुइट पादरियों तक से अच्छा बर्ताव करता था। लेकिन उसकी इस उदारता और इस्लामी शरीयत के ख़िलाफ़ कुछ कार्रवाइयों से मुसलमान अमीर-सरदार उससे नाराज़ हो गए और उसके ख़िलाफ़ कई विद्रोह भी हुए।

मैंने अकबर की तुलना अशोक से की है। लेकिन इस तुलना से तुम कहीं भुलावे में न पड़ जाना। बहुत-सी बातों में वह अशोक से बिलकुल अलग तरह का था। वह बड़ी ऊँची उमंगों वाला था, और अपने जीवन के अन्त समय तक वह अपना साम्राज्य बढ़ाने की धुन में चढ़ाइयाँ करता रहा। जेजुइट लोगों ने लिखा है—

"वह चौकस और पारखी दिमाग़ वाला था, वह समझ-बूझ का पक्का, मामलों में दूरदर्शी और इन सबके अलावा दयालु, मिलनसार और उदार था। इन गुणों के साथ उसमें बड़े-बड़े जोख़िम के कामों को उठाने और पूरा करने की हिम्मत भी थी। वह बहुत-सी बातों में दिलचस्पी रखता था, और उनके बारे में जानने का इच्छुक रहता था, उसे न सिर्फ़ सैनिक और राजनीतिक बातों का ही बल्कि बहुत-से कला-कौशल का भी गहरा ज्ञान था...। जो लोग उसकी ज़ात पर हमला करते थे उन पर भी इस राजा की रहमदिली और नम्रता की रोशनी पड़ती रहती थी। उसे ग़ुस्सा बहुत ही कम आता था। अगर कभी आता था तो उसका आवेश भयंकर हो जाता था, लेकिन उसका यह ग़ुस्सा ज़्यादा देर टिकता न था।"

याद रहे कि यह बयान किसी चापलूस मुसाहिब का नहीं है, लेकिन दूसरे देश के रहनेवाले अजनबी का है, जिसे अकबर को ग़ौर से देखने के काफ़ी मौक़े मिलते थे।

शरीर में अकबर असाधारण बलवान और चुस्त था, और वह जंगली और खूँखार जानवरों के शिकार से ज़्यादा और किसी चीज़ से प्रेम नहीं करता था। एक सिपाही की हैसियत से तो वह इतना बहादुर था कि उसे अपनी जान तक की बिलकुल परवाह न थी। उसकी अद्‌भुत शक्ति का अन्दाज़ा आगरे से अहमदाबाद की उस मशहूर कूच से लगाया जा सकता है, जो उसने नौ दिन में पूरी की थी। गुजरात में विद्रोह हो गया था और अकबर एक छोटी-सी सेना के साथ राजपूताना के रेगिस्तान को लाँघकर साढ़े चार सौ मील की दूरी तय करके वहाँ जा धमका। यह एक असाधारण करतब था। यह बतलाने की ज़रूरत नहीं है कि उस ज़माने में न तो रेलें थीं और न मोटरें।

लेकिन इन गुणों के अलावा महान पुरुषों में कुछ और भी होता है, उनमें कुछ चुंबक जैसा आकर्षण होता है, जो लोगों को अपनी तरफ़ खींचता है। अकबर में यह

जिस्मानी आकर्षण-शक्ति और मोहनी बहुत ज़्यादा मिकदार में थी; जेजुइट लोगों के अद्‌भुत विवरण के मुताबिक़ उसकी बस में करनेवाली आँखें "इस तरह झिलमिलाती थीं जिस तरह सूर्य की रोशनी में समुद्र।" फिर इसमें ताज्जुब की क्या बात है, अगर यह व्यक्ति हमको आज भी मोहता हो और उसका शाही व मर्दाना स्वरूप उन ढेरों लोगों से बहुत ऊँचा दिखलाई पड़ता हो, जो सिर्फ़ बादशाह हुए हैं?

विजेता की हैसियत में अकबर ने सारे उत्तर भारत और दक्षिण को भी जीत लिया था। उसने गुजरात, बंगाल, उड़ीसा, कश्मीर और सिंध अपने साम्राज्य में मिला लिये। मध्य भारत और दक्षिण भारत में भी उसकी जीत हुई और उसने खिराज वसूल किया। लेकिन मध्य प्रान्त की रानी दुर्गावती को हराना उसकी शान को नहीं बढ़ाता। दुर्गावती एक बहादुर और अच्छी शासक थी और उसने अकबर को कुछ नुक़सान नहीं पहुँचाया था। लेकिन ऊँचा चढ़ने की हविस और साम्राज्य की लालसा इन छोटी-छोटी अड़चनों की बिलकुल परवाह नहीं करतीं। दक्षिण में भी उसकी सेनाएँ अहमदनगर में राजा की जगह शासन करनेवाली मशहूर चाँदबीबी से लड़ीं। इस महिला में बहादुरी और क़ाबिलियत थी और उसने लड़ाई में जो लोहा लिया उसका असर मुग़ल फ़ौज पर इतना पड़ा कि उन्होंने उसी के माफ़िक़ शर्तों पर सुलह मंज़ूर कर ली। बदक़िस्मती से कुछ दिन बाद उसके ही कुछ नाराज़ सिपाहियों ने उसे मार डाला।

अकबर की फ़ौजों ने चित्तौड़ पर भी घेरा डाला। यह राणा प्रताप से पहले की बात है, जयमल ने बड़ी वीरता से चित्तौड़ की रक्षा की। उसके मारे जाने पर भयंकर 'जौहर' व्रत फिर हुआ और चित्तौड़ जीत लिया गया।

अकबर ने अपने चारों तरफ़ बहुत-से क़ाबिल नायब जमा कर लिये, जो उसके बड़े वफ़ादार थे। इनमें मुख्य फ़ैज़ी और अबुलफ़ज़ल दो भाई थे, और एक था बीरबल, जिसके बारे में अनगिनत कहानियाँ आज भी प्रचलित हैं। अकबर का वित्तमंत्री था टोडरमल। इसी ने लगान की सारी प्रणाली को बदला था। तुम्हें यह जानकर अचम्भा होगा कि उन दिनों ज़मींदारी-प्रथा न थी और न ज़मींदार थे, न ताल्लुक़ेदार। राज्य ख़ुद किसानों या रैयत से लगान वसूल करता था। यही आजकल रैयतवारी प्रणाली कहलाती है। आजकल के ज़मींदार अंग्रेज़ों के बनाए हुए हैं।

जयपुर का राजा मानसिंह अकबर के सबसे अच्छे सेनापतियों में से था। अकबर के दरबार में एक और मशहूर आदमी था—महान गायक तानसेन, जिसे आज भारत के गवैये अपना गुरु मानते हैं।

शुरू में अकबर की राजधानी आगरा थी, जहाँ उसने क़िला बनवाया। इसके बाद उसने आगरे से पन्द्रह मील दूर फ़तहपुर सीकरी में एक नया शहर बनाया। उसने यह जगह इसलिए पसन्द की कि यहाँ शेख़ सलीम चिश्ती नाम के एक मुस्लिम संत रहते थे। यहाँ उसने एक आलीशान शहर बनवाया, जो उस वक़्त के एक अंग्रेज़-यात्री के शब्दों में "लन्दन से भी ज़्यादा बड़ा" था और यही पन्द्रह वर्ष से ज़्यादा उसके साम्राज्य की राजधानी रहा। बाद में उसने लाहौर को अपनी राजधानी बनाया। अकबर का दोस्त और वजीर अबुलफ़ज़ल लिखता है, "बादशाह सलामत आलीशान

इमारतों के ख़ाके सोचते हैं और अपने दिल और दिमाग़ की सूझ को पत्थर और मिट्टी का जामा पहना देते हैं।"

फ़तहपुर सीकरी और उसकी ख़ूबसूरत मस्जिद, उसका ज़बरदस्त बुलन्द दरवाज़ा और बहुत-सी दूसरी सुन्दर इमारतें आज भी मौजूद हैं। यह शहर उजड़ गया है और उसमें किसी तरह की हलचल अब नहीं है, लेकिन उसकी गलियों में और उसके चौड़े सहनों में एक मिटे हुए साम्राज्य की छायाएँ आज भी चलती-फिरती मालूम होती हैं।

हमारा मौजूदा इलाहाबाद शहर भी अकबर का बसाया हुआ है, लेकिन जगह यह ज़रूर बहुत प्राचीन है, और प्रयाग तो यहाँ रामायण के युग से चला आ रहा है। इलाहाबाद का क़िला अकबर का बनवाया हुआ है।

अकबर का जीवन एक विशाल साम्राज्य को जीतने और मज़बूत बनाने में लगा रहा होगा। लेकिन इसके अन्दर अकबर का एक और विचित्र गुण नज़र आता है। यह थी उसकी बेहद जिज्ञासा और सचाई की खोज। जो कोई किसी भी विषय पर रोशनी डाल सकता था, उसे बुलाया जाता था और उससे सवाल किए जाते थे। अलग-अलग मज़हबों के लोग इबादतख़ाने में उसके चारों तरफ़ बैठते थे और हरेक इस महान बादशाह को अपने मज़हब में शामिल करने की उम्मीद रखता था। वे अक्सर एक-दूसरे से झगड़ पड़ते थे और अकबर बैठा-बैठा उनकी बहसें सुनता रहता और उनसे बहुत-से सवाल पूछता रहता था। मालूम होता है, उसे यह विश्वास हो गया था कि सत्य का ठेका किसी ख़ास मज़हब या फ़िरक़े ने नहीं ले रखा है और उसने यह ऐलान कर दिया था कि वह संसार के सारे मज़हबों में आपसी उदारता के सिद्धान्त को मानता है।

उसके शासनकाल के एक इतिहास-लेखक बदायूँनी[1] ने, जो ऐसे बहुत-से मजमों में शामिल होता रहा होगा, अकबर के बारे में मज़ेदार बयान लिखा है, जो मैं यहाँ देना चाहूँगा। बदायूँनी ख़ुद एक कट्टर मुसलमान था और वह अकबर की इस कार्रवाइयों को बिलकुल नापसन्द करता था। वह लिखता है—

"जहाँपनाह हरेक की राय इकट्ठी करते थे, ख़ासकर ऐसे लोगों की जो मुसलमान नहीं थे, और उनमें से जो कोई बात उनको पसन्द आती, उसे रख लेते और जो उनके मिज़ाज के ख़िलाफ़ होतीं और उनकी मर्ज़ी के ख़िलाफ़ जातीं उन सबको फेंक देते थे। शुरू बचपन से जवानी तक और जवानी से बुढ़ापे तक, जहाँपनाह बिलकुल अलग-अलग तरह की हालतों में से और सब तरह के मज़हबों, दस्तूरों और फ़िरक़ेवाराना अकीदों में से गुज़रे हैं, और जो कुछ किताबों में मिल सकता है उस सबको उन्होंने, छाँटने के अपने ख़ास गुण से, इकट्ठा किया है, और तहक़ीक़ात की उस सह से इकट्ठा किया है, जो हर इस्लामी उसूल के ख़िलाफ़ है। हर तरह उनके दिल के आईने पर किन्हीं मूल उसूलों की बुनियाद पर एक नक़्शा खिंच गया है और उन पर जो-जो असर पड़े हैं, उन सबके नतीजे से उनके दिल में पत्थर की लकीर

1. बदायूँनी का पूरा नाम मिर्ज़ा अब्दुल क़ादिर बदायूँनी (बदायूँ का रहनेवाला) था। इसने मुग़ल साम्राज्य का इतिहास लिखा है, जिसके हरेक पन्ने पर इसके कट्टरपन की छाप है। यह हिन्दुओं से बहुत चिढ़ता था।

की तरह धीरे-धीरे यह यक़ीन जमता गया है कि सब मज़हबों में समझदार आदमी हैं और सब क़ौमों में परहेज़गार, सोचनेवाले और चमत्कारी ताक़तों वाले आदमी हैं। अगर कोई सच्चा इल्म इस तरह हर जगह मिल सकता हो तो सचाई किसी एक ही मज़हब में कैसे बन्द हो सकती है।..."

तुम्हें याद होगा कि इस ज़माने में यूरोप में मज़हबी मामलों में बड़ा ज़बरदस्त बैर-भाव फैला हुआ था। स्पेन, नीदरलैंड और दूसरे देशों में इनक्विज़िशन का दौर-दौरा था और कैथलिक और कैल्विनिस्ट दोनों एक-दूसरे को बर्दाश्त करना घोर पाप समझते थे।

अकबर ने वर्षों तक सब मतों के आचार्यों से अपनी मज़हबी चर्चाएँ और बहसें जारी रखीं, यहाँ तक कि अन्त में वे सब उकता गए और उन्होंने अकबर को अपने-अपने ख़ास मज़हब में मिला सकने की आशा छोड़ दी। जब हरेक मज़हब में सचाई का कुछ-न-कुछ अंश था तो वह उनमें से किसी एक को कैसे चुन सकता था? जेजुइट लोगों के लिखे मुताबिक़ वह कहा करता था, "चूँकि हिन्दू लोग अपने सिद्धान्तों को ठीक मानते हैं और इसी तरह मुसलमान और ईसाई भी मानते हैं; तो फिर हम इनमें से किसको अपनावें?" अकबर का सवाल बड़ा वाजिब था, लेकिन जेजुइट लोग इससे चिढ़ते थे और उन्होंने अपनी पुस्तक में लिखा है, "इस बादशाह में हम उस नास्तिक की-सी आम ग़लती देखते हैं जो दलील को ईमान का दास बनाने से इनकार करता है और जिस बात की गहराई को उसका कमज़ोर दिमाग़ न पा सके, उसे सच न मानता हुआ वह उन मामलों को अपने अधूरे फ़ैसले पर छोड़कर सन्तुष्ट हो जाता है, जो मानव-ज्ञान की सर्वोच्च सीमा से भी परे हैं।" अगर नास्तिक की यही परिभाषा है तो जितने ज़्यादा नास्तिक हों उतना ही अच्छा!

अकबर का लक्ष्य क्या था, यह साफ़ नहीं मालूम पड़ता। क्या वह इस सवाल को ख़ाली राजनीतिक निगाह से देखता था? सबके लिए एक-सी राष्ट्रीयता ढूँढ़ निकालने के इरादे से कहीं वह अलग-अलग मज़हबों को ज़बरदस्ती एक ही रास्ते में तो नहीं डालना चाहता था? या क्या उसकी नीयतों और उसकी तलाशों की जड़ में मज़हब था, मैं नहीं जानता। लेकिन मेरा ख़याल इधर झुकता है कि वह मज़हबी सुधारक की बनिस्बत राजनीतिज्ञ ही ज़्यादा था। उसका उद्देश्य चाहे जो रहा हो, उसने सचमुच एक नये मज़हब 'दीन इलाही' का ऐलान कर दिया, जिसका इमाम वह ख़ुद था। दूसरी बातों की तरह धार्मिक मामलों में भी उसके दबदबे को कोई चुनौती नहीं दे सकता था और दंडवत्, क़दम-बोसी वग़ैरा, नफ़रत पैदा करनेवाली ढेरों चीज़ें होती थीं। यह नया मज़हब चला नहीं। हुआ यह कि इसने मुसलमानों को चिढ़ा दिया।

अकबर सत्तावाद का तो पूरा निचोड़ था। फिर भी यह सोचना दिलचस्प है कि राजनीतिक उदार विचारों का उस पर क्या जवाबी असर हुआ होता। अगर मज़हबी विश्वास की स्वतंत्रता मानी जाती थी तो जनता को ज़्यादा राजनीतिक आज़ादी क्यों नहीं? विज्ञान की तरफ़ वह ज़रूर ख़ूब खिंचा होता। बदक़िस्मती से ये विचार, जिन्होंने उस समय यूरोप के कुछ लोगों को परेशान करना शुरू कर दिया था, उस समय के भारत में चालू नहीं हुए थे। छापेख़ानों का भी कोई उपयोग नज़र नहीं आता। इसलिए

शिक्षा का दायरा बहुत छोटा था। यह जानकर तुमको सचमुच ताज्जुब होगा कि अकबर अनपढ़ था, यानी वह पढ़-लिख नहीं सकता था। लेकिन फिर भी वह उच्च शिक्षित था और किताबें पढ़वाकर सुनने का बड़ा भारी शौक़ीन था। उसकी आज्ञा से बहुत-सी संस्कृत पुस्तकों का फ़ारसी में अनुवाद किया गया था।

यह भी मार्के की बात है कि उसने हिन्दू विधवाओं के सती होने की प्रथा को बन्द करने का हुक्म निकाला था और युद्ध-बन्दियों को ग़ुलाम बनाए जाने की भी मनाही कर दी थी।

चौंसठ साल की उम्र में, क़रीब पचास वर्ष राज करने के बाद, अक्टूबर 1605 ई. में अकबर की मृत्यु हुई। उसकी लाश आगरा के पास सिकंदरे में एक ख़ूबसूरत मक़बरे में दफ़न की हुई है।

अकबर के शासनकाल में उत्तर भारत में और ज़्यादातर काशी में एक व्यक्ति हुआ, जिसका नाम संयुक्त प्रान्त[1] के हरेक देहाती की ज़बान पर है। वहाँ वह इतना मशहूर है और इतना लोकप्रिय है, जितना अकबर या दूसरा कोई बादशाह नहीं हो सकता। मेरा मतलब तुलसीदास से है, जिन्होंने हिन्दी में रामचरितमानस या रामायण लिखी है।

~

रंजीतसिंह और जयसिंह

(*हिन्दुस्तान की कहानी* से)

यह ज़ाहिर है कि हिन्दुस्तान विदेशियों की विजय का शिकार इसलिए हुआ कि उसके लोगों में कमियाँ थीं और अंग्रेज़ एक ऊँची और तरक़्क़ी करती हुई समाजी व्यवस्था की नुमाइंदगी करनेवाले थे। दोनों तरफ़ के नेताओं के बीच नुमायाँ फ़र्क़ था; हिन्दुस्तानी—वे चाहे जितने क़ाबिल हों—ख़याल और अमल के तंग दायरे में रहनेवाले लोग थे और उन्हें इस बात का पता न था कि दूसरी जगहों में क्या हो रहा है और इसलिए वे तब्दील होती हुई हालतों में अपने को ठीक-ठीक बिठा न पाए। अगर कुछ शख़्सों में बातों को जानने का शौक़ पैदा भी हुआ, तो वे उन घेरों को तोड़ न पाते थे, जिनमें वे बँधे हुए और क़ैद थे। इसके बर-अक्स अंग्रेज़ बहुत दुनियासाज़ लोग थे और उनके मुल्क और फ्रांस और अमेरिका में होनेवाली घटनाओं ने उन्हें जगा दिया था। दो बड़ी क्रान्तियाँ गुज़र चुकी थीं। फ्रांसीसी इंक़लाबी फ़ौजों के और नेपोलियन के धावों ने सारी युद्ध की कला बदल दी थी। अनजान-से-अनजान अंग्रेज़ अपनी हिन्दुस्तान-यात्रा के बीच में दुनिया के कई हिस्सों को देख चुका होता था। ख़ुद इंग्लिस्तान में मार्के की खोजें हो चुकी थीं, जिनका नतीजा यह हुआ था कि वहाँ

1. आज का उत्तर प्रदेश।

औद्योगिक क्रान्ति हो गई थी, अरगचे शायद बहुत-ही थोड़े लोग ऐसे थे, जो इसके दूर तक पहुँचनेवाले असर का अन्दाज़ा लगा सकते थे। लेकिन तब्दीली का खमीर ज़ोरों से काम कर रहा था और लोगों पर असर डाल रहा था। इन सबके पीछे वह प्रसारशील स्फूर्ति थी, जिसने अंग्रेज़ों को दूर-दराज मुल्कों में भेजा।

जिन लोगों ने हिन्दुस्तान का इतिहास लिखा है, वे लड़ाइयों और हंगामों और राजनीतिक और फ़ौजी नेताओं के बयान में इतने फँस गए हैं कि उन्हें यह बहुत कम लिखा कि हिन्दुस्तान के दिमाग़ में क्या तब्दीलियाँ हो रही थीं और उसकी समाजी और आर्थिक व्यवस्था किस तरफ़ जा रही थी। इस गंदले बयान के भीतर से बीच-बीच में, और इत्तिफ़ाक़ से, कुछ झलकियाँ मिल जाती हैं। ऐसा जान पड़ता है कि इस भयानक दौर में लोग आमतौर पर पस्त और कुचले हुए से थे। वे दुर्भाग्य के चक्र को चुपके से बरदाश्त कर लेते थे; एक चकाचौंध और उदासीनता का उन पर आलम छाया हुआ था। बहुत-से व्यक्ति ऐसे ज़रूर रहे होंगे, जिनमें बातों को समझने की ख़्वाहिश थी और जो उन नई ताक़तों को समझना चाहते थे, जो काम कर रही थीं, लेकिन घटनाओं की बाढ़ में वे आ गए थे, और उन पर असर न डाल सके।

उन व्यक्तियों में, जिनमें जिज्ञासा भरी हुई थी, एक महाराजा रंजीत सिंह था, जो एक जाट सिख था और जिसने पंजाब में एक राज्य बना लिया था। यह राज्य बाद में काश्मीर और सरहदी सूबे तक फैला। उसमें कमज़ोरियाँ थीं और बुरी आदतें भी थीं, फिर भी वह एक अद्भुत आदमी था। जैकमों नाम का फ्रांसीसी उसे 'हद दर्ज़े का बहादुर' बताता है और कहता है कि "यह क़रीब-क़रीब पहला हिन्दुस्तानी है, जिसमें मैंने जिज्ञासा का भाव देखा है। लेकिन उसकी जिज्ञासा ऐसी थी कि वह सारी क़ौम की उदासीनता की कमी को पूरा करनेवाली थी। उसकी बातचीत से हमेशा डर लगता है।"[1] इस बात का ध्यान रखना चाहिए कि हिन्दुस्तानी हमेशा अलग-थलग रहनेवाले होते हैं, उनमें भी ख़ासतौर पर आला दिमाग़ लोग। इनमें से बहुत कम ने हिन्दुस्तान में आनेवाले विदेशी फ़ौजी नेताओं और साहसियों से राह-रस्म रखना पसन्द किया होगा, क्योंकि उनके बहुत-से कारनामों ने उनमें दहशत पैदा की होगी। इस तरह विचारशील लोग विदेशियों से जहाँ तक होता, बचकर अपनी प्रतिष्ठा बचाए रखते और उनसे सिर्फ़ रस्मी मौक़ों पर मुलाक़ात करते, या उस वक़्त, जब मिलना लाजिम हो जाता। जिन हिन्दुस्तानियों से अंग्रेज़ मिलते, वे आमतौर पर या तो ओहदापरस्त लोग होते या जी-हुज़ूरी वाले, जो उन्हें और वज़ीरों को घेरे रहते और अक्सर घूसखोर और षड्यंत्री हिन्दुस्तानी दरबारी होते।

रंजीतसिंह मानसिक जिज्ञासा वाला आदमी ही न था, उसमें बड़ी मानवता भी थी। उस वक़्त, जब हिन्दुस्तान और सारी दुनिया में बेदर्दी और पाशविकता छाई हुई थी, उसने एक राज्य बनाया और ज़बरदस्त फ़ौज खड़ी कर ली, फिर भी वह ख़ून-ख़राबा पसन्द नहीं करता था। प्रिंसेप ने लिखा है कि "एक अकेले आदमी ने इतनी बड़ी सल्तनत इतनी कम गुनहगारी के साथ कभी न क़ायम की थी" चाहे

1. एडवर्ड 'दि मेकिंग ऑव इंडियन प्रिंसेज', पृ. 157-58

जैसा भी जुर्म हो, उसने मौत की सज़ा उड़ा दी थी उस वक़्त, जब इंग्लिस्तान में छोटी-छोटी चोरियों के लिए भी मौत की सज़ाएँ दी जाती थीं। आसवार्न, जो उससे मिला था, लिखता है—"जंग के मौक़ों को छोड़कर उसने कभी किसी की जान न ली, अगरचे ख़ुद उसकी ज़िन्दगी पर कई बार हमले हुए थे, और उसका राज्य बहुत-से ज़्यादा सभ्य बादशाहों के मुक़ाबले में निर्दयता और दमन के कामों से मुक्त पाया जाएगा।"[1]

एक दूसरा, और और ही ढंग का हिन्दुस्तानी राजनीतिज्ञ, राजपूताना में जयपुर का सवाई जयसिंह था। उसका ज़माना कुछ और पहले का है। 1743 में उसकी मृत्यु हुई। औरंगज़ेब के मरने के बाद के ज़माने में जो टूट-फूट हुई, उस वक़्त यह हुआ है। वह इतना होशियार और मौक़ापरस्त था कि एक के बाद एक तेज़ी से आनेवाले धक्कों से और तब्दीलियों से अपने को सँभाल सका। उसने दिल्ली के बादशाह की सरपरस्ती क़बूल कर ली। जब उसने देखा कि आगे बढ़ते हुए मराठे इतने मज़बूत हैं कि उन्हें रोका नहीं जा सकता, तो उसने बादशाह की तरफ़ से उनसे समझौता कर लिया। लेकिन उसके राजनीतिक और फ़ौजी कारनामों में मेरी दिलचस्पी नहीं है। वह एक बहादुर योद्धा और पक्का राजनीतिज्ञ था, लेकिन वह इससे कहीं बढ़कर था। वह गणितज्ञ था और ज्योतिर्विद था। वह वैज्ञानिक था और नगर-निर्माण करनेवाला था और इतिहास के अध्ययन में उसकी दिलचस्पी थी।

जयसिंह ने जयपुर, दिल्ली, उज्जैन, बनारस और मथुरा में बड़ी-बड़ी बेधशालाएँ तैयार कराईं। पुर्तगाली पादरियों से यह जानकर कि पुर्तगाल में ज्योतिर्विद्या तरक़्क़ी पर है, उसने एक पादरी के साथ अपना एक आदमी पुर्तगाल के राजा इमानुएल के दरबार में भेजा। इमानुएल ने अपने दूत जेवियर डि सिल्वा को डि ला हायर की तालिकाओं के साथ जयसिंह के पास भेजा। इन तालिकाओं का अपनी तालिकाओं से मिलान करने पर वह इस नतीजे पर पहुँचा कि पुर्तगाली तालिकाएँ कम शुद्ध थीं और उनमें कई ग़लतियाँ थीं। इन ग़लतियों का कारण उसने यह बताया कि जिन यंत्रों का उपयोग किया गया था, उनके 'व्यास घटिया' थे। जयसिंह हिन्दुस्तानी गणित का पूरा जानकार तो था ही उसने पुरानी यूनानी किताबें भी देखी थीं और यूरोप में उसके ज़माने में गणित में जो तरक़्क़ी हुई थी, उसे भी जानता था। उसने उकलैदिस आदि कुछ यूनानी किताबों के और सम तथा गोलीय त्रिकोणमिति और लघु गुणकों के निर्माण और व्यवहार पर यूरोपीय ग्रंथों के संस्कृत में तरजुमे कराए थे।

उसने जयपुर शहर की स्थापना की। नगर-निर्माण में दिलचस्पी रखने के कारण उसने अपने समय के बहुत-से यूरोपीय शहरों के नक़्शे इकट्ठे किए और फिर अपना नक़्शा तैयार किया। जयपुर के अजायबघर में पुराने यूरोपीय शहरों के इन नक़्शों में से कई अब भी सुरक्षित हैं। जयपुर के शहर की आयोजना इतनी अच्छी और बुद्धिमत्तापूर्ण थी कि यह अब भी नगर-निर्माण की एक मिसाल पेश करता है।

थोड़ी ही उम्र के भीतर-भीतर, और युद्धों और दरबारी षड्यंत्रों में फँसे रहते हुए भी, जयसिंह ने यह सब और बहुत कुछ और भी किया। जयसिंह की मृत्यु

1. एडवर्ड 'दि मेकिंग ऑव इंडियन प्रिंसेज', पृ. 157-58

से ठीक चार साल पहले नादिरशाह का हमला हुआ था। किसी भी ज़माने में और कहीं भी जयसिंह एक मार्के का आदमी हुआ होता। राजपूताने के ख़ास सामन्तवादी वातावरण में पैदा होने और हिन्दुस्तान के इतिहास के एक इतने अँधियारे ज़माने में भी, जबकि टूट-फूट, युद्ध और हंगामे ही दिखाई पड़ते थे, उसके वैज्ञानिक कारनामे बड़े महत्त्व के हैं। इससे यह पता चलता है कि हिन्दुस्तान में वैज्ञानिक जिज्ञासा का लोप नहीं हुआ था और कोई ऐसा खमीर काम कर रहा था कि अगर उसे मौक़ा दिया जाता, तो वह बड़े क़ीमती नतीजे सामने लाता। यह बात नहीं कि जयसिंह अपने ज़माने का एक अनोखा आदमी रहा हो और एक अप्रिय और अनुपयुक्त वातावरण में उत्पन्न हुआ अकेला विचारक रहा हो। वह अपने युग की ही उपज था और अपने साथ काम करनेवाले बहुत-से विज्ञानकर्मियों को उसने इकट्ठा कर लिया था। इनमें से कुछ को उसने समाज के रिवाज और रोक-टोक की परवा न करके पुर्तगाल में एलची बनाकर भेजा था। ऐसा सम्भव जान पड़ता है कि मुल्क में सैद्धान्तिक और व्यावहारिक दोनों तरह के वैज्ञानिक काम के लिए अच्छी-ख़ासी सामग्री मौजूद थी। लेकिन उसे विकास का अवसर न मिला। दुर्व्यवस्था और हंगामों के ख़त्म हो जाने के बाद भी वैज्ञानिक कामों के लिए अधिकारियों से कोई बढ़ावा न मिला।

~

विवेकानन्द, टैगोर और गांधी

(*हिन्दुस्तान की कहानी* से)

विवेकानन्द ने अपने गुरुभाइयों के साथ, सेवा के लिए साम्प्रदायिकता से मुक्त रामकृष्ण मिशन की स्थापना की। विवेकानन्द की जड़ें पुराने ज़माने में थीं, और उन्हें हिन्दुस्तान की विरासत पर अभिमान था, लेकिन साथ ही ज़िन्दगी के मसलों को हल करने का उनका ढंग इस ज़माने का था और वह हिन्दुस्तान के गुज़रे हुए और मौजूदा ज़माने की खाई पर एक पुल की तरह थे। वह बांग्ला और अंग्रेज़ी के ओजस्वी वक्ता थे और बांग्ला गद्य और काव्य के एक सुन्दर लेखक थे। वह एक, ख़ूबसूरत और रोबीले आदमी थे और उनमें शान और गम्भीरता भरी हुई थी, उनको अपने में और अपने मिशन में भरोसा था; साथ ही वह सक्रियता और तीव्र ऊर्जा से भरपूर थे और हिन्दुस्तान को आगे बढ़ाने की उनमें गहरी लगन थी। बेबस और गिरे हुए हिन्दू दिमाग़ के लिए वह एक जीवनोषधि के रूप में आए, और इसको उन्होंने अपने पर भरोसा करना सिखाया और अपने पुराने ज़माने की जानकारी कराई। सन् 1893 में शिकागो में वह विश्व धर्म-संसद में शामिल हुए। एक साल उन्होंने संयुक्त राज्य अमेरिका में बिताया, यूरोप की यात्रा एथेंस और कुस्तुंतुनिया तक की, और मिस्र, चीन और जापान भी गए। जहाँ कहीं भी वह गए, उन्होंने सिर्फ़ अपनी मौजूदगी

से ही नहीं, बल्कि जो कुछ कहा, उससे और अपने कहने के ढंग से, एक हलचल पैदा की। एक बार इस हिन्दू संन्यासी को देख लेने के बाद उसे और उसके सन्देश को भुला देना मुश्किल था। अमेरिका में विवेकानन्द को 'तूफ़ानी हिन्दू' कहा गया। पश्चिमी देशों की अपनी यात्रा का ख़ुद उन पर बहुत असर पड़ा। उन्होंने अंग्रेज़ों की लगन की और अमेरिकी जनता की दृढ़ता और बराबरी की भावना की तारीफ़ की। हिन्दुस्तान में अपने एक दोस्त को उन्होंने लिखा—"किसी भी नये विचार के प्रचार के लिए अमेरिका सर्वोत्तम क्षेत्र है।" लेकिन पश्चिम के धर्म के स्वरूप ने उनको प्रभावित नहीं किया और भारतीय दार्शनिक और आध्यात्मिक पृष्ठभूमि में उनका विश्वास और भी मज़बूत हो गया। उनके लिहाज़ से हिन्दुस्तान अपने पतन के बावजूद, अब भी 'प्रकाश' की नुमाइन्दगी करता था।

उन्होंने वेदांत दर्शन के अद्वैतवाद का प्रचार किया और उन्हें इस बात का पक्का यक़ीन था कि विचारशील मानव जाति का धर्म आगे चलकर वेदांत ही हो सकता है—वजह यह है कि वेदांत सिर्फ़ आध्यात्मिक ही नहीं है, बल्कि तर्कसंगत है और साथ ही उसका बाहरी दुनिया की वैज्ञानिक खोजों से भी सामंजस्य है। "इस विश्व का सृजन किसी विश्वपरि ईश्वर ने नहीं किया और न वह किसी बाहरी दिमाग़ की कृति है। वह स्वयं-भू, स्वयं-संहारक, स्वयं-पोषक, अनादि अनंत सत्ता-ब्रह्म है।" वेदांत का आदर्श आदमी और उसकी सहज दैवी प्रकृति की एकता का था; मानव में ईश्वर-दर्शन ही सच्चा ईश्वर-दर्शन है; प्राणियों में मनुष्य सबसे बड़ा है, लेकिन "अदृश्य वेदांत को दैनिक जीवन में सजीव-काव्यमय हो जाना चाहिए, बेहद उलझी हुई पौराणिक गाथाओं में से निकलकर उसका साफ़ नैतिक स्वरूप सामने आना चाहिए, और रहस्यपूर्ण योगीपने के भीतर से एक वैज्ञानिक और अमली मनोविज्ञान सामने आना चाहिए।" हिन्दुस्तान इसलिए गिर गया था कि उसने अपने आपको सँकरा कर लिया था, और उसने अपने को एक खोल में बन्द कर लिया था। इस तरह दूसरे राष्ट्रों से उसका सम्पर्क छूट गया और उसकी हालत एक जड़ सभ्यता की-सी हो गई। वर्ण-व्यवस्था, जो अपनी शुरू की शक्ल में ज़रूरी और वांछनीय थी और जिसका उद्देश्य शख़्सियत और आज़ादी को बढ़ाना था, बेहद गिर गई और अपने मक़सद से ठीक उलटी चलने लगी और उसने आम जनता को कुचला। वर्ण-व्यवस्था एक ढंग का सामाजिक संगठन है, जिसको धर्म से अलग रखना चाहिए था। सामाजिक संगठन में तो समय के साथ परिवर्तन होना चाहिए। विवेकानन्द ने कर्म-कांड के पक्ष में दिए जानेवाले लम्बे-चौड़े तर्कों की और ख़ासतौर से ऊँचे वर्ण के लोगों द्वारा बरती जानेवाली छुआछूत की, कठोर निन्दा की—"हमारा धर्म रसोईघर में है, हमारा ईश्वर खाना बनाने का बर्तन है और हमारा धर्म है, 'मुझे न छुओ, मैं पवित्र हूँ'।"

वह राजनीति से अलग रहे और उन्हें अपने वक़्त के राजनीतिज्ञ नापसन्द थे। लेकिन उन्होंने आज़ादी, बराबरी और जनता को उठाने की ज़रूरत पर बार-बार ज़ोर दिया। "सिर्फ़ सोच-विचार और काम-काज की आज़ादी ही ज़िन्दगी, तरक़्क़ी और ख़ुशहाली की शर्त है। जहाँ यह आज़ादी नहीं है, वहाँ उस आदमी को, उस

जाति को, उस राष्ट्र को ज़िन्दा नहीं रखा जा सकता।" "हिन्दुस्तान के लिए अगर कोई आशा है, तो वह यहाँ की आम जनता में है। ऊपरी वर्ग के लोंग, भौतिक और नैतिक दृष्टि से मुर्दा हैं।" वह पश्चिमी प्रगति और हिन्दुस्तान की आध्यात्मिक पृष्ठभूमि को मिला देना चाहते थे। "यूरोपीय समाज हो और हिन्दुस्तान का धर्म हो।" "बराबरी, आज़ादी, काम और शक्ति में तुम्हारी भावनाएँ ज़्यादा-से-ज़्यादा पश्चिमी हों और साथ ही धर्म, संस्कृति और संस्कारों में तुम्हारी नस-नस हिन्दुत्व से भरी हो।" दिन-ब-दिन विवेकानन्द का दृष्टिकोण अन्तर्राष्ट्रीय होता गया। "ख़ुद राजनीति और समाज-विज्ञान में जो समस्याएँ बीस बरस पहले सिर्फ़ राष्ट्रीय थीं, अब सिर्फ़ राष्ट्रीय आधार पर हल नहीं की जा सकतीं। उनका आकार और परिमाण बेहद बढ़ रहा है। उनका हल सिर्फ़ उसी वक़्त हो सकता है, जब उनको अन्तर्राष्ट्रीय दृष्टिकोण से सुलझाया जाए। आज की आवाज़ है अन्तर्राष्ट्रीय संस्थाएँ, अन्तर्राष्ट्रीय सहयोग, अन्तर्राष्ट्रीय क़ानून। इससे एकता ज़ाहिर होती है। उसी तरह पदार्थ के बारे में विज्ञान का नज़रिया दिन-ब-दिन ज़्यादा विस्तृत हो रहा है।" और फिर—"अगर सारी दुनिया साथ न दे, तो तरक़्क़ी हो भी नहीं सकती; यह चीज़ दिन-ब-दिन ज़्यादा साफ़ होती जा रही है कि कोई भी समस्या जातीय, राष्ट्रीय या ऐसी और किसी संकीर्ण बुनियाद पर हल नहीं हो सकती। हर विचार को इतना बढ़ना होता है कि वह सारी दुनिया में छा जाए और हर मक़सद को इतना ज़्यादा फैलना होता है कि उसके घेरे में सारा मानव-जगत, यहाँ तक कि सारी ज़िन्दगी ही समा जाए।" ये सब बातें विवेकानन्द के वेदांत दर्शन के दृष्टिकोण के अनुरूप थीं और हिन्दुस्तान में एक सिरे से लेकर दूसरे सिरे तक उन्होंने इनका प्रचार किया। "मुझे इस बात का पक्का यक़ीन है कि कोई भी व्यक्ति या राष्ट्र अपने को दूसरों से अलहदा करके नहीं रह सकता और जहाँ कहीं भी महानता, नीति या पवित्रता के झूठे ख़यालों की वजह से ऐसी कोशिश की गई है, वहाँ अलहदा होनेवाले के लिए नतीजा हमेशा ही विनाशकारी रहा है।" दुनिया के दूसरे राष्ट्रों से हमारी अलहदगी हमारी गिरावट का कारण है और उसका इलाज सिर्फ़ यही है कि हम फिर से बाक़ी दुनिया की धारा में शामिल हो जाएँ। गतिशीलता जीवन का चिह्न है।"

उन्होंने एक जगह लिखा है—"मैं समाजवादी हूँ, लेकिन इसलिए नहीं कि मैं उसे एक पूर्ण (दोषहीन) व्यवस्था समझता हूँ, बल्कि इसलिए कि पूरी रोटी न मिलने से आधी रोटी मिलना ही बेहतर है। दूसरी व्यवस्थाएँ आज़माई जा चुकी हैं और उनमें कमी पाई गई है। इसको भी आज़माने दो—और कुछ नहीं तो सिर्फ़ इसके नयेपन के लिए ही।"

विवेकानन्द ने बहुत-सी बातें कहीं, लेकिन एक चीज़, जिसको उन्होंने अपने व्याख्यानों और लेखों में बराबर उठाया है, 'अभय' होना है, निडर होना, मज़बूत होना। उनकी निगाह में इनसान मूलत: दयनीय पापी नहीं, बल्कि ईश्वर का अंश है। उसे किसी चीज़ का डर काहे को हो? "अगर दुनिया में कोई पाप है, तो वह है दुर्बलता; दुर्बलता को दूर करो, दुर्बलता पाप है, दुर्बलता मृत्यु है।" यह उपनिषदों का महान उपदेश था। भय से बुराई और दुख और पछतावा होता है। ये सब चीज़ें

बहुत हो लीं और कोमलता भी बहुत हो लीं। "अब हमारे देश को जिन चीज़ों की ज़रूरत है, वे हैं लोहे के पुट्ठे, फ़ौलाद की नाड़ियाँ और ऐसी प्रबल मन:शक्ति, जिसको रोका न जा सके। ये सब चीज़ें हों, जो विश्व के रहस्य और भेद के अन्तर में भी पैठ जाएँ और जैसे भी हो अपना काम पूरा करें, चाहे उसके लिए समुद्र के तले जाकर मौत का भी सामना करना पड़े।" उन्होंने जादू-टोने और रहस्यवाद की निन्दा की और कहा कि "ये गिलगिली चीज़ें हैं; उनमें बड़ी सचाई हो सकती है, लेकिन उन्होंने हमको बरबाद कर दिया है।...और सत्य की कसौटी यह है—कोई भी चीज़, जो तुम्हें शारीरिक, बौद्धिक या आध्यात्मिक रूप से कमज़ोर बनाती है, उसको ज़हर की तरह छोड़ दो; उसमें कोई ज़िन्दगी नहीं है, वह सत्य नहीं हो सकती। सत्य मज़बूती लाता है। सत्य पवित्रता है, ज्ञान है...ये रहस्यवादी बातें, चाहे उनमें थोड़ा-सा सत्य का अंश हो, लेकिन आमतौर पर कमज़ोर बनाती हैं...अपने उपनिषदों पर ध्यान दो, जिनमें चमक है, शक्ति है और आभा है। इन रहस्यवादी चीज़ों से, इन कमज़ोर बनानेवाली चीज़ों से अलग हो जाओ। इस फ़लसफ़े को उठाओ; सबसे बड़ा सत्य दुनिया में सबसे ज़्यादा सरल भी है, इतना सरल, जितना तुम्हारा निजी अस्तित्व।" "अन्धविश्वास से सावधान रहो। अन्धविश्वासी मूर्ख की बजाय अगर तुम कट्टर नास्तिक हो जाओ, तो मैं तुम्हें ज़्यादा पसन्द करूँ। नास्तिक ज़िन्दा होता है, उससे कुछ बन पड़ सकता है। लेकिन ज़ब अन्धविश्वास हममें समा जाता है, तो दिमाग़ ग़ायब हो जाता है और तब ज़िन्दगी का ख़ात्मा शुरू हो जाता है।...जादू-टोना, और अन्धविश्वास हमेशा ही कमज़ोरी की निशानियाँ हैं।"[1]

---

1. इनमें से ज़्यादातर उद्धरण स्वामी विवेकानन्द के 'लेक्चर्स फ्राम कोलम्बो टु अल्मोड़ा' से और 'लेटर्स फ्राम (स्वामी) विवेकानन्द' से लिये गए हैं। ये दोनों ही किताबें अद्वैत आश्रम, मायावती, अल्मोड़ा (हिमालय) से प्रकाशित हुई हैं। दूसरी किताब के सन् 1942 के संस्करण में पृ. 390 पर, एक ख़त ख़ास है, जो विवेकानन्द ने एक मुसलमान दोस्त को लिखा था। उसमें वह लिखते हैं :

   "हम उसे चाहे वेदांतवाद कहें या और कोई वाद कहें, लेकिन यह सच है कि धर्म और विचार में अद्वैतवाद आख़िरी चीज़ है और यही सिर्फ़ एक ऐसी स्थिति है, जहाँ से कोई आदमी दूसरे धर्मों को भी प्रेम से देख सकता है। हमारा ऐसा विश्वास है कि भविष्य में जाग्रत मानव-जगत का धर्म यही होगा। इब्रानियों और अरबों के मुक़ाबले ज़्यादा पुरानी जाति होने की वजह से हिन्दुओं को बाक़ी जातियों की अपेक्षा इस सत्य पर जल्दी पहुँचने का श्रेय मिल सकता है; लेकिन व्यवहार-रूप में अद्वैतवाद, जिसमें सारे मानव-समाज को आत्मवत बरता जाता है, अभी व्यापक रूप से हिन्दुओं में आना बाक़ी है।

   "दूसरी तरफ़ हमारा अनुभव यह है कि अगर कभी भी किसी धर्म के अनुयायी इस साम्य पर रोज़ाना की अमली ज़िन्दगी में कुछ हद तक पहुँच पाए हैं, तो वे इस्लाम के और सिर्फ़ इस्लाम के ही अनुयायी हैं। हाँ, यह बात दूसरी है कि इस बरताव के ज़्यादा गहरे सिद्धान्तों को, जिन्हें हिन्दू आमतौर पर स्पष्ट रूप से देखते हैं, वे लोग न जानते हों और न समझ पाते हों।...

   "हमारे यहाँ के लिए इन दो महाधर्मों का, हिन्दू और इस्लाम का सम्मिलन—वेदांती मस्तिष्क और इस्लामी शरीर—ही एकमात्र आशा है।

   "मेरे दिमाग़ के सामने भविष्य के उस पूर्ण भारत की तस्वीर है, जो इस अवस्था और संघर्ष से ऊपर उठेगा और जो प्रतिभावान और अजेय होगा और जिसमें वेदांती मस्तिष्क और इस्लामी शरीर होगा।" यह ख़त अल्मोड़ा से 10 जून, 1898 को लिखा गया था।

इस तरह हिन्दुस्तान के दक्षिणी सिरे के कन्याकुमारी अन्तरीप से लेकर हिमालय तक विवेकानन्द ने गर्जना की और उन्होंने इस काम में अपने आपको खपा डाला, यहाँ तक कि सन् 1902 में, जब वह सिर्फ़ उनतालीस बरस के थे, उनकी मृत्यु हो गई।

विवेकानन्द के ही समकालीन थे रवीन्द्रनाथ ठाकुर। वैसे, उनका समय एक पीढ़ी बाद का ही है। ठाकुर-परिवार ने उन्नीसवीं सदी में बंगाल में कई सुधार-आन्दोलनों में ख़ास हिस्सा लिया था। उस घराने में आध्यात्मिक रूप से बहुत उन्नत लोग थे, बढ़िया लेखक और कलाकार थे, लेकिन इनमें रवीन्द्रनाथ सबसे बढकर हुए। और दरअसल वह रफ़्ता-रफ़्ता इस दर्ज़े पर पहुँच गए कि हिन्दुस्तान-भर में उनका कोई सानी न रह गया। रचनात्मक काम के उनके लम्बे जीवन ने दो पीढ़ियों को छा लिया और हमको ऐसा महसूस होता है, मानो वह हमारे ही ज़माने के हों। वह राजनीतिज्ञ नहीं थे, लेकिन वह हिन्दुस्तानी जनता की आज़ादी के प्रति इतने सचेत और इतने आसक्त थे कि वह हमेशा ही अपने काव्य और संगीत के शीशमहल में नहीं रह सकते थे। जब-जब वह किसी घटनाक्रम को बर्दाश्त नहीं कर सके, वह बार-बार बाहर आए और उन्होंने ब्रिटिश सरकार को या अपनी ही जनता को देव-दूतों जैसी भाषा में चेतावनी दी। बीसवीं सदी के शुरू के सालों में बंगाल में जो स्वदेशी आन्दोलन चला, उसमें उन्होंने महत्त्वपूर्ण भूमिका निभाई और बाद में उस वक़्त भी, जब उन्होंने अमृतसर के हत्याकांड के समय अपनी 'सर' की पदवी का परित्याग किया। शिक्षा के मैदान में उनका जो रचनात्मक काम ख़ामोशी से शुरू हुआ, उसने 'शान्तिनिकेतन' को भारतीय संस्कृति का एक प्रधान केन्द्र ही बना दिया है। हिन्दुस्तान के दिमाग़ पर, और ख़ासतौर से बाद की नई पीढ़ियों पर, उनका बेहद असर हुआ है। सिर्फ़ बंगला ही नहीं, जिसमें वह ख़ुद लिखते थे, बल्कि हिन्दुस्तान की सभी आधुनिक भाषाएँ कुछ हद तक उनकी रचनाओं से प्रभावित हुई हैं। पूर्व और पश्चिम के आदर्शों में सामंजस्य स्थापित करने में उन्होंने और किसी भी हिन्दुस्तानी के मुक़ाबले ज़्यादा मदद की है और साथ ही हिन्दुस्तानी राष्ट्रीयता के आधार को विस्तृत किया है। वह हिन्दुस्तान के सबसे बड़े अन्तर्राष्ट्रीयतावादी रहे हैं। अन्तर्राष्ट्रीय सहयोग में उन्होंने विश्वास किया है और उसके लिए काम किया है और वह हिन्दुस्तान का सन्देश दूसरे देशों को ले गए हैं और दूसरे देशों का सन्देश अपनी जनता के लिए लाए हैं। फिर भी, इस अन्तर्राष्ट्रीयता के होते हुए भी उनके पैर हिन्दुस्तान की ज़मीन पर ही मज़बूती से जमे रहे हैं और उनका मस्तिष्क उपनिषदों के ज्ञान से ओत-प्रोत रहा है। आम ढर्रे के ख़िलाफ़, ज्यों-ज्यों उनकी उम्र बढ़ती गई, उनका नज़रिया ज़्यादा इंक़लाबी होता गया। घोर व्यक्तिवादी होते हुए भी रूसी इंक़लाब के बड़े कारनामों के वह प्रशंसक थे, ख़ासतौर पर शिक्षा, संस्कृति, स्वास्थ्य और साम्य-भावना के। राष्ट्रवाद के प्रति निष्ठा मनुष्य के विचारों को संकीर्ण बना देती है, और जब राष्ट्रवाद की साम्राज्यवाद से टक्कर होती है, तब हर ढंग की निराशाएँ और मानसिक उलझनें पैदा हो जाती हैं। जिस तरह एक दूसरे स्तर पर गांधी जी ने हिन्दुस्तान की बेहद सेवा की है, उसी तरह ठाकुर ने देश की इस रूप में बड़ी भारी सेवा की है कि उन्होंने जनता को कुछ हद तक उसके सोच-विचार के संकीर्ण घेरे से बाहर निकाला, और

उसके दृष्टिकोण को ज़्यादा विस्तृत और व्यापक बनाया। रवीन्द्रनाथ हिन्दुस्तान में एक बहुत बड़े मानववादी थे।

बीसवीं सदी के पूर्वार्द्ध में ठाकुर और गांधी यक़ीनी तौर पर हिन्दुस्तान के दो ख़ास और मार्के के व्यक्तित्व रहे हैं। उनकी सम और विषम बातों का मिलान शिक्षाप्रद है। कोई भी दो व्यक्ति अपने स्वभाव या मानसिक गठन में एक-दूसरे से इतने ज़्यादा जुदा नहीं हो सकते। रवीन्द्रनाथ एक सम्भ्रान्त कलाकार थे, जो आम लोगों से सहानुभूति रखने की वजह से लोकतंत्रवादी हो गए थे। वह ख़ासतौर से हिन्दुस्तान की सांस्कृतिक परम्परा के नुमाइन्दे थे—उस परम्परा के, जो ज़िन्दगी को उसके पूरे रूप में अंगीकार करती है, और जिसमें नृत्य-संगीत के लिए जगह है। गांधी जी ख़ासतौर से आम जनता के आदमी थे, और क़रीब-क़रीब हिन्दुस्तानी किसान का ही स्वरूप थे और वह हिन्दुस्तान की दूसरी पुरानी परम्परा के नुमाइन्दे थे। यह परम्परा थी संन्यास और त्याग की। फिर, रवीन्द्रनाथ ख़ासतौर से विचार-जगत के आदमी थे और गांधी जी अनवरत कर्मण्यता के। दोनों का ही अपने-अपने ढंग से विश्वव्यापी दृष्टिकोण था और साथ ही दोनों पूरी तरह हिन्दुस्तानी थे। ऐसा प्रतीत होता था कि वे हिन्दुस्तान के जुदा-जुदा, लेकिन आपस में मेल रखनेवाले, पहलुओं की नुमाइन्दगी करते थे और एक-दूसरे के पूरक थे।

रवीन्द्रनाथ और गांधी जी पर विचार करते हुए हम अपने मौजूदा ज़माने तक आ जाते हैं। लेकिन हम तो एक पहले युग पर विचार कर रहे थे। हम तो यह देख रहे थे कि विवेकानन्द ने और दूसरे लोगों ने हिन्दुस्तान की विगतकालीन महानता पर जो ज़ोर दिया और उस पर अपना जो अभिमान प्रकट किया, उसका आम जनता पर और ख़ासतौर से हिन्दुओं पर क्या असर हुआ। विवेकानन्द ख़ुद सावधान थे और उन्होंने जनता को भी इस बात से सचेत कर दिया कि वह विगत काल में ही न विचरती रहे और उन्होंने उससे भविष्य की तरफ़ निगाह उठाने को कहा। उन्होंने लिखा—"हे ईश्वर, हमारा यह देश भूतकाल में अपने शाश्वत विचरण से कब मुक्त होगा?" लेकिन ख़ुद उन्होंने और साथ ही दूसरे लोगों ने उस भूतकाल को आमंत्रित किया था और उसमें एक सम्मोहन था, उससे छुटकारा नहीं था।

नये भारत का निर्माण

प्रयाग महिला विद्यापीठ में भाषण[1]

(*जवाहरलाल नेहरू वाङ्‌मय : भाग-6* से)

कई वर्ष हुए—हाल के बरसों में इतना कुछ हुआ है कि वक़्त का सही अन्दाज़ करना भी मैं भूल गया हूँ और कुछ बरस भी लम्बा अर्सा लगता है—महिला विद्यापीठ के हॉल का शिलान्यास करने की इज़्ज़त मुझे बख़्शी गई थी।[2] तब से मैं सियासत और सीधी कार्रवाई की धूल और उथल-पुथल में फँसा रहा और हिन्दुस्तान की आज़ादी की लड़ाई ने मेरे दिमाग़ को भर रखा है। महिला विद्यापीठ से मेरा ताल्लुक़ ही टूट गया। पिछले चार महीनों में जब मैं जेल की दीवारों के बाहर फैली हुई दुनिया में रहा तो बहुत बुलाहटें आईं और मुख़्तलिफ़ पब्लिक सरगर्मियों में शिरकत करने की दावत मुझे दी गई। मैंने उन बुलाहटों पर कान नहीं दिया और इन सरगर्मियों से अपने को अलग रखा है, क्योंकि मेरे कान सिर्फ़ एक पुकार के लिए खुले थे और मेरी सारी ताक़त एक मक़सद की तरफ़ मुख़ातिब थी। वह पुकार थी हिन्दुस्तान की, हमारी दुखी और सदियों से पीड़ित मातृभूमि की, और ख़ासतौर से हमारे मुसीबतज़दा और शोषित अवाम की, और वह मक़सद है हिन्दुस्तान के लोगों की मुकम्मल आज़ादी।

इसलिए इस ख़ास मसले को छोड़कर दूसरे और मामूली कामों में पड़ने से मैंने इनकार किया है, अगरचे अपने सीमित दायरों में उनमें से कुछ काम महत्त्वपूर्ण ज़रूर थे। लेकिन जब श्री संगमलाल मेरे पास आए और मुझ पर महिला विद्यापीठ के दीक्षान्त समारोह के मौक़े पर बोलने के लिए ज़ोर डाला तो उनकी अपील की मुख़ालफ़त करना मेरे लिए मुश्किल हो गया। क्योंकि उस अपील के पीछे मैंने हिन्दुस्तान की लड़कियों और नौजवान औरतों को देखा, ज़िन्दगी की दहलीज़ पर, युगों लम्बी ग़ुलामी से अपने को आज़ाद करने की कोशिश में लगी हुईं और भविष्य की तरफ़ संकोच के साथ और फिर भी जैसा जवानी का क़ायदा है उम्मीद की आँखों से देखती हुईं।

---

1. 'द लीडर', 24 जनवरी, 1934। 'रीसेन्ट एसेज़ एंड राइटिंग्स', (इलाहाबाद, 1934) में दुबारा छपा पृ. 148-153। जवाहरलाल के मौजूद न रह सकने की वजह से 20 जनवरी, 1934 को उनका यह भाषण उनकी ओर से पढ़ दिया गया था।
2. देखिए 'जवाहरलाल नेहरू वाङ्‌मय', खंड 3, पृ. 355-56

इसलिए मैं राजी हो गया, मगर आरजी तौर पर और झिझक के साथ, क्योंकि मुझे यक़ीन नहीं था कि कोई ज़्यादा ज़रूरी पुकार मुझे और कहीं नहीं बुला लेगी। और अब मैं देखता हूँ कि बंगाल[1] के मुसीबतजदा सूबे से वह ज़रूरी पुकार आ गई है। और मुझे वहाँ जाना चाहिए। मुझे डर है कि महिला विद्यापीठ के कन्वोकेशन के वक़्त मैं नहीं लौट पाऊँगा। मुझे इस सबका दुःख है और मैं यही कह सकता हूँ कि अपना यह सन्देश पीछे छोड़ जाऊँ।

अगर हमारे मुल्क को उठना है तो वह ऐसा कैसे कर सकता है, जबकि आधा मुल्क हमारी स्त्री जाति, पीछे रह जाए और अज्ञान और अशिक्षा में डूबी रहे? हमारे बच्चों का भारत के आत्मनिर्भर और कुशल नागरिक के रूप में विकास कैसे हो सकता है अगर उनकी माताएँ ख़ुद आत्मनिर्भर और कुशल नहीं हैं? हमारा इतिहास हमें बहुत-सी होशियार औरतों के बारे में बताता है और बहुत-सी ऐसी औरतों के बारे में, जिन्होंने सचाई और बहादुरी से मौत का सामना किया। हम उनकी मिसालों को, ख़ज़ाने की तरह सँजोकर रखते हैं और प्रेरणा लेते हैं, और फिर भी हम जानते हैं कि हिन्दुस्तान में और दूसरी जगहों पर औरतों की हालत बड़ी तकलीफ़देह रही है। हमारी तहज़ीब, हमारे रीति-रिवाज, हमारे क़ानून, इन सबको मर्दों ने बनाया है और उन्होंने इस बात का हमेशा ध्यान रखा कि अपने को ऊँची पोजीशन में बनाए रहें और औरतों के साथ किसी असबाब और खेल की चीज़-जैसा बरताव करें और अपने फ़ायदे और मौज़ के लिए उसका शोषण करते रहें। इस लगातार दबाव की वजह से औरतें तरक़्क़ी नहीं कर सकी हैं और न अपनी लियाक़त का पूरा विकास कर पाई हैं। और ऊपर से मर्दों ने उनके पिछड़ेपन के लिए उन्हीं को कसूरवार ठहराया है।

रफ़्ता-रफ़्ता पश्चिम के कुछ देशों में औरतें किसी हद तक आज़ादी हासिल करने में कामयाब हो गई हैं, मगर हिन्दुस्तान में हम अब भी पीछे हैं, अगरचे तरक़्क़ी की उमंग यहाँ भी पैदा हो गई है। बहुत-सी सामाजिक बुराइयों से हमें लड़ना है। विरासत में मिले बहुत-से रीति-रिवाजों को हमें तोड़ देना है, जो हमें ज़ंजीरों की तरह बाँध देते और नीचे ढकेलते हैं। पौधों और फूलों की तरह मर्द और औरतें आज़ादी की धूप और ताज़ी हवा में ही फल-फूल सकते हैं। विदेशी हुकूमत के गलाघोंटू माहौल और गहरे अँधेरे में वे मुरझा जाती हैं और उनकी बाढ़ मारी जाती है।

इसलिए हम सबके सामने जो पहला सवाल है वह यही है कि हिन्दुस्तान को कैसे आज़ाद करें और हिन्दुस्तान के अवाम पर लदे हुए बहुत-से बोझों को कैसे दूर करें। मगर हिन्दुस्तान की औरतों को एक और काम भी करना है और वह यह कि मर्दों के बनाए रीति-रिवाजों और क़ानूनों के अत्याचार से अपने को कैसे आज़ाद करें। यह दूसरा संघर्ष उन्हें अपने आप चलाना होगा, क्योंकि इसमें मर्द उनकी मदद नहीं करनेवाले हैं।

---

1. चटगाँव और मिदनापुर में दमन की मुख़ालफ़त करने के लिए जवाहरलाल को कलकत्ता बुलाया गया था। इस भाषण की रिपोर्ट के लिए देखिए पिछला शीर्षक 39

इस कन्वोकेशन में मौजूद बहुत-सी लड़कियों और जवान औरतों ने अपनी पढ़ाई पूरी कर ली होगी, अपनी डिग्री ले ली होगी और उन्होंने एक ज़्यादा बड़े दायरे में सरगर्मियों के लिए अपने को तैयार कर लिया होगा। इस फैली हुई दुनिया में वह अपने साथ क्या आदर्श लेकर जाएँगी, कौन-सी भीतरी प्रेरणा उनको गढ़ेगी और उनके कामों की निगरानी करेगी? मुझे डर है कि उनमें से बहुत-सी तो घर-गृहस्थी के रोज़मर्रा के नीरस काम-काज में उलझ जाएँगी और आदर्शों या दूसरी ज़िम्मेदारियों की तरफ़ उनका ख़याल शायद ही कभी जाएगा। बहुत-सी महज़ रोटी कमाने की फ़िक्र करेंगी। बेशक यह दोनों बातें ज़रूरी हैं। लेकिन अगर महिला विद्यापीठ ने अपनी छात्राओं को सिर्फ़ इतना ही सिखाया है तो वह अपने मक़सद में नाकामयाब है। क्योंकि कोई विश्वविद्यालय अपने को अगर जायज़ ठहराना चाहता है तो उसे चाहिए कि सचाई और आज़ादी तथा इंसाफ़ के हक़ में ऐसे सूरमा-सवारों को तालीम दे और उन्हें दुनिया में भेजे, जो दमन और बुराई के ख़िलाफ़ बेधड़क लड़ सकें। मुझे उम्मीद है कि आपमें से कुछ तो इस तरह की होंगी, कुछ ऐसी ज़रूर होंगी जो नीचे की कोहरे से ढकी और सैर-सेहतमंद घाटियों में रहने के बजाय पहाड़ों पर चढ़ना पसन्द करेंगी और जोख़िम और ख़तरे का सामना करेंगी। लेकिन हमारी यूनिवर्सिटियाँ तो पहाड़ों पर चढ़ने के लिए बढ़ावा ही नहीं देतीं। वे तलहटियों और घाटियों में हिफ़ाज़त से रहना पसन्द करती हैं। वे पहल करने को और आज़ादी को बढ़ावा नहीं देतीं। हमारे विदेशी शासकों की सच्ची औलाद की तरह वे अफ़सर की हुकूमत और ऊपर से लादे गए अनुशासन को पसन्द करती हैं। क्या इसमें कोई ताज्जुब है कि उनकी पैदावार मायूस करनेवाली, बेतासीर और बौनी है और हमारी बदलती हुई दुनिया में नाक़ाबिल है?

हमारी यूनिवर्सिटियों की नुक्ताचीनी करनेवाले बहुत-से लोग हुए हैं और उनकी ज़्यादातर नुक्ताचीनी वाजिब है। सचमुच शायद ही किसी के मुँह से हिन्दुस्तानी यूनिवर्सिटियों के लिए कोई अच्छी बात निकलती हो। लेकिन उन लोगों ने भी यूनिवर्सिटी को तालीम का एक ऊँचे दर्ज़े का ज़रिया माना है। वह अवाम को नहीं छूता। तालीम तभी असली और क़ौमी हो सकती है, जब उसकी जड़ें भीतर धरती में हों और वह नीचे अवाम तक पहुँचती हों। आज यह मुमकिन नहीं है—हमारी विदेशी हुकूमत की वजह से। और पुरानी दुनिया के हमारे समाजी तौर-तरीक़ों की वजह से भी। लेकिन आपमें कुछ जो विद्यापीठ के बाहर जाएँगी और दूसरों की तालीम में मदद देंगी, उन्हें इसे ध्यान में रखना चाहिए और तब्दीली के लिए काम करना चाहिए।

कभी-कभी यह कहा जाता है, और मेरा यक़ीन है कि विद्यापीठ ख़ुद इस पर ज़ोर देता है कि औरत की तालीम मर्द की तालीम से बिलकुल अलग तरह की हो। उसे उसके घरेलू फरायज़ को पूरा करने के लिए तालीम देनी चाहिए और बड़े पैमाने पर अपनाए गए शादी के धन्धे के लिए। मैं मानता हूँ कि औरतों की तालीम के इस महदूद और एकतरफ़ा नज़रिये से मैं इत्तिफ़ाक़ नहीं कर सकता। मुझे यक़ीन हो गया है कि इनसानी कामों के हर विभाग में औरतों को अच्छी-से-अच्छी तालीम देनी चाहिए और सारे धन्धों और दायरों में उन्हें एक कारगर हिस्सा लेने की ट्रेनिंग

मिलनी चाहिए। इससे पहले कि औरतों को कुछ आज़ादी हासिल हो सके, उन्हें ख़ासतौर से यह आदत छोड़ देनी होगी कि शादी लगभग एक धन्धा है और औरत के लिए एक ही माली पनाह है। सियासी से ज़्यादा माली हालात पर आज़ादी मुनहसिर होती है और अगर औरत माली तौर से आज़ाद और अपने पाँवों पर खड़ी नहीं है तो उसे अपने शौहर या किसी और पर मुनहसिर रहना होगा। और मुनहसिर रहनेवाले कभी आज़ाद नहीं हुआ करते। मर्द और औरत का ताल्लुक़ मुकम्मल आज़ादी और मुकम्मल दोस्ती व सहयोग का होना चाहिए, जिसमें एक को दूसरे पर ज़रा भी मुनहसिर न रहना पड़े।

विद्यापीठ की डिग्री पानेवाली और दीगर महिलाओं, आप जब बाहर आएँगी तो आप क्या करेंगी? क्या आप बहाव में बह जाएँगी और हालत जैसी भी है, चाहे वह कितनी भी ख़राब हो, उसे मंज़ूर कर लेंगी? क्या आप जो कुछ अच्छा और मुनासिब है उसके लिए हमदर्दी के पवित्र और निकम्मे इज़हार पर संतोष कर लेंगी और कुछ नहीं करेंगी? या आप अपनी तालीम को जायज़ साबित करेंगी और जिन बुराइयों ने आपको घेर रखा है उनकी ज़ोरदार मुख़ालफ़त करते हुए अपना जौहर दिखाएँगी? पर्दा एक वहशियाना ज़माने की वह बदनुमा निशानी जो हमारी जाने कितनी बहनों के जिस्म और दिमाग़ को क़ैद रखती है—क्या आप उसे फाड़ नहीं डालेंगी और उसकी चिन्दियों को जला नहीं देंगी? छुआछूत और जात-पाँत, जो इनसानियत को नीचे गिराती हैं और एक तबक़े के ज़रिये दूसरे के शोषण में मदद करती हैं—क्या आप उनका मुक़ाबला नहीं करेंगी और उनको ख़त्म करके इस मुल्क में बराबरी का एक पैमाना क़ायम करने में मदद नहीं करेंगी? ब्याह-शादी के हमारे क़ायदे और हमारे बहुत-से पुराने बेतुके रीति-रिवाज जो हमें पीछे घसीटते हैं और ख़ासतौर से हमारे मुल्क की औरतों को कुचलते हैं, क्या आप उनका सामना नहीं करेंगी और उन्हें मौजूदा हालात के बराबर नहीं लाएँगी? खुले मैदान में खेल-कूद और कसरतों और शाइस्ता ज़िन्दगी के ज़रिये मुल्क की औरतों की जिस्मानी तरक़्क़ी के लिए क्या आप पूरी ताक़त और पक्के इरादे के साथ नहीं लड़ेंगी, ताकि हिन्दुस्तान मज़बूत, तन्दुरुस्त और ख़ूबसूरत औरतों और ख़ुशी-भरे बच्चों से भर जाए? और सबसे बढ़कर क्या आप क़ौमी और समाजी आज़ादी के आन्दोलन में, जिसने आज हमारे मुल्क को झकझोर डाला है, अपना बहादुराना पार्ट अदा नहीं करेंगी?

मैंने यह बहुत सारे सवाल आपके सामने पेश कर दिए हैं लेकिन उनके जवाब हज़ारों बहादुर लड़कियाँ और औरतें पहले ही दे चुकी हैं, जिन्होंने पिछले चार सालों में आज़ादी के हमारे आन्दोलन में एक नुमाया पार्ट अदा किया है। यह देखकर किसके रोंगटे नहीं खड़े हो गए कि हमारी बहनें, जिन्हें पब्लिक के काम में पड़ने की आदत नहीं थी, अपने घरों की महफ़ूज़ पनाह छोड़कर, आज़ादी की लड़ाई में अपने भाइयों के साथ कन्धे-से कन्धा मिलाकर खड़ी हो गईं? उन्होंने बहुत-से लोगों को शर्मिंदा कर दिया, जो अपने को मर्द बताते थे और उन्होंने दुनिया के सामने एलानियाँ ज़ाहिर कर दिया कि हिन्दुस्तान की औरतें अपनी लम्बी नींद से जाग उठी हैं और अपने हक़ों से उन्हें कोई महरूम नहीं रख सकता।

हिन्दुस्तान की औरतों के शानदार जवाब मिल चुके हैं और इसलिए मैं आपको, महिला विद्यापीठ की लड़कियों और नौजवान औरतों को, मुबारकबाद देता हूँ, और यह ज़िम्मेदारी आपके सुपुर्द करता हूँ कि आज़ादी की उस मशाल को लगातार जलता रखिएगा, जब तक उसकी रोशनी इस पुराने और बहुत प्यारे देश में सब तरफ़ न फैल जाए।

हिन्दू और मुस्लिम फ़िरक़ापरस्ती[1]

(*जवाहरलाल नेहरू वाङ्मय : भाग-6* से)

यह याद रखना चाहिए कि ज़्यादा तादाद वाले किसी तबक़े की फ़िरक़ापरस्ती के लिए ज़रूरी है कि वह कम तादाद वाले तबक़े के मुक़ाबले क़ौमियत से ज़्यादा मिलती-जुलती जान पड़े। उसकी सही फ़ितरत की सबसे अच्छी कसौटी यह है कि क़ौमी लड़ाई से वह क्या ताल्लुक़ रखती है। अगर सियासी तौर पर वह प्रतिक्रियावादी है या क़ौमी मसलों की जगह फ़िरक़ापरस्ती पर ज़ोर देती है तो ज़ाहिरा वह क़ौम के ख़िलाफ़ है।

जैसा कि सब जानते हैं, साइमन कमीशन का हिन्दुस्तान में सब जगह और लगभग सबकी राय से बायकाट हुआ। हाल में सदर की हैसियत से अजमेर की अपनी तकरीर में भाई परमानन्द ने कहा है कि यह बायकाट हिन्दुओं के लिए नामुबारक था। और उन्होंने ताईद करते हुए कहा कि पंजाब के हिन्दुओं ने (शायद उनकी रहबरी में) कमीशन का साथ दिया। इस तरह भाईजी की राय है कि सवाल का क़ौमी पहलू चाहे जो भी रहा हो हिन्दुओं के लिए ब्रिटिश सरकार का साथ देना वांछनीय है ताकि कुछ मज़हबी मफायद हासिल किए जा सकें। ज़ाहिरा यह एक क़ौमी मुख़ालफ़त का रवैया है। फ़िरक़ापरस्ती की तंगनज़री से भी इसकी ख़ूबी देख पाना मुश्किल है, क्योंकि मज़हबी फ़ायदे दूसरे मज़हब की क़ीमत पर ही दिए जा सकते हैं, और जब दोनों ही हुक्मरान ताक़त की मेहरबानी चाहें तो सतही फ़ायदा मिलने का मौक़ा भी कम ही रहता है।

भाईजी अपनी जिस दलील को बराबर दुहराते हैं वह यह है कि ब्रिटिश हुकूमत हिन्दुस्तान में इतनी मज़बूती के साथ जमी हुई है कि किसी भी मशहूर आन्दोलन से उसे डिगाया नहीं जा सकता, लिहाज़ा ऐसा करने की कोशिश हिमाकत है। दूसरा अकेला तरीक़ा है उसकी इनायत चाहना। यह एक ऐसी दलील है, जिसके बारे में, उनके लिए पूरी इज़्ज़त रखते हुए, मैं यही कह सकता हूँ कि यह किन्हीं लोगों के लिए, चाहे वे कितने भी गिरे हुए क्यों न हों, शर्मनाक बात है।

1. 27 नवम्बर, 1933 'द ट्रिब्यून', 30 नवम्बर, 1933, 'रीसेन्ट एसेज़ एंड राइटिंग्स', (इलाहाबाद, 1934) में दुबारा छपा, पृ. 47-61

भाईजी की राय है कि हिन्दू-मुस्लिम एकता के लिए चीख़ना झूठ-मूठ चीख़ना है और यह ग़लत आदर्श है जहाँ तक जाने की कोशिश की जाए, क्योंकि देने की ताक़त तो हुकूमत के हाथों में है। देने की इस ताक़त को मान लेने के बाद सरकार की मेहरबानी हासिल करने की कोशिश के अलावा किसी भी तरह की चीख़-पुकार निकम्मी है। और अगर हिन्दू-मुस्लिम सहयोग और मेल-मिलाप का इमकान रद्द कर दिया जाए[1] तो क़ौमियत लफ़्ज़ भी, मुल्क-भर में इसका जो मानी लगाया जाता है उसके साथ रद्द हो जाता है। इसका लाज़िमी नतीजा, और भाईजी इसे मंजूर करते हैं, वह है जिसे उन्होंने 'हिन्दू क़ौमियत' कहा है, जो हिन्दू फ़िरक़ापरस्ती का ही दूसरा नाम है। इसका रास्ता क्या है? ब्रिटिश साम्राज्यवाद के साथ सहयोग। सदर के तौर पर अपनी तकरीर में भाईजी कहते हैं, "मैं अपने अन्दर एक जज्बे का एहसास करता हूँ कि अगर नये हिन्दुस्तान की राजनीतिक संस्थाओं में हिन्दुस्तान के सबसे बड़े फ़िरक़े के तौर पर हिन्दुओं के रुतबे और ज़िम्मेदार हैसियत को मान लिया जाएगा तो हिन्दू लोग ख़ुशी से ग्रेट ब्रिटेन का साथ देंगे।"

किसी दूसरे फ़िरक़े या तबक़े के ख़िलाफ़ हुक्मरां ताक़त से मिल जाने की कोशिश करने का यह रुख क़ुदरती और अकेली पॉलिसी है, जिसे फ़िरक़ापरस्ती अपना सकती है। हुक्मरां ताक़त की ख़्वाहिशों से बेशक इसका पूरा मेल बैठता है, क्योंकि इस हालत में वह एक फ़िरक़े को दूसरे के ख़िलाफ़ भिड़ा सकती है। यही वह नीति है जिसे मुस्लिम फ़िरक़ापरस्तों ने अपनाया था और जिससे ज़ाहिरा उनको थोड़े चन्दरोज़ा फ़ायदे भी हुए थे। यही वह नीति है जिसकी ताईद हिन्दू महासभा अपने शुरू के दिनों से ही कुछ हद तक करती रही थी, लेकिन क़ौमपरस्त हिन्दुओं के दबाव से पूरी तरह उसे नहीं अपना सकती थी, लेकिन ऐसा लगता है कि अब इसके नेताओं ने उसे पक्के तौर से अपना लिया है।

मध्य प्रान्त हिन्दू कॉन्फ्रेंस की सदारत करते हुए डॉ. मुंजे ने 17 मई, 1933 को साफ़-साफ़ कहा है कि "महात्मा गांधी जिस तरह के असहयोग की तालीम दे रहे हैं और उस पर अमल कर रहे हैं, उसमें महासभा का कभी कोई यक़ीन नहीं था। वह तो प्रेरणा और असर के यानी असरदार सहयोग के सनातन नियम को मानती है। महासभा की राय है कि विधान सभाओं का संविधान कैसा भी क्यों न हो, उनकी मुख़ालफ़त न होनी चाहिए।" डॉ. मुंजे सनातन क़ानून के माहिर हैं। लेकिन मेरी उम्मीद है कि उसमें यह नहीं कहा गया होगा कि ठोकर मारने का जवाब यह है कि मारनेवाले के आगे पेट के बल लेट जाया जाए। उन्होंने यह तक़रीर उस वक़्त की थी जब एक बहुत बड़ी क़ौमी लड़ाई छिड़ी हुई थी और आर्डिनेन्स राज के तहत ग़ैरमामूली दमन का बोलबाला था। अंग्रेज़ों के बनाए संविधान के तैयार होने से पहले ही यह कह देने की अक्लमंदी पर मैं यहाँ कुछ न कहूँगा कि जो भी होगा हम उस पर अमल करेंगे। क्या यह सरकार को इस बात के लिए दावत देना

1. भाई परमानन्द ने कहा कि "हम ऐसी मंज़िल पर पहुँच गए हैं जब हिन्दू-मुस्लिम में एकता और सिविल-नाफ़रमानी के माध्यम से स्वराज-प्राप्ति के सिद्धान्त के साथ कांग्रेस पूरी तरह मैदान के बाहर चली जाती है।"

नहीं था कि वह महासभा को नज़रअन्दाज़ कर दे क्योंकि हर सूरत में वह तो नये निजाम को क़बूल करने ही वाली है?

सन् 1930 में डॉ. मुंजे ख़ुद गोलमेज़ परिषद् में गए थे, जब सिविल नाफ़रमानी की तहरीक चोटी पर थी, गो कि उनके साथ इंसाफ़ करने की माँग है कि यह बता देना चाहिए कि वह अपनी जाती हैसियत से गए थे। आगे चलकर महासभा ने लन्दन की कालरेसों और कमेटियों में पूरी तरह शिरकत की।

इन सलाह-मशविरों में महासभा के नुमाइंदों ने जो पार्ट अदा किया, ख़ासतौर से पंजाब और सिखवालों ने, उसके बारे में मैं सिर्फ़ इतना कहना चाहता हूँ कि वह बेहद तकलीफ़देह था। सियासी तौर से भी वह बहुत प्रतिक्रियावादी था और उसमें ब्रिटिश सरकार या गवर्नरों के सुरक्षित अधिकारों और बचावों को बढ़ाने की कोशिश की गई ताकि कुछ सूबों में ज़्यादा तादाद वाले मुसलमान असरदार ताक़त का इस्तेमाल न कर सकें। सारे भारत के बारे में मुस्लिम फ़िरक़ापरस्तों की नीति और दलील को कुछ सूबों के बारे में हिन्दू फ़िरक़ापरस्तों ने दुहराया। लेकिन यह तय है कि गवर्नरों के ख़ास हुकूक़ चन्द सवालों तक महदूद रहनेवाले नहीं थे। वे तो लाज़िमी तौर से सारे सूची पर लागू होते। बेशक दोनों मामलों में इस प्रतिक्रियावादी नज़रिये की वजह थी ज़्यादा तादाद वालों का डर। वजह जो भी हो यह पूरी तरह अंग्रेज़ी सरकार के हाथों का खिलौना बन गया।

मिले-जुले चुनाव की माँग के अलावा सिन्ध हिन्दू महासभा का सारा मामला जनतंत्र के उसूल को नकारना है।[1] इसमें ज़्यादा तादाद वालों की मर्ज़ी को कारगर होने से रोकने की कोशिश की गई है, क्योंकि उससे कम तादाद वालों को नुक़सान हो सकता है। कम तादाद वालों की ज़्यादा दौलत और तालीम की समाज-विरोधी दलीलें पेश की गई हैं और ऊपर से वजनी ब्रिटिश तरीक़े को जारी रखने के लिए पूरी तरह माली बुनियाद को एक सहारा बनाया गया है। मौजूदा हालात में सिर्फ़ दौलत और माली कंट्रोल काफ़ी हिफ़ाज़त नहीं हैं, बल्कि उनके ख़िलाफ़ हिफ़ाज़त होनी चाहिए। सिन्ध के हिन्दू फ़िरक़ापरस्तों ने जो दलील पेश की है, क़रीब-क़रीब वह हर दलील हिन्दुस्तान के कम तादाद वाले मुसलमान भी पेश कर सकते हैं। फ़र्क़ सिर्फ़ यह होगा कि हिन्दू आमतौर पर ज़्यादा धनी और ज़्यादा तालीमयाफ़्ता तबक़ा है और इसलिए उनके पास माली ताक़त भी ज़्यादा है।

सिन्ध के मुसलमानों का पिछड़ापन दिखलाने की अपनी कोशिशों में, ज्वाइंट पार्लियामेंटरी कमेटी को दिए अपने मेमोरेंडम में, सिन्ध हिन्दू महासभा ने मुसलमानों के बारे में बढ़ा-चढ़ाकर बयान दिया है, जिसे पढ़कर बहुत अचरज और तकलीफ़ होती है।[2] उन्हें देखकर कैथरीन मेयो के लताड़ने के तरीक़ों की याद आ जाती है!

---

1. उनका कहना था कि सिन्ध, जिसका बम्बई से जुड़े रहना फ़ायदेमंद साबित हुआ था, अब एक काउंसिल के सुपुर्द किया जा रहा था, जिसमें "मध्यकाल के क़बीले वाले तरीक़ों का... बोलबाला रहेगा।"
2. 17 जुलाई, 1933 के मेमोरेंडम में कहा गया है कि "सक्खर ज़िले की संगठित टोली की डकैतियों से पता चलता है कि सिन्ध के मुसलमानों में अभी तक लगभग वैसी ही ग़ैर-बरदाश्तगी है, जैसी पिछली शती के चौथे दशक में थी।"

मुझे नहीं मालूम कि पंजाब हिन्दू सेवक सभा क्या है। शायद हिन्दू महासभा से उसका कोई ताल्लुक़ न हो और यह महज़ कुकुरमुत्ते की बाढ़ हो जिसकी सरपरस्ती हमारी मेहरबान सरकार करती हो। पिछली मई में जब भाई परमानन्द ज्वाइंट कमेटी के सामने गवाही देने इंग्लैंड जा रहे थे तो इस सभा ने उनको एक पैग़ाम भेजा जिसमें इस बात पर ज़ोर दिया गया था कि गवर्नरों के हुकूक़ बरक़रार महफ़ूज़ रखे जाएँ ताकि पंजाब के हिन्दू महफ़ूज़ रह सकें। उसमें कहा गया था कि "सिर्फ़ एक बात जो पंजाब के हिन्दुओं को महफ़ूज़ रख सकती है, वह है संविधान के मुताबिक़ हिफ़ाज़त पर पुरअसर अमल करना। सियासतदां लोगों की किन्हीं कोशिशों से उनको रद्द नहीं करना चाहिए।...हमारे गवर्नरों ने वाजिब तौर से अपनी ख़ास ज़िम्मेदारियाँ निभाईं, इससे बहुत मदद मिली है।"

एक और संगठन, लाहौर की पंजाब हिन्दू यूथ लीग ने जिसके बारे में मैं कुछ नहीं जानता, 29 मई, 1933 के एक आम बयान में कहा है : "हम महसूस करते हैं कि अब एकता का वक़्त आ गया है, हिन्दुओं और मुसलमानों के बीच उतनी नहीं, जितनी ब्रिटिश और भारतीयों के बीच। हिन्दू नेताओं को संविधानों और कैबिनेटों में हिन्दू अल्पसंख्यकों की हिफ़ाज़त पर ज़ोर देना चाहिए।"

इन बयानों के लिए मैं महासभा को ज़िम्मेदार नहीं ठहरा सकता, लेकिन हक़ीक़त यह है कि उसके साथ इनका मेल बैठता है और ये उसके रुख का थोड़ा फैलाव हैं। और इनसे पता चलता है कि बहुत-से हिन्दू सम्प्रदायवादी ब्रिटिश साम्राज्यवाद की मेहरबानी पाने के लिए उसका साथ देने की बात ज़रूर सोच रहे हैं। यह दिखाने के लिए ज़्यादा दलीलों की ज़रूरत नहीं है कि यह नज़रिया न सिर्फ़ तंग फ़िरक़ापरस्ती है, बल्कि क़ौम के ख़िलाफ़ और बेहद प्रतिक्रियावादी भी है। ऐसी हालत में जबकि हिन्दू महासभा यह महसूस करती हो कि जहाँ तक कम्यूनल एवार्ड का सवाल है, उसने शुरू से आख़ीर तक खोया-ही-खोया है, उसका यह नज़रिया है, तो यह सोचकर हैरत होती है कि सरकार अगर उस पर थोड़ी-सी भी मेहरबानी करे तो उसका क्या रुख़ होगा।

यह बिलकुल सच है कि हिन्दू महासभा ने शुरू से ही चुनाव के मिले-जुले तरीक़े की ताईद की है और ज़ाहिरा सिर्फ़ यही मसले का क़ौमी हल है। यह भी सच है कि कम्यूनल एवार्ड क़ौमियत का सरासर इनकार है और उसका मक़सद हिन्दुस्तान को मज़हबी ख़ानों में बाँट देना है, जिससे फूट की ओर झुकाव बढ़े और ब्रिटिश साम्राज्यवाद का पैना मज़बूत हो। लेकिन ख़याल रखना चाहिए कि क़ौमियत को सिर्फ़ उसी हालत में नहीं मंज़ूर किया जा सकता, जब उससे ज़्यादा तादाद वालों को फ़ायदा होता हो। इम्तिहान उन सूबों में होता है जहाँ मुसलमान ज़्यादा तादाद में हैं और इसमें हिन्दू महासभा नाकामयाब रही है।

मुस्लिम फ़िरक़ापरस्तों को कुसूरवार ठहराना ही काफ़ी नहीं है। ऐसा करना बहुत आसान है, क्योंकि बदक़िस्मती से हिन्दुस्तान के मुसलमान कुल मिलाकर बहुत पिछड़े हुए हैं और दूसरे मुल्कों के मुसलमानों के मुक़ाबले में नहीं आते। मुद्दा यह है कि हिन्दुस्तान के हिन्दुओं पर एक ख़ास ज़िम्मेदारी आयद होती है, जिसकी दो वजहें हैं—एक तो यह कि उनकी तादाद बहुत ज़्यादा है और दूसरी यह कि माली

और तालीमी तौर पर वे ज़्यादा आगे हैं। यह ज़िम्मेदारी पूरी करने के बजाय, हिन्दू महासभा ने इस ढंग से काम किया है कि मुसलमानों की फ़िरक़ापरस्ती यक़ीनन बढ़ गई है और हिन्दुओं पर और ज़्यादा ग़ैर-एतबारी हो गई है। इनकी फ़िरक़ापरस्ती का मुक़ाबला करने का जो एक ही रास्ता इसने अपनाया है वह है अपने निजी ढंग की फ़िरक़ापरस्ती का। एक फ़िरक़ापरस्ती दूसरी को ख़त्म नहीं करती; एक से दूसरी को खुराक मिलती है और दोनों मोटी होती जाती हैं।

अजमेर में महासभा ने 'कम्यूनल एवार्ड' पर एक लम्बा प्रस्ताव पास किया है, जिसमें उसकी ज़ाहिरा बुराइयाँ और बेमेली दिखाई[1] गई हैं। लेकिन जहाँ तक मेरी जानकारी है, श्वेत पत्र की स्कीम के खिलाफ़ उसने एक लफ़्ज़ नहीं कहा है। ज़ाती तौर से मैं उस स्कीम की ओछी नुक्ताचीनियों में कोई दिलचस्पी नहीं रखता, क्योंकि मैं मानता हूँ कि वह एकदम निकम्मी है और उसमें सुधार की गुंजाइश नहीं है। लेकिन महासभा के नज़रिये से उसको नज़रअन्दाज़ करने का मतलब यह था कि हिन्दुस्तान को आज़ादी के सियासी पहलू से अगर हो भी तो उसे बहुत कम सरोकार है। उसके सोचने का ढंग सिर्फ़ यही है कि हिन्दुओं को क्या मिला, क्या नहीं मिला। ख़बर है कि आज़ादी के बारे में एक प्रस्ताव लाया गया, लेकिन उसे बज़ाहिर दबा दिया गया। यही नहीं, सियासी या माली मुद्दे से ताल्लुक़ रखनेवाले किसी प्रस्ताव पर सोच-विचार तक नहीं किया गया। अगर महासभा हिन्दुस्तान के हिन्दुओं की नुमाइंदगी करने का दावा करती है तो क्या यह कहना पड़ेगा कि हिन्दुओं को आज़ादी में कोई दिलचस्पी नहीं है?

मामूली तौर पर यह ग़ौर करने लायक़ बात होती, लेकिन आज के हालात में और पिछले कुछ बरसों की शानदार लड़ाई और क़ुर्बानी को देखते हुए इस तरह की गफ़लत का सिर्फ़ एक ही मतलब हो सकता है कि हिन्दू महासभा ने क़ौमियत की रू से सोचना तक बन्द कर दिया है और वह फ़िरक़ापरस्ती के झगड़ों में ग़र्क हो गई है। या हो सकता है कि यह नीति जान-बूझकर अपनाई गई हो ताकि जिस सरकार से महासभा मेल-जोल करना चाहती है, उसे नाराज़ी न हो।

यह ख़याल इस हक़ीक़त से और भी मज़बूत हो जाता है कि प्रस्तावों में या सदर की तक़रीर में आर्डिनेंस राज की तरफ़ और सरकार ने दमन के जो ग़ैर-मामूली क़दम उठाए हैं और अब भी उठा रही है, उनकी तरफ़ कोई इशारा तक नहीं किया गया है। महासभा अपनी ही दुनिया में रहती दीखती है, जिसका हिन्दुस्तान की जनता की जद्दोजहद और ख़्वाहिशों और तकलीफ़ों से कोई वास्ता नहीं है।

इससे भी ज़्यादा अहम बात यह थी कि अगर अख़बारी रिपोर्टों पर यक़ीन किया जाए तो ग़मखेज़ हालात में श्रीयुत जतीन्द्रमोहन सेनगुप्त की मृत्यु पर एक प्रस्ताव पास करने से इनकार कर दिया गया।[2] यह एक मासूम प्रस्ताव था जिसमें एक बड़े मुल्कपरस्त और एक हिन्दू की याद में रस्मी तौर पर श्रद्धांजलि दी गई थी। फिर भी महासभा को इसमें ख़तरा नज़र आया।

1. प्रस्ताव में कहा गया था कि कम तादाद वाले सूबों के हिन्दू भी उसूलन अलग चुनाव के ख़िलाफ़ हैं।
2. सदर ने इस बिना पर इसकी इजाज़त नहीं दी कि विषय-समिति में उसे पेश नहीं किया गया था।

हमारे माडरेट या लिबरल दोस्त, गो कि वे कार्रवाई करने में पीछे रहते हैं और गो कि उनके तरीक़े और ख़याल बेहद नाकाफ़ी होते हैं, फिर भी वे इन सवालों पर ग़ौर करते हैं और उनके बारे में प्रस्ताव करते हैं। लेकिन महासभा ऐसा नहीं करती जो सियासी और क़ौमी सतह से पूरी तरह हट गई है, और जिसने सिर्फ़ फ़िरक़ापरस्ती के मसले पर अपने को टिका रखा है, जिसकी वजह से उसने अपने फ़िरक़ापरस्ती के मुकाम को भी कमज़ोर बना लिया है। मेरी गुज़ारिश है कि यह नज़रिया पूरी तरह से प्रतिक्रियावादी और क़ौम के ख़िलाफ़ है। विदेशी अख़बारों और दीगर तरीक़ों से मेरा कुछ ताल्लुक़ बाहर की दुनिया से भी रहता है। और मैं महासभा के नेताओं से कहना चाहूँगा कि उनके मक़सद या तरीक़े जो भी हों, उन्होंने इस बात में कामयाबी हासिल की है कि विदेशों में महासभा और फ़िरक़ापरस्ती की ओर झुके हुए हिन्दुओं के ख़िलाफ़ तअस्सुब भर दिया है।

मैं नहीं कह सकता कि हिन्दू या मुस्लिम फ़िरक़ापरस्त जमातों के साथ कितने लोग हैं। मुमकिन है कि मज़हबी जज़्बे के वक़्त हर बाजू बड़ी तादाद में लोग शामिल हो जाते हों, लेकिन यह मैं ज़रूर कहूँगा कि दोनों बाजुओं में ये संगठन मालदार, ऊँचे दर्जे के दलों की नुमाइंदगी करते हैं और मज़हबी मफ़ाद के लिए लड़ाई-झगड़े के ज़रिये उनकी कोशिश दरअसल यह होती है कि ताक़त और सुभीतों में अपने लिए बड़े-से-बड़ा जो हिस्सा मिल सके, ले लिया जाए। ज़्यादा-से-ज़्यादा इसका मतलब होता है कि हमारे चन्द बेरोज़गार जेहनी लोगों को नौकरियाँ मिल जाएँ। ये मज़हबी माँगें आम आदमी की ज़रूरतों को कहाँ तक पूरा करती हैं? हिन्दू महासभा या मुस्लिम लीग का मज़दूरों के लिए, किसानों के लिए, निचले तबक़े वालों के लिए, जो मुल्क का ज़्यादातर हिस्सा है, क्या प्रोग्राम है? उनके पास कोई प्रोग्राम नहीं है सिवा एक इनकार के, जैसा कि महासभा ने अजमेर में इशारा किया कि मौजूदा समाजी इन्तज़ाम में खलल न डाला जाए। यह अपने आप ज़ाहिर करता है कि इन फ़िरक़ापरस्त संगठनों को क़ाबू में रखनेवाली ताक़तें ऊँची जमात वालों की हैं, जिनके हाथ में आज समाजी फ़िरक़े हैं। मुस्लिम फ़िरक़ापरस्त हमें इस्लाम के लोकतंत्र के बारे में बहुत कुछ बताते हैं, लेकिन अमल में लोकतंत्र से ख़ौफ़ खाते हैं। हिन्दू फ़िरक़ापरस्त क़ौमियत की बात करते हैं और हिन्दू क़ौमियत की रू से सोचते हैं।

ज़ाती तौर पर मेरा पूरा यक़ीन है कि हिन्दुस्तान में हिन्दू, मुस्लिम, सिख और दूसरे तबक़ों के ख़यालों के मेल-जोल से ही क़ौमियत पैदा हो सकती है। इसका मतलब न यह है और न होना चाहिए कि किसी तबक़े की असली कल्चर को ख़त्म कर दिया जाए। लेकिन इसका मतलब एक आम क़ौमी नज़रिया ज़रूर है, जिसके मातहत तमाम दीगर मामले रहेंगे। मैं नहीं समझता कि हिन्दू-मुस्लिम या दूसरी एकता सिर्फ़ मंत्र की तरह उसको जपते रहने से आ जाएगी। मुझे इसमें कोई शक नहीं कि वह आएगी, लेकिन नीचे से आएगी, ऊपर से नहीं। क्योंकि ऊपर वालों में से बहुत-से लोग अंग्रेज़ी सरपरस्ती में बेहद दिलचस्पी रखते हैं और इसके ज़रिये अपने ख़ास फ़ायदों को महफ़ूज़ रखने की उम्मीद करते हैं। समाजी और माली ताक़तें

दीगर मसलों को लाज़िमी तौर पर सामने ले आएँगी। वे मुख़्तलिफ़ सिम्तों में दरारें पैदा करेंगी, लेकिन मज़हबी दरार ख़त्म हो जाएगी।

उन दोस्तों ने जिनकी राय की मैं क़द्र करता हूँ, मुझे आगाह किया है कि मज़हबी संगठनों के लिए मेरे नज़रिये की वजह से बहुत-से लोग मेरे ख़िलाफ़ अदावत रखने लगेंगे। यह ज़रूर मुमकिन हो सकता है। अपने मुल्क के किसी आदमी को अपना मुख़्तलिफ़ बनाने की मेरी ख़्वाहिश नहीं है, क्योंकि एक ताक़तवर मुख़्तलिफ़ के ख़िलाफ़ एक ज़बरदस्त लड़ाई के बीच से हम गुज़र रहे हैं। लेकिन यही लड़ाई माँग करती है कि हमें नुक़सानदेह तौर-तरीक़ों को रोकना चाहिए और मंज़िल को हमेशा सामने रखना चाहिए। आज़ादी की अपनी शानदार लड़ाई को कमज़ोर करने और रोकने की कोशिश पर अगर मैं ख़ामोश गवाह बनकर बैठ जाऊँ तो मैं झूठा साबित होऊँगा—अपने तईं, अपने दोस्तों और साथियों के तईं, जिनमें से कितनों ही ने आज़ादी की बलिवेदी पर अपना सब कुछ न्योछावर कर दिया है और उनके तईं भी, जो मेरी राय से इत्तिफ़ाक़ नहीं करते। मेरी राय में जो लोग इस कोशिश में मदद कर रहे हैं, वे अपने अकीदों में पूरे ईमानदार हो सकते हैं। उनकी नेकनीयती पर मैं शक नहीं करता। लेकिन इस सबके बावजूद उनके अकीदें ग़लत, मुल्क की मुख़ालफ़त करनेवाले और प्रतिक्रियावादी हो सकते हैं।

~

असलियत और फ़र्ज़ी कहानी[1]

(*जवाहरलाल नेहरू वाङ्मय : भाग-6* से)

मेरे इस सुझाव का ख़ासा इस्तिक़बाल हुआ है कि हिन्दुस्तान के सियासी और फ़िरक़ेवाराना, दोनों मसलों का हल संविधान परिषद् के ज़रिये किया जाए। गांधी जी ने इसकी ताईद की है और इसी तरह बहुत-से और लोगों ने भी। लेकिन कुछ लोग ऐसे भी हैं, जिन्होंने इसे ग़लत समझा है या समझने की ज़हमत नहीं उठाई।

और यह बात मान ली जाए, जैसा कि होना ही चाहिए कि सियासी और क़ौमी तौर से, हिन्दुस्तान की क़िस्मत का फ़ैसला करने का हक़ सिर्फ़ हिन्दुस्तान के लोगों को ही होना चाहिए और इसलिए अपना विधान बनाने की पूरी आज़ादी उन्हें मिलनी चाहिए तो इसका मतलब यह निकलता है कि ज़्यादा-से-ज़्यादा मताधिकार की बिना पर चुनी हुई एक संविधान परिषद् के ज़रिये ही ऐसा किया जा सकता है। आज़ादी में यक़ीन रखनेवालों के आगे कोई दूसरा रास्ता नहीं है। जो लोग औपनिवेशिक राज के बारे में गोल-मोल बातें करते हैं, उन्हें भी यह बात माननी चाहिए कि फ़ैसला हिन्दुस्तान की जनता को ख़ुद ही करना है। तब यह फ़ैसला कैसे किया जाएगा?

1. अख़बारों को बयान, इलाहाबाद, 5 जनवरी, 1934, 'द ट्रिब्यून', 8 जनवरी, 1934, 'रीसेंट एसेज़ एंड राइटिंग्स', (इलाहाबाद, 1934) में दुबारा प्रकाशित, पृ. 72-81

नामनेहादी नेताओं और लोगों के एक जत्थे के ज़रिये नहीं। न अपने आप बनी उन जमातों के ज़रिये जिन्हें सर्व दल सम्मेलन कहा जाता है और जो अगर किसी की नुमाइंदगी करती भी हैं तो कुछ छोटे ख़ुदगर्ज़ जत्थों की और आबादी की बहुत बड़ी तादाद को अलग छोड़ देती हैं। हमें क़बूल करना चाहिए कि कांग्रेस के ज़रिये भी नहीं, जो चाहे जितनी ताक़तवर और काफ़ी लोगों की नुमाइंदा है। अगर कांग्रेस अवाम को अपने साथ ले सके तो बेशक कांग्रेस को इस बात का हक़ है कि वह संविधान परिषद् पर असर डाले और बहुत हद तक उसको अपनी निगहबानी में रखे। लेकिन आख़िरी सियासी फ़ैसला हिन्दुस्तान के बाशिन्दों के हाथ में होना चाहिए, जो ज़्यादा-से-ज़्यादा लोगों से चुनी हुई विधान परिषद् के ज़रिये काम करेंगे।

इस परिषद् का उन दिखावटी और बेजान काउंसिलों और असेम्बलियों से कोई मिलान नहीं हो सकता जो एक विदेशी हुकूमत ने हमारे ऊपर थोप रखी हैं। इसे अपना हक़ सीधे अवाम से ही मिलना चाहिए, जिसमें कोई बाहरी दख़ल न हो। मैंने सुझाव दिया है कि इसे बालिग़ या लगभग बालिग़ मताधिकार की बिना पर चुना जाए। इस बात को बाद में समझ-बूझकर तय किया जा सकता है कि चुनाव का तरीक़ा क्या होना चाहिए। ज़ाती तौर से मैं, जहाँ तक मुमकिन हो, चुनाव के लिए कारगर क़ायदा लागू करना पसन्द करता हूँ क्योंकि इससे असली हितों की नुमाइंदगी कहीं ज़्यादा होती है। जुगराफ़िये का क़ायदा अक्सर इन हितों को ढक देता है और गड़बड़ा देता है। लेकिन मैं दोनों में से एक के लिए या दोनों के लिए राज़ी होने पर तैयार हूँ। इस तरह की संविधान परिषद् के चुने जाने और काम करने के रास्ते में मुझे सिवा एक के कोई दुश्वारी नहीं दीखती और वहु अहम दुश्वारी है। काम करने का यह दौर एक संविधान तैयार करने तक ही रहेगा और इस नये संविधान के मुताबिक़ नये चुनाव कराने होंगे।

जिस एक दुश्वारी का मैंने ज़िक्र किया है वह बाहरी ताक़त की, यानी ब्रिटिश सरकार की मौजूदगी और उसका हावी होना है। ज़ाहिर है कि जब तक हुकूमत क़ायम रहती है, न तो कोई असली संविधान परिषद् बैठ सकती है, न काम कर सकती है। इसलिए एक ज़रूरी इब्तिदाई बात यह है कि क़ौम में इतनी ज़्यादा ताक़त पैदा हो कि वह हिन्दुस्तान के लोगों की मर्ज़ी को अमली जामा देने लायक़ हो सके। आपस में टकरानेवाली दो मर्ज़ियाँ एक ही वक़्त हावी नहीं हो सकतीं। इन दोनों के बीच टक्कर रहेगी और हुकूमत के लिए लड़ाई होगी, जैसा कि आज हम हिन्दुस्तान में देख रहे हैं। बुनियादी तौर पर यह लड़ाई हिन्दुस्तान में ब्रिटिश निहित स्वार्थों को बनाए रखने के लिए है और श्वेत-पत्र उसकी जड़ जमाए रखने की कोशिश है। ऐसी ज़ंजीरों से कोई संविधान परिषद् बाँधी नहीं जा सकती और जब तक क़ौम में इन ज़ंजीरों को तोड़ने की काफ़ी ताक़त पैदा नहीं हो जाती, तब तक ऐसी परिषद् काम नहीं कर सकती।

यह परिषद् फ़िरक़ेवाराना मसले को भी हाथ में लेगी और मैंने सुझाव दिया है कि कम तादाद वाले तबक़े के दिमाग़ों के सारे शक दूर कर देने के लिए अगर वह चाहे तो, अपने नुमाइंदों को अलग चुनाव के ज़रिये चुनवा सकता है। यह अलग

चुनाव महज़ संविधान परिषद् के लिए होंगे। आगे के लिए चुनाव का तरीक़ा और संविधान के मुतल्लिक बाक़ी सारे मामलों का फ़ैसला परिषद् ख़ुद करेगी।

मैंने यह भी कहा है कि अगर इस संविधान परिषद् के लिए चुने गए मुस्लिम नुमाइंदे कुछ ख़ास मज़हबी माँगों पर ज़ोर देते हैं तो मैं कोशिश करूँगा कि उन्हें मंज़ूर कर लिया जाए। मैं फ़िरक़ापरस्ती से चाहे जितनी नफ़रत करता होऊँ, मैं महसूस करता हूँ कि दबाने से यह ख़त्म नहीं होगी। इसको दूर करने का तरीक़ा है डर के एहसास को मिटाना या दिलचस्पी को दूसरी तरफ़ रुजू करना। इसलिए हमें डर के इस वहम को निकालना चाहिए और मुस्लिम अवाम को महसूस कराना चाहिए कि वैसी कोई भी हिफ़ाज़त मिल सकती है जिसकी उन्हें सचमुच ख़्वाहिश है। मेरा ख़याल है कि यह एहसास फ़िरक़ापरस्ती के जज़्बे को कम करने में बहुत दूर तक कामयाब होगा।

लेकिन मुझे यक़ीन है कि असली हल यह है कि जिन फ़र्ज़ी कहानियों को पाला-पोसा और बढ़ाया गया है और जो फ़िरक़ेवाराना मसले के चारों तरफ़ जमा हो गई हैं, तवज्जह को उनसे हटाकर आज की हक़ीक़तों की तरफ़ लगाया जाए। फ़िरक़ापरस्ती आज सियासी प्रतिक्रियावाद पर टिकी हुई है और इस वजह से हम देखते हैं कि फ़िरक़ापरस्त नेता सियासी और माली मामलों में ज़रूरी तौर से प्रतिक्रियावादी बन जाते हैं। ऊँचे दर्ज़े के लोगों के तबक़े अपने निजी दर्ज़े के मफ़ाद को यह ज़ाहिर करके ढक लेते हैं कि मज़हबी कम तादाद या ज़्यादा तादाद वालों की फ़िरक़ापरस्त माँगों के हामी हैं। हिन्दुओं, मुसलमानों या दूसरों की तरफ़ से जो मुख़्तलिफ़ फ़िरक़ापरस्त माँगें रखी गई हैं अगर उनकी जाँच बारीक़ी से की जाए तो पता चलेगा कि उनको अवाम से कुछ लेना-देना नहीं है। ज़्यादा-से-ज़्यादा उनका ताल्लुक़ चन्द बेरोज़गार ज़ेहनी लोगों को नौकरियाँ दिला देने से है, लेकिन ज़ाहिर है कि बेरोज़गार मध्यवर्ग के ज़ेहनी लोगों का सवाल सरकारी नौकरियों का फिर से बँटवारा करने से हल नहीं हो सकता। मध्यवर्ग में बेकार लोगों की तादाद इतनी ज़्यादा है कि सरकारी या दूसरी नौकरियों में उनको खपाया नहीं जा सकता और उनकी तादाद तेज़ रफ़्तार से बढ़ रही है। जहाँ तक अवाम का ताल्लुक़ है, उनका या उनकी माँगों का कोई भी ज़िक्र उन बहुत-सी माँगों में नहीं मिलता जिन्हें फ़िरक़ापरस्त जमातें पेश करती हैं। ज़ाहिर है कि फ़िरक़ापरस्त लोग उन्हें तवज्जह के लायक़ नहीं समझते। इन मुख़्तलिफ़ फ़िरक़ापरस्त फ़ार्मूलों में क्या खेतिहरों की तकलीफ़, उनके लगान या मज़दूरी या उनको कुचलनेवाले क़र्ज़ के बोझ के बारे में कुछ रहता है? या कारख़ानों या रेलवे या दूसरी जगहों में काम करनेवाले मज़दूरों के बारे में कुछ रहता है, जिन्हें मज़दूरी में लगातार कटौती का और रहन-सहन के ग़ायब होती जा रही सतह का सामना करना पड़ता है? या निचले मध्य वर्ग के बारे में ही क्या रहता है, जो नौकरी और काम के बिना नाउम्मीदी के दलदल में धँसते जा रहे हैं? काउंसिलों में सीटों और अलग या मिले-जुले चुनाव और सूबों को अलग कर देने के बारे में गरमागरम बहसें होती हैं जिनका वास्ता या जिनमें दिलचस्पी थोड़े-से लोगों की ही हो सकती है। क्या भूखों मरते किसान को इसमें कोई दिलचस्पी हो सकती है, जबकि भूख उसके पेट को काट रही हो? लेकिन हमारे फ़िरक़ापरस्त दोस्त इन असली सवालों से बचने का

पूरा ख़याल रखते हैं, क्योंकि उनका हल निकलने में उनके निजी हितों पर असर पड़ सकता है और उनकी कोशिश यह रहती है कि लोगों का ध्यान, अवाम के नुक्ते-नज़र से, सरासर नक़ली और अदना मामलों की तरफ़ लगा रहे।

बुनियादी तौर पर फ़िरक़ापरस्ती एक तीसरी पार्टी—हुक्मरां ताक़त—की मेहरबानियाँ हासिल करने की खोज में लगे रहना है। फ़िरक़ापरस्त आदमी सिर्फ़ विदेशी हुकूमत को बरक़रार रहने की रू से ही सोच सकता है और ख़ास तबक़े के लिए उसका बेहतरीन इस्तेमाल करने की कोशिश में रहता है। विदेशी ताक़त को निकाल दीजिए और फ़िरक़ापरस्त दलीलें और माँगें ज़मीन पर ढह जाएँगी। विदेशी ताक़त और फ़िरक़ापरस्त, दोनों ही जो कुछ ऊँचे दर्जे वाले तबक़ों की नुमाइंदगी करते हैं, सियासी और माली ढाँचे में कोई बुनियादी फ़र्क़ नहीं चाहते। दोनों की दिलचस्पी इसी में है कि उनके मफ़ाद महफ़ूज़ रहें और उनमें इज़ाफ़ा होता रहे। इसी वजह से वे मुल्क के सामने मौजूद असली माली मसलों दोनों को ही हाथ में नहीं ले पाते क्योंकि इनके हल होने से मौजूदा समाजी ढाँचा उलट जाएगा और निहित स्वार्थों को नंगा कर देगा। असली सवाल को टालने की यह शुतुरमुर्ग-जैसी नीति आख़िर दोनों को ही तबाह करके छोड़ेगी। हक़ीक़त और माली ताक़तें हुकूमतों और साम्राज्यों के मुक़ाबले कहीं ज़्यादा ज़बरदस्त होती हैं और उनको ख़तरा मोल लेकर ही टाला जा सकता है।

इस तरह सियासी और समाजी प्रतिक्रियावाद के लिए फ़िरक़ापरस्ती एक दूसरा नाम हो जाता है और ब्रिटिश सरकार, जो हिन्दुस्तान में इस प्रतिक्रियावाद का गढ़ है, क़ुदरतन अपने कार-आमद मददगार के ऊपर अपने पनाह देनेवाले डैने फैला देती है। सवाल को उलझाने के लिए बहुत-से पुछल्ले लगा दिए जाते हैं; हमें इस्लामी तहज़ीब और हिन्दू तहज़ीब, मज़हब और पुराने रीति-रिवाज, प्राचीन गौरव वग़ैरह की बातें बताई जाती हैं, लेकिन इन सारी बातों के पर्दे में सियासी और समाजी प्रतिक्रियावाद रहता है। और इस वास्ते फ़िरक़ापरस्ती से सारे मोर्चों पर लड़ना ज़रूरी है और इसे कोई जगह नहीं देनी है। चूँकि फ़िरक़ापरस्ती की अन्दरूनी उसलत को अच्छी तरह से पहचाना नहीं गया, यह अक्सर ढोंग का जाल फैलाकर आगे बढ़ती है और बहुतेरे ग़ाफ़िल लोग इसके शिकार हो जाते हैं। यह बात बेशक सही है कि बहुत-से कांग्रेसी लगभग अनजाने इसके थोड़े-बहुत शिकार हो गए हैं और उन्होंने अपनी क़ौमियत का इस तंग और प्रतिक्रियावादी अकीदे से मेल बैठाने की कोशिश की है। इसकी असली ख़सलत की सच्ची जानकारी होने पर यह पता चलेगा कि दोनों में किसी मेल की गुंजाइश नहीं है। ये अलग-अलग नस्लों के हैं। वक़्त आ गया है कि कांग्रेस वाले और दूसरे लोग, जिन्होंने हिन्दू या मुस्लिम या सिख या किसी और तरह की फ़िरक़ापरस्ती को गले लगाया है, इस हालत को समझ लें और चुनाव कर लें। कोई भी दोनों हाथों लड्डू नहीं पा सकेगा और उसे सियासी और समाजी तरक़्क़ी और ठेठ प्रतिक्रियावाद में से एक को पसन्द करना होगा। फ़िरक़ापरस्ती की किसी भी सूरत से ताल्लुक़ रखने का मतलब है हिन्दुस्तान में प्रतिक्रियावादी ताक़तों को और ब्रिटिश साम्राज्यवाद को मज़बूत बनाना। इसका मतलब है समाजी और माली फेर-बदल

की मुख़ालफ़त करना और हमारे लोगों की मौजूदा ख़ौफ़नाक मुफलिसी को बरदाश्त करना। इसका मतलब है दुनिया की ताक़तों और वाक़यात को आँखें मूँदकर टालना।

फ़िरक़ापरस्त संगठन आख़िर हैं क्या? वे मज़हबी नहीं हैं, गो कि वे अपने को मज़हबी तबक़ों तक महदूद रखते हैं और मज़हब के नाम पर नाजायज़ फ़ायदा उठाते हैं। वे तहज़ीबी नहीं हैं और तहज़ीब के लिए उन्होंने कुछ नहीं किया है, गो कि वे पुराने ज़माने की तहज़ीब की बढ़-चढ़कर बातें किया करते हैं। वे कोई अख़लाकी या उसूली जत्थे नहीं हैं, क्योंकि उनकी सीखों में किसी भी तरह का अख़लाक और उसूल नहीं रहता। माली जत्थे तो वे हरगिज़ नहीं हैं क्योंकि कोई माली कड़ी उनके मेम्बरों को नहीं जोड़ती और आर्थिक प्रोग्राम की तो परछाईं भी उनके पास नहीं है। उनमें से कुछ तो सियासी न होने का दावा भी करते हैं। तब फिर वे हैं क्या?

सच यह है कि वे सियासी ढंग पर चलते हैं और उनकी माँगें सियासी हैं। लेकिन अपने को ग़ैर-सियासी बतलाकर वे असली मसलों को टालते हैं और सिर्फ़ दूसरों के रास्ते में रुकावट डालने में कामयाब होते हैं। अगर वे सियासी जमातें हैं तो हम यह जानने के हक़दार हैं कि ठीक-ठीक उनकी जगह क्या है? क्या वे हिन्दुस्तान की मुकम्मल आज़ादी के पैरोकार हैं या जुड़ी आज़ादी के, अगर कोई ऐसी चीज़ वजूद में हो? वे आज़ादी के पैरोकार हैं या जिसे औपनिवेशिक राज कहते हैं, उसके अच्छे-से-अच्छे लफ़्ज़ भी धोखे में डाल सकते हैं और बहुत-से लोग अभी तक यह समझते हैं कि औपनिवेशिक राज आज़ादी के पड़ोस की कोई चीज़ है। हक़ीक़त यह है कि वे बिलकुल ही मुख़्तलिफ़ तौर के नमूने हैं, एक-दूसरे से उलटी जानेवाली सड़कें हैं। यह सवाल चौदह आने और सोलह आने का नहीं है, बल्कि सिखों की अलग नस्लों का है, जिनका आपस में लेन-देन नहीं होता।

औपनिवेशिक राज का मतलब है ब्रिटेन के माली इन्तज़ाम और मफ़ाद के फ़ौलादी ढाँचे को ही बरक़रार रखना; औपनिवेशिक राज में इसके शिकंजे से छूटने का कोई उपाय नहीं है। आज़ादी का मतलब है इन बोझों से छुटकारे का इमकान और अपने समाजी ढाँचे का फ़ैसला करने की आज़ादी। इसलिए औपनिवेशिक राज में हम जो भी थोड़ी-बहुत आज़ादी पा सकेंगे वह हमेशा बैंक ऑफ़ इंग्लैंड और ब्रिटिश पूँजी के मुक़द्दम दावों पर मुनहसिर होगी और हमारे मौजूदा माली ढाँचे के बने रहने पर भी मुनहसिर होगी। इसका मतलब है कि हम अपने माली मसलों को ख़ुद हल नहीं कर सकते और जनता को कुचलनेवाले बोझों से उसे नहीं छुड़ा सकते। हम सिर्फ़ दलदल में ज़्यादा-से-ज़्यादा धँसते जाएँगे। तब ये फ़िरक़ापरस्त जमातें किसकी पैरोकार हैं—आज़ादी की या औपनिवेशिक राज की?

हमें संविधान के उस मखौल का हवाला देने की ज़रूरत नहीं है, जिसे श्वेत-पत्र में शामिल माना जाता है। यह हमारे लिए महज़ एक बेरहम याददिहानी है कि ब्रिटिश पूँजी और हितों को, जब तक ब्रिटिश सरकार के पास उन्हें बरक़रार रखने की ताक़त है, किसी भी क़ीमत पर हिन्दुस्तान में बरक़रार रखा जाएगा। सिर्फ़ वे लोग, जिन्हें इन ब्रिटिश स्वार्थों के बरक़रार रखने में दिलचस्पी हो या वे जो बहुत सीधे-सादे और सरल स्वभाव के हों, श्वेत-पत्र या उसकी टहनियों के आसपास कहीं भी फटक सकते हैं।

सियासी मक़सद से ज़्यादा अहम माली मक़सद है। सभी जानते हैं कि राजनीति का ज़माना बीत गया और हम एक ऐसे वक़्त में रह रहे हैं जब क़ौमी और क़ायनाती मामलों पर माली इन्तज़ाम हावी हो गया है। इन माली मामलों के बारे में फ़िरक़ापरस्त संगठनों का क्या कहना है? या कि वे ख़ुशफ़हमी के साथ उस भूख और बेरोज़गारी से नावाक़िफ़ हैं, जिसने अवाम और साथ-ही-साथ निचले मध्यवर्ग के उफ़क को अँधेरे से भर दिया है? और वे अवाम की नुमाइंदगी करने का दावा करते हैं तो जान लेना चाहिए कि इन बदक़िस्मत और रंजीदा लाखों लोगों के सामने सबसे बड़ा सवाल भूख का है और उनके पास इस सवाल का कुछ जवाब, कम-से-कम कोई उसूली जवाब, होना चाहिए। उद्योग और खेती के लिए वे क्या करने का इरादा रखते हैं? मज़दूर और किसान की मुसीबत को वह कैसे रफ़ा करेंगे, वे ज़मीन के मुतल्लिक किन क़ानूनों का सुझाव देते हैं? खेतिहरों के क़र्ज़ों की क्या सूरत होगी; क्या ये ख़त्म कर दिए जाएँगे या महज़ हल्के कर दिए जाएँगे या ज्यों-के-त्यों बने रहेंगे? बेरोज़गारी का क्या होगा? क्या वे समाज के मौजूदा सरमायादारी ढाँचे में यक़ीन करते हैं या किसी नये इन्तज़ाम की बाबत सोचते हैं? यही चन्द सवाल हैं जो सामने आते हैं और उनका जवाब, साथ ही इस तरह के दीगर सवालों के जवाब हमें फ़िरक़ापरस्ती के दावों और माँगों की भीतरी सचाई के बारे में रोशनी देगा। मेरा ख़याल है कि आम लोगों को और ज़्यादा रोशनी मिलेगी अगर जवाब उन तक पहुँच सके। शायद हिन्दू अवाम के मुक़ाबले मुस्लिम अवाम ज़्यादा ग़रीब है, लेकिन चौदह मुद्दे इन मुसीबतज़दा मुसलमानों के बारे में कुछ नहीं कहते। हिन्दू फ़िरक़ापरस्त भी अपना सारा ज़ोर अपने मफ़ाद की हिफ़ाज़त पर देते हैं और अपनी ही जनता को नज़रअन्दाज़ कर देते हैं।

मुझे डर है कि मेरे सवालों का साफ़ जवाब, या शायद कोई भी जवाब, मुझे नहीं मिलनेवाला है। कुछ तो इस वजह से कि सवाल टेढ़े हैं और कुछ इस वजह से कि फ़िरक़ापरस्त नेता माली वाक़यात के बारे में कुछ जानते ही नहीं और अवाम के ख़याल से उन्होंने कभी सोचा ही नहीं। वे महज़ औसत बैठाने में माहिर हैं और उनकी लड़ाई का मैदान कॉन्फ्रेंस का कमरा है, न कि खेत या कारख़ाना या बाज़ार। लेकिन चाहे वे सवालों को पसन्द करें या न करें, वे सामने आकर रहेंगे और जो लोग उनका कारगर जवाब नहीं दे सकेंगे वे पब्लिक मामलों में अपने लिए शायद ही कोई जगह बना पाएँगे। हममें से बहुतों का जवाब एक कुशादा लफ़्ज़, समाजवाद, और समाज के समाजवादी ढाँचे में दिया जा सकता है।

मगर आया समाजवाद या साम्यवाद सही जवाब है या कोई और है, एक बात पक्की है कि जवाब माली तौर से देना होगा, न कि सिर्फ़ सियासी तौर से। क्योंकि, हिन्दुस्तान और दुनिया माली मसलों से दबी हुई है और उनसे बचने की कोई सूरत नहीं है। जब तक हमको पूरी-पूरी माली आज़ादी नहीं मिलती तब तक कोई आज़ादी, चाहे सियासी ढाँचा कैसा ही क्यों न हो, हो ही नहीं सकती। माली आज़ादी में बेशक सियासी आज़ादी भी शामिल होनी चाहिए। यह आज की हक़ीक़त है, बाक़ी सब ख़याली वजूद और फ़रेब है और फ़िरक़ावाराना ख़याली वजूद से बढ़कर और कोई दूसरा ख़याली वजूद नहीं है।

मैं फिर संविधान परिषद् का ज़िक्र करना चाहता हूँ। अगर सचमुच कोई जम्हूरी परिषद् बैठे और उसे असली मसलों का सामना करने और फ़ैसला करने की आज़ादी हो तो इन सच्चे माली मसलों की ओर उसका ध्यान तुरन्त जाएगा। नामनेहादी फ़िरक़ापरस्ती का मसला पर्दे की ओट में छिप जाएगा, क्योंकि आम जनता अपने भूखे पेट भरने में कहीं ज़्यादा दिलचस्पी लेगी। मुल्कों की उन जानदार ताक़तों को यह परिषद् रिहा कर देगी जो आज विदेशी हुक्मराओं और हिन्दुस्तानी निहित स्वार्थों से दबी हुई हैं। अगुआई अवाम के हाथ में होगी और अवाम, जब आज़ाद होते हैं, वे कभी-कभार ग़लती भले ही कर जाएँ, हक़ीक़त की बात सोचते हैं और ख़याली वजूद से उनका कोई सरोकार नहीं रहता। हालात पर मज़दूर और किसान हावी होंगे और उनके फ़ैसले, चाहे वे अधूरे हों, हमें आज़ादी की तरफ़ दूर तक ले जाएँगे। मैं नहीं कह सकता कि विधान परिषद् क्या फ़ैसला करेगी लेकिन मुझे जनता पर भरोसा है और उसका फ़ैसला मानने को मैं तैयार हूँ। मुझे यक़ीन है कि जब अवाम की राय की असली और सख़्त कसौटी पर फ़िरक़ेवाराना सवाल को कसा जाएगा तो उसका वजूद ख़त्म हो जाएगा। यह एक काँचघर का पौधा है, जिसने कॉन्फ्रेंसों के कमरों और नामनेहादी सर्व दल कॉन्फ्रेंसों की गरम हवा में परवरिश पाई है। उस मसनूई माहौल में इसका हल नहीं निकलेगा, लेकिन ताज़ी हवा और सूरज की रोशनी से यह मुरझाकर ख़त्म हो जाएगा।

~

विकट समस्याएँ

(*मेरी कहानी* से)

औद्योगिक युग अपने साथ ऐसी बहुत-सी बुराइयाँ लाया है, जो घनीभूत होकर हमारी दृष्टि के सामने घूमती रहती हैं। लेकिन हम भूल जाते हैं कि समस्त संसार और ख़ासकर उन हिस्सों में, जहाँ उद्योग-धन्धे बहुतायत से छा गए हैं, इसने भौतिक प्रगति की ऐसी बुनियाद डाल दी है, जो बहुजन समाज के लिए सांस्कृतिक और आध्यात्मिक प्रगति को अत्यन्त सुगम कर देती है। यह बात हिन्दुस्तान में या दूसरे औपनिवेशिक देशों में साफ़ ज़ाहिर नहीं दिखाई देती है, क्योंकि हम लोगों ने उद्योगवाद से फ़ायदा नहीं उठा पाया है। हम लोगों का तो उलटा उद्योगवाद ने शोषण किया है, और बहुत-सी बातों में हमारी हालत, आर्थिक दृष्टि से भी, पहले से भी बदतर हो गई है—सांस्कृतिक और आध्यात्मिक दृष्टि से तो वह और भी ज़्यादा बदतर हो गई है। इस मामले में कुसूर उद्योगवाद का नहीं, बल्कि विदेशी आधिपत्य का है। हिन्दुस्तान में जो चीज़ पश्चिमीकरण के नाम से पुकारी जाती है, उसने कम-से-कम इस वक़्त के लिए तो, असल में मांडलिकशाही को और मज़बूत कर दिया है। उसने हमारे एक भी मसले को हल करने के बदले उसे और भी पेचीदा कर दिया है।

लेकिन यह तो हमारी बदक़िस्मती की बात हुई। मगर इस दृष्टि से हमें आज की दुनिया को नहीं देखना चाहिए, क्योंकि मौजूदा हालत में तमाम समाज के लिए या उत्पादन-व्यवस्था के लिए धनवान लोग अब न तो ज़रूरी ही रहे हैं, न वांछनीय ही। अब वे फ़िज़ूल हो गए हैं और हर वक़्त हमारे रास्ते में रोड़े की तरह अटकते हैं। और धर्माचार्यों के उस पुरातन उपदेश के कोई मानी नहीं रहे, कि धनवान लोग दान-पुण्य करें और ग़रीब जिस हालत में हैं, उसी में सन्तुष्ट रहें और उसके लिए ईश्वर का धन्यवाद करें, मितव्ययी बनें और भले आदमियों की तरह रहें। अब तो मानव-समाज के साधन प्रचुरता से बढ़ गए हैं, और वह सांसारिक समस्याओं का सामना कर उनका उपाय कर सकता है। ज़्यादातर अमीर लोग निश्चित रूप से दूसरों के श्रम के बल पर जीवन व्यतीत करते हैं, और समाज में ऐसे पराश्रयी समुदाय का होना न केवल इन उत्पादक शक्तियों के मार्ग में बाधा है, बल्कि उनका अपव्यय करनेवाला भी है। यह वर्ग और इस वर्ग को पैदा करनेवाली व्यवस्था वास्तव में उद्यम और पैदावार को रोकती है और समाज के दोनों सिरों पर बेकारों को प्रोत्साहन देती है; यानी उन लोगों को जो दूसरों की मेहनत पर चैन करते हैं और उनको भी जिनको कोई काम नहीं मिलता और इसलिए भूखों मरते हैं। ख़ुद गांधी जी ने कुछ वक़्त पहले लिखा था—"बेकार और भूखों मरनेवाले लोगों के लिए तो मज़दूरी और वेतन के रूप में भोजन का आश्वासन ही ईश्वर हो सकता है। ईश्वर ने मनुष्यों को इसलिए पैदा किया था कि वे कमाकर खाये और उसने कह दिया है कि जो बिना कमाए खाते हैं, वे चोर हैं।"

वर्तमान युग की पेचीदा समस्याओं को प्राचीन पद्धतियों और सूत्रों का प्रयोग कर समझने का प्रयत्न करना और उनके बारे में बीते हुए ज़माने की भाषा का प्रयोग करना उलझन पैदा करना और असफलता को निमन्त्रित करना है; क्योंकि, उस ज़माने में ये समस्याएँ पैदा ही नहीं हुई थीं। कुछ लोगों की यह धारणा है कि निजी सम्पत्ति पर स्वामित्व की कल्पना संसार के आदिकाल से चली आनेवाली कल्पनाओं में से एक है, किन्तु वास्तव में यह सदा बदलती रही है। एक ज़माना था जबकि ग़ुलामों की गिनती सम्पत्ति में की जाती थी। इसी तरह स्त्रियाँ और बालकों, पति का नववधू की पहली रात पर अधिकार, और सड़कों, मन्दिरों, नावों, पुलों, सार्वजनिक उपयोग की वस्तुओं एवं वायु और भूमि—इन सब पर स्वामित्व के अधिकार का उपभोग किया जा सकता था। पशु अब भी मिल्कियत समझे जाते हैं, हालाँकि अनेक देशों में उन पर स्वामित्व का अधिकार बहुत मर्यादित कर दिया गया है। युद्ध के समय में तो निजी सम्पत्ति के अधिकारों पर लगातार कुठाराघात होता रहता है। निजी सम्पत्ति दिन-पर-दिन स्थूल रूप छोड़कर नये-नये रूप धारण कर रही है जैसे—शेयर, या बैंक में जमा की हुई और क़र्ज़ के रूप में दी गई पूँजी। ज्यो-ज्यों सम्पत्ति-सम्बन्धी धारणा बदलती जाती है, राज्य अधिकाधिक दस्तंदाज़ी करता जाता है और जनता की माँगों के फलस्वरूप सम्पत्ति वालों के अन्धाधुन्ध अधिकारों को सीमित कर देता है। अनेक प्रकार के भारी-भारी टैक्स सार्वजनिक हित के लिए व्यक्तिगत सम्पत्ति के अधिकारों का अपहरण कर लेते हैं; ये कर एक प्रकार की ज़ब्ती हैं, सार्वजनिक

हित सार्वजनिक नीति की बुनियाद हैं और किसी व्यक्ति को यह हक़ नहीं है कि अपने साम्पत्तिक अधिकारों की रक्षा के लिए भी इस सार्वजनिक हित के विरुद्ध काम करे। अगर देखा जाए तो पिछले ज़माने में भी ज़्यादातर लोगों के कोई साम्पत्तिक अधिकार नहीं थे; वे ख़ुद ही दूसरों की मिल्कियत बने हुए थे। आज भी बहुत कम लोगों को ये हक़ हासिल हैं। स्थापित स्वार्थों की बात बहुत सुनाई देती है, लेकिन आजकल तो एक नया स्थापित स्वार्थ और माना जाने लगा है, और वह यह कि हर औरत और मर्द को यह हक़ है कि वह ज़िन्दा रहे, मेहनत करे और अपनी मेहनत के फलों का उपभोग करें। इन बदलती रहनेवाली धारणाओं के कारण मिल्कियत और सम्पत्ति का लोप नहीं हो गया है, बल्कि उनका क्षेत्र और अधिक व्यापक हो गया है, मिल्कियत और सम्पत्ति के कुछ थोड़े ही लोगों के पास केन्द्रित हो जाने से इन मुट्ठी-भर लोगों को दूसरों पर जो अधिकार प्राप्त हो गया था वह फिर सारे समाज के हाथों में वापस ले लिया गया है।

गांधी जी लोगों का आन्तरिक, नैतिक और आध्यात्मिक सुधार चाहते हैं और इस प्रकार सारी बाह्य परिस्थिति को ही बदल देना चाहते हैं। वह चाहते हैं कि लोग बुरी आदतें छोड़ दें, इन्द्रिय-भोगों को तिलांजलि दे दें और पवित्र बनें। वह इस बात पर ज़ोर देते हैं कि लोग ब्रह्मचर्य से रहें, नशा न करें, और सिगरेट वग़ैरा न पीएँ। इन व्यसनों में से कौन-सा ज़्यादा बुरा है और कौन-सा कम, इस विषय में लोगों में मतभेद हो सकता है; लेकिन लोभ, स्वार्थ, परिग्रह व्यक्तिगत लाभ के लिए आपस में भयानक लड़ाई-झगड़ा, समूहों और वर्गों में कलह, एक वर्ग द्वारा दूसरे वर्ग का अमानुषिक शोषण और दमन तथा राष्ट्रों की आपस की भयानक लड़ाइयाँ—इनकी तुलना में ये व्यक्तिगत त्रुटियाँ, वैयक्तिक दृष्टि से भी और सामाजिक दृष्टि से भी बहुत कम हानिकारक हैं, इस बात में क्या किसी को शक नहीं हो सकता है? यह सच है कि गांधी जी समस्त हिंसा और पतनकारी कलह से घृणा करते हैं। लेकिन ये चीज़ें क्या आजकल के स्वार्थी पूँजीपति समाज में स्वाभाविक रूप में मौजूद नहीं हैं, जिसका नियम यह है कि 'जिसकी लाठी उसकी भैंस' और पुराने ज़माने की तरह जिसका मूलमंत्र यह है कि "जिनकी बाँहों में ताक़त है वे जो चाहे सो ले लें और जो चाहें अपने पास रख लें?" इस युग की मुनाफ़े की भावना का लाज़िमी परिणाम संघर्ष होता है। यह सारी व्यवस्था मनुष्य की लूट-खसोट की सहज वृत्तियों का पोषण करती है और उसको फलने-फूलने की पूरी सुविधा देती है। इसमें सन्देह नहीं कि इससे मनुष्य की उच्च भावनाओं को भी शह मिलती है; लेकिन इनकी अपेक्षा उनकी हीन वृत्तियों को कहीं अधिक पोषण मिलता है। इस व्यवस्था के भीतर कामयाबी के मानी हैं दूसरों को नीचे गिरा देना और गिरते हुओं पर चढ़ बैठना। अगर समाज इन उद्देश्यों और महत्त्वाकांक्षाओं को प्रोत्साहित करता है और इन्हीं की तरफ़ समाज के सर्वोत्तम व्यक्ति आकृष्ट होते हैं, तो क्या गांधी जी यह समझते हैं कि ऐसे वातावरण में वह मानव-समाज को सदाचारी बनाने के अपने आदर्श को पूरा कर सकेंगे? वह सर्वसाधारण को सेवापरायण बनाना चाहते हैं। सम्भव है, कुछ व्यक्तियों को बनाने में उन्हें कामयाबी भी मिल जाए, लेकिन जब तक समाज लोभी व्यक्तियों को आदर्श

के रूप में रखेगा और व्यक्तिगत लाभ की भावना उसकी प्रेरक शक्ति बनी रहेगी, तब तक बहुजन तो इसी मार्ग पर चलते रहेंगे।

~

क़ौमियत के विचार की अहमियत
हिन्दुस्तान के लिए ज़रूरी तब्दीलियाँ

(*हिन्दुस्तान की कहानी* से)

पिछली बातों के लिए अंधी भक्ति बुरी होती है। साथ ही उनके लिए नफ़रत भी उतनी ही बुरी है। उसकी वजह यह है कि इन दोनों में से किसी पर भविष्य की बुनियाद नहीं रखी जा सकती। वर्तमान का और भविष्य का लाज़िमी तौर से भूतकाल में जन्म होता है और उन पर उसकी छाप होती है। इसको भूल जाने के मानी हैं इमारत को बिना बुनियाद के खड़ा करना और क़ौमी तरक़्क़ी की जड़ को ही काट देना। उसके मानी हैं इनसान पर असर रखनेवाली एक सबसे बड़ी ताक़त को भुला देना। राष्ट्रीयता असल में पिछली तरक़्क़ी, परम्परा और अनुभवों की एक समाज के लिए सामूहिक याद है। आज राष्ट्रीयता जितनी ताक़तवर है, उतनी वह पहले कभी नहीं थी। बहुत-से लोगों का ख़याल था कि राष्ट्रीयता का ज़माना बीत गया और अब लाज़िमी तौर पर दिन-ब-दिन बढ़ती हुई दुनिया की अन्तर्राष्ट्रीय प्रवृत्ति उसकी जगह ले लेगी। समाजवाद ने, जिसकी पृष्ठभूमि में सर्वहारा वर्ग है, क़ौमी संस्कृति का मज़ाक़ उड़ाया है, क्योंकि उसकी समझ में इस संस्कृति का ताल्लुक़ उस मध्यवर्ग से है, जिसका ज़माना अब ख़त्म हो गया है। पूँजीवाद ख़ुद अधिकाधिक अन्तर्राष्ट्रीय हो गया। उसमें कारटेल (पूँजीवादी कारबारों के संघ) और संयुक्त संस्थाएँ बनने लगीं और वे राष्ट्रीय सीमाओं को पार कर गईं। व्यापार, आने-जाने में आसानी और तेज़ रफ़्तार की सवारियाँ, रेडियो, सिनेमा—इन सबने मिलकर एक अन्तर्राष्ट्रीय वातावरण बनाने में मदद दी, और एक ऐसा ग़लत ख़याल पैदा कर दिया कि राष्ट्रीयता का अब कोई भविष्य नहीं है।

लेकिन जब कोई संकट आया है, राष्ट्रीयता उठ खड़ी हुई है और उसी का बोलबाला रहा है और लोगों ने पुरानी परम्पराओं में ही ताक़त और आराम को ढूँढ़ा है। मौजूदा ज़माने की एक बहुत अहम घटना यह है कि गुज़रे हुए ज़माने और राष्ट्र की दुबारा खोज हुई है और उसका एक नया रूप सामने आया है। राष्ट्रीय परम्पराओं में वापस लौटने की बात मज़दूरों की जमात में और मेहनत का काम करनेवालों में ख़ासतौर से दिखाई दी है। और पहले यही लोग अन्तर्राष्ट्रीय कार्रवाई के सबसे बड़े समर्थक माने जाते थे। लड़ाई या ऐसे ही किसी संकट से उनकी अन्तर्राष्ट्रीय ग़ायब हो जाती है, और इन लोगों में दूसरे समुदायों के मुक़ाबले ज़्यादा राष्ट्रीय घृणा और डर वग़ैरह आ जाते हैं। इसकी सबसे ज़्यादा साफ़ मिसाल सोवियत संघ की हाल

की घटनाओं में है। उसका बुनियादी सामाजिक और आर्थिक ढाँचा ज्यों-का-त्यों बना रहा है, फिर भी अन्तर्राष्ट्रीय सर्वहारा वर्ग की पुकार के मुक़ाबले जन्मभूमि रूस की पुकार ज़्यादा ज़ोरदार है और वह आज ख़ासतौर से राष्ट्रीयता की भावना से भरा हुआ है। राष्ट्रीय इतिहास के महापुरुषों की फिर से इज़्ज़त हुई है और सोवियत जनता के लिए वे आदर्श और साहस और वीरता की प्रतिमा बन गए हैं। इस लड़ाई में सोवियत जनता का शानदार काम, उसकी मज़बूती और उसका एका बेशक उस सामाजिक और आर्थिक ढाँचे की वजह से है, जिससे बेहद समाजी तरक़्क़ी हुई है, योजनाबद्ध उत्पादन और उपभोग हुआ है, विज्ञान और उसके इस्तेमाल का क्षेत्र बढ़ा है, नई प्रतिभा और नये नेतृत्व को, और शानदार नेतृत्व को, मौक़ा मिला है। लेकिन कुछ हद तक उसकी वजह यह भी है कि उन पिछली चीज़ों की, जिनसे मौजूदा बातें मिली हुई हैं, एक नई जानकारी हुई है। यह सोचना ग़लत होगा कि रूस के इस क़ौमी नज़रिये में और पुराने क़ौमी नज़रिये में कोई फ़र्क़ नहीं है। ऐसा सोचना बिलकुल ग़लत होगा। क्रान्ति और उसके बाद के अनगिनत अनुभव भुलाए नहीं जा सकते। उसकी वजह से सामाजिक ढाँचे और मानसिक गठन में जो रद्दो-बदल हुई, वह बनी रहेगी। इस सामाजिक ढाँचे से लाज़िमी तौर पर एक अन्तर्राष्ट्रीय नज़रिया पैदा होता है। फिर भी राष्ट्रीयता एक ऐसी शक्ल में वापस आई है कि वह नये वातावरण के अनुरूप हो सके और जनता की ताक़त बढ़ा सके।

सोवियत सत्ता की रद्दो-बदल और दूसरे देशों की कम्यूनिस्ट पार्टियों की क़िस्मत के चढ़ाव-उतार की तुलना से कुछ सबक सीखा जा सकता है। सोवियत क्रान्ति के बाद ही सभी देशों में बहुत-से आदमियों में, ख़ासतौर से सर्वहारा वर्ग की क़तारों में पहली बार जोश उमड़ा। उससे कम्यूनिस्ट पार्टियाँ या गुट स्थापित हुए। तब इन गुटों में और राष्ट्रीय मज़दूर दलों में झगड़े खड़े हुए। सोवियत पंचवर्षीय योजनाओं के दौरान में फिर दिलचस्पी बढ़ी और जोश उमड़ा और मज़दूरों के मुक़ाबले इसका ज़्यादा असर बीच के दर्जे के पढ़े-लिखे लोगों में हुआ। फिर सोवियत संघ की विरोधी तत्त्वों को मिटा देने की कोशिश के वक़्त प्रतिक्रिया हुई। कुछ देशों में कम्यूनिस्ट पार्टियाँ दबा दी गईं और कुछ देशों में उन्होंने तरक़्क़ी की लेकिन क़रीब-क़रीब हर जगह संगठित राष्ट्रीय मज़दूर दलों से उनके झगड़े हुए। कुछ हद तक तो इसकी वजह यह थी कि ये दल प्रगति-विरोधी थे, लेकिन असली वजह यह थी कि ये कम्यूनिस्ट पार्टियाँ एक विदेशी गुट की प्रतिनिधि थीं, और उसकी नीति रूस से तय होती थी। मज़दूर दलों की सहज राष्ट्रीयता को कम्यूनिस्ट पार्टी का सहयोग लेने में अड़चन हुई; हालाँकि वैसे उनमें से बहुत-से लोगों का साम्यवाद की तरफ़ झुकाव था। सोवियत नीति में बहुत-सी तब्दीलियाँ हुईं। रूस की हालतों को ख़याल में रखते हुए वे समझ में आती थीं, लेकिन जब और जगहों पर कम्यूनिस्ट पार्टियों ने उनको अपनाया, तो वे समझ में नहीं आ सकीं। हाँ, इस बुनियाद पर कि जो कुछ रूस के भले में है, वह सारी दुनिया के लिए भी भला होगा, वे शायद समझी जा सकती थीं। इन कम्यूनिस्ट पार्टियों में हालाँकि कुछ योग्य और सच्ची लगन वाले आदमी थे, लेकिन जनता की राष्ट्रीय भावनाओं से सम्पर्क हट जाने की वजह से वे कमज़ोर

होने लगीं। जिस वक़्त राष्ट्रीय परम्परा से सोवियत संघ घुल-मिल रहा था, दूसरे देशों की कम्यूनिस्ट पार्टियाँ उससे दूर हटती जा रही थीं।

और दूसरी जगहों में क्या हुआ, उसके बारे में मुझे ज़्यादा पता नहीं; लेकिन मैं जानता हूँ कि हिन्दुस्तानी कम्यूनिस्ट पार्टी उस क़ौमी परम्परा से, जो जनता के दिमाग़ में घर किए हुए है, बिलकुल अलग है, और उससे बेख़बर है। उसका यह विश्वास है कि साम्यवाद में लाज़िमी तौर से पिछली चीज़ों के लिए नफ़रत होती है। जहाँ तक उसका ताल्लुक़ है, दुनिया का इतिहास सन् 1917 के नवम्बर से शुरू हुआ और इससे पहले जो कुछ हुआ, वह तो इसके लिए तैयारी थी। आमतौर पर हिन्दुस्तान-जैसे देश में, जहाँ बहुत बड़ी तादाद में लोग भूखे रहते हैं और जहाँ आर्थिक ढाँचा चटख रहा है, लोगों का साम्यवाद की तरफ़ झुकाव होना चाहिए। एक ढंग से धुँधला-सा झुकाव तो है, लेकिन कम्यूनिस्ट पार्टी उसका फ़ायदा नहीं उठा सकती, क्योंकि उसने अपने आपको क़ौमी भावना की धारा से अलहदा कर लिया है और वह एक ऐसी भाषा बोलती है, जिसकी जनता के दिलों में कोई गूँज नहीं होती। वह एक मज़बूत, लेकिन छोटी-सी पार्टी है, जिसकी असल में कोई बुनियाद नहीं है।

हिन्दुस्तान में सिर्फ़ यह कम्यूनिस्ट पार्टी ही नहीं, जो इस मामले में नाकामयाब रही है। ऐसे और लोग भी हैं, जो आधुनिकता और आधुनिक ढंग के बारे में लम्बी-चौड़ी बातें करते हैं, लेकिन उनमें आधुनिक भावना और संस्कृति की असल में ज़रा भी समझ नहीं है। यही नहीं, ये ख़ुद अपनी संस्कृति से भी बेख़बर हैं। कम्यूनिस्टों के पास कम-से-कम एक आदर्श या प्रेरक-शक्ति तो है, लेकिन इन लोगों के पास न कोई आदर्श है और न कोई ऐसी शक्ति है, जो उन्हें आगे बढ़ाए। वे पश्चिम के ऊपरी ढर्रे और जाल को अपना लेते हैं (और अक्सर उनके काम वांछनीय पहलू) और यह समझते हैं कि वे एक प्रगतिशील सभ्यता के अगुआ हैं। वे नौसिखिया हैं, फिर भी अपने आपको बहुत क़ाबिल समझते हैं। वे कुछ बड़े-बड़े शहरों में ही ख़ासतौर से रहते हैं और उनका जीवन ऐसा अस्वाभाविक है कि पूर्व या पश्चिम की संस्कृति से उसका कोई सजीव सम्पर्क नहीं है।

इसलिए राष्ट्रीय तरक़्क़ी न तो गुज़री चीज़ों को दुहराने से हो सकती है और न उनसे आँखें फेर लेने से ही हो सकती है। लाज़िमी तौर से अब नये नक़्शों की ज़रूरत है, लेकिन साथ ही उसमें पुराने का मेल होना भी ज़रूरी है। जो कुछ नया है, उसमें अगरचे पहले के मुक़ाबले में बहुत फ़र्क़ मिलता है, फिर भी पुराने निशानात मिलते हैं और इस तरह एक तरक़्क़ी का सिलसिला बना रहता है और यह नयापन क़ौमी इतिहास की ज़ंजीर की एक कड़ी-जैसा होता है। हिन्दुस्तानी इतिहास में इस तरह की तब्दीलियाँ ख़ासतौर से मिलती है। पुराने विचारों का नई परिस्थितियों में मेल बिठाने और पुराने नक़्शों का नये से सामंजस्य करने की बराबर कोशिश उसमें ज़ाहिर होती है। इसकी वजह से उसमें कोई सांस्कृतिक विच्छेद नहीं मालूम देता। मोहनजोदड़ो के अति प्राचीन समय से आज तक बराबर तब्दीलियों के होते हुए भी उसमें एक सिलसिला है। पुरानी चीज़ों और परम्पराओं के लिए श्रद्धा थी, लेकिन साथ ही आज़ादी थी, दिमाग़ का लचीलापन था और रवादारी थी। इस तरह के ढाँचे

के बने रहने पर भी उसका अन्दरूनी तथ्य बराबर बदलता रहा। किसी दूसरे ढंग से वह समाज हज़ारों बरस तक ज़िन्दा नहीं रह सकता था। सिर्फ़ ज़िन्दा, बढ़ता हुआ, दिमाग़ ही रिवाजों की ऊपरी शक्ल की सख़्ती को जीत सकता था। सिर्फ़ वही शक्ल बराबर क़ायम रह सकती थी।

फिर भी यह समतौल नाज़ुक हो सकता है और उसका एक पहलू दूसरे पहलू को ढक या कुचल सकता है। हिन्दुस्तान में कुछ सख़्त सामाजिक ढाँचों के साथ ही दिमाग़ की बेहद आज़ादी थी। आगे चलकर इस ढाँचे का असर हुआ और दिमाग़ी आज़ादी अमली तौर पर दिन-ब-दिन ज़्यादा सख़्त और महदूद होने लगी। पश्चिमी यूरोप में दिमाग़ की ऐसी आज़ादी न थी और वहाँ समाजी ढाँचों में भी ऐसी सख़्ती न थी। दिमाग़ की आज़ादी के लिए यूरोप को एक लम्बी लड़ाई लड़नी पड़ी और इस वजह से उसकी समाजी शक्ल भी बदलती रही।

चीन में दिमाग़ का लचीलापन हिन्दुस्तान से भी ज़्यादा था। परम्परा के लिए मुहब्बत और मोह होते हुए भी उस दिमाग़ ने अपना लचीलापन या अपनी रवादारी, इन दोनों में से किसी को नहीं खोया। परम्परा की वजह से कभी-कभी रद्दो-बदल में देरी हुई, लेकिन उस दिमाग़ को रद्दो-बदल का डर नहीं था। हाँ, उसके पुराने नक़्शे बने रहे। चीनी समाज ने हिन्दुस्तान से भी ज़्यादा सन्तुलन स्थापित किया। वह हज़ारों बरसों की रद्दो-बदल के बाद भी क़ायम है। दूसरे देशों के मुक़ाबले चीन को एक बात का ख़ास फ़ायदा रहा है। वह अंधविश्वास से सँकरे छोटे धार्मिक नज़रिये से, बिलकुल आज़ाद रहा है। उसने तर्क और सहज बुद्धि पर भरोसा किया। चीन में और देशों के मुक़ाबले संस्कृति की बुनियाद धर्म पर कम है। उसका आधार नैतिकता और औचित्य पर ज़्यादा है। उस संस्कृति में इनसान की ज़िन्दगी के विभिन्न पहलुओं की समझदारी है।

हिन्दुस्तान में इस दिमाग़ी आज़ादी को मान लेने से (चाहे वह अमली तौर पर कितनी ही कम क्यों न रही हो) नये विचारों का अपनाना बन्द नहीं हुआ है। दूसरे देशों के मुक़ाबले, जहाँ जीवन का नज़रिया ज़्यादा सख़्त और अंधविश्वासी है, हिन्दुस्तान में इन विचारों पर ज़्यादा हद तक ग़ौर किया जा सकता है और उन्हें मंज़ूर भी किया जा सकता है। हिन्दुस्तानी संस्कृति के असली आदर्शों की बुनियाद बहुत चौड़ी है और उनको किसी भी वातावरण के अनुरूप किया जा सकता है। उन्नीसवीं सदी में धर्म और विज्ञान के जिस भयंकर संघर्ष ने यूरोप को झकझोर दिया, वह हिन्दुस्तान में नहीं हो सकता और न यहाँ विज्ञान के उपयोग की बुनियाद पर किसी रद्दो-बदल से ही उन आदर्शों का विरोध होगा। बेशक, ऐसी तब्दीलियाँ हिन्दुस्तान के दिमाग़ को हिला देंगी और ऐसा हो भी रहा है, लेकिन हिन्दुस्तान का दिमाग़ उनसे लड़ने या उन्हें नामंज़ूर करने की जगह अपने आदर्श के नज़रिये में उन्हें तर्कसंगत रूप में मिला लेगा, और अपने मानसिक ढाँचे में खपा लेगा। ऐसा मुमकिन है कि इस प्रक्रिया में पुराने नज़रिये में बहुत-सी अहम तब्दीलियाँ करनी पड़े। लेकिन यहाँ एक फ़र्क़ होगा। ये तब्दीलियाँ बाहर से लादी हुई नहीं होंगी, बल्कि वे समाज की सांस्कृतिक पृष्ठभूमि में क़ुदरती तौर पर पैदा होती हुई मालूम देंगी। पहले के मुक़ाबले इस काम

में अब ज़्यादा मुश्किल है। वजह यह है कि बहुत अरसे से तरक़्क़ी रुकी रही है और अब बड़ी और बुनियादी तब्दीलियों की सख़्त ज़रूरत है।

हाँ, बुनियादी आदर्शों के चारों तरफ़ जो ऊपरी ढाँचा खड़ा हो गया है, जो आज मौजूद है और जो हमें तबाह कर रहा है, उस ढाँचे से झगड़ा ज़रूर होगा। इस ढाँचे को लाज़िमी तौर पर जाना ही होगा, क्योंकि एक तो ख़ुद उसका ज़्यादातर हिस्सा ख़राब है, दूसरे वह इस ज़माने की भावना के ख़िलाफ़ है। जो उसको बनाए रखने की कोशिश करते हैं, वे हिन्दुस्तानी संस्कृति के बुनियादी आदर्शों की कुसेवा करते हैं, क्योंकि भले और बुरे दोनों को मिलाकर, वे भले के लिए ख़तरा पैदा कर देते हैं। दोनों को अलग करना आसान नहीं है। उनका निश्चित विभाजन बहुत मुश्किल है और इस बारे में रायें अलग-अलग हैं। लेकिन किसी ऐसी काल्पनिक या तार्किक रेखा के खींचने की ज़रूरत नहीं है। परिवर्तनशील जीवन और घटना-क्रम का तर्क धीरे-धीरे हमारे लिए यह रेखा खींच देगा। हर ढंग की तरक़्क़ी (चाहे वह वैज्ञानिक हो या दार्शनिक) ख़ुद ज़िन्दगी के साथ सम्पर्क ज़रूरी बना देती है। इस सम्पर्क की कमी से सड़न पैदा होती है और रचनात्मक प्रतिभा और जीवन-शक्ति का नाश होता है। लेकिन अगर हम ये सम्पर्क बनाए रहें और उनका स्वागत करें, तो हम ज़िन्दगी के मोड़ के साथ-साथ चल सकते हैं और उन विशेषताओं को, जिनकी हमने वक़्त की है, हम नहीं खोएँगे।

पिछले वक़्त में ज्ञान पाने की हमारी कोशिश में समन्वय था, लेकिन वह कोशिश हिन्दुस्तान तक सीमित थी। वह सीमा बनी रही, और धीरे-धीरे समन्वय के स्थान पर विश्लेषण आने लगा। अब हमको समन्वयकारी पहलू को ज़्यादा अहमियत देनी है और सारी दुनिया ही हमारे अध्ययन का मैदान होगी। हर राष्ट्र के लिए और हर व्यक्ति के लिए जिसको बढ़ना है, काम-काज और सोच-विचार के उन सँकरे घेरों को, जिनमें ज़्यादातर लोग बहुत अरसे से रहते आए हैं, छोड़ना होगा, और समन्वय पर ख़ास ध्यान देना होगा। विज्ञान और उसके आविष्कारों की तरक़्क़ी ने हमारे लिए यह मुमकिन बना दिया है। साथ ही इस नये ज्ञान की ज़्यादती ने इस मुश्किल को बढ़ा भी दिया है। विशेषज्ञता ने अलग-अलग हलक़ों में व्यक्तिगत जीवन को सँकरा कर दिया है। मसलन, एक बहुत बड़े कारख़ाने में एक आदमी उस लम्बी प्रक्रिया के एक छोटे-से काम में ही हाथ बँटाता है। ज्ञान और काम-काज में विशेष जानकारी की कोशिश जारी रहेगी, लेकिन अब इस बात की पहले के मुक़ाबले ज़्यादा ज़रूरत है कि हर ज़माने के मानव-जीवन को और मानव-खोज को एक समन्वयकारी दृष्टिकोण से देखा जाए और उसको प्रोत्साहन दिया जाए। इस दृष्टिकोण में गुज़रे ज़माने और मौजूदा वक़्त का ख़याल होगा और उसके अन्दर सारे देश और सारे राष्ट्र होंगे। शायद इस ढंग से अपनी राष्ट्रीय पृष्ठभूमि और संस्कृति के अलावा हमको दूसरों की भी सही जानकारी होगी और इस तरह दूसरे देशों के लोगों को समझने या उनके साथ काम करने की सामर्थ्य बढ़ेगी। इस तरह आज के ऐसे व्यक्तियों की जगह (जो किसी एक दिशा में तो बहुत क़ाबिल हैं और दूसरी दिशाओं में उनको साधारण ज्ञान भी नहीं है) हम कुछ हद तक सर्वतोमुखी

प्रतिभा वाले व्यक्तित्व बनाने में सफलता पाएँगे। प्लेटो के शब्दों में हम शायद "हर समय के हर प्राणी और हर पदार्थ के द्रष्टा" बन सकें। हमारा पोषण उस भंडार से होगा, जो मानवता ने एकत्रित किया है। हम उस भंडार को बढ़ाएँगे और भविष्य निर्माण में उसका उपयोग करेंगे।

यह एक ख़ास, लेकिन अजीब-सी बात है कि सारी आधुनिक वैज्ञानिक तरक़्क़ी और अन्तर्राष्ट्रीय की बातचीत के होते हुए भी जातीय भेदभाव और दूसरी फ़र्क़ डालनेवाली बातें आज जितनी नज़र आ रही हैं, उतनी वे इतिहास में पहले कभी नहीं थीं। इस सारी तरक़्क़ी में किसी ऐसी चीज़ की कमी है, जिसकी वजह से आदमी की आत्मा में और अलग-अलग राष्ट्रों में मेल नहीं हो पाता। शायद समन्वय और पिछले ज़माने के ज्ञान के प्रति विनम्रता से (आख़िर यह ज्ञान सारी मानव जाति का संचित अनुभव ही तो है) हमें एक नया दृष्टिकोण और ज़्यादा सामंजस्य स्थापित करने में मदद मिले। इसकी ख़ासतौर से उन लोगों के लिए ज़रूरत है, जिनकी बीमार ज़िन्दगी का सिर्फ़ मौजूदा वक़्त से ही ताल्लुक़ है और जो गुज़री हुई चीज़ों को क़रीब-क़रीब भूल गए हैं। लेकिन हिन्दुस्तान-जैसे देश के लिए दूसरी चीज़ की ज़रूरत है। हमारे पास पिछला तो बहुत है, लेकिन हमने वर्तमान की अवहेलना की है। हमको तो संकीर्ण धार्मिक दृष्टिकोण से छुटकारा पाना है और दैवी कल्पनाओं, मज़हबी कार्रवाइयों और रहस्यभरी भावुकता की वजह से बिगड़े हुए मानसिक अनुशासन से आज़ाद होना है। ये चीज़ें अपने आपको समझने में या दुनिया के समझने में हमारे लिए रुकावटें डालती हैं। हमको तो मौजूदा वक़्त से, इस ज़िन्दगी से, इस दुनिया से, इस प्रकृति से, जो अनगिनत शक्लों में हमारे चारों तरफ़ हैं, मुक़ाबला करना है। कुछ हिन्दू वेदों के युग को वापस जाना चाहते हैं, और कुछ मुसलमान इस्लामी धार्मिक राज्य का सपना देखने हैं। ये व्यर्थ की कल्पनाएँ हैं, क्योंकि पीछे लौटा नहीं जा सकता; अगर यह अच्छा भी होता, तो भी ऐसा मुमकिन नहीं है। समय के क्षेत्र में हम एक ही दिशा में चल सकते हैं।

इसलिए हिन्दुस्तान को अपनी मज़हबी कट्टरता कम करनी चाहिए और विज्ञान की तरफ़ ध्यान देना चाहिए और उसे अपने विचारों और सामाजिक स्वभावों की अलहदगी से छुटकारा पाना चाहिए। यह अलहदगी उसके लिए जेलख़ाना बन गई है और यह हिन्दुस्तान की भावना को कुचल रही है और इसकी तरक़्क़ी को रोक रही है। लोकाचार की पवित्रता के ख़याल ने सामाजिक सम्बन्धों में दीवार खड़ी कर दी है और सामाजिक कार्रवाइयों का क्षेत्र संकीर्ण हो गया है। कट्टर हिन्दू का रोज़ाना की ज़िन्दगी की आध्यात्मिक बातों के मुक़ाबले इस बात से ज़्यादा ताक है कि क्या खाना चाहिए और किसकी अलहदा रखना चाहिए। उसके सामाजिक जीवन में रसोईघर के नियम-उपनियमों की हुकूमत है। ख़ुशक़िस्मती से इस्लाम इन पाबन्दियों से आज़ाद है, लेकिन उसके अपने सँकरे रस्म-रिवाज हैं और उसका अपना तरीक़ा है, जिसके मुताबिक़ वह बड़ी कट्टरता से काम करता है और उस भाई-चारे के सबक को, जो उसके मज़हब ने सिखाया, वह भूल जाता है। हिन्दुओं के मुक़ाबले ज़िन्दगी का उसका नज़रिया शायद और भी ज़्यादा सँकरा और बंजर है। हाँ, आज

का औसत हिन्दू सही हिन्दू नज़रिये का सच्चा नुमाइंदा नहीं है। वजह यह है कि परम्परागत विचार-स्वातंत्र्य उसने खो दिया है और वह पृष्ठभूमि, जो ज़िन्दगी को कई ढंग से भरी-पूरी बनाती है, ग़ायब हो गई है।

~

हैदराबाद और कश्मीर : राष्ट्र के एकीकरण की दिशा में

(*सिलेक्टेड वर्क्स, खंड-6* से)

सेवा में,
वी.के. कृष्ण मेनन
नई दिल्ली,
26 जून, 1948

प्रिय कृष्णा,

ये आपको मेरा दूसरा पत्र है जो मैं आज लिख रहा हूँ।

कश्मीर और हैदराबाद के सामान्य हालात के बारे में आपको जानकारियाँ दी जाएँगी। इनसे जुड़ा एक निहायत ज़रूरी मुद्दा है, जो मैं चाहता हूँ कि आपकी जानकारी में आए, क्योंकि ये मुद्दा ख़ासतौर पर भारतीयों की सोच पर असर डाल रहा है। मुद्दा ये है कि भारी संख्या में अंग्रेज़ों की तरफ़ से उन लोगों को मदद दी जा रही है, जो भारत की एकता के दुश्मन हैं। फिर चाहे वो पाकिस्तान हो, हैदराबाद या फिर 'आज़ाद कश्मीर' हो। इस मदद को ब्रिटिश सरकार की सरकारी नीति से जोड़कर देखना मुश्किल है, लेकिन आम जनता वाकई दोनों में अन्तर नहीं कर सकती और कभी-कभी तो हम भी दोनों के बीच अन्तर नहीं कर पाते।

दुनिया के तमाम देशों में फैले ब्रिटिश राजनयिक और दूतावास के नुमाइन्दे पाकिस्तान के हितों का प्रतिनिधित्व करते हैं। जैसा वो पाकिस्तान के लिए प्रचार करते हैं वो कभी-कभी हमारे लिए मुश्किल बनता है। जो भी हो वे सभी भारत विरोधी ही हैं भले ही इसके लिए उन्हें अपनी सरकार से कोई निर्देश मिलते हों या नहीं। वे बड़ी ख़ुशी से भारत विरोधी काम करते हैं। हाल ही में 'कश्मीर स्टोरी' फ़िल्म इंडोनेशिया में दिखाई जानेवाली थी। डच सरकार ने इसकी परमीशन दी। आख़िरी लम्हे पर ब्रिटिश राजदूत ने पाकिस्तान की तरफ़ से इस पर आपत्ति जताई और फ़िल्म का प्रदर्शन नहीं हो सका। मध्य एशिया (काशगर) में भी फिर से ब्रिटिश राजदूत हमारे काम में अड़ंगा डाल रहे हैं।

पाकिस्तान की सेना में ब्रिटिश अधिकारी बहुतायत में हैं और वो उनके बिना चल ही नहीं सकती। लगातार और भी ब्रिटिश उसमें शामिल होते जा रहे हैं। मुझे इस बात में कोई शुबहा नहीं है कि इनमें से बहुत से ब्रिटिश अधिकारी कश्मीर में चल रहे ऑपरेशन (घुसपैठ) से जुड़े हुए हैं। ये बात बिलकुल नामुमकिन है कि कमांडर इन

चीफ़ ग्रेसी जैसे उच्च अधिकारियों को इस बारे में कोई ख़बर नहीं कि पाकिस्तान की सेना कश्मीर में कर क्या रही है। बूचर ने इस बात को स्वीकार भी किया। पहले वो किसी भी प्रकार की सीधी जानकारी होने से इनकार करते थे लेकिन अब तो उनके इस तरह इनकार करने की बात भी खुलकर सामने नहीं आ रही है।

सैन्य अधिकारियों के अलावा, पाकिस्तान में ब्रिटिश सिविल अधिकारी और टेक्नीशियन भी भरे हुए हैं। इन अधिकारियों में से कुछ ऐसे हैं जो बेहद बुरे हैं और वे हैं, जिन्हें भारत से निकाल दिया गया था। मूडी भी इनमें से एक है जो निस्सन्देह हर तरह से एक बुरा व्यक्ति है।

हैदराबाद में भी राज्य सरकार एक लम्बे समय से ब्रिटिश स्रोतों के ज़रिये अलग-अलग तरीक़ों व आड़ से मदद मिलती रही है। हमें एक ज़िम्मेदार व्यक्ति के ज़रिये ये सूचना मिली है कि बहुत से उच्च पदस्थ ब्रिटिश अधिकारी हैदराबाद में बहुरूपिये के रूप में मौजूद हैं। पिछले साल के आख़िर में कुछ तथाकथित ब्रिटिश पत्रकारों का एक दल हैदराबाद आया। हमें ये पता चला है कि वे ब्रिटिश हथियार निर्माताओं के प्रतिनिधि थे और उन्होंने हैदराबाद को बचाव और हमले से जुड़े मशविरे दिए। ख़ासतौर से उन्होंने सरकार से हवाई स्क्वाड्रन्स को भारत की सीमा क्षेत्र से बाहर रखने को कहा, जिससे कि जब वक़्त आए तब उन्हें भारत के ख़िलाफ़ इस्तेमाल किया जा सके। पिछले दो सालों में हैदराबाद ने चीन, बर्मा व अन्य स्थानों से ब्रिटिश व अमेरिका निर्मित हवाई जहाज़ ख़रीदे हैं। हैदराबाद इन हवाई जहाज़ों को पाकिस्तान के सीमा क्षेत्र में या यहाँ तक कि मध्य पूर्व में भी रखता है। हमें सूचना है कि कुछ बमवर्षक हवाई जहाज़ पूर्वी बंगाल में, कुछ पश्चिमी पाकिस्तान में और एक-एक जहाज़ बेड़ा बसरा व पर्शिया में है। हवाई जहाज़ों के चालक दल ज़्यादातर पोलिश या चेक हैं।

ये बात अब कुख्यात हो चुकी है कि मिडिल ईस्ट और हैदराबाद की कुछ जगहों के बीच कराची के रास्ते लगातार हथियारों की तस्करी हो रही है। इसमें जो एयरक्राफ्ट प्रयोग में लाए गए वो हैलीफॉक्स बॉम्बर हैं, जिनमें चालक दल यूरोपीय हैं, जो सम्भवतः ब्रिटिश हैं। ये हवाई यात्राएँ दो वजहों से हैं—वो हथियार लाते हैं और सोना वापस ले जाते हैं।

बेशक ये सब कुछ पाकिस्तान के सहयोग से ही हो रहा है। वास्तव में यह एक मिली-जुली नीति है। यह बेबुनियाद बात नहीं है कि हैदराबाद युद्ध करना चाहता है या इसे भड़का भी सकता है।

हैदराबाद की तरफ़ से बर्टन[1] मुख्य रूप से गोवा के सम्बन्ध में लिस्बन गया था। रिपोर्ट है कि एक गुप्त सन्धि पर दस्तख़त हुए, जिसके अनुसार हैदराबाद को ये अधिकार मिल जाता है कि वह गोवा के पोर्ट को ज़रूरत पड़ने पर इस्तेमाल कर सके। इस वजह से हैदराबाद गोवा में बन्दरगाहों के विकास और पोर्ट में सुविधाएँ

1. विलियम बर्टन (1871-1956); 1893 में आई.सी.एस. हुए; उत्तर-पश्चिम फ्रंटियर प्राविंस में कई पदों पर काम किया; बड़ौदा में 1919 में, मैसूर में 1920-25 में, हैदराबाद में 1925-30 में रहे; भारत में पूर्ति मिशन हेतु 1940-41 में आए; *प्रिंसेज़ आफ़ इंडिया* (1934) *इंडियाज़ नार्थ वेस्ट प्राविंस* (1939), *इंडियाज़ फेटफुल आवर* (1942) के लेखक।

बढ़ाने पर ख़ूब पैसे ख़र्च करेगा। इसके पीछे यही ख़याल होगा कि पाकिस्तान या मिडिल ईस्ट की फ़ौजें आसानी से गोवा होते हुए हैदराबाद पहुँच सकें।

निस्सन्देह इसे ब्रिटेन की कंजर्वेटिव पार्टी की पूरी सहानुभूति और मदद मिली हुई है। मुझे बिलकुल नहीं पता कि मान्कटन ऐसे समय में क्या कर रहे हैं। वे निज़ाम से बहुत नाराज़ होकर गए थे और उन्होंने उनकी मौजूदा सरकार को खुले तौर पर ख़ूब भला-बुरा भी कहा था। फिर भी, मुझे अन्देशा है कि वे न जाने क्या करेंगे। यू.एन.ओ. को रेफरेंस भेजने की बात आई है और यह भी ख़बर है कि मान्कटन इसके समर्थन के लिए लेक सक्सेज़ जा रहे हैं। पता नहीं वो जाएँगे या नहीं, लेकिन यह तो बहुत मुमकिन है कि यू.एन.ओ. को रेफरेंस भेजा जाए।

हमें ख़बर मिली है कि ब्रिटिश सीक्रेट सर्विस ने अपने कुछ एजेंट्स हैदराबाद सरकार को उधार दे दिए हैं। वे पाकिस्तानी दूतावास के लन्दन ऑफ़िस में बैठकर काम कर रहे हैं। इन और दूसरी अन्य बातों से ब्रिटिश सरकार और वहाँ की जनता के लिए मन में तल्ख़ी पैदा हो रही है और मैं चाहता हूँ कि आपको इस विषय में जानकारी हो। कश्मीर मुद्दे को लेकर सुरक्षा परिषद में ब्रिटिश सरकार के जिस रुख़ को नोएल बेकर ने पेश किया, उसने निश्चित तौर पर ब्रिटेन और ब्रिटेन की सरकार के प्रति भारतीय जनमत को बहुत चिढ़ाने का काम किया है।

आपका
जवाहरलाल

~

सेवा में,
वल्लभ भाई पटेल,
5 जून, 1948

प्रिय वल्लभ भाई,

मैंने गोपालस्वामी से आग्रह कि वो दो-तीन दिन के लिए जम्मू और श्रीनगर जाएँ और आख़िरकार वह तैयार हो गए हैं। वो 8 तारीख़ को पहले जम्मू जाएँगे। हालाँकि ये सच है कि शेख़ अब्दुल्ला कई बार बहुत व्यवहारकुशलता से पेश नहीं आते और अक्सर ऐसी बातें करते और कहते हैं, जो उन्हें नहीं करनी चाहिए। लेकिन अपनी कश्मीर यात्रा से मुझे इस बात का विश्वास हो गया कि वो अपनी ओर से महाराजा से संवाद की पुरज़ोर कोशिश कर रहे थे। उन्हें एक बहुत मुश्किल हालात से निपटना है, जिसकी मूल बात लोगों की सद्भावना पाना है। जो भी हो, कश्मीर के बारे में किसी भी अन्तिम निर्णय पर लोगों की इस भावना का बहुत प्रभाव होगा। अगर कश्मीर की मौजूदा सरकार इसमें सफल नहीं होती है तो यह बुरी तरह नाकामयाब हो जाएगी। महाराजा कश्मीर मसले के इस पहलू से या इसके अन्तर्राष्ट्रीय मामलों से पूरी तरह से अनभिज्ञ हैं। वो जिस तरह से बर्ताव कर रहे हैं, वो मेरी समझ के परे तो है ही, लोगों को भी नाख़ुश करनेवाला है। इस समय जिस समस्या से निपटना सबसे ज़रूरी है वो है जम्मू

में 40,000 या इससे भी अधिक दीन-हीन शरणार्थियों की व्यवस्था करना। कालरा का प्रकोप यहाँ शुरू हो गया है और टाइफाइड का भी डर है। हमारे राहत और स्वास्थ्य मंत्रालय के लोगों ने जम्मू का दौरा किया और इस नतीजे पर पहुँचे कि महाराजा का अस्तबल राहत शिविर के लिए सबसे मुफ़ीद जगह था। यहाँ के घोड़ों को कहीं और भी आसानी से रखा जा सकता था या फिर कुछ महीनों के लिए श्रीनगर भेजा जा सकता था। महाराजा ने इसकी इजाज़त देने से इनकार कर दिया, जबकि अमृत कौर और माउंटबेटन ने उनसे इस बाबत बहुत विनती की। इस बीच बच्चे जम्मू की गलियों में दम तोड़ रहे हैं। आप सोच सकते हैं कि लोगों की प्रतिक्रिया इस पर किस तरह की होगी।

अब एक बार फिर से श्रीनगर की कुछ ख़ास बैरकों के बारे में कहना चाहूँगा। वे बैरक ख़ाली पड़े हैं और हमारी फ़ौज को इसकी तुरन्त ही बहुत ज़रूरत थी। लेकिन महाराजा इसके लिए भी तैयार नहीं हुए। वो सम्पर्क से परे हैं और यहाँ तक कि टेलीफ़ोन के ज़रिये भी उनसे बात नहीं हो पाती। इस बीच वहाँ ऐसे हालात बन रहे हैं जिन्हें जल्द से जल्द सँभालना बेहद ज़रूरी है। तब वहाँ क्या किया जाए?

फ़ौजी नज़रिये से जम्मू की कोई ख़ास अहमियत नहीं रह गई है। श्रीनगर अब हर तरह की नागरिक या सैनिक गतिविधियों का केन्द्र बिन्दु है। ये बहुत ज़रूरी है कि महाराजा वहाँ रहें और साथ ही अपनी सरकार के साथ लगातार सम्पर्क में भी रहें। वरना बहुत से काम-काज में बाधा पड़ती है, चीज़ें लटकी रहती हैं। और लिहाज़ा किसी आकस्मिक स्थिति से निपटने में उन्हें नज़रअन्दाज़ करना पड़ता है। उनका श्रीनगर से दूर रहने का जनता पर बहुत बुरा असर पड़ा है।

जहाँ तक सेना (राज्य) का सवाल है, मुझे लगता है कि यह बेहतर काम नहीं कर सकती जब तक ये महाराजा के सहारे रहेगी। ये पूरी तरह से एक निराशाजनक अव्यवस्था में फँसी है। मैंने आपको लद्दाख में राज्य की फ़ौजों द्वारा किए गए शर्मनाक व्यवहार के बारे में लिखा था। ये हिन्दू डोगरा फ़ौज की टुकड़ियाँ हैं। वे, या उनके अधिकारी सभी तरह की नैतिकता और अनुशासन को भूल चुके हैं और आगे भी महाराजा के साथ उनका कोई भी सम्बन्ध स्थितियों को और भी ज़्यादा बिगाड़ देगा। अगर कोई सक्षम राज्य सेना बनानी है, जो कि बनाना बहुत ज़रूरी है, तो उसे हमारे अधिकारियों और लोगों द्वारा ही बनाना होगा। ये गम्भीर मसला महाराजा के विवेक पर नहीं छोड़ा जा सकता। हमारा बहुत कुछ दाँव पर लगा है और इसमें हम जोख़िम नहीं ले सकते। हमारी सेना के लोगों की भी यही राय है।

मैं अभी और नहीं लिख सकता क्योंकि मुझे कहीं जाना है।

उम्मीद है आपका स्वास्थ्य सुधर रहा होगा।

वी. वी. मेनन, गोपालस्वामी के साथ जम्मू और श्रीनगर जाएँगे बशर्ते हैदराबाद का मनहूस मुद्दा बीच में आड़े न आ जाए।

सप्रेम आपका
जवाहरलाल

आज़ाद भारत के प्रथम चुनाव (1951) से पहले रेडियो द्वारा राष्ट्र के नाम सम्बोधन

(*जवाहरलाल नेहरू : सिलेक्टेड स्पीचेज़, खंड-2, 1949-1953* से)

आज रात मैं आप सबसे आम चुनाव के बारे में बात करूँगा। आप लोगों को उसके बारे में थोड़ी-बहुत जानकारी है और स्वाभाविक ही देश में इसके बारे में बहुत उत्साह और दिलचस्पी है। ये सही है कि आप में से हर किसी को इस लोकतांत्रिक कार्यवाही में ख़ास दिलचस्पी रखनी चाहिए, जो कि इतने बड़े पैमाने पर इससे पहले इतिहास में कभी नहीं हुई। इसके साथ ही ये भी ज़रूरी है कि भारतीय गणतंत्र के नागरिक के तौर पर आप सब इसको तरजीह दें, क्योंकि पक्के तौर से इस देश के भविष्य पर इन चुनावों का ख़ास असर पड़ेगा। लोकतंत्र इसी पर टिका है कि लोग देश के मुद्दों पर सक्रिय होकर और अक्लमन्दी से जुड़ाव रखें और चुनावों में हिस्सा लें, जिसका परिणाम सरकारों के गठन के रूप में सामने आता है।

सबसे पहले हम इस बात को समझें कि ये आम चुनाव किस हद तक देश पर असर डालेंगे। भारत में कुल मिलाकर 2293 चुनाव क्षेत्र हैं। इसमें संसद, जिसमें लोकसभा और राज्यसभा आते हैं, और राज्यों की विधान सभाएँ और विधान परिषदें, शामिल हैं। इन तमाम विधायिकाओं के लिए कुल 4412 प्रतिनिधि चुने जाने हैं।

हमारे चुनाव रजिस्टर के हिसाब से लगभग 176,600,000 मतदाता हैं। लगभग 224,000 चुनाव केन्द्र होंगे।

हर चुनाव केन्द्र पर एक पीठासीन अधिकारी, पाँच सहायक और चार पुलिस-कर्मी होंगे। पूरे भारत में एक साथ मत नहीं पड़ेंगे और चुनावकर्मियों को एक से ज़्यादा जगहों पर चुनाव कराना होगा। मोटा-मोटी लगभग इतने प्रशिक्षित चुनाव-कर्मियों की ज़रूरत होगी :

पीठासीन अधिकारी	..	..	56,000
सहायक	..	..	280,000
पुलिसकर्मी	..	..	224,000

इसके अलावा भारी संख्या में सरकारी कर्मचारी और स्वयंसेवक लगेंगे। वास्तव में राज्य का सारा तंत्र चुनावों के लिए ख़ासतौर से लगाया जाएगा। केन्द्र सरकार और राज्य सरकारों को चुनने के लिए हो रहे चुनावों का कुल ख़र्च लगभग 100,000,000 रुपये होगा।

यहाँ मैंने केवल सरकारी स्टाफ का ज़िक्र किया है। इसके साथ ही हर एक उम्मीदवार का एक चुनावी एजेंट होगा और कुछ दूसरे एजेंट और सहायक भी रहेंगे।

इस तरह मतदाताओं के अलावा, इस चुनाव से जुड़े लोगों की संख्या बहुत ज़्यादा है। बेशक, ये पूरा संगठन तंत्र बहुत ही बड़े पैमाने पर बनाया गया है और ये हम सबका इम्तहान है। मतदान की पूरी कार्यवाही को सही तरीक़े से अंजाम देने के

लिए बहुत व्यापक तैयारियाँ की गई हैं, जिसमें बड़े स्तर पर इनसानी मेहनत लगी है। सबसे पहले चुनाव रजिस्टर बनाए गए। आप इस बात की कल्पना कर सकते हैं कि इन रजिस्टरों को तैयार करने के लिए कितनी अधिक संख्या में काग़ज़ की ज़रूरत पड़ी होगी और कितनी ज़्यादा इन पर छपाई कराई गई होगी।

बदक़िस्मती से, हमारे बहुत से मतदाता अनपढ़ हैं और इस वास्ते हमें अलग-अलग दलों और उम्मीदवारों के रंगीन डिब्बे और निशान-चिह्न उपलब्ध कराने हैं। इस नई ज़िम्मेदारी को केन्द्र सरकार और सूबे की सरकारों को मिलकर उठाना होगा। इस वजह से उन्हें अपने उस स्टाफ की संख्या भी बढ़ानी है, जो केन्द्रीय निर्वाचन आयोग के तहत काम करता है। लेकिन कोई भी सरकारी अमला इन चुनावों को कामयाब नहीं बना सकता अगर लोग ही इसमें अपना सहयोग नहीं देंगे। इसलिए ये बहुत ज़रूरी है कि हमारे लोग इस पूरी कार्यवाही को समझें, जिसके ज़रिये हमें उनका समझदारी भरा सहयोग और वोट मिलेगा।

बहुत से संगठित दल अपने उम्मीदवारों को इस चुनाव में खड़े कर रहे हैं। ये भी हो सकता है कि कुछ निर्दलीय उम्मीदवार हों। सभी दलों और उम्मीदवारों को इन चुनावों में निष्पक्ष और बराबर का मौक़ा मिलना चाहिए। केवल यह बात कि किसी पार्टी की सरकार भी है तो इससे उसे चुनावों के दौरान कोई विशेषाधिकार नहीं मिल जाता है। सरकारी अधिकारी अपना काम निष्पक्ष ढंग से ही करें।

केन्द्र और सूबे की सरकार की ओर से उन्हें कड़ी हिदायतें दी गई हैं कि वो अपने फ़र्ज़ को सख़्ती और निष्पक्षता से निभाएँ। किसी भी सरकारी सेवक के नाजायज़ कृत्य के लिए क़ानून में सज़ा का प्रावधान है। चुनाव आयोग ने समय-समय पर चेतावनियाँ जारी की हैं कि ऐसे ग़लत और ग़ैरक़ानूनी कृत्य पर उपयुक्त क़ानूनी कार्यवाही की जाएगी।

उम्मीदवार और उनके एजेंट अपने सारे फ़र्ज़ और ज़िम्मेदारियाँ ज़रूर याद रखें और चुनाव से जुड़े सभी जटिल क़ानूनों की पूरी जानकारी रखना सुनिश्चित करें। किसी भी तरह की ग़लती या भूल उनको अयोग्य बना सकती है।

सरकार के कई मंत्री ख़ुद भी चुनाव में उम्मीदवार के तौर पर खड़े होंगे। उनके सामने तो कठिन चुनौतियाँ हैं। उन्हें किसी भी हालत में अपने सरकारी रुतबे का इस्तेमाल चुनाव को प्रभावित करने के लिए हरगिज़ नहीं करना होगा। उन्हें, जहाँ तक हो सके, अपने सरकारी कामकाज और चुनावी या निजी कामों के बीच में अन्तर करना ही होगा। इससे जुड़ी सारी हिदायतें विस्तार से जारी कर दी गई हैं।

ये बात हमेशा याद रखनी होगी कि राष्ट्रीय ध्वज का इस्तेमाल या उसके ज़रिये फ़ायदा उठाने की राजनीतिक कोशिश नहीं की जा सकती। वास्तव में इसके लिए सख़्त नियम बनाए गए हैं कि राष्ट्रीय ध्वज का कब सरकारी प्रयोग किया जा सकता है। चुनाव में फ़ायदे के लिए इसका इस्तेमाल नहीं किया जा सकता।

लोकतांत्रिक चुनावों का सारा मक़सद बड़ी-बड़ी समस्याओं पर मतदाताओं के विचार को समझना और मतदाताओं को उनके प्रतिनिधियों को चुनने की ताक़त प्रदान करना है। सभी पार्टियाँ जनता के सामने अपने कार्यक्रम रखती हैं और अपने

हर एक कार्यक्रम की अच्छाइयों का ज़ोरदार तरीक़े से प्रचार-प्रसार करती हैं। साथ ही दूसरों के कार्यक्रमों की कमियों को भी उठाती हैं। परस्पर विरोधी दृष्टिकोण मतदाताओं को जागरूक बनाने, उन्हें शिक्षित करने के लिए होता है, जिससे कि वो सही उम्मीदवार को चुनने में सक्षम हो सकें।

कुछ वजहों से, चुनावों के कारण अक्सर बहुत उत्साह का माहौल बनता है और कुछ बार तो ये जुनून तक बन जाता है। बदक़िस्मती से ये उत्साह का माहौल कई बार बेजा तौर-तरीक़ों और लोकतंत्र की गरिमा को नीचा दिखानेवाली स्थिति का कारण भी बन जाता है। इसके ख़िलाफ़ हमें ख़ुद पर ही नज़र रखनी होगी। यह बहुत ज़रूरी है कि हम भले ही किसी भी दल के हों, हम एक दूसरे के प्रति अपना व्यवहार सभ्य और शिष्ट रखें।

प्रचार के लिए हमें अपने लेखन या भाषण से किसी पर भी ज़ाती तौर से हमला नहीं करना चाहिए बल्कि कार्यक्रमों और नीतियों पर अपनी बात रखनी चाहिए। इस बात की इज़ाज़त किसी को भी नहीं दी जानी चाहिए कि वो व्यक्तिगत तौर पर आलोचना करके उसे नीचा दिखाए या उन्हें भला-बुरा कहे। हम आज जो उदाहरण पेश करेंगे वो आनेवाले चुनावों में एक मिसाल बनेगा।

चुनाव शुरू हो चुके हैं और हिमाचल प्रदेश की कुछ भीतरी घाटियों में मतदान हो रहा है। यह अभी ही करना पड़ा क्योंकि सर्दियों के मध्य में पहाड़ी रास्ते बन्द हो जाते हैं और यात्राएँ बहुत मुश्किल हो जाती हैं। इसी वजह से उत्तर प्रदेश के कुछ पहाड़ी इलाक़ों के निर्वाचन क्षेत्रों में आनेवाली फ़रवरी में मतदान होगा। ये कुछ अपवाद हैं और वैसे पूरे देश में चुनाव जनवरी की उन्हीं तारीख़ों में होंगे जिनकी घोषणा पहले से की जा चुकी है।

मैंने आपके सामने इन चुनावों का बड़ा सरल और सादा ब्योरा रखा है। लेकिन मैं चाहूँगा कि आप सब भारतीय जनता के इस महान अभियान की गहरी अहमियत को समझें। देश के करोड़ों लोग भारत का भविष्य तय करेंगे। वे लोग अपने मतदान पत्र हज़ारों मतपेटियों में डालेंगे जिनमें उनकी मर्ज़ी और चयन होगा और उन्हें ये काम बहुत शान्ति से करना होगा और उन्हें ऐसा ही करना चाहिए। इन्हीं मतदान पत्रों के ज़रिये भारत की संसद के सदस्य चुने जाएँगे और राज्यों की विधान सभाएँ चुनी जाएँगी। हमें इस चुनाव के नतीजों को बिना कोई सवाल किए स्वीकार करना होगा।

यही लोकतंत्र का सार है। हम सब स्वाभाविक ही अपने चाहे हुए को विजयी होते देखना चाहते हैं और उस लक्ष्य हेतु संघर्ष भी करते हैं। लोकतंत्र में हमें जीतना तो आना ही चाहिए, साथ ही गरिमा के साथ हार को स्वीकार करना भी आना चाहिए। जीतनेवालों को उसका घमंड नहीं करना चाहिए न ही हारनेवालों को निराशा में डूबना चाहिए।

जीतने या हारने का तरीक़ा क्या रहा—यह ज़्यादा महत्त्वपूर्ण बात है न कि जीत या हार का परिणाम। वाजिब रास्ते पर चलते हुए हार जाना बेहतर है बजाय ग़लत राह पर चलकर जीत हासिल करना। वास्तव में, अगर कामयाबी ग़लत और ग़ैर-वाजिब तरीक़ों से मिलती है तो उस कामयाबी की साख ख़त्म हो जाती है।

साध्य और साधन को लेकर भारत में लगातार कभी न ख़त्म होनेवाली बहसें चलती रही हैं। क्या ग़लत तरीक़ों से सही लक्ष्य पाना ठीक है? जहाँ तक भारतीयों का मानना है, और हमने बहुत पहले ही ये फ़ैसला कर लिया था कि ग़ैर-वाजिब तरीक़ों से मिला साध्य सही हो ही नहीं सकता। अगर हम इसी सिद्धान्त को चुनावों में भी लागू करें तो हम इस नतीजे पर पहुँचेंगे कि ग़लत लक्ष्य वाले व्यक्ति का चुना जाना ज़्यादा बेहतर है बजाय उस व्यक्ति के जिसका लक्ष्य भले अच्छा हो लेकिन वो सन्दिग्ध तरीक़ों से जीतना चाहे। अगर चुनाव के दौरान सन्दिग्ध तरीक़े अपनाए जाते हैं तो नतीजे के मायने ही ख़त्म हो जाते हैं।

मैं इस बात पर इसलिए ज़ोर दे रहा हूँ क्योंकि ये ज़रूरी बात है। क्योंकि अक्सर चुनाव के दौरान यह देखने में आता है कि लोग अपने व्यवहार के स्तर को लेकर लापरवाह हो जाते हैं। मैं तहेदिल से इस बात की आशा न केवल उम्मीदवार से बल्कि उनके समर्थकों से भी रखता हूँ कि वो ये याद रखेंगे कि भारत का मान उनके हाथ में है और इसी के अनुरूप आचरण करेंगे।

इन 4,412 सीटों को भरने के लिए अनगिनत उम्मीदवार हैं। इनमें से सीमित संख्या में ही उम्मीदवार चुनाव लड़ने के लिए चुने जाएँगे। इसलिए ऐसे बहुत से लोग होंगे जो उम्मीदवार के रूप में भी नहीं चुने जाएँगे और कुछ ऐसे भी होंगे जो उम्मीदवार के रूप में तो चुन लिये जाएँगे, लेकिन जिन्हें चुनाव में सफलता नहीं मिलेगी। मैं उम्मीद करता हूँ कि जो पहले या दूसरे राउंड में सफल नहीं हो पाएँगे, वो बहुत ज़्यादा दुखी नहीं होंगे।

ये एक ग़लत धारणा है कि भारत की सेवा केवल विधायिका में जाकर ही की जा सकती है। इसमें शक नहीं कि भारत की सेवा संसद में रहकर की जा सकती है, लेकिन शायद बाहर रहकर उससे भी ज़्यादा बेहतर ढंग से वे सेवा कर सकते हैं। चुनाव तो आगे भी होंगे, उनको लेकर बहुत ज़्यादा रोमांचित होने की ज़रूरत नहीं है। हम उनका सामना बहुत शान्त ढंग से करें और उन्हें अपनी तरक़्क़ी का माध्यम बनाएँ।

यहाँ मैं एक और बात जोड़ना चाहूँगा, जो मैं पहले भी कई बार कह चुका हूँ। हम पर अपने अल्पसंख्यक समुदायों के साथ-साथ उन सभी समुदायों को लेकर ख़ास ज़िम्मेदारी है, जो आर्थिक या शिक्षा के स्तर पर पिछड़े हुए हैं और जो भारत की कुल जनसंख्या का सबसे बड़ा हिस्सा है। हम सभी अपने हक़ की और विशेषाधिकारों की माँग कर रहे हैं। इससे भी ज़्यादा ज़रूरी बात ये है कि हम अपने फ़र्ज़ और ज़िम्मेदारियों को भी याद रखें।

आइए, इन आम चुनावों के इस महा-अभियान का स्वागत सच्चे दिल और भावना के साथ करें। उन लोगों के लिए भी ख़ुद को बदनीयती से दूर रखें जो हमारा विरोध करते हैं। इसी तरह हम इस महान गणतंत्र के लोकतांत्रिक ढाँचे की नींव रख सकेंगे।

~

आदिवासियों के बारे में

(अनुसूचित जनजाति और अनुसूचित क्षेत्रों की कॉन्फ्रेंस, नई दिल्ली, 7 जून, 1952 के उद्घाटन सत्र में दिया गया वक्तव्य)

सभापति महोदय और दोस्तो, यहाँ जो भी श्रोतागण बैठे हैं वो कमोबेश चुनिन्दा विशेषज्ञ जन हैं। मैं कोई विशेषज्ञ नहीं हूँ। मुझे इस बात पर भी सन्देह है कि मैं अगर आप लोगों के साथ बैठकर जिन समस्याओं से आप रूबरू हैं, उन पर चर्चा करूँ तो उन्हें सुलझाने में कोई योगदान कर पाऊँ।

जहाँ तक मेरा ख़याल है, आप सबने मुझे यहाँ पर मेरे प्रधानमंत्री होने की वजह से आमंत्रित किया है, लेकिन मेरी समझ में मैं दावा कर सकता हूँ कि मेरे पास इससे भी बड़ी वजह है, इस कॉन्फ्रेंस में शामिल होने की। वजह ये है कि प्रधानमंत्री बनने के बहुत पहले से मैं इस देश के आदिवासियों के लिए एक लगाव महसूस करता रहा हूँ। ये लगाव वैसा नहीं था जैसा उत्सुकता के कारण आदिवासियों की अजीबो-ग़रीब रवायतों को लेकर हो जाता है। और न ही निरर्थक आलोचकों सा। न ही, मेरे मन में इन लोगों के लिए परोपकार भावना से ग्रस्त लोगों की भाँति पुण्य कमाने की कोई भावना है। मैं उनकी ओर इसलिए खिंचता था क्योंकि मुझे उनका सहज साथ ख़ुशी देता था। मैं इसलिए उनका साथ नहीं पसन्द करता था कि मैं उन लोगों के साथ कुछ अच्छा कर दूँ या कि वो मेरे साथ कुछ वैसा ही करें। दूसरों के साथ भलाई करना, बड़ी अच्छी बात है, मगर कभी-कभी ये इतनी ज़्यादा बढ़ जाती है कि भलाई करनेवाले और उसका फ़ायदा पानेवाले, दोनों के लिए उसका परिणाम अच्छा नहीं होता।

आदिवासियों में मैंने उन ख़ूबियों को देखा है जिन्हें भारत के शहरी इलाक़ों, मैदानी इलाक़ों या दूसरे हिस्से में रहनेवालों में मैं नहीं पाता। यही वो ख़ूबियाँ हैं, जो मुझे उनकी ओर खींचती थीं।

भारत के आदिवासी बहादुर और पुरुषार्थ वाले लोग हैं जो कभी-कभी गुमराही का शिकार भी हुए हैं। उन्होंने आपस में बहुत झगड़े भी किए और कई बार तो उन्होंने एक-दूसरे के सर तक क़लम किए। ये बहुत निन्दनीय घटनाएँ रहीं और इन्हें रोका जाना चाहिए था। फिर भी, मुझे यह लगा कि इनकी बहुत-सी बुराइयाँ शहरों में रहनेवाले लोगों की बुराइयों से शायद कम ही थीं। कभी-कभी किसी का सर काट देना या हाथ तोड़ देना किसी के दिल को चूर-चूर करने या कुचलने से तो कम बुरा होता है। मैं इन सीधे-सरल लोगों के साथ इसलिए भी बहुत अच्छा महसूस करता क्योंकि मेरे भीतर जो घुमन्तूपन है उसे इन लोगों के साथ रहकर बड़ी अच्छी संगत मिल जाती। मैं उनसे जब भी मिला एक दोस्त एक साथी की तरह मिला, किसी ऐसे बाहरी अलग आदमी की तरह नहीं जो उन्हें बस देखने, उनकी जाँच-पड़ताल करने उन पर रिपोर्ट बनाने और उन्हें उनसे अलग दूसरी दुनिया का जीने का तरीक़ा सिखाने की जुगत करे।

मुझे खटकता है जब मैं देखता हूँ कि हमारे अपने मुल्क में ही नहीं, दूसरे महान कहे जानेवाले मुल्कों में भी लोग अपनी पहचान और पसन्द के मुताबिक़ दूसरों को

बदलने और उन पर अपनी ज़िन्दगी जीने के तरीक़े थोपने के लिए बड़े उतावले रहते हैं। हम जैसा चाहें अपना जीवन जियें, लेकिन दूसरों पर उसे थोपने का क्या मतलब है? ये बात राष्ट्रीय और अन्तर्राष्ट्रीय दोनों ही जगहों पर लागू होती है। सच तो ये है कि अगर लोग अपनी ज़िन्दगी के तौर-तरीक़ों को दूसरे लोगों और ग़ैर मुल्कों पर थोपना छोड़ दें तो शायद चारों ओर ज़्यादा अमन-चैन होगा।

मुझे यक़ीनी तौर पर नहीं पता कि ज़िन्दगी जीने का कौन-सा तरीक़ा सबसे बढ़िया है। कुछ मामलों में तो मुझे लगता है कि इन लोगों का तरीक़ा बेहतर है। इसलिए, ये एक तरह से हमारा ढोंग-पाखंड है कि हम ख़ुद को उनसे ऊँचा मानकर मिलें कि हम उन्हें ये बताने की कोशिश करें कि उन्हें क्या करना चाहिए और क्या नहीं करना चाहिए। इसका कोई मतलब नहीं कि हम उन्हें अपनी दोयम दर्ज़े की नक़ल बनाने की कोशिश करें।

अब, ये आदिवासी लोग आख़िर हैं कौन? अक्सर उनके बारे में बताने का एक तरीक़ा ये है कि ये वो लोग हैं जो अक्सर सरहदों पर या फिर इस मुल्क के अन्दरूनी इलाक़ों से बहुत दूर रहते हैं। जिस तरह पहाड़ी इलाक़ों में रहनेवाले लोग उन लोगों से कुछ हद तक अलग होते हैं, जो मैदानी इलाक़ों में रहते हैं, वैसे ही सरहदों पर रहनेवाले लोग उन लोगों से कुछ अलग तरह के होते हैं जो सरहदों से दूर रहते हैं। मेरा अपना झुकाव मैदानी इलाक़ों से ज़्यादा पहाड़ों की तरफ़ रहा है। मैदानी लोगों की अपेक्षा पर्वतवासी मुझे ज़्यादा भाते हैं। इसी तरह मैं सरहद को ही तरजीह देता हूँ। केवल भौतिक रूप से नहीं बल्कि सरहद के पास रहने का विचार मुझे बौद्धिक रूप से भी लुभाता है। मुझे लगता है कि ऐसा करना बेफ़िक्र होने से बचाएगा और बेफ़िक्री का भाव अपने आप में एक बड़ा ख़तरा है, ख़ासकर भारत जैसे बड़े देश में जहाँ आपके सबसे पास की सरहद भी हो सकता है हज़ारों मील दूर हो।

हमें आदिवासी समुदाय के लिए एक ग्रहणशील नज़रिया रखना चाहिए। हम उनसे बहुत कुछ सीख सकते हैं, ख़ासकर सरहदी इलाक़ों में। उनसे सीखने के बाद, हमें उनका सहयोग और मदद अवश्य करनी चाहिए। ये बेहद अनुशासन में रहनेवाले लोग हैं, दूसरे भारतीयों से ज़्यादा लोकतांत्रिक भी हैं।

यद्यपि उनके पास अपना कोई संविधान नहीं है फिर भी ये लोग बहुत लोकतांत्रिक तरीक़े से रहते हैं और अपने बड़े-बूढ़ों, अपने नुमाइन्दों के फ़ैसलों पर अमल भी करते हैं। सबसे बड़ी बात तो ये है कि ये वो लोग हैं जो नाचते-गाते हैं, ज़िन्दगी के लुत्फ़ उठाते हुए जीने की कोशिश करते हैं। उन लोगों की तरह नहीं जो किसी स्टॉक एक्सचेंज में बैठकर एक-दूसरे पर चीख़ते-चिल्लाते हैं और अपने आपको सलीकेदार समझते हैं।

मैं तो ख़ुद पहाड़ों में घुमन्तू जीवन पसन्द करूँगा, बजाय स्टॉक एक्सचेंज का सदस्य बनने के, जहाँ बैठना पड़े और बस बैठे-बैठे कुछ भद्दी आवाज़ें सुननी पड़ें। क्या हम यही सभ्यता आदिवासियों की ज़िन्दगी में भी लाना चाहते हैं? मेरे ख़याल से तो नहीं। मुझे पक्का भरोसा है कि आदिवासी लोग अपनी सभ्यता, अपने नाच-गानों के साथ तब भी ज़िन्दा रहेंगे जब ये स्टॉक एक्सचेंज ख़त्म हो चुके होंगे।

यह बड़े दुख की बात है कि शहरों में रहनेवाले हम लोगों ने जीवन के कलात्मक सौन्दर्य के पहलू से मुँह मोड़ लिया है। जब हम गाँवों की ओर रुख़ करते हैं तो पाते हैं कि गाँवों में अभी भी बहुत से लोकगीतों और नृत्य की रवायतें मौजूद हैं, क्योंकि आधुनिक सभ्यता ने अभी उन्हें नहीं छुआ है।

भारत में आधुनिक सभ्यता की जो प्रगति हुई है उसमें अच्छी और बुरी दोनों बातें शामिल हैं। बीते वक़्त में हमने जो कुछ खोया है उसमें से एक है गीत-संगीत को अपनी ज़िन्दगी में शामिल करने का जज़्बा, और हमारी उत्सवधर्मिता की क्षमता। ये आज भी आदिवासियों में भरपूर तौर पर मौजूद है। हम सब सिनेमा की तरफ़ ज़्यादा खिंचने लगे हैं। बेशक ये बहुत-सी अच्छी बातों को हम तक पहुँचाने का एक ख़ूबसूरत ज़रिया है, लेकिन दुर्भाग्य से ये प्रेरणास्पद माध्यम नहीं साबित हो सका है। हमें कबाइली समुदायों की स्फूर्त चेतना को अंगीकार करना होगा बजाय इसके कि हम मुँह लटकाए चेहरों और काले चोंगे के साथ उसे अपने भीतर मद्धिम होने दें।

लगभग आधी सदी तक, हम सब आज़ादी के लिए लड़ते रहे और आख़िरकार हमने इसे हासिल भी कर लिया। ये संघर्ष, या उससे कुछ ज़्यादा, किसी दूसरी बात से ज़्यादा, एक आज़ाद चेतना के रूप में बहुत बड़ी ताक़त था। हम जैसे थे, उससे इसने हमें ऊँचा उठाया, हमें बेहतर बनाया और इसने कुछ समय के लिए हमारी कमज़ोरियों को भी छिपा लिया। हमें याद रखना होगा कि इस दौरान सैकड़ों लाख भारतीयों ने जो तजुर्बे हासिल किए, उनमें आदिवासियों की कोई भागीदारी नहीं थी। हमारी आज़ादी की लड़ाई का कुछ असर तो मध्य भारत के आदिवासियों पर पड़ा, मगर आसाम के सरहदी इलाक़े इससे पूरी तरह अछूते रह गए। कुछ हद तक इसकी वजह ये थी कि हमारे पास उन दिनों संचार के साधनों की बेहद कमी थी। बेशक कुछ और वजहें भी रहीं।

एक वजह यह रही कि शहर में रहनेवाले लोग अपनी जानी-पहचानी जगह और ठिकाने छोड़कर पहाड़ों की तरफ़ जाने में घबराते थे। ईसाई मिशनरियों के लोग बहुत से आदिवासी इलाक़ों में गए और उनमें से कुछ ने अपनी पूरी ज़िन्दगी वहीं बिता दी। मेरी जानकारी में ऐसे बहुत उदाहरण नहीं हैं, जिनमें मैदानी इलाक़े के लोगों ने आदिवासी इलाक़े में जाकर अपना जीवन बिताया हो। कुछ कमी हमारी ओर से रही आगे क़दम बढ़ाने में, और ऐसा भी था कि ब्रिटिश सत्ता की तरफ़ से हमें इन इलाक़ों में जाने की इज़ाज़त नहीं थी। यही वजह थी कि हमारी आज़ादी की लड़ाई से जुड़ी ख़बरें भी इन लोगों के पास अफ़वाहों की शक्ल में ही कभी-कभार पहुँचती थीं। कभी-कभी ये लोग इस पर सही तरीक़े से और कभी ग़लत तरीक़े से प्रतिक्रिया देते थे। लेकिन यहाँ मुद्दा इसके अलावा कुछ और है। आज़ादी के लिए संघर्ष का सार यह था कि इसने भारत में आज़ादी की चेतना की ताक़त को उभार दिया था, लेकिन इस ताक़त ने आदिवासी इलाक़ों जो कि सरहद का ख़ास हिस्सा हैं, पर कोई असर नहीं डाला। इसका परिणाम यह हुआ कि एक ओर जहाँ हमको तो अपने आपको ज़ेहनी तौर पर बदलने के लिए कई दशकों का समय मिल गया लेकिन आदिवासियों को यह अवसर नहीं मिल सका। इसके उलट ब्रिटिश अधिकारियों

और कभी-कभी मिशनरियों ने उन पर कुछ दूसरा ही असर डालकर उन्हें अलग तैयार किया। मिशनरीज़ ने वहाँ बहुत अच्छा काम किया और इसके लिए मैं उनकी तारीफ़ भी करता हूँ, मगर सियासी तौर पर मैं ये कहना चाहूँगा कि वो भारत में हो रहे किसी तरह के बदलाव को पसन्द नहीं करते थे। सच तो यह है कि जब भारत में राजनीतिक जागरूकता बढ़ रही थी उसी समय भारत के उत्तर-पूर्वी इलाक़ों में एक आन्दोलन चलाया जा रहा था, जिसका मक़सद उत्तर-पूर्व के लोगों को अलग और स्वतंत्र सूबों की माँग के लिए उकसाना था। उन इलाक़ों में रहनेवाले बहुत से विदेशियों ने इस आन्दोलन का समर्थन भी किया। मुझे समझ नहीं आता इसे किस प्रकार से व्यावहारिक या मुमकिन समझा गया। मेरे कहने का मतलब ये है कि पूरी उत्तर-पूर्वी सरहद पिछली कई पीढ़ियों से अलग तरह से रहने की अभ्यस्त है और यह बात हाल के वर्षों के लिए भी सही है। इसमें कुछ ग़लतियाँ हमारी भी हैं और कुछ हद तक परिस्थितियाँ भी इसके लिए ज़िम्मेदार हैं। आदिवासी समुदाय को नेकनीयती से समझने के लिए इन तथ्यों को ध्यान में रखना ज़रूरी है। ये हमारे अपने हैं और हमारी ज़िम्मेदारी वहाँ केवल बहुत-से स्कूल, दवाख़ाने और अस्पताल खोलकर ही पूरी नहीं हो जाती। बेशक हमें स्कूल, अस्पताल, डिस्पेंसरी और सड़कों की ज़रूरत है, मगर इतने पर ही ठहर जाना चीज़ों को देखने का एक बेजान नज़रिया है। हमें इन लोगों के लिए अपने मन में अपनापन, एकता और आपसी समझ का जज़्बा पैदा करना होगा। इसके लिए मनोवैज्ञानिक दृष्टिकोण भी ज़रूरी है।

आप दिनों-दिन स्कूलों और दूसरी बातों के साथ में तरक़्क़ी के मुद्दे पर बात करते रह सकते हैं, लेकिन आप बुरी तरह असफल सिद्ध होंगे, जब तक कि आप समस्या की असली जड़ तक नहीं पहुँचते। आज ज़रूरत इस बात की है कि हम उन लोगों को समझें और वो भी हमें समझें, उन्हें समझने का मौक़ा दें और इस तरह से अपनापन और समझदारी का एक रिश्ता क़ायम करें। आज़ादी हासिल करने के बाद सार रूप में भारत के सामने सबसे बड़ी समस्या देश के एकीकरण और सुदृढ़ संयोजन की है। राजनीतिक एकीकरण तो हो चुका है, लेकिन यह काफ़ी नहीं है। हमें अभी बहुत कुछ बुनियादी और गहरे बदलाव लाने हैं, जो राजनीतिक एकता से आगे की चीज़ है। इसमें वक़्त लगेगा क्योंकि ये केवल क़ानून का मसला नहीं है। कुल मिलाकर हम जो कर सकते हैं वो ये है कि हम इसे पाल-पोस कर मज़बूत करें और ऐसी उर्वर ज़मीन तैयार करें जिसमें इसे फलने-फूलने का मौक़ा मिल सके। इस तरह से आज भारत की सबसे बड़ी समस्या राजनीति से कहीं ज़्यादा मानसिक एकीकरण और सुदृढ़ समायोजन की है। भारत को एक ऐसी ताक़त का निर्माण करना होगा जो साम्प्रदायिकता जैसे उन तमाम 'वादों' से छुटकारा पा चुकी हो, जो उसकी तरक़्क़ी में रुकावट पैदा करते हैं और उसे बाँटते हैं।

जैसा कि मैंने पहले भी कहा कि हमें आदिवासियों से अपनेपन और दोस्ताना रुख़ के साथ मिलना होगा, और इस तरह कि हमारे द्वारा उनकी मुक्ति का रास्ता खुले। हम उन्हें यक़ीन दिलाएँ कि हम उनकी ज़िन्दगी में कुछ जोड़ना चाहते हैं न कि उनसे कुछ छीनना। ये एक तरह का मनोवैज्ञानिक जुड़ाव है, जिसकी भारत को

ज़रूरत है। दूसरी ओर, अगर उन्हें ये महसूस होता है कि आप उनके पास इसलिए गए हैं कि अपने आप को उन पर थोपना चाहते हैं या कि उनकी ज़िन्दगी जीने के तरीक़े में बदलाव लाने की कोशिश में उनके पास जाते हैं, या कि उनसे उनकी ज़मीनें छीनने और अपने व्यापारियों को उनका शोषण करने का मौक़ा देने के लिए उनसे जुड़ते हैं, तो यह हमारी ग़लती है, क्योंकि इसका यह मतलब निकलता है कि आदिवासी लोगों के प्रति हमारा दृष्टिकोण पूरी तरह ग़लत है। इस तरह से आदिवासी क्षेत्रों के एकीकरण और समायोजन की हरकतें जितना कम हों उतना बेहतर होगा।

कहीं भी अधिकारियों की तैनाती बहुत सोच-समझकर की जानी चाहिए, लेकिन आदिवासी इलाक़ों में तो दोगुनी सावधानी बरतने की ज़रूरत है। आदिवासी इलाक़े में तैनात होनेवाले अधिकारी की क़ाबिलियत सिर्फ़ इतनी-भर नहीं होनी चाहिए कि उसने कोई इम्तहान पास कर लिया है, या फिर उसके पास कुछ कार्य अनुभव है। उसे एक ऐसा जोशीला इनसान होना चाहिए जिसका दिमाग़ और उससे ज़्यादा दिल उस समस्या को समझता हो, जिससे उसे कर्तव्यमूलक ढंग से निपटना है। उसे ऐसा नहीं होना चाहिए कि वह बस कुछ देर अपने दफ़्तर में बैठे और बाक़ी वक़्त अपनी दूर-दराज़ की तैनाती के लिए क़िस्मत को कोसता रहे। इससे तो बेहतर है कि किसी अनपढ़ इनसान को वहाँ भेजा जाए, जिसने कोई इम्तहान न पास किया हो लेकिन वह उन लोगों के साथ दोस्ताना और अपनेपन से मिले और उनसे घुल-मिल कर रहे। इस तरह का व्यक्ति उस मेधावी बुद्धिजीवी से बेहतर परिणाम देगा जिसे समस्याओं की मानवीय समझ ही न हो। जो व्यक्ति वहाँ अधिकारी बनकर जाए उसे अपना जीवन उन आदिवासी समुदायों के साथ घुलाना-मिलाना होगा। उसे उनकी झोंपड़ियों में जाना होगा, उनसे बातें करनी होंगी, उनके साथ खाना-पीना होगा और धुआँ उड़ाना होगा, उनकी तरह की ज़िन्दगी जीनी होगी और ख़ुद को उनसे बेहतर या अलग समझने से बचना होगा। तब कहीं जाकर वह उनका विश्वास और सम्मान पा सकेगा और तब ही वो उन्हें कोई सलाह देने की स्थिति में होगा।

मनोवैज्ञानिक ढंग से देखें तो भाषा की समस्या लगभग सबसे बड़ी समस्या है। अच्छे से अच्छे समाधान भी बेकार साबित हो जाते हैं, अगर सम्बन्धित पक्ष को सही से न समझाया जा सके या ग़लत व्याख्या कर दी जाए। मेरा बिलकुल साफ़ नज़रिया है कि सरकार को जनजातीय भाषाओं को प्रोत्साहन देना चाहिए। केवल उन्हें बने रहने की अनुमति देना पर्याप्त नहीं है। उन्हें हर सम्भव मदद दी जानी चाहिए और उन हालात को भी बनाए रखा जाए जिसमें वो फल-फूल सकें। इस लक्ष्य की प्राप्ति के लिए हमें अपनी सीमाओं से आगे जाना होगा। हमारे सामने सोवियत रिपब्लिक का उदाहरण है जिसने इस नीति को बड़ी कामयाबी के साथ अपनाया है। लेनिन और उनके समय के दूसरे नेता इस मामले में बेहद बुद्धिमान थे। अपने अन्तिम उद्देश्य के बावजूद वो अपनी जनता की सद्भावना पाना चाहते थे और इस मक़सद में वो बहुत दूर तक कामयाब भी हुए, क्योंकि उन्होंने उनकी भाषाओं को बढ़ावा दिया, अपने रास्ते से अलग जाकर भी सैकड़ों बोलियों की मदद की, यह मदद शब्दकोष और वर्णमालाओं को तैयार कराकर की और यहाँ तक कि नई लिपियाँ भी ईजाद

करवाईं जहाँ पर हस्तलिपियाँ नहीं थीं। वे चाहते थे कि उनके लोग यह महसूस करें कि वो जैसा जीवन जीना चाहें, जी सकते हैं। वो यह भावना पैदा कर सकने में काफ़ी हद तक कामयाब भी हुए। जहाँ तक भाषा का सवाल है, उसके लिए किसी तरह का कोई दबाव नहीं होना चाहिए। मुझे इस बात पर कोई शक नहीं कि पश्चिम बंगाल सरकार ने तिब्बती बोलनेवाले लोगों के लिए दार्जिलिंग और कलिंगपोंग जैसी जगहों पर ख़ास स्कूल ज़रूर बनवाए होंगे। अगर आदिवासी लोगों के पास अपनी कोई हस्तलिपि है तो हमें उसका उपयोग ज़रूर करना चाहिए। लेकिन सामान्यत: उनके पास कोई लिपि नहीं है और एकमात्र लिपि जिसे उन्होंने कुछ हद तक सीखा है, रोमन लिपि है।

निस्सन्देह यह अच्छी लिपि है और क्योंकि बहुत लोगों ने इसे सीखा है, इसलिए मैं इसे हतोत्साहित नहीं करना चाहूँगा। मैं बहुत यक़ीनी तौर पर तो नहीं कह सकता और मैं इस बात को सिर्फ़ इसलिए कह रहा हूँ कि यह मेरे दिमाग़ में कौंधी है कि भविष्य को देखते हुए यह बेहतर होगा कि हम देवनागरी लिपि को इस्तेमाल कर सकें। यह दूसरी लिपियों के बनिस्बत काफ़ी सरल है। यह तथ्य तो है ही कि यह लिपि आदिवासी समुदाय को दूसरी किसी भी लिपि की अपेक्षा बेहतर ढंग से बाक़ी भारत से जोड़ सकती है। ऐसे इलाक़ों में जहाँ काफ़ी लोगों ने पहले से ही रोमन स्क्रिप्ट सीख रखी है उन्हें मैं ज़बरदस्ती उसे छोड़ने को मजबूर नहीं करूँगा क्योंकि मैं यह क़तई नहीं चाहता कि वो किसी भी तरह का दबाव महसूस करें।

मुझे लगता है कि अभी तक हम लोगों ने आदिवासी लोगों के साथ दो तरीक़ों से व्यवहार किया है। पहला तरीक़ा मानवशास्त्रीय नज़रिया कहा जा सकता है जिसमें हम उनसे इस तरह से व्यवहार करते हैं कि जैसे वे किसी संग्रहालय में रखे जाने लायक़ चीज़ हों, जिनकी जाँच-परख की जाए और उन पर लिखा जाए। उनको मानवशास्त्रीय परीक्षणों और अध्ययन का विषय बनाना—हालाँकि एक तरह से तो सभी लोग मानव शास्त्रीय नमूने ही होते हैं—उनका अपमान करना है। हम उनके बारे में एक ऐसे जीते-जागते इनसान की तरह नहीं सोचते जिनके साथ रहना, काम करना और खेलना हो सकता हो। दूसरा नज़रिया यह है कि हम इस बात को भूल जाएँ कि वो कुछ अलग हैं और एक ख़ास व्यवहार की उम्मीद रखते हैं और उन्हें ज़बरदस्ती अपने में मिलाने और बलपूर्वक एक सामान्य परिपाटी वाले सामाजिक जीवन की ओर मिलाने की कोशिश करें। उन्हें ज़बरदस्ती मिलाने का तरीक़ा या कि सामान्य तौर-तरीक़ों के क्रियाकलापों के आधार पर उन्हें ख़ुद से मिलाना बिलकुल ग़लत होगा। वास्तव में मुझे बिलकुल शक नहीं है कि अगर सामान्य तौर-तरीक़ों को लागू करने की छूट दे दी जाए तो बाहर के दुष्ट लोग यहाँ आकर आदिवासी ज़मीनों पर क़ब्ज़ा कर लेंगे। ये लोग जंगलों पर क़ब्ज़ा कर लेंगे और उनकी ज़िन्दगी में भी दख़लन्दाज़ी करने लगेंगे। हमें उनके इलाक़ों को इतना सुरक्षित बनाना चाहिए कि कोई भी बाहरी उनकी ज़िन्दगी में दख़ल न दे सके, उनकी ज़मीन और जंगल पर क़ब्ज़ा न कर सके, और बिना उनकी मर्ज़ी और सद्भावना के कोई हस्तक्षेप न कर सके। देश के दूसरे हिस्सों की तरह जनजातीय

क्षेत्रों में भी पहली प्राथमिकता सड़कें और संचार माध्यमों को स्थापित करने की है। बिना उनके कुछ भी अच्छा नहीं हो सकता। स्वाभाविक रूप से स्कूलों की, स्वास्थ्य सेवाओं की, कुटीर उद्योगों और अन्य चीज़ों की ज़रूरत है। इस सबके बावजूद यह ज़रूर याद रखना होगा कि हम उनकी ज़िन्दगियों में कोई दख़लन्दाज़ी नहीं करना चाहते बल्कि उन्हें जीने में मदद करना चाहते हैं।

~

श्रम की गरिमा

(नवम्बर 1, 1952, वर्धा में हरिजन सम्मेलन के उद्घाटन के अवसर पर दिया गया भाषण)

इस सम्मेलन में उपस्थित होकर मुझे बहुत ख़ुशी हुई है। यहाँ क्रान्तिकारी बातों की तो ज़रूरत है नहीं। हमें आदत-सी पड़ गई है, पुरानी शिकायतें दोहराने और पुरानी कहानियाँ सुनाने की। मेरा यह मतलब हरगिज़ नहीं कि हमें ग़लत चीज़ों के ख़िलाफ़ लिखने पर दृढ़ नहीं रहना चाहिए, भले ही वो पुरानी क्यों न हों, लेकिन साथ ही हमें जागरूक रहना चाहिए और ठंडे दिमाग़ से सोचने की आदत भी डालनी चाहिए। यह देश हम सबका है। आज़ादी मिलने के पहले हमारा एकमात्र उद्देश्य था विदेशियों को अपनी भूमि से बाहर खदेड़ना। हम सब सामाजिक और आर्थिक सुधारों की बात भी करते थे लेकिन हमारा संघर्ष उस समय मुख्य रूप से राजनीतिक ही था।

स्वराज प्राप्ति के पश्चात् सामाजिक और आर्थिक समस्याएँ व्यापक रूप से हमारे सामने हैं। इन समस्याओं की नवैयत के बारे में अलग-अलग राय हो सकती है, लेकिन सवाल तो असल में यह है कि इन्हें हल कैसे किया जाए। हम 'गांधीवाद' और ऐसे ही दूसरे 'वाद' और इज़्म के बारे में बात करते हैं, लेकिन हमारी सबसे बड़ी कमी यह है कि हम बातें अधिक करते हैं, बजाय कुछ करने के। ऐसा लगता है मानो ये सामाजिक और आर्थिक सुधार सिर्फ़ प्रस्तावों के ज़रिये और क़ानून बनाकर ही प्राप्त कर लिए जाएँगे।

आपको अपनी समस्याओं पर ज़रूर सोचना चाहिए, लेकिन मैं यह भी कहूँगा कि आप अपने दृष्टिकोण को व्यापक करें, देश के बारे में, भारतमाता के बारे में समग्र रूप से भी सोचें। कौन है भारतमाता? आप हैं, इस देश की जनता है भारतमाता। और हमारे समक्ष आज सवाल यह है कि हम अपने राष्ट्र के आर्थिक स्तर को कैसे उठाएँ।

केवल कुछ लोगों को सरकारी नौकरी दे देने से उन करोड़ों भारतीयों की समस्याओं का हल नहीं निकलेगा जो बेरोज़गार हैं। सरकार के लिए सम्भव नहीं है कि वो सभी को रोज़गार मुहैया करा सके। अगर अयोग्य लोग नौकरियाँ पाते हैं तो उससे देश का नुक़सान होगा। जो लोग किसी धंधे में हैं, वो अपना काम अच्छे से करें, क्योंकि उत्पादक श्रम का समानुपातिक होता है। किसी देश की समृद्धि इस पर निर्भर

करती है कि वह धन-सम्पदा का तर्कसंगत वितरण करने में किस हद तक कामयाब है। इस कामयाबी को मुमकिन करने के रास्ते की बाधाएँ हमें दूर करनी ही होंगी।

कोई क्रान्ति धन-सम्पदा को नहीं बढ़ा सकती, वह तो केवल कठिन परिश्रम से बढ़ेगी। रूस की 1917 की क्रान्ति के बाद रूसी लोगों को अपनी वर्तमान स्थिति प्राप्त करने के लिए अत्यधिक मेहनत करनी पड़ी। उन्होंने पंचवर्षीय योजनाएँ बनाईं और उसके लिए बहुत लगन और धैर्य से मेहनत की। वहाँ लोगों ने ख़ुशी-ख़ुशी सारी कठिनाइयाँ और परेशानियाँ सहीं, जिससे कि उनके गणतंत्र की बुनियाद सच्ची और मज़बूत हो सके। रूसी क्रान्ति 35 साल पहले हुई थी और अब जाकर यह सम्भव हुआ है कि वहाँ के लोगों को उनकी मेहनत का फल प्राप्त हो रहा है। पहले दस साल में बहुत मेहनत करनी पड़ी और उससे ज़्यादा दुख-परेशानियाँ सहनी पड़ीं, जितनी उन्हें पिछले शासन में हुई थीं, लेकिन उन्होंने साहस और अत्मविश्वास से काम लिया। क्रान्ति पुरानी सत्ता को हटा तो सकती है, लेकिन यह किसी भी राष्ट्र को रातों-रात समृद्ध नहीं बना सकती। अपने को बेहतर स्थिति में करने के लिए रूस के लोगों ने कड़ी मेहनत की, ख़ूब पसीना बहाया और तब जाकर आज वे इस स्थिति में पहुँचे हैं।

समाजवादी रूस से पूँजीवादी अमेरिका तक एक अलग और लम्बा रास्ता है। यह सच है कि अमेरिका भारत से लगभग ढाई गुना बड़ा है, लेकिन अमेरिकी उत्पादन का औसत हमसे बहुत ज़्यादा है। उन्होंने अपनी धन-सम्पदा बढ़ाने के बहुत से उपाय खोजे हैं जो उन्हें विरासत से प्राप्त हैं। उनके एक कामकाजी व्यक्ति की औसत आय लगभग एक हज़ार रुपये प्रति माह है। अमेरिका के लोग श्रम के महत्त्व को समझते हैं। यहाँ तक कि अमीर लोगों के बच्चे भी पढ़ाई के दौरान ही पैसे कमाने लगते हैं। उनके अनुसार किसी और द्वारा कमाए गए धन पर निर्भर रहना एक लज्जाजनक बात है।

हमें अपनी मानसिकता बदलनी होगी। अभी हम शारीरिक श्रम को बहुत हीन दृष्टि से देखने के आदी हैं और हमारी यही प्रवृत्ति हमारी वर्तमान स्थिति के लिए ज़िम्मेदार है। हमारे देश में दो प्रकार की बेरोज़गारी है—एक तो ये कि लोगों को काम नहीं मिलता और दूसरा कि लोग काम करना नहीं चाहते। अभी के दिनों में असम यात्रा के दौरान मेरी मुलाक़ात एक युवा लड़की से हुई जो अपने सर पर आग जलानेवाली लकड़ियों का गट्ठर उठाए हुए थी। मैंने उसे रोककर उससे बात की। मुझे यह देखकर बहुत आश्चर्य हुआ कि वो बहुत अच्छी अंग्रेज़ी बोल रही थी। उसने इंग्लैंड से अपनी पढ़ाई की थी। उसके माता-पिता ने पाकिस्तान में अपना सब कुछ गँवा दिया था और अब ग़रीबी की हालत में पहुँच गए थे। अपनी पृष्ठभूमि के बावजूद उस लड़की को शारीरिक श्रम करने में कोई संकोच नहीं था। सबसे महत्त्वपूर्ण बात है काम करने की इच्छा का होना। किसी भी देश की ख़ुशहाली इस बात से आँकी जाती है कि उस देश में कितने लोग बारोज़गार हैं। बेरोज़गारी किसी भी देश के लिए शाप है।

अब मैं एक महत्त्वपूर्ण सामाजिक समस्या पर आता हूँ। इस बात से तो इनकार नहीं किया जा सकता कि हरिजनों पर सदियों से अत्याचार हुए हैं। कुछ क्रूर परम्पराएँ

हैं जिन्हें केवल क़ानून के माध्यम से निर्मूल नहीं किया जा सकता। फिर भी मैं इस बारे में आश्वस्त हूँ कि देर-सबेर, आज नहीं तो कल, इस स्थिति में एक आधारभूत परिवर्तन होना ही है। अगर एक राष्ट्र के रूप में हम समृद्ध होना चाहते हैं तो हमें योग्यता और कुशलता को महत्त्व देना ही होगा और इसके लिए जो लोग योग्य हों उन्हें सरकार में रोज़गार देना चाहिए। भाई-भतीजावाद, पक्षपात या आरक्षण सरकारी कामों का स्तर गिरा देगा। हमारी कार्यकुशलता का गिरता हुआ स्तर मुझे चिन्तित करता है। इस तरह की स्थितियों का रहना ख़तरनाक साबित होगा, क्योंकि आनेवाले चार या पाँच वर्षों में हमारे समक्ष नई-नई ज़िम्मेदारियाँ आनेवाली हैं।

ये सोचना ग़लत है कि सरकारी नौकरियाँ लोगों का भरण-पोषण करने के लिए होती हैं। आधुनिक देशों में सरकारी नौकरी को बहुत सम्मान की दृष्टि से नहीं देखा जाता है। यह केवल पिछड़े देशों में होता है, जहाँ बेरोज़गारी एक बड़ी समस्या है और सरकारी नौकरियों को ज़रूरत से ज़्यादा महत्त्व मिला हुआ है।

योग्यता का पैमाना सिर्फ़ विश्वविद्यालय की डिग्री पर निर्भर नहीं है। हमारी सबसे बड़ी ज़िम्मेदारी प्रत्येक बच्चे को समान अवसर देने की है—चाहे वो लड़का हो या लड़की। मेरा हृदय दुख से भर जाता है जब मैं अधनंगे, भूखे बच्चों को देखता हूँ। ये हमारा कर्तव्य है कि हम उन्हें पर्याप्त पोषण और वस्त्र मुहैया कराएँ। हमारा इतिहास हज़ारों साल पुराना है और हमारा एक शानदार अतीत रहा है, लेकिन हमारी सभ्यता में कमियाँ भी रही हैं, जैसे कि जाति-व्यवस्था। हमें अपने अतीत से सीख लेनी चाहिए और तब हम नई ऊँचाइयों की ओर बढ़ेंगे।

~

मध्यमार्ग

(इंडियन कैमिकल मैन्युफैक्चर्स एसोसिएशन की सालाना बैठक में दिया गया वक्तव्य, नई दिल्ली, 26 दिसम्बर, 1950)[1]

यहाँ आना मेरे लिए बहुत ख़ुशी की बात है। मैं इसलिए ख़ासतौर पर आया क्योंकि मेरे पुराने दोस्त डॉ. हमीद[2] ने मुझे न्योता दिया और एक वजह यह भी है कि मैं रसायन उद्योग को बहुत अधिक महत्त्वपूर्ण मानता हूँ। मैं यहाँ अपनी उत्सुकता के मिशन पर भी आया हूँ और अपने देश के रसायन निर्माताओं को जानना चाहता हूँ और यह भी कि वे क्या कर रहे हैं। मुझे डॉ. हमीद के सम्बोधन से कुछ जानकारियाँ मिली हैं। मेरे कहने का यह मतलब नहीं कि मैं इनकी गतिविधियों के बारे में कुछ जानता ही

1. जवाहरलाल नेहरू, 'जवाहरलाल नेहरूज़ स्पीचेज़', 1949-1953, वॉल्यूम-2 (नई दिल्ली, पब्लिकेशन डिवीज़न, 1954), 44-49
2. डॉ. ख़्वाजा अब्दुल हमीद एक वैज्ञानिक और सिप्ला कम्पनी के संस्थापक थे। उन्हें सी.एस.आई.आर. के विचार को सैद्धान्तिक अवधारणा देने का श्रेय है, जिसमें उसे एक मुख्य केन्द्र बनाकर सारे देश में वैज्ञानिक प्रयोगशालाएँ खड़ी की गईं!

नहीं था, लेकिन डॉ. हमीद के व्याख्यान से मेरी जानकारी में बहुत इज़ाफ़ा हुआ है कि क्या हो रहा है और क्या अभी तक नहीं हुआ है। साथ ही सरकार को क्या करना चाहिए और क्या नहीं करना चाहिए। जहाँ तक मैं समझा हूँ, डॉ. हमीद मुझसे और अन्य लोगों से भी इस बाबत तारीफ़ें चाहते हैं कि रसायन निर्माता और दूसरी निजी कम्पनियाँ जो कर रही हैं, वह बहुत अच्छा है।

मुझे इसमें कोई शुबहा नहीं कि उनका ज़्यादातर काम बढ़िया है और कुछ काम तो प्रशंसनीय भी है। लेकिन, फिर भी यह तो शायद कहा जा सकता है कि अभी वह पूरी तरह से उस उत्कृष्टता को नहीं पा सके हैं जो हमारा उद्देश्य है और उनके काम में कुछ कमियाँ भी रह जाती हैं। हमें इस समस्या को अपने देश की अर्थव्यवस्था और उसकी ज़रूरतों के लिहाज़ से देखना चाहिए। हमें यह देखना है कि हम अपनी अर्थव्यवस्था को किस तरह से खड़ा करें और उसे विकसित करें। यह बात किसी हद तक रसायन उद्योग के लिए भी सही है।

अख़बारों में जिस तरीक़े के विज्ञापन आते हैं उससे मुझे यह लगा कि देश में कुछ सबसे बड़े उद्योगों में से एक उद्योग शक्तिवर्धक और ताक़तवर दवा की गोलियाँ बनाना है। अब मुझे इन दवाइयों के स्वाद और प्रभाव के बारे में तो कोई जानकारी नहीं है, लेकिन रोज़-दर-रोज़ अख़बारों के इन विज्ञापनों को देखकर मुझे उन लोगों से चिढ़ सी हो गई जो इन्हें बनाते हैं और उनका इतना ज़्यादा प्रचार करते हैं। मैं तो एक क़दम और आगे जाकर यह कहूँगा कि इस दवा उद्योग के मामले में मैं बहुत बुरा उपभोक्ता हूँ क्योंकि मैंने शायद ही कभी दवा की गोलियाँ या औषधि खाई हो। फिर भी, इसमें कोई शक नहीं है कि और लोगों को इन गोलियों की ज़रूरत होती हो और उन्हें इससे महरूम करने की मेरी कोई इच्छा नहीं है।

डॉ. हमीद ने कुछ बड़े सवाल उठाए। उन्होंने कुछ शानदार उक्तियाँ और कुछ असाधारण नीति वचन भी बोले हैं।

उन्होंने कहा है कि निजी उद्यम और राष्ट्रीयकरण को लोकतंत्र के साथ जोड़ा जा सकता है और अधिनायकवाद और राष्ट्रीयकरण एक ही चीज़ हैं। उन्होंने यह बात एक ऐसे सामान्य तथ्य की तरह बोली है जैसे कोई तर्क या विवाद की गुंजाइश ही न हो। पहली बार मैं इस तरह की बात सुन रहा हूँ। मैं इस बात पर कोई बहस नहीं करूँगा और न ही उस बात पर जो उन्होंने सरकार की दोहरी नीति पर कही। स्वाभाविक तौर से वह हमसे यह चाहते हैं कि या तो हम पूरी तरह से मुक्त व स्वतंत्र उद्यम नीति को अपनाएँ या फिर सौ फ़ीसदी राष्ट्रीयकरण कर दें।

मुझे कहना ही पड़ेगा कि डॉ. हमीद को यह जानकारी नहीं है कि दुनिया में हो क्या रहा है। दुनिया का कोई भी देश ऐसा नहीं है जहाँ पर उनके सपनों की स्वतंत्र उद्यमशीलता विद्यमान हो। ऐसा तो यूनाइटेड स्टेट्स ऑफ़ अमेरिका में भी नहीं है, जो स्वतंत्र उद्यम का सबसे बड़ा गढ़ है। इसके उलटे वहाँ भी निजी उद्यम का उतना अधिक महत्त्व नहीं रह गया है, भले ही देश की नीतियाँ और उसके उद्देश्य कुछ भी हों। कोई देश चाहे या न चाहे, इस तरह की वैश्विक परिस्थितियाँ आज हैं कि हर देश एक ख़ास दिशा में उन्नति करने के लिए बाध्य है।

सोवियत रूस और कुछ दूसरे देशों ने एक ऐसे राज्य का निर्माण करने में लम्बा समय तय किया है जिसका वहाँ के उद्योगों पर पूरा नियंत्रण है। और भी सब चीज़ें राज्य के नियंत्रण में हैं। डॉ. हमीद हमसे चाहते हैं कि हम या तो सोवियत रूस का रास्ता चुनें, वरना उस रास्ते को जाएँ जो दुनिया में कहीं भी नहीं चलता है। यह तो वास्तव में बड़ा कठिन चयन है और मुझे कोई कारण नहीं दिखता कि ऐसा करने को मजबूर किया जाऊँ। यह बिलकुल अवश्यम्भावी है कि जो देश इन दोनों अतिवादों में नहीं जाना चाहते, वो एक मध्यमार्ग खोजें। यह तो होगा ही कि इस मध्यमार्ग (बीच का रास्ता) में कुछ चीज़ों पर ज़्यादा ज़ोर दिया जाएगा बनिस्बत दूसरी बातों के। आप चाहे इसे मध्यमार्ग कहें या मिश्रित अर्थव्यवस्था कहें, लेकिन यह नितान्त ज़रूरी है जिसे टाला नहीं जा सकता। ऐसा कोई स्वयंसिद्ध कथन या जड़ सूत्र नहीं हो सकता, जिसको उस देश की परिस्थितियों पर विचार किए बिना हूबहू लागू किया जा सके। यह तो अलग-अलग, हर देश अपनी ख़ास परिस्थितियों के हिसाब से तय करेगा। हो सकता है कि जो बात भारत के माफ़िक़ हो, वो बर्मा या अफ़ग़ानिस्तान या यूरोप के किसी देश के लिए भी माकूल ना हो। हमें अपनी कार्यनीति को तटस्थ तथ्यों और अपनी क्षमता अनुसार बनाना होगा। हम इस देश के बारे में सोचते हुए यह नहीं सोच सकते कि जो अमेरिका में हो रहा है वही यहाँ भी किया जाए। हमें अपने देश से सम्बन्धित तथ्यों और यहाँ के हालात को ध्यान में रखना ही होगा, तभी तो हम अपने देश की स्थितियों के मुताबिक़ काम कर सकेंगे।

यूनाइटेड स्टेट्स ऑफ़ अमेरिका ने ख़ुद को संगठित और उन्नत करने में डेढ़ सौ साल लगाए हैं। उत्पादन करने की उसकी क्षमता प्रचंड है। उस देश में हर तरह की आर्थिक शक्तियाँ मौजूद हैं और उन आर्थिक शक्तियों का पूँजीवाद के पुराने ढाँचे से नाम का ही रिश्ता रह गया है। निश्चित रूप से अमेरिका एक पूँजीवादी देश है और उन्हें इसका गर्व भी है। लेकिन यह एक तथ्य है कि यूनाइटेड स्टेट्स ऑफ़ अमेरिका में जो आधुनिक पूँजीवाद है, उसकी शक्ल वो नहीं है जो कि बीस-तीस या चालीस साल पहले थी। वह बदल चुका है। अर्थव्यवस्थाएँ भी अपनी ख़ुद की गति से एक ख़ास दिशा में जा सकती हैं। अभी कुछ दिन पहले मुझे किसी ने बताया—मुझे नहीं पता कि यह आँकड़ा कितना सही है—कि यूनाइटेड स्टेट्स ऑफ़ अमेरिका में पाँच में से एक आदमी किसी न किसी तरह के सरकारी रोज़गार में लगा है। यह एक अचम्भे में डालनेवाली संख्या है और ध्यान दीजिए कि अमेरिका एक पूँजीवादी देश है, कोई समाजवादी देश नहीं है। यह तथ्य कि एक पूँजीवादी देश में पाँच में से एक आदमी सरकारी रोज़गार में है, बताता है कि पूँजीवादी राज्य की प्रकृति कितनी बदल रही है। इसका मतलब यह है कि एक ऐसे देश में जहाँ स्थितियाँ बहुत अलग हैं और आधुनिक जीवन के तनाव बहुत ज़्यादा हैं, वहाँ कुछ बुनियादी क़िस्म के बदलाव भी होते ही हैं।

इंग्लैंड में भी एक बड़ा बदलाव हुआ है। मैं जानना चाहूँगा कि वहाँ की संसद, लोग और सरकार किस तरह की प्रतिक्रिया देगी अगर डॉ. हमीद के स्वयंसिद्ध कथन इंग्लैंड में कहे जाएँ। इंग्लैंड युद्ध समाप्त होने के बाद पिछले चार-पाँच सालों से सहज तरीक़े से और बहुत हिम्मत के साथ समाजवादी नीतियों पर चल रहा है।

इसलिए समस्या उतनी सरल और सीधी नहीं है। दुनिया में बहुत-सी विचारधाराएँ, नीतियाँ और फ़लसफ़े हैं। मुझे लगता है कि सब में थोड़ा सच ज़रूर है। फिर भी, मैं निजी तौर पर महसूस करता हूँ कि यह बात अपनी जगह पर तो ज़रूरी है कि हमारी सोच के पीछे एक सिद्धान्त तार्किक आधार के रूप में रहे, लेकिन यह कोई अक्लमन्दी की बात नहीं है कि उसे ज़बरदस्ती बलपूर्वक हर परिस्थिति में लागू किया जाए। हम एक सिद्धान्त का प्रयोग उसकी वैधता की परीक्षा और बहसबाज़ी में तो कर सकते हैं, लेकिन व्यवहार के स्तर पर आपको वस्तुस्थिति के तथ्यों को देखना पड़ेगा और ख़ुद को या अपने सिद्धान्त को उसके अनुसार माँजना पड़ेगा। ज़्यादातर देशों को यह करना पड़ता है। अगर मैं कह सकूँ तो सोवियत रूस जैसा देश जो कि मार्क्सवाद के एक कठोर और सख़्त सिद्धान्त के आधार पर ख़ुद को खड़ा करना चाहता है, वह भी मार्क्सवाद की वही व्याख्या करता है जो उसके लिए मुफ़ीद है। इसका परिणाम ये है कि उसके मार्क्सवाद का मार्क्स से बहुत कम लेना-देना है। मुझे पक्का यक़ीन है कि मार्क्स ख़ुद बहुत आश्चर्यचकित होते, अगर वह यह देख सकते कि उनके सिद्धान्त की कितनी अलग-अलग व्याख्याएँ की गई हैं। आप इस चीज़ की ताक़ीद करें या नहीं, यह मायने नहीं रखता। ज़रूरी बात यह है कि रूसी लोग अपने आप में काफ़ी ठोस वास्तविकतावादी हैं। और उसी नीति को स्वीकार करते हैं जो उनके देश और उनकी पार्टी के लिए उस समय सही हो।

अब भारत की बात करते हैं। हमें चीज़ों के बारे में उसी तरह से समझना होगा जैसी वे हैं। ऐसा नहीं हो सकता कि हम कोई नारा पकड़ लें और उसे उसकी अन्तिम परिणति तक पहुँचाने की कोशिश करें। चाहे वो भारत में हो या कहीं और, केवल वही नीतियाँ सफल हो सकती हैं जो कि कुछ बेहतर परिणाम भी दे सकें। इसके अलावा और कोई दूसरा तरीक़ा नहीं है। मोटे तौर पर मैं कह सकता हूँ कि आज का मुख्य संघर्ष बहुत-सी ताक़तों के बीच में है, जिनका एक ओर तो कम्यूनिज़्म प्रतिनिधित्व करता है वहीं दूसरी ओर जो शक्तियाँ हैं उन्हें मैं कोई अलग से नाम नहीं दे सकता। उसे मैं पूँजीवाद नहीं कह सकता, क्योंकि उसमें बहुत तरह की विचारधाराएँ हैं। दुनिया में वास्तव में एक तरह का समाजवादी लोकतंत्र विकसित हो रहा है। यह धीरे-धीरे कई प्रकार से आगे बढ़ रहा है। जिस भी तरह की दो संघर्षरत ताक़तें हों, उनकी असली परीक्षा किसी युद्ध के मैदान में नहीं होने जा रही। उनकी असली और अन्तिम परीक्षा तो उनके परिणाम पर निर्भर है।

हमें अपनी समस्याओं को ठोस व वास्तविक रूप में समझने की कोशिश करनी चाहिए। कुछ समय के लिए हम उन शब्दों को नज़रअन्दाज़ कर दें, जिनका एक लम्बा इतिहास रहा है और जो दिमाग़ को भ्रमित ही करते हैं। जब हम इस या उस 'वाद' को ही तर्क के रूप में पेश करने लगते हैं तो हम अपना उद्देश्य खो देते हैं। उग्र भावनाएँ तो भड़क जाती हैं और ठोस तथ्य नज़रअन्दाज़ हो जाते हैं। कोई व्यक्ति अगर ख़ुद को समाजवादी कहता है तो यह बिलकुल सामान्य-सी बात है कि उसका एक ख़ास नज़रिया होगा और कुछ ख़ास उद्देश्य भी होंगे। किसी दूसरे व्यक्ति का सोचने का बिलकुल अलग ढंग हो सकता है। अगर आप इन दोनों लोगों

को आमने-सामने कर दें, तो यह एक-दूसरे के ख़िलाफ़ कड़े शब्द बोलेंगे और नतीजा कुछ नहीं निकलेगा। अगर वहीं दूसरी ओर वह साथ-साथ बैठें और यह कहें कि 'यह काम हमें कर डालना है' तो शायद कुछ परिणाम निकल सकता है। यहाँ भारत में हमें बहुत-सी चीज़ों की ज़रूरत है जैसे—भोजन, कपड़े, मकान, शिक्षा, स्वास्थ्य—वास्तव में ज़िन्दगी के लिए सारी महत्त्वपूर्ण चीज़ों की। हम उन्हें कैसे प्राप्त करें? निश्चित ही यह नारेबाज़ी से नहीं होगा और न ही समाजवाद या पूँजीवाद या किसी 'वाद' के पक्ष में प्रस्ताव पारित करने से होगा। हमें वस्तुओं का उत्पादन करना होगा और उन्हें सही ढंग से वितरित करना होगा। हम यही सोचें कि हम कैसे इसे सबसे अच्छे ढंग से कर सकते हैं।

इसमें कोई सन्देह नहीं है कि अमेरिकी पूँजीवाद के पास उत्पादन की अपार क्षमता है। अमेरिकी पूँजीवाद के पास यह क्षमता हमेशा एक-सी नहीं थी। यह बढ़ी है और बढ़ रही है। इसके अलावा यूनाइटेड स्टेट्स ऑफ़ अमेरिका को इस स्थिति में पहुँचने में डेढ़ सौ साल लगे हैं। इसके पास आर्थिक संसाधनों से भरा एक बहुत बड़ा क्षेत्र था। जहाँ दूसरे देशों को तमाम संघर्षों से निपटना पड़ा, वहीं उनके पास संघर्ष की कोई पृष्ठभूमि न होने से यह एक बहुत बड़ा अवसर सिद्ध हुआ। इसकी जनसंख्या भी बहुत ज़्यादा नहीं थी और न ही वहाँ सामन्ती युग की कोई विरासत थी। यह बहुत बड़े क्षेत्र वाला एक नया देश था और जिसने पिछले डेढ़ सौ सालों में विकसित होकर आज की अवस्था प्राप्त की है। इसलिए यह कहना बेतुका है कि 'जो अमेरिका करता है वही करो।' मैं अपने तरीक़े से चीज़ें करना पसन्द करूँगा, पर मैं कैसे करूँ? मेरे पास डेढ़ सौ साल तो छोड़िए पिछले सौ साल भी ऐसे नहीं रहे हैं जो व्यवस्थित हों और हम उस तरह से विकसित हुए हों, जैसा अमेरिका हुआ। मेरे पास उतना बड़ा संसाधनयुक्त क्षेत्र भी नहीं है और न ही संघर्ष और समस्याओं से मुक्ति है। मेरे पास न तो वे अवसर हैं और न ही वह समय। भारत एक बड़ा देश है, जिसकी पृष्ठभूमि में हर तरह के संघर्ष भरे पड़े हैं। बहुत तरह की ताक़तें यहाँ पर सक्रिय हैं। मुझे अपनी आज की या निकट भविष्य की समस्याएँ सुलझानी हैं, न कि सौ साल आगे की। अमेरिका में निजी उद्यम धीरे-धीरे विकसित हुआ; फिर जाकर उसने विशाल संसाधनों के साथ बहुत मज़बूत स्थिति बनाई। क्या भारत के निजी उद्यम के पास वह क्षमता, योग्यता या संसाधन हैं? इसके पास योग्यता तो है और संसाधन भी हैं लेकिन अभी वह शक्तियाँ, क्षमता नहीं है कि वो स्थिति का ख़ुद समाधान कर सके। यह एकदम साफ़ तथ्य है कि अभी आप यह नहीं कर सकते। क्या आपका निजी उद्यम नदी घाटी परियोजनाएँ अपने हाथ में ले सकता है। नहीं ले सकता क्योंकि ये इसके हिसाब से बहुत बड़े काम हैं। यह योजनाएँ तुरन्त फ़ायदा नहीं पहुँचा सकतीं। हमें सालों और सालों इन्तज़ार करना होगा। इसलिए राज्य को इन कामों को हाथ में लेना होगा। अमेरिका में रेलवे निजी कम्पनियों के स्वामित्व में है। यहाँ रेलवे हमारे पास है। क्या हमसे ये नहीं कहा जाता कि 'ये सब व्यापार में अड़चन है। निजी उद्यम को खुली छूट दो।' अगर निजी उद्यम को खुली छूट दे दी जाए तो सबसे ज़्यादा और पहला नुक़सान निजी उद्यम को ही होगा। आपसे खुलकर

कहूँ तो भारत में निजी उद्यम अभी पर्याप्त बुद्धिमान नहीं है। यह मैं सामान्य रूप से कह रहा हूँ। वह पैसा बनाने में तो काफ़ी चतुर है लेकिन वह पर्याप्त बुद्धिमान नहीं है। यह नहीं देखता कि आसपास क्या हो रहा है। हमारा निजी उद्योग दुनिया की मौजूदा उथल-पुथल को परखने की बजाय, दुनिया को उसी पुराने युग के पैमानों पर देखता है, जो युग अब लौटकर नहीं आनेवाला।

यहाँ भारत में यह देखकर मुझे हैरानी होती है कि हमारे बीच इतने सारे संघर्ष हैं और सरकार की बेकार आलोचना और निन्दा होती है। यही एक तथ्य भारत की दशा को प्रतीक रूप में यहाँ के लोगों की मनःस्थिति को दर्शाता है जो कि आलोचनाओं से आगे की बात है। इसमें कोई शक नहीं है। जब हम कोई नाज़ुक स्थिति जैसे खाद्य समस्या की बात करते हैं, हम संकट के प्रति जागरूकता दिखाने के बजाय कठोर बातें करने लगते हैं। हम अपनी ज़िन्दगी उसी पुराने हिसाब से जी रहे हैं जबकि देश में बड़ी संख्या में लोग भोजन, मकान और दूसरे अभावों से जूझ रहे हैं और हम अपनी ज़िन्दगी ऐसे जीते रहते हैं जैसे इससे कोई फ़र्क़ ही न पड़ता हो। एशिया एक संकट के मुहाने पर खड़ा है। वास्तव में सारी दुनिया अपनी प्राथमिकताओं को लेकर सतर्क है, लेकिन हममें अभी तक वह चेतना ही नहीं है! दुर्भाग्य से हमारे आसपास जो घट रहा है उसको लेकर एक तफ़रीहबाज़ी का मूड रखना अच्छा नहीं है क्योंकि तब कई बार सचाई एक सदमे की तरह सामने आती है। हमें भारत की समस्याओं के प्रति ज़िम्मेदारी लेनी होगी और उन्हें दुनिया के सन्दर्भ में देखना होगा। हमें जहाँ तक सम्भव हो ज़मीनी हक़ीक़त के लिहाज़ से उनसे निपटना होगा। हमें सुनिश्चित लक्ष्य और उद्देश्य बनाने होंगे और उनकी ओर अपने उद्देश्यों के नज़रिये से अपनी नीतियाँ बनाकर आगे बढ़ना होगा। हमें कुतर्कों या नारेबाज़ियों या विशेष शब्द-जाल से बचना होगा।

आज की आधुनिक दुनिया में आप केवल एक उद्देश्य अपने लिए तय कर सकते हैं और वह है लोगों के जीवन-स्तर को उठाना। यही एकमात्र उद्देश्य नहीं है लेकिन और दूसरी बातें इसी के अन्तर्गत आती हैं। कोई भी सरकार सामान्य जनता की भावनाओं की उपेक्षा नहीं कर सकती। आख़िरकार लोकतंत्र का आधार यही भावनाएँ हैं और अगर कोई सरकार उनकी उपेक्षा करती है तो किनारे लगा दी जाती है और दूसरी सरकारें आ जाती हैं। वो भले ही उससे अच्छी हों या बुरी हों। यह मायने नहीं रखता।

डॉ. हमीद ने अपने सम्बोधन में एक ओर तो भारी कर लगाए जाने की आलोचना की और वहीं दूसरी ओर सरकार से उम्मीद भी की कि वो कुछ निहायत ज़रूरी चीज़ें जैसे—सिंथेटिक पेट्रोल प्लांट लगाए, जिसमें क़रीब तीस या चालीस करोड़ रुपये लगेंगे। हम किसी प्रकार कर घटाकर अपने राजस्व को कम कर दें और सारी ज़रूरतें पूरी भी करें? मुझे यह समझ नहीं आता। स्वाभाविक रूप से कुछ कर सकने की हमारी क्षमता की सीमा है और टैक्स लगाने की भी एक सीमा है। हम उससे आगे नहीं जा सकते, क्योंकि फिर हमारी अर्थव्यवस्था का पूरा ढाँचा गड़बड़ा जाएगा। कुछ ज़रूरी चीज़ें निश्चित रूप से करनी हैं और अगर पर्याप्त पैसा नहीं होगा तो वो नहीं की जा सकतीं।

महानुभावो, मैं चाहूँगा कि आप इन बातों को ध्यान में रखें और उसके हिसाब से चीज़ों को सन्तुलित रूप में देखें। मैं यह चाहूँगा कि आप इस बात को महसूस करें कि इस आधुनिक युग में गुज़रे ज़माने की ओर लौटना सम्भव ही नहीं है। दुनिया का कोई भी देश उस पुराने ज़माने में नहीं जा सकता। अगर आप पुराने ज़माने की ओर लौटने का सोचते हैं तो आप शून्य में रहकर सोच रहे हैं, जो कि एक हवा-हवाई सोच है। राज्य क्या कर सकता है या उसे क्या करना चाहिए या कि उसे कितना सहयोगी नज़रिया रखना चाहिए, यह सब ध्यान देने की बातें हैं, लेकिन असली परीक्षा तो परिणाम देने की है, जिसका मतलब निजी धन-संग्रह क़तई नहीं है बल्कि सामान्य अर्थों में जनता का विकास है।

विदेश नीति को समझाते हुए

(17 फरवरी, 1953, को नई दिल्ली संसद में राष्ट्रपति के अभिभाषण पर हुई बहस पर नेहरू का वक्तव्य)

सबसे पहले, मैं इस बहस में निजी तौर पर शामिल न हो पाने के कारण माफ़ी माँगना चाहता हूँ। हमें, सरकार में रहते हुए, कभी-कभी दोनों ही सदनों के कामकाज को देखना पड़ता है और जब दोनों सदनों में एक साथ कोई विषय आ जाता है, तो दिक़्क़त बढ़ जाती है। मैंने अपने साथियों की मदद से बहस के रुख़ से ख़ुद को वाक़िफ़ रखने की कोशिश की है और यहाँ दिए गए कुछ भाषणों की रिपोर्ट पढ़ी है। यह मेरा काम और मेरा फ़र्ज़ भी है कि यहाँ और दूसरे सदन में की जानेवाली आलोचनाओं और दिए गए सुझावों को ध्यान से सुनूँ। मेरी मंशा रहती है कि मैं उनसे सीखूँ और जहाँ तक हो सके, उन्हें स्वीकार भी करूँ।

जनता, और कभी-कभी प्रेस ने राष्ट्रपति के अभिभाषण की यह कहकर आलोचना की है कि यह तो सरकार की नीतियों की पुनरावृत्ति मात्र है। राष्ट्रपति कोई नई नीति देश में लागू करने नहीं जा रहे और इसलिए उनका सम्बोधन हमारी नीतियों को दुहरानेवाला होना लाज़िमी है। इसका मक़सद घरेलू और विदेश नीति का एक मोटा-मोटी सर्वे सामने रखना है और वह ऐसा उसी भाषा में रखेंगे जो कि राज्य के प्रमुख के तौर पर उनके लिए वाजिब है।

हर सरकार का विदेशी और घरेलू नीति के हिसाब से अपना एक एकीकृत नज़रिया होना चाहिए। हालाँकि, ऐसा कर सकना आसान नहीं है क्योंकि अचानक से उठनेवाले कई अबूझे कारकों को भी देखना पड़ जाता है। यह दुनिया हमारे बस में नहीं है और दूसरे देशों के लिए भी यह क़तई ज़रूरी नहीं है कि वे हमारे हुक्म का पालन करें और हमारी इच्छाओं के अनुसार ही चलें। हमें चीज़ों को वैसे ही देखना होता है जैसी कि वे हैं, और मेरा यक़ीन कीजिए कि हालात बहुत बुरे हैं।

बहुत बड़े-बड़े बदलाव हो रहे हैं, पूरी दुनिया में इस समय खलबली मची हुई है। कुछ देश वाक़ई लड़ाइयों में उलझे हैं, बाक़ी देश युद्ध के डर में जीते हैं और वो उस बरबादी में है जो अक्सर डर अपने साथ लाती है। रोज़-दर-रोज़ बड़े तकनीकी बदलाव हो रहे हैं, भले ही वह हमारी जानकारी में हमेशा नहीं आते। दुनिया का सारा सामाजिक और आर्थिक ढाँचा उन कारणों से बदल रहा है। उनकी वजह से समाज का ढाँचा बदलता है और लोगों की सोच भी बदलती है। इसलिए ऐसा हो सकता है कि कल जो नीति हमारे लिए अच्छी थी वो आज सही न हो। कोई नीति जो उन्नीसवीं शताब्दी में आदर्शपरक और भविष्योन्मुखी थी वो आज पुरानी व अनुपयोगी हो सकती है। हम बड़ी तेज़ी से बीसवीं शताब्दी के मध्य में पहुँच गए हैं, भले ही हमने ऐसा चाहा हो या नहीं, लेकिन हमारे मन अभी भी सुदूर अतीत में अटके हुए हैं। यहाँ तक कि आज की आर्थिक और सामाजिक समस्याओं के कारणों पर भी अतीत के सन्दर्भ में चर्चा की जाती है, जबकि पिछले दो बड़े विश्वयुद्धों के चलते बहुत बड़े बदलाव दुनिया-भर में हो चुके हैं। पिछले महायुद्ध के बाद हमने देखा है कि तमाम देशों के बीच से दो बड़ी ताक़तें उभरी हैं—यूनाइटेड स्टेट्स ऑफ़ अमेरिका और सोवियत यूनियन। दूसरे देश ताक़त और तकनीकी तरक़्क़ी में उनसे बहुत पिछड़े हुए हैं। इस परिस्थिति ने सभी पुराने सन्तुलनों को उलट दिया है। इसीलिए पुराने सन्तुलनों के आधार पर बनाई गई सभी नीतियाँ और सिद्धान्त अब काम के नहीं रह गए हैं। फिर भी, मैं देखता हूँ कि लोग पुराने लहज़े में ही बातें करते हैं। ऐसा लगता है कि वे इस बात को समझ नहीं पा रहे कि आज की दुनिया में कुछ भी स्थायी नहीं है।

सुदूर पूर्व की स्थिति भी आज उससे बिलकुल अलग है जैसी वह अतीत में थी। मैं यह केवल इसलिए बता रहा हूँ क्योंकि हमें बदलती हुई परिस्थितियों के प्रति बहुत सावधान रहना है। यह बिलकुल सच है कि हमारे कुछ सिद्धान्त होने चाहिए; हमारे कुछ आदर्श और उद्देश्य होने चाहिए। मगर यही काफ़ी नहीं है। हमारे सिद्धान्तों और आदर्शों को अमली जामा पहनाना बहुत हद तक हमसे बाहर की परिस्थितियों पर निर्भर करता है। वह परिस्थितियाँ जो शायद ही कभी पूरी तरह से हमारे नियंत्रण में रहती हैं। हमें चीज़ों को वैसे ही स्वीकार करना चाहिए जैसे कि वे हैं।

मुझे इस बात में कोई शुबहा नहीं है कि यहाँ जितने भी लोग हैं वे सब अपने मन मुताबिक़ दुनिया बनाना चाहते हैं। इसी के साथ-साथ हम सब एक ख़ास दिशा में बढ़ना भी चाहते हैं जो कि हमेशा मुमकिन नहीं है, क्योंकि, हम कुछ तथ्यों को दरकिनार नहीं कर सकते, और एक लोकतांत्रिक समाज में तो यह और भी मुश्किल है। निश्चित रूप से कोई सरकार अपने उद्देश्यों के हिसाब से तेज़ी से परिवर्तन ला सकती है भले ही उसे अपने देश के बहुत सारे लोगों की भावनाओं का निरादर करना पड़े; लेकिन इस तरह की बात एक ख़ास सामाजिक और आर्थिक ढाँचे में ही सम्भव है, जब पूरी ताक़त किसी एक ही दल के पास हो। हम अन्य बड़े समूहों को नज़रअन्दाज़ नहीं कर सकते। कभी-कभी बहुमत का अपना एक रास्ता होता है और होना भी चाहिए। जब सम्माननीय सदस्य हम पर अपने आप में मगन

होने—यहाँ तक कि लापरवाह होने का आरोप लगाते हैं तो मुझे लगता है कि उन्हें मेरे और मेरे साथियों के काम करने के तरीक़े के बारे में सही जानकारी नहीं है। अगर हम लापरवाही का शिकार होनेवाले बेवक़ूफ़ होते भी, तो भी जैसी परिस्थितियों का हमें रोज़ सामना क़रना पड़ता है वह हम लोगों को, जो कि ज़िम्मेदार पदों पर हैं लापरवाह नहीं रहने देती।

मैं उन लोगों के लिए नहीं बोल सकता जो कि दूसरे देशों की सरकारों में ज़िम्मेदार पदों पर हैं, लेकिन निश्चित रूप से मैं अपने और अपने साथियों के बारे में बोल सकता हूँ। मैं आपको बताना चाहता हूँ कि हम अपनी समस्याओं के समाधान की ओर पूरी विनम्रता की भावना के साथ आगे बढ़ते हैं और इसमें कोई भी आत्म-सन्तुष्टि और दम्भ का भाव नहीं रहता है। हम महसूस करते हैं कि भले ही हम कितने ही छोटे लोग क्यों न हों, हमारी समस्याएँ, हमारे देश की समस्याएँ और इस दुनिया की समस्याएँ बहुत बड़ी हैं। हम उनकी ओर अपने सारे विवेक और वह सारा तजुर्बा जो हमारे पास है, उसी के साथ आगे बढ़ते हैं। हालाँकि हमें क़दम-दर-क़दम आगे बढ़ना है, लेकिन हमें लगातार जागरूक रहना होगा ताकि हम जब भी ज़रूरी हो तो अपने क़दम बदल सकें। हमें हमेशा दूसरों के साथ राय-मशविरा करते रहना चाहिए और हमेशा अपनी विनम्रता बनाए रखनी चाहिए।

इस सदन में जो भी ज़रूरी मामला आता है उसके लिए मैं हमेशा मदद और मार्गदर्शन लेने के लिए तैयार रहता हूँ। हमारे पास विश्व इतिहास की जो भी जानकारी और ज्ञान हो, हममें से सभी लोग भारतीय राष्ट्रीय आन्दोलन से ही निकले हैं और समस्याओं को लेकर हमारा एक समान सोच और दृष्टिकोण है। हममें से बहुत लोग जो उसी पृष्ठभूमि से थे, उन्होंने बाद में अलग रास्ता चुना और उन्हें ऐसा करने का हक़ भी था। यह क़तई ज़रूरी नहीं था कि हम सब लोग एक ही तरह से सोचें। अपनी ख़ुद की, और दुनिया की समस्याओं को लेकर हमारी समझ हमारी पृष्ठभूमि से प्रभावित होती है, लेकिन हमें इसे नये हालात के मुताबिक़ ढालना होगा।

एक बार राष्ट्रीय आन्दोलन का हिस्सा बनने के बाद हम नकारात्मक ढंग से काम करने के बारे में सोच भी नहीं सकते। निश्चित रूप से, जब हम आज़ादी के लिए लड़ रहे थे तब ज़रूरी रूप से नकारात्मकता का अपना स्थान था, लेकिन अब हम एक नये भारत का निर्माण कर रहे हैं तो यह ज़रूरी है कि हम सकारात्मक दृष्टिकोण से काम करें।

विपक्ष के माननीय सदस्य इस बात को समझेंगे कि सकारात्मक ढंग से काम करना ज़्यादा मुश्किल होता है। हमारा एक भी ग़लत क़दम देश को ख़तरे में डाल सकता है। हमारी आज़ादी का मतलब अतिरिक्त ज़िम्मेदारी भी है। हमें अपनी परेशानियों के साथ-साथ दुनिया की समस्याओं को सुलझाने में मदद और कोशिश करनी है। ऐसा नहीं है कि हम दूसरे देशों के मामलों में दख़लन्दाज़ी करना चाहते हैं, लेकिन आज के हालात में टाला भी नहीं जा सकता। हमारे अपने देश में ही राजनीतिक, आर्थिक और सामाजिक—कई समस्याएँ हैं, जिन पर ध्यान देना ज़रूरी है। इनमें से बहुत-सी समस्याओं को कई पीढ़ियों से नज़रअन्दाज़ किया

गया, लेकिन जब विदेशी सत्ता हटी तो उन पुरानी समस्याओं के साथ-साथ कुछ नई समस्याएँ भी इसमें जुड़ गईं और हमसे यह उम्मीद की जाने लगी कि हम इन सभी समस्याओं को एक साथ एक झटके में हल कर देंगे। मैं आपको याद दिलाना चाहता हूँ कि कठिनाइयों पर किसी शून्य परिस्थिति में विचार करना सम्भव नहीं है; न ही यह निर्णय करना आसान है कि क्या सही है और क्या ग़लत; इससे भी ज़्यादा मुश्किल उन सिद्धान्तों को लागू करना है जिन्हें हम सही समझते हैं। यह करने के लिए किसी के पास देश की परिस्थितियों पर पूरा अख़्तियार होना चाहिए, दुनिया पर भले ही न हो।

हमारी विदेश नीति की कई प्रकार से आलोचना की गई है। इसमें सबसे आम आलोचना तो यह है कि यह कोई नीति ही नहीं है क्योंकि इसमें बहुत कुछ अस्पष्ट है। कुछ माननीय सदस्य मानते हैं कि हम 'एंग्लो-अमेरिकी गुट' से जुड़े हुए हैं क्योंकि हम उनसे मदद की उम्मीद करते हैं। दूसरे लोग लगातार 'तीसरी ताक़त' या तीसरा गुट बनाने की बात करते हैं। एक माननीय सदस्य चाहते हैं कि हम प्रतिद्वन्द्वी गुट के साथ गठजोड़ कर लें। ऐसा नहीं है कि वह किसी ख़ास गठबन्धन के ख़िलाफ़ हैं, लेकिन वह चाहेंगे कि हम दूसरे गुट के साथ जुड़ें। इस मामले में जो सामान्य आम राय है उसके अनुसार हमें इस या उस गुट से स्वतंत्र रहते हुए अपनी नीति बनानी-चलानी चाहिए। निश्चित ही आप किसी एक या दूसरे देश के साथ सहानुभूति रख सकते हैं लेकिन यह बिलकुल अलग मामला है। किसी एक शक्तिशाली गुट के साथ जुड़ जाने का मतलब यह है कि हम अपनी ख़ुद की नीति रखने का अधिकार त्याग दें और किसी और की नीतियों का बस पालन करते रहें। पक्के तौर पर कोई भी आत्मसम्मानी व्यक्ति इस महान देश के लिए इस तरह के भविष्य की कल्पना नहीं कर सकता। मैं यह नहीं कह रहा हूँ कि हमें दूसरों के साथ सहयोग नहीं करना चाहिए या उनके साथ राय-मशविरा नहीं करना चाहिए, लेकिन साथ ही मैं यह भी कह रहा हूँ कि हमें एक स्वतंत्र नीति का ही पालन करना है। यह बिलकुल सच बात है कि कोई भी देश शून्य में नहीं चल सकता। कुछ हासिल करने के लिए उसे शेष दुनिया को ध्यान में रखना होता है और फिर अपनी कार्यप्रणाली के बारे में निर्णय लेना होता है। यद्यपि हमारी विदेश नीति स्वतंत्रता संग्राम के दौरान बनाए गए रुख़ की निरन्तरता में ही है, फिर भी, कभी-कभी हमें परिस्थितियों के अनुसार उसे लचीला बनाना पड़ता है।

किसी देश की विदेश नीति वास्तव में बहुत-सी दूसरी नीतियों का कुल जोड़ होती है, हालाँकि उनका एक सामान्य आधारभूत नज़रिया होता है। जब हम अमेरिका या इंग्लैंड या रूस या जापान या चीन या मिस्र या इंडोनेशिया के साथ तालमेल बिठाते हैं तो हमें कुछ ख़ास तरह की परिस्थितियों से जूझना पड़ता है जो उस देश के साथ-साथ अन्य देशों से भी जुड़ी होती हैं। सभी मामलों में हम एक ही रवैया नहीं अपना सकते क्योंकि सभी देशों के साथ हमारे सम्बन्धों की प्रकृति अलग-अलग है। केवल एक ही नियम ऐसा है जिसे हम सभी देशों पर लागू कर सकते हैं, वह यह कि हम सभी देशों से दोस्ताना रिश्ते रखने की कोशिश करें।

अन्ततः, विदेश नीति केवल बढ़िया सिद्धान्तों की घोषणा करना भर नहीं है, न ही यह दुनिया को दिया जानेवाला कोई दिशा-निर्देश है कि उन्हें कैसा बर्ताव करना चाहिए। वह किसी देश की अपनी ताक़त से निर्धारित और नियंत्रित होती है। अगर कोई नीति देश की क्षमता को ध्यान में रखकर नहीं बनाई जाती तो उसे लागू ही नहीं किया जा सकता। अगर कोई देश अपनी क्षमता से बढकर बात करता है तो वह अपनी साख को ही कम करता है। आपके या मेरे लिए किसी ख़ूबसूरत सूत्र वाक्य पर टिके रहना बहुत आसान है, लेकिन अगर यह सरकार या राष्ट्र द्वारा किया जाता है तो उसका कोई मतलब नहीं निकलता है। आख़िरकार, इससे हम क्या हासिल कर सकते हैं सिवाय एक सुन्दर भाषण दे लेने की सन्तुष्टि के?

किसी देश की विदेश नीति को जो ताक़त निर्धारित करती है, वह सैनिक, वित्तीय या अगर मैं कह सकूँ तो, नैतिक ताक़त होती है। यह तो बिलकुल समझ में आ सकनेवाली बात है कि भारत के पास सैनिक या वित्तीय ताक़त नहीं है। इसके अलावा, न तो हमारी सलाहियत है और न ही मर्ज़ी कि हम दूसरों पर अपनी इच्छा थोपें। फिर भी, हम किसी भी तरह से आपदाओं और युद्धों को रोकने के लिए और जहाँ तक सम्भव हो मानवता की उन्नति में सहायता करने के लिए तत्पर हैं। हम अपने नज़रिये को व्यक्त तो करते हैं और जो सीमित ताक़त हमारे पास है, उससे अपने उद्देश्य पर काम भी करते हैं लेकिन अगर हम एक ऐसी नीति को पकड़ लें जिसे लागू करने की स्थिति में ही न हों, तो हम दूसरे देशों की निगाह में ख़ुद को गिरा लेंगे और घोर ग़ैर-ज़िम्मेदार देश माने जाएँगे। हम जिस विदेश नीति पर चल रहे हैं, उसकी तारीफ़ करना या उसका पक्ष लेना मेरे लिए मुश्किल है, क्योंकि अभी मुझे इस पर बहुत काम करना है। मुझे उम्मीद है कि मेरा यह कहना ग़लत नहीं होगा कि निश्चित रूप से, हमारी नीति के चलते बहुत से देशों की मित्रता हमने हासिल की है। मुझे इस बात पर विश्वास है कि आज कोई भी देश ऐसा नहीं है जो वास्तव में हमसे शत्रुता रखता हो। यह स्वाभाविक है कि कुछ देश दूसरे देशों के बनिस्बत हमसे ज़्यादा दोस्ताना हैं, लेकिन जो देश कभी-कभार हमारी आलोचना करते हैं वो भी हमारे प्रति अपने मन में स्थायी आक्रोश नहीं रखते हैं।

इसकी वजह हमारी वह नीति है और जिस तरह से हम अपनी नीति को लागू कर रहे हैं, उससे हमने यह स्थिति प्राप्त की है। हमने दूसरे देशों की निन्दा करने, उनकी छवि धूमिल करने या उन्हें बुरा-भला कहने के नये कूटनीतिक खेल में शामिल न रहने की कोशिश की है। इसका यह मतलब ज़रूरी नहीं कि वह जो कुछ कहते या करते हैं उससे हम सहमत हैं; हम उनसे सहमत नहीं भी हो सकते, लेकिन केवल उन पर चिल्लाने से कुछ नहीं होनेवाला है, और इसके अलावा यह भी है कि ऐसा करना उनके प्रति अभद्रता भी होगा। हमें न केवल राजनीतिक और आर्थिक कारकों का ध्यान रखना होता है बल्कि बहुत सारी दूसरी सूक्ष्म मनोवृत्तियों जैसे भय आदि का भी विचार करना होता है। यह बहुत ख़तरनाक संकेत है कि दुनिया में कुछ सबसे बड़े और ताक़तवर देशों में भी भय की मानसिकता घर करती जा रही है। यह बात वास्तव में ख़ुशी देनेवाली है—और मुझे लगता है यह सच भी है—कि, भले

ही ताक़त के मामले में हम दुनिया के महान देशों के बराबर न ठहरते हों, फिर भी, अगर मैं कह सकूँ तो, हम वे लोग हैं जो भय की मानसिकता की कम से कम गिरफ़्त में हैं। बेशक, कुछ लोग इसका कारण तथ्यों के प्रति हमारी अज्ञानता कह सकते हैं। निश्चित ही तथ्यों का अपना वजूद है; लेकिन मानव जीवन में कुछ सूक्ष्मतम मनोवृत्तियाँ भी होती हैं और अगर हमें उनसे असरदार तरीक़े से निपटना है तो कम से कम हमें वह तरीक़ा अख़्तियार करना होगा जो हमारे रास्ते में बाधा बनने की बजाय मददगार बने। कहने का मतलब यह है कि हमें दूसरे देशों को नीचा दिखाने से बचना चाहिए। हम अपने विचार तो ज़रूर व्यक्त कर सकते हैं, जब ऐसा करना ज़रूरी हो; हम कह सकते हैं कि हम किसी ख़ास देश से इत्तेफ़ाक़ नहीं रखते और हमारे हिसाब से यह चीज़ ग़लत है; या किसी ख़ास मुद्दे पर सहमत नहीं हैं, लेकिन हमें इससे आगे नहीं बढ़ना चाहिए।

यहाँ 'तीसरी ताक़त' के बारे में बात की गई है। मैं यह नहीं समझ पा रहा कि दरअसल इसका मतलब क्या है। अगर इसका मतलब किसी तरह के पावर ब्लॉक या सैनिक गुट या ऐसी ही किसी और चीज़ से है, तो मुझे लगता है कि इसकी कोई ज़रूरत नहीं है, और इसके अलावा यह व्यावहारिक रूप से सम्भव भी नहीं है। आज कुछ बड़े-बड़े देश भी उन दो विशाल देशों की तुलना में, छोटे ही हैं। यह बड़ी बेतुकी बात होगी कि एशिया के कुछ देश एक साथ आ जाएँ और ख़ुद को सैनिक क्षमता में तीसरी ताक़त या तीसरी सत्ता के रूप में घोषित कर दें। बहरहाल इसका अलग ढंग हो सकता है। बजाय ख़ुद को तीसरी ताक़त या तीसरे ब्लॉक के रूप में घोषित करने के, इसे एक ऐसे क्षेत्र के रूप में कहा जा सकता है कि जो युद्ध नहीं चाहता, जो शान्ति के लिए सकारात्मक तरीक़े से काम करना चाहता है और आपसी सहयोग में विश्वास करता है। मैं चाहूँगा कि मेरा देश इन्हीं सब चीज़ों के लिए काम करे। बेशक, हमने ऐसा ही करने की कोशिश की है लेकिन थर्ड ब्लॉक या एक तीसरी ताक़त का विचार इसमें बाधा डालनेवाला है। यह लोगों को डराता है, ख़ासकर उन्हें, जिनके साथ हम सम्पर्क करना चाहते हैं। वह देश जो इन दो शक्तिशाली गुटों में से किसी एक के साथ नहीं जुड़ना चाहते हैं और जो शान्ति के लिए काम करने के इच्छुक हैं, उन्हें हर हाल में एक साथ आना चाहिए; और हमें अपनी ओर से इसे सम्भव करने के लिए सब कुछ करना चाहिए। यही हमारी सामान्य नीति है और मुझे लगता है कि हमें इस पर बिना शोर-शराबे के अमल करना चाहिए। मुझे शोर-शराबे से वैसे तो कोई दिक़्क़त नहीं लेकिन हमें कुछ ख़ास लक्ष्य हासिल करने हैं और शोर-शराबे से वे देश, जिनके साथ हमें सम्पर्क करना है, उलझन में पड़ सकते हैं।

सुदूर पूर्व की समस्या यू.एन.ओ. के एजेंडे में है, और इसके अगले सत्र में इस पर बातचीत होना तय है। मैं अभी यह नहीं कह सकता कि वहाँ हमारे प्रतिनिधियों को तब क्या करना होगा, क्योंकि बहुत कुछ उन परिस्थितियों पर निर्भर करता है जो अगले दो सप्ताह या उसके बाद बन सकती हैं। मैं सिर्फ़ इतना कह सकता हूँ कि वह लोग मोटे तौर पर हमारी अपनाई गई नीति पर चलने की भरपूर कोशिश करेंगे।

मैं यहाँ कोरिया से सम्बन्धित उस प्रस्ताव की तरफ़ इशारा कर रहा हूँ जो हमने संयुक्त राष्ट्र में रखा है। जबसे कोरियाई युद्ध शुरू हुआ है, तभी से हम इसके प्रति बहुत चिन्तित रहे हैं, इसलिए नहीं कि हम उसमें हस्तक्षेप करना चाहते थे या दूसरों पर अपनी धौंस ज़माना चाहते थे बल्कि इसलिए कि हम शायद किसी अन्य देश से ज़्यादा उसमें मदद करने की स्थिति में थे। संघर्षरत देशों के साथ हमारे सम्बन्ध बहुत सौहार्द्रपूर्ण थे। दूसरे देशों के साथ ऐसा नहीं था, इसलिए उनके लिए ऐसा कुछ कर पाना मुश्किल था। हमने कोरिया के पीड़ित लोगों के प्रति अपनी ख़ास ज़िम्मेदारी समझी और बहुत गहराई से यह महसूस किया कि कोरिया में चल रही बर्बादी और विनाश को किसी भी क़ीमत पर रोका जाना चाहिए।

मैं पिछले इतिहास में नहीं जाना चाहता, लेकिन हमारे द्वारा कई क़दम उठाए गए थे, जिनके तुरन्त परिणाम तो नहीं मिले, लेकिन बाद में यह महसूस किया गया कि वह सही क़दम थे। सबसे पहली बात जो हमें सुदूर पूर्व की स्थिति के बारे में लगती है, और जिसके बारे में हम सब सहमत हैं, वह यह है कि समस्या झूठ-मूठ की ही सही, लेकिन इसे हल करने की कोई कोशिश तब तक कामयाब नहीं हो सकती जब तक कि हम उस बड़े देश, चीन, के साथ तालमेल नहीं बिठाते। इसीलिए हमने शुरू में ही पीपल्स रिपब्लिक ऑफ़ चाइना को मान्यता दी और यू.एन.ओ. में और अन्य जगहों पर दूसरे देशों से ऐसा ही करने की गुज़ारिश की, बिना इसकी परवाह किए कि उन्हें चीन की नीतियाँ पसन्द हैं या नहीं। चीन आँखों के सामने खड़ी सचाई है, और इससे आँखें चुराना यू.एन.ओ. की भावना और चार्टर का खंडन—पता नहीं यह शब्द इस्तेमाल करना चाहिए या नहीं, लेकिन उसके विरुद्ध तो ज़रूर है। किसी (देश) को यह कहने का अधिकार नहीं कि यू.एन.ओ. केवल उन देशों का प्रतिनिधित्व करने के लिए बना है जो उसकी नीतियों के साथ हैं। बदक़िस्मती से यही प्रवृत्ति यू.एन.ओ. में घर कर गई है। नतीजा यह हुआ है कि चीन जैसे एक बड़े देश के साथ ऐसा बर्ताव किया गया कि जैसे वो है ही नहीं, और चीन के तट पर स्थित एक छोटे से द्वीप को चीन के प्रतिनिधि के रूप में स्वीकार कर लिया गया। कमाल की बात है। मेरा दावा है कि यही तथ्य उस समस्या की जड़ में है जो सुदूर पूर्व में पैदा हुई है।

सचाई को नकारने से बनावटी नीतियाँ बनती हैं, इस वक़्त ठीक यही हो रहा है।

यू.एन.ओ. में कोरियन प्रस्ताव को प्रायोजित करने से कुछ महीने पहले से; हम चीन, यू.के. और यू.एस.ए. के साथ-साथ अन्य देशों की सरकार के साथ लगातार सम्पर्क में थे। हम इस बात को लेकर काफ़ी चिन्तित थे कि ऐसा कोई क़दम न उठाया जाए जिससे हमें या किसी और पक्ष को शर्मिंदा होना पड़े, क्योंकि फिर इसमें मदद करना हमारे लिए मुश्किल हो जाएगा। कभी-कभी हम किसी एक पक्ष को दूसरे पक्ष के सामान्य दृष्टिकोण और उनके नज़रिये के बारे में सूचित करते रहते थे। हम ऐसा करने की स्थिति में इसलिए थे क्योंकि विदेश में हमारे मिशन के प्रमुखों ने उन देशों के साथ सम्पर्क बनाए रहने पर ध्यान दिया था, जिसके लिए उन्हें अधिकृत किया गया था। इसीलिए हम उस प्रस्ताव को मोटे तौर पर चीनी दृष्टिकोण के हिसाब से

तैयार कर सके जैसा कि हमने सोचा था कि उसे ऐसा ही होना चाहिए। मैं यह नहीं कहता कि यह चीनी दृष्टिकोण की सौ प्रतिशत नुमाइन्दगी करता था, लेकिन बेशक यह उस दृष्टिकोण को रखने की एक कोशिश ज़रूर थी। इसका मुख्य ज़ोर इस बात पर था कि क़ैदियों के आदान-प्रदान के लिए जिनेवा सम्मेलन की परम्परा का पालन किया जाना चाहिए।

मेरी बातों से यह न समझा जाए कि हम अपने प्रतिनिधियों द्वारा चीन को लेकर दिए गए कथनों के लिए प्रतिबद्ध हो गए थे। हमने केवल यह पता लगाने की कोशिश की कि चीन किस तरह से चीज़ों को करना चाहता है। यह किसी एक पक्ष के लिए सम्भव ही नहीं है, भले ही वह कितना ही बड़ा हो, कि वो हर मामले में अपने ही तरीक़े से काम करे, और जब हमने अपना प्रस्ताव तैयार किया तो हमने समस्या के इस पहलू को नज़रअन्दाज़ नहीं किया।

अब, इस प्रस्ताव से जुड़ी एक अन्य बात को दिमाग़ में रखना होगा कि यह प्रस्ताव केवल क़ैदियों के आदान-प्रदान की समस्या से निपटने के लिए था। जो लोग यह जानना चाहते हैं कि इसमें युद्ध विराम से जुड़े सवालों को शामिल क्यों नहीं किया गया वह इस केस से जुड़े तथ्यों को भूल जाते हैं। हम सभी जानते हैं कि समझौते से सम्बन्धित बातचीत इससे पहले डेढ़ साल तक पनमुन्जन में चल रही थी। बड़ी मुश्किलों के बाद, हर एक मुद्दे पर सहमति बनी थी, सिवाय क़ैदियों की अदला-बदली के। स्वाभाविक है कि समझौता वार्ता का प्राथमिक उद्देश्य संघर्ष विराम था और यह उस समझौते का पहला परिणाम था। इसलिए हमने केवल अभी तक अनसुलझे मुद्दे, उन क़ैदियों के आदान-प्रदान का सवाल उठाया जिनके निपटारे के लिए पहले से ही संघर्ष विराम पर सहमति बन गई थी। जब यह प्रस्ताव वास्तव में लिखा गया, उसके पहले ही उन सिद्धान्तों का विस्तार से प्रारूप तैयार कर लिया गया था जिन पर यह टिका था। वह सिद्धान्त पीपुल्स गवर्नमेंट ऑफ़ चाइना को उनकी राय के लिए पिछले नवम्बर की शुरुआत में भेज दिए गए थे। एक पखवाड़ा बीत गया—मैं उस समय अवधि के बारे में याददाश्त के आधार पर बोल रहा हूँ—और हमें बताया गया कि हमारे संवाद पर ध्यान से विचार किया जा रहा है। मैं कह सकता हूँ कि हमें कई अवसरों पर, चीन सरकार समेत बहुत-सी सरकारों द्वारा, अपने शान्ति-प्रयास जारी रखने की हमारी कोशिशों को प्रोत्साहित किया गया। हमारी ऐसी कोई इच्छा नहीं थी कि हम अपने आपको ज़बरदस्ती वहाँ धकेलें जहाँ हमारी ज़रूरत न हो। यह सच है कि चीनी सरकार ने हमारे साथ सहयोग करने का कोई वादा नहीं किया था, लेकिन साथ ही उन्होंने ऐसा करने से इनकार भी नहीं किया था, और हमने महसूस किया कि हम आराम से आगे बढ़ सकते हैं। हो सकता है यह ग़लत निर्णय रहा हो, लेकिन हमने इस दिशा में काफ़ी प्रगति की और चीज़ें आगे बढ़ रही थीं। सिद्धान्तों का जो प्रारूप हमने तैयार किया था, उसमें और हमारे अन्तिम प्रस्ताव में कोई बहुत ज़्यादा अन्तर नहीं था। बहरहाल, हमने सम्बन्धित पक्षों को प्रस्ताव भेजा और कुछ दिन बीत गए—मुझे याद नहीं कितने—जब हमने वास्तव में प्रस्ताव रखा। जैसा कि सदन को याद होगा कि इसे लेकर जो पहली प्रतिक्रिया थी वह अस्वीकृति की ही थी

और संयुक्त राज्य अमेरिका ने इसे ख़ारिज कर दिया। तब तक हमें इस बात का कोई अन्दाज़ा नहीं था कि चीनी और सोवियत सरकारों की क्या प्रतिक्रिया रहेगी। उन्होंने विस्तार से, हमें सूचित किया कि उन्होंने इसे स्वीकृति नहीं दी है। स्वाभाविक रूप से हम बहुत निराश हुए। तब हम कर भी क्या सकते थे? कुछ लोगों का मानना है कि हमें उसी समय प्रस्ताव वापस ले लेना चाहिए था। यह सही है कि केवल प्रस्ताव को पास कराने का कोई मतलब नहीं था जबकि उसका उद्देश्य एक सहमतिमूलक समझौते का हो। हमने भी इस बात को महसूस किया लेकिन दूसरी तरफ़ हमारे पास ज़्यादा विकल्प नहीं थे। इससे पहले कि हम अपना प्रस्ताव यू.एन.ओ. में वापस लेते, वहाँ कई लोग ऐसे थे, सब के सब, जो मेरी नज़र में आक्रामक हो रहे थे और वो स्थितियों को निश्चित तौर पर और ख़राब कर देते। हम उन्हें समर्थन नहीं दे सकते थे और अगर अवसर आता तो हम उनके ख़िलाफ़ मतदान भी करते। सोवियत संघ या पूर्वी यूरोप के किसी अन्य देश के एक प्रस्ताव ने तत्काल युद्ध विराम के महत्त्व पर ज़ोर दिया। हमें संघर्ष विराम का स्वागत करना चाहिए था लेकिन यह बिलकुल साफ़ था कि प्रस्ताव पारित नहीं किया जाएगा। कई देशों का यह ख़याल था कि अगर युद्ध के दबाव के बावजूद, पूरे साल के वाद-विवाद के बाद भी, क़ैदियों के मुद्दे को हल नहीं किया जा सका तो भले ही संघर्ष विराम हो जाए, इसका समाधान कभी नहीं होगा। इसीलिए वो तब तक बातचीत को जारी रखने के पक्ष में थे जब तक कि सभी मुद्दों पर हमेशा के लिए कोई फ़ैसला न हो जाए और सभी पक्ष उससे सन्तुष्ट न हो जाएँ। जहाँ तक हमारे प्रस्ताव की बात है, उससे जुड़ी हुई यह कुछ परेशानियाँ थीं। और फिर, इसे बड़े पैमाने पर समर्थन भी मिला था, लेकिन दुर्भाग्य से, इससे जुड़े हुए कुछ प्रमुख पक्ष इससे राज़ी नहीं थे। तथ्य यह भी है कि यह प्रस्ताव हमारा नहीं था बल्कि उसे सदन की ओर से प्रस्तावित किया गया था। हमें एक यथार्थवादी दृष्टिकोण ही अपनाना था, लेकिन हम समझ नहीं पा रहे थे कि क्या हम प्रस्ताव वापस ले लें और मुद्दे को उसके हाल पर छोड़ दें? वैसे भी यह प्रस्ताव कोई हुक्मनामा तो था नहीं, सो हमें लगा कि शायद यह विषय पर आगे होनेवाले सोच-विचार में मदद कर सकता है।

क्या मैं इसी से जुड़ी एक और बात कह सकता हूँ? मैं समझ रहा हूँ कि कुछ सदस्यों ने कोरिया में हमारे चिकित्सा दल को भेजने के क़दम का समर्थन नहीं किया है। यह दल हमने कोरिया में पूरी तरह से चिकित्सीय राहत देने के लिए भेजा था, और, मैं यह ज़रूर कहूँगा, कि इसने बहुत अच्छा काम किया है, और इसके साथ ही अपने लिए कुछ महत्त्वपूर्ण तजुर्बे भी हासिल किए हैं। अपनी तरह से यह आज दुनिया के सबसे बेहतरीन चिकित्सा दलों में से एक है। इसने लड़ाई में हिस्सा नहीं लिया, क्योंकि हम चिकित्सीय राहत देने के लिए तो तैयार हैं, लेकिन हमारा युद्ध से उस तरह कोई लेना-देना नहीं है।

मुझे लगता है मैंने इस मुद्दे पर कुछ ज़्यादा ही वक़्त ले लिया है और अब मुझे दूसरे विषय पर बात करनी चाहिए। मुझे बताया गया है कि मेरे दोस्त आचार्य नरेन्द्र देव ने, जिनकी राय को मैं बहुत अहमियत देता हूँ, देश की आर्थिक स्थिति

के बारे में निराशा व्यक्त की और कहा कि पंचवर्षीय योजना के सफल होने की कोई उम्मीद नहीं है।

देश की आर्थिक दशा के बारे में पूरा-पूरा नज़रिया रखना आसान नहीं है और न ही इसे कुछ वाक्यों में समेटा जा सकता है। हममें से कोई भी इसे लेकर एक बेपरवाह नज़रिया नहीं रख सकता लेकिन मुद्दा यह है कि भोजन, ज़मीन, उद्योग और अन्ततः बेहतर उत्पादन और बेहतर वितरण की हमारी कठिनाइयों को कैसे दूर किया जाए। जब पंचवर्षीय योजना बनाई जा रही थी, तब इस सब पर विस्तार से सोचा गया था।

पंचवर्षीय योजना का सबसे बड़ा फ़ायदा यह है कि हमने पहली बार अपनी समस्याओं को पहचाना है। सैद्धान्तिक दृष्टिकोणों की अपनी जगह है और मेरा मानना है कि वह ज़रूरी भी है, लेकिन एक सिद्धान्त को वास्तविकता में उतारा ही जाना होता है। इस मामले में हमें यह समझना होगा कि हम अपने संसाधनों से बहुत आगे नहीं जा सकते। और मैं सोचता हूँ कि पंचवर्षीय योजना में हम अपने उद्देश्यों को बिना भूले हुए यथार्थवादी निष्कर्षों पर पहुँचे हैं। हम जिस गति से चल रहे हैं, मैं चाहूँगा कि उसकी रफ़्तार बढ़े, और, वास्तव में, मुझे बहुत ख़ुशी होगी अगर माननीय सदस्यगण इसके लिए कुछ व्यावहारिक सुझाव दे सकें।

मैं मानता हूँ कि खाद्यान्न की स्थिति में काफ़ी सुधार हुआ है और मुझे विश्वास है कि इसके लिए दूसरे अन्य कारकों के साथ-साथ सरकार की नीति भी ज़रूर ज़िम्मेदार है। लोग रायलसीमा में अकाल या अकाल जैसी स्थितियों की बात कर रहे हैं जो पिछले साल हुई थी और कर्नाटक और बम्बई राज्य के कुछ हिस्सों में इस साल हुई है। वह सही कह रहे हैं। फिर भी, मैं सदन को याद दिलाना चाहूँगा कि हालाँकि हम आज 'अकाल' शब्द का प्रयोग करते हैं—वैसे मैं यह शब्द प्रयोग करना पसन्द नहीं करता—लेकिन यह हम उस सन्दर्भ से बिलकुल अलग हटकर करते हैं जो कि पुराने दौर में करते थे जब अंग्रेज़ यहाँ पर थे। तब अकाल का मतलब होता था कि लाखों लोग मक्खियों की तरह मरते थे। वहीं अब कोई एक व्यक्ति भूख से या किसी अन्य कारणों से मरता है तो ख़ूब विरोध होता है। आज के समय में एक नई राजनीतिक चेतना आई है और मैं इसे लेकर बहुत ख़ुश हूँ। 1942-43 में बंगाल के अकाल में 35 लाख लोग मरे थे। मैं बताना चाहूँगा कि अब स्थिति अलग है। मैं यह बात इसलिए कह रहा हूँ कि अभी पिछले दिनों एक विदेशी सज्जन यहाँ आए और वह अकाल वाले इलाक़ों में गए। उन्होंने कहा, 'आप इन इलाक़ों में अकाल होने की बात करते हैं। मैंने यहाँ किसी को भी मरा हुआ या मरते हुए नहीं देखा है। यह अकाल नहीं है।' ज़ाहिर है, उनके दिमाग़ में अंग्रेज़ी शासन के दिनों के अकाल थे।

यह कोई छोटी उपलब्धि नहीं है कि भयंकर प्राकृतिक आपदाओं में, जैसे बारिश की कमी और सूखा, जिन्होंने काफ़ी बड़े इलाक़ों पर असर डाला, राज्य सरकारों ने केन्द्र सरकार के सहयोग से, स्थितियों को बदतर होने से बचाया है और लोगों को काम और आपदा-राहत देकर इसे काबू में रखा है। दुर्भाग्य से, वे लोगों को कठिनाइयों और भूख से हमेशा नहीं बचा सके। उदाहरण के लिए बम्बई की सरकार ने लोगों को कमी वाले क्षेत्रों में भोजन देने की अपनी ज़िम्मेदारी स्वीकार की

है, भले ही वह काम उपलब्ध कराकर की गई या किसी और तरीक़े से। इसे कुछ सम्माननीय सदस्यों ने रायलसीमा और कर्नाटक के इलाक़ों में ज़रूर देखा होगा। दो साल पहले, बिहार में एक बड़ा प्रशासनिक प्रयास किया गया जिसे ठीक-ठाक सफलता भी मिली। दुर्भाग्य यह है कि हम दुर्घटनाओं, जैसे मानसून का न आना, से सन्तोषजनक तरीक़े से नहीं निपट पाते। जैसा कि मैंने कहा, प्राकृतिक आपदाएँ बहुत भारी नुक़सान कर देती हैं लेकिन हम अपनी क्षमता बना रहे हैं जिससे कि इस तरह की स्थितियों से निपट सकें। भयंकर आपदाओं से निपटना मुश्किल है, लेकिन हमें आनेवाले दो-तीन सालों में प्राकृतिक आपदाओं से पार पाने में सक्षम हो जाना चाहिए। तब तक, मुझे लगता है कि यद्यपि मैं कोई वादा नहीं कर रहा, हम कुल मिलाकर भोजन के मामले में आत्मनिर्भर हो जाएँगे।

कुछ लोग कहते हैं कि हम हमेशा खेती की बात करते हैं और उद्योगों को नज़रअन्दाज़ करते हैं। मैं उद्योगों के विकास को सर्वोच्च प्राथमिकता देता हूँ लेकिन मुझे शक है कि भारत में तब तक कोई वास्तविक औद्योगिक विकास हो सकता है जब तक हमारे पास खेती का एक मज़बूत आधार न हो। निस्सन्देह, हमें हर मोर्चे पर विकास करना है। देश की आर्थिक संवृद्धि कोई आसान मामला नहीं है। हमें राष्ट्र की बचतों की और दीर्घकालिक निवेश की बहुत समझदारी से योजना बनानी है। भविष्य की पीढ़ियों के लिए कुछ बचाने का मतलब है आज की पीढ़ी पर कुछ दबाव बनाना। इसका मतलब, अगर मैं कह सकूँ तो, आत्मसंयम और मितव्ययिता है। किसी अधिनायकवादी सरकार के लिए यह ख़ूब सम्भव है कि वह किसी नीति को हुक्म सुनाकर लागू कर दे जिसे वो देश के लिए सही समझती हो; लेकिन एक लोकतांत्रिक देश के लिए यह उतना आसान नहीं है। यह बहुत मुश्किल है कि जो लोग कल तक भुखमरी में हों, उन्हें आज एकदम पकवान मिलने लगें। यूनाइटेड किंगडम और अमेरिका जैसे महान देशों को भी अपने को बनाने में डेढ़ सौ साल लगे। जो माननीय सदस्य इतिहास से वाक़िफ़ हैं, वह जानते हैं कि यह सब मज़दूर वर्ग के लिए बहुत तकलीफ़ भरा था। उनका स्वामी वर्ग भी ख़ुद में ऐशो-आराम और विलासिता वाला नहीं था, वह आत्मसंयमी और मितव्ययी था, वे बचाते थे ताकि उनके औद्योगिक यंत्र बढ़ सकें और यह उन्होंने एक भारी क़ीमत पर किया। इंग्लैंड में यह करना कठिन नहीं था क्योंकि उस समय उनकी संसद पर एक छोटे से धनिक वर्ग का ही आधिपत्य था। अमेरिका में परिस्थितियाँ अलग थीं जहाँ पर बहुत बड़े-बड़े इलाक़े थे। हम बहुत से मामलों में बिलकुल अलग स्थिति में हैं : एक तो हमारे यहाँ एक बड़ी भारी जनसंख्या है जो कि हर साल बढ़ती है और उसे ठीक-ठाक रखना होता है। इसके अलावा हम एक लोकतांत्रिक ढाँचे में भी हैं जिसमें वयस्क मताधिकार है।

कुछ लोग सलाह देते हैं कि हमें व्यक्तिगत सम्पत्ति पर भारी कर लगाकर उगाही करनी चाहिए जिसे हम निवेश के लिए बचा सकें। कुछ दूसरे लोग यह मानते हैं कि सामान्य जीवन स्तर ऊपर उठाया जाए, जो कि मनोवैज्ञानिक रूप से भले ही कुछ अच्छा लगे, लेकिन उससे हमें कुछ ख़ास मिलेगा नहीं। जो वास्तव में सबसे ज़रूरी

है, वह है उत्पादन दर में बढ़ोतरी। भविष्य में उत्पादन के लिए ज़रूरी उपकरण चाहिए और उसके लिए हर हाल में बचत करनी ही होगी। इसके लिए और दूसरी समस्याओं के समाधान के लिए, हमारे पास एक सुनिश्चित औद्योगिक, वित्तीय और भूमि नीति होनी ही चाहिए। इसलिए हमने पंचवर्षीय योजना शुरू की है और इसका अच्छा पहलू यह है कि इसने लोगों को सामान्य तौर पर योजना बनाकर जीने को प्रेरित किया है। इसने हमें ज़मीनी सच्चाइयों के प्रति जागरूक भी किया है। मसलन, हम अपनी स्थिति और संसाधनों की वास्तविकता से परिचित हुए हैं। निश्चित ही, हम जब चाहें तब योजना में तब्दीलियाँ भी ला सकते हैं। हालाँकि यह ख़तरनाक है कि हम इसे लगातार बदलने के लिए ही सोचते रहें।

सदन को याद होगा कि राष्ट्रपति के सम्बोधन में लोक-कल्याणकारी राज्य का एक बिन्दु उठाया गया है। उन्होंने यह भी कहा है कि विकास की असली परीक्षा इसमें है कि उससे रोज़गार बढ़े और आख़िरकार बेरोज़गारी ख़त्म हो जाए। स्वाभाविक है कि अगर बेरोज़गारी है तो लोक-कल्याणकारी राज्य की स्थापना नहीं हो सकती। जो भी हो, किसी बेरोज़गार के लिए तो लोक-कल्याणकारी राज्य का हिस्सा होने का कोई मतलब ही नहीं, वह बेचारा तो ऐसे ही राज्य के बाहर है। लोक कल्याणकारी राज्य के आदर्श को पाने के लिए हमें कड़ी मेहनत, ऊँचे प्रयास और सहयोग भावना दिखानी होगी, और, मैं इस सदन से और देश से यह सहयोग देने की अपील करता हूँ।

आख़िर में, मैं प्रजा परिषद के आन्दोलन के बारे में कुछ कहना चाहूँगा। मेरे दोस्त, माननीय आचार्य नरेन्द्र देव ने इसका सन्दर्भ लिया और कहा कि उनके विचार से यह पूरी तरह साम्प्रदायिक आन्दोलन था जिसे उन लोगों ने शुरू किया जो भूतपूर्व महाराजा और ज़मींदार वर्ग के समर्थक थे। उन्होंने यह भी सुझाव दिया कि एक जाँच समिति बनाई जाए जो यह पता लगाए कि इस आन्दोलन ने, जो कि मूलत: एक वर्गीय आन्दोलन था, किस तरह से और लोगों को प्रभावित किया। मैं इससे सहमत हूँ कि जाँच होनी चाहिए लेकिन हम यह भी ज़रूर याद रखें कि इस प्रश्न के कुछ पहलुओं का जवाब हम नहीं जान पाएँगे, जितना कि दूसरे कुछ पहलुओं का। इस आन्दोलन के मायने को समझने के लिए हमें इसके ख़ालिस आर्थिक पहलू को दूसरे पहलुओं से अलगाना होगा जो कि राजनीतिक, संवैधानिक और शायद अन्तर्राष्ट्रीय भी है।

जैसा कि सदन जानता है, राज्य के चीफ़ जस्टिस—जो बहुत ज़िम्मेदार और योग्य अधिकारी हैं—की अध्यक्षता में एक सरकारी आयोग इसके आर्थिक पहलुओं की पड़ताल के लिए बनाया गया है। अगर यह आयोग ग़ैर-सरकारी होता तो इसे तुरन्त ग़ैर प्रतिनिधित्व वाला कहकर ख़ारिज कर दिया जाता। मैं सदन को बताना चाहता हूँ कि कश्मीर सरकार के लिए यह लगभग असम्भव था कि वह उन्हीं लोगों के अधीन एक आयोग का गठन करती जो कि उसके ख़िलाफ़ थे। अगर इसने ग़ैर-सरकारी लोगों को लेकर आयोग का गठन किया होता तो दूसरे ग़ैर-सरकारी लोग कह सकते थे कि : 'यह आपकी ही पार्टी के लोग हैं।' मैं समझता हूँ कि कश्मीरी सरकार ने बहुत बुद्धिमानी से एक पूरी तरह सरकारी आयोग का गठन किया है जिसके निष्कर्षों को वह स्वीकार और लागू कर सकती है।

मसले के दूसरे पहलुओं पर बहुत-सी बातें कही गई हैं जो कि राजनीतिक क़िस्म की हैं। जिन माननीय सदस्य ने मुझसे बात की उन्होंने राष्ट्रीय एजेंडे के बारे में कुछ कहा। कश्मीर की संविधान सभा ने यह बार-बार कहा है कि राष्ट्रीय ध्वज कश्मीर राज्य का सबसे ऊँचा ध्वज है जैसा कि यह शेष भारत के लिए है और इसलिए यह समय-समय पर फहराया जाता रहा है। यह देखना दिलचस्प है कि बहुत से वह लोग जो राष्ट्रीय झंडे के प्रति अपना सम्मान दिखा रहे हैं, उन लोगों ने अतीत में खुले तौर पर यह कहा हुआ है कि उनकी मंशा इसे बदलकर अपने ख़ुद के पार्टी झंडे को लाना है। साम्प्रदायिक संगठनों ने, चाहे वह जम्मू में हों या दिल्ली में, शायद ही कभी हमारे झंडे के प्रति सम्मान दिखाया है और अब वे इसे अपने आन्दोलन के लिए दूसरे लोगों की सहानुभूति पाने के लिए इस्तेमाल कर रहे हैं। मेरी इस मामले में मुख्य तकलीफ़ और दुख यह है कि ग़लत उद्देश्यों के लिए सही चीज़ों का इस्तेमाल और शोषण किया जा रहा है।

यहाँ पर ऐसा कोई नहीं है जो यह नहीं चाहता कि जम्मू और कश्मीर का भारत के साथ सबसे क़रीबी जुड़ाव रहे। इस उद्देश्य के बारे में कोई मतभेद नहीं है, लेकिन जिस तरह से इसे आगे बढ़ाया जा रहा है उसने इसे हासिल करना बहुत कठिन कर दिया है। जम्मू और कश्मीर राज्य के साथ हमारा मिलना केवल जम्मू और कश्मीर की जनता की इच्छा पर आधारित है; हम इस विलयन को बन्दूक़ की नोक पर प्राप्त नहीं कर सकते।

इसलिए हमारी नीति यह होनी चाहिए कि हम उन्हें डराने-धमकाने की बजाय प्यार और सद्भाव से उन्हें जीतें। हम जम्मू और कश्मीर के स्टेटस को न बदलें और उसे भारत संघ के साथ एक अलग अस्तित्व में रहने दें। जम्मू और कश्मीर रियासत का भारत के साथ विलय उसी तरह का था जैसा किसी भी दूसरे राज्य का हुआ था। हालाँकि, उस समय यह सोचा गया था कि रियासतों का भविष्य में भारत में जिस तरह से एकीकरण किया जाएगा, उसमें कुछ अन्तर हो सकता है। निश्चित रूप से हम इस तरह से नहीं सोचते थे कि सारी रियासतों को भारत संघ में लाने का तरीक़ा एक-सा ही होगा। यह मैं 1947 या शायद शुरुआती 1948 की बात कर रहा हूँ। ज़ब जम्मू और कश्मीर की रियासत भारत में मिली तो यह उसी तरीक़े से पूरी मिली जैसे कोई भी दूसरी रियासत थी, ताकि आंशिक विलयन का सवाल ही न रहे। यह बात मैं ख़ासतौर से उन लोगों को बताना चाहूँगा जो कि संयुक्त राष्ट्र में उस प्रस्ताव की बात करते हैं जिसमें जनमत संग्रह की सम्भावना कही गई थी। उसका, कश्मीर का भारत में विलयन से कोई लेना-देना नहीं है। यह विलयन सम्पूर्ण है। हालाँकि विलयन को एकीकरण से अलग करके ही देखना होगा। जम्मू और कश्मीर का पहले भारत में विलयन हुआ और उसके बाद किसी भी दूसरी रियासत की तरह इसका एकीकरण हुआ। और यह एकीकरण उसी प्रकार का था जैसा दूसरों का। बहरहाल, स्व. वल्लभ भाई पटेल ने बुद्धिमानी से दूसरी रियासतों के लिए पूर्ण एकीकरण की नीति अपनाई, लेकिन जैसी कि परिस्थितियाँ थीं, हम वही नीति कश्मीर में नहीं अपना सके। क्योंकि वहाँ युद्ध चल रहा था और वह लगभग एक अन्तर्राष्ट्रीय मसला बन चुका था।

पिछले साल, और अधिक विलयन का सवाल उठा—मतलब विलयन को लेकर नहीं, बल्कि कुछ ख़ास व्यवस्थाओं को लेकर—भारत सरकार और कश्मीर के बीच बहुत-सी चीज़ों को लेकर समझौता हुआ जिससे यह सदन सहमत था और उस समझौते का लागू होना और अधिक एकीकरण के समान ही था।

हमसे कभी-कभी पूछा जाता है कि उस समझौते को अभी तक पूरा लागू क्यों नहीं किया गया है। यह सवाल ऊपरी तौर पर जायज़ लगता है लेकिन तथ्य यह है कि जम्मू और कश्मीर की सरकार, दूसरी सरकारों की अपेक्षा एक स्वायत्तशासी सरकार है। यह उस पर निर्भर करता है कि उन परिस्थितियों के लिए ज़िम्मेदारी उठाए जिनका उसे सामना करना पड़ सकता है। अगर बंगाल या बम्बई या मद्रास में कुछ होता है तो हम केवल सलाह दे सकते हैं। क्योंकि वह स्वायत्तशासी राज्य हैं और वहाँ की स्थानीय स्थितियों-परिस्थितियों से उन्हें ख़ुद ही निपटना है। यही बात कश्मीर के लिए भी सच है। हम कश्मीर सरकार को कोई आदेश नहीं दे सकते और न ही कोई इसके लिए समय सीमा बाँध सकते हैं। हम उनके मामले ख़ुद उन्हें निर्णय लेने के लिए उन पर छोड़ते हैं और वह जो एक्शन ठीक समझें, ले सकते हैं।

युद्ध और दूसरी घटनाओं को देखते हुए कश्मीर को एक अन्तर्राष्ट्रीय रंग मिला और इसलिए इसे एक अलग केस के रूप में देखना पड़ा। जम्मू प्रजा परिषद का बलवा उसी दिन से शुरू हो गया था जब भारत सरकार और कश्मीर के बीच हुए समझौते के कुछ हिस्से को लागू किया जा रहा था और जब राज्य के नये प्रमुख, सदर-ए-रियासत, जो कश्मीर विधान सभा द्वारा चुने गए और हमारे राष्ट्रपति द्वारा अप्रूव किए गए थे, जम्मू पहुँचे थे। परिषद के कार्यकर्ताओं ने युवराज के स्वागत समारोह में बाधा डालने की कोशिश की और वहाँ बनाए गए विजय तोरण द्वार को फाड़ दिया। इस तरह से यह सब शुरू हुआ और तब से आज तक जारी है। अगर कश्मीर सरकार समझौते की बाक़ी शर्तों को लागू करना चाहती, तो वह तब तक ऐसा नहीं कर सकती थी जब तक कि इस स्थिति से पहले निपट न ले। इस आन्दोलन के कारण कुछ हद तक उसके हाथ बँधे हुए थे। पिछले सौ सालों में कश्मीर का इतिहास ऐसा रहा है कि उसे बार-बार जीता गया है और उसका स्थानान्तरण, ख़रीद-फ़रोख़्त और न जाने क्या-क्या वहाँ हुआ है। राजनीतिक और दूसरे लिहाज़ से, राज्य का जम्मू प्रान्त उसी तरह सबसे महत्त्वपूर्ण था जैसे कि हैदराबाद पुराने दिनों में था, जब वहाँ पर मुस्लिम बिरादरी का आधिपत्य था। अब चीज़ें बिलकुल बदल गई हैं।

स्वाभाविक है, हैदराबाद बदल चुका है। वहाँ जो सामन्ती व्यवस्था पहले थी अब जा चुकी है, और उसके साथ ही बड़ी जागीरें भी ख़त्म हो गई हैं। इससे स्वाभाविक तौर पर उन लोगों के बीच काफ़ी आक्रोश रहा जो उस सामन्ती व्यवस्था पर ही निर्भर करते थे, जैसे कि वह लोग जो वहाँ की सशस्त्र सेनाओं पर निर्भर थे जिन्हें भंग कर दिया गया। मैं दोनों स्थितियों की तुलना नहीं कर सकता क्योंकि दोनों में बहुत बड़े अन्तर भी हैं। लेकिन बहुत-सी समानताएँ भी हैं, क्योंकि, जम्मू और हैदराबाद, दोनों जगहों पर ऐसे ताक़तवर गुट थे जिन्होंने उन राजनीतिक बदलावों का विरोध किया

जो कि हो रहे थे और जिनका नये भूमि सुधारों से भी विरोध था। इसी तरह, दोनों जगहों पर, आर्थिक कठिनाइयों की पृष्ठभूमि में भी कुछ एक समान विशेषताएँ हैं।

प्रजा परिषद के आन्दोलन ने जल्दी ही एक हिंसात्मक रुख़ अख़्तियार कर लिया। इस समय यहाँ मेरे पास जम्मू कश्मीर सरकार के सौ से ज़्यादा अधिकारियों के विवरण मौजूद हैं जिनमें डिप्टी कमिश्नर, पुलिस अधीक्षक, स्कूल मास्टर और कांस्टेबिल शामिल हैं। यह लोग वहाँ घायल हुए हैं। बहुत सारे स्कूलों की इमारतें लूटी गई हैं, फर्नीचर और दूसरी चीज़ों को नष्ट किया गया है और छोटे सरकारी कार्यालय और कोषागार लूटे गए हैं। यह 'शान्तिपूर्ण' सत्याग्रह का अजीबोग़रीब मामला है। बहरहाल, कश्मीर सरकार को इन स्थितियों से निपटना है, लेकिन यह बात इस सदन को ज़रूर समझनी होगी कि इस आन्दोलन के गम्भीर और दुर्भाग्यपूर्ण नतीजे होंगे। परिषद की माँग जम्मू के भारत में पूर्ण विलय की है लेकिन अगर जम्मू की यह इच्छा मान ली गई और कश्मीर को पिक्चर से बाहर कर दिया गया तो स्वाभाविक रूप से राज्य विघटन की भेंट चढ़ जाएगा।

यह दृष्टिकोण बिलकुल अजीबोग़रीब है, इससे तो केवल भारत के दुश्मनों को ही मदद और आनन्द मिलेगा। मैं देखकर हैरान हूँ कि भारत में ज़िम्मेदार लोग इस तरह के बलवे का समर्थन करते हैं जिसका परिणाम केवल भारत को नुक़सान ही हो सकता है और इससे जम्मू के लोगों को भी नुक़सान से बचाया नहीं जा सकता। अगर यह बलवा सफल होता है तो इससे जम्मू के लोगों का नुक़सान होगा। इस आन्दोलन के दौरान जो भाषण दिए गए उनकी कुछ रिपोर्ट मुझे पढ़ने को मिली हैं। ऐसी अपीलें की गईं कि भारत सरकार को पलट दिया जाए जिससे कि दूसरी नीति लागू की जा सके। सभी को अपनी ख़ुद की सरकार बनाने का आवाहन करने का अधिकार है, लेकिन जम्मू परिषद की तरफ़ से यह माँग करना केवल किसी और बड़ी चीज़ का एक बहाना मात्र है। यह माँगें व्यावहारिक रूप से सही हैं या नहीं, इस बात की इस समय जिनेवा में चर्चा की जा रही है। स्वाभाविक रूप से हम इस बात के लिए चिन्तित हैं कि यह संघर्ष ख़त्म हो और सामान्य स्थितियाँ बहाल हों और वाजिब शिकायतें दूर की जा सकें। मुझे पक्का विश्वास है कि कश्मीर सरकार भी उसी तरह से चिन्तित है जैसे कि हम हैं, लेकिन हम किस तरह से जटिल संवैधानिक और अन्तर्राष्ट्रीय समस्या को तय कर सकते हैं? हमारे लिए यह मुश्किल है कि हम इस पर दूसरे लोगों के साथ बातचीत करें क्योंकि हमें बहुत सारे पक्षों के साथ सलाह-मशविरा करना है। हमसे यह उम्मीद की जा रही है कि हम प्रजा परिषद के लोगों के साथ इन समस्याओं पर बीच बाज़ार चर्चा करें! मुझे नहीं समझ में आता कि यह कैसे किया जा सकता है।

प्रिंसिपल देव प्रसाद घोष ने सुझाव दिया कि कश्मीर के आक्रान्ताओं और जनमत संग्रह पर जिनेवा में चर्चा की जानी चाहिए। मैंने जनसंघ के नेताओं के साथ चर्चा की कि आक्रान्ताओं से कैसे छुटकारा पाया जा सकता है। बहरहाल, यह सवाल सैनिक मामले, राजनीतिक मामले, संवैधानिक और राष्ट्रीय मसले से जुड़ा हुआ है। चूँकि पाकिस्तान, इस मामले में आक्रमणकारी है, तो यह सवाल समग्रता में भारत और पाकिस्तान के बीच युद्ध और शान्ति की समस्या से जुड़ा हुआ है। हमें समस्या की

प्रकृति और गहराई समझनी होगी और इस पर भावनाओं को अलग रखकर चर्चा करनी होगी। इस सवाल को जम्मू परिषद के आन्दोलन से जोड़कर देखने से हम इसे एक साम्प्रदायिक रंग दे रहे हैं और ऐसा करना, मेरी समझ से सारे देश के लिए घातक है। यह चीज़ देश का विघटन कराएगी और हमारी आज़ादी पर विराम लगा देगी। और इन दोनों दृष्टिकोणों में इतनी चौड़ी खाई है कि इनमें आपसी समझौते की सम्भावना खोजना निराधार आशावाद होगा।

मेरे माननीय दोस्त डॉ. कुंजरू[1] ने इस बात पर गहरी चिन्ता जताई और खेद व्यक्त किया कि पिछले एक सप्ताह या दस दिन में पंजाब में कुछ लोगों को गिरफ़्तार किया गया है और उन्हें नज़रबन्द किया गया। मुझे लगता है कि लगभग बारह के आसपास लोगों को गिरफ़्तार किया गया है। मुझे समझ नहीं आ रहा कि क्या डॉ. कुंजरू यह कहना चाहते थे कि किसी भी व्यक्ति को किसी भी परिस्थिति में गिरफ़्तार नहीं किया जाना चाहिए और न ही नज़रबन्द किया जाना चाहिए, या, वह ऐसा सोचते हैं कि पंजाब में जिस तरह की स्थितियाँ बन रही हैं उसमें यह नहीं होना चाहिए था।

अगर उनका मतलब पहली बात से है, तो मैं कहूँगा कि उनसे सहमत होना मुश्किल है और निश्चित ही मैं यह नहीं कर सकता; न ही कोई भी देश उनसे इस बात पर अन्तिम रूप से सहमत हो सकता है। यह तो सही है कि यह चीज़ सामान्य तौर पर नहीं की जानी चाहिए और मुझे उम्मीद है कि इसे सामान्य तौर पर किया भी नहीं गया; कुछ ख़ास परिस्थितियों के कारण ऐसा किया गया है। जब पंजाब, जम्मू के लोगों को चीज़ें मुहैया कराने का एक ज़रिया बना तो जम्मू के लोगों ने हर उस हथकंडे का इस्तेमाल वहाँ लोगों को साम्प्रदायिक आधार पर भड़काने के लिए और मुसीबतें पैदा करने के लिए किया। उनके यह तौर-तरीक़े अब भी दिल्ली में इस्तेमाल किए जा रहे हैं और पश्चिमी उत्तर प्रदेश के कुछ शहरों में भड़काऊ और विस्फोटक नारों के साथ जुलूस निकाले जा रहे हैं। निश्चित ही इससे काफ़ी गम्भीर स्थिति बन सकती है। इसमें से कुछ बवाल तो सीज़ फायर लाइन के बहुत ही नज़दीक हुए। चूँकि पाकिस्तानी सेना उस तरफ़ थी, इसलिए हम इस बात को लेकर सचेत थे कि हमारी सेना वहाँ से पूरी तरह बाहर रहे। वास्तव में यह उपद्रव सुनियोजित थे और यह माना जा सकता है कि उनका मक़सद सेना को उत्तेजित करना था। मैं जानता हूँ कि पंजाब सरकार हफ़्तों से इस सबको लेकर बहुत चिन्तित थी क्योंकि आख़िरकार ज़िम्मेदारी तो उन्हीं की बनती है, भले ही उन्होंने कुछ किया हो या नहीं।

मैं माफ़ी चाहता हूँ कि मैंने आपका बहुत ज़्यादा वक़्त लिया लेकिन सदन के सामने राष्ट्रपति के अभिभाषण से जो विषय सामने आए हैं वह केवल भारत से ही सम्बन्धित नहीं हैं बल्कि सारी दुनिया से हैं और इसीलिए हम पर, एक संसद के रूप में, यह ज़िम्मेदारी आती है कि हम अपनी समस्याओं का सामना गरिमा और संयम से करें और हमेशा अपने उसूलों को अपने सामने रखें और हमेशा विनम्रता के भाव में रहें।

~

1. कश्मीरी स्वतंत्रता सेनानी जो भारत की संविधान सभा के सदस्य भी थे।

आज़ादी और मनमानी

(आल इंडिया न्यूज़पेपर एडिटर्स कॉन्फ्रेंस, नई दिल्ली में दिया गया वक्तव्य, 3 दिसम्बर, 1950)

अध्यक्ष महोदय और मित्रो, आपने मुझे एक प्रधानमंत्री के रूप में इंगित और सम्बोधित किया है और शायद आपने इसी रूप में मुझे आमंत्रित भी किया है। फिर भी, मैं आपसे एक प्रधानमंत्री के रूप में बात नहीं करना चाहूँगा। वैसे तो मैं इस तथ्य से ख़ुद को छुड़ा नहीं सकता, लेकिन, मैं आपसे अनौपचारिक रूप से दोस्तों की तरह बात करना चाहूँगा, जैसे कि दोस्त गम्भीर और उलझाऊ समस्याओं पर संजीदा बातचीत के लिए मिलते हैं। क्योंकि, हम आज तमाम कठिन परिस्थितियों के दबाव में ही मिल रहे हैं।

आज, अगर कोई चाहे तो, यह हमारे लिए बहुत आसान है कि हम, या कोई भी, लोगों की आलोचना और देशों की निन्दा शुरू कर दे। लेकिन मूल बिन्दु यह है : यह बहाव हमें कहाँ पहुँचाएगा? अगर हमारे सामने उद्देश्य स्पष्ट हैं, तो हम जो कहते या करते हैं उससे उसकी ओर बढ़ रहे हैं या हम उससे दूर जा रहे हैं? यह मुख्य पैमाना है। सामान्य दिनों में, निस्सन्देह कुछ सीमा तक, इससे फ़र्क़ नहीं पड़ता कि कौन क्या बोल या क्या कर रहा है, क्योंकि यह चीज़ बहुत नुक़सान नहीं करती; और अगर यह नुक़सान करे भी तो हम इससे बच सकते हैं। लेकिन, संकट के समय में, या एक गम्भीर आपात स्थिति में, जो कुछ कहा या किया जाता है, वह बहुत मायने रखता है : एक ग़लत शब्द या एक ग़लत कार्य का बहुत दूरगामी परिणाम हो सकता है।

जैसा कि माना जाता है, प्रेस हमारे और ख़ासकर लोकतांत्रिक देशों के जीवन में एक बहुत बुनियादी भूमिका अदा करती है। दूसरी जगहों पर यह भूमिका अधिनायकवादी निर्देशों के अनुरूप निभाई जाती है, जबकि, लोकतांत्रिक देशों में इससे यह उम्मीद की जाती है कि क़ानून की सीमाओं के अन्तर्गत रहते हुए, यह वही कहे जो इसे ठीक लगे, इस सम्बन्ध में क़ानून बहुत ही उदार है।

जब किसी समूह को ताक़त और विशेषाधिकार मिलते हैं तो बहुत भारी ज़िम्मेदारी भी साथ लाते हैं। हमने स्वतंत्रता हासिल की और हमें इस पर गर्व भी होता है, लेकिन स्वाभाविक रूप से स्वाधीनता या स्वतंत्रता केवल एकपक्षीय मामला नहीं है, यह बड़ी ज़िम्मेदारियाँ भी लेकर आता है। जैसे कि जब इस पर हमला हो तो इसकी रक्षा करनी होती है, केवल बाहरी हमलों से ही नहीं, बल्कि उससे भी ज़्यादा महत्त्वपूर्ण है कि अन्दरूनी हमलों से भी इसकी रक्षा की जाए।

आख़िरकार, एक देश को बाहरी ख़तरों से ज़्यादा अन्दरूनी सड़न के प्रति सजग रहना होता है। आज़ादी के साथ ही, स्वाभाविक ही, बाहरी आक्रमण के प्रति एक ज़िम्मेदारी का भाव आता है, जिसे सब समझते भी हैं कि हमें इससे रक्षा करनी है। लेकिन, आख़िरकार, दूसरी ज़िम्मेदारी ज़्यादा महत्त्वपूर्ण है और वो है राष्ट्र की आन्तरिक शक्ति, राष्ट्र के मनोबल और आत्मविश्वास को बनाए रखना। यह तभी

सम्भव है जब उस बात को माना जाए, जिसे मैं मोटे तौर पर सही सलाह नाम दूँगा, और वह है, एक गम्भीर व तटस्थ विचार मंथन को अपनी आदत बना लेना और समस्याओं के प्रति एक गम्भीर समझ विकसित करना। संकट के समय में यह और भी ज़रूरी हो जाता है, क्योंकि तब लोग उत्तेजना के वश में हो जाते हैं और उन्माद में चले जाते हैं और हर झूठी अफ़वाह को सही मानने लगते हैं।

अख़बार, सही में, कई प्रकार के होते हैं और भारत में तो यह हज़ारों की संख्या में हैं। कुछ ज़िम्मेदार अख़बार हैं; कुछ अख़बार ऐसे हैं जो कभी ज़िम्मेदारी निभाते हैं और कभी ग़ैर-ज़िम्मेदार हो जाते हैं; कुछ अख़बार ज़्यादातर ग़ैर-ज़िम्मेदारी भरे होते हैं; और कुछ तो केवल काग़ज़ के पन्ने होते हैं, जिनको कल्पना की उड़ान भरने में महारत होती है और घोर ग़ैर-ज़िम्मेदारी से चलते हैं। ख़ुशक़िस्मती से यह बाद वाले महत्त्वपूर्ण नहीं हैं। पुराने दौर में यह होता था या कम से कम ऐसा सोचा जाता था कि, सरकार उन अख़बारों को दबाती थी, जो कि सरकार की निगाह में ग़लत प्रवृत्ति वाले हों। निश्चित रूप से यह एक बहुत ग़लत दृष्टिकोण है, क्योंकि आप बुराई का इलाज उसे दबाने की कोशिश करके नहीं कर सकते।

तब हम क्या करें? क्योंकि कभी-कभी बुराई बढ़ भी सकती है और सार्वजनिक हित के लिए ख़तरनाक भी बन जाती है। स्वाभाविक रूप से इसका सही उपाय यह है कि आप जैसा कोई संगठन इसमें सीधे दिलचस्पी ले, निस्सन्देह लोगों को दंडित करने के भाव से नहीं—दंड देने का सवाल ही नहीं है—लेकिन जो लोग अख़बारों के लिए ज़िम्मेदार हैं, उनके बीच में एक मज़बूत आम राय बनाएँ कि किसी भी कर्तव्य-भ्रष्ट को रोका जा सके, या किसी भी तरह से, जनता को यह जानकारी दी जा सके कि फलाँ शख़्स सही ढंग से काम नहीं कर रहा है। मैं सोचता हूँ कि यह बहुत ज़रूरी है क्योंकि जहाँ एक ओर भारतीय प्रेस के मुख्य अंग ख़बरों और स्थितियों को एक ऊँचे स्तर की ज़िम्मेदारी के साथ दिखा रहे हैं, वहीं, दूसरी ओर कुछ ऐसी पत्र-पत्रिकाएँ हैं, जो कि मुझे अपनी घोर ग़ैर-ज़िम्मेदारी से हैरान कर देती हैं। इसमें कोई शक नहीं कि लोग उन्हें पढ़ते हैं और उनसे प्रभावित भी हो जाते हैं। हम इस चीज़ से कैसे निपटें, यह समझना ज़रूरी है। इसके साथ, शक्ति और विशेषाधिकार को ज़िम्मेदारी के साथ कैसे निभाया जाए, यह बड़ा सवाल है। एक बार इंग्लैंड के प्रधानमंत्री श्री स्टैनले बार्डविन ने इंग्लैंड में प्रेस के तौर-तरीक़ों से नाराज़ होकर कहा कि प्रेस तो एक वेश्या की सी ताक़त और ग़ैर-ज़िम्मेदारी के साथ काम करता है। यह तो मामले को बहुत अतिवादी तरीक़े से कहना हुआ, लेकिन मुख्य बात यह है कि जब हमारे पास ताक़त या अधिकार आ जाए तो उसके साथ ही अपरिहार्य रूप से एक कर्तव्यबोध भी आता है। आप दोनों को अलग-अलग नहीं कर सकते।

हम अपने अधिकारों के लिए लड़ते रहे हैं और आख़िरकार उन्हें पा भी लिया है। ऐसे में हम यह भूल जाते हैं कि अधिकार अपने आपमें तब तक अधूरा है और हम उसे लम्बे समय तक उपभोग नहीं कर सकते, जब तक कि उसके साथ जो कर्तव्य जुड़ा है उसको अगर कोई राष्ट्र या उसका बड़ा हिस्सा याद न रखे। चाहे कोई व्यक्ति हो या नागरिक हों या संगठन हों, हम अधिकारों और अपने विशेषाधिकारों के

बारे में ही सोचते रहते हैं और अपने कर्तव्य के बारे में ग़ौर नहीं करते। यह देश को कमज़ोर बनाता है और हम केवल आलोचना और शिकायत करनेवाले बन जाते हैं, जिनके पास कुछ भी रचनात्मक योगदान के लिए नहीं होता। यह बात मोटे तौर पर देश के लिए भी लागू होती है, लेकिन प्रेस के लिए यह बात और ज़्यादा सही है। पुराने दौर में प्रेस ने सरकारी हस्तक्षेप से मुक्ति के लिए संघर्ष किया और धीरे-धीरे क्रमशः इसे व्यापक स्वतंत्रताएँ मिली हैं। मुझे लगता है कि मैं कह सकता हूँ कि हमारी और जो भी कमियाँ रही हों—'हम' से आशय सरकार से है--आज प्रेस को जितनी अभिव्यक्ति की स्वतंत्रता मिली हुई है, या कि जितना वह इसका उपभोग कर रहा है, उसकी तुलना दुनिया के किसी देश से नहीं की जा सकती।

मैं आपसे खुलकर अपनी बात कहूँगा। उस आज़ादी के नाम पर जो कुछ लिखा जा रहा है वो मुझे भयानक रूप से ख़तरनाक दिखता है। मेरी समझ से प्रेस की स्वतंत्रता, एक व्यापक नज़रिये से, केवल एक नारा-भर नहीं है, बल्कि यह लोकतांत्रिक प्रक्रिया का बुनियादी गुण है। मुझे इसमें कोई शक नहीं है कि भले सरकार प्रेस द्वारा ली गई छूट को नापसन्द करे और उसे ख़तरनाक समझे, तब भी प्रेस की स्वतंत्रता में हस्तक्षेप करना ग़लत है। उस पर रोक लगाने से आप कुछ बदल नहीं पाएँगे; आप लोगों के दिमाग़ में जो घुमड़ रहा है उसे केवल दबा-भर सकते हैं, और इससे वह विचार और भी ज़्यादा फैलेगा। इसलिए मैं उस स्वतंत्रता को कुचलने या एक नियंत्रित प्रेस बनाने की अपेक्षा एक पूरी तरह से स्वतंत्र प्रेस देखना चाहूँगा, भले ही उसमें स्वतंत्रता के दुरुपयोग के कारण सारे ख़तरे मौजूद रहें।

बिना ज़िम्मेदारी के अहसास के आज़ादी धीरे-धीरे कुछ-कुछ मनमानी जैसी हो जाती है। मनमानी एक भ्रामक शब्द है और मैं इसे पसन्द नहीं करता, लेकिन इस सन्दर्भ में इसे इसलिए इस्तेमाल कर रहा हूँ क्योंकि इससे बेहतर कोई दूसरा शब्द मेरे ज़ेहन में फ़िलहाल नहीं आ रहा है। आख़िरकार मनमानी एक मानसिक विघटन है और अगर राजनीति रूपी शरीर में मानसिक विघटन आ जाए तो स्वाभाविक रूप से यह प्रत्येक अंग पर असर डालता है। यह बात अख़बारों पर भी लागू होती है। अगर उनकी आज़ादी के साथ-साथ उनकी आज़ादी और ग़ैर-ज़िम्मेदारी भी बढ़ती है, तो न केवल इससे उनकी आज़ादी ख़तरे में आ जाएगी, बल्कि उनकी साख को भी नुक़सान पहुँचेगा। हमारे पास हर तरह से स्वतंत्रता होनी चाहिए, लेकिन, हमें सार्वजनिक गतिविधियों में एक निश्चित ईमानदार दृष्टिकोण रखना चाहिए और इसमें प्रेस भी शामिल है। हम जानते हैं कि, पहले और वर्तमान में भी पत्रकारों ने इस बाबत ऊँची मिसालें क़ायम की हैं कि प्रेस को कैसा होना चाहिए, और मुझे कोई शक नहीं है कि ज़िम्मेदार अख़बारकर्मी किसी भी तरह से उस स्तर तक पहुँचने की कोशिश करते हैं। बहरहाल, मुझे लगता है कि इसमें अख़बारकर्मियों और उनके संगठन के लिए सही दृष्टिकोण यह होगा कि वो इस समस्या से निपटें। यह किसी भी बाहरी संस्था द्वारा नहीं किया जा सकता। भले ही वह संस्था सरकार ही क्यों न हो। उन्हें अपना स्तर ख़ुद से ऊपर उठाना चाहिए, किसी दंड के द्वारा नहीं—क्योंकि वह सरकार की कार्यकारी शाखा नहीं है—बल्कि ग़लत राह पर चल रहे अपने साथियों

को साफ़-साफ़ बताना चाहिए कि जो वह कर रहे हैं वह ग़लत है। मैंने ध्यान दिया है कि जब कुछ पत्र-पत्रिकाएँ ग़ैर-ज़िम्मेदाराना ढंग से काम करती हैं तो शायद ही दूसरी पत्र-पत्रिकाएँ उनके इस रवैये की आलोचना करती हैं। मैं जानता हूँ कि अख़बारों के लिए एक-दूसरे का नाम उछालना ग़लत है और न ही मैं अख़बारकर्मियों के बीच में कोई विवाद बढ़ाना चाहता हूँ। मेरा मतलब सिर्फ़ इतना है कि एक ज़िम्मेदार संस्था को यह अधिकार है कि वो उस व्यवसाय के ऐसे किसी दूसरे सदस्य को रोक सके जो खुलेआम कुछ ग़लत कर रहे हैं। निश्चित ही प्रत्येक व्यक्ति को अपने विचार व्यक्त करने का पूर्ण अधिकार है और मैं इससे इनकार नहीं कर रहा; मैं सिर्फ़ उस अतिशय उत्तरदायित्वहीनता और अभद्रता को रोकने की बात कह रहा हूँ, जितना नीचे कोई अच्छी साख वाला व्यक्ति नहीं उतरेगा। मेरा मानना है कि इस तरह की संस्था को सख़्ती से—चाहे आप विनम्रतापूर्वक कहें लेकिन दृढ़ता से—साफ़ कर देना चाहिए कि इस तरह की चीज़ों को स्वीकार नहीं किया जाएगा। इस तरह वो जनता को इस विषय में सही राह दिखा रहे होंगे।

मैंने अभद्रता का ज़िक्र किया। यह एक अजीब दुनिया है, जिसमें हम रह रहे हैं और जो तेज़ी से बदल रही है। हम उम्मीद करते हैं कि सारी परेशानियों और विनाशलीलाओं के बावजूद आख़िर में कुछ बेहतर निकलेगा। लेकिन आज के दौर का यह बहुत निराशाजनक और गम्भीर तथ्य है कि बहुत तेज़ी से दुनिया के नैतिक और मानसिक स्तर में गिरावट आ रही है। हम खंडित हैं और धीरे-धीरे टुकड़ों में तब्दील हो रहे हैं। आख़िरकार, इस विखंडन की प्रक्रिया से गुज़रते हुए हम कुछ विक्षिप्त से और मानसिक रूप से उन्मादी हो जाते हैं और कुछ भी समझ पाने में असमर्थ हो जाते हैं। आख़िरकार, अगर हमारे जीवन में कुछ मूल्य नहीं है तो ज़िन्दगी एक तरह से खोखली हो जाती है। जब तक हमारे पास कुछ निश्चित सार्वजनिक और निजी मूल्य नहीं होंगे, तब तक यह समझना मुश्किल रहेगा कि हम किधर जा रहे हैं और हम क्या करने की कोशिश कर रहे हैं। महान देशों को एक बुनियादी जीवन-स्तर तो हासिल करना ही है, हमारे लोग बस किसी तरह रोटी का इन्तज़ाम करके नहीं जी सकते। आप में से वह लोग, जिनको पिछले तीस सालों के भारत के इतिहास का या व्यक्तिगत अनुभव है, उन्होंने इस बात पर ध्यान दिया होगा कि इतिहास के उस दौर के लोगों में उच्च नैतिकता का स्वर था। लोग अब भी वही हैं। वे बदल नहीं गए हैं। उनमें अभी भी वही कमियाँ और वही गुण हैं। सारे देश को एक झटके में बदल पाना आसान नहीं है, लेकिन आप उन्हें उनके गुणों और अच्छाइयों या उनकी कमज़ोरियों और असफलताओं के बारे में सोचने के लिए विवश कर सकते हैं। मुझे लगता है कि हमारी सार्वजनिक ज़िन्दगियों में हमने पिछले तीस सालों में ऊँचे मानक—वाक़ई ऊँचे मानक—बनाए। ऐसा एक महान व्यक्ति के कारण हुआ जिसने हमें नेतृत्व दिया और उसने अपने लिए उच्च मानक बनाए, लेकिन यह भी तथ्य है कि हमने भी उन मानकों को प्राप्त किया और इसलिए आज का यह निम्न स्तर और ज़्यादा ध्यान देने लायक़ और परेशान करनेवाली बात है। हमें इसके ख़िलाफ़ लड़ना है। अभद्रता या अश्लीलता सारी दुनिया में फैली है और किसी भी

तरह से यह केवल भारतीयों की ही ख़ासियत नहीं है। लेकिन कुछ भी हो, हमें इससे निपटना है। जीवन को, आख़िरकार कई सारे दृष्टिकोणों—राजनीतिक, आर्थिक और दूसरे—से समझा जा सकता है; यह सब बहुत महत्त्वपूर्ण हैं, लेकिन निश्चित रूप से इससे आगे भी कुछ है; वरना आप राजनीतिक चिन्तन और आर्थिक ख़ुशहाली से जो कुछ पाते हैं उसका कोई महत्त्व नहीं रहेगा। यह देखना बहुत तकलीफ़देह है कि जीवन में जो भी गरिमापूर्ण था, वह धीरे-धीरे छूट रहा है और जो अशिष्टता और असभ्यता है, उसका धीरे-धीरे विस्तार हो रहा है और वह बढ़ रही है। एक व्यक्ति अच्छा या बुरा, असभ्य या कुछ और हो सकता है। लेकिन किसी देश के लिए यह बहुत ख़तरनाक चीज़ है कि उसमें मूल्यों के प्रति इतनी गिरावट आ जाए। इस दिशा में प्रेस सबसे ज़्यादा महत्त्वपूर्ण भूमिका निभा सकता है। यह असभ्यता के ख़िलाफ़ लड़ने में बहुत मदद कर सकता है। हो सकता है कि राजनीतिक मुद्दों पर अख़बारों का नज़रिया स्वीकार न किया जाए। मुझे ख़ुद इस बात में सन्देह है कि राजनीतिक राय बनाने में अख़बारों का कोई बड़ा प्रभाव पड़ता हो। निस्सन्देह वो ख़बरें देते हैं; लेकिन मुझे सन्देह है कि राजनीतिक रूप से उनका कोई बड़ा असर पड़ता है। आपने दूसरे देशों—लोकतांत्रिक देशों—में देखा है कि भारी संख्या में अख़बार एक पार्टी का समर्थन करते हैं, और दूसरी पार्टी चुनाव जीत जाती है। इसलिए ऐसा लगता है कि अख़बारों का लोगों की राय पर उतना असर नहीं पड़ता जितना लोग सोचते हैं। मैं पक्के तौर पर जानता हूँ कि वह बहुत ताक़त रखते हैं, केवल रोज़मर्रा की ख़बरों से नहीं बल्कि उस ढंग से जिस तरह से वो ख़बरें दिखाते हैं, वो ढंग नियंत्रित या ढीली अभिव्यक्ति का हो सकता है और असभ्यता या इसकी अनुपस्थिति का हो सकता है। यह रोज़ की ख़ुराक लगातार दिए जाने से पाठक के दिमाग़ को प्रभावित करती है। अगर आप उनसे यह या वह करने को कहें तो वो विरोध कर सकता है, लेकिन रोज़ की हल्की डोज़ अगर सही है तो उनके दिमाग़ पर अच्छा असर करेगी और अगर वह ग़लत है तो दिमाग़ को भ्रष्ट बना देगी। हमारे ऊँचे आदर्शों के बावजूद इस देश की सामाजिक अन्तश्चेतना में कुछ ख़ास कमियाँ हैं। मैं कहीं पर भी सख़्ती करने के विचार के ही सख़्त ख़िलाफ़ हूँ और भारत जैसे बड़े देश में तो यह और भी ज़्यादा ज़रूरी है, जहाँ पर जीवन के प्रति इतने अलग-अलग दृष्टिकोण और तत्त्व हैं। लेकिन मैं लोगों के ढीले और ग़लत व्यवहार तथा अनुशासनहीनता के ख़िलाफ़ हूँ। यह हमें शारीरिक रूप से तो कमज़ोर बनाता ही है, लेकिन उससे भी बुरी बात यह है कि यह हमें मानसिक रूप से भी कमज़ोर करता है। इस मामले में भी मैं समझता हूँ कि प्रेस बहुत मदद कर सकता है, केवल एक बेहतर और ऊँची सामाजिक अन्तश्चेतना के निर्माण के लिए ही नहीं, बल्कि जीवन की छोटी-छोटी चीज़ों में सामाजिक व्यवहार के मानक बनाने के लिए भी। हम ऐसा सोचने लगते हैं कि हमें ज़िन्दगी की छोटी-छोटी बातों के बारे में कोई चिन्ता करने की ज़रूरत नहीं है, क्योंकि हम जीवन के बड़े मसलों में मशगूल रहते हैं। यह पूरी तरह से और बुनियादी रूप से भी ग़लत है। अगर आप सत्य और सौन्दर्य के आदर्श से संलग्न हैं तो आप तब तक उसका पालन नहीं कर सकते, जब तक आप जीवन की छोटी-

छोटी बातों पर भद्दे और झूठे तरीक़े से व्यवहार करते हैं। हम इस बात को बड़े घमंड से कहते हैं कि पश्चिम की सभ्यता भौतिकवादी है और हमारी सभ्यता, जो कि आध्यात्मिक है, के विरोध में है। यह कहने के बाद हम ऐसे कामों में लिप्त हो जाते हैं, जिनमें सामान्य सामाजिक गुण भी नहीं होते। हम कहते हैं कि हम इन सबसे ऊपर हैं लेकिन तथ्य यह है कि यह पता नहीं चलता कि इसमें आध्यात्मिकता का प्रश्न कहाँ से आ जाता है। मैं इस बात पर विश्वास नहीं करता कि जो व्यक्ति जीवन की छोटी-छोटी बातों में, छोटी-छोटी सच्चाइयों में, मामूली शिष्टाचार में, छोटी-छोटी ख़ुशियों में और सामान्य दयालुता को नज़रअन्दाज़ करके चलता है, वो कोई भी बड़ा काम बड़े तरीक़े से कर सकता है।

यह कोई प्रदर्शन का प्रश्न नहीं है या कि मैं कहूँ कि दिखावेबाज़ी की बात नहीं है। निश्चित रूप से आडम्बर अपने आपमें असभ्यता की चरम सीमा है, लेकिन जान-बूझकर सभी तरह के परिष्कार को नकारना भी एक तरह से यह कहने का सायास तरीक़ा होता है कि 'ओह, हम ज़िन्दगी के ऐसे परिष्कार की परवाह नहीं करते और इसीलिए हम अपने बिना धुले कपड़ों और ऐसे ही मैले तरीक़े से कहीं भी चले जाते हैं।'

एक ख़बर आज के अख़बार में बड़ी हेडलाइन के साथ चमकी थी। यह मेरे वाशिंगटन जाने की सम्भावना के बारे में थी और जिसमें कहा गया कि मुझे वहाँ बातचीत के लिए बुलाया गया है। अब जहाँ तक मैं जानता हूँ, इस बात का कोई आधार ही नहीं है। यह कुछ लोगों के लिए केवल उत्तेजना फैलाने और कोई रास्ता निकालने या दुनिया की बीमारियों का निदान खोजने जैसा है, जो उन्हें इस तरीक़े की काल्पनिक उड़ान को मजबूर करता है। यह ख़ास ख़बर तो बहुत नुक़सान पहुँचानेवाली नहीं है, लेकिन फिर भी कुछ न कुछ नुक़सान तो हमेशा करती ही है। इसलिए मैं आपसे विनती करता हूँ कि इन दिनों, ख़ासतौर से, सावधान रहिए। मैं कोशिश करूँगा कि प्रेस और सरकार के बीच में सही सूचनाओं के आदान-प्रदान के लिए क़दम उठाए जाएँ, ख़ासकर सरकार के विदेश मंत्रालय के हवाले से। यह बहुत ज़रूरी है और जहाँ तक हमारा सवाल है, हमें इसमें हर तरीक़े से मदद करनी चाहिए। निश्चित रूप से यह जानना हमेशा बहुत कठिन है कि वो विषय जिन्हें गोपनीय रखना ज़रूरी है, उनमें किस तरह से सीमा रेखा बनाई जाए, और जो अगर सामान्य जानकारी में बाहर आ जाए तो हमें दूसरे देशों के साथ सम्बन्धों में कितनी शर्मिन्दगी उठानी पड़ जाएगी। मुझे यह खुले तौर पर कहने में संकोच नहीं है कि यह सब अन्ततोगत्वा इस बात पर निर्भर करता है कि प्रेस किस सीमा तक गोपनीयता बनाने में सहयोग करता है। आप भी, निस्सन्देह, हमारे सहयोग पर अपनी नज़र रख सकते हैं।

हम आज दुनिया की बहुत ही असाधारण परिस्थितियों के बीच मिल रहे हैं और बहुत गम्भीर संकट हमारे सामने है। मैं स्वीकार करता हूँ कि केवल एक ही तरीक़ा मेरे पास है कि मैं इन बड़े सवालों को गहरी ईमानदारी और विनम्रता के साथ देखूँ। दुनिया के भविष्य को प्रभावित करनेवाले बहुत बड़े सवाल सामने हैं, जिनसे भविष्य की ख़ुशियाँ या विपदा या लाखों लोगों के विनाश का प्रश्न जुड़ा है। कोई भी व्यक्ति

इनके बारे में, सही रास्ता बता सकने की अपनी अक्षमता अपनी सीमा को महसूस किए बिना, विचार नहीं कर सकता और मैं इस मामले में आपके सामने बिलकुल खुलकर बोल रहा हूँ। मुझे तो यह भी सन्देह है कि कोई भी एक देश, चाहे वो सबसे बड़ा क्यों न हो, उसके ही पास एक सही दिशा हो सकती है। मुद्दा बहुत ही ज़्यादा जटिल है, बहुत बड़ा है और हम सब जो, सबसे पहले, कर सकते हैं, वह है कुछ करने की तीव्र इच्छा का होना। वह कुछ क्या है? आज के तात्कालिक सन्दर्भ में हम देख सकते हैं कि वह कुछ 'शान्ति' है। इसके साथ बहुत सारी बातें जुड़ी हुई हैं, लेकिन आज शान्ति सबसे महत्त्वपूर्ण है। अगर ऐसा है तो हम शान्ति कैसे पा सकते हैं या किसी भी तरह से इस बात को समझ सकते हैं और उस भयानक विपदा—युद्ध—को टाल सकते हैं? निश्चित रूप से कोई एक देश इस मामले में अपना ख़ास प्रस्ताव सामने लाए, उसके पहले एक आधारभूत दृष्टिकोण पर बहुत कुछ निर्भर करता है। अगर हम देशों के बीच में शान्ति चाहते हैं, तो एक-दूसरे के बारे में अशिष्टता से बोलना, एक-दूसरे को चिढ़ाना, एक-दूसरे की कमियों, ग़लतियों और पापों को रेखांकित करना कोई तार्किक या विवेकपूर्ण बात नहीं है। आपका तर्क बिलकुल सही हो सकता है और आप इसे उठाने के लिए स्वतंत्र भी हैं। लेकिन मेरा बिन्दु यह है कि वह तर्क शान्ति के माहौल की ओर नहीं ले जाता है। यह लोगों के दिमाग़ को कुन्द करेगा और जब दिमाग़ बन्द हो जाते हैं तो वो तर्क नहीं समझते। इसलिए मुझे लगता है कि आज जो ज़रूरी है वह यह है कि हमें एक-दूसरे को गिराने का काम बन्द करना चाहिए और अपनी भावनाओं को अपने तक रखकर इस दुर्गन्ध को रोकने का रास्ता ढूँढ़ना चाहिए।

अगला क़दम यह है कि इन समस्याओं को आज के नये माहौल में समझा जाए और इनका रास्ता निकालने की कोशिश की जाए, भले ही वह अस्थायी क्यों न हो। उसके बाद अगला क़दम, उस स्थिति में ज़्यादा टिकाऊ समाधान की ओर बढ़ना होगा। कोई भी देश सारी दुनिया की शान्ति को केवल अपने सम्मान या ग़ुस्से के लिए ख़तरे में नहीं डाल सकता। यही कुछ है जो मैं कह सकता हूँ। मैं महसूस करता हूँ और मुझे पक्की उम्मीद है कि सारी दुनिया के बहुत सारे देशों के बहुत सारे लोग शान्ति चाहते हैं। व्यक्तिगत रूप से मैं तो एक क़दम और आगे जाकर कहूँगा कि दुनिया में कोई भी सरकार ऐसी नहीं है जो वास्तव में युद्ध चाहती हो। निश्चित रूप से कुछ सरकारें ऐसी हो सकती हैं जो परिस्थितियों के दबाव के चलते यह सोचने को मजबूर हो जाएँ कि युद्ध अपरिहार्य है। यह एक अलग मामला है कि, किसी न किसी तरह, हम इस जाल में फँस जाते हैं और बिना किसी इच्छा के भी हमें युद्ध के लिए मजबूर होना पड़ता है। मुझे नहीं पता कि मानवीय मामलों में यह नियति या भाग्यवाद का उदाहरण है या नहीं, लेकिन, मैं यह ज़रूर सोचता हूँ कि एक व्यक्ति को अपनी व्यक्तिगत क्षमता, और बड़े संगठन, जिसमें राष्ट्र भी शामिल हैं, के साथ हर उस बात के लिए लड़ने को तैयार रहना चाहिए जिसे वो बुराई समझता है और उसे भाग्यवाद के फ़िज़ूल विचार में नहीं पड़ना चाहिए और अपने आपको विपदा के हवाले नहीं कर देना चाहिए। इसीलिए मैं उम्मीद करता हूँ कि आज का भारत अपनी सारी ताक़त के साथ शान्ति की समस्या के एक तटस्थ व निष्पक्ष विचार के लिए खड़ा होगा।

हम लोग, यहाँ और अन्य जगहों पर, इस तरह से कहने के लिए उतावले रहते हैं कि फलाँ देश बुरा है या फलाँ देश अच्छा है। जैसे देश कोई ठोस शिलाखंड हों, जो कि अच्छे या बुरे हों जबकि उनमें करोड़ों लोग रहते हैं, जो बहुत सज्जन इनसान होते हैं और बहुत शान्तिप्रिय भी होते हैं।

सरकारें ग़लत हो सकती हैं और राजनेता उससे ज़्यादा ग़लत हो सकते हैं। लेकिन कभी भी देशों और वहाँ के लोगों को बुरा मत कहिए। इस तरह से बोलना भ्रामक है।

हम सबके भीतर और सभी देशों में भी, एक सामान्य मनुष्यता रहती है, भले ही हम बाहरी तौर पर भिन्न हों। हम उस सामान्य मनुष्यता और दोस्ताना भाव को बढ़ावा दें और किसी भी हालत में विवेक न खोएँ।

~

दुनिया-भर के बच्चे

(द *यूनिटी ऑफ़ इंडिया* से)

शंकर[1] कितना परेशान करनेवाले व्यक्ति हैं! बार-बार वह याद दिलाते हैं कि मुझे बच्चों की पत्रिका (अंक) के लिए कुछ लिखना है। या फिर, वो ख़ुद मेरे सामने प्रकट हो जाते हैं और झिड़की-भरी निगाहों से देखने लगते हैं। यहाँ मुझे इंग्लैंड जाने से पहले न जाने कितना काम निपटाना है; लेकिन उस सबसे बढकर ज़रूरी है कि मैं लेख लिख डालूँ। शंकर शायद भूल गए हैं कि मैंने ज़्यादातर लिखाई जेल के ख़ाली समय में की है। जब मैं उस छोटी जेल से बाहर आकर ऑफ़िस की बड़ी जेल में आ गया, मेरी पढ़ने-लिखने की आज़ादी ही छिन गई है। मैं वो बहुत-सी चीजें नहीं कर पाता जो करना चाहता हूँ। ऐसे बहुत से काम करने पड़ते हैं जिनसे मुझे अरुचि है। मैं समझता हूँ कि शंकर ये सब जानते हैं। लेकिन उनके सर में यह बात कहीं घुस गई है कि बच्चों के अंक में मेरे द्वारा लिखा कुछ ज़रूर छपे। मैं पूरी तरह मानता हूँ कि बच्चों की पत्रिका का विचार बहुत ही अच्छा है और मुझे उसको और बढ़ाने में मदद करनी चाहिए। मुझे पिछला अंक बहुत अच्छा लगा और मुझे पक्का यक़ीन है कि अगला अंक और भी अच्छा होगा। जो बात मुझे सबसे ज़्यादा ख़ुशी देती है वो ये है कि दूर-दराज़ देशों के बच्चों ने इसमें ख़ूब दिलचस्पी ली। मुझे बहुत अचरज और ख़ुशी हुई जब मैंने वो प्रदर्शनी देखी जहाँ शंकर के अंक के लिए सैकड़ों चित्र और कार्टून बच्चों द्वारा भेजे गए थे।

जब मैं उन चित्रों को देख रहा था, तो मुझे दुनिया-भर के तमाम बच्चों का ख़याल आया। वो बच्चे जो बाहरी रूप से भले एक-दूसरे से अलग दिखते हों, अलग ज़ुबानें बोलते हों, अलग-अलग ढंग के कपड़े पहनते हों, लेकिन फिर भी एक जैसे ही

1. केशव शंकर पिल्लई को भारत में राजनीतिक कार्टूनों का जनक माना जाता है। उन्होंने चिल्ड्रंस बुक ट्रस्ट की स्थापना भी की।

लगते हैं। अगर आप उन्हें एक साथ रहने को छोड़ दें, तो वो या तो खेलेंगे या झगड़ा करेंगे। लेकिन बच्चों का आपस में झगड़ना भी उनका एक खेल ही है। वो आपस के विभेदों को नहीं समझते। उनके लिए वर्ग, ओहदा, रंग-रूप या जात का अन्तर मायने नहीं रखता। वो अपने माता-पिता से ज़्यादा अक्लमन्द होते हैं। जैसे-जैसे वे बड़े होते हैं, उनका असली संवेदनात्मक ज्ञान अपने से बड़ों की शिक्षाओं और बर्ताव के कारण छुपता जाता है। यह दुर्भाग्यजनक है। स्कूल में वे ऐसी बहुत-सी नई बातें सीखते हैं जो निश्चित ही फ़ायदे की तो होती हैं, लेकिन धीरे-धीरे वो भूलने लगते हैं कि बुनियादी बात तो मनुष्यता, उदारता और ख़ुशहालीपसन्द होना है और इसी के आधार पर अपना और दूसरों का भी जीवन समृद्ध बनाना है। हम एक अनोखे संसार में रहते हैं जो कि ख़ूबसूरत, मनमोहक और साहसिक कार्यों के लिए प्रेरित करनेवाला है। ऐसे-ऐसे साहसिक कार्य करने को हैं, लेकिन, वो हम तभी अंजाम दे सकते हैं जब हम अपनी आँखों को खुला रखकर उन्हें करने को उद्यत हों। बहुत से लोग आँखें मूँदे-मूँदे ही ज़िन्दगी बिता देते हैं। ऐसे लोग ख़ुद तो कुछ रचनात्मक कर नहीं पाते, उनसे चिढ़ते भी हैं जो आँखें खुली रखते हैं। ये लोग ख़ुद तो खेल नहीं सकते दूसरों का खेल बिगाड़ने में लगे रहते हैं।

हमारा अपना देश ख़ुद में एक छोटी-मोटी दुनिया है, जिसमें खोजने के लिए अनंत जगहें और अचम्भे हैं। मैं अपने देश में बहुत घूमा हूँ और इसी सब में बड़ा भी हुआ हूँ। फिर भी देश में बहुत-सी ऐसी जगहों पर मैं नहीं पहुँच पाया हूँ जिन्हें मैं प्यार करता हूँ और जिनकी ख़िदमत भी करना चाहता हूँ। काश मेरे पास और वक़्त होता जिससे मैं देश के कोने-कोने में जा पाता। ऐसी जगहों पर मैं तेज़स्वी, छोटे बच्चों की संगत में जाना चाहूँगा, जिनके दिमाग़ जिज्ञासा और अचरज से भरे हों, क्योंकि वे ही नई-नई खोजें करते हैं। मैं उन्हीं के साथ जाना चाहूँगा, लेकिन बजाय इसके कि बड़े-बड़े शहरों में घूमूँ, मैं पहाड़ों, जंगलों, अपनी महान नदियों और प्राचीन स्मारकों को देखना चाहूँगा। यही वो जगहें हैं जो हमें कुछ-कुछ हिन्दुस्तान की कहानी बताती हैं। मैं चाहूँगा कि वो ख़ुद अपने लिए यह खोज सकें कि वो हिन्दुस्तान के कुछ हिस्सों में बर्फ़ के खेल खेल सकते हैं और साथ ही दूसरी ऐसी जगहों को भी देख सकते हैं जहाँ ऊष्ण कटिबंधीय वन भी विकसित हैं। बच्चों के साथ की यह यात्रा एक खोज यात्रा होगी, जिसमें जंगलों और पहाड़ी इलाक़ों के ख़ूबसूरत पेड़ होंगे और जिसमें उन तमाम फूलों का भी मुज़ाहिरा होगा, जो कि बदलते मौसमों के साथ निकलते हैं और हममें ज़िन्दगी और रंग भरते हैं। हम चिड़ियों को निहारेंगे, उन्हें पहचानने की कोशिश करेंगे और उनके साथ दोस्ती करेंगे। लेकिन सबसे मज़ेदार साहसिक काम जंगलों में जाकर छोटे-बड़े सभी जंगली जानवरों को देखना होगा। मूर्ख क़िस्म के लोग वहाँ बन्दूक़ लेकर जाते हैं, उन्हें मार डालते हैं और इस तरह से सुन्दरता को नष्ट करते हैं। इससे ज़्यादा लुभावनी और आमोद प्रदान करनेवाली बात यह है कि हम बिना बन्दूक़ या किसी हथियार के वहाँ विचरण करें और यह समझ सकें कि जंगली जानवरों का मतलब डर नहीं होता और उनके पास भी जाया जा सकता है। जानवरों के पास आदमी से ज़्यादा तेज़ सहजवृत्ति (अन्तःप्रेरणा) होती है। अगर कोई

शख़्स अपने मन में उन्हें मारने का भाव लेकर उनके नज़दीक जाएगा तो वो डरकर भाग जाते हैं। लेकिन अगर उसके मन में जानवरों के लिए प्यार है तो वो तुरन्त समझ जाते हैं कि यह तो दोस्त है और फिर उसे लेकर सहज रहते हैं। अगर आपके मन में ख़ुद ही डर भरा हुआ है तो जानवर भी डर जाता है और फिर वो अपनी रक्षा में आप पर हमला भी कर सकता है। एक निर्भय इनसान पर शायद ही कभी हमला होता हो।

शायद यह पाठ मनुष्यों पर भी लागू किया जा सकता है। अगर हम दूसरों से दोस्ताना भाव से मिलते हैं तो वे भी मित्र भाव में हो जाते हैं। लेकिन अगर हम उनसे डरते हैं और उनके प्रति अपनी नापसन्दगी को ज़ाहिर करते हैं तो वो भी उसी तरह का व्यवहार करते हैं।

ये बहुत सामान्य सच्चाइयाँ हैं, जो कि यह संसार सदियों से जानता है। लेकिन फिर भी यह दुनिया इसे भूल जाती है और एक देश के लोग दूसरे देश के लोगों के प्रति डर और नफ़रत में जीते हैं। चूँकि वो भयभीत रहते हैं इसलिए कभी-कभी एक-दूसरे से लड़ने की मूर्खता भी कर बैठते हैं।

बच्चों को अधिक बुद्धिमान बनना होगा। कुछ भी हो, जो बच्चे शंकर का यह बाल अंक पढ़ेंगे वो और अधिक संवेदनशील बनेंगे। ऐसी मुझे उम्मीद है।

~

प्रधानमंत्री के साथ साक्षात्कार

(द माइंड ऑफ़ मि. नेहरू : एन इंटरव्यू विद आर.के. करंजिया)

गांधी की विरासत

प्रश्न : प्रधानमंत्री जी, जब मैं आपके ऑफ़िस के बाहर इस साक्षात्कार के लिए प्रतीक्षा कर रहा था तभी मैंने सुना कि कोई कह रहा है कि अगले साल आपके पिता मोतीलाल जी की जन्मशती है। क्या यह बात सही है?

उत्तर : जी हाँ। उनका जन्म 1861 में हुआ था।

प्रश्न : मुझे यह ख़याल ही नहीं आया कि पूरी एक सदी बीत चुकी। कितना अविश्वसनीय-सा वक़्त रहा है ये!

उत्तर : जी बिलकुल—क्या आप जानते हैं कि मेरे पिताजी और रवीन्द्रनाथ टैगोर एक ही दिन जन्मे थे?

प्रश्न : एक ही दिन सर?

उत्तर : जी हाँ। उसी दिन, उसी महीने और उसी साल—एक ग़ज़ब इत्तेफ़ाक़!

प्रश्न : इस सदी में इन दोनों लोगों और गांधी जी का असर निश्चित ही बहुत बड़ा रहा। और हाँ, आपका भी। वास्तव में कोई भी मोतीलाल जी, आपके और गांधी जी के बारे में पिता, पुत्र और महात्मा को भारतीय राष्ट्रीय त्रिमूर्ति के तौर पर सोचेगा।

उत्तर : मैं इस तरह से तो नहीं कहूँगा लेकिन यह सच है कि हम तीनों लोग एक दूसरे पर काफ़ी असर रखते थे। और सबसे बढकर गांधी जी हम दोनों पर। वो एक बहुत ही ताक़तवर और क्रान्तिकारी व्यक्तित्व थे। साथ ही बहुत असरकारी भी। मेरे पिता भी अपने अलग अन्दाज़ में ऐसे ही थे, बहुत ताक़तवर और हठी। निश्चित ही वो एक अलग दिमाग़ी साँचे के थे लेकिन गांधी जी ने उन्हें उनके रास्ते और विश्वासों के दायरे से बाहर आकर स्वाधीनता संघर्ष में जुड़ने के लिए मना लिया। यह बदलाव लाने के लिए गांधी जी ने उन्हें जिस तरह से मनाया और राज़ी किया, वो मेरी समझ से मानव-प्रकृति को धैर्यपूर्वक हैंडल करने का बहुत आला दर्ज़े का प्रभावकारी उपाय था। इसमें उन्होंने कोई ज़बरदस्ती नहीं की और न ही बुनियादी बातों पर कोई समझौता ही किया। गांधी जी की रणनीति का यह एक ख़ास तरीक़ा था, जिसमें विरोधी को भी जीता जा सकता था। बड़े बदलाव के रूप में इसके परिणाम सामने आए। केवल पिता के लिए ही नहीं बल्कि सभी लोगों और जनता के लिए भी, बल्कि वास्तव में सारे देश के लिए।

प्रश्न : सबसे बढकर आपके लिए भी?

उत्तर : जी। सबसे ज़्यादा तो मेरे लिए ही। गांधी जी के प्रभाव में मेरे पिता का व्यक्तित्वांतरण हुआ। जो क्रान्ति वो लोगों के दिलों और दिमाग़ में ला रहे थे वो किसी बाहरी बल-प्रयोग के द्वारा नहीं बल्कि सच्चे, ईमानदार और अहिंसक तरीक़ों से ला रहे थे। ये शान्तिमूलक और बिना ज़ोर-ज़बरदस्ती सबको अपनी ओर मिला लेने जैसा था। ये साथ ही प्रभावी उपाय भी था जो कि अच्छे नतीजे भी दे रहा था। ये एक नई चीज़ और इंक़लाबी ज़लज़ले वाली थी। इसमें मुझे वो बात मिली जिसकी मैं तलाश में था।

प्रश्न : यानी आपके मन में जो समाधान चलते थे उनके लिए इसने एक लीवर का काम किया?

उत्तर : हाँ, एक लीवर की तरह ही। समस्याओं के प्रति मेरा दृष्टिकोण उस समय गांधी जी के दृष्टिकोण से अलग था, बल्कि बहुत अलग था। लेकिन स्वाधीनता और संघर्ष की रणनीति तथा साध्य और उसके लिए साधन के मुद्दे पर हम पूरी तरह एकमत थे। जिस तरह से वो लड़ाई की तैयारियाँ करते थे उस पर किसी को भी उनके बेकार होने पर शक हो सकता था। लेकिन वो अपेक्षित नतीजे दे देते थे और विरोधियों को मात दे देते थे। वो जनता को बड़े पैमाने पर और सही दिशा में आन्दोलित कर देते थे। तब हम महसूस करने को बाध्य हो जाते थे कि कर्मशीलता के स्तर पर वो एक महान क्रान्तिकारी शक्ति थे।

प्रश्न : क्या यह विश्लेषण सही होगा कि मोतीलाल जी, गांधी जी और आपकी त्रिमूर्ति ने उन सामाजिक तत्त्वों को उत्पन्न किया और जो कि तब से इस तरह गढ़े गए जिन्हें आज के दौर में भारतीय दृष्टिकोण या नेहरू की लाइन के रूप में राष्ट्रीय और अन्तर्राष्ट्रीय मामलों में समझा जा सकता है?

उत्तर : इसे नेहरू की लाइन या इसी तरह की किसी और बात के रूप में कहना ग़लत होगा। यह मूल रूप से एक भारतीय दृष्टिकोण था, जैसा कि आप कह रहे हैं।

निश्चित ही गांधी जी ने इसे अभिव्यक्ति दी। इसी वजह से इससे इतने क्रान्तिकारी बदलाव लाए जा सके।

प्रश्न : मेरे कहने का मतलब यह था कि कुछ मायनों में मोतीलाल जी यूरोपीय उदारवाद की बेहतरीन परम्पराओं को समेटे हुए एक विक्टोरियन थे। वहीं गांधी जी अपने भीतर एक प्रकार का सनातनी बोध लिये हुए सरल और खाँटी राष्ट्रवाद समेटे थे। इन दोनों अलग-अलग बहाव वाले व्यक्तित्वों के बीच में जवाहरलाल नेहरू शायद एक जोड़नेवाली कड़ी बन सके। वो मार्क्सवादी समाजवाद और सामाजिक, वैज्ञानिक और ऐतिहासिक ताक़तों से गहराई से जुड़े हुए भारत में वापसी करते हैं। शायद यह कहा जा सकता है कि इन तीनों प्रभावों का आपसी संवाद ही वह भारतीय दृष्टिकोण बना, जिसे हम आज घरेलू और बाहरी मामलों में क्रियाशील देखते हैं?

उत्तर : शख़्सियतों को इस तरह से कठोरता से बाँट कर नहीं समझा जा सकता। जैसे आप गांधी जी को सरल और खाँटी राष्ट्रवादी व सनातनी कह रहे हैं, जबकि वो इस सबसे बहुत ज़्यादा थे। वह एक ऊँचे इनसान थे और बहुत ही शक्तिशाली नेता थे। उनमें बहुत गहरी सामाजिक चेतना थी। किसी समाजवादी या वर्ग संघर्ष के अर्थ में नहीं, बल्कि वैसी जैसी उनके द्वारा ग़ैरबराबरी के विरुद्ध और हरिजन तथा किसान के हक़ में चलाए गए लगातार संघर्षों में साफ़-साफ़ दिखती है। आप जाति व्यवस्था को लीजिए और सोचिए कि इसके तंत्र को उन्होंने अस्पृश्यता को आधार बनाकर कितनी कुशलता से झकझोरा और उसे उलटा ही खड़ा कर दिया।

मेरे कहने का मतलब यह है कि गांधी जी का भी एक सामाजिक फ़लसफ़ा था जो कि दक्षिण अफ्रीका में उनका सार्वजनिक जीवन शुरू होने के साथ बना। यह एक वजह है जिसके कारण हमारा स्वाधीनता संघर्ष कभी भी इसकी सामाजिक अन्तरवस्तु से अलग नहीं था। वास्तव में इसका सामाजिक तत्त्व ही इसकी बुनियाद था और इसी कारण यह रणनीति इतने बड़े परिणाम दे सकी। गांधी जी लीडरशिप को अवाम के साथ पूरी तरह एकाकार करने में यक़ीन करते थे, भले ही इसको करने के लिए आन्दोलन की गति और तरक़्क़ी कुछ मन्द पड़ जाए। उनका ध्येय था कि केवल नेता नहीं बल्कि सारे देश की जनता भी आगे बढ़े।

प्रश्न : यानी समस्त राष्ट्रीय सचेतनता को साथ में लेकर आगे बढ़ना?

उत्तर : जी, बिलकुल। आन्दोलन को विभाजनकारी होने या बँटने से बचाना और अनावश्यक उग्रता या जड़ता दिखाते हुए अपने विरोधियों की संख्या को बढ़ने से रोकना। गांधी जी का काम करने का यह तरीक़ा था कि उन्होंने उसी सामाजिक ताने-बाने के भीतर रहकर काम किया जिसमें जनता सदियों से रहती आ रही थी और उसी बीच से क्रमिक लेकिन क्रान्तिकारी बदलाव लाने की कोशिश की। बजाय इसके कि उस ताने-बाने को ही नष्ट कर दिया जाए और जनता को उसकी जड़ों से काट दिया जाए। उन्होंने अतीत को भुला देने की बजाय उसी के क्रम में चलने पर ज़ोर दिया और इसलिए उन्होंने मौजूद सामाजिक व्यवस्था को ही अपनी सामाजिक और राजनीतिक रणनीति का आधार बनाया। आप उदाहरण के लिए जाति व्यवस्था को ही लें। आप देख सकते हैं कि उन्होंने कैसे काम किया। उन्होंने जातीय संरचना

की सबसे कमज़ोर कड़ी—अस्पृश्यता को निशाने पर लिया और उसको कमज़ोर करते हुए और अतिविस्फोटक रूप से जाति-व्यवस्था के ताने-बाने को ही झकझोर दिया। लोग यह महसूस भी नहीं कर सके कि कितना बड़ा भूकंप उन्होंने ला दिया। इसी तरह से गांधी जी ने नई और क्रान्तिकारी प्रक्रियाओं को लोगों के मनोजगत में अंजाम दिया और बड़े-बड़े सामाजिक बदलावों को मुमकिन किया।

प्रश्न : सर, हो सकता है कि ऐसा हुआ हो। किसी को भी भारतीय क्रान्ति पर गांधी जी के ज़बरदस्त प्रभाव पर शक नहीं है। हालाँकि मेरी जैसी सोच वाले लोग उनकी फ़िलॉसफ़ी को कुछ भ्रामक और अवैज्ञानिक मानते हैं। जो भी हो, कांग्रेस के राजसत्ता पर आसीन होते ही गांधी युग का अवसान हो गया। 1947 के साथ ही देश में नेहरू युग का आरम्भ होता है जिसे सारी दुनिया मानती है। मेरा आकलन है कि आज़ादी के बाद आपने गांधीवादी तरीक़ों का उपयोग अपने लक्ष्यों को हासिल करने के लिए किया। नेहरू के लक्ष्य हैं—सबसे पहले संसदीय लोकतंत्र के ज़रिये समाजवाद; उसके बाद धर्मनिरपेक्ष राष्ट्र और सबसे बाद में हालाँकि सबसे महत्त्वपूर्ण विश्वशान्ति और गुटनिरपेक्षता की विदेश नीति। क्या मेरा यह आकलन सही है?

उत्तर : आप नेहरू युग या नेहरू नीति शब्दों का उपयोग ग़लत कर रहे हैं। मैं हमारे समय को प्रामाणिक गांधी युग ही कहूँगा। जिन नीतियों और फ़लसफ़े को हम लागू करने की कोशिश कर रहे हैं वो नीतियाँ और फ़लसफ़े हमें गांधी जी ने ही सिखाए थे। हमारे सोचने की दिशा में 1947 और 1947 के बाद कोई अन्तर नहीं आया है। हम एक निरन्तरता में सोचते हैं। हालाँकि नई-नई तकनीकी और वैज्ञानिक बढ़ावों में हमें अपनी कुछ नीतियों को आज के वक़्त के हिसाब से ढालने के लिए पुनर्विचार को भी मजबूर किया है। लेकिन इसमें भी गांधी जी बहुत मामलों में सटीक भविष्यवक्ता थे। उनके विचार, दृष्टिकोण और समाधान उस खाई को पाटने में हमारी मदद करते हैं जो औद्योगिक क्रान्ति और नाभिकीय युग के बीच में पनपी है। आख़िर में एटम बम का केवल एक जवाब हो सकता है और वो है—अहिंसा। क्या ऐसा नहीं है?

प्रश्न : मैं आपको यहाँ टोकना चाहूँगा। आपने पंचशील और शान्तिपूर्ण सहअस्तित्व के जो नये विचार एटम बम के ख़तरे की बाबत दिए हैं वो गांधी जी की अहिंसा से आगे की चीज़ हैं।

उत्तर : यह सब गांधीवाद में ही अन्दरूनी तौर पर मौजूद था। वास्तव में, पंचशील दृष्टिकोण, शान्तिपूर्ण सहअस्तित्व, उदारता, जियो और जीने दो का सलीका, यह सब सदियों से भारतीय चिन्तन की बुनियादी बात रही है। यह चीज़ आप सभी धर्मों में पाते हैं। अशोक जैसे महान शासकों ने इसे जीवन में उतारा। गांधी जी ने इसे एक व्यावहारिक दर्शन के रूप में संगठित करके दिखाया, जो हमें विरासत में मिली है। अशोक के दिमाग़ में 'शीत युद्ध' जैसी कोई धारणा नहीं थी। गांधी जी ने दुनिया को युद्ध और हिंसा के स्थान पर सबसे व्यावहारिक विकल्प सविनय अवज्ञा का दिया। उन्होंने इसी के सहारे एक ज़बरदस्त अहिंसक क्रान्ति करके दिखाई। हमारी विदेश नीति की सबसे महत्त्वपूर्ण बात यह है कि वह हमारी महान ऐतिहासिक परम्परा का ही एक हिस्सा है। आप चाणक्य की कहानी जानते हैं?

प्रश्न : मुझे याद नहीं पड़ रहा सर।

उत्तर : मेरे साले स्व. पंडित संस्कृत के बड़े विद्वान थे। उन्होंने संस्कृत की एक बहुत अच्छी किताब का अनुवाद किया है। अगर मिल सके तो आप अंग्रेज़ी अनुवाद को ज़रूर देखिए और पढ़िए। उसमें सम्राट चन्द्रगुप्त और उनके प्रधानमंत्री चाणक्य की एक कहानी है। चाणक्य भारतीय मेधा के अद्भुत नुमाइन्दे हैं—शान्तिप्रिय, चालाक, चातुर्यपूर्ण, विद्वान, गर्वीले, निःस्वार्थ और बहुत बुद्धिमान। कुछ राजाओं और क्षत्रपों ने चन्द्रगुप्त के साम्राज्य के ख़िलाफ़ एक संघ बनाकर युद्ध छेड़ दिया। चाणक्य एक महान कूटनीतिज्ञ और शासन मर्मज्ञ माने जाते थे। चन्द्रगुप्त ने चाणक्य को बुलाया और उन्हें साम्राज्य की रक्षा की ज़िम्मेदारी सौंपी। चाणक्य ने अपनी कुशलता से शत्रुओं को मतिभ्रम में डालकर परास्त कर दिया और यह सब बिना किसी युद्ध या लड़ाई के अंजाम दिया। मतलब शत्रु को अपना बनाकर जीत लिया गया। अब असली परीक्षा की घड़ी आई। चन्द्रगुप्त ने चाणक्य से सलाह माँगी कि अब क्या किया जाए। चाणक्य ने इच्छा ज़ाहिर की कि अब उन्हें ज़िम्मेदारियों से मुक्त कर दिया जाए जिससे वो फिर से वन में जाकर अपनी पढ़ाई-लिखाई कर सकें। उन्होंने अपना काम पूरा कर दिया है और शत्रु को छिन्न-भिन्न कर अपने सम्राट को जीत दिला दी है। सम्राट को धक्का लगा। चाणक्य के स्थान पर किसको प्रधानमंत्री बनाएँ? चाणक्य ने कमाल का जवाब दिया और यह जवाब भारतीय चिन्तन के अनुरूप था। उन्होंने सम्राट से कहा कि परास्त संघ के प्रमुख को बुलाकर उसे अपना मुख्य कार्यकारी बनाइए। साम्राज्य में शान्ति और सद्भावना स्थापित करने का यही एकमात्र रास्ता था। लगभग 2000 साल पहले भी यहाँ पर सहअस्तित्व की सोच मौजूद थी। क्या ऐसा नहीं था?

प्रश्न : सच में, सर। मैं अपनी ग़लती सुधारता हूँ। लेकिन फिर भी प्रगतिशील तबक़ों में यह धारणा मज़बूती से जमी है कि आप पहले जिस वैज्ञानिक समाजवाद में यक़ीन करते थे, उसे गांधी जी ने अपने भावनात्मक और आध्यात्मिक समाधान की ओर मोड़कर खोखला कर दिया।

उत्तर : कुछ मसलों में गांधी जी का नज़रिया पुरानापन लिये हुए था और मैं उस पर सवाल भी उठाता था, झगड़ता तक था। जैसा कि आप भली-भाँति जानते हैं। लेकिन सारे पहलुओं को देखते हुए यह कहना ग़लत है कि उन्होंने मुझे या किसी को भी अपनी राह चलने को मजबूर किया हो या खोखला बनाया हो। यह बात तो उन्हीं के ख़िलाफ़ होती जैसा कि उनका काम करने का तरीक़ा था। वह केवल एक बात पर बहुत ज़ोर देते थे कि हमारा साधन भी अच्छा, पवित्र और सच्चा होना चाहिए क्योंकि साधन ही साध्य को निर्धारित करते हैं। यह हमने उनसे सीखा और यह अच्छी बात है कि हम उस पर चले भी।

आप जो भावनात्मक और आध्यात्मिक समाधानों की बात कह रहे हैं, उसमें सचाई हो सकती है। मेरी समझ से आप भावनात्मक होने का मतलब मानवतावादी होना समझते हैं, जो कि वास्तव में एक गहरा मानवीय दृष्टिकोण ही है। ये नज़रिया मेरी सोच का भी एक हिस्सा रहा है जैसा कि गांधी जी का भी था। आध्यात्मिक

दृष्टिकोण भी ज़रूरी है और सही भी है। मैं इस पर हमेशा गांधी जी से बात करता था। हमारी तकनीक आधारित मशीनी सभ्यता हृदय का सूनापन भी महसूस करती है। उन सवालों के जवाब इसी दृष्टिकोण से ढूँढ़े जा सकते हैं। पहले से ज़्यादा अब मैं इस बात को महसूस करता हूँ। आपने वैज्ञानिक समाजवाद कहा, जो कि मैं समझता हूँ आपके हिसाब से मार्क्सवादी समाजवाद है। इसे भी नये वैज्ञानिक युग के हिसाब से ख़ुद को ढालना होगा। यह नया वैज्ञानिक युग औद्योगिक क्रान्ति से बहुत आगे जा चुका है। वो औद्योगिक क्रान्ति जो कि मार्क्सवाद के उदय के लिए ज़िम्मेदार थी। नई चुनौतियाँ अपने साथ नई गुत्थियाँ भी लाती हैं, जो नये जवाब माँगती हैं।

आज की दुनिया में मार्क्सवाद

प्रश्न : मुझे भरोसा है कि हम भारत के लोगों ने बदलती दुनिया की नई समस्याओं के समाधान में से नये जवाब खोज लिये हैं। सारे नहीं तो कम से कम कुछ ज़रूर। हमने इसलिए जान-बूझकर बोला क्योंकि आप केवल जवाहरलाल नेहरू के एकमात्र सम्बोधन से असमंजस में पड़ जाते हैं। इस सबमें सबसे महत्त्वपूर्ण मार्क्सवादी दृष्टिकोण को ख़ुद में उतारना है। जैसा मैं देख पा रहा हूँ, यह गांधीवादी प्रभाव और नये वैज्ञानिक व तकनीकी युग के उद्देश्यों के मद्देनज़र हुआ है। इस सन्दर्भ में भारत यह गर्व कर सकता है कि उसने नई तरह का समाजवाद और समाजवाद हेतु नया रास्ता बनाया है। यह दोनों बातें पूँजीवादी लोकतंत्र और सर्वहारा की तानाशाही का संयोजन करने का प्रयास करने जैसी हैं।

अब सर, बिना कोई चाटुकारिता का प्रयास किए, मैं यह कहना चाहूँगा कि ये बहुत मार्के का प्रयोग है जिससे दुनिया के सातवें हिस्से की आबादी सीधे प्रभावित है और बाक़ी दुनिया भी अप्रत्यक्ष रूप से इसका महत्त्व समझ रही है। इसके अलावा यह उन नई समस्याओं के कुछ जवाब भी देती है जो नाभिकीय और अन्य ग्रहों की खोजों से पैदा हुई हैं।

यह तस्वीर का एक पहलू है। दूसरा पहलू ये है कि इस नये समाजवाद या समाजवादी मानवतावाद पर आपके नेक भाववादी घोषणा-पत्रों ने आपके प्रशंसकों को एक बौद्धिक संशय में डाल दिया है। कारण यह है कि आपने भारतीय समाजवाद के लक्ष्यों और उद्देश्यों की व्याख्या नहीं की है और न ही यह बताया है कि उन्हें किस तरह प्राप्त किया जाएगा। फिर भी, मैं समझता हूँ कि अब आपके पास इन दोनों बातों का पर्याप्त अनुभव है कि आप हमें इसकी परिभाषा दे सकें। क्या आप इसे परिभाषित करना चाहेंगे?

उत्तर : आप लगातार भारतीय समाजवाद और उस पर मेरी घोषणाएँ बोल रहे हैं। ठीक है, पर सच ये है कि मैंने इसे भारतीय समाजवाद की समस्या जैसा चिह्नित कर नहीं सोचा है और न ही मैंने इस पर कोई घोषणा-पत्र...

प्रश्न : मैं आपके भाषणों, आपके लेखन, आपकी किताबें जैसे भारत किधर की बात कर रहा हूँ। ये ही हमारे घोषणा-पत्र...

उत्तर : जी, मैं समझ रहा हूँ। लेकिन जैसा कि मैंने कहा, भारतीय समाजवाद के बारे में अलग से विशेष कैटेगरी बनाकर नहीं सोचा जा सकता। वैसे मैं इससे

सहमत हूँ कि हर देश की अपनी एक मेधा होती है, उसकी अपनी जड़ें होती हैं और उसका आर्थिक ढाँचा इन सारी बातों पर निर्भर करता है। इसे समझने के लिए धर्म का उदाहरण लीजिए। बौद्ध धर्म हिन्दुस्तान से बहुत सारे देशों में फैला और हर देश में उसने अलग-अलग रूप अख़्तियार किया। चीन में बौद्ध धर्म भले भारत से गया लेकिन वहाँ उस पर चीनी प्रभाव पड़ा। यही बर्मा तथा जापान में भी हुआ। कहने का मतलब यह है कि यह उनकी राष्ट्रीय आत्मा की बुनियाद में उतरकर बढ़ा। या आप इस बात को और चाहे जैसे कहें। इसी तरह से किसी राजनीतिक फ़लसफ़े को समझने के लिए उस देश की राष्ट्रीय विशेषताओं को भी ध्यान में रखना होगा जैसे कि आप वहाँ की जलवायु और दूसरे भौगोलिक कारकों को ध्यान में रखते हैं। उष्ण कटिबंधीय प्रदेश में होनेवाला आर्थिक उत्पादन ग़ैर-उष्ण कटिबंधीय क्षेत्र में होनेवाले उत्पादन से अलग होगा।

प्रश्न : ऐसा तो है। मैं चाहूँगा आप भारतीय परिस्थितियों और दूसरे वस्तुगत कारकों को देखते हुए अपनी मार्क्सवादी विवेचना दीजिए जिनका आप अभी सन्दर्भ दे रहे थे।

उत्तर : मैं उसी बात पर आ रहा था। जिसे सामाजिक या आर्थिक फ़िलॉसफ़ी कह सकते हैं, उसके लिए निश्चित ही हम पुराने अनुभवों से बहुत कुछ सीखते हैं। मैंने हमेशा अतीत को समझने के लिए मार्क्सवादी विवेचना को बहुत ही ज्ञानवर्धक और वैज्ञानिक-चेतना सम्पन्न माना है। मैं मार्क्स के हरेक कथन से सहमत नहीं हूँ लेकिन मोटे तौर पर मैंने उसे बहुत तार्किक और उपयोगी माना है। लेकिन फिर भी यह तथ्य हमेशा याद रखना चाहिए कि मार्क्सवाद इंग्लैंड में औद्योगिक क्रान्ति के शुरुआती दौर का परिणाम था। उस समय वहाँ की स्थितियाँ बहुत ख़ास और अलग थीं और वैसी स्थितियाँ दुनिया में कहीं भी दोबारा नहीं आईं। ऐसा होना स्वाभाविक भी था। मार्क्स पर औद्योगीकरण के उदय के साथ ही आई असामान्य बल्कि घृणास्पद स्थितियों ने बहुत असर डाला। तब राज्य के लोकतांत्रिक ढाँचे जैसा कुछ नहीं था और बदलाव के लिए हिंसा का ही सहारा था क्योंकि तब बदलाव लाने का कोई संवैधानिक या लोकतांत्रिक रास्ता नहीं था। इसीलिए उन्होंने क्रान्तिकारी हिंसा का मत दिया।

मार्क्स ने उत्पादन, परिवर्तन आदि कारकों पर जो कहा और आज जब हम उन समस्याओं से रूबरू होते हैं तो हमें अपने आज के समय के बारे में, अपने देश और उसकी विशिष्ट परिस्थितियों और वस्तुगत स्थितियों के बारे में विचार करना होता है। हम उन्नीसवीं सदी के शुरुआती इंग्लैंड की उन स्थितियों की ओर नहीं लौट सकते जो मार्क्स के दौर में थीं और जब उन्होंने अपना काम किया था। ये हमारी स्थितियाँ-परिस्थितियाँ हैं जो हमारी सोच को सार्थक दिशा देनेवाली हैं। मार्क्सवादी समाधान तो बहुत अच्छे हैं। ये उस दौर के लिए तो बहुत अच्छे और सही रहे होंगे जिस दौर में वो थे। लेकिन आप उनके समाधान को उनके ऐतिहासिक सन्दर्भों से काटकर आज की सदी में लागू नहीं कर सकते। मार्क्सवादी समाधान के प्रति ज़िद्दीपन के ख़िलाफ़ यह मेरा एक तर्क है।

दूसरी बात, शुद्ध सैद्धान्तिक और सन्दर्भ-निरपेक्ष धरातल पर, मार्क्सवाद ऐतिहासिक ताक़तों का बिलकुल सही विश्लेषण था जब निर्वात स्थितियाँ हों। मैं जो

कहना चाहता हूँ अभी स्पष्ट कर रहा हूँ। अगर दूसरी ताक़तें परिदृश्य से बाहर हों तो मार्क्सवादी अर्थशास्त्र का यह नज़रिया, कि अगर फलाँ-फलाँ स्थितियाँ होंगी तो ऐसा ही होगा या होना ही चाहिए, तार्किक व सही होगा। लेकिन समस्या यही है कि मार्क्स उन दूसरी ताक़तों के बारे में कुछ नहीं कहते जो भविष्य में सामने आ सकती थीं। निश्चित ही, यह मार्क्स की ग़लती नहीं थी। उन्होंने उन स्थितियों को जाँचा-परखा जो उनके सामने थीं और उस आधार पर अपने अन्तिम परिणाम बताए। फिर दूसरी ताक़तें सामने आईं। उनमें सबसे महत्त्वपूर्ण थी राजनीतिक लोकतंत्र जिस कारण से शान्तिपूर्ण बदलाव सम्भव हुआ। याद रखिए कि मार्क्स के समय में राजनीतिक लोकतंत्र जैसी कोई बात नहीं थी। यहाँ तक कि तथाकथित लोकतांत्रिक देशों में भी नहीं। वहाँ भी भू-स्वामी वर्ग ही सरकार में थे। अब केवल एक ही तथ्य—वोट—ने बहुत बड़ा अन्तर पैदा कर दिया है, भले ही केवल इसी से सारी समस्याएँ नहीं सुलटतीं। जब हर किसी के पास वोट हो तो यह सामाजिक बदलाव के लिए ज़रूरी और प्रभावी ताक़त बन जाती है जो दबावों और प्रभावों के रूप में इस हद तक इस्तेमाल हो सकती है जिसका मार्क्स को अन्दाज़ा नहीं हो सकता था क्योंकि यह उनके समय में नहीं थी।

फिर, दूसरे ज़्यादा लोकतांत्रिक प्रतिकारक आए। जैसे—व्यापार संघ संगठन, मज़दूर संगठन, किसान संगठन। इन सब ने धनी शासक वर्ग पर बदलाव के लिए प्रभावशाली दबाव बनाया जिसे आर्थिक लोकतंत्र की शुरुआत माना जा सकता है। इसका परिणाम ये हुआ कि औद्योगिक क्रान्ति के सन्दर्भ में मार्क्सवादियों का जो मुख्य डर था कि धन और शक्ति कुछ मुट्ठी-भर लोगों के हाथ में सिमट जाएगी और ग़रीबी बढ़ती जाएगी, ऐसा नहीं हुआ। इन दबाव समूहों—कुछ लोकतंत्र के, कुछ व्यापार संगठनों के और दूसरे—ने इस पर अंकुश रखा। मैं इस तथ्य से इनकार नहीं कर रहा कि मार्क्स ने जिन आर्थिक प्रवृत्तियों की भविष्यवाणी की थी वैसा नहीं हुआ। लेकिन इन सब वस्तुगत कारकों ने उन पर हमेशा अंकुश ज़रूर लगाए रखा।

ये नये तरह के संगठन उस राजनीतिक माहौल में बढ़-पनप रहे थे और लगातार और तेज़ सुधारवादी दिशा में सामाजिक न्याय की चाहत और सामाजिक परिवर्तन के लिए उसे बदल भी रहे थे। दूसरी ओर, बड़े-बड़े तकनीकी विकास हो रहे थे, जिन्होंने पूरी दुनिया क्रान्तिकारी ढंग से बदलकर रख दी। मार्क्स या कोई भी उन्नीसवीं सदी का चिन्तक इन चीज़ों के लिए जागरूक नहीं हो सकता था।

आप सैद्धान्तिक तौर पर कह सकते हैं कि इस वैज्ञानिक और तकनीकी विकास ने धन और उत्पादन की समस्याओं को हल कर दिया है और भौतिक समृद्धि के लक्ष्य को सबके लिए मुमकिन किया है। कम से कम सिद्धान्त रूप में तो यह है कि इस दुनिया में सारी जनसंख्या के लिए पर्याप्त है। या यह कह सकते हैं कि दुनिया में इतना उत्पादन तो किया जा सकता है कि सारी जनता की सामान्य और मूलभूत ज़रूरतें पूरी हो सकें।

मार्क्स उस दौर में काम कर रहे थे जबकि मुख्य आर्थिक सवाल चीज़ों के वितरण का था क्योंकि चीज़ें कम थीं और यही हर तरह के संघर्षों का कारण था। शक्तिशाली और धनी लोग चीज़ों पर क़ब्ज़ा किए हुए थे और ग़रीब व कमज़ोर लोग बस मजबूर थे।

समन्वय का दर्शन

प्रश्न : आपने हमारी विरासत और तरक़्क़ी के बाबत जो कुछ कहा है उसका मतलब यह है कि आप विवाद की बजाय संवाद और समन्वय के दर्शन के पक्ष में हैं। क्या मैंने सही समझा सर?

उत्तर : जी। समन्वय। गांधी जी ने हमेशा एक-दूसरे के विरोधी तत्त्वों के बीच में सहकार और सहयोग बनाने पर ज़ोर दिया।

प्रश्न : एक व्यावहारिक फ़लसफ़े के रूप में समन्वय बहुत बढ़िया बात है, लेकिन जब मूल मामला वर्ग चरित्र के अन्तर्विरोधों का हो तो यह कई बार एक अड़चन भी है। जैसे, गांधी जी ने अमीर और निर्धन के बीच की वर्ग-अन्तर की खाई को एक अजीब से ट्रस्टीशिप के सिद्धान्त से दूर करने की कोशिश की। आख़िर उन्होंने क्यों शक्तिहीन को शक्तिशाली के पंजों में लगभग फँसे रहने दिया। सवाल ये है कि क्या आपने वर्ग संघर्ष के मार्क्सवादी दृष्टिकोण की बजाय वर्ग-समन्वय के गांधीवादी समाधान को स्वीकार कर लिया है?

उत्तर : वर्ग संघर्ष तो हमेशा है। कोई इसे झुठला नहीं सकता और न दरकिनार कर सकता है। लेकिन अब इसका समाधान हिंसा या संघर्ष या नफ़रत में देखना ज़रूरी नहीं है। और यहीं पर गांधी जी का मित्रवत भाव व रचनात्मक दृष्टिकोण सामने आता है। जैसा कि मैंने पहले ही आपको समझाया है, मार्क्स अपने ज़माने की परिस्थितियों में ही देख रहे थे। तब न तो लोकतंत्र था और न ही वोट का अधिकार और न ही मज़दूर वर्ग के आन्दोलन थे। मतलब यह कि असमानता को ख़त्म करने और समाज में बराबरी लाने के लिए संघर्ष के अलावा कोई दूसरा रास्ता न था। क्या आप यह बात नहीं पहचान पा रहे? इसलिए वर्ग अन्तर्विरोधों को झुठलाने या उन्हें ख़ारिज करने का सवाल नहीं है। बात यह है कि हम समस्या को एक शान्तिपूर्ण और सहयोगात्मक तरीक़े से इन संघर्षों को बढ़ाने की बजाय कम करते हुए सुलझाना चाहते हैं। हम यह कोशिश कर रहे हैं कि लोगों को धमकाने या नष्ट करने की बजाय अपनी ओर मिला सकें। गांधी जी शायद इस वर्ग संघर्ष की धारणा को हमारी या आपकी तरह नहीं समझते थे। लेकिन उन्होंने जो रास्ता सुझाया वो हमारे ज़माने और ख़ासकर हमारे देश के हिसाब से ज़्यादा व्यावहारिक है। हमारा इतिहास और परम्पराएँ इस शान्तिपूर्ण, दोस्ताना और सहयोगात्मक रास्ते के फ़ायदे बताती हैं।

वर्ग संघर्षों, युद्धों और इस तरह की बातों के सन्दर्भ में एक पहलू और भी है। एटम बम के बारे में सोचें। एक ओर है नाभिकीय ऊर्जा का सकारात्मक पहलू जो अपने भीतर मानवता की तरक़्क़ी के लिए असीम सम्भावनाएँ समेटे है। लेकिन उसी का एक रूप है एटम बम जो दो-तीन धमाकों में ही पूरी मानव सभ्यता को उड़ा सकता है। इसी प्रकार, वर्ग संघर्ष या पूँजीवादी-समाजवादी युद्ध एक ऐसा ख़तरनाक हथियार हो सकता है जिसके भयावह परिणामों की कल्पना भी नहीं की जा सकती। इसीलिए, चाहे जिस तरह से सोचिए, वर्ग संघर्षों या युद्धों के सिद्धान्त बहुत ख़तरनाक होने के कारण पिछड़ी सोच वाले हैं क्योंकि आज के समय में न केवल देश बल्कि तमाम जमातों और यहाँ तक कि व्यक्तिगत रूप से लोगों के पास इतने भयानक हथियार

मौजूद हैं। इसलिए हमें समन्वय, सहयोग, सहअस्तित्व के गांधीवादी समाधानों को मानना और उन पर चलना ही पड़ेगा।

प्रश्न : मि. नेहरू, मैं समझता हूँ कि आपने पंचशील यानी शान्तिपूर्ण सहअस्तित्व के पाँच सिद्धान्तों की उत्पत्ति को बताया है जिसमें आप अन्तर्राष्ट्रीय संघर्षों को सुलझाने और विश्व सम्बन्धों को गांधीवादी भावना के साथ सुलझाने की कोशिश कर रहे हैं। अब मैं आपसे यह जानना चाहता हूँ कि आप किस तरह से गांधीवादी दृष्टिकोण की ओर ईमानदार शिद्दत से मुड़ गए? ऐसा महसूस होता है कि चालीस के दशक में आपके सोचने के नज़रिये में कुछ ऐसे बदलाव आए कि आप सतर्क अनुयायी की बजाय शिद्दत से उत्साही अनुयायी हो गए। आपने एटम बम का ज़िक्र किया। हो सकता है कि सर्वनाश के इस डरावने हथियार ने 1940 के पहले की आपकी सोच में बड़ा बदलाव डाला हो? या कि ये गांधी जी की कठिन कसौटी थी जिसने आपको उनका सबसे वफ़ादार शिष्य बनाया?

उत्तर : मैं नहीं जानता। इसको विश्लेषित करना कठिन है। एटम बम ने पक्का मेरे मन पर बहुत असर डाला, लेकिन उस तरह का नहीं जैसा आपने कहा। व्यक्तित्वांतरण एक धीमी प्रक्रिया है। एटम बम केवल दर्दनाक परिणामों की नुमाइन्दगी नहीं करता बल्कि इसके साथ ही एक नई ताक़त, नई ऊर्जा का आग़ाज़ भी जुड़ा हुआ है जो अच्छे या बुरे दोनों तरह से इस्तेमाल हो सकती है। इसका असर, दोनों तरह से, किसी के सोचने-समझने और दृष्टिकोण पर पड़ सकता है। भविष्य के बारे में हमारे दृष्टिकोण पर इसका ज़बरदस्त असर लाज़िमी है।

वर्ग संघर्ष का मुद्दा लीजिए, जिस पर हम बातचीत कर रहे थे। वर्गों का वजूद है और स्वाभाविक रूप से ये वर्ग आपस में एक-दूसरे से विरोध में भी हैं। उनके बीच हितों की टकराहट है, इसीलिए संघर्ष लाज़िमी है। इससे इनकार नहीं किया जा सकता। मुख्य बिन्दु यह है कि वर्ग संघर्ष को समाप्त करने के लिए आप उसे और तेज़ करके सुलझाएँगे या विरोध और हिंसा के द्वारा हिसाब-किताब चुकता करेंगे। इसी बीच से मेरी बुनियादी सोच ये है कि जहाँ तक हो सके, हिंसा को दूर रखकर संघर्ष को सुलझाया जाना चाहिए। ये वर्ग संघर्ष से इनकार करना नहीं है बल्कि वर्ग संघर्ष को हिंसा और विरोध की बजाय अन्य तरीक़ों से समाप्त करने की बात है। यह हमारे दृष्टिकोण का बुनियादी हिस्सा रहा है। ये एटम बम या गांधी जी की हत्या के कारण उपजा ख़याल नहीं है, बल्कि यह एक बुनियादी बात है।

मैं समझता हूँ कि कुछ हद तक हम इस समाधान में प्रभावी ढंग से सफल हुए हैं—चाहे वो रजवाड़ों का मामला हो या ज़मींदार वर्ग का। मैं ये नहीं कह रहा कि सारे रजवाड़ों का हृदय-परिवर्तन हो गया है। लेकिन जनता और सरकार का दबाव ऐसा है कि कुछ ऐसी स्थितियाँ और दबाव लगातार बने हैं कि उन्हें उनके आगे झुकना ही है और इससे उनसे निपटने में आसानी हुई है। इस तरह से हमने ज़मींदारी प्रथा को समाप्त कर दिया है। हमने उन्हें मुआवज़े दिए, लेकिन वो जिस तरह के मुआवज़े के आदी रहे थे, उसकी तुलना में वो कुछ नहीं था। उन्होंने इस बात को पसन्द नहीं किया और विरोध भी हुआ लेकिन यह सब बिना किसी बड़े संघर्ष के सुलझा लिया गया।

अब निजी क्षेत्र और बढ़ते हुए सार्वजनिक क्षेत्र के बीच में संघर्ष है, लेकिन मुझे विश्वास है कि इसे भी शान्तिपूर्ण और सहयोगात्मक तरीक़े से सुलझा लिया जाएगा।

तो यह सब गांधीवादी तरीक़े से किया जा सकता है। कभी-कभी संघर्ष हो सकता है। यह अलग मामला है। लेकिन यह बड़ा संघर्ष नहीं है बल्कि इसे स्थानीय संघर्ष कहेंगे। इसीलिए मैं स्वीकार करता हूँ कि वर्ग हैं और विशेषाधिकार सम्पन्न वर्ग भी हैं, एक वर्ग दूसरे वर्गों पर आधिपत्य भी रखता है, जैसे कि मज़दूर वर्ग, कृषक वर्ग और मध्य वर्गों के बीच के मामले। मैं दिल से यह चाहता हूँ कि सभी असमानताएँ और भेदभाव ख़त्म हो जाएँ, फिर भी मैं यह नहीं सोचता कि इसका सही तरीक़ा यह होगा कि विभेदों को हवा देकर और संघर्ष बढ़ाकर उन्हें सुलझाने की कोशिश की जाए। हो सकता है कि ऊपरी तौर पर हम उस तरीक़े से सफल हो भी जाएँ लेकिन तब हम एक बुरी नज़ीर पेश करेंगे। फिर से मामला साध्य और साधन के बीच का हो जाता है।

प्रश्न : इसका मतलब यह है कि आपका गांधीवादी समाधान में भरोसा उससे पहले का है जब एटम बम ने नागासाकी और हिरोशिमा में विनाश लीला मचाई थी और इतिहास की दिशा ही बदल दी थी?

उत्तर : मेरा दृष्टिकोण हमेशा टकराव के ख़िलाफ़ रहा है, ख़ासकर हिंसा के साथ विरोध करने के। लेकिन मैं यह ज़रूर सोचता हूँ कि एटम बम बल्कि नाभिकीय ऊर्जा एक ऐसी बड़ी ताक़त के रूप में दुनिया के सामने आई है जिसने ज़िन्दगी के मायनों और भविष्य को बदलकर रख दिया है और अतीत के सारे फ़लसफ़ों को इस नये सन्दर्भ में फिर से समझना ही होगा। इस सन्दर्भ में सबसे महत्त्वपूर्ण युद्ध की सम्भावना है, जो कि हर चीज़ को ख़त्म करने में सक्षम है।

प्रश्न : यही आपके सहअस्तित्व के सिद्धान्त पर ज़ोर देने की वजह है?

उत्तर : जी। क्या सहअस्तित्व की अवधारणा हमेशा से नहीं रही?

प्रश्न : चालीस के दशक के पहले भी?

उत्तर : बिलकुल। वास्तव में यह हमेशा से रही है। यह अशोक और बुद्ध के वक़्त तक जाती है। गांधी जी ने इसे साध्य और साधन का एक बुनियादी हिस्सा बनाया। अगर मैं इस तरह कह सकूँ तो यह भारतीय चिन्तन की बुनियादी प्रक्रिया एक कड़ाही की तरह है, जिसमें जियो और जीने दो का विचार लगातार पककर निथरा है। मैं यह नहीं कहता कि भारतीय लोग देव तुल्य हैं, लेकिन कुछ भी हो भारतीय विचार मूलत: शुभ है। सहअस्तित्व का फ़लसफ़ा हमारे इतिहास में ही है और उसे आज के नये बदलावों से बड़ा बल भी मिल रहा है—आज का मतलब वह समय जबकि युद्ध का मतलब होगा सारी मनुष्य जाति का सर्वनाश।

स्वाधीनता आन्दोलन

'इंक़लाब ज़िन्दाबाद'

(*विश्व इतिहास की झलक* से)

प्रियदर्शिनी, आँखों की प्यारी, लेकिन जब आँखों से ओझल हो तो और भी प्यारी! आज, जब मैं यहाँ तुम्हें पत्र लिखने बैठा तो दूर के बादल की गरज जैसा कुछ हल्का-सा शोर मुझे सुनाई दिया। पहले तो मुझे पता न चला कि यह आवाज़ कैसी है, लेकिन यह कुछ परिचित-सी जान पड़ी और ऐसा मालूम हुआ कि उसके जवाब में मेरे हृदय से गूँज उठ रही है। धीरे-धीरे यह आवाज़ नज़दीक आती हुई और बढ़ती हुई मालूम देने लगी और थोड़ी ही देर में वह क्या है उसके बारे में कोई शक नहीं रहा। 'इंक़लाब ज़िन्दाबाद'। 'इंक़लाब ज़िन्दाबाद।' इस जोशभरी ललकार से जेलख़ाना गूँज उठा, और इसे सुनकर हम सबके दिल हरे हो गए। मैं नहीं जानता कि ये कौन लोग थे—जो हमारे इस जंगी नारे को हमसे इतना नज़दीक जेल के बाहर बुलन्द कर रहे थे—शहर के मर्द और औरतें थीं या गाँवों के किसान लोग? और न मैं यह जानता हूँ कि आज इसका कौन-सा मौक़ा था? लेकिन ये लोग चाहे जो हों, इन्होंने हमारे दिलों के हौसले बढ़ा दिए और इनके अभिवादन का हम लोगों ने ख़ामोश जवाब भेज दिया, जिसके साथ-साथ हमारी सारी शुभकामनाएँ भी थीं।

सवाल यह होता है कि हम 'इंक़लाब ज़िन्दाबाद' क्यों पुकारते हैं? हम क्रान्ति और परिवर्तन किसलिए चाहते हैं? इसमें शक नहीं कि भारत में आज बहुत परिवर्तन की ज़रूरत है। लेकिन वे सारे बड़े परिवर्तन, जो हम चाहते हैं, हो भी जाएँ और भारत को आज़ादी भी मिल जाए तो भी हम निश्चल नहीं बैठ सकते। दुनिया की कोई भी चीज़, जिसमें जान है, बिना परिवर्तन के नहीं रहती। सारी क़ुदरत रोज़-ब-रोज़ और मिनट-मिनट पर बदलती रहती है। केवल मुर्दों की ही बढ़ोतरी रुक जाती है, और वे निश्चल हो जाते हैं। ताज़ा पानी बहता रहता है और अगर कोई उसे रोक दे तो वह बँधकर गंदा हो जाता है। मनुष्य-जाति की और राष्ट्र की ज़िन्दगी का भी यही हाल होता है। हम चाहें या न चाहें, बूढ़े होते जाते हैं। बच्चियाँ छोटी लड़कियाँ हो जाती हैं, छोटी लड़कियाँ बड़ी लड़कियाँ हो जाती हैं, वे ही बाद में युवतियाँ और फिर बूढ़ियाँ हो जाती हैं। हमें इन सब परिवर्तनों को बर्दाश्त करना पड़ता है। लेकिन बहुत-से लोग इस बात को मानने के लिए तैयार नहीं कि दुनिया बदलती रहती है। वे अपने दिमाग़ को बन्द रखते हैं और उस पर ताला डाल देते हैं और उसमें किसी नये ख़याल को

घुसने नहीं देते। सोच-विचार करने की भावना से उन्हें जितना डर लगता है, उतना किसी दूसरी चीज़ से नहीं। नतीजा क्या होता है? दुनिया तो फिर भी आगे-आगे बढ़ती ही जाती है, और चूँकि वे और उन्हीं के ख़यालों के दूसरे लोग बदलती हुई परिस्थितियों के मुताबिक़ अपने को नहीं ढालते, इसलिए समय-समय पर बड़े-बड़े विस्फोट होते हैं; बड़ी-बड़ी क्रान्तियाँ हो जाती हैं—जैसी कि 140 वर्ष पहले फ्रांस में और आज से 13 वर्ष पहले रूस में हुई थी। इसी तरह अपने देश में हम भी आज एक क्रान्ति के बीच में गुज़र रहे हैं। बेशक हम आज़ादी चाहते हैं; लेकिन हम इससे भी कुछ और ज़्यादा चाहते हैं। हम तमाम बदबूदार गड्ढों को साफ़ कर डालना चाहते हैं और हरेक जगह ताज़ा और साफ़ पानी की धार पहुँचा देना चाहते हैं। हमारा फ़र्ज़ है कि हम अपने देश की गंदगी, ग़रीबों और मुसीबतों को निकाल फेंकें और जहाँ तक हो सके बहुत-से आदमियों के दिमाग़ों में भरे हुए जालों को भी साफ़ कर दें जिनकी वजह से कि वे लोग विचार नहीं कर पाते और उस महान काम में, जो हमारे सामने है, सहयोग नहीं देते। यह एक बड़ा काम है और सम्भव है इसके पूरा होने में देर लगे। आओ, कम-से-कम एक धक्का लगाकर इसे आगे तो बढ़ा दें! इंक़लाब ज़िन्दाबाद!

हम अपनी क्रान्ति के दरवाज़े पर खड़े हैं और यह नहीं जानते कि भविष्य में क्या होनेवाला है। लेकिन हमारी मेहनतों का फल बहुत काफ़ी मात्रा में वर्तमान ने ही हमारे सामने ला रखा है। भारत की स्त्रियों को देखो कि वे कितने अभिमान के साथ लड़ाई में सबसे आगे बढ़ती जा रही हैं। नम्र, लेकिन बहादुर और किसी से न दबनेवाली स्त्रियाँ, देखो किस तरह दूसरों को आगे बढ़ने का रास्ता बता रही हैं? और कहाँ गया आज वह परदा, जिसने हमारी बहादुर और सुन्दर स्त्रियों को छिपा रखा था, और जो उनके और उनके देश के लिए एक अभिशाप था? क्या वह तेज़ी के साथ हट नहीं रहा कि अजायबघरों की अलमारियों में, जहाँ कि बीते ज़माने की निशानियाँ रखी जाती रहती हैं, जाकर अपनी जगह ले।

बच्चों को—लड़के और लड़कियों को—वानर-सेना और बाल-बालिका-सभाओं को भी देखो। इनमें से बहुत-से बच्चों के माता-पिता ऐसे होंगे, जो शायद पहले कायरों और ग़ुलामों की तरह आचरण करते रहे हों लेकिन क्या अब कोई यह शक करने की हिम्मत कर सकता है कि हमारी पीढ़ी के बच्चे ग़ुलामी या कायरता को कभी भी बरदाश्त करेंगे?

और इस तरह परिवर्तन का चक्र चल रहा है और जो नीचे थे वे ऊपर आ रहे हैं और जो ऊपर थे वे नीचे जा रहे हैं। हमारे देश में भी इस चक्र के चलने का समय आ गया है। लेकिन इस बार हम लोगों ने इसे ऐसा धक्का दिया है कि अब कोई भी इसे रोक नहीं सकता।

इंक़लाब ज़िन्दाबाद!

7 जनवरी, 1937

~

ब्रिटेन ने भारत पर राज कैसे किया

(विश्व इतिहास की झलक से)

हम लोग अंग्रेज़ों के अत्याचार की बात करते हैं। लेकिन असल में यह अत्याचार है किसका? कौन इससे फ़ायदा उठाता है? सारी अंग्रेज़ जाति नहीं, क्योंकि ख़ुद उस जाति में लाखों बदनसीब और सताए हुए लोग हैं। और भारतवासियों के कई छोटे-छोटे दल और वर्ग ऐसे हैं, जिन्होंने भारत के ब्रिटिश शोषण से कुछ-न-कुछ फ़ायदा उठाया है। तब हम भेद कहाँ करें? वास्तव में यह सवाल व्यक्तियों का नहीं प्रणाली का है। हम एक भारी-भरकम मशीन के नीचे दबे रहे हैं, जिसने भारत के लाखों-करोड़ों को निचोड़ा और कुचला है। यह मशीन है उद्योगी पूँजीवाद से पैदा हुए नये साम्राज्यवाद की। इस शोषण का मुनाफ़ा ज़्यादातर इंग्लैंड को जाता है, लेकिन इंग्लैंड में उसका लगभग सारा मुनाफ़ा कुछ ख़ास वर्गों को ही पहुँचता है। इसी तरह इस शोषण के मुनाफ़े का कुछ हिस्सा भारत में भी रहता है, और कुछ वर्ग उससे फ़ायदा उठाते हैं। इसलिए हमारा व्यक्तियों से या सारी अंग्रेज़ जाति से नाराज़ होना बेवक़ूफ़ी है। अगर कोई प्रणाली ग़लत है और हमें नुक़सान पहुँचाती है, तो उसी को बदलना चाहिए। इस बात से कोई फ़र्क़ नहीं पड़ता कि उस प्रणाली को कौन चलाता है, और अक्सर भले आदमी भी किसी बुरी प्रणाली में पड़कर लाचार हो जाते हैं। दुनिया भर की नेकनीयती से भी कोई बालू और पत्थर को अच्छे भोजन में नहीं बदल सकता, चाहे जितना कोई उन्हें पकावे। मेरे ख़याल से यही बात साम्राज्यवाद और पूँजीवाद पर भी लागू होती है। इनमें सुधार हो नहीं सकता, इनका अकेला असली सुधार है इनको जड़ से उखाड़ फेंकना। लेकिन यह मेरी अपनी राय है। कुछ लोग इससे मतभेद रखते हैं। तुम्हें किसी बात को ज्यों-का-त्यों मान लेने की ज़रूरत नहीं। जब समय आएगा, तुम अपने आप अपने नतीजे निकाल सकोगी। लेकिन एक बात से ज़्यादातर लोग सहमत हैं कि जो चीज़ ख़राब है, वह प्रणाली है, और इसलिए व्यक्तियों से खीजना बेकार है। अगर हम कोई परिवर्तन चाहते हैं, तो हमें इस प्रणाली पर हमला करके उसे बदल डालना चाहिए। इस प्रणाली के कुछ बुरे नतीजे हम भारत में देख चुके हैं। जब हम चीन, मिस्र और बहुत-से दूसरे देशों का विचार करते हैं, तो वहाँ भी हम उसी प्रणाली को, पूँजीवादी साम्राज्यवाद की उसी मशीन को, काम करते हुए और लोगों का शोषण करते हुए देखते हैं।

अब हम अपनी कहानी पर आते हैं। मैं तुम्हें बता चुका हूँ कि जिस समय अंग्रेज़ भारत में आए यहाँ के कुटीर-उद्योगों की हालत बहुत ऊँचे दर्ज़े पर थी। उत्पादन के तरीक़ों की क़ुदरती प्रगति के साथ, अगर उसमें बाहरी दख़ल न होता, तो सम्भव था कि कभी-न-कभी भारत में भी मशीनों का उद्योग आ जाता। लोहा और कोयला इस देश में मौजूद थे, और जैसा कि हम इंग्लैंड में देख चुके हैं, इन चीज़ों ने नये उद्योगवाद को बहुत मदद पहुँचाई और वास्तव में कुछ हद तक उसे पैदा किया। अन्त में यही भारत में भी हुआ होता। राजनीतिक हालतों में गड़बड़ी के सबब से शायद इसमें कुछ देर लग जाती। लेकिन इसी बीच अंग्रेज़ों ने टाँग अड़ा

दी। ये लोग ऐसे देश और ऐसी क़ौम के प्रतिनिधि थे, जिसने अपने यहाँ के पुराने तरीक़ों को बदलकर बड़ी मशीन के नये उत्पादन को अपना लिया था। इससे यह ख़याल किया जा सकता था कि ये लोग भारत में भी इसी तरह का परिवर्तन पसन्द करेंगे और यहाँ जिस वर्ग के लोगों के ज़रिये इस तरह का परिवर्तन पैदा होने की सम्भावना हो उसे बढ़ावा भी देंगे। लेकिन उन्होंने ऐसा कुछ नहीं किया। बल्कि उन्होंने वास्तव में इससे बिलकुल उलटा ही किया। भारत को अपना होनेवाला मुक़ाबलेदार मानकर उन्होंने उसके उद्योगों को नष्ट कर डाला और मशीनों के उद्योग को सचमुच चलने ही नहीं दिया।

इस तरह हम भारत में एक निराली हालत पाते हैं। हम देखते हैं कि इस समय यूरोप में सबसे आगे बढ़े हुए ये अंग्रेज़ भारत में सबसे ज़्यादा पिछड़े हुए और दकियानूसी वर्गों के साथ गठबन्धन कर रहे हैं। वे मरते हुए सामन्ती वर्ग को टेक देकर खड़ा कर रहे हैं, ज़मींदार पैदा कर रहे हैं, सैकड़ों अधीन देशी राजाओं को उनकी आधी-सामन्ती रियासतों में सहारा दे रहे हैं। वे भारत में जान-बूझकर सामन्तशाही को मज़बूत बना रहे हैं। ये ही अंग्रेज़ यूरोप में मध्यवर्ग की उस क्रान्ति के अगुआ थे, जिसने उनकी पार्लमेंट को अधिकार दिलाया था, ये ही उस उद्योगी क्रान्ति में भी अगुआ थे, जिसके नतीजे से संसार में उद्योग पूँजीवाद जारी हुआ। इन बातों में अगुआ होने के कारण ही वे अपने मुक़ाबलेदारों से कहीं आगे बढ़ गए और एक लम्बा-चौड़ा साम्राज्य क़ायम कर पाए।

अंग्रेज़ों ने भारत में इस तरह का व्यवहार क्यों किया, यह समझना मुश्किल नहीं है। पूँजीवाद की सारी बुनियाद गर्दन-मार होड़ और शोषण पर है, और साम्राज्यवाद इससे आगे के दर्जे का नाम है। इसलिए हाथ में सत्ता होने से अंग्रेज़ों ने अपने असली मुक़ाबलेदारों की हत्या कर डाली, और दूसरे मुक़ाबलेदारों की बढ़ोतरी को जान-बूझकर रोक दिया। जनता से मेल बढ़ा सकना उनके लिए सम्भव नहीं था, क्योंकि भारत में उनके रहने का सारा प्रयोजन ही जनता का शोषण करना था। शोषकों व शोषितों के हित कभी एक नहीं हो सकते। इसलिए उन्होंने—अंग्रेज़ों ने—भारत में तब तक मौजूद सामन्तशाही के बचे-खुचे टुकड़ों का सहारा लिया। जब अंग्रेज़ यहाँ आए तभी इन लोगों में असली ताक़त कुछ भी बाक़ी नहीं थी, लेकिन इन्हें सहारा देकर खड़ा किया गया और देश की लूट का कुछ हिस्सा इन्हें दिया जाने लगा। लेकिन ऐसे वर्ग को, जिसकी उपयोगिता पहले ही ख़त्म हो चुकी थी, इस तरह का सहारा कुछ ही समय के लिए राहत पहुँचा सकता था, सहारे के हटते ही या तो वे ज़रूर धराशायी हो जाते या फिर अपने को नई हालतों के अनुकूल बना लेते। अंग्रेज़ों की कृपा के आसरे इस तरह की कुछ नहीं तो सात सौ छोटी-बड़ी देशी रियासतें थीं। इन बड़ी रियासतों में से हैदराबाद, कश्मीर, मैसूर, बड़ौदा, ग्वालियर, वग़ैरा, कुछ को तुम जानती हो। लेकिन यह विचित्र बात है कि इन रियासतों के ज़्यादातर देशी नरेश पुराने सामन्ती सरदारों के वंशज नहीं हैं, ठीक उसी तरह जिस तरह कि ज़्यादातर बड़े ज़मींदारों की कोई बहुत प्राचीन परम्पराएँ नहीं हैं। हाँ, उदयपुर का महाराणा, जो सूर्यवंशी राजपूतों में सबसे बड़ा माना जाता है, ज़रूर एक ऐसा राजा है, जो अपनी

वंशावली का पिछला सम्बन्ध इतिहास शुरू होने से पहले के एक धुँधले ज़माने के साथ जोड़ सकता है। जापान का राजा मिकादो ही शायद एक ऐसा मौजूदा व्यक्ति है, जो इस बात में उसकी बराबरी कर सकता है।

अंग्रेज़ी राज ने मज़हबी बैर-भावों को भी बढ़ावा दिया। यह बात कुछ अजीब-सी मालूम होती है, क्योंकि अंग्रेज़ लोग ईसाइयत का दावा करते थे, फिर भी उनके आने से भारत में हिन्दू धर्म और इस्लाम और भी ज़्यादा कट्टर बन गए। कुछ हद तक यह प्रतिक्रिया लाज़िमी भी थी, क्योंकि विदेशी हमले से अपनी रक्षा करने के लिए किसी देश के मज़हब और संस्कृति कठोर बनने लगते हैं। इसी तरह से मुसलमानों के हमलों के बाद हिन्दू धर्म में कट्टरपन आ गया, और जात-पाँत का भेद बढ़ गया। अब हिन्दू धर्म और इस्लाम दोनों ही में इस ढंग की प्रतिक्रिया हो गई। लेकिन इसके अलावा भी, ब्रिटिश सरकार ने दोनों मज़हबों के कट्टरपंथी तत्त्वों को, सचमुच जान-बूझकर और अनजान में, दोनों तरह से मदद पहुँचाई। अंग्रेज़ों को मज़हब में या मज़हब बदलने के मामलों में कोई दिलचस्पी नहीं थी। वे तो हर तरह रुपया पैदा करना चाहते थे। मज़हबी मामलों में किसी तरह की दस्तंदाज़ी करने से डरते थे, कि कहीं लोग ग़ुस्से में आकर उनके ख़िलाफ़ खड़े न हो जाएँ। इसलिए दस्तंदाज़ी का शुबहा तक न होने देने के लिए वे यहाँ तक आगे बढ़ गए कि देश के मज़हबों को, या यों कहो कि मज़हबों के ऊपरी रूप को सचमुच बचाने व मदद देने लगे। इसका नतीजा अक्सर यह हुआ कि यह ऊपरी रूप तो बना रहा, लेकिन भीतर कुछ न रहा।

कट्टरपंथियों की नाराज़गी के इस डर से सुधारों के मामले में भी सरकार इन्हीं लोगों का पक्ष लेने लगी इस तरह सुधार का काम रुक गया। विदेशी सरकार के लिए कोई सामाजिक सुधार करना बहुत कठिन होता है, क्योंकि वह जो कुछ भी परिवर्तन करना चाहेगी, उसी का लोग विरोध करेंगे। हिन्दू धर्म और हिन्दू-शास्त्र कई बातों में परिवर्तनशील और प्रगतिशील थे, यह बात दूसरी है कि पिछली सदियों में यह प्रगति बहुत धीमी रही। ख़ुद हिन्दू-शास्त्र में ज़्यादातर रिवाज ही हैं, और रिवाज हमेशा बदलते और पैदा होते रहते हैं। हिन्दू-शास्त्र का यह लचीलापन अंग्रेज़ी राज में ग़ायब हो गया और उसकी जगह घोर कट्टरपंथियों की सलाह से बनाए गए कठोर क़ानूनी ज़ाब्तों ने ले ली। इस तरह हिन्दू समाज की वह धीमी प्रगति भी अब रुक गई। मुसलमान तो नई हालतों से और भी ज़्यादा नाराज़ हुए और वे कूपमंडूक बन गए।

सती-प्रथा को, जिसमें हिन्दू विधवा अपने पति की चिता पर जल जाती थी, मिटाने के लिए अंग्रेज़ अपने को बहुत ज़्यादा नेकनामी देते हैं। कुछ हद तक वे इसके हक़दार हैं भी, लेकिन सच तो यह है कि सरकार ने सिर्फ़ तभी क़दम उठाया जब राजा राममोहन राय के नेतृत्व में भारतीय सुधारकों ने इस प्रथा के ख़िलाफ़ बरसों आन्दोलन किया। इससे पहले दूसरे राजाओं ने भी, और ख़ासकर मराठों ने, इसे बन्द कर दिया था। गोवा में वहाँ के पुर्तगाली शासक अलबुक़र्क ने इस प्रथा को उठा दिया था। अंग्रेज़ों ने जो इस प्रथा को बन्द किया वह भारतवासियों के आन्दोलन और

ईसाई पादरियों की कोशिशों का नतीजा था। जहाँ तक मुझे याद है, मज़हबी महत्त्व का सिर्फ़ यही एक सुधार है, जो ब्रिटिश सरकार ने किया है।

5 दिसम्बर, 1932

~

ब्रिटिश सरकार की 'दो-रुखी' नीति

(*मेरी कहानी से*)

यरवदा जेल से, और बाद में बाहर से गांधी जी के नेतृत्व में हरिजन आन्दोलन चल रहा था। मन्दिर-प्रवेश का प्रतिबन्ध दूर करने के लिए बड़ा भारी आन्दोलन खड़ा हो गया था। और इसी उद्देश्य का एक बिल असेम्बली (बड़ी धारा-सभा) में भी पेश किया गया था। और फिर एक अनोखा दृश्य दिखाई दिया कि कांग्रेस के एक बड़े नेता दिल्ली में असेम्बली के मेम्बरों के घर-घर जाकर मन्दिर-प्रवेश बिल के पक्ष में मत दिलाने का प्रयत्न कर रहे थे। ख़ुद गांधी जी ने भी उनके द्वारा असेम्बली के मेम्बरों के नाम एक अपील भेजी थी। फिर भी सविनय-भंग तो चल ही रहा था और लोग जेल जा रहे थे। कांग्रेस ने असेम्बली का बहिष्कार कर रखा था और हमारे मेम्बर उसमें से निकलकर चले आए थे। जो मेम्बर वहाँ बच गए थे, उन्होंने और उन लोगों ने जो ख़ाली हुई जगहों में आ गए थे, इस संकट-काल में कांग्रेस का विरोध करके और सरकार का साथ देकर नाम कमा लिया था। आर्डिनेंसों की असाधारण धाराओं को कुछ काल के लिए स्थायी दमनकारी क़ानून के रूप में पास कर देने में इन लोगों के बहुमत ने सरकार को मदद दी थी। उन्होंने ओटावा का समझौता पचा लिया था तथा दिल्ली, शिमला और लन्दन में महाप्रभुओं के साथ दावतें उड़ाई थीं। वे हिन्दुस्तान में अंग्रेज़ों की हुकूमत की प्रशंसा करने में शामिल हो गए थे, और हिन्दुस्तान में 'दो-रुखी' नीति की विजय की उन्होंने प्रार्थना की थी।

उस समय की परिस्थिति में गांधी जी के अपील निकालने पर मैं अचम्भे में पड़ गया। और इससे भी ज़्यादा मैं राजगोपालाचार्य की भारी कोशिशों से चकित हुआ, जो कि कुछ ही हफ़्ते पहले कांग्रेस के स्थानापन्न प्रेसीडेंट थे। निश्चय ही इन कामों से सविनय-भंग को धक्का पहुँचा, लेकिन मुझे तो नैतिक दृष्टि से ज़्यादा चोट पहुँची। मेरी निगाह में गांधी जी या किसी भी कांग्रेस के नेता का ऐसी कार्रवाई करना अनैतिक था, और जो बहुत-से लोग जेल में थे या लड़ाई चला रहे थे, उनके साथ क़रीब-क़रीब विश्वासघात ही था। लेकिन मैं जानता था कि उनका दृष्टिकोण दूसरा है।

उस समय और बाद में मन्दिर-प्रवेश बिल के साथ सरकार का रुख आँखें खोल देनेवाला था। उसने उसके समर्थकों के रास्ते में हर तरह की कठिनाइयाँ डालीं। वह उसको स्थगित करती चली गई और उसके विरोधियों को प्रोत्साहन देती गई, और

आख़िर में उस पर अपना विरोध ज़ाहिर करके उसका ख़ात्मा कर दिया। हिन्दुस्तान में सामाजिक सुधार के सभी प्रयत्नों की तरफ़ किसी-न-किसी अंश में उसका यही रुख रहा, और धर्म में हस्तक्षेप न करने के बहाने उसने सामाजिक उन्नति को रोका है। मगर यह कहने की ज़रूरत नहीं कि इससे वह हमारी सामाजिक बुराइयों की नुक्ताचीनी करने या इसके लिए दूसरों को बढ़ावा देने से बाज नहीं आई। एक इत्तफ़ाक़ से ही 'शारदा-बाल-विवाह-निरोधक बिल' क़ानून बन गया था; लेकिन इस अभागे क़ानून के बाद के इतिहास से ही सबसे ज़्यादा यह मालूम हो गया कि इस तरह के क़ानूनों की पाबन्दी कराने में सरकार कितनी अनिच्छा रखती है। जो सरकार रातोंरात आर्डिनेंस पैदा कर सकती थी, जिनमें अजीब-अजीब अपराध ईजाद किए गए थे और एक के कुसूरों के लिए दूसरों को सजाएँ दी जा सकती थीं और उन आर्डिनेंसों को भंग करने के कारण वह हज़ारों लोगों को जेल भेज सकती थी, वही सरकार 'शारदा-ऐक्ट' सरीखे क़ायदे के क़ानून की पाबन्दी कराने से स्पष्टत: दुबकने लगी। इस क़ानून का नतीजा पहले तो यह हुआ कि वह जिस बुराई की रोक के लिए बनाया गया था, वही बुराई बेहद बढ़ गई क्योंकि लोगों ने छह महीने की मिली हुई मोहलत से, जो कि क़ानून में बहुत ही बेवक़ूफ़ी से रख दी गई थी, फ़ायदा उठाने की एकदम ज़ल्दी की। और फिर तो यह मालूम हो गया कि क़ानून तो बहुत-कुछ एक मज़ाक़ ही है, और आसानी से उसका भंग हो सकता है और सरकार उसमें कोई भी कार्रवाई न करेगी। सरकार की तरफ़ से उसके प्रचार की ज़रा भी कोशिश नहीं की गई, और देहात के ज़्यादातर लोगों को यह भी पता न लगा कि यह क़ानून क्या है? उन्होंने हिन्दू और मुसलमान प्रचारकों से, जो ख़ुद भी हक़ीक़त शायद ही जानते हों, उसका तोड़ा-मरोड़ा हुआ हाल सुना।

स्पष्ट है कि हिन्दुस्तान में सामाजिक बुराइयों के प्रति सहिष्णुता की जो यह असाधारण प्रवृत्ति ब्रिटिश सरकार ने दिखाई है, वह उन बुराइयों के लिए किसी पक्षपात के कारण नहीं है। यह तो सही है कि बुराइयों को दूर करने की सरकार ज़्यादा चिन्ता नहीं करती, क्योंकि ये बुराइयाँ उसके हिन्दुस्तान पर हुकूमत करने और सब तरह शोषण करने के कार्य में रुकावट नहीं डालतीं। लेकिन सुधारों की योजना करने से भिन्न-भिन्न समुदायों के नाराज़ हो जाने का भी डर रहता है, और राजनीतिक क्षेत्र में काफ़ी रोष और क्रोध का सामना होते रहने के कारण ब्रिटिश सरकार की यह इच्छा नहीं है कि वह अपनी मुसीबतों को और बढ़ा ले। मगर इधर समाज-सुधारकों की दृष्टि से स्थिति और भी ख़राब होती जा रही है; क्योंकि अंग्रेज़ लोग इन बुराइयों के अधिक-से-अधिक मौन आश्रयदाता होते जा रहे हैं। यह उनके हिन्दुस्तान के सबसे प्रतिगामी लोगों के गहरे सम्बन्ध में आने के कारण हो रहा है। ज्यों-ज्यों उनकी हुकूमत के प्रति विरोध बढ़ता जाता है, त्यों-त्यों उन्हें अजीब-अजीब साथी ढूँढ़ने पड़ते हैं। आज हिन्दुस्तान में अंग्रेज़ी शासन के सबसे ज़बरदस्त हिमायती उग्र सम्प्रदायवादी और मज़हबी प्रतिगामी और जागृति-विरोधी लोग हैं। मुस्लिम साम्प्रदायिक संगठन तो राजनीतिक, आर्थिक, सामाजिक, हर दृष्टि से प्रतिगामी मशहूर ही है। उसकी बराबरी हिन्दू-महासभा करती है; लेकिन इस पीछे की तरफ़ दौड़ लगाने में हिन्दू-महासभा को मात करनेवाले

सनातनी हैं, जिनमें तेज़ मज़हबी दकियानूसीपन है, और उसके साथ-ही-साथ तीव्र हुई या कम-से-कम बुलन्द आवाज़ से प्रकट की जानेवाली ब्रिटिश-राजभक्ति भी है।

अगर ब्रिटिश सरकार बैठी रही, और उसने शारदा क़ानून को लोकप्रिय करने और उसकी पाबन्दी कराने की कोई कार्रवाई नहीं की, तो कांग्रेस या दूसरी ग़ैरसरकारी संस्थाओं ने उसके पक्ष में प्रचार क्यों नहीं किया? अंग्रेज़ और दूसरे विदेशी समालोचकों ने बार-बार यह सवाल किया है। जहाँ तक कांग्रेस का सम्बन्ध है, वह तो पिछले पन्द्रह साल से, ख़ासकर 1930 से, ब्रिटिश हुकूमत से राष्ट्रीय स्वतंत्रता के लिए जीवन-मरण की भीषण लड़ाई लड़ रही है। दूसरी संस्थाओं में असली ताक़त या जनता तक पहुँच नहीं है। आदर्श, चरित्रबल और जनता पर असर रखनेवाले स्त्री-पुरुष तो कांग्रेस में खिंच आए थे और ब्रिटिश जेलख़ानों में जीवन बिता रहे थे।

दूसरी संस्थाएँ कुछ चुने हुए लोगों द्वारा, जो जनता के सम्पर्क से डरते थे, प्रस्ताव पास कर देने से आगे प्राय: बढ़ी नहीं। वे शरीफ़ाना तरीक़े से या अखिल भारतीय महिला-संघ की तरह जनाने तरीक़े से ही, काम करती थीं, और उनमें उग्र प्रचार की वृत्ति नहीं थी। इसके अलावा, वे भी आर्डिनेंसों और उनके बाद के क़ानूनों द्वारा सब तरह की सार्वजनिक प्रवृत्तियों के भयंकर दमन के कारण निष्प्राण होकर कुछ भी नहीं कर सकती थीं। फ़ौजी क़ानून क्रान्तिकारी प्रवृत्ति को कुचल सकता है, लेकिन उसके साथ ही वह सहृदयता को और अत्यन्त सभ्य प्रवृत्तियों को भी निर्जीव-सा कर देता है।

मगर कांग्रेस और दूसरे ग़ैर-सरकारी संगठन क्यों ज़्यादा सामाजिक सुधार नहीं कर सकते, इसका मूल कारण और भी गहरा है। हमारे अन्दर राष्ट्रीयता की बीमारी हो गई है, और उसी में हमारा सारा ध्यान लग जाता है, और जब तक हमें राजनीतिक आज़ादी न मिलेगी, तब तक वह उसी में लगता भी रहेगा। जैसा कि बर्नार्ड शॉ ने कहा है—"पराजित राष्ट्र नासूर के रोगी की तरह होता है; वह और किसी बात का ख़याल नहीं कर सकता...। वास्तव में किसी भी राष्ट्र में राष्ट्रीय आन्दोलन से बढ़कर कोई अभिशाप नहीं होता है, जो कि स्वाभाविक प्रवृत्ति के दमन का एक दुखदायी लक्षण-मात्र होता है। पराजित राष्ट्र दुनिया की दौड़ में पीछे रह जाते हैं; क्योंकि वे इसके सिवा और कुछ नहीं कर सकते कि अपनी राष्ट्रीय स्वतंत्रता को प्राप्त करके अपने राष्ट्रीय आन्दोलनों से छुटकारा पाने की कोशिश करें।"

~

ब्रिटिश शासन का कच्चा चिट्ठा

(*मेरी कहानी* से)

हिन्दुस्तान में ब्रिटिश शासन का इतिहास कैसा रहा? मुझे यह सम्भव नहीं मालूम होता कि कोई भी हिन्दुस्तानी या अंग्रेज़ इस लम्बे इतिहास पर निष्पक्ष और निर्लिप्त रूप से विचार कर सकता हो। और यह सम्भव भी हो तो मनोवैज्ञानिक तथा अन्य

सूक्ष्म घटनाओं को तौलना और जाँचना तो और भी कठिन होगा। हमसे कहा जाता है कि ब्रिटिश शासन ने "भारतवर्ष को वह चीज़ दी है, जो सदियों में भी हासिल नहीं हुई—अर्थात् ऐसी सरकार, जिसकी सत्ता इस उपमहाद्वीप के कोने-कोने में मानी जाती है;"[1] इसने क़ानून का राज्य और एक न्यायोचित तथा निपुणतापूर्ण शासन-व्यवस्था स्थापित की है; इसने हिन्दुस्तान को पार्लियामेंटरी शासन की कल्पना तथा व्यक्तिगत स्वतंत्रता प्रदान की है; और "ब्रिटिश भारत को एक संगठित एकच्छत्र राज्य में परिवर्तन करके भारतवासियों में परस्पर राजनीतिक एकता की भावना को जन्म दिया है"[2] और इस प्रकार राष्ट्रीयता के अंकुर का पोषण किया है। अंग्रेज़ों का यही दावा है कि इसमें बहुत कुछ सचाई भी है; हालाँकि न्यायमुक्त शासन और व्यक्तिगत स्वातंत्र्य बहुत वर्षों से नज़र नहीं आ रहे हैं।

इस युग का भारतीय सिंहावलोकन अन्य कई बातों को महत्त्व देता है और उस आर्थिक तथा आध्यात्मिक क्षति का दिग्दर्शन कराता है, जो विदेशी शासन के कारण हमको पहुँची है। दोनों के दृष्टिकोण में इतना अन्तर है कि कभी-कभी जिस बात की अंग्रेज़ लोग तारीफ़ करते हैं, उसी बात की हिन्दुस्तानी लोग निन्दा करते हैं। जैसा कि डॉक्टर आनन्दकुमार स्वामी ने लिखा है—"भारत में अंग्रेज़ी राज्य की एक सबसे ज़्यादा विलक्षण बात यह रही है कि हिन्दुस्तानियों को पहुँचाई जानेवाली बड़ी-से-बड़ी हानि भी बाहर से भलाई ही मालूम होती है।"

सच तो यह है कि पिछले सौ या कुछ ज़्यादा बरसों में हिन्दुस्तान में जो परिवर्तन हुए हैं वे संसारव्यापी हैं और वे पूर्व और पश्चिम के अधिकांश देशों में समान रूप से हुए हैं। पश्चिम यूरोप में, और इसके बाद बाक़ी के देशों में भी, उद्योगवाद के विकास के परिणामस्वरूप सब जगह राष्ट्रीयता और सुदृढ़ एकच्छत्र राज्य-सत्ता का उदय हुआ। अंग्रेज़ लोग इस बात का श्रेय ले सकते हैं कि उन्होंने पहली बार भारतवर्ष का द्वार पश्चिम के लिए खोला और उसे पश्चिमी उद्योगवाद तथा विज्ञान का एक हिस्सा प्रदान किया। परन्तु इतना कर चुकने पर वे इस देश के अधिकतर औद्योगिक विकास का गला घोंटते रहे, जब तक कि परिस्थिति ने इससे बाज आने के लिए उन्हें मजबूर नहीं किया। हिन्दुस्तान तो पहले ही दो संस्कृतियों का सम्मिलन-क्षेत्र था; एक तो पश्चिमी एशिया से आई हुई इस्लाम की संस्कृति और दूसरी स्वयं उसकी पूर्वी संस्कृति, जो सुदूर-पूर्व तक फैल गई थी। और सुदूर पश्चिम से एक तीसरी और अधिक ज़ोरदार लहर आई, तब भारतवर्ष भिन्न-भिन्न पुराने तथा नये विचारों का आकर्षण केन्द्र तथा युद्ध-क्षेत्र बन गया। इसमें शक नहीं कि यह तीसरी लहर विजयी हो जाती और हिन्दुस्तान के बहुत-से पुराने सवालों को हल कर देती; लेकिन अंग्रेज़ों ने, जो ख़ुद इस लहर को लाने में सहायक हुए थे, इसकी प्रगति रोकने का प्रयत्न किया। उन्होंने हमारी औद्योगिक उन्नति रोक दी और इस तरह हमारी राजनीतिक उन्नति में बाधा डाल दी; और जितनी पुरानी मांडलिकशाही या दूसरी पुरानी रूढ़ियाँ उन्हें यहाँ मिलीं, उन सबका उन्होंने पोषण किया। उन्होंने हमारे परिवर्तनशील, और

1-2. ये उद्धरण भारतीय शासन-सुधार सम्बन्धी जॉइंट पार्लियामेंटरी कमेटी (1934) की रिपोर्ट से लिये गए हैं।

कुछ हद तक प्रगतिशील, क़ानूनों और रिवाजों तक को भी जिस स्थिति में पाया, उसी स्थिति में जमा दिया और हमारे लिए उनकी ज़ंजीरों से छुटकारा पाना मुश्किल कर दिया। हिन्दुस्तान में मध्यवर्ग का उदय कोई इन लोगों की सद्भावना या सहायता से नहीं हुआ। परन्तु रेल और उद्योगवाद के दूसरे उपकरणों का प्रचार करने के बाद वे परिवर्तन की गति को बन्द नहीं कर सके; वे तो उसे केवल रोकने और धीमी करने में समर्थ हुए और इससे उन्हें स्पष्ट रूप से लाभ हुआ।

"भारतीय शासन की शाही इमारत इसी पुख़्ता नींव पर खड़ी की गई है और बड़े निश्चय के साथ यह दावा किया जा सकता है कि 1858 से, जबकि ईस्ट इंडिया कम्पनी के सारे प्रदेश पर सम्राट् की हुकूमत मानी गई, आज तक हिन्दुस्तान की शिक्षा सम्बन्धी और भौतिक उन्नति उससे कहीं ज़्यादा हुई है जितनी अपने लम्बे और उतार-चढ़ाव के इतिहास के किसी भी काल में हासिल करना उसके लिए सम्भव था।"[1] लेकिन यह बात इतनी सही नहीं मालूम होती जैसी कि ऊपर से मालूम होती है और यह बार-बार कहा गया है कि अंग्रेज़ी राज्य का उदय होने से साक्षरता में तो दरअसल कमी आ गई है। लेकिन यह कथन बिलकुल सच भी हो तो उसका मतलब है आधुनिक औद्योगिक युग की प्राचीन युगों से तुलना करना। विज्ञान और उद्योगवाद के कारण दुनिया के क़रीब-क़रीब सभी देशों में, पिछली सदी में, बहुत अधिक शिक्षा-सम्बन्धी और भौतिक उन्नति हुई है। और ऐसे किसी भी देश के बारे में यह यक़ीनन कहा जा सकता है कि इस तरह की उन्नति "उससे कहीं ज़्यादा हुई है जितनी अपने लम्बे और उतार-चढ़ाव के इतिहास के किसी भी काल में हासिल करना उसके लिए सम्भव था।" हालाँकि शायद उस देश का इतिहास भारत के इतिहास से पुराना न होगा। अगर हम यह कहें कि इस तरह की उन्नति हमको उस औद्योगिक युग में ब्रिटिश शासन के न होने पर भी हासिल हो सकती थी, तो क्या यह फ़िज़ूल का ही झगड़ा या ज़िद है? और सचमुच में अगर हम बहुत-से दूसरे देशों की हालात से अपनी हालत का मुक़ाबला करें तो क्या हम यह कहने का साहस न करें कि इस प्रकार की उन्नति और भी ज़्यादा होती? क्योंकि हमें अंग्रेज़ों के उस प्रयत्न का भी तो सामना करना पड़ा है, जो उन्होंने इस उन्नति का गला घोटने के लिए किया। रेल, तार, टेलीफ़ोन, बेतार के तार आदि अंग्रेज़ी राज्य की अच्छाई और भलाई की कसौटी नहीं माने जा सकते। ये वांछनीय और आवश्यक थे, और चूँकि अंग्रेज़ लोग, संयोगवश, इनको सबसे पहले लेकर आए, इसलिए हमें उनका एहसानमंद होना चाहिए। लेकिन उद्योगवाद के ये चोबदार भी हमारे पास ख़ासतौर पर ब्रिटिश राज्य को मज़बूत करने के लिए लाए गए। ये तो नसें और नाड़ियाँ थीं जिनमें होकर राष्ट्र के ख़ून को बहना चाहिए था, जिससे व्यापार की तरक़्क़ी होती, पैदावार, एक जगह से दूसरी जगह पहुँचाई जाती और करोड़ों मनुष्यों को नई ज़िन्दगी और धन हासिल होता। यह सही है कि आख़िरकार इस तरह का कोई-न-कोई नतीजा निकलता ही; लेकिन इन्हें ज़माने और काम में लाने का मक़सद ही दूसरा था—साम्राज्य के पंजे को मज़बूत करना और अंग्रेज़ी माल का बाज़ार पर क़ब्ज़ा ज़माना—जिसके पूरा

1. जॉइंट पार्लमेंटरी कमेटी (1934) की रिपोर्ट।

करने में यह लोग कामयाब भी हो गए। मैं औद्योगीकरण और माल को दिसावर भेजने के नये-नये तरीक़ों के बिलकुल पक्ष में हूँ; लेकिन कभी-कभी हिन्दुस्तान के मैदान में सफ़र करते हुए, मुझे यह जीवनदायी रेल भी लोहे के बन्धनों के समान मालूम पड़ी है, जो भारतवर्ष को जकड़े और बन्दी बनाए हुए है।

हिन्दुस्तान में अंग्रेज़ों ने अपने शासन का आधार पुलिस-राज्य की कल्पना पर रखा है। शासन का काम तो सिर्फ़ सरकार की रक्षा करना था और बाक़ी सब काम दूसरों पर थे। उसके सार्वजनिक राजस्व का सम्बन्ध फ़ौजी ख़र्च, पुलिस शासन-व्यवस्था और क़र्ज़े के ब्याज से था। नागरिकों की आर्थिक ज़रूरतों पर कोई ध्यान नहीं दिया जाता था और वे ब्रिटिश हितों पर क़ुर्बान कर दी जाती थीं। जनता की सांस्कृतिक और दूसरी आवश्यकताएँ, कुछ थोड़ी-सी छोड़कर, सब ताक पर रख दी जाती थीं। सार्वजनिक स्वराज की परिवर्तनशील धारणाएँ, जिनके फलस्वरूप अन्य देशों में नि:शुल्क और देशव्यापी शिक्षा, जनता के स्वास्थ्य की उन्नति, निर्धन और जर्जर व्यक्तियों का पालन, श्रमजीवियों की बीमारी, बुढ़ापे तथा बेकारी के लिए बीमा आदि बातें जारी हुईं, लगभग सरकार की कल्पना से बाहर की बातें थीं। वह इन ख़र्चीले कामों में नहीं पड़ सकती थी, क्योंकि उसकी कर-प्रणाली अत्यन्त प्रगति विरोधी थी, जिसके द्वारा अधिक आमदनी वालों की बनिस्बत कम आमदनी वाले से अनुपात में अधिक कर वसूल किया जाता था, और रक्षा और शासन के कामों पर उसका इतना अधिक ख़र्च था कि वह क़रीब-क़रीब सारी आमदनी को चट कर जाता था।

अंग्रेज़ी शासन की सबसे मुख्य बात यह थी कि सिर्फ़ ऐसी ही बातों पर ध्यान दिया जाए, जिनसे मुल्क पर उनका राजनीतिक और आर्थिक क़ब्ज़ा मज़बूत हो। बाक़ी सब बातें गौण थीं। अगर उन्होंने एक शक्तिशाली केन्द्रीय शासन-व्यवस्था और एक होशियार पुलिस-दल की रचना कर डाली तो इस सफलता के लिए वे श्रेय ले सकते हैं; लेकिन भारतवासी इसके लिए अपने आपको भाग्यशाली शायद ही कह सकें। एकता चीज़ अच्छी है, लेकिन पराधीनता की एकता कोई गर्व करने की वस्तु नहीं है। एक स्वेच्छाचारी शासन का बल ही जनता के ऊपर एक बड़ा भारी बोझ बन सकता है; और पुलिस की शक्ति, अनेक दिशाओं में निस्सन्देह उपयोगी होते हुए भी, जिन लोगों की वह रक्षक मानी जाती है उन्हीं के ख़िलाफ़ खड़ी की जा सकती है, और बहुत बार की भी गई है। बर्ट्रांड रसेल ने आधुनिक सभ्यता की तुलना यूनान की प्राचीन सभ्यता से करते हुए हाल ही में लिखा है—"हमारी सभ्यता के मुक़ाबले यूनान की सभ्यता की ख़ाली यही विचारणीय श्रेष्ठता थी कि उसकी पुलिस अयोग्य थी, जिसके कारण ज़्यादातर भले आदमी अपने आपको उसके चंगुल से बचा सकते थे।"

भारत में अंग्रेज़ों के आधिपत्य से हमें शान्ति मिली है। हिन्दुस्तान की मुग़ल-साम्राज्य के भंग होने के पश्चात् होनेवाले कष्टों और संकटों के बाद शान्ति की ज़रूरत भी थी, इसमें शक नहीं। शान्ति एक बड़ी मूल्यवान वस्तु है, जो किसी भी तरह की उन्नति के लिए आवश्यक है, और जब वह हमको मिली तो हमने उसका स्वागत किया; लेकिन उसके मूल्य की भी एक सीमा होनी चाहिए। अगर

वह किसी भी मूल्य पर ख़रीदी जाएगी तो हमें जो शान्ति मिलेगी वह श्मशान-शान्ति होगी। उसके ज़रिये हमें जो हिफ़ाज़त मिलेगी वह होगी पिंजरे या जेलख़ाने की हिफ़ाज़त। या वह शान्ति ऐसे लोगों की विवश निराशा हो सकती है, जो अपनी उन्नति करने के क़ाबिल न रहे हों। विदेशी विजेता की स्थापित की हुई शान्ति में वे विश्रामप्रद और सुखदायक गुण मुश्किल से पाए जाते हैं, जो सच्ची शान्ति में होते हैं। युद्ध बड़ी भयंकर चीज़ है और इससे बचना चाहिए; लेकिन मनोवैज्ञानिक विलियम जेम्स के कथनानुसार यह निस्सन्देह कुछ गुणों को प्रोत्साहन देता है, जैसे—एकनिष्ठा, संगठन, शक्ति, दृढ़ता, वीरता, आत्मविश्वास, शिक्षा, शोधक बुद्धि, मितव्ययिता, शारीरिक आरोग्य और पौरुष। इसी कारण जेम्स ने युद्ध का एक ऐसा नैतिक रूपान्तर तलाश करने की कोशिश की, जो युद्ध की भयंकरता के बिना ही किसी जाति में इन गुणों को उत्तेजना दे। अगर उन्हें असहयोग और सविनय-भंग का ज्ञान होता तो शायद उनको मनोवांछित वस्तु, अर्थात् युद्ध का नैतिक और शान्तिमय रूपान्तर, मिल गया होता।

~

हिन्दुस्तान में ब्रिटिश राज्य की परस्पर विरोधी बातें रामोहन राय, समाचार-पत्र, सर विलियम जोन्स, बंगाल में अंग्रेज़ी शिक्षा

(*हिन्दुस्तान की कहानी* से)

ब्रिटिश राज्य से पहले बंगाल मुग़ल-साम्राज्य का एक बाहरी सूबा था। उसकी अहमियत थी, लेकिन वह केन्द्र से कटा हुआ-सा था। मध्य-युग के शुरू-शुरू में वहाँ के हिन्दुओं में कई गंदे ढंग की पूजाएँ और तांत्रिक रस्में चालू थीं। तब हिन्दू-सुधार आन्दोलन शुरू हुआ और उसका सामाजिक रीतियों और क़ानूनों पर असर हुआ, यहाँ तक कि कुछ दूसरी जगहों में भी विरासत के कुछ मान्य नियम कुछ हद तक बदल गए। चैतन्य ने, जो एक बड़े विद्वान थे और बड़ी निष्ठा और भावना के व्यक्ति थे, श्रद्धा की बुनियाद पर एक ढंग का वैष्णववाद स्थापित किया और बंगाल की जनता पर बहुत प्रभाव डाला। बंगालियों में ऊँची बौद्धिक प्रतिभा और उतनी ही दृढ़ भावुकता का एक विचित्र सम्मिश्रण हुआ। उन्नीसवीं सदी के पिछले बरसों में प्रेम और मानव-सेवा की निष्ठा की इस परम्परा के एक दूसरे संत-स्वभाव के व्यक्ति रामकृष्ण परमहंस थे। उनके नाम पर एक सेवा की संस्था स्थापित हुई, जिसकी सामाजिक सेवाओं का लेखा बेजोड़ है। रामकृष्ण मिशन के सदस्य पुराने फ्रेंसिस्कनों की तरह धैर्य और प्रेम के साथ सेवा करने के आदर्श से भरे हुए हैं, और क्वेकरों की तरह वे कुशल हैं, और उनमें दिखावा नहीं है। वे लोग अस्पताल और शिक्षा-सम्बन्धी संस्थाएँ चलाते हैं, और जब कभी हिन्दुस्तान में कहीं भी और

कभी-कभी विदेशों में, कोई व्यापक दुर्घटना होती है, तो वे वहाँ की पीड़ित जनता को सहारा देने में और उनकी सेवा करने में लग जाते हैं।

रामकृष्ण पुरानी हिन्दुस्तानी परम्परा के प्रतिनिधि थे। उनसे पहले, अट्ठारहवीं सदी में ही बंगाल में एक और प्रमुख व्यक्ति हो चुके थे। वह थे राजा राममोहन राय। वह एक नये ढंग के आदमी थे। उनमें पुरानी और नई, दोनों ही तरह की, शिक्षा का मेल था। वह हिन्दुस्तानी विचारधारा और हिन्दुस्तानी दर्शनशास्त्र से सुपरिचित थे, और साथ ही वह संस्कृत, अरबी और फ़ारसी के विद्वान थे। वह उस हिन्दू-मुस्लिम संस्कृति की उपज थे, जो उस समय हिन्दुस्तान के सांस्कृतिक वर्ग के लोगों में फैली थी। हिन्दुस्तान में अंग्रेज़ों के आने से और साथ ही उसकी कई तरह की श्रेष्ठता की वजह से, राममोहन राय के जिज्ञासु और साहसी मस्तिष्क ने उनकी संस्कृति के आधारों को जानना चाहा। उन्होंने अंग्रेज़ी पढ़ी, लेकिन इतना काफ़ी न था, उन्होंने पश्चिम के धर्म और वहाँ की संस्कृति के स्रोत को खोज पाने के लिए यूनानी, लातीनी और इब्रानी भाषाएँ पढ़ी। हालाँकि उस वक़्त तकनीकी परिवर्तन इतने ज़ाहिर नहीं थे जितने कि वे बाद में हुए—फिर भी पश्चिमी सभ्यता के तकनीकी पहलू और विज्ञान की तरफ़ उनका खिंचाव हुआ दार्शनिक और विद्वत्तापूर्ण रुचि की वजह से राममोहन राय लाज़िमी तौर पर पुराने साहित्य की ओर झुके। उनका ज़िक्र करते हुए पूर्वीय विषयों के जानकार मोनियर विलियम्स ने कहा है—"दुनिया के वह पहले आदमी हैं, जिन्होंने धर्मों का आपस में मिलान करते हुए अध्ययन करने की परिपाटी की खोज की।" फिर भी, साथ-ही-साथ, वह शिक्षा को आधुनिक ढाँचे में ढालने के लिए उत्सुक थे और वह उसे पुरानी परिपाटी के चंगुल से निकालना चाहते थे। उन शुरू के दिनों में भी वह वैज्ञानिक तरीक़ों के पक्ष में थे, और उन्होंने गवर्नर जनरल को गणित, भौतिक विज्ञान, रसायन शास्त्र, जीव-विज्ञान आदि दूसरी उपयोगी विद्याओं की शिक्षा की ज़रूरत पर ज़ोर देते हुए लिखा।

वह केवल एक विद्वान और अन्वेषक ही नहीं थे; सबके ऊपर वह एक सुधारक थे। शुरू के दिनों में उन पर इस्लाम का असर हुआ था और बाद में कुछ हद तक ईसाई धर्म का, लेकिन फिर भी वह अपने धर्म में दृढ़ता के साथ जमे रहे। हाँ, उस धर्म को उन्होंने उन कुरीतियों और कुप्रथाओं से, जो उस वक़्त उससे जुड़ गई थीं, छुड़ाने की कोशिश की। सती-प्रथा को बन्द करने के लिए उन्हीं के आन्दोलन की वजह से ख़ासतौर से सरकार ने उस पर रोक लगाई। यह सती-प्रथा, जिसमें स्त्रियों को पति के साथ चिता पर जलाया जाता था, कभी भी व्यापक नहीं थी। ऊँचे वर्ग में कभी-कभी ऐसी घटनाएँ हो जाया करती थीं। शायद यह रिवाज हिन्दुस्तान में तातारों के साथ आया। उनमें यह रिवाज था कि मालिक के मरने के बाद उसके नौकर अपने आपको मार डालते। शुरू के संस्कृत-साहित्य में सती-प्रथा को बुरा कहा गया है। अकबर ने उसे रोकने की कोशिश की और मराठे भी उसके ख़िलाफ़ थे।

राममोहन राय हिन्दुस्तानी अख़बारों के क़ायम करनेवालों में एक थे। सन् 1780 के बाद हिन्दुस्तान के अंग्रेज़ों ने कई अख़बार निकाले। ये आमतौर पर सरकार की कड़ी आलोचना करते और सरकार से अक्सर उनका झगड़ा होता और उन पर सेंसर

रहता। हिन्दुस्तान में अख़बारों की आज़ादी के लिए सबसे पहले अंग्रेज़ों ने आवाज़ उठाई। इन अंग्रेज़ों में से एक जेम्स सिल्क बकिंघम थे, जिनकी अब भी याद की जाती है। सरकार की वजह से इनको हिन्दुस्तान छोड़कर बाहर जाना पड़ा। पहला अख़बार, जिस पर हिन्दुस्तानी नियंत्रण था और जिसका सम्पादन भी हिन्दुस्तानियों ने किया, सन् 1818 में (अंग्रेज़ी भाषा में) निकला। और उसी साल श्रीरामपुर के बैप्टिस्ट पादरियों ने बंगाल में दो पत्र—एक मासिक और एक साप्ताहिक निकाले। हिन्दुस्तानी भाषा में सामयिक रूप से निकलनेवाले ये पहले पत्र थे। उसके बाद अंग्रेज़ी में और हिन्दुस्तानी भाषाओं में कई अख़बार और कई सामयिक पत्र कलकत्ता, बम्बई और मद्रास से कुछ ही समय के अन्दर निकलने लगे।

इसी बीच में अख़बारों की आज़ादी के लिए लड़ाई शुरू हो चुकी थी, जो कितने ही उतार-चढ़ाव के साथ अब तक जारी है। सन् 1818 में मशहूर रेगुलेशन नं. 3 का जन्म हुआ, जिसके मुताबिक़ किसी शख़्स को बिना मुक़दमा चलाए नज़रबन्द किया जा सकता था। यह रेगुलेशन आज भी अमल में लाया जाता है और बहुत-से आदमी इस 126 बरस पहले ही धारा के अनुसार जेल में रखे जाते हैं।

राममोहन राय का कई अख़बारों से सम्बन्ध था। उन्होंने अंग्रेज़ी और बंगला, इन दो भाषाओं की मिली-जुली एक पत्रिका निकाली और बाद में उन्होंने एक साप्ताहिक पत्र फ़ारसी भाषा में इस कारण प्रकाशित किया कि सारे हिन्दुस्तान में उसका चलन हो सके। उस वक़्त हिन्दुस्तान में फ़ारसी ही सारे सभ्य समाज की भाषा थी। लेकिन 1823 में प्रेस-नियंत्रण के लिए नये क़ानून बनने पर इसको बन्द होना पड़ा। राममोहन राय ने और दूसरे आदमियों ने इन क़ानूनों का ज़ोरदार विरोध किया, यहाँ तक कि उन्होंने इंग्लैंड में मंत्रिमंडल के पास एक अर्ज़ी भेजी।

राममोहन राय के सम्पादकीय काम का ख़ासतौर से उनके सुधार-आन्दोलन से सम्बन्ध था। कट्टर समुदायों को उनका समन्वयकारी और विश्वबन्धुत्व का दृष्टि-बिन्दु बहुत नापसन्द था और वे उनके बहुत-से सुधारों का भी विरोध करते थे। लेकिन उनके अपने भी कट्टर समर्थक थे। इन्हीं में ठाकुर-कुटुम्ब भी था, जिसने बाद में बंगाल की नई जागृति में एक ख़ास हिस्सा लिया। राममोहन राय दिल्ली-सम्राट की ओर से इंग्लैंड गए और वहाँ ब्रिस्टल में ही उनकी मृत्यु हो गई।

राममोहन राय ने और ठाकुर-कुटुम्ब ने अंग्रेज़ी घर पर पढ़ी। कोई अंग्रेज़ी स्कूल या कॉलेज उस वक़्त नहीं थे और सरकारी नीति हिन्दुस्तानियों को अंग्रेज़ी सिखाने के सख़्त ख़िलाफ़ थी। सन् 1781 में सरकार ने कलकत्ते में हिन्दू कॉलेज और कलकत्ता मदरसा क़ायम किया। पहली संस्था संस्कृत की पढ़ाई के लिए थी और दूसरी संस्था अरबी की पढ़ाई के लिए। सन् 1781 में बनारस में एक संस्कृत कॉलेज खोला गया। शायद 1810 के बाद ईसाई पादरियों की तरफ़ से अंग्रेज़ी सिखाने के लिए कुछ स्कूल खुले। सन् 1810 के बाद सरकारी हलक़ों में भी ऐसे ख़याल के लोग हुए जो अंग्रेज़ी पढ़ाने के तरफ़दार थे, लेकिन उनके मत का विरोध किया गया। जो भी हो, तजुरबे के तौर पर, दिल्ली के अरबी स्कूल में अंग्रेज़ी दर्ज़े भी शुरू किए गए और ऐसे दर्ज़े कलकत्ते के कुछ संस्थाओं में भी खोले गए। अंग्रेज़ी पढ़ाने के पक्ष में अन्तिम निर्णय

सन् 1835 की फरवरी के मैकॉले के शिक्षा सम्बन्धी नोट से हुआ। बाद में कलकत्ते में प्रेसीडेंसी कॉलेज क़ायम हुआ। सन् 1857 में कलकत्ता, बम्बई और मद्रास की यूनिवर्सिटियों का काम शुरू हुआ।

~

लाठी-प्रहारों का अनुभव

(*मेरी कहानी* से)

लाला लाजपतराय पर हमला होने के बाद में उनकी मृत्यु हो जाने से साइमन कमीशन आगे जहाँ-जहाँ गया वहाँ-वहाँ उसके ख़िलाफ़ प्रदर्शनों का ज़ोर और भी बढ़ गया। वह लखनऊ में आनेवाला था और वहाँ भी कांग्रेस कमेटी ने उसके 'स्वागत' की भारी तैयारियाँ की थीं। कई दिन पहले से ही बड़े-बड़े जुलूस, सभाएँ और प्रदर्शन किए गए, जो प्रचार के लिए और असली प्रदर्शन से पहले रिहर्सल के तौर पर थे। मैं भी लखनऊ गया और इनमें से कई कार्यों में मौजूद भी रहा। इन प्रारम्भिक प्रदर्शनों की, जो पूरी तरह से व्यवस्थित और शान्त थे, कामयाबी ने अधिकारियों को झुँझला दिया, और उन्होंने ख़ास-ख़ास जगहों में जुलूसों को रोकना और उनके निकाले जाने के ख़िलाफ़ हुक्म देना शुरू किया। इसी सिलसिले में मुझे नया अनुभव हुआ, और मेरे शरीर पर भी पुलिस के डंडों और लाठियों की मार पड़ी।

आमदरफ़्त में रुकावट पड़ने का सबब ज़ाहिर करके, जुलूस बन्द किए गए थे। हमने फ़ैसला किया कि इस मामले में शिकायत का कोई मौक़ा न दिया जाए; और जहाँ तक मुझे याद है, सोलह-सोलह आदमियों की छोटी-छोटी टुकड़ियाँ बनाकर उन्हें अलग-अलग रास्तों में सभा की जगह पर भेजने का इन्तज़ाम किया। क़ानून की बारीक़ी से देखा जाए तो बेशक यह हुक्म का तोड़ना ही था; क्योंकि झंडा लेकर सोलह आदमियों का निकलना एक जुलूस ही था। सोलह आदमियों के एक झुंड के आगे-आगे मैं था, और एक बड़े फ़ासले के बाद ऐसा ही एक और दल आया, जिसके नेता मेरे साथी गोविन्दवल्लभ पन्त थे। वह सड़क सुनसान-सी थी। मेरा दल शायद दो सौ गज़ ही गया होगा कि हमने अपने पीछे घोड़ों की टापों की आहट सुनी। जब हमने पीछे मुँह किया तो देखा कि घुड़सवारों का एक दल, जिसमें शायद दो या तीन दर्ज़न सिपाही थे, हमारे ऊपर तेज़ी से चढ़ा आ रहा है। वे फ़ौरन ही हमारे पास आ पहुँचे, और घोड़ों की जुड़ी हुई क़तार ने सोलह आदमियों के हमारे छोटे-से झुंड को तितर-बितर कर दिया। फिर घुड़सवारों ने हमारे स्वयंसेवकों को बड़े डंडों से मारना शुरू किया, इससे स्वयंसेवक सहसा सड़क की बाजू की तरफ़ हटे और कुछ तो छोटी दुकानों में भी घुस गए। सवारों ने उनका पीछा किया, और उन्हें पीट-पीटकर गिरा दिया। जब मैंने घोड़ों को ऊपर चढ़ते देखा, तब मेरी भी स्वाभाविक वृत्ति ने मुझे प्रेरित किया कि मैं बच जाऊँ। वह हिम्मत तोड़नेवाला दृश्य था। मगर फिर, मेरा ख़याल

है कि किसी दूसरी स्वाभाविक वृत्ति ने मुझे अपनी जगह पर ही खड़ा रखा और मैं पहले हमले को बरदाश्त कर गया, जिसे मेरे पीछे के स्वयंसेवकों ने रोक लिया था। अचानक से देखा कि मैं सड़क के बीच में अकेला हूँ; मुझसे कुछ ही गज़ की दूरी पर सब तरफ़ पुलिस वाले थे, जो हमारे स्वयंसेवकों को पीट गिराते थे। अपने आप ही मैं, ज़रा आड़ में ही जाने की ख़ातिर, सड़क की बाजू की तरफ़ धीरे-धीरे चलने लगा। मगर मैं फिर रुक गया और मैंने अपने दिल में कुछ विचार किया, और यह फ़ैसला किया कि हट जाना मेरे लिए अच्छा न होगा। यह सब सिर्फ़ कुछ ही पलों में हो गया, मगर मुझे उस समय के विचार-संघर्ष और निर्णय का अच्छी तरह स्मरण है। यह निर्णय मेरी राय में मेरे उस स्वाभिमान का परिणाम था, जो मुझे कायर की तरह काम करते नहीं देख सकता था। फिर भी कायरता और हिम्मत के बीच की रेखा बहुत बारीक़ थी और मैं कायरता की तरफ़ भी जा सकता था। मैंने ऐसा निर्णय किया ही था कि मैंने मुड़कर देखा कि एक घुड़सवार मेरे ऊपर घोड़ा छोड़ता चला आ रहा है और अपना लम्बा डंडा घुमा रहा है। मैंने उससे कहा—'लगाओ', और अपना सिर ज़रा हटा लिया। यह भी सिर और मुँह को बचाने की एक स्वाभाविक प्रवृत्ति ही थी। उसने मेरी पीठ पर धमाधम दो वार किए। मुझे चक्कर आने लगा और मेरा शरीर थरथराने लगा, मगर मुझे यह जानकर आश्चर्य और सन्तोष हुआ कि मैं फिर भी खड़ा ही रहा। फ़ौरन ही पुलिस-दल पीछे हटा लिया गया और उसे हमारे सामने सड़क रोकने को कहा गया। हमारे स्वयंसेवक फिर इकट्ठे हो गए, जिनमें से कई के ख़ून निकल रहा था और कई की खोपड़ियाँ फूट गई थीं। हमसे पन्त और उनका दल भी आ मिला। वह भी पीटा गया था। अब हम सब पुलिस के सामने बैठ गए। इस तरह लगभग एक घंटे तक बैठे रहे और अँधेरा हो गया। एक तरफ़ तो कई बड़े-बड़े अफ़सर इकट्ठे हो गए, और दूसरी तरफ़ जैसे-जैसे ख़बर फैली वैसे-वैसे लोगों की बड़ी भीड़ इकट्ठी होने लगी। आख़िरकार अधिकारी हमें अपने रास्ते से जाने देने पर राज़ी हो गए, और उसी रास्ते से, हम गए। हमारे आगे-आगे हमराह की तरह पुलिस के घुड़सवार भी चले, जिन्होंने हम पर हमला किया था और हमें मारा था।

इस छोटी-सी घटना का हाल मैंने कुछ विस्तार से लिखा है, क्योंकि इसका मुझ पर ख़ास असर हुआ। मुझे जो शारीरिक कष्ट हुआ, वह मेरी इस ख़ुशी के ख़याल के आगे शायद याद ही नहीं रहा कि मैं भी लाठी के प्रहारों का बरदाश्त करने और उनके सामने टिके रहने लायक़ हूँ। और जिस बात से मुझे ताज्जुब हुआ वह यह कि इस सारी घटना में, और जबकि मैं पीटा जा रहा था। तब भी, मेरा दिमाग़ ठीक-ठीक काम करता रहा, और मैं अपने अन्दर की भावनाओं का ज्ञानपूर्वक विश्लेषण करता रहा। इस रिहर्सल ने मुझे दूसरे दिन सवेरे बड़ी मदद दी, जबकि हमारा और भी सख़्त इम्तिहान होनेवाला था। क्योंकि दूसरे दिन सवेरे ही साइमन कमीशन आनेवाला था और उसी वक़्त हम विरोधी प्रदर्शन करनेवाले थे।

उस समय मेरे पिताजी इलाहाबाद में थे, और मुझे डर था कि जब वह दूसरे दिन सवेरे अख़बारों में मुझ पर होनेवाले हमले का हाल पढ़ेंगे तो वह और परिवार के दूसरे लोग भी चिन्तित हो जाएँगे। इसलिए मैंने रात को उन्हें टेलीफ़ोन कर दिया

कि सब ख़ैरियत है और आप लोग किसी क़िस्म की फ़िक्र न करें। मगर उन्हें फ़िक्र तो हुई। और जब वह शान्ति से न रह सके तो आधी रात के क़रीब उन्होंने लखनऊ आना तय किया। आख़िरी ट्रेन छूट चुकी थी, इसलिए वह मोटर से रवाना हुए। रास्ते में मोटर में कुछ गड़बड़ी हो गई थी, और वह 146 मील का सफ़र पूरा करके सवेरे क़रीब 9 बजे बिलकुल थके-माँदे लखनऊ पहुँचे।

यह क़रीब-क़रीब वह वक़्त था, जबकि हम जुलूस में स्टेशन जाने की तैयारी कर रहे थे। हमारे कुछ भी करने से लखनऊ जितना उभड़ न सकता था, उतना कल की घटनाओं से उभड़ गया, और सूरज उगने से भी पहले बड़ी तादाद में लोग स्टेशन पर पहुँच गए। शहर के मुख़्तलिफ़ हिस्सों से बेशुमार छोटे-छोटे जुलूस आए, और कांग्रेस-ऑफ़िस से बड़ा जुलूस चार-चार की क़तार में रवाना हुआ, जिसमें कई हज़ार आदमी थे। हम बड़े जुलूस में थे। ज्यों ही हम स्टेशन के पास पहुँचे, हमें पुलिस ने रोक दिया। वहाँ स्टेशन के सामने क़रीब आधा मील लम्बा और इतना ही चौड़ा बड़ा भारी खुला मैदान था; (यहाँ अब नया स्टेशन बन गया है) और उस मैदान की एक बाजू पर हमें क़तार में खड़ा कर दिया गया। हमारा जुलूस वहीं खड़ा रहा, हमने आगे बढ़ने की बिलकुल कोशिश नहीं की। उस जगह सब तरफ़ पैदल और घुड़सवार पुलिस और फ़ौज आकर भर गई थी। हमदर्दी रखनेवाले तमाशबीनों की भीड़ भी बढ़ गई थी, और कई जगह दो-दो, तीन-तीन आदमी विशाल मैदान में जा खड़े हुए थे। अचानक दूर पर हमें एक दल आता हुआ दिखाई दिया। वह घुड़सवारों की दो या तीन लम्बी क़तारें थीं, जो सारे मैदान को घेरे हुए थीं और हमारी तरफ़ दौड़ रही थीं, और मैदान में जो कुछ लोग जा खड़े हुए थे, उन्हें मारती-कुचलती चली आ रही थी। घोड़ों को छोड़ते हुए सवारों का हमला करना एक बड़ा अच्छा दृश्य था, बशर्ते कि रास्ते में खड़े हुए बेचारे तमाशबीनों के साथ, जो घोड़ों के पैरों-तले रौंदे गए थे, दर्दनाक वाक़या न हो जाता। हमला करनेवाली इन लाइनों के पीछे वे लोग ज़मीन पर पड़े हुए थे, जिनमें कुछ तो उठ भी नहीं सकते थे और कुछ दर्द से कराह रहे थे। उस मैदान का सारा नज़ारा लड़ाई के मैदान का-सा हो गया था। मगर उस दृश्य को देखने या कुछ सोच-विचार करने का हमें ज़्यादा वक़्त नहीं मिला। घुड़सवार फ़ौरन हमारे ऊपर आ गए और उनकी आगे की क़तार हमारे जुलूस के आगे खड़े हुए लोगों से एक छलाँग में टकरा गई। हम वहीं डटे रहे; और चूँकि हम हटते हुए नहीं दिखाई दिए, इसलिए उन्हें उसी दम घोड़ों को रोक देना पड़ा। घोड़े पिछले पैरों पर खड़े रह गए, उनके अगले पैर हमारे सिरों पर लटकते हुए हिल रहे थे। और फिर हम पर पैदल और घुड़सवार पुलिस दोनों की लाठियाँ पड़ने लगीं। वह बहुत भयंकर मार थी, और पिछले दिन जो मेरे दिमाग़ की विचारशक्ति क़ायम रही थी, वह जाती रही। मुझे सिर्फ़ इतना ही औसान रहा कि मुझे अपनी जगह पर ही खड़ा रहना चाहिए, और गिरना या पीछे हटना नहीं चाहिए। मार से मुझे अँधेरी आ गई और कभी-कभी मन-ही-मन ग़ुस्सा और उलटकर मारने का ख़याल भी आया। मैंने सोचा कि अपने सामने के पुलिस अफ़सर को गिराकर घोड़े पर ख़ुद चढ़ जाऊँ। यह कितना आसान है। मगर लम्बे

अरसे की तालीम और अनुशासन ने काम दिया, और मैंने अपने सिर को मार से बचाने के सिवा हाथ तक नहीं उठाया। इसके अलावा मैं अच्छी तरह जानता था कि अगर हमारी तरफ़ से कुछ भी मुक़ाबला हुआ तो एक भीषण दुर्घटना हो जाएगी, जिसमें हमारे आदमी बड़ी तादाद में गोलियों से भून दिए जाएँगे।

हमें वह समय भयंकर रूप से लम्बा मालूम पड़ा, मगर शायद वह सिर्फ़ कुछ ही मिनटों का खेल था। उसके बाद धीरे-धीरे एक-एक क़दम हमारी लाइन, टूटे बग़ैर पीछे हटने लगी। इससे मैं कुछ-कुछ अलग और दोनों तरफ़ से ज़्यादा खुला हुआ रह गया। मुझ पर और मार पड़ी और फिर मैं अचानक पीछे से उठा लिया गया और वहाँ से दूर ले जाया गया। इससे मुझे बड़ी झुँझलाहट हुई। मेरे कुछ नौजवान साथियों ने, यह क़यास करके कि मुझ पर घातक हमला किया जा रहा है, मुझे इस तरह एकाएक बचा लेना तय कर लिया था।

हमारे जुलूस के लोग अपनी असली लाइन से क़रीब तो फुट पीछे फिर एक क़तार बनाकर खड़े हो गए। पुलिस भी पीछे हट गई और हमसे पचास फुट के फ़ासले पर एक लाइन में खड़ी हो गई। इस तरह हम खड़े रहे, और साइमन कमीशन, जो इस सारे झगड़े की जड़ था, हमसे बहुत दूर, क़रीब आधा मील की दूरी पर स्टेशन से चुपचाप निकल गया। इतना करने पर भी वह काले झंडों या प्रदर्शन करनेवालों से बचकर न निकल सका। इसके बाद ही हम पूरा जुलूस बनाकर कांग्रेस-दफ़्तर आए और वहाँ से बिखरकर चले गए। मैं अपने पिताजी के पास गया, जो बड़ी चिन्ता से मेरा इन्तज़ार कर रहे थे।

जब सब सामयिक उत्तेजना चली गई थी तो मुझे सारे शरीर में दर्द और भारी थकान मालूम होने लगी। शरीर का क़रीब-क़रीब हर हिस्सा दर्द करता था, और सब जगह अन्धी चोटों और मार के निशान हो गए थे। मगर ख़ैर थी कि मुझे किसी नाजुक जगह पर चोट नहीं आई थी। परन्तु हमारे कई साथी इतने ख़ुशक़िस्मत न थे। उन्हें बुरी तरह चोट आई थी। गोविंदवल्लभ पंत पर, जो मेरे पास खड़े थे, ज़्यादा मार पड़ी, क्योंकि वह छह फुट से भी ज़्यादा ऊँचे और पूरे थे। उस वक़्त जो चोटें उनके आईं उनके सबब से बहुत अरसे तक उन्हें इतना दर्द और तकलीफ़ रही कि वह कमर भी सीधी नहीं कर सकते थे और न कुछ ज़्यादा काम-काज ही कर सकते थे। उसके बाद मुझे अपनी शारीरिक हालत और बरदाश्त करने की ताक़त का कुछ ज़्यादा घमंड हो गया। मगर मार पड़ने की याद से ज़्यादा तो मुझे कई मारनेवाले पुलिस वालों, ख़ासकर अफ़सरों के चेहरों की याद बनी हुई है। असली मार-पीट तो ज़्यादातर यूरोपियन सारजेंटों ने की, हिन्दुस्तानी सिपाही तो हल्के-हल्के ही काम चला रहे थे। उन सारजेंटों के चेहरों में हिक़ारत और ख़ून की प्यास क़रीब-क़रीब पागलपन की हद तक भरी हुई थी, और हमदर्दी या इनसानियत का नामोनिशान भी न था। ठीक उसी वक़्त, शायद, हमारी तरफ़ के चेहरे भी देखने में उतने ही नफ़रतभरे होंगे, और हमारे ज़्यादातर अहिंसात्मक होने से, हमारे विरोधियों के लिए हमारे दिल और दिमाग़ में कोई प्रेम-भाव नहीं रह गया होगा, और न हमारे चेहरों पर सद्भाव झलका होगा। लेकिन फिर भी एक-दूसरे के ख़िलाफ़ हमें कोई शिकायत न थी,

हमारा कोई जातीय झगड़ा न था, न कोई दुर्भाव था। उस वक़्त हम अजीब और ज़बरदस्त ताक़तों के प्रतिनिधि थे, जो हमें अपने अधीन बनाए हुए थीं और हमें इधर और उधर फेंकती जाती थीं और जिन्होंने हमारे दिलों और दिमाग़ों पर बड़ी ख़ूबी से क़ब्ज़ा करके हमारी अभिलाषाओं और राग-द्वेषों को उभाड़ दिया था और हमें अपना अन्धा हथियार बना लिया था। हम अन्धे की तरह दौड़-धूप करते थे, और यह नहीं जानते थे कि यह किसलिए करते हैं या कहाँ चले जा रहे हैं? काम की उत्तेजना ने हमें टिकाए रखा था, मगर जब वह चली गई तो फ़ौरन यह सवाल पैदा हुआ कि आख़िर यह सब किसलिए किया जा रहा है? किस लक्ष्य के लिए?

~

बरेली और देहरादून-जेलों में

(*मेरी कहानी* से)

यह बात ख़ासतौर पर ध्यान देने लायक़ है कि 1932 और 1933 के राजनीतिक क़ैदियों के साथ जो बर्ताव किया गया, वह उससे कहीं ज़्यादा बुरा था, जो दो बरस पहले सन् 1930 में किया गया था। यह बात केवल जेल-हाकिमों की धुन की वजह से ही नहीं हो सकती थी। इसलिए इसके सम्बन्ध में एकमात्र उचित परिणाम यही निकलता है कि यह सब सरकार की निश्चित नीति की वजह से हुआ। राजनीतिक क़ैदियों के प्रश्न को छोड़कर भी संयुक्त प्रान्तीय सरकार के जेल के महकमे की यह तारीफ़ थी कि वह क़ैदियों के साथ मनुष्यों का-सा बर्ताव करने की हर बात के सख़्त ख़िलाफ़ होने के लिए प्रसिद्ध था। इस बात की हमें एक ऐसी मिसाल मिली, जिसके बारे में कोई शक हो ही नहीं सकता। एक मर्तबा एक बहुत नामी जेल-निरीक्षक हम लोगों के पास जेल में आए। यह महाशय बाग़ी या हम लोगों की तरह राजद्रोह फैलानेवाले न थे, बल्कि 'सर' थे। उनको सरकार ने ख़ुश होकर खिताब बख़्शा था। उन्होंने हमसे कहा कि "कुछ महीने पहले मैंने एक दूसरी जेल का निरीक्षण किया था, और अपने निरीक्षण के नोट में यह लिख दिया था कि जेलर हुकूमत रखते हुए भी इनसानियत से काम लेता है। उस जेलर ने मुझसे प्रार्थना की कि मेरी इनसानियत की बाबत कुछ न लिखिए, क्योंकि सरकार की मंडली में 'इनसानियत' अच्छी निगाह से नहीं देखी जाती। लेकिन मैं अपनी बात पर अड़ा रहा, क्योंकि मैं कभी यह ख़याल ही नहीं कर सकता था कि इस बात के पीछे जेलर को कुछ नुक़सान पहुँच सकता है। नतीजा क्या हुआ? फ़ौरन ही एक बहुत दूर कहीं कोने में पड़ी हुई एक जेल में उस जेलर का तबादला कर दिया गया, जो उसके लिए एक क़िस्म की सज़ा ही थी।"

कुछ जेलर ख़ासतौर पर ख़ूँख़ार थे और न्यायनीति की परवाह न करते थे। उनको खिताब दिए गए तथा उनकी तरक़्क़ी की गई। जेलों में बेईमानी और रिश्वतखोरी तो इतनी चलती है कि शायद ही कोई उससे पाक-साफ़ रहता हो। लेकिन मेरा अपना

और मेरे बहुत-से दोस्तों का तजुर्बा है कि जेल के कर्मचारियों में वही लोग सबसे ज़्यादा बेईमान और रिश्वतखोर होते हैं, जो आमतौर पर अनुशासन के बहुत ज़बरदस्त और सख़्त हामी बनते हैं।

मैं ख़ुशक़िस्मत रहा हूँ कि जेल में और जेल बाहर के और जितने लोगों से मेरा वास्ता पड़ा उन सबने मेरे साथ इज़्ज़त व शराफ़त का बर्ताव किया, उस हालत में भी जबकि शायद मैं उसका पात्र न था। लेकिन जेल की एक घटना से मुझे और मेरे स्वजनों को बहुत दुःख हुआ। मेरी माँ, कमला और मेरी लड़की इन्दिरा इलाहाबाद ज़िला-जेल में मेरे बहनोई रणजित पंडित से मिलने के लिए गईं और वहाँ बिना कसूर ही जेलर ने उनका अपमान किया और उन्हें जेल से बाहर धकेल दिया। जब मैंने यह बात सुनी तो मुझे बड़ा रंज हुआ और जब मुझे यह मालूम हुआ कि प्रान्तीय सरकार का रुख भी इस मामले में अच्छा नहीं है तब मुझे भारी धक्का लगा। अपनी माँ को जेल-अधिकारियों द्वारा अपमानित किए जाने की सम्भावना से बचाने के लिए मैंने तय कर लिया था कि किसी से मुलाक़ात नहीं करूँगा। और क़रीब सात महीने तक, जब तक मैं देहरादून-जेल में रहा, मैंने, किसी से मुलाक़ात नहीं की।

जेल में मानसिक उतार-चढ़ाव

हममें से दो का, मेरा और गोविन्दवल्लभ पंत का, तबादला बरेली-जेल से देहरादून को साथ-साथ किया गया। कोई प्रदर्शन न होने पाए, इस बात का ध्यान रखने के लिए हम लोगों को बरेली में गाड़ी पर नहीं बिठाया गया, बल्कि वहाँ से 50 मील की दूरी पर एक छोटे-से स्टेशन पर ले जाकर वहाँ गाड़ी में बिठाया गया। हम लोग रात को चुपचाप मोटर में ले जाए गए। कई महीने तक अलग जेल में बन्द रहने के बाद रात को उस ठंडी हवा में मोटर के सफ़र से हमें अनोखा आनन्द आया।

बरेली-जेल से आने के पहले एक छोटी-सी घटना हुई, जिसने उस वक़्त तो मेरे हृदय पर असर डाला ही था, लेकिन अब तक भी वह मेरी याद में तरोताज़ा है। बरेली-पुलिस का सुपरिंटेंडेंट, जो कि एक अंग्रेज़ था, वहाँ मौजूद था और ज्योंही मैं कार में बैठा, त्यों ही उसने कुछ-कुछ सकुचाते हुए मुझे एक पैकेट दिया, जिसमें, उसने मुझे बताया कि, जर्मनी के पुराने सचित्र मासिक पत्रों की कॉपियाँ थीं। उसने कहा कि मैंने सुना है कि आप जर्मन सीख रहे हैं, इसलिए मैं कुछ मासिक पत्र आपके लिए ले आया हूँ। इससे पहले मेरी उसकी मुलाक़ात कभी नहीं हुई थी और न उस दिन के बाद मैं आज तक उससे कभी मिला। मैं उसका नाम भी नहीं जानता। लेकिन मेरे दिल पर उसके स्वेच्छा-प्रेरित सौजन्य का और उस कृपा-भाव का, जिसने उसे इसकी प्रेरणा दी, बहुत असर पड़ा और अपने मन में मैं उसके प्रति बहुत ही कृतज्ञ हुआ।

आधी रात के उस लम्बे सफ़र में मैं अंग्रेज़ों और हिन्दुस्तानियों के, शासकों और शासितों के सरकारी और ग़ैर-सरकारी लोगों के तथा सत्ताधारियों और उनकी आज्ञाओं का पालन करनेवालों के आपसी सम्बन्धों के बारे में तरह-तरह की बातें

सोचता रहा। इन दोनों वर्गों के बीच में कैसी गहरी खाई है, और वे दोनों एक-दूसरे पर कितना शक करते हैं, तथा एक-दूसरे को कितना नापसन्द करते हैं! लेकिन इस अविश्वास और अरुचि से भी ज़्यादा बड़ी बात एक-दूसरे की बाबत अज्ञान है। इसी अज्ञान की वजह से दोनों एक-दूसरे से डरते हैं और एक-दूसरे की मौजूदगी में हर वक़्त चौकन्ने रहते हैं। हरेक को दूसरा शख़्स कुछ अनमना, खिंचा हुआ और मित्र-भाव से हीन मालूम होता है और दोनों में से एक भी यह नहीं अनुभव करता कि इस आवरण के अन्दर शिष्टता और सौजन्य भी है। अंग्रेज़ हिन्दुस्तान पर राज करते हैं और लोगों को सहायता तथा सहारा देने के साधनों की उन्हें कमी नहीं है। इसलिए उनके पास अवसरवादी और नौकरियों की तलाश में गिड़गिड़ाते फिरनेवाले लोगों की भीड़ पहुँचा करती है। हिन्दुस्तान के बारे में अपनी राय वे उन्हीं भद्दे नमूनों को लेकर बनाते हैं। हिन्दुस्तानियों ने अंग्रेज़ों को सिर्फ़ हाकिमों की ही हैसियत से काम करते देखा है और इस हैसियत से काम करते हुए उनमें सोलहों-आने मशीन की-सी हृदयहीनता होती है और वे सब मनोविकार होते हैं, जो स्थापित स्वार्थ रखनेवालों में अपनी रक्षा करने की कोशिश करते समय होते हैं। एक व्यक्ति की हैसियत से और अपनी इच्छा के मुताबिक़ काम करनेवाले व्यक्ति के बरताव में और उस बरताव में, जिसे एक शख़्स, हाकिम की या सेना की एक इकाई की हैसियत से करता है, कितना फ़र्क़ होता है। फ़ौजी जवान तो अकड़कर अटेंशन होते ही अपनी मनुष्यता को दूर धर देता है और एक मशीन की तरह काम करते हुए उन लोगों पर निशाना ताककर उन्हें मार गिराता है, जिन्होंने उसका कभी कोई नुक़सान नहीं किया। मैंने सोचा कि यही हाल उस पुलिस-अफ़सर का है, जो एक शख़्स की हैसियत से बेरहमी का कोई काम करते हुए झिझकेगा, लेकिन दूसरे ही क्षण निरपराध लोगों पर लाठी-चार्ज करा देगा। उस वक़्त वह अपने को एक व्यक्ति के रूप में नहीं देखता और न वह उस भीड़ को ही व्यक्तियों की शक्ल में देखता है, जिन्हें वह डंडों से मारता है या जिन पर वह गोली चलाता है।

ज्यों ही कोई व्यक्ति दूसरे पक्ष को भीड़ या समूह के रूप में देखने लगता है, त्यों ही दोनों की जोड़नेवाली मनुष्यता की कड़ी ग़ायब हो जाती है। हम लोग यह भूल जाते हैं कि भीड़ में वही शख़्स, मर्द, औरत और बच्चे होते हैं, जिनमें प्रेम और नफ़रत के भाव होते हैं, तथा जो कष्ट अनुभव करते हैं। एक औसत अंग्रेज़ अगर साफ़-साफ़ बात कहें तो यह मंज़ूर करेगा कि हिन्दुस्तानियों में कुछ आदमी काफ़ी भले भी हैं, लेकिन वे लोग तो अपवाद-स्वरूप हैं, और कुल मिलाकर तो हिन्दुस्तानी एक घृणास्पद लोगों की भीड़-भर है। औसत हिन्दुस्तानी भी यह मंज़ूर करेगा कि कुछ अंग्रेज़, जिन्हें वह जानता है, तारीफ़ के क़ाबिल हैं, लेकिन इन थोड़े-से लोगों को छोड़कर बाक़ी अंग्रेज़ बड़े ही घमंडी, पाशविक और सोलहों आने बुरे आदमी हैं। यह बात कैसी अजीब है कि हर शख़्स दूसरी क़ौम की बाबत अपनी राय किस तरह बनाता है! उन लोगों के आधार पर नहीं, जिनके वह संसर्ग में आता है, बल्कि उन दूसरे लोगों के आधार पर जिनके बारे में या तो वह कुछ नहीं जानता या 'कुछ नहीं' के बराबर ही जानता है।

व्यक्तिगत रूप से तो मैं बड़ा सौभाग्यशाली रहा हूँ और लगभग हमेशा ही मेरे प्रति सब लोग सौजन्य दिखाते रहे हैं, फिर चाहे वे अंग्रेज़ हों या मेरे अपने ही देश-भाई। मेरे जेलरों और पुलिस के उन सिपाहियों ने भी, जिन्होंने मुझे गिरफ़्तार किया, या जो मुझे क़ैदी के रूप में एक जगह से दूसरी जगह ले गए, मेरे साथ मेहरबानी का बर्ताव किया और इस इनसानियत की वजह से मेरे जेल-जीवन के संघर्ष की कटुता और तीव्रता बहुत कुछ कम हो गई थी। यह कोई अचरज की बात नहीं है कि मेरे अपने देश-भाइयों ने मेरे साथ अच्छा बर्ताव किया, क्योंकि उनमें तो एक हद तक मेरा नाम हो गया था और मैं उनमें लोकप्रिय था। पर अंग्रेज़ों के लिए भी मैं एक व्यक्ति था, भीड़ में से एक इकाई नहीं। मेरा ख़याल है कि इस बात ने कि मैंने अपनी शिक्षा इंग्लैंड में पाई और ख़ासतौर से इस बात ने, कि मैं इंग्लैंड के एक पब्लिक स्कूल में रहा, मुझे उनके नज़दीक ला दिया और इन कारणों से वे मुझे कम-बढ़ अपने ही नमूने का सभ्य आदमी समझे बिना नहीं रह सकते थे, फिर चाहे उन्हें मेरे सार्वजनिक काम कैसे ही उलटे क्यों न मालूम पड़ें। जब मैं अपने इस बर्ताव की तुलना उस ज़िन्दगी से करता हूँ जो मेरे ज़्यादातर साथियों को भोगनी पड़ती थी, तब मुझे अपने साथ होनेवाले इस विशेष अच्छे बर्ताव पर कुछ शर्म और जिल्लत-सी मालूम होती है।

ये जितने सुभीते मुझे मिले हुए थे उन सबके होते हुए भी जेल तो आख़िर जेल ही थी, और कभी-कभी तो उसका दुःखद वातावरण प्रायः असह्य हो उठता था। उसका वातावरण ख़ुद हिंसा, कमीनेपन, रिश्वतखोरी और झूठ से भरा हुआ था। वहाँ कोई ग़ालियाँ देता था तो कोई गिड़गिड़ाता था। नाज़ुक मिज़ाज वाले हर शख़्स को वहाँ लगातार मानसिक संताप में रहना पड़ता था, कभी-कभी ज़रा-ज़रा सी बातों से ही लोग उखड़ जाते। चिट्ठी में कोई ख़राब ख़बर आ जाती या अख़बार में ही कोई बुरी ख़बर निकलती तो हम लोग कुछ देर के लिए ग़ुस्से या फ़िक्र से बड़े परेशान हो जाते थे। बाहर तो हम लोग हमेशा काम में लगकर अपने दुःखों को भूल जाते थे। वहाँ तो तरह-तरह की दिलचस्प बातों और कामों की वजह से शरीर और मन का साम्य बना रहता था। जेल में ऐसा कोई रास्ता नहीं था। हम लोग ऐसा महसूस करते थे मानो हम बोतल में बन्द कर दिए गए हों और दबाकर रख दिए गए हों, और इसलिए जो कुछ होता उसकी बाबत लाज़िमी तौर पर हमारी राय एकांगी और कुछ हद तक तोड़ी-मरोड़ी हुई होती थी। जेल में बीमारी ख़ासतौर से दुःखदायी होती है।

फिर भी मैंने अपने को जेल-जीवन की दिनचर्या का आदी बना लिया, और शारीरिक कसरत तथा कड़ा मानसिक काम करके मैंने अपने को ठीक-ठीक रखा। काम और कसरत की बाहर कुछ भी क़ीमत हो, जेल में तो वे लाज़िमी थे, क्योंकि उनके बिना वहाँ कोई अपने मानसिक और शारीरिक स्वास्थ्य को क़ायम नहीं रख सकता। मैंने अपना एक कार्यक्रम बना लिया था, जिसका मैं कड़ाई के साथ पालन करता था। मिसाल के लिए, अपने को बिलकुल ठीक रखने के लिए, मैं रोज़ हज़ामत बनाता था (हज़ामत के लिए मुझे सेफ़्टी रेज़र मिला हुआ था)। मैंने इस छोटी-सी बात का ज़िक्र इसलिए किया है कि आमतौर पर लोगों ने इन आदतों को छोड़ दिया

और वे कई बातों में ढीले पड़ गए थे। दिन-भर का कड़ा काम करने के बाद शाम को मैं ख़ूब थक जाता और मजे से नींद का स्वागत करता।

इस तरह दिन-पर-दिन, हफ़्ते-पर-हफ़्ते और महीने-पर-महीने निकल गए। कभी-कभी ऐसा मालूम पड़ता था कि महीना बुरी तरह चिपक गया है और वह ख़त्म ही नहीं होना चाहता। और कभी-कभी तो मैं हर चीज़ और हर शख़्स से ऊब जाता, सब पर ग़ुस्सा करता, सबसे खीज उठता, फिर वे चाहे जेल के मेरे साथी हों और चाहे जेल के कर्मचारी। ऐसे वक़्त पर मैं बाहर लोगों पर भी इसलिए खीज उठता था कि उन्होंने यह काम क्यों किया या, यह काम क्यों नहीं किया। ब्रिटिश सल्तनत से तो हमेशा ही खीज़ा रहता था। लेकिन ऐसे वक़्त पर औरों के साथ-साथ और सबसे ज़्यादा, मैं अपने ऊपर भी खीज उठता था। इन दिनों मैं बहुत चिड़चिड़ा भी हो जाता, और जेल की ज़िन्दगी में होनेवाली ज़रा-ज़रा-सी बातों पर बिगड़ उठता था—ख़ुशक़िस्मती यह थी कि मेरा मिज़ाज ज़्यादा दिनों तक ऐसा नहीं रहता था।

जेल में मुलाक़ात का दिन बड़े उल्लास का दिन होता था। हम लोग मुलाक़ात के दिनों के लिए कैसे तरसते थे! उनके लिए कैसी प्रतीक्षा करते थे तथा दिन गिना करते थे! लेकिन मुलाक़ात की ख़ुशी के बाद उसकी लाज़िमी प्रतिक्रिया भी होती और फिर सूनेपन और अकेलेपन का राज हमारे दिलों पर छा जाता। अगर, जैसा कि कभी-कभी होता था, मुलाक़ात कामयाब नहीं हुई, इसलिए कि मुझे कोई ऐसी ख़बर मिली, जिससे मैं बिगड़ गया या और ऐसी ही कोई दूसरी बात हुई तो मैं बाद को बहुत दुखी हो जाता था। मुलाक़ात के वक़्त जेल के कर्मचारी तो मौजूद रहते ही थे। लेकिन बरेली में तो दो या तीन मर्तबा उनके साथ-साथ सी.आई.डी. का आदमी भी हाथ में काग़ज़ और पेंसिल लिये मौजूद रहा, जो हमारी बातचीत के क़रीब-क़रीब हरेक हर्फ़ को बड़े उत्साह से लिख रहा था। इस बात से मुझे बहुत ही चिढ़ होती थी और ऐसी मुलाक़ातें बिलकुल बेकार जातीं।

पहले इलाहाबाद-जेल में मुलाक़ात करते हुए, और उसके बाद सरकार की तरफ़ से मेरी माँ और पत्नी के साथ जो दुर्व्यवहार हुआ था, उसकी वजह से, मैंने मुलाक़ातें करना बन्द कर दिया था। क़रीब-क़रीब सात महीने तक मैंने किसी से मुलाक़ात नहीं की। मेरे लिए यह वक़्त बहुत ही मनहूस रहा, और जब इस वक़्त के बाद मैंने यह तय किया कि मुझे मुलाक़ात करना शुरू कर देना चाहिए और उसके फलस्वरूप जब लोग मुझसे मिलने आए, तब मैं आनन्द से झूमने लगा था। मेरी बहिन के छोटे-छोटे बच्चे भी मुझसे मिलने को आए थे। उनमें से एक छोटे-से बच्चे को मेरे कंधे पर चढ़ने की आदत थी। यहाँ भी जब उसने मेरे कंधे पर चढ़ना चाहा तो मेरे भावों का बाँध टूट गया। मानवी संसर्ग के लिए एक लम्बी चाह के बाद गृह-जीवन के इस स्पर्श से मैं अपने को सँभाल न सका।

जब मैंने मुलाक़ात करना बन्द कर दिया था तब घर से या दूसरी जेलों से आनेवाले ख़त (क्योंकि मेरी दोनों बहिनें जेल में थीं) जो हमें हर पन्द्रहवें दिन मिलते थे, और भी क़ीमती हो गए और मैं उनकी बाट बड़ी उत्सुकता से देखा करता था। निश्चित तारीख़ को कोई ख़त न आता तो मुझे बड़ी चिन्ता हो जाती। लेकिन साथ

ही जब ख़त आते तब मुझे उन्हें खोलते हुए डर-सा लगता था। मैं उनके साथ उसी तरह खिलवाड़ करता जिस तरह कोई इत्मीनान के साथ आनन्द की चीज़ से करता है। साथ ही, मेरे मन में कुछ-कुछ यह डर भी रहता था कि कहीं ख़त में कोई ऐसी ख़बर या बात न हो कि मुझे दुःख हो। जेल में ख़तों का आना या जेल में ख़त लिखना दोनों ही वहाँ के शान्तिमय और स्थिर जीवन में बाधा डालते थे। वे मन में भावों को जगाकर बेचैनी पैदा करते थे और उसके बाद एक या दो दिन तक मन अस्त-व्यस्त होकर भटकने लग जाता और उसे रोज़मर्रा के कामों में जुटाना मुश्किल हो जाता था।

नैनी और बरेली-जेल में तो मेरे बहुत-से साथी थे। देहरादून में शुरू-शुरू में सिर्फ़ तीन ही थे। मैं, गोविन्दवल्लभ पंत और काशीपुर के कुँवर आनन्द सिंह। लेकिन पंत जी तो कोई दो महीने बाद छोड़ दिए गए, क्योंकि उनकी छह महीने की सज़ा ख़त्म हो गई थी। इसके बाद हमारे दो और साथी हमसे आ मिले थे। लेकिन जनवरी 1933 के शुरू में मेरे सब साथी चले गए और मैं अकेला ही रह गया। अगस्त के आख़िर में जेल से छूटने तक, क़रीब-क़रीब आठ महीने तक, देहरादून-जेल में मैं बिलकुल अकेला रहा था। हर रोज़ कुछ मिनट तक किसी जेल-कर्मचारी के अलावा और कोई ऐसा न था, जिससे मैं बातचीत भी कर सकता। क़ानून के अनुसार तो यह एकान्त की सज़ा न थी, लेकिन उससे मिलती-जुलती ही थी। इसलिए ये बड़ी मनहूसी के दिन रहे। सौभाग्य से इन दिनों मैंने मुलाक़ात करना शुरू कर दिया था। उनसे मेरा दुःख कुछ हल्का हो गया था। मेरा ख़याल है कि मेरे साथ यह ख़ास रिआयत की गई थी कि मुझे बाहर से भेजे हुए ताज़े फूल लेने की और कुछ फ़ोटो रखने की इजाज़त थी। इन बातों से मुझे काफ़ी तसल्ली मिलती थी। मामूली तौर पर क़ैदियों को फूल या फ़ोटो रखने की इज़ाज़त नहीं है। कई मौक़ों पर मुझे वे फूल नहीं दिए गए, जो बाहर से मेरे लिए लाए गए थे। अपनी कोठरियों को ख़ुशनुमा बनाने की हमारी कोशिशें रोकी जाती थीं। मुझे याद है कि मेरे एक साथी ने, जो मेरे पड़ोस की कोठरी में रहता था, अपने शीशे-कंघे वग़ैरा चीज़ों को जिस तरह सजाकर रखा था उस पर जेल के सुपरिंटेंडेंट ने एतराज किया था। उनसे कहा गया कि वह अपनी कोठरी को आकर्षक और 'विलासपूर्ण' नहीं बना सकते। और वे विलासिता की चीज़ें क्या थीं?—दाँतों का एक ब्रुश, दाँतों का एक पेस्ट, फ़ाउंटेनपेन की स्याही, सिर में लगाने के तेल की शीशी, एक ब्रश और कंघी, शायद एक या दो छोटी-मोटी चीज़ें और।

जेल में हम लोग ज़िन्दगी की छोटी-छोटी चीज़ों की क़ीमत समझने लगे थे। वहाँ हमारा सामान इतना कम होता था और उसे हम न तो आसानी से बढ़ा सकते थे, न उसकी जगह दूसरी चीज़ें ही मँगा सकते थे, इसलिए हम उसे बड़ी होशियारी से रखते हैं। कभी ऐसी इक्का-दुक्की छोटी-छोटी चीज़ों को बटोरकर रखते थे, जिन्हें जेल से बाहर की दुनिया में हम रद्दी की टोकरी में फेंका करते थे। इस प्रकार जब हमारे पास सम्पत्ति के नाम पर रखने की कोई चीज़ नहीं होती तब भी सम्पत्ति जोड़ने की भावना तो हमारा पीछा नहीं छोड़ती थी!

कभी-कभी ज़िन्दगी की कोमल वस्तुओं के लिए शरीर अकुला उठता, शारीरिक सुख-भोग, आनन्दप्रद वातावरण, मित्रों के साथ दिलचस्प बातचीत और बच्चों के

साथ खेलने की इच्छा ज़ोर पकड़ उठती थी। किसी अख़बार में किसी तस्वीर या फ़ोटो को देखकर पुराना ज़माना सामने आ खड़ा होता—उन दिनों की बातें सामने आ जातीं, जब जवानी में किसी बात की फ़िक्र न थी। ऐसे वक़्त पर घर की याद की बीमारी बुरी तरह जकड़ लेती और वह दिन बड़ी बेचैनी के साथ कटता।

मैं हर रोज़ थोड़ा-बहुत सूत काता करता था, क्योंकि मुझे हाथ का कुछ काम करने से तसल्ली मिलने के साथ-साथ बहुत ज़्यादा दिमाग़ी काम से कुछ छुट्टी भी मिल जाती थी। लेकिन मेरा ख़ास काम लिखना और पढ़ना ही था। मैं जिन-जिन किताबों को पढ़ना चाहता था वे सब तो मुझे मिल नहीं पाती थीं, क्योंकि उन पर रोक थी और वे सेंसर होती थीं। किताबों को सेंसर करनेवाले लोग हमेशा अपने काम के योग्य नहीं होते थे। स्पैंगलर की Decline of the West (पश्चिम का पतन) नामक किताब इसलिए रोक ली गई थी कि उसका नाम ख़तरनाक और राजद्रोहात्मक मालूम हुआ था। लेकिन मुझे इस सम्बन्ध में किसी प्रकार की शिकायत नहीं करनी चाहिए, क्योंकि कुल मिलाकर मुझे तो सभी क़िस्म की किताबें मिल जाती थीं। ऐसा मालूम पड़ता है कि इस मामले में भी मेरे साथ ख़ास रिआयत होती थी, क्योंकि मेरे बहुत-से साथियों को, जो 'ए' क्लास में रखे गए थे, सामयिक विषयों पर किताबें मँगाने में बड़ी मुश्किलों का सामना करना पड़ता था। मुझसे कहा गया है कि बनारस की जेल में तो सरकार का श्वेत-पत्र (White paper) भी नहीं दिया गया, जिसमें ख़ुद सरकार की विधान-सम्बन्धी योजनाएँ थीं, क्योंकि उसमें राजनीतिक बातें थीं। ब्रिटिश अधिकारी धार्मिक पुस्तकों और उपन्यास की तहेदिल से सिफ़ारिश करते थे। यह बात आश्चर्यजनक है कि धर्म का विषय ब्रिटिश सरकार को कितना प्यारा लगता है और वह हर तरह से मज़हब को कितनी निष्पक्षता के साथ आगे बढ़ाती है।

हिन्दुस्तान में जबकि मामूली-से-मामूली नागरिक स्वतंत्रता भी छीन ली गई हो तब क़ैदियों के हक़ों की बात करना बिलकुल अनुचित मालूम होता है। फिर भी यह मामला ऐसा है जिस पर ग़ौर किया जाना चाहिए। अगर कोई अदालत किसी आदमी को क़ैद की सज़ा दे देती है तो क्या उसके मानी यह है कि उसका शरीर ही नहीं, उसका मन भी जेल में ठूँस दिया जाए? चाहे क़ैदियों के शरीर भले ही आज़ाद न रहे, पर क्या वजह है कि उनका दिमाग़ भी आज़ाद न रहे? हिन्दुस्तान की जेलों का इन्तज़ाम जिन लोगों के हाथ में है वे तो अवश्य ही इस बात को सुनकर घबरा जाएँगे, क्योंकि नये विचारों को जानने और लगातार विचार करने की उनकी शक्ति साधारणतया सीमित हो जाती है। यों तो सेंसर का काम हर वक़्त बुरा होता है और साथ ही पक्षपातपूर्ण तथा बेहूदा भी, लेकिन हिन्दुस्तान में तो वह बहुत-से आधुनिक साहित्य और आगे बढ़ी हुई पत्र-पत्रिकाओं से हमें वंचित रखता है। ज़ब्त की हुई किताबों की सूची बहुत बड़ी है और वह दिन-पर-दिन बढ़ती ही जा रही है। इन सबके अलावा क़ैदी को तो एक और सेंसरशिप का भी सामना करना पड़ता है। और इस तरह उसके पास वे बहुत-सी किताबें तथा अख़बार भी नहीं पहुँच पाते, जिन्हें वह क़ानून के मुताबिक़ बाहर ख़रीदकर पढ़ सकता है।

कुछ दिनों पहले यह प्रश्न संयुक्त राज्य अमेरिका के न्यूयॉर्क नगर की मशहूर सिंगसिंग-जेल के सिलसिले में उठा था। वहाँ कुछ कम्यूनिस्ट अख़बार रोक दिए गए थे। अमेरिका के शासनवर्ग में कम्यूनिस्टों के ख़िलाफ़ बहुत ज़ोर के भाव हैं; लेकिन यह सब होते हुए भी वहाँ के जेल-अधिकारी इस बात के लिए राज़ी हो गए कि जेल-निवासी जिस किताब व अख़बार को चाहें मँगाकर पढ़ सकते हैं, चाहे ये अख़बार व पत्रिकाएँ कम्यूनिस्ट मत की ही क्यों न हों? वहाँ के जेल के वार्डन ने सिर्फ़ व्यंगचित्रों को रोका, जिन्हें वह भड़कानेवाला समझता था।

हिन्दुस्तान की जेलों में मानसिक स्वतंत्रता पर ग़ौर करने का यह सवाल कुछ हद तक बेहूदा मालूम होता है, जबकि, जैसा कि हो रहा है, ज़्यादातर क़ैदियों को कोई भी अख़बार या लिखने की सामग्री नहीं दी जाती। यहाँ तो सवाल सेंसरशिप या देखभाल का नहीं है, बल्कि बिलकुल इनकारी का है। क़ायदों के मुताबिक़ तो सिर्फ़ 'ए' क्लास के और बंगाल में पहले डिवीज़न के क़ैदियों को ही लिखने की सामग्री दी जाती है। इनमें से भी सबको रोज़ाना अख़बार नहीं दिया जाता। जो रोज़ाना अख़बार दिया जाता है वह भी सरकार की पसन्द का। 'बी' और 'सी' क्लास के क़ैदियों के लिए लिखने के सामान की कोई ज़रूरत नहीं समझी जाती, चाहे वे राजनीतिक हों या ग़ैर-राजनीतिक। 'बी' क्लासवालों को कभी-कभी बहुत ख़ास रिआयत दिखाकर लिखने का सामान दे दिया जाता है; और यह रिआयत अक्सर वापस ले ली जाती है। शायद दूसरे क़ैदियों की तुलना में 'ए' क्लास के क़ैदियों की तादाद हज़ार-पीछे एक बैठेगी। इसलिए हिन्दुस्तान में क़ैदियों की तकलीफ़ों पर ग़ौर करते हुए उनका ख़याल न किया जाए, तब भी कोई हर्ज नहीं। लेकिन यह बात याद रखनी चाहिए कि इन ख़ास रिआयत वाले 'ए' क्लास के क़ैदियों को भी किताबों और अख़बारों के मामले में उतने हक़ नहीं मिले हुए हैं, जितने कि ज़्यादातर सभ्य देशों में मामूली क़ैदियों को प्राप्त हैं।

बाक़ी लोगों को, 1000 में 999 को, एक वक़्त दो या तीन किताबें ही दी जाती हैं, लेकिन हालत ऐसी है कि वे इस रिआयत से भी पूरा-पूरा फ़ायदा नहीं उठा पाते। कुछ लिखना या जो-कुछ किताब पढ़ी जाए उसके नोट लेना तो ऐसा ख़तरनाक मन-बहलाव समझा जाता है, जो उन्हें हरगिज़ नहीं करना चाहिए। मानसिक उन्नति का इस तरह जान-बूझकर रोका जाना एक अजीब और मज़ेदार बात है। किसी क़ैदी को सुधारने और योग्य नागरिक बनाने के ख़याल से तो उसके दिमाग़ पर ध्यान देकर उसे दूसरी तरफ़ लगाना उचित है। पढ़ा-लिखाकर उसे कोई धन्धा सिखा देना चाहिए। लेकिन शायद हिन्दुस्तान में जेल के हाकिमों को यह बात सूझी ही नहीं और संयुक्त प्रान्त में तो उसका ख़ासतौर पर अभाव ही दिखाई देता है। हाल में जेलों में लड़कों और नौजवानों को थोड़ा लिखना-पढ़ना सिखाने की कुछ कोशिशें की गई हैं। लेकिन वे बिलकुल व्यर्थ हैं और जिन लोगों के सुपुर्द यह काम किया गया है वे उसे पूरा करने के बिलकुल अयोग्य हैं। कभी-कभी यह कहा जाता है कि क़ैदी लोग लिखना-पढ़ना पसन्द नहीं करते, लेकिन मेरा अपना अनुभव इसके बिलकुल ख़िलाफ़ है और कई लोग, जो मेरे पास लिखने-पढ़ने की ग़रज़ से आते थे, उनमें मैंने पढ़ने-लिखने का पूरा-पूरा चाव देखा। जो क़ैदी हमारे पास आ पाते थे, उन्हें हम

पढ़ाते थे। वे लोग बड़ी मेहनत से पढ़ते थे, और जब कभी मैं रात में जाग पड़ता तो यह देखकर आश्चर्य करता कि उनमें से एक या दो आदमी बैरक की धुँधली लालटेन के पास बैठे हुए अगले दिन के अपने पाठ को याद कर रहे हैं।

मैं अपनी किताबों में ही जुटा रहा। कभी एक प्रकार की किताबें पढ़ता तो कभी दूसरे क़िस्म की। लेकिन आमतौर पर मैं ठोस विषय की किताबें पढ़ता था। उपन्यास पढ़ने से दिमाग़ में एक ढीलापन-सा मालूम होने लगता है। इसलिए मैंने ज़्यादातर उपन्यास नहीं पढ़े। जब कभी पढ़ते-पढ़ते मेरा जी ऊब उठता तब मैं लिखने बैठ जाता। अपनी सज़ा के दो सालों में तो मैं उस 'ऐतिहासिक पत्रमाला'[1] (ग्लिम्सेज ऑव वर्ल्ड हिस्ट्री) में लगा रहा, जो मैंने अपनी पुत्री (इन्दिरा) के नाम लिखी। उन्होंने मुझे अपने दिमाग़ को ठीक-ठीक रखने में बहुत मदद दी। कुछ हद तक तो मैं उस पुराने ज़माने में रहने लगा, जिसकी बाबत मैं लिख रहा था और इसलिए इन दिनों क़रीब-क़रीब यह भूल-सा गया कि मैं जेल के भीतर रह रहा हूँ।

~

साम्प्रदायिकता और प्रतिक्रिया

(*मेरी कहानी* से)

आगा ख़ाँ मुसलमानों के नेता के रूप में प्रकट हुए और यह घटना ही इस बात का काफ़ी सबूत थी कि मुसलमान लोग अभी तक अपनी जागीरदारी परम्परा से चिपके हुए थे; क्योंकि आगा ख़ाँ कोई मध्यवर्ग के नेता नहीं थे। वह एक अत्यन्त धनवान राजा और एक फ़िरक़े के धार्मिक गुरु थे। ब्रिटिश राजसत्ता से घनिष्ठ सम्बन्ध रखने के कारण, अंग्रेज़ों के लिए वह अपने आदमी बन गए थे। बड़े शाइस्ता और एक धनी जागीरदार और खिलाड़ी की तरह ज़्यादातर यूरोप में ही पड़े रहनेवाले। इस कारण व्यक्तिगत रूप से वह मज़हबी या फ़िरक़ेवारान मामलों में संकीर्ण विचारों से बहुत दूर थे। उनका मुसलमानों का नेतृत्व करने का अर्थ यह था कि मुस्लिम ज़मींदार और बढ़ते हुए मध्यवर्ग के लोग सरकार के हिमायती बन जाएँ। साम्प्रदायिक समस्या तो एक गौण बात थी, और वह भी मुख्य उद्देश्य को सिद्ध करने के अभिप्राय से ही इतने ज़ोरों के साथ ज़ाहिर की जाती थी। सर वेलेंटाइन शिरोल ने लिखा है कि आगा ख़ाँ ने उस वक़्त के वाइसराय लॉर्ड मिंटो को यह सुझाया था कि "बंग-भंग से पैदा होनेवाली राजनीतिक स्थिति के बारे में मुसलमानों की क्या राह है; ताकि जल्दबाज़ी में हिन्दुओं को कहीं ऐसी राजनीतिक सुविधाएँ न दे दी जाएँ जो हिन्दू-बहुमत को प्रोत्साहन दें, क्योंकि वह बहुमत ब्रिटिश राज की दृढ़ता और मुस्लिम अल्पमत के हितों के लिए, जिसकी राजभक्ति में किसी को सन्देह नहीं हो सकता था, समान रूप से ख़तरनाक था।"

---

1. हिन्दी में 'विश्व इतिहास की झलक' के नाम से यह पुस्तक 'सस्ता साहित्य मंडल' से प्रकाशित हो चुकी है।

लेकिन ब्रिटिश सरकार का इस प्रकार ऊपरी तौर से समर्थन करनेवालों के सिवा और दूसरी शक्तियाँ भी काम कर रही थीं। नया मुस्लिम मध्यवर्ग मौजूदा परिस्थिति से दिनों-दिन अनिवार्य रूप से असन्तुष्ट होता जाता था और राष्ट्रीय आन्दोलन की तरफ़ खिंचता जा रहा था। आगा ख़ाँ को ख़ुद ही इस ओर ध्यान देना पड़ा और उन्हें अंग्रेज़ों को एक ख़ास ढंग की चेतावनी भी देनी पड़ी। जनवरी 1914 (यूरोपीय महायुद्ध से बहुत पहले) के 'एडिनबरा रिव्यू' के अंक में उन्होंने एक लेख लिखा, जिसमें सरकार को यह सलाह दी कि हिन्दू-मुसलमानों को लड़ाने की नीति का परित्याग कर दिया जाए और दोनों सम्प्रदायों के नरम ख़याल के लोगों को एक झंडे के नीचे इकट्ठा किया जाए, जिससे तरुण भारत की हिन्दू और मुसलमान दोनों जातियों की शूद्र राष्ट्रीय प्रवृत्तियों से टक्कर लेनेवाली एक शक्ति पैदा हो जाए। इसलिए यह साफ़ है कि आगा ख़ाँ हिन्दुस्तान की राजनीतिक तब्दीली को रोकने में जितनी ज़्यादा दिलचस्पी रखते थे, मुसलमानों के साम्प्रदायिक हितों में उतनी नहीं।

लेकिन राष्ट्रीयता की ओर मध्यवर्ग के मुसलमानों की अनिवार्य प्रगति को न तो आगा ख़ाँ और न ब्रिटिश सरकार ही रोक सकते थे। संसार-व्यापी महायुद्ध ने इस क्रिया को और भी तेज़ कर दिया और जैसे-जैसे नये-नये नेता पैदा होने लगे, वैसे-ही-वैसे आगा ख़ाँ का प्रभाव भी कम होता हुआ मालूम होने लगा। यहाँ तक कि अलीगढ़ कॉलेज का भी रुख बदल गया। नये नेताओं में सबसे अधिक ज़ोरदार अली-बन्धु निकले। ये दोनों ही उस कॉलेज से निकले हुए थे। डॉ. मुख़्तार अहमद अंसारी, मौलाना अबुल कलाम आज़ाद आदि मध्यवर्ग के दूसरे कई नेता अब मुसलमानों के राजनीतिक मामलों में महत्त्वपूर्ण भाग लेने लगे। इसी तरह, लेकिन कुछ कम परिणाम में, श्री मुहम्मद अली जिन्ना भी भाग लेते थे। गांधी जी ने इनमें से अधिकांश नेताओं (मि. जिन्ना को छोड़कर) और आमतौर से मुसलमानों को भी अपने असहयोग आन्दोलन में घसीट लिया, और 1919-23 के दिनों में इन लोगों ने हमारी लड़ाई में प्रमुख भाग लिया।

इसके बाद प्रतिक्रिया शुरू हुई और हिन्दू और मुसलमान दोनों क़ौमों के साम्प्रदायिक और पिछड़े हुए लोग, जो सार्वजनिक क्षेत्र से बरबस पीछे हट चुके थे, अब फिर आगे आने लगे। यह क्रिया धीमी तो थी, पर बराबर चलती रही। हिन्दू महासभा ने पहली बार कुछ ख्याति प्राप्त की, ख़ासकर साम्प्रदायिक तनाव के कारण। मगर राजनीतिक दृष्टि से वह कांग्रेस पर कुछ अधिक असर न डाल सकी। मुसलमानों की साम्प्रदायिक संस्थाएँ मुस्लिम जनता में अपनी खोई हुई पुरानी प्रतिष्ठा को कुछ अंश तक फिर प्राप्त करने में अधिक सफल रहीं। फिर भी मुस्लिम नेताओं का एक ज़बरदस्त दल सदा कांग्रेस के साथ रहा। उधर ब्रिटिश सरकार ने मुस्लिम साम्प्रदायिक नेताओं को, जो राजनीतिक दृष्टि से पूरे प्रतिक्रियावादी थे, प्रोत्साहन देने में कोई कसर नहीं रखी। इन प्रतिक्रियावादियों की सफलता को देखकर हिन्दू महासभा के मुँह में पानी आ गया और उसने भी ब्रिटिश सरकार की कृपा प्राप्त करने की आशा में प्रतिक्रिया में इनके साथ होड़ लगाना शुरू कर दिया। महासभा के उन्नतिशील विचारों वाले बहुत-से लोग या तो निकाल दिए गए या ख़ुद ही निकल

गए, और मध्यम श्रेणी के उच्च-वर्ग—विशेषकर महाजनों और साहूकारों—की ओर महासभा अधिकाधिक झुकने लगी।

दोनों ओर से साम्प्रदायिक राजनीतिज्ञ, जो निरन्तर काउंसिलों की सीटों के बारे में बहस किया करते थे, केवल उसी कृपा का विचार करते रहते थे, जो सरकारी क्षेत्रों में प्रभाव होने से हासिल होती है। यह तो मध्यवर्ग के पढ़े-लिखे लोगों के लिए नौकरियों की लड़ाई थी। यह स्पष्ट है कि नौकरियाँ इतनी तो हो ही नहीं सकती थीं जो सबको मिल जातीं, इसलिए हिन्दू और मुसलमान सम्प्रदायवादी इन्हीं के बारे में लड़ते-झगड़ते थे। हिन्दू लोग अपने बचाव के फ़िक्र में थे; क्योंकि ज़्यादातर नौकरियाँ उन्होंने घेर रखी थीं और मुसलमान लोग सदा 'और-और' की रट लगाए रहते थे। इन नौकरियों की लड़ाई के पीछे एक और भी ज़्यादा महत्त्वपूर्ण कशमकश चल रही थी, जो साम्प्रदायिक तो नहीं थी लेकिन जिसका असर साम्प्रदायिक समस्या पर पड़ ज़रूर रहा था। पंजाब, सिन्ध और बंगाल में हिन्दू लोग सब तरह से ज़्यादा मालदार, साहूकार और शहरी थे। इन प्रान्तों के मुसलमान ग़रीब, क़र्ज़दार और देहाती थे। इसलिए इन दोनों की टक्करें अक्सर, आर्थिक होती थीं, पर उसको हमेशा साम्प्रदायिक रंग दे दिया जाता था। पिछले महीनों में प्रान्तीय धारा-सभाओं में पेश किए गए देहाती क़र्ज़ के भार को घटानेवाले कई बिलों पर, ख़ासकर पंजाब में, जो बहसें हुई हैं, उनसे यह बात बिलकुल साफ़ हो जाती है। हिन्दू महासभा के प्रतिनिधियों ने इन बिलों का दृढ़ता के साथ विरोध किया है और सदा साहूकार वर्ग का साथ दिया है।

मुसलमानों की साम्प्रदायिकता पर हिन्दू महासभा जब कभी आक्षेप करती है तो वह सदा अपनी निर्दोष राष्ट्रीयता का राग अलापती है। यह तो हरेक को ज़ाहिर है कि मुस्लिम संस्थाओं ने अपना एक बिलकुल अजीब साम्प्रदायिक रूप प्रकट किया है। महासभा की साम्प्रदायिकता इतनी स्पष्ट नहीं है, क्योंकि वह राष्ट्रीयता का नक़ली चोग़ा पहने हुए फिरती है। परीक्षा का मौक़ा तो तभी आता है जब राष्ट्रीय और सर्वसाधारण के हित का कोई ऐसा निर्णय होता हो जिससे उच्च श्रेणी के हिन्दुओं का हित-विरोध होता हो और वह उसका विरोध न करती हो। लेकिन जब कभी ऐसे मौक़े आए हैं, हिन्दू महासभा इस परीक्षा में बार-बार नाकामयाब रही है। अल्पमत के आर्थिक हितों के विचार से और बहुमत की उद्घोषित इच्छाओं के ख़िलाफ़ हिन्दुओं ने सिन्ध के पृथक्करण का हमेशा विरोध ही किया है।

लेकिन हिन्दू और मुसलमान दोनों ही दलों के सम्प्रदायवादियों द्वारा राष्ट्र-विरोधी प्रवृत्तियों का सबसे अजीब प्रदर्शन तो गोलमेज़-कॉन्फ्रेंस में हुआ। ब्रिटिश-सरकार उसके लिए केवल ऐसे ही मुसलमानों को नामजद करने पर तुली हुई थी जो हर तरह सम्प्रदायवादी थे। और आगा ख़ाँ के नेतृत्व में तो ये लोग इतने नीचे उतर गए थे कि इंग्लैंड के सार्वजनिक जीवन के सबसे अधिक प्रतिक्रियावादी, और भारत ही नहीं, बल्कि सभी प्रगतिशील सम्प्रदायों की दृष्टि से सबसे ख़तरनाक, व्यक्तियों तक के साथ मिलने को उतारू हो गए थे। आगा ख़ाँ और उनके गिरोह का लॉर्ड लॉयड और उनकी पार्टी के साथ घनिष्ठ सम्बन्ध, एक बड़ी असाधारण-सी बात थी। इतना ही नहीं, इन लोगों ने गोलमेज़ परिषद् में गए हुए यूरोपियन एसोसिएशन

के प्रतिनिधियों तक से समझौता कर लिया था। यह बड़े ही दु:ख और निराशा की बात थी; क्योंकि यूरोपियन एसोसिएशन भारत की स्वतंत्रता का सबसे कट्टर और ज़ोरदार विरोधी रहा है, और अब भी है।

हिन्दू महासभा के प्रतिनिधियों ने इसका जवाब इस तरह से दिया कि उन्होंने, ख़ासकर पंजाब के लिए, स्वतंत्रता के मार्ग में ऐसे-ऐसे प्रतिबन्धों की माँग की, जो अंग्रेज़ों के हक़ में 'संरक्षण' थे। उन्होंने ब्रिटिश सरकार के साथ सहयोग करने के प्रयत्नों में मुसलमानों को भी मात देने की कोशिश की। इससे उनको मिला तो कुछ भी नहीं, उलटे अपने पक्ष को ही उन्होंने नुक़सान पहुँचाया और स्वतंत्रता के साथ विश्वासघात किया। मुसलमानों के बोलने के ढंग में कम-से-कम कुछ शान तो थी, लेकिन हिन्दू सम्प्रदायवादियों के पास तो यह भी न था।

मुझे तो स्पष्ट बात यह मालूम पड़ती है कि दोनों तरफ़ के साम्प्रदायिक नेता एक छोटे-से उच्चवर्गीय प्रतिक्रियावादी गिरोह के प्रतिनिधि होने के सिवा और कुछ नहीं हैं। ये लोग जनता के धार्मिक जोश का अपने स्वार्थ-साधन के लिए दुरुपयोग करते हैं और उससे बेजा फ़ायदा उठाते हैं। दोनों ओर आर्थिक प्रश्नों को टालने और दबाने की भरसक कोशिश की जाती है। यह वक़्त जल्दी ही आनेवाला है, जबकि इन प्रश्नों को दबाया जा सकना असम्भव हो जाएगा और तब दोनों दलों के साम्प्रदायिक नेता निस्सन्देह आगा ख़ाँ की बीस बरस पहले की चेतावनी को दोहराएँगे कि नरम दल वालों को युग-परिवर्तनकारी प्रवृत्तियों के विरुद्ध मिलकर जिहाद बोल देना चाहिए। कुछ हद तक तो अब यह बात ज़ाहिर हो ही चुकी है कि हिन्दू और मुसलमान सम्प्रदायवादी जनता के सामने एक-दूसरे को चाहे जितना बुरा-भला कहें, मगर असेम्बली और अन्य ऐसी ही जगहों में सरकार को राष्ट्र-विरोधी क़ानून पास करने में सहायता देने के लिए दोनों ही मिल जाते हैं। ओटावा एक ऐसा ही सूत्र था, जिसने तीनों को एक साथ ला मिलाया था।

साथ-ही-साथ यह मज़ेदार बात भी ध्यान रखने की है कि आगा ख़ाँ का अनुदार पार्टी के सबसे अधिक कट्टर पक्ष के साथ अभी तक घनिष्ठ सम्बन्ध चला आता है। 1934 के अक्तूबर में आप ब्रिटिश नेवी लीग के सहभोज में, जिसके सभापति लॉर्ड लॉयड थे, एक सम्मानित मेहमान की हैसियत से सम्मिलित हुए थे। वहाँ आपने लॉर्ड लॉयड के उन प्रस्तावों का हृदय से समर्थन किया था, जो उन्होंने ब्रिस्टल की कंजरवेटिव कॉन्फ्रेंस में ब्रिटिश जहाज़ी बेड़े की शक्ति को और अधिक मज़बूत बनाने की दृष्टि से किए थे। इस तरह हिन्दुस्तान के एक नेता ब्रिटिश सत्ता की रक्षा और इंग्लैंड की हिफ़ाज़त के लिए इतने चिन्तित थे कि वह इग्लैंड की फ़ौजी ताक़त बढ़ाने के काम में मि. बाल्डविन या उनकी 'नेशनल' सरकार से भी आगे बढ़ जाने को तैयार थे। और निस्सन्देह यह सब किया जा रहा था शान्ति-रक्षा के नाम पर।

दूसरे ही महीने, यानी नवम्बर 1934 में, यह ख़बर लगी कि लन्दन में खानगी तौर पर, एक फ़िल्म दिखलाई गई है, जिसका उद्देश्य था 'मुसलमानों को अंग्रेज़ी शासन बादशाहत के साथ सदा के लिए मित्रता के सूत्र में बाँध देना।' हमको यह भी पता लगा कि इस अवसर पर आगा ख़ाँ और लॉर्ड लॉयड सम्मानित मेहमान होकर पधारे

थे। ऐसा मालूम पड़ता है कि शाही मामलों में आगा ख़ाँ और लॉर्ड लॉयड दोनों इस तरह 'एक जान दो देह' हैं, जैसे हमारे राष्ट्रीय राजनीतिक क्षेत्र में सर तेज़बहादुर सप्रू और मि. एम.आर. जयकर। यह बात भी ग़ौर करने के क़ाबिल है कि इन महीनों में, जबकि ये दोनों एक-दूसरे से इतनी अधिकता से घुल-मिल रहे थे, ठीक उसी वक़्त लॉर्ड लॉयड नेशनल सरकार और उसके पक्ष के अनुदार नेताओं के विरुद्ध इसलिए एक अत्यन्त कटु और कठोर आक्रमण का नेतृत्व कर रहे थे कि उन्होंने हिन्दुस्तान को बहुत अधिक अधिकार देने की कथित कमज़ोरी दिखलाई थी।[1]

पिछले दिनों कुछ मुसलमान साम्प्रदायिक नेताओं के व्याख्यानों और वक्तव्यों में एक तब्दीली हुई है। इसका कुछ वास्तविक महत्त्व नहीं है; लेकिन मुझे शक है कि और लोगों की शायद ऐसी राय न हो। फिर भी, यह बात साम्प्रदायिक मनोवृत्ति के रूप को प्रकट करती है और इसे प्रधानता भी ख़ूब दी गई है। हिन्दुस्तान में 'मुस्लिम राष्ट्र', 'मुस्लिम संस्कृति' और 'हिन्दू और मुस्लिम संस्कृतियों की अघोर असम्बद्धता' पर ख़ूब ज़ोर दिया जा रहा है। इसका परिणाम लाज़िमी तौर से यही निकलता है (हालाँकि वह इतने खुले तौर पर नहीं रखा गया है) कि न्याय करने और दोनों संस्कृतियों में बीच-बचाव करने के लिए हिन्दुस्तान में अंग्रेज़ों को अनंत काल तक बना रहना बहुत ज़रूरी है।

कुछेक हिन्दू साम्प्रदायिक नेता भी इसी विचारधारा में बह रहे हैं, फ़र्क़ सिर्फ़ इतना ही है कि उन्हें यह आशा है कि चूँकि उनका बहुमत है, इसलिए अन्त में उन्हीं की 'संस्कृति' का बोलबाला होगा।

हिन्दू और मुस्लिम 'संस्कृतियाँ' और 'मुस्लिम राष्ट्र'—ये शब्द पुराने इतिहास तथा वर्तमान और भविष्य की कल्पना के कैसे मनमोहक दृश्य उपस्थित कर देते हैं! हिन्दुस्तान में मुस्लिम राष्ट्र—राष्ट्र के भीतर एक राष्ट्र, वह भी संगठित नहीं, बल्कि बिखरा हुआ और अनिश्चित! राजनीतिक दृष्टि से यह विचार बिलकुल वाहियात है, आर्थिक दृष्टि से शेखचिल्ली-जैसा है, ध्यान देने लायक़ भी नहीं है। लेकिन फिर भी इसके पीछे जो मनोवृत्ति छिपी है, इसके ज़रिये थोड़ा-बहुत उसे समझने में सहायता मिलती है। मध्यवर्ती युग में, और उसके बाद भी, ऐसी कोई जुदा-जुदा और आपस में न मिल सकनेवाली जातियाँ एक साथ मिलकर रहती थीं। टर्की के सुलतानों के आरम्भ काल में कुस्तुन्तुनिया में एक ऐसी हरेक 'जाति'—लैटिन ईसाई, कट्टर ईसाई यहूदी वग़ैरा—अलग-अलग रहती थीं[2] और उनमें से कुछ तो स्वाधिकार भी रखती थीं। यह उस देशेतर भावना की शुरुआत थी, जो अब से कुछ ही काल पहले, बहुत-से पूर्वी देशों का हौवा बन गई थी। इसलिए 'मुस्लिम राष्ट्र' की बात चलाने का अर्थ यह है कि राष्ट्र कोई चीज़ नहीं है, केवल एक धार्मिक सूत्र है। इसका अर्थ है कि किसी भी राष्ट्र (आधुनिक परिभाषा में) को बढ़ने न दिया जाए। दूसरा यह अर्थ है कि वर्तमान सभ्यता को धता बताई जाए और हम सब मध्यकाल के रस्म-रिवाज इख़्तियार कर लें। इसका मतलब है या तो तानाशाही सरकार या विदेशी सरकार।

1-2. अपनी या किसी भी देश की भौतिक सीमा के बाहर रहनेवालों पर उनकी जाति या धर्म के कारण राजनीतिक अधिकार होना। —अनु.

अन्ततोगत्वा इसका अर्थ मन की भावुकता और असलियतों, ख़ासकर आर्थिक असलियतों का सामना न करने की ज्ञात या अज्ञात इच्छा के सिवा और कुछ नहीं। भावुकता कभी-कभी तर्क का भी तख़्ता उलट देती है और हम उसे सिर्फ़ इस बिना पर दरगुज़र नहीं कर सकते कि वह हमें इतनी तर्क-रहित मालूम होती है। मगर यह मुस्लिम राष्ट्रवादी भावना कुछेक कल्पनाशील व्यक्तियों की केवल कल्पना मात्र है और अगर अख़बारों में इसका इतना शोर न मचता तो शायद यह सुनने में भी न आती। भले ही बहुत-से लोग इसमें विश्वास रखते हों, लेकिन फिर भी वास्तविकता का स्पर्श होते ही व ग़ायब हो जाएगी।

~

संघर्ष

(*मेरी कहानी* से)

संसार की मुसीबतों और संघर्ष का विचार करते हुए, मैं किसी हद तक अपनी और राष्ट्रीय मुसीबतों को भी भूल गया। कभी-कभी मुझे इस बात पर बड़ी ख़ुशी होती थी कि संसार के इतिहास के इस क्रान्तिकारी युग में मैं भी जीवित हूँ। शायद दुनिया के इस कोने में, जहाँ मैं हूँ मुझे भी उन आनेवाली क्रान्तियों में कुछ थोड़ा-सा हिस्सा लेना पड़ेगा। कभी-कभी मुझे सारी दुनिया में संघर्ष और हिंसा का वातावरण बड़ा उदास बना देता था। इससे भी खरा यह दृश्य था कि पढ़े-लिखे स्त्री-पुरुष भी मानवीय पतन और ग़ुलामी को देखते-देखते उसके इतने आदी हो गए हैं कि उनके दिमाग़ अब कष्ट-सहन, ग़रीबी और अमानुषिकता का विरोध भी नहीं करते। दम घोंटनेवाले इस नैतिक वातावरण में अत्यन्त मुखर ओछापन और संगठित पाखंड फल-फूल रहे हैं, और भले लोग चुप्पी साधे बैठे हैं। हिटलर की विजय और उसके अनुयायियों के 'आतंकवाद' ने मुझे बड़ा आघात पहुँचाया, हालाँकि मैंने अपने दिल को तसल्ली दे ली कि यह सब क्षणिक ही हो सकता है। ये देखकर मन में ऐसी भावना आ जाती थी, कि इनसान की कोशिशें बेकार हैं। जब मशीन अन्धाधुंध चल रही हो, तब उसमें पहिए का एक छोटा-सा दाँत बेचारा क्या कर सकता है।

फिर भी, कम्यूनिज़्म के जीवन-सम्बन्धी तत्त्वज्ञान से मुझे शान्ति और आशा मिली। तो इसका हिन्दुस्तान में कैसे प्रयोग हो सकता है? हम तो अभी तक राजनीतिक स्वतंत्रता की समस्या को भी हल नहीं कर पाए हैं, और हमारे दिमाग़ों में राष्ट्रवाद ही बैठा हुआ है। क्या हम इसके साथ-ही-साथ आर्थिक स्वतंत्रता की तरफ़ भी कूद पड़े, या इन दोनों को बारी-बारी से हाथ में लें, फिर चाहे इनके बीच में अन्तर कितने ही थोड़े समय का क्यों न हो? संसार की घटनाएँ और हिन्दुस्तान के भी वाक़यात सामाजिक समस्या को सामने ला रहे हैं, और मुझे लगा कि अब राजनीतिक आज़ादी उससे अलग नहीं रखी जा सकती।

हिन्दुस्तान में ब्रिटिश सरकार की नीति का यह नतीजा हुआ है कि राजनीतिक आज़ादी के विरोध में सामाजिक प्रतिगामी-वर्ग खड़े हो गए हैं। यह अनिवार्य ही था, और हिन्दुस्तान में भिन्न-भिन्न वर्गों और समुदायों के ज़्यादा साफ़ तौर पर अलग-अलग दिखाई दे जाने को मैंने पसन्द किया। लेकिन मैं सोचता था कि क्या इसको दूसरे लोग भी अच्छा समझते हैं! स्पष्ट है कि बहुत लोग नहीं समझते। यह सही है कि कई बड़े शहरों में मुट्ठीभर कट्टर कम्यूनिस्ट लोग हैं, और वे राष्ट्रीय आन्दोलन के विरोधी हैं और उसकी कड़ी आलोचना करते हैं। ख़ासकर बम्बई में, और कुछ हद तक कलकत्ते में, संगठित मज़दूर भी समाजवादी थे, मगर ढीले-ढाले ढंग के। उनमें भी फूट पड़ी हुई थी, और वे मंदी से दुखी थे। कम्यूनिज़्म के और समाजवाद के धुँधले-से विचार पढ़े-लिखे लोगों में, और समझदार सरकारी अफ़सरों तक में, फैल चुके हैं। कांग्रेस के नौजवान स्त्री और पुरुष, जो पहले लोकतंत्र पर ब्राइस और मॉरले, कीथ और मैजिनी के विचार पढ़ा करते थे, अब अगर उन्हें किताबें मिल जाती हैं तो कम्यूनिज़्म और रूस पर लिखा साहित्य पढ़ते हैं। मेरठ-षड्यंत्र केस ने लोगों का ध्यान इन नये विचारों की तरफ़ फेरने में बड़ी मदद दी, और संसारव्यापी संकट-काल ने इस तरफ़ ध्यान देने की मजबूरी पैदा कर दी। हर जगह प्रचलित संस्थाओं के प्रति शंका, जिज्ञासा और चुनौती की नई भावना दिखाई देती है। इनसे साधारण मनो-दिशा तो साफ़ प्रकट हो रही है, लेकिन फिर भी हल्का-सा झोंका ही है, जिसको अपने आप पर कभी कोई विश्वास नहीं है। कुछ लोग फ़ासिस्ट विचारों के आसपास मँडराते हैं। लेकिन कोई भी साफ़ और निश्चित आदर्श नहीं है। अभी तक तो राष्ट्रीयता ही यहाँ की प्रमुख विचारधारा है।

मुझे यह तो साफ़ मालूम हुआ, कि जब तक किसी, अंश में भी, राजनीतिक आज़ादी नहीं मिल जाएगी तब तक राष्ट्रीयता ही सबसे बड़ी प्रेरक भावना रहेगी। इसी कारण कांग्रेस हिन्दुस्तान में सबसे ज़्यादा शक्तिशाली संस्था होने के साथ ही सबसे आगे बढ़ी हुई संस्था भी रही है, और अब भी (कुछ ख़ास मज़दूर-क्षेत्रों को छोड़कर) है। पिछले तेरह वर्षों में, गांधी जी के नेतृत्व में इसने जनता में आश्चर्यजनक जाग्रति पैदा कर दी है और इससे अस्पष्ट मध्यवर्गी आदर्श के होते हुए भी इसने एक क्रान्तिकारी काम किया है। अब तक भी इसकी उपयोगिता नष्ट नहीं हुई है, और हो भी नहीं सकती, जब तक कि राष्ट्रवादी प्रेरणा की जगह समाजवादी प्रेरणा न आ जाए। भविष्य की प्रगति—आदर्श-सम्बन्धी भी और कार्य-सम्बन्धी भी—अब भी कांग्रेस के द्वारा ही होगी, हालाँकि दूसरे मार्गों से भी काम लिया जा सकेगा।

इस तरह मुझे कांग्रेस को छोड़ देना, राष्ट्र की आवश्यक प्रेरक शक्ति से अलग हो जाना, अपने पास के सबसे ज़बरदस्त हथियार को कुंद कर देना और एक निरर्थक साहस में अपनी शक्ति बरबाद करना मालूम हुआ। लेकिन फिर भी, क्या कांग्रेस, अपनी मौजूदा स्थिति को रखते हुए, कभी भी वास्तव में मौलिक सामाजिक हल को अपना सकेगी। अगर उसके सामने ऐसा सवाल रख दिया जाए, तो उसका नतीजा यही होगा कि उसके दो या ज़्यादा टुकड़े हो जाएँगे, या कम-से-कम बहुत

लोग उससे अलग हो जाएँगे। ऐसा हो जाना भी अवांछनीय या बुरा न होगा, अगर समस्याएँ ज़्यादा साफ़ हो जाएँ, और कांग्रेस में एक मज़बूत संगठित दल, चाहे वह बहुमत में हो या अल्पमत में हो, एक मौलिक समाजवादी कार्यक्रम को लेकर खड़ा हो जाए।

लेकिन इस समय तो कांग्रेस का अर्थ है गांधी जी। वह क्या करना चाहेंगे? विचारधारा की दृष्टि से कभी-कभी वह आश्चर्यजनक रूप से पिछड़े हुए रहे हैं, लेकिन फिर भी व्यवहार में वह हिन्दुस्तान में इस वक़्त के सबसे बड़े क्रान्तिकारी रहे हैं। वह एक अनोखे व्यक्ति हैं, और उन्हें मामूली पैमानों से नापना या उन पर तर्कशास्त्र के मामूली नियम लगाना भी मुमकिन नहीं है। लेकिन चूँकि वह हृदय में क्रान्तिकारी हैं और हिन्दुस्तान की राजनीतिक स्वतंत्रता की प्रतिज्ञा किए हुए हैं, इसलिए जब तक वह स्वतंत्रता मिल नहीं जाती, तब तक तो इस पर अटल रहकर ही अपना काम करेंगे और इसी तरह कार्य करते हुए वह जनता की प्रचंड कार्य-शक्ति को जगा देंगे, और मुझे आधी उम्मीद है कि वह ख़ुद भी सामाजिक ध्येय की तरफ़ एक-एक क़दम आगे बढ़ते चलेंगे।

हिन्दुस्तान के और बाहर के कट्टर कम्यूनिस्ट पिछले कई बरसों से गांधी जी और कांग्रेस पर भयंकर हमले करते रहे हैं, और उन्होंने कांग्रेस-नेताओं पर सब तरह की दुर्भावनाओं के आरोप लगाए हैं। कांग्रेस विचारधारा पर उनकी बहुत-सी सैद्धान्तिक समालोचना योग्यतापूर्ण और स्पष्ट थी और बाद की घटनाओं से वह किसी अंश तक सही भी साबित हुई। हिन्दुस्तान की साधारण राजनीतिक हालत के बारे में कम्यूनिस्टों के शुरू के कुछ विश्लेषण बहुत कुछ सही निकले। मगर जब वे साधारण सिद्धान्तों को छोड़कर तफ़सीलों में आते हैं, और ख़ासकर जब वे देश में कांग्रेस के महत्त्व पर विचार करते हैं, तो वे बुरी तरह भटक जाते हैं। हिन्दुस्तान में कम्यूनिस्टों की संख्या और असर कम होने का एक कारण यह भी है कि कम्यूनिज़्म का वैज्ञानिक ज्ञान फैलाने और लोगों के दिमाग़ में उसका विश्वास ज़माने की कोशिश करने के बदले उन्होंने दूसरों को ग़ालियाँ देने में ही ज़्यादातर अपनी ताक़त लगाई है। इसका उन्हीं पर उलटा असर पड़ा है, और उन्हें नुक़सान पहुँचा है। इनमें से अधिकांश लोग मज़दूरों के हलक़ों में काम करने के आदी हैं, जहाँ मज़दूरों को अपनी तरफ़ मिला लेने के लिए सिर्फ़ थोड़े-से नारे ही काफ़ी होते हैं। लेकिन बुद्धिमान लोगों के लिए तो सिर्फ़ नारे ही काफ़ी नहीं हो सकते और उन्होंने इस बात को अनुभव नहीं किया है कि आज हिन्दुस्तान में मध्यवर्ग का पढ़ा-लिखा दल ही सबसे ज़्यादा क्रान्तिकारी दल है। कट्टर कम्यूनिस्टों के इच्छा न करने पर भी कई पढ़े-लिखे लोग कम्यूनिज़्म की तरफ़ खिंच आए हैं, लेकिन फिर भी उनके बीच में एक खाई है।

कम्यूनिस्टों की राय के मुताबिक़, कांग्रेस के नेताओं का मक़सद रहा है, सरकार पर जनता का दबाव डालना और हिन्दुस्तान के पूँजीवादियों और ज़मींदारों के हित के लिए कुछ औद्योगिक और व्यापारिक सुविधाएँ पा लेना। उनका मत है कि कांग्रेस का काम है—"किसानों, निम्न मध्यवर्ग और कारख़ानों के मज़दूर-वर्ग के

आर्थिक और राजनीतिक असंतोष को उभाड़कर बम्बई, अहमदाबाद और कलकत्ते के मिल-मालिकों और लखपतियों को लाभ पहुँचाना।" यह ख़याल किया जाता है कि हिन्दुस्तानी पूँजीपति टट्टी की ओट में कांग्रेस-कार्य समिति को हुक्म देते हैं कि पहले तो वह सार्वजनिक आन्दोलन चलाएँ और जब वह बहुत व्यापक और भयंकर हो जाए तब उसे स्थगित कर दें, या किसी छोटी-मोटी बात पर बन्द कर दें। और, कांग्रेस के नेता सचमुच अंग्रेज़ों का चला जाना पसन्द नहीं करते, क्योंकि भूखी जनता का शोषण करने के लिए आवश्यक नियंत्रण करने को उनकी ज़रूरत है, और मध्यवर्ग अपने में यह काम करने की ताक़त नहीं मानता।

यह अचरज की बात है कि कम्यूनिस्ट इस अजीब विश्लेषण पर भरोसा रखते हैं। लेकिन चूँकि प्रकट रूप से उनका विश्वास इसी पर है, इसीलिए आश्चर्य नहीं कि, वे हिन्दुस्तान में इतनी बुरी तरह से असफल हुए हैं। उनकी बुनियादी ग़लती यह मालूम होती है कि वे हिन्दुस्तान के राष्ट्रीय आन्दोलन को यूरोपियन मज़दूरों के पैमाने से नापते हैं, चूँकि उन्हें यह देखने का अभ्यास है कि बार-बार मज़दूर-नेता मज़दूर-आन्दोलन के साथ विश्वासघात करते रहे हैं, इसलिए वे उसी मिसाल को हिन्दुस्तान पर लगाते हैं। यह तो स्पष्ट है कि हिन्दुस्तान का राष्ट्रीय आन्दोलन कोई मज़दूरों या श्रमिकों का आन्दोलन नहीं है। जैसा कि उसके नाम ही से ज़ाहिर होता है, वह एक मध्यवर्गी जनता का आन्दोलन है और अभी तक उसका उद्‌देश्य समाज-व्यवस्था को बदलना नहीं, बल्कि राजनीतिक स्वतंत्रता प्राप्त करना ही रहा है। इस पर कहा जा सकता है कि यह ध्येय काफ़ी दूरगामी नहीं है, और राष्ट्रीयता भी आजकल के ज़माने की चीज़ नहीं कहला सकती है। लेकिन आन्दोलन के मौलिक आधार को मानते हुए, यह नहीं कहा जा सकता कि नेता लोग भूमि-प्रणाली या पूँजीवादी प्रणाली को उलट देने की कोशिश ही नहीं करते, इसलिए वे जनता के साथ विश्वासघात करते हैं, क्योंकि उन्होंने ऐसा करने का कभी दावा ही नहीं किया। हाँ, कांग्रेस में कुछ लोग ऐसे ज़रूर हैं, और उनकी गिनती बढ़ती जा रही है, जो भूमि-प्रणाली और पूँजीवादी व्यवस्था को बदल देना चाहते हैं, लेकिन वे कांग्रेस के नाम पर नहीं बोल सकते।

यह सच है कि हिन्दुस्तान के पूँजीवादी वर्गों ने (बड़े-बड़े ज़मींदारों या ताल्लुक़ेदारों ने नहीं) ब्रिटिश और दूसरे विदेशी माल के बहिष्कार और स्वदेशी के प्रचार के कारण राष्ट्रीय आन्दोलन से बड़ा फ़ायदा उठाया है। लेकिन, यह तो लाज़िमी ही था, क्योंकि हर राष्ट्रीय आन्दोलन देश के उद्योग-धंधों को बढ़ावा देता है, और दूसरों का बहिष्कार कराता है। लेकिन, असल में, बम्बई के मिल-मालिकों ने तो सविनय-भंग चालू रहने के वक़्त ही और जबकि हम ब्रिटिश माल के बहिष्कार का प्रचार करते रहे थे, तभी एक ग़ैरवाजिब तरीक़े से लंकाशायर से एक समझौता करने का भी दुस्साहस कर डाला था! कांग्रेस की निगाह में, यह राष्ट्र के साथ भारी विश्वासघात था, और यही नाम उसको दिया भी गया था। बड़ी धारा-सभा में बम्बई के मिल-मालिकों के प्रतिनिधियों ने, जबकि हममें से ज़्यादातर लोग जेल में थे, लगातार कांग्रेस और गरम दल के लोगों की निन्दा की थी।

पिछले कुछ बरसों में कई पूँजीपति दलों ने हिन्दुस्तान में जो-जो काम किए हैं वे कांग्रेस की और राष्ट्रीय दृष्टि से भी कलंक-रूप हैं। ओटावा के समझौते से शायद कुछ लोगों को फ़ायदा हो गया होगा, लेकिन हिन्दुस्तान के सारे उद्योग-धंधों की दृष्टि से वह बुरा था, और उससे वे ब्रिटिश पूँजी और कारख़ानों की ज़्यादा अधीनता में आ गए। वह समझौता जनता के लिए हानिकारक था, और तब किया गया था जबकि हमारी लड़ाई चालू थी और कई हज़ार लोग जेलों में थे। हर उपनिवेश ने इंग्लैंड से अपनी कड़ी-से-कड़ी शर्तें मनवा लीं, लेकिन हिन्दुस्तान को तो मानो उसमें अपने को क़रीब-क़रीब लुटा देने का सौभाग्य ही मिल गया। पिछले कुछ बरसों में कुछ बड़े धनिकों ने हिन्दुस्तान को नुक़सान में डालकर भी सोने और चाँदी का व्यापार किया है।

और बड़े-बड़े ज़मींदार-ताल्लुक़ेदार तो गोलमेज़-कॉन्फ्रेंस में कांग्रेस के बिलकुल ख़िलाफ़ ही खड़े हो गए थे, और ठीक सविनय-भंग के बीचोंबीच उन्होंने खुले तौर पर और आगे बढ़कर अपने आपको सरकार के पक्ष का घोषित कर दिया था। इन्हीं लोगों की मदद से सरकार ने भिन्न-भिन्न प्रान्तों में उन दमनकारी क़ानूनों को पास किया, जो आर्डिनेंसों में आ जाते थे और संयुक्त प्रान्त की काउंसिल में ज़्यादातर ज़मींदार मेम्बरों ने सविनय-भंग के क़ैदियों की रिहाई के विरोध में राय दी थी।

यह ख़याल भी बिलकुल ग़लत है कि गांधी जी ने 1921 और 1930 में तीव्र दीखनेवाले आन्दोलन जनता के आग्रह से मजबूर होकर ही शुरू किए थे। आम जनता में हलचल बेशक थी, लेकिन दोनों आन्दोलनों में क़दम गांधी जी ने ही आगे बढ़ाया था। 1921 में उन्होंने क़रीब-क़रीब अकेले ही सारी कांग्रेस को अपने साथ कर लिया और उसे असहयोग के पथ पर ले गए। 1930 में भी उन्होंने किसी तरह भी विरोध किया होता, तो कोई भी आक्रामक और प्रभावशाली आन्दोलन कभी नहीं उठ सकता था।

यह बड़े दुर्भाग्य की बात है कि मूर्खतापूर्ण और बिना जानकारी के व्यक्तिगत नुक्ताचीनी की जाती है, क्योंकि उससे ध्यान असली सवालों से दूसरी तरफ़ हट जाता है। गांधी जी की ईमानदारी पर हमला करने से तो अपने आपका और अपने काम का ही नुक़सान होता है, क्योंकि हिन्दुस्तान के करोड़ों आदमियों के लिए तो वह सत्य के ही मूर्त रूप हैं, और उन्हें जो भी पहचानते हैं वे जानते हैं कि वह हमेशा सत्य के मार्ग पर चलने के लिए कितने व्याकुल रहते हैं।

हिन्दुस्तान में कम्यूनिस्टों का ताल्लुक़ बड़े शहरों के कारख़ानों के मज़दूरों के साथ ही रहा है। देहाती हलक़ों की जानकारी या सम्पर्क उनके पास नहीं है। हालाँकि कारख़ानों के मज़दूरों का भी एक महत्त्व है, और भविष्य में उनका और भी ज़्यादा महत्त्व होगा, लेकिन उनका किसानों के सामने दूसरा ही दर्ज़ा रहेगा, क्योंकि हिन्दुस्तान में आज तो किसानों की समस्या ही मुख्य है। इधर कांग्रेसी कार्यकर्ता इन देहाती हलक़ों में सर्वत्र फैल चुके हैं, और समय पर अपने आप कांग्रेस किसानों का एक बड़ा संगठन बन जाएगी। अपना निकट-लक्ष्य प्राप्त

करने के बाद किसान कभी भी क्रान्तिकारी नहीं रह जाते और यह मुमकिन है कि भविष्य में किसी समय 'शहर बनाम देहात' और 'बनाम किसान' का आम मसला हिन्दुस्तान में भी खड़ा हो जाए।

~

भारतीय राष्ट्रीय कांग्रेस का कराची प्रस्ताव : 1931

(*मेरी कहानी* से)

ऑल इंडिया कांग्रेस कमेटी की बम्बई में 6, 7, 8 अगस्त, 1931 को हुई मीटिंग में मौलिक अधिकारों और आर्थिक कार्यक्रम पर कराची प्रस्ताव की संस्तुति की गई, जो कि निम्नवत् है :

कांग्रेस की यह राय है कि जनता को यह समझने में समर्थ बनाने में कि कांग्रेस की धारणा के अनुसार स्वराज का क्या अर्थ है और जनता के लिए भी इसका क्या अर्थ है, कांग्रेस की स्थिति को ऐसे ढंग से लोगों तक पहुँचाना वांछनीय है जिसे वे आसानी से समझ सकें। व्यापक जनसमुदाय के शोषण को समाप्त करने के लिए राजनीतिक आज़ादी में लाखों-करोड़ों उत्पीड़ित लोगों की वास्तविक आर्थिक आज़ादी को शामिल किया ही जाना चाहिए। इसलिए कांग्रेस यह ऐलान करती है कि अगर इसकी ओर से किसी संविधान को मंजूरी दी जाएगी तो उसमें स्वराज वाली सरकार को इस योग्य बनाना पड़ेगा जो निम्नांकित चीज़ें लोगों को मुहैया करा सके।

मूलभूत अधिकार एवं कर्तव्य

1. भारत के प्रत्येक नागरिक को यह अधिकार है कि वह अपनी राय को स्वतंत्र रूप से व्यक्त करे, स्वतंत्र संगठन में शामिल हो, शान्तिपूर्ण और बिना हथियार के सभा कर सके, उन उद्देश्यों के लिए जो क़ानून और नैतिकता के प्रतिकूल न हों।
2. प्रत्येक नागरिक को अन्तरात्मा की स्वतंत्रता का उपयोग और उसे अपने धर्म का प्रचार और व्यवहार करने की आज़ादी होगी बशर्ते इससे सार्वजनिक व्यवस्था और नैतिकता को कोई चोट न पहुँचती हो।
3. अल्पसंख्यकों तथा विभिन्न भाषाई इलाक़ों की संस्कृति, भाषा और लिपि को संरक्षण प्रदान किया जाएगा।
4. क़ानून के समक्ष सभी नागरिक समान होंगे चाहे वे किसी धर्म, जाति, सम्प्रदाय अथवा लिंग के क्यों न हों।

5. सरकारी नौकरी, किसी पद या सम्मान और किसी तरह का व्यापार करने में किसी भी नागरिक को उसके धर्म, जाति, मत अथवा लिंग की वजह से अयोग्य नहीं ठहराया जाएगा।
6. कुओं, तालाबों, सड़कों, स्कूलों और सार्वजनिक मनोरंजन के क्षेत्रों के सन्दर्भ में सभी नागरिकों के समान अधिकार और कर्तव्य होंगे भले ही इनकी देखरेख राज्य अथवा स्थानीय कोषों द्वारा की जा रही हो या निजी व्यक्तियों द्वारा आम जनता के इस्तेमाल के लिए इसे तैयार किया गया हो।
7. प्रत्येक नागरिक को हथियार रखने और लेकर चलने का अधिकार होगा बशर्ते इनके सन्दर्भ में बनाए गए नियमों का पालन किया जाता हो।
8. किसी भी व्यक्ति को उसकी स्वतंत्रता से वंचित नहीं किया जाएगा और न ही उसके घर अथवा उसकी सम्पत्ति को क़ानून के अलावा अन्य किन्हीं कारणों से ज़ब्त किया जाएगा अथवा उससे अलग किया जाएगा।
9. सभी धर्मों के मामले में राज्य निष्पक्षता बरतेगा।
10. वोट देने का अधिकार सार्वभौम वयस्क मताधिकार पर आधारित होगा।
11. राज्य निःशुल्क और अनिवार्य प्राथमिक शिक्षा प्रदान करेगा।
12. राज्य किसी प्रकार की पदवी नहीं प्रदान करेगा।
13. मृत्युदंड का प्रावधान नहीं होगा।
14. प्रत्येक नागरिक को यह अधिकार होगा कि वह समूचे भारत में स्वतंत्रतापूर्वक आ-जा सके और देश के किसी भी हिस्से में बस सके, सम्पत्ति जमा कर सके और किसी भी तरह का व्यापार या व्यवसाय कर सके और उसे देश के सभी हिस्सों में क़ानून के मुताबिक़ दंड मिलने या संरक्षण प्राप्त करने का समान अधिकार होगा।

श्रम

1. आर्थिक जीवन को इस तरह संगठित किया जाना चाहिए जो न्याय के सिद्धान्तों के अनुरूप हो। जिसका लक्ष्य एक श्रेष्ठ, मानक जीवन स्तर प्राप्त करना हो।
2. राज्य औद्योगिक मज़दूरों के हितों को सुरक्षा प्रदान करेगा और उचित क़ानून अथवा अन्य तरीक़ों से उनके लिए जीवनयापन योग्य वेतन, काम की स्वस्थ स्थितियाँ, काम के सीमित घंटे, मालिकों और मज़दूरों के बीच विवादों के निपटारे के लिए उचित तंत्र और बुढ़ापे, बीमारी अथवा बेरोज़गारी की अवस्था में पड़नेवाले आर्थिक दुष्प्रभावों से उनको सुरक्षा प्रदान करेगा।
3. श्रम को दासता एवं दासता के क़रीब पहुँचनेवाली स्थितियों से मुक्त रखा जाएगा।

4. महिला मज़दूरों को संरक्षण प्रदान किया जाएगा और गर्भावस्था के दौरान अवकाश का उचित प्रावधान होगा।
5. स्कूल जानेवाली उम्र के बच्चों को खदानों और कारख़ानों में काम पर नहीं लगाया जाएगा।
6. किसानों और मज़दूरों को यह अधिकार होगा कि वे अपने हितों की रक्षा के लिए यूनियनें बना सकें।

कर और व्यय

1. ज़मीन की काश्तकारी और राजस्व और लगान की प्रणाली में सुधार किया जाएगा तथा खेतिहर भूमि पर पड़नेवाले बोझ को समानता के आधार पर समंजित किया जाएगा जिससे छोटे किसानों को तत्काल राहत मिल सके। इस काम को उनके द्वारा दिए जानेवाले लगान और राजस्व में उल्लेखनीय कमी करके पूरा किया जाएगा। अलाभकारी जोतों के मामले में उन्हें तब तक लगान से मुक्त रखा जाएगा जब तक ज़रूरी हो। इस तरह की छूट और लगान में कमी से प्रभावित छोटे भूस्वामियों को मिलनेवाली इस राहत पर ध्यान दिया जाएगा और इसी उद्देश्य को ध्यान में रखते हुए खेती से होनेवाली कुल आय पर एक न्यूनतम राशि निर्धारित करने के बाद लगान के रूप में मिलनेवाली राशि को विभिन्न चरणों में बढ़ाया जाएगा।
2. निर्धारित पैमाने पर ज़्यादा अधिभार लगाकर मृत्यु राजस्व को प्राप्त किया जाएगा।
3. सैनिक व्यय में ज़बरदस्त कमी की जाएगी ताकि मौजूदा राशि के मुक़ाबले वह कम से कम आधी हो सके।
4. सरकारी विभागों में ख़र्चों और वेतनों में भारी कटौती की जाएगी। राज्य के किसी भी कर्मचारी को (विशेष रूप से रोज़गार में लगे विशेषज्ञों तथा इस तरह के लोगों को छोड़कर) एक निश्चित तय राशि से अधिक वेतन नहीं दिया जाएगा और यह आमतौर पर पाँच सौ रुपये प्रतिमाह से ज़्यादा नहीं होना चाहिए।
5. भारत में बननेवाले नमक पर किसी भी तरह का शुल्क नहीं लगाया जाएगा।

आर्थिक और सामाजिक कार्यक्रम

1. राज्य देशी कपड़े को संरक्षण देगा और इस उद्देश्य के लिए वह विदेशी वस्त्र और विदेशी धागे को देश से बाहर रखने की नीति तैयार करेगा तथा ऐसे अन्य उपाय अपनाएगा जो इस कार्य को सम्पन्न करने के लिए

ज़रूरी हों। राज्य ज़रूरत पड़ने पर विदेशी स्पर्द्धा के मुक़ाबले अन्य देशज उद्योगों को भी संरक्षण प्रदान करेगा।

2. चिकित्सा सम्बन्धी उद्देश्यों को छोड़कर नशीले पेयों और दवाओं पर पूरी तरह प्रतिबन्ध लगाया जाएगा।
3. करेंसी तथा मुद्रा विनिमय का राष्ट्रीय हित में विनिमयन किया जाएगा।
4. प्रमुख उद्योगों और सेवाओं पर, खनिज साधनों, रेलवे, जलमार्गों जहाज़रानी तथा सार्वजनिक परिवहन के अन्य साधनों पर राज्य का स्वामित्व अथवा नियंत्रण होगा। कृषि के काम में लगे लोगों को क़र्ज़दारी से राहत दी जाएगी और सूदख़ोरों को प्रत्यक्ष अथवा परोक्ष रूप से नियंत्रित किया जाएगा।
5. खेतिहर क़र्ज़दारी से राहत और प्रत्यक्ष या अप्रत्यक्ष सूदख़ोरी पर नियंत्रण।
6. राज्य नागरिकों को सैनिक प्रशिक्षण प्रदान करेगा ताकि नियमित सेना के अलावा एक राष्ट्रीय सुरक्षा व्यवस्था तैयार की जा सके।

~

भूकम्प

(*मेरी कहानी* से)

हमारे दौरे का आख़िरी शहर मुंगेर था। हम लोग बहुत घूम चुके और क़रीब-क़रीब नेपाल की सीमा तक पहुँच गए थे और हमने अनेक हृदय-विदारक दृश्य देखे थे। हम लोग एक बड़े भारी पैमाने पर खँडहर और विध्वंस देखने के आदी हो गए थे; लेकिन फिर भी जब मुंगेर को और इस धन-सम्पन्न नगर की अत्यन्त विनाशपूर्ण हालत को देखा तो उसकी भयंकरता से हमारा दम बैठ गया और हमें कँपकँपी आने लगी। मैं उस महाभयंकर दृश्य को कभी नहीं भूल सकता।

भूकम्प के तमाम इलाक़ों में, क्या शहरों और क्या देहात में, वहाँ के निवासियों में स्वावलम्बन का बड़ा शोचनीय अभाव नज़र आया। शायद शहरों के मध्यवर्ग में इसका सबसे अधिक अभाव था—वे लोग इस इन्तज़ार में थे कि कोई सरकारी या ग़ैर-सरकारी भूकम्प-सहायक समिति आकर काम करे और उन्हें सहायता दे। जो दूसरे लोग सेवा करने को आगे आए, उन्होंने समझा कि काम करने का अर्थ है लोगों पर हुक्म चलाना। यह निस्सहायता की भावना कुछ तो निस्सन्देह भूकम्प के आतंक से पैदा हुई मानसिक दुर्बलता के कारण थी और वह धीरे-धीरे ही कम हुई होगी।

बिहार के दूसरे हिस्सों और दूसरे प्रान्तों से बड़ी संख्या में आनेवाले मददगारों का जोश और उनकी कार्यशक्ति इसकी तुलना में एक बिलकुल अलग ही चीज़ नज़र आती थी। इन नवयुवकों और नवयुवतियों की मुस्तैदी के साथ सेवा करने की

भावना को देखकर चकित होना पड़ता था। और हालाँकि अनेक भिन्न-भिन्न सहायक संस्थाएँ काम कर रही थीं, मगर फिर भी इनमें आपस में बहुत कुछ सहयोग था।

मुंगेर में खोदने और मलबा हटाने की स्वावलम्बी भावना को प्रोत्साहन देने के लिए मैंने एक नाटक-सा किया। इसे करने में मुझे कुछ हिचकिचाहट तो हुई, पर इसका परिणाम बड़ा सफलतापूर्ण निकला। सहायक संस्थाओं के तमाम अगुआ टोकरियाँ और फावड़े ले-लेकर निकले और उन्होंने दिन-भर खुदाई की और हमने एक लड़की की लाश बाहर निकाली। मैं तो उस दिन मुंगेर से चला आया, लेकिन खुदाई का काम जारी रहा और बहुत-से स्थानीय व्यक्तियों ने उसे बड़ी सफलतापूर्वक किया।

जितनी ग़ैर-सरकारी सहायक संस्थाएँ थीं उन सबमें सेंट्रल रिलीफ़ कमेटी, जिसके अध्यक्ष बाबू राजेन्द्र प्रसाद थे, सबसे अधिक महत्त्वपूर्ण थी। यह सर्वथा कांग्रेसी संस्था नहीं थी। शीघ्र ही यह बढ़कर भिन्न-भिन्न दलों और दानदाताओं की प्रतिनिधि-स्वरूप एक अखिल भारतीय संस्था बन गई। इससे सबसे बड़ा लाभ यह था कि देहात की कांग्रेस कमेटियों की सहायता इसे मिल सकती थी। गुजरात और संयुक्त प्रान्त के कुछ ज़िलों को छोड़कर कहीं के कांग्रेसी कार्यकर्ता किसानों के इतने अधिक सम्पर्क में नहीं हैं जितने यहाँ के। दरअसल ये कार्यकर्ता ख़ुद ही किसान-वर्ग के थे। बिहार भारत का सबसे मुख्य कृषक-प्रदेश है और उसके मध्यवर्ग तक का किसानों से घनिष्ठ सम्बन्ध है। कभी-कभी, जब मैं कांग्रेस के मंत्री की हैसियत से बिहार-प्रान्तीय कांग्रेस कमेटी के दफ़्तर का निरीक्षण करने जाता था तो मैं वहाँ नज़र आनेवाले निकम्मेपन और दफ़्तर के काम में ढील-ढाल की बड़े कड़े शब्दों में आलोचना किया करता था। वहाँ खड़े रहने के बजाय बैठ जाने की और बैठने की अपेक्षा लेट जाने की प्रवृत्ति थी। दफ़्तर भी मेरे अब तक देखे हुए तमाम दफ़्तरों में सबसे अधिक साधनहीन था, क्योंकि वे लोग दफ़्तर के लिए मामूली तौर पर ज़रूरी चीज़ों के बिना ही काम चलाने की कोशिश करते थे। लेकिन दफ़्तर को आलोचना के बावजूद मैं ख़ूब अच्छी तरह जानता था कि कांग्रेस के लिहाज से यह प्रान्त देश के सबसे ज़्यादा उत्साही और लगन के साथ काम करनेवाले प्रान्तों में से था। यहाँ की कांग्रेस में ऊपरी तड़क-भड़क नहीं थी, पर सारा कृषक-वर्ग सामूहिक रूप से उसके पीछे था। अखिल भारतीय कांग्रेस कमेटी में भी बिहार के प्रतिनिधियों ने शायद ही कभी किसी मामले में उग्र रुख अख़्तियार किया हो। वे तो अपने आपको वहाँ देखकर कुछ ताज्जुब-सा करते थे। लेकिन सविनय-भंग के दोनों आन्दोलनों में बिहार ने बड़ा शानदार नमूना पेश किया। यहाँ तक कि बाद के व्यक्तिगत सविनय-भंग के आन्दोलन में भी उसने अच्छा काम कर दिखलाया।

रिलीफ़-कमेटी ने किसानों तक पहुँचने के लिए इस सुन्दर संगठन से लाभ उठाया। देहात में कोई भी साधन, यहाँ तक कि सरकारी भी, इतने उपयोगी नहीं हो सकते थे। रिलीफ़-कमेटी और बिहार कांग्रेस कमेटी दोनों के प्रधान थे राजेन्द्र बाबू जो निर्विवाद रूप से सारे बिहार के नेता थे। देखने में एक किसान के समान,

बिहार-भूमि के सच्चे सुपुत्र राजेन्द्र बाबू का व्यक्तित्व, जब तक कि कोई उनकी तेज़ और निष्कपट आँखों और गम्भीर मुख-मुद्रा पर ग़ौर न करे, शुरू-शुरू में देखने पर कुछ प्रभावशाली नहीं मालूम पड़ता। वह मुद्रा और वे आँखें भुलाई नहीं जा सकतीं, क्योंकि उनमें होकर सचाई आपकी ओर झाँकती है और उन पर आप सन्देह कर ही नहीं सकते। किसान-तस्वभाव होने के कारण उनका दृष्टिकोण शायद ज़रा सीमित है और नई रोशनी की दृष्टि से देखने पर कुछ सीधे-सादे दीखते हैं। पर उनकी ज्वलंत योग्यता, उनकी शुद्ध निष्कपटता, उनकी शक्ति, और भारत की स्वतंत्रता के लिए उनकी लगन, ये ऐसे गुण हैं जिन्होंने उनको अपने ही प्रान्त का नहीं, बल्कि सारे भारत का प्रेम-पात्र बना दिया है। जैसा सर्वमान्य नेतृत्व राजेन्द्र बाबू को बिहार में प्राप्त है वैसा भारत के किसी भी प्रान्त में किसी भी व्यक्ति को प्राप्त नहीं। उनके सिवा, गांधी जी के वास्तविक सन्देश को इतनी पूर्णता से अपनानेवाले, कोई हों भी, तो बिरले ही होंगे।

यह बड़े सौभाग्य की बात थी कि राजेन्द्र बाबू जैसे व्यक्ति बिहार में सहायता के कार्य का नेतृत्व करने के लिए मौजूद थे, और उनमें लोगों की जो श्रद्धा थी उसी का यह परिणाम था कि सारे भारत में विपुल धन-राशि खिंची चली आई। स्वास्थ्य ख़राब होने पर भी वह सहायता के कार्य में पिल पड़े। वह अपनी शक्ति से अधिक काम करने लगे, क्योंकि वह सारी कार्रवाइयों का केन्द्र बन गए और सलाह के लिए सब उन्हीं के पास आते थे।

जब मैं भूकम्प के इलाक़ों में दौरा कर रहा था, तब या शायद वहाँ जाने से पहले, मुझे गांधी जी का यह वक्तव्य पढ़कर बड़ी चोट लगी कि यह भूकम्प अस्पृश्यता के पाप का दंड था। यह वक्तव्य बड़ी हैरत में डालनेवाला था। मैंने रवीन्द्रनाथ ठाकुर के उत्तर का स्वागत किया और मैं उससे पूर्णत: सहमत भी था। वैज्ञानिक दृष्टिकोण की इससे अधिक विरोधी किसी और चीज़ की कल्पना करना कठिन है। कदाचित् विज्ञान भी आज प्रकृति पर चित्तवृत्तियों और मनोवैज्ञानिक घटनाओं के प्रभाव के विषय में इस तरह सर्वथा निश्चयात्मक रूप से कोई बात नहीं कह सकेगा। मानसिक चोट के परिणामस्वरूप किसी व्यक्ति को अजीर्ण या इससे भी अधिक और कोई ख़राबी का हो सकना भले ही सम्भव हो, लेकिन यह कहना कि किसी मानवी प्रथा या कर्तव्यहीनता की प्रतिक्रिया पृथ्वी तल की गति पर पड़े, एक हैरत में डाल देनेवाली बात है। पाप और ईश्वरीय कोप का विचार और ब्रह्मांड की घटनाओं में मनुष्य की सापेक्ष स्थिति, ये ऐसी बातें हैं, जो हमको कई सौ वर्ष पहले ले जाती हैं, जबकि यूरोप में धार्मिक अत्याचारों का बोलबाला था, जिसने वैज्ञानिक कुफ्र के कारण ज़ोर्डानो ब्रूनो को जलवा डाला तथा कितनी ही डाकिनियों को सूली पर चढ़ा दिया! अठारहवीं सदी में भी, अमेरिका में बोस्टन के प्रमुख पादरियों ने मैसाचुसेट्स के भूकम्पों का कारण बिजली गिरने से रोकने के लिए लगाए गए खम्भों की अपवित्रता बतलाया था।

और अगर भूकम्प ईश्वरीय पापों का दंड भी हो तो भी हम यह कैसे मालूम करें कि हमको कौन-से पाप का दंड मिल रहा है। क्योंकि दुर्भाग्यवश हमें तो

बहुत-से पापों का फल भोगना है। हरेक व्यक्ति अपनी-अपनी पसन्द का कारण बता सकता है। शायद हम लोगों को एक विदेशी राजसत्ता क़बूल करने का या एक अनुचित सामाजिक प्रणाली को सहन करने का दंड मिला है। आर्थिक दृष्टि से दरभंगा महाराज, जो बड़ी लम्बी-चौड़ी जागीरों के मालिक हैं, भूकम्प के कारण सबसे अधिक नुक़सान उठानेवालों में से थे। इसलिए हम ऐसा भी कह सकते हैं कि वह ज़मींदारी-प्रथा के विरुद्ध फ़ैसला है। ऐसा कहना ज़्यादा ठीक होगा, बनिस्बत यह कहने के कि बिहार के क़रीब-क़रीब बेगुनाह निवासी, दक्षिण भारत के लोगों के अस्पृश्यता के पाप के बदले में पीड़ित किए गए। भूकम्प ख़ुद अस्पृश्यता के देश में ही क्यों नहीं आया? या ब्रिटिश सरकार भी इस विपत्ति को सविनय-भंग के लिए ईश्वरीय दंड कह सकती है; क्योंकि यदि वास्तव में देखा जाए तो, उत्तर बिहार ने, जिसको भूकम्प के कारण सबसे अधिक नुक़सान पहुँचा, आज़ादी की लड़ाई में बड़ा प्रमुख भाग लिया था।

इस तरह हम अनंत कल्पनाएँ कर सकते हैं। और फिर यह प्रश्न भी तो उठता है कि हम लोग परमात्मा के कामों अथवा उसकी आज्ञाओं में अपने मानवीय प्रयत्नों से क्यों हस्तक्षेप करें? और हमें इस पर भी ताज्जुब होता है कि ईश्वर ने हमारे साथ ऐसी निर्दयतापूर्ण दिल्लगी क्यों की कि पहले तो हमको त्रुटियों से पूर्ण बनाया, हमारे चारों ओर जाल और गड्ढे बिछा दिए, हमारे लिए एक कठोर और दुःखपूर्ण संसार की रचना कर दी—चीता भी बनाया और भेड़ भी, और फिर हमको सज़ा भी देता है!

> "जब तारों ने अपनी झिलमिल किरणें डाली जगती पर,
> और गगन-मंडल से उतरी बूँदें रिमझिम धरती पर,
> देख-देख कृति अपनी कैसे स्मिति होंठों पर ला सकता,
> मेष-वत्स रचनेवाला क्या भीषण सिंह बना सकता?"

पटना ठहरने की आख़िरी रात को मैं बड़ी रात तक बहुत-से मित्रों और सहयोगियों से बातें करता रहा, जो जुदा-जुदा प्रान्तों से सहायता-कार्य में अपनी सेवाएँ देने के लिए आए थे। संयुक्त प्रान्त के काफ़ी प्रतिनिधि आए थे और हमारे कई छँटे-छँटाए कार्यकर्ता वहाँ थे। हम इस प्रश्न पर विचार कर रहे थे, जो हमें बड़ा हैरान कर रहा था कि हम लोग किस हद तक अपने आपको भूकम्प पीड़ितों की सहायता के काम में लगाएँ। इसका अर्थ यह था कि उस हद तक हम अपने को राजनीतिक कार्य से अलग हटा लें। सहायता का काम बड़ा कठिन था और ऐसा हम कर नहीं सकते थे कि जब-जब हमें फ़ुरसत मिले तब तो उसे करें और फ़ुरसत न हो तो न करें। इसमें लग जाने से क्रियात्मक राजनीतिक क्षेत्र से बहुत दिनों तक ग़ैरहाज़िर रहने की सम्भावना थी और राजनीतिक दृष्टि से हमारे प्रान्त पर इसका बुरा प्रभाव पड़े बिना नहीं रह सकता था। यद्यपि कांग्रेस में बहुत-से लोग थे, फिर भी करने-धरनेवालों की संख्या तो परिमित ही थी और उनको छुट्टी नहीं दी जा सकती थी। इधर पीड़ितों को सहायता देने के काम के तक़ाज़े की भी अवहेलना नहीं की जा सकती थी। अपनी

ओर से मेरा तो ख़ाली सहायता के ही काम में लग जाने का इरादा न था। मैंने महसूस किया कि इस कार्य के लिए लोगों की कमी न होगी; अलबत्ता अधिक ख़तरे के कामों को करनेवाले लोग बहुत थोड़े थे।

~

गांधी जी से मुलाक़ात

(*मेरी कहानी* से)

हाल में ही प्रतिभाशाली ठाकुर-परिवार के नेतृत्व में कुछ कला-जागृति हुई है और उसका प्रभाव सारे हिन्दुस्तान पर दिखाई देता है; लेकिन जबकि देश के लोगों पर तरह-तरह की रुकावटें और बन्धन हैं, उन्हें दबाया जाता है और वे आतंक के वातावरण में रहते हैं, तब कोई भी कला किसी बड़े पैमाने पर कैसे फल-फूल सकती है। बम्बई में कई दोस्तों और साथियों से मिला, जिनमें से कुछ तो हाल में ही जेल से निकले थे। समाजवादी लोगों की तादाद वहाँ ज़्यादा थी और कांग्रेस के ऊँचे हलक़ों में जो हाल में ही घटनाएँ घटी थीं उन पर उन्हें बड़ा रोष था। गांधी जी राजनीति में जो आध्यात्मिक दृष्टिकोण लगाया करते थे, उसकी सख़्त आलोचना हो रही थी। अधिकांश आलोचना से मैं सहमत था, लेकिन मेरी साफ़ राय थी कि हमारी उस वक़्त की परिस्थिति में और कोई चारा न था और हमें अपना काम जारी ही रखना था। सविनय-भंग को वापस लेने की कोशिश भी की जाती, तो उसमें भी कोई राहत न मिलती, क्योंकि सरकार का आक्रमण तो जारी रहता और कुछ भी कारगर काम किया जाता तो उसका नतीजा जेलख़ाना ही होता। हमारा राष्ट्रीय आन्दोलन ऐसी हालत में पहुँच गया था कि सरकार को उसे दबा ही देना पड़ता; वरना ब्रिटिश सरकार को हमारी इच्छा माननी पड़ती। इसके मानी यह थे कि वह ऐसी हालत में आ गया था कि जब उसका हमेशा ही ग़ैर-क़ानूनी करार दिया जाना मुमकिन था और आन्दोलन, चाहे सविनय-भंग भी बन्द कर दिया जाए तो भी, अब पीछे नहीं जा सकता था। असल में, सविनय-भंग के जारी रहने से कोई फ़र्क़ नहीं पड़ता था, असली महत्त्व नैतिक विरोध का था। लड़ाई के बीच नये विचारों को फैलाना उस वक़्त की बनिस्बत आसान था, जबकि लड़ाई बन्द कर दी गई हो और लोगों का हौसला पस्त लड़ने लगा हो। लड़ाई के अलावा दूसरा रास्ता सिर्फ़ यही था कि ब्रिटिश ताक़त के साथ समझौते की मनोवृत्ति रखी जाए और काउंसिलों में जाकर वैध काम किया जाए।

वह एक कठिन स्थिति थी, लेकिन कोई भी रास्ता ढूँढ़ना आसान न था। अपने साथियों के मानसिक संघर्ष को मैं समझ सकता था, क्योंकि ख़ुद मुझे भी उसका सामना करना पड़ा था। लेकिन, जैसा कि हिन्दुस्तान में दूसरी जगह भी पाया गया है, वहाँ मुझे ऐसे भी लोग दिखाई दिए, जो ऊँचे समाजवादी सिद्धान्त के बहाने कुछ भी

करना नहीं चाहते थे। इस बात से मुझे कुछ चिढ़ होती थी कि जो लोग ख़ुद कुछ न करें, वे उन दूसरे लोगों को, जिन्होंने सब प्रकार के कष्ट सहते हुए लड़ाई का सारा भार उठाया, प्रतिगामी बताकर उनकी आलोचना करें। ये आरामकुर्सी वाले समाजवादी लोग गांधी जी पर ख़ासतौर पर ज़ोर का वार करते हुए, उन्हें प्रतिगामियों का सिरताज बताते हैं और ऐसी-ऐसी दलीलें देते हैं, जिनमें तर्क की दृष्टि से कोई कसर नहीं रहती है, लेकिन सीधी-सी बात तो यह है कि यह 'प्रतिगामी' व्यक्ति हिन्दुस्तान को जानता और समझता है और किसान हिन्दुस्तान का क़रीब-क़रीब मूर्तिमान स्वरूप बन गया है और इसने इस तरह हिन्दुस्तान को हिला दिया है जैसा क्रान्तिकारी कहे जानेवाले किसी भी व्यक्ति ने नहीं किया है। उनके सबसे ताज़े हरिजन-सम्बन्धी कार्यों ने भी, हल्के-हल्के, लेकिन अबाध रूप से, हिन्दू कट्टरता कम कर दी है और उसकी बुनियाद हिला दी है। सारे कट्टरपंथी लोग उनके ख़िलाफ़ उठ खड़े हुए हैं और उन्हें सबसे ख़तरनाक दुश्मन समझते हैं, हालाँकि वह उनके साथ सोलहों आना शिष्टता और सौजन्य का ही व्यवहार करते हैं। अपने ख़ास ढंग से ज़बरदस्त ताक़तों को जागृत कर देने का उनमें स्वाभाविक गुण है, जो कि पानी की लहरों की तरह चारों ओर फैल जाती है और लाखों आदमियों पर अपना असर डालती है। चाहे वह प्रतिगामी हों या क्रान्तिकारी उन्होंने हिन्दुस्तान का स्वरूप बदल दिया है। उस जनता में, जो हमेशा हाथ जोड़ती और डरती रहती थी, स्वाभिमान और चरित्र-बल भर दिया है। उन्होंने आम लोगों में शक्ति और चेतना पैदा की है और हिन्दुस्तान की समस्या संसार की समस्या बना दी है। इस बात को दूर रखते हुए कि अहिंसात्मक असहयोग या सविनय-भंग के आध्यात्मिक परिणाम क्या-क्या है, यह सही है कि वह हिन्दुस्तान और संसार के लिए उनकी एक अद्वितीय और शक्तिशाली देन है; और इसमें कोई शक नहीं हो सकता कि वह हिन्दुस्तान की परिस्थिति के लिए ख़ासतौर पर उपयुक्त सिद्ध हुआ है।

मेरे ख़याल से यह ठीक है कि हम सच्ची आलोचना को प्रोत्साहित करें और अपनी समस्याओं पर जितना भी सार्वजनिक वाद-विवाद कर सकें, करें। दुर्भाग्य से गांधी जी की सर्वोपरि स्थिति के कारण भी किसी हद तक इस प्रकार के वाद-विवाद में रुकावट पड़ गई है। उनके ऊपर अवलम्बित रहने और निर्णय का काम उन्हीं पर छोड़ देने की प्रवृत्ति हमेशा रही है। स्पष्टत: यह ग़लत है; राष्ट्र तो उद्देश्यों और साधनों को बुद्धिपूर्वक ग्रहण करके ही आगे बढ़ सकता है, और जब इन्हीं के आधार पर, न कि अन्ध-आज्ञापालन पर सहयोग और अनुशासन स्थापित होगा, तभी देश की प्रगति होगी। कोई व्यक्ति कितना भी बड़ा क्यों न हो, आलोचना से परे नहीं होना चाहिए; लेकिन जब आलोचना निष्क्रियता का आश्रय-रूप बन जाती है, तो उसमें कुछ-न-कुछ बिगाड़ समझना चाहिए। इस प्रकार की आलोचनाएँ करने पर समाजवादी लोग जनता की निन्दा के पात्र बन जाएँगे, क्योंकि जनता तो काम से आदमी की परखकरती है। लेनिन ने कहा है कि "जो आदमी भविष्य के आसान कामों के स्वप्नों के ऊपर वर्तमान के कठिन कामों को करना छोड़ देता है, वह अवसरवादी बन जाता है। सिद्धान्त-रूप से इसका तात्पर्य है असली वास्तविक जीवन

में इस समय होनेवाली घटनाओं पर अपना आधार रखने में विफल होना, और स्वप्नों के नाम पर उनसे अलग पड़ जाना।"

हिन्दुस्तान के समाजवादी और कम्यूनिस्ट लोग अपने विचार अधिकतर औद्योगिक मज़दूर-वर्ग-सम्बन्धी साहित्य से बनाते हैं। कुछ ख़ास हलक़ों में, जैसे बम्बई या कलकत्ते के पास, कारख़ानों के मज़दूर बड़ी तादाद में हैं, लेकिन हिन्दुस्तान का बाक़ी हिस्सा तो किसानों का ही है और कारख़ानों के मज़दूरों के दृष्टिकोण से हिन्दुस्तान की समस्या का कारगर हल नहीं मिल सकता। यहाँ तो राष्ट्रीयता और ग्रामीण सुव्यवस्था ही सबसे बड़े सवाल हैं और यूरोप के समाजवाद का इनसे शायद ही कुछ सम्बन्ध हो। रूस में महायुद्ध से पहले की हालत हिन्दुस्तान से बहुत कुछ मिलती-जुलती थी; मगर वहाँ तो बहुत ही असाधारण घटनाएँ हो गईं, और वैसी ही घटनाएँ फिर दूसरी जगह होंगी, यह उम्मीद करना बेवक़ूफ़ी होगी। लेकिन इतना मैं ज़रूर जानता हूँ कि कम्यूनिज़्म के तत्त्वज्ञान से किसी भी देश की मौजूदा परिस्थिति को समझने और उसका विश्लेषण करने में मदद मिलती है और आगे प्रगति का रास्ता मालूम होता है; लेकिन उस तत्त्वज्ञान के साथ यह ज़बरदस्ती और बेइंसाफ़ी होगी कि उसे वस्तुस्थिति और परिस्थिति का मुनासिब ख़याल न रखते हुए आँख मूँदकर हर जगह लागू कर दिया जाए।

कुछ भी हो, जीवन एक बड़ी जटिल समस्या है। और जीवन के संघर्षों और विरोधों से कभी-कभी आदमी निराश-सा हो जाता है। इसमें कोई ताज्जुब की बात नहीं कि लोगों में मतभेद पैदा हो जाए या वे साथी, जो समस्याओं को एक ही दृष्टिकोण से देखते हैं, अलग-अलग नतीजों पर पहुँचें, लेकिन वह आदमी, जो अपनी कमज़ोरी को बड़े-बड़े वाक्यों और ऊँचे-ऊँचे उसूलों के पर्दे में छिपाता है, ज़रूर सन्देह का पात्र बन सकता है। जो शख़्स सरकार को इक़रारनामे और वादे लिखकर या और किसी सन्देहास्पद व्यवहार से जेल जाने से अपने आपको बचाता है और फिर दूसरों की आलोचना करने का दुस्साहस करता है, वह अपने कार्य को नुक़सान पहुँचाने की सम्भावना पैदा करता है।

बम्बई बड़ा शहर है और उसमें सब जगह के और सब तरह के लोग रहते हैं। लेकिन एक प्रमुख नागरिक ने तो अपने राजनीतिक, आर्थिक, सामाजिक और धार्मिक दृष्टिकोण में बड़ी मार्के की सर्वग्रहणशीलता दिखाई। मज़दूर की हैसियत से वह समाजवादी थे, राजनीति में वह आमतौर पर अपने को डिमोक्रेट (लोकतंत्रवादी) कहते थे; हिन्दू सभा भी उन्हें बहुत चाहती थी। उन्होंने वादा किया कि मैं पुराने धार्मिक और सामाजिक रीति-रिवाजों की रक्षा करूँगा और उनमें काउंसिल को दख़ल न देने दूँगा; मगर चुनाव के वक़्त वह सनातनियों की तरफ़ से उम्मीदवार हुए, जो प्राचीनता के महान् पुजारी हैं। इस विविध और सतत परिवर्तनशील प्रवृत्तियों से भी जब वह न थके, तो उन्होंने अपनी शेष शक्ति कांग्रेस की आलोचना करने और गांधी जी को प्रतिगामी बताने में लगाई। कुछ और लोगों के सहयोग से उन्होंने कांग्रेस डिमोक्रेटिक (लोकतंत्रात्मक) पार्टी खड़ी की, जिसका लोकतंत्रवाद से कोई ताल्लुक़ न था और जो कांग्रेस से इतना ही सम्बन्ध रखती थी कि उस महान् संस्था पर दोषारोपण करे।

और भी नये-नये क्षेत्रों में विजयी होने की आकांक्षा से, वह मज़दूरों के प्रतिनिधि बनकर जेनेवा मज़दूर-कॉन्फ्रेंस में भी शरीक हुए। इससे किसी के मन में यह ख़याल हो सकता है कि शायद वह इंग्लैंड की परम्परा पर हिन्दुस्तान की 'राष्ट्रीय' सरकार के प्रधानमंत्री बनने की योग्यता प्राप्त कर रहे हैं।

इतने भिन्न-भिन्न दृष्टिकोणों और कार्यों का अनुभव बहुत ही थोड़े लोगों को होगा। फिर भी कांग्रेस के समालोचकों में ऐसे कई लोग थे, जिन्होंने भिन्न-भिन्न क्षेत्रों में प्रयोग किया था, और जो हर जगह अपनी टाँग अड़ाते थे। इनमें से कुछ लोग अपने आपको समाजवादी कहते थे; उनके कारण समाजवाद उलटा बदनाम होता था।

~

राष्ट्रीयता बनाम साम्राज्यवाद, मध्यवर्ग की बेबसी और गांधी जी का आगमन

(*हिन्दुस्तान की कहानी* से)

हम क्या कर सकते थे? ग़रीबी और पस्तहिम्मती की इस दलदल से, जो हिन्दुस्तान को अपने अन्दर खींचे जाती थी, हम उसे किस तरह बाहर ला सकते थे? उत्तेजना, तकलीफ़ और उलझन के कुछ बरसों से ही नहीं, बल्कि लम्बी पीढ़ियों से हमारी जनता ने अपने ख़ून और मेहनत, आँसू और पसीने की भेंट दी थी। हिन्दुस्तान के शरीर और आत्मा में यह प्रक्रिया बहुत गहरी घुस गई थी और उसने हमारे सामाजिक जीवन के हर एक पहलू में ज़हर डाल दिया था। यह सब उस बीमारी की तरह था, जो नसों, नाड़ियों और फेफड़ों का क्षय करती है और जिसमें मौत धीरे-धीरे (लेकिन यक़ीनी तौर पर) होती है। कभी-कभी हम यह सोचते थे कि कोई ज़ाहिरा और ज़्यादा तेज़ तरीक़ा, मसलन हैज़ा या प्लेग बेहतर होता। लेकिन वह एक आया-गया ख़याल था। वजह यह है कि सिर्फ़ साहसिकता से हम कहीं नहीं पहुँच सकते और गहरी पैठी हुई बीमारियों के ऊपरी इलाज से कोई नतीजा नहीं होता।

और तब गांधी जी का आना हुआ। गांधी जी ताज़ी हवा के उस प्रबल प्रवाह की तरह थे, जिसने हमारे लिए पूरी तरह फैलना और गहरी साँस लेना सम्भव बनाया। वह रोशनी की उस किरण की तरह थे, जो अंधकार में पैठ गई और जिसने हमारी आँखों के सामने से परदे को हटा दिया। वह उस बवंडर की तरह से थे, जिसने बहुत-सी चीज़ों को, ख़ासतौर से मज़दूरों के दिमाग़ को उलट-पुलट दिया। गांधी जी ऊपर से आए हुए नहीं थे, बल्कि हिन्दुस्तान के करोड़ों आदमियों की आबादी में से ही उपजे थे। उनकी भाषा वही थी, जो आम लोगों की थी और वह बराबर उस जनता की और उसकी डरावनी हालत की ओर ध्यान आकर्षित करते थे। उन्होंने कहा कि तुम लोग, जो किसानों और मज़दूरों के शोषण पर गुज़र करते हो, उनके ऊपर से हट जाओ, उस व्यवस्था को, जो ग़रीबी और तकलीफ़ की जड़ है, दूर करो। तब

राजनीतिक आज़ादी की एक नई शक्ल सामने आई और उसमें एक नया अर्थ पैदा हुआ। उनकी ज़्यादातर बातों को हमने आशिक रूप में माना और कभी-कभी तो बिलकुल ही नहीं माना। लेकिन यह सब एक गौण बात थी। उनकी सीख का सार था निर्भयता और सत्य; और इन दोनों के साथ सक्रियता मिली हुई थी और उसमें हमेशा आम लोगों की बेहतरी का ख़याल था। हमारी प्राचीन पुस्तकों में यह कहा गया था कि किसी आदमी या किसी राष्ट्र के लिए सबसे बड़ा उपहार है अभय-निर्भयता; सिर्फ़ शारीरिक हिम्मत ही नहीं, बल्कि दिमाग़ से डर का हट जाना। हमारे इतिहास के ही प्रभात में जनक और याज्ञवल्क्य ने कहा था कि जनता के नेताओं का काम उसको (जनता को) निर्भय बनाना है। लेकिन ब्रिटिश राज्य के अन्दर हिन्दुस्तान में जो सबसे अहम लहर थी, उसमें डर—कुचलनेवाला, दम घोंटनेवाला, मिटा देनेवाला डर था—फ़ौज का, पुलिस का, चारों तरफ़ फैले हुए ख़ुफ़िया विभाग का डर था, अफ़सरों की जमात का डर था, कुचलनेवाले क़ानूनों और जेल का डर था; ज़मींदार के कारिंदे का डर था, साहूकार का डर था; बेकारी और भूखे मरने का डर था, जो हमेशा ही नज़दीक बने रहते थे। चारों तरफ़ समाये हुए इस डर के ही ख़िलाफ़ गांधी की शान्त, किन्तु दृढ़ आवाज़ उठी—'डरो मत!' क्या यह ऐसी आसान बात थी? नहीं। फिर भी डर के अपने कल्पना-चित्र होते हैं और वे असलियत से भी ज़्यादा डरावने रहते हैं और अगर ठंडे दिमाग़ से असलियत का विश्लेषण किया जाए और उसके नतीजों को ख़ुशी से भुगतने को तैयार रहा जाए, तो उसका बहुत-सा आतंक अपने आप ख़त्म हो जाता है।

इस तरह मानो अचानक ही लोगों के ऊपर से डर का काला लबादा हटा दिया गया; यह नहीं कि वह पूरी तरह हटा दिया गया, लेकिन फिर भी एक बहुत बड़ी, एक हैरतअंगेज़ हद तक, तो हटा ही दिया गया। चूँकि डर झूठ का क़रीबी दोस्त है, इसलिए निडरता के साथ सच आता ही है। हिन्दुस्तान की जनता जैसी भी थी, उससे कोई बहुत ज़्यादा सच बोलनेवाली नहीं बन गई, और न उस जनता ने रातों-रात अपने बुनियादी स्वभाव को ही बदल लिया। फिर भी एक बड़ी तब्दीली दिखाई पड़ी, क्योंकि झूठ और लुक-छिपकर काम करने की ज़रूरत कम हो गई। यह तब्दीली मानो वैज्ञानिक थी—ठीक इस ढंग से, मानो कोई मनोविश्लेषक प्रक्रिया का विशेषज्ञ रोगी के भूतकाल में गहरा घुस गया हो और उसने उस रोगी की मानसिक विकृति के कारण को जानकर उसे रोगी के सामने खोल दिया हो और इस तरह उसको उसके बोझ से छुटकारा दिला दिया हो।

साथ ही वह मनोवैज्ञानिक प्रतिक्रिया भी थी, जिसमें उस विदेशी राज्य के सामने लम्बे अरसे से सिर झुकाए रखने पर शर्म महसूस हुई, जिसने हमें गिरा दिया था और जिसने हमारी बेइज़्ज़ती की थी। इसमें यह इरादा भी मिला हुआ था कि चाहे नतीजा कुछ भी हो, अब आगे सिर न झुकाया जाए।

जैसे हम पहले थे, उसके मुक़ाबले हम कोई बहुत ज़्यादा सच्चे नहीं बन गए लेकिन अटल सत्य के प्रतीक गांधी जी बराबर हमारे सामने थे, जो हमको ऊपर खींचते थे और जो सत्य पर डटे रहने का हमें वास्ता दिलाते थे। सत्य क्या है? पक्के

तौर पर मैं यह नहीं जानता और शायद हमारे सत्य सापेक्षिक हैं और पूरे-के-पूरे हमारी पहुँच के परे हैं। अलग-अलग आदमी सत्य को अलग-अलग तरह से लेते हैं और हर आदमी पर अपनी-अपनी पृष्ठभूमि, शिक्षा और प्रवृत्तियों का बड़ा असर होता है। वही बात गांधी जी के साथ लागू है। लेकिन आदमी के लिए कम-से-कम वह तो सत्य है ही, जो वह ख़ुद महसूस करता है और जो वह ख़ुद समझता है। इस परिभाषा के अनुसार गांधी जी की तरह सत्य की धारणा रखनेवाले किसी भी शख़्स को मैं नहीं जानता। राजनीतिज्ञ के लिए यह गुण बहुत ख़तरनाक है, क्योंकि इस तरह तो वह अपने दिमाग़ को खोलकर सामने रख देता है और जनता को भी उस दिमाग़ के बदलते हुए पहलुओं को देखने देता है।

हिन्दुस्तान में अलग-अलग हद तक गांधी जी ने करोड़ों आदमियों पर असर डाला; कुछ लोगों ने तो अपनी ज़िन्दगी का ताना-बाना पूरी तरह बदल दिया, दूसरे लोगों पर थोड़ा-सा असर हुआ और वह असर पूरी तरह तो नहीं, लेकिन फिर भी मिट गया। वजह यह थी कि उसका कुछ हिस्सा पूरी तरह अलहदा भी नहीं किया जा सकता था। अलग-अलग लोगों में अलग-अलग प्रतिक्रियाएँ हुईं और हर एक आदमी इस सवाल का अपना अलग जवाब देगा। कुछ लोग तो शायद क़रीब-क़रीब एल्किबियेडीज़ के शब्दों में कहें—"इसके अलावा जब हम किसी को बात करते देखते हैं, तो चाहे वह कितनी ही ओजस्वी वक्ता क्यों न हो, हम उसकी बात की रत्तीभर भी परवाह नहीं करते। लेकिन जब हम तुमको सुनते हैं या किसी को तुम्हारी बात दोहराते हुए सुनते हैं, तो चाहे उसके कहने का ढंग कितना ही भद्दा क्यों न हो और चाहे सुननेवाला मर्द, औरत या बच्चा हो, हम भौचक्के रह जाते हैं और ऐसा मालूम होता है कि हम पर जादू कर दिया गया हो। और सज्जनो, जहाँ तक मेरा अपना सवाल है, अगर मुझे यह डर न हो कि आप यह कहेंगे कि मैं बिलकुल पागल हो गया हूँ तो मैं क़सम खाकर कह सकता हूँ कि उसके लफ़्ज़ों ने मेरे ऊपर कैसा असाधारण असर डाला—और अगर फिर वे दोहराए जाएँ, तो आज भी उनका वही असर होगा। ठीक उस वक़्त, जब मैं उसे बोलते हुए सुनता हूँ तो मैं एक ढंग के पवित्र आवेश से उत्तेजित हो उठता हूँ जो कोरीबैंट की उत्तेजना से भी बदतर है और मेरा दिल फ़ौरन ज़बान पर आ जाता है और मेरी आँखों में आँसू आ जाते हैं—आह! यह सिर्फ़ मेरे साथ ही नहीं होता, बल्कि यही हाल और बहुत-से लोगों का भी होता है।

"और एक चीज़ मैंने किसी और के साथ महसूस नहीं की—एक ऐसी चीज़, जिसकी तुम मुझमें उम्मीद ही नहीं कर सकते हो और वह है एक तरह की शर्मिंदगी। दुनिया में सिर्फ़ सुकरात ही ऐसा आदमी है, जो मुझे शर्मिंदा महसूस करा सकता है। क्योंकि उससे बचने की कोई तरकीब नहीं है, इसलिए मैं जानता हूँ कि मुझे काम को उसी तरह करना चाहिए जैसे वह करने को कहता है। फिर भी ज्यों ही मैं उसकी नज़र से हट जाता हूँ तो मैं इस बात की परवाह नहीं करता कि मैं भेड़-चाल चलने के लिए क्या करता हूँ। इसलिए मैं फ़रार की तरह भाग जाता हूँ और जब तक मुमकिन हो सकता है, उसकी पकड़ के बाहर रहता हूँ। और जब मैं फिर दूसरी बार मिलता

हूँ तो मुझे वे सब बातें याद आ जाती हैं, जो मुझे पहली बार मंज़ूर करनी पड़ती थीं, और तब कुदरतन मैं अपने को शर्मिंदा महसूस करता हूँ...।

हाँ, मैंने पेरिक्लीज़ और दूसरे बड़े ओजस्वी वक्ताओं को भी सुना है, और मेरा ख़याल था कि वे सब बहुत ओजस्वी हैं, लेकिन उनमें से किसी का भी मेरे ऊपर असर नहीं हुआ, मेरी समूची आत्मा को वे कभी उलट नहीं पाए और न उनके असर से मैंने ऐसा ही महसूस किया कि मैं हीनतम से भी हीन हूँ, लेकिन इधर इस पिछले दिन से मेरे दिमाग़ की हालत ऐसी हो गई है कि मैं महसूस करता हूँ कि मैं अब तक जिस ढंग से रहता आया हूँ अब आगे उसी तरह मैं नहीं रह सकता।...

"यही कि मैं साँप से भी ज़्यादा ज़हरीली चीज़ का काटा हुआ हूँ; दरअसल इससे ज़्यादा पीड़ा पहुँचानेवाली कोई चीज़ हो ही नहीं सकती। मैं दिल में या दिमाग़ में या उसे तुम चाहे जो कुछ कहो, उसमें डस लिया गया हूँ...।"[1]

1. 'दि फ़ाइव डाइलॉग्स ऑव प्लैटो' (एवरीमैन्स लाइब्रेरी)

धर्म और अध्यात्म

कोकनाडा और मुहम्मद अली

(*मेरी कहानी* से)

दिसम्बर 1923 में कांग्रेस का सालाना अधिवेशन कोकनाडा (दक्षिण) में हुआ। मौलाना मुहम्मद अली उसके अध्यक्ष थे, और जैसी कि उनकी आदत थी, सभापति की हैसियत से उन्होंने अपनी लम्बी-चौड़ी स्पीच पढ़ी। लेकिन वह थी दिलचस्प। उसमें उन्होंने यह दिखाया कि मुसलमानों में किस तरह राजनीतिक व साम्प्रदायिक भावना बढ़ती गई। उन्होंने बताया कि 1908 में आगा ख़ाँ के नेतृत्व में जो डेपुटेशन वाइसराय से मिला था और जिसकी कोशिश से ही सरकार ने पहली बार पृथक् निर्वाचन के पक्ष में घोषणा की थी, वह एक ऐसी ज़बरदस्त चाल थी, जिसके मूल में ख़ास सरकार का ही हाथ था।

मुहम्मद अली ने मुझे, मेरी इच्छा के बहुत ख़िलाफ़, अपने सभापतिकाल में अखिल भारतीय कांग्रेस कमेटी का सेक्रेटरी बनने के लिए राजी किया। कांग्रेस की भावी नीति के सम्बन्ध में मुझे साफ़-साफ़ पता न था, ऐसी हालत में मैं नहीं चाहता था कि व्यवस्था-सम्बन्धी कोई ज़िम्मेदारी अपने ऊपर लूँ।

लेकिन मैं मुहम्मद अली को इनकार नहीं कर सकता था, क्योंकि हम दोनों ने महसूस किया कि कोई दूसरा सेक्रेटरी शायद नये अध्यक्ष के साथ उतनी अच्छी तरह से काम न कर सके जितना कि मैं। रुचि और अरुचि दोनों में वह सख़्त आदमी थे। और सौभाग्य से मैं उन लोगों में से था, जो उनकी 'रुचि' में आते थे। हम दोनों प्रेम और परस्पर की गुणग्राहकता के धागे से बँधे थे। वह प्रबल धार्मिक—और समझ से बुद्धि-विरुद्ध धार्मिक—थे और मैं वैसा नहीं था। मगर मैं उनकी सरगर्मी, अतिशय कार्यशक्ति और प्रखर बुद्धि से आकर्षित था। वह बड़े चपल वाक्पटु थे। लेकिन कभी-कभी उनका भयंकर व्यंग्य दिल को चोट पहुँचा देता था और इससे उनके बहुतेरे दोस्त कम हो गए थे। कोई बढ़िया टिप्पणी मन में आई तो उसे मन में रख लेना उनके लिए असम्भव था—फिर उसका नतीजा चाहे कुछ हो।

उनके सभापति-काल में हम दोनों की गाड़ी ठीक-ठीक चली—हालाँकि कई छोटी-छोटी बातों में हमारा मतभेद रहता था। अखिल भारतीय कांग्रेस कमेटी के दफ़्तर में मैंने एक नया रिवाज चलाया था—किसी के भी नाम के आगे-पीछे कोई प्रत्यय या पदवी वग़ैरा न लिखी जाए। महात्मा, मौलाना, शेख़, सैयद, मुंशी, मौलवी और

आजकल के श्रीयुत और श्री मिस्टर तथा एस्क्वायर वग़ैरा, बहुत-से ऐसे मानवाचक शब्द हैं और इनका प्रयोग इतनी बहुतायत से और अक्सर अनावश्यक होता है कि मैं इस बारे में एक अच्छा उदाहरण पेश करना चाहता था। लेकिन मैं ऐसा कर नहीं पाया। मुहम्मद अली ने बहुत बिगड़कर मुझे एक तार भेजा, जिसमें प्रधान की हैसियत से मुझे आज्ञा दी थी कि मैं पुराने तरीक़े से ही काम लूँ और ख़ासतौर पर गांधी जी को हमेशा महात्मा लिखा करूँ।

एक और विषय था, जिसमें अक्सर हमारी बहस हुआ करती थी, और वह था ईश्वर। मुहम्मद अली एक अजीब तरीक़े से अल्लाह का ज़िक्र कांग्रेस के प्रस्तावों में भी ले आया करते थे, या तो शुक्रिया अदा करने की शक्ल में या किसी क़िस्म की दुआ की शक्ल में। मैं इसका विरोध किया करता था। वह ज़ोर से बिगड़ते और कहते, तुम बड़े नास्तिक हो। मगर फिर भी आश्चर्य है कि वह थोड़ी देर बाद मुझसे कहते कि एक मज़हबी आदमी के ज़रूरी गुण तुममें हैं, हालाँकि तुम्हारा ज़ाहिरा बर्ताव और दावा इसके ख़िलाफ़ है। और मैंने कई बार मन में सोचा है कि उनका कहना कितना सच था। शायद यह इस बात पर निर्भर करता है कि कोई मज़हब के क्या मानी करता है।

मैं उनके साथ हमेशा मज़हब के मामले में बहस करना टालता था, क्योंकि मैं जानता था, इसका नतीजा यही होता कि हम दोनों एक-दूसरे पर चिढ़ उठते, और मुमकिन था कि उनका जी दुख जाता। किसी भी मत के कट्टर माननेवाले से इस क़िस्म की चर्चा करना हमेशा मुश्किल होता है। बहुत-से मुसलमानों के लिए तो यह शायद और भी मुश्किल हो, क्योंकि उनके यहाँ विचारों की आज़ादी मज़हबी तौर पर नहीं दी गई है। विचारों की दृष्टि से देखा जाए तो उनका सीधा मगर तंग रास्ता है और उसका अनुयायी ज़रा भी दाएँ-बाएँ नहीं जा सकता। हिन्दुओं की हालत इससे कुछ भिन्न है, सो भी हमेशा नहीं। व्यंवहार में चाहे वे कट्टर हों, उनके यहाँ बहुत पुराने, बुरे और पीछे घसीटनेवाले रस्म-रिवाज माने जाते हैं, फिर भी वे धर्म के विषय में अत्यन्त क्रान्तिकारी और मौलिक विचारों की चर्चा करने के लिए भी हमेशा तैयार रहते हैं। मेरा ख़याल है कि आधुनिक आर्यसमाजियों की दृष्टि आमतौर पर इतनी विशाल नहीं होती। मुसलमानों की तरह वे भी अपने सीधे और तंग रास्ते पर ही चलते हैं। विद्या-बुद्धि में बढ़े-चढ़े हिन्दुओं के यहाँ ऐसी कुछ दार्शनिक परम्परा चली आ रही है, जो धार्मिक प्रश्नों में भिन्न-भिन्न विचार-दृष्टियों को स्थान देती है, हालाँकि व्यवहार पर उसका कोई असर नहीं पड़ता। मैं समझता हूँ कि इसका आंशिक कारण यह है कि हिन्दू-जाति में तरह-तरह के और अक्सर परम्परा-विरोधी प्रमाण और रिवाज पाए जाते हैं। इस सम्बन्ध में यहाँ तक कहा जाता है कि हिन्दू धर्म को साधारण अर्थ में मज़हब नहीं कह सकते। और फिर भी कितनी ग़ज़ब की दृढ़ता उसमें है! अपने आपको ज़िन्दा रखने की कितनी ज़बरदस्त ताक़त! भले ही कोई अपने को नास्तिक कहता हो, जैसा कि चार्वाक था, फिर भी कोई यह नहीं कह सकता कि वह हिन्दू नहीं रहा। हिन्दू धर्म अपनी संतानों को उनके न चाहते हुए भी पकड़ रखता है। मैं एक ब्राह्मण पैदा हुआ और मालूम होता है कि ब्राह्मण

ही रहूँगा, फिर मैं धर्म और सामाजिक रस्म-रिवाज के बारे में कुछ भी कहता और करता रहूँ। हिन्दुस्तानी दुनिया के लिए मैं पंडित ही हूँ चाहे मैं इस उपाधि को नापसन्द ही करूँ। मुझे याद है कि एक बार मैं एक तुर्की विद्वान से स्विट्ज़रलैंड में मिला था। उन्हें मैंने पहले से ही एक परिचय-पत्र भेज दिया था, जिसमें मेरे लिये लिखा था 'पंडित जवाहरलाल नेहरू'। लेकिन मिलने पर वह हैरान हुए और कुछ निराश भी। क्योंकि उन्होंने मुझसे कहा कि 'पंडित' शब्द से मैंने समझा था कि आप कोई बड़े विद्वान धार्मिक वयोवृद्ध शास्त्री होंगे।

हाँ तो, मुहम्मद अली और मैं मज़हब पर बहस नहीं करते थे। लेकिन उनमें मौन रहने का गुण न था। और कुछ साल बाद (मैं समझता हूँ, 1926 के शुरू में) वह अपने को ज़्यादा न रोक सके। एक रोज़ जब मैं उनके घर, दिल्ली में, उनसे मिला तो वह भभक उठे और बोले कि मैं तुमसे मज़हब पर ज़रूर बहस करना चाहता हूँ। मैंने उन्हें समझाने की कोशिश की। कहा—आपके और मेरे दृष्टिकोण एक-दूसरे से बहुत जुदा हैं और हम एक-दूसरे पर कोई ज़्यादा असर न डाल सकेंगे। लेकिन वह कब सुनते? उन्होंने कहा—"नहीं, हम दो-दो बातें कर ही लें। मैं समझता हूँ तुम मुझे कठमुल्ला मानते हो। मगर मैं तुम्हें बताना चाहता हूँ कि मैं ऐसा नहीं हूँ।" उन्होंने कहा कि मैंने मज़हब पर बहुत-सी किताबें पढ़ी हैं और गहराई से सोचा है। उन्होंने अपनी अलमारियाँ दिखाईं जो अलग-अलग धर्मों पर लिखी हुई किताबों से और ख़ासकर इस्लाम और ईसाई धर्म-सम्बन्धी किताबों से भरी हुई थीं और जिनमें कुछ आधुनिक किताबें—जैसे एच.जी. वेल्स की 'गॉड दि इनविजिबुल किंग' भी थी। महायुद्ध के दिनों में जब वह लम्बे अरसे तक नज़रबन्द रहे थे, उन्होंने क़ुरान के कई परायण किए और कितने ही भाष्यों को पढ़ा। उन्होंने कहा कि इस सारे अध्ययन के फलस्वरूप मैंने देखा कि क़ुरान में जो कुछ लिखा गया है, उसका 97 फ़ीसदी युक्तिसंगत है, और क़ुरान को छोड़कर भी उसकी पुष्टि की जा सकती है। 3 फ़ीसदी यों प्रत्यक्षत: तो युक्तिसंगत नहीं दिखाई देता है, मगर यह ज़्यादा मुमकिन है कि जो क़ुरान 97 फ़ीसदी बातों पर साफ़ तौर से सही है वह बाक़ी फ़ीसदी में भी सही होगा। बजाय इसके कि मेरी दुर्बल तर्क-शक्ति सही हो और क़ुरान ग़लत, वह इस नतीजे पर पहुँचे कि क़ुरान के सही होने का पक्ष भारी है और इसलिए उन्होंने क़ुरान को 100 फ़ीसदी सही मान लिया। इस दलील का तर्क स्पष्ट न था, लेकिन मैं बहस करना नहीं चाहता था। किन्तु इसके बाद जो कुछ हुआ, उसे देखकर तो मैं दंग रह गया। मुहम्मद अली ने कहा कि कोई भी क़ुरान को अपने दिमाग़ का दरवाज़ा खोलकर और एक जिज्ञासु की भावना से पढ़ेगा तो ज़रूर ही वह उसकी सचाई का क़ायल हो जाएगा। उन्होंने यह भी कहा कि बापू (गांधी जी) ने उसे बड़े ग़ौर से पढ़ा है और वह ज़रूर इस्लाम की सचाई के क़ायल हो गए होंगे। लेकिन उनके दिल में जो घमंड है, वह उन्हें इसकी ज़ाहिर करने से मना करता है।

मुहम्मद अली अपने इस साल के सभापति-काल के बाद धीरे-धीरे कांग्रेस से दूर हटने लगे। या, जैसा कि वह कहते थे, कांग्रेस उनसे दूर हटने लगी। मगर यह हुआ बहुत धीरे-धीरे। कई साल आगे तक यों वह कांग्रेस में अखिल भारतीय

कांग्रेस कमेटी में आते रहे और उनमें ज़ोर-शोर से हिस्सा लेते रहे, लेकिन खाई चौड़ी होती गई और अनबन बढ़ती ही गई। शायद किसी ख़ास व्यक्ति या व्यक्तियों पर इसका दोष नहीं लगाया जा सकता। मगर देश की वास्तविक परिस्थिति जैसी बन गई थी, उसमें ऐसा हुए बिना रह नहीं सकता था। लेकिन यह हुआ बहुत ही बुरा। और इससे हम बहुतों के जी को बड़ा दुःख हुआ, क्योंकि जातिगत मामले में कैसा ही भेद रहा हो, राजनीतिक मामले में हमारा उनका कम मतभेद था। भारतीय स्वाधीनता का विचार उन्हें भी बहुत भाता था। और चूँकि उनकी और हमारी राजनीतिक दृष्टि एक थी, इसलिए हमेशा इस बात की सम्भावना रहती थी कि जातिगत, या यों कहें कि साम्प्रदायिक प्रश्न पर उनके साथ कोई ऐसी तजवीज़ हो सकती थी, जो कि दोनों के लिए संतोषजनक हो। राजनीतिक दृष्टि से उन प्रतिगामी लोगों से, जो अपने को जातिगत स्वार्थों के रक्षक बताते हैं, उनकी कोई बात मेल नहीं खाती थी।

हिन्दुस्तान के लिए यह दुर्भाग्य की बात हुई कि 1928 की गर्मियों में वह यहाँ से यूरोप चले गए। उस वक़्त इस जातिगत समस्या को सुलझाने के लिए बड़े ज़ोर की कोशिश की गई थी और वह क़रीब-क़रीब कामयाबी की हद तक जा पहुँची थी। अगर मुहम्मद अली यहाँ होते तो अनुमान होता है कि मामला और ही शक्ल इख़्तियार करता। लेकिन जब तक वह वापस लौटे तब तक यहाँ सब टूट-टाट चुका था और स्वाभाविक तौर पर वह विरोधी पक्ष में मिल गए।

दो साल बाद, 1930 में, जब सत्याग्रह आन्दोलन ज़ोर पर था और हमारे भाई-बहन धड़ाधड़ जेल जा रहे थे, मुहम्मद अली ने कांग्रेस के निर्णय की परवाह न कर गोलमेज़-परिषद् में जाना पसन्द किया। इससे मेरे जी को बड़ा दुःख हुआ। मैं मानता हूँ कि वह भी अपने दिल में दुखी ही हुए होंगे और लन्दन में उन्होंने जो कुछ किया उससे इसका काफ़ी प्रमाण मिलता है। उन्होंने महसूस किया कि उनकी असली जगह हिन्दुस्तान में और लड़ाई के मैदान में है, न कि लन्दन के कांग्रेस-भवन में। और अगर वह हिन्दुस्तान वापस आए होते तो मुझे यक़ीन है कि वह सत्याग्रह में शरीक हो गए होते। उनका स्वास्थ्य बहुत ही बिगड़ गया था और बरसों से बीमारी उन पर हावी हो रही थी। लन्दन में जाकर उन्होंने बड़ी चिन्ता के साथ कुछ-न-कुछ काम की चीजें पाने की जो कोशिश की, और ख़ासकर ऐसे समय जबकि उन्हें आराम और इलाज की ज़रूरत थी, उससे उनके आख़िरी दिन और नज़दीक आ गए। नैनी जेल में मुझे उनके मरने की ख़बर से बड़ा धक्का लगा।

दिसम्बर 1929 में लाहौर-कांग्रेस के वक़्त आख़िरी दफ़ा मैं उनसे मिला था। मेरे सभापति-पद से दिए गए भाषण के कुछ हिस्से से वह नाराज़ थे और उन्होंने बड़े ज़ोर से उसकी आलोचना भी की। उन्होंने देखा कि कांग्रेस सरपट दौड़ी जा रही है और राजनीतिक दृष्टि से बहुत तेज़ होती जा रही है। वह ख़ुद भी कम तेज़ न थे, और इसलिए ख़ुद पीछे रह जाना और दूसरे का मैदान में आगे बढ़ जाना उन्हें पसन्द नहीं था। उन्होंने मुझे गम्भीर चेतावनी दी—"जवाहर! मैं तुम्हें चेताये देता हूँ कि तुम्हारे आज के ये संगी-साथी सब तुमको अकेला छोड़ देंगे। जब कोई

मुसीबत का और आन-बान का मौक़ा आएगा, उसी वक़्त ये तुम्हारा साथ छोड़ देंगे। याद रखना, ख़ुद तुम्हारे कांग्रेसी ही तुम्हें फाँसी के तख़्ते पर भेज देंगे।" कैसी मनहूस भविष्यवाणी थी!

कोकनाडा-कांग्रेस (1923) में मेरे लिए एक ख़ास दिलचस्पी की बात थी; क्योंकि वहीं हिन्दुस्तानी सेवा-दल की नींव रखी गई थी। स्वयंसेवक-दल इससे पहले नहीं थे, सो बात नहीं। वे इन्तज़ाम भी करते थे और जेल भी जाते थे। मगर उनमें अनुशासन और आन्तरिक एकता का भाव बहुत कम था। डॉक्टर नारायण सुब्बाराव हार्डीकर को यह बात सूझी कि राष्ट्रीय कार्यों के लिए क्यों न एक अच्छा अनुशासनबद्ध स्वयंसेवक-दल बना लिया जाए, जो कांग्रेस के पथ-प्रदर्शन में राष्ट्रीय काम करे? उन्होंने इसमें सहयोग देने के लिए मुझसे आग्रह किया और मैंने बड़ी ख़ुशी से उसे मंज़ूर किया; क्योंकि यह विचार मुझे पसन्द आया था। इसकी शुरुआत कोकनाडा में हुई। बाद को हमें यह जानकर आश्चर्य हुआ कि बड़े-बड़े कांग्रेसियों की तरफ़ से भी सेवा-दल के सवाल पर कैसा विरोध-भाव प्रकट हुआ था। कुछ लोगों ने कहा कि कांग्रेस के लिए ऐसा करना ख़तरनाक होगा। यह तो कांग्रेस में फ़ौजी तत्त्व लाने जैसा है। और यह फ़ौजी तत्त्व, उन्हें भय था, कि कहीं कांग्रेस की मुल्की सत्ता को ही न धर दबाएँ। दूसरे कुछ लोगों का यह ख़याल दिखाई दिया कि स्वयंसेवकों के पद के लिए तो सिर्फ़ इतना ही अनुशासन काफ़ी है कि वे ऊपर से मिले आदेशों का पालन करते रहें। कुछ के ख़याल में उन्हें क़दम मिलाकर चलने की भी ऐसी ज़रूरत नहीं। कुछ लोगों के दिल में भीतर-भीतर यह ख़याल था कि तालीम और कवायदयाफ़्ता स्वयंसेवकों का रखना एक तरह से कांग्रेस के अहिंसा-सिद्धान्त से मेल नहीं खाता। लेकिन हार्डीकर इस काम में भिड़ ही गए और बरसों की मेहनत के बाद उन्होंने प्रत्यक्ष दिखला दिया कि ये तालीमयाफ़्ता स्वयंसेवक कितने ज़्यादा कार्यकुशल और अहिंसात्मक भी हो सकते हैं।

कोकनाडा से लौटने के बाद ही, जनवरी 1924 में मुझे इलाहाबाद में एक नये ढंग का तजुरबा हुआ। मैं अपनी याददाश्त से यह लिख रहा हूँ और मुमकिन है कि तारीख़ों के सम्बन्ध में कुछ भूल और गड़बड़ हो। मैं समझता हूँ वह कुम्भ या अर्द्धकुम्भ के मेले का साल था। लाखों यात्री संगम, यानी त्रिवेणी, नहाने आते हैं। गंगा का पाट यों कोई एक मील चौड़ा है, मगर जाड़े में धारा सिकुड़ जाती है, और दोनों तरफ़ बालू का बड़ा मैदान छोड़ देती है, जो कि यात्रियों के ठहरने के लिए बड़ा उपयोगी हो जाता है। अपने इस पाट में गंगा अक्सर अपना बहाव बदलती रहती है। 1924 में गंगा की धारा इस तरह हो गई थी कि यात्रियों के लिए नहाना अवश्य ही ख़तरनाक था। कुछ पाबन्दियाँ और एहतियात लगाकर और एक वक़्त में नहानेवालों की तादाद मुकर्रर करके यह ख़तरा कम किया जा सकता था।

मुझे इस मामले में किसी क़िस्म की दिलचस्पी न थी; क्योंकि ऐसे पर्वों के अवसर पर गंगा नहाकर पुण्य कमाने की मुझे तो चाह नहीं थी। लेकिन मैंने अख़बारों में पढ़ा कि इस मामले में पं. मदनमोहन मालवीय और प्रान्तीय सरकार के बीच एक चर्चा छिड़ गई, क्योंकि प्रान्तीय सरकार ने एक ऐसा फ़रमान निकाल

दिया था कि कोई संगम पर न नहाने पाए। मालवीय जी ने इस पर एतराज़ किया; क्योंकि धार्मिक दृष्टि से तो संगम पर नहाने का ही महत्त्व था। इधर सरकार का एहतियात रखना भी ठीक ही था कि जिससे जान का ख़तरा न रहे। लेकिन सदा की तरह उसने निहायत ही बेवक़ूफ़ी और चिढ़ा देनेवाले ढंग से इस सम्बन्ध में कार्रवाई की थी।

कुम्भ के दिन सुबह ही मैं मेला देखने गया। मेरा कोई इरादा नहाने का न था। गंगा-किनारे पहुँचने पर मैंने सुना कि मालवीय जी ने ज़िला-मजिस्ट्रेट को एक सौम्य चेतावनी दे दी है, जिसमें त्रिवेणी में नहाने की इज़ाज़त माँगी गई है। मालवीय जी गरम हो रहे थे और वातावरण में क्षोभ फैला हुआ था। ज़िला मजिस्ट्रेट ने इज़ाज़त नहीं दी तब मालवीय जी ने सत्याग्रह करने का निश्चय किया, और कोई दो सौ लोगों को साथ लेकर वह संगम की तरफ़ बढ़े। इन घटनाओं में मेरी दिलचस्पी थी, और मैं उसी वक़्त जोश में आकर सत्याग्रही-दल में शामिल हो गया। मैदान के उस पार लकड़ियों का एक ज़बरदस्त घेरा बना दिया गया था कि लोग संगम तक पहुँचने से बचें। जब हम इस ऊँचे घेरे तक पहुँचे तो पुलिस ने हमें रोका और एक सीढ़ी, जो हम साथ लिये हुए थे, छीन ली। हम तो थे अहिंसात्मक सत्याग्रही, इसलिए उस घेरे के पास बालू में शान्ति के साथ बैठ गए। सुबह-भर और दोपहर के भी कुछ घंटे हम उसी तरह बैठे रहे। एक-एक घंटा बीतने लगा धूप की तेज़ी बढ़ती जा रही थी। पैदल और घुड़सवार पुलिस हमारे दोनों तरफ़ खड़ी थी। मैं समझता हूँ कि सरकारी घुड़-सेना भी वहाँ मौजूद थी। हम बहुतेरों का धीरज छूटने लगा, और हमने कहा कि अब तो कुछ-न-कुछ फ़ैसला करना ही चाहिए। मैं मानता हूँ कि अधिकारी भी उकता उठे थे। और उन्होंने क़दम आगे बढ़ाने का निश्चय किया। घुड़-सेना को कुछ ऑर्डर दिया। इस समय मुझे लगा (मैं नहीं कह सकता कि वह सही था) कि वे हम पर घोड़े दौड़ाएँगे, और यों हमको बुरी तरह खदेड़ेंगे। घुड़सवारों से इस तरह कुचले और पीटे जाने का ख़याल मुझे अच्छा न लगा और वहाँ बैठे-बैठे भी मेरा जी उकता उठा था। मैंने झट से अपने नज़दीक वाले को सुझाया कि हम इस घेरे को ही क्यों न फाँद जाएँ? और मैं उस पर चढ़ गया। तुरन्त ही बीसों आदमी चढ़ गए और कुछ लोगों ने तो उसकी बल्लियाँ भी निकाल डालीं, जिससे एक ख़ासा रास्ता बन गया। किसी ने मुझे एक राष्ट्रीय झंडा दे दिया, जिसे मैंने उस घेरे के सिरे पर खोंस दिया जहाँ कि मैं बैठा हुआ था। मैं अपने पूरे रंग में था और ख़ूब मगन हो रहा था और लोगों को उस पर चढ़ते और उसके बीच घुसते हुए और घुड़सवारों को उन्हें हटाने की कोशिश करते देख रहा था। यहाँ मुझे यह ज़रूर कहना चाहिए कि घुड़सवारों ने जितना हो सका इस तरह अपना काम किया कि किसी को चोट न पहुँचे। वे अपने लकड़ी के डंडों को हिलाते थे और लोगों को उनसे धक्का देते थे। मगर किसी को चोट नहीं पहुँचाते थे। उस समय मुझे बलवे के समय के घेरे के दृश्य का कुछ-कुछ स्मरण हो आया।

आख़िर में दूसरी तरफ़ उतर पड़ा। इतनी मेहनत के कारण गर्मी बढ़ गई थी, सो मैंने गंगा में गोता लगा लिया। जब वापस आया तो मुझे यह देखकर अचरज हुआ

कि मालवीय जी और दूसरे लोग अब तक जहाँ-के-तहाँ बैठे हुए हैं और घुड़सवार और पैदल पुलिस सत्याग्रहियों और घेरे के बीच कंधे-से-कंधा भिड़ाकर खड़ी हुई थी। सो मैं (ज़रा टेढ़े-मेढ़े रास्ते से निकलकर) फिर मालवीय जी के पास जा बैठा। हम कुछ देर तक बैठे रहे। मैंने देखा कि मालवीय जी मन-ही-मन बहुत भिन्नाए थे और ऐसा मालूम होता था कि वह अपने मन का आवेश बहुत रोक रहे थे। एकाएक बिना किसी को कुछ पता दिए उन पुलिस वालों और घोड़ों के बीच अद्भुत रीति से निकलकर उन्होंने भी गोता लगा लिया। यों तो किसी भी शख़्स के लिए इस तरह गोता लगाना आश्चर्य की बात होती, लेकिन मालवीय जी जैसे बूढ़े और दुर्बल शरीर व्यक्ति के लिए तो ऐसा करना बहुत ही चकित कर देनेवाला था। ख़ैर, हम सबने उनका अनुकरण किया। हम सब पानी में कूद पड़े। पुलिस और घुड़सेना ने हमें पीछे हटाने की थोड़ी-बहुत कोशिश की, मगर बाद को रुक गई। थोड़ी देर बाद वह वहाँ से हटा ली गई।

हमने सोचा था कि सरकार हमारे ख़िलाफ़ कोई कार्रवाई करेगी। मगर ऐसा कुछ नहीं हुआ। शायद सरकार मालवीय जी के ख़िलाफ़ कुछ करना नहीं चाहती थी, और इसलिए बड़े के पीछे हम छुटभैये भी अपने आप बच गए।

~

धर्म क्या है?

(*मेरी कहानी* से)

हमारे शान्त और एक-ढर्रे के जेल-जीवन में सितम्बर 1932 के बीच में मानो अचानक एक वज्र-सा गिरा। एक खलबली मच गई। ख़बर मिली कि मि. रेम्ज मैकडोनाल्ड के साम्प्रदायिक 'निर्णय' में यहाँ की दलित जातियों को अलग चुनाव के अधिकार दिए जाने के विरोध में गांधी जी ने 'आमरण अनशन' करना तय किया है। लोगों पर अचानक चोट पहुँचाने की उनमें कितनी अद्भुत क्षमता है। सहसा सभी तरह के विचार मेरे दिमाग़ में उत्पन्न होने लगे, सब तरह की भावी सम्भावनाओं के चित्र मेरे सामने आने लगे, और उन्होंने मेरे स्थिर चित्त को बिलकुल उद्विग्न कर दिया। दो दिन तक मुझे बिलकुल अँधेरा-ही-अँधेरा दिखाई दिया, और कोई रास्ता नहीं सूझा। जब मैं गांधी जी के इस काम के कुछ नतीजों का ख़याल करता तो मेरा दिल बैठ जाता था। उनके प्रति मेरा व्यक्तिगत प्रेम काफ़ी प्रबल था, और मुझे ऐसा लगता था कि अब शायद मैं उन्हें नहीं देख सकूँगा। इस ख़याल से मुझे बहुत ही पीड़ा होती थी। पिछली बार लगभग एक साल से कुछ ज़्यादा हुए मैंने उन्हें इंग्लैंड जाते समय जहाज़ पर देखा था। क्या वही मेरा उनका अन्तिम दर्शन रहेगा?

और फिर मुझे झुँझलाहट भी आई कि उन्होंने अपने अन्तिम बलिदान के लिए एक छोटा-सा, सिर्फ़ चुनाव का, मामला लिया है। हमारे आज़ादी के आन्दोलन

का क्या होगा? क्या अब, कम-से-कम थोड़े वक़्त के लिए ही सही, बड़े सवाल पीछे नहीं पड़ जाएँगे? और अगर वह अपनी अभी की बात पर कामयाब भी हो जाएँगे, और दलित जातियों के लिए सम्मिलित चुनाव प्राप्त भी कर लेंगे, तो क्या इससे एक प्रतिक्रिया न होगी, और यह भावना न फैल जाएगी कि कुछ-न-कुछ तो प्राप्त कर ही लिया गया है, और कुछ दिन तक अब भी कुछ नहीं करना चाहिए, और क्या उनके इस काम का यह अर्थ नहीं हुआ कि वह साम्प्रदायिक 'निर्णय' को मानते हैं और सरकार की तैयार की हुई आम तजवीज़ों को किसी अंश तक मंज़ूर करते हैं? क्या यह असहयोग और सविनय-भंग से मेल खाता है, इतने बलिदान और साहसपूर्ण प्रयत्न के बाद क्या हमारा आन्दोलन इस नगण्य प्रश्न पर आकर अटक जाएगा?

वह राजनीतिक समस्या को धार्मिक और भावुकतापूर्ण दृष्टि से देखते हैं और समय-समय पर ईश्वर को बीच में लाते हैं, यह देखकर मुझे उन पर ग़ुस्सा भी आया। उनके वक्तव्य से तो ऐसी ध्वनि निकलती थी कि शायद ईश्वर ने उन्हें अनशन की तारीख़ तक सुझा दी थी। ऐसी मिसाल पेश करना कितना भयंकर होगा।

और अगर बापू मर गए तो हिन्दुस्तान की क्या हालत हो जाएगी! और उसकी राजनीतिक प्रगति का क्या होगा? मुझे भविष्य सूना और भयंकर दीखने लगा, और जब मैं उस पर विचार करता था तो मेरे दिल में एक निराशा-सी छा जाती थी।

इस तरह मैं लगातार इन विचारों में डूबता-उतरता रहा। मेरे दिमाग़ में गड़बड़ी मच गई और ग़ुस्सा, निराशा और जिस व्यक्ति ने इतनी बड़ी उथल-पुथल पैदा कर दी उसके प्रति प्रेम से वह सराबोर हो गया। मुझे नहीं सूझता था कि मैं क्या करूँ, और सबसे ज़्यादा अपने प्रति मैं चिड़चिड़ा और बद-मिज़ाज हो गया।

और फिर मुझमें एक अजीब तब्दीली हुई। मैं शुरू-शुरू में भावनाओं के एक तूफ़ान में बह गया था, पर अन्त में मुझे कुछ शान्ति मालूम हुई, और भविष्य भी इतना अन्धकारपूर्ण दिखाई नहीं दिया। बापू में ऐन मौक़े पर ठीक काम कर डालने की अजीब सूझ है, और मुमकिन है कि उनके इस काम के भी—जो मेरे दृष्टि-बिन्दु से बिलकुल अयोग्य ठहरता था—कोई बड़े नतीजे निकलें, केवल उसी काम के छोटे-से सीमित क्षेत्र में नहीं, बल्कि हमारी राष्ट्रीय लड़ाई के व्यापक स्वरूपों में भी। और अगर बापू मर भी गए, तो हमारी स्वतंत्रता की लड़ाई चलती रहेगी। इसलिए, कुछ भी नतीजा हो, इनसान को हर हालत के लिए तैयार और मुस्तैद रहना चाहिए। गांधी जी की मृत्यु तक को बिना हिचकिचाहट के सह लेने का संकल्प करके मैंने शान्ति और धीरज धारण किया, और दुनिया की हर घटना का सामना करने को तैयार हो गया।

इसके बाद सारे देश में एक भयंकर उथल-पुथल मचने और हिन्दू समाज में उत्साह की एक जादू भरी लहर आ जाने की ख़बरें आईं, और मालूम होने लगा कि छुआछूत का अब अन्त ही होनेवाला है। मैं सोचने लगा कि यरवदा-जेल में बैठा हुआ यह छोटा-सा आदमी कितना बड़ा जादूगर है! और लोगों के हृदयों के तारों को झंकृत करना वह कितनी अच्छी तरह जानता है!

उनका एक तार मुझे मिला। मेरे जेल जाने के बाद यह उनका पहला ही सन्देश था और इतने लम्बे अरसे के बाद उनका सन्देश पाना मुझे बहुत अच्छा लगा। इस तार में उन्होंने लिखा—

> "इन वेदना के दिनों में मुझे हमेशा तुम्हारा ध्यान रहा है। तुम्हारी राय जानने को मैं बहुत ज़्यादा उत्सुक हूँ। तुम्हें मालूम है, मैं तुम्हारी राय की कितनी क़दर करता हूँ। इन्दु और सरूप के बच्चे मिले। इन्दु ख़ुश और कुछ तगड़ी दीखती थी। तबीयत बहुत ठीक है। तार से जवाब दो। स्नेह!"

यह एक साधारण बात थी, लेकिन उनके स्वभाव के अनुसार ही थी, कि उन्होंने अपने अनशन की पीड़ा और अपने काम-काज के बीच भी मेरी लड़की और मेरी बहिन के बच्चों के आने का ज़िक्र किया, और यह भी लिखा कि इन्दिरा तगड़ी हो गई है। उस समय मेरी बहिन भी पूना के जेल में थी और ये सब बच्चे पूना के स्कूल में पढ़ते थे। वह जीवन में छोटी दीखनेवाली बातों को भी कभी नहीं भूलते, जिनका असल में बड़ा महत्त्व भी होता है।

ठीक उसी वक़्त मुझे यह ख़बर भी मिली कि चुनाव के मामले पर कोई समझौता भी हो गया है। जेल के सुपरिंटेंडेंट ने कृपा करके मुझे गांधी जी को जवाब देने की इज़ाज़त दे दी, और मैंने उन्हें यह तार भेजा—

> "आपके तार और यह संक्षिप्त समाचार मिलने से कि कोई समझौता हो गया है, मुझे राहत और ख़ुशी हुई। पहले तो आपके अनशन के निश्चय से मानसिक क्लेश और बड़ी दुविधा पैदा हुई, पर आख़िर में आशावाद की विजय हुई और मुझे मानसिक शान्ति मिली। दलित वर्ग के लिए बड़े-से-बड़ा बलिदान भी कम ही है। स्वतंत्रता की कसौटी सबसे छोटे की स्वतंत्रता से करनी चाहिए; लेकिन भय है कि कहीं हमारे एकमात्र लक्ष्य को दूसरी समस्याएँ ढक न लें। मैं धार्मिक दृष्टिकोण से निर्णय करने में असमर्थ हूँ। यह भी भय है कि दूसरे लोग आपके तरीक़ों का दुरुपयोग करेंगे। लेकिन एक जादूगर को मैं कैसे सलाह दे सकता हूँ! सप्रेम!"

पूना में जमा हुए भिन्न-भिन्न लोगों ने एक समझौते पर दस्तख़त किए और ब्रिटिश प्रधानमंत्री ने उसे चटपट मंज़ूर कर लिया और उसके अनुसार अपना पिछला 'निर्णय' बदल दिया। अनशन भी तोड़ दिया गया। मैं ऐसे समझौतों और इक़रारनामों को बहुत नापसन्द करता हूँ लेकिन पूना के समझौते में क्या-क्या तय हुआ, इसका ख़याल न करते हुए भी मैंने उसका स्वागत किया।

उत्तेजना ख़त्म हो चुकी थी, और हम जेल के अपने मामूली कार्यक्रम में लग गए। हरिजन-आन्दोलन और जेल में से गांधी जी की प्रवृत्तियों की ख़बरें हमें मिलती रहती थीं। लेकिन उनसे मुझे ख़ुशी नहीं होती थी। इसमें शक नहीं कि छुआछूत

के भाव को मिटाने और दुखी-दलित जातियों को उठाने के आन्दोलन को उससे बड़े ग़ज़ब का बढ़ावा मिला; लेकिन वह समझौते के कारण नहीं, बल्कि देश-भर में जो एक जिहादी जोश फैल गया था, उसके कारण। यह तो अच्छी बात थी। लेकिन उसी के साथ-साथ यह भी स्पष्ट था कि इससे सविनय-भंग आन्दोलन को नुक़सान पहुँचा। देश का ध्यान दूसरे सवालों पर चला गया, और कांग्रेस के कई कार्यकर्ता हरिजन-कार्य में लग गए। शायद उनमें से ज़्यादातर तो कम ख़तरे के कामों में लगने का बहाना चाहते थे, जिनमें जेल जाने, या इससे भी ज़्यादा लाठी खाने और सम्पत्ति ज़ब्त कराने का डर हो। यह स्वाभाविक ही था, और हमारे हज़ारों कार्यकर्ताओं में से हरेक से यह उम्मीद करना ठीक भी न था कि वह घोर कष्ट सहने और अपने परिवार के भंग और नाश के लिए हमेशा तैयार रहे। लेकिन फिर भी हमारे बड़े आन्दोलन का इस तरह धीरे-धीरे पतन होता देखकर दिल में दर्द होता था। फिर भी, सविनय-भंग तो चलता ही रहा, और मौक़े-मौक़े पर, मार्च-अप्रैल 1933 की कलकत्ता-कांग्रेस जैसे बड़े-बड़े प्रदर्शन हो ही जाते थे। गांधी जी यरवदा जेल में थे, मगर उन्हें लोगों से मिलने और हरिजन आन्दोलन के लिए हिदायतें भेजने की कुछ सुविधाएँ मिल गई थीं। कुछ भी हो, इससे उनके जेल में रहने के कारण लोगों के मन में हुई टीस का तीखापन कम हो गया था। इन सब बातों से मुझे बड़ी निराशा हुई।

कई महीने बाद, मई 1933 में, गांधी जी ने फिर अपना इक्कीस दिन का उपवास शुरू किया। पहले तो इसकी ख़बर से भी मुझे फिर बड़ा धक्का लगा; लेकिन होनहार ऐसा ही था, यह समझकर मैंने उसे मंज़ूर कर लिया और अपने दिल को समझा लिया। वास्तव में मुझे उन लोगों पर ही झुँझलाहट हुई, जो उनके उपवास का संकल्प कर लेने और घोषित कर देने के बाद उसे छोड़ देने का ज़ोर उन पर डाल रहे थे। उपवास मेरी तो समझ के बाहर था और निश्चय कर लेने के पहले अगर मुझसे पूछा जाता तो मैं उसके विरोध में ज़ोर की राय देता। लेकिन मैं गांधी जी की प्रतिज्ञा का बड़ा महत्त्व समझता था; और किसी भी व्यक्ति के लिए मुझे यह ग़लत मालूम होता था कि वह किसी भी व्यक्तिगत मामले में, जिसे वह सबसे ज़्यादा महत्त्वपूर्ण समझते थे, उनकी प्रतिज्ञा को तुड़वाने की कोशिश करे। इस तरह यद्यपि मैं खिन्न था, फिर भी मैंने उसे सहन कर लिया। अपना उपवास शुरू करने से कुछ दिन पहले उन्होंने मुझे अपने ख़ास ढंग का एक पत्र भेजा, जिससे मेरा दिल बहुत हिल गया। चूँकि उन्होंने जवाब माँगा था, इसलिए मैंने नीचे लिखा तार भेजा—

> "आपका पत्र मिला। जिन मामलों को मैं नहीं समझता, उनके बारे में मैं क्या कह सकता हूँ? मैं तो एक विचित्र देश में अपने को खोया हुआ-सा अनुभव करता हूँ जहाँ आप ही एकमात्र दीपस्तम्भ हैं; अँधेरे में मैं अपना रास्ता टटोलता हूँ लेकिन ठोकर खाकर गिर जाता हूँ। नतीजा जो कुछ हो, मेरा स्नेह और मेरे विचार हमेशा आपके साथ होंगे!"

एक ओर तो मैं उनके कार्य को बिलकुल नापसन्द करता था, और दूसरी ओर उन्हें चोट न पहुँचाने की भी मेरी इच्छा बलवती थी। मैं इस संघर्ष में पड़ा हुआ था। मैंने अनुभव किया कि मैंने उन्हें प्रसन्नता का सन्देश नहीं भेजा है, और अब जबकि वह अपनी भयंकर अग्नि-परीक्षा में से, जिसमें उनकी मृत्यु भी हो सकती थी, पार होने का निश्चय ही कर चुके हैं, तो मुझे चाहिए कि मुझसे जितना बन सके उतना मैं उन्हें प्रसन्न रखूँ। छोटी-छोटी बातों का भी मन पर बड़ा असर होता है, और उन्हें अपना जीवन-दीप बुझने न देने के लिए अपना सारा मनोबल लगा देना पड़ेगा। मुझे ऐसा भी लगा कि अब जो कुछ भी हो, चाहे दुर्भाग्य से उनकी मृत्यु भी हो जाए, तो भी उसे दृढ़ हृदय से सह लेना चाहिए। इसलिए मैंने उन्हें दूसरा तार भेजा—

> "अब तो जब आपने अपना महान् तप शुरू कर ही दिया है, मैं फिर अपना स्नेह और अभिनन्दन आपको भेजता हूँ और मैं आपको विश्वास दिलाता हूँ कि अब मुझे यह ज़्यादा स्पष्ट दिखाई देता है कि जो कुछ होता है अच्छा ही होता है, और परिणाम कुछ भी हो, आपकी विजय ही है।"

उनका उपवास सकुशल पूरा हुआ। उपवास के पहले ही दिन वह जेल से रिहा कर दिए गए, और उनके कहने से छह हफ़्तों के लिए सविनय-भंग स्थगित कर दिया गया।

मैंने देखा कि उपवास के बीच में देश की भावना में फिर एक ज्वार आया। मैं अधिकाधिक सोचने लगा कि क्या राजनीति में यह उचित मार्ग है? मुझे तो लगने लगा कि यह केवल पुनरुद्धारवाद है और इसके सामने स्पष्ट विचार करने का तरीक़ा बिलकुल नहीं ठहर सकता। सारा हिन्दुस्तान, या उसका अधिकांश श्रद्धा से महात्मा जी की तरफ़ निगाह गड़ाए हुए था, और उनसे उम्मीद करता था कि वह चमत्कार-पर-चमत्कार करते चले जाएँ, अस्पृष्यता का नाश कर दें और स्वराज्य हासिल कर लें इत्यादि, और ख़ुद कुछ भी न करें। गांधी जी भी दूसरों को विचार करने के लिए बढ़ावा नहीं देते थे, उनका आग्रह पवित्रता और बलिदान पर था। मुझे लगा कि हालाँकि मैं गांधी जी पर बड़ी आसक्ति रखता हूँ फिर भी मानसिक दृष्टि से मैं उनसे दूर होता जा रहा हूँ। अक्सर वह अपनी राजनीतिक हलचलों में अपनी कभी न चलनेवाली सहज आत्मप्रेरणा से काम लेते थे। श्रेयस्कर और लाभप्रद काम करने का उनमें स्वभावसिद्ध गुण है; लेकिन क्या राष्ट्र को तैयार करने का रास्ता श्रद्धा का ही है! कुछ वक़्त के लिए तो यह लाभदायक हो सकता है, मगर अन्त में क्या होगा!

मेरी समझ में नहीं आता था कि वर्तमान सामाजिक व्यवस्था को, जिसकी नींव हिंसा और संघर्ष पर है, वह कैसे स्वीकार कर लेते हैं, जैसा कि ऊपर से मालूम पड़ता था। मुझमें ज़ोर से संघर्ष चलने लगा, और मैं दो प्रतिस्पर्द्धी निष्ठाओं (व्यक्ति-निष्ठा और तत्त्व-निष्ठा) की चक्की में पिसने लगा। मैंने जान लिया कि जब मैं जेल की चहारदीवारी से बाहर निकलूँगा, तब भविष्य में मेरे सामने मुसीबतें ही खड़ी मिलेंगी। मुझे प्रतीत होने लगा कि मैं अकेला और निराश्रय हूँ और हिन्दुस्तान, जिसे मैंने प्यार किया और जिसके लिए मैंने इतना परिश्रम किया, मुझे एक पराया और किंकर्तव्यविमूढ़

कर देनेवाला देश मालूम होने लगा। क्या यह मेरा दोष था कि मैं अपने देशवासियों की भावना और विचार-प्रणाली से अपना मेल न बैठा सका? मुझे मालूम हुआ कि अपने अन्तरंग साथियों और मेरे बीच एक अप्रत्यक्ष दीवार खड़ी हो गई है, और उसको पार करने में अपने आपको असमर्थ पाकर मैं दुखी हो गया और मन मसोसकर बैठ गया। उन सबको मानो पुरानी दुनिया ने, पुरानी विचारधाराओं, पुरानी आशाओं और पुरानी इच्छाओं की दुनिया ने घेर रखा था। नई दुनिया तो अभी बहुत दूर थी।

दो लोकों के बीच भटकता
आश्रय की कुछ आस नहीं;
मरी पड़ी है एक, दूसरे में
उठने की शक्ति नहीं।[1]

हिन्दुस्तान, सब बातों से ज़्यादा, धार्मिक देश समझा जाता है, और हिन्दू मुसलमान, सिक्ख तथा दूसरे-दूसरे लोग अपने-अपने मतों का अभिमान रखते हैं, और एक-दूसरे के सिर फोड़कर उनकी सचाई का सबूत देते हैं। हिन्दुस्तान में और दूसरे देशों में मज़हब के, और कम-से-कम मौजूदा रूप में संगठित मज़हब के दृश्य ने मुझे भयभीत कर दिया है। मैंने उसकी कई बार निन्दा की है, और उसको जड़मूल से मिटा देने की इच्छा की है। मुझे तो लगभग हमेशा यही मालूम हुआ कि अन्धविश्वास और प्रगतिविरोध, जड़ (प्रमाण-रहित) सिद्धान्त और कट्टरपन, अन्धश्रद्धा और शोषण नीति और (न्याय अथवा अन्याय से) स्थापित स्वार्थों के संरक्षण का ही नाम 'धर्म' है। मगर यह भी मुझे अच्छी तरह मालूम है कि धर्म में और भी कुछ है, उसमें कुछ ऐसी चीज़ भी है, जो मनुष्यों की गहरी आन्तरिक आकांक्षा भी पूरा करती है। नहीं तो उसका इतनी ज़बरदस्त शक्ति बनना, जैसा कि बना हुआ है, कैसे सम्भव था? और उससे अनगिनत पीड़ित आत्माओं को सुख और शान्ति कैसे मिल सकती थी? क्या वह शान्ति केवल अंधविश्वास को शरण देने और शंकाओं पर पर्दा डालनेवाली थी? क्या वह वैसी ही शान्ति थी जैसी खुले समुद्र के तूफ़ानों से बचकर किसी बन्दरगाह में मिलती है, या उससे कुछ ज़्यादा थी, कुछ बातों में तो सचमुच वह इससे कुछ ज़्यादा ही थी।

लेकिन इसका भूतकाल कैसा भी रहा हो, आजकल का संगठित धर्म तो ज़्यादातर एक ख़ाली खोल ही रह गया है, जिसके अन्दर कोई तथ्य और तत्त्व नहीं है। श्री जी.के. चेस्टरन ने[2] इसकी (स्वयं अपने विशेष धर्म की नहीं, मगर दूसरों के धर्म की) उपमा भूगर्भ में पाए जानेवाले किसी ऐसे जानवर या प्राणी के पाषाणखचित ढाँचे से दी है जिसके अन्दर से उसका अपना जीवन-तत्त्व तो पूरी तरह से निकल चुका है, लेकिन ऊपरी पंजर इसलिए रह गया है कि उसके अन्दर कोई बिलकुल दूसरी ही चीज़ भर दी गई थी और, अगर किसी धर्म में कोई महत्त्वपूर्ण चीज़ रह भी गई है तो, उस पर दूसरी अन्य हानिकर चीज़ों का लेप चढ़ गया है।

---

1. अंग्रेज़ी पद्य का भावानुवाद।
2. यह कैथलिक सम्प्रदाय से थे।

मालूम होता है कि यही बात हमारे पूर्वीय धर्मों में और पश्चिमी धर्मों में भी हुई है। चर्च ऑव इंग्लैंड ऐसे धर्मों का एक स्पष्ट उदाहरण है, जो किसी भी अर्थ में मज़हब नहीं है। किसी हद तक, यही बात सारे संगठित प्रोटेस्टेंट धर्मों के बारे में सही है; लेकिन इसमें सबसे आगे बढ़ा हुआ चर्च ऑव इंग्लैंड ही है, क्योंकि वह बहुत अर्से से एक सरकारी राजनीतिक महकमा बन चुका है।[1]

उसके बहुत-से अनुयायियों का चरित्र बेशक ऊँचे-से-ऊँचा है, मगर यह मार्के की बात है कि किस तरह इस चर्च ने ब्रिटिश साम्राज्यवाद के उद्देश्य को पूरा किया है, और पूँजीवाद और साम्राज्यवाद दोनों को किस तरह नैतिक और ईसाई जामा पहना दिया है। इस धर्म ने एशिया और अफ्रीका में अंग्रेज़ों की लुटेरी नीति का समर्थन करने की कोशिश की है, और अंग्रेज़ों में एक असाधारण और ईर्ष्या करने योग्य भावना भर दी है कि हम हमेशा ठीक और सही काम करते हैं। इस बड़प्पन-भरी सत्कार्य-भावना को इस चर्च ने पैदा किया है या वह ख़ुद उससे पैदा हुई है, यह मैं नहीं जानता। यूरोपियन महाद्वीप के और अमेरिका के दूसरे देश, जो इंग्लैंड के बराबर भाग्यशाली नहीं हुए हैं, अक्सर कहते हैं कि अंग्रेज़ मक्कार हैं। 'विश्वासघाती इंग्लैंड'—यह एक पुराना ताना है। लेकिन शायद यह इलजाम तो

1. हिन्दुस्तान में चर्च ऑव इंग्लैंड तो प्राय: सरकार से अलग मालूम ही नहीं होता है। जिस तरह ऊँचे सरकारी नौकर साम्राज्यवादी सत्ता के प्रतीक हैं, उसी तरह (हिन्दुस्तान के ख़ज़ाने से) सरकार की तरु से तनख़्वाह पानेवाले पादरी और चेपलेन भी हैं। हिन्दुस्तान की राजनीति में चर्च कुल मिलाकर एक रूढ़िवादी और प्रतिगामी शक्ति रहा है और आमतौर पर सुधार या प्रगति के विरुद्ध रहा है। सामान्य ईसाई मिशनरी हिन्दुस्तान के पुराने इतिहास और संस्कृति से आमतौर पर बिलकुल नावाक़िफ़ होते हैं और वे यह जानने की ज़रा भी तकलीफ़ नहीं उठाते कि वह कैसी थी या कैसी है। वे ग़ैर-ईसाइयों के पापों और कमज़ोरियों को दिखाते रहने में ज़्यादा दिलचस्पी लेते हैं। बेशक, कई लोग इनमें बहुत ऊँचे और अपवाद-रूप हुए हैं। चार्ली एंडरूज से बढ़कर हिन्दुस्तान का दूसरा सच्चा मित्र नहीं हुआ, जिनमें प्रेम और सेवा की भावना और उमड़ती हुई मैत्री ख़ूब लबालब भरी हुई थी। पूना के क्राइस्ट सेवा-संघ में भी कुछ अच्छे अंग्रेज़ हैं जिनके मज़हब ने उन्हें दूसरों को समझना और उनकी सेवा करना, न कि अपना बड़प्पन दिखाना, सिखलाया है और वे अपनी सारी योग्यताओं के साथ हिन्दुस्तान की जनता की सेवा में लग गए हैं। दूसरे भी कई अंग्रेज़ पादरी हुए हैं, जिनको हिन्दुस्तान याद करता है

12 दिसम्बर, 1934 को लॉर्ड-सभा में बोलते हुए केंटरबरी के धर्माध्यक्ष ने 1919 के मांटेगु-चेम्सफोर्ड सुधारों की प्रस्तावना का ज़िक्र किया था और कहा था कि "कभी-कभी मुझे ख़याल होता है कि महान् घोषणा कुछ जल्दबाज़ी में कर दी गई है और मेरा अनुमान है कि महायुद्ध के बाद एक उतावलेपन का और उदारता का प्रदर्शन कर दिया गया है; लेकिन जो ध्येय निश्चित कर दिया गया है उसे वापस नहीं लिया जा सकता।" यह ग़ौर करने लायक़ बात है कि इंग्लिश चर्च का धर्माध्यक्ष हिन्दुस्तान की राजनीति के बारे में ऐसा अनुदार दृष्टिकोण रखता है। जो चीज़ भारतीय लोकमत के अनुसार बिलकुल ही नाकाफ़ी समझी गई और इसी कारण जिसके लिए असहयोग और बाद की तमाम घटनाएँ हुईं, उसको धर्माध्यक्ष साहब 'उतावलेपन का और उदारता का प्रदर्शन' कहते हैं। इंग्लैंड के शासकवर्ग के दृष्टिकोण से यह एक संतोषप्रद सिद्धान्त है और इसमें शक नहीं कि अपनी उदारता के सम्बन्ध में उनका यह विश्वास, जो कि अविवेक की हद तक पहुँच जाता है, उनके अन्दर संतोष की एक सात्त्विक ज्योति जगाए बिना न रहता होगा।

अंग्रेज़ों की कामयाबी से उत्पन्न हुई ईर्ष्या से लगाया जाता है और निश्चय ही कोई दूसरा देश भी इंग्लैंड के दोष नहीं निकाल सकता, क्योंकि उसके भी कारनामे इतने ही ख़राब हैं। जो राष्ट्र जान-बूझकर मक्कारी करता है, उसके पास हमेशा इतना शक्ति-संग्रह नहीं रह सकता, जैसा कि अंग्रेज़ों ने बार-बार कर दिखलाया है; और इसमें उनके ख़ास तरह के 'धर्म' ने, स्वार्थ-साधन के समय नीति-अनीति की चिन्ता करने की भावना कुंठित करके, मदद पहुँचाई है। दूसरी जातियों और राष्ट्रों ने अक्सर अंग्रेज़ों से भी बहुत ख़राब काम किए हैं, लेकिन अंग्रेज़ों के बराबर वे अपना स्वार्थ साधनेवाले कार्यों को सत्कार्य समझने में सफल नहीं हुए हैं। हम सभी के लिए यह बहुत आसान है कि हम दूसरों के 'तिल' के बराबर दोष को 'पहाड़' के बराबर बता दें और ख़ुद अपने 'पहाड़' के बराबर दोष को 'तिल' के बराबर समझें, लेकिन शायद इस करतब में भी अंग्रेज़ ही सबसे ज़्यादा बढ़कर हैं।[1]

प्रोटेस्टेंट-मत ने नई परिस्थिति के अनुकूल बन जाने की कोशिश की, और लोक-परलोक दोनों का ही ज़्यादा-से-ज़्यादा फ़ायदा उठाना चाहा। जहाँ तक इस दुनिया का सम्बन्ध था, वहाँ तक तो वह ख़ूब ही सफल रहा, लेकिन धार्मिक दृष्टि से वह संगठित धर्म के रूप में 'न घर का रहा न घाट का।' और धीरे-धीरे धर्म की जगह भावुकता और व्यवसाय आ गया। रोमन कैथलिक मत इस दुष्परिणाम से बच गया क्योंकि वह पुरानी जड़ को ही पकड़े रहा, और जब तक वह जड़ क़ायम रहेगी, तब तक वह भी फूलता-फलता रहेगा। पश्चिम में आज वही एक अपने सीमित अर्थ में 'जीवित धर्म' रह गया है। एक रोमन कैथलिक मित्र ने जेल में मेरे पास कैथलिक-मत पर कई पुस्तकें और धार्मिक पत्र भेज दिए थे, और मैंने उन्हें बड़ी दिलचस्पी से पढ़ा था। उन्हें पढ़ने पर मुझे मालूम हुआ कि लोगों पर उसका कितना बड़ा प्रभाव है। इस्लाम और प्रचलित हिन्दू धर्म की तरह ही उससे भी सन्देह और मानसिक द्वन्द्व से राहत मिल जाती है और भावी जीवन के बारे में एक आश्वासन मिल जाता है, जिससे इस जीवन की कसर पूरी हो जाती है।

मगर, मेरी समझ में इस तरह की सुरक्षा चाहना मेरे लिए तो असम्भव है। मैं खुले समुद्र को ही ज़्यादा चाहता हूँ जिसमें चाहे कितनी आँधियाँ और तूफ़ान हों। मुझे परलोक या मृत्यु के बाद क्या होता है, इसके बारे में कोई दिलचस्पी नहीं है। इस जीवन की समस्याएँ ही मेरे दिमाग़ को व्यस्त करने के लिए काफ़ी मालूम होती हैं। मुझे तो चीनियों की परम्परा से चली आई जीवन-दृष्टि, जो कि मूल में नैतिक है, लेकिन फिर भी अधार्मिकता या नास्तिकता का रंग लिये हुए है, पसन्द आती है;

1. चर्च ऑव इंग्लैंड हिन्दुस्तान की राजनीति पर किस तरह अपना अप्रत्यक्ष असर डालता है, इसकी एक मिसाल हाल ही में मेरे देखने में आई है। 7 नवम्बर, 1938 को कानपुर में संयुक्त प्रान्तीय हिन्दुस्तानी ईसाई कॉन्फ्रेंस में स्वागताध्यक्ष श्री ई.डी. डेविड ने कहा था कि "ईसाई की हैसियत से, हमारा यह धार्मिक कर्तव्य है कि हम सम्राट के राजभक्त रहें, जो कि हमारे धर्म के संरक्षक हैं।" लाज़मी तौर पर इसका अर्थ हुआ, हिन्दुस्तान में ब्रिटिश साम्राज्यवाद का समर्थन। श्री डेविड ने आई.सी.एस., पुलिस और समस्त प्रस्तावित विधान के बारे में, इंग्लैंड के 'कट्टर' अनुदार लोगों की इस राय के साथ भी अपनी सहानुभूति प्रकट की थी कि इससे हिन्दुस्तान के ईसाई मिशन ख़तरे में पड़ सकते हैं।

हालाँकि जिस तरह वह व्यवहार में लाई जा रही है, वह मुझे पसन्द नहीं है। मुझे तो 'ताओ' यानी जिस मार्ग पर चलना चाहिए और जीवन की जो पद्धति होनी चाहिए, उसमें रुचि है। मैं चाहता हूँ कि जीवन को समझा जाए, उसको त्यागा नहीं, बल्कि उसको अंगीकार किया जाए, उसके अनुसार चला जाए, और उसको उन्नत बनाया जाए। मगर आम धार्मिक दृष्टिकोण इस लोक से नाता नहीं रखता। मुझे वह स्पष्ट विचार का दुश्मन मालूम होता है, क्योंकि वह सिर्फ़ कुछ स्थिर और न बदलनेवाले मतों और सिद्धान्तों को बिना चू-चपड़ किए स्वीकार कर लेने पर ही नहीं, बल्कि भावुकता और मनोवेग पर भी आधारित है। मैं जिन्हें आध्यात्मिकता और आत्मा-सम्बन्धी बातें समझता हूँ उनसे वह बहुत दूर है; और वह, जान-बूझकर या अनजाने में इस डर से, शायद वास्तविकता पूर्व-निश्चित विचारों से मेल न खाए, वास्तविकता से भी आँखें बन्द कर लेता है। वह संकीर्ण है, और अपने से भिन्न रायों या विचारों को सहन नहीं करता। वह स्वार्थपरता और अहंकार से पूर्ण है, और अक्सर स्वार्थी और अवसरवादी लोगों को अपने से अनुचित फ़ायदा उठाने देता है।

इसका अर्थ यह नहीं है कि धर्मभीरु व्यक्ति अक्सर ऊँचे-से-ऊँचे नैतिक और आध्यात्मिक कोटि के लोग नहीं हुए हैं, या अभी भी नहीं हैं। लेकिन इसका यह अर्थ ज़रूर है कि अगर नैतिकता और आध्यात्मिकता को दूसरे लोक के पैमाने से न नापकर इसी लोक के पैमाने से नापना हो तो धार्मिक दृष्टिकोण अवश्य ही राष्ट्रों की नैतिक और आध्यात्मिक प्रगति में सहायता नहीं देता, बल्कि अड़चन तक डालता है। आमतौर पर, धर्म ईश्वर या परम तत्त्व की अ-सामाजिक या व्यक्तिगत खोज का विषय बन जाता है और धर्मभीरु व्यक्ति समाज की भलाई की अपेक्षा अपनी मुक्ति की ज़्यादा फ़िक्र करने लगता है। रहस्यवादी अपने अहंकार से छुटकारा पाने की कोशिश करता है, और इस कोशिश में अक्सर अहंकार की ही बीमारी उसके पीछे लग जाती है। नैतिक पैमानों का सम्बन्ध समाज की आवश्यकता से नहीं रहता, बल्कि पाप के अत्यन्त गूढ़ आध्यात्मिक सिद्धान्तों पर वे आधारित रहते हैं। और, संगठित धर्म तो हमेशा स्थापित स्वार्थ ही बन जाता है, और इस तरह लाज़मी तौर पर वह परिवर्तन और प्रगति के लिए एक विरोधी (प्रतिगामी) शक्ति होता है।

यह सुप्रसिद्ध है कि शुरू के दिनों में ईसाई मज़हब ने ग़ुलाम लोगों को अपना सामाजिक दर्ज़ा उठाने में मदद नहीं दी थी। ये ग़ुलाम ही यूरोप के मध्यकालीन युग में, आर्थिक परिस्थितियों के कारण भू-स्वामियों के क्रीत दास बन गए। मज़हब का रुख दो सौ वर्ष पहले तक (1727 तक) क्या रहा था, यह अमेरिका के दक्षिणी उपनिवेशों के दास-स्वामियों को लिखे हुए बिशप ऑव लन्दन के एक पत्र से मालूम पड़ सकता है।[1]

बिशप ने लिखा था कि "ईसाई धर्म और बाइबिल को मान लेने से नागरिक सम्पत्ति या नागरिक सम्बन्धों से उत्पन्न हुए कर्तव्यों में ज़रा भी तब्दीली नहीं आती; वरन् इन मामलों में 'व्यक्ति' उसी 'अवस्था' में रहते हैं जिस अवस्था में वह पहले थे। ईसाई धर्म जो मुक्ति देता है, वह मुक्ति 'पाप' और 'शैतान के बन्धन से' और

1. यह पत्र रेनॉल्ड नाईबर की लिखी हुई पुस्तक 'मॉरल मैन एंड इम्मॉरल सोसायटी' (पृ. 78) में उद्धृत हुआ है। यह किताब बड़ी ही रोचक और विचार प्रेरक है।

मनुष्यों के 'काम', 'विचार' और तीव्र 'वासना' के बन्धन से है मगर, उसकी बाहरी हालत, बपतिस्मा—'ईसाई धर्म की दीक्षा'—दिए जाने और ईसाई बनाने से पहले, जैसी ग़ुलामी या आज़ादी की थी, उसमें वह किसी भी तरह का परिवर्तन नहीं करता।"

आज कोई भी संगठित धर्म इतने साफ़ ढंग से अपने ख़यालात ज़ाहिर नहीं करेगा, लेकिन सम्पत्ति और मौजूदा समाज-व्यवस्था की तरफ़ उसका रुख ख़ासकर यही होगा।

यह सभी जानते हैं कि शब्द तो अर्थ-बोध कराने के बहुत ही अपूर्ण साधन हैं, और उनके कई तरह से अर्थ लगाए जाते हैं। किसी भी भाषा में 'धर्म' शब्द का (या दूसरी भाषाओं के इसी अर्थ वाले शब्दों का) जितने भिन्न-भिन्न अर्थ भिन्न-भिन्न लोग लगाते हैं, उतना शायद ही किसी दूसरे शब्द का अर्थ लगाया जाता हो। 'मज़हब' शब्द को पढ़ने या सुनने से शायद किन्हीं भी दो मनुष्यों के मन में एक ही से विचार या कल्पनाएँ पैदा नहीं होंगी। इन विचारों या कल्पनाओं में, कर्मकांडों और रस्म-रिवाजों के, धर्मग्रंथों के, मनुष्यों के एक समुदाय-विशेष के, कुछ निश्चित सिद्धान्तों और नीति-नियमों, श्रद्धा, भक्ति, भय, घृणा, दया, बलिदान, तपस्या, उपवास, भोज, प्रार्थना, पुराने इतिहास, शादी, गमी, परलोक, दंगों और सिर-फुटौवल इत्यादि अनेक बातों के विचार और भाव शामिल हैं। इन असंख्य प्रकार की कल्पनाओं और अर्थों के कारण दिमाग़ में ज़बरदस्त गड़बड़ी तो पैदा हो ही जाएगी, लेकिन हमेशा एक तेज़ भावुकता भी उमड़ पड़ेगी, जिससे अलिप्त और अनासक्त रूप से विचार करना नामुमकिन हो जाएगा। जब 'धर्म' शब्द का ठीक और निश्चित अर्थ (अगर कभी था तो) बिलकुल नहीं रहा है, और अक्सर बिलकुल ही भिन्न-भिन्न अर्थों में उसका प्रयोग होता है, तब तो वह सिर्फ़ गड़बड़ी ही उत्पन्न करता है और उससे वाद-विवाद और तर्क का कभी अन्त ही नहीं हो सकता। बहुत ज़्यादा अच्छा यह हो कि इस शब्द का प्रयोग ही बिलकुल बन्द कर दिया जाए, और उसके स्थान पर ज़्यादा सीमित अर्थ वाले शब्द इस्तेमाल किए जाएँ; जैसे—ईश्वर-विज्ञान, दर्शन-विज्ञान, आचार-शास्त्र, नीति-शास्त्र, आत्मवाद, आध्यात्मिक शास्त्र, कर्तव्य, लोकाचार आदि-आदि। यों तो ये शब्द भी काफ़ी अस्पष्ट हैं, लेकिन ये 'धर्म' की अपेक्षा बहुत परिमित अर्थ रखते हैं। इससे बड़ा लाभ होगा, क्योंकि अभी तक इन शब्दों के साथ उतनी भावुकता नहीं जुड़ पाई है जितनी कि 'धर्म' के साथ जुड़ चुकी है।

तो, 'धर्म' (इस शब्द से स्पष्ट हानि होने पर भी इसी का प्रयोग कर रहा हूँ) चीज़ क्या है? शायद वह है व्यक्ति की आन्तरिक उन्नति, एक ख़ास दिशा में जो अच्छी समझी जाती है, उसकी चेतना का विकास। वह दिशा कौन-सी होनी चाहिए, यह भी एक बहस की बात ही होगी। लेकिन जहाँ तक मैं समझता हूँ धर्म इसी भीतरी परिवर्तन पर ज़ोर देता है, और बाहरी परिवर्तन को इस भीतरी विकास का ही एक अंग या रूप-मात्र मानता है। इसमें शक नहीं हो सकता कि इस आन्तरिक उन्नति का बाहरी हालत पर बड़ा ज़बरदस्त असर पड़ता है। मगर, इसके साथ ही यह भी साफ़ है कि बाहरी हालत का आन्तरिक प्रगति पर भी भारी असर पड़ता है। दोनों का एक-दूसरे पर प्रभाव पड़ता है और प्रतिक्रिया भी होती रहती है। यह सब जानते

हैं कि पश्चिम के आधुनिक औद्योगिक देशों में आन्तरिक विकास की अपेक्षा बाहरी विकास बहुत ज़्यादा हुआ है, लेकिन इससे यह नतीजा नहीं निकलता, जैसा कि पूर्वीय देशों के कई लोग शायद समझते हैं, कि चूँकि हम कल-कारख़ानों के उद्योगों में पीछे हैं और हमारा बाहरी विकास धीमा रहा है, इसलिए हमारा आन्तरिक विकास उनसे ज़्यादा हो गया है। यह एक भ्रम है, जिससे हम अपने को तसल्ली दे लेते हैं और अपनी हीनता की भावना को दबाने की कोशिश करते हैं। यह हो सकता है कि कुछ व्यक्ति अपनी परिस्थितियों और हालतों से ऊपर उठ सकें और ऊँचे आन्तरिक विकास पर पहुँच सकें; लेकिन बड़े-बड़े दलों और राष्ट्रों के लिए तो, आन्तरिक विकास हो सकने से पहले किसी अंश तक बाहरी विकास का होना आवश्यक है। जो आदमी आर्थिक परिस्थितियों का शिकार है, और जीवन-संघर्ष के बन्धनों और बाधाओं से घिरा हुआ है, वह शायद ही किसी ऊँची कोटि की आत्म-चेतना प्राप्त कर सके। जो वर्ग पद-दलित और शोषित होता है, वह आन्तरिक रूप से कभी प्रगति नहीं कर सकता। जो राष्ट्र राजनीतिक और आर्थिक रूप से पराधीन है और बन्धनों में पड़ा परिस्थितियों से मजबूर और शोषित हो रहा है, वह कभी आन्तरिक उन्नति में सफल नहीं हो सकता। इस तरह आन्तरिक उन्नति के लिए भी बाहरी आज़ादी और अनुकूल परिस्थिति की ज़रूरत होती है। इस बाहरी आज़ादी को पाने और परिस्थिति ऐसी बनाने के लिए, कि जिससे आन्तरिक प्रगति की सब रुकावटें दूर हो जाएँ, यह आवश्यक है कि साधन ऐसे मिलें जिनसे असली उद्देश्य ही न मिट जाए। मैं समझता हूँ कि जब गांधी जी कहते हैं कि उद्देश्य से साधन ज़्यादा महत्त्वपूर्ण है, तो उनका भाव कुछ ऐसा ही जान पड़ता है। मगर साधन ऐसे ज़रूर होने चाहिए जो उस उद्देश्य तक पहुँचा दें, नहीं तो सारा प्रयत्न व्यर्थ होगा, और उसके फलस्वरूप शायद, भीतरी और बाहरी दोनों दृष्टियों से, और अधिक पतन हो जाए।

गांधी जी ने कहीं लिखा है—"कोई भी आदमी धर्म के बिना जीवित नहीं रह सकता। कुछ ऐसे लोग हैं जो अपनी बुद्धि के घमंड में कहते हैं कि हमारा धर्म से कोई सम्बन्ध नहीं है। मगर यह ऐसी बात हुई कि कोई आदमी साँस तो लेता हो, लेकिन कहता हो कि मेरे नाक नहीं है।" एक दूसरी जगह कहते हैं—"सत्य के प्रति मेरी आस्था ने मुझे राजनीति के मैदान में ला खींचा है। और मैं बिना किसी हिचकिचाहट के, लेकिन पूरी नम्रता के साथ, कह सकता हूँ कि वे लोग जो यह कहते हैं कि 'धर्म' का राजनीति से कोई नाता नहीं है, यह समझते ही नहीं कि 'धर्म' का क्या अर्थ है।" यदि वह यों कहते कि वे लोग जो जीवन और राजनीति में से 'धर्म' को निकाल डालना चाहते हैं, धर्म शब्द का मेरे आशय से बहुत भिन्न कोई दूसरा ही आशय समझते हैं, तो शायद यह अधिक सही होता। यह स्पष्ट है कि गांधी जी 'धर्म' शब्द को उसके भाष्यकारों से भिन्न अर्थ में, शायद और किसी अर्थ की अपेक्षा नैतिक अर्थ में अधिक ले रहे हैं। एक ही शब्द को भिन्न-भिन्न अर्थों में इस तरह प्रयोग करने से एक-दूसरे को समझना और भी मुश्किल हो जाता है।

धर्म की एक बहुत ही आधुनिक परिभाषा, जिससे कि धर्मभीरु व्यक्ति सहमत न होंगे, प्रोफ़ेसर जॉन डेवी ने की है। उनकी राय में "धर्म वह चीज़ है, जो लोक-

जीवन के खंड-खंड और परिवर्तनशील दृश्यों को समझने की शुद्ध दृष्टि देता है," या फिर "जो प्रवृत्ति व्यक्तिगत हानि होने की आशंका होने पर भी, और बाधाओं के विरोध में भी किसी आदर्श लक्ष्य को पाने के लिए जारी रखी जाती है, और जिसके पीछे यह विश्वास हो कि वह सामान्य और स्थायी उपयोगिता वाली है, वही स्वरूप में धार्मिक है।" अगर धर्म यही चीज़ है, तब तो निश्चय ही उस पर किसी को भी कुछ एतराज़ नहीं हो सकता।

रोम्याँ रोलां ने भी धर्म का ऐसा अर्थ निकाला है, जिससे शायद संगठित मज़हब के कट्टर लोग भयभीत हो जाएँगे। अपने 'रामकृष्ण परमहंस' के जीवन-चरित्र में वह लिखते हैं—

> "...बहुत-से व्यक्ति ऐसे हैं, जो सभी तरह के धार्मिक विश्वासों से दूर हैं, या उनका ख़याल है कि वे दूर हैं, लेकिन वास्तव में उनमें एक अति-बौद्धिक चेतना व्याप्त रहती है, जिसे वे समाजवाद, साम्यवाद, मानवहितवाद, राष्ट्रवाद या बुद्धिवाद भी कहते हैं। विचार का लक्ष्य क्या है, इसकी अपेक्षा विचार किस कोटि का है, यह देखकर हम निर्णय कर सकते हैं कि वह धर्म-प्रसू है या नहीं। अगर वह विचार हर तरह की कठिनाई सहकर एकनिष्ठ लगन और हर तरह के बलिदान की तैयारी के साथ, सत्य की खोज की तरफ़ निर्भयतापूर्वक ले जाता है, तो मैं उसे धर्म ही कहूँगा क्योंकि धर्म के अन्दर यह विश्वास शामिल है कि मानवीय पुरुषार्थ का ध्येय मौजूदा समाज के जीवन से ऊँचा;. बल्कि सारे मानव-समाज के जीवन से भी ऊँचा है। नास्तिकता भी, जब वह सर्वाशत: सच्ची बलवती प्रकृतियों से निकलती है, और जब वह निर्बलता की नहीं, बल्कि शक्ति की एक मूर्तरूप होती है, तो वह भी धार्मिक आत्मा की महान सेना के प्रयाण में शामिल हो जाती है।

मैं नहीं कह सकता कि मैं रोम्याँ रोलां की इन शर्तों को पूरा करता ही हूँ लेकिन इन शर्तों पर तो इस महान सेना का एक तुच्छ सैनिक बनने को मैं तैयार हूँ।

~

हिन्दू धर्म क्या है?

(*हिन्दुस्तान की कहानी* से)

हमारे पुराने साहित्य में तो 'हिन्दू' शब्द कहीं आता ही नहीं। मुझे बताया गया है कि इस शब्द का हवाला हमें जो किसी हिन्दुस्तानी पुस्तक में मिलता है, वह है आठवीं सदी ईसवी के एक तांत्रिक ग्रंथ में, और वहाँ हिन्दू का मतलब किसी ख़ास धर्म से नहीं, बल्कि ख़ास लोगों से है। लेकिन यह ज़ाहिर है कि यह लफ़्ज़ बहुत पुराना है

और 'अवेस्ता' में और पुरानी फ़ारसी में आता है। उस समय, और उस समय से हज़ार साल बाद तक पश्चिमी और मध्य-एशिया के लोग इस लफ़्ज़ का इस्तेमाल हिन्दुस्तान के लिए बल्कि सिंधु नदी के इस पार बसनेवाले लोगों के लिए करते थे। यह लफ़्ज़ साफ़-साफ़ 'सिंधु' से निकला है और यह 'इंडस' का पुराना और नया नाम है। इस 'सिंधु' शब्द से हिन्दू और हिन्दुस्तान बने हैं और 'इंडोस' और 'इंडिया' भी। मशहूर चीनी यात्री इत्-सिंग ने, जो हिन्दुस्तान में सातवीं सदी ईसवी में आया था, अपनी यात्रा के बयान में लिखा है कि 'उत्तर की जातियाँ', यानी मध्य-एशिया के लोग हिन्दुस्तान को हिन्दू (सीन्-तु) कहते हैं, लेकिन उसने यह भी लिखा है कि "यह आम नाम नहीं है...हिन्दुस्तान का सबसे मुनासिब नाम आर्य-देश है।" एक ख़ास मज़हब के माने में 'हिन्दू' शब्द का इस्तेमाल बहुत बाद का है।

हिन्दुस्तान में मज़हब के लिए पुराना व्यापक शब्द 'आर्य-धर्म' था। दरअसल धर्म का अर्थ मज़हब या 'रिलिजन' से ज़्यादा विस्तृत है। इसकी व्युत्पत्ति जिस धातु-शब्द से हुई है, उसके मानी हैं 'एक साथ पकड़ना।' यह किसी वस्तु की भीतरी आकृति, उसके आन्तरिक जीवन के विधान, के अर्थ में आता है। इसके अन्दर नैतिक विधान, सदाचार और आदमी की सारी ज़िम्मेदारियाँ और कर्तव्य आ जाते हैं। आर्य-धर्म के भीतर वे सभी मत आ जाते हैं, जिनका आरम्भ हिन्दुस्तान में हुआ है, वे मत चाहे वैदिक हों, चाहे अ-वैदिक। इसका व्यवहार बौद्धों और जैनों ने भी किया है और उन लोगों ने भी, जो वेदों को मानते हैं। बुद्ध अपने बनाए मोक्ष के मार्ग को हमेशा 'आर्य-मार्ग' कहते थे।

पुराने ज़माने में 'वैदिक धर्म' शब्दों का इस्तेमाल ख़ासतौर पर उन दर्शनों, नैतिक शिक्षाओं, कर्म-कांड और व्यवहारों के लिए होता था, जिनके बारे में समझा जाता था कि वे वेद पर अवलम्बित हैं। इस तरह से, वे सभी लोग, जो वेदों को आमतौर पर प्रमाण मानते थे, वैदिक धर्म वाले कहलाए।

सभी क़दीम हिन्दुस्तानी मतों के लिए और इनमें बुद्ध मत और जैन मत भी शामिल हैं—'सनातन-धर्म' यानी प्राचीन धर्म का प्रयोग हो सकता है, लेकिन इस पर आजकल हिन्दुओं के कुछ कट्टर दलों ने एकाधिकार कर रखा है, जिनका दावा है कि वे इस प्राचीन मत के अनुयायी हैं।

बौद्ध धर्म और जैन धर्म यक़ीनी तौर पर हिन्दू धर्म नहीं हैं और न वैदिक धर्म ही हैं। फिर भी उनकी उत्पत्ति हिन्दुस्तान में ही हुई और ये हिन्दुस्तानी ज़िन्दगी, तहज़ीब और फ़लसफ़े के अंग हैं। हिन्दुस्तान में बौद्ध और जैनी हिन्दुस्तानी विचारधारा और संस्कृति की सौ फ़ीसदी उपज हैं, फिर भी इनमें से कोई भी मत के ख़याल से हिन्दू नहीं है। इसलिए हिन्दुस्तानी संस्कृति को हिन्दू संस्कृति कहना एक सरासर ग़लतफ़हमी फैलानेवाली बात है। बाद के वक़्तों में इस संस्कृति पर इस्लाम के सम्पर्क का बड़ा असर पड़ा, लेकिन यह फिर भी बुनियादी तौर पर और साफ़-साफ़ हिन्दुस्तानी ही बनी रही। आज यह सैकड़ों तरीक़ों पर पश्चिम की व्यावसायिक सभ्यता के ज़ोरदार असर का अनुभव कर रही है और यह ठीक-ठीक बता सकना मुश्किल है कि इसका नतीजा क्या होकर रहेगा।

हिन्दू धर्म जहाँ तक कि वह एक मत है, अस्पष्ट है, इसकी कोई निश्चित रूपरेखा नहीं; इसके कई पहलू हैं और ऐसा है कि जो चाहे इसे जिस तरह का मान ले। इसकी परिभाषा दे सकना या निश्चित रूप में कह सकना कि साधारण अर्थ में यह एक मत है, कठिन है। अपनी मौजूदा शक्ल में, बल्कि बीते हुए ज़माने में भी, इसके भीतर बहुत-से विश्वास और कर्म-कांड आ मिले हैं, ऊँचे-से-ऊँचे और गिरे-से-गिरे, और अक्सर इनमें आपस का विरोध भी मिलता है। इसकी मुख्य भावना यह जान पड़ती है कि अपने को ज़िन्दा रखो और दूसरे को भी जीने दो। महात्मा गांधी ने इसकी परिभाषा देने की कोशिश की है—"अगर मुझसे हिन्दू-मत की परिभाषा देने को कहा जाए, तो मैं सिर्फ़ यह कहूँगा कि 'यह अहिंसात्मक साधनों से सत्य की खोज है।' आदमी चाहे ईश्वर में विश्वास न रखे, फिर भी वह अपने को हिन्दू कह सकता है। हिन्दू धर्म सत्य की अनथक खोज है, हिन्दू धर्म सत्य को माननेवाला धर्म है। सत्य ही ईश्वर है। हम इस बात से परिचित हैं कि ईश्वर से इनकार किया गया है। हमने सत्य से कभी इनकार नहीं किया है।" गांधी जी इसे सत्य और अहिंसा बताते हैं, लेकिन बहुत-से प्रमुख लोग, जिनके हिन्दू होने में कोई सन्देह नहीं, यह कह देते हैं कि अहिंसा, जैसा उसे गांधी जी समझते हैं, हिन्दू-मत का आवश्यक अंग नहीं है। तो फिर हिन्दू-मत का अकेला सूचक चिह्न सत्य रह जाता है। ज़ाहिर है यह कोई परिभाषा नहीं हुई।

इसलिए 'हिन्दू' और 'हिन्दू धर्म' शब्दों का हिन्दुस्तानी संस्कृति के लिए इस्तेमाल किया जाना न तो शुद्ध है और न मुनासिब ही है, चाहे इन्हें बहुत पुराने ज़माने के हवाले में ही क्यों न इस्तेमाल कर रहे हों, अगरचे बहुत-से विचार, जो प्राचीन ग्रंथों में सुरक्षित हैं, इस संस्कृति के उद्‌गार हैं। और आज तो इन शब्दों का इस अर्थ में इस्तेमाल किया जाना और भी ग़लत है। जब तक पुराने विश्वास और फ़लसफ़े सिर्फ़ ज़िन्दगी के एक मार्ग और संसार को देखने के एक रुख के रूप थे, तब तक तो अधिकतर हिन्दुस्तानी संस्कृति का पर्याय हो सकते थे। लेकिन जब एक ज़्यादा पाबन्दी वाले मज़हब का विकास हुआ, जिसके साथ न जाने कितने विधि-विधान और कर्म-कांड लगे हुए थे, तब यह उससे कुछ आगे बढ़ी हुई चीज़ थी और साथ ही उस मिली-जुली संस्कृति के मुक़ाबले में घटकर भी थी। एक ईसाई या मुसलमान अपने को हिन्दुस्तानी ज़िन्दगी और संस्कृति के मुताबिक़ ढाल सकता था और अक्सर ढाल लेता था, और साथ ही जहाँ तक मज़हब का ताल्लुक़ है, वह कट्टर ईसाई या मुसलमान बना रहता था। उसने अपने को हिन्दुस्तानी बना लिया था और बिना अपना मज़हब बदले हुए हिन्दुस्तानी बन गया था।

'हिन्दुस्तानी' के लिए ठीक शब्द 'हिन्दी' होगा, चाहे हम उसे मुल्क के लिए, चाहे संस्कृति के लिए और चाहे अपनी भिन्न परम्पराओं के तारीख़ी सिलसिले के लिए इस्तेमाल करें। यह लफ़्ज़ 'हिन्द' से बना है, जो हिन्दुस्तान का छोटा रूप है। अब भी हिन्दुस्तान के लिए 'हिन्द' शब्द का आमतौर पर प्रयोग होता है। पश्चिमी एशिया के मुल्क़ों में, ईरान और टर्की में, इराक़, अफ़ग़ानिस्तान, मिस्र और दूसरी जगहों में, हिन्दुस्तान के लिए बराबर 'हिन्द' शब्द का इस्तेमाल किया जाता है और

इन सभी जगहों में हिन्दुस्तानी को 'हिन्दी' कहते हैं। 'हिन्दी' का मज़हब से कोई सम्बन्ध नहीं और हिन्दुस्तानी मुसलमान और ईसाई उसी तरह से 'हिन्दी' हैं, जिस तरह कि एक हिन्दू मत का माननेवाला। अमेरिका के लोग, जो सभी हिन्दुस्तानियों को हिन्दू कहते हैं, बहुत ग़लती नहीं करते। अगर वे 'हिन्दी' शब्द का प्रयोग करें, तो उनका प्रयोग बिलकुल ठीक होगा। दुर्भाग्य से 'हिन्दी' शब्द हिन्दुस्तान में एक ख़ास लिपि के लिए इस्तेमाल होने लगा है—यह भी संस्कृत की देवनागरी लिपि के लिए—इसलिए इसका व्यापक और स्वाभाविक अर्थ में इस्तेमाल करना कठिन हो गया है। शायद जब आजकल के मुबाहसे ख़त्म हो लें, तो हम फिर इस शब्द का इस्तेमाल उसके मौलिक अर्थ में कर सकें और वह ज़्यादा संतोषजनक होगा। आज हिन्दुस्तान के रहनेवाले के लिए 'हिन्दुस्तानी' शब्द का इस्तेमाल होता है और ज़ाहिर है कि वह हिन्दुस्तान से बनाया गया है, लेकिन बोलने में यह बड़ा है और इसके साथ वे ऐतिहासिक और सांस्कृतिक ख़याल नहीं जुड़े हैं, जो 'हिन्दी' के साथ जुड़े हैं, निश्चय ही, प्राचीन काल की हिन्दुस्तान की संस्कृति के लिए 'हिन्दुस्तानी' शब्द का इस्तेमाल अटपटा जान पड़ेगा।

अपनी सांस्कृतिक परम्परा के लिए हम हिन्दी या हिन्दुस्तानी, जो भी इस्तेमाल करें, हम यह देखेंगे कि पुराने ज़माने में समन्वय के लिए यहाँ एक भीतरी प्रेरणा रही है और हमारी तहज़ीब और क़ौम के विकास का आधार, ख़ासकर हिन्दुस्तान का, फ़लसफ़ियाना रुख़ रहा है। विदेशी तत्त्वों का हर हमला इस संस्कृति के लिए एक चुनौती था और उनका सामना इसने हर बार एक नये समन्वय के ज़रिये, उन्हें अपने में जज़्ब करके किया है। इस तरीक़े से उसका काया-कल्प भी होता रहा है और अगरचे पृष्ठभूमि वही रही है और बुनियादी बातों में कोई ख़ास तब्दीली नहीं हुई है। इस समन्वय के कारण संस्कृति के नये-नये फूल खिले हैं। सी.ई.एम. जोड ने इसके बारे में लिखा है—"इसकी वजह जो कुछ भी हो, वाक़या यह है कि क़ौमों के जुदा-जुदा तत्त्वों के समन्वय की विभिन्नता से एकता पैदा करने की योग्यता और तत्परता दिखाई है।"

ज़िन्दगी से इक़रार और इनकार

(*हिन्दुस्तान की कहानी* से)

ज्यों-ज्यों आदमी बड़ा होकर सयाना होता है, त्यों-त्यों माद्दी दुनिया या वस्तु-जगत से उसका संतोष हटता जाता है और वह उसमें पूरी तरह उलझने से बचता है। वह दिमाग़ी और रूहानी तस्क़ीन चाहता है, उसे भीतरी अर्थ की तलाश होती है, यही बात सभ्यताओं और लोगों पर भी लागू होती है। ज्यों-ज्यों वे बढ़कर सयाने होते हैं, हर एक सभ्यता में और हर एक जाति में अन्दरूनी ज़िन्दगी और बाहरी ज़िन्दगी की

ये साथ-साथ चलनेवाली धाराएँ मिलेंगी। जब ये धाराएँ एक-दूसरे से मिल जाती हैं, या नज़दीक रहती हैं, तब सम-तौल और पायदारी रहती है, जब ये एक-दूसरे से दूर हो जाती हैं, तब कशमकश पैदा होती है और ऐसे संकट सामने आते हैं, जो दिमाग़ और रूह को तकलीफ़ पहुँचाते हैं।

ऋग्वेद की ऋचाओं के ज़माने से हम ज़िन्दगी और विचार की दोनों धाराओं का विकास बराबर देखते हैं। शुरू की ऋचाओं में बाहरी दुनिया की बातें भरी पड़ी हैं, प्रकृति की सुन्दरता और रहस्य और जीवन के आनन्द का वर्णन है और जीवन-बल भरपूर देखने को मिलता है। देवी-देवता ओलिंपस[1] (यूनान) के देवी-देवताओं की तरह मनुष्यों-जैसे हैं, ऐसा ख़याल किया जाता है कि वे अपनी जगहों से उतरकर आदमियों और औरतों के बीच हिलते-मिलते हैं और दोनों के बीच कोई निश्चित विभाजक रेखा नहीं है। इसके बाद विचार आता है और खोज की भावना उपजती है और इस लोक से परे जो लोक है, उसका रहस्य गहराई पकड़ता है। ज़िन्दगी अब भी भरी-पूरी बनी रहती है, लेकिन बाहरी रूपों की तरफ़ से मुड़ने की प्रवृत्ति भी आ जाती है और ज्यों-ज्यों आँखें अदृश्य चीज़ों की तरफ़ टिकती हैं—उन चीज़ों की तरफ़, जिन्हें साधारण तरीक़े से देखा या सुना या अनुभव नहीं किया जा सकता। त्यों-त्यों इन सबसे अलहदगी का भाव बढ़ता जाता है। इन सबका मक़सद क्या है? क्या इस विश्व का कोई उद्देश्य है? और अगर है, तो आदमी का जीवन इससे समरस कैसे हो सकता है? क्या हम देखी और अनदेखी दुनिया के बीच एक मधुर सम्बन्ध पैदा कर सकते हैं और इस तरह ज़िन्दगी में आचार का सही मार्ग ढूँढ़ निकाल सकते हैं?

इसलिए हम पाते हैं कि हिन्दुस्तान में इसी तरह, जिस तरह कि और जगहों में विचार और काम की ये दो धाराएँ—एक जो ज़िन्दगी से इक़रार करती है, और दूसरी जो उससे बच निकलना चाहती है—साथ-ही-साथ विकसित होती है, हाँ मुख़्तलिफ़ ज़मानों में कभी एक और कभी दूसरे पर ज़्यादा ज़ोर दिया गया है। फिर भी इस संस्कृति की बुनियाद—पृष्ठभूमि—ग़ैर-दुनियावी या इस दुनिया को हेच समझनेवाली नहीं थी। उस वक़्त भी, जबकि फ़लसफ़े की भाषा में यह इस विषय पर बहस करती थी कि दुनिया माया है, यह ख़याल कोई क़तई ख़याल न होता था, बल्कि आख़िरी असलियत के रिश्ते में इसे ऐसा समझा जाता था (यह अफलातून की बताई हुई असलियत की परछाईं-जैसी चीज़ थी), और यह संस्कृति दुनिया को उसकी मौजूदा सूरत से ग्रहण करती थी और ज़िन्दगी और उसकी बहुतेरी सुन्दरताओं का लुत्फ़ लेना चाहती थी। शायद सेमेटिक संस्कृति—अगर हम उससे निकलनेवाले अनेक मज़हबों की मिसालें लें (और ख़ासतौर पर पुराने ईसाई मत की)—कहीं ज़्यादा ग़ैर-दुनियावी रही है। टी.ई. लारेंस का कहना है कि "सेमेटिक मज़हबों की आम बुनियाद में (इन मज़हबों की चाहे हार हुई हो, चाहे जीत) हमेशा इस बात का ख़याल रहा है कि दुनिया हेच है।" और इसका नतीजा यह हुआ है कि कभी तो लोग मौज़ उड़ाने की तरफ़ झुके हैं, और कभी आत्म-त्याग की तरफ़।

1. यूनान का एक पर्वत, जो प्राचीन काल में देवताओं का निवास-स्थान माना जाता था।

हम पाते हैं कि हिन्दुस्तान में, हर ज़माने में, जब उसकी संस्कृति ने फूल खिलाए हैं, लोगों ने ज़िन्दगी और प्रकृति में गहरा रस लिया है, जीने की क्रिया में ही उन्होंने आनन्द का अनुभव किया है, साहित्य, संगीत और कला का विकास हुआ है, गाने, नाचने, चित्रकला और नाटकों में उनकी दिलचस्पी रही है; यहाँ तक कि यौन-सम्बन्धों के बारे में बड़ी पेचीदा क़िस्म की जाँचें हुई हैं, इस बात का कयास नहीं किया जा सकता कि एक ऐसी तहज़ीब या ज़िन्दगी का ऐसा नज़रिया, जिसकी बुनियाद में ग़ैर-दुनियादारी हो, या जो ज़िन्दगी को हेच समझता हो, इस तरह के विविध और ज़ोरदार विकास का बानी होगा। दरअसल, इससे ज़ाहिर होना चाहिए कि कोई भी तहज़ीब जो बुनियादी तौर पर ग़ैर-दुनियावी हो, हज़ारों साल तक अपने को क़ायम नहीं रख सकती।

फिर भी कुछ लोगों का ख़याल है कि हिन्दुस्तानी विचार और संस्कृति ज़िन्दगी से इनकार करने के सिद्धान्त के सूचक हैं, ज़िन्दगी से इक़रार के सिद्धान्त के नहीं। मेरा ख़याल है कि दोनों ही सिद्धान्त, कमोबेश, सभी पुरानी संस्कृतियों और पुराने धर्मों में मौजूद हैं। लेकिन मैं तो इस नतीजे पर पहुँचूँगा कि सब कुछ देखते हुए हिन्दुस्तानी संस्कृति ने ज़िन्दगी से इनकार करने पर कभी ज़ोर नहीं दिया है, अगरचे यहाँ के कुछ फ़लसूफ़ों ने ऐसा ज़रूर किया है। बल्कि ईसाई मज़हब के मुक़ाबले में इसने ज़िन्दगी से जो इनकार किया है, वह बहुत कम है। बौद्ध धर्म और जैन धर्म ने अलबत्ता ज़िन्दगी से अलग रहने पर कुछ ज़ोर दिया है, और हिन्दुस्तान के इतिहास के कुछ ज़मानों में एक बड़े पैमाने पर ज़िन्दगी से दूर रहने की प्रवृत्ति रही है, मिसाल के लिए उस वक़्त, जबकि बहुत ज़्यादा शुमार में लोग बौद्ध-विहारों या मठों में शामिल हुए हैं। इसकी क्या वजह थी, मैं नहीं जानता। इसी तरह की, बल्कि इससे भी बढ़ी हुई मिसालें हमें यूरोप के मध्य-युग में मिल सकती हैं, जबकि इस तरह का विश्वास फैला हुआ था कि दुनिया का ख़ात्मा होनेवाला है। शायद त्याग के और ज़िन्दगी से इनकार करने के ख़याल लोगों में उस वक़्त पैदा होते हैं, जब राजनीतिक या आर्थिक मायूसी का उन्हें सामना करना पड़ता है।

बौद्ध धर्म, बावजूद अपने उसूली नज़रिये के बल्कि नज़रियों के, क्योंकि कई नज़रिये हैं—दरअसल आख़िरी सीमाओं से अपने को बचाता है, यह तो बीच के रास्ते के सिद्धान्त का माननेवाला है। यहाँ तक कि 'निर्वाण' के बारे में जो ख़याल है, वह भी ऐसा नहीं कि उसे एक तरह की शून्यता समझें, जैसा कि कभी-कभी समझा जाता है। यह एक निश्चित स्थिति है, लेकिन चूँकि यह इनसान के विचारों से परे की वस्तु है, इसलिए इसके वर्णन में नकारात्मक शब्द इस्तेमाल किए गए हैं। अगर बौद्ध धर्म, जो हिन्दुस्तानी विचार और संस्कृति की उपज का एक नमूना है, एक नकारात्मक या ज़िन्दगी से इनकार करनेवाला सिद्धान्त होता, जो ज़रूर ही उसका इस तरह का असर उन करोड़ों लोगों पर पड़ा होता, जो उसके माननेवाले हैं। लेकिन, दरअसल बौद्ध मज़हब वाले मुल्कों में हमें इसके ख़िलाफ़ सबूत मिलते हैं और चीनी लोग इस बात की जीती-जागती मिसाल हैं कि ज़िन्दगी से इक़रार करना किसे कहते हैं।

जान पड़ता है कि यह ग़लतफ़हमी भी इस वजह से पैदा हुई है कि हिन्दुस्तानी विचारधारा हमेशा ज़िन्दगी के आख़िरी मक़सद पर ज़ोर देती रही है। इसकी बनावट में जो आधिभौतिक अंश रहा है, उसे यह कभी नहीं भुला सकी है और इसलिए ज़िन्दगी से दूसरी तौर पर इक़रार करते हुए भी इसने ज़िन्दगी का शिकार या ग़ुलाम बनने से इनकार किया है। इसने कहा है कि सही कामों में अपनी पूरी ताक़त और शक्ति के साथ ज़रूर लगिए, लेकिन अपने को उससे ऊपर रखिए और अपने कामों में नतीजे के बारे में ज़्यादा चिन्ता न कीजिए। इस तरह इसने ज़िन्दगी और काम में लगे रहते हुए भी एक अलहदगी अख़्तियार करना सिखाया है। इसने काम से मुँह मोड़ना नहीं सिखाया। अलहदगी या विरक्त रहने का ख़याल हिन्दुस्तानी विचार और फ़लसफ़े में समाया हुआ है, उसी तरह जैसे कि और बहुत-से दूसरे फ़िलसफ़ों में यह मिलता है। यह इस बात के कहने का सिर्फ़ एक दूसरा तरीक़ा है कि दृश्य और अदृश्य-जगत के बीच एक समतौल और तवाज़ुन क़ायम रखना चाहिए क्योंकि दृश्य-जगत के कामों में अगर बहुत मोह पैदा हो जाता है, तो दूसरी दुनिया भुला दी जाती है या ओझल हो जाती है और तब ख़ुद कामों के पीछे कोई आख़िरी मक़सद नहीं रह जाता।

हिन्दुस्तानी दिमाग़ की इन शुरू की उड़ानों में सचाई पर ज़ोर दिया गया है, उस पर भरोसा और उसके लिए उत्साह दिखाया गया है। हठवाद या इलहाम को उन लोगों के लिए छोड़ दिया गया है, जो मुक़ाबले में छोटा दिमाग़ रखनेवाले हैं और जो इनसे ऊपर उठ नहीं सकते। वे प्रयोग के ज़रिये, जिसकी नींव निजी अनुभव पर होती, सत्य की खोज करना चाहते थे। यह अनुभव, जब इसका ताल्लुक़ अदृश्य-जगत से होता, तो सभी भावुक या आत्मिक अनुभवों की तरह, दृश्य-जगत के अनुभवों से मुख़्तलिफ़ होता। तीन परिमाणों की दुनिया से परे, किसी दूसरी ही और बड़ी दुनिया में यह जा पहुँचता और उसे तीन परिमाण वाले शब्दों में बता सकना कठिन होता। यह अनुभव क्या था, कोई दिव्य-दर्शन था, या सत्य और असलियत के किसी पहलू को पहचान लेना था, या महज़ ख़्वाब या ख़याल था, मैं कह नहीं सकता। सम्भव है कि अक्सर यह आत्म-मोह रहा हो। जिस बात में मुझे दिलचस्पी है वह यह है कि इस खोज का तरीक़ा कैसा था। यह हठवादी या कही हुई बात को मान लेने का ढंग नहीं था, बल्कि ज़िन्दगी के बाहरी दिखावों के पीछे जो असलियत है, उसे खोज निकालने की ज़ाती कोशिश थी।

इसे याद रखना चाहिए कि हिन्दुस्तान में फ़लसफ़ा कुछ इने-गिने फ़लसूफ़ों या विचारकों का मैदान नहीं था। आम लोगों के मज़हब का यह एक लाज़िमी अंश था, और चाहे जितने घुले हुए रूप में क्यों न हो, यह भिदकर उन तक पहुँचता था और इसने उनमें एक फ़लसफ़ियाना नज़रिया पैदा कर दिया था, जो हिन्दुस्तान में क़रीब-क़रीब उतना ही आम था, जितना कि चीन में यह है। कुछ लोगों के लिए तो इस फ़लसफ़े ने एक गहरी और पेचीदा कोशिश की शक्ल अख़्तियार कर ली थी, जो यह जानना चाहती थी कि सभी दिखाई पड़नेवाली वस्तुओं के पीछे कौन से कारण और नियम काम कर रहे हैं। ज़िन्दगी का आख़िरी मक़सद क्या है, ज़िन्दगी में जो बहुत-सी परस्पर विरोधी बातें दिखाई पड़ती हैं, उनमें कोई भीतरी एकता है या नहीं।

लेकिन आम लोगों के लिए यह एक ज़्यादा सादा मामला था। फिर भी इसने उन्हें ज़िन्दगी के मक़सद का, कार्य-कारण का, कुछ ज्ञान दिया और उनमें ऐसी हिम्मत पैदा की कि वे कठिनाइयों और बदनसीबियों का सामना कर सकें और अपनी शान्ति और ख़ुशी की न खो बैठें। रवींद्रनाथ ठाकुर ने डॉक्टर ताई-ची-ताओ को लिखा था कि चीन और हिन्दुस्तान का पुराना ज्ञान 'ताओ' यानी सच्चा रास्ता पूर्णता की खोज है और ज़िन्दगी के अनेक कामों का जीवन के आनन्द से मेल है। इस ज्ञान के कुछ हिस्से ने अनपढ़ और मूर्ख जनता पर भी अपनी छाप डाली है, और हमने देखा है कि सात साल के भयानक युद्ध के बाद भी चीनी लोगों ने अपने विश्वास के लंगर को खोया नहीं है और न अपने दिमाग़ की ख़ुशी में फ़र्क़ आने दिया है हिन्दुस्तान में हमारी मुसीबतें और भी लम्बी रही हैं और ग़रीबी और हद दर्ज़े की विपत्ति हमारे यहाँ के लोगों की अभिन्न साथी रही हैं। फिर भी वे हँस लेते हैं और गाते हैं और नाचते हैं और उम्मीद नहीं खो बैठे हैं।

~

सब धर्मों के रूढ़िवादियो, एक हो जाओ![1]

(*जवाहरलाल नेहरू वाङ्मय : भाग-6* से)

कई बरस हुए मैं इत्तिफ़ाक़ से बनारस में था और जब मैं वहाँ की तंग गलियों से गुज़र रहा था, मेरी मोटर को एक भीड़ ने रोक लिया। एक जुलूस निकल रहा था और जुलूस वालों के अलावा बहुत-से तमाशबीन और छोटे लड़के भी थे, जो उस चुहल में हिस्सा ले रहे थे। भीड़ों से मुझे दिलचस्पी है। मैं अपनी गाड़ी से उतर गया और देखने लगा कि क्या माजरा है। जुलूस यक़ीनन बड़ा मज़ेदार था और उसके कुछ ख़ास बेमिसाल पहलू थे। हम लोगों ने देखा कि अपने ढंग के कुछ ख़ासे कट्टरपंथी ब्राह्मण, जिनके माथे पर सब तरह के धार्मिक टीके बड़ी शान के साथ लगे हुए थे, दाढ़ी वाले मौलवियों के साथ क़दम मिलाकर चल रहे थे। घाटों के पुजारी मस्जिदों के मुल्लाओं से भाईचारा दिखा रहे थे। और बड़ी उमंग के साथ जो झंडे वे लिये जा रहे थे, उनमें एक पर जगमगाते अक्षरों में लिखा था—'हिन्दू-मुसलमान एकता की जय!' बहुत ख़ुशी की बात है, हमने सोचा। लेकिन फिर भी यह सब किसलिए हो रहा था?

उनके नारों से और जो बहुत-से झंडे वे लिये हुए थे उनसे हमें सब पता चल गया। वह दोनों धर्मों के रूढ़िवादियों की ओर से शारदा क़ानून (या शायद उस वक़्त तो वह बिल ही था) के ख़िलाफ़ जिसमें 14 साल से कम उम्र की लड़कियों की शादी की मुमानियत थी, मिली-जुली मुख़ालफ़त थी। दोनों मज़हबों के दीनदार और पाक लोगों ने यह एलान करने के लिए गठबन्धन किया था कि वे अपने गहरे विश्वासों

1. अल्मोड़ा ज़िला जेल, 23 अगस्त, 1935। दिसम्बर 1935 के 'मॉडर्न रिव्यू' में छपा, पृ. 625-631

और सबसे प्यारे हकूक़ के ख़िलाफ़ इस ज़्यादती के आगे कभी नहीं झुकेंगे। क्या वे नामनेहादी सुधारकों की धमकियों से डरकर छोटी-छोटी बच्चियों से शादी करने का अपना हक़ छोड़ देंगे? हरगिज़ नहीं। क़ानून हो या न हो, वे छोटी नाबालिग़ लड़कियों से शादी करना जारी रखेंगे—क्योंकि क्या मासिक धर्म होने के बाद शादी करना गुनाह नहीं है?—और इस तरह धर्म की महिमा बढ़ाएँगे। क्या बनारस के एक नामी वैद्य ने यह नहीं कहा था कि पुराने धर्म में अपना और शारदा क़ानून-जैसे नौ-ईज़ाद ख़यालों के लिए अपनी नफ़रत ज़ाहिर करने के ख़ातिर वह, हाँ वह भी, हालाँकि उसकी उम्र साठ के आसपास पहुँच चुकी थी, एक लड़की से जिसकी उम्र क़ानूनी उम्र से कम हो, फिर से शादी कर लेंगे? विश्वास और धर्म ने अपने अनुयायियों के बलिदान पर बड़े-बड़े ढाँचे खड़े किए हैं। यक़ीनन शारदा क़ानून के मुख़्तलिफ़ आन्दोलन के लिए शहीदों की कमी नहीं होगी।

हम भीड़ में मिल गए और कुछ दूर तक जुलूस के साथ चले। देवदास गांधी मेरे साथ थे और बनारस के कई दोस्त भी। कुछ देर के अन्दर ही जुलूस वालों ने हमें पहचान लिया। उन लोगों ने न तो हमारा स्वागत किया और न हमारा अभिनन्दन ही। और मैं मानता हूँ कि हमने ऐसा करने के लिए उन्हें बढ़ावा भी नहीं दिया। हमारे रूप-रंग और लिबास हमें श्रद्धालुओं से अलग कर रहे थे—हमारे न दाढ़ी थी और न टीके लगे थे—और हम जुलूस और उसके इन्तज़ामकारों पर बेअदबी-भरे और किसी क़दर हमलावर फ़िक़रे भी कस रहे थे। हमारे ख़िलाफ़ गंदे नारे लगाए गए और कुछ धक्का-मुक्की भी हुई। ठीक उसी वक़्त जुलूस टाउन हॉल पहुँचा और किसी वजह से ईंट-पत्थर चलने लगे। तब एक हसीन नौजवान ने कुछ पटाखे छोड़ दिए और इसका रूढ़िवादियों की घनी क़तारों पर अजीब असर हुआ। ज़ाहिरा यह सोचकर कि पुलिस या मिलिटरी ने गोली चला दी है, वे तितर-बितर हो गए और बेइन्तिहा फुर्ती के साथ ग़ायब हो गए।

थोड़े से पटाखे जुलूस को तितर-बितर करने के लिए काफ़ी थे। लेकिन हिन्दुस्तान में ब्रिटिश सरकार को इस सवाल पर झुकाने के लिए एक पटाखे की भी ज़रूरत नहीं थी। थोड़ी-सी चीख़-पुकार, जिसमें अजीब बात है कि मुसलमानों ने अगुवाई की और नुमायाँ हिस्सा लिया, शारदा क़ानून को ख़त्म करने के लिए काफ़ी थी। शुरू से ही यह काफ़ी कमज़ोर था और इसमें तरह-तरह की गुंजाइशें रखी गई थीं जिनसे इसके अमल में रुकावटें पैदा होती थीं और फिर छह महीने की मुहलत भी दी गई थी जिसका नतीजा यह हुआ कि उस अर्से में बाल-विवाहों की बाढ़-सी आ गई। और फिर, जब छह महीने ख़त्म हो गए तब? कुछ नहीं हुआ, बालविवाह पहले ही की तरह जारी रहे और इस तरह जब शारदा क़ानून के चिथड़े उड़ाए जा रहे थे और वह कुत्तों को डाला जा रहा था, सरकार और मजिस्ट्रेटों ने उधर से अपना मुँह फेर रखा था। कुछ मामले ऐसे हुए कि जब किसी ने क़ानून तोड़ने की घटना को अदालत में ले जाने की कोशिश की तो वह ख़ुद ही मुसीबत में फँस गया और उस पर जुर्माना कर दिया गया। यह सही है कि एक मिसाल ऐसी भी है जब पंजाब के एक किसान को, जिसने चेतावनी के बावजूद जान-बूझकर शारदा क़ानून की शर्तों

को तोड़ा और अपनी दस साल की लड़की की शादी कर दी, एक महीने की सज़ा दी गई थी। लेकिन मजिस्ट्रेट से हुई इस ग़लती को पंजाब सरकार ने फ़ौरन दुरुस्त कर दिया और झटपट तार के ज़रिये क़ानून तोड़नेवाले की रिहाई का हुक्म जारी कर दिया। (यह केस कुमारी ई.एफ. राथबोन की छोटी-सी दिलचस्प किताब, 'चाइल्ड मैरेज' से लिया गया है।)

हम लोग इस सारे वक़्त क्या करते रहे? हम जेल में थे। पिछले छह साल से हम ज़्यादातर जेलों में रहे हैं, कभी-कभी तो 60 या 70 हज़ार लोग जेल में थे। बाहर सख़्त सेंसर लगा हुआ था। मीटिंगों की मनाही थी और देहात जाने की कोशिश अगर और बदतर नहीं तो जेल जाना तो लगभग तयशुदा नतीजा होता था। मुख़्तलिफ़ क़ानूनों और सिविल आज़ादियों के इनकार का यक़ीनन यह मक़सद नहीं था कि शारदा क़ानून के समर्थन में रुकावट डाली जाए। लेकिन अमल में हुआ यह कि उसके विरोधियों के लिए मैदान ख़ाली हो गया। और सरकार ने अपने ख़िलाफ़ चल रहे एक बड़े राजनीतिक आन्दोलन का मुक़ाबला करने की परेशानी में, धार्मिक और सामाजिक कट्टरपंथियों में सबसे ज़्यादा प्रतिक्रियावादियों का सहारा ढूँढ़ा। उनकी ख़ैरख़्वाही हासिल करने के लिए शारदा क़ानून के बारे में उसने चुप्पी साध ली, उसे ख़त्म कर दिया। 'हिन्दू-मुसलमान एकता की जय'!

इस जीत में मुसलमानों को अपने पूरे हिस्से का हक़ हासिल है। हममें से बहुतों ने सोचा था कि बच्चियों की शादी की बुराई ज़्यादातर हिन्दुओं तक महदूद है, लेकिन शुरू में जो भी कमी रही हो, मुसलमानों ने साफ़ तौर से यह ठान लिया था कि दूसरे मामलों की तरह वे इस मामले में भी हिन्दुओं से पीछे नहीं रहेंगे। इसलिए जहाँ उन्होंने एक तरफ़ काउंसिलों में ज़्यादा सीटों की और पुलिसमैन, डिप्टी कलेक्टर, तहसीलदार, चपरासी वग़ैरह की शक्ल में ज़्यादा नौकरियों की माँग की, वहीं दूसरी तरफ़ वे तेज़ी के साथ बच्ची दुलहनें बढ़ाने के काम में लग गए। अवध के बड़े-से-बड़े ताल्लुक़ेदारों से लेकर अदना-से-अदना कारकुनों तक, वे सब इस मुहिम में जुट गए, आख़िरकार 1931 की मर्दुमशुमारी ने एलान किया कि उनकी फ़तह हो गई! उम्र की मंज़ूरी कमेटी[1] ने हमें अपनी पहली राय को बदलने के लिए पहले ही तैयार कर दिया था, लेकिन मर्दुमशुमारी उम्मीद से भी कहीं ज़्यादा आगे बढ़ गई। इसने हमें बताया कि अपनी बच्ची दुलहनों के अनुपात के सिलसिले में मुसलमानों ने हिन्दुओं को सचमुच पछाड़ दिया है। असम में "कम उम्र वाली तमाम जमात में मुसलमानों की बच्ची दुलहनों की तादाद सबसे ज़्यादा है।" बिहार और उड़ीसा की मर्दुमशुमारी बताती है कि "जहाँ दस साल से कम उम्र वाली हिन्दुओं की बच्ची दुलहनों की (बेवाओं सहित) तादाद 1921 से अब तक 105 से बढ़कर 160 हो गई, मुसलमानों में 76 से बढ़कर 202 पर पहुँच गई है।" यक़ीनन यह शारदा क़ानून की फ़तह है और उस हुकूमत की भी जिसका काम इस पर अमल कराना है।

1. उम्र-सम्बन्धी सहमति कमेटी की नियुक्ति भारत सरकार ने 25 जून, 1928 को की और उसकी रिपोर्ट 26 अगस्त, 1929 को प्रकाशित कर दी गई।

कहीं यह न कहा जाए कि हमारी रौशन दिमाग़ देशी रियासतें इस मामले में पिछड़ी हुई हैं, मैसूर की सरकार ने हाल में अपनी हालत साफ़ कर दी है। एक हिम्मती मेम्बर ने शारदा क़ानून के तर्ज पर, मैसूर काउंसिल में बाल-विवाह पाबन्दी बिल लाने की कोशिश की। मुस्लिमों की तरफ़ से एक दीवान बहादुर ने बड़े ज़ोर-शोर से उसकी मुख़ालफ़त की। उदारता के साथ सरकार ने इज़ाज़त दे दी कि सरकारी मेम्बर अपनी मर्ज़ी के मुताबिक़ वोट दें, लेकिन अजीब बात है कि सारे सरकारी गुट ने, दो यूरोपियन मेम्बरों सहित, बिल के ख़िलाफ़ वोट डाला और अपने वोटों की मदद से उसे गिरा दिया। मज़हब फिर से बच गया।

शारदा ऐक्ट की मिसाल आँखें खोल देनेवाली थी, क्योंकि इससे पता चल गया कि हिन्दू-मुस्लिम तनाव और तफ़र्के का सारा शोरगुल बढ़ा-चढ़ाकर पेश किया जाता है और किसी भी सूरत में गुमराह करनेवाला है। कोई इनकार नहीं करेगा कि यह तनाव मौजूद है, लेकिन यह धार्मिक भेदभाव का नतीजा उतना नहीं था जितना आर्थिक परेशानी, बेरोज़गारी, नौकरियों के लिए दौड़ वग़ैरह का था, जिनमें एक पाक-साफ़ जामा पहनकर धर्म के नाम पर आम जनता को बहकाया और भड़काया था। अगर भेदभाव बुनियादी तौर से धार्मिक होता तो ऐसा सोचा जा सकता था कि दोनों मज़हबों के रूढ़िवादी एक-दूसरे से सबसे ज़्यादा दूर होंगे और एक-दूसरे के दावों के बारे में सबसे ज़्यादा बेरुखी बरतेंगे। मगर असलियत यह है कि वे बहुत ज़्यादा मौक़ों पर मिलकर सुधार के किसी भी आन्दोलन की, वह चाहे सामाजिक हो, या आर्थिक या राजनीतिक, मुख़ालफ़त करते हैं। जो शख़्स मौजूदा ढाँचे को किसी भी तरह बदलना चाहता है, उसे वे दोनों ही अपना जानी दुश्मन समझते हैं। दोनों बहुत मायूसी से और किसी क़दर दर्दमंदी के साथ ब्रिटिश हुकूमत का पल्ला पकड़ लेते हैं, क्योंकि सहज ही उन्हें महसूस होता है कि वे उसके साथ एक ही नाव पर सवार हैं।

क़रीब 22 साल हुए, जंग के पहले, जनवरी 1914 में, आगा ख़ाँ ने 'एडिनबरा रिव्यू' में हिन्दुस्तान की हालत पर एक लेख लिखा था। उन्होंने उसमें सरकार को सलाह दी थी कि हिन्दुओं से मुसलमानों को अलग करने की पालिसी छोड़कर वह एक मिले-जुले खेमे में दोनों मज़हबों के नरम लोगों को जमा करें ताकि नये हिन्दुस्तान के, हिन्दू और मुसलमान दोनों, जो जड़-मूल से परिवर्तन की जो भी रुझान है, उसके मुक़ाबले का ज़ोर पैदा हो सके। उन दिनों उग्रतावाद राष्ट्रीयता तक ही सीमित था और सियासी सतह से आगे उसकी पैठ नहीं थी। इसके बाद भी आगा ख़ाँ ने भाँप लिया कि जानदार तफ़र्का मज़हबी बिना पर न होकर सियासी पर है—वह उन दोनों के बीच है जो हिन्दुस्तान में ब्रिटिश राज्य के कमोबेश समर्थक हैं और जो इसे ख़त्म कर देना चाहते हैं। क़ौमी मसला आज भी सबसे बड़ा है और जब तक हिन्दुस्तान सियासी तौर पर ग़ुलाम रहेगा तब तक यह मसला भी बना रहेगा। लेकिन आज दीगर मसलों ने भी अहमियत पा ली हैं—सामाजिक और आर्थिक। अगर नरम और समाजी तौर पर पिछड़े लोगों को जड़-मूल से राजनीतिक परिवर्तन का डर है तो सामाजिक और आर्थिक परिवर्तन की उम्मीद से तो वे और ज़्यादा ख़ौफ़ खाते

हैं। दरअसल इस परिवर्तन के डर का ही राजनीतिक मसले पर असर पड़ा है और बहुत-से कहने-भर के प्रगतिवादी राजनीतिज्ञों ने अपने क़दम वापस ले लिये हैं। कुछ मामलों में वह राजनीति में खुलेआम प्रतिक्रियावादी हो गया है, या फ़िरक़ापरस्तों की तरह एक छिपा हुआ प्रतिक्रियावादी हो गया है, या फिर बड़े ज़मींदारों या ताल्लुक़ेदारों और उद्योगपतियों की तरह अपने वर्ग के स्वार्थों और निहित अधिकारों का एक खुला हिमायती हो गया है।

मुझे इसमें कोई शक नहीं है कि यह तरीक़ा जारी रहेगा और इसके चलते साम्प्रदायिक और धार्मिक अदावत कम होगी और एक तरह की हिन्दू-मुस्लिम एकता पैदा होगी। मुख़्तलिफ़ गुटों के फ़िरक़ापरस्त लोग, अपनी आपसी दुश्मनी के बावजूद, लम्बे अर्से से बिछड़े भाइयों की तरह, एक-दूसरे से गले मिलेंगे। और जो लोग राजनीतिक, सामाजिक या आर्थिक मामलों में जड़-मूल से परिवर्तन करना चाहते हैं, उनके खिलाफ़ एक मिले-जुले आन्दोलन के लिए वफ़ादारी से क़सम खाएँगे। यह नया गठबन्धन ज़्यादा सही होगा और मसले साफ़ होंगे। इस तरह की गुटबन्दी क़ायम होने के इशारे पहले से ही ज़ाहिर होने लगे हैं, हालाँकि उसके फलने-फूलने में अभी कुछ वक़्त लगेगा।

सर मुहम्मद इक़बाल, इस्लाम की एकता के हिमायती, रूढ़िवादी हिन्दुओं से, उनकी कुछ बेहद प्रतिक्रियाशील माँगों के मामले में, दिली इत्तिफ़ाक़ करते हैं। वह लिखते हैं—"नये संविधान में धार्मिक सुधारकों के ख़िलाफ़ हिफ़ाज़त की जो माँग रूढ़िवादी हिन्दुओं ने की है, मैं उसकी बहुत क़द्र करता हूँ। दरअसल यह माँग तो पहले मुसलमानों की तरफ़ से ही होनी चाहिए थी।" आगे चलकर वह अपनी बात और साफ़ करते हैं—"आधुनिक उदारता के आधार पर हिन्दुस्तान में धार्मिक सट्टेबाज़ों को बढ़ावा देने का नतीजा यह होगा कि लोग धर्म के प्रति ज़्यादा-से-ज़्यादा उदासीन बन जाएँगे और आख़िर में भारतीय समाज की ज़िन्दगी से धर्म की सभी महत्त्वपूर्ण बातें ख़त्म हो जाएँगी। तब हिन्दुस्तानी दिमाग़ धर्म के बदले किसी दीगर एवजी की तलाश करेगा जो उस नास्तिक भौतिकवाद की शक्ल से ग़ालिबन किसी तरह कम नहीं होगा, जो रूस में पैदा हुआ है।"

साम्यवाद के इस डर ने यूरोप में बहुत-से लिबरलों और दीगर बिचले गुटों को फ़ासिस्टवाद और प्रतिक्रिया की ओर मुख़ातिब कर दिया है। यहाँ तक कि पुराने दुश्मनों, जेसुइटों और फ्रीमैसनों ने भी, एक सौ दुश्मन का मुक़ाबला करने के लिए अपनी दो सौ बरस पुरानी कट्टर दुश्मनी को ढक दिया है। हिन्दुस्तान में आमतौर पर बहुत कम लोग साम्यवाद और समाजवाद को समझते हैं और बहुत-से लोग जो ज़ोरदार तरीक़े से इनके ख़िलाफ़ आवाज़ उठाते हैं, इनके बारे में कुछ भी नहीं जानते। लेकिन उन पर कुछ तो अपने निहित स्वार्थों की वजह से अपने आप थोड़ा असर पड़ जाता है और थोड़ा सरकार की तरफ़ से किए गए प्रोपेगेंडा से पड़ता है, जो हमेशा धार्मिक मसले पर ही ज़ोर देता है।

जो भी हो, सर मुहम्मद इक़बाल की दलील हमें महज़ साम्यवाद या समाजवाद के विरोध से बहुत आगे ले जाती है और कुछ तफ़सील के साथ उसकी जाँच

मुनासिब होगी। इस बात का ख़याल रखना चाहिए कि तमाम सुधारकों को दबाने के इस मसले पर उनकी जगह लगभग वही है, जो सनातनी हिन्दुओं की है। और एक ऐसी पार्टी ने, जो अपने को जनतांत्रिक या राष्ट्रवादी कहती हैं (या शायद कुछ और नाम हो? थोड़े-थोड़े अर्से के बाद अपनी शक्ल बदलनेवाले पश्चिमी भारत के आधा दर्ज़न क़ाबिल लोगों के साथ क़दम मिलाकर चलना दुश्वार है) हाल में अपने प्रोग्राम के तहत यह एलान किया था कि वह धार्मिक अधिकारों और रीति-रिवाजों में सारी क़ानूनी दख़लअन्दाज़ी[1] के ख़िलाफ़ है। हिन्दुस्तान में यह बहुत व्यापक क्षेत्र में लागू होता है और यहाँ ज़िन्दगी के थोड़े ही महकमे ऐसे हैं, जिनका मज़हब से ताल्लुक़ न हो। विधान सभाओं के ज़रिये उनमें दख़ल न देने की बात का मतलब नर्मी से यह कहना है कि रूढ़िवादी लोग पहले ही की तरह अपना सिलसिला रख सकते हैं और किसी तरह की तब्दीली की इज़ाज़त नहीं दी जाएगी।

~

मज़हब, फ़लसफ़ा और विज्ञान

(*हिन्दुस्तान की कहानी* से)

आख़िरी असलियत की शक्ल में अगर कोई सचाई है, तो वह सनातन, अमर और अपरिवर्तनशील होगी; लेकिन उस अपरिवर्तनशील, शाश्वत और अनंत सत्य का मनुष्य का सीमित मस्तिष्क पूरी तरह भान नहीं कर सकता। वह तो ज़्यादा-से-ज़्यादा उसके किसी ऐसे छोटे-से पहलू को समझ सकता है, जो समय और स्थान से सीमित हो, और जिसे समझने में उसे दिमाग़ की तरक़्क़ी के दर्ज़े और उस ज़माने के आदर्श के लिहाज़ से आसानी हो। ज्यों-ज्यों दिमाग़ तरक़्क़ी करता जाता है और उसका मैदान फैलता जाता है, ज्यों-ज्यों आदर्श बदलता जाता है और सत्य को जताने के लिए नये प्रतीक आते-जाते हैं, उसके नये पहलुओं पर रोशनी पड़ती जाती है। ऐसा मुमकिन है कि अब भी उसकी बुनियाद वही हो, जो पहले थी। इसीलिए सत्य की हमेशा खोज करनी होती है, उसको नया करना होता है, उसको नई शक्ल देनी होती है और उसे बढ़ाते रहना होता है, ताकि वह विचारधारा की बढ़वार और इनसानी ज़िन्दगी की रद्दो-बदल के अनुरूप रह सके। सिर्फ़ उसी वक़्त वह मानवता के लिए सजीव सत्य बन सकता है और उसकी उस लाज़िमी ज़रूरत को पूरा कर सकता है, जिसके लिए वह तड़पती है। तभी वह मौजूदा वक़्त में या भविष्य में पथ-प्रदर्शन कर सकता है।

---

1. अकोला में 1 अगस्त, 1935 को हुई एक मीटिंग में डेमोक्रेटिक स्वराज्य पार्टी ने एक प्रस्ताव पास किया, जिसमें विधान परिषदों द्वारा दख़लअन्दाज़ी न करने की नीति का समर्थन किया गया था

अगर पुराने ज़माने में किसी अन्धविश्वास से सत्य का कोई पहलू निर्जीव बना दिया गया, तो न वह बढ़ता है और न वह मानवता की बदलती हुई ज़रूरतों के अनुरूप हो सकता है। उसके दूसरे पहलू छिपे रहते हैं; और वह बाद के ज़माने में अहम सवालों का जवाब नहीं दे पाता। अब वह अतिशील नहीं, बल्कि गतिहीन हो जाता है। अब उसमें ज़िन्दगी देनेवाली ताक़त नहीं होती, बल्कि वह एक मुर्दा ख़याल या मुर्दा रिवाज रह जाता है। दिमाग़ और समाज की तरक़्क़ी के लिए वह अब एक रुकावट बन जाता है। शायद असलियत यह है कि जिस ज़माने में वह पैदा हुआ था और जिस ज़माने की भाषा और निशानियों की उसे पोशाक पहनाई गई थी, उस ज़माने में यह जिस रूप में समझा जाता था, अब नहीं समझा जाता। बाद के ज़माने में उसका सन्दर्भ बिलकुल अलग होता है, मानसिक वातावरण बदला हुआ होता है। नई सामाजिक रीतियों या परम्पराएँ पैदा हो जाती हैं, और अक्सर उस पुराने लेख के मतलब को और ख़ासतौर से उसकी भावना को समझने में मुश्किल होती है। इसके अलावा, जैसा कि अरविंद घोष ने कहा है, हर सत्य, चाहे उसमें कितनी ही सचाई क्यों न हो, उन दूसरी सचाइयों से अलहदा करने पर, जो उसे फ़ौरन ही सीमित कर देती है और जो उसे पूरा करती हैं, दिमाग़ को ग़ुलाम बनानेवाला फंदा हो जाता है, और वह ऐसा यक़ीन होता है, जो ग़लत रास्ते पर ले जाता है। असल में वह अकेला सत्य एक ताने-बाने के जटिल धागों में से एक है और उस ताने-बाने से किसी भी धागे को अलहदा नहीं निकालना चाहिए।

मानवता की तरक़्क़ी में मज़हबों ने बहुत मदद की है; उन्होंने चीज़ों की क़ीमत तय की है, मापदंड बनाए हैं और ज़िन्दगी में रास्ता दिखानेवाले उसूलों को बताया है। लेकिन जो कुछ भलाई उन्होंने की है, उसके साथ ही ख़ास शक्ल या पके यक़ीनों में उन्होंने सत्य को क़ैद करने की भी कोशिश की है। उन्होंने ऊपरी रख-रखाव और ढर्रे को बढ़ावा दिया है। कुछ ही अरसे से इन ढर्रों का असली मतलब ग़ायब हो जाता है और तब सिर्फ़ एक ढंग की खाना-पूरी बाक़ी रह जाती हैं। आदमी के चारों तरफ़ जो अज्ञात शक्ति है, मज़हब ने उसके रहस्य और अचम्भे की आदमी को अहमियत जताई है। लेकिन साथ ही उसने न सिर्फ़ उस अज्ञात को समझने की कोशिश की, बल्कि सामाजिक प्रयत्न को समझने की कोशिश को रोका भी है। जिज्ञासा और विचार को बढ़ावा देने की जगह उसने प्रकृति के सामने, स्थापित सम्प्रदाय के सामने, और सारी मौजूदा व्यवस्था के सामने सिर झुकाने के फ़लसफ़े का प्रचार किया है। इस यक़ीन से कि कोई ग़ैबी ताक़त सारी चीज़ों का इन्तज़ाम करती है, एक ढंग की ग़ैर-ज़िम्मेदारी-सी आ गई है। तर्कसंगत विचार और खोज की जगह भावुकता ने ले ली है। हालाँकि इसमें शक नहीं कि अपने मूल्यांकन से धर्म ने अनगिनत लोगों को आराम पहुँचाया है और समाज को स्थायी बनाया है, लेकिन उसने मानव-समाज की जन्मजात उन्नति और रद्दो-बदल की प्रवृत्ति को रोका है।

फ़लसफ़ा इनमें से ज़्यादातर खाइयों से अलहदा रहा है और उसने खोज और विचार को बढ़ावा दिया है। लेकिन आमतौर से वह एक हवाई महल में रहा है।

ज़िन्दगी और उसके रोज़मर्रा के सवालों से उसका कोई नाता नहीं है। उसकी सारी निगाह आख़िरी मक़सद पर है और आदमी की ज़िन्दगी के और उसके बीच में कोई जोड़नेवाली कड़ी नहीं है। तर्क और बुद्धि उसके निर्देशक थे और उसे कई दिशाओं में काफ़ी दूर ले गए लेकिन वह तर्क ज़रूरत से ज़्यादा दिमाग़ी था और उसका असलियत से कोई ताल्लुक़ नहीं था।

विज्ञान ने आख़िरी मक़सदों पर ध्यान नहीं दिया और सिर्फ़ असलियत पर ही ग़ौर किया। उसकी वजह से दुनिया लम्बी छलाँग भरकर आगे बढ़ गई, एक भड़कीली सभ्यता बन गई, जानकारी बढ़ाने के अनगिनत रास्ते खुल गए और उसने आदमी की ताक़त इस हद तक बढ़ा दी कि पहली दफ़ा यह सोचना मुमकिन हुआ कि अपने भौतिक वातावरण को इनसान जीत सकता है और उसमें रद्दो-बदल कर सकता है। आदमी एक ढंग से ऐसी भूगर्भिक शक्ति बन जाता है, जो ज़मीन की शक्ल को रासायनिक, भौतिक और कई दूसरे ढंगों से बदल सकता है। लेकिन ठीक जिस वक़्त चीज़ों की यह दुखद योजना क़रीब-क़रीब उसके क़ाबू में मालूम हुई और ऐसा महसूस हुआ कि वह दिली ख़्वाहिश के मुताबिक़ चीज़ों को ढाल सकता है, किसी बुनियादी चीज़ की कमी, किसी ख़ास चीज़ की ग़ैर-हाज़िरी खटकी। आख़िरी मक़सद की कोई जानकारी नहीं थी, यहाँ तक कि मौजूदा मक़सद का भी कुछ पता नहीं था। विज्ञान ने ज़िन्दगी के उद्देश्य के बारे में तो कुछ बताया ही नहीं था। साथ ही उस आदमी में, जिसमें क़ुदरत पर क़ाबू पाने की ज़बरदस्त ताक़त थी, अपने पर क़ाबू करने की ताक़त नहीं थी और अब यह राक्षस, जिसको उसने तैयार किया था, चारों तरफ़ बरबादी करने लगा। शायद प्राणीशास्त्र, मनोविज्ञान या ऐसे ही और विज्ञान के नये विकास से और प्राणीशास्त्र और भौतिक विज्ञान की व्याख्या से आदमी को अपने को समझने और अपने पर क़ाबू पाने में पहले के मुक़ाबले ज़्यादा मदद मिले। यह भी मुमकिन है कि इसके पहले कि ऐसी तरक़्क़ियों से आदमी की ज़िन्दगी पर काफ़ी असर पड़े, वह अपनी बनाई हुई सभ्यता को बरबाद कर डाले और उसे फिर नये सिरे से शुरू करना पड़े।

अगर विज्ञान को आगे बढ़ने का मौक़ा दिया जाए, तो ज़ाहिरा उसकी उन्नति की कोई हद नहीं दिखाई देती। फिर भी ऐसा हो सकता है कि चीज़ों को देखने का वैज्ञानिक ढंग हर तरह के मानव-अनुभव के लिए लागू न हो सके और वह हमारे चारों तरफ़ के अनजाने समुन्दर को पार न कर सके। फ़लसफ़े की मदद से वह कुछ और आगे जा सकता है और जब विज्ञान और फ़लसफ़ा दोनों ही आगे न चल सकें, तो हमको ऐसी दूसरी ज्ञान-शक्तियों का सहारा लेना होगा, जो हमारे लिए मुमकिन हों। ऐसा मालूम होता है कि एक ऐसी आख़िरी हद है, जिसके आगे अक्ल (कम-से-कम जैसी वह आजकल है) नहीं जा सकती। पैस्कल का कहना है कि "तर्क का आख़िरी क़दम यह है कि वह जान ले कि उसके परे अनंत चीज़ें हैं। अगर वह उन तक नहीं पहुँच सकता, तो वह कमज़ोर है।"

दलील और विज्ञान के तरीक़े की इन ख़ामियों को जानते हुए भी हमको उन्हें अपनी सारी ताक़त से पकड़े रहना है, क्योंकि बिना उस मज़बूत पृष्ठभूमि या बुनियाद

के हम किसी भी सत्य या असलियत को पकड़ नहीं सकते। सत्य के थोड़े से हिस्से को ही समझना और ज़िन्दगी में उसे अमल में लाना कुछ न समझने और अस्तित्व के रहस्य को खोज पाने की बेकार कोशिश में इधर-उधर भटकने के मुक़ाबले में बेहतर है। हर देश के लिए और हर जाति के लिए आज विज्ञान का इस्तेमाल लाज़िमी और ज़रूरी है। वैज्ञानिक ढंग में साहसपूर्ण खोज है, फिर भी साथ ही आलोचना और छानबीन है, उसमें सत्य की और नये ज्ञान की तलाश है, लेकिन बिना जाँच के, बिना प्रयोग के किसी चीज़ को मान लेने से इनकार है, उसमें नये प्रमाणों के मिलने पर पिछले नतीजों को बदल सकने की सामर्थ्य है। उसमें प्रत्यक्ष सत्य पर भरोसा है, न कि दिमाग़ी या काल्पनिक बातों पर। इन सब चीज़ों की सिर्फ़ विज्ञान में ही ज़रूरत नहीं होती, बल्कि ख़ुद ज़िन्दगी और उसके बहुत-से मसलों को हल करने के लिए भी उनकी ज़रूरत है। बहुत-से वैज्ञानिक, जो अपने आपको विज्ञान का पुजारी समझते हैं, अपने ख़ास दायरों के बाहर उसके बारे में सबकुछ भूल जाते हैं। वैज्ञानिक ढंग या स्वभाव जीवन का ढंग है या कम-से-कम उसे ऐसा होना चाहिए। वह तो सोचने का, काम करने का और अपने साथियों से सहयोग का एक ढंग है। यह एक बहुत बड़ी चीज़ है और निस्सन्देह बहुत ही कम लोग शायद ऐसे निकल सकेंगे, जो थोड़ी हद तक भी इस ढंग से काम कर सकें। लेकिन यह आलोचना तो पूरी तौर से या बहुत ज़्यादा हद तक उन प्रवचनों या आदेशों के लिए लागू होनी है, जो हमको दर्शन और धर्म ने दिए हैं। वैज्ञानिक स्वभाव उस मार्ग की ओर संकेत करता है, जिसकी दिशा में आदमी को चलना चाहिए। वह एक आज़ाद आदमी का स्वभाव है। हम विज्ञान के युग में रहते हैं। कम-से-कम हमसे कहा यही जाता है। लेकिन उस स्वभाव की किसी भी जगह की जनता में या उनके नेताओं में भी थोड़ी-सी झलक दिखाई नहीं देती।

विज्ञान का प्रत्यक्ष ज्ञान के क्षेत्र से ताल्लुक़ है, लेकिन जो स्वभाव उसे बनाना चाहिए वह इस क्षेत्र के भी आगे चला जाता है। इनसान के आख़िरी मक़सद सत्य की अनुभूति, ज्ञान-प्राप्ति, भलाई और ख़ूबसूरती की समझ कहे जा सकते हैं। प्रत्यक्ष छानबीन का वैज्ञानिक ढंग इन सबमें लागू नहीं हो सकता। ऐसा मालूम होता है कि बहुत-सी चीज़ें, जिनकी ज़िन्दगी में अहमियत है, विज्ञान की पहुँच से बाहर हैं। कला और काव्य के प्रति चेतना, उनसे उत्पन्न सौन्दर्य और भावुकता, और भलाई की अन्दरूनी अनुभूति उसके क्षेत्र के परे हैं। वनस्पति-विज्ञान के और प्राणीशास्त्र के बहुत-से आचार्य, यह मुमकिन है, प्रकृति के सौन्दर्य और आकर्षण को कभी भी अनुभव न कर पाएँ। समाज-विज्ञान के आचार्यों में मानवता के प्रति प्रेम का अभाव हो सकता है। लेकिन जहाँ विज्ञान के तरीक़े काम नहीं देते और जहाँ फ़लसफ़ा है और ऊँचे दर्ज़े की भावुकता है और जहाँ हम आगे के विस्तृत प्रदेश को देखते हैं, उस जगह भी वैज्ञानिक स्वभाव और वैज्ञानिक प्रवृत्ति की ज़रूरत है।

धर्म का ढंग बिलकुल दूसरा है। प्रत्यक्ष छानबीन की पहुँच के परे जो प्रदेश है, धर्म का मुख्यत: उसी से सम्बन्ध है और वह भावना और अन्तर्दृष्टि का

सहारा लेता है। संगठित धर्म धर्म-शास्त्रों से मिलकर ज़्यादातर निहित स्वार्थों से सम्बन्धित रहता है और उसे प्रेरक भाव का ध्यान नहीं होता। वह एक ऐसे स्वभाव को बढ़ावा देता है, जो विज्ञान के स्वभाव से उलटा है। उससे संकीर्णता, ग़ैर-रवादारी, भावुकता, अन्धविश्वास, सहज-विश्वास और तर्कहीनता का जन्म होता है। उसमें आदमी के दिमाग़ को बन्द कर देने का, सीमित कर देने का, रुझान है। वह ऐसा स्वभाव बनाता है, जो ग़ुलाम आदमी का दूसरों का सहारा टटोलनेवाले आदमी का, होता है।

वाल्तेयर ने कहा था कि अगर ईश्वर का अस्तित्व नहीं भी है, तो उसका आविष्कार करना ज़रूरी होगा। शायद यह सच है। असल में इनसान का दिमाग़ हमेशा ऐसी किसी मानसिक मूर्ति या विचार को बनाने की कोशिश करता रहा है, जिसकी दिमाग़ के साथ ही तरक़्क़ी होती रही। लेकिन इसके उलटे विचार में भी कुछ असलियत है। अगर यह माना जाए कि ईश्वर है, तो भी यह वांछनीय हो सकता है कि न तो उसकी तरफ़ ध्यान ही दिया जाए और न उस पर निर्भर ही रहा जाए। दैवी शक्तियों में ज़रूरत से ज़्यादा भरोसा करने से अक्सर ऐसा हुआ भी है और अब भी हो सकता है कि आदमी का आत्मविश्वास घट जाए और उसकी सृजनात्मक योग्यता और सामर्थ्य कुचल जाए। फिर भी ऐसा मालूम देता है कि हमारे भौतिक जगत की पहुँच के बाहर जो सूक्ष्म चीज़ें हैं, उनमें किसी-न-किसी ढंग का विश्वास ज़रूरी है। नैतिक, आध्यात्मिक और आदर्शवादी विचारों पर कुछ भरोसा करना ज़रूरी है, वरना न तो जीवन में कोई उद्देश्य होगा, न कोई लक्ष्य होगा और न कोई स्थिरता होगी। हम ईश्वर में विश्वास करें या न करें, लेकिन किसी-न-किसी चीज़ में विश्वास न करना नामुमकिन है। उसे सृजनात्मक ज़िन्दगी देनेवाली ताक़त कह सकते हैं या पदार्थ में अन्तर्निहित वह प्रमुख शक्ति कह सकते हैं, जो पदार्थ को जीव बनाती है, उसकी बदलने और बढ़ने की सामर्थ्य देती है। हम उसे चाहे कोई भी नाम दें, लेकिन एक ऐसी चीज़ है, जिसकी सत्ता है, जिसमें असलियत है, उसी तरह, जैसे ज़िन्दगी मौत के मुक़ाबले में एक असलियत है, हालाँकि उसका प्रत्यक्ष पता नहीं लगता। हमको उसका होश हो या न हो, हममें से ज़्यादातर उस अदृश्य वेदी पर किसी-न-किसी ईश्वर की उपासना करते हैं और उसे भेंट चढ़ाते हैं। यह कोई भी आदर्श हो सकता है—व्यक्तिगत, राष्ट्रीय या अन्तर्राष्ट्रीय। वह कोई सुदूर लक्ष्य है, जो हमको खींचे जाता है। हाँ, बुद्धि को उसके समर्थन की सामग्री नहीं मिल सकती। वह पूर्ण मनुष्य और उन्नत संसार की एक अस्पष्ट धारणा है। पूर्णता पाना नामुमकिन हो सकता है, लेकिन हमारे अन्दर कोई शक्ति, कोई भूत हमको बलात् आगे बढ़ाता है और एक के बाद दूसरी पीढ़ी में हम उसी रास्ते पर चलते जाते हैं।

ज्यों-ज्यों ज्ञान बढ़ता जाता है, संकीर्ण मानों में जो धर्म का क्षेत्र है, वह सिकुड़ता जाता है। ज़िन्दगी और प्रकृति को हम जितना ज़्यादा समझते जाते हैं, उतना ही दैवी शक्तियों की तरफ़ हम कम ध्यान देते हैं। जो कुछ हम समझा सकते हैं और जिस पर हम नियंत्रण कर सकते हैं, वह रहस्य नहीं रह जाता। खेती का काम, हमारा

खाना, हमारे कपड़े, हमारे समाजी रिश्ते—किसी वक़्त ये सभी बातें धर्म के और उसके बड़े महंतों के दायरे में थीं। धीरे-धीरे वे उसके क़ाबू से बाहर निकल आई हैं और वैज्ञानिक अध्ययन का विषय बन गई हैं। फिर भी इनमें से बहुत-सी बातों पर धार्मिक ख़यालों और उनसे चिपटे हुए अन्धविश्वासों का अब भी ज़बरदस्त असर होता है। अब भी आख़िरी रहस्य आदमी के दिमाग़ की पहुँच से बहुत दूर हैं, और शायद इसी तरह आगे भी दूर बने रहेंगे। लेकिन ज़िन्दगी के और बहुत-से रहस्यों का हल हो सकता है और उसकी सख़्त ज़रूरत है, इसलिए अन्तिम रहस्य पर इस वक़्त ज़िद करना न तो जायज़ ही मालूम होता है और न ज़रूरी। अब भी ज़िन्दगी में सिर्फ़ दुनिया की ख़ूबसूरती ही नहीं है, बल्कि उसमें ताज़ी, हिम्मतभरी, दिलचस्प, कभी ख़त्म न होनेवाली खोजों की बराबर गुंजाइश है। अब भी ज़िन्दगी में नया ढर्रा लानेवाले ऐसे नये दृश्य हैं जो दुनिया को ज़्यादा धनी और ज़्यादा भरा-पूरा बना सकते हैं।

इसलिए वैज्ञानिक ढंग और स्वभाव को फ़लसफ़े से मिलाकर और जो कुछ परे हैं, उसके लिए श्रद्धा रखते हुए हमको ज़िन्दगी का सामना करना चाहिए। इस तरह से हम ज़िन्दगी का एक संगठित ढाँचा तैयार कर सकते हैं, जिसके बड़े फैलाव में पिछले और मौजूदा वक़्त शामिल हैं, उनकी सारी ऊँचाइयाँ और गहराइयाँ मौजूद हैं और तब हम शान्ति से, गम्भीरता से, भविष्य पर दृष्टि डाल सकते हैं। वहाँ गहराइयाँ और उन्हें भुलाया नहीं जा सकता, और उस ख़ूबसूरती के साथ-ही-साथ, जो हमारे चारों तरफ़ हैं, दुनिया का दुख-दर्द भी है। ज़िन्दगी में, आदमी के सफ़र में, दुख-सुख का एक अजीब मिलाव है। सिर्फ़ इसी तरह वह सीख सकता है और आगे बढ़ सकता है। आत्मा की मेहनत एक दुखद और रूखा व्यापार है। बाहरी घटनाओं से और उनके नतीजों से हम पर ज़बरदस्त असर होता है, लेकिन हमारे दिमाग़ को सबसे बड़े धक्के अन्दरूनी डर या द्वन्द्व से पहुँचते हैं। जिस वक़्त हम ऊपरी सतह पर आगे बढ़ते हैं (और अगर हमको बना रहना है तो यह ज़रूरी भी है), हमको अपने अन्दर, अपने पड़ोस और अपने बीच में शान्ति पानी है। यह एक ऐसी शान्ति होनी चाहिए जो हमारी भौतिक और पार्थिव ज़रूरतों को ही पूरा न करे, बल्कि जो हमारी उन अन्दरूनी, कल्पनात्मक और साहसिक भावनाओं की भूख को बुझाए, जिन्होंने आदमी को अपनी यात्रा के आरम्भ से दिमाग़ और कामकाज में प्रमुख बनाया है। उस यात्रा का कोई आख़िरी उद्देश्य है या नहीं, हमको नहीं मालूम, फिर भी उसके अपने फ़ायदे हैं और वह उन क़रीबी मक़सदों की तरफ़ इशारा करता है, जो पहुँच के अन्दर मालूम होते हैं और जहाँ से फिर आगे के लिए एक नई कोशिश शुरू हो सकती है।

विज्ञान का पश्चिमी दुनिया पर आधिपत्य है और वहाँ सब उसको सिर झुकाते हैं, लेकिन फिर भी पश्चिम ने असली वैज्ञानिक स्वभाव को क़रीब-क़रीब बिलकुल नहीं अपनाया। उसको आत्मा और शरीर में सृजनात्मक समतौल क़ायम करना अभी बाक़ी है। कई ज़ाहिरा तरीक़ों से हमको हिन्दुस्तान में एक ज़्यादा लम्बी मंज़िल तय करनी है। लेकिन फिर भी हमारे रास्ते में बड़ी-बड़ी मुश्किलें मुक़ाबले

में कम होंगी, क्योंकि हिन्दुस्तानी विचारधारा की गुज़रे ज़मानों में लाज़िमी बुनियाद वैज्ञानिक ढंग और स्वभाव और साथ ही अन्तर्राष्ट्रीय के अनुरूप है। इधर बाद की विकृतियों से हमको मतलब नहीं। जिस हिन्दुस्तानी विचारधारा की बाबत हम कह रहे हैं, वह कई युगों तक शुरू में थी। उसकी बुनियाद सत्य की भयरहित खोज पर, आदमी की मज़बूती पर, हर सजीव पदार्थ की दैविकता पर, व्यक्ति और समुदाय की स्वतंत्र और सामूहिक प्रगति पर, और व्यक्ति तथा प्राणियों के स्वतंत्र तथा समयोगितापूर्ण विकास अधिकाधिक स्वतंत्रता और मानविक वृद्धि की उच्चातिउच्च ऊँचाइयों में है।

~

ईसा पूर्व छठी सदी और मज़हब

(*विश्व इतिहास की झलक* से)

...ऐसी हालत में यह सवाल उठता है कि धर्म के मामले में कोई क्या रुख़ अपनाए? कुछ लोगों के लिए धर्म मतलब है परलोक; फिर उसे स्वर्ग, बैकुंठ या बहिश्त चाहे जो कुछ कहा जाए। स्वर्ग में जाने की लालसा से लोग धर्म का पालन करते हैं या कुछ दूसरी बातें करते हैं। यह देखकर मुझे ऐसे बालक का ख़याल आता है जो इनाम में जलेबी पाने की लालच से ऊधम नहीं मचाता। अगर कोई बच्चा हमेशा जलेबी की ही बात सोचा करे, तो तुम यह कभी न मानोगी कि उसकी शिक्षा ठीक ढंग से हुई है और उन लड़का या लड़कियों को तो तुम और भी कम पसन्द करोगी जो जलेबी की ख़ातिर सब कुछ करे तब फिर हम ऐसे बड़े-बूढ़ों के बारे में क्या कहें, जो इस तरह सोचते और काम करते हैं? क्योंकि आख़िर जलेबी और स्वर्ग के ख़याल में कोई ख़ास फ़र्क़ नहीं है। हम सब थोड़े-बहुत स्वार्थी होते हैं, लेकिन फिर भी हम अपने बच्चों को ऐसी शिक्षा देने की कोशिश करते हैं कि वे जहाँ तक हो सके नि:स्वार्थ बनें। कुछ भी हो, हमारे आदर्श बिलकुल स्वार्थहीन होने चाहिए ताकि हम अपने जीवन में उन तक पहुँचने की कोशिश करते रहें।

हम सब सफलता चाहते हैं और अपने कर्मों का फल देखना चाहते हैं यह स्वाभाविक ही है लेकिन हमारा लक्ष्य क्या है? क्या हमें सिर्फ़ अपनी ही फ़िक्र करनी चाहिए या सार्वजनिक हित की—यानी देश, समाज और मनुष्य जाति की भलाई की? आख़िर इस सार्वजनिक हित में ही हमारी अपनी भलाई भी शामिल है। मेरा ख़याल है कि कुछ दिन हुए मैंने अपने एक पत्र में संस्कृत के एक श्लोक का ज़िक्र किया था। इसका मतलब यह था कि व्यक्ति के कुटुम्ब के लिए, कुटुम्ब को जाति के लिए और जाति को देश के लिए क़ुर्बान कर देना चाहिए। यहाँ मैं

संस्कृत के एक और श्लोक का भी अर्थ तुमको बताना चाहता हूँ जो भागवत में आया है। उसका अर्थ यह है—

> "मुझे न तो अष्टसिद्धियों[1] के साथ स्वर्ग की इच्छा है और न जन्म और मृत्यु से छुटकारा पाकर मोक्ष पाने की ही कामना है। मेरी इच्छा तो यह है कि दुखी जनों के दिलों में पैठ जाऊँ और उनका दुःख-दर्द अपने ऊपर ले लूँ जिसमें वे पीड़ा से मुक्त हो जाएँ।"[2]

एक मज़हब वाला बात एक कहता है, दूसरे मज़हब वाला दूसरी। और बहुत करके हरेक दूसरे को मूर्ख या धूर्त समझता है। इनमें सच्चा कौन है? चूँकि ये लोग ऐसी चीज़ों की बात करते हैं, जो न आँख से देखी जा सकती हैं और न सिद्ध की जा सकती हैं, इसलिए दलीलों में ऐसे मामलों को तय करना मुश्किल हो जाता है। दोनों के लिए यह हिमाकत मालूम होती है कि ऐसे मामलों पर पक्की बातें करें और उन पर एक-दूसरे का सिर फोड़ें। हममें से ज़्यादातर तंग विचारों के होते हैं और ज़्यादा बुद्धिमान नहीं होते। तब हम ये सोचने का साहस कैसे कर सकते हैं कि हमें सारे सत्य का ज्ञान है और उसे हम अपने पड़ोसी के गले में ज़बरदस्ती उतार सकते हैं! सम्भव है कि हम सचाई पर हों, और यह भी सम्भव है हमारा पड़ोसी भी सचाई पर हो। अगर तुम किसी पेड़ पर एक फूल देखो, तो उस फूल को तो पेड़ नहीं कहोगी। उसी तरह दूसरे आदमी ने उस दूसरे पेड़ की पत्तियाँ ही देखीं और तीसरे ने सिर्फ़ उसका तना ही देखा, तो हरेक ने उस पेड़ का सिर्फ़ एक-एक हिस्सा ही देखा है। लेकिन उनमें से हरेक के लिए यह कितनी बेवक़ूफ़ी की बात होगी, कि वह यह दावा करने लगे कि सिर्फ़ फूल, पत्ती या तना ही पेड़ है, और इसी बात पर लड़ने लगें।

मुझे तो परलोक में कोई दिलचस्पी नहीं है। मेरा दिमाग़ तो इन बातों से भरा हुआ है कि मैं इस दुनिया में क्या करूँ। और अगर इसमें मुझे अपना रास्ता साफ़ दिखाई दे जाए तो मेरे लिए काफ़ी है। अगर इस लोक में मुझे अपना कर्तव्य साफ़-साफ़ दीख जाता है, तो मुझे किसी दूसरे लोक की बिलकुल चिन्ता नहीं है।

---

1. सिद्धियाँ—आठ प्रकार की होती हैं—अणिमा, महिमा, गरिमा, लघिमा, प्राप्ति, प्राकाम्य, ईशित्व और वशित्व
2. इस सम्बन्ध में भागवत के ये श्लोक ध्यान में रखने योग्य हैं—

कोनु सस्य दुपायोऽत्र येनाहम् दुखितात्मनाम्
अन्तःप्रविश्य भूतानां भवेयं दुःखभाक् सदा
अपहत्यार्तिमार्तानाम् सुखं यदुपजायते
तस्य स्वर्गोऽपवर्गो वा कलां नाऽर्हति षोडशीम्
—च्यवन ऋषि

× × ×

नत्वहं कामये राज्यं न स्वर्गं नाऽपुनर्भवम्
कामये दुःखतप्तान्नम् प्राणिनामार्तिनाशनम्
—रन्तिदेव

ज्यों-ज्यों तुम बड़ी होती जाओगी, तुम्हें हर तरह के लोग मिलेंगे, धर्मात्मा लोग, धर्म का विरोध करनेवाले लोग और ऐसे लोग जिन्हें न धर्म की परवाह है और न अधर्म की। बड़े-बड़े गिरजे और धार्मिक संस्थाएँ पड़ी हैं, जिनके पास बहुत धन और शक्ति है? वे उनका कभी अच्छा उपयोग करते हैं और कभी बुरा। तुम्हें बहुत नेक और उदार व्यक्ति मिलेंगे जो धर्मात्मा हैं और ऐसे धूर्त और बदमाश मिलेंगे जो धर्म की आड़ में लोगों को लूटते हैं और धोखा देते हैं। तुम्हें इन सब बातों पर ख़ुद सोचना होगा और अपने लिए ख़ुद ही निर्णय करना होगा। आदमी दूसरों से बहुत कुछ सीख सकता है, लेकिन हर ज़रूरी बात उसे अपनी ही खोज और अपने ही अनुभव से प्राप्त करनी पड़ती है। कुछ सवाल ऐसे हैं जिनके उत्तर हर स्त्री-पुरुष को ख़ुद अपने ही आप तलाश करने पड़ते हैं।

लेकिन निर्णय करने में जल्दबाज़ी नहीं करनी चाहिए। किसी भी बड़े या महत्त्वपूर्ण निश्चय पर पहुँचने से पहले तुम्हें अपने आपको अभ्यास और शिक्षा के ज़रिये इस योग्य बनाना होगा। यह ठीक है कि आदमी को ख़ुद ही सोचना चाहिए और निश्चय करना चाहिए; लेकिन इसके लिए उसमें उतनी ही योग्यता भी होनी चाहिए। तुम किसी दुधमुँहे बच्चे से किसी बात का निर्णय करने के लिए कभी नहीं कहोगी। इसी तरह बहुत-से आदमी ऐसे हैं जो उसमें तो बड़े हो गए हैं, लेकिन जहाँ तक उनके मानसिक विकास का सवाल है वे क़रीब-क़रीब दुधमुँहे बच्चों के समान हैं।

~

ईसा और ईसाइयत

(*विश्व इतिहास की झलक* से)

ईसा, या जैसा कि उनका नाम था यीशु, की कथा बाइबिल के नये अहदनामे[1] में दी हुई है और तुम्हें उसके बारे में कुछ मालूम भी है। ईसा की जीवन-कथाओं[2] के विवरणों में उनकी जवानी के दिनों का कोई हाल नहीं दिया गया है। वह नासरत में पैदा हुए, गैलिली में उन्होंने प्रचार किया और तीस वर्ष से ऊपर की उम्र में वह यरूशलम आए। इसके थोड़े ही दिन बाद रोमन गवर्नर पॉन्तियस पाइलेत की अदालत में उन पर मुक़दमा चला और उसने इनको सज़ा दी। यह साफ़ नहीं मालूम होता कि अपना प्रचार शुरू करने से पहले ईसा क्या करते थे या कहाँ गए थे। मध्य एशिया भर में, कश्मीर में, लद्दाख में और तिब्बत में और इससे और भी उत्तर के देशों में अभी तक लोगों का यह पक्का विश्वास है कि यीशु या ईसा इन देशों में घूमे थे। कुछ लोगों का यह विश्वास है कि वह भारत भी आए थे। पक्के तौर पर कुछ कहा नहीं जा सकता, लेकिन जिन विद्वानों ने ईसा की जीवनी का अध्ययन किया है, वे यह नहीं मानते कि ईसा भारत या मध्य एशिया में आए थे। लेकिन अगर आए हों तो यह कोई असम्भव बात

1. New Testament
2. Gospels

भी नहीं कही जा सकती। उस ज़माने में भारत के बड़े-बड़े विश्वविद्यालय, ख़ासकर उत्तर-पश्चिम का तक्षशिला का विश्वविद्यालय, दूर-दूर देशों के लगनेवाले विद्यार्थियों को आकर्षित करते थे और मुमकिन है कि ईसा भी ज्ञान की तलाश में यहाँ आए हों। बहुत-सी बातों में ईसा के सिद्धान्त गौतम के सिद्धान्तों से इतने ज़्यादा मिलते-जुलते हैं कि यह बहुत सम्भव मालूम होता है कि ईसा को गौतम के विचारों की पूरी-पूरी जानकारी थी। लेकिन बौद्ध धर्म दूसरे देशों में काफ़ी प्रचलित था, और इसलिए ईसा भारत आए बिना भी उसके बारे में अच्छी तरह से जान सकते थे।

स्कूल का हरेक बच्चा जानता है कि मज़हबों के नाम पर लड़ाई-झगड़े और कड़वे संघर्ष हुए हैं। लेकिन संसार के मज़हबों की शुरुआत पर ग़ौर करना और उनकी तुलना करना बहुत दिलचस्प है। सब मज़हबों के नज़रियों और उपदेशों में इतनी समानता है कि यह देखकर हैरत होती है कि लोग छोटी-छोटी और ग़ैर-ज़रूरी बातों के बारे में झगड़ा करने की बेवक़ूफ़ी क्यों करते हैं। लेकिन पुराने उपदेशों में नई-नई बातें जोड़ दी जाती हैं, और उनको इस तरह तोड़-मरोड़ दिया जाता है कि उनका पहचानना मुश्किल हो जाता है। सच्चे धर्म-प्रचारक की जगह तंगदिल और कट्टर हठधर्मी लोग आ बैठते हैं। बहुत बार मज़हब ने राजनीति और साम्राज्यवाद की दासी-जैसा काम किया है।

ज्यों-ज्यों ईसाई मज़हब फैला, त्यों-त्यों ईसा के देवत्व के बारे में ज़बरदस्त लड़ाई-झगड़े पैदा हो गए। तुम्हें याद होगा कि मैं तुम्हें बता चुका हूँ कि गौतम बुद्ध ने कभी देवत्व का दावा नहीं किया था, लेकिन फिर भी वह एक देवता और अवतार की तरह पूजे जाने लगे। इसी तरह यीशु ने भी खुदाई का कोई दावा नहीं किया था। यीशु ने जो बार-बार कहा है कि वह ईश्वर के पुत्र और मनुष्य के पुत्र हैं, उसका अर्थ यह कभी नहीं है कि उन्होंने खुदाई का या मनुष्यों से ऊपर होने का दावा किया था। लेकिन अपने महान पुरुषों को देवता का रूप दे देना और देवता के आसन पर बिठाने के बाद उनके उपदेशों को छोड़ देना, मनुष्य जाति को ज़्यादा पसन्द है। छह सौ साल बाद पैग़ंबर मुहम्मद ने एक और बड़ा मज़हब चलाया, लेकिन शायद इन उदाहरणों से फ़ायदा उठाकर उन्होंने साफ़-साफ़ और बार-बार यह कहा कि वह इनसान हैं, खुदा नहीं।

इस तरह यीशु के उपदेशों को समझने और उन पर अमल करने के बजाय, ईसाई लोग यीशु के देवत्व और ईसाई त्रिपुटी[1] के रूप के बारे में तर्क-वितर्क और झगड़े करने लगे। वे एक-दूसरे को क़ाफ़िर कहने लगे, एक-दूसरे पर अत्याचार करने लगे और एक-दूसरे का गला काटने लगे। एक बार ईसाइयों के अलग-अलग सम्प्रदायों में एक संयुक्त शब्द के ऊपर बहुत ज़ोरदार और भयंकर मतभेद हुआ। एक दल कहता था कि प्रार्थना में होमो-आउज़न[2] शब्द इस्तेमाल किया जाना चाहिए दूसरा होमोइ-आउज़न[3] इस्तेमाल करना चाहता था। इस मतभेद का यीशु के देवत्व से सम्बन्ध था। इस संयुक्त शब्द के पीछे भयंकर युद्ध हुआ और बहुत-से आदमी मारे गए।

---

1. ईसाई त्रिपुटी (Christian Trinity)—पिता, पुत्र और पवित्र आत्मा (Father, Son and Holy Ghost)
2. Homo-ousian
3. Homoi-ousian

ज्यों-ज्यों ईसाई-संघ की ताक़त बढ़ती गई, त्यों-त्यों ये घरेलू झगड़े बढ़ते गए। ईसाई मज़हब के विभिन्न सम्प्रदायों में इसी तरह के झगड़े पश्चिमी देशों में कुछ अर्से पहले तक होते रहे हैं।

तुम्हें यह जानकर ताज्जुब होगा कि इंग्लैंड में या पश्चिमी यूरोप में पहुँचने के बहुत पहले, और उस समय जबकि रोम तक में उस नफ़रत से देखा जाता था और उस पर पाबन्दी लगी हुई थी, ईसाई मज़हब भारत में आ पहुँचा था। यीशु के मरने के बाद क़रीब सौ साल के अन्दर ही ईसाई धर्म-प्रचारक समुद्र के रास्ते दक्षिण भारत आए थे। उनके साथ शिष्ट बर्ताव किया गया, और उन्हें अपने नये मज़हब के प्रचार करने की छूट दे दी गई। उन्होंने बहुत-से लोगों को अपने मत का अनुयायी बनाया और ये लोग तब से आज तक दक्षिण भारत में उतार-चढ़ाव के दिन देखते हुए रहते आए हैं। उनमें से बहुत लोग ईसाई मज़हब के पुराने सम्प्रदायों वे अनुयायी हैं, जिनकी अब यूरोप में हस्ती तक नहीं है। आजकल इनमें से कुछ के मुख्य स्थान एशिया-कोचक में है।

राजनीतिक दृष्टि से, आजकल ईसाइयत का बोलबाला है, क्योंकि वह यूरोप की प्रमुख क़ौमों का मज़हब है। लेकिन जब हम अहिंसा और सामाजिक व्यवस्था के ख़िलाफ़ विद्रोह का प्रचार करनेवाले विद्रोही यीशु की तुलना उनके आजकल के बकवादी अनुयायियों से करते हैं, जो साम्राज्यवाद, शस्त्रास्त्रों, युद्धों और धन की पूजा में विश्वास करते हैं, तो यह ख़याल हमें हैरत में डाल देता है। यीशु का 'पर्वत का उपदेश'[1] और आजकल की यूरोप व अमेरिका की ईसाइयत, इन दोनों में कितनी हैरतभरी असमानता है। इसलिए कोई ताज्जुब की बात नहीं अगर बहुत-से लोग यह सोचने लगे कि आजकल पश्चिम में अपने को ईसा के अनुयायी कहनेवाले लोगों के मुक़ाबले में बापू ईसा के उपदेशों के बहुत ज़्यादा निकट हैं।

~

उपनिषद्

(*हिन्दुस्तान की कहानी* से)

उपनिषद् छानबीन की, मानसिक साहस की और सत्य की खोज के उत्साह की भावना से भरपूर हैं। यह सही है कि यह सत्य की खोज मौजूदा ज़माने के विज्ञान के प्रयोग के तरीक़ों से नहीं हुई है, फिर भी जो तरीक़ा अख़्तियार किया गया है, उसमें वैज्ञानिक तरीक़े का एक अंश है। हठवाद को दूर कर दिया गया है। उनमें बहुत-कुछ ऐसा है, जो साधारण है और जिसका आजकल हम लोगों के लिए कोई अर्थ या प्रसंग नहीं। ख़ास ज़ोर आत्मबोध या आत्मा-परमात्मा के ज्ञान पर दिया गया है और इन दोनों को मूल में एक ही बताया गया है। बाहरी दुनिया या वस्तु-जगत को असत् नहीं बताया गया है, बल्कि निसबती तौर पर सत्र और भीतरी सत्य का एक पहलू बताया गया है।

1. Sermon on the Mount

उपनिषदों में बहुत-सी अस्पष्ट बातें हैं और उनकी मुख़्तलिफ़ शरहें हुई हैं। लेकिन ये फ़लसूफ़ों और विद्वानों के जाँच करने की चीज़ें हैं। आम झुकाव अद्वैतवाद की तरफ़ है और इस सारे नज़रिये का ज़ाहिरा मक़सद यह मालूम पड़ता है कि उस ज़माने की जो आपस की कड़ी बहसें रही हैं और भेदभाव रहे हैं, उन्हें कम किया जाए। यह समन्वय का रास्ता रहा है। जादू-टोने में दिलचस्पी को और इसी तरह दैवी बातों के ज्ञान को बढ़ावा देने से रोका गया है और बिना सच्चे ज्ञान के पूजा-पाठ और कर्म-कांड को फ़िज़ूल बताया गया है। कहा गया है—"इनमें लगे हुए लोग अपने को समझदार और विद्वान मानते हुए इस तरह भटकते रहते हैं, जैसे अन्धे को अन्धा रास्ता दिखा रहा हो और ये अपने लक्ष्य तक नहीं पहुँच पाते।" वेदों तक को नीचे दर्ज़े का ज्ञान बताया गया है, भीतरी मन के प्रकाश को ऊँचा ज्ञान कहा है। बिना संयम के फ़लसफ़े के ज्ञान की तरफ़ से होशियार किया गया है और समाज के धन्धों और रूहानी बातों में सामंजस्य पैदा करने की बराबर कोशिश की गई है। ज़िन्दगी ने जो कर्तव्य और फ़र्ज़ ऊपर डाले हैं, उनका पालन होना ही चाहिए, लेकिन अलहदगी का भाव रखते हुए, ऐसा कहा गया है।

व्यक्तिगत पूर्णता की नीति पर शायद इतना ज़्यादा ज़ोर दिया गया कि सामाजिक दृष्टिकोण को नुक़सान पहुँचा। उपनिषदों में कहा गया है कि "आत्मा से बढ़कर कोई चीज़ नहीं।" यह समझा गया होगा कि समाज में पायदारी आ गई है, इसलिए आदमी का दिमाग़ व्यक्तिगत पूर्णता का बराबर ध्यान किया करता था और इसकी खोज में उसने आसमान और दिल के सबसे अन्दरूनी कोनों को छान डाला। यह पुराना हिन्दुस्तानी नज़रिया कोई संकुचित क़ौमी नज़रिया न था, अगरचे इस बात का ज़रूर ख़याल रहा होगा कि हिन्दुस्तान सारी दुनिया का केन्द्र है, उसी तरह, जिस तरह कि चीन, यूनान और रोम ने अपने बारे में मुख़्तलिफ़ वक़्तों में ख़याल किया है। महाभारत में कहा गया है—"यह सारा मर्त्यलोक एक परस्पर आश्रित संगठन है।"

जिन सवालों पर उपनिषदों में विचार किया गया है, उनके आधिभौतिक पहलुओं को समझना मेरे लिए कठिन है, लेकिन इन सवालों पर ग़ौर करने का जो ढंग है, उसने मुझ पर असर डाला है, क्योंकि यह हठवाद या अन्धविश्वास का ढंग नहीं है। यह ढंग मज़हबी न होकर फ़लसफ़ियाना है। ख़यालों के कसबल को, जाँच की भावना को और दलील की पृष्ठभूमि को मैं पसन्द करता हूँ। बयान के ढंग में कसाव है। यह अक्सर गुरु और शिष्य के बीच सवाल-जवाब के रूप में मिलता है, और यह अनुमान किया गया है कि उपनिषद् व्याख्यानों के एक तरह की याददाश्त हैं, जिन्हें गुरु ने तैयार किया है या शिष्यों ने टाँक लिया है। प्रोफ़ेसर एफ़.डब्ल्यू. टॉमस अपनी किताब 'दि लीगेसी ऑव इंडिया' ('हिन्दुस्तान की देन') में कहते हैं—"उपनिषदों का जो ख़ास गुण है और जिसकी वजह से उनमें इनसानी दिलक़शी है, वह यह है कि उनके लहज़े में बड़ा निष्कपटपन है, वह इस तरह का है, मानो दोस्त आपस में किसी गहरे मसले पर सोच-विचार कर रहे हैं।" चक्रवर्ती राजगोपालाचार्य उनके बारे में इस तरह जोश के साथ कहते हैं—"प्रशस्त कल्पना विचारों की शानदार उड़ान, जाँच-पड़ताल की बेधड़क भावना, जिसके पीछे सचाई तक पहुँचने की गहरी प्यास

है—इनसे प्रेरित होकर उपनिषदों में गुरु और शिष्य विश्व के खुले हुए रहस्य में पैठते हैं, और यह बात दुनिया की इन सबसे पुरानी पवित्र पुस्तकों को सबसे आधुनिक और संतोष देनेवाली बना देती है।"

उपनिषदों की सबसे बड़ी विशेषता यह है कि उनमें सचाई पर बड़ा ज़ोर दिया गया है। "सचाई की सदा जीत होती है, झूठ की नहीं। सचाई के रास्ते से ही हम परमात्मा तक पहुँच सकते हैं।" और उपनिषदों में आई हुई यह प्रार्थना मशहूर है : "असत् से मुझे सत् की तरफ़ ले चल! अन्धकार से मुझे प्रकाश की तरफ़ ले चल। मृत्यु से मुझे अमरत्व की तरफ़ ले चल!"

हमें बार-बार एक बेचैन दिमाग़ की झाँकी मिलती है, ऐसी दिमाग़ की, जो जिज्ञासा और छानबीन में लगा हुआ है—"किसकी आज्ञा से मन अपने विषय पर उतरता है? किसकी आज्ञा से जीवन, जो सबसे पहली चीज़ है, आगे बढ़ता है? किसकी आज्ञा से मनुष्य ये वचन कहते हैं? किस देवता ने आँख और कान दिए हैं?" और फिर—"वायु शान्त क्यों नहीं रहती? आदमी के मन को चैन क्यों नहीं मिलता? क्यों और किसकी खोज में जल बहता रहता है और एक क्षण नहीं ठहरता?" आदमी बराबर एक साहसपूर्ण यात्रा में लगा हुआ है, उसके लिए न कहीं दम लेना है और न उसकी यात्रा का अन्त है। 'ऐतरेय ब्राह्मण' में हमारी इस अनंत यात्रा के बारे में एक मंत्र है और इसके हर श्लोक के आख़ीर में है—"चरैवेति, चरैवेति"—"हे यात्री, इसलिए चलते रहो, चलते रहो।"

इस खोज के बारे में कोई विनय की भावना नहीं है, वैसा विनय, जैसा धर्मों में एक सर्व-शक्तिमान परमात्मा के प्रति दिखाया जाता है। यहाँ हमें मन की परिस्थिति के ऊपर विजय मिलती है। "मेरा शरीर राख हो जाएगा और मेरी साँस इस चंचल और अमर वायु में मिल जाएगी, लेकिन मैं और मेरे कर्मों का अन्त नहीं। हे मन, इस बात का सदा ध्यान रख।" सवेरे की एक प्रार्थना में सूर्य को इस तरह सम्बोधन किया गया है—"हे देदीप्यमान सूर्य, मैं वही पुरुष हूँ जो तुझे ऐसा बनाता हूँ।" कितना ऊँचा आत्मविश्वास है!

आत्मा क्या है? इसका बयान या इसकी परिभाषा सिर्फ़ नकारात्मक ढंग से हो सकती है—"वह यह नहीं है, यह नहीं है।" या, एक प्रकार से स्वीकारात्मक ढंग से—"तू वह है!" व्यक्तिगत आत्मा परमात्मा के महत् ज्वाल की एक चिनगारी है, जो उससे निकल उसी में समा जाती है। "जिस तरह से अग्नि अखंड होते हुए भी दुनिया में आकर जिन चीज़ों को जलाती है, उन्हीं के अनुसार अलग-अलग रूप ले लेती है, इसी तरह से अन्तरात्मा जिस चीज़ में प्रवेश करती है, उसी के अनुसार अलग रूप ग्रहण कर लेती है, लेकिन वह ख़ुद बिना किसी रूप के है।" यह अनुभूति कि सब चीज़ों के भीतर एक ही तत्त्व है, हमारे और उनके बीच के भेद ही हटा देती है और हममें यह भावना पैदा करती है कि इनसान और प्रकृति के बीच एकता है और यह एकता बाहरी दुनिया की विविधता और अनेकरूपता की तह में है। "जो जानता है कि सभी चीज़ें आत्मरूप हैं, उसके लिए क्या शोक, क्या भ्रम रह जाते हैं, जबकि वह इस एकता को देखता है?" "हाँ, जो सभी वस्तुएँ उस आत्मा में देखता है और सभी चीज़ों में आत्मा को देखता है, उससे (आत्मा) वह फिर न छिपेगा।"

भारतीय आर्यों के इस गहरे व्यक्तिवाद और अलहदगी की भावना का इस व्यापक नज़रिये के साथ, जो जाति, वर्ग और दूसरी बाहरी और भीतरी भेदों की रुकावटें लाँघ जाती हैं, मिलान और मुक़ाबला करना दिलचस्प है। यह दूसरी चीज़ तो एक तरह की आधिभौतिक जनसत्ता है। "वह जो आत्मा को सब चीज़ों में और सब चीज़ों में आत्मा को देखा है, फिर किसी जीव को हिकारत से देख ही नहीं सकता।" अगरचे यह महज़ सिद्धान्त की बात थी, फिर भी इसमें शक नहीं कि इसने ज़िन्दगी पर असर डाला होगा और उस रवादारी और माकूलपसन्दी, मज़हबी मामलों में उस आज़ाद ख़याली, जीने और जीने देने की उस भावना का वातावरण पैदा किया होगा, जो हिन्दुस्तानी और चीनी संस्कृति के ख़ास लक्षण हैं। मज़हब और संस्कृति के बारे में कोई दबाव नहीं था और इससे एक ऐसी पुरानी और अक्लमंद तहज़ीब का पता चलता है जिसके पास दिमाग़ी शक्ति का अक्षय ख़ज़ाना है।

उपनिषदों में एक सवाल है, जिसका बहुत अनोखा, लेकिन मार्के का जवाब दिया गया है। सवाल यह है कि "यह विश्व क्या है? यह कहाँ से उत्पन्न होता है और कहाँ जाता है?" और उत्तर है—"स्वतंत्रता से इसका जन्म है, स्वतंत्रता में ही वह टिका है और स्वतंत्रता में ही वह लय हो जाता है।" इसका ठीक-ठीक अर्थ क्या है, मैं नहीं समझ सकता, सिवाय इसके कि उपनिषदों की रचना करनेवालों में स्वतंत्रता के ख़याल के लिए बड़ा जोश था और वे सब कुछ उसी रूप में देखना चाहते थे। स्वामी विवेकानन्द इस पहलू पर हमेशा ज़ोर दिया करते थे।

हमारे लिए यह सहज नहीं कि कल्पना में भी हम अपने को इतने पुराने ज़माने में जा बिठाएँ और उस ज़माने के दिमाग़ी वातावरण में दाख़िल हो सकें। लिखने का ढंग ही कुछ ऐसा है कि हम उसके आदी नहीं। यह देखने में अटपटा और तरजुमे के ख़याल से मुश्किल है और इसकी पृष्ठभूमि में जो ज़िन्दगी है, वह अब से बिलकुल जुदा है। आज बहुत-सी चीज़ें हैं, जिनके हम आदी हो गए हैं, इसलिए उन्हें मानकर चलते हैं, अगरचे ये विचित्र हैं और काफ़ी ग़ैर-माकूल हैं। लेकिन जिन चीज़ों के हम आदी नहीं हैं, उनका समझना और पसन्द करना कहीं ज़्यादा कठिन है। लेकिन इन सब मुश्किलों और क़रीब-क़रीब दूर हो सकनेवाली रुकावटों के सन्देशों को चाव और उत्सुकता से सुननेवाले हिन्दुस्तान के इतिहास में बराबर मिलते हैं और इन सन्देशों ने क़ौमी दिमाग़ और चरित्र पर ज़ोरदार असर डाला है। ब्लूम फ़ील्ड का कहना है कि "विरोधी बौद्ध-मत के लिए-दिए हिन्दू-विचार का कोई ऐसा ख़ास रूप नहीं है, जिसकी जड़ उपनिषदों में न हो।"

क़दीम हिन्दुस्तानी ख़याल ईरान के रास्ते यूनान तक पहुँचा था और इसने वहाँ के कुछ विचारकों और फ़लसूफ़ों पर असर डाला था। बहुत बाद में प्लोटिनस ईरानी और हिन्दुस्तानी फ़लसफ़े को पढ़ने के लिए पूरब में आया और उस पर ख़ासतौर पर उपनिषदों के रहस्यवाद का प्रभाव पड़ा। कहा जाता है कि इन विचारों में से बहुत-से प्लोटिनस से संत अगस्टाइन तक पहुँचे थे और उसकी मारफ़त इन्होंने आज के ईसाई धर्म पर असर डाला है।[1]

पिछली डेढ़ सदी में हिन्दुस्तानी फ़लसफ़े को जो यूरोप ने फिर से खोज निकाला, उसका नतीजा यह हुआ कि यूरोप के फ़लसूफ़ों और विचारकों पर उसका गहरा

प्रभाव पड़ा है। इस सिलसिले में निराशावादी शोपेनहार का कहना अक्सर उद्धृत किया जाता है—"(उपनिषदों के) हर एक शब्द से गहरे, मौलिक और ऊँचे विचार उठते हैं और इन सब पर एक ऊँची पवित्र और उत्सुक भावना छाई हुई है...सारे संसार में कोई ऐसी रचना नहीं जिसका पढ़ना इतना उपयोगी, इतना ऊँचा उठानेवाला हो, जितना उपनिषदों का... (ये) सबसे ऊँचे ज्ञान की उपज हैं...एक-न-एक दिन सारी दुनिया का इन पर विश्वास होकर रहेगा।" और फिर वह लिखते हैं—"उपनिषदों के पढ़ने से मेरी ज़िन्दगी को शान्ति मिली है, यही मेरी मौत के समय की तसकीन बनेगा।" इस पर लिखते हुए मैक्समूलर कहते हैं—"शोपेनहार हरगिज़ ऐसे आदमी न थे कि बहकी हुई बातें लिखें, या तथाकथित रहस्यवादी या अधकचरे विचारों पर वाह-वाह करने लगें। और यह कहते हुए न मुझे शर्म या डर मालूम पड़ता है कि वेदान्त के बारे में उनका जो उत्साह था, उसमें मैं शरीक हूँ और अपनी ज़िन्दगी में बहुत-कुछ मुझे इससे मदद मिली है और मैं इसका ऋणी हूँ।"

एक दूसरी जगह मैक्समूलर लिखते हैं—"उपनिषद् वेदान्त के फ़लसफ़े का सोता है, जिसमें इनसानी सोच-विचार अपनी चोटी पर पहुँच गया जान पड़ता है।" "मेरी सबसे ख़ुशी की घड़ियाँ वेदान्त की किताबों के पढ़ने में बीतती हैं। मेरे लिए वे सवेरे की रोशनी और पहाड़ों की साफ़ हवा-जैसी है—एक बार समझ में आ जाने पर उनमें कितनी सादगी, कितनी सचाई मिलती है!"

लेकिन शायद उपनिषदों की और उसके बाद की पुस्तक भगवद्गीता की मुक्तकंठ से जैसी तारीफ़ आयरिश कवि ए.ई. (जी.डब्ल्यू. रसेल) ने की है, वैसी दूसरे ने नहीं—"इस ज़माने के लोगों में, गेटे, वर्ड्सवर्थ इमर्सन और थोरो में यह ज्ञान और जीवनी-शक्ति कुछ अंशों में मिलेगी, लेकिन जो कुछ भी इन्होंने कहा है और उससे बहुत ज़्यादा, हमें पूरब के महान और पवित्र ग्रंथों में मिलेगा। भगवद्गीता और उपनिषदों में सभी बातों के बारे में ज्ञान की ऐसी दिव्य पूर्णता मिलती है कि मुझे ख़याल होता है कि उनके रचनेवालों ने हज़ारों भाव भरे पुराने जन्मों में पैठकर ही, उन जन्मों में, जिनमें छाया के लिए और छाया के साथ संघर्ष होता रहा है—इतने अधिकार के साथ उन बातों को लिखा है, जिन्हें आत्मा निश्चित समझती है।"[2]

~

1. रोम्याँ रोलां ने विवेकानन्द-सम्बन्धी अपनी किताब के परिशिष्ट में 'शुरू' की सदियों में यूनानी-ईसाई रहस्यवाद और उसका हिन्दू रहस्यवाद से सम्बन्ध पर एक लम्बा नोट दिया है। वह बताते हैं कि सैकड़ों बातों से इसका सबूत मिलता है कि हमारे युग की दूसरी सदी में यूनानी विचारधारा में पूरबी असर मिल-जुल गया था।
2. छांदोग्य उपनिषद् में एक विचित्र और दिलचस्प टुकड़ा है—"सूर्य कभी डूबता नहीं, न उदय होता है। जब लोग समझते हैं कि सूर्य डूब रहा है, तब होता यह है कि वह दिन के अन्त तक पहुँचकर महज़ बदल जाता है और यहाँ नीचे रात कर देता है और जो कुछ दूसरी तरफ़ है, उसके लिए दिन कर देता है। जब लोग समझते हैं कि वह सवेरे उगता है, तब वह रात के छोर तक पहुँचकर पलट जाता है और यहाँ नीचे दिन कर देता है और जो कुछ दूसरी तरफ़ है, उसके लिए रात कर देता है। सच बात तो यह है कि वह कभी डूबता नहीं।"

व्यक्तिवादी फ़लसफ़े के फ़ायदे और नुकसान

चाहे ज्ञान सीखना हो, चाहे दूसरी ही कामयाबी हासिल करना हो; संयम, तप और क़ुरबानी ज़रूरी होती है। किसी-न-किसी तरह की तपस्या का ख़याल हिन्दुस्तानी विचारधारा का एक अंग है, और ऐसा ख़याल न सिर्फ़ चोटी के विचारकों के यहाँ है, बल्कि साधारण अनपढ़ जनता में फैला हुआ है। हज़ार बरस पहले यह बात रही है, और आज भी यह बात है, और अगर गांधी जी की रहनुमाई में हिन्दुस्तान को हिला देनेवाले जनता के आन्दोलनों के पीछे जो मनोवृत्ति काम करती है, उसे हम समझना चाहते हैं, तो ज़रूरी है कि हम इस ख़याल को समझ लें।

यह ज़ाहिर है कि उपनिषदों की रचना करनेवालों के विचार, और वह ऊँचे दर्जे का मानसिक वातावरण, जिसमें वे रहते थे, एक छोटे, चुने हुए लोगों के दायरे तक महदूद थे। आम जनता की समझ से ये बिलकुल बाहर थे। ऐसे लोगों की तादाद, जो रचनात्मक काम करते हैं, हमेशा थोड़ी ही होती है। लेकिन अगर बड़ी संख्या के लोगों से उनके विचार मिलते रहे और यह छोटा दल बड़े दल को ऊपर उठाने और उसे बढ़ाने की कोशिश में लगा रहा, इस तरह कि दोनों के बीच की खाई कम हो जाए, तो एक पायदार और तरक़्क़ी करनेवाली संस्कृति पैदा होती है। बिना इस रचनात्मक छोटे दल के सभ्यता का ह्रास होने लगता है। लेकिन इसका ह्रास उस वक़्त भी हो सकता है, जबकि एक रचनात्मक छोटे दल का बड़े दल से सम्बन्ध टूट जाए और कुल मिलाकर समाज की एकता बाक़ी न रह जाए। ऐसी हालत में छोटा दल अपनी रचना-शक्ति खो बैठता है और बाँझ हो जाता है। नहीं तो इसकी जगह पर कोई दूसरी रचनात्मक या जीवनी-शक्ति, जिसे समाज पैदा करे, आ जाती है।

मेरे लिए और ज़्यादातर औरों के लिए भी, उपनिषदों के ज़माने की तस्वीर सामने लाना और उस वक़्त क्या-क्या ताक़तें काम कर रही थीं, इनकी जाँच-पड़ताल करना मुश्किल है। फिर भी मैं ख़याल करता हूँ कि मुट्ठी-भर विचारकों और आँख मूँदकर चलनेवाली बहुत बड़ी जनता के बीच गहरे मानसिक भेद के बावजूद उन दोनों के बीच एक लगाव था, कम-से-कम कोई दिखनेवाली खाई नहीं थी। जिस तरह से उस वक़्त के समाज में अलग-अलग दर्जे थे, उसी तरह मानसिक दर्जे भी थे और इन्हें स्वीकार कर लिया गया था और उसका इन्तज़ाम भी कर दिया गया था। इससे समाज में कुछ मेल पैदा हो गया था और झगड़े-फ़साद से बचत हो गई थी। उपनिषदों के नये विचार को भी आम लोगों के लिए इस तरह से समझाया जाता था कि वह रायज ख़यालों से और अन्धविश्वासों से मिल-जुल जाता था और इस तरह वह अपने ख़ास मानी को बहुत-कुछ खो बैठता था। समाज में जो दर्जे क़ायम हो चुके थे, उन्हें नहीं छेड़ा जाता था, बल्कि उनकी हिफ़ाज़त की जाती थी। अद्वैतवाद ने मज़हबी मामलों में एकेश्वरवाद की शक्ल ले ली थी, और इससे भी नीची सतह के अक़ीदों और पूजा के तरीक़ों को न सिर्फ़ गवारा किया जाता था, बल्कि यह समझा जाता था कि विकास की एक ख़ास सीढ़ी के लिए यह मुनासिब भी है।

इस तरह उपनिषदों की विचारधारा आम लोगों में बहुत ज़्यादा फैली नहीं और चन्द विचारकों और आम लोगों के बीच मानसिक भेद और भी ज़ाहिर हो गया।

वक़्त पाकर इसने नई तहरीक़ें पैदा कीं। जड़वादी फ़लसफ़े की, बुद्धिवाद की और अनीश्वरवाद की ज़बरदस्त लहरें उठीं। और फिर इसके भीतर से बौद्ध-धर्म और जैन-धर्म पैदा हुए, रामायण और महाभारत जैसे प्रसिद्ध संस्कृत महाकाव्य रचे गए, और इनमें एक बार फिर इस बात की कोशिश की गई कि विरोधी मतों और विचार के तरीक़ों में समन्वय किया जाए। लोगों की सृजन-शक्ति, बल्कि सृजन-बुद्धिवाले थोड़े से लोगों की सृजन-शक्ति, इन ज़मानों में बहुत साफ़ ढंग से सामने आती है और फिर इन थोड़े-से लोगों में और बड़ी जनता के बीच एक लगाव क़ायम हो गया जान पड़ता है। कुल मिलाकर दोनों मिल-जुलकर आगे बढ़ते हैं।

~

बुद्ध की शिक्षा

(*हिन्दुस्तान की कहानी* से)

इन राजनीतिक और आर्थिक इंक़लाबों के पीछे, जो हिन्दुस्तान की शक्ल ही बदल रहे थे, बौद्ध धर्म का जोश था। पुराने मतों से इसका संघर्ष और धर्म के मामलों में निहित स्वार्थों से इसकी लड़ाई चल रही थी। बहस और मुबाहसे (जिनका हिन्दुस्तान में हमेशा शौक़ रहा है) से कहीं बढ़कर लोगों पर असर था एक ज्वलंत और बड़े व्यक्तित्व का और उसकी याद दिलों में ताज़ा थीं। उसका सन्देश पुराना था, फिर भी बहुत नया था और जो लोग ब्रह्म-ज्ञान की बारीकियों में उलझे हुए थे, उनके लिए मौलिक था। इसने विचारशील लोगों की कल्पना पर क़ब्ज़ा कर लिया; यह लोगों के दिलों के भीतर गहरा पैठ गया। बुद्ध ने अपने चेलों से कहा था—"सभी देशों में जाओ और इस धर्म का प्रचार करो। उनसे कहो कि ग़रीब और दीन, अमीर और कुलीन, सब एक हैं और इस धर्म में सभी जातें इस तरह आकर मिल जाती हैं, जिस तरह कि नदियाँ समुन्दर में जाकर मिलती हैं।" उनका सन्देश सभी के लिए दया और प्रेम का सन्देश था। क्योंकि "इस दुनिया में नफ़रत का अन्त नफ़रत से नहीं हो सकता; नफ़रत प्रेम करने से हो जाएगी।" और "आदमी को चाहिए कि ग़ुस्से को दया के ज़रिये और बुराई को भलाई के ज़रिये जीते।"

भले काम करने का और अपने ऊपर संयम रखने का यह आदर्श था। "आदमी लड़ाई में हज़ार आदमियों पर विजय हासिल कर सकता है; लेकिन जो अपने ऊपर विजय पाता है, वही सबसे बड़ा विजयी है।" "जन्म से नहीं, बल्कि कर्म से ही आदमी शूद्र या ब्राह्मण होता है।" पापी की भी निन्दा उचित नहीं, क्योंकि "जो पापियों से जान-बूझकर कड़े शब्द कहता है, वह मानो उनके पाप-रूपी घाव पर नमक छिड़कता है।" दूसरे के ऊपर विजय पाना ही दुःख का कारण होता है—"विजय नफ़रत उपजाती है, क्योंकि विजित दुखी होता है।"

अपने इन सब उपदेशों में उन्होंने धर्म का प्रमाण नहीं दिया, न ईश्वर या किसी दूसरी दुनिया का हवाला दिया। वह बुद्धि और तर्क और अनुभव पर भरोसा करते हैं और लोगों से कहते हैं कि सत्य को अपने मन के भीतर खोजो। कहा जाता है कि उन्होंने कहा—"किसी को मेरे बताए नियमों को आदर की वजह से न मान लेना चाहिए, उसकी परख पहले इस तरह कर लेना चाहिए जैसे तपाकर सोने की परख की जाती है।" सचाई के न जानने से सभी दुःख उपजते हैं। ईश्वर या परब्रह्म है या नहीं, इसके बारे में उन्होंने कुछ नहीं बताया है। न वह उससे इक़रार करते हैं, न इनकार। जहाँ जानकारी मुमकिन नहीं, वहाँ हमें अपना फ़ैसला नहीं देना चाहिए। एक सवाल के जवाब में, बताया जाता है कि बुद्ध ने यह कहा था—"अगर परब्रह्म से मतलब है किसी उस चीज़ से, जिसका सभी जानी हुई चीज़ों से कोई सम्बन्ध नहीं, तो किसी तर्क से उसका अस्तित्व या वजूद सिद्ध नहीं किया जा सकता। यह हम कैसे जान सकते हैं कि दूसरी चीज़ों से असम्बद्ध चीज़ कोई है भी या नहीं? यह सारा विश्व—उसे हम जिस रूप में जानते हैं—सम्बन्धों का एक सिलसिला है; हम कोई ऐसी चीज़ नहीं जानते, जो बिना सम्बन्ध के है या हो सकती है।" इसलिए हमें अपने को उन चीज़ों तक महदूद रखना चाहिए जिनका हम अनुभव कर सकते हैं और जिनके बारे में हमें पक्की जानकारी है।

इसी तरह बुद्ध ने आत्मा के अस्तित्व के बारे में भी कुछ नहीं कहा है। वह इससे भी न इक़रार करते हैं और न इनकार। वह इस सवाल में पड़ना ही नहीं चाहते और यह एक बड़ी अचरज की बात है, क्योंकि उस ज़माने में हिन्दुस्तानियों के दिमाग़ में आत्मा और परमात्मा, एकेश्वरवाद, अद्वैतवाद और दूसरे आधिभौतिक सिद्धान्त समाए रहते थे। मगर बुद्ध ने सभी तरह के आधिभौतिकवाद से अपने विचारों को हटाया। लेकिन प्रकृति के नियम के स्थायित्व में और एक व्यापक हेतुवाद में उनका विश्वास है और इस तरह हर एक बाद की स्थिति अपने से पहले की स्थिति का नतीजा है, अच्छे काम का सुख से और बुरे काम का दुःख से स्वाभाविक सम्बन्ध है।

हम अनुभव की इस दुनिया में शब्दों या भाषा का इस्तेमाल करते हैं और कहते हैं कि "यह है" या "यह नहीं है।" लेकिन जब हम सतही पहलुओं के भीतर पैठते हैं, तो इनमें से एक भी, सम्भव है, सही न हो और जो कुछ हो रहा है, उसको बयान करने में हमारी भाषा ही नाकाफ़ी हो। सत्य "है" और "नहीं है" के बीच में या इनसे परे कहीं भी हो सकता है। नदी बराबर बहती है और हर क्षण एक-सी मालूम पड़ती है, फिर भी पानी बराबर तब्दील होता रहता है। इसी तरह आग है। लौ जलती रहती है और अपना आकार भी क़ायम रखती है, फिर भी वही लौ हमेशा नहीं रहती, बल्कि क्षण-क्षण में बदलती रहती है। इसी तरह ज़िन्दगी भी बराबर बदलती रहती है और अपने सभी रूपों में वह एक धारा की तरह है, जिसे हम 'होने की प्रक्रिया' कह सकते हैं। असलियत कोई ऐसी चीज़ नहीं है, जो क़ायम रहनेवाली और न बदलनेवाली हो, बल्कि वह एक रोशन-ताक़त है, जिसमें तेज़ी है और रफ़्तार है और जो नतीजों का एक सिलसिला है। समय की धारणा

"महज़ एक ख़याल है, जो जिस-किसी घटना के आधार पर व्यवहार के लिए बना लिया गया है।" हम यह नहीं कह सकते कि कोई एक चीज़ किसी दूसरी चीज़ का कारण है, क्योंकि 'होने की प्रक्रिया' में कोई अंश ऐसा नहीं है, जो स्थायी हो या न बदलनेवाला हो। किसी वस्तु का तत्त्व उसमें निहित नियम में है, जो उसे किसी दूसरी कहलाई जानेवाली वस्तु से जोड़ता है। हमारे शरीर और हमारी आत्माएँ क्षण-क्षण में बदलती रहती हैं, उनका अन्त हो जाता है और उनकी जगह पर कोई दूसरी चीज़, जो उन्हीं-जैसी, लेकिन उनसे मुख़्तलिफ़ होती है यह जगह ले लेती है, और फिर वह भी चली जाती है। एक मानी में हम हरदम मर रहे हैं और हरदम फिर से जन्म ले रहे हैं, और यह सिलसिला एक अटूट अस्तित्व का आभास देता है। यह "एक सतत परिवर्तनशील अस्तित्व का सिलसिला है।" हर चीज़ बस एक प्रवाह है, आन्दोलन है और परिवर्तन है। हम लोग भौतिक घटनाओं को एक नपे-तुले ढंग से सोचने और उनकी व्याख्या करने के इतने आदी हो गए हैं कि हमारे दिमाग़ों के लिए यह सब समझ सकना मुश्किल है। लेकिन यह बड़ी मार्के की बात है कि बुद्ध का यह फ़लसफ़ा हमें आजकल के भौतिक-विज्ञान की धाराओं और दार्शनिक विचारों के इतना निकट ले आता है।

बुद्ध का ढंग मनोवैज्ञानिक विश्लेषण का ढंग था और यहाँ भी यह देखकर अचरज होता है कि आज के विज्ञान की नई-से-नई खोजों के कितने निकट उनकी सूझ-बूझ थी। आदमी की ज़िन्दगी पर विचार और जाँच बिना किसी स्थायी आत्मा के लिहाज़ के होती है, क्योंकि अगर किसी ऐसी आत्मा की सत्ता है भी, तो वह हमारी समझ से परे है; मन को शरीर का अंग, मानसिक शक्तियों की एक मिलावट, समझा जाता था। इस तरह से व्यक्ति मानसिक स्थितियों की एक गठरी बन जाता है, "आत्मा विचारों का महज़ एक प्रवाह है।" "जो कुछ भी हम हैं, वह जो कुछ भी हमने सोचा है, उसका नतीजा है।"

ज़िन्दगी में जो दुःख और व्यथा है, उस पर ज़ोर दिया गया है और बुद्ध ने जिन 'चार बड़े सत्यों' का बखान किया है, उनमें यह दुःख, उसके कारण, उसे ख़त्म करने की सम्भावना और उसके लिए उपाय बताए गए हैं। अपने चेलों को उपदेश देते हुए कहा जाता है कि बुद्ध ने कहा था—"जब तुमने युगों के दौर में इस (दुःख) का अनुभव किया, तुम्हारी आँखों से इतना पानी बहा है; जब तुम इस (ज़िन्दगी की) यात्रा में भटके हो और तुमने शोक किया है या तुम रोये हो, क्योंकि जिस चीज़ से तुम नफ़रत करते रहे हो, वह तुम्हें मिली है और जिस चीज़ की तुम ख़्वाहिश करते रहे हो, वह तुम्हें नहीं मिली है, वह सब तुम्हारे आँसुओं का पानी चारों बड़े समुन्दरों के पानी से ज़्यादा रहा है।"

दुःख की इस हालत का अन्त कर देने से 'निर्वाण' प्राप्त हो सकता है। 'निर्वाण' है क्या? इसके बारे में लोगों में मतभेद रहा है, क्योंकि एक ऐसी हालत का, जो अनुभव से परे है, किस तरह से हमारे सीमित दिमाग़ों की भाषा में बयान हो सकता है? कुछ लोग कहते हैं कि यह केवल विनाश हो जाना है, बुझ जाना है। लेकिन बुद्ध ने, कहा जाता है कि इससे इनकार किया है, और यह बताया है कि यह एक

अत्यन्त क्रियाशीलता की अवस्था है। यह झूठी इच्छाओं के मिट जाने की हालत है, न कि अपने मिट जाने को, लेकिन इसका बयान केवल नकारात्मक शब्दों में किया जा सकता है।

बुद्ध का बताया हुआ रास्ता मध्यम-मार्ग है और यह अपने को यातना देने और विलास में डुबा देने के बीच का रास्ता है। शरीर को तकलीफ़ देने के अनुभव के बाद उन्होंने कहा है कि जो आदमी अपनी ताक़त खो बैठता है, वह ठीक रास्ते पर नहीं चल सकता। यह मध्यम-मार्ग आर्यों का अष्टांग मार्ग कहलाया। इसके अंग हैं—ठीक विश्वास, ठीक आकांक्षाएँ, ठीक वचन, ठीक कर्म, ठीक आचार, ठीक प्रयत्न, ठीक वृत्ति और ठीक आनन्द। इसमें अपने विकास का सवाल है, किसी की कृपा का नहीं। और अगर आदमी इस दिशा में अपना विकास करने में कामयाब होता है, तो उसके लिए कभी हार नहीं—"जिसने अपने को वश में कर लिया है, उसकी जीत को देवता भी हार में नहीं बदल सकते।"

बुद्ध ने अपने चेलों को वे बातें बताईं, जो उनके विचार में वे लोग समझ सकते थे और जिन पर वे आचरण कर सकते थे। उनके उपदेशों का यह मक़सद नहीं था कि जो कुछ भी है, उसकी व्याख्या की जाए, बल्कि जो कुछ भी है, उसका पूरा-पूरा दिग्दर्शन कराया जाए। कहा जाता है कि एक बार उन्होंने अपने हाथ में कुछ सूखी पत्तियाँ लेकर अपने प्रिय शिष्य आनन्द से पूछा कि हाथ की इन पत्तियों के अलावा क्या और भी कहीं पत्तियाँ हैं। आनन्द ने जवाब दिया—"पतझड़ की पत्तियाँ सभी तरफ़ गिर रही हैं, और वे इतनी हैं कि उनकी गिनती नहीं हो सकती।" तब बुद्ध ने कहा—"इसी तरह मैंने तुम्हें मुट्ठी-भर सत्य दिए हैं, लेकिन इनके अलावा कई हज़ार और सत्य हैं, इतने कि उनकी गिनती नहीं हो सकती।"

संस्कृति, साहित्य और विज्ञान

संस्कृति क्या है?

(इंडियन काउंसिल फॉर कल्चरल रिलेशंस के स्थापना दिवस पर भाषण, नई दिल्ली, 9 अप्रैल, 1950)

मैं यहाँ ख़ुशी-ख़ुशी आया हूँ, क्योंकि मैं हमेशा भारत के सांस्कृतिक मेल-मिलाप को बढ़ावा देने की आशा करता हूँ। यह भी मेरी इच्छा है कि भारत के न केवल अपने पड़ोसी देशों बल्कि पूरब और पश्चिम और यहाँ तक कि बाक़ी दुनिया के देशों के साथ मज़बूत सांस्कृतिक रिश्ते क़ायम हों। यहाँ पर सवाल सिर्फ़ सांस्कृतिक मेल-मिलाप चाहने या उसे बहुत अच्छा समझने-भर का नहीं है, बल्कि ये परिस्थितियों की ज़रूरत भी है। ये और ख़राब होती जाएँगी अगर इस दिशा में कोई क़दम नहीं उठाए गए तो। मैं इस बात को लेकर बहुत आशान्वित हूँ कि इंडियन काउंसिल ऑफ़ कल्चरल रिलेशन (भारतीय सांस्कृतिक सम्बन्ध परिषद) की स्थापना से हमारे लोग और दूसरे देशों के लोगों के बीच एक बेहतर समझदारी विकसित होगी।

मेरे दिमाग़ में कुछ बातों को लेकर बहुत भ्रम है और मैं उनके बारे में बिना लाग-लपेट साफ़-साफ़ कहूँगा भी। दुनिया में जो चल रहा है उसे लेकर बहुत से बुनियादी सवाल मन में उभरते हैं। राष्ट्र, व्यक्तिगत स्तर पर लोग और तमाम समुदाय एक-दूसरे को समझने का दावा करते रहते हैं और यह बहुत सहज बात भी है कि लोगों को एक-दूसरे को समझने की कोशिश करनी चाहिए और एक-दूसरे से सीखना भी चाहिए। फिर भी, मैं जब इतिहास के पन्नों को पलटता हूँ, या, समकालीन घटनाओं को देखता हूँ, तो कभी-कभी पाता हूँ कि वे लोग जो यह एक-दूसरे को बहुत अच्छी तरह से जानते हैं, वे ही सबसे ज़्यादा झगड़ा करते हैं। ऐसे देश एक-दूसरे के सबसे नज़दीकी पड़ोसी होते हैं। वे चाहे एशिया के हों या यूरोप के, वे सबसे ज़्यादा एक-दूसरे को ग़लत तरीक़े से उकसाते हैं, जबकि वे एक-दूसरे को ज़्यादा गहराई से समझते भी हैं। इस तरह से, एक-दूसरे को जानना ही बेहतर सहयोग या दोस्ती के लिए पर्याप्त नहीं होता। ये कोई नई बात नहीं है। यहाँ तक कि इतिहास में भी यही बात नज़र आती है। क्या इन देशों में ही कोई गड़बड़ है या इस सवाल को समझने का नज़रिया ही ग़लत है? या कि कोई और बात है जो कि उतनी कारगर नहीं हुई है जितनी होनी चाहिए थी?

हम जब भी सांस्कृतिक सम्बन्धों की बात करते हैं तो सबसे पहले यह सवाल हमारे दिल-दिमाग़ में आता है कि आख़िर 'संस्कृति' का वास्तविक अर्थ है क्या जिसके विषय में लोग इतनी बातें करते हैं? अपने बचपन के दिनों में, जर्मन 'कुल्तुर' के बारे में पढ़ी हुई बातें मुझे याद हैं, और साथ ही ये भी कि जर्मन लोग किस प्रकार दूसरों पर विजय हासिल करके और दूसरे तरीक़ों से इसे फैलाने की कोशिश करते थे। इस 'कुल्तुर' को फैलाने और उसका विरोध करने के लिए एक बड़ा युद्ध हुआ था। हर देश और हर व्यक्ति के पास संस्कृति को लेकर एक ख़ास नज़रिया होता है। जब कभी सांस्कृतिक सम्बन्धों की बात होती है—यद्यपि सैद्धान्तिक रूप से बात होना बहुत सही है—लेकिन हक़ीक़त में होता ये है वे ख़ास नज़रिये आपस में संघर्ष पैदा कर देते हैं और दोस्ती को बढ़ावा देने की बजाय आपस में और मनमुटाव पैदा करने की वजह बन जाते हैं। यह एक बुनियादी सवाल है—संस्कृति क्या है? और मैं निश्चित रूप से आपको इसकी परिभाषा देने में सक्षम नहीं हूँ क्योंकि मैं स्वयं अभी तक इसका जवाब नहीं पा सका हूँ।

देखा जा सकता है कि प्रत्येक देश और सभी अलहदा सभ्यताएँ अपनी स्वयं की संस्कृति विकसित करती हैं, जिसकी जड़ें सैकड़ों हज़ारों वर्ष पहले की पीढ़ियों में धँसी रहती हैं। हम देखते हैं कि हर देश की एक अन्तःप्रेरणा होती है जो कि वहाँ एक सभ्यता की शुरुआत करती है। वो देश उस अन्तःप्रेरणा से संचालित होता है और वो सभ्यता एक लम्बा सफ़र तय करती है। अन्तःप्रेरणा की यह धारणा ऐसी दूसरी धारणाओं के रूबरू होती है; उनके साथ अन्तःक्रिया करती है। मेरे हिसाब से दुनिया में कोई भी संस्कृति ऐसी नहीं है जो पूर्णतया मौलिक, पवित्र-पावन और दूसरी संस्कृति से प्रभावित न हो। ठीक इसी तरह कोई यह भी नहीं कह सकता कि वो सौ फ़ीसदी एक ख़ास नस्ल या जाति का प्रतिनिधि है क्योंकि सैकड़ों हज़ारों साल में बहुत बदलाव और समन्वय हुआ है।

इसलिए, संस्कृति कुछ हद तक मिली-जुली होने के लिए बाध्य ही है, भले ही उसमें किसी विशिष्ट राष्ट्रीय संस्कृति का मूल तत्त्व प्रबल रहे। अगर इस तरह की चीज़ें शान्तिपूर्वक चलती रहती हैं तो इसमें कोई नुक़सान नहीं है। लेकिन अक्सर इनसे संघर्ष की स्थिति उत्पन्न हो जाती है। कभी-कभी इसकी वजह से एक समुदाय को इस बात का डर सताने लगता है कि उनकी संस्कृति उन तत्त्वों से दबती जा रही है जिसे वो बाहरी लोग या बाहरी प्रभाव मानते हैं। फिर वे ख़ुद को एक खोल के भीतर छिपा लेते हैं जो उन्हें सबसे अलग-थलग कर देती है और उनके विचारों, उनकी सोच को बाहर जाने से रोकती है। यह एक बीमार मनःस्थिति है क्योंकि किसी भी मुद्दे पर और उससे भी ज़्यादा बीमारी में गतिहीनता सबसे ख़राब चीज़ है। संस्कृति में यदि कोई मूल्य है, तो उसमें एक निश्चित गहराई होनी ही चाहिए। इसका एक गतिशील व प्रवाहमान चरित्र होना ही चाहिए।

आख़िरकार, संस्कृति बहुत सारे तत्त्वों पर निर्भर करती है। अगर हम उस मूल साँचे को छोड़ दें जिस पर किसी देश या वहाँ के लोगों की आन्तरिक ऊर्जा उनके शुरुआती दौर में बनी थी, तो हम पाएँगे कि किसी देश की संस्कृति वहाँ

की भौगोलिक स्थिति, जलवायु और दूसरे कारकों से प्रभावित होती है। अरब की संस्कृति वहाँ के भूगोल और अरब के रेगिस्तान से बहुत गहराई से प्रभावित है, क्योंकि वहाँ ऐसा ही है। स्वाभाविक रूप से, जैसा कि हमने अपने साहित्य में पढ़ा है कि प्राचीन काल में भारत की संस्कृति हिमालय के जंगलों और भारत की महान नदियों के साथ-साथ कुछ अन्य चीज़ों से प्रभावित रही है। ये यहाँ की मिट्टी से उपजा एक स्वाभाविक विकास है। संस्कृति के बहुत से आयाम होते हैं जैसे—स्थापत्य, संगीत और साहित्य। इनमें से कोई दो तत्त्व मिलकर एक सुन्दर समायोजन बनाते हैं, जैसा कि पहले भी हुआ है। लेकिन उसके किसी तत्त्व को बदलने का ऐसा प्रयास किया जाता है जिसकी जड़ें उस संस्कृति में स्वाभाविक रूप से न हों और वह संस्कृति अपनी जड़ों को छोड़ना भी न चाहे, तब निश्चित ही संघर्ष की स्थिति उत्पन्न होती है। तब मेरी समझ से कुछ ऐसा घटता है जो कि संस्कृति के सभी विचारों से उलट होता है। ये अपने दिमाग़ को अलग-थलग कर लेना होता है और जान-बूझकर अन्य हवाओं से अपने दिलो-दिमाग़ को बचाते हुए बन्द कर लेना होता है। भारत के इतिहास के बारे में मेरा तो यह मानना है कि भारत की तरक़्क़ी और उसकी गिरावट को मापने का पैमाना यह देखकर बनाया जा सकता है कि जब भारत के लोगों का दिमाग़ बाहरी दुनिया के लिए खुला हुआ था तो उसकी तरक़्क़ी हुई थी और जब भारत ने बाहरी दुनिया से ख़ुद को काटकर रखा, तब-तब उसकी दशा में गिरावटें आईं। ज़ितना ज़्यादा वो अपने में सिमटा और बन्द समाज रहा, उतना ही ज़्यादा वो ठहराव में आता गया। जीवन बुनियादी तौर पर एक गतिशील, परिवर्तनशील और विकसित होनेवाली चीज़ है। चाहे वो कोई देश हो, कोई समुदाय हो, कोई समाज हो या कि कोई व्यक्ति ही हो। जो भी तत्त्व इसकी गतिशीलता को रोकता है, वो इसे नुक़सान पहुँचाता है और नीचे गिराता है।

हमारे यहाँ बड़े महान धर्म हुए हैं और उनका मानव जाति पर बहुत असर भी रहा है। फिर भी, पूरे सम्मान के साथ और बिना किसी व्यक्ति को नीचा दिखाए, मैं कहना चाहूँगा कि उन्हीं धर्मों ने लोगों के दिमाग़ को यथास्थितिवादी, कट्टर और लकीर का फ़क़ीर भी बनाया। और इस तरह से यह उन धर्मों का बुरा प्रभाव भी रहा है। उन्होंने जो बातें बताईं वो अच्छी हो सकती हैं, लेकिन जब यह दावा किया जाने लगता है कि ये ही अन्तिम शब्द हैं तो वह समाज जड़ हो जाता है।

किसी भी मनुष्य या जाति या राष्ट्र में कहीं-न-कहीं एक निश्चित गहराई और मज़बूत जड़ें होनी ही चाहिए। जब तक उनकी जड़ें अतीत से जुड़ी रहती हैं तब तक उन्हें कोई ज़्यादा फ़र्क़ नहीं पड़ता। क्योंकि आख़िरकार उनका अतीत उनकी पीढ़ियों के अनुभव और ज्ञान का भी एक समुच्चय रहता है। ये ज़रूरी है कि वो आपके पास हो। वरना आप केवल किसी अन्य चीज़ की मुरझाई-सी नक़ल बनकर रह जाते हैं, जिसका एक व्यक्ति के रूप में या समुदाय के रूप में भी कोई अर्थ नहीं होता। दूसरी ओर कोई केवल अपनी जड़ों में ही नहीं रह सकता। आख़िरकार जड़ें भी सूख जाती हैं, अगर उन्हें बाहर से सूर्य की धूप और खुली हवा न मिले तो। केवल तभी जड़ें

आपको ज़िन्दा रख सकती हैं, केवल तब ही उसकी शाखाएँ बाहर निकलेंगी और वो सरसब्ज़ होंगी। इन दोनों ज़रूरी कारकों में किस तरह सन्तुलन बनाया जाए? यह बहुत कठिन काम है, क्योंकि कुछ लोग केवल शाखाओं पर निकली पत्तियों और फूलों के बारे में ही सोच पाते हैं, और भूल जाते हैं कि यह तभी सम्भव हुआ है जब इनको जड़ों से जोड़नेवाला एक तना भी है, जो इन्हें पाल-पोस रहा है। वहीं दूसरे लोग केवल जड़ के बारे में ही सोचते रह जाते हैं कि फूल, पत्तियाँ और शाखाएँ उनसे छूट जाती हैं और केवल एक खोखला तना रहता है। तो सवाल यह है कि कोई कैसे सन्तुलन बनाए।

क्या संस्कृति का मतलब मनुष्य के आन्तरिक विकास से है? निस्सन्देह, ऐसा होना ही चाहिए। क्या इसका मतलब इससे भी है कि हम दूसरों के साथ कैसा व्यवहार करते हैं? निश्चित ही ऐसा है। क्या इसका मतलब हममें किसी दूसरे व्यक्ति को समझने की क्षमता है? मुझे लगता है कि हाँ। क्या इसका मतलब यह भी है कि हमें दूसरे लोग भी समझ सकें? मुझे लगता है कि हाँ। संस्कृति के यह सब मायने भी हैं। कोई इनसान अगर दूसरों के नज़रिये को नहीं समझ सकता तो वो एक संकुचित मानस और संस्कृति वाला कहलाएगा क्योंकि कोई भी व्यक्ति, कुछ असाधारण मनुष्यों को छोड़ दें तो, यह नहीं सोच सकता कि उसके पास ही सारा ज्ञान और विवेक है। दूसरे के पास भी, चाहे वो कोई व्यक्ति हो या समुदाय, कुछ ज्ञान या विवेक या सच हो सकता है। अगर हम अपने दिमाग़ों को बन्द कर लें तो न केवल हम उससे ख़ुद को महरूम करेंगे, बल्कि हम एक ऐसे दिमाग़ी दृष्टिकोण वाले होंगे, जो कि एक सुसंस्कृत व्यक्ति के बिलकुल विपरीत होता है। एक सभ्य, सुसंस्कृत दिमाग़ वो होना चाहिए जिसकी अपनी जड़ें तो हों, साथ ही उसके दिमाग़ के दरवाज़े और खिड़कियाँ भी खुली रहें। उसमें दूसरों के दृष्टिकोण को पूरी तरह से समझ सकने की क्षमता होनी चाहिए, भले ही वो उससे हमेशा सहमत न हो। सहमति-असहमति का प्रश्न तो तब उठता है जब आप उस चीज़ को समझते भी हों, वरना यह केवल एक अन्ध नकारवाद है जो कि किसी भी प्रश्न के प्रति एक सुसंस्कृत दृष्टिकोण नहीं है।

मैं यहाँ एक दूसरा शब्द इस्तेमाल करना पसन्द करूँगा—विज्ञान। जीवन की समस्याओं के प्रति एक वैज्ञानिक दृष्टिकोण क्या है? मेरा मानना है कि यह हर चीज़ की जाँच-परख करना है; ग़लती की गुंजाइश तक रखते हुए उनसे सीखना और परीक्षण के द्वारा सच की खोज करना है; बिना हठवादिता के चीज़ों को समझने की कोशिश करना है और अगर सन्तुष्टि हो जाए तो उस सच को स्वीकार करना और अगर कोई दूसरा तथ्य सामने आ जाए तो अपनी सोच को बदलने के लिए तत्पर रहना है; एक खुले दिल-दिमाग़ का होना है जो कि सत्य को स्वीकार करने के लिए तत्पर हो, भले ही वो कहीं से भी आया हो। अगर यह संस्कृति है तो आज की दुनिया और देशों में यह कितनी दिखाई पड़ती है? निश्चित ही अगर ऐसा वास्तव में होता तो हमारे लिए बहुत-सी राष्ट्रीय और अन्तर्राष्ट्रीय समस्याओं को सुलझाना ज़्यादा आसान होता।

दुनिया के लगभग सारे देश इस विश्वास में जीते हैं कि उन्हें परमात्मा ने कुछ ख़ास आशीर्वाद दिया हुआ है और वे विशिष्ट प्रकार के चुने हुए लोग और नस्ल हैं, और दूसरे लोग चाहे वो अच्छे हों या बुरे हों, कहीं-न-कहीं उनसे कुछ निम्न श्रेणी के प्राणी हैं। यह ताज्जुब की बात है कि इस तरीक़े के जज़्बात सारे देशों में मौजूद हैं, चाहे वो पूरब के देश हों या पश्चिम के। पूरब के लोग अपनी धारणाओं और विचारों में गहरे धँसे हुए हैं और कुछ मामलों में श्रेष्ठता बोध के शिकार हैं। जो भी हो पिछले दो-तीन सौ सालों में उनके दिमाग़ झकझोरे गए और उन्हें अपमानित होना पड़ा है, उनका शोषण किया गया है और उनकी जड़ें भी कटी हैं। इसलिए, बावजूद इस धारणा के कि वो बहुत मामलों में काफ़ी ऊँचे थे, उन्हें यह स्वीकार करना पड़ा कि उन्हें भी झकझोरा जा सकता है और उनका शोषण हुआ है। कुछ हद तक इससे उनमें एक वास्तविकता-बोध आया। सचाई से मुँह चुराने के लिए कुछ इस तरीक़े की बातें भी कही गईं कि यह तो ठीक नहीं हुआ कि हम लोग दुनियावी और तकनीकी रूप से बहुत विकसित नहीं हुए, लेकिन, आख़िरकार तो यह सब दिखावटी बातें हैं और हम लोग आध्यात्मिक और नैतिक मूल्यों की दृष्टि में बहुत ऊँचे रहे। मुझे इस बात में कोई शक नहीं कि आध्यात्मिकता और नैतिक मूल्य अन्य बातों की अपेक्षा अधिक महत्त्व के होते ही हैं, लेकिन जिस तरीक़े से सचाई से मुँह मोड़ने के लिए ये आध्यात्मिक श्रेष्ठता वाला विचार दिया जाता है वो ताज्जुब में डालनेवाला है, क्योंकि इसे भौतिक और दुनियावी हीनता की ढाल बनाया जाता है। इस बात को किसी भी तरह सही नहीं ठहराया जा सकता। ये एक तरह से अपनी दुर्दशा के कारणों से मुँह चुराना है।

निश्चित ही राष्ट्रवाद एक बहुत दिलचस्प अवधारणा है, जो किसी देश के इतिहास के एक ख़ास दौर में ज़िन्दगी, उन्नति, ताक़त और एकता का संचार करता है, वहीं दूसरी ओर, यह एक तरह की संकीर्णता भी लाता है, क्योंकि लोग सोचने लगते हैं कि उनका देश बाक़ी दुनिया से कुछ अलग है। तब राष्ट्रवाद का सन्दर्भ बदल जाता है और कोई केवल अपने संघर्षों, अपनी ख़ासियतों, अपनी असफलताओं को ही सोचता रहता है और दूसरे विचारों को उसमें जगह नहीं मिलती। नतीजा यह होता है कि वही राष्ट्रवाद जो कि लोगों की उन्नति का प्रतीक है, एक तरह से उसी उन्नति के दिमाग़ी ठहराव का प्रतीक बन जाता है। जब राष्ट्रवाद सफलता पाता है तो कभी-कभी वो अपना फैलाव आक्रामक अन्दाज़ में करने लगता है और दुनिया के लिए ख़तरा बन जाता है। आप चाहे जिस विचार के हों, आप इस निष्कर्ष पर ज़रूर पहुँचेंगे कि एक प्रकार का सन्तुलन बनाना बहुत ज़रूरी है। वरना कोई चीज़ जो अच्छी थी, एक बुराई भी बन सकती है। संस्कृति बुनियादी तौर पर अच्छी चीज़ है, लेकिन कभी-कभी ग़लत नज़रिये से चीज़ों को देखने के कारण न केवल जड़ता बल्कि संघर्ष और नफ़रत को पोषित करनेवाली भी हो जाती है। आपको ये सन्तुलन कैसे मिलेगा, मुझे नहीं पता। इस समय की राजनीतिक और आर्थिक समस्याओं के अलावा, सम्भवत: ये आज की सबसे बड़ी समस्या है, क्योंकि इसके पीछे मनुष्य की आन्तरिक चेतना का भयंकर संघर्ष छिपा है, ऐसी खोज की बेचैनी छुपी है जिसमें वह चेतना सफल नहीं हो पा रही है।

हमें आर्थिक कारकों की ओर भी ध्यान देना होगा। जब लोग भूखे हों और मर रहे हों तो संस्कृति के बारे में, यहाँ तक कि ईश्वर के विषय में भी बात करना बेवकूफ़ी है। किसी भी दूसरे विषय पर बात करने से पहले सामान्य मनुष्यों के जीवन की बुनियादी ज़रूरतें पूरी करना सबसे ज़रूरी है। यहीं पर अर्थशास्त्र की ज़रूरत पड़ती है। आज का इनसान कष्टों, भुखमरी और असमानता को बर्दाश्त करने की मन:स्थिति में नहीं है। विशेषकर जब साफ़ दिख रहा है कि बोझ बराबर नहीं उठाया जा रहा है। कुछ थोड़े से लोग मुनाफ़ा कमाते हैं, और बाक़ी बहुत सारे लोग केवल बोझ।

हमें अपरिहार्य रूप से इन समस्याओं से आर्थिक और दूसरे तरीक़े से ही निपटना होगा, लेकिन मैं यह महसूस करता हूँ कि इस सबके पीछे एक गहन मानसिक समस्या भी लोगों के दिमाग़ों में है। यह हो सकता है कि कुछ लोग इसके बारे में सजगता से सोचते हों और दूसरे अनजाने में हल्के ढंग से सोचते हों, लेकिन मनुष्य के ज़ेहन में यह संघर्ष विद्यमान है। यह बात तो पक्की है। यह मामला किस तरह से सुलझेगा, मुझे नहीं पता। एक चीज़ जो मुझे परेशान करती है वो ये है : जो लोग एक-दूसरे को बहुत अच्छी तरीक़े से ज़्यादा से ज़्यादा समझते हैं, वही लोग आपस में और ज़्यादा झगड़ते भी हैं। इसका ये मतलब नहीं कि हम लोगों को एक-दूसरे को समझने की कोशिश नहीं करनी चाहिए। ये करना एक तरह से ख़ुद को संकुचित कर लेना होगा, जो कि आज की दुनिया के सन्दर्भ में किया ही नहीं जा सकता। इसलिए यह बहुत ज़रूरी है कि हम लोग एक-दूसरे को सही तरीक़े से समझने की कोशिश करें। सही तरीक़ा ज़रूरी है। एक दोस्ताना रवैया रखना सही दृष्टिकोण है क्योंकि, यह बहुत महत्त्वपूर्ण है, एक दोस्ताना रवैये का जवाब भी दोस्ताना होता है। मुझे इसमें लेश मात्र भी सन्देह नहीं है कि मनुष्य जीवन का मूलभूत सिद्धान्त ये है कि अगर दृष्टिकोण सही है तो उसका जवाब भी सही आएगा। अगर दृष्टिकोण बुरा है तो उसका जवाब भी बुरा आने की गुंजाइश रहती है। अगर हम अपने साथ के लोगों से या देशों से भी एक दोस्ताना तरीक़े से मिलते हैं और अपने दिल और दिमाग़ को खुला रखते हुए इसके लिए तैयार रहते हैं कि जो भी हो—इसका यह मतलब नहीं कि हम मूलभूत मूल्यों, सच या अपनी बुद्धिशीलता का समर्पण कर दें—तो हम केवल समझदारी नहीं बल्कि सही तरह की समझदारी की ओर बढ़ेंगे।

अब मैं ये आप पर छोड़ता हूँ कि आप तय करें कि संस्कृति और विवेक वास्तव में क्या है? हम ज्ञान, अनुभव और जिज्ञासा से सीखते हुए बढ़ते हैं, जब तक कि हमारे पास इन सबका इतना विशाल भंडार इकट्ठा हो जाता है कि यह जान पाना असम्भव हो जाता है कि हम वास्तव में खड़े कहाँ हैं। हम इस सबसे अभिभूत होते रहते हैं और साथ ही उसी समय कुछ न कुछ यह भी महसूस कर रहे होते हैं कि इन सारी चीज़ों को अगर मिला भी दिया जाए तो भी ज़रूरी नहीं कि यह मनुष्य जाति के विवेक में अभिवृद्धि को भी दर्शाता हो। मुझे लगता है कि शायद वो लोग जिनके पास आधुनिक जीवन और आधुनिक विज्ञान जैसी सहूलियतें

नहीं थीं, वो बुनियादी तौर पर हम लोगों से ज़्यादा बुद्धिमान थे। मुझे नहीं मालूम है कि क्या हम आनेवाले समय में इस सारे ज्ञान, वैज्ञानिक प्रगति और मानव जाति की बेहतरी के सारे पहलुओं को सच्चे विवेक से मिला सकेंगे या नहीं? ये विभिन्न ताक़तों के बीच एक दौड़ है। मुझे एक बहुत विवेकी मनुष्य, एक प्रसिद्ध ग्रीक कवि की पंक्तियाँ याद आती हैं :

बुद्धि विवेक क्या है?
मनुष्य की कोशिशें या ईश्वरीय आशीर्वाद, इतना प्यारा, इतना महान?
बिना भयभीत हुए स्वतंत्र खड़े रहना, साँसें लेते हुए प्रतीक्षा,
नफ़रत के ख़िलाफ़ हाथ ऊँचा करना,
चिर काल तक सुन्दर चीज़ों को प्यार करना।

~

राजतरंगिणी की प्रस्तावना[1]

(*जवाहरलाल नेहरू वाङ्मय : भाग-6* से)

लगभग चार साल पहले, जब हम दोनों ही नैनी की सेंट्रल जेल में थे, रणजीत पंडित ने मुझसे कहा था कि उनका इरादा कल्हण की 'राजतरंगिणी' का अनुवाद करने का है। मैंने बड़े उत्साह से उनकी हिम्मत बढ़ाई और इस काम की शुरुआत भी देखी। हम जेल के बाहर आए और बाद में फिर वापस चले गए और इस तरह भीतर-बाहर, ज़्यादातर भीतर, हमने पिछले चार साल गुज़ारे हैं। लेकिन हम मुख़्तलिफ़ जेलों में रखे गए और हम दोनों के बीच बहुत-सी ऊँची-ऊँची दीवारें और लोहे के फाटक थे, और मैं यह नहीं जान सका कि अनुवाद का काम कितना आगे बढ़ रहा है। मैंने जितना समझा था यह उससे कहीं ज़्यादा बड़ा काम था आर मुझे ख़ुशी है कि अनुवादक उन तमाम दुश्वारियों और देरियों के बावजूद, जो जेल में रहने से लाज़िमी तौर पर सामने आती हैं, लगातार अपने काम में लगे रहे।

रणजीत पंडित ने जब अनुवाद का काम शुरू किया तो उनकी ख़्वाहिश थी कि इसे लोगों के सामने मेरे पिता, पंडित मोतीलाल नेहरू, की भूमिका या प्रस्तावना के साथ पेश किया जाए। सच तो यह है कि हमारी पुरानी जन्मभूमि की इस क़दीम कहानी का अनुवाद उन्होंने जिन वजहों से शुरू किया, उनमें एक यह थी कि मेरे पिता इसे पढ़ सकें, क्योंकि वे संस्कृत नहीं जानते थे। लेकिन ऐसा नहीं होना था

1. देहरादून जिला जेल, 28 जून, 1934। जवाहरलाल नेहरू के काग़ज़ात, ने. स्मा. सं. पु.। रणजीत सीताराम पंडित का 'राजतरंगिणी' का अनुवाद 1935 में पहली बार प्रकाशित हुआ। इस किताब में उन तमाम राजघरानों की छानबीन की गई है जिन्होंने पुराने ज़माने से—जब गोनन्द पांडवों के अधीन राज करता था—कल्हण के वक़्त तक, यानी ईस्वी सन् 1149 तक कश्मीर पर हुकूमत की।

और अब मुझसे कहा गया है कि उनके न रहने पर प्रस्तावना लिखने की ज़िम्मेदारी मेरी है। मैं इस काम के लिए चाहे जितना नाक़ाबिल होऊँ, एवजी का यह काम मुझे करना ही पड़ेगा।

यह विद्वानों और क़ाबिल लोगों का काम है कि इस अनुवाद की क़ीमत आँकें और अपनी राय दें। यह मेरा काम नहीं है। रणजीत पंडित ने जिस क़ाबिलियत, इल्मियत, बेहद मशक्कत के साथ यह काम किया है, उसका मुझ पर गहरा असर पड़ा है। यह करने लायक़ काम था। लगभग आधी सदी हुई, श्री एस.पी. पंडित[1] ने 'राजतरंगिणी' के बारे में लिखा था कि "हिन्दुस्तान में अब तक मिलनेवाली यह अकेली किताब है, जिसे सही तौर पर इतिहास माना जा सके।" पुराने भारतीय इतिहास और संस्कृति के हर विद्यार्थी के लिए ऐसी किताब का महत्त्व होना ही चाहिए।

यह इतिहास है और कविता भी है, हालाँकि दोनों का मेल शायद नहीं बैठता है, और ख़ासतौर से अनुवाद में तो हमें इस मिलाप का ख़मियाज़ा भुगतना ही पड़ता है। चूँकि हम कविता के संगीत की, कल्हण की ऊँचे दर्जे और मीठी भाषा के जादू की क़द्र नहीं कर सकते, सिर्फ़ ग़लतियाँ और बेहिसाब जज़्बात ही बच रहते हैं। अनुवादक ने ज्यों-का-त्यों तर्जुमा ज़्यादा पसन्द किया है, कभी-कभी तो भाषा की ख़ूबसूरती की ओर से आँखें फेरकर भी, और मेरा ख़याल है कि उन्होंने ठीक ही किया है, क्योंकि इस तरह के काम में सहीपन ज़्यादा ज़रूरी है।

ऐसा माना जाता है कि आठ सौ साल पहले लिखी गई इस कहानी ने हज़ारों बरसों को अपने में समेट रखा है, लेकिन शुरू का हिस्सा मुख़्तसिर और अस्पष्ट है, और कहीं-कहीं ख़याली भी। और सिर्फ़ बाद के दौर में ही, जब हम कल्हण के वक़्त के नज़दीक पहुँचते हैं, यह मुमकिन हो पाता है कि हमें सिलसिलेवार और तफ़सील के बयान मिलते हैं। यह मध्य युग की कहानी है और बहुत करके ख़ुशगवार कहानी नहीं है। दरबारी साज़िश और क़त्ल और सहारी और आपसी लड़ाई और जुल्म व ज़्यादती वग़ैरह इसमें बहुत ज़्यादा हैं। यह मनमानी और फ़ौजी हुकूमत की कहानी है, जैसी बाइजेंटियम में या दूसरी जगह देखने में आती है। ख़ासतौर से यह राजाओं और राजघरानों तथा रईसों की कहानी है, आम लोगों की नहीं—असल में इसका नाम ही है, 'राजाओं की नदी'।

और फिर भी कल्हण की किताब राजाओं के कारनामों के रिकॉर्ड से कहीं ज़्यादा बड़ी चीज़ है। यह जानकारी से भरा-पूरा ख़ज़ाना है—सियासी, समाजी और किसी हद तक माली जानकारी का भी। मध्य युग की शान-शौक़त, दमकते हुए जिरह-बख्तर पहने सामन्ती सरदार, बुलन्द मंसूबे वाली उनकी बहादुरी, नफ़रत-अंगेज़ बेरहमी, जान देनेवाली वफ़ादारी और बेमानी दग़ाबाज़ी इसमें हमें मिलती है। इसमें हम शाही आशनाइयों, जालसाज़ियों और झगड़ालू व लड़ाकू और छिनाल रानियों के क़िस्से पढ़ते हैं। औरतें काफ़ी अहम काम अंजाम देती दीखती हैं, न सिर्फ़ पर्दे के पीछे बल्कि दरबारों और मैदानों में रहबरों और सिपाहियों की तरह।

1. (1840-1894); संस्कृत के एक मशहूर विद्वान् और संस्कृत ग्रंथों के सम्पादक।

कभी-कभी हमें इनसानी ताल्लुक़ात और इनसानी जज़्बात की, प्यार और नफ़रत की, एतबार और हवस की नज़दीकी झाँकियाँ भी मिलती हैं। सुय्या[1] के इंजीनियरिंग कमाल और सिंचाई के कारनामे, ललितादित्य[2] की दूरदराज़ देशों में जीत-भरी लड़ाइयाँ, मेघवाहन[3] का जीत के ज़रिये अहिंसा को फैलाने की निराली कोशिशें सब हम इसमें पढ़ेंगे और साथ-ही-साथ मन्दिरों और मठों-विहारों की तामीर और फिर उन बेएतक़ादियों और बुतशिकनों के ज़रिये उनकी बरबादी, जिन्होंने मन्दिरों के ख़ज़ाने ज़ब्त कर लिये। और फिर अकाल पड़े, बाढ़ें आईं और बड़ी-बड़ी आगें लगीं जिन्होंने आबादी के बड़े हिस्से को नेस्तनाबूद कर दिया और जो बचे वे मुसीबत के शिकार हो गए।

यह वह वक़्त था जब पुराना आर्थिक ढाँचा लड़खड़ा रहा था, पुराना निज़ाम सारे हिन्दुस्तान की तरह कश्मीर में भी बदल रहा था। कश्मीर में एशिया की बहुत-सी संस्कृतियों का मिलन होता था—पश्चिमी यूनानी-रोमन और ईरानी और पूर्वी मंगोली। लेकिन बुनियादी तौर से वह हिन्दुस्तान का हिस्सा था और हिन्दू-आर्य रिवायतों का वारिस था। और जब आर्थिक ढाँचा टूटा तो उसने पुराने हिन्दू-आर्य निज़ाम को हिला दिया, जिससे वह कमज़ोर पड़ा और आसानी से अन्दरूनी हंगामों और विदेशी जीत का शिकार हो गया। पुराने हिन्दू-आर्य आदर्शों की झलकें दिखाई पड़ती हैं लेकिन बदलते हुए हालात में वे पहले ही पुरानी पड़ चुकी हैं। जंग के सूरमा इधर-से-उधर कूच करते हैं और लोगों को तबाह कर देते हैं। जम्हूरी बलवे होते हैं—कल्हण ने कश्मीर को ऐसा देश बताया है, जिसे बग़ावत में मज़ा आता है, और फ़ौजी सरदार और जाँबाज़ लोग उनका बेजा फ़ायदा उठाते हैं। हम गिरावट के उस ज़माने के आख़ीर में पहुँचते हैं, जो आख़िरकार हिन्दुस्तान पर मुस्लिम फ़तह का सबब बना। फिर भी कश्मीर काफ़ी मज़बूत था क्योंकि पहाड़ी क़िलों की वजह से उसने गज़नी के महमूद का मुक़ाबला किया और उसे खदेड़ दिया। महमूद—वह अजीम फ़तहमंद जिसने अपना ख़ज़ाना भरने और मध्य एशिया में एक बादशाहत खड़ी करने के लिए हिन्दुस्तान पर हमला करने की आदत बना ली थी।[4] कल्हण ने जब अपना इतिहास लिखा था उसके लगभग दो सौ बरस बाद कश्मीर मुस्लिम सल्तनत के आगे झुक गया और तब भी बाहरी हमले की वजह से ऐसा नहीं हुआ, बल्कि एक मुकामी बग़ावत की वजह से हुआ, जिसका सरगना वहाँ के आख़िरी हिन्दू-निज़ाम, रानी कोटा का एक मुस्लिम अहलकार था।[5]

---

1. अवन्तिवर्मन के राज्य में (855-883 ई.) में सुय्या ने घाटी के पानी का निकास बढ़ाने के लिए वितस्ता नदी की धारा को मोड़ दिया था।
2. (700-736 ई. के लगभग); कश्मीर का एक नामी-गिरामी राजा, जिसने कन्नौज को जीता था और अपनी जीत का डंका दक्खिन में दूर तक बजाया था।
3. मेघवाहन की फ़तह का मक़सद था दूसरे राजाओं पर ज़बरन अहिंसा थोपना।
4. सन् 1000 से 1026 के बीच उसने हिन्दुस्तान पर 17 बार चढ़ाई की थी।
5. कश्मीर के आख़िरी राजा उदयनदेव की विधवा, जिसे उसके दीवान शाह मिर्ज़ा ने गद्दी से हटा दिया था। 1346 ई. में वह ख़ुद गद्दी-नशीन हुआ।

पुराने ज़माने की इस कहानी को मैंने दिलचस्पी के साथ पढ़ा है, क्योंकि मैं कश्मीर और बेख़ुद बना देनेवाली उसकी तमाम ख़ूबसूरती का प्रेमी हूँ, क्योंकि, शायद मेरे भीतर गहराई में कोई चीज़ है जिसे मैं तक़रीबन भूल गया हूँ, जो पुराने वतन की पुकार पर सिहर उठती है—पुराना वतन, जहाँ से बहुत लम्बा अर्सा हुआ हम आए थे। और क्योंकि मैं उस पुकार का वैसा जवाब नहीं दे पाता जैसा मुझे देना चाहिए, मुझे सपनों और कल्पनाओं से अपने को तसल्ली देनी पड़ती है और किताबों और बेजान छापे की मारफ़त मैं फिर उस शानदार घाटी की सैर करने लगता हूँ, जिसके दामन में हिमालय की बर्फ़ बिछी पड़ी है। जब मैं यह लिख रहा हूँ तो मेरी नज़र ऊँची-ऊँची दीवारों से बँधी हुई है जो मुझे घेरती और ढकती जान पड़ती हैं और मैदान की तपिश मुझे सता रही है। मगर कल्हण की बदौलत मैं इन दीवारों को लाँघकर और गर्मी की इस तड़प को भूलकर सूर्य देवता की उस धरती पर पहुँच गया हूँ, "जहाँ यह जानकर कि उसके पिता की बनाई हुई ज़मीन गर्मी बरदाश्त नहीं कर सकती, गर्म किरणों वाला सूरज उसकी इज़्ज़त-अफ़ज़ाई के लिए गर्मियों में नर्मी से पेश आता है।" यहाँ सवेरे का सूरज सुनहले नूर के साथ क़ायमी बर्फ़ पर सबसे पहले निकलता है, और शाम को, "दिन की रोशनी आसमान को छूनेवाले पहाड़ों की चोटियों की ताज़ीम करती है," जहाँ नीचे की घाटी में ऊँघती हुई सुस्त वितस्ता नदी मुस्कराते खेतों और फलों से लदे पेड़ों के बीच से होकर धीरे-धीरे बल खाती हुई बहती है, शानदार चिनार दरख़्तों के तले रेंगती है, और फिर कमल के फूलों से ढकी शान्त झीलों से गुज़रने के बाद जाग पड़ती है और तेज़ी के साथ घाटियों में बहती हुई पंजाब के मैदानों में नीचे उतर जाती है। अपनी गुरबत में इनसान नीचे गिर गया है लेकिन क़ुदरत हमेशा की तरह बेरहम और बेहिस है, और इसके बावजूद आँखों और एहसास के लिए नाज़ुक और मुस्कराती हुई है। कल्हण लिखते हैं—"गंगा में कूदने का मज़ा बालू-भरे रेगिस्तानों में रहनेवाले नहीं जानते।" नीचे, मैदानों में रहनेवाले लोग पहाड़ों के मज़े कैसे जान सकते हैं और ख़ासतौर से एशिया के इस जवाहर के बारे में, जो इस बहुत बड़े महादेश के बीच में बसा हुआ है?

संस्कृत नामों और शब्दों को उतारने में अनुवादक ने विद्वानों का तरीक़ा अपनाया है। यही उचित भी था। वह मुझे माफ़ करेंगे, क्योंकि मैं अनाड़ी होने की वजह से, इसे न समझ पाऊँ और इसलिए पूरवी भाषाओं और इतिहास के जानकारों की इंटरनेशनल कांग्रेस से माफ़ी चाहता हुआ संस्कृत या कृष्ण शब्दों को उसके चालू हिज्जे से ही लिखना जारी रखना चाहता हूँ। एक पुराने दोस्त का विदेशी रंग पकड़ना मुझे पसन्द नहीं है और पाँच व्यंजनों का जो एक पूरा गुच्छा जान पड़ता है, वह मुझे यक़ीनन विदेशी और अजीब मालूम पड़ता है।

अनुवादक को, जो मेरे बहनोई और प्यारे साथी हैं, बधाई देना मेरा काम नहीं है, लेकिन उनकी बेशक़ीमत टिप्पणियों और परिशिष्टों की मैं ख़ासतौर से तारीफ़ करना चाहता हूँ।

~

महाकाव्य : इतिहास, परम्परा और कहानी-क़िस्से

(*हिन्दुस्तान की कहानी* से)

क़दीम हिन्दुस्तान के दो बड़े महाकाव्य—रामायण और महाभारत—शायद कई सदियों में तैयार हुए और बाद में भी उनमें नये टुकड़े जोड़े जाते रहे। उनमें भारतीय-आर्यों के शुरू के दिनों का हाल है—उनकी विजयों का, उनकी आपस की उस वक़्त की लड़ाइयों का, जब वे फैल रहे थे और अपनी ताक़त को मज़बूत कर रहे थे—लेकिन इन महाकाव्यों की रचना और संग्रह बाद की बातें हैं। मैं कहीं की किसी ऐसी पुस्तक को नहीं जानता हूँ, जिसने आम जनता के दिमाग़ पर इतना लगातार और व्यापक असर डाला हो, जितना कि इन दो पुस्तकों ने डाला है। इतने क़दीम वक़्त में तैयार की गई होने पर भी वे हिन्दुस्तानियों की ज़िन्दगी में आज भी अपना जीता-जागता असर रखती हैं। मूल संस्कृत में तो थोड़े-बहुत क़ाबिल लोगों तक ये पहुँचती हैं, लेकिन तरजुमों और बहुत-से और तरीक़ों से, जिनसे परम्परा और क़िस्से-कहानियाँ फैलती हैं और आम लोगों की ज़िन्दगी का ताना-बाना बन जाती हैं, ये जनता तक पहुँची हुई हैं।

इनमें हमें वह ख़ास हिन्दुस्तानी ढंग मिलता है, जिसमें जुदा-जुदा सांस्कृतिक विकास के लोगों के लिए एक साथ सामग्री पेश की जाती है, यानी ऊँचे-से-ऊँचे दर्ज़े के विद्वानों से लेकर अनपढ़ और अशिक्षित देहाती तक के लिए। इनके ज़रिये हमें क़दीम हिन्दुस्तानियों का वह गुर कुछ-कुछ समझ में आ जाता है, जिससे वे एक पंचमेल और जात-पाँत में बँटे हुए समाज को इकट्ठा बनाए रखने में, उनके झगड़ों को सुलझाते रहने में, उन्हें वीर परम्परा और नैतिक रहन-सहन की समान भूमिका देने में कामयाब हुए हैं। उन्होंने कोशिश करके लोगों में एक आम नज़रिया क़ायम किया और यह सब भेदभावों से ऊपर था और बना रहा।

मेरे बचपन की सबसे पहली यादों में इन महाकाव्यों की उन कहानियों की यादें हैं, जिन्हें मैंने अपनी माँ से और घर की बड़ी-बूढ़ी औरतों से उसी तरह सुना था, जिस तरह क्रि यूरोप या अमेरिका में बच्चे परियों की या दूसरी साहस की कहानियाँ सुनते हैं। इन कहानियों में मेरे लिए परियों की कहानियों और साहस की कहानियों, दोनों, के ही तत्त्व मौजूद थे और फिर हर साल खुले मैदान में होनेवाले उन लोकप्रिय नाटकों में ले जाया जाता था, जहाँ रामायण की कथा का अभिनय होता था और बहुत बड़े मजमे उसे देखने के लिए इकट्ठा होते थे। ये सब बातें बड़े भद्दे ढंग से हुआ करती थीं, लेकिन इससे कोई फ़र्क़ नहीं पड़ता था, क्योंकि कहानी तो सभी लोगों की जानी हुई थी, और त्योहार के दिन आनन्द के दिन होते थे।

इस तरीक़े पर हिन्दुस्तान के क़िस्से-कहानियाँ और पुरानी परम्परा मेरे दिमाग़ में घर करती रहीं और ये बहुत-सी और दूसरी ख़याली बातों से मिलती-जुलती रहीं। मुझे ऐसा ख़याल नहीं कि मैंने इन कहानियों को हूबहू सच समझकर उन पर कभी ज़्यादा अहमियत दी हो; बल्कि उनमें जादू-टोने या अलौकिकता के जो

अंश होते, उनकी मैंने आलोचना भी की है। लेकिन कल्पना में, मेरे लिए वे काफ़ी सच्ची रही हैं, उसी तरह जिस तरह कि अलिफ़ लैला या पंचतंत्र की कहानियाँ, जो जानवरों के क़िस्सों का भंडार है और जिनसे पश्चिमी एशिया और यूरोप ने बहुत-कुछ हासिल किया है।[1] जब मैं बड़ा हुआ, तो और तस्वीरें मेरे दिमाग़ में इकट्ठा हुईं—हिन्दुस्तान और यूरोप की परियों की कहानियाँ, यूनानी दंत कथाएँ, जोन ऑब आर्क की कहानी, 'ऐलिस इन वंडरलैंड' की कहानी, अकबर और बीरबल की बहुत-सी कहानियाँ, शरलाक होम्स के क़िस्से, राजा आर्थर और उसके सरदारों की कथाएँ, हिन्दुस्तानी ग़दर की नायिका, झाँसी की रानी की कथा और राजपूती बहादुरी और जौहर की कहानियाँ। ये, और बहुत-सी और कहानियाँ कुछ अजीब तरह के उलझाव के साथ मेरे दिमाग़ में भरी हुई थीं, लेकिन हमेशा इनके पीछे, एक भूमिका की तरह वे हिन्दुस्तानी दंत-कथाएँ थीं, जिन्हें मैंने अपने शुरू—बचपन—के दिनों में सीखा था।

अगर मेरा यह हाल था, जिसके दिमाग़ पर तरह-तरह के असर पड़े थे, तो मैंने अनुभव किया कि इन पुरानी दंत-कथाओं और परम्परा का औरों के दिमाग़ पर, ख़ासतौर पर हमारी अनपढ़ जनता के दिमाग़ पर कितना ज़्यादा पड़ा होगा। यह असर संस्कृति और नीति, दोनों ही के लिहाज़ से अच्छा असर रहा है और इन कहानियों या रूपकों की सुन्दरता और ख़याली संकेत को बरबाद करना या फेंक देना मैं हरगिज़ पसन्द न करूँगा।

हिन्दुस्तान की दंत-कथाएँ महाकाव्यों तक महदूद नहीं हैं, वे वैदिक काल तक पहुँचती हैं और अनेक रूपों और पोशाकों में संस्कृत साहित्य में आती हैं। कवि और नाटककार इनसे पूरा फ़ायदा उठाते हैं और अपनी कथाएँ और सुन्दर कल्पनाएँ इनके आधार पर बनाते हैं। कहा जाता है कि अशोक का वृक्ष सुन्दरी स्त्री के पैरों से छुआ जाकर फूल उठता है। हम कामदेव की और उसकी स्त्री, रति की कथाएँ पढ़ते हैं, और उसके मित्र बसंत की। काम दुस्साहस करके अपना पुष्पबाण स्वयं शिव पर चलाता है और शिव के तीसरे नेत्र से निकली हुई ज्वाला में भस्म हो जाता है। लेकिन वह अनंग, यानी बिना शरीर का, होकर ज़िन्दा रहता है।

---

1. पंचतंत्र के एशियायी और यूरोपीय भाषाओं में अनगिनत अनुवादों और नक़ल की कहानी लम्बी, पेचीदा और दिलचस्प है। पहला तरजुमा, जिसका कि पता चलता है, संस्कृत से पहलवी में ईसा की छठी सदी के मध्य में ईरान के बादशाह खुसरो नौशेरवां के कहने से हुआ था। उसके बहुत जल्द बाद (लगभग 570 ई. में,) सीरियन भाषा में एक तरजुमा निकला और उसके बाद एक तरजुमा अरबी में हुआ। ग्यारहवीं सदी में सीरियन, अरबी और फ़ारसी में नये तरजुमे हुए, इनमें से आख़िरी 'कलीया दमन' की कहानी के नाम से मशहूर हुआ। इन तरजुमों के ज़रिये से 'पंचतंत्र' यूरोप में पहुँचा। ग्यारहवीं सदी के अन्त में सीरियन से यूनानी भाषा में तरजुमा हुआ और कुछ बाद में इब्रानी भाषा में। पन्द्रहवीं और सोलहवीं सदियों में इसके कई तरजुमे या नक़लें लातीनी, इटालियन, स्पैनिश, जर्मन, स्वीडिश, डेनिश, डच, आइसलैंडिश, फ्रांसीसी, अंग्रेज़ी, हंगेरियन और कई स्लाव भाषाओं में हुईं। इस तरह से 'पंचतंत्र' की कहानियाँ एशियाई और यूरोपीय साहित्यों में मिल-जुल गईं।

इन पुराणों की कथाओं और वीरगाथाओं में सचाई पर अड़े रहने और चाहे जैसा जोख़िम होने पर अपने वचन का पालन करने, मृत्यु तक और उसके बाद भी वफ़ादारी न छोड़ने, साहसी और अच्छे काम करने और लोकहित के लिए त्याग करने की शिक्षाएँ दी गई हैं। कभी-कभी तो ये कहानियाँ बिलकुल ख़याली होती हैं, कभी उनमें घटनाओं और कल्पनाओं का मेल-जोल रहता है, किसी ऐसी घटना का, जिसे परम्परा ने महफ़ूज़ रखा है, बढ़ा-चढ़ा बयान होता है। सच्ची घटनाएँ और गढ़े हुए क़िस्से इस तरह एक में मिल गए हैं कि दोनों अंशों को अलग करना ग़ैर-मुमकिन है और इस तरह का गड्ड-मड्ड ख़याली इतिहास की जगह ले लेता है, जो चाहे हमें यह न बता सके कि दरअसल हुआ क्या, लेकिन जो हमें उतनी ही महत्त्व की दूसरी सूचना देता है, यानी लोग क्या हुआ समझते रहे हैं। उनकी समझ में उनके वीर पूर्वज कैसे-कैसे काम कर सकते थे और उनके क्या आदर्श थे? इस तरह ये चाहे सच्ची घटनाएँ हों, चाहे गढ़े हुए क़िस्से, यहाँ के रहनेवालों की ज़िन्दगी के ये जीते-जागते जुज़ बन जाते हैं और उन्हें अपनी रोज़मर्रा की ज़िन्दगी की नीरसता और कुरूपता से बचाकर ऊँची दुनिया की तरफ़ खींचते रहे हैं और आदर्श तक पहुँचना चाहे जितना भी कठिन रहा हो, हमेशा कर्तव्य और सही जीवन का रास्ता दिखाते रहे हैं।

कहा जाता है कि गेटे ने उन लोगों की मलामत की है, जिन्होंने लूक्रिशिया को और दूसरी पुरानी रोमन वीरगाथाओं को गढ़ंत और झूठी बताया है। उसने कहा है कि जो चीज़ दरअसल जाली और झूठी होगी, वह भद्दी और निकम्मी भी होगी, कभी सुन्दर और रूह फूँकनेवाली नहीं हो सकती, और "अगर रोमन लोग इतने काफ़ी बड़े थे कि इस तरह की चीज़ें गढ़ सकें, तो हमें कम-से-कम इतना बड़ा होना चाहिए कि उनमें यक़ीन कर सकें।"

इसलिए यह कल्पित इतिहास, जो घटनाओं और गढ़ंत का मेल है, या जो कभी-कभी बिलकुल गढ़ंत है, एक प्रतीक के रूप में सत्य बन जाता है और हमें उस ख़ास ज़माने के लोगों के दिल और दिमाग़ और मक़सदों के बारे में बताता है। एक और मानी में यह सच है कि यह विचार और काम की बुनियाद में पहुँचाता है—जहाँ तक आनेवाले इतिहास का ताल्लुक़ है। क़दीम हिन्दुस्तान में इतिहास की समूची धारणा पर फ़लसफ़े और मज़हब के सोच-विचार का और इख़लाकी रुझानों का असर पड़ा है। तारीख़वार इतिहास लिखने की या घटनाओं का कोरा हाल इकट्ठा कर लेने की कोई ख़ास अहमियत नहीं रही है। जिस बात की उन्हें ज़्यादा फ़िक्र रही है, वह यह है कि इनसानी घटनाओं का इनसानी आचरण पर क्या प्रभाव और असर रहा है। यूनानियों की तरह ये लोग बड़े कल्पनाशील और कला-विषय में गुणी थे और गुज़री हुई घटनाओं के बारे में भी उन्होंने कल्पना और कला से काम लिया है, क्योंकि उनका ध्यान इस बात पर रहा है कि आगे के आचरण के लिए कुछ सबक़ लिया जाए।

यूनानियों, चीनियों और अरब वालों की तरह क़दीम हिन्दुस्तानी इतिहासकार नहीं थे। यह एक दुर्भाग्य की बात है और इसके कारण आज हमारे लिए तिथियाँ या काल-क्रम निश्चित करना मुश्किल हो गया है। घटनाएँ एक-दूसरी से गुँथ जाती हैं

और बड़ा उलझाव पैदा हो जाता है। बहुत धीरज के साथ मेहनत करके ही विद्वानों ने हिन्दुस्तानी इतिहास की भूल-भुलैया के बीच से कुछ अता-पता लगाया है। सच पूछा जाए, तो सिर्फ़ एक किताब है, यानी कल्हण की 'राजतरंगिणी', जो ईसा की बारहवीं सदी में लिखा हुआ काश्मीर का इतिहास है, जिसे हम इतिहास कह सकते हैं। बाक़ी इतिहास के लिए हमें महाकाव्यों के कल्पित इतिहास की, या पुस्तकों की मदद लेनी पड़ती है, या शिलालेखों, कला के कारनामों या इमारतों के खँडहरों, सिक्कों, या विस्तृत संस्कृत-साहित्य से जहाँ-तहाँ इशारे मिल जाते हैं। हाँ, विदेशी यात्रियों के सफ़रनामों से भी मदद मिलती है, ख़ासकर यूनानियों, चीनियों और बाद के ज़माने के लिए अरबों के सफ़रनामों से।

ऐतिहासिक बुद्धि की इस कमी से जनता का कोई नुक़सान नहीं हुआ था : क्योंकि जैसा और जगह होता है, बल्कि और जगह से ज़्यादा, यहाँ जनता ने अतीत के बारे में अपने विचार परम्परागत बयानों, पुराण की कहानियों और गाथाओं की नींव पर, जो पीढ़ी-दर-पीढ़ी चली आती है, बनाए थे। यह क़यासी तारीख़ या वाक्यों और कहानियों की मिलावट ऐसी थी, जिससे लोग ख़ूब परिचित हो गए थे और इस तरह जनता की एक पक्की सांस्कृतिक पृष्ठभूमि तैयार हो गई थी। लेकिन इतिहास की तरफ़ से लापरवाही के बुरे नतीजे भी हुए और ये अब तक हमारा पीछा कर रहे हैं। इसने हमारा नज़रिया धुँधला कर दिया, ज़िन्दगी से एक तरह का बिलगाव पैदा किया, हमें झट विश्वास कर लेनेवाला बना दिया और जहाँ तक वाक़ये का ताल्लुक़ था, हमारे दिमाग़ में उलझाव डाल दिया। फ़लसफ़े के मैदान में, जो कहीं मुश्किल, अगरचे लाज़िमी तौर पर अस्पष्ट और अनिश्चित होता है, हमें यह दिमाग़ी उलझाव नहीं मिलता; हम इस मैदान में हिन्दुस्तानी दिमाग़ में विश्लेषण और समन्वय दोनों की क़ाबिलियत पाते हैं, अक्सर इसे हम बहुत नुक्ताचीनी और शक व शुबहे करनेवाला देखते हैं। लेकिन जहाँ तक वाक़ये का ताल्लुक़ है, या ग़ैर-नुक्ताचीनी रहा है, शायद इसलिए कि यह ख़ुद वाक़ये पर ज़्यादा अहमियत नहीं देता रहा है।

विज्ञान और आजकल की दुनिया से वास्ता पड़ने की वजह से अब वाक़यों की समझ-बूझ पैदा हुई है, जाँच-पड़ताल की और प्रमाणों के तौलने की बुद्धि उपजी है और परम्परा को ज्यों-का-त्यों क़बूल करने से इनकार भी हुआ है। बहुत से क़ाबिल तारीख़-दां आजकल काम में लगे हुए हैं, लेकिन वे अक्सर उलटी ही ग़लती करते हैं, यानी घटनाओं के कालक्रम की तो बहुत छानबीन करते हैं, लेकिन ज़िन्दा इतिहास को छोड़ देते हैं। लेकिन आजकल भी हम पर परम्परा का कितना असर होता है, यह एक ताज्जुब की बात है, और बुद्धिमान आदमी की विवेचना-बुद्धि भी जाती रहती है। मुमकिन है, यह इस वजह से हो कि हम अपनी मौजूदा हालत में जातीयता के ख़याल में ग़र्क़ हैं। जब हमें राजनीतिक और आर्थिक आज़ादी हासिल हो जाएगी, तभी हमारा दिमाग़ बाक़ायदा और सही अन्दाज़ में काम करेगा।

~

महाभारत

(*हिन्दुस्तान की कहानी* से)

महाकाव्यों का समय बताना कठिन है। इनमें उस क़दीम ज़माने का हाल है, जब कि आर्य हिन्दुस्तान में बस रहे थे और अपनी जड़ जमा रहे थे। ज़ाहिरा तौर पर इन्हें बहुत-से लेखकों ने लिखा है या इनमें मुख़्तलिफ़ वक़्तों में इज़ाफ़ा किया है। रामायण ऐसा महाकाव्य है, जिसमें बयान में थोड़ी-बहुत एकता है, महाभारत प्राचीन ज्ञान का एक बड़ा और फुटकर संग्रह है। दोनों ही बौद्ध-काल से पहले बन गए होंगे, अगरचे इसमें शक नहीं कि इनमें बाद में भी हिस्से जोड़े गए हैं।

फ्रांसीसी इतिहासकार मिशले, 1864 में, ख़ासतौर पर रामायण के हवाले में लिखते हुए कहते हैं—"जिस किसी ने भी बड़े काम किए हैं या बड़ी आकांक्षाएँ की हैं, उसे इस गहरे प्याले से ज़िन्दगी और जवानी की एक लम्बी घूँट पीनी चाहिए... पश्चिम में सभी चीज़ें सँकरी और तंग हैं—यूनान एक छोटी जगह है और उसका विचार करके मेरा दम घुटता है; जूडिया ख़ुश्क जगह है और मैं हाँफ जाता हूँ। मुझे विशाल एशिया और गहन पूर्व की तरफ़ ज़रा देर को देखने दो। वहाँ मिलता है मेरे मन का महाकाव्य—हिन्द महासागर—जैसा विस्तृत, मंगलमय, सूर्य के प्रकाश से चमकता हुआ, जिसमें दैवी संगीत है और जहाँ कोई बेसुरापन नहीं। वहाँ एक गहरी शान्ति का राज्य है, और कशमकश के बीच भी वहाँ बेहद मिठास और इंतहा दर्ज़े का भाईचारा है, जो सभी ज़िन्दा चीज़ों पर छाया हुआ है—मुहब्बत, दया, क्षमा का अपार अथाह समुन्दर है।"

महाकाव्य की हैसियत से रामायण एक बहुत बड़ा ग्रंथ ज़रूर है और उससे लोगों को बहुत चाव है, लेकिन यह महाभारत है, जो दरअसल दुनिया की सबसे ख़ास पुस्तकों में से एक है। यह एक विराट कृति है, परम्परा और कथाओं का और हिन्दुस्तान की क़दीम राजनीतिक और सामाजिक संस्थाओं का यह एक विश्वकोश है। दस साल से ज़्यादा से बहुत-से अधिकारी हिन्दुस्तानी विद्वान मिलकर उन पाठों की जाँच-पड़ताल में लगे हुए हैं, जो अब तक हासिल हुए हैं, जिसमें कि एक प्रामाणिक संस्करण छपाया जा सके। कुछ हिस्से उन्होंने छापकर प्रकाशित भी कर दिए हैं, लेकिन काम अब भी अधूरा है और चल रहा है। यह एक दिलचस्प बात है कि इस भयानक और व्यापक युद्ध के दिनों में भी रूस के पूर्वी विद्याओं के जाननेवाले विद्वानों ने महाभारत का रूसी तरजुमा पेश किया है।

शायद यह वह ज़माना था, जबकि विदेशी लोग हिन्दुस्तान में आ रहे थे और अपने साथ अपने रीति-रिवाजों को ला रहे थे। इनमें से बहुत-से रीति-रिवाज आर्यों के रीति-रिवाजों से मुख़्तलिफ़ थे, और इस तरह विरोधी विचारों और रीति-रिवाजों की एक अजीब खिचड़ी हमें देखने में आती है। आर्यों में एक स्त्री के कई पति होने का चलन नहीं था, फिर भी हम पाते हैं कि महाभारत की एक ख़ास पात्री के पाँच पति हैं, जो आपस में भाई-भाई हैं। रफ़्ता-रफ़्ता पहले के आदिम निवासी और नये आनेवाले लोग, दोनों ही आर्यों में घुल-मिलकर एक हो रहे थे और वैदिक-धर्म में

भी इसी के मुताबिक़ तब्दीली आ रही थी। यह वह व्यापक रूप अख़्तियार कर रहा था, जिससे मौजूदा हिन्दू धर्म निकला है। यह मुमकिन इसलिए हो सका कि बुनियादी नज़रिया यह जान पड़ता है कि सचाई पर किसी एक का इज़ारा नहीं हो सकता, और उसे देखने और उस तक पहुँचने के बहुत-से रास्ते हैं। इस तरह सभी तरह के, यहाँ तक कि विरोधी, विश्वासों को गवारा किया जाता था।

महाभारत में हिन्दुस्तान (या जिसे गाथाओं के अनुसार जाति के आदि पुरुष भरत के नाम पर भारतवर्ष कहा जाता था) की बुनियादी एकता पर ज़ोर देने की बहुत निश्चित कोशिश की गई है। इसका एक और पहले का नाम आर्यावर्त या आर्यों का देश था। लेकिन यह मध्य-हिन्दुस्तान के विंध्य पहाड़ तक फैले हुए उत्तरी हिन्दुस्तान तक महदूद था। शायद उस ज़माने तक आर्य इस पहाड़ के सिलसिले के पार नहीं पहुँचे थे। रामायण की कथा आर्यों के दक्खिन में पैठने का इतिहास है। वह बड़ी ख़ाना-जंगी, जो बाद में हुई और जिसका महाभारत में बयान है, एक गोल-मोल तरीक़े से क़यास किया जाता है कि ईसा से क़ब्ल चौदहवीं सदी में हुई। यह लड़ाई हिन्दुस्तान (या शायद उत्तरी हिन्दुस्तान) पर सबसे ऊँचा अधिकार हासिल करने के लिए हुई थी और इससे सारे हिन्दुस्तान के, भारतवर्ष के रूप में, कल्पना किए जाने की शुरुआत होती है। भारतवर्ष की जो यह कल्पना थी, उसमें आजकल के अफ़ग़ानिस्तान का ज़्यादा हिस्सा, जिसे उस वक़्त गंधार कहते थे (और जिससे कंदहार शहर का नाम पड़ा है) शामिल था और इस देश का अपना अंग समझा जाता था। सच तो यह है कि मुख्य शासक की स्त्री का नाम गांधारी, या गंधार की लड़की, था। दिल्ली इसी वक़्त हिन्दुस्तान की राजधानी बनती है—मौजूदा शहर नहीं, बल्कि इसके पास के, इससे मिले हुए पुराने शहर, जो हस्तिनापुर और इन्द्रप्रस्थ कहलाते थे।

बहन निवेदिता (मार्गरेट नोबुल) ने महाभारत के बारे में लिखते हुए बताया है—"विदेशी पाठक पर...दो ख़ास बातों का असर पड़ता है। पहली बात तो यह है कि विविधता में यहाँ एकता मिलती है; दूसरी यह कि सुननेवालों पर एक ऐसे मरकज़ी हिन्दुस्तान के ख़याल को बिठाने की लगातार कोशिश है, जिसकी अपनी वीरता की परम्परा है, जो एकता के भाव को जगानेवाली है।"[1]

महाभारत में कृष्ण की कथाएँ हैं और भगवद्गीता नाम का मशहूर काव्य भी है। गीता के फ़लसफ़े के अलावा भी इस ग्रंथ में आमतौर पर ज़िन्दगी में और रियासती मामलों में नीति और इख़लाक़ के उसूलों पर ज़ोर दिया गया है। धर्म की इस बुनियाद के बग़ैर सच्चा सुख नहीं मिल सकता और न समाज ही क़ायम रह सकता है। समाज की बहबूदी इसका मक़सद है, किसी एक गिरोह की बहबूदी नहीं, बल्कि सारी दुनिया की बहबूदी, क्योंकि "मर्त्यों की यह दुनिया एक परस्पर-आश्रित संगठन है। लेकिन धर्म ख़ुद सापेक्ष है और सचाई, अहिंसा वग़ैरह बुनियादी उसूलों के अलावा यह वक़्त और परिस्थिति पर निर्भर करता है। ये उसूल हमेशा-हमेशा क़ायम रहते हैं

1. यह उद्धरण मैंने सर एस. राधाकृष्णन् की पुस्तक 'इंडियन फ़िलासफ़ी' से लिया है। मैं राधाकृष्णन् का, और उद्धरणों के लिए और इस अध्याय और दूसरे अध्यायों की बहुत-सी बातों के लिए, एहसानमंद हूँ।

और इनमें तब्दीली नहीं आती, मगर इनके अलावा धर्म, जो कर्तव्यों और ज़िम्मेदारियों का गड्ड-मड्ड है, बदलते हुए ज़माने के साथ बदलता रहता है। यहाँ और-और जगहों पर अहिंसा पर जो ज़ोर दिया गया है, वह दिलचस्प है, क्योंकि इसमें और किसी अच्छे मक़सद के लिए लड़ाई करने में कोई ज़ाहिरा विरोध नहीं माना गया है। सारा महाकाव्य एक बड़े युद्ध की घटनाओं को लेकर रचा गया है। जान पड़ता है कि अहिंसा की कल्पना का सम्बन्ध ज़्यादातर मक़सद से था, यानी मन में हिंसा का भाव न रखना चाहिए आत्म-संयम करना चाहिए और ग़ुस्से और नफ़रत पर क़ाबू पाना चाहिए; इसका मतलब यह नहीं था कि अगर ज़रूरी हो और किसी तरह बचत न हो सके, तो भी शरीर से कोई हिंसा का काम न बन पड़ना चाहिए।

महाभारत एक ऐसा बेशक़ीमती भंडार है कि हमें उसमें बहुत तरह की अनमोल चीज़ें मिल सकती हैं। यह रंग-बिरंगी, घनी और खुदबुदाती हुई ज़िन्दगी से भरपूर है और इस बात में यह हिन्दुस्तानी विचारधारा के दूसरे पहलू से बहुत हटकर है, जिसमें तपस्या और ज़िन्दगी से इनकार पर ज़ोर दिया गया है। यह महज़ नीति की शिक्षा देनेवाली किताब नहीं है, हालाँकि नीति और इख़लाक़ की तालीम इसमें काफ़ी मिलेगी। महाभारत की शिक्षा का सार एक जुमले में रख दिया गया है—"दूसरे के लिए तू ऐसी बात न कर, जो तुझे ख़ुद अपने लिए नापसन्द हो।" ज़ोर समाज की भलाई पर दिया गया है, और यह बात मार्के की है; क्योंकि ख़याल यह किया जाता है कि हिन्दुस्तानी दिमाग़ का रुझान शख़्सी कमाल हासिल करने की ओर रहा है न कि समाज की भलाई की तरफ़। इसमें कहा है—"जिससे समाज की भलाई नहीं होती, या जिसे करते हुए तुम्हें शर्म आती है, उसे न करो।"

फिर कहा है—"सचाई—अपने को बस में रखना, तपस्या, उदारता, अहिंसा, धर्म पर डटे रहना—इनसे कामयाबी हासिल होती है, जात और ख़ानदान से नहीं।" "ज़िन्दगी और अमर होने से धर्म बढ़कर है।" "सच्चे आनन्द के लिए तकलीफ़ उठाना ज़रूरी है।" धन कमाने के पीछे पड़े रहनेवाले पर एक व्यंग्य है—"रेशम का कीड़ा अपने धन के कारण मरता है।" और, अन्त में, एक जीती-जागती और तरक़्क़ी करती हुई जाति के लोगों के उपयुक्त यह आदेश है—"असंतोष तरक़्क़ी के लिए उकसानेवाला है।"

महाभारत में वेदों का बहुदेववाद है, उपनिषदों का अद्वैतवाद है और देववाद, द्वैतवाद और एकेश्वरवाद भी है। फिर भी नज़रिया रचनात्मक, कमोबेश बुद्धिवादी है। अलहदगी की भावना अभी तक महदूद है। जात-पाँत के मामलों में कट्टरपन नहीं है। अभी भी लोगों में अपने में भरोसा है, लेकिन ज्यों-ज्यों बाहरी ताक़तों के हमले होते हैं और पुरानी व्यवस्था पर वार होता है, त्यों-त्यों यह भरोसा कुछ कम होता जाता है और अन्दरूनी एकता और शक्ति पैदा करने के लिए ज़्यादा समानता की माँग होती है। नये-नये निषेध लागू होते हैं। गो-मांस का खाना, जिसे पहले बुरा न समझा जाता था, बाद में बिलकुल मना कर दिया जाता है। महाभारत में मान्य अतिथियों को गो-मांस और बछड़े का मांस पेश करने के हवाले हैं।

~

हिन्दी साहित्य का अन्य भाषाओं के साहित्यों से सम्बन्ध[1]

(*जवाहरलाल नेहरू वाङ्मय : भाग-6 से*)

एक दफ़े मैंने आपस की बातचीत में यह कहा था कि पिछले चालीस या पचास बरस में हमारी प्रान्तीय भाषाओं में बंगला, मराठी और गुजराती ने हिन्दी से अधिक तरक़्क़ी की है। इस बात से कुछ हिन्दी के साहित्यकारों को दुःख हुआ था और वह मुझसे अप्रसन्न हुए थे। मेरा तो बिलकुल यह ख़याल या इरादा नहीं था कि मैं हिन्दी की शान के ख़िलाफ़ कोई बात कर रहा हूँ, लेकिन मेरे माने साफ़ नहीं थे इसलिए शायद कुछ लोगों को ग़लतफ़हमी हो गई। उसके बाद मुझे मालूम हुआ कि मुझसे अधिक जाननेवाले लोगों की भी कुछ ऐसी ही राय है। इसलिए मैं हिम्मत करता हूँ इस बारे में कुछ लिखने की।

मेरा मतलब हिन्दी के पुराने साहित्य से नहीं था और यह भी मैं जानता हूँ कि आजकल हिन्दी में जागृति है और अच्छी तरक़्क़ी हो रही है। मेरा ख़याल यह था कि यह नई जागृति हमारी प्रान्तीय भाषाओं में सबसे पहले बंगला में, फिर मराठी और गुजराती में हुई और बाद में हिन्दी में। इस वजह से बंगला, मराठी और गुजराती शुरू में कुछ आगे बढ़ गईं। यह जागृति सब भाषाओं में क्यों हो रही है? इसके बहुत कारण हैं। मोटी वजह तो यही है कि नये विचारों ने आकर इसको पैदा किया। किसी देश की भाषा में और उसकी संस्कृति में और राजनीतिक हालत में बड़ा क़रीब का सम्बन्ध हुए। शायद अंग्रेज़ी कवि मिल्टन ने कहीं लिखा है कि मुझको किसी देश की भाषा दिखाओ और बग़ैर कुछ और जाने हुए मैं तुमको बतला दूँगा कि वह देश कैसा है—आज़ाद या ग़ुलाम, ऊँचे दर्जे का या असभ्य, बलवान या कमज़ोर, बहादुर या डरपोक।

हमारा देश जब गिरा तब हमारी भाषाएँ भी गिरीं और बहुत दिनों तक गिरी रहीं। जब देश जागने लगा तब भाषाएँ भी उठीं। यह जागने का सिलसिला सबसे पहले बंगाल में शुरू हुआ। वहाँ नये ख़यालात आए अधिकतर यूरोप की तरफ़ से और उन्होंने नई जान पैदा की। हमारी राजनीतिक संस्थाएँ तो उस समय अपना सब काम अंग्रेज़ी में करती थीं। फिर भी उसका कुछ असर छनकर प्रान्तीय भाषाओं पर पड़ा—पहले बंगला, फिर मराठों और गुजराती और उसके बाद हिन्दी। हिन्दी पिछड़ी हुई कोई अपने पुराने साहित्य की कमज़ोरी से नहीं थी, परन्तु इसलिए कि हिन्दी प्रान्तों में राजनीतिक जागृति देर में हुई और हम दूसरे प्रान्तों की जागृति से जल्दी फ़ायदा नहीं उठा सके, क्योंकि भाषाओं का काफ़ी सम्बन्ध नहीं था।

हमें इस अनुभव से लाभ उठाना चाहिए और देश की सब भाषाओं में किसी तरह का सम्बन्ध पैदा करना चाहिए। उनके साहित्यकारों की एक संस्था बने जिसकी बैठक कभी-कभी हुआ करे। इससे बजाय मुक़ाबले और द्वेष के आपस का मेल बढ़ेगा और एक-दूसरे की तरक़्क़ी में मदद कर सकेंगी। विचारधाराएँ देश-भर में तेज़ी से फैलेंगी और हमारी एकता बढ़ेगी। मैंने सुना है कि इसके आरम्भ करने का कुछ प्रयत्न हो रहा है, लेकिन उसके बारे में मुझे कुछ ज़्यादा मालूम नहीं है।

---

1. अल्मोड़ा ज़िला जेल, 29 जुलाई, 1935। जवाहरलाल नेहरू के काग़ज़ात, ने. स्मा. सं. पु.। मूल हिन्दी।

एक आशा मैं करता हूँ—ऐसा भारतीय साहित्य संघ भारत की सब भाषाओं की दावत करेगा। हिन्दी और उर्दू तो बहनें नहीं हैं—एक ही शरीर पर दो चेहरे हैं। उनका तो हमको क़रीब-से-क़रीब सम्बन्ध करना है। बंगला, मराठी और गुजराती, हिन्दी की छोटी बहनें हैं। दक्षिण की भाषाएँ हमारे देश की सबसे पुरानी हैं। इन सबके अलावा और भी भारत की छोटी और बड़ी भाषाओं को उस संस्था में लेना चाहिए। मैं तो यह भी सिफ़ारिश करूँगा कि अंग्रेज़ी की भी उसमें जगहें हों। हमारी भाषा वह नहीं, लेकिन फिर भी हमारे देश के जीवन में उसका बड़ा हिस्सा है—एक तरह की सौतेली भाषा हो गई है।

ऐसे भारतीय साहित्य संघ में अक्सर ऐसे प्रश्न उठ सकते हैं जिनमें आपस में संघर्ष हो सकता है, ख़ासकर लिपि का सवाल है। कभी-न-कभी इन सवालों का हमें फ़ैसला करना होगा, लेकिन अभी तय नहीं हो सकता और इसकी कोशिश में बहुत मनमुटाव होगा। मेरा विचार है कि हमारे लिये लिपि के सिलसिले में पहला बड़ा क़दम यह होगा कि हिन्दी, बंगला, मराठी और गुजराती की एक लिपि हो जाए। यह आपस में समझौते और इत्तिफ़ाक़ ही से हो सकता है। ज़रा भी दबाव की गुंजाइश नहीं है।

मेरा यह पक्का ख़याल है कि हिन्दी या हिन्दुस्तानी को हमारे देश की राष्ट्रभाषा होना चाहिए और वह होगी—चाहे लिपि दो हों। लेकिन मैं यह भी समझता हूँ कि हमारे प्रान्तों की बड़ी भाषाएँ ख़ूब बढ़ेंगी और हमको उन्हें बढ़ाना चाहिए। उनके बढ़ने में और हिन्दी के राष्ट्रभाषा होने में कोई विरोध नहीं है। जो लोग अपने जोश में आकर विरोध पैदा करते हैं, वह दोनों को हानि पहुँचाते हैं।

दूसरा सवाल यह है कि हमारे साहित्यकारों को और दुनिया के साहित्यों से सम्बन्ध पैदा करना चाहिए और अन्तर्राष्ट्रीय साहित्य संघों में शरीक होना चाहिए। इसके बग़ैर हम दुनिया के अगुआ देशों में नहीं हो सकते। हमको यह मानना है कि इस नवयुग में नये विचार यूरोप और अमेरिका से आ रहे हैं। इनको बग़ैर समझे हम आजकल की दुनिया का सामना नहीं कर सकते। पहली बात जो यह नवयुग सिखाता है वह यह कि संसार एक है, उसके अलग-अलग टुकड़े हम नहीं कर सकते और जो अलग होना चाहते हैं, वह पिछड़ जाते हैं।

इस सिलसिले में हममें से काफ़ी लोगों को विदेशी भाषाएँ भी सीखनी चाहिए। वही हमारे लिए दुनिया को देखने की खिड़कियाँ होंगी जिनके ज़रिये से धूप और ताज़ी हवा आती रहे। अंग्रेज़ी तो हममें से बहुत लोग जानते हैं। इससे हम फ़ायदा उठाएँगे क्योंकि इस भाषा का फैलाव बढ़ता जाता है। इसकी वजह अमेरिका है जो इस समय सबमें दौलतमंद और बलवान देश है। लेकिन अंग्रेज़ी काफ़ी नहीं है और सिर्फ़ अंग्रेज़ी जानने की वजह से हम अक्सर धोखा खा चुके हैं। हम सारी दुनिया को अंग्रेज़ी ऐनकों से देखने लगे हैं और यह नहीं महसूस करते कि वह बिलकुल एकतरफ़ा है। अंग्रेज़ी हुकूमत का राजनीतिक मुक़ाबला करते हुए भी हम विचारों में बहुत कुछ उनके ग़ुलाम हो गए। उन्हीं की किताबें पढ़ें, उन्हीं के अख़बार, उन्हीं की भेजी हुई ख़बरें। इसका ज़बरदस्त असर हमारे ऊपर होता ही है। अगर हम फ्रेंच या जर्मन या रूसी किताबें या अख़बार पढ़ें तब हमें मालूम होता है कि दुनिया कोई और चीज़ भी है और अंग्रेज़ों का उसमें इतना बड़ा हिस्सा नहीं है जितना हम समझते थे।

इसलिए यह ज़रूरी होता है कि हमारे देश में कुछ लड़के और लड़कियाँ अंग्रेज़ी के अलावा विदेशी भाषाएँ सीखें—ख़ासकर फ्रेंच, जर्मन, रूसी और स्पेनिश (जो दक्षिण अमेरिका में फैली हुई हैं)। यह भी अच्छा हो अगर चीनी और जापानी भी कुछ लोग सीखें। फ़ारसी तो अभी तक काफ़ी लोग हमारे देश में जानते हैं।

यूरोप में समझा जाता है कि पढ़े-लिखे आदमी को कम-से-कम दो या तीन भाषाएँ जाननी चाहिए और अक्सर ऐसा होता भी है। हमारे लिए यह ज़्यादा कठिन होगा और बहुत लोग विदेशी भाषाएँ नहीं सीख सकते। इसलिए यह उचित होगा कि विदेशी भाषाओं में जो प्रसिद्ध पुस्तकें हैं उनका अनुवाद हिन्दी में हो। यह मुझे बहुत आवश्यक मालूम होता है अगर हम दुनिया की विचारधाराओं को समझना चाहते हैं। इस समय ऐसी अनूदित पुस्तकें बहुत कम हैं और जो हैं भी उनका तरजुमा अक्सर अच्छा नहीं होता। हमारे अनुवादक लोग, ख़ासकर जो समाचार-पत्रों में काम करते हैं, बिलकुल लफ़्ज़ी अनुवाद करते हैं और शब्द के या फ़िक़रे के पीछे क्या अन्दरूनी माने हैं उस पर बहुत कम विचार करते हैं। जो लोग शब्दों से प्रेम करते हैं वह जानते हैं कि हर शब्द में जान है, रूह है और उसका एक पुराना इतिहास है और इसलिए उसके माने भी बताने आसान नहीं हैं और अनुवाद करना तो बहुत कठिन है। लेकिन हमारे यूनिवर्सिटियों से निकले हुए भाई बहुत बहादुरी से, बग़ैर आगे-पीछे देखे, तेज़ी से अनुवाद करते हैं। डिक्शनरी या कोष के लिहाज़ से शब्दों का अर्थ ठोक दिया जाता है; लेकिन जो चीज़ उछलती-कूदती-फड़कती ज़िन्दा थी वह मुर्दा लाश हो जाती है और जिसके माने थे वह बेमाने हो जाती है। इस बेगुनाहों के क़त्लेआम से रंज होता है।

~

जेल के दिन : काम के लिए उमंग

(*हिन्दुस्तान की कहानी* से)

मेरे सामने जो असली मसले रहे हैं, वे व्यक्तिगत और सामाजिक जीवन के हैं— किस तरह शान्ति के साथ रहा जाए, व्यक्ति की बाहरी और भीतरी ज़िन्दगी में कैसे सन्तुलन हो, व्यक्तियों और दलों के बीच के सम्बन्ध किस तरह स्थिर किए जाएँ, किस तरह निरन्तर अच्छी और ऊँची स्थिति हासिल की जाए, किस तरह समाज का विकास किया जाए और इनसान के अनथक जीवट और साहस का मसला। इन मसलों के हल के लिए निरीक्षण, ठीक-ठीक ज्ञान और विज्ञान के तरीक़ों के मुताबिक़ पूरी-पूरी दलील का सहारा लेना चाहिए। सत्य की खोज में ये तरीक़े मुमकिन हैं कि हमेशा कारगर न हों, क्योंकि कविता और कला और कुछ आत्मिक अनुभव, ये ऐसे विषय हैं, जो एक दूसरे ही वर्ग के हैं और विज्ञान के तरीक़े से, जो पदार्थों की जाँच पर अवलम्बित हैं, ग्रहण नहीं किए जा सकते। इसलिए सहज ज्ञान और सचाई और असलियत को

खोजने के दूसरे तरीक़ों को अलग नहीं किया जा सकता। विज्ञान के मैदान में भी इनकी ज़रूरत पड़ती है; फिर भी हमें हमेशा वस्तुगत ज्ञान के लंगर को पकड़े रहना चाहिए, ऐसे ज्ञान के लंगर को, जिसकी जाँच बुद्धि द्वारा और उससे भी बढ़कर अनुभव और व्यवहार के द्वारा हो चुकी है; और हमें होशियार इस बात से रहना चाहिए कि हम ऐसी बातों के मनन के समुन्दर में न खो जाएँ, जिनका ताल्लुक़ हमारी रोज़मर्रा की ज़िन्दगी और उसके मसलों और इनसान की ज़रूरतों से नहीं है। एक ज़िन्दा फ़लसफ़े को ऐसा होना चाहिए कि यह आज के मसलों का हल पेश कर सके।

यह हो सकता है कि हम लोग, जो इस ज़माने के हैं, और जो अपने ज़माने के कारनामों पर इतना नाज़ करते हैं, अपने युग के उसी तरह से ग़ुलाम हों, जिस तरह कि पुराने और मध्य-युग के मर्द और औरत अपने युगों के ग़ुलाम थे। हम अपने आपको इस बात का धोखा दे सकते हैं, जिस तरह हमसे पहले के लोगों ने अपने को धोखा दे रखा था कि दुनिया की बातों पर हमारा ही नज़रिया सही और सचाई तक पहुँचानेवाला नज़रिया है। हम इस क़ैद से बच नहीं सकते, न इस माया-जाल से अगर इसे माया-जाल कहें—छुटकारा पा सकते हैं।

फिर भी मुझे यक़ीन है कि इतिहास के लम्बे दौर में और सब चीज़ों के मुक़ाबले में विज्ञान के तरीक़ों और रास्ते ने इनसानी ज़िन्दगी में सबसे ज़्यादा इंक़लाब पैदा किया है और आदमी की तरक़्क़ी के और भी बड़े-बड़े इंक़लाब के रास्ते खोल दिए हैं; यहाँ तक कि जिसे अज्ञात समझा जाता रहा है, उसके दरवाज़े तक हम पहुँच गए हैं। शिल्प और व्यवसाय के क्षेत्र में विज्ञान के कारनामे काफ़ी तौर पर ज़ाहिर हो चुके हैं; जहाँ कहत की हालत थी, वहाँ इसने उसे बहुतायत और ख़ुशहाली में तब्दील कर दिया है, और अब तो बहुत से उन मसलों पर विज्ञान ने हमला करना शुरू कर दिया है, जो फ़लसफ़े के मैदान के समझे जाते थे। देशकाल और 'क्वांटम' सिद्धान्त ने भौतिक जगत का नक़्शा ही पूरे तौर पर बदल दिया है। एटम या परमाणु की बनावट, तत्त्वों के परिवर्तन, विद्युत और प्रकाश के एक-दूसरे में बदले जाने आदि विषयों पर हाल की शोधों ने हमारी जानकारी को बहुत आगे बढ़ाया है। मनुष्य अब प्रकृति को अपने से जुदा और भिन्न रूप में नहीं देखता। मनुष्य की नियति प्रकृति की लय-मयी शक्ति का एक अंग बन गई है।

विज्ञान की तरक़्क़ी के कारण, विचार-सम्बन्धी इस उथल-पुथल ने वैज्ञानिकों को एक ऐसे प्रदेश तक पहुँचा दिया है, जिसकी सीमाएँ आधिभौतिक प्रदेश से मिली हुई हैं। वे मुख़्तलिफ़ और अक्सर विरोधी परिणामों पर पहुँचते हैं। कुछ को इस परिस्थिति में एक नई एकता दिखाई देती है, जो इस सिद्धान्त के बिलकुल बरख़िलाफ़ पड़ती है। कुछ और लोग हैं, जैसे बर्ट्रेंड रसेल, जो कहते हैं—"पार्मनीडिस के समय से एकेडेमिक वर्ग के फ़िलसूफ़ बराबर इस बात में यक़ीन रखते आए हैं कि दुनिया एकता के सिद्धान्त पर बनी है; मेरे विश्वासों में से सबसे बुनियादी विश्वास यह है कि इस तरह ख़याल करना महज़ बेवक़ूफ़ी है।" यह फिर लीजिए—"आदमी उन कारणों की उपज है, जिन्हें इस बात का कोई पूर्व-ज्ञान नहीं कि वे किस अन्त की ओर जा रहे हैं; उसकी उत्पत्ति और वृद्धि, उसकी आशाएँ और उसके भय, उसके प्रेम और विश्वास परमाणुओं के

आकस्मिक मेल का नतीजा हैं।" लेकिन भौतिकशास्त्र की नई-से-नई शोधों ने बहुत हद तक प्रकृति की बुनियादी एकता साबित कर दी है। "यह यक़ीन कि सभी वस्तुएँ, एक ही पदार्थ से बनी हैं, बहुत पुराना है और तब का है जब से आदमी ने विचार करना शुरू किया है। लेकिन हमारी ही पीढ़ी एक ऐसी पीढ़ी है, जिसने इतिहास में सबसे पहले प्रकृति की एकता को देखा है—एक बे-बुनियाद अक़ीदे या नामुमकिन-सी आरज़ू की सूरत में नहीं, बल्कि विज्ञान के एक सिद्धान्त के रूप में, जिसके सबूत इतने साफ़ और ज़ाहिर हैं, जितने कि किसी जानी हुई चीज़ के हो सकते हैं।"[1]

इस तरह का विश्वास अग़रचे एशिया और यूरोप में बहुत पुराना है, फिर भी विज्ञान के कुछ नये-से-नये नतीजों का उन बुनियादी विचारों से मुक़ाबला, जो अद्वैत वेदान्त की तह में हैं, दिलचस्प होगा। वह विचार यह है कि विश्व एक ही द्रव्य से बना है, जिसका रूप निरन्तर बदलता रहता है और यह कि शक्तियों का कुल-जोड़ सदा एक समान बना रहता है। यह भी कि 'वस्तुओं की व्याख्या उन्हीं की प्रकृति में निहित है, और इस विश्व में क्या हो रहा है, इसे समझाने के लिए बाहरी अस्तित्वों का सहारा लेना ज़रूरी नहीं, और इन विचारों का हासिल यह है कि विश्व स्वत: विकासशील है।'

ये अस्पष्ट मनन आदमी को किसी नतीजे पर पहुँचाते हैं, इसकी विज्ञान परवा नहीं करता। इस बीच में अपने ख़ास प्रयोगात्मक ढंग से जाँच करते हुए, ज्ञान के नक़्शे की हदों को बढ़ाते हुए और इस तरह इनसानी ज़िन्दगी की रविश को बदलते हुए, वह आगे बढ़ रहा है। हो सकता है कि वह मूल रहस्यों को ढूँढ़ निकालने के नज़दीक पहुँच गया हो, और यह भी हो सकता है कि इन रहस्यों को वह न भी खोल पाए। फिर भी वह अपने निश्चित रास्ते पर आगे बढ़ता जाएगा, क्योंकि इसकी यात्रा का अन्त नहीं है। फ़लसफ़े का प्रश्न है 'क्यों?', इसे वह नज़रअन्दाज़ करके 'कैसे?', यह पूछता रहेगा, और ज्यों-ज्यों उस पर रहस्य का भेद खुलता रहेगा, उसके ज़रिये ज़िन्दगी ज़्यादा मुकम्मिल और पुर-मानी बनती जाएगी और शायद 'क्यों?'—इस सवाल का जवाब देने में भी कुछ हद तक वह मददगार हो।

या शायद इस दीवार को पार न कर सकें और रहस्यमय रहस्यमय ही बना रह जाए, और ज़िन्दगी अपनी तमाम तब्दीलियों के साथ अच्छाई और बुराई का एक बंडल, संघर्षों का एक ताँता और बेमेल और परस्पर विरोधी प्रेरणाओं का एक अजीबो-ग़रीब मजमुआ बनी रहे।

या फिर मुमकिन है कि विज्ञान की तरक़्क़ी ही नैतिक संयमों को तोड़कर, शक्ति और विनाश के उन भयानक साधनों को, जिन्हें उसने तैयार किया है, बुरे और स्वार्थी लोगों के हाथों में केन्द्रित कर दे, ऐसे लोगों के हाथों में, जो दूसरों पर अधिकार करने की कोशिश में रहते हैं—और इस तरह अपने बड़े कारनामों का ख़ुद ख़ात्मा कर दे। इस तरह की कुछ बातें हम आजकल घटित होती हुई देखते हैं, और इस युद्ध के पीछे है मनुष्य की आत्मा का भीतरी संघर्ष।

मनुष्य की आत्मा भी कैसी अद्भुत है! अनगिनत कमज़ोरियों के बावजूद आदमी ने, सभी युगों में, अपने जीवन की और अपनी सभी प्रिय वस्तुओं की, एक आदर्श

---

1. कार्ल के. डैरो : 'दि रिनेज़ां ऑव फ़िज़िक्स' (न्यूयॉर्क, 1936) पृ. 301

के लिए सत्य और विश्वासों के लिए देश और इज़्ज़त के लिए क़ुरबानी की है। यह आदर्श बदल सकता है, लेकिन क़ुरबानी की यह भावना बनी हुई है और इसी की वजह से हम इनसान की बहुत-सी कमज़ोरियों को माफ़ कर सकते हैं और उसकी तरफ़ से मायूस नहीं होते। आफ़तों का सामना करते हुए भी उसने अपनी शान निभाई है, जिन चीज़ों की वह क़ीमत करता रहा है, उनमें अपना विश्वास क़ायम रखा है। प्रकृति की महान शक्तियों के कठपुतले, जिसकी हस्ती इस बड़े विश्व में धूल के एक कण से ज़्यादा नहीं, मनुष्य ने मौलिक शक्तियों को ललकारा है और अपनी अक्ल के ज़रिये, जो इंक़लाब का पालना रहा है, उन्हें अपने वश में करने की कोशिश की है। देवता लोग जैसे भी हों, मनुष्य में कोई बात देवता-जैसी ज़रूर है उसी तरह, जिस तरह कि उसमें कुछ शैतान-जैसी भी बात है।

भविष्य अँधेरा है, अनिश्चित है। लेकिन उस तक पहुँचनेवाले रास्ते का हम एक हिस्सा देख सकते हैं और यह याद रखते हुए कि चाहे जो बीते, मनुष्य की आत्मा, जिसने इतने संकटों को पार किया है, दबाई नहीं जा सकती, हम उस पर साबित-क़दमी से चल सकते हैं। हमें यह भी याद रखना है कि ज़िन्दगी में चाहे जितनी बुराइयाँ हों, आनन्द और सौन्दर्य भी है और हम सदा प्रकृति की मोहिनी वन-भूमि में सैर कर सकते हैं।

ज्ञान इसके सिवा क्या है? क्या है मनुष्य का प्रयास,
या ईश्वर की अनुकम्पा, जो इतनी सुन्दर और विशाल है?
भय से मुक्त होकर खड़े रहना; साँस लेना और प्रतीक्षा करना;
घृणा के विरुद्ध हाथ उठाए रहना :
फिर क्या सौन्दर्य सदा प्यार करने की वस्तु नहीं है?[1]

~

लेखकों और कवियों को सहायता

(*डी.एस. राव की पुस्तक, 'फ़ाइव डिकेड्स : ए शॉर्ट हिस्ट्री ऑफ़ साहित्य अकादमी'* से)

मेरे प्रिय कृष्ण,

मुझे जानकारी नहीं है कि आप इलाहाबाद के हिन्दी कवि निराला के बारे में जानते हैं या नहीं। उन्होंने पहले बहुत अच्छा लेखन कार्य किया हुआ है और आज भी कभी-कभी ख़ुशनुमा होने पर अच्छा लिखते हैं। अक्सर वे बहुत बेहतर नहीं ही रहते हैं। उनकी पुरानी पुस्तकें लोकप्रिय हैं और उनमें से कुछ, मेरे ख़याल में, पाठ्य पुस्तकें हैं। लेकिन अपनी नासमझी या तंगी के चलते उन्होंने अपनी वो सारी पुस्तकें तमाम प्रकाशकों को मात्र 25 या 30 या 50 रुपये प्रति पुस्तक के मोल बेच दी हैं। शायद इनका पूरा कॉपीराइट बिक गया है। प्रकाशकों ने ख़ूब अच्छे पैसे बनाए हैं

1. यूरिपिडीज़ के 'बाक्की' के कोरस से। गिल्बर्ट मरे के अनुवाद के आधार पर।

और बनाते ही जा रहे हैं, लेकिन उन्हें कुछ भी नहीं मिलता और वो व्यावहारिक रूप से कहें तो भुखमरी से गुज़र रहे हैं। ये प्रकाशक द्वारा धोखाधड़ी से एक लेखक का शोषण करने का शर्मनाक मामला है। व्यक्तिगत रूप से मेरा ये मानना है कि चाहे कठोर क़ानून से ही, लेकिन इस तरह की व्यवस्था होनी चाहिए कि ऐसे मामलों को चुनौती दी जा सके।

ख़ैर, यह सब मुझे ये कहने पर मजबूर कर रहा है कि अकादमी को तुरन्त ही कॉपीराइट के क़ानून में संशोधन के विषय में विचार करना चाहिए। मुझे याद पड़ता है कि एक या दो साल पहले कुछ प्रयास किए गए थे और मैंने क़ानून मंत्रालय को लिखा था, लेकिन इस बारे में कुछ ज़्यादा हुआ नहीं। मेरे विचार से आपको सारी सामग्री इकट्ठी करनी चाहिए और इसके लिए और एक टिप्पणी तैयार करनी चाहिए।

इस बीच निराला कुछ आर्थिक मदद के हक़दार हैं। उनको सीधे कोई मदद देना बेकार होगा क्योंकि वे इसे तुरन्त ही दूसरों को दे देंगे। सच तो ये है कि वो अपने कपड़े, यहाँ तक कि अपनी आख़िरी कमीज़ तक, और सब कुछ किसी को दे चुके हैं। महादेवी वर्मा और कुछ अन्य लोग जो इलाहाबाद की साहित्य सभा से जुड़े हैं, उनकी देखभाल की कोशिशें करते हैं और उनको कुछ पैसे भी देते रहते हैं। मेरे विचार से हमें उन्हें 100 रुपये प्रति माह देने की व्यवस्था करनी चाहिए और वो पैसे हमें महादेवी वर्मा के पास ही भेजने चाहिए।

ये पैसे शिक्षा मंत्रालय के फंड से आराम से लिये जा सकते हैं जो कि इस तरह के उद्देश्यों के लिए है। क्या आप कृपया मौलाना साहब को इस मामले से अवगत कराएँगे और अगर वो राजी हों तो उनका मंत्रालय इस प्रक्रिया को पूरा कर सकता है।

आप निराला के बारे में महादेवी वर्मा से और अधिक जानकारी प्राप्त कर सकते हैं।

श्री कृष्ण कृपलानी
सादर,
सचिव, साहित्य अकादमी, जवाहरलाल नेहरू
551/1, फिरोजशाह रोड, नई दिल्ली।

~

विज्ञान की मूल आत्मा

(फ्यूल शोध संस्थान के उद्घाटन अवसर पर 22 अप्रैल, 1950 को डिग्वाडीह में दिया गया वक्तव्य)

चार महीने की छोटी-सी अवधि में हम तीन राष्ट्रीय प्रयोगशालाओं के निर्माण की घोषणा या तो कर चुके हैं, या करने जा रहे हैं। मुझे उम्मीद है कि इस साल के आख़िर तक कुछ और राष्ट्रीय प्रयोगशालाएँ शुरू हो जाएँगी।

यह एक महा-अभियान है जो न केवल हमारे वैज्ञानिकों की, बल्कि, मुझे उम्मीद है कि हमारी सरकार की भी विज्ञान के प्रति आस्था का प्रमाण होगा। मैं मानता हूँ कि अच्छी और आकर्षक इमारतें, विज्ञान की कुछ हद तक सेवा कर सकती हैं बावजूद इसके, इमारतों से विज्ञान नहीं जन्मता, जैसा कि डॉ. रमन हमें अक्सर याद दिलाते हैं। ईंटों या गारे-चूने से नहीं, बल्कि इनसानों से ही विज्ञान का निर्माण होता है। फिर भी, पर्याप्त संसाधनों से लैस इमारतें इनसान को अच्छे से काम करने में मदद करती हैं। इसलिए प्रशिक्षित लोगों के काम करने और भविष्य के लिए लोगों को प्रशिक्षित करने के लिए इस तरह की प्रयोगशालाएँ ज़रूरी हैं।

महोदय, आपने विज्ञान की मूल आत्मा की बात की है। मैं यह जानने के लिए उत्सुक हूँ कि वास्तव में विज्ञान की मूल आत्मा क्या है और इसे लेकर किस हद तक हमारे विचारों में समानता या भिन्नता है? क्या विज्ञान, जैसा कि अक्सर मान लिया जाता है उद्योग व्यवसाय की नौकरानी-भर हैं? बेशक यह उद्योग-धन्धों के लिए मददगार है, लेकिन केवल उद्योगों की मदद करने भर के लिए नहीं, बल्कि यह देश के लिए ऐसे मौक़े पैदा करना चाहती है जिससे उनकी जीवन-स्थितियाँ बेहतर हों और आगे बढ़ने के और ज़्यादा अवसर बनें। मेरा मानना है कि इस बात से तो सभी सहमत होंगे, लेकिन बात इससे और ज़्यादा है। आख़िरकार विज्ञान किस चीज़ की नुमाइन्दगी करता है?

महोदय, अभी आपने वैज्ञानिकों को प्रकृति से युद्ध करनेवाला कहा। क्या मैं इसी बात को कुछ दूसरे ढंग से रखूँ? हम प्रकृति के साथ तालमेल बिठाना चाहते हैं, क़ुदरत के रहस्यों को खोलना चाहते हैं, उन्हें समझना और इनसानियत के हक़ में उनका उपयोग करना चाहते हैं। विज्ञान का क्रियाशील सिद्धान्त खोज करना है। अब, अगर मैं सवाल उठाऊँ, कि सामाजिक ढाँचे या समाज का क्रियाशील सिद्धान्त क्या है? आमतौर पर यह रूढ़िवाद का साथ देता है, जहाँ के तहाँ बिना बदलाव के बने रहना चाहता है। हालाँकि इसमें हल्का-फुल्का सुधार और कुछ नई बातें जुड़ती रहती हैं, लेकिन यह बदलाव की अपेक्षा निरन्तरता का ही पोषक है। इसलिए हम समाज में एक बुनियादी संघर्ष देखते हैं जो रूढ़िवाद, यथास्थिति और खोज-अन्वेषण के वैज्ञानिक सिद्धान्त के बीच चलता है, यथास्थिति को चुनौती देता है और परिवर्तन लाता है। इसलिए विज्ञान के किसी भी आदमी को, भले ही उसे कितनी तारीफ़ मिले या उसकी पीठ थपथपाई जाए पूरी तरह से स्वीकार नहीं किया जाता, क्योंकि वह चीज़ों के यथास्थितिवादी रहने में उथल-पुथल मचा देता है। सामान्य तौर पर कहा जाए तो विज्ञान को वो सुविधा नहीं नसीब होती जिसका वो हक़दार है। उसे तब ही तवज्जो मिलती है जब युद्ध के रूप में किसी देश पर कोई संकट आता है, भले ही यह बुरे उद्देश्य के लिए हो।

एक गतिहीन रूढ़िवादी समाज और किसी वैज्ञानिक की खोज की सामान्य क्रान्तिकारी प्रवृत्ति के बीच होनेवाले टकराव को देखना बड़ा दिलचस्प होता है जो कि अक्सर उस समाज की बुनियाद को ही बदल देता है। यह जीवन-स्थितियों में बदलाव लाता है और उन स्थितियों में बदलाव लाता है जो मानव जीवन और मनुष्य मात्र के अस्तित्व को चलाती है।

मैं जानता हूँ कि जो लोग अक्सर विज्ञान के बारे में सरपट अन्दाज़ में बातें करते हैं, इनमें हमारे महान उद्योगपति भी शामिल हैं, वो विज्ञान को एक तरह से उनका काम आसान करनेवाली नौकरानी समझते हैं। बेशक यह उनका काम आसान करता है। यह राष्ट्र की समृद्धि को बढ़ाता है और स्थितियों में सुधार करता है। विज्ञान यह सब तो करता ही है। लेकिन, बेशक विज्ञान इससे ज़्यादा और भी बहुत कुछ है। विज्ञान का इतिहास बताता है कि यह केवल प्राचीन में सुधार नहीं लाता। कई बार यह प्राचीन को उलट-पुलट देता है। यह केवल पुराने सच में नये सच ही नहीं जोड़ता, बल्कि कभी-कभी तो यह जो नया सत्य खोजता है, वो पुराने सच के कुछ हिस्से को ढहा देता है और इस तरह से लोगों की सोच और उनके जीवन जीने के तरीक़े को भी बदल देता है। इस तरह से विज्ञान केवल पुराने को बेहतर भर नहीं करता, पुराने में केवल कुछ जोड़ भर नहीं देता, बल्कि यह कुछ ऐसा सृजन भी करता है जो दुनिया और मानव चेतना के लिए बिलकुल नई बात होती है।

अगर हम इस तरीक़े से सोचे तो विज्ञान की मूल आत्मा का वास्तविक अर्थ क्या निकलता है? इसके बहुत से मतलब हैं। इसका मतलब न केवल उस नवीनतम सच को स्वीकार कर लेना है, जो कि विज्ञान खोजे, या पुराने सच में कुछ संशोधन कर लेना-भर नहीं है, बल्कि प्राचीन सच को नकारकर पलट देना भी है, यदि वह विज्ञान की मूल आत्मा के ख़िलाफ़ जाता हो। इसका यह मतलब भी है कि किसी पुरानी बात से इसलिए नहीं बँधे रहना है कि वह पुरानी है और हम उसे लम्बे समय से मानते चले आ रहे हैं, बल्कि उसके ख़ात्मे को सहज स्वीकार कर लेने की योग्यता रखना भी ज़रूरी है। इसका मतलब यह भी है कि किसी सामाजिक या औद्योगिक या आर्थिक बनावट से बँधे नहीं रहना है, यदि वह किसी नई खोज के विपरीत हो।

ज़्यादातर देश, भले वो कुछ भी कहें, सामान्यतः परिवर्तन को पसन्द नहीं करते। इनसान मूलतः एक रूढ़िवादी प्राणी है। उसे एक ख़ास तरह की ज़िन्दगी की आदत पड़ जाती है और जो कोई उसे बदलने की कोशिश करे तो उसे वह नकारता है। फिर भी, बदलाव तो आता ही है और लोगों को उसके अनुरूप ख़ुद को ढालना ही पड़ता है। लोगों ने अतीत में ऐसा किया है। जैसा कि मैंने कहा, ज़्यादातर देश सामान्य रूप से रूढ़िवादी होते हैं। लेकिन मैं सोच सकता हूँ कि हमारा देश सामान्य से ज़्यादा ही रूढ़िवादी है। यही कारण है कि मैंने इन विचारों को आपके सामने रखने की हिम्मत की है। मैं लोगों की सोच में एक दिलचस्प कमी पाता हूँ। मैं तो उन वैज्ञानिकों की सोच में भी यह देखता हूँ, जो विज्ञान के पक्षधर हैं और प्रयोगशाला में उसे अपने काम में भी लाते हैं, लेकिन, वैज्ञानिक तरीक़ों, उसके दृष्टिकोण और विज्ञान की मूल आत्मा को अन्यथा अपने जीवन में नकारते हैं। वह बिलकुल अवैज्ञानिक हो जाते हैं। अगर हम विज्ञान के प्रति सही नज़रिया रखें, तो इससे भला होता है और इसमें कोई सन्देह नहीं है कि यह हमेशा कुछ अच्छा ही परिणाम देता है। यह हमें नये तरीक़ों से काम करने की प्रेरणा देता है। शायद यह हमारे औद्योगिक जीवन को तो बेहतर बनाता ही है, लेकिन मुख्य बात यह है कि हम विज्ञान से सटीक चिन्तन, सटीक तरह से काम करना सीखें, और किसी भी चीज़ को नकार देने या स्वीकार

करने से बिलकुल न घबराएँ, अगर ऐसा करने के लिए पर्याप्त कारण हमारे पास मौजूद हो। मैं चाहूँगा कि हमारा देश सबसे ज़्यादा इस विचार-भाव को समझे और माने, क्योंकि अतीत में यह एक तरह से इससे मुक्त रहा है और इसने सत्य के गहरे कुएँ में उतरने में कभी संकोच नहीं किया है, भले ही नतीजा कुछ हो। फिर भी, ऐसा खुला दिमाग़ होने के बावजूद हमारे देश ने ख़ुद को सामाजिक व्यवहार के मामले में इस हद तक भारग्रस्त कर लिया कि इसकी तरक़्क़ी बाधित हुई और आज भी सैकड़ों तरीक़ों से इसमें बाधा पड़ रही है। हमारी रीतियाँ केवल उन छोटी-छोटी बातों को देखने का नज़रिया-भर बन गई हैं, जो हमारे जीवन को चलाती हैं और जिनका कोई विशेष मतलब नहीं है। तब भी, यह रीति-रिवाज हमारे रास्ते में आते हैं। अब जबकि हम स्वतंत्र हो गए हैं तो स्वाभाविक रूप से बहुत तरह की नई शक्तियों का पुनरुत्थान हुआ है जो अच्छी और बुरी दोनों हैं। अच्छी ताक़तों में, निश्चित रूप से एक आज़ादी का भाव है, लेकिन उसके साथ ही ऐसी बहुत-सी ताक़तें हैं, जिन्हें संस्कृति कहते हैं, वो हमारे दिमाग़ों और नज़रिये को संकीर्ण बनाती हैं। यह ताक़तें बुनियादी तौर पर एक रोक की तरह हैं और वास्तव में, सही अर्थों में सही संस्कृति को नकारनेवाली हैं। संस्कृति दिमाग़ और आत्मा के विस्तार का नाम है। यह कभी भी दिमाग़ को संकुचित करने या मनुष्य की चेतना पर रोक लगाने या देश की चेतना पर प्रतिबन्ध लगाने का काम नहीं कर सकती। इसलिए अगर हम विज्ञान पर सही तरीक़े से सोचें और इन शोध संस्थानों और प्रयोगशालाओं को बुनियादी तौर पर देखें तो हम पाएँगे कि यह केवल चीज़ों को बेहतर बनाने के या किसी काम को कैसे करें, यह बताने से ज़्यादा बड़ी चीज़ है। निस्सन्देह हमको वह भी करना है। लेकिन यह संस्थान हमारे दिमाग़ों पर धीरे-धीरे ज़रूर असर डालें, केवल उन्हीं युवा लोगों के दिमाग़ों पर नहीं जो यहाँ काम करें, बल्कि दूसरे लोगों के ज़ेहन पर भी, ख़ासकर आनेवाली पीढ़ी की सोच को भी प्रभावित करें, जिससे कि देश विज्ञान की मूल आत्मा को समझ सके और नये सत्य को स्वीकार करने के लिए तैयार हो सके, भले ही उसे पुराने के कुछ हिस्से को नकारना पड़े। केवल तभी विज्ञान के प्रति दृष्टिकोण का अच्छा नतीजा मिलेगा। हम इन शोध संस्थानों को बहुत महत्त्वपूर्ण मानते हैं और इसलिए अध्यक्ष महोदय मैं आपसे अनुरोध करूँगा कि महान राष्ट्रीय प्रयोगशालाओं की कड़ी में इस तीसरी कड़ी का आप उद्घाटन करें। इसके लिए हम आपके बहुत आभारी हैं कि आपने यह कष्ट किया। मुझे विश्वास है कि आपका और बहुत सारे प्रतिष्ठित वैज्ञानिकों का यहाँ आना इस संस्थान के लिए एक आशीर्वाद होगा। इसके अलावा, इससे लोगों का ध्यान इस तरफ़ खींचने में आसानी होगी और, न केवल बाहरी गतिविधियों और विज्ञान के इस्तेमाल, बल्कि उसके वास्तविक महत्त्व की ओर लोग आकर्षित होंगे, जो कि मनुष्य की चेतना को विस्तारित करने और इस प्रकार मनुष्यता को बेहतर बनाने का रास्ता है।

खंड : दो

नेहरू के बारे में

सम्पादकीय टिप्पणी

इस भाग में उन लेखकों के संस्मरण और विचारमूलक लेख शामिल हैं जो या तो नेहरू के समकालीन थे या उसी युग के थे। इन लोगों ने अपने-अपने नज़रिये से नेहरू को पहचानने, जानने और समझने की कोशिश की। यहाँ इन लेखों के संकलन का उद्देश्य नेहरू की बौद्धिक विवेचना नहीं है और न ही उनकी सफलताओं या महत्त्व को विश्लेषित करना है। इसके लिए तो एक अलग किताब की ज़रूरत होगी जो कि शायद और लोग लिखें। इस संकलन का उद्देश्य, यह याद दिलाना है कि आख़िर क्यों नेहरू हमारे लिए इतने महत्त्वपूर्ण हैं और क्यों उन्हें महत्त्वपूर्ण होना चाहिए। और यह भी कि क्यों नेहरू को एक शानदार दिमाग़ और बहुत बड़े दिल वाला नेता माना जाता है। यह बात वह लोग भी कहते हैं जो किसी भी तरह से उनके अनुयायी या प्रशंसक नहीं कहे जा सकते।

नेहरू ख़ुद की निगाह में

मेरी कहानी से[1]

...यह सच था कि प्राय: इत्तिफ़ाक़ से ही, मैं जनता में बड़ा लोकप्रिय हो गया था। पढ़े-लिखे लोगों में मेरी क़दर होती थी। नौजवान स्त्री-पुरुषों का तो, एक प्रकार से, मैं नायक बन गया था। और उनकी निगाह में मेरे आसपास कुछ वीरता की आभा दिखाई पड़ती थी, मेरे बारे में गाने तैयार हो गए थे और ऐसी-ऐसी अनहोनी कहानियाँ गढ़ ली गई थीं, जिन्हें सुनकर हँसी आती थी। मेरे विरोधी भी अक्सर मेरे लिए अच्छी राय ज़ाहिर करते थे और बुज़ुर्गाना ढंग से कहते थे कि मुझमें योग्यता और ईमानदारी की कमी नहीं है।

शायद किसी बड़े महात्मा या बड़े भारी हैवान पर ही इन बातों का असर नहीं होता होगा। मगर मैं तो अपने को दोनों में से एक भी नहीं मानता। बस, ये बातें मेरे दिमाग़ में बैठ गईं। उन्होंने मुझ पर थोड़ा नशा-सा चढ़ा दिया और मुझको हिम्मत और ताक़त दी। मेरा यह अन्दाज़ है, (क्योंकि बाहर से अपने आपको समझ लेना मुश्किल काम है) कि मैं अपने काम-काज में थोड़ा स्वेच्छाचारी और कुछ डिक्टेटर-जैसा बन गया। मगर फिर भी, मेरा ख़याल है कि मेरा अभिमान कुछ ज़्यादा नहीं बढ़ा। मुझे इतना-सा ही ख़याल हुआ कि मुझमें भी कुछ बातों की लियाक़त है और उनके सम्बन्ध में मैं ऐसा नाचीज़ नहीं हूँ। मगर मैं यह भी ख़ूब जानता था कि यह कोई विलक्षण बात नहीं है, और मुझे अपनी कमज़ोरियों का भी बहुत ख़याल था। आत्म-निरीक्षण की आदत ने ही शायद मुझे ठिकाने रखने में मदद दी और इसी में मैं अपने से सम्बन्धित कई घटनाओं पर अनासक्त दृष्टि से ग़ौर कर सकता था। सार्वजनिक जीवन के अनुभव ने मुझे बता दिया कि लोकप्रियता तो अक्सर अवांछनीय व्यक्तियों के पास रहती है; वह यक़ीनन भलेपन या अक्लमंदी का आवश्यक चिह्न नहीं होती। तो मैं अपनी कमज़ोरियों के सबब से लोकप्रिय था, या अपने गुणों के सबब से? सचमुच मैं लोकप्रिय किस कारण से था?

इसका सबब मुझमें दिमाग़ी क़ाबिलियत का होना नहीं था; क्योंकि मुझमें दिमाग़ी क़ाबिलियत कोई ग़ैर-मामूली नहीं थी और कम-से-कम इसी से लोकप्रियता नहीं मिलती; और 'कुर्बानी' कहे जानेवाले कामों से भी मेरी लोकप्रियता नहीं थी, क्योंकि

1. जवाहरलाल नेहरू : मेरी कहानी से।

यह सभी जानते हैं कि हमारे ही समय में हिन्दुस्तान में सैकड़ों-हज़ारों आदमियों ने मुझसे बेहद ज़्यादा तक़लीफ़ें उठाई हैं और जान तक की बलि दे दी है। मैं बड़ा वीर हूँ, यह शोहरत बिलकुल वाहियात है। मैं अपने आपको वीरोचित बिलकुल नहीं समझता और जीवन में वीरों का-सा ढंग या उसकी नक़ल और दिखावा करना मुझे बेवकूफ़ी की बात मालूम होती है। जहाँ तक रोमांस का सम्बन्ध है, मुझे कहना चाहिए कि मैं उसके पीछे दौड़नेवाले लोगों में नहीं हूँ। यह सही है कि मुझमें कुछ शारीरिक और दिमाग़ी हिम्मत है, मगर उसकी बुनियाद तो है शायद अभिमान—अपना, अपने ख़ानदान का और अपने राष्ट्र का अभिमान, और किसी के भी दबाव से कुछ न करने की वृत्ति।

मुझे अपने सवाल का सन्तोषजनक जवाब नहीं मिला। तब मैं दूसरी ही तरह से उसकी खोज में लग गया। मुझे पता लगा कि मेरे पिताजी और मेरे बारे में एक बहुत प्रचलित दंतकथा यह है कि हम हर हफ़्ते अपने कपड़े पेरिस की किसी लौंड्री में धुलने को भेजते थे। हमने कई बार इसका खंडन किया है, फिर भी यह बात प्रचलित है ही। इससे ज़्यादा वाहियात बात की कल्पना भी मैं नहीं कर सकता। अगर कोई इतना मूर्ख हो कि वह ऐसे झूठे बड़प्पन के लिए इस तरह की फ़िज़ूलख़र्ची करे, तो मैं समझता हूँ कि वह अव्वल दर्ज़े का मूर्ख ही समझा जाएगा।

इसी तरह से एक दूसरी दंतकथा, जो कि इनकार करने पर भी प्रचलित है यह है कि मैं प्रिंस ऑफ़ वेल्स के साथ स्कूल में पढ़ता था। कहा जाता है कि जब 1921 में वह हिन्दुस्तान आए तब उन्होंने मुझे बुलाया था; पर उस वक़्त मैं जेल में था। सच बात तो यह है कि मैं न तो स्कूल में ही उनके साथ पढ़ा हूँ और न मुझे उनसे मिलने या बात करने का ही मौक़ा मिला है।

मेरे कहने का मतलब यह नहीं कि मेरी प्रसिद्धि या लोकप्रियता इन या ऐसी कहानियों की बदौलत ही है। उसकी ज़्यादा मज़बूत बुनियाद भी हो सकती है। मगर इसमें शक नहीं कि इसमें बड़प्पन की बात बहुत शामिल है, जैसा कि इन कहानियों से ज़ाहिर है। कम-से-कम भावना यह है कि पहले मैं बड़े-बड़े लोगों से मिलता-जुलता था, और बड़े ऐशो-आराम की ज़िन्दगी गुज़ारता था, और फिर मैंने वह सब त्याग दिया। हिन्दुस्तानी दिमाग़ त्याग को बहुत अच्छा समझता है। मगर इस कारण से मेरी नामवरी हो, यह मुझे बिलकुल अच्छा नहीं लगता। मुझे निष्क्रिय गुणों की बनिस्बत सक्रिय गुण ज़्यादा पसन्द हैं, और केवल त्याग और बलिदान को मैं अच्छा नहीं समझता। मैं उसकी दूसरी ही दृष्टि से क़दर करता हूँ—यानी मानसिक और आध्यात्मिक शिक्षा के तौर पर, जैसे कि कसरती आदमी को अच्छी तन्दुरुस्ती रखने के लिए सादा और नियमित जीवन रखना ज़रूरी है। और जो लोग महान कार्य करना चाहते हैं, उनमें कठिन आघातों को सहन करने और धैर्य की क्षमता होना ज़रूरी है। मगर जीवन की त्यागमय दृष्टि, जीवन के निषेध, उसके आनन्द और अनुभूतियों से भयपूर्वक दूर रहने की तरफ़ मुझे रुचि या आकर्षण नहीं है। मैंने किसी भी चीज़ का, जिसका मैंने वास्तव में महत्त्व समझा, जान-बूझकर त्याग नहीं किया है; मगर हाँ, चीज़ों का मूल्य हमेशा समान नहीं रहा करता है।

उन महिला मित्र ने मुझसे जो सवाल पूछा था, उसका जवाब फिर भी नहीं मिला। क्या मैं भीड़ की इस वीर-पूजा से गर्व अनुभव नहीं करता? मैं तो इसे नापसन्द करता था, और इससे दूर भाग जाना चाहता था। मगर फिर भी मैं इसका आदी हो गया था। और जब यह बिलकुल न होती थी तो इसका अभाव भी कुछ खटकता था। दोनों ही तरह से मुझे सान्त्वना नहीं थी। मगर कुल मिलाकर भीड़ ने मेरी अन्दरूनी ज़रूरत पूरी कर दी। मैं उन पर असर डाल सकता हूँ, और उनसे काम करवा सकता हूँ, इस ख़याल से मुझमें उनके दिल और दिमाग़ पर अधिकार होने की एक भावना आ गई थी। इससे किसी हद तक सत्ता की मेरी इच्छा पूरी होती थी। और वे लोग तो अपनी तरफ़ से मुझ पर एक अजीब तरह का ज़ुल्म करते थे, क्योंकि उनके विश्वास और प्रेम से मेरा अन्तस्तल हिल जाता था, और उसके जवाब में मेरे दिल में भी भावुकता का संचार हो जाता था। हालाँकि मैं व्यक्तिवादी हूँ, मगर कभी-कभी मेरे व्यक्तिवाद की दीवारें भी टूट-सी जाती थीं, और मुझे ऐसा लगता था कि इन दुखिया लोगों के साथ-साथ मुसीबतों में रहना, अकेले छुटकारा पा जाने की बनिस्बत अच्छा है। मगर वे दीवारें हटनेवाली न थीं, और मैं उन्हीं के ऊपर से आश्चर्य-भरी आँखों से इस घटना को देखा करता था।

अभिमान की तह आदमी पर चर्बी की तरह, धीरे-धीरे अनजाने चढ़ती रहती है। यह जिस आदमी पर चढ़ती है, उसे पता नहीं चलता कि रोज़ाना वह कितनी चढ़ती जाती है। मगर ख़ुशक़िस्मती से इस पागल दुनिया की सख़्त चोटों से वह कम भी हो जाती है या बिलकुल उतर भी जाती है। हिन्दुस्तान में तो पिछले वर्षों में हम पर इन सख़्त चोटों की कोई कमी नहीं रही है। ज़िन्दगी का स्कूल हमारे लिए बहुत सख़्त रहा है, और कष्ट-सहन दरअसल बड़ा सख़्त काम लेनेवाला मास्टर है।

एक दूसरी बात में भी मैं ख़ुशक़िस्मत रहा हूँ। मेरे परिवार के लोग, दोस्त और साथी ऐसे रहे हैं, जिन्होंने मुझे ठीक निगाह रखने में और अपना दिमाग़ न बिगड़ने देने में मदद दी है। सार्वजनिक उत्सवों, म्यूनिसिपैलिटियों, स्थानिक बोर्डों और दूसरी सार्वजनिक संस्थाओं की तरफ़ से अभिनन्दनों और जुलूसों वग़ैरह से मेरे दिमाग़, मेरी विनोदप्रियता और वास्तविकता की भावना पर बड़ा बोझ पड़ता था। इन अवसरों पर बहुत लम्बी-चौड़ी और शानदार भाषा इस्तेमाल होती थी, और हरेक आदमी इतना गम्भीर और पाक-साफ़ बनता था कि सबको देखकर मेरी यह ज़बरदस्त इच्छा होती थी कि मैं हँस पड़ूँ या अपनी ज़बान बाहर निकाल दूँ या सिर के बल उलटा खड़ा हो जाऊँ; सिर्फ़ इसलिए कि उस गम्भीर सम्मेलन में लोगों के चेहरों पर इसका कैसा धक्का लगता है और क्या असर होता है, यह मैं देखूँ और इसका मज़ा लूँ। मगर मेरी प्रतिष्ठा की ख़ुशक़िस्मती से और इस वजह से कि हिन्दुस्तान के सार्वजनिक जीवन में आदर गम्भीरता को ही मिलता है, मैंने इस इच्छा पर हमेशा क़ाबू रखा और आमतौर पर ठीक औचित्य से ही बर्ताव करता रहा। मगर हमेशा नहीं। किसी-किसी बड़ी सभा में, या ज़्यादातर जुलूसों में, जिनसे मैं बहुत परेशान हो जाता हूँ, मैंने कभी-कभी प्रदर्शन भी किया है। कभी-कभी हमारे सम्मान में निकाले जानेवाले जुलूसों को मैं अचानक छोड़

देता था और भीड़ में ग़ायब हो जाता था। मैं अपनी पत्नी को या और किसी को जुलूस की गाड़ी में ही बैठा छोड़ देता था।

अपनी भावनाओं को हमेशा दबाए रखने और लोगों के सामने किसी ख़ास ढंग से बर्ताव करने की इस कोशिश के कारण दिमाग़ पर बड़ा ज़ोर पड़ता है, और नतीजा यह होता है कि सार्वजनिक अवसरों पर आदमी गम्भीर चेहरा बनाए रहता है। शायद इसीलिए एक हिन्दी मासिक-पत्रिका के लेख में एक बार लिखा गया था कि मैं हिन्दू-विधवा की तरह हूँ। हालाँकि मैं पुराने ढंग की हिन्दू-विधवा की बड़ी इज़्ज़त करता हूँ, फिर भी मुझे वर्णन से धक्का लगा। लेखक का ज़ाहिरा उद्देश्य स्पष्टतया मेरे कुछ गुणों की, मेरे नम्रतापूर्वक समर्पण, त्याग और कभी हँसी-मज़ाक़ किए बिना हमेशा काम में लगे रहने की तारीफ़ करना था। मेरा तो ख़याल था कि, मुझमें अधिक क्रियाशीलता और तेज़ी है, और मज़ाक़ करने और हँसने की योग्यता भी है। और निःसन्देह मैं चाहता हूँ कि ये गुण हिन्दू-विधवाओं में भी होने चाहिए। गांधी जी ने एक बार एक मिलनेवाले से कहा था कि अगर मुझमें विनोदशीलता न होती तो मैं शायद आत्महत्या या ऐसा ही कुछ कर बैठता। मैं इतनी हद तक तो जाना नहीं चाहता, मगर ज़िन्दा रहना मेरे लिए तो प्रायः असह्य हो जाता, अगर मेरी ज़िन्दगी में कुछ लोग हँसी-मज़ाक़ की कुछ मात्रा न डालते रहते।

मेरी लोकप्रियता पर और मुझे मिलनेवाले बड़े-बड़े मानपत्रों पर, जिनमें (जैसा कि वास्तव में हिन्दुस्तान के सभी मानपत्रों में होता है) बड़ी चुनी हुई और लच्छेदार भाषा और लम्बी-चौड़ी तारीफ़ भरी रहती थी, मेरे परिवार के और मित्र-मंडली के लोग बड़ा मज़ाक़ उड़ाया करते थे। अतिशयोक्ति और अलंकारपूर्ण शब्दों और विश्लेषणों को, जो साधारणतया राष्ट्रीयता आन्दोलन के सभी प्रमुख व्यक्तियों के लिए काम में लाए जाते थे, मेरी पत्नी और बहनें और दूसरे लोग पकड़ लेते थे और उनका मौक़े-बे-मौक़े मेरा किसी तरह का लिहाज़ किए बिना प्रयोग करते रहते थे। वे मुझे 'भारत-भूषण' और 'त्याग-मूर्ति' आदि कहा करते थे, और इस विनोदपूर्ण व्यवहार से मुझे भी शान्ति मिलती थी, और उन गम्भीर सार्वजनिक सभाओं की थकावट, जहाँ मुझे बहुत शिष्टता का बर्ताव करना पड़ता था, धीरे-धीरे दूर हो जाती थी। इस मज़ाक़ में मेरी छोटी-सी बिटिया भी शामिल हो जाती थी। सिर्फ़ मेरी माताजी ही इस बात पर ज़ोर दिया करती थीं कि मुझसे अदब का व्यवहार किया जाए। अपने प्यारे बेटे के साथ ज़्यादा मज़ाक़ या दिल्लगी होने का वह कभी समर्थन नहीं करती थीं। इससे मेरे पिताजी का भी कुछ मनोरंजन हो जाता था। वह अपने विचारों और भावों को चुपचाप प्रदर्शित करने का एक ख़ास तरीक़ा रखते थे।

मगर इन नारे लगानेवाले मज़मों, बेलुत्फ़ और थकानेवाले सार्वजनिक उत्सवों और बेहद बहसों और राजनीति के धूम-धक्कों का मुझ पर सिर्फ़ ऊपरी असर होता था, हालाँकि यह असर कभी-कभी तेज़ और गहरा होता था। मगर मेरा असली संघर्ष मेरे अन्दर चल रहा था। मेरे विचारों और इच्छाओं और निष्ठाओं में संघर्ष

चल रहा था। मेरे मस्तिष्क की अन्त:भावनाएँ बाहरी परिस्थितियों से झगड़ रही थीं। मेरी अन्तर्ज्वाला बुझी न थी। मैं एक लड़ाई का मैदान बन गया था, जहाँ तरह-तरह की ताक़तें एक-दूसरे को जीत लेने की कोशिश कर रही थीं, मैं इससे छुटकारा चाहता था। मैंने सामंजस्य और चित्त की समता ढूँढ़ने की कोशिश की, और इसी प्रयत्न में लड़ाई में कूद पड़ा। इससे मुझे शान्ति मिली। बाहरी संघर्ष ने भीतरी संघर्ष की तेज़ी को कम कर दिया।

मैं जेल में बैठा-बैठा यह सब क्यों लिख रहा हूँ? मैं चाहे जेल में होऊँ या जेल के बाहर, लेकिन खोज अब भी वही जारी है। मैं अपने पिछले विचार और अनुभव इस आशा से लिख रहा हूँ कि इससे मुझे शान्ति और मानसिक सन्तोष मिल सके।

~

निस्सन्देह, कभी-कभी मैं यह सोचने लगता हूँ कि दरअसल क्या मैं किसी का भी प्रतिनिधि हो सकता हूँ और मैं इसी नतीजे पर पहुँचता हूँ कि नहीं, मैं नहीं हो सकता। यह बात दूसरी है कि बहुत-से लोग मेरे प्रति कृपा और मैत्रीपूर्ण भाव रखते हैं। मैं पूर्व और पश्चिम का एक अजीब-सा सम्मिश्रण बन गया हूँ, हर जगह बे-मौज़ूँ, कहीं भी अपने को अपने घर में होने-जैसा अनुभव नहीं करता। शायद मेरे विचार और मेरी जीवन-दृष्टि पूर्वी की अपेक्षा पश्चिमी अधिक है; लेकिन भारत माता अनेक रूपों में अपने अन्य बालकों की भाँति, मेरे हृदय में भी विराजमान है; और अन्तर के किसी अनजान कोने में, कोई सौ (या संख्या कुछ भी हो) पीढ़ियों के ब्राह्मणत्व के संस्कार छिपे हुए हैं। मैं अपने पिछले संस्कार और नूतन अभिज्ञान से मुक्त हो नहीं सकता। ये दोनों मेरे अंग हो गए हैं और जहाँ वे मुझे पूर्व और पश्चिम दोनों से मिलने में सहायता करते हैं, वहाँ साथ ही न केवल सार्वजनिक जीवन में, बल्कि समग्र जीवन में एक मानसिक एकाकीपन का भाव पैदा करते हैं। पश्चिम में मैं विदेशी हूँ—अजनबी हूँ। मैं उसका हो नहीं सकता। लेकिन अपने देश में भी मुझे कभी-कभी ऐसा लगता है, मानो मैं देश-निर्वासित हूँ।

सुदूरवर्ती पर्वत सुगम्य और उस पर चढ़ना सरल मालूम होता है; उसका शिखर आवाहन करता दिखाई देता है; लेकिन ज्यों-ज्यों हम उसके नज़दीक पहुँचते हैं, कठिनाइयाँ दिखाई देने लगती हैं, जैसे-जैसे ऊँचे चढ़ते जाते हैं, चढ़ाई अधिकाधिक मालूम होने लगती है और शिखर बादलों में छिपता दिखाई पड़ने लगता है। फिर भी चढ़ाई के प्रयत्न का एक अनोखा मूल्य रहता है और उसमें एक विचित्र आनन्द और एक विचित्र सन्तोष मिलता है। शायद जीवन का मूल्य पुरुषार्थ में है, फल में नहीं। अक्सर यह जानना मुश्किल होता है कि सही रास्ता कौन-सा है। कभी-कभी यह जानना ज़्यादा आसान होता है कि कौन-सा रास्ता सही नहीं है, और उससे बचे रहना भी श्रेयस्कर होता है। अत्यन्त नम्रता के साथ मैं सुकरात के अन्तिम शब्दों का उल्लेख करना पसन्द करूँगा। उसने कहा था—"मैं नहीं जानता कि मृत्यु क्या चीज़ है—वह कोई अच्छी चीज़ हो सकती है, और मुझे उसका कोई भय नहीं है। लेकिन

मैं यह जानता हूँ कि अपने अतीत से मुँह मोड़ लेना बुरा है, इसलिए जिसके बारे में जानता हूँ कि वह ख़राब है उससे बेहतर उसे समझता हूँ जिसके बारे में लगता है कि वह अच्छा हो सकता है।"

~

नहीं चाहिए कोई तानाशाह

(नेहरू स्वयं के बारे में 'चाणक्य' छद्म नाम से लिखते हुए)

"राष्ट्रपति जवाहरलाल की जय!"

प्रतीक्षा करती हुई भीड़ के बीच से तेज़ी से गुज़रते हुए राष्ट्रपति ने सिर उठाकर देखा, उनके हाथ उठे और नमस्कार की मुद्रा में जुड़ गए, और उनका थकान भरा, दृढ़ चेहरा एक मुस्कान से प्रदीप्त हो गया। यह मुस्कान उनकी अपनी भावुकता की परिचायक थी, और जिन लोगों ने उसे देखा, उन पर इसका तुरन्त प्रभाव पड़ा, और उन्होंने भी प्रसन्न मुख होकर जय-ध्वनि की।

मुस्कान आई और चली गई और चेहरा फिर कठोर और उदास हो गया, मानो उस भावना का, जिसे उसने उपस्थित जन-समूह में जागृत किया था, उस पर प्रभाव ही न हो। प्राय: ऐसा प्रतीत हुआ कि उस मुस्कान और उसके साथ की मुद्रा में सचाई नहीं है; यह सब जन-समूह की सदिच्छा प्राप्त करने का एक बनावटी ढंग मात्र था, जिसके मन में राष्ट्रपति के प्रति इतनी मुहब्बत थी। क्या वाकई ऐसा था?

जवाहरलाल को फिर से ध्यान से देखिए। एक लम्बा जुलूस है और दसियों हज़ार आदमी उनकी मोटरगाड़ी घेरे हुए, बेसुध-से उनकी जयध्वनि कर रहे हैं। वह अपनी मोटर की गद्दी पर, अपने को ख़ूब सँभालते हुए सीधे तनकर खड़े हो जाते हैं; देखने में लम्बे लगते हैं और एक देवता की भाँति शान्त, और उस अपार जन-समूह से अविचलित। अचानक फिर वही मुस्कान, या एक उन्मुक्त हँसी दीखती है, तनाव टूटता है और भीड़ भी उन्हीं के साथ हँस पड़ती है—बिना यह जाने कि वह किस बात पर हँस रही है। अब वह देवता-स्वरूप नहीं रह जाते, बल्कि इनसान बन जाते हैं, और जिन हज़ारों व्यक्तियों के बीच वह घिरे हुए हैं उनसे अपनापे और संग-साथ का रिश्ता क़ायम करते हैं, और जन-समूह गद्गद हो जाता है और मैत्रीभाव से उन्हें अपने हृदय में स्थान देता है। लेकिन मुस्कान लुप्त हो गई है और फिर वही थका-सा लेकिन दृढ़ चेहरा दिखाई पड़ रहा है।

यह सब कुछ स्वाभाविक है, या एक जननेता का स्वाँग मात्र? शायद दोनों ही बातें हैं और लम्बे अभ्यास ने स्वभाव का रूप ग्रहण कर लिया है। सबसे प्रभावशाली मुद्रा वह है जिसमें मुद्रा का आभास न मिले, और जवाहरलाल ने बिना रंग और बुकनी लगाए हुए अभिनय करने की कला ख़ूब सीख ली है। लापरवाही और बेलौसी के दिखावे के साथ वह सार्वजनिक नाट्यमंच पर बड़ा कुशल और कला-पूर्ण अभिनय

करते हैं। यह सब उन्हें और उनके देश को कहाँ ले जाएगा? इस अन्यमनस्कता के दिखावे की तह में आख़िर उनका उद्देश्य क्या है? इस छद्म मुद्रा के पीछे उनकी क्या इच्छाएँ, कैसी शक्ति-लालसा और क्या अतृप्त आकांक्षाएँ हैं?

हर हालत में यह प्रश्न मनोरंजक है, क्योंकि जवाहरलाल का व्यक्तित्व ऐसा है कि वह बरबस अपनी ओर हमारा ध्यान आकर्षित करता है। लेकिन हमारे लिए इन प्रश्नों का गहरा महत्त्व भी है, क्योंकि जवाहरलाल का वर्तमान हिन्दुस्तान और सम्भवत: आनेवाले हिन्दुस्तान से एक अटूट नाता है और उनमें यह शक्ति है कि वह हिन्दुस्तान का बहुत भला भी कर सकते हैं और उतना ही बुरा भी। इसलिए इन प्रश्नों के उत्तर हमें ढूँढ़ने हैं।

क़रीब दो साल से वह कांग्रेस के सभापति हैं और कुछ लोगों का ख़याल है कि वह कांग्रेस की कार्यकारिणी-समिति के पिछलग्गू मात्र हैं और दूसरों के रोक-दबाव में चलनेवाले हैं। फिर भी वह अपनी व्यक्तिगत प्रतिष्ठा और जनता के सभी तरह के लोगों पर अपना प्रभाव बराबर दृढ़तापूर्वक बढ़ाते ही जा रहे हैं। वह किसान और कामगार, व्यापारी और फेरीवाले, ब्राह्मण और अछूत, मुस्लिम, सिख, पारसी, ईसाई, यहूदी, इन सब तक पहुँचते हैं, जो कि भारतीय जीवन की विविधता के अंग हैं। जिस भाषा में वह इन सबसे बोलते हैं वह औरों की भाषा से कुछ अलग हैं, और वह सदा इन सबको अपने पक्ष में लाने के प्रयत्न में लगे रहते हैं। इस उम्र में भी वह बड़ी स्फूर्ति के साथ हिन्दुस्तान-जैसे विशाल देश में सर्वत्र पहुँचते हैं और सभी जगह अद्‌भुत लोकप्रियता से उनका स्वागत हुआ है। उत्तर से लेकर कन्याकुमारी तक, विजयी सीज़र की भाँति उन्होंने यात्रा की है, और जहाँ-जहाँ वह गए हैं, उन्होंने अपने यश की कथाएँ छोड़ी हैं। क्या यह सब केवल उनका शौक़ और दिल बहलाव है, या इसमें कोई गहरी चाल है, या वह केवल किसी ऐसी शक्ति का खेल है जिसे आप नहीं समझ पाते हैं? अथवा क्या यह उनकी शक्ति-लालसा है, जिसका वर्णन उन्होंने अपनी 'आत्मकथा' में किया है और जो कि उन्हें एक जनसमूह से दूसरे जनसमूह की ओर प्रेरित करती है और उनसे अपने आप चुपके से कहलाती है कि—

"मैंने इन जनधाराओं को अपने हाथों में समेटकर अपनी इच्छा-शक्ति को नक्षत्रों से लिखा है आकाश के आर-पार।"

अगर उनकी धुन बदल जाए तो क्या हो? जवाहरलाल जैसे लोगों पर—उनमें बड़े और अच्छे कामों को करने की चाहे जैसी शक्ति हो—लोकतांत्रिक व्यवस्था में भरोसा नहीं किया जा सकता। वह अपने को लोकतांत्रिक और समाजवादी कहते हैं, और इसमें सन्देह नहीं कि सच्चे उत्साह से वह ऐसा कहते हैं, फिर भी हर एक मनोवैज्ञानिक जानता है कि मस्तिष्क अन्त में हृदय का ग़ुलाम होता है और तर्क को तो सदा घुमाकर मनुष्य की अदम्य प्रेरणाओं और इच्छाओं के अनुकूल बनाया जा सकता है।

तनिक-सी उमेठ काफ़ी है और जवाहरलाल एक तानाशाह बन सकते हैं और धीमी गति से चलनेवाले लोकतंत्र के विधि-विधानों को भुला सकते हैं। लोकतंत्र और

समाजवाद की भाषा और नारों को वह भले ही अपनाए रहें, लेकिन हम सभी जानते हैं कि इसी प्रकार की भाषा पर फ़ासिस्टवाद भी पला और पुष्ट हुआ है, और बाद में उसने इसे व्यर्थ के कचरे की भाँति अलग फेंक दिया है।

विश्वास और स्वभाव से जवाहरलाल निश्चय ही फ़ासिस्ट नहीं हैं, उनमें भद्रलोक की सहज बुद्धि इतनी पर्याप्त है कि फ़ासिस्टवाद के भोंडेपन और गँवारूपन को वह सहन न करेंगे। उनकी मुखाकृति और स्वर बताते हैं कि "सार्वजनिक स्थानों पर निजी चेहरे ज़्यादा सुन्दर दिखते हैं, लेकिन निजी जगहों पर सार्वजनिक चेहरे नहीं।"

फ़ासिस्ट मुखाकृति एक बनावटी मुखाकृति है और वह घर-बाहर कहीं भी अच्छी नहीं लगती। जवाहरलाल के चेहरे और स्वर में निश्चय ही घरेलूपन है। इस बात में कोई धोखा नहीं हो सकता कि जन-समूह में और सार्वजनिक सभाओं में भी उनके बोलने का ढंग एक आत्मीयता लिये हुए होता है। ऐसा जान पड़ता है कि वह अलग-अलग व्यक्तियों से निजी और घरेलू ढंग से बातें कर रहे हैं। उनकी बातों को सुनकर और उनके संवेदनशील चेहरे को देखकर मन में कौतूहल होता है यह जानने का कि इन सबके पीछे कौन-से विचार और इच्छाएँ हैं जो काम कर रही हैं, कैसी जटिल और दबी हुई मनोवृत्तियाँ, कैसे दमन किए हुए और शक्ति में परिवर्तित आवेग, क्या आकांक्षाएँ हैं, जिन्हें कि वह अपने से भी स्वीकार करने का साहस नहीं कर सकते।

सार्वजनिक भाषण देते समय विचारों का क्रम उन्हें बाँधे रहता है, लेकिन दूसरे अवसरों पर उनकी आकृति उनका भेद खोल देती है; क्योंकि उनका मन भटक कर नये क्षेत्रों, नई कल्पनाओं में पहुँच जाता है और एक क्षण के लिए अपने साथ के व्यक्ति को भूलकर अपने मस्तिष्क द्वारा कल्पित पात्रों से मानो चुपके-चुपके बातें करने लगते हैं। क्या वह उन मानवी सम्पर्कों के विषय में सोचते हैं जिन्हें कि अपनी जीवन यात्रा में—जो कि कठिन और तूफ़ानी रही है—उन्होंने खो दिया है, लेकिन जिनकी यादें बनी हुई हैं। या वह एक स्वनिर्मित भविष्य और उसके संघर्ष तथा उसमें प्राप्त विजय का स्वप्न देखते हैं? इतना तो उन्हें जानना चाहिए कि जो रास्ता उन्होंने चुना है, उसमें विश्राम नहीं है, किनारे बैठकर दम लेने का अवसर नहीं है जिसमें विजय-प्राप्ति और अधिक भार डाल देती है; जैसा कि लारेंस ने अरब लोगों से कहा था—'विद्रोह का कोई विश्रांति-स्थल नहीं होता, आनन्द की कोई हिस्सेदारी नहीं होती।' जवाहरलाल के भाग्य में आनन्द शायद न हो, लेकिन यदि भाग्य ने साथ दिया तो, जीवनोद्‌देश्य की प्राप्ति शायद उन्हें हो जाए।

जवाहरलाल फ़ासिस्ट नहीं बन सकते। फिर भी वे सभी संयोग उपस्थित हैं जिनसे तानाशाह बना करते हैं—महान् लोकप्रियता, एक सुनिश्चित उद्‌देश्य के लिए दृढ़ इच्छाशक्ति, स्फूर्ति, गर्व, संगठन शक्ति, योग्यता, कड़ाई; और जनता के प्रति उनका चाहे जितना प्रेम हो, उनमें दूसरों के प्रति एक असहिष्णुता है और कमज़ोरों और अयोग्यों के प्रति तिरस्कार का एक भाव है। उनके क्रोध के आवेगों से लोग भली-भाँति परिचित हैं; वह उस पर क़ाबू भले ही पा लें, उनके होंठों की फड़क उनका

भेद खोल देती है। काम को पूरा कराने की, जो कुछ नापसन्द हो उसे मिटाकर नया निर्माण करने की उनकी प्रगल्भ इच्छा अधिक समय तक लोकतंत्र के धीमी गति से चलनेवाले व्यापारों से मेल नहीं खा सकती। बाहरी रूप-रेखा को क़ायम रखते हुए वह अवश्य अपनी इच्छाशक्ति से उसे झुकाना चाहेंगे। साधारण वातावरण में वह एक सुयोग्य और सफल कार्य-संचालक होने की क्षमता रखते हैं, लेकिन इस क्रान्ति के युग में तानाशाही आगे खड़ी रहती है और क्या यह सम्भव नहीं कि जवाहरलाल अपने को एक तानाशाह समझने लगें?

यह बात जवाहरलाल के लिए और हिन्दुस्तान के लिए भयावह होगी, क्योंकि तानाशाही के ज़रिये हिन्दुस्तान स्वतंत्रता नहीं प्राप्त कर सकता। एक सुयोग्य और उदार तानाशाही के अधीन वह चाहे थोड़ा-बहुत पनप ले, लेकिन वास्तव में वह दबा रहेगा और उसके निवासियों को ग़ुलामी से उद्धार पाने में विलम्ब हो जाएगा।

एक साथ दो बरस तक जवाहरलाल कांग्रेस के राष्ट्रपति रहे हैं और कई प्रकार से उन्होंने अपने को कांग्रेस के लिए इतना ज़रूरी बना लिया है कि बहुत-से लोगों का सुझाव है कि यह तीसरी बार फिर राष्ट्रपति चुने जाएँ। लेकिन हिन्दुस्तान और ख़ुद जवाहरलाल के हक़ में इससे बड़ी असेवा न होगी।

उन्हें तीसरी बार चुनकर हम यह दिखाएँगे कि व्यक्ति-विशेष को हम कांग्रेस से बड़ा मानते हैं और इस प्रकार हम जनता के विचारों को सीज़रशाही के पथ पर प्रवृत्त करेंगे। स्वयं जवाहरलाल में हम ग़लत प्रवृत्तियों को उभारेंगे और उनकी अहंमन्यता और गर्व को बढ़ावेंगे। उन्हें विश्वास हो जाएगा कि एकमात्र वही इस भार को सँभाल सकते हैं या हिन्दुस्तान की समस्याओं को सुलझा सकते हैं।

हमें यह ध्यान रखना चाहिए कि पदों के प्रति ज़ाहिरा तौर पर अपनी बेरुख़ी दिखाने के बावजूद पिछले सत्रह वर्षों से वह कांग्रेस में एक-न-एक महत्त्वपूर्ण पद थामे रहे हैं। वह सोचने लगेंगे कि उनके बिना लोगों का काम न चलेगा और किसी को भी यह सोचने देना, चाहे वह जितना बड़ा व्यक्ति हो, ठीक नहीं। उनके लगातार तीसरी बार कांग्रेस का राष्ट्रपति बनने में हिन्दुस्तान का हित नहीं है।

इस तरह के विचार के लिए एक व्यक्तिगत कारण भी हो सकता है। यद्यपि वह बहादुरी से काम में लगे हैं फिर भी यह स्पष्ट है कि जवाहरलाल थक गए हैं और बासी पड़ गए हैं। और अगर वह राष्ट्रपति बने रहे तो और भी ढल जाएँगे। उन्हें दम मारने का अवसर यों भी नहीं मिल सकता, क्योंकि शेर की सवारी करनेवाले को उतरने का मौक़ा कहाँ मिलता है। फिर भी हम उन्हें गर्व से, बहकने से, और बहुत भार तथा ज़िम्मेदारी में पड़कर मानसिक शक्ति-क्षय से रोक सकते हैं। भविष्य में उनसे अच्छे कामों की आशा रखने का हमें हक़ है। हमें कोई काम ऐसा न करना चाहिए जिससे इस आशा पर संकट आवे। न हमें उनको ही अति प्रशंसा द्वारा बिगाड़ना चाहिए। उनमें जो भी अहंमन्यता है, बहुत है। उसे रोकना चाहिए। हमें सीज़रों (तानाशाहों) की आवश्यकता नहीं है।

(नेहरू ने बाद में इस लेख में निम्नलिखित कथन को जोड़ा) : 05 अक्टूबर, 1931(?) जवाहरलाल नेहरू पेपर्स, एन.एम.एम.एल.।

'यह लेख जवाहरलाल नेहरू द्वारा लिखा गया था लेकिन छद्म नाम से कलकत्ता के 'द मॉडर्न रिव्यू' के नवम्बर 1937 के अंक में प्रकाशित किया गया। 'राष्ट्रपति' संस्कृत भाषा का एक शब्द है जिसका अर्थ राज्य का मुखिया है। यह शीर्षक लोकप्रिय रूप से भारतीय राष्ट्रीय कांग्रेस के अध्यक्ष के साथ प्रयोग किया जाता है। चाणक्य चन्द्रगुप्त के एक प्रसिद्ध मंत्री थे जिन्होंने सिकंदर के आक्रमण के तुरन्त बाद चौथी सदी ईसा पूर्व में उत्तर भारत में एक साम्राज्य का गठन किया। चाणक्य को मैकियावेली का आद्यरूप माना जाता है।

नेहरू : दूसरों की नज़र से

‘जवाहर ही मेरा उत्तराधिकारी होगा’

महात्मा गांधी[1]

[इस भाषण की पृष्ठभूमि कांग्रेस वर्किंग कमेटी का वह प्रस्ताव है जो कि उसकी बैठक में 30 दिसम्बर, 1941 को पारित किया गया था। द्वितीय विश्वयुद्ध में भारत की साझेदारी होने की घोषणा ब्रिटिश सरकार ने भारतीय नेताओं से पूछे बिना कर दी थी। अधिक महत्त्वपूर्ण यह है कि युद्ध समाप्ति के बाद भारत की स्वाधीनता के सवाल को नज़रअन्दाज़ कर दिया था। इस सबसे देश में बहुत बेचैनी थी और लोग गांधी जी के ‘व्यक्तिगत सत्याग्रह’ की नीति से असन्तुष्ट हो रहे थे। बारडोली का प्रस्ताव जनता के इस मूड को समझकर तैयार किया गया था। यह प्रस्ताव एक तरह से कांग्रेस पार्टी और भविष्य में बननेवाली स्वाधीन भारत की सरकार के लिए ‘कट्टर अहिंसावाद’ की नीति से कुछ हटकर सोचने की पहल भी करता था। इसके पीछे मुख्य दिमाग़ नेहरू का था और उन्होंने ऑल इंडिया कांग्रेस कमेटी की जनवरी 1942 में वर्धा में हुई मीटिंग में इसका ज़ोरदार समर्थन करते हुए प्रस्ताव के विरोधियों पर तीखा हमला भी बोला। आन्दोलन हेतु पूर्ण अहिंसा का पालन और यहाँ तक कि भविष्य में राज्य संचालन हेतु भी पूर्ण अहिंसात्मक नीति पर ही चलने की विवशता—इन दोनों बिन्दुओं पर नेहरू की आलोचना इतनी तीखी थी कि उसने राजेन्द्र प्रसाद को ‘विचलित’ तक कर दिया जैसा कि गांधी जी ख़ुद इस भाषण में नोट करते हैं।

यह सन्दर्भ ध्यान में रखने से गांधी जी के इस ऐतिहासिक कथन का मर्म खुलता है कि—‘जवाहर ही मेरा उत्तराधिकारी होगा’, और गांधी जी के इस भरोसे की वजह भी समझ आती है कि ‘जब मैं नहीं रहूँगा तब जवाहर वही करेगा जो मैं आज कर रहा हूँ, वह मेरी ही भाषा बोलेगा।’]

~

मैं आपको यह समझाना चाहता हूँ कि आप इस प्रस्ताव पर अखिल भारतीय कांग्रेस समिति में ‘वोट’ लेकर उसमें फूट न पैदा करें। इसका एक कारण यह है कि मैं दुनिया में कांग्रेस की हँसी नहीं होने देना चाहता। हम कोरी तख़्ती पर नहीं लिख

1. ऑल इंडिया कांग्रेस कमेटी, अधिवेशन, 25 जनवरी, 1942 में गांधी जी के भाषण का अंश। स्रोत ‘सम्पूर्ण गांधी वाङ्मय’, भाग-75, (प्रकाशन विभाग, नई दिल्ली, 1982), पृ. 248-50

रहे हैं। हमारे नेताओं ने एक फ़ैसला किया है। उसका असर सारी दुनिया पर हुआ है। इस बात की ज़रा भी परवाह न करके उस फ़ैसले को बदल देना अक़्लमन्दी न होगी। इससे दुनिया में कांग्रेस की हँसी होगी। दुनिया यह आशा रखती है और उसे यह आशा रखने का हक़ है कि जो फ़ैसला कार्यवाहक मंडल ने किया था उसे अखिल भारतीय कांग्रेस कमेटी बहाल रखेगी। उसको बदलने के लिए आज हमारे पास कारण नहीं है। जो लोग मुझसे आगे बढकर अहिंसा को क़ायम रखने के लिए एक नया प्रस्ताव लाना चाहते हैं, उनसे मैं कहूँगा कि एक तरह से यह आपको शोभा देता है। अगर आप अहिंसा को घोंट-घोंट कर भी पी गए हैं, तो आपके पीछे-पीछे मैं चलूँगा और मौलाना साहब भी। परन्तु मैं देखता हूँ कि वह बात तो आप में आज नहीं है। मेरा नेतृत्व क़ायम रखने के लिए अगर आप कोई दूसरा ठहराव लावें तो वह न सिर्फ़ एक बड़ी बेवकूफ़ी की बात होगी, बल्कि वह हिंसा भी होगी। इसलिए यह ठहराव चाहे कितना ही अपूर्ण क्यों न हो, आपको इसे क़बूल कर लेना चाहिए।

कोई यह न समझे कि यह हमारे बीच की फूट का सूचक है। जैसा कि मौलाना साहब ने कहा है, एक कुटुम्ब के आदमियों की तरह इकट्ठे होकर कार्यवाहक मंडल ने यह फ़ैसला किया है। मुझे किसी ने कहा कि जवाहरलाल मेरे पंजे में आकर फँसा है, तबसे वह मुझसे झगड़ता ही रहा है। परन्तु जैसे पानी में कोई चाहे कितनी ही लकड़ी क्यों न पीटे, वह पानी को अलग नहीं कर सकता, वैसे हमें भी कोई अलग नहीं कर सकता। मैं हमेशा से कहता आया हूँ कि अगर मेरा वारिस कोई है, तो वह राजाजी नहीं, सरदार वल्लभभाई नहीं, जवाहरलाल है। वह जो जी में आता है, बोल देता है, मगर काम मेरा ही करता है। मेरे मरने के बाद वह मेरा सब काम करेगा। तब मेरी भाषा भी वह बोलेगा। आख़िर हिन्दुस्तान में ही पैदा हुआ है न। हर रोज़ वह कुछ सीखता है। मैं हूँ तो मुझसे लड़ लेता है। परन्तु मैं चला जाऊँगा तो लड़ेगा किससे? और लड़ेगा तो उसे बरदाश्त कौन करेगा? आख़िर मेरी भाषा भी उसे इस्तेमाल करते ही बनेगी। ऐसा न भी हो तो भी कम-से-कम मैं तो यही श्रद्धा लेकर मरूँगा।

इस ठहराव को क़ायम रखने के लिए एक दूसरा कारण भी है। वह यह कि इत्तेफ़ाक़ से यह ठहराव कांग्रेस का आईना बन गया है। हर कांग्रेसवादी इसमें अपना चेहरा देख सकता है। मैं अपना देख सकता हूँ, राजेन्द्र बाबू, बादशाह ख़ाँ और सरदार—सब अपना-अपना चेहरा इसमें देख सकते हैं। सारी ज़िन्दगी सरकार को गाली देनेवाला भी इसमें अपना चेहरा देख सकता है और सरकार के साथ फ़ैसले की इच्छा करनेवाला भी।

यह ठहराव किस तरह से बना यह बताने में मौलाना साहब ने भूल की। जवाहरलाल ने जो ठहराव तैयार किया था वह यह नहीं है। इसमें काफ़ी काट-छाँट हुई है। राजाजी की क़लम भी इस पर चल चुकी है। जवाहरलाल के बारे में वैसे ही लोगों का यह ख़याल हो गया है कि वह अपनी आन को कभी छोड़ता ही नहीं। कम-से-कम आज उसको यह प्रमाणपत्र नहीं मिल सकता। वह काफ़ी झगड़ लेता

है, मगर काम के वक़्त काफ़ी कम्प्रोमाइज़ (समझौता) भी वह कर सकता है। सबको साथ लेकर यह ठहराव तैयार किया गया है। कार्यवाहक मंडल के सब सभ्यों के विचार इसमें प्रतिबिम्बित हैं। खिचड़ी की तरह इसमें दाल भी है, चावल भी है, नमक, मिर्च और मसाला भी है। कार्यवाहक मंडल में जो मतभेद था वह मौलाना साहब ने आपके आगे रखा। हमारे बीच कई पक्ष हैं। एक पक्ष का प्रतिनिधि जवाहरलाल है। उसका युद्ध-सम्बन्धी विरोध मेरे जितना ही कड़ा है, हालाँकि उसका कारण मुझसे जुदा है। वह यह बात क़बूल नहीं करेगा कि यह ठहराव करके उसने अपनी बात को कुछ भी छोड़ा है। परन्तु जवाहरलाल ख़ुद यह क़बूल करेगा कि राजाजी वाला पक्ष इसमें दूसरी चीज़ देख सकता है। मूल प्रस्ताव में राजाजी-जैसे विचार रखनेवालों के लिए काम करने की जगह नहीं थी। अगर सरकार कांग्रेस की शर्त मान ले तो राजाजी युद्ध में हिस्सा लेना चाहेंगे। इसके वास्ते उन्होंने अब अपने लिए एक छोटा-सा सूराख़ बना लिया है। इस सूराख़ से राजाजी जवाहर को अपनी तरफ़ खींचने की कोशिश करेंगे और जवाहर राजाजी को अपनी तरफ़ खींचने की। इस प्रस्ताव के बाद सरकार या कांग्रेस के टीकाकारों को यह कहने का मौक़ा नहीं रहता कि कांग्रेस में अहिंसा के दार्शनिक सिद्धान्त के कारण हमने समझौते का दरवाज़ा बन्द कर दिया है। अब कांग्रेस की वाजिब शर्तों को स्वीकार करके उसे युद्ध में शरीक करने के लिए राज़ी करने की सारी ज़िम्मेदारी सरकार के कन्धों पर आ जाती है। यह बात तो ठीक है कि इससे हमें किसी बड़े परिणाम की आशा नहीं रखनी चाहिए। परन्तु इस प्रस्ताव के फलस्वरूप दुनिया में अब कोई कांग्रेस पर यह आक्षेप नहीं कर सकता कि वह सिद्धान्तवादियों की एक संस्था है। आज कांग्रेस में एक ऐसा पक्ष भी है, जो अगर सरकार कोई ऐसा समझौता करने को तैयार हो कि जिससे देश के स्वाभिमान की पूरी-पूरी रक्षा हो सके, तो उसका ख़ुशी से स्वागत करे। इसलिए यह ज़रूरी था कि ऐसे पक्ष के लिए भी कांग्रेस जगह कर दे। आख़िर में कौन किसको खींच लेगा यह देखने की बात है। कोई भी किसी को खींच ले, इसमें आपको क्या आपत्ति हो सकती है? नहीं होनी चाहिए।

इस तरह जो भी इसमें सब विचार के लोगों के लिए गुंजाइश रखी गई है, तो भी इसमें किसी तरह की धोखेबाज़ी नहीं। जुदा-जुदा प्रकार की बुद्धि रखनेवाले एक-दूसरे के दिमाग़ पर असर डाल सकें, इसका सुभीता देना इस प्रस्ताव का हेतु है। इस दृष्टि से मैं इस ठहराव को देखता हूँ। जवाहरलाल के लिए इसमें थोड़ी जगह है, तो थोड़ी-सी राजाजी के लिए भी, वैसे ही राजेन्द्र बाबू के लिए और मेरे जैसे के लिए भी।

राजेन्द्र बाबू के लिए इस ठहराव में जगह कैसे है? भविष्य के बारे में कुछ कल्पना आज हमने कर ली है। वह उनको चुभती है। परन्तु भविष्य में हम क्या करेंगे इसका फ़ैसला आज हम थोड़े ही करके बैठ गए हैं? जब हिन्दुस्तान आज़ाद होगा तब इस ठहराव के अनुसार हम अपनी हिफ़ाज़त शस्त्र से कर सकते हैं। वैसे चीन, रूस की मदद भी करनी हो तो वैसा करने की छूट यह ठहराव हमें देता है। हमारी अंग्रेज़ों से कोई अदावत नहीं। न ही जर्मनी, इटली या जापान से; तो चीन और रूस

से भी कैसे हो सकती है? रूस ने आज एक बड़ी चीज़ पैदा कर ली है। परन्तु अपनी आज़ादी को इस तरह कहाँ तक क़ायम रख सकेंगे इसकी मुझे ख़बर नहीं। अनुभव हमें बताता है कि हथियार से जो बड़ा काम हम कर लेते हैं वह टिकता नहीं। चीन तो हमारा ही साथी है। वह एक बड़ा मुल्क है। उसके लिए मेरे दिल में बड़ा गर्व है। मेरी तो यही इच्छा हो सकती है कि ये सब देश आपस में सुलह-सफ़ाई से रहें। लेकिन अगर चीन को अपनी रक्षा हथियार से करनी है तो उसे आख़िर में जापान-जैसा ही बन जाना होगा। जो-जो बातें हिटलर या मुसोलिनी करता है, वे सब उसे भी करनी होंगी। मुझे आशा है कि जब सचमुच हिन्दुस्तान की हिफ़ाज़त करने का मौक़ा आएगा तो उसके लिए वह अहिंसा (नॉन-वायलेंस) का ही सहारा लेगा और लेकर विश्व-शान्ति का सन्देश सारे जग को पहुँचाएगा। तब जवाहर भी यही काम करेगा—हथियार उठाने की बात नहीं। इसलिए राजेन्द्र बाबू भी आज इस प्रस्ताव में शरीक हो सकते हैं। यह सब परिणाम हमारी राजकीय अहिंसा में से निकल सकता है। राजकीय अहिंसा छोटी-मोटी चीज़ नहीं।

~

नये नेताओं के अलग-अलग विचार

भगत सिंह

[भगत सिंह (1907-1931), जब केवल तेईस साल के थे, तब ब्रिटिश सरकार ने उन्हें फाँसी दे दी थी। वह समाजवादी और क्रान्तिकारी विचारों के थे। वह आधुनिक भारतीय इतिहास के स्तम्भों में हैं और भारतीय स्वाधीनता संघर्ष के महान नायकों में हैं। वे आश्चर्यजनक रूप से काफ़ी कम उम्र में ही राजनीतिक विचारों की दृष्टि से बहुत परिपक्व थे और उन्हें एक गम्भीर राजनीतिक चिन्तक भी माना जाता है। यद्यपि आमजन की याददाश्त में वह एक ऐसे युवा के रूप में ही हैं जो हँसते-हँसते फाँसी पर झूल गए। उनकी प्रखर मेधा अक्सर विस्मृत हो जाती है।

लोगों के ज़ेहन में बहुत-सी ऐतिहासिक भ्रांतियाँ हैं। उनमें से एक भ्रांति यह है कि भगत सिंह और सुभाषचन्द्र बोस एक समान विचारों वाले 'कर्मवीर' क्रान्तिकारी थे और जवाहरलाल नेहरू इनसे उलट थे। यह आलेख कीर्ति पत्रिका में 'नये नेताओं के अलग-अलग विचार' शीर्षक से जुलाई 1928 में छपा था। भगत सिंह का यह लेख इस भ्रांति को दूर करता है।]

~

असहयोग आन्दोलन की असफलता के बाद जनता में बहुत निराशा और मायूसी फैली। हिन्दू-मुस्लिम झगड़ों ने बचा-खुचा साहस भी ख़त्म कर डाला। लेकिन देश में जब एक बार जागृति फैल जाए तब देश ज़्यादा दिन तक सोया नहीं रह सकता।

कुछ ही दिनों बाद जनता बहुत जोश के साथ उठती तथा हमला बोलती है। आज हिन्दुस्तान में फिर जान आ गई है। हिन्दुस्तान फिर जाग रहा है। देखने में तो कोई बड़ा जन-आन्दोलन नज़र नहीं आता लेकिन नींव ज़रूर मज़बूत की जा रही है। आधुनिक विचारों के अनेक नये नेता सामने आ रहे हैं। इस बार नौजवान नेता ही आगे बढ़े और देश में नौजवानों के ही आन्दोलन चल रहे हैं। नौजवान नेता ही देशभक्त लोगों की नज़रों में आ रहे हैं। बड़े-बड़े नेता बड़े होने के बावजूद एक तरह से पीछे छोड़े जा रहे हैं। इस समय जो नेता आगे आए हैं वे हैं—बंगाल के पूजनीय श्री सुभाषचन्द्र बोस और माननीय पंडित श्री जवाहरलाल नेहरू। यही दो नेता हिन्दुस्तान में उभरते नज़र आ रहे हैं और युवाओं के आन्दोलनों में विशेष रूप से भाग ले रहे हैं। दोनों ही हिन्दुस्तान की आज़ादी के कट्टर समर्थक हैं। दोनों ही समझदार और सच्चे देशभक्त हैं। लेकिन फिर भी इनके विचारों में ज़मीन-आसमान का अन्तर है। एक को भारत की प्राचीन संस्कृति का उपासक कहा जाता है तो दूसरे को पक्का पश्चिम का शिष्य। एक को कोमल हृदय वाला भावुक कहा जाता है और दूसरे को पक्का युगान्तकारी। हम इस लेख में उनके अलग–अलग विचारों को जनता के समक्ष रखेंगे, ताकि जनता स्वयं उनके अन्तर को समझ सके और स्वयं भी विचार कर सके। लेकिन उन दोनों के विचारों का उल्लेख करने से पूर्व एक और व्यक्ति का उल्लेख करना भी ज़रूरी है जो कि इन्हीं की भाँति स्वतंत्रता प्रेमी है और युवा-आन्दोलनों की एक विशेष शख़्सियत है। साधू वासवानी जी चाहे कांग्रेस के बड़े नेताओं की भाँति जाने-माने तो नहीं, चाहे देश के राजनीतिक क्षेत्र में उनका कोई विशेष स्थान तो नहीं, तो भी युवाओं पर, जिन्हें कि कल देश की बागडोर सँभालनी है, उनका असर है और उनके ही द्वारा शुरू हुआ आन्दोलन 'भारत-युवा संघ' इस समय युवाओं में विशेष प्रभाव रखता है। उनके विचार बिलकुल अलग ढंग के हैं। उनके विचार एक ही शब्द में बताए जा सकते हैं—"वापस वेदों की ओर लौट चलो।" (बैक टु वेद्स)। यह आवाज़ सबसे पहले आर्य समाज ने उठाई थी। इस विचार का आधार इस आस्था में है कि वेदों में परमात्मा ने संसार का सारा ज्ञान उँडेल दिया है। इससे आगे और अधिक विकास नहीं हो सकता। इसलिए हमारे हिन्दुस्तान ने चौतरफ़ा जो प्रगति कर ली थी उससे आगे न दुनिया बढ़ी है और न बढ़ सकती है! ख़ैर, वासवानी आदि इसी आस्था को मानते हैं। तभी एक जगह कहते हैं—

"हमारी राजनीति ने अब तक कभी तो मैजिनी और वाल्टेयर को अपना आदर्श मानकर उदाहरण स्थापित किए हैं और या कभी लेनिन और टॉल्सटाय से सबक सीखा। हालाँकि उन्हें ज्ञात होना चाहिए कि उनके पास उनसे कहीं बड़े आदर्श हमारे पुराने ऋषि हैं।" वे इस बात पर यक़ीन करते हैं कि हमारा देश एक बार तो विकास की अन्तिम सीमा तक जा चुका था और आज हमें आगे कहीं भी जाने की आवश्यकता नहीं, बल्कि पीछे लौटने की ज़रूरत है।

आप एक कवि हैं। कवित्व आपके विचारों में सभी जगह नज़र आता है। साथ ही यह धर्म के बहुत बड़े उपासक हैं। यह 'शक्ति' धर्म चलाना चाहते हैं। यह कहते हैं, "इस समय हमें शक्ति की अत्यन्त आवश्यकता है।" वह 'शक्ति' शब्द का अर्थ

केवल भारत के लिए इस्तेमाल नहीं करते। लेकिन उनको इस शब्द से एक प्रकार की देवी का, एक विशेष ईश्वरीय प्राप्ति का विश्वास है। वे एक बहुत भावुक कवि की तरह कहते हैं :

"For in solitude have communicated with her, our admired Bharat Mata, And my aching head has heard voices saying...The day of freedom is not for off."...Sometimes indeed a strange feeling visits me and I say to myself-Holy, holy is Hindustan. For still is she under the protection of her mighty Rishis and their beauty is around us, but we behold it not.

अर्थात् एकान्त में भारत की आवाज़ मैंने सुनी है। मेरे दुखी मन ने कई बार यह आवाज़ सुनी है कि 'आज़ादी का दिन दूर नहीं'...कभी-कभी बहुत अजीब विचार मेरे मन में आते हैं और मैं कह उठता हूँ, हमारा हिन्दुस्तान पाक और पवित्र है, क्योंकि पुराने ऋषि उसकी रक्षा कर रहे हैं और उनकी ख़ूबसूरती हिन्दुस्तान के पास है। लेकिन हम उन्हें देख नहीं सकते।

यह कवि का विलाप है कि वह पागलों या दीवानों की तरह कहते रहते हैं : "हमारी माता बड़ी महान है। बहुत शक्तिशाली है। उसे परास्त करनेवाला कौन पैदा हुआ है।" इस तरह वे केवल मात्र भावुकता की बातें करते हुए कह जाते हैं : "Our national movement must become a purifying mass movement, if it is to fulfil its destiny without falling into class war one of the dangers of Bolshevism." अर्थात् हमें अपने राष्ट्रीय जन-आन्दोलन को देश-सुधार का आन्दोलन बना देना चाहिए। तभी हम वर्गयुद्ध के बोल्शेविज़्म के ख़तरों से बच सकेंगे। वह इतना कहकर ही कि ग़रीबों के पास जाओ, गाँवों की ओर जाओ, उनको दवा-दारू मुफ़्त दो—समझते हैं कि हमारा कार्यक्रम पूरा हो गया। वे छायावादी कवि हैं। उनकी कविता का कोई विशेष अर्थ तो नहीं निकल सकता, मात्र दिल का उत्साह बढ़ाया जा सकता है। बस पुरातन सभ्यता के शोर के अलावा उनके पास कोई कार्यक्रम नहीं। युवाओं के दिमाग़ों को वे कुछ नया नहीं देते। केवल दिल को भावुकता से ही भरना चाहते हैं। उनका युवाओं में बहुत असर है। और भी पैदा हो रहा है। उनके दकियानूसी और संक्षिप्त-से विचार यही हैं, जो कि हमने ऊपर बताए हैं। उनके विचारों का राजनीतिक क्षेत्र में सीधा असर न होने के बावजूद बहुत असर पड़ता है। विशेषकर इस कारण कि नौजवानों, युवाओं को ही कल आगे बढ़ना है और उन्हीं के बीच इन विचारों का प्रचार किया जा रहा है।

अब हम श्री सुभाषचन्द्र बोस और श्री जवाहरलाल नेहरू के विचारों पर आ रहे हैं। दो-तीन महीनों से आप बहुत-सी कॉन्फ्रेंसों के अध्यक्ष बनाए गए और आपने अपने-अपने विचार लोगों के सामने रखे। सुभाष बाबू को सरकार तख़्तापलट गिरोह का सदस्य समझती है और इसीलिए उन्हें बंगाल अध्यादेश के अन्तर्गत क़ैद कर रखा था। आप रिहा हुए और गर्म दल के नेता बनाए गए। आप भारत का आदर्श पूर्ण स्वराज्य मानते हैं, और महाराष्ट्र कॉन्फ्रेंस में अध्यक्षीय भाषण में आपने इसी प्रस्ताव का प्रचार किया।

पंडित जवाहरलाल नेहरू स्वराज पार्टी के नेता पंडित मोतीलाल नेहरू जी के सुपुत्र हैं। बैरिस्टरी पास हैं। आप बहुत विद्वान हैं। आप रूस आदि का दौरा कर आए हैं। आप भी गर्म दल के नेता हैं और मद्रास कॉन्फ्रेंस में आपके और आपके साथियों के प्रयासों से ही पूर्ण स्वराज्य का प्रस्ताव स्वीकृत हो सका था। आपने अमृतसर कॉन्फ्रेंस के भाषण में भी इसी बात पर ज़ोर दिया। लेकिन फिर भी इन दोनों सज्जनों के विचारों में ज़मीन-आसमान का अन्तर है। अमृतसर और महाराष्ट्र कॉन्फ्रेंसों के इन दोनों अध्यक्षों के भाषण पढ़कर ही हमें इनके विचारों का अन्तर स्पष्ट हुआ था। लेकिन बाद में बम्बई के एक भाषण में यह बात स्पष्ट रूप से हमारे सामने आ गई। पंडित जवाहरलाल नेहरू इस जनसभा की अध्यक्षता कर रहे थे और सुभाषचन्द्र ने भाषण किया। वह एक बहुत भावुक बंगाली हैं। उन्होंने भाषण आरम्भ किया कि हिन्दुस्तान का दुनिया के नाम एक विशेष सन्देश है। वह दुनिया को आध्यात्मिक शिक्षा देगा। ख़ैर, आगे वे दीवाने की तरह कहना आरम्भ कर देते हैं—चाँदनी रात में ताजमहल को देखो और जिस दिल की यह सूझ का परिणाम था, उसकी महानता की कल्पना करो। सोचो एक बंगाली उपन्यासकार ने लिखा है कि हममें 'यह हमारे आँसू ही जम-जमकर पत्थर बन गए हैं।' वह भी वापस वेदों की ओर ही लौट चलने का आह्वान करते हैं। आपने अपने पूना वाले भाषण में 'राष्ट्रवादिता' के सम्बन्ध में कहा है कि अन्तर्राष्ट्रीयतावादी, राष्ट्रीयतावाद को एक संकीर्ण दायरे वाली विचारधारा बताते हैं, लेकिन यह भूल है। हिन्दुस्तानी राष्ट्रीयता का विचार ऐसा नहीं है। वह न संकीर्ण है, न निजी स्वार्थ से प्रेरित है और न उत्पीड़नकारी है, क्योंकि इसकी जड़ या मूल तो यह 'सत्यम् शिवम् सुन्दरम्' है, अर्थात् 'सच, कल्याणकारी और सुन्दर।'

यह भी वही छायावाद है। कोरी भावुकता है। साथ ही उन्हें भी अपने पुरातन युग पर बहुत विश्वास है। वह प्रत्येक बात में अपने पुरातन युग की महानता देखते हैं। पंचायती राज का ढंग उनके विचार में कोई नया नहीं। 'पंचायती राज और जनता का राज' वे कहते हैं कि हिन्दुस्तान में बहुत पुराना है। वे तो यहाँ तक कहते हैं कि साम्यवाद भी हिन्दुस्तान के लिए नई चीज़ नहीं। ख़ैर, उन्होंने सबसे ज़्यादा उस दिन के भाषण में ज़ोर जिस बात पर दिया था वह यह थी कि हिन्दुस्तान का दुनिया के लिए एक विशेष सन्देश है। पंडित जवाहरलाल आदि के विचार इसके बिलकुल विपरीत हैं। वे कहते हैं—

"जिस देश में जाओ वही समझता है कि उसका दुनिया के लिए एक विशेष सन्देश है। इंग्लैंड दुनिया को संस्कृति सिखाने का ठेकेदार बनता है। मैं तो कोई विशेष बात अपने देश के पास नहीं देखता। सुभाष बाबू को उन बातों पर बहुत यक़ीन है।" जवाहरलाल कहते हैं : "Every youth must rebel. Not only in political sphere, but is social, economic and religious spheres also. I have not much use for any man sho comes and tells me that such and such thing is said in Koran, Every thing unreasonable must be discarded even if they find authority for it in the Vedas and Koran." (यानी) "प्रत्येक नौजवान को विद्रोह करना चाहिए। राजनीतिक क्षेत्र में ही नहीं बल्कि सामाजिक,

आर्थिक और धार्मिक क्षेत्र में भी। मुझे ऐसे व्यक्ति की कोई आवश्यकता नहीं जो आकर कहे कि फलाँ बात क़ुरान में लिखी हुई है। कोई बात जो अपनी समझदारी की परख में सही साबित न हो उसे चाहे वेद और क़ुरान में कितना ही अच्छा क्यों न कहा गया हो, नहीं माननी चाहिए।"

यह एक युगान्तकारी के विचार हैं और सुभाष के एक राजपरिवर्तनकारी के विचार हैं। एक के विचार में हमारी पुरानी चीज़ें बहुत अच्छी हैं और दूसरे के विचार में उनके विरुद्ध विद्रोह कर दिया जाना चाहिए। एक को भावुक कहा जाता है और एक को युगान्तकारी और विद्रोही! पंडित जी एक स्थान पर कहते हैं : "To those who still fondly cherish old ideas and are striving to bring back the conditions which prevailed in Arabia 1300 years ago or in the vedic Age in India. I say, that it is inconcievable that you can bring back the hoary past. The world of reality will not retrace its steps, the world of imagiation may remain stationary."

वे कहते हैं कि जो अब भी क़ुरान के ज़माने के, अर्थात् 1300 बरस पीछे के अरब की स्थितियाँ पैदा करना चाहते हैं या जो पीछे वेदों के ज़माने की ओर देख रहे हैं उनसे मेरा यही कहना है कि यह तो सोचा भी नहीं जा सकता कि वह युग वापस लौट आएगा, वास्तविक दुनिया पीछे नहीं लौट सकती, काल्पनिक दुनिया को चाहे कुछ दिन यहीं स्थिर रखो। और इसीलिए वे विद्रोह की आवश्यकता महसूस करते हैं।

सुभाष बाबू पूर्ण स्वराज के समर्थन में हैं क्योंकि वे कहते हैं कि अंग्रेज़ पश्चिम के वासी हैं। हम पूर्व के। पंडित जी कहते हैं, हमें अपना राज क़ायम करके सारी सामाजिक व्यवस्था बदलनी चाहिए। उसके लिए पूरी–पूरी स्वतंत्रता प्राप्त करने की आवश्यकता है।

सुभाष बाबू मज़दूरों से सहानुभूति रखते हैं और उनकी स्थिति सुधारना चाहते हैं। पंडित जी एक क्रान्ति करके सारी व्यवस्था ही बदल देना चाहते हैं। सुभाष भावुक हैं–दिल के लिए नौजवानों को बहुत कुछ दे रहे हैं, पर मात्र दिल के लिए। दूसरा युगान्तकारी है जो कि दिल के साथ-साथ दिमाग़ को भी बहुत कुछ दे रहा है : "They should aim at Swaraj for the masses based on socialism. That was a revolutionary methods... Mere reform or gradual repairing of the existing machinery could not achieve the real proper Swaraj for the General Masses." (अर्थात्) हमारा आदर्श समाजवादी सिद्धान्तों के अनुसार पूर्ण स्वराज्य होना चाहिए, जो कि युगान्तकारी तरीक़ों के बिना प्राप्त नहीं हो सकता। केवल सुधार और मौजूदा सरकार की मशीनरी की धीमी-धीमी की गई मरम्मत जनता के लिए वास्तविक स्वराज्य नहीं ला सकती।

यह उनके विचारों का ठीक-ठीक अक्स है। सुभाष बाबू राष्ट्रीय राजनीति की ओर उतने समय तक ही ध्यान देना आवश्यक समझते हैं जितने समय तक दुनिया की राजनीति में हिन्दुस्तान की रक्षा और विकास का सवाल है। परन्तु पंडित जी राष्ट्रीयता के संकीर्ण दायरों से निकलकर खुले मैदान में आ गए हैं।

अब सवाल यह है कि हमारे सामने दोनों विचार आ गए हैं। हमें किस ओर झुकना चाहिए। एक पंजाबी समाचार-पत्र ने सुभाष की तारीफ़ के पुल बाँधकर पंडित जी आदि के बारे में कहा था कि ऐसे विद्रोही पत्थरों से सिर मार-मारकर मर जाते हैं। ध्यान रखना चाहिए कि पंजाब पहले ही बहुत भावुक प्रान्त है। लोग जल्द ही जोश में आ जाते हैं और जल्द ही झाग की तरह बैठ जाते हैं।

सुभाष आज शायद दिल को कुछ भोजन देने के अलावा कोई दूसरी मानसिक खुराक नहीं दे रहे हैं। अब आवश्यकता इस बात की है कि पंजाब के नौजवानों को इन युगान्तकारी विचारों को ख़ूब सोच-विचारकर पक्का कर लेना चाहिए। इस समय पंजाब को मानसिक भोजन की सख़्त ज़रूरत है और यह पंडित जवाहरलाल नेहरू से ही मिल सकता है। इसका अर्थ यह नहीं है कि उनके अन्धे पैरोकार बन जाना चाहिए। लेकिन जहाँ तक विचारों का सम्बन्ध है, वहाँ तक इस समय पंजाबी नौजवानों को उनके साथ लगना चाहिए, ताकि वे इंक़लाब के वास्तविक अर्थ, हिन्दुस्तान में इंक़लाब की आवश्यकता, दुनिया में इंक़लाब का स्थान क्या है, आदि के बारे में जान सकें। सोच–विचार के साथ नौजवान अपने विचारों को स्थिर करें ताकि निराशा, मायूसी औरं पराजय के समय में भी भटकाव के शिकार न हों और अकेले खड़े होकर दुनिया से मुक़ाबले में डटे रह सकें। इसी तरह जनता इंक़लाब के ध्येय को पूरा कर सकेगी।

~

नेहरू के बारे में मौलाना आज़ाद

मौलाना अबुल कलाम आज़ाद

[नेहरू और मौलाना अबुल कलाम आज़ाद (1888-1958) आपस में अच्छे दोस्त थे और भारतीय राष्ट्रीय कांग्रेस में प्रमुख स्वतंत्रता सेनानियों में थे। लेकिन, पंजाब की यूनियनिस्ट पार्टी से गठबन्धन के प्रश्न पर दोनों में मतभेद हो गया था। जैसा कि किसी भी राजनीतिक दल में होता है, कुछ लोगों ने मतभेदों को हवा देकर दोनों के आपसी रिश्तों को बिगाड़ने की कोशिश भी की। कुछ अन्य मतभेदों और शालीन बहसों के बाद नेहरू ने मौलाना की दूरदृष्टि को स्वीकार किया और आपसी रिश्ते बहाल कर लिये।][1]

~

पंजाब में स्थिति विशेषकर बड़ी जटिल थी। इस प्रान्त में मुसलमान बहुल जनसंख्या थी परन्तु किसी भी पार्टी को यहाँ स्पष्ट बहुमत प्राप्त नहीं हुआ। मुस्लिम सदस्य

1. मौलाना अबुल कलाम आज़ाद : 'आज़ादी की कहानी : सम्पूर्ण वृत्तान्त', अनुवाद—कृष्ण गोपाल, ओरिएंट ब्लैकस्वान, 2015, पृ. 122-125

यूनियनिस्ट पार्टी और मुस्लिम लीग में बँटे हुए थे। मैंने इन दोनों ही दलों से बातचीत की। जैसा कि मैं पहले ही कह चुका हूँ कि श्री जिन्ना के आदेश से लीग ने मेरा निमंत्रण अस्वीकार कर दिया। परन्तु मैं बातचीत को इस ढंग से पूरा करने में सफल हुआ कि यूनियनिस्ट पार्टी को कांग्रेस के सहयोग से मंत्रिमंडल बनाने का अवसर मिल जाए। गवर्नर का रुझान व्यक्तिगत रूप से मुस्लिम लीग की ओर था मगर उनके सामने सिवाय ख़िज्र हयात ख़ाँ जो यूनियनिस्ट पार्टी के नेता थे, को सरकार बनाने के लिए आमंत्रित करने के अलावा कोई विकल्प न था।

यह पहला अवसर था जब कांग्रेस पंजाब में मंत्रिमंडल में सम्मिलित हुई थी। यह एक ऐसी बात थी जिसे तब तक बिलकुल असम्भव समझा जाता था। पंजाब में मंत्रिमंडल के निर्माण के लिए हुए विचार-विमर्श के दौरान मैंने जिस कौशल और राजनीतिक सूझ-बूझ का परिचय दिया उसकी चर्चा देश-भर के राजनीतिक क्षेत्रों में की गई। देश-भर में स्वतंत्र सदस्यों ने मुक्त कंठ से मुझे बधाइयाँ दीं। 'नेशनल हैरल्ड' युक्त प्रान्त कांग्रेस का मुखपत्र था। उसने मुझे बधाई दी और कहा कि जिस ढंग से मैंने पंजाब की जटिल और कठिन समस्या का समाधान किया है तथा इस स्थिति को सुधारने में जो सफल प्रयत्न किया है, ऐसा कौशल और ऐसी राजनीतिक सूझ-बूझ का परिचय किसी अन्य कांग्रेसी नेता ने नहीं दिया है।

देश की इस प्रतिक्रिया से मुझे अधिक प्रसन्नता मिली परन्तु एक बात ऐसी हुई जिससे मुझे दु:ख हुआ। कांग्रेस में मेरे कार्यकलाप के प्रारम्भिक काल से ही जवाहरलाल और मैं अभिन्न मित्र हो गए थे। हमारे मन हमेशा मिले रहे और हमें सदैव एक-दूसरे का सहारा रहा है। हम दोनों के बीच किसी भी प्रतिद्वन्द्विता अथवा ईर्ष्या का प्रश्न कभी नहीं उठा था और मैंने सोचा था कि ऐसी बात कभी भी नहीं उठेगी। वास्तव में, मेरी मित्रता परिवार के साथ पंडित मोतीलाल नेहरू के ज़माने से चली आ रही है। प्रारम्भ में, मैं जवाहरलाल को अपने भाई का बेटा मानता था और वे मुझे अपने पिता के मित्र की तरह सम्मान देते थे।

जवाहरलाल बड़े स्नेहशील और उदार हृदय व्यक्ति हैं तथा व्यक्तिगत ईर्ष्या-द्वेष के लिए उनके मन में कोई जगह नहीं। परन्तु उनके सम्बन्धियों और मित्रों में से कुछ ऐसे थे जिन्हें मेरे साथ उनके हार्दिक सम्बन्ध अच्छे नहीं लगते थे। उनका यह प्रयत्न था कि मेरे और जवाहरलाल के बीच मनमुटाव और ईर्ष्या पैदा हो जाए। परन्तु, जवाहरलाल अधिक स्वाभिमानी थे और वे यह स्वीकार नहीं कर पाते थे कि कोई भी अन्य व्यक्ति उनसे अधिक सहायता अथवा प्रशंसा प्राप्त कर सके। सैद्धान्तिक बातों के प्रति जवाहरलाल के मन में कमज़ोरी है और जवाहरलाल को मेरे विरुद्ध करने के लिए उन्होंने इसका लाभ उठाया। उन्होंने जवाहरलाल से कहा कि यूनियनिस्ट पार्टी के साथ कांग्रेस के गठबन्धन का सिद्धान्त ग़लत है। उन्होंने यह दलील दी कि मुस्लिम लीग जन-संगठन है और पंजाब में कांग्रेस को मुस्लिम लीग के साथ मिला-जुला मंत्रिमंडल बनाना चाहिए था, न कि यूनियनिस्ट पार्टी के साथ। साम्यवादियों ने खुलेआम यही रवैया स्वीकार किया था। जवाहरलाल कुछ सीमा तक उनके विचारों से प्रभावित हुए और शायद उन्होंने सोचा होगा कि

यूनियनिस्ट पार्टी के साथ मिला-जुला मंत्रिमंडल बनाने में मैं वामपक्षीय सिद्धान्तों का बलिदान कर रहा था।

जो लोग मेरे और जवाहरलाल के बीच में फूट डालने का प्रयास कर रहे थे वे कह रहे थे कि मेरे ऊपर जो प्रशंसा के फूल बरसाए जा रहे हैं उससे जवाहरलाल सहित अन्य कांग्रेसी नेताओं पर आक्षेप निहित है। यदि उन्हीं का समाचार-पत्र 'नेशलन हैरल्ड' मेरे बारे में इतनी अधिक प्रशंसा करे तो इसका परिणाम यह होगा कि कांग्रेस संगठन में शीघ्र ही मुझे अद्वितीय स्थान प्राप्त हो जाएगा।

मैं नहीं समझता कि इन व्यक्तिगत बातों के कारण जवाहरलाल के मन पर कोई प्रभाव पड़ा होगा परन्तु हो सकता है कि विचारधारा की इन बारीकियों ने उनके ऊपर प्रभाव डाला हो। चाहे जो भी हो, बम्बई में कांग्रेस कार्य-समिति की जो बैठक हुई उसमें मैंने देखा कि जवाहरलाल ने लगभग प्रत्येक मसले पर मेरी कार्य-पद्धति का विरोध किया। जवाहरलाल का रुख़ यह रहा कि पंजाब में मैंने जो नीति अपनाई है, वह सही नहीं है। उन्होंने यहाँ तक कह दिया कि मैंने कांग्रेस की प्रतिष्ठा को धक्का पहुँचाया है। मुझे यह सुनकर आश्चर्य हुआ और दुःख भी। मैंने पंजाब में यह कार्य किया था कि कांग्रेस सरकार में आ गई थी जबकि तथ्य यह था कि गवर्नर मुस्लिम लीग के मंत्रिमंडल को बनाने के लिए प्रयत्नशील थे। मेरे प्रयत्नों द्वारा मुस्लिम लीग अलग-थलग पड़ गई और कांग्रेस अल्पमत के होते हुए भी पंजाब के मामलों को सुलझाने में निर्णायक तत्त्व बन गई। ख़िज्र हयात ख़ाँ कांग्रेस के सहयोग से मुख्यमंत्री बने थे और स्वभावतया वे कांग्रेस के प्रभाव में आ गए थे।

जवाहरलाल का विचार था कि बहुसंख्यक दल हुए बिना कांग्रेस का सरकार में भाग लेना ठीक नहीं है। इससे कांग्रेस को समझौता करने के लिए विवश होना पड़ेगा और शायद उसे अपने सिद्धान्तों से भी हटना पड़े। मैंने कहा कि इस बात का तो कोई ख़तरा नहीं है कि कांग्रेस को अपने सिद्धान्त छोड़ने पड़ें, परन्तु साथ ही मैंने स्पष्ट शब्दों में कह दिया कि लाहौर में मैंने जो निर्णय किया वह यदि कार्य-समिति को पसन्द न आया हो तो वह जो नई नीति चाहे अपना सकती है। कांग्रेस ने मंत्रिमंडल में बने रहने की कोई गारंटी नहीं दी है और वह जब चाहे हट सकती है।

गांधी जी ने मेरे विचारों का प्रबल समर्थन किया। उन्होंने कहा कि पंजाब में कांग्रेस का अल्पमत अवश्य है परन्तु बातचीत के माध्यम से मंत्रिमंडल के निर्माण और उसकी कार्य-पद्धति में कांग्रेस ने निर्णायक स्तर प्राप्त किया है। उन्होंने कहा कि कांग्रेस के दृष्टिकोण से इससे अच्छा कोई हल नहीं हो सकता और मौलाना साहब ने जो कुछ तय किया है, उसमें मैं कुछ भी परिवर्तन करने के विरुद्ध हूँ। जब गांधी जी ने अपने विचार निश्चयात्मक शब्दों में प्रकट किए तो कार्य-समिति के अन्य सभी सदस्यों ने मेरा समर्थन किया और जवाहरलाल को चुपचाप मान लेना पड़ा।

कार्य-समिति के सामने दूसरा प्रश्न था कि कैबिनेट मिशन के साथ क्या बातचीत हुई थी। अब तक जहाँ भी कोई समझौता सरकार के साथ किया जाता था तो कांग्रेस के अध्यक्ष ही संगठन का प्रतिनिधित्व करते थे। 1942 में जब स्टैफर्ड क्रिप्स आए

तो जवाहरलाल ने स्वयं प्रस्ताव किया कि कांग्रेस की ओर से एकमात्र मुझे विचार-विमर्श करना चाहिए। फिर शिमला सम्मेलन में भी मैं अकेला प्रतिनिधि था और यहाँ तक गांधी जी ने उस सम्मेलन में भाग नहीं लिया था। परन्तु इस बार जवाहरलाल ने अपना अलग ही रुख़ रखा। उन्होंने प्रस्ताव किया कि कार्यकारिणी समिति की एक छोटी उपसमिति को मंत्रिमंडलीय मिशन की बैठक में बातचीत करनी चाहिए और कोई भी अकेला प्रतिनिधि उस बैठक में न रहे।

उनके प्रस्ताव से मुझे आश्चर्य हुआ। मैंने यह सोचा भी न था कि जवाहरलाल ऐसा प्रश्न उठाएँगे। परन्तु मैंने यह महसूस किया कि इसमें विश्वास की बात निहित है, अत: मैंने इस प्रस्ताव का विरोध किया। मैंने बताया कि अब तक कांग्रेस अध्यक्ष ही संगठन का एकमात्र प्रतिनिधि होता था और मुझे नहीं लगता कि अब इस स्थिति में कोई परिवर्तन किया जाए। यदि कार्य-समिति यह महसूस करती है कि इस प्रक्रिया में परिवर्तन की आवश्यकता है तो वह निश्चय ही उसे अधिकारपूर्वक कार्यान्वित कर सकती है, परन्तु मैं इस निर्णय में भाग नहीं लूँगा। वास्तव में मैं समझूँगा कि इससे कांग्रेस अध्यक्ष के कार्यों में कटौती कर दी गई है।

यहाँ फिर गांधी जी ने मेरा समर्थन किया। उन्होंने स्पष्ट शब्दों में कहा कि परिवर्तन का कोई कारण नहीं है। यदि कांग्रेस-अध्यक्ष क्रिप्स और वैवल के साथ अकेले ही विचार-विमर्श करने में कांग्रेस का प्रतिनिधित्व करते हैं तो मैं नहीं समझता कि अब कोई परिवर्तन की आवश्यकता है। अब यदि मंत्रिमंडलीय मिशन से बातचीत करने के लिए समिति गठित की जाती है तो इसका निष्कर्ष यह है कि कांग्रेस अध्यक्ष में विश्वास की कमी है। अनुभव से यह ज्ञात हुआ है कि कांग्रेस अध्यक्ष से बढकर और कोई प्रतिनिधि नहीं हो सकता। इस अवस्था में समिति की नियुक्ति सहायक न होगी परन्तु कांग्रेसियों में और आम जनता में असमंजस की स्थिति पैदा कर देगी।

कार्य-समिति ने गांधी जी की बात स्वीकार कर ली और कांग्रेस अध्यक्ष को ही अपना एकमात्र प्रतिनिधि चुना। शायद जवाहरलाल को महसूस हुआ कि बात बहुत आगे बढ़ गई थी और उससे मेरी भावनाओं को ठेस पहुँची हो। जैसा कि मैं पहले किया करता था, उसी के अनुसार इस बार भी मैं भूला भाई देसाई के यहाँ ठहरा। दूसरे दिन, प्रात: ही जवाहरलाल मेरे पास आए और उन्होंने बड़े स्नेह से मुझे विश्वास दिलाया कि उनकी आलोचना का एक क्षण के लिए भी यह अर्थ न था कि मेरे नेतृत्व में उन्हें विश्वास नहीं रहा। उनका उद्देश्य केवल यही था कि मेरे हाथ मज़बूत किए जाएँ जैसा कि उन्होंने महसूस किया था कि मैं अपने कुछ साथियों को लेकर उनकी सहायता से बातचीत में अधिक आगे बढ़ सकूँगा। उन्होंने बिना हिचके यह बात मान ली कि उन्होंने स्थिति को जिस ढंग से समझा था, वह ग़लत था। उन्होंने इच्छा प्रकट की कि हम लोग इस घटना को भूल जाएँ। मुझे उनकी दो टूक बात सुनकर प्रसन्नता हुई। हम दोनों सदैव बहुत अच्छे मित्र रहे हैं और मुझे इस बात से बड़ा कष्ट हुआ था कि मेरे और उनके बीच कोई मतभेद हो।

हमारे सर्वश्रेष्ठ योद्धाओं के नायक[1]

वल्लभभाई पटेल

['सरदार' वल्लभभाई पटेल (1875-1950) भारतीय राष्ट्रीय कांग्रेस के सबसे महत्त्वपूर्ण नेताओं में थे जिन्होंने भारतीय स्वतंत्रता आन्दोलन में और बाद में एक एकीकृत व स्वतंत्र भारत के निर्माण में महती भूमिका निभाई। वह नेहरू कैबिनेट में देश के प्रथम गृहमंत्री और उप प्रधानमंत्री थे। दोनों नेता—नेहरू और पटेल—अक्सर बहुत से मुद्दों पर असहमत हो जाते थे। यह मतभेद निजी और सार्वजनिक दोनों तरह से व्यक्त भी होता था। फिर भी दोनों लोग एक-दूसरे का बहुत सम्मान करते थे और भारत के सामाजिक और राजनीतिक जीवन में एक-दूसरे के द्वारा किए गए योगदान को खुलकर सराहते-स्वीकारते थे। यह आलेख इसी बिन्दु को दर्शाता है।]

~

जवाहरलाल और मैं साथ-साथ कांग्रेस के सदस्य, आज़ादी के सिपाही, कांग्रेस की कार्यकारिणी और अन्य समितियों के सहकर्मी, महात्मा जी के—जो हमारे दुर्भाग्य से हमें बड़ी जटिल समस्याओं के साथ जूझने को छोड़ गए हैं—अनुयायी, और इस विशाल देश के शासन प्रबन्ध के गुरुतर भार के वाहक रहे हैं। इतने विभिन्न प्रकार के कर्मक्षेत्रों में साथ रहकर और एक-दूसरे को जानकर हममें परस्पर स्नेह होना स्वाभाविक था। काल की गति के साथ वह स्नेह बढ़ता गया है और आज लोग कल्पना भी नहीं कर सकते कि जब हम अलग होते हैं और अपनी समस्याओं और कठिनाइयों का हल निकालने के लिए उन पर मिलकर विचार नहीं कर सकते, तो यह दूरी हमें कितनी खलती है। परिचय की इस घनिष्ठता, आत्मीयता और भ्रातृतुल्य स्नेह के कारण मेरे लिए यह कठिन हो जाता है कि सर्व-साधारण के लिए उसकी समीक्षा उपस्थित कर सकूँ। पर देश के आदर्श, जनता के नेता, राष्ट्र के प्रधानमंत्री और सबके लाड़ले जवाहरलाल को, जिनके महान् कृतित्व का भव्य इतिहास सब के सामने खुली पोथी—सा है, मेरे अनुमोदन की कोई आवश्यकता नहीं है।

दृढ़ और निष्कपट योद्धा की भाँति उन्होंने विदेशी शासन से अनवरत युद्ध किया। युक्तप्रान्त के किसान-आन्दोलन के संगठन-कर्ता के रूप में पहली 'दीक्षा' पाकर वह अहिंसात्मक युद्ध की कला और विज्ञान में पूरे निष्णात हो गए। उनकी भावनाओं की तीव्रता और अन्याय या उत्पीड़न के प्रति उनके विरोध ने शीघ्र ही उन्हें ग़रीबी पर जिहाद बोलने को बाध्य कर दिया। दीन के प्रति सहज सहानुभूति के साथ उन्होंने निर्धन किसान की अवस्था सुधारने के आन्दोलन की आग में अपने को झोंक दिया। क्रमशः उच्च से उच्चतर शिखरों पर पहुँचा दिया है। पत्नी की बीमारी के कारण की गई विदेश-यात्रा ने भारतीय राष्ट्रवाद-सम्बन्धी उनकी भावनाओं को एक आकाशीय अन्तर्राष्ट्रीय तल पर पहुँचा दिया। यह उनके जीवन और चरित्र के उस अन्तर्राष्ट्रीय

1. नेहरू अभिनन्दन ग्रंथ से।

झुकाव का आरम्भ था जो अन्तर्राष्ट्रीय अथवा विश्व-समस्याओं के प्रति उनके रवैये में स्पष्ट लक्षित होता है। उस समय से जवाहरलाल ने कभी पीछे मुड़कर नहीं देखा; भारत में भी और बाहर भी उनका महत्त्व बढ़ता ही गया है। उनकी वैचारिक निष्ठा, उदार प्रवृत्ति, पैनी दृष्टि और भावनाओं की सचाई के प्रति देश और विदेशों की लाख-लाख जनता ने श्रद्धांजलि अर्पित की है।

अतएव यह उचित ही था कि स्वातंत्र्य की उषा से पहले के गहन अन्धकार में वह हमारी मार्गदर्शक ज्योति बनें, और स्वाधीनता मिलते ही जब भारत के आगे संकट पर संकट आ रहा हो तब हमारे विश्वास की धुरी हों और हमारी जनता का नेतृत्व करें। हमारे नये जीवन के पिछले दो कठिन वर्षों में उन्होंने देश के लिए जो अथक परिश्रम किया है, उसे मुझसे अधिक अच्छी तरह कोई नहीं जानता। मैंने इस अवधि में उन्हें अपने उच्च पद की चिन्ताओं और अपने गुरुतर उत्तरदायित्व के भार के कारण बड़ी तेज़ी के साथ बूढ़ होते देखा है। शरणार्थियों की सेवा में उन्होंने कोई कसर नहीं उठा रखी, और उनमें से कोई कदाचित् ही उनके पास से निराश लौटा हो। कामनवेल्थ की मंत्रणाओं में उन्होंने उल्लेखनीय भाग लिया है, और संसार के मंच पर भी उनका कृतित्व अत्यन्त महत्त्वपूर्ण रहा है। किन्तु इस सबके बावजूद उनके चेहरे पर जवानी की पुरानी रौनक क़ायम है, और वह सन्तुलन, मर्यादा-ज्ञान, और धैर्य, मिलनसारी, जो आन्तरिक संयम और बौद्धिक अनुशासन का परिचय देते हैं, अब भी ज्यों के त्यों हैं। निस्सन्देह उनका रोष कभी-कभी फूट पड़ता है, किन्तु उनका अधैर्य, क्योंकि न्याय और कार्य-तत्परता के लिए होता है और अन्याय को सहन नहीं करता, इसलिए ये विस्फोट प्रेरणा देनेवाले ही होते हैं और मामलों को तेज़ी तथा परिश्रम के साथ सुलझाने में मदद देते हैं। ये मानो सुरक्षित शक्ति है, जिनकी कुमक से आलस्य, दीर्घसूत्रता और लगन या तत्परता की कमी पर विजय प्राप्त हो जाती है।

आयु में बड़े होने के नाते मुझे कई बार उन्हें उन समस्याओं पर परामर्श देने का सौभाग्य प्राप्त हुआ है जो शासन-प्रबन्ध या संगठन के क्षेत्र में हम दोनों के सामने आती रही है। मैंने सदैव उन्हें सलाह लेने को तत्पर और मानने को राजी पाया है। कुछ स्वार्थ-प्रेरित लोगों ने हमारे विषय में भ्रान्तियाँ फैलाने का यत्न किया है और कुछ भोले व्यक्ति उन पर विश्वास भी कर लेते हैं, किन्तु वास्तव में हम लोग आजीवन सहकारियों और बन्धुओं की भाँति साथ काम करते रहे हैं, और एक-दूसरे के मतामत का सर्वदा सम्मान किया है जैसा कि गहरा विश्वास होने पर ही किया जा सकता है। उनके मनोभाव युवकोचित उत्साह से लेकर प्रौढ़ गम्भीरता तक बराबर बदलते रहते हैं, और उनमें वह मानसिक लचीलापन है जो दूसरे को झेल भी लेता है और निरुत्तर भी कर देता है। क्रीड़ारत बच्चों में और विचार-संलग्न बूढ़ों में जवाहरलाल समान भाव से भागी हो जाते हैं। यह लचीलापन और बहुमुखता ही उनके अजस्र यौवन का, उनकी अद्‌भुत स्फूर्ति और ताज़गी का रहस्य है।

उनके महान् और उज्ज्वल व्यक्तित्व के साथ इन थोड़े-से शब्दों में न्याय नहीं किया जा सकता। उनके चरित्र और कृतित्व का बहुमुखी प्रसार अंकन से परे हैं। उनके विचारों में कभी-कभी वह गहराई होती है जिसका तल न मिले; किन्तु उनके

नीचे सर्वदा एक निर्मल पारदर्शी खरापन, और यौवन की तेजस्विता रहती है, और इन गुणों के कारण सर्वसामान्य—जाति धर्म देश की सीमाएँ पार कर—उनसे स्नेह करते हैं।

स्वाधीन भारत की इस अमूल्य निधि का हम आज, उनकी हीरक जयन्ती के अवसर पर, अभिनन्दन करते हैं। देश की सेवा में, और आदर्शों की साधना में वह निरन्तर नई विजय प्राप्त करते रहें।

14 अक्टूबर, 1949 **वल्लभभाई पटेल**

~

खोज जवाहरलाल की : मेरे द्वारा[1]

अरुणा आसफ़ अली

[अरुणा आसफ़ अली (1909-1996) भारत के स्वतंत्रता संघर्ष की कार्यकर्ता थीं जिन्होंने भारत छोड़ो आन्दोलन, 1942 के दौरान बम्बई के गोवालिया टैंक मैदान में भारत के राष्ट्रीय ध्वज को साहसपूर्ण ढंग से फहराने के कारण प्रसिद्धि पाई। वह 1958 में दिल्ली की पहली मेयर बनीं। उन्हें मरणोपरान्त 1997 में भारतरत्न से सम्मानित किया गया। इस आलेख में, अरुणा आसफ़ अली बताती हैं कि नेहरू को दक्षिणपंथ और वामपंथ दोनों तरफ़ से लगातार आलोचनाएँ झेलनी पड़ती थीं, लेकिन नेहरू हमेशा अपने आलोचकों के साथ सहृदय रहते थे और सामाजिक व आर्थिक समानता के अपने उसूलों के साथ प्रतिबद्ध थे।]

~

'एशिया' पत्रिका के जून 1936 के अंक में जवाहरलाल नेहरू ने एक लेख लिखा जिसमें उन्होंने कहा :

> 'यह रोचक है कि लोग देश को एक मानवरूपी अनुकृति में व्यक्त करने का लोभ संवरण नहीं कर पाते। पुरानी आदतों और पुराने जुड़ावों की ताक़त ऐसी ही होती है। भारत, 'भारत माता' बन जाती है, एक सुन्दर स्त्री, बहुत ही वृद्ध होते हुए भी देखने में युवती, जिसकी आँखों में दुख और शून्यता भरी हुई है, विदेशी और बाहरी लोगों द्वारा अपमानित और पीड़ित और अपने बच्चों से अपनी रक्षा की गुहार लगाती हुई।'

इस लिहाज़ से देखें तो कह सकते हैं कि 1869 से लेकर 1889 तक दो दशकों में भारतमाता ने कुछ ऐसे बेटे-बेटियों को जन्म दिया, जिन्होंने उन्हें विदेशी दासता से मुक्त कराने का बीड़ा उठाया।

---

1. जवाहरलाल नेहरू : 'सेंटेनरी वॉल्यूम', सम्पादन, शीला दीक्षित, के. नटवर सिंह, जी पार्थसारथी, एच.वाई. शारदा प्रसाद, एस. गोपाल, रवीन्द्र कुमार (नई दिल्ली : ऑक्सफोर्ड यूनिवर्सिटी प्रेस, 1989) से

ऐसे महान लोगों की यह सूची देखें (जो कि अधूरी ही है) : 1869 में मोहनदास करमचन्द गांधी; 1875 में वल्लभभाई पटेल; 1878 में सी. राजगोपालाचारी; 1879 में सरोजिनी नायडू; 1880 में एम.ए. अंसारी; 1882 में सुब्रह्मण्यम भारती और विधान चन्द्र रॉय; 1883 में विनायक दामोदर सावरकर; 1884 में राजेन्द्र प्रसाद; 1886 में रामेश्वरी नेहरू और मुथु लक्ष्मी रेड्डी; 1887 में एस. सत्यमूर्ति और गोविन्द वल्लभ पंत; 1888 में मौलाना आज़ाद, एस. राधाकृष्णन और एम. आसफ अली; 1889 में जवाहरलाल नेहरू और आचार्य नरेन्द्र देव।

ये चमकीले सितारे मुझे जवाहरलाल नेहरू की ही कही एक बात याद दिलाते हैं। उन्होंने 'विश्व इतिहास की झलक' में लिखा था, 'राष्ट्रों के जीवनकाल में किसी ख़ास समय में कुछ शानदार हस्तियाँ आती हैं, और चली जाती हैं। ऐसे लोग कुछ समय के लिए हर चीज़ को रोशनी से भर देते हैं और उस दौर में देश और वहाँ के स्त्री-पुरुषों को इस क़ाबिल बना देते हैं कि वे सुन्दर चीज़ों का निर्माण कर सकें। लोग उनसे प्रेरणा लेते दिखते हैं।' गांधी-नेहरू काल भारत के इतिहास में ऐसा ही काल था। मैं अक्सर अपने मित्रों से कहती हूँ कि कितनी क़िस्मत वाली हूँ मैं कि मेरा जन्म उस वक़्त हुआ जब सारा मुल्क महात्मा गांधी और जवाहरलाल नेहरू के तेज से रोशन था और शादी हुई उस शख़्स से जिन्होंने मेरे मानसिक क्षितिज को विस्तार दिया। आसफ साहब से मिलने के पहले कॉन्वेंट स्कूल की इस छात्रा के मन का विस्तार अंग्रेज़ी साहित्य के प्रति विशेष अनुराग तक ही सीमित था।

मुझसे कई बार, ख़ासकर युवाओं द्वारा यह पूछा जाता है कि मैं जवाहरलाल से पहली बार कब मिली। इस सवाल के जवाब में यह बताना ज़्यादा बेहतर होगा कि मैंने उन्हें पहली बार कब देखा।

यह 1928 में, दिल्ली में, सर्दी के शुरुआती दिनों की बात है। मैं उस वक़्त 19 साल की थी। मेरा और आसफ का विवाह कुछ हफ़्ते पहले ही हुआ था। इसी दौरान सितम्बर में बृजलाल नेहरू और उनकी पत्नी रामेश्वरी ने हमें अपने क्लाइव रोड (अब त्यागराज मार्ग) स्थित अपने घर डिनर के लिए आमंत्रित किया। बृजलाल, मोतीलाल नेहरू के भतीजे थे और वह हमें अपने चाचा और चचेरे भाई जवाहरलाल से मिलवाना चाहते थे, जो उस वक़्त दिल्ली के दौरे पर थे, और उनके यहाँ ही ठहरे हुए थे।

हालाँकि मेरे पति जवाहरलाल के हमउम्र थे, लेकिन वह मोतीलाल नेहरू से भी अच्छी तरह परिचित थे और वकालत करते थे। वह जवाहरलाल से इस मामले में अलग थे। उन्होंने कभी भी वकालत करने में कोई ख़ास रुचि नहीं दिखाई जिसमें उनके पिता ने प्रतिष्ठा और धन दोनों कमाए थे। आसफ, मोतीलाल नेहरू से अक्सर मिलते थे और उन्हें सार्वजनिक जीवन और वकालत में सम्मानित तथा वरिष्ठ मानकर इज़्ज़त देते थे। यही वह पृष्ठभूमि थी जिसमें यह दिल्लीवासी 'नेहरू परिवार' हमें अपने ख़ानदान के इलाहाबादी बाग़ी से मिलवाना चाहता था।

हम लोग काफ़ी देर से जवाहरलाल के पंजाब के क़स्बों के धुआँधार दौरे से लौटने की प्रतीक्षा कर रहे थे। इस बीच ख़ासतौर पर मेरे पति और मोतीलाल नेहरू

के बीच ही बातचीत होती रही क्योंकि उनकी राजनीतिक समझ और मन:स्थितियाँ लगभग एक जैसी थीं। दोनों ही राष्ट्रीय मुद्दों को सामने लाने के लिए विधानसभाओं में भागीदारी करने पर एकमत थे। अचानक मोतीलाल जी ने बातचीत बीच में ही रोककर पूछा, 'छोटे साहब आ गए?' और साथ ही, घरेलू नौकर से छोटे साहब के नहाने के लिए गर्म पानी तैयार करने को कहा।

आख़िरकार जवाहरलाल धूल-मिट्टी से सने धड़धड़ाते हुए भीतर दाख़िल हुए। उन्होंने हमारी ओर बमुश्किल एक नज़र डाली और सीधे नहाने चले गए। शायद उन्हें लगा होगा कि यह राजधानी के कुछ अंग्रेज़ीदां क़िस्म के सम्भ्रान्त लोगों का कोई औपचारिक जमावड़ा होगा, जो उनके चचेरे भाई के मित्र और सहकर्मी होंगे

जवाहरलाल से मेरा परिचय डिनर के वक़्त हुआ और मैं उनको इतने नज़दीक से देखकर चकित थी। जवाहरलाल ने मुझे ऊपर से नीचे तक बड़ी जिज्ञासा से देखा। उनकी नज़र में उस वक़्त शायद मैं एक ऐसी सजी-धजी गुड़िया होऊँगी जो सिर्फ़ ड्राइंगरूम की शोभा बढ़ाती है। उस वक़्त, डिनर और उसके बाद, उन लोगों के बीच होनेवाली बातचीत को मैं बहुत ज़्यादा समझ नहीं पाई।

हालाँकि ख़ुद पढकर और पति से चर्चा-परिचर्चा करके मैंने थोड़ा-बहुत राजनीतिक ज्ञान ज़रूर पा लिया था, फिर भी मैं इस क़ाबिल नहीं थी कि दिसम्बर 1929 में लाहौर में होनेवाली कांग्रेस के सत्र की कार्यवाहियों को ठीक-ठीक समझ सकूँ, जिसमें मैंने हिस्सा लिया था। इसके पहले, इसी साल जवाहरलाल को केवल 40 वर्ष की आयु में कांग्रेस अध्यक्ष (राष्ट्रपति) चुना गया था और इस तरह इस पद को सँभालनेवाले वे सबसे कम उम्र के व्यक्ति बने।

लाहौर कांग्रेस का पूरा परिदृश्य बहुत रोमांचक था। जवाहरलाल काली शेरवानी में ख़ूब सज-धजकर अध्यक्षीय जुलूस के आगे एक आकर्षक सफ़ेद घोड़े पर बैठकर आयोजन स्थल तक पहुँचे। वे स्वतंत्रता आन्दोलन के अग्रणी योद्धा लग रहे थे। हममें से कुछ लोग उनके आसपास जमा थे और अपने युवा ऊर्जा से भरे आकर्षक राष्ट्रपति को गुलाब और नर्गिस के फूल भेंट कर रहे थे। (उन दिनों कांग्रेस अध्यक्ष को यही कहा जाता था। बाद में जब भारत सम्प्रभु गणराज्य बना तब राज्य के प्रमुख को राष्ट्रपति सम्बोधन दिया गया।)

साल 1929 के अन्तिम दिन, आधी रात के आसपास, महात्मा गांधी ने लाहौर कांग्रेस में एक प्रस्ताव पेश किया जिसमें डोमिनियन स्टेटस के स्थान पर पूर्ण स्वाधीनता को कांग्रेस का उद्देश्य घोषित किया गया। यह प्रस्ताव तालियों की प्रचंड गड़गड़ाहट के साथ पास हुआ था। अगले दिन, 1930 के नववर्ष के पहले दिन जवाहरलाल ने रावी नदी के किनारे राष्ट्रीय ध्वज फहराया। जब तिरंगा हवा में लहरा रहा था, मेरे मन में क़वि की ये पंक्तियाँ गूँज रही थीं :

"अपूर्व आनन्द था उस विहान में जीना जीवन
युवावस्था तो मानो नन्दन-कानन"

(वड्‌र्सवर्थ की मशहूर पंक्ति—'Bliss was in that dwan to be alive/ But to be young was very heaven'—सम्पादक)।

स्वाधीनता हासिल करने के इस प्रस्ताव ने कांग्रेसी नेतृत्व को अपने लक्ष्य की प्राप्ति के लिए सविनय अवज्ञा अनुमोदित करते हुए उसके प्रयोग हेतु अधिकृत किया। गांधी जी ने सिविल नाफ़रमानी आन्दोलन को नमक पर लगनेवाले टैक्स को न चुकाने पर आधारित किया। यह एक ऐसा टैक्स था जिसे ग़रीब से ग़रीब आदमी को भी अदा करना पड़ता था जबकि नमक एक मूलभूत ज़रूरत थी और प्रकृति से मुफ़्त में प्राप्त होनेवाली वस्तु थी। नमक सत्याग्रह के दौरान ही मैं अग्नि परीक्षा से गुज़री, और 1930 व 1932 में जेल गई। इसके बाद 1941 में मैं व्यक्तिगत सत्याग्रह में जेल गई। यह सत्याग्रह उस बात के ख़िलाफ़ किया गया था जिसमें भारत को एक उपनिवेश के रूप में ब्रिटेन के युद्ध में झोंका जा रहा था; जिस युद्ध के बारे में यह दावा किया जा रहा था कि यह युद्ध लोकतंत्र की रक्षा के लिए है। इन सालों में, मैं राष्ट्रीय उद्देश्य हेतु एक पक्की देश-सेविका या स्वयंसेविका बन चुकी थी जो कि कांग्रेस वर्किंग कमेटी द्वारा समय-समय पर दिए गए सारे आदेशों को बिना कोई सवाल किए पूरा करती थी। यह 1942 की बात है जब ऑल इंडिया कांग्रेस कमेटी ने बम्बई में भारत छोड़ो आन्दोलन प्रस्ताव पारित किया और ब्रिटिश अधिकारियों ने 9 अगस्त की सुबह सभी कांग्रेसी नेताओं की घेराबन्दी कर ली और तब मैंने पहली बार अपना कोई स्वतंत्र राजनीतिक निर्णय लिया। मैं इस बात को लेकर पूरी तरह आश्वस्त नहीं थी कि महात्मा गांधी और जवाहरलाल नेहरू इसे ठीक समझेंगे या नहीं लेकिन मैंने गांधी जी द्वारा दिए गए आदेश को ही उनका निर्देश मान लिया और वह निर्देश था, 'करो या मरो'।

मौलाना आज़ाद को 9 अगस्त की सुबह गोवालिया टैंक मैदान बम्बई में राष्ट्रीय ध्वज फहराना था। लेकिन, उन्हें गिरफ़्तार कर लिया गया। उनकी गिरफ़्तारी की ख़बर मुझे तब मिली जब मैं वर्किंग कमेटी के दूसरे सदस्यों के साथ गिरफ़्तार किए गए अपने पति आसफ साहब के साथ थी। इन गिरफ़्तार लोगों को किसी अनजान गंतव्य तक ले जाने के लिए पुलिस टैक्सी से विक्टोरिया टर्मिनस ले जाया जा रहा था। जब ट्रेन चली गई तो मेरे मन में यह ख़याल आया कि मुझे गोवालिया टैंक मैदान जाकर वहाँ इकट्ठा हुए लोगों को बताना चाहिए कि नेताओं को गिरफ़्तार कर लिया गया है। पुलिस ने वहाँ जमा हुई भीड़ को वहाँ से हट जाने का फ़रमान दे दिया था। मैं नहीं चाहती थी कि ध्वज बिना फहरे ही रह जाए और इसलिए, बिलकुल एक बाग़ी की तरह मैं मंच की ओर भागी और जल्दी से रस्सी खींचकर झंडा फहरा दिया। साथ ही भीड़ के बीच राष्ट्रीय नेताओं की गिरफ़्तारी की घोषणा भी कर दी। उस भीड़ में शायद ही कोई मुझे पहचानता था। कुछ लोगों को लगा कि यह गुँथे हुए बालों वाली लड़की दिल्ली की कोई कॉलेज स्टूडेंट है। झंडा अभी फहरा ही था कि पुलिस ने भीड़ पर आँसू गैस के गोले छोड़ दिए। वहाँ इकट्ठा सभी स्त्री-पुरुष आँखों से बहते पानी के साथ इधर-उधर भागने लगे। उन्हीं में से एक इन्दिरा गांधी भी थीं। हालाँकि उस वक़्त मुझे ये बात मालूम नहीं थी। उन्होंने 'रीमेम्बर्ड मोमेंट्स' में इस बात को याद करते हुए लिखा है कि 'आँसू गैस के हमले का मेरा पहला अनुभव झंडारोहण समारोह के दौरान हुआ था।'

उस सुबह मैंने जो कुछ भी महसूस किया, उसके बाद मैंने निर्णय लिया कि अब मैं दब्बुओं की तरह जेल नहीं जाऊँगी। लोग नेताओं की गिरफ़्तारी की वजह से बहुत नाराज़ और उत्तेजित थे, और इस ग़ुस्से को बहुत मज़बूत और सुनियोजित तरीक़े से अभिव्यक्त करने की ज़रूरत थी, जिससे विदेशी शासकों के पास भारत छोड़ने के अलावा कोई और रास्ता ही न बचे। कुछ ऐसे ही विचार ऑल इंडिया कांग्रेस कमेटी में शामिल बहुत से अन्य प्रतिनिधियों के भी थे। इसमें मूलत: कांग्रेसी समाजवादी थे, लेकिन इसमें आर.आर. दिवाकर और सुचेता कृपलानी जैसे गांधीवादी लोग भी शामिल थे। देश के नेताओं की गिरफ़्तारी के ख़िलाफ़ किए जा रहे स्फूर्त विद्रोह का ब्रिटिश आधिपत्यकारी फ़ौजों द्वारा भयानक दमन किया जा रहा था। ऐसे वक़्त में हम सबने यह महसूस किया कि इस दमन का विरोध उसी संगठित और सुनियोजित तरीक़े से किया जाना चाहिए जैसे नाज़ी अधिकृत यूरोप में आज़ादी का पक्ष लेनेवालों ने भूमिगत आन्दोलन के ज़रिये किया था। मैंने अपने आप से कहा कि हमारी गतिविधि भारत छोड़ो आन्दोलन की मूल भावना के अनुरूप है जिसमें आह्वान किया गया है कि 'अधिकतम व्यापक स्तर पर अहिंसात्मक ढंग से जन संघर्ष' किए जाएँ; और साथ ही यह भी कहा गया कि 'ऐसा समय भी आ सकता है जब यह सम्भव ही न रहे कि निर्देश जारी किए जा सकें या कि निर्देश जनता तक पहुँच सकें। जब यह स्थिति बन जाए, तब हर वह पुरुष और महिला जो इस आन्दोलन में भाग ले रहा है, उसे घोषित निर्देशों की चौहद्दी में रहते हुए ख़ुद ही निर्णय करना होगा। प्रत्येक भारतीय जो स्वतंत्रता चाहता है और इसके लिए संघर्ष करना चाहता है, उसे स्वयं ही अपना मार्गदर्शक बनना पड़ेगा।'

हमने अपने भूमिगत रेडियो प्रसारणों और अवैध तरीक़े से वितरित किए जा रहे साहित्य, दोनों में ही इस बात का विशेष ख़याल रखा कि ब्रिटेन के साम्राज्यवादी युद्ध-प्रयासों को नेस्तनाबूद करने की कोशिशों, और, बाद के कुछ आतंकियों द्वारा निर्मम तरीक़े से लोगों के जीवन और सम्पत्ति को नष्ट करने की गतिविधियों के बीच स्पष्ट अन्तर कर सकें। यहाँ यह बात ध्यान देने की है कि कुछ परम पवित्र गांधीवादी जो कि महात्मा गांधी से भी ज़्यादा अहिंसा के हिमायती होने का दिखावा करते थे भारत छोड़ो आन्दोलन के दौरान और उसके बाद भी हमारी हर बात पर नाक-मुँह सिकोड़ते थे लेकिन न तो गांधी जी ने और न ही जवाहरलाल नेहरू ने हमें अपने से अलग किया।

1946 में मेरी गिरफ़्तारी का वारंट निरस्त होने के बाद जब मैं भूमिगत ज़िन्दगी से बाहर आई तो मुझे यह देखकर बहुत धक्का लगा कि बहुत से कांग्रेसी नेता ब्रिटिश अधिकारियों के साथ वायसराय की कार्यकारिणी समिति में घुसने के लिए बातचीत कर रहे थे और उन्हें मुस्लिम लीग के साथ से दिक़्क़त नहीं थी। मुझे लगा कि यह तो सरासर उस महान उद्देश्य के साथ धोखा करना होगा जिसके लिए स्वयं उन्होंने भी अपने जीवन के बेहतरीन साल दिए हैं और जिसके लिए हम जैसे युवाओं की पूरी पीढ़ी भारत छोड़ो आन्दोलन में लड़ी थी। समाजवादी साथियों के साथ मेरे जुड़ाव से सामाजिक और आर्थिक मुद्दों को लेकर मेरे दृष्टिकोण

में उग्र परिवर्तनवादी पुट आ गया था। मेरे लिए यह समझना मुश्किल हो रहा था कि कांग्रेस ब्रिटिश औपनिवेशिक व्यवस्था के ढाँचे के भीतर रहकर किस तरह कोई बुनियादी बदलाव ला सकती है। फिर आख़िरी धक्का लगा : स्वतंत्र होने की क़ीमत के रूप में उप महाद्वीप का बँटवारा, जिसका कारण वह हिन्दू-मुस्लिम दंगे थे जिन्होंने पूरे उत्तर भारत को अपनी चपेट में ले लिया था और जो मुस्लिम लीग की अगस्त 1946 में कलकत्ता में 'सीधी कार्यवाही' के आह्वान से शुरू हुए। मैं हैरत में थी। जब गांधी जी ने चौरी चौरा में हुई सामूहिक हिंसा के चलते 1920 के असहयोग आन्दोलन को वापस ले लिया तो मेरी स्थिति बिलकुल वैसी ही थी जैसी जवाहरलाल के साथ-साथ दूसरे तमाम लोगों की हुई होगी। मेरे पास बहुत-सी शिकायतें और संशय थे जिन्हें लेकर मैं जवाहरलाल के पास गई। जवाहरलाल जो इस पूरे राजनीतिक ड्रामे के मुख्य पात्र थे, उन्होंने समय निकाला और धैर्यपूर्वक मेरी बातें सुनीं और मुझे परिस्थितियों के दबाव को विस्तार से समझाया जैसा कि वह देख पा रहे थे।

मैंने अपने भीतर के असन्तोष और ग़ुस्से को एदाता नारायणन द्वारा स्थापित और सम्पादित साप्ताहिक पत्र 'जनता' में लेखों की एक पूरी शृंखला के माध्यम से व्यक्त भी किया।

यह लेख मेरे हृदय की चीत्कार थे जिनमें मैंने जवाब देने की कोशिश के बजाय बहुत से सवाल उठाए। वह सवाल कांग्रेस नेतृत्व के प्रति बहुत गहरे ढंग से आलोचनात्मक थे। इसके बावजूद, जब अच्युत पटवर्धन ने 1947 में इन सभी लेखों को संकलित करके इन्हें एक पुस्तक के रूप में प्रकाशित करने की व्यवस्था की तो जवाहरलाल ने इसकी भूमिका लिखकर अपना योगदान दिया। यह केवल मेरे प्रति उनकी उदारता नहीं थी बल्कि उनकी उस असाधारण ख़ूबी का भी उदाहरण था कि वह अपने से भिन्न मत रखनेवालों के प्रति भी सहानुभूतिपूर्वक ढंग से सोचते-समझते थे। यह भारतीय स्त्रियों की असीमित क्षमताओं के प्रति उनकी आस्था का भी दस्तावेज़ था। उन्होंने लिखा :

> 'भारत में पिछले पच्चीस सालों में बहुत-सी असाधारण बातें हुई हैं। उनमें से शायद सबसे महत्त्वपूर्ण है भारतीय महिलाओं का उभरकर सामने आना। हमारे स्वतंत्रता संघर्ष में बहुत बड़ी संख्या में भारतीय महिलाओं ने अपनी महत्त्वपूर्ण भूमिका निभाई है। इनमें से बहुत-सी महिलाएँ अपनी संगठनात्मक योग्यता, क्षमता और एक ख़ास उद्देश्य को पाने के लिए अपने आत्मबलिदान के आधार पर आगे आई हैं। इनमें से कुछ तो ऐसी महिलाएँ हैं जिन्हें पूरी दुनिया की महिलाओं में बहुत ऊँचा स्थान मिलेगा। किसी भी दूसरे तथ्य की अपेक्षा यह बात भारतीय जनता के नवजागरण को ज़्यादा दर्शाती है और उस ठोस आधार को बताती है जिस पर हमने स्वतंत्रता के अपने आन्दोलन को खड़ा किया है।'

मैं जवाहरलाल से भारत के बँटवारे को लेकर ब्रिटिश शासकों के साथ हो रही सत्ता-हस्तान्तरण की बातचीत से उपजे संशय और प्रश्नों को ही नहीं पूछती थी बल्कि द्वितीय विश्वयुद्ध के बाद अन्तर्राष्ट्रीय सम्बन्धों में हो रहे ध्रुवीकरण पर भी बात करती थी। मुझे विंस्टन चर्चिल का सोवियत विरोध तो समझ में आ सकता था, लेकिन ये नहीं समझ में आ रहा था कि आख़िर भारतीय समाजवादी क्यों चर्चिल की फुल्टॉन में दी गई आयरन कर्टेन स्पीच दोहराते हुए-से लगते हैं? क्या सोवियत यूनियन वास्तव में एक बड़ी जेल है जैसा कि उसके निन्दक कहते हैं?

जवाहरलाल ने मुझे सोवियत रूस जाकर स्वयं ही हालात का जायज़ा लेने की सलाह दी। लेकिन इसके पहले, उन्होंने कहा कि मुझे लन्दन में थोड़ा ज़्यादा समय बिताना चाहिए, और वहाँ ब्रिटिश म्यूज़ियम लाइब्रेरी में समाजवाद और साम्यवादी आन्दोलनों का इतिहास पढ़ना चाहिए और इस बारे में वी.के. कृष्णन जैसे लोगों और उनके ब्रिटिश वामपंथी दोस्तों से मिलना चाहिए।

उस वक़्त मुझे ये बात नहीं पता थी कि मुझे रूस जाने की सलाह के पीछे जवाहरलाल की मंशा ये थी कि मैं उस तरह की शिक्षा प्राप्त करूँ जिसकी परिकल्पना उन्होंने अपनी बेटी के लिए की थी। कई सालों के बाद, मुझे 'सेलेक्टेड वर्क्स ऑफ़ जवाहरलाल नेहरू' में उनका 9 जुलाई, 1941 में लिखा हुआ वो पत्र प्राप्त हुआ, जिसमें वो इन्दिरा से कहते हैं :

> 'मैंने सोचा था कि जब तुम किसी यूनिवर्सिटी में अपनी औपचारिक पढ़ाई पूरी कर लोगी तो तुम इसे और बेहतर बताने के लिए दुनिया के दूसरे देशों में जा सको...मैं चाहता था कि तुम रूस जाओ और ख़ुद अपनी आँखों से चीज़ों को देखो...फिर इस मानसिक तैयारी और व्यापक सांस्कृतिक बोध के साथ तुम भारत वापस आओ और उस अद्‌भुत जगह की अपनी खोज करो जिसे भारत कहते हैं।'

वर्ष 1950 के शुरुआती दिनों में मैंने सोवियत यूनियन यात्रा के लिए वीज़ा फॉर्म भरा। इसमें थोड़ा समय लगा। उस समय सोवियत टिप्पणीकारों द्वारा जवाहरलाल और गांधी जी के बारे में कड़वी बातें की जा रही थीं, लेकिन जवाहरलाल ने उन पर भड़कने से इनकार कर दिया और डॉ. राधाकृष्णन को भारत के दूसरे राजदूत के रूप में मॉस्को भेजा। कृष्णा मेनन लन्दन में हमारे उच्चायुक्त थे। डॉ. राधाकृष्णन और कृष्णा मेनन दोनों ने ही वीजा की प्रक्रिया में तेज़ी लाने की बहुत कोशिश की लेकिन, बात शायद बनी इस कारण कि मद्रास में सोशलिस्ट पार्टी के सम्मेलन में जयप्रकाश नारायण ने मेरी उस टिप्पणी का उल्लेख कर दिया जिसमें मैंने मार्क्सवाद को फीका करने के लिए समाजवादियों की आलोचना की थी।

मैं समुद्र के रास्ते इंग्लैंड से लेनिनग्राद गई। इस यात्रा में मेरे साथ जाने-माने ब्रिटिश क़ानूनविद् और मार्क्सवादी डी.एन. प्रिट और उनकी पत्नी मारिया फ्रांसेस थीं। मैंने सोवियत यूनियन में जो कुछ भी देखा, उससे बहुत प्रभावित हुई—लगभग पूरी तरह से ग़रीबी का उन्मूलन, ग़ैरबराबरी की न्यूनता, युद्ध के बाद पुर्ननिर्माण कार्य में

हरेक क्षेत्र में महिलाओं की बराबर की हिस्सेदारी और बच्चों के पालन-पोषण और उनकी शिक्षा में बेहद उदार तरीक़े से दिया जानेवाला ध्यान। लेकिन, इस सबके बावजूद मुझे अपने बौद्धिक गाइड बालाबुशेविच और ए.एम. ड्याकोव को, यह कहने में ज़रा-सा भी संकोच नहीं हुआ कि महात्मा गांधी और जवाहरलाल नेहरू के बारे में सोवियत मूल्यांकन बिलकुल ग़लत है।

डॉ. राधाकृष्णन को मॉस्को भेजने का जवाहरलाल का निर्णय बहुत जल्द ही सही साबित हुआ। एक विद्वान राजनीतिज्ञ के रूप में उनके द्वारा धैर्यपूर्वक और यक़ीनी तरीक़े से भारत की स्थिति समझाने से, और कोरिया युद्ध और दूसरे मसलों पर भारत सरकार द्वारा शान्ति स्थापना के लिए उठाए क़दमों से सोवियत अधिकारियों को विश्वास हो गया कि हमारी विदेश नीति पूरी तरह से स्वतंत्र और गुटनिरपेक्ष है। भारत के प्रति इस बदले हुए रुख़ का संकेत यह था कि स्टालिन ने डॉ. राधाकृष्णन को एक चर्चा के लिए आमंत्रित किया। 1953 में जब स्टालिन की मृत्यु हुई और मैं जवाहरलाल से मिली, तो हमारे बीच हुई बातचीत के दौरान इस बात से वह सहमत हुए कि प्रधानमंत्री के रूप में उनके लिए यह उचित होगा कि वे संसद में उस दिवंगत नेता का ज़िक्र करें जो अपने देश की उस साहसिक छवि के प्रतीक थे जिसने हिटलर की आक्रामकता का वीरोचित प्रतिरोध किया था। उस दिन जवाहरलाल द्वारा श्रद्धांजलि देने के बाद संसद पूरे दिन के लिए स्थगित कर दी गई।

इन वर्षों में, कांग्रेस और उनकी सरकार की वामपंथी आलोचना से मेरे जुड़े रहने के बावजूद, जवाहरलाल का मेरे प्रति व्यवहार बहुत उदार और सद्भावनापूर्ण रहा। उस वक़्त मैं यह नहीं समझ पाई कि अगर जवाहरलाल कुछ रूढ़िवादी ताक़तों की क़ैद में थे—'केरेंस्कियों के बीच फँसे सम्भावित लेनिन'—(सोवियत क्रान्ति के नेता लेनिन और बोल्शेविक क्रान्ति के ठीक पहले जारशाही के तहत रूस के शासक केरेंस्की की ओर संकेत है।) जैसा कि मैं उन्हें उन दिनों कहती थी—तो इसके लिए हम वामपंथी ख़ुद बहुत दूर तक ज़िम्मेदार हैं। कांग्रेस के भीतर वामपंथ को मज़बूत करने की बजाय, हमने उन्हें अकेला छोड़ दिया। अपनी पीपुल्स वॉर पॉलिसी और भारत छोड़ो आन्दोलन का विरोध करने के चलते कम्यूनिस्टों ने राष्ट्रीय मुख्यधारा से ख़ुद को अलग कर रखा था। वे इस हद तक अति के दूसरे छोर पर चले गए थे कि कई वर्षों तक यह मानने से इनकार करते रहे कि भारत राजनीतिक रूप से अगस्त 1947 में ही स्वाधीन हो गया था।

दुर्भाग्य से ग़ैर कम्यूनिस्ट वामपंथ ने भी कट्टरता का ही चुनाव किया। मुझे याद है कि जवाहरलाल ने मुझसे कहा था कि कांग्रेस सोशलिस्ट पार्टी (सी.एस.पी.) के लिए यह उचित नहीं होगा कि बम्बई के म्यूनिसिपल चुनाव में वह कांग्रेस पार्टी के उम्मीदवार के ख़िलाफ़ एक अलग पार्टी और अलग झंडे के साथ चुनाव लड़े। वे चाहते थे कि सोशलिस्ट पार्टी कांग्रेस पार्टी के भीतर एक संगठन के रूप में उसी तरह काम करती रहे, जैसा कि वो पहले करती आई थी। जब कुछ कांग्रेसी नेताओं द्वारा दोहरी सदस्यता पर आपत्ति जताई गई तो जवाहरलाल ने मुझसे कहा कि मैं समाजवादियों को कांग्रेस के अंग के रूप में कार्य करते रहने की सलाह दूँ। गांधी

जी भी यही चाहते थे कि समाजवादी कांग्रेस के साथ रहें। मौलाना आज़ाद का भी यही विचार था। मैंने समाजवादियों के बीच यह बात रखी भी।

अगर हम समाजवादियों ने उस समय उनकी इस सलाह पर ध्यान दिया होता तो, जब कांग्रेस ने 1948 के अपने नये संविधान में दोहरी सदस्यता पर प्रतिबन्ध लगाया तो हम लोग दक्षिणपंथियों के ख़िलाफ़, कांग्रेस में रहते हुए ही जवाहरलाल के हाथों को मज़बूत कर सकते थे। कांग्रेस के वरिष्ठ नेता बूढ़े हो रहे थे और तब हम समाजवादी कुछ ही वर्षों में पार्टी पर अपना निर्णायक असर डाल सकते थे। लेकिन सी.एस.पी. (कांग्रेस सोशलिस्ट पार्टी) ने अपनी मूल पार्टी कांग्रेस को छोड़ने का फ़ैसला किया और इस मुग़ालते में रही कि हम कांग्रेस का एक समाजवादी विकल्प बन सकेंगे। लेकिन ऐसा करके समाजवादियों ने अपने को और जवाहरलाल, दोनों को कमज़ोर कर दिया।

हम समाजवादियों ने अपने प्रभाव को कुछ ज़्यादा ही बढ़ा-चढ़ाकर आँक लिया था, यह जल्द ही हम सबके सामने आ गया। कांग्रेस छोड़ने के अपने निर्णय के अनुसार नरेन्द्र देव के साथ बारह अन्य लोगों ने संयुक्त प्रान्त असेम्बली से इस्तीफ़ा दे दिया, जहाँ वे लोग 1946 में कांग्रेस के ही टिकट से चुनकर आए थे। इसके बाद हुए उपचुनावों में समाजवादी इनमें से एक भी सीट नहीं जीत पाए।

समाजवादियों द्वारा कांग्रेस छोड़ने का परिणाम यह हुआ कि सितम्बर 1950 में पुरुषोत्तम दास टंडन कांग्रेस अध्यक्ष के पद पर जे.बी. कृपलानी को हराकर विजयी हुए जबकि जवाहरलाल की पसन्द कृपलानी थे। दक्षिणपंथी शिकंजे का दूसरा नकारात्मक परिणाम यह था कि प्रथम लोकसभा चुनाव 1951-52 में हिन्दू कोड बिल का मुद्दा कांग्रेस के घोषणा-पत्र में नहीं आ सका। यह और बात है कि उनके ख़ुद के निर्वाचन क्षेत्र इलाहाबाद पूर्व से उनके सबसे निकटतम प्रतिद्वन्द्वी प्रभुदत्त ब्रह्मचारी ने उनके सामने एक शर्त रखी कि अगर प्रधानमंत्री प्रस्तावित क़ानून को त्याग दें तो वह चुनाव से हट जाएँगे, लेकिन जवाहरलाल ने उनके इस प्रस्ताव को ठुकरा दिया और उन्होंने महिलाओं की स्थिति को सुधारने के लिए हिन्दू लॉ में सुधार और संहिताकरण को ही मुख्य चुनावी मुद्दा बना दिया।

इसी तरह, वाम के कांग्रेस की प्रगतिशील ताक़तों के साथ गठबन्धन का आख़िरी सुनहरा मौक़ा तब ठुकरा दिया गया जब 1953 में जवाहरलाल ने जयप्रकाश नारायण को सरकार में शामिल होने का प्रस्ताव दिया, और जयप्रकाश नारायण ने प्रस्ताव पर कोई सकारात्मक प्रतिक्रिया देने के बजाय कुछ मुश्किल शर्तें रख दीं। वास्तव में, जवाहरलाल ने जो प्रस्ताव उन्हें दिया था उसके पीछे कोई दूसरा कारण नहीं था बल्कि उनकी मंशा सिर्फ़ इतनी थी कि भारत समाजवाद की ओर तेज़ी से आगे बढ़े क्योंकि कांग्रेस पार्टी के पास अपने बूते ही लोकसभा में विशाल बहुमत था।

उन दिनों, कांग्रेस और जवाहरलाल के खुले दिल-दिमाग़ का एक उदाहरण यह था कि उन्होंने मुझसे दिल्ली के पहले मेयर का चुनाव लड़ने के लिए कहा। दिल्ली के नगर निगम में पार्टियों की स्थिति ऐसी थी कि अगर कांग्रेस और कम्यूनिस्ट पार्टी

के सदस्य आपस में हाथ नहीं मिलाते तो जनसंघ के प्रत्याशी की जीत सुनिश्चित थी। उस वक़्त, मैं कम्यूनिस्ट पार्टी की सदस्य नहीं थी, कुछ समय पहले पार्टी छोड़ चुकी थी। उस वक़्त मैं भारत सेवक समाज नामक संस्था के रचनात्मक कार्यों में व्यस्त थी। चूँकि मेरी कांग्रेसियों और कम्यूनिस्टों, दोनों में स्वीकार्यता थी, इसलिए जवाहरलाल और तत्कालीन गृहमंत्री गोविन्द वल्लभ पंत ने मुझसे चुनाव लड़ने के लिए कहा। परिणाम यह हुआ कि मैं मेयर चुन ली गई।

1950 के दशक के अन्त तक, कांग्रेस के भीतर और बाहर की दक्षिणपंथी ताक़तें नेहरू सरकार की राष्ट्रीयकरण और तीव्र भूमि सुधार नीतियों की मुखर आलोचना करने लगी थीं। हममें से बहुत से लोग जो 'नेहरू समाजवादी' के तौर पर जाने जाते थे, अब इस बात को समझ गए कि जवाहरलाल के हाथों को मज़बूत करना ज़रूरी है, अगर वापस देश को उसी 1947 से पहले वाली स्थिति में ले जाने से बचाना है जब ज़मींदार और पूँजीपति विदेशियों के संरक्षण में फलते-फूलते थे। जवाहरलाल की नीतियों को सही ढंग से सामने लाने और पढ़े-लिखे बुद्धिजीवियों के बीच उनके लिए समर्थन जुटाने के उद्देश्य से 1958 में साप्ताहिक समाचार पत्रिका 'लिंक' की स्थापना हुई। इसके संस्थापक सम्पादक एदाता नारायणन थे, जिनसे मेरा परिचय भारत छोड़ो आन्दोलन के दौरान हुआ था, जब उन्होंने भूमिगत विरोध में हिस्सा लेने के लिए 'द हिन्दुस्तान टाइम्स' में सहायक सम्पादक की नौकरी से इस्तीफ़ा दे दिया था। 'लिंक' का मूल उद्देश्य था देशप्रेम को सामाजिक न्याय की भावना से जोड़ना, और समाजवादी दुनिया के साथ भारत की दोस्ती के रिश्ते को और मज़बूती प्रदान करना।

कुछ सालों के भीतर ही कम्यूनिस्ट चीन ने भारत की उत्तरी सीमा पर स्थित कुछ इलाक़ों पर अपना क़ब्ज़ा कर लिया। जब यह ख़बर आई तो जवाहरलाल की आलोचना करना बहुत आसान हो गया। फिर 1962 के अन्त तक भारत को जिन विपरीत परिस्थितियों में अपमानजनक धक्के से गुज़रना पड़ा, उनमें जवाहरलाल पर विषैले हमले होने लगे। वी.के. कृष्णामेनन। को उन लोगों द्वारा निशाना बनाया गया जो जवाहरलाल को सत्ता से हटाना चाहते थे।

नेहरू पर अब दोतरफ़ा हमले हुए। दक्षिणपंथी उन पर हमला करके भारत को पश्चिम के साथ खड़ा देखना चाहते थे। चीन के आक्रमण को नेहरू की असफल विदेश नीति के प्रमाण के रूप में बताया जाने लगा। दक्षिणपंथियों का ख़याल था कि अगर सैनिक हार के संवेदनशील मुद्दे पर नेहरू को गिराया जा सके तो उनकी भूमि पुनर्वितरण और आधारभूत उद्योगों के राष्ट्रीयकरण की घरेलू नीति को भी पलटा जा सकता था। दूसरी ओर तब तक अविभाजित कम्यूनिस्ट पार्टी के एक प्रभावशाली धड़े ने नेहरू पर यह कहकर हमला किया कि उन्होंने एक समाजवादी पड़ोसी देश के साथ सम्बन्धों को विद्वेषपूर्ण कर लिया।

हममें से कुछ लोग मानते थे कि नेहरू की नीतियों पर चलकर ही भारत अपनी स्वाधीनता को बरक़रार व सक्षम रखते हुए समाजवाद के प्रति प्रतिबद्ध रह सकता है। हम लोगों को उस वक़्त राजधानी से एक ऐसे दैनिक समाचार-पत्र की ज़रूरत

महसूस हुई, जो जवाहरलाल के ख़िलाफ़ छेड़ी गई इस सोची-समझी मुहिम को करारा जवाब दे सके। ऐसे में बम्बई के मशहूर सर्जन डॉ. ए.वी. बलिगा सामने आए, जिन्होंने अपनी अकूत सम्पत्ति मानवता और जनहित में दान कर दी थी। उनके प्रयासों से 1962 की शरद में देश द्वारा सहे गए आघात के छह महीने के भीतर, 'पैट्रियाट' का आरम्भ हुआ। इसको अन्य बहुत से लोगों से प्रोत्साहन व समर्थन मिला जिनमें फिरोज़ गांधी, वी.के. कृष्णामेनन और के.डी. मालवीय शामिल थे। फिरोज़ गांधी ही ने मुझसे कहा कि मैं जवाहरलाल से यूनाइटेड इंडिया पीरिऑडिकल्स की तरफ़ से एक प्लाट आवंटित किए जाने का निवेदन करूँ। यूनाइटेड इंडिया पीरिऑडिकल्स ने ही 'लिंक' को खड़ा किया था। उसी ज़मीन पर जहाँ आज लिंक हाउस खड़ा है, वहीं पर एक प्लाट आवंटित करने की बात थी। बिना लिंक हाउस के, 'पैट्रियाट' कभी सामने नहीं आ पाता। कई बार मुझे जवाहरलाल की वो हिदायत याद आती है जो उन्होंने दी थी जब मैंने उन्हें पैट्रियाट प्रोजेक्ट के बारे में बताया था। उन्होंने कहा था कि अख़बार निकालने में बहुत कठिन आर्थिक समस्याएँ आती हैं। वह अपने ख़ुद के अनुभव से बोल रहे थे जो उन्हें 1938 में लखनऊ में नेशनल हेराल्ड स्थापित करने में हुआ था। हालाँकि दोनों में अन्तर है।

जवाहरलाल का 'नेशनल हेराल्ड' उग्र ब्रिटिश-विरोधी राजनीतिक आन्दोलन से जुड़ा हुआ था, जिसे वह समर्थन देता था और बदले में समर्थन पाता था। जब पैट्रियाट शुरू हुआ तो हमें उम्मीद थी कि ये अख़बार न केवल उस जनान्दोलन को मज़बूत करेगा जिसके पास एक ऐसे स्वतंत्र भारत का सपना है जिसमें विकास का लाभ हर मेहनतकश जनता को मिलेगा, बल्कि इस आन्दोलन से ख़ुद भी मज़बूती प्राप्त करेगा। लेकिन हमारी यह उम्मीद झूठी साबित हुई। इस अख़बार के लांच होने के एक साल के भीतर ही मृत्यु के क्रूर पंजों ने हमसे डॉ. बलिगा और जवाहरलाल दोनों को ही छीन लिया। इसके बाद प्रगतिशील ताक़तों में हुए बिखराव के कारण आर्थिक और सामाजिक उन्नति की प्रक्रिया का तेज़ी से झुकाव अभिजात्यवाद की ओर हो गया। इसने आर्थिक असमानताओं को बढ़ाया है और जवाहरलाल के सपने को मज़ाक़ बना दिया है।

मैं उस कहावत से ख़ुद को सांत्वना देने की कोशिश करती हूँ जिसमें कहा गया है कि नई सुबह के पहले अन्धकार सबसे घना होता है। नई पीढ़ी के लिए यह ज़रूरी है कि वह जवाहरलाल के सपनों की रोशनी को फिर से जलाए और विकास की प्रक्रिया को दुरुस्त करे। मेरी पीढ़ी के लोग तो बस आज के भारत की युवा पीढ़ी को गांधी जी और जवाहरलाल के सपनों की याद ही दिला सकते हैं। ऐसा करने का अवसर मुझे उस समय मिला जब नेहरू मेमोरियल लाइब्रेरी से जुड़े हुए मेरे कुछ दोस्तों ने मुझसे कहा कि मैं भारतीय महिलाओं के पुनर्जागरण में जवाहरलाल के योगदान के बारे में कुछ लिखूँ। मैं कोई बहुत बड़ी विद्वान या पुस्तकों की लेखिका तो हूँ नहीं, इसलिए बड़े संकोच के साथ मैंने इस प्रस्ताव को स्वीकार किया। लेकिन जब मुझे ये पता चला कि मेरे इस काम में श्री जी.एन. एस. राघवन न केवल मेरी इस ज़िम्मेदारी को मेरे साथ साझा करेंगे बल्कि मुझे

उस तरह का सहयोग भी देंगे जिसकी मुझे ज़रूरत है, तो यह कार्य बौद्धिक रूप से जवाहरलाल नेहरू की स्फूर्तिदायक खोज बन गया जिसमें उनके दीप्तिमान व्यक्तित्व का विकास और जीवन के प्रति उनके परिपक्व होते विचारों का आनन्द था। इस खोज-यात्रा को मैंने एक छोटी-सी किताब 'प्राइवेट फेस ऑफ़ ए पब्लिक पर्सन' लिखकर औरों से साझा किया है। यह पुस्तक एक प्रकार से भारतीय महिलाओं के पुनरुत्थान पर किए गए मुख्य कार्य की एक भूमिका के रूप में लिखी गई है।

इस बात में वज़न है कि किसी व्यक्ति के बारे में हम तब ही पूरी तरह से जान-समझ पाते हैं जब वह व्यक्ति हमारे बीच नहीं होता और इतिहास का हिस्सा बन जाता है। जवाहरलाल के जीवन और काम को लेकर मेरी समझ के बारे में यह बात बिलकुल सच है। उनके भाषणों और लेखन को फिर से पढ़ने और पुस्तक को लिखते समय, आज़ादी की लड़ाई से जुड़े सुनहरे दिनों और उनसे मेरा जुड़ाव आदि को फिर से जीते हुए, उनको लेकर मेरी समझ और अधिक समृद्ध हुई।

जवाहरलाल ने स्वयं 1959 में दिए प्रथम आज़ाद मेमोरियल लेक्चर में विकास को लेकर अपने अत्यन्त मानवतावादी दृष्टिकोण को कुछ पंक्तियों में व्यक्त किया है जिसे इंडियन काउंसिल ऑफ़ कल्चरल रिलेशंस ने 'इंडिया टुडे एंड टुमॉरो' के शीर्षक से पुस्तक के रूप में प्रकाशित किया है। इसमें उन्होंने कहा :

> ग़रीबी एक गिरी हुई अवस्था है और सीधी-सी बात है कि इससे मुक्ति पाना है। ग़रीबी में रहते हुए आज़ादी की बात करना कुल मिलाकर विरोधाभासी बात है। लेकिन बहुत ज़्यादा दौलत और प्राचुर्य, चाहे वह किसी व्यक्ति विशेष के पास हो या समाज के पास उसमें बुराइयाँ आ ही जाती हैं और अब यह बात बिलकुल सही साबित हो रही है। केवल भौतिक समृद्धि का ढेर इकट्ठा करते जाना किसी भी व्यक्ति के आन्तरिक जीवन में ख़ालीपन भर सकता है। संकट इस बात का भी है कि समृद्धि की ओर बढ़ते हुए और उसके न्यायोचित बँटवारे की बात करते हुए भी, समाजवाद जीवन के कुछ बहुत महत्त्वपूर्ण बिन्दुओं की अनदेखी कर सकता है। व्यक्ति के जीवन में तनाव बने रहने की मुख्य वजह यही है।

जवाहरलाल के ये शब्द भविष्यवाणी साबित हुए हैं। आज पूरी दुनिया के राजनीतिक विचारकों ने ये दोनों सत्य समझे हैं कि ग़रीबी एक सामाजिक अपराध है और भौतिक समृद्धि को संवेदना और सहृदयता से हाथ मिलाना ही होगा। इन सत्यों का साक्षात्कार जवाहरलाल के महत्त्वपूर्ण योगदान का प्रमाण है—उनके मशवरे आज और आज के बाद भी, पूरी दुनिया की हर पीढ़ी के लिए प्रासंगिक बने रहेंगे।

नेहरू और भारतीय विज्ञान[1]

बलदेव सिंह

[बलदेव सिंह (1902-1961) भारतीय स्वतंत्रता आन्दोलन के एक नेता थे जो बाद में स्वतंत्र भारत के पहले रक्षामंत्री बने। इस लेख में उन्होंने विस्तार से बताया है कि कैसे नेहरू भारत में वैज्ञानिक शोध की आधारशिला का ढाँचा तैयार करने के निमित्त बने।]

~

नेहरू के मन में यह बात बहुत साफ़ थी कि भारत की आकांक्षाओं की पूर्ति और समस्याओं के निराकरण में विज्ञान की महत्त्वपूर्ण भूमिका होनी है। आज़ादी ने उनकी इस समझ को वास्तविकता के धरातल पर उतारने का अवसर प्रदान किया। 1937 में उनकी पहल पर कांग्रेस वर्किंग कमेटी ने कांग्रेसी सरकारों से विशेषज्ञों की ऐसी समितियाँ बनाने की सिफ़ारिश की थी जो नियोजन हेतु एक मशीनरी तैयार करने का उपाय सुझाएँ। राष्ट्रीय योजना आयोग (1938) के चेयरमैन के रूप में उन्होंने मेघनाद साहा, पी.सी. महालनोबिस और अन्य वैज्ञानिकों के साथ विचार साझा किए। नेहरू की यह प्रतिबद्धता 1938 में इंडियन साइंस कांग्रेस के सिलवर जुबली सत्र के अवसर पर दिए गए उनके सन्देश में साफ़ तौर पर दिखाई देती है :

> वैसे तो मैं लम्बे समय से भारतीय राजनीति के रथ में एक ग़ुलाम सेवक की तरह जुता हुआ हूँ, जिसमें दूसरे विषयों के बारे में इत्मीनान से सोचने-समझने के लिए बहुत कम वक़्त मिलता है, फिर भी कभी-कभी मेरा मन उन दिनों की यादों में मँडराता रहता है जब मैं विज्ञान के केन्द्र—कैम्ब्रिज की प्रयोगशालाओं में भटका करता था। परिस्थितियों ने मुझे विज्ञान से दूर कर दिया, लेकिन, मेरे मन में इसके लिए तेज़ छटपटाहट बनी रही। बाद के सालों में, तमाम अलग-अलग तरह की परिस्थितियों के चलते, विज्ञान से मैं एक बार फिर रूबरू हुआ, जब मैंने इस बात को महसूस किया कि विज्ञान केवल एक सुखद विषयान्तर और अमूर्त चिन्तन-भर नहीं है, बल्कि यह जीवन की ऐसी एक संरचना है जिसके बिना हमारी आधुनिक दुनिया मिट जाएगी। राजनीति की वजह से अर्थशास्त्र से मेरा परिचय हुआ और फिर इसी से मैं हमारी सभी समस्याओं और स्वयं जीवन के प्रति विज्ञान और वैज्ञानिक दृष्टिकोण की ओर अपरिहार्य रूप से आगे बढ़ा। वह केवल विज्ञान ही है जो भूख और ग़रीबी की, अशिक्षा और अस्वच्छता की,

1. जवाहरलाल नेहरू ऑन साइंस : स्पीचेज़ डिलीवर्ड एट द एनुअल सेशंस ऑफ़ द इंडियन साइंस कांग्रेस (1986) से।

> अन्धविश्वासों और मृतप्राय हो रही रूढ़ियों और परम्पराओं की और एक ऐसे समृद्ध देश की सभी समस्याओं का निराकरण कर सकता है जहाँ की जनता प्रचुर संसाधनों के बावजूद भूखी है।

वैज्ञानिक बिरादरी ने नेहरू की शानदार सोच का संज्ञान लिया और उन्हें भारतीय विज्ञान कांग्रेस (1947) के चौंतीसवें सत्र की अध्यक्षता करने का सम्मान दिया, जब वह अन्तरिम सरकार के उपाध्यक्ष थे।

भारत में संगठित रूप से वैज्ञानिक और औद्योगिक शोध के आरम्भ का श्रेय द्वितीय विश्वयुद्ध की परिस्थितियों की मजबूरियों को दिया जा सकता है। द बोर्ड ऑफ़ साइंटिफ़िक एंड इंडस्ट्रियल रिसर्च की स्थापना 1940 में हुई, और, काउंसिल ऑफ़ साइंटिफ़िक एंड इंडस्ट्रियल रिसर्च (सी.एस.आई.आर.) की स्थापना 1942 में हुई। 1945 की शुरुआत में भारत सरकार ने डॉ. एस.एस. भटनागर के नेतृत्व में वैज्ञानिकों का एक प्रतिनिधिमंडल ब्रिटेन, संयुक्त राष्ट्र अमेरिका और कनाडा की वैज्ञानिक संस्थाओं का जायज़ा लेने के लिए भेजा। इसी समय सरकार ने नोबल पुरस्कार विजेता और ग्रेट ब्रिटेन की रॉयल सोसाइटी के सेक्रेटरी प्रोफ़ेसर ए.वी. हिल को भारत आकर यहाँ भारतीय विज्ञान की स्थिति देखकर रिपोर्ट तैयार करने और इसके भविष्य के स्वरूप पर अपनी अनुशंसाएँ देने के लिए आमंत्रित किया। आर.के. शनमुखम चेट्टी की अध्यक्षता में इंडस्ट्रियल रिसर्च प्लानिंग कमेटी ने तमाम विश्वविद्यालयों, अनुसन्धान संस्थानों, सरकारी विभागों, रक्षा संस्थानों और औद्योगिक इकाइयों में हो रहे वैज्ञानिक अनुसन्धान से सम्बन्धित गतिविधियों की विस्तारपूर्वक समीक्षा की।

समिति का निष्कर्ष था कि 'भारत में अभी आनुसन्धानिक गतिविधियों की जो स्थिति है, वो अन्तर्राष्ट्रीय मानकों या देश के वर्तमान औद्योगिक विकास की मौजूदा ज़रूरतों की कसौटी के आसपास भी नहीं ठहरती।' कमेटी ने राष्ट्रीय अनुसन्धान काउंसिल की स्थापना करने की सिफ़ारिश की जो कि देश में चल रहे वैज्ञानिक और औद्योगिक अनुसन्धानों को दिशानिर्देश दे सके और उन्हें नियंत्रित कर सके, साथ ही विभिन्न विषयों में शोध संस्थान खोलने की भी सिफ़ारिश की। द बोर्ड ऑफ़ साइंटिफ़िक एंड इंडस्ट्रियल रिसर्च ने विशेषज्ञ समितियों का गठन किया जिसका उद्देश्य राष्ट्रीय भौतिक और रासायनिक प्रयोगशालाओं और दूसरे शोध संस्थानों की स्थापना के लिए योजनाएँ बनाना था। इस काल में भारतीय वैज्ञानिक और औद्योगिक अनुसन्धान का ढाँचा ब्रिटिश संस्थानों, वैज्ञानिकों और रॉयल सोसाइटी से बहुत गहराई से प्रभावित होता दिखाई पड़ता है।

भारतीय विज्ञान कांग्रेस (1947) के चौंतीसवें सत्र में अपने अध्यक्षीय भाषण में नेहरू ने घोषणा की : 'हम भारत में वैज्ञानिक विकास के लिए पूरी तरह तत्पर हैं और वैज्ञानिक अनुसन्धान को बढ़ावा देने के लिए हमसे जितना भी बन पड़ेगा, हम करेंगे। हम देश की सभी वैज्ञानिक प्रतिभाओं को सामने लाना चाहेंगे और उन्हें समाज की उन्नति और सेवा करने का मौक़ा देंगे।' इस मौक़े पर, देश-विदेश के

कई सम्मानित वैज्ञानिक उपस्थित थे और इस अवसर का उपयोग भारत की प्रथम राष्ट्रीय प्रयोगशाला, नेशनल फ़िज़िकल लेबोरेटरी (4 जनवरी, 1947) की नींव रखने में किया गया। नेहरू ने कहा, 'मौजूदा हलचलों के बीच मुझे सबसे ज़्यादा महत्त्वपूर्ण और ज़रूरी लगा कि यहाँ भारत के शानदार विकास की नींव रखी गई।'

कमांडर-इन-चीफ़ और रक्षा सदस्य द्वारा प्रस्तुत किए गए ज्ञापन पर, अन्तरिम सरकार के उपाध्यक्ष नेहरू ने विस्तृत टिप्पणी (3 फरवरी, 1947) की, देश की सुरक्षा में विज्ञान की भूमिका को रेखांकित किया। उन्होंने लिखा, 'आधुनिक सुरक्षा के साथ-साथ आधुनिक उद्योग को भी बहुत व्यापक आधार वाले और काफ़ी ऊँचे विशेषज्ञतापूर्ण तरीक़ों वाले वैज्ञानिक अनुसन्धानों की आवश्यकता है। आज की दुनिया में युद्धों का संचालन नवीनतम वैज्ञानिक आविष्कारों और उपकरणों से होता है, यह अभूतपूर्व स्थिति है।'

अब देश की वैज्ञानिक गतिविधियों के विभिन्न पहलुओं को नेहरू के योगदान की चर्चा करना समीचीन होगा।

नेशनल फ़िज़िकल लेबोरेटरी की नींव का पत्थर रखते हुए, नेहरू ने अपने भाषण में कहा कि 'भारत के तेज़ी से विकास कर सकने में बड़ी बाधा पैसों की कमी नहीं, बल्कि प्रशिक्षित लोगों की कमी हैं।' इसके बाद सरकार के सदस्यों के बीच वितरित करने के लिए उन्होंने एक वक्तव्य (11 फरवरी, 1947) तैयार किया जिसमें उन्होंने 'वैज्ञानिक श्रमशक्ति निर्माण हेतु कमेटी' की ज़रूरत पर अपने विचार और सुझाव व्यक्त किए। उन्होंने इस तथ्य को रेखांकित किया कि इस तरह की समितियाँ यूनाइटेड किंगडम में बनी हुई हैं जहाँ पर वैज्ञानिक प्रशिक्षण अधिक विकसित और संगठित रूप में है। उन्होंने होमी भाभा के इस आकलन को उद्धृत किया कि 'हमारी वैज्ञानिक श्रमशक्ति का एक प्रतिशत या उससे भी कम वर्तमान में उपयोग हो पा रहा है, यह भी समुचित ढंग से व्यवस्थित नहीं है।' नेहरू मानते थे कि 'वैज्ञानिकों का प्रशिक्षण और वैज्ञानिक प्रतिभाओं का बेहतर उपयोग हमारी सभी विकास योजनाओं की पहली प्राथमिकता है।' द साइंटिफ़िक मैन पावर कमेटी (वैज्ञानिक श्रमशक्ति समिति) अप्रैल 1947 में बनाई गई, जो आगे चलकर काउंसिल ऑफ़ साइंटिफ़िक एंड इंडस्ट्रियल रिसर्च के नेशनल रजिस्टर फॉर साइंटिफ़िक एंड टेक्निकल रिसर्च पर्सोनल का आधार बनी। विदेशों में रह रहे भारतीय वैज्ञानिकों को वापस बुलाने के लिए और बदले में उन्हें अल्पकालिक रूप से सेवाभर्ती देने के आकर्षण के साथ एक वैज्ञानिक पूल भी बाद में बनाया गया।

जनवरी 1945 में, नलिनी रंजन सरकार के सभापतित्व में एक उच्च स्तरीय समिति की स्थापना हुई। इस समिति में बहुत से भारतीय और ब्रिटिश वैज्ञानिक, शिक्षाविद्, उद्योगपति और प्रशासनिक अधिकारी सदस्य के रूप में शामिल हुए। इसका गठन भारत में, मैसेच्यूसेट्स इंस्टीट्यूट ऑफ़ टेक्नोलॉजी की तर्ज़ पर उच्च स्तरीय तकनीकी संस्थानों की स्थापना के मुद्दे पर विचार करने के लिए किया गया था; ताकि प्रशासनिक सेवाओं और औद्योगिक विकास के लिए तकनीकी विशेषज्ञों की आपूर्ति अपेक्षाकृत सुनिश्चित की जा सके। युद्ध के बाद की समस्याओं, बँटवारे

के बाद की परिस्थितियों और संसाधनों के अभाव की बाधाओं के चलते यह केवल मार्च 1952 में हो सका कि नेहरू ने चार आई.आई.टी. में से पहले इंस्टीट्यूट की नींव खड़गपुर में उसी ज़मीन पर रखी जिसका इस्तेमाल आज़ादी के आन्दोलन के दौरान एक हिरासत केन्द्र के तौर पर किया जाता था। इस अवसर पर नेहरू ने कहा कि 'यही वो ज़मीन है जिसकी बुनियाद पर 'नये भारत' का निर्माण होगा।' 1956 में, संस्थान के पहले दीक्षान्त समारोह में बोलते हुए उन्होंने कहा, 'यह ठीक नहीं होगा कि हम इतने महँगे संस्थान बनाएँ, लोगों को प्रशिक्षित करें और फिर उनकी सेवाओं का समुचित उपयोग भी न करें।' मार्च 1959 में, उन्होंने सोवियत यूनियन और यूनेस्को के सहयोग से बम्बई में दूसरे आई.आई.टी. का शिलान्यास किया। प्रशिक्षित व्यक्तियों की निर्णायक ज़रूरत की ओर संकेत करते हुए उन्होंने कहा कि 'भारत में हाल ही में जो बहुत से काम हुए हैं, उनके बीच तकनीकी प्रशिक्षण और ज्ञान के इन महान संस्थानों की स्थापना सम्भवतः सबसे महत्त्वपूर्ण है न केवल वर्तमान के लिए, बल्कि उससे कहीं ज़्यादा, भविष्य के लिए।'

1939 में, जैसा कि पहले भी ज़िक्र किया जा चुका है, द्वितीय विश्वयुद्ध के दौरान संसाधन-सम्पन्न और कर्मचारियों से युक्त केन्द्रीय अनुसन्धान संगठनों की आवश्यकता महसूस की गई, जिसका परिणाम 1940 में बोर्ड ऑफ़ साइंटिफ़िक एंड इंडस्ट्रियल रिसर्च (बी.एस.आई.आर.) की स्थापना के तौर पर हुआ जिसके निदेशक डॉ. एस.एस. भटनागर थे। 1941 में सरकार ने 'देश में औद्योगिक विकास को बढ़ावा देने के उद्देश्य से' एक इंडस्ट्रियल रिसर्च फंड की स्थापना की, जिसमें पाँच साल तक प्रतिवर्ष दस लाख रुपये अनुदान देने की व्यवस्था की गई। इंडस्ट्रियल रिसर्च फंड के लक्ष्यों को पूरा करने के लिए द काउंसिल ऑफ़ साइंटिफ़िक एंड इंडस्ट्रियल रिसर्च (सी.एस.आई.आर.) की स्थापना एक पंजीकृत सोसाइटी के रूप में की गई।

अपनी स्थापना के शुरुआती तीन-चार वर्षों में यह काउंसिल मुख्य तौर पर युद्ध सम्बन्धी समस्याओं से ही जूझती रही। बहरहाल, विशेषज्ञों की समितियों द्वारा धातु विज्ञान, ईंधन, काँच, सड़कों और इमारतों में अनुसन्धान हेतु राष्ट्रीय भौतिक व रासायनिक प्रयोगशालाएँ व संस्थानों की स्थापना सम्बन्धी योजनाएँ तैयार की गईं। विश्वविद्यालयों और अन्य अकादमिक संस्थानों में अनुसन्धान हेतु अनुदान की ज़िम्मेदारी बोर्ड ऑफ़ साइंटिफ़िक एंड इंडस्ट्रियल रिसर्च की विभिन्न समितियों ने सँभाली। सर आर.के. शनमुखम चेट्टी के नेतृत्व में काम कर रही इंडस्ट्रियल रिसर्च प्लानिंग कमेटी ने 1945 में अपनी रिपोर्ट प्रस्तुत की।

1944 में प्रोफ़ेसर ए.वी. हिल[1] की सिफ़ारिशों के आधार पर सर आर्देशिर दलाल के नेतृत्व में 'प्लानिंग एंड डेवलपमेंट' विभाग के रूप में एक स्वतंत्र विभाग की स्थापना हुई। सर आर्देशिर दलाल इसके पूर्व 1941 में बनारस में इंडियन साइंस कांग्रेस के अट्ठाइसवें सत्र की अध्यक्षता कर चुके थे। सी.एस.आई.आर. को उनके

1. प्रोफ़ेसर ए.वी. हिल एक अंग्रेज़ मानव-शरीर क्रियाविज्ञानी जिन्हें नोबल पुरस्कार प्राप्त हुआ। उन्हें बायोफ़िज़िक्स और शल्य चिकित्सा शोध विषय का संस्थापक माना जाता है।

विभाग में हस्तान्तरित किया गया। 1946 में अन्तरिम सरकार बनने के परिणामस्वरूप सी. राजगोपालाचारी सी.एस.आई.आर. के अध्यक्ष हुए।

नेहरू इन सारी गतिविधियों से वाक़िफ़ थे। नेशनल फ़िज़िकल लेबोरेटरी की नींव रखते समय उन्होंने कहा था, 'भारत के विभिन्न हिस्सों में स्थापित की जा रही कई प्रकार की प्रयोगशालाओं की योजनाओं को मैं देख-पढ़ रहा हूँ, और कुछ हद तक दूसरी योजनाओं पर भी बारीक़ी से नज़र रखे हुए हूँ।' 1947 में जब पहली राष्ट्रीय सरकार की मंत्रिपरिषद की घोषणा हुई तो वैज्ञानिक अनुसन्धान का नया विभाग भी बना जिसे प्रधानमंत्री ने स्वयं अपने पास रखा। 23 अगस्त, 1947 को, कुछ मंत्रियों, सचिवों व अन्य लोगों के साथ एक सभा में नेहरू ने वैज्ञानिक अनुसन्धान के सम्भावित स्वरूप पर चर्चा करते हुए कहा कि 'वैज्ञानिक अनुसन्धान के लिए अधिक से अधिक तालमेल और प्रोत्साहन को सुनिश्चित किया जाना ज़रूरी है। बिना समुचित तालमेल के चीज़ें केवल गडड्मड्ड और व्यर्थ ही होंगी।'

अन्त में उन्होंने कहा कि 'यह बात विचारणीय है कि प्रधानमंत्री काउंसिल (सी. एस.आई.आर.) के चेयरमैन के तौर पर कार्य करे, जबकि एक उपाध्यक्ष भी हो, जो इसके प्रशासनिक कामकाज को सँभाले।' 25 अगस्त, 1947 को सी.एस.आई.आर. की संचालन समिति की पहली सभा की अध्यक्षता करते हुए उन्होंने कहा कि 'मैं काउंसिल के साथ अपनी व्यक्तिगत क्षमताओं के साथ जुड़ना चाहता हूँ, क्योंकि मुझे काउंसिल के कामकाज में गहरी रुचि है। इसके साथ ही आधिकारिक रूप से भी मैं इससे जुड़ना चाहता हूँ जिससे कि यह मालूम हो सके कि नई सरकार भारत के वैज्ञानिक विकास को कितना महत्त्व देती है।'

1950 के मध्य में नेशनल फ़िज़िकल एंड नेशनल केमिकल लेबोरेटरीज़ के अलावा कुछ अन्य केन्द्रीय प्रयोगशालाएँ, इलेक्ट्रोकेमिस्ट्री ईंधन, काँच और सेरेमिक, पुर्ज़े, इलेक्ट्रॉनिक्स, इंजीनियरिंग, समुद्री केमिकल्स, भोजन, औषधि, चिकित्सीय और वानस्पतिक पौधों और चमड़े की तकनीक में शोध हेतु क्षेत्रीय रूप से स्थापित की गईं। नेहरू इन प्रयोगशालाओं का मुआयना करने, युवा वैज्ञानिकों से मिलने और उनसे बात कर यह बताने का कोई मौक़ा नहीं छोड़ते थे कि भारत के करोड़ों लोगों के सशक्तीकरण में उनकी कितनी महत्त्वपूर्ण भूमिका है। नेहरू ने वैज्ञानिकों को अपने अनुसन्धान की गुणवत्ता के साथ किसी तरह का समझौता करने के प्रति आगाह किया। उन्हें आशा थी कि देश के विभिन्न भागों में इन प्रयोगशालाओं के स्थित होने से पूरे क्षेत्र के लोगों में वैज्ञानिक प्रवृत्तियों का प्रसार होगा।

सी.एस.आई.आर. के अपने सोलह साल के अध्यक्षीय कार्यकाल के दौरान नेहरू ने सत्रह राष्ट्रीय प्रयोगशालाओं की स्थापना की। नेहरू ने इनके अलावा भी अन्य अनुसन्धान संस्थानों का दौरा किया, वहाँ के वैज्ञानिकों से मिले, उन्हें सम्बोधित किया, जैसे इंडियन इंस्टीट्यूट ऑफ़ साइंस, बैंगलोर, भारतीय सांख्यिकीय संस्थान व बोस रिसर्च इंस्टीट्यूट, कलकत्ता, द हॉफकिन इंस्टीट्यूट और डिपार्टमेंट ऑफ़ केमिकल टेक्नोलॉजी, बम्बई। उन्होंने प्राइवेट सेक्टर के संगठनों में चल रहे अनुसन्धानों से भी स्वयं को जोड़ रखा था, ख़ासकर जे.के. इंस्टीट्यूट ऑफ़ अप्लाइड फ़िज़िक्स,

इलाहाबाद, जे.के. इंस्टीट्यूट ऑफ़ रेडियोलॉजी कानपुर, सीबा रिसर्च सेंटर, बम्बई, एम.आर.एफ. रिसर्च सेंटर, मद्रास और अहमदाबाद टेक्सटाइल इंडस्ट्रीज़ रिसर्च इंस्टीट्यूट अहमदाबाद से।

परमाणु ऊर्जा के क्षेत्र में भारत की अगुआई का श्रेय डॉ. होमी भाभा को जाता है, जिन्होंने 12 मार्च, 1944 (हिरोशिमा पर पहला बम गिरने के सत्रह माह पूर्व) को ही होमी दोराब जी टाटा ट्रस्ट के ट्रस्टियों को आधारभूत अनुसन्धान के लिए एक संस्थान की स्थापना का प्रस्ताव भेज दिया था। उन्होंने लिखा, 'जब, आज से कुछ दशक बाद ऊर्जा उत्पादन में नाभिकीय ऊर्जा को सफलतापूर्वक लागू किया जाने लगेगा तब भारत को इसके विशेषज्ञों के लिए विदेश की ओर नहीं देखना पड़ेगा, बल्कि हम अपने देश में ही उन्हें तैयार करेंगे।' उनकी ही पहल पर, जनवरी 1946 में बोर्ड ऑफ़ साइंटिफ़िक एंड इंडस्ट्रियल रिसर्च ने उनकी अध्यक्षता में एटॉमिक एनर्जी रिसर्च कमेटी की नियुक्ति की।

नेहरू ने नाभिकीय ऊर्जा को उसके भविष्य के सन्दर्भ में देखा और कहा, 'शायद आनेवाले दस-पन्द्रह सालों में नाभिकीय ऊर्जा व्यावहारिक रूप से कार्य करने लगेगी। इसका अर्थ होगा एक ऐसी महान क्रान्ति जो मौजूदा आर्थिक सिद्धान्तों और संरचना में भारी उलटफेर वाली होगी। नाभिकीय ऊर्जा से आई यह क्रान्ति या तो सभ्यता को नष्ट कर देगी या इसे उच्च स्तर पर लेकर जाएगी (13 नवम्बर, 1945)।' भारतीय विज्ञान कांग्रेस को दिए गए अपने अध्यक्षीय भाषण में उन्होंने कहा, 'मुझे आशा है कि शान्तिपूर्ण उद्‌देश्यों के लिए बाक़ी दुनिया के सहयोग से हम इसे विकसित करेंगे।' विज्ञान कांग्रेस में हुए विचार-विमर्श के बाद उन्होंने वायसराय लॉर्ड वावेल को इसके विषय में लिखा और कैबिनेट को सम्बोधित करते हुए एक टिप्पणी लिखी, जिसमें उन्होंने भारत के खनिज संसाधनों ख़ासकर यूरेनियम और थोरियम युक्त खनिज संसाधनों पर राज्य का स्वामित्व सुनिश्चित करने का प्रस्ताव रखा।

जून 1947 में भारत सरकार और सी.एस.आई.आर. ने होमी भाभा की अध्यक्षता में एक नौ सदस्यीय बोर्ड ऑफ़ रिसर्च इन एटॉमिक एनर्जी की स्थापना की, जिसका उद्‌देश्य नाभिकीय ऊर्जा सम्बन्धी योजना, वित्त, अनुसन्धान व विकास पर पूर्व नियंत्रण रखना था तथा सम्बन्धित कच्चे माल के प्रयोग व निर्यात को भी अपने नियंत्रण में करना था। अप्रैल 1948 में नेहरू ने संविधान सभा के सामने परमाणु ऊर्जा बिल पेश किया, जिसका लक्ष्य एटॉमिक एनर्जी बोर्ड को ग़ैर-सार्वजनिक, गोपनीय तरीक़े से परमाणु अनुसन्धान के लिए अधिकृत करना, और इस क्षेत्र में अनुसन्धान का समायोजन करने और दूसरे देशों और एजेंसियों के साथ समन्वय बिठाने हेतु शक्तियाँ प्रदत्त करना था। 10 अगस्त, 1948 को साइंटिफ़िक रिसर्च विभाग में एटॉमिक एनर्जी कमीशन बना जो पूरी तरह से, सीधे नेहरू के अधीन था। 1954 में सरकार ने इसकी उपयोगिता को देखते हुए प्रधानमंत्री के अधीन एक अलग नाभिकीय ऊर्जा विभाग बना दिया, जिसके सचिव के रूप में होमी भाभा नियुक्त हुए।

इन अधिनियमों ने सरकार को इतना सक्षम बना दिया कि वह केरल की मोनाज़िट बालू के दोहन और निर्यात को पूरी तरह से नियंत्रित कर सकी। 1950

में इंडियन रेयर अर्थ लिमिटेड की स्थापना की गई, जिसका कार्य मोनाजाइट से दुर्लभ कणों को पृथक् करना और उसे यूरेनियम व थोरियम में अग्रगमित करना था। नेहरू ने 1952 में फैक्ट्री का उद्घाटन किया और साथ ही, एक फ्रांसीसी संस्था के साथ हुए समझौते के साथ अपने शुरुआती जुड़ाव को याद किया। उन्होंने परमाणु ऊर्जा उत्पादित करने के लिए मध्य आकार का रिएक्टर खड़ा करने की योजना की घोषणा की और कहा कि 'भारत सरकार परमाणु ऊर्जा के विकास को बहुत ज़्यादा महत्त्व देती है, क्योंकि परमाणु ऊर्जा भविष्य में विश्व के ऊर्जा संसाधनों के औद्योगिक उपयोग और सामाजिक उपयोग में अपना महत्त्वपूर्ण योगदान देगी।'

जनवरी 1957 में नेहरू ने ट्राम्बे में एटॉमिक एनर्जी इस्टैब्लिशमेंट का उद्घाटन किया और पहले स्वीमिंग पूल टाइप रिएक्टर का मुआयना किया। उन्होंने इसका नाम 'अप्सरा' रखा और इस भारतीय कनाडा-रिएक्टर के निर्माण में मिली मदद का उल्लेख किया। उन्होंने यूनाइटेड किंगडम, अमेरिका और फ्रांस के नाभिकीय ऊर्जा संस्थानों के सतत सहयोग को रेखांकित किया।

1959 में उन्होंने एटॉमिक एनर्जी इस्टैब्लिशमेंट कनाडा-इंडिया रिएक्टर, अप्सरा और टाटा इंस्टीट्यूट ऑफ़ फंडामेंटल रिसर्च का दौरा किया। 1960 में एक बार फिर वे वहाँ जरलीना रिएक्टर देखने आए जिसकी अभिकल्पना, इंजीनियरिंग और निर्माण भारतीय इंजीनियरों द्वारा किया गया था और जनवरी 1961 में उन्हें फिर से सूचित किया गया जब यह निर्णायक दौर में पहुँच गया। 1962 में परमाणु ऊर्जा अधिनियम में कुछ और संशोधन किए गए। इन संशोधनों के द्वारा आयोग एवं विभाग को योजना बनाने, अनुसन्धान करने, रूपरेखा बनाने और उसे विकसित करने के साथ ही परमाणु रिएक्टर्स और ऊर्जा उत्पादन में उन्नति करने का पूर्ण अधिकार प्रदान किया गया।

नवम्बर 1954 में परमाणु ऊर्जा के शान्तिपूर्ण विकास पर वैज्ञानिकों की एक कॉन्फ्रेंस को सम्बोधित करते हुए नेहरू ने परमाणु और हाइड्रोजन बम के क्षेत्र में हुई अन्तर्राष्ट्रीय प्रगति व घटनाक्रम की एक विशद समीक्षा की। उन्होंने, निवेश और राज्य की नीति, दोनों ही दृष्टिकोणों से परमाणु ऊर्जा के विकास और राज्य द्वारा उस पर नियंत्रण की ज़रूरत पर बल दिया। नेहरू सामरिक उद्देश्यों के लिए परमाणु शक्ति के दुरुपयोग के प्रति बेहद चिन्तित थे। बर्ट्रेन्ड रसेल की सलाह का संज्ञान लेते हुए उन्होंने डॉ. डी.एस. कोठारी से, उपलब्ध जानकारियों के आधार पर, नाभिकीय, थर्मोन्यूक्लियर और भयंकर जनसंहार में सक्षम दूसरे हथियारों के प्रयोग के बाद की परिस्थितियों का एक वस्तुनिष्ठ आकलन करने को कहा। इस अध्ययन के परिणामस्वरूप 1957 में 'न्यूक्लियर एक्सप्लोज़न्स एंड देयर इफेक्ट्स' शीर्षक से एक पुस्तक प्रकाशित हुई जिसकी प्रस्तावना नेहरू ने लिखी।

नेहरू मानते थे कि परमाणु ऊर्जा विश्व के सामाजिक, आर्थिक और राजनीतिक जीवन में क्रान्ति की अग्रदूत साबित होगी। 1 जनवरी, 1954 को टाटा इंस्टीट्यूट ऑफ़ फंडामेंटल रिसर्च की नींव रखते हुए नेहरू ने ज़ोर देकर कहा, 'हमने मानव इतिहास में बहुत-सी क्रान्तियों के बारे में सुना है—अमेरिकी क्रान्ति,

फ्रांस की क्रान्ति, रूस की क्रान्ति, चीनी क्रान्ति। यह क्रान्तियाँ अपनी जगह हैं। लेकिन इन सभी क्रान्तियों को मिलाकर भी उनसे बहुत बड़ी क्रान्ति औद्योगिक क्रान्ति थी जिसने इस दुनिया का चेहरा ही बदल दिया; और एक उस जैसी ही या उससे भी बड़ी क्रान्ति वह होगी जो आणविक या नाभिकीय ऊर्जा पर क्रमिक नियंत्रण के लिए होगी।'

एटॉमिक एनर्जी कमीशन के कामों के आगे बढ़ने से दो और बहुत महत्त्वपूर्ण घटनाएँ हुईं। 1963 में एटॉमिक एनर्जी कमीशन की सिफ़ारिश पर भारत सरकार ने होमी भाभा की अध्यक्षता में इलेक्ट्रॉनिक्स कमेटी स्थापित की। इस कमेटी की स्थापना का उद्देश्य इलेक्ट्रॉनिक पुर्ज़ों और उपकरणों के सम्पूर्ण क्षेत्र में शोध, विकास और उत्पादन की समीक्षा करना और इस क्षेत्र में आत्मनिर्भर होने हेतु कम लम्बा और आर्थिक रूप से सस्ता रास्ता सुझाने का था।

दुर्भाग्यवश जब 1966 में इस कमेटी ने अपनी रिपोर्ट सौंपी तो न तो नेहरू और न ही भाभा जीवित थे। इसी सन्दर्भ में एक और महत्त्वपूर्ण काम 1962 में इंडियन नेशनल कमेटी फॉर स्पेस रिसर्च (इन्कोसपार) की स्थापना और थुंबा में रॉकेट लांचिंग सुविधा (टीईआरएलएस) की स्थापना हुई। यह दोनों ही कमेटियाँ स्वतंत्र आयोगों के रूप में विकसित हुईं और इनके विभागों का स्वरूप एटॉमिक एनर्जी कमीशन की तर्ज़ पर बना।

सी.एस.आई.आर. और डिपार्टमेंट ऑफ़ एटॉमिक एनर्जी तो नेहरू के सीधे नियंत्रण में थे ही, साथ ही अन्य बहुत से क्षेत्रों के विकास और नीति-निर्माण में भी वे लगातार दिलचस्पी लेते थे।

1940 की शुरुआत तक रक्षा विज्ञान सम्बन्धी गतिविधियाँ कानपुर स्थित युद्ध सामग्री सम्बन्धी प्रयोगशालाओं और कलकत्ता, बॉम्बे, बैंगलोर और लाहौर स्थित इकाइयों के साथ टाटानगर में होनेवाले कुछ धातु विज्ञान सम्बन्धी अनुसन्धानों तक सीमित थीं। रक्षा नीति पर कैबिनेट को सम्बोधित अपनी 26 पैराग्राफ़ की टिप्पणी (जिसका ज़िक्र पहले किया जा चुका है) में नेहरू बहुत विस्तार से वैज्ञानिक अनुसन्धान की भूमिका, तकनीकी श्रमशक्ति, औद्योगिक शक्ति, परमाणु और हथियारों के आधुनिकीकरण के मुद्दों पर अपने सरोकार व्यक्त करते हैं।

फरवरी 1948 में, नेहरू ने भाभा से परमाणु ऊर्जा अनुसन्धान पर उनकी रिपोर्ट के विषय में चर्चा की और फिर तत्कालीन रक्षामंत्री (इस लेख के लेखक बलदेव सिंह स्वयं—सम्पादक) को लिखा, 'भविष्य उनका है जो परमाणु ऊर्जा का उत्पादन करेंगे। यह भविष्य की सबसे महत्त्वपूर्ण, सबसे ज़्यादा ध्यान देने योग्य ताक़त साबित होने जा रही है। बेशक, रक्षा का भी इससे बहुत गहरा सम्बन्ध है।' इसके बाद, उन्होंने रक्षा मंत्रालय में एक वैज्ञानिक सलाहकार की ज़रूरत को लेकर भाभा की सलाह का ज़िक्र किया। विशेष तौर पर वह समझते थे कि 'यह बहुत अच्छा होगा कि एक उच्च कोटि का व्यक्ति समय-समय पर हमें सलाह दे और भारत के दो अच्छे लोग भी साथ में आएँ।' भाभा उन दो अच्छे लोगों में से एक थे। इसके परिणामस्वरूप, प्रोफ़ेसर पी.एम.एस. ब्लैकेट को रक्षा विभाग

संगठन के लिए विज़िटिंग एडवाइज़र के तौर पर आमंत्रित किया गया और डॉ. डी.एस. कोठारी को रक्षामंत्री के वैज्ञानिक सलाहकार के रूप में नियुक्त किया गया (12 जुलाई, 1948)।

अप्रैल 1958 को नेहरू ने रक्षा विज्ञान संगठन के वैज्ञानिकों को सम्बोधित किया और उन तथ्यों की रूपरेखा प्रस्तुत की जो देश की वास्तविक रक्षा के लिए ज़िम्मेदार हैं। बाद में उसी साल, द्वितीय रक्षा प्रदर्शनी का उद्‍घाटन करते हुए नेहरू ने कहा, 'भारत में हमें, भले ही हम सैनिक हों, नौसैनिक हों या वायु सेना या साधारण नागरिक ही क्यों न हों, इस आधुनिक विज्ञान और आधुनिक तकनीक की रफ़्तार को पकड़ना होगा। हमारे पास इसके अलावा कोई दूसरी उम्मीद नहीं है।' 31 अगस्त, 1959 को, रक्षा सामग्री उत्पादन कॉन्फ्रेंस में, उन्होंने एक बार फिर रक्षा उपकरणों के देश के भीतर ही उत्पादन पर ज़ोर देते हुए 'आयातित हथियारों के भरोसे रहनेवाले देशों को दोयम दर्जे के देश बताया'। 13 अप्रैल, 1960 को डिफ़ेंस साइंस लेबोरेटरी में दिए गए भाषण में उन्होंने एक बार फिर आत्मनिर्भरता को रेखांकित करते हुए कहा, 'बाहर से मँगाए गए आला दर्जे के हथियारों के भरोसे रहने से बेहतर है कि देश में ही बनाए गए हथियारों पर निर्भर रहा जाए, भले ही वे दोयम दर्ज़े के हों। जो लोग हथियार सप्लाई करते हैं, उन्हीं के भरोसे बने रहे तो हम कभी साइंस और टेक्नोलॉजी के क्षेत्र में अद्यतन नहीं हो पाएँगे।'

इम्पीरियल (बाद में इंडियन) काउंसिल ऑफ़ एग्रीकल्चरल रिसर्च, देश में वैज्ञानिक अनुसन्धान का सबसे पहला संगठन था। नेहरू कृषि को भारतीय अर्थव्यवस्था का आधार मानते थे। उन्होंने ख़ुद को इंडियन काउंसिल ऑफ़ एग्रीकल्चरल रिसर्च की गतिविधियों से जोड़ा और इसके बहुत सारे संस्थानों का दौरा किया।

औषधि और स्वास्थ्य के क्षेत्र की ओर उनका विशेष ध्यान था। स्वास्थ्य-मंत्रियों के अधिवेशन में स्वास्थ्य और औषधि से जुड़ी समस्याओं पर विचार-विमर्श करते हुए, उन्होंने व्यक्ति विशेष की स्वास्थ्य सम्बन्धी समस्या पर बल देने की अपेक्षा जन स्वास्थ्य और बीमारियों की रोकथाम की ज़रूरत पर विशेष बल दिया। उन्होंने भारतीय चिकित्सा व्यवस्था के उन शानदार दिनों को भी याद किया जब उसका लोहा दूर-दूर तक माना जाता था। चिकित्सा की भारतीय पद्धतियों को आधारभूत रूप से समग्रता में न भी स्वीकार किया जाए, फिर भी उचित था कि उसकी कुछ शानदार औषधियों को वैज्ञानिक परीक्षणों के बाद आधुनिक पद्धति में शामिल कर लिया जाए। 30 दिसम्बर, 1960 को शल्य चिकित्सकों के एक संगठन में बोलते हुए उन्होंने दवाइयों और शल्य चिकित्सा के महँगे होने की बात उठाई जो कि ग़रीब लोगों के बूते के बाहर की बात थी। उन्होंने दवाइयों की क़ीमत को राज्य द्वारा नियंत्रित किए जाने का प्रस्ताव दिया जिससे समाज की उन तक पहुँच बन सके। मेडिकल काउंसिल ऑफ़ इंडिया के सिलवर जुबली समारोह (1959) में बोलते हुए उन्होंने दवाइयों और स्वास्थ्य के क्षेत्र में शिक्षण और शोध के गिरते स्तर के प्रति चिन्ता व्यक्त की। ख़ासकर वह डॉक्टरों की गाँवों और पिछड़े पहाड़ी इलाक़ों

में जाकर सेवा करने की अनिच्छा को लेकर बहुत व्यथित थे। कुछेक बड़े शहरों, ज़िलों और क़स्बों के बड़े-बड़े अस्पतालों की बजाय गाँवों में छोटे अस्पतालों की ज़रूरत कहीं ज़्यादा थी। बढ़ती हुई जनसंख्या ने आर्थिक और सामाजिक विकास की राह में बाधाएँ उत्पन्न कीं और उनका मानना था कि चिकित्सा जगत को स्वयं ही परिवार नियोजन, बच्चों का सुनियोजित अभिभावक केन्द्रित पालन-पोषण और जन्म-दर नियंत्रण के प्रति जागरूक होना चाहिए।

लखनऊ के सेंट्रल ड्रग रिसर्च इंस्टीट्यूट और राज्य-स्वामित्व वाले हिन्दुस्तान एंटीबायोटिक्स, पिम्परी के उद्घाटन समारोह में दिए गए अपने भाषणों में उन्होंने आशा जताई कि औषधियों के क्षेत्र में होनेवाले शोध और उत्पादन को बाज़ारवादी शोषण से मुक्त किया जा सकता है। जनहित से जुड़े इस विशेष क्षेत्र पर राज्य का नियंत्रण होना चाहिए और जहाँ तक सम्भव हो राज्य के स्वामित्व में होना चाहिए। चिकित्सा के मुद्दे पर उन्होंने अपना अन्तिम भाषण 15 अप्रैल, 1964 में अखिल भारतीय आयुर्विज्ञान संस्थान, नई दिल्ली (एम्स) के दूसरे दीक्षान्त समारोह में दिया था। उन्होंने संस्थान द्वारा संख्या की बजाय गुणवत्ता पर अधिक ध्यान देने की प्रशंसा की, लेकिन साथ ही उन्होंने यह भी कहा कि, 'एक बात जो मुझे परेशान करती है वह यह है कि इस तरह के उत्कृष्ट संस्थान होने के बावजूद, हमारे देश में ऐसे बहुत से क्षेत्र हैं, ऐसे बहुत से ग्रामीण क्षेत्र हैं, जहाँ आधुनिक चिकित्सा नहीं पहुँच पाती।'

नेहरू का विभिन्न वैज्ञानिक और सामाजिक-वैज्ञानिक क्षेत्रों में बहुत गहरा प्रभाव था। उन्होंने उनकी गतिविधियों में तेज़ी लाने के लिए विकास की मुख्यधारा में शामिल होने में उनकी मदद की। बोर्ड ऑफ़ इरिगेशन एंड पावर को सम्बोधित करते हुए उन्होंने वनों की कटाई, जल के ठहराव (वाटर लॉगिंग) और बाढ़ नियंत्रण की पर्यावरणीय समस्याओं पर अपने विचार व्यक्त किए। उन्होंने विशाल सिंचाई और ऊर्जा परियोजनाओं को सँभालने हेतु उसे अनुभवहीन भारतीय हाथों में छोड़ने की बजाय विदेशी विशेषज्ञों को आमंत्रित करने में कभी संकोच नहीं किया। उन्होंने उन 'विशालकाय' परियोजनाओं को स्थापित करने की उस प्रवृत्ति के प्रति भी आगाह किया जिसमें बहुत अधिक पैसा और वक़्त लगता है; अपेक्षाकृत छोटे पावर और सिंचाई के प्रोजेक्ट जल्द सामाजिक-आर्थिक परिणाम देते थे।

एयरोनॉटिकल सोसाइटी को सम्बोधित करते हुए उन्होंने 1910 में फ्रैंकफ़र्ट में देखी हुई वायुयान प्रदर्शनी का ज़िक्र किया और आशा जताई कि इस सोसाइटी से उनका जुड़ाव इस उद्यम के नये-नये स्वरूपों के पक्ष में एक ज़हनी माहौल तैयार करेगा। एक एयरो क्लब का उद्घाटन करते समय उन्होंने युवक-युवतियों के अन्दर वायुमंडल के प्रति समझ पैदा करने के लिए ग्लाइडिंग की अनुशंसा की।

नेहरू ने भारतीय मानकीकरण की संस्थाओं को प्रोत्साहित किया और इस तरह से दशमलव आधारित सिक्के और भार व माप की मीट्रिक व्यवस्था को विषयबद्ध करने की दिशा का सूत्रपात किया। उन्होंने, 1959 में लोकसभा में, इंडियन स्टेटिस्टिकल इंस्टीट्यूट बिल प्रस्तुत किया, जिसने इस संस्थान को 'राष्ट्रीय

महत्त्व के संस्थान' का दर्ज़ा प्रदान किया, और कामकाज में इसकी स्वायत्तता को सुनिश्चित किया।

भारत में संयुक्त राष्ट्र संघ की संस्थाओं और उसके घटकों जैसे यूनेस्को, डब्लू.एच.ओ., ईकैफे, एफ.ए.ओ., यूनिसेफ और यूनाइटेड नेशंस एटॉमिक एनर्जी कमीशन के कामों से नेहरू सक्रिय रूप से जुड़े हुए थे।

विज्ञान के प्रति उनके विश्वास की सटीकतम अभिव्यक्ति होती है भारत सरकार द्वारा लोकसभा के पटल पर 13 मार्च, 1958 को रखे गए विज्ञान नीति प्रस्ताव में। इसने राष्ट्र की समृद्धि और जनता की सामाजिक एवं सांस्कृतिक उन्नति में विज्ञान और तकनीकी की भूमिका को स्वीकृति प्रदान की। इस प्रस्ताव के द्वारा सरकार ने संकल्पित किया कि 'हर सही तरीक़े से विज्ञान और वैज्ञानिक अनुसन्धान को उसके सभी घटकों—विशुद्ध, व्यावहारिक और शैक्षणिक—को बढ़ावा देगी; वह स्त्री-पुरुष सभी की रचनात्मक प्रतिभाओं को प्रोत्साहित करेगी और उन्हें वैज्ञानिक गतिविधियों में पूरा स्थान देगी; और सामान्यत: देश के सभी लोगों के लिए उन सभी फ़ायदों को सुरक्षित करेगी जो कि वैज्ञानिक ज्ञान और उसके क्रियान्वयन से उत्पन्न होते हैं।' इस नीति को लागू करने के लिए नेहरू ने मंत्रिपरिषद में वैज्ञानिक सलाहकार समिति की नियुक्ति की। नेहरू सरकार द्वारा विज्ञान और तकनीक को दिए गए प्रोत्साहन के चलते वैज्ञानिक शोध और विज्ञान-आधारित गतिविधियों पर होनेवाला ख़र्च 1948-49 के 1.10 करोड़ से बढकर 1965-66 में 85.06 करोड़ हो गया। विज्ञान और तकनीकी में प्रशिक्षित लोगों की संख्या 1950 के 188,000 से चार गुना बढकर 1965 में 731,500 हो गई।

'डिस्कवरी ऑफ़ इंडिया' के 'रिलिजन फ़िलॉसफ़ी एंड साइंस' शीर्षक अध्याय में नेहरू ने लिखा था, "वैज्ञानिक दृष्टिकोण और मिज़ाज ज़िन्दगी जीने का एक तरीक़ा है या होना चाहिए। यह सोचने का तरीक़ा, काम करने का ढंग और अपने लोगों से जुड़ने का सलीका होता है या होना चाहिए।' वह उन वैज्ञानिकों की आलोचना करते थे, 'जो शपथ तो विज्ञान की खाते हैं लेकिन अपने क्षेत्र विशेष से बाहर निकलते ही सब कुछ भूल जाते हैं।' 1950 में नेशनल फ़िज़िकल लेबोरेटरी का उद्घाटन करते समय उन्होंने वैज्ञानिकों को सलाह दी कि 'वह विज्ञान को जीवन या जीवन से जुड़ी समस्याओं के प्रति एक प्रवृत्ति या दृष्टिकोण के रूप में देखें।' अगस्त 1962 में, वैज्ञानिकों और शिक्षाविदों की कॉन्फ्रेंस को सम्बोधित करते हुए नेहरू ने कहा, 'जहाँ तक हमारा सवाल है, हम लोग निश्चित रूप से जो भी हमारी योजनाओं का तरीक़ा है और ख़ासतौर पर हमने विज्ञान और तकनीक को बढ़ावा देने के लिए जो कुछ भी कहा है, उसका सम्बन्ध केवल तकनीकी क्षेत्र से नहीं, बल्कि उन सब चीज़ों से है, जो इसकी पृष्ठभूमि में हैं—जीवन और उसकी समस्याओं के प्रति वैज्ञानिक प्रवृत्ति। अगर हम ज़्यादा से ज़्यादा वैज्ञानिक रुख़ के साथ काम नहीं करेंगे तो जो भी प्रगति हम ला रहे हैं वह पूरी तरह से सम्भव नहीं हो सकेगी, क्योंकि विज्ञान केवल नौकरी करने का नहीं बल्कि एक विशेष तरह से सोचने का प्रशिक्षण है।'

प्रधानमंत्री के रूप में नेहरू ने भारतीय विज्ञान कांग्रेस के वार्षिक सत्रों का उद्घाटन करना, उनमें हिस्सा लेना ख़ुद के लिए अनिवार्य जैसा कर लिया था। अपवाद केवल 1948, 1961 और 1964 में हुए। दूसरे वैज्ञानिक संस्थानों को भी उन्होंने प्रोत्साहन दिया। नेशनल इंस्टीट्यूट ऑफ़ साइंसेज़ की नींव रखते हुए, 19 अप्रैल, 1948 के अपने सम्बोधन में उन्होंने कहा कि 'मानवीय जीवन और संस्थाओं की बेहतरी के लिए विज्ञान के अलावा दूसरा और कोई रास्ता नहीं है। यही जीवन की समस्याओं के प्रति वैज्ञानिक रुख़ है।' इसी संस्थान के वार्षिक समारोह को 20 जनवरी, 1959 में सम्बोधित करते हुए, नेहरू ने वैज्ञानिकों को मनुष्यता के पक्ष में विचार करने की सलाह दी, 'क्योंकि हम अभी भी बहुत अच्छे मनुष्य नहीं रच पा रहे हैं।'

नेहरू ने विज्ञान की प्रगति में कार्यरत वैज्ञानिकों की भूमिका की हमेशा सराहना की, वह एसोसिएशन ऑफ़ साइंटिफ़िक वर्क्स ऑफ़ इंडिया के प्रथम अध्यक्ष भी चुने गए। उन्होंने इंडियन साइंस कांग्रेस के सत्रों के दौरान होनेवाली उसकी सालाना आम सभाओं को सम्बोधित किया।

शीर्ष भारतीय वैज्ञानिकों से निकट व्यक्तिगत सम्पर्क बनाने के साथ-साथ उन्होंने अपनी विदेश यात्राओं के दौरान वैज्ञानिक संस्थानों और वहाँ के वैज्ञानिकों से मिलने के अवसर का फ़ायदा उठाया। जिन मूर्धन्य वैज्ञानिकों के साथ उनके मधुर सम्बन्ध थे वे हैं, अल्बर्ट आइंस्टीन, बर्ट्रेन्ड रसल, हेनरी डेल, अलेक्ज़ेंडर फ्लेमिंग, ए.बी. हिल, फ्रेडरिक जोलिये-क्यूरी, नील्स बोहर, जे.डी. बर्नाल, जे.बी.एस. हाल्डेन और पी.एम.एस. ब्लैकेट।

इस लेख का समापन करने का सबसे अच्छा ढंग होगा, 1955 में भारतीय विज्ञान कांग्रेस को नेहरू के सम्बोधन को याद करना; उन्होंने कहा था :

"मैं किसी जड़ हठधर्मिता से बँधा हुआ नहीं हूँ और हमेशा अपनी ग़लतियों को स्वीकारने और उन्हें सुधारने के लिए तैयार रहता हूँ। मुझे लगता है यह दृष्टिकोण उस नज़रिये के क़रीब है जिसे वैज्ञानिक दृष्टिकोण कहा जाता है और इस तरह से देखें तो मुझे लगता है कि मैं वैज्ञानिक होने का दावा तो नहीं कर सकता लेकिन मेरा मिज़ाज ज़रूर वैज्ञानिक है।"

~

नेहरू, प्रेस और संसद[1]

निखिल चक्रवर्ती

[निखिल चक्रवर्ती (1913-1998) आज़ाद भारत के सबसे महत्त्वपूर्ण पत्रकारों में थे। उन्होंने 1959 में इंडिया प्रेस एजेंसी की स्थापना की और तुरन्त ही तत्कालीन प्रधानमंत्री के निजी सचिव एम.ओ. मथाई की जासूसी गतिविधियों

1. जवाहरलाल नेहरू : सेंटेनरी वॉल्यूम से।

का खुलासा किया। वह सामाजिक विषयों की प्रतिष्ठित पत्रिका *मेनस्ट्रीम* के संस्थापक सम्पादक थे। उन्होंने 1975-77 के आपातकाल में प्रेस की स्वतंत्रता के लिए और 1988 में राजीव गांधी सरकार के मान-हानि बिल के विरोध में संघर्ष किया। इस आलेख में चक्रवर्ती याद करते हैं कि नेहरू किस तरह लोकतंत्र के चौथे स्तम्भ को 'राष्ट्र निर्माण में सहयोगी' मानते थे, और प्रेस की स्वतंत्रता के लिए प्रतिबद्ध थे। वह नियमित प्रेस वार्ताएँ बुलाते थे 'जहाँ प्रश्नों का जवाब तुरन्त और अनौपचारिकता के साथ दिया जाता था, जिससे सरकार-प्रमुख और प्रेस के सदस्यों के बीच एक दोस्ताना समझ बनती थी।']

~

जवाहरलाल नेहरू के बारे में कुछ भी लिखना बहुत मुश्किल है। असंख्य लोगों ने उन्हें देखा और सुना है। अपने घटनापूर्ण जीवनकाल में उन्होंने असंख्य शब्द लिखे और उससे भी कहीं ज़्यादा बेहिसाब शब्द बोले। उन्हें गुज़रे पच्चीस साल हो चुके हैं, लेकिन आज भी वह उन लोगों द्वारा भी याद किए जाते हैं जिन्होंने उन्हें कभी देखा भी नहीं। वास्तव में, जैसे-जैसे साल बीतते जा रहे हैं, जवाहरलाल नेहरू पहले से कहीं ज़्यादा महत्त्वपूर्ण और प्रासंगिक हो रहे हैं। जब एक पर्वत को दूर से देखा जाता है तो उसकी भव्यता अपनी सम्पूर्णता में दिखाई देती है।

उनके जीवनकाल में, उनके बहुत से आलोचक थे मगर, उन्होंने हमेशा गरिमा के साथ उनका सामना किया और कभी भी उनके लिए कोई द्वेष नहीं रखा। उनका जीवन बहुत गहरी राजनीतिक गतिविधियों का रहा। अधिकांशतः वह राजनीति के पटल पर मुख्य अभिनेता की भूमिका में रहे। मगर, उन्होंने कभी भी अपने किसी विरोधी के प्रति अभद्र भाषा का प्रयोग नहीं किया और न ही कभी उन्हें बदनाम करने की कोशिश की, भले ही वो उनकी अपनी पार्टी के भीतर के हों या बाहर विपक्षी दल के। उनकी बहुत-सी कमियाँ रही होंगी लेकिन कोई भी, यहाँ तक कि उनका बड़े से बड़ा विरोधी भी उन पर ओछेपन का आरोप नहीं लगा सकता।

यहाँ यह बात सबसे अधिक ग़ौर करने लायक़ है कि उन्होंने हमेशा अपने आसपास की दुनिया में सक्रिय ताक़तों के बारे में एक स्वतंत समझ बनाकर ही अपनी नीतियाँ बनाईं और कार्य किया। कई वर्षों तक मेहनत करके उन्होंने वैश्विक ताक़तों और उनमें पारस्परिक सम्बन्धों के प्रति अपनी एक समझ बनाई थी। अपने इस प्रयास में नेहरू ने हमेशा एक समग्र और दीर्घकालीन दृष्टि रखने और इसे रोज़मर्रा की गतिविधियों के साथ जोड़कर देखने की कोशिश की। चीज़ों को समग्रता से देखने की इस कोशिश में उनका ज़ोर केवल राजनीतिक घटनाओं और समीकरणों पर नहीं होता था, बल्कि उसमें विज्ञान, दर्शन और सामाजिक स्थितियों में होनेवाले बदलाव भी समाहित रहते थे।

उनके लिए राजनीति कभी भी सत्ता हासिल करने का एक दुनियावी खेल-भर नहीं थी; उनके लिए इसके व्यापक निहितार्थ थे, इसीलिए उन्होंने देश और सारी दुनिया में, विशाल मनुष्यता की आकांक्षाओं को हमेशा ध्यान में रखा। उनका प्रयास

निरन्तर रूप से राजनीति के नैतिक पहलुओं को ध्यान में रखने का था, न कि सत्ता को ही अन्तिम लक्ष्य मान बैठने का। इसी नज़रिए के कारण, उन्हें अपनी कमियाँ स्वीकारने में कभी संकोच नहीं हुआ।

हालाँकि वह इस बात का दावा कर सकते थे कि उनकी सरकार योजनाओं के ज़रिए औद्योगीकरण की नींव रख रही थी, और इस तरह भारत के एक आधुनिक राज्य के रूप में उभरने के साधन विकसित कर रही थी, उसे इस योग्य बना रही थी कि वो कठिनाई से हासिल की गई अपनी आज़ादी की रक्षा कर सके, लेकिन नेहरू, आख़िर तक, इस सच से वाक़िफ़ रहे कि जो आर्थिक उन्नति उनके नेतृत्व में हुई है, उसने न तो करोड़ों लोगों की ग़रीबी के अभिशाप को मिटाया है और न ही इससे धनवानों और वंचितों के बीच विषमता की गहरी खाई को पाटा जा सका है। इस सच को झुठलाने के लिए उन्होंने एक बार भी किसी नारेबाज़ी का सहारा नहीं लिया।

नेहरू सही मायने में अपने विचार दूसरों तक पहुँचाना जानते थे। सभी लोकतांत्रिक नेताओं को ऐसा होना ही चाहिए। हमारी आज़ादी के संघर्ष की सबसे प्रमुख विशेषता यह थी कि ये मूल रूप से करोड़ों लोगों की चेतना की जागृति पर आधारित था। निष्कर्ष यह है कि हमें आज़ादी किसी सैन्य तख़्तापलट से या किसी विदेशी मदद से नहीं मिली, बल्कि हमारी निहत्थी जनता की चेतना में इस भावना को जगाने से मिली कि उन्हें विदेशी ताक़त से डरना नहीं है और इस बात को समझना है कि ब्रिटिश राज को भारतीय जनता की एकता की ताक़त से ही ख़त्म किया जा सकता है। जनता के मन में इस बात को भली-भाँति बिठाने के लिए, हमारी आज़ादी की लड़ाई के नेताओं ने लोगों से सम्पर्क व संवाद स्थापित करने के लिए बहुत कल्पनाशील तरीक़े अपनाए। लोगों को यह विश्वास दिलाकर कि विदेशी ताक़त की सत्ता सिर्फ़ हमारे डर पर टिकी है, और डर से मुक्ति ही विदेशी सत्ता से मुक्ति की राह प्रशस्त करेगी, राष्ट्रीय नेताओं ने लोगों में अदम्य साहस पैदा कर दिया था। जैसे-जैसे जनचेतना जागृत होने लगी वैसे-वैसे साम्राज्यवादी ताक़तों का शिकंजा कमज़ोर होता गया और उसे शिकस्त खानी पड़ी।

यह महज़ संयोग नहीं था कि हमारे बड़े नेता पत्र-पत्रिकाओं के सम्पादक भी थे। तिलक 'केसरी' का सम्पादन करते थे, महात्मा गांधी ने 'यंग इंडिया' और 'हरिजन' का और नेहरू ने 'इंडिपेंडेंट' का सम्पादन किया और आगे चलकर 'नेशनल हेराल्ड' की नींव रखी। दूसरे बहुत से नेता अपने विचार समाचार पत्रों के माध्यम से रखते थे। उन दिनों प्रेस, स्वतंत्रता संघर्ष की बहुत महत्त्वपूर्ण सहायक शक्ति थी। इसके चलते पत्र-पत्रिकाओं में पक्षधरता का ऐसा भाव भी विकसित हुआ कि—सही या ग़लत आख़िर है मेरा देश—लेकिन इसके साथ इसने पत्र-पत्रिकाओं में काम करनेवालों के भीतर गहरी राष्ट्रीय प्रतिबद्धता भी सुनिश्चित की।

हालाँकि प्रेस को स्वाधीनाता संग्राम का सम्मानित सहायक मानने की भावना को आज़ादी के बाद भी बरक़रार रखने का प्रयास किया गया, लेकिन, ऐसा कर पाना मुश्किल था क्योंकि परिस्थितियाँ बदल चुकी थीं। ब्रिटिश स्वामित्व वाले समाचार पत्रों का हस्तान्तरण भारतीय हाथों में हो चुका था, और आज़ादी की आभा के अवसान के साथ ही देश-सेवा की परम्परा भी तेज़ी से लुप्तप्राय होती जा रही थी।

बदली हुई इस परिस्थिति में भी नेहरू ने इस परम्परा को ज़िन्दा रखने की पुरज़ोर कोशिश की।

ऐसे अनेक उदाहारण हैं जिनसे प्रेस को लोकतंत्र के चौथे खम्भे, एक सहयोगी के रूप में विकसित करने के लिए नेहरू की प्रतिबद्धता ज़ाहिर होती है। वे लोग जिन्हें जवाहरलाल नेहरू को एक प्रधानमंत्री के रूप में काम करते हुए देखने का सौभाग्य प्राप्त हुआ, जैसा कि मुझे नेहरू के देहान्त के दस वर्ष पूर्व तक मिला, इस बात को आसानी से समझ सकते हैं। इसके साथ ही, लोकतंत्र के एक मूलभूत तत्त्व के रूप में प्रेस की आज़ादी के प्रति उनकी निष्ठा को भी। नेहरू के लिए यह स्वाधीनता संघर्ष की परम्परा का ही विस्तार था। इस प्रतिबद्ध निष्ठा को केवल एंग्लो-सैक्सन उदारवाद के चश्मे से नहीं देखा जा सकता।

नेहरू की नियमित रूप से की जानेवाली प्रेस वार्ताएँ, हमारे लोकतंत्र की महान व सच्ची संस्था के रूप में विकसित हुईं। यह प्रेस वार्ताएँ बहुत यादगार हुआ करती थीं। इनमें सवालों के जवाब बड़ी तत्परता और सहजता से दिए जाते थे, जिससे कि शासनतंत्र के प्रमुख और पत्रकारों के बीच पारस्परिक दोस्ताना माहौल और समझदारी का रिश्ता क़ायम होता था। सरकार की नीतियों से जुड़े गम्भीर मसलों को बहुत गम्भीरता और बिना किसी वाग्जाल के पेश किया जाता था। कभी-कभी किसी "गूढ़-गम्भीर" बनाकर उछाले गए सवाल के जवाब में दिखनेवाले नेहरू के विट का आनन्द सभी लेते थे। उस समय सरकार और प्रेस के बीच में बाधाएँ नहीं थीं जैसा कि अब अक्सर देखा जाने लगा है। बल्कि हमेशा यह एक ऐसी सार्थक चर्चा साबित होती थी, जिसमें पारस्परिक सम्मान रहता था। इस सबके पीछे नेहरू की वह सोच और कोशिश ही थी कि राजनीतिक नेतृत्व और प्रेस के बीच एक घनिष्ठ सद्भाव का सम्बन्ध विकसित हो। इसे वे स्वाधीनता संघर्ष की विरासत के रूप में देखते थे।

नेहरू के शासनकाल के दौरान काम कर चुके पत्रकारों के बीच उनकी प्रेस की आज़ादी के प्रति प्रतिबद्धता को लेकर कोई मतभेद नहीं थे। यहाँ तक कि उनकी घरेलू व विदेशी नीतियों के कट्टर आलोचक भी उनकी इस प्रतिबद्धता को बिना किसी संकोच के स्वीकार करते थे। और जिस तरह से हमारे कुछ पड़ोसी देशों में अन्धकार व्याप्त था, उससे हम और स्पष्ट ढंग से उनकी इस प्रतिबद्धता की शक्ति को समझ सकते थे। 1950 में जब हमारा संविधान लागू हुआ, नई दिल्ली में 'आल इंडिया न्यूज़पेपर एडिटर्स' के कॉन्फ्रेंस में दिए गए अपने सम्बोधन में उन्होंने इस मुद्दे पर अपने सिद्धान्त और विश्वास को स्पष्ट करते हुए कहा था : 'मेरी समझ से प्रेस की स्वतंत्रता, एक व्यापक नज़रिये से, केवल एक नारा भर नहीं है, बल्कि यह लोकतांत्रिक प्रक्रिया का बुनियादी गुण है। मुझे इसमें कोई शक नहीं है कि भले सरकार प्रेस द्वारा ली गई छूट को नापसन्द करे और उसे ख़तरनाक समझे, तब भी प्रेस की स्वतंत्रता में हस्तक्षेप करना ग़लत है। उस पर रोक लगाने से आप कुछ बदल नहीं पाएँगे; आप लोगों के दिमाग़ में जो घुमड़ रहा है उसे केवल दबा भर सकते हैं, और इससे वह विचार और भी ज़्यादा फैलेगा। इसलिए मैं उस स्वतंत्रता को कुचलने या एक नियंत्रित प्रेस बनाने की अपेक्षा एक पूरी तरह से स्वतंत्र प्रेस देखना चाहूँगा,

भले ही उसमें उस स्वतंत्रता के दुरुपयोग के सारे ख़तरे मौजूद रहें।' इसके चार साल बाद, इसी संस्था को सम्बोधित करते हुए उन्होंने फिर कहा : 'मैं वैधानिक रूप से, या किसी और तरह से, सरकारी नीतियों की व्यापक आलोचना अथवा उनकी निन्दा के भी कभी आड़े नहीं आना चाहता हूँ।' उनकी मृत्यु के पच्चीस साल बाद भी सरकार के किसी नेता ने इस प्रकार का बेबाक संकल्प लेने की हिम्मत नहीं की है।

जब कोई नेता इस प्रकार की प्रतिबद्धता जताता है, तो पत्रकार वर्ग को भी अपने कर्तव्यों से जुड़े उत्तरदायित्व को लेकर उनकी किसी हिदायत को स्वीकार करने में कोई संकोच नहीं होता। ऐसा सिर्फ़ इसलिए था कि नेहरू ने जिस प्रकार से प्रेस की आज़ादी को सुनिश्चित किया था, उस नज़र से भारत के पत्रकारों ने कभी भी उनकी डाँट-फटकार या झिड़की पर प्रश्नचिह्न नहीं लगाया। 1954 में आल इंडिया न्यूज़पेपर एडिटर्स कॉन्फ्रेंस को सम्बोधित करते हुए नेहरू ने इस बात का दावा करते हुए कहा था कि 'जहाँ तक मेरा सवाल है मैं भारत में हर चुनाव हारने के लिए तैयार हूँ, मगर साम्प्रदायिकता और जातिवाद को बढ़ावा देने के लिए हरगिज़ नहीं।' उन्होंने प्रेस को भी अपने साथ साम्प्रदायिकता के विरुद्ध धर्मयुद्ध में शामिल होने का अह्वान किया। उन्होंने चटकीले या भड़काऊ शब्दों का नहीं, बल्कि बहुत गहन और मर्मस्पर्शी शब्दों का प्रयोग करते हुए कहा : 'हम सबके भीतर अच्छाई भी है, बुराई भी। लेकिन मुझे विश्वास है कि भारतीय लोगों में अच्छाइयाँ ज़्यादा हैं और अगर हम उनके अच्छेपन को प्रेरित करते हैं तो हमें हमेशा बहुत अच्छी प्रतिक्रिया मिलेगी। अगर हमारे समाचारपत्र इस बात को ध्यान में रखें और अच्छाई की अपील करें तो वो भारत की भावनात्मक एकता में महत्त्वपूर्ण भूमिका निभा सकते हैं। इस प्रकार वो बहुत महान सेवा करेंगे। हम केवल अतीत की हमारी साझी विरासत के बारे में न सोचें, बल्कि यह भी सोचें कि जिस भारत का हम निर्माण कर रहे हैं वो भी हम सबकी साझी विरासत होगा। मैं यह बात सम्पादकों से कहना चाहूँगा कि लोगों की इस तरह सेवा के साथ वह आख़िरकार अपने धर्म को भी निभा रहे होंगे।'

केवल जातिवाद और साम्प्रदायिकता को ही लेकर उनके मन में निन्दा का भाव नहीं था, बल्कि अश्लीलता व अभद्रता को लेकर उनमें स्पष्ट तौर पर घृणा का भाव था :

'कभी-कभी मैं सोचता हूँ कि क्या अभिव्यक्ति की आज़ादी में सभी तरह की अश्लीलता और घृणित हरकतें भी शामिल हैं! मेरी आज़ादी की जो अवधारणा है उसमें इनका स्थान नहीं है। जनता की अभिरुचियों का पतन ख़तरनाक है। हमें इसका विरोध करना चाहिए।'

जवाहरलाल नेहरू ने कभी भी मीडिया से जुड़े लोगों को नीचा दिखाने की कोशिश नहीं की, क्योंकि वो उस सम्बन्ध को आगे ले जाने की कोशिश कर रहे थे जो स्वाधीनता संग्राम के दौरान राजनीतिक नेतृत्व और प्रेस के बीच विकसित हुआ था। उन्होंने हमेशा शिष्टता व सम्मान का परिचय दिया। उन्होंने कभी भी ख़ुद को ऊँचा रखकर पत्रकारों से बात नहीं की, लेकिन उनकी कमज़ोरियों की ओर इशारा करने का उनका तरीक़ा बहुत लाजवाब था। इसका एक उदाहरण देखिए जिसमें वह

कहते हैं : 'कुछ हद तक राजनेताओं और समाचार पत्र से जुड़े लोगों या पत्रकारों में बहुत समानताएँ हैं। दोनों बहुत बोलते हैं, बहुत लिखते हैं, और बहुत उपदेश देते हैं : और दोनों को ही अपने काम के लिए किसी ख़ास योग्यता की ज़रूरत नहीं होती है!'

राजनेताओं और पत्रकारों में अगर बोलने या लिखने की क्षमता है तो वह चलते रहते हैं। बोलने में कह क्या रहे हैं, इसकी परवाह कोई नहीं करता। पत्रकारों के घमंड को शायद ही कोई और नेता इस तरह ध्वस्त कर सकता था।

जवाहरलाल नेहरू ने बार-बार ठहरने, ध्यान देने और विचार करने पर ज़ोर देने की बात की। 1952 में वो कहते हैं कि 'आमतौर पर एक राजनेता या एक पत्रकार के पास निश्चिन्तता के बहुत ही कम क्षण होते हैं, क्योंकि उसे दिन-प्रतिदिन, घंटे दर घंटे, मिनट-दर-मिनट काम करना पड़ता है। उसके पास सोचने का समय ही नहीं होता। यह हमारी वर्तमान सभ्यता की सबसे बड़ी कमी है। न केवल अख़बारों में काम करनेवाले और राजनेता ही, बल्कि दूसरे अन्य लोगों को भी धीमे-धीमे विचारहीन क्रियाशीलता की चक्की में फँसा दिया गया है।' इसी मुद्दे पर, कुछ समय बाद फिर, वह अपने विचार व्यक्त करते हैं, हमारे दौर की एक बात जो सब पर बुरी तरह हावी हो गई है और जिस पर ध्यान देने की ज़रूरत है, वो यह है कि लोग धीरे-धीरे सोचने की कला ही खोते जा रहे हैं। वो अक्सर दूसरों के विचारों को ही अपना मान लेते हैं। लोग पूरी तरह से वैचारिक सैन्य अनुशासन में बाँध दिए गए हैं; न केवल उन देशों में जिन्हें अधिनायकवादी कहा जाता है, बल्कि दूसरे देशों में भी, जिन भी परिस्थितियों में वो रह रहे हों। उन्हें सोच-विचार की इज़ाज़त ही नहीं है और जो भी व्यक्ति बहुसंख्यक भीड़ में शामिल नहीं होता, उसके लिए यह मुश्किल हालात हैं। उसके ख़िलाफ़ कोई क़ानून तो नहीं होता लेकिन परिस्थितियाँ उसके ख़िलाफ़ होती हैं। इस मामले में अख़बार बहुत अच्छी भूमिका अदा कर सकते हैं, हालाँकि अख़बार भी लोगों को सोच-विचार के लिए प्रेरित करनेवाले माध्यम की बजाय पॉकेट डायजेस्ट हो गए हैं।'

इस बात का अन्दाज़ा लगाना मुश्किल नहीं है कि नेहरू आज की टेलीविज़न की दुनिया को देखकर क्या महसूस करते, जो 'जल्दबाज़ी' के एक ऐसे कैप्सूल में तब्दील हो चुकी है जिसका उद्देश्य फटाफट लोगों के पेट में ही जाना होता है।

नेहरू किसी मठाधीश की तरह नीति उपदेश नहीं देते थे। उनमें अपने विचारों को सटीक तरह से सम्प्रेषित करने की क्षमता थी और यह उनकी एक मनुष्य के रूप में महानता है। उनके वह पत्र जो वो बिला नागा 1960 तक, हर पखवाड़े मुख्यमंत्रियों को लिखते थे और जो पत्राचार के ज़रिये राजनीतिक शिक्षा का अभिनव प्रयोग था, उनमें राष्ट्रीय से लेकर अन्तराष्ट्रीय सभी महत्त्वपूर्ण पहलू शामिल रहते थे। उनका लहज़ा कभी भी एक धमकानेवाले नेता का नहीं होता था बल्कि उसमें अनौपचारिकता अन्तर्निहित होती थी, एक ऐसी शैली जो आज हमारे राजनीतिक जीवन में पूर्ण रूप से ग़ायब हो गई है।

न केवल प्रेस के साथ अपने बर्ताव में, बल्कि अन्य लोकतांत्रिक गतिविधियों के क्षेत्रों में भी, जवाहरलाल नेहरू ने स्थायी परम्पराओं की स्थापना की। ऐसी ही एक

संस्था थी संसद। तत्कालीन विपक्ष आज के मुक़ाबले संख्या बल में बहुत कम था, मगर यह नेहरू की बुद्धिमत्ता और अन्तर्दृष्टि थी कि उन्होंने विपक्ष को भी अपनी बात रखने को उनकी संख्या बल के अनुरूप मिलनेवाले अवसरों से कहीं अधिक अवसर उपलब्ध कराए। वो इस बात को भली-भाँति समझते थे कि भारत जैसे बहुआयामी समस्याओं वाले देश में, बिना सभी की सहज आम राय के, लोकतंत्र कामयाब नहीं हो सकता। इस देश में लोकतंत्र की वास्तविक स्थापना संवेदनहीन बहुसंख्यवाद के ज़रिये नहीं बल्कि वास्तविक आम राय के ज़रिये ही हो सकती है।

जब मैं सैंतीस साल पहले दिल्ली आया, तब प्रेस गैलरी से दोनों सदनों की कार्यवाही देखने को एक सौभाग्य माना जाता था। चाहे किसी कम महत्त्व वाले विषय पर होनेवाली चर्चा हो, लेकिन वहाँ बड़ी संख्या में सदस्यों की मौजूदगी को साफ़ तौर पर देखा जा सकता था। हर बड़ी बहस में तो सदन सदस्यों से लगभग पूरा भरा रहता था। सबसे ज़्यादा ध्यान देने की बात तो यह थी कि सदन के नेता के रूप में जवाहरलाल नेहरू हमेशा सदन में उपस्थित रहते थे। कभी-कभी अपनी फाइल निपटाने के साथ-साथ, वो सदन में चल रही चर्चा को बहुत ध्यान से सुना करते थे। शायद ही कभी ऐसा हुआ हो कि विपक्ष के नेता के बोलने के समय नेहरू स्वयं अनुपस्थित रहे हों।

नेहरू के मार्गदर्शन में, पार्टी के वरिष्ठ नेतागण नये नेताओं के कामकाज पर अपनी नज़र रखते थे, नई प्रतिभा को पहचानते थे और संसदीय अनुक्रम में उन्हें ऊँचा उठाने में मदद करते थे। और, पीछे की ट्रेजरी बेंच का कोई प्रतिभावान नया सदस्य अपने को योग्य सांसद के रूप में निखारकर मंत्री पद के लिए उपयुक्त समझा जा सकता था।

मुझे बहुत अच्छी तरह से ऐसी एक घटना याद है जब इस तरह की प्रतिभा को पहचानने का काम हमारे सामने ही हुआ था। एक दिन की बात है जब सिंचाई मंत्रालय की ओर से की गई बजट की माँग पर चर्चा चल रही थी। एक निर्दलीय, बिलकुल अनजाने-अनपहचाने सदस्य उस समय बोल रहे थे। उस दिन सदन में सदस्यों की संख्या कम थी। लेकिन कुछ ही मिनटों के भीतर, प्रधानमंत्री नेहरू उठ खड़े हुए और स्पीकर से उस सदस्य को थोड़ा और समय देने की गुज़ारिश की जो अभी बोल ही रहे थे। जैसे ही वो सदस्य अपनी बात बोलकर बैठे, मैंने प्रेस गैलरी में मौजूद अपने एक साथी से कहा कि, यह सांसद जल्दी ही मंत्री बनेगा। मेरे साथी ने मेरी इस बात को नकार दिया। कुछ हफ़्तों के बाद हुए फेरबदल में वह संसद सदस्य वाकई सिंचाई विभाग के मंत्री बन गए। वह जाने-माने इंजीनियर डॉ. के.एल. राव थे।

नेहरू अपने तरीक़े से बार-बार इस बात की कोशिश करते थे कि संसदीय कार्यवाही का मूल आधार हो सभी सदस्यों के बीच परस्पर सम्मान की भावना। सभी लोग भले अलग-अलग दलों से हो सकते थे, लेकिन संसद की सीमा के भीतर सभी को एक जैसा रुतबा हासिल होता और सभी एक जैसे व्यवहार के हक़दार थे। उस समय ऐसी कोई बात नहीं थी कि शासक पार्टी के सदस्यों को अधिक प्रतिष्ठा मिलेगी और दूसरी पार्टी के सदस्यों को कम। जहाँ तक सदन की गरिमा और परस्पर सम्मान की बात है, सदन के नेता के रूप में नेहरू ने मिसाल क़ायम की। उनके होते

हुए दूसरों को अपशब्द बोलने या व्यक्तिगत आरोप लगाने के बारे में सोचा भी नहीं जा सकता था। सदन के किसी भी सदस्य को झूठा नहीं कहा जा सकता था, जैसा कि हाल ही में लोकसभा में हुआ।

'जनसाधारण के साथ संवाद स्थापित करते हुए नेहरू किसी धर्माचार्य जैसे नहीं, बल्कि एक संवादी की तरह व्यवहार करते थे। उनमें लोगों को सुनने की क्षमता भी इतनी ही अद्‌भुत थी जितनी कि बोलने की उनकी सामर्थ्य। जनसंचार के जाने-माने विद्वान विल्बर श्राम नेहरू के साथ अपनी मुलाक़ात की चर्चा करते हुए कहते हैं : 'दोपहर का समय था और वो काफ़ी शान्त और प्रसन्न थे। उन्होंने कहा, 'वैसे ये जनसंचार है क्या? मुझे नहीं लगता कि मैं इसके बारे में कुछ ज़्यादा समझ पाया हूँ।' और मैंने कहा, 'लेकिन प्रधानमंत्री जी आप जनता से संवाद स्थापित करनेवाले भारत के सबसे सिद्धहस्त व्यक्ति हैं।' मैंने उनकी सभा में आनेवाले सैकड़ों हज़ारों लोगों की भीड़, उनकी लिखी किताबों और उनके द्वारा किए प्रसारणों का ज़िक्र किया। उन्होंने अपना सर पीछे टिकाया और हँसने लगे।' उन्होंने कहा, 'अच्छा ऐसा है! इसका मतलब मैं इसके बारे में कुछ जानता हूँ।' उन्होंने इलेक्ट्रॉनिक सिस्टम का मज़ाक़ करते हुए बताया कि किस प्रकार उनके लम्बे-लम्बे भाषणों के बीचोबीच में ही लाउडस्पीकर या तो काम ही नहीं करते थे या फिर चलते-चलते बन्द हो जाते हैं। उसके बाद उन्होंने कुछ ऐसा कहा, जो मैं कभी नहीं भूला। उन्होंने कहा 'इससे हमारा आपस में बात करना आसान हो जाएगा।' मैं यह बात कभी नहीं भूलूँगा—"अपने पूरे जीवन-भर याद रखूँगा, इससे हमारा आपस में बात करना आसान हो जाएगा।"

~

नियोजित अर्थव्यवस्था : नेहरू की विरासत[1]

सुखमय चक्रवर्ती

[अर्थशास्त्री सुखमय चक्रवर्ती (1934-1990) ने पी.सी. महालनोबिस के साथ भारत की पंचवर्षीय योजनाओं को तैयार करने में मुख्य भूमिका निभाई। इस आलेख में, चक्रवर्ती ने लोकतांत्रिक, लोकतांत्रिक अर्थव्यवस्था—अर्थात् सभी के आर्थिक विकास में सार्वजनिक और निजी क्षेत्र की परस्पर पूरक भूमिका—के प्रति नेहरू की गहरी प्रतिबद्धता को रेखांकित किया है।]

~

नेहरू शताब्दी वर्ष के अवसर पर, मैं नियोजित अर्थव्यवस्था की प्रकृति पर नेहरू की विरासत के बारे में चर्चा करना चाहूँगा। मेरी चर्चा का सन्दर्भ आज की वह समस्याएँ होंगी जो देश के सामने खड़ी हुई हैं।

1. 'जवाहरलाल नेहरू : सेंटेनरी वॉल्यूम' से।

नियोजन या योजनागत विकास को आज उस तरह एक शानदार शब्द नहीं माना जाता जैसा चालीस साल पहले माना जाता था। आज यह मान लिया गया है कि बाज़ारी शक्तियाँ लोगों की उत्पादक क्षमता को उन्मुक्त करके ख़ूब तेज़ी से बढ़ा देती हैं। हाल के वर्षों में इस बात पर ज़ोर दिया गया है कि नियोजन का मतलब लाल फ़ीताशाही है, जो कि उद्यमशीलता का गला घोंट देती है। पश्चिम के नव अनुदारवादियों के बहुत मज़बूत तबक़े यह पुकार मचाते रहे हैं कि 'हमारी पीठ से राज्य का भूत हटाओ'। कमोबेश यही आवाज़ भारत में भी सुनाई दे रही है। नेहरू के प्रति एक गहरे सम्मान के चलते अभी भी लोग भारतीय नियोजन के वास्तविक अनुभव और उसकी सारी कमियों का ठीकरा नेहरू के आर्थिक नक़्शे पर नहीं फोड़ते, लेकिन, इसमें शक नहीं है कि नेहरू इस क्षेत्र में आलोचनाओं से परे नहीं रहेंगे।

यह वास्तविकता है कि भारत के आर्थिक तथा सामाजिक विकास के लिए नियोजन प्रणाली को नेहरू ने बहुत गहराई और व्यापकता से स्वीकार किया था। यह स्वीकार इतिहास के किसी अव्यावहारिक व जड़ दर्शन पर निर्भर नहीं था। नियोजित अर्थव्यवस्था से उनका आशय था—एक ऐसा शासन, जहाँ दूरदर्शिता, सद्भावना और सहयोग से हर काम हो सके। इसके विपरीत, बाज़ार अर्थव्यवस्था में सब कुछ संयोग पर निर्भर होता है। कभी-कभी ऐसा होता है कि बाज़ार अर्थव्यवस्था में सब कुछ ठीक तरह से चलता रहता है, लेकिन फिर लम्बे अन्तराल भी आते हैं, जब चीज़ें ठहर जाती हैं और दुर्दिन बढ़ने लगते हैं।

यह परिवर्तन का नियम कहा जाता है जिसमें 'अच्छा समय' और 'बुरा समय' आता रहता है। अर्थव्यवस्था में कभी 'उल्लास' और कभी 'मन्दी' होती रहती है। आज तक अर्थशास्त्री इसको पूरी तरह समझ नहीं सके हैं।

नेहरू कोई पेशेवर अर्थशास्त्री नहीं थे, लेकिन उन्होंने इतिहास का अध्ययन किया था और बहुत अच्छी तरह से किया था, जैसा कि उनकी शानदार किताब 'ग्लिम्पसेज़ ऑफ़ वर्ल्ड हिस्ट्री' से स्पष्ट है। वे बख़ूबी जानते थे कि उन्नीसवीं सदी में पूँजीवाद ने बहुत सारी उत्पादक ताक़तों को पैदा दिया है, लेकिन वह यह भी जानते थे कि इसकी वजह से मज़दूरों और अन्य लोगों को बहुत अधिक कष्ट सहने पड़े थे और उनका चला आ रहा जीवन छिन्न-भिन्न हो गया था।

वह रूसी क्रान्ति से प्रभावित थे और उसे मानव-इतिहास में एक नये चरण का सूत्रपात मानते थे। बीसवीं सदी के तीसरे दशक के अन्तिम वर्षों में वह सोवियत संघ गए और उन्होंने कई श्रृंखलाबद्ध लेख लिखे, जो 'दि हिन्दू' में अप्रैल और मई 1928 में प्रकाशित हुए। बाद में वह लेख पुस्तक के रूप में भी प्रकाशित हुए। उन्होंने महसूस किया कि जब संस्थाजनित पिछड़ेपन के शिकार देश विकसित होने की कोशिश करेंगे तो उन्हें सोवियत संघ के अनुभवों से बहुत से महत्त्वपूर्ण सबक़ मिल सकेंगे।

नेहरू, सोवियत रूस के आर्थिक विकास के मॉडल से प्रभावित थे। इसके बावजूद, उनके द्वारा नियोजित अर्थव्यवस्था को अपनाने के लिए, केवल इसी एकमात्र प्रभाव को सबसे बड़ा बौद्धिक कारण मान लेना उचित नहीं है। यहाँ यह याद रखना ज़रूरी है कि नेहरू के आर्थिक दृष्टिकोण के कुछ आयामों की जड़ें

रानाडे के चिन्तन में देखी जा सकती हैं, और, इसके अलावा, मैसूर राज्य में एम. विश्वेसरैया ने जो विकास का वास्तविक उदाहरण पेश किया था उसका भी उन पर असर है। विश्वेसरैया पर रानाडे के दृष्टिकोण का गहरा असर था।

इससे भी आगे, उन पर गांधी के विचारों का भी प्रभाव था, जिन्हें नेहरू पूरी तरह से स्वीकार तो भले न कर सकें लेकिन उन्हें पूरी तरह ख़ारिज भी नहीं किया जा सकता था। गांधी जी के विचारों की मुख्य विशेषता यह थी कि एक भारतीय किसान जिस तरह से चीज़ों को लेकर महसूस करता है, उससे उनकी अनुभूतियाँ गहराई से जुड़ी हुई थीं। नेहरू की सहज ज्ञानपरक भावनाएँ इस तरह की नहीं थीं। लेकिन नेहरू एक व्यापक समतावादी नज़रिये से ज़रूर सोचते थे और इस वजह से उनका मानना था कि विकास की इस यात्रा में किसानों को अलग करके नहीं देखा जाना चाहिए। नेहरू का यह दृष्टिकोण उनकी नियोजन की सोच का एक हिस्सा था। नेहरू सपने में भी नहीं सोच सकते थे कि भारत के औद्योगीकरण के लिए 'किसानों को निचोड़ लेना' एक ज़रूरी शर्त है। हालाँकि वह यह मानते थे कि औद्योगीकरण से ही भारतीय अर्थव्यवस्था को कृषि-क्षेत्र सहित एक दीर्घकालिक वृद्धि और टिकाऊपन मिल सकेगा।

विज्ञान, कृषि जैसे बहुत से क्षेत्रों में उन्होंने निजी क्षेत्रों की पहल का समर्थन तो अवश्य किया, लेकिन यह भी बिलकुल स्पष्ट है कि नेहरू ने अपने जीवन में कभी भी अर्थशास्त्र और राजनीति के मुक्त बाज़ार सिद्धान्तों को अंगीकार नहीं किया। नियोजन के प्रति उनकी प्रतिबद्धता उनके अन्तिम दिनों तक बनी रही क्योंकि वह मानव-संघर्षों के समाधान की दृष्टि से नियोजन के तार्किक महत्त्व को समझते थे।

नेहरू ने नियोजित विकास की रणनीति को दो संस्थागत प्रेरक ताक़तों के विचारपूर्ण मिश्रण की तरह परिभाषित किया। ये दो ताक़तें थीं—सार्वजनिक क्षेत्र और निजी क्षेत्र। हमारे समाज में ढाँचागत परिवर्तन का कार्यक्रम बनाने में राज्य को महत्त्वपूर्ण भूमिका अदा करनी होगी, इस तथ्य को वह मानते थे। लेकिन उन्होंने 'राज्य नियंत्रणवाद' को एक सिद्धान्त के तौर पर कभी पसन्द नहीं किया। इसी कारण उन्होंने इस बात पर बार-बार ज़ोर दिया कि नियोजन लोकतांत्रिक वातावरण में ही हो। यह याद रखना चाहिए कि प्रथम पंचवर्षीय योजना को भारत का संविधान स्वीकार किए जाने के बाद शुरू किया गया जिसमें वयस्क मताधिकार पर आधारित शासन-व्यवस्था को स्वीकार किया गया था, जिसे बहुत से लोगों ने जोख़िम भरा क़दम माना था। यह लोकतंत्र में नेहरू की आस्था के कारण ही सम्भव हो सका।

नियोजन के प्रति नेहरू की प्रतिबद्धता केवल उस विस्तृत दर्शन के प्रति शाब्दिक जोड़बन्दी नहीं थी। लोकतांत्रिक आर्थिक योजना पिछड़ी अर्थव्यवस्था में निश्चय ही कई विडम्बनाएँ खड़ी करती है। कभी-कभी, इन विडम्बनाओं पर ज़्यादा ज़ोर देकर बुद्धिजीवियों ने इसे असम्भव कहकर इसकी निन्दा की और सिफ़ारिश की कि इस 'प्राथमिक कार्य' को पूरा करने के लिए अधिनायकवादी शासन-प्रणाली को लागू करना चाहिए। यहाँ तक कि जो लोग 'प्राथमिक कार्य' दृष्टिकोण के बारे में एक राय नहीं हैं, वो भी अधिनायकवाद के पक्ष में अक्सर खड़े हो जाते हैं। नेहरू

ने इस तरह से कभी नहीं सोचा बल्कि लोकतांत्रिक व्यवस्था को सर्वोपरि रखते हुए वो धीमी गति से चलने के लिए भी तैयार थे, क्योंकि गांधी जी की तरह वह भी यक़ीन करते थे कि साध्य और साधन को एक-दूसरे से अलग करके नहीं देखा जा सकता। नेहरू को इस प्रकार के महत्त्वाकांक्षी कार्य में आड़े आनेवाली समस्याओं का गहरा अहसास था। इस कारण उन्होंने भारतीय बुद्धिजीवियों और समान विचार वाले विदेशी विद्वानों से सम्पर्क किया और उनसे परामर्श व स्पष्टीकरण प्राप्त किए। उन्होंने उनमें से पी.सी. महालनोबिस, वी.के.आर.वी. राव और होमी भाभा में अपने विचारों की कुछ प्रतिध्वनियाँ पाईं।

महालनोबिस के सहयोग से समग्र विकास की जो रणनीति नेहरू ने तैयार की, वह दरअसल नियोजन मात्र के सैद्धान्तिक निरूपण की दिशा में एक महत्त्वपूर्ण क़दम है। इस मुद्दे पर, मैंने अपनी किताब 'डेवलपमेंट प्लानिंग : द इंडियन एक्सपीरियंस' में कुछ विस्तार से चर्चा की है। यह सैद्धान्तिक निरूपण दूसरी पंचवर्षीय योजना के मसौदे में सबसे साफ़ रूप से दिखता है। इस योजना में निवेश आवंटन का व्यापक ढाँचा दिया गया था, साथ ही भाभा आधुनिक आधार की रचना कर रहे थे। नेहरू के लिए यह कितना महत्त्वपूर्ण था, सब जानते ही हैं। यह भी कि नेहरू की साफ़ राय थी कि औद्योगीकरण के बिना भारत का सदियों पुराना पिछड़ापन दूर नहीं किया जा सकता।

क्या नेहरू का यह ख़याल सही था? बुनियादी तौर से—'हाँ'। द्वितीय पंचवर्षीय योजना में उन्होंने औद्योगीकरण के लिए भारी उद्योगों की स्थापना पर आधारित मॉडल चुना। इस वजह से उन्हें बहुत से उन अर्थशास्त्रियों की आलोचना सहनी पड़ी जो कि यह मानते थे कि एक पिछड़े देश में 'सबसे पहले कपड़ा उद्योग' की रणनीति बेहतर होगी। उन्होंने निर्यात की सम्भावनाओं को नज़रअन्दाज़ करने के लिए भी उनकी आलोचना की है। जितने आत्मविश्वास के साथ वो उन पर यह अभियोग लगाते हैं, उसे मैं सही नहीं समझता। मेरा मानना है कि कोयले और कच्चे लोहे के सम्पन्न संसाधनों के चलते और मैसूर राज्य के स्टील निर्माण के औद्योगिक अनुभव और विशेषकर टाटा का अनुभव, इस सबको देखते हुए 1950 के दशक में भारत के विकास हेतु स्टील उत्पादन बढ़ाने पर बल देना ही उचित था। प्राथमिक उत्पादन वस्तुओं के निर्यात का बहुत बेहतर भविष्य न तब था, न अब है। नेहरू-महालनोबिस की रणनीति निर्यात के स्थान पर स्टील उद्योग में शुरुआती निवेश करके वृद्धि पाने की थी और उसके बाद निर्यात बढ़ाने की थी। यह दुर्भाग्यपूर्ण है कि यह रूपान्तरण अभी तक पूरा नहीं हो सका है। लेकिन इसको समझने के लिए हमें नीतियों को लागू कर सकने के अपने ख़राब रिकॉर्ड को देखना चाहिए, जिसमें समयबद्ध आधुनिकीकरण कर सकने में बेतरह देरी और असफलता शामिल है।

फिर भी, 1950-65 के दौर पर ग़ौर करने पर मुझे यह मानना होगा कि कृषि क्षेत्र उपेक्षित हुआ यद्यपि ऐसा जान-बूझकर नहीं हुआ बल्कि कुछ सरलीकृत धारणाओं को मान लेने के कारण ऐसा हुआ। संस्थागत परिवर्तनों से कृषि क्षेत्र में भी भारी परिवर्तन होगा, ऐसा सोचा गया था, किन्तु इस बात की सावधानी से जाँच-परख

नहीं की गई कि आधारभूत स्तर पर भी वास्तव में परिवर्तन हो रहा है अथवा नहीं। हालाँकि, भूमि-सुधार का प्रथम चरण क्रियान्वित किया गया, किन्तु, 'जोतनेवाले को खेत' का महत्त्वपूर्ण द्वितीय चरण पूरा नहीं हो सका, जो कि भूमि सुधारों की समस्या के लिए कांग्रेस के दृष्टिकोण का एक ज़रूरी हिस्सा था। इसलिए, जब बाद में उत्पादन बढ़ाने के लिए तकनीकी परिवर्तन किए गए, तब उसके फ़ायदे विभिन्न क्षेत्रों और सामाजिक स्तर पर असमान रूप में बँट गए। यहाँ यह याद रखना चाहिए कि नेहरू कृषि सम्बन्धों के पुनर्गठन को बहुत महत्त्व देते थे जैसा कि वह उत्तर प्रदेश की स्थितियों से भली-भाँति वाक़िफ़ थे जो कि मुख्यत: ज़मींदारी वाला इलाक़ा था। प्रश्न है कि इस दिशा में उन्होंने निर्णायक क़दम क्यों नहीं उठाया? मुझे लगता है कि यह एक बड़ी चूक रही, जिसने स्थितियों को और मुश्किल बनाया है, ख़ासकर बदलती हुई जनसांख्यिकीय स्थितियों में। इतिहासकार शायद इस पर और रोशनी डाल सकते हैं। इस बुनियादी कमी के बावजूद, पहली तीन पंचवर्षीय योजनाओं ने भारतीय समाज और अर्थव्यवस्था को ठहराव के चंगुल से बाहर निकाला। यहाँ यह उल्लेख करना ज़रूरी है कि अगर विपरीत अन्तर्राष्ट्रीय परिदृश्य न होता तो तीनों योजनाओं के ज़रिये प्रगति की जो राह निर्धारित की गई थी, उससे हमारे जीवन का स्तर बदलने में और अधिक सफलता मिल सकती थी। जैसे-जैसे घटनाएँ बदलती गईं, नेहरू के चले जाने पर 1960 के मध्य के वर्षों में जो विपरीत बाह्य घटनाएँ हुईं, उसने बुद्धिजीवियों के दृष्टिकोण को बदला और निहित स्वार्थों को मज़बूत किया।

जहाँ एक ओर उत्पादन में अपेक्षाकृत बढ़ोतरी नहीं हो सकी है वहीं दूसरी ओर उसके साथ ही यह भी है कि जो विकास हुआ, उसके लाभों का ठीक वितरण भी नहीं हो सका है। विकास के प्रारम्भिक चरण में मिश्रित अर्थव्यवस्था में योजना का तर्क अधिक अनुशासन की माँग करता था। खपत और ख़ासकर विशिष्ट खपतों की शर्तों तथा उपभोक्ता वस्तु उत्पादन सरीखे सेक्टर में निवेश बहाव की शर्तों में। आय के बेहतर वितरण के साथ विकास की समस्याओं से निपटने के लिए बनाया गया संगठनात्मक ढाँचा हमारी आवश्यकताओं के हिसाब से बिलकुल पर्याप्त नहीं रहा। कई क्षेत्रों में उत्पादन बढ़ाने के लिए सार्वजनिक क्षेत्र ने महत्त्वपूर्ण कार्य किए और माँग का स्तर भी उत्साहजनक रखा, हालाँकि सार्वजनिक क्षेत्र का योगदान उन ऊँचाइयों को न छू सका जिसकी नेहरू ने कल्पना की थी। आज सामयिक रूप से विकास का मुख्य मुद्दा यह है कि किस प्रकार से संसाधनों का दोहन और उपयोग किया जाए कि हमारे सार्वजनिक क्षेत्रों का और बेहतर प्रबन्धन हो सके। मैं इस बात पर भरोसा नहीं करता कि मौजूदा संसाधनों का 'निजीकरण' हमारी संसाधन-समस्या का कोई समाधान है; और मैं यह भी नहीं मानता कि सार्वजनिक क्षेत्र संसाधन-उपयोग का एकमात्र और सर्वप्रमुख उपकरण है। आख़िरकार जिस तरह की हमारी अर्थव्यवस्था है, उसमें सार्वजनिक क्षेत्र को तकनीकी बदलाव की दिशा में बहुत महत्त्वपूर्ण योगदान करना है। हमारी अर्थव्यवस्था जिस उत्पादन-वृद्धि के पिछड़ेपन की समस्या से ग्रस्त है, उसे तब ही दूर किया जा सकता है जब

हम आधुनिक विज्ञान और तकनीकी का इस्तेमाल संसाधनों की उत्पादकता-वृद्धि में लगाएँ। इस मामले में सार्वजनिक क्षेत्र की क्षमता असन्दिग्ध है लेकिन उसके भीतर लक्ष्यों और समस्याओं को लेकर प्रबन्धन और कर्मियों के बीच सम्प्रेषण बहुत कमज़ोर है।

इसमें कोई सन्देह नहीं है कि चालीस वर्षों की नियोजित अर्थव्यवस्था के कारण देश ने औद्योगिक विविधता में महत्त्वपूर्ण विस्तार किया है। श्री सी. सुब्रह्मण्यम और अन्य लोगों के प्रयासों के फलस्वरूप कृषि-उत्पादन का स्तर बढ़ा है और कामकाजी जनसंख्या की गुणवत्ता व कार्य-कुशलता बढ़ी है। लेकिन, दुर्भाग्य से यह भी बिलकुल स्पष्ट है कि विकास-प्रक्रिया के ये फ़ायदे असमान रूप से वितरित हुए हैं। अगर हम इन कमियों के कारणों का विश्लेषण करने का प्रयास करें, तब हम आख़िरकार इसी फ़ैसले पर पहुँचते हैं कि हमने कई राजनीतिक समझौते किए हैं, जो विकास के तर्क के विपरीत हैं। हाल के वर्षों में उपभोक्ता अप-संस्कृति के विकास को हम नहीं रोक पाए हैं। यह चीज़ हमारे देश के अनुकूल नहीं है, क्योंकि देश में इतनी अधिक बेरोज़गारी और अर्ध रोज़गारी है। दूसरे शब्दों में, हम मानव और भौतिक साधनों को ठीक तरह संगठित नहीं कर सके हैं, ताकि हम समस्याओं का सामना कर सकें। हमने लगातार हल्के और नरम उपायों पर भरोसा किया है।

हाल के वर्षों में कई प्रेक्षकों ने आत्मनिर्भरता के साथ विकास की रणनीति से हमें हटते हुए पाया है। क्या यह दृष्टि-भ्रम है या इसमें कोई ठोस सचाई है? यदि यह सचाई है, तो यह महसूस होगा कि नेहरू की नीतियाँ बड़े पैमाने पर बदली जा रही हैं। हमारी भुगतान समस्या काफ़ी दबाव में है। इसे सामान्य जनता भी जानती है। हमारा ऋण सेवा-अनुपात जो सामान्य रहता था, अब काफ़ी है और बढ़ रहा है। विदेशी सहयोग समझौतों के आधार पर उद्योगों की स्थापना तेज़ी से हो रही है। इस सबसे लगेगा कि बदलाव लाया जा रहा है। लेकिन पहले हमें दो बिन्दुओं पर ध्यानपूर्वक विचार करना चाहिए और उसके बाद ही इस नतीजे पर पहुँचना चाहिए कि क्या वास्तव में नेहरू की रणनीति बदली जा रही है! पहला, अगर अर्थव्यवस्था को खोलने के हाल के प्रयासों का उद्देश्य नये तकनीकी ज्ञान को प्रवेश कराना है जिससे हमारी उत्पादक शक्तियों की वृद्धि को मज़बूती मिलेगी, तो यह नेहरूवादी मार्ग से उस तरह का विचलन नहीं होगा जैसा एकदम से लग रहा है। लेकिन अगर, उसका उद्देश्य बुनियादी वस्तुओं के आधुनिकीकरण की बजाय केवल खपत का तेज़ी से आधुनिकीकरण करना होगा तो सचमुच हम उनके बताए रास्ते से हट रहे हैं। इसके अतिरिक्त यदि विदेशी क़र्ज़ से हमें रुपयों में बजट के घाटे की पूर्ति करनी है, तो इसका मतलब है कि साधन-स्रोतों के उपयोग के मोर्चे पर गम्भीर भूल हो रही है। देश में वर्तमान चर्चाएँ इन गम्भीर मुद्दों पर होनी चाहिए, क्योंकि यदि बात सच है और इसे रोका नहीं गया तो इससे हमारी अर्थव्यवस्था और शासनतंत्र में गम्भीर विकृतियाँ आएँगी।

इससे इनकार नहीं किया जा सकता कि हमारे जैसे समाज में समान विकास के लिए साधन-स्रोतों के संगठन की प्रक्रिया अत्यन्त जटिल है। किन्तु इसका यह

मतलब नहीं कि इस पर विचार करने की कम ज़रूरत है। यह कहना अतिशयोक्ति नहीं है कि यदि सही वक़्त पर इस पर हम सही फ़ैसला नहीं करते, तो हमारी दिक़्क़तें बढ़ेंगी। घरेलू बचतों, ख़ासकर सार्वजनिक बचतों की दर बढ़ाना एक बड़ी समस्या है और यह भी समस्या है कि किस प्रकार इसे समान आधार पर वित्तीय मदद की जाए। नेहरू तेज़ी से विकास की ज़रूरत के प्रति बहुत अधिक जागरूक थे और यह भी समझते थे कि आय और परिसम्पदाओं के समानतापूर्ण वितरण का लाभ उस सामाजिक-राजनीतिक वातावरण को बनाने में बहुत ज़रूरी है, जहाँ पर किसी सरकार के बने रहने की वैधता पर सवाल नहीं खड़े किए जा सकें। वैधता और औचित्य का बिन्दु उनके लिए इतना बड़ा था कि वो हमारी समस्याओं का केवल तकनीकी समाधान करने में यक़ीन नहीं करते थे, यद्यपि वह पूरी तरह विश्वास करते थे कि विज्ञान और टेक्नोलॉजी का अमूल्य योगदान हमारे भविष्य के निर्माण में है, जैसा कि हमने पहले भी कहा है।

आज भारत एकदम उस स्थिति से अलग है जहाँ पर वो उस समय था जब नियोजन की प्रक्रिया शुरू की गई थी। आज की दुनिया भी बहुत बदल चुकी है। हमने महत्त्वपूर्ण सफलताएँ पाई हैं लेकिन ऐसा बहुत कुछ है जो किया जाना बाक़ी है। क्या नियोजन प्रणाली, बाज़ार-अर्थव्यवस्था की तुलना में अपना महत्त्व खो चुकी है; जैसा कि दुनिया के कुछ देशों में नियोजन व्यवस्था से दूर होने की ज़बरदस्त प्रवृत्ति देखी जा रही है? मुझे ऐसा नहीं लगता। हालाँकि यह स्पष्ट है कि वर्तमान प्रवृत्तियों ने भारत के लिए यह ज़रूरी कर दिया है कि उसे नये व्यापारिक सम्पर्क और सम्बन्धों की दिशा में और अधिक चेष्टाओं की ज़रूरत है, लेकिन इससे अपने आप नियोजन को नकारने का प्रश्न नहीं उठता। ऐसा इसलिए है कि भारत एक बड़ा और विभिन्नता वाला धनी और तेज़ी से बढ़ती जनसंख्या वाला देश है। यहाँ पर उस तरह से उन प्राकृतिक संसाधनों की भरमार नहीं है जिनकी दुनिया में बहुत माँग हो। हमारे पास प्राकृतिक संसाधन के रूप में वो ख़ास सम्पन्नता बहुत-सीमित है जिसके सहारे हम बाहरी दुनिया से अच्छी वसूली कर सकें। इसका निहितार्थ यह है कि हमें अपने आन्तरिक संसाधनों को अब बहुत कुशलता से खर्चना होगा और यह केवल तुरन्त के लिहाज़ से नहीं बल्कि दीर्घकालिक सतत विकास की दृष्टि से करना होगा। इसमें हमें पारिस्थितिकीय दबाव के कारणों को भी ध्यान में रखना होगा।

आज नियोजन के ऊपर तीन सबसे बड़ी ज़िम्मेदारियाँ हैं। पहली, आनेवाली अजन्मी पीढ़ियों और भविष्य के लिए अच्छी गुंजाइश रखने की; दूसरी, समाज के ग़रीब तबक़ों की बेहतरी के लिए काम करना जिसमें पूर्वी भारत और मध्य भारत के पिछड़े हुए क्षेत्र शामिल हैं; तीसरा, सामाजिक रूप से उपयोगी तकनीकी को अधिक से अधिक उपयोग में लाने की सुविधाएँ प्रदान करना। इनमें से कोई भी काम बाज़ार के भरोसे नहीं छांड़ा जा सकता। कम से कम, आर्थिक सिद्धान्तों या आर्थिक इतिहास में और पूर्वी एशिया के इतिहास में भी, ऐसा कोई दृष्टान्त नहीं है जिससे उपरोक्त बात का खंडन होता हो।

यह ज़रूर है कि इसके लिए हमें अपनी नियोजन प्रणाली को और अधिक रणनीतिक रूप से पुष्ट करना होगा; कुछ मायनों में उसे और ज़्यादा विकेन्द्रित करना होगा, और क्रियान्वयन के स्तर पर और अधिक प्रभावी बनाना होगा।

निस्सन्देह इस सबके लिए हमें अपनी मानव कुशलता को और विकसित करने पर और अधिक ध्यान देना होगा। हमें नई उभर रही स्थितियों-परिस्थितियों से निपटने में और सक्षम होना होगा। हमें अपनी कार्य-संस्कृति के प्रति दृष्टिकोण भी बदलना होगा। लेकिन साथ ही, हमें सामाजिक उत्तरदायित्व की एक वृहद भावना को भी पुनर्जीवित करना होगा जो कि बाज़ारी तंत्र के केवल लाभ कमाने की संकीर्ण मनोवृत्ति से ऊपर की बात है।

आख़िरकार, नियोजन के लिए व्यापक आम राय की ज़रूरत है। ऐसी आम राय बनाने में ख़ुद नियोजन प्रक्रिया को महत्त्वपूर्ण भूमिका अदा करनी है।

नेहरू की नियोजन प्रणाली की विरासत बहुत मूल्यवान है क्योंकि उन्होंने नियोजन को एक सामाजिक उत्तरदायित्व की तरह देखा और उसे औपनिवेशिक दासता और लम्बे सामन्ती अतीत के हमारे ऐतिहासिक अनुभवों को ध्यान में रखते हुए प्रतिपादित किया। बीसवीं सदी के इन अन्तिम दशकों में इस विरासत को सहेजना और आगे बढ़ाना बेहद ज़रूरी है।

~

नेहरु युग में जीते हुए[1]

करतार सिंह दुग्गल

[करतार सिंह दुग्गल (1917-2012) पंजाबी, उर्दू, हिन्दी और अंग्रेज़ी चारों भाषाओं में लिखते थे। वे आल इंडिया रेडियो के निदेशक भी रहे। उन्हें 1988 में पद्मभूषण और 2007 में साहित्य अकादेमी फ़ेलोशिप प्राप्त हुई। इस आलेख में वह नेहरू के राजपुरुषोचित गुण याद करते हुए बताते हैं कि नेहरू अपने देशवासियों को दिल से चाहते थे और जब भी कभी उन्हें हिंसक भीड़ में बदलते देखते थे, बहुत दुखी होते थे। दुग्गल जी वह हतप्रभ करनेवाली घटना याद करते हैं जब विभाजन के दिनों में नेहरू क्नॉट प्लेस में दुकानों में लूटमार कर रहे दंगाइयों से ख़ुद भिड़ गए। इससे वहाँ मौजूद पुलिस बल का हौसला बढ़ा, और उन्होंने भीड़ पर क़ाबू पा लिया।]

~

सबसे पहले, मैं पंडित जवाहरलाल नेहरू की उन स्मृतियों को एक बार फिर से संक्षेप में दोहरा लूँ जो मेरे दिलो-दिमाग़ में अमिट रूप से बसी हैं।

1. 'जवाहरलाल नेहरू : सेंटेनरी वॉल्यूम' से।

उनकी आत्मकथा तब हाल ही में प्रकाशित हुई थी। पंडित जी के प्रति अपने लगाव के चलते मैंने फ़ौरन उसकी एक प्रति ख़रीदी, अपने लिए एक एकान्त कोना ढूँढ़ा और पढ़ना शुरू कर दिया। मैं उसे पढ़ने में इस क़दर मशगूल हो गया था कि खाना-पीना भूलकर देर शाम तक उसमें डूबा रहा। दूसरे दिन भी मेरा यही हाल रहा और उसके अगले दिन भी, जब तक कि मैंने वो किताब पूरी नहीं पढ़ डाली। इसे पढ़ना धर्मग्रंथों को पढ़ने जैसा अनुभव था।

कांग्रेस ने 1935 के इंडिया एक्ट के तहत होनेवाले प्रान्तीय चुनावों में हिस्सा लेने का निर्णय लिया था। जवाहरलाल नेहरू ने देश का तूफ़ानी दौरा किया। रावलपिंडी में अपने दौरे के दौरान उन्हें म्यूनिसिपल गार्डेन में एक सार्वजनिक सभा को सम्बोधित करना था। बड़े शानदार तरीक़े से उनके स्वागत की तैयारियाँ की गई थीं। सड़कें साफ़ की गई थीं, गलियाँ चमका दी गई थीं, तोरण द्वार सजाए गए थे, और पूरे रास्ते पर बैनर और झंडे फहरा रहे थे। शहर से झुंड के झुंड लोग रैली की जगह तक पहुँच रहे थे, जिनमें हिन्दू, मुस्लिम और सिख सभी शामिल थे। गाँव के लोग मीलों की दूरी तय करके पैदल या टट्टू या बैलगाड़ियों से चले आ रहे थे। म्यूनिसिपल गार्डेन लोगों की भीड़ से पूरा ठसाठस भर गया था। जवाहरलाल के आने का वक़्त हो चला था लेकिन उनका कहीं अता-पता नहीं था। तभी पता चला कि उनका प्लेन आने में देरी है। लेकिन लोगों को तो उन्हें सुनना था। लोग एक इंच भी टस से मस न हुए। वहाँ जमा हुए लोग इन्तज़ार करते रहे और तब तक करते रहे जब तक उनका प्लेन नीले आसमान में दिखने नहीं लगा। भीड़ ने नारे लगाने शुरू कर दिए, 'इन्क़लाब ज़िन्दाबाद, भारत माता की जय, जवाहरलाल नेहरू ज़िन्दाबाद'। नारों की आवाज़ और देशभक्ति के गीत तब तक गूँजते रहे जब तक कि पंडित जी का मोटर क़ाफ़िला अपने निर्धारित रैली स्थल तक नहीं पहुँच गया। जैसे ही लोगों को उनके प्यारे नेता की एक झलक मिली, पूरा जनसैलाब दीवानों की तरह उनकी ओर उमड़ पड़ा। उस जनसैलाब के बीच से उनके लिए रास्ता बनाना भी बड़ा मुश्किल काम था। जैसे ही वह मंच पर पहुँचे, वैसे ही एक बार फिर आसमान चीरनेवाले नारे वहाँ गूँजने लगे। यह शोर बढ़ता ही गया। और फिर पंडित जी ने अपना हाथ उठाया। और जैसे कोई परदा गिर गया हो वैसे ही वहाँ भी सब कुछ शान्त हो गया। यहाँ तक कि किसी परिन्दे की फड़फड़ाहट तक वहाँ नहीं थी। यह था नेहरू का जादू।

जब अपने भाषण के दौरान उन्होंने लोगों से दान देने की गुज़ारिश की तो लोगों में दान देने की होड़-सी छिड़ गई। मंच पर नोटों की और सिक्कों की थैलियों की बारिश होने लगी। महिलाएँ भी पीछे नहीं रहीं। उन्होंने अपने गहने, अँगूठियाँ, चूड़ियाँ, लॉकेट, गले के हार उतारकर उनके क़दमों में चढ़ा दिए। पूरा मंच उपहारों से भर गया था। और ये सब ब्रिटिश इंडिया की सबसे बड़ी सैन्य छावनी से थोड़ी ही दूर हो रहा था।

जब आज़ादी आई तो समस्याएँ भी साथ लाई।

इसमें सबसे तात्कालिक समस्या थी साम्प्रदायिक आग। भारत-पाकिस्तान सीमा पर दोनों तरफ़ कलह की आग सुलग रही थी। नोआखली, पंजाब और बिहार में दंगे

हो रहे थे और दिल्ली में भी शुरुआत हो गई थी। एक शाम, प्रसारण भवन से अपना काम ख़त्म करके, मैं पैदल ही घर वापसी के लिए निकला। जैसे ही मैं पार्लियामेंट स्ट्रीट स्थित रीगल बिल्डिंग के पास पहुँचा, मुझे रोक दिया गया। पार्क के दूसरी तरफ़ दंगाई ज़ोर-ज़ोर से नारे लगा रहे थे, दुकानें तोड़ रहे थे और लूटपाट मचा रहे थे। पुलिस असहाय दर्शक की तरह सब देख रही थी। वो केवल कनॉट प्लेस की ओर जानेवाले सभी रास्तों को बन्द कर रही थी। असहाय-सा वहाँ फँसा मैं सोच ही रहा था कि आख़िर और कितनी देर मुझे यह भयानक दृश्य देखना पड़ेगा, कि तभी मुझे एक वीआईपी एस्कार्ट गाड़ी के सायरन की आवाज़ सुनाई दी और फिर एक कार दिखाई दी। इस कार में प्रधानमंत्री थे। जैसे ही पंडित जी वहाँ पहुँचे, उन्होंने कार से निकलकर दंगाइयों से जूझना शुरू कर दिया। वो एक दंगाई को थप्पड़ मारते और दूसरे को ज़ोर से डाँटते। वो लोग जो सामान दुकानों से उठाकर ले जा रहे थे उसे पंडित जी उनसे छीनकर दोबारा दुकानों में रखने लगे। ख़ुद प्रधानमंत्री को इस तरह मौक़े पर जूझते देखकर पुलिस भी हरकत में आई। जल्द ही सारे दंगाइयों को क़ाबू में कर लिया गया। उसके बाद पंडित जी पास ही खड़ी एक कार की छत पर चढ़ गए और गुंडा तत्त्वों को झिड़कते हुए ज़ोर से बोले, 'पूरी दुनिया की नज़र आप पर है, आपको मालूम होना चाहिए कि आप क्या कर रहे हैं...'

हिंसा पर क़ाबू पाने के अलावा, उन करोड़ों शरणार्थियों को बसाना भी आसान काम नहीं था जिन्हें अपनी गृहस्थी और घर-बार से उजाड़कर सीमा पार से इधर खदेड़ दिया गया था। ये बेसहारा लोग देश की पूरबी और पश्चिमी सीमाओं पर बने शरणार्थी शिविरों में भरे हुए थे।

मुझे याद है, 1948 में पंडित जी पंजाब के एक क़स्बे फ़िरोज़पुर में एक सार्वजनिक सभा को सम्बोधित करने आए थे। उन्हें सुनने के लिए वहाँ कम से कम चार लाख लोग इकट्ठे हुए थे। यह लोग सीमा पर स्थित उन दूर-दराज़ के क़स्बों और गाँवों से चलकर आए थे जहाँ वो हिंसा के साए में रहने को मजबूर थे। वह सब वहाँ अपने उस नेता की एक झलक पाने के लिए आए थे जिसने उनके देश को आज़ादी दिलाई थी। उनके भाषण के बीच में, कुछ लोग खड़े होकर झंडा लहराते हुए सरकार विरोधी नारे लगाने लगे। पंडित जी ने लोगों को बैठ जाने और सभा में व्यवधान न करने को कहा। लेकिन उन लोगों ने उनकी बात को अनसुना कर दिया। उन लोगों ने फिर से नारे लगाने शुरू कर दिए मगर इस बार उन लोगों की हरकत से वहाँ बैठे दर्शक ग़ुस्सा हो गए और वहाँ झड़प होने लगी। पंडित जी ग़ुस्से से चिल्लाते हुए लोगों से बैठने और उनकी बात सुनने का अनुरोध कर रहे थे। लेकिन वो उपद्रवी शायद वहाँ उत्पात मचाने के लिए ही आए थे। यह देखकर पुलिस ने वहाँ लाठियाँ भाँजनी शुरू कर दीं। अपने सामने अपने देशवासियों को इस तरह पिटते हुए देखना पंडित जी के लिए बेहद पीड़ादायक था। उन्होंने पुलिस से लाठी चार्ज बन्द करने और वहाँ से हटने का आदेश दिया। अब उपद्रवी पुलिस वालों से बदला निकालने की कोशिश करने लगे और एक बार फिर वहाँ अफ़रा-तफ़री मच गई। पंडित जी पुलिस के ऊपर ज़ोर से चीख़े। वे वहाँ इस तरह लोगों को पिटते देखकर दुखी हो रहे

थे। उन्होंने उस जगह ख़ुद जाने की कोशिश की लेकिन एक सीनियर पुलिस अफ़सर ने उन्हें पकड़कर पीछे कर दिया। और उसके बाद वहाँ गोली चली और पूरी तरह से अफ़रा-तफ़री छा गई। नेहरू अपनी पूरी ताक़त से चिल्ला रहे थे। बताया जाता है कि उस झड़प में एक से ज़्यादा लोगों की जानें गईं। और कुछ ही मिनटों में उपद्रवी भीड़ को क़ाबू कर लिया गया। वहाँ उस समय एक चमत्कार घटित हुआ। पंडित जी ने उस चार लाख की भारी भीड़ को फिर से बैठकर उनकी बात सुनने के लिए तैयार कर लिया। उन्होंने अपनी बात की शुरुआत एक नीतिकथा से की और फिर एक माहौल सधने के बाद जब लोग शान्त हो गए तो उन्होंने अपने भाषण को वहीं से शुरू किया जहाँ छोड़ा था। और उनका भाषण क़रीब एक घंटे चला।

हिन्दी को आधिकारिक भाषा के रूप में स्थापित करने की हिन्दी समर्थकों की अति अधीरता भी बहुत क्लेशकारी थी। उन लोगों को बड़े-बड़े राजनीतिक दिग्गजों का समर्थन हासिल था। वह सबसे ज़्यादा रोब सूचना एवं प्रसारण मंत्रालय पर दिखाते थे जो सरदार पटेल के पास था। प्रसारण की भाषा में गम्भीर परिवर्तन कर दिए गए। नये भर्ती हुए हिन्दी के कार्यक्रम-निर्माताओं का दम्भ इतना बढ़ा हुआ था कि वो किसी भी अच्छी प्रसारण स्क्रिप्ट को ख़ारिज कर देते या फिर उसे दोबारा लिखकर इतनी कठिन बना देते कि सामान्य श्रोताओं के ऊपर से ही निकल जाए। पंडित जी को भी किसी मौक़े पर कुछ प्रसारण करना था। प्रधानमंत्री कार्यालय ने हमें पहले ही उनका अंग्रेज़ी में लिखा एक भाषण भेज दिया था और उसका हिन्दी रूपान्तरण तैयार करने के लिए कहा था। प्रधानमंत्री के उस भाषण का हिन्दी अनुवाद करने की ज़िम्मेदारी स्टाफ़ के सबसे वरिष्ठ हिन्दी विशेषज्ञ को सौंपी गई। जब प्रधानमंत्री ने अंग्रेज़ी में सम्बोधन रिकॉर्ड कर लिया तो उनके सामने उसका हिन्दी अनुवाद रखा गया। पंडित जी ने मुश्किल से उसका पहला पैराग्राफ़ ही पढ़ा होगा कि वह भड़क उठे, 'ये कौन सी ज़बान है?' इतना कहते ही उन्होंने स्क्रिप्ट उठाकर फेंक दी और उसी मूल अंग्रेज़ी को सामने रखकर हिन्दी में रिकॉर्डिंग करना शुरू कर दिया।

एक रेडियो प्रसारणकर्ता के रूप में मेरा सबसे यादगार अनुभव 1958 से प्रधानमंत्री के साथ काम करने से जुड़ा है, जब पंडित जी जबलपुर आए थे। उस समय मैं ऑल इंडिया रेडियो के भोपाल स्टेशन का प्रमुख था। जबलपुर मेरे ही कार्यक्षेत्र में आता था इसलिए मैंने ए.आई.आर. की टीम को लीड करने का फ़ैसला किया और इसकी ज़्यादा वजह पंडित जी के प्रति मेरा समर्पण भाव था। प्रधानमंत्री जी ने उस एक दिन में कम से कम छह कार्यक्रमों में हिस्सा लिया, जिसमें सैन्य ताक़तों के लिए विदेशी सहयोग से बने 'मैन' सैन्य वाहन का उद्घाटन भी शामिल था।

उस दिन का उनका अन्तिम कार्यक्रम कमला नेहरू के नाम पर बने जच्चा-बच्चा कल्याण गृह के उद्घाटन का था। उस समय तक काफ़ी शाम हो चुकी थी। पंडित जी को भी आने में बहुत देर हुई थी। ये उनका छठा कार्यक्रम था जिसे ए.आई.आर. कवर कर रहा था। मैं मंच के एकदम नज़दीक बैठा था। जैसे ही पंडित जी आए, उन्होंने सारी औपचारिकताएँ पूरी कीं और सीधे माइक्रोफ़ोन के पास पहुँच गए। एक पल को लगा जैसे उन्हें कुछ याद ही न हो कि वो किस कार्यक्रम में हिस्सा लेने वहाँ

आए हैं। उन्होंने आयोजकों से धीमी आवाज़ में पूछा कि यह कौन-सा कार्यक्रम है। जब उनको बताया गया कि यह कमला नेहरू जच्चा-बच्चा केन्द्र है तो ऐसा लगा जैसे वो किसी भावुक स्मृति में डूब गए हों। उन्हें देखकर ऐसा लग रहा था जैसे वो दसों साल पीछे चले गए हों। वह थोड़ी देर तक नम आँखें लिये बेज़ुबान हो गए और एक भी शब्द बोले बिना मंच से उतर गए।

उद्घाटन समारोह हो चुका था।

~

वह 27 मई, 1964 का दिन था जब मैं चौथी मंज़िल पर स्थित अपने कार्यालय में व्यस्त था कि तभी मेरे एक साथी ने आकर कहा, 'वह जा रहे हैं।' और फिर उसने जोड़ा, 'शायद वो जा ही चुके हैं।' यह सुनते ही मेरे हाथ से क़लम छूटकर गिर गई। मैं अपने कमरे से बाहर आया और सीढ़ियाँ चढकर उधर देखने लगा जहाँ से कोई भी संसद भवन पर फहराते झंडे को आसानी से देख सकता था। झंडा अब भी वहीं था, हमेशा की तरह लहराता हुआ। झंडे को एकटक देखते हुए मेरे भीतर पंजाबी में एक कविता जन्म लेने लगी थी :

आप मत मरिए,
मुझे मरने दीजिए,
आप मत मरिए।

आप मत मरिए,
आपकी जगह वो मर जाएगी,
आप मत मरिए।

आप मत मरिए,
आपकी जगह वे मर जाएँगे,
आप मत मरिए।

आप मत मरिए,
आपकी ज़िन्दगी कितने में ख़रीद लूँ,
आप मत मरिए।

आप मत मरिए,
अभी कितना ही वक़्त हुआ कि,
रामू हमारे साथ जिये हैं?
आप मत मरिए।

कविता की आख़िरी पंक्तियाँ मेरे होंठों पर थीं कि मैंने देखा कि संसद भवन का झंडा झुक रहा था।

पंडित जी में एक ऐसा अनकहा आकर्षण था जिसने मेरी पीढ़ी के युवाओं पर बहुत गहरा असर डाला। और उनका यह आकर्षण उनकी मृत्यु तक बना रहा।

मैंने यूँ तो बहुत से उपन्यास, लघुकथाएँ, कविताएँ और नाटक, साहित्यिक निबन्ध और आलोचनाएँ लिखी हैं और लोगों से ख़ूब प्रशंसा भी पाई है। लेकिन, मुझे पूरा यक़ीन है कि मेरा सबसे अच्छा लेखन मेरी आत्मकथा में हुआ है जिसका शीर्षक था, 'किसपे खोलूँ ग्रंथी'। मुझे ज़रूर स्वीकार करना होगा कि मैंने इसका विचार जवाहरलाल की आत्मकथा की तर्ज़ पर बनाया। यह आत्मकथा मुझसे ज़्यादा मेरे समय की कहानी है।

नेहरू लोगों के ही थे। वो उनके पास बार-बार जाते थे। वह उनकी टॉनिक थे। दिल्ली की पत्थर की दीवारें उन्हें बाँध नहीं सकती थीं।

उन्हें जब भी मौक़ा मिलता, वो लोगों के बीच पहुँच जाते थे। उन्होंने कहा है : 'मैं बाहर जाता हूँ और बहुत सारे लोगों से मिलता हूँ, अपने लोग, आपके लोग और उनसे बहुत सारी प्रेरणाएँ लेता हूँ। उनमें कुछ ऐसा है जो लगातार गतिमान होकर विकसित होता है और उनके साथ मैं भी विकसित होता हूँ।'

भुवनेश्वर में वो जिस कष्ट से गुज़रे उसके बाद उनके स्वास्थ्य को लेकर बहुत सारी कहानियाँ बनाई जाने लगीं, ख़ासकर विदेशी प्रेस में। के.ए. अब्बास पंडित जी से मिले और उन्होंने उनको सलाह दी कि उन्हें महीने में कम से कम दो बार टी.वी. पर दिखना चाहिए, इससे लोगों को ढाँढ़स बना रहेगा। पंडित जी ने तपाक से उत्तर दिया, 'अगर ऐसा है तो क्यों न मैं हर महीने एक-दो सार्वजनिक सभाएँ कर लिया करूँ?' दरअसल लोगों से मिलकर उनमें स्फूर्ति और बल आता था।

और ऐसा भी नहीं था कि नेहरू को कभी शत्रुतापूर्ण श्रोताओं का सामना न करना पड़ा हो। कई बार ऐसा हुआ कि उनकी सभा में बाधा पहुँचाने और उसे दिग्भ्रमित करने के इरादे से कई अराजक संगठन उनकी सभा में घुस आए। बहुत बार ऐसा हुआ कि वो बेधड़क अपने कट्टर आलोचकों के पास पहुँच गए और शायद ही कभी ऐसा हुआ हो कि अपने तेज़, अपने साहस, अपने हृदय की पवित्रता, अपनी गहरी मानवता, अपनी सचाई और अपने लोकतांत्रिक तरीक़ों से उन्होंने उनके दिलों को न जीत लिया हो। वो उस वक़्त के दुनिया के सभी नेताओं में सबसे अधिक सुन्दर और आकर्षक थे और उनका आकर्षण सामनेवाले को बेबस कर देनेवाला था। उनका प्रवाहमय व्यक्तित्व, बहुरंगी उत्साह, उनकी बौद्धिक सहिष्णुता, उनकी गहरी अन्तर्दृष्टियाँ, उनके आलोचकों को भी असहाय कर देती थीं। वो अपने मूल सिद्धान्तों पर कभी समझौता नहीं करते थे फिर भी उनके पास एक विशाल हृदय और व्यापक दृष्टि थी, जिसके द्वारा वह दूसरों का भी पक्ष समझ लेते थे। अपनी सार्वजनिक सभाओं में वह एक सख़्त अनुशासक थे। वो चाहते थे कि उनकी सभा में व्यवस्था चाक-चौबन्द रहे—माइक की व्यवस्था सही रहे, बैठने आदि का सही इन्तज़ाम हो। अपनी सभाओं में उन्हें बाहरी शोरगुल और अनावश्यक आवाज़ाही बिलकुल पसन्द नहीं थी।

नेहरू प्रचलित अर्थों में कोई वक्ता नहीं थे। उनके भाषणों की शुरुआत या उनका समापन पहले से सोचे-समझे तरीक़े से नहीं होता था। वो इसको दमदार बनाने की कोई अतिरिक्त कोशिश नहीं करते थे। वो जो सोचते थे उसे केवल शब्द दे देते थे। वह अपने श्रोताओं को अपने विचारों की गहन यात्रा पर अपने साथ बहा ले जाते थे। यह लोगों की चेतना में उतरने की उनकी विधि थी। वो एक विषय से दूसरे विषय में ऐसे जाते रहते, मानो भ्रमण कर रहे हों, और फिर लौटकर मुद्दे पर वापस आ जाते थे। और हर बार वो कुछ नया, कुछ ऐसा अभूतपूर्व अपने श्रोताओं के समक्ष रखते थे, जिससे उनके श्रोता पहले से वाक़िफ़ न होते...

...कई सालों में, उन्होंने आमजन की भाषा जो हिन्दी और उर्दू का मिला-जुला रूप थी, को विकसित किया। इसी भाषा में उन्होंने अपने देशवासियों से रोज़मर्रा की महत्त्वपूर्ण और अन्य जटिल समस्याओं पर बातें कीं। वो नये वाक्य-विन्यास रचते थे, नई शैली में बात करते थे लेकिन हमेशा अपनी बात को अपने श्रोताओं तक प्रभावी ढंग से पहुँचाने में सफल होते थे।

नेहरू ने इस हुनर को ख़ुद विकसित किया। वो लोगों से इस तरह से बात करते थे जैसे हम रेडियो पर करते हैं, सीधी, अपनेपन से भरी और लिखित शब्दों के आतंक से मुक्त। नेहरू या तो हिन्दुस्तानी ज़बान में बोलते थे या फिर अंग्रेज़ी में। ऐसा कहा जाता है कि जब कभी नेहरू हिन्दुस्तानी में बोलते थे तो पहले उस बात को अंग्रेज़ी में सोचते थे, और फिर उसे तत्काल हिन्दुस्तानी में अनूदित करके बोलते थे। यह बात झूठ नहीं है। हमारे पास मौलाना आज़ाद की गवाही है कि अपनी जेल यात्रा के दौरान जवाहरलाल नींद में भी अंग्रेज़ी में ही बड़बड़ाते रहते थे।

जवाहरलाल का मूल भाव अदम्य था। न वह किसी से भयभीत होते थे और न ही उनके मन में किसी के प्रति कोई दुर्भावना थी। उनके भाषण लगभग 90 मिनट के होते थे। वो तमाम अलग-अलग तरह के विषयों पर बात करते थे—स्थानीय, प्रान्तीय, राष्ट्रीय, अन्तर्राष्ट्रीय। वो अपने लोगों को शिक्षित करना चाहते थे, जनता का उन्नयन करना चाहते थे। अपनी मोहक और शान्त आवाज़ में वो बोलते जाते थे और लोग उनको सुनते हुए कभी ऊबते नहीं थे। कुछ बहुत-सी सामान्य बातें उनके मुँह से अद्भुत लगने लगती थीं और उनकी कुछ बहुत अजनबी बातें उनके श्रोताओं के मन में तुरन्त गहरे पैठ जाती थीं। अपने चुनावी दौरों के दौरान, वो लाखों लोगों को अपनी वक्तव्य शैली, अपनी निष्कपटता और व्यक्तित्व के जादू से अपनी तरफ़ मोड़ लेते थे।

प्रवाहमय सहजता, नेहरू के सार्वजनिक भाषणों की सबसे बड़ी ख़ासियत थी। उनके बोलने में कोई पूर्व निर्धारित शैली नहीं होती थी कि उनकी बातें जटिल लगें। वो बोलते वक़्त कई बार अटककर सटीक शब्द खोजने लगते थे (कई बार तो उनके श्रोता ही उन्हें सही शब्द सुझाते थे)। उनके कुछ बहुत पसन्दीदा मुहावरे थे जिन्हें वो दोहराते रहते थे। कई बार वह बोलते-बोलते ठहर जाते थे जो किसी को ग़लत भी लग सकता था; उनके बोलने के समय का कोई निश्चित ढाँचा नहीं था, फिर भी वह अपने श्रोताओं को मंत्रमुग्ध किए रहते थे।

शायद अगर कुछ उन प्रसारणों, जिसमें औपचारिकता रहती ही है, या कि संसद या औपचारिक अवसरों पर दिए गए सम्बोधनों को छोड़ दिया जाए; तो नेहरू को सुनकर कभी ऐसा नहीं लगता था कि वो कोई पहले से सोचा हुआ तर्क दे रहे हैं या कि पहले से तैयार कोई कथन केवल बोल-भर रहे हैं। वह दिमाग़ों को नये विचारों से झंकृत करते थे और अपने श्रोताओं को सोचने के नये रास्तों की ओर...

बहुत कम लोग अपने श्रोताओं को उस तरह से समझ पाते थे जैसे नेहरू। वह तथ्यों और विचारों को आपस में घुला-मिलाकर रखते थे। वह सूचनाओं को बहुत सहजता से थोड़ा करके सम्प्रेषित करते थे। वो श्रोताओं के हिसाब से अपने आपको ढाल लेते थे। नेहरू के सार्वजनिक भाषणों की गति व स्तर वे ख़ुद नहीं बल्कि उनके श्रोता ही तय करते थे। जितना श्रोताओं को नेहरू की ज़रूरत थी उससे कहीं ज़्यादा नेहरू को श्रोताओं की ज़रूरत थी।

वह अपने शब्दों को एक विलक्षण संगीतमय अनुभूति में ढाल लेते थे। मूलत: वह एक कलाकार थे, जो कभी-कभी अपने मुहावरों को सच्ची काव्यात्मक ऊँचाइयों पर ले जाते थे। अपने संवेदनशील हृदय के द्वारा, वह अपने भाषणों में उन उच्च साहित्यिक मूल्यों को प्रतिस्थापित करते से लगते थे, जो कि अक्सर लिखित शब्दों की बजाय बोलते वक़्त सामने आती थी।

नेहरू ने भारतीय इतिहास के पाँच महत्त्वपूर्ण दशकों का प्रतिनिधित्व किया है—संघर्ष का काल, विजय का पल और पुनर्निर्माण के दिन। जब वो लोगों से बात क़रते थे तो लोग उनमें ऐसे किसी नाटक के नायक की छवि देखते थे जिसमें पूरा देश सहभागिता कर रहा था, और जो मंच पर नाटक को आगे ले जाने के लिए फिर से प्रकट हुआ है। वो अपनी आख़िरी साँस तक लोगों के चितचोर आदर्श बने रहे।

~

कुछ शुरुआती यादें[1]

अली सरदार जाफ़री

[अली सरदार जाफ़री (1913-2000) उर्दू के मशहूर लेखक, शायर, आलोचक और फ़िल्मी गीतकार हुए हैं। इस लेख में वह नेहरू के साथ हुई अपनी मुलाक़ातों का स्मरण करते हैं जब शुरुआती 1930 के दशक में वह अलीगढ़ मुस्लिम यूनिवर्सिटी के छात्र थे। वह यह भी याद करते हैं कि नेहरू किस प्रकार सारे उपमहाद्वीप के सामाजिक और राजनीतिक जीवन में एक प्रकाश स्तम्भ की तरह थे।]

~

1. जवाहरलाल नेहरू : सेंटेनरी वाल्यूम, 1989 से।

आज़ाद भारत के प्रधानमंत्री बनने के कई साल पहले जवाहरलाल ने लखनऊ में भाषण देते हुए कहा : 'हिन्दुस्तान एक शानदार मुल्क है, और मैं भी एक शानदार आदमी हूँ।' उनकी इस बात में बच्चों जैसी मासूमियत थी जैसे कोई बच्चा अपनी माँ के साथ अपना जुड़ाव ज़ाहिर कर रहा हो। उनकी आवाज़ में झूठ का दिखावा नहीं, एक गर्व का भाव था। और दर्शकों ने इस बात पर ख़ूब तालियाँ बजाईं।

नेहरू की शख़्सियत चकित करनेवाली थी। वह बहुत आकर्षक थे। परवरिश एक कुलीन परिवार में हुई और उन्हें ऊँची आधुनिक शिक्षा मिली। उनके जीवन में तीन महान सांस्कृतिक परम्पराओं का सुन्दर समन्वय था : प्राचीन भारतीय सभ्यता जिसे कभी-कभी हिन्दू संस्कृति भी कहा जाता है, सुसंस्कृत मुग़ल जीवन-पद्धति और आधुनिक यूरोपीय वैज्ञानिक मिज़ाज। अत्यन्त स्वाभिमानी और असम्पृक्त मिज़ाज के होते हुए भी नेहरू आम जनता के ऐसे प्रिय व्यक्ति थे जो मानवता के सागर में तैरना पसन्द करते थे। उन्होंने भारत के हज़ारों साल के इतिहास को एक व्यापक विद्वत्ता की दृष्टि से देखा। उन्होंने इस आधुनिक युग में, भारत की नियति को ग़ालिब के अन्दाज़ में समझने और बनाने की कोशिश की : वह अतीत के स्मृति बोझ और लुभावने भविष्य के द्वन्द्व को भली-भाँति समझते थे। 'डिस्कवरी ऑफ़ इंडिया' में वह लिखते हैं : 'अगर अतीत ने हमें सच के कुछ पहलू दिखाए हैं तो भविष्य ने भी सच के कुछ पहलू छिपा रखे हैं और वह हमें उन्हें खोजने के लिए ललकारता है, पर अतीत भविष्य के प्रति ईर्ष्यालु होता है और वह हमें अपनी तगड़ी गिरफ़्त में जकड़े रहता है, और हमें भविष्य का सामना करने और उसकी ओर क़दम बढ़ाने के लिए ख़ुद को उस जकड़न से मुक्त करने के लिए बहुत जद्दोजहद करनी पड़ती है।' यह कथन एक ऐसे आधुनिक दिमाग़ को दिखाता है जो एक ओर तो आधुनिक विज्ञान पर मोहित है, वहीं उसके भीतर एक ऐसा इनसान भी वास करता है जो उतना ही प्राचीन है जितना वेद।

जवाहरलाल नेहरू की लोकतंत्र की अवधारणा में संकीर्ण राष्ट्रवाद, पुनरुत्थानवाद या साम्प्रदायिकता के लिए कोई जगह नहीं हो सकती थी। उन्होंने बहुत पहले 1930 में ही अपने विचारों को सूत्रबद्ध कर दिया था। अक्टूबर 1933 के 'द बाम्बे क्रानिकल' में उन्होंने लिखा : 'भारत किधर जा रहा है? बेशक समाजी और माली बराबरी की अहम और इनसानी मंज़िल की ओर, एक मुल्क के ज़रिये दूसरे मुल्क का और एक तबक़े के ज़रिये दूसरे तबक़े की लूट-खसोट को ख़त्म करने की ओर और अन्तर्राष्ट्रीय स्तर पर एक मिले-जुले समाजवादी विश्व संघ के ढाँचे के भीतर क़ौमी आज़ादी की ओर।'[1]

अपने लक्ष्य की प्राप्ति में होनेवाली देरी उन्हें हतोत्साहित नहीं करती थी, बशर्ते आन्दोलन सही दिशा में जा रहा हो क्योंकि 'एक महान उद्‌देश्य को पाने की कोशिश में उल्लास और प्रसन्नता और एक उपलब्धि की अनुभूति होती है।'

नेहरू जलती हुई लौ की तरह आलोकित थे और उन्होंने लाखों स्वतंत्रता सेनानियों के दिलों को अपनी रोशनी से रौशन किया। लोगों ने भी उन्हें भरपूर प्यार

1. उद्धृत कथन मूल रूप से 'जवाहरलाल नेहरू वाङ्मय', खंड-6, पृ. 16 से लिया गया है।

दिया। वह युवाओं के आदर्श थे। उनके लिखे को बड़ी उत्सुकता से पढ़ा जाता था। उनकी आवाज़ बहुत ध्यान से सुनी जाती थी। उनसे कोई भी मिल सकता था। लोग उनकी बस एक झलक पाने के लिए उनको घेरे रहते थे। कभी-कभी वो अपना धैर्य खो देते थे। उनके प्रशंसक उन्हें हर तरह के मूड में देखना चाहते थे।

मुझे जाड़े की वह रात याद है जो मैंने दिल्ली के एंग्लो-अरेबिक कॉलेज के कुछ अन्य छात्रों के साथ ग़ाज़ियाबाद के रेलवे प्लेटफ़ार्म पर इसलिए बिताई थी कि हम कालका मेल से इलाहाबाद से दिल्ली जा रहे जवाहरलाल नेहरू से सुबह-सुबह मिल सकें। वो अपने सेकंड क्लास कम्पार्टमेंट में अकेले थे और अपना बिस्तर बाँध रहे थे। हमने उन्हें बताया कि उन्हें कॉलेज में छात्रों के बीच भाषण देने के लिए तो आमंत्रित नहीं किया जा सकता, लेकिन, हमारे अंग्रेज़ प्रिंसिपल श्री वॉकर ने हमें आपके साथ एक चाय पार्टी करने की इज़ाज़त दे दी है। यह बहुत ख़ुशनुमा शाम थी। वह शानदार बातें करनेवाले व्यक्ति थे। उन्होंने कोई राजनीतिक बात नहीं की और उनकी ये बात हमारे प्रिंसिपल वॉकर को बहुत अच्छी लगी। और इस तरह हम जब चाहें, नेहरू को आमंत्रित करने की आज़ादी हमें मिल गई।

इसके लगभग दो साल पहले, शायद 1934 में अलीगढ़ मुस्लिम विश्वविद्यालय में छात्रों ने अपने कुलपति, सर रॉस मसूद की इज़ाज़त के बिना, उन्हें आमंत्रित कर लिया। विश्वविद्यालय में उनके प्रवेश पर वैसे कोई प्रतिबन्ध नहीं था, लेकिन, यह तो सभी जानते थे कि उनके आने से भारत के वायसराय की त्योरियाँ ज़रूर चढ़ सकती हैं। उन दिनों अलीगढ़ फ़ासीवाद विरोधी आन्दोलन का एक ज्वलंत केन्द्र बना हुआ था। इतिहास पढ़ानेवाले डॉ. के.एम. अशरफ़, अरबी के प्रवक्ता डॉ. अब्दुल अलीम, बहुत से छात्र जैसे अख़्तर हुसैन रायपुरी, सिब्ते हसन, हयातुल्ला अंसारी, अंसार हरवानी और बहुत से कवि और लेखक जैसे के.ए. अब्बास, मजाज़, जाँनिसार अख़्तर और सआदत हसन मंटो इस उग्र आन्दोलन के अग्रणी नेताओं में से थे।

एक दिन हमें पता चला कि पंडित जवाहरलाल नेहरू दिल्ली में हैं और जल्द ही इलाहाबाद लौटेंगे। तीन छात्र हयातुल्ला अंसारी, के.ए. अब्बास और अख़्तर हुसैन रायपुरी दौड़कर दिल्ली पहुँचे और उनसे अपनी यात्रा को बीच में रोककर, एक दिन का समय, अलीगढ़ में छात्रों से मिलने के लिए निकालने का अनुरोध किया। नेहरू को यह बात ठीक लगी और वह राज़ी हो गए। लेकिन जब सुबह दस बजे कालका-हावड़ा मेल अलीगढ़ रेलवे स्टेशन पर पहुँची, तो सर रॉस मसूद और प्रोफ़ेसर मोहम्मद हबीब वहाँ उस महान नेता का स्वागत करने के लिए पहले से मौजूद थे। नेहरू के मेज़बान छात्र कम्पार्टमेंट के दूसरे छोर से कूदकर भाग गए। सर रॉस मसूद ने नेहरू का औपचारिक स्वागत किया और उन्हें प्रोफ़ेसर मोहम्मद हबीब के घर ले गए, जहाँ वो एक पूरे दिन और रात रुके। वाइस चांसलर को उनके आने के बारे में दिल्ली में नेहरू के मेज़बान, डॉ. अंसारी ने बता दिया था। इस बात की कल्पना भी छात्रों ने न की थी।

उस शाम, सर रॉस मसूद ने एक स्वागत समारोह का आयोजन किया जिसमें पूरी यूनिवर्सिटी उमड़ पड़ी थी। अपने शुरुआती सम्बोधन में सर रॉस मसूद ने कहा कि वो अपने पिता डॉ. महमूद के प्रिय मित्र पंडित मोतीलाल नेहरू के बेटे का स्वागत कर रहे थे। लेकिन इससे मामले को आसान करने में कोई मदद नहीं मिली। सर रॉस मसूद को इसकी क़ीमत चुकानी पड़ी। वायसराय द्वारा उनके कार्यकाल को आगे नहीं बढ़ाया गया और डॉ. सर ज़ियाउद्दीन को नये वाइस चांसलर के रूप में नियुक्त कर दिया गया। दो साल के भीतर, डॉ. के.एम. अशरफ़ और डॉ. अब्दुल अलीम को भी विश्वविद्यालय छोड़ना पड़ा। 1936 में हुई एक छात्र हड़ताल के बाद मैंने भी काज़ी जलील अब्बासी के साथ विश्वविद्यालय छोड़ दिया। काज़ी जलील अब्बासी इस वक़्त कांग्रेस के संसद सदस्य हैं।

इस घटना के तीन अलग-अलग संस्करण अख़्तर हुसैन रायपुरी, के.ए. अब्बास और हयातुल्ला अंसारी ने लिखे हैं। मेरा यह चौथा संस्करण है। किंवदंतियाँ ऐसे ही बनती हैं।

नेहरू के नेतृत्व का यह सबसे शानदार काल था। उनका असर भारत की बदलती हुई राजनीतिक आबोहवा में महसूस किया जा रहा था। उनका नाम समाजवाद जैसे जादुई शब्द से जोड़ा जाता था। पूर्ण स्वराज का प्रस्ताव, इन्हीं के नेतृत्व में, कांग्रेस के लाहौर सत्र में पारित हुआ था। स्मरण दिवस प्रतिज्ञा का मसौदा उन्होंने ही तैयार किया था। इसके अलावा पूरी दुनिया के कवियों, लेखकों, कलाकारों, वैज्ञानिकों और विद्वानों से उनका व्यक्तिगत जुड़ाव इतना व्यापक था कि उनके महान समकालीन उनकी ही शख़्सियत के अलग-अलग आयाम जैसे दिखते थे, या यूँ कहें कि उनका व्यक्तित्व उन सभी की बौद्धिक उपलब्धियों का विस्तार था।

लाहौर सत्र के दौरान, जब पूर्ण स्वराज की माँग करनेवाला प्रस्ताव पारित हुआ था तो उसी वक़्त डॉ. मोहम्मद इक़बाल दांते की कविता 'डिवाइन कॉमेडी' की ही तर्ज़ पर फ़ारसी में एक पद्य नाटक 'जाविद नमाह' लिख रहे थे। उस वक़्त शायर के दिलो-दिमाग़ में क्या चल रहा था यह किसी को नहीं पता है। न उन्होंने इसके कोई संकेत भी कहीं लिख छोड़े हैं—सिवा उस पद्य नाटक के।

जब 1932 में यह कविता प्रकाशित हुई तो इसमें इक़बाल की आज़ाद भारत को लेकर की गई परिकल्पना और पंडित जवाहरलाल नेहरू और उनके परिवार के प्रति गहरा आभार व्याप्त था। इसमें भारत की आज़ादी, एक आज़ाद एशिया की रूपरेखा से जुड़ी हुई है। इसमें कवि के पास चाँद की सतह से ऋषि विश्वामित्र द्वारा भेजे जा रहे आनन्दमय सन्देश आते हैं।

यह पूरब के उत्थान का समय है,
पूरब की छाती पर एक नया सूरज उग रहा है,
वह लोग आह्लादित हैं, जिनकी आत्माएँ स्पंदित हैं,
जिनकी मिट्टी से यह नव सृजन निर्मित हुआ है।

आगे चलकर उस घाटी में उनके सामने चार पैग़म्बरों—गौतमबुद्ध, जरथुस्त्र, ईसामसीह और मोहम्मद की शिक्षाएँ प्रकट होती हैं।

कवि और ऊपर चलता जाता है। मंगल की सतह पर पहुँचकर वह अपने कल्पना लोक का शहर देखता है जहाँ कोई वर्ग-संघर्ष नहीं, सोने-चाँदी की सत्ता की कोई लड़ाई नहीं, जहाँ न सेनाएँ हैं, न फ़ौजी दस्ते हैं जहाँ कोई अपनी रोज़ी-रोटी के लिए हिंसा और हत्या नहीं करता।

शनि की सतह पर कवि उन दुष्ट आत्माओं को देखता है जिन्होंने देश के साथ छल किया और जिन्हें मृत्यु और नरक ने भी नकार दिया और जो भयंकर आन्तरिक यातना भोग रहे हैं। इनमें ज़फर की आत्मा है जिसने सिराजुद्दौला को धोखा दिया और सादिक़ की आत्मा है जिसने टीपू सुल्तान के साथ छल किया। यहाँ उसे भारत की आत्मा दिखाई पड़ती है—अपनी सारी सुन्दरता और वैभव के साथ पर बन्धनों में जकड़ी हुई। वो रोती-बिलखती हुई उन सब चीज़ों को कोस रही हैं जो उसकी ग़ुलामी के लिए ज़िम्मेदार हैं।

वह कहती हैं : 'ज़फ़र मर चुका है, लेकिन उसकी आत्मा अभी ज़िन्दा है, जैसे ही यह एक शरीर के बन्धनों से मुक्त होती है यह किसी दूसरे शरीर में अपना ठिकाना बना लेती है, भगवान मुझे ज़फ़र की आत्मा से बचाओ, मुझे आज के ज़फ़र जैसे लोगों से बचाओ।'

कवि इन सतहों से आगे बढ़ता है और स्वर्ग में प्रवेश करता है। यहाँ उसकी मुलाक़ात कश्मीर के सन्त, शाहे हमदान और कश्मीर के कवि गनी कश्मीरी से होती है। यहीं वो गनी कश्मीरी से जवाहरलाल नेहरू और नेहरू परिवार की प्रशंसा सुनता है,

किसने भारत में आज़ादी की चाह जगाई?
किसने इस शिकार को शिकारी जैसी हिम्मत दी?
चमकीले दिल वाले ब्राह्मणों के उस वंशज ने,
जिनके सुन्दर मुखड़े से लाल ट्यूलिप भी शरमा जाए,
तेज़ निगाह वाला, परिपक्व और काम करने के लिए उत्साही,
जिसकी प्रभा ने यूरोप में खलबली मचा दी,
हमारी बग़ावत की मिट्टी ने उन्हें जन्मा है,
और उनके उठान की ज़मीन है हमारा कश्मीर।

यहाँ स्वयं इक़बाल जो कश्मीरी मूल के हैं बहुत बारीक़ और काव्यात्मक ढंग से अपने आपको कश्मीर के इन ब्राह्मण पुत्रों की अभिलाषाओं से जुड़ा हुआ महसूस करते हैं जब गनी कश्मीरी उनसे कहते हैं :

अगर आप सोचते हैं कि धरती चिंगारी रहित है,
एक पल के लिए अपने हृदय के भीतर देखिए।
वो ख़ुशबू जो आप सहेजे हैं कहाँ से आई,
वो ख़ुशनुमा बहार की साँसें कहाँ से हैं?
यह हमारी स्वयं की हवा से आईं,
जिनसे हमारे पहाड़, रंग और ख़ुशबू लेते हैं।

मैं नहीं जानता कि पंडित जवाहरलाल नेहरू को इस कविता के बारे में जानकारी थी या नहीं लेकिन उन्होंने 'डिस्कवरी ऑफ़ इंडिया' में, इक़बाल से हुई अपनी मुलाक़ात को लेकर कुछ ऐसा ही समान भाव व्यक्त करते हुए लिखा है, 'मैंने उनसे बहुत-सी चीज़ों पर बात की, और मैंने महसूस किया कि बहुत से अन्तर होने के बावजूद हम दोनों में कितनी समानता है और उनसे जुड़ना कितना आसान है...मैंने उनकी और उनकी कविता की तारीफ़ की और मुझे इस बात की ख़ुशी है कि उन्होंने भी मुझे पसन्द किया और मेरे बारे में अच्छी राय रखी।'

आज इस देश को बचाने और इसे आगे ले जाने के लिए किसी भी और चीज़ से ज़्यादा हमें जवाहरलाल नेहरू की अन्तर्दृष्टियों की ज़रूरत है।

~

'महात्मा जी और पंडित जी हमारे समय की महान आत्माएँ हैं...'

भगवदाचार्य

[रामानन्दी सम्प्रदाय के अत्यन्त महत्त्वपूर्ण व्यक्तित्व और नेता, सम्प्रदाय द्वारा अपर (दूसरे) रामानन्द कहे गए स्वामी भगवदाचार्य की आत्मकथा (रामानन्द साहित्य मन्दिर, अलवर से प्रकाशित, 1958) के इस अंश में सन्दर्भ बीसवीं सदी के चौथे दशक का है। स्वाधीनता आन्दोलन से साधु-समाज भी अछूता नहीं रहा था। विभिन्न सम्प्रदायों और मठों में अस्पृश्यता के सवाल पर तीखी बहसें थीं। अस्पृश्यता समर्थक कट्टरपंथी स्वाभाविक रूप में गांधी-नेहरू से नफ़रत करते थे। लेकिन ऐसे भी साधु थे जिन्होंने न केवल मन्दिर-प्रवेश और 'हरिजनोद्धार' की अन्य गतिविधियों में, बल्कि कांग्रेस के दीगर कार्यक्रमों में भी बढ़-चढ़ कर हिस्सा लिया। कई साधु तो सिविल नाफ़रमानी में जेल भी गए।

भगवदाचार्य ऐसे वैष्णव साधुओं और गृहस्थों के प्रमुख प्रेरणा-स्रोत थे। वे परम्परागत ज्ञान में पारंगत होने के साथ ही प्रगतिशील मानस से सम्पन्न भी थे। असीम ऊर्जावान और धुन के पक्के भगवदाचार्य ने रामानन्दी वैष्णवों को रामानुजी सम्प्रदाय से एकदम अलग करने की उन्होंने जो ठानी तो करके ही रहे। इस क्रम में, उन्होंने हिन्दी रामानन्द के बरक्स संस्कृत रामानन्द की रचना कर, सम्प्रदाय के ही नहीं, हिन्दी साहित्य के इतिहास का भी पाठ बदल डाला।

भगवदाचार्य के बारे में आप मेरी पुस्तक *अकथ कहानी प्रेम की : कबीर की कविता और उनका समय* से काफ़ी कुछ जान सकते हैं। —संपा.]

~

श्रीजगदीश मन्दिर में शायद आठ वर्षों तक प्रत्येक चातुर्मास्य में दो महीने तक मेरे प्रवचन का क्रम चलता रहा। दो वर्ष श्रीवाल्मीकि रामायण पर प्रवचन होता रहा। श्रोता भाई-बहिनों के परम आग्रह पर तीसरे वर्ष से गीता पर प्रवचन होने लगा। अन्त तक गीता पर ही प्रवचन होता रहा।

दोष और गुण की मीमांसा अपने-अपने ढंग पर सदा ही जगत के लोग करते रहे हैं। मैं तो सदा ही कहता रहा हूँ कि दोष और गुण दोनों ही काल्पनिक वस्तु हैं। एक ही कार्य किसी की दृष्टि में दोषमय है और किसी की दृष्टि में गुणमय। मैं अपने प्रवचनों में प्राय: जगतवंद्य महात्मा गांधी जी का और पंडित श्री जवाहरलाल नेहरू का नाम लिया करता था। मेरा यह कार्य श्रीजगदीश मन्दिर के कितने ही सन्तों को अच्छा नहीं लगता था। उनकी दृष्टि में—कथा में, प्रवचन में, और वह भी भगवान् के मन्दिर में महात्मा गांधी जी और श्री नेहरू जी का नाम लेना अत्यन्त अनुचित कार्य था। उनको इस बात का दुख था कि महाभारतीय कितने ही वीर और धार्मिक पात्रों का नाम लिया जा सकता था, पौराणिक कितने ही देवी, देवताओं के नाम लिए जा सकते थे, तो भी मैं इन सबको छोड़कर इन दो महापुरुषों का ही क्यों रटन किया करता था।

उनकी दृष्टि में मेरा यह बहुत बड़ा दोष था। परन्तु मेरी दृष्टि में यह बहुत बड़ा गुण था। महाभारत के पात्रों को मैं कभी भी जान नहीं सका हूँ। उनके और मेरे बीच में 5000 वर्षों से भी अधिक का काल अन्तराल के रूप में लेटा हुआ है। रामायण के पात्रों की भी यही बात है। पौराणिक पात्रों की भी यही बात है। मैं कभी साहसपूर्वक उनके लिए कह ही नहीं सकता हूँ कि उनको जैसा बताया गया है, वह वैसे ही थे या नहीं। ऐसी बात कहना मुझे रुचिकर नहीं जिसके सम्बन्ध में मैं स्वयं सन्दिग्ध हूँ।

...महात्मा गांधी और पंडित जी के सम्बन्ध में ऐसा नहीं है। वे हमारे युग के महान पुरुष हैं...महात्मा जी तो भारत के एकमात्र महामान्य नेता थे...मैं श्री महात्मा जी को सचमुच ही महात्मा के रूप में देखता था, मानता था। मेरी दृष्टि में वही एक महात्मा थे...मेरे अच्छेपन का स्रोत केवल मोहनदास कर्मचन्द गांधी थे। उनके नाम से मैं पवित्र होता था। उनके स्मरण के साथ ही मैं अपने सैकड़ों भाइयों और बहिनों को आत्मस्वरूप देख सकता था...

...आज भी साधुओं की एक लम्बी क़तार महात्मा जी की निन्दा करने में ही लगी है, उन्हें गालियाँ देने में लगी है। अस्तु मेरे प्रवचन के ढंग से कुछ लोग क्षुब्ध थे, परन्तु श्री पुजारी सेवादास जी महाराज को मुझसे असन्तोष नहीं था। सो, सारे विरोध और गाली-गलौज के साथ भी मैं महात्मा जी और पंडित जी का उल्लेख करके अपने प्रवचन करता रहा...

...मेरे प्रवचनों से बहुत से लोगों के कुव्यसन छूटे और वे सच्चे साधु स्वभाव को प्राप्त कर सके।

~

नेहरू और संविधान-निर्माण की प्रक्रिया[1]

सुभाष सी. कश्यप

[सुभाष सी. कश्यप संविधान के प्रख्यात विद्वान हैं जो 1984 से 1990 तक पाँचवीं लोकसभा के सेक्रेटरी जनरल रहे। भारतीय संविधान की कार्यप्रणाली की समीक्षा हेतु एक राष्ट्रीय आयोग गठित किया गया था। श्री कश्यप उसके सदस्य और उसकी ड्राफ़्टिंग व एडिटोरियल कमेटी के चेयरमैन थे।]

~

यह कहना पूरी तरह से सही नहीं है कि भारत के संविधान का ख़ाका 1946-49 में संविधान सभा के दौरान ही तैयार किया गया। वास्तव में, हमारा संविधान क्रमश: समग्रतामूलक ढंग से विकसित हुआ। स्वतंत्रता के लिए राष्ट्रीय संघर्ष के दौरान अंग्रेज़ों द्वारा राष्ट्रीय माँगों के प्रत्युत्तर में स्वीकार किए जानेवाले संवैधानिक सुधारों के क्रमिक चरणों के माध्यम से इसे तैयार किया गया। इसके साथ ही, 26 जनवरी, 1950 को संविधान लागू होने और अपने वास्तविक संचालन के बाद जैसे-जैसे यह अपनी यात्रा पूरी करता रहा, इसमें लगातार प्रगति और विकास होता रहा है। यह एक सतत प्रक्रिया का परिणाम है। उन सभी विशिष्ट जनों ने, जिन्होंने आज़ादी के पूर्व और आज़ादी के बाद इस प्रक्रिया में अपना योगदान दिया, पंडित जवाहरलाल नेहरू की सबसे महत्त्वपूर्ण भूमिका रही है जिन्होंने संकोच और विनम्रता से अपने बारे में कहा कि 'वह उन मामूली लोगों में शुमार हैं जिनका संविधान के निर्माण में कुछ योगदान तो ज़रूर ही था।'

संविधान-सभा की अवधारणा गढ़ने, उसे जन्म देने और उसके कामकाज में, और भारत के संविधान का ढाँचा तैयार करने में और उसकी कार्य-प्रणाली के निर्धारण में पंडित नेहरू की भूमिका अद्वितीय थी। उन्होंने इसमें प्राण और आत्मा डाली, इसमें दार्शनिकता और दूरदर्शिता का समावेश किया। उन्होंने ही संविधान के मूलभूत सिद्धान्तों और व्यापक स्वरूप का आधार उद्देश्यपरक संकल्पों के ज़रिए निर्मित किया। उन्होंने संविधान सभा में महत्त्वपूर्ण हस्तक्षेपों से और पर्दे के पीछे होनेवाली अनौपचारिक परिचर्चाओं और दलीय सभाओं के ज़रिए अपना अमूल्य योगदान किया। इस तरह से देखें तो निश्चित रूप से वे ही संविधान के शिल्पी हैं। इन्दिरा गांधी के शब्दों में, 'संविधान की आत्मा पर उनकी (नेहरू) अन्त:प्रेरणा की स्पष्ट छाप है भले ही इसका स्वरूप पेशेवर वकीलों द्वारा तैयार किया गया हो।'

आज़ाद भारत के लिए संविधान की रूपरेखा तैयार करने की चुनौती को हमेशा एक 'शानदार मापदंड' के रूप में याद रखा जाएगा। विदेशी ताक़त से भारत की मुक्ति के बाद यह दूसरी सबसे बड़ी उपलब्धि थी। नये-नये आज़ाद हुए भारत के प्रधानमंत्री के रूप में, नेहरू भिन्न-भिन्न प्रकार के दबावयुक्त राष्ट्रीय-अन्तर्राष्ट्रीय

1. इस विषय पर विस्तृत अध्ययन के लिए देखिये : सुभाष कश्यप, 'जवाहरलाल नेहरू एंड दि कान्स्टीट्यूशन' (नई दिल्ली, मेट्रोपॉलिटन, 1982) यह आलेख 'जवाहरलाल नेहरू : सेंटेनरी वॉल्यूम', 1989 में प्रकाशित हुआ था।

मुद्दों के साथ गहरे जुड़े हुए थे। ऐसे में उनसे संविधान के विस्तृत प्रावधानों को तैयार करने की क़वायद की अपेक्षा नहीं की जा सकती थी। बावजूद इसके, वह संविधान-सभा के तत्त्वज्ञानी और इसके संवैधानिक चिन्तक थे। चूँकि वह ख़ुद प्रकांड विद्वान थे, इसीलिए मुद्दों को बौद्धिक और आदर्शवादी दृष्टिकोण से देखते थे। जिन बातों को वह केवल तकनीकी विस्तार का समझते थे, उन पर उन्हें ख़ास चिन्ता न थी, लेकिन मूलभूत सिद्धान्तों पर वह सघन तरीक़े से व्यक्तिगत ध्यान देते थे।

नेहरू संविधान-सभा के सबसे करिश्माई नेता थे, जिनकी संविधान-सभा के बाहर असाधारण लोकप्रियता और जनस्वीकार्यता थी। उनमें लोगों को अपनी राह चला सकने की क्षमता थी। किन्तु, एक प्रतिबद्ध लोकतंत्रवादी होने के कारण उन्होंने हमेशा इस बात का ध्यान रखा कि संविधान-सभा में जो भी निर्णय हों, वह श्रेष्ठ लोकतांत्रिक तरीक़ों और परम्पराओं के अनुरूप ही हों। वह हमेशा हर मुद्दे पर खुली और स्वतंत्र चर्चा के लिए तैयार रहते थे और जहाँ तक हो सके, यह प्रयास करते थे कि निर्णय सर्वसम्मति से या अधिक से अधिक सहमति के साथ लिये जाएँ। संविधान-सभा में की गई उनकी इस टिप्पणी से ये बात पूरी तरह से साफ़ हो जाती है :

> 'हमें बाल की खाल निकालने की ज़रूरत नहीं है। अगर हमने टकराव करके अपने इस लक्ष्य को प्राप्त कर भी लिया तो भी वह ज़्यादा दिन नहीं टिकेगा। जो कुछ भी हम सर्वसम्मति से, एक-दूसरे के साथ सहयोग के साथ हासिल करेंगे, वही लम्बे समय तक स्थायी रहेगा।'

संविधान-सभा की अवधारणा राष्ट्र को जवाहरलाल नेहरू की ही देन है। उन्होंने इसकी कल्पना पूरी तरह से एक सम्प्रभु संस्था के तौर पर की थी, साम्राज्यवादी शासकों के उपहार के रूप में नहीं; इसका चयन वयस्क मताधिकार द्वारा होना था और इसका काम 'केवल संविधान का एक ढाँचा तैयार करने के अलावा और कुछ नहीं था।' व्यावहारिक रूप से, संविधान-सभा से सम्बन्धित कांग्रेस के सभी प्रस्तावों को नेहरू ने ही तैयार किया था, भले ही सभी प्रस्ताव उन्होंने ख़ुद न पेश किए हों। 1939 के अन्त तक संविधान सभा की अवधारणा के बारे में नेहरू ने महात्मा गांधी को अपनी ओर कर लिया था। वास्तव में, गांधी जी ने स्पष्ट रूप से इस बात की घोषणा की थी कि यह जवाहरलाल नेहरू ही थे जिन्होंने उन्हें संविधान सभा के निहितार्थों का अध्ययन करने के लिये 'मजबूर' किया, जिन्होंने इस विचार का समावेश कांग्रेस के प्रस्तावों में किया, और अन्ततः उनका (गांधी जी) का इस विचार के प्रति 'मत परिवर्तन' कर दिया।

नेहरू का मानना था कि संविधान-सभा एक नई तरह की संस्था है 'जो कि, जबसे यह काम शुरू करेगी, एक स्वयं संचालित होनेवाली और सब कुछ ख़ुद तय करनेवाली होगी और अपने से बाहर किसी भी अन्य का कोई निर्देश नहीं स्वीकार करेगी।' यद्यपि इसे एक निश्चित ढाँचे के भीतर ही काम करना था। फिर भी, नेहरू संविधान-सभा द्वारा संविधान की रूपरेखा तैयार करने के श्रमसाध्य उत्तरदायित्व के प्रति पूरी तरह से जागरूक थे, और कांग्रेस संगठन द्वारा इस प्रक्रिया में उसकी ठोस और महत्त्वपूर्ण भूमिका की अपेक्षा के प्रति भी पूरी तरह से सजग थे। नेहरू

कांग्रेस वर्किंग कमेटी के अध्यक्ष थे। उन्हें विशेषज्ञों की कमेटी का अध्यक्ष बनाया गया जिस पर संविधान-सभा के लिए सामग्री जुटाने और मसौदे का प्रस्ताव बनाने की ज़िम्मेदारी थी। नेहरू ने स्वयं उद्‌देश्य-प्रस्ताव (ऑब्जेक्टिव्स रिज़ोल्यूशन) तैयार किया और उसे 13 दिसम्बर 1946 को संविधान सभा के प्रथम सत्र में पेश किया। उसके साथ ही उन्होंने सभा में एक यादगार वक्तव्य दिया। भारतीय क्रान्ति के नेता और नायक के तौर पर नेहरू मानते थे कि भारत के लोगों और सारी दुनिया को यह बताना ज़रूरी और महत्त्वपूर्ण था कि आख़िर संविधान सभा का लक्ष्य क्या है और वह किस प्रकार के राष्ट्र का निर्माण करना चाहती है।

नेहरू के अनुसार उद्‌देश्य-प्रस्ताव 'एक तरह का शपथ-पत्र' था जो नागरिकों को मूलभूत अधिकारों और अल्पसंख्यकों को सुरक्षा प्रदान करने की गारंटी था। इसी प्रस्ताव के माध्यम से संविधान-सभा ने प्रतिज्ञा ली कि देश के लिए ऐसा संविधान तैयार करना है जो भारत के सभी नागरिकों के लिए सामाजिक, आर्थिक और राजनीतिक न्याय को सुनिश्चित और सुरक्षित करे; क़ानून के समक्ष, सभी को समान सामाजिक स्थिति और अवसर प्रदान करे; सार्वजनिक नैतिकता और क़ानून के दायरे में विचार, अभिव्यक्ति, विश्वास, आस्था, उपासना, व्यवसाय, संगठन और कार्य करने की स्वतंत्रता सुनिश्चित करने के लिए कृत-संकल्प हो'; जिसमें अल्पसंख्यकों, आदिवासियों और अन्य वंचित वर्गों को, तथा पिछड़े क्षेत्रों को पर्याप्त संरक्षण उपलब्ध हो। संविधान की उद्‌देशिका जो संक्षेप में उसके प्रावधानों के मूल दर्शन को प्रस्तुत करती है, वह इसी उद्‌देश्य-प्रस्ताव से ली गई है।

इस तरह, एक ओर जहाँ नेहरू के उद्‌देश्य-प्रस्ताव ने संविधान सभा को संविधान निर्माण हेतु आवश्यक दिशा-निर्देश और उसकी मूल अवधारणा प्रदान की वहीं उनके भावपूर्ण, प्रेरक वक्तव्य व उम्मीद, मज़बूती और चुनौती से ओतप्रोत भाषण ने सभा में आगे होनेवाली चर्चा-परिचर्चाओं को एक दिशा और लहज़ा प्रदान किया। संविधान सभा द्वारा प्रस्ताव को सर्वसम्मति से पास करने की अनुशंसा करते हुए नेहरू ने यह उम्मीद जताई कि इसी के अनुरूप संविधान एक निर्धारित दिशा में बढ़ेगा और लोगों को भूख, अभाव और ग़रीबी से वास्तविक रूप में मुक्ति दिलाएगा।

संविधान-सभा की सबसे महत्त्वपूर्ण समितियों में से तीन के सभापति नेहरू स्वयं थे—राज्य समिति, संघीय शासन समिति और संघीय संविधान समिति। यहाँ किसी भी तरह से सरदार पटेल की उस विशिष्ट भूमिका से ध्यान हटाने का उद्‌देश्य नहीं है जो उन्होंने रियासतों के बाक़ी भारत में विलय करने के क्षेत्र में निभाई, लेकिन यहाँ यह कहने की ज़रूरत है कि इस बात को अक्सर भुला दिया जाता है कि इस दिशा में वास्तव में सबसे पहले निर्णायक क़दम नेहरू ने उस राज्य समिति के चेयरमैन के रूप में उठाए, जिसे राज्य समझौता कमेटी के साथ वार्ता समझौतों के लिए नियुक्त किया गया था।

नेहरू ने असाधारण राजनीतिज्ञता प्रदर्शित की; वांछित दृढ़ता और समायोजन व समझौते की सच्ची भावना के साथ बहुत से राज्यों (रियासतों) को बातचीत के दौरान बने प्रतिनिधित्व के फार्मूले के तहत संविधान सभा में अपने प्रतिनिधि भेजने

के लिए राज़ी किया। संघीय संविधान समिति और संघीय शासन समिति ने उनकी अध्यक्षता में इसी प्रकार बहुत महत्त्वपूर्ण भूमिका निभाई और संविधान के सिद्धान्तों और राज्य व्यवस्था की प्रकृति को एक सुनिश्चित रूप दिया।

संविधान में निहित मूलभूत अधिकारों से सम्बद्ध प्रावधानों को लेकर संविधान-सभा में हुई बहसों में नेहरू ने बड़ी सक्रियता से हिस्सा लिया, इसके बाद पहले और चौथे संविधान संशोधन बिल में भी वो पूर्णत: सक्रिय रहे। उन्होंने अल्पसंख्यकों, आदिवासियों और पिछड़े वर्गों के लिए पर्याप्त सुरक्षा के लिए बनाए गए प्रावधानों का समर्थन किया। मूलभूत अधिकारों की समिति की अन्तरिम रिपोर्ट के दौरान हुई चर्चा में नेहरू ने हस्तक्षेप करते हुए आदिवासी इलाक़ों और आदिवासी लोगों की हर सम्भव सुरक्षा करने पर ज़ोर दिया। इसके साथ ही उन्होंने यह भी रेखांकित किया कि ऐसे संरक्षणों को मूलभूत अधिकार मान लेना भ्रामक होगा। आख़िरकार तो लक्ष्य भारतीय संस्कृति की समृद्ध विविधता में निहित एकता के आधार पर एकजुट समग्र राष्ट्र का निर्माण करने का ही था, सुरक्षा-संरक्षण, जातिपरक, वर्गपरक भेदभाव को स्थायी बनानेवाली विभाजनकारी प्रवृत्तियों को बढ़ावा देने का नहीं।

नेहरू ने मानवता के इतिहास में सम्पत्ति की बदलती हुई अवधारणा को लेकर बहुत गहराई से विचार किया था। संविधान-सभा में, 'एक व्यक्ति के अधिकार' और 'एक समुदाय के अधिकार' के बीच 'न्यायपूर्ण समझौते' के रूप में उन्होंने सम्पत्ति के अधिकार सम्बन्धी अनुच्छेद में बहुत महत्त्वपूर्ण और दूरगामी संशोधन पेश किया, जो कि सम्पत्ति के अनिवार्य अधिग्रहण का था। एक बहुत लम्बी चर्चा के बाद 12 सितम्बर 1949 को इस संशोधन को स्वीकार कर लिया गया।

नेहरू ने विधायिका और न्यायपालिका के सम्बन्धों की विशिष्ट भूमिका के बारे में भी काफ़ी विस्तार से कहा। उनका मानना था कि संविधान के दायरे में रहते हुए संसद की इच्छा ही सर्वोच्च है और न्यायपालिका को इस बात की इज़ाज़त नहीं मिलनी चाहिए कि वह सामाजिक सुधारों के लिए किए जा रहे प्रयासों को एक बाहरी सदस्य के रूप में निष्फल करने का कार्य करे। उन्होंने डॉ. आंबेडकर के ड्राफ़्ट संविधान के अनुच्छेद-39ए के उस संशोधन का समर्थन किया जिसमें लोक-सेवा (पब्लिक सर्विस) के सन्दर्भ में न्यायपालिका को कार्यपालिका से पृथक करने का प्रावधान था। यह संशोधन इस काम के लिए मूल अनुच्छेद में दी गई तीन साल की अवधि को समाप्त करने के लिए था।

नेहरू ने राष्ट्रपति प्रणाली या अन्य किसी व्यवस्था के स्थान पर संसदीय व्यवस्था के पक्ष में मज़बूत दलीलें पेश कीं। के.एम. मुंशी के शब्दों में, 'नेहरू, जो कि मध्यमार्गी समाजवादी थे और भारत का जीवन बदलने को आतुर थे, ने संसदीय सर्वोच्चता का समर्थन किया।' सरदार पटेल संसदीय सर्वोच्चता के प्रति 'संशयग्रस्त' थे, जबकि सी. राजगोपालाचारी जिस व्यवस्था के पक्ष में थे उसे 'गांधीवादी आदर्शों पर एक राष्ट्रीय लोकतांत्रिक सरकार' कहा जा सकता है।

अन्तत: संसदीय व्यवस्था को बेहद समझ-बूझकर अपनाया गया। नेहरू के शब्दों में, 'कुछ हद तक हम पहले से इसी दिशा में सोच रहे थे लेकिन यही वजह

नहीं है। हमने इसे इसलिए भी चुना, क्योंकि हमें लगता है कि यह हमारी पुरानी परम्पराओं के अनुरूप भी है।'

नेहरू ने बहुत से महत्त्वपूर्ण प्रस्ताव रखे जिनमें से एक 1950 में होनेवाले चुनावों के लिए निर्वाचक नामावली को तैयार करने का था जो कि संविधान सभा द्वारा स्वीकृत नये संविधान के आधार पर होने थे। भारत की राष्ट्रमंडल देशों की सदस्यता को बरक़रार रखने का प्रस्ताव हो, या कि भूटान और सिक्किम को वार्ता-समझौता कमेटी के दायरे में रखने का प्रस्ताव हो, या कि राष्ट्रीय ध्वज को स्वीकार करने का प्रस्ताव हो यह सभी महत्त्वपूर्ण प्रस्ताव नेहरू ने ही सभा में रखे।

जब हिन्दी या देवनागरी संख्याओं के स्थान पर अन्तर्राष्ट्रीय स्तर पर स्वीकृत संख्याओं के स्वरूप को स्वीकार करने की बात आई तो नेहरू इस बात के लिए 'तुरन्त राज़ी' हो गए कि अन्तर्राष्ट्रीय स्तर पर स्वीकृत स्वरूप को स्वीकार करना ही सही दृष्टिकोण है। भाषा के सवाल पर भी नेहरू ने बड़े ज़ोरदार तरीक़े से अपनी बात रखी और भारत में एक भाषा की ज़रूरत पर बल देते हुए भी उन्होंने ज़बरदस्ती इसे किसी पर थोपने का विरोध किया और लोगों के बीच सभी भारतीय भाषाओं के पनपने पर ज़ोर दिया। यहीं पर, भाषा के मुद्दे पर अयंगर फ़ार्मूला को विकसित करने और उसे अपनाने में उनकी महत्त्वपूर्ण भूमिका को याद करना बहुत ज़रूरी है।

नागरिकता सम्बन्धी प्रावधानों से सम्बन्धित चर्चा में हस्तक्षेप करते हुए, नेहरू ने प्रसंगवश धर्मनिरपेक्षता पर एक महत्त्वपूर्ण बात कही, 'यह बात कई बार सामने लाई गई है कि एक धर्मनिरपेक्ष राष्ट्र के स्वरूप को स्वीकार करके हमने कोई बड़ा उदार काम किया है, जैसे अपनी जेब से हमने दुनिया के सामने कोई अजूबी चीज़ निकाल कर रख दी हो; हमने कुछ ऐसा कर दिया जो शायद हमें नहीं करना चाहिए था, और इस तरह की और भी बातें। हमने तो वही किया है जो हर देश करता है, केवल कुछ भटके और पिछड़े हुए देशों को छोड़कर।'

13 जुलाई, 1947 को संघीय संविधान समिति के चेयरमैन के तौर पर, उन्होंने संविधान सभा के अध्यक्ष को पत्र लिखते हुए संविधान में संशोधन के प्रावधानों हेतु एक प्रस्ताव दिया। इसी के आधार पर संशोधन परिच्छेदों को लेकर आगामी चर्चाएँ हुईं और अन्ततः संविधान के अनुच्छेद 368 का प्रारूप तैयार हुआ।

नेहरू के प्रधानमंत्री रहते हुए सत्रह संविधान संशोधन हुए। इनमें से चार मूलभूत अधिकारों में और तीन सम्पत्ति से जुड़े प्रावधानों में संशोधन से सम्बन्धित थे।

संविधान (प्रथम संशोधन) 1951 के एक्ट ने अनुच्छेद 15, 19 और 31 में बड़े बदलाव किए जो क्रमशः समानता के मूलभूत अधिकार, अभिव्यक्ति की स्वतंत्रता और सम्पत्ति से जुड़े हुए थे। संविधान निर्माताओं की मंशा के अनुरूप, स्थिति को और अधिक स्पष्ट करने के लिए नये अनुच्छेद 31ए और 31बी और नौवीं अनुसूची को संविधान में जोड़ा गया। इन नये प्रावधानों ने ज़मींदारी उन्मूलन क़ानूनों को सामान्य तौर से और कुछ विशिष्ट राज्य अधिनियमों को ख़ासतौर से संवैधानिक वैधता प्रदान की। इसके द्वारा किसी सम्पत्ति या उससे उपजे अधिकारों को समाप्त कर सकने को मूलभूत अधिकारों के प्रावधानों से अलग किया गया।

1955 में जब इस सिद्धान्त को याद दिलाना ज़रूरी हो गया कि 'देश की आर्थिक और सामाजिक कल्याणकारी नीतियों को बनाने की ज़िम्मेदारी संसद के अधीन है न कि न्यायालय के' तब संविधान (चौथा संशोधन) एक्ट ने अनुच्छेद 31 और 31ए में महत्त्वपूर्ण बदलाव किए। जब चौथे संशोधन बिल पर चर्चा हो रही थी, तब पंडित नेहरू ने तर्क दिया कि 'समाज का एक समाजवादी स्वरूप बनाने' और भारत में 'जनकल्याणकारी राज्य' की परिकल्पना को वास्तविक बनाने के लिए अनुच्छेद 31 में संशोधन ज़रूरी हो गया है, और यह संविधान में अन्तर्निहित मूलभूत अधिकारों और राज्य के नीति निर्देशक सिद्धान्तों के बीच के विरोधाभासों को दूर करने का उपाय भी है। बाद में संवैधानिक क़ानून (सोलहवें संशोधन), 1963 के तहत अनुच्छेद 19 की दूसरी, तीसरी और चौथी धारा में संशोधन किया गया। वाणी और अभिव्यक्ति की आज़ादी, सभा करने और संगठन या संघ बनाने के अधिकारों के प्रावधानों में यह संशोधन भारत की अखंडता और एकता को ध्यान में रखते हुए किया गया था।

पंडित नेहरू संविधान में लचीलेपन के पक्षधर थे। कोई भी संविधान, भले ही वह कितना ही अच्छा क्यों न हो, आगामी पीढ़ियों को बाँधकर नहीं रख सकता। इसे टिकाऊ होने के लिए बदलती हुई सामाजिक ज़रूरतों और उम्मीदों के अनुरूप तालमेल बनाकर चलना होगा। नेहरू ने कहा था, 'एक जीवन्त संविधान को प्रगतिशील, अनुकूलनशील, लचीला और परिवर्तनीय होना चाहिए।' उनका मानना था, 'कोई भी संविधान किसी समय कितना ही अच्छा क्यों न हो, इसमें कुछ समय कार्य करने के बाद कुछ कमियाँ उजागर होने लगती हैं। कुछ भी पूरी तरह से दोष मुक्त नहीं है, और फिर यह ज़रूरी हो जाता है कि उन कमियों को दूर किया जाए।' वास्तव में, संविधान की सार्थकता और सच्चा अर्थ इस पर निर्भर करता है कि उसे किस तरीक़े से लागू किया जा रहा है। इस तरह देखें तो भारत का संविधान अपने शुरुआती दिनों में तब बन रहा था और क्रियान्वित हो रहा था जब जवाहरलाल नेहरू उसके परिचालक थे। देश की इमारत को एक मज़बूत नींव प्रदान करने, संविधान को जन्म देने, उसमें प्राण फूँकने और उसे क्रियाशील करने में नेहरू की भूमिका बहुत महत्त्वपूर्ण है। उन्हीं के कार्यकाल के चौदह वर्षों में (1950-1964) यह काम हुआ। इस दौरान संविधान में बहुत-सी कमियाँ उजागर हुईं जिन्हें ठीक करने का ज़िम्मा स्वयं नेहरू ने लिया और संविधान में वांछित संशोधन किए जिससे संविधान निर्माताओं के वास्तविक ध्येय को प्राप्त किया जा सके।

नेहरू ने संविधान संशोधन बिलों को पेश करते हुए और महत्त्वपूर्ण मुद्दों पर बोलते हुए, मूलभूत अधिकारों बनाम नीति निर्देशक सिद्धान्त, बोलने की स्वतंत्रता की हदें आदि, व्यक्ति के अधिकार बनाम समाज का हित, संसद की सर्वोच्चता और न्यायालय के क्षेत्राधिकार, सम्पत्ति का अधिकार, पिछड़े वर्गों को सुरक्षा, भाषाई समस्याओं के प्रस्ताव और राष्ट्रपति और प्रधानमंत्री के सम्बन्धों के विषय में, एक संवैधानिक सोच को विकसित करने में महत्त्वपूर्ण योगदान दिया।

जब एक कृतज्ञ राष्ट्र पंडित नेहरू का जन्म शताब्दी वर्ष मना रहा है, ऐसे में बहुत-सी अन्य बातों के अलावा भारत के संविधान के उद्भव और उसकी कार्यप्रणाली

में उनकी भूमिका को याद करना प्रासंगिक है। यह सिर्फ़ ऐतिहासिक परिप्रेक्ष्य में ही नहीं, या मात्र आधुनिक भारत के निर्माता को श्रद्धांजलि अर्पित करने के उद्देश्य से नहीं, बल्कि नेहरू की दूरदर्शिता, उनके विचारों, उनके कथन और उनकी उन चेतावनियों को याद करने के उद्देश्य से भी ज़रूरी है जो उन्होंने भारतीय राजनीति की मुश्किल समस्याओं के विषय में दी थीं। उनकी अन्तरदृष्टियाँ आज भी उतनी ही प्रासंगिक हैं जितनी तब थीं जब वो जीवित थे और देश के भाग्य को रच रहे थे। जो कुछ उन्होंने संविधान सभा को सम्बोधित करते हुए कहा था, ऐसा लगता है जैसे आज बोल रहे हों :

> आज भारत के सामने एक बड़ा और सबसे ख़ास सवाल यह है कि भूख और ग़रीबी की समस्या को कैसे हल किया जाए। हम जिधर भी देखते हैं, यह समस्या मुँह बाए खड़ी है। अगर हम जल्द ही यह समस्या हल न कर सके तो हमारा यह काग़ज़ी संविधान फ़िज़ूल और उद्देश्यहीन हो जाएगा।

13 अप्रैल, 1948 को संविधान-सभा ने एक प्रस्ताव को स्वीकार किया जिसका आशय था कि 'लोकतंत्र के समुचित संचालन और राष्ट्रीय एकता और अखंडता को बढ़ावा देने के लिए' यह बुनियादी बात है कि 'भारतीय जीवन से साम्प्रदायिकता को हटा दिया जाए, किसी भी साम्प्रदायिक संगठन को गतिविधि की अनुमति नहीं दी जानी चाहिए, केवल उन गतिविधियों के लिए उन्हें अनुमति दी जा सकती है जो उस समुदाय की प्रामाणिक धार्मिक, सांस्कृतिक, सामाजिक और शैक्षिक आवश्यकताओं की पूर्ति करती हों।'

पंडित नेहरू ने संविधान-सभा से कहा था :

> हमारे अपने दिमाग़ और देश को भी अपने दिमाग़ में ये बात बिलकुल साफ़ होनी चाहिए कि साम्प्रदायिकता के रूप में धर्म और राजनीति का गठजोड़, सबसे ख़तरनाक गठजोड़ है, यह बीज बहुत ख़तरनाक़ पौधों का रूप लेगा। यह समग्र रूप से देश के लिए तो नुक़सानदेह है ही, यह उन अल्पसमूहों के लिए नुक़सानदेह है जो इसका फ़ायदा उठाने की सोचते हैं।

~

नेहरू और जनजातीय समुदाय[1]

बी.के. रॉय बर्मन

[बी.के. रॉय बर्मन प्रसिद्ध मानवशास्त्री और समाजवैज्ञानिक थे। उन्होंने कलकत्ता में अपने छात्र-जीवन में स्वतंत्रता आन्दोलन में हिस्सा लिया, और मानवशास्त्र में डॉक्टरेट की। वह पश्चिम बंगाल के जनजाति शोध संस्थान के निदेशक, गृह मंत्रालय की फारेस्ट एंड ट्राइबल्स बैकवर्ड क्लासेज़ यूनिट

1. जवाहरलाल नेहरू : सेंटेनरी वॉल्यूम से।

के चेयरमैन (1980-82) और योजना आयोग द्वारा जनजातियों की भूमि-स्वामित्व सम्बन्धी व्यवस्था का अध्ययन करने के लिए गठित स्टडी ग्रुप के चेयरमैन (1985-86) रहे। इस आलेख में बर्मन चर्चा करते हैं कि नेहरू ने किस प्रकार जनजातियों के स्वतंत्रता संघर्ष को शेष भारत के संघर्षों से जोड़ा और जनजातियों के लिए भूमि व वन सम्बन्धी अधिकार सुरक्षित किए।]

~

जवाहरलाल नेहरू 'लगभग अनिच्छा से कृषक वर्ग के सम्पर्क' में आए थे। जून 1920 की शुरुआत में, लगभग दो हज़ार किसान परबतगढ़ ज़िले से पचास मील पैदल चलकर इलाहाबाद शहर पहुँचे थे। उनका मक़सद अपने दुख-दर्द से उस समय के प्रमुख राजनीतिज्ञों को रूबरू कराना था। उन्होंने नेहरू को अपने साथ अपने ज़िले चलने के लिए मना लिया। और फिर, जैसा वे आत्मकथा में लिखते हैं, 'मेरे सामने भारत की एक नई तस्वीर आती दिखी जो कि नंगी, भूखी और मुसीबतों की मारी हुई थी। और दूर शहर से कभी-कभार उनकी हालत को देखने पहुँच जानेवाले हम जैसों पर उनके इतने विश्वास ने मुझे शर्मिन्दा किया और मुझे इस क़दर नई ज़िम्मेदारी से भर दिया कि मैं सहम-सा गया।' आज़ादी की लड़ाई के योद्धा की यात्रा में यह घटना एक महत्त्वपूर्ण मील का पत्थर साबित हुई, जिसने उन्हें और गहरी मानवीय प्रतिबद्धता से जोड़ा।

इसी तरह की दूसरी महत्त्वपूर्ण घटना ऑल इंडिया ट्रेड यूनियन कांग्रेस में नेहरू की पहली भागीदारी थी। यह कांग्रेस 1928 में कोयला खनन के केन्द्र और आदिवासी जनजाति की बहुलता वाले क्षेत्र झरिया में आयोजित हुई थी। उन्होंने कांग्रेस की ट्रेड यूनियन में दो धड़े पाए जिनके दृष्टिकोणों में बहुत अन्तर था। एक पुराना ट्रेड यूनियन संघ था जो राजनीति को लेकर तटस्थ था और जिसे उद्योग-धन्धों के मसले में राजनीति के हस्तक्षेप से अरुचि थी। दूसरा वर्ग जुझारू था जो राजनीतिक कार्यवाहियों का पक्षधर था और मज़दूरों के संघर्ष को साम्राज्यवाद के ख़िलाफ़ चल रहे संघर्ष के साथ जोड़ना चाहता था। नेहरू की संवेदना इसी दूसरे संगठन के साथ जुड़ी थी।

उनका उत्साही स्वभाव मनुष्य की बेहतरी के प्रति उनकी गहरी प्रतिबद्धता से जुड़ा था। किसी भी उत्पीड़न की परवाह किए बिना, अत्याचार के हर रूप का विरोध करनेवाले स्वभाव के कारण नेहरू सहज रूप से जनजातीय लोगों के मित्र बन गए। 1930 के दशक में जब महान नागा स्वतंत्रता सेनानी गाइदिन्ल्यू को अपने गुरु जादोनांग की फाँसी की सज़ा के विरोध में ब्रिटिश सत्ता के ख़िलाफ़ विद्रोह का बिगुल फूँकने के अपराध में ब्रिटिश कारागार में क़ैद कर दिया गया था, तब नेहरू ने उन्हें नागाओं की रानी कहकर सम्मानित किया था। नेहरू ने अपनी पूरी क्षमता और प्रभाव का भरपूर उपयोग करके उन्हें कारागार से मुक्त कराने का वादा किया था।

यह घोषणा नेहरू की सम्भवत: पहली कोशिश थी कि जनजातियों के संघर्ष को भारतीय स्वाधीनता संघर्ष से जोड़ा जाए। मगर आदिवासी लोग स्वयं देश के अलग-अलग हिस्सों में पहले से ही इस जुड़ाव की कोशिश कर रहे थे। यहाँ कोया विद्रोह का ज़िक्र किया जा सकता है, जिसका नेतृत्व 1922-24 में अल्लूरी सीताराम

राजू ने आज के आन्ध्र के एजेंसी इलाक़े में किया था। माना जाता है कि राजू भारतीय राष्ट्रीय आन्दोलन और ख़ासकर गांधी जी से बहुत प्रभावित थे। छोटा नागपुर के ओराँव आदिवासियों का ताना भगत आन्दोलन या दक्षिणी गुजरात का हलपति आन्दोलन, और ऐसे ही बहुत से आन्दोलन भारतीय राष्ट्रीय संघर्ष से वैचारिक और संगठनात्मक स्तर पर और ज़्यादा गहराई से जुड़े हुए थे। नेहरू इस बात से अवगत थे। 1952 में नेहरू याद करते हैं कि कैसे 1930 के दशक में अपने चुनावी दौरों के दौरान भील, संथाल और गोंड जैसे आदिवासियों की आबादियों से गुज़रते हुए उन्होंने जनजातीय समाज व लोगों के बारे में अपनी समझ बनाई थी। भले ही वह लोग पिछड़ी जीवन-स्थितियों में रहते थे, लेकिन नेहरू ने उनमें बहुत-सी मज़बूत व सकारात्मक ख़ूबियाँ पाईं।

जिस भीषण ग़रीबी में आदिवासी लोग रहते थे, वह भी उनकी अदम्य इच्छाशक्ति को कमज़ोर नहीं कर सकी और उन लोगों ने आज़ादी की लड़ाई में हिस्सा लिया। इस बात ने आदिवासियों के प्रति नेहरू के दृष्टिकोण को और मज़बूत किया होगा, क्योंकि वे स्वाधीनता की इच्छा को ही मनुष्य की आत्मा का संगीत समझते थे। जब नेहरू आदिवासियों से कुछ सीखने की बात करते थे तो निश्चित ही एक से अधिक मायनों में करते होंगे।

उत्तर-पूर्व के आदिवासियों ने उन्हें एक अलग ही स्तर पर प्रभावित किया, जैसा कि नेहरू ने कहा :

> उत्तर-पूर्वी क्षेत्र अधिक ध्यान देने की माँग करता है। न केवल सरकार की तरफ़ से बल्कि भारत के लोगों की तरफ़ से भी। वहाँ के लोगों से सम्पर्क हमारे लिए भी अच्छा होगा और उनके लिए भी। वे भारत की मज़बूती, विविधता और सांस्कृतिक समृद्धि में और अधिक इज़ाफ़ा करते हैं। जैसे ही कोई इन इलाक़ों की यात्रा करता है, उसके सामने भारत की एक नई और व्यापक तस्वीर प्रकट होती है और वह संकुचित दृष्टिकोण, जो कभी-कभी हम पर हावी हो जाता है, धुँधलाने लगता है। उसे महसूस होने लगता है कि भारत केवल हमारे जाने-पहचाने एक ख़ास हिस्से तक सीमित नहीं है, वह हमारी समझ से कहीं बहुत ज़्यादा विराट है, और सभी तरह की नस्लों, भाषाओं और सभ्यताओं का संगम है।

नेहरू ने शेष भारत के लोगों की सामूहिक मानसिक बुनावट को जकड़न से निकालकर उत्तर-पूर्व भारत की जनजातियों के साथ एक वृहद समुदाय के निर्माण की कल्पना की। उन्होंने कहा :

> जिस तरह पहाड़ी इलाक़ों में रहनेवाले लोग मैदानी इलाक़े के लोगों से कुछ हद तक अलग होते हैं, वैसे ही सरहदों पर रहनेवाले लोग उन लोगों से कुछ अलग तरह के होते हैं जो सरहदों से दूर रहते हैं।

> मेरा अपना झुकाव मैदानी इलाक़ों से ज़्यादा पहाड़ों की तरफ़ रहा है। मैदानी लोगों की अपेक्षा पर्वतवासी मुझे ज़्यादा भाते हैं। इसी तरह मैं सरहद को तरजीह देता हूँ। केवल भौतिक रूप से नहीं बल्कि सरहद के पास रहने का विचार मुझे लुभाता है, क्योंकि सरहद के आसपास रहना लापरवाही और बेफ़िक्री से बचाता है।

इस अद्‌भुत पर्यवेक्षण के निहितार्थ को शायद तभी पूरी तरह से सराहा जा सकता है, जब कोई व्यक्ति उन विविध रचनात्मक उपयोगों पर एक नज़र डालने की ज़रा भी परवाह करे जिसमें जनजातीय लोग बाँस और बेंत, लकड़ी के टुकड़ों और जानवरों के सींगों जैसी सामान्य सरल सामग्रियों का इस्तेमाल करते हैं।

नेहरू के जनजातीय लोगों के साथ बर्ताव करने के पाँच बुनियादी सिद्धान्त थे : पहला, उन्हें उनकी अपनी सहज प्रतिभा के अनुरूप विकसित होने में मदद करनी चाहिए और हमें उन पर कुछ भी थोपने से बचना चाहिए। हमें उनकी अपनी पारम्परिक कला और शिल्प को बढ़ावा देने का हर प्रयास करना चाहिए। दूसरी बात, भूमि और जंगल के सम्बन्ध में जनजातीय अधिकारों का सम्मान किया जाना चाहिए। तीसरा, हमें उन लोगों की उनकी अपनी टीम बनाने और प्रशिक्षित करने की कोशिश करनी चाहिए जो उनके अपने प्रशासन और विकास का कामकाज देखें। ख़ासकर शुरुआत में, कुछ बाहरी तकनीकी लोगों की ज़रूरत पड़ सकती है। लेकिन हमें जनजातीय इलाक़ों में बहुत ज़्यादा बाहरी लोगों को वहाँ हस्तक्षेप नहीं करने देना चाहिए। चौथा, हमें उन इलाक़ों पर बहुत ज़्यादा नियम-क़ानून नहीं लगाने चाहिए और न ही उन पर बहुत सारी योजनाएँ लादनी चाहिए। हमें उनकी अपनी सामाजिक एवं सांस्कृतिक संस्थाओं के मार्फ़त, बिना किसी प्रतिस्पर्धा के, काम करना चाहिए। आख़िर में, हमें इनके परिणामों का मूल्यांकन आँकड़ों के हिसाब से या धन के ख़र्च के हिसाब से नहीं, बल्कि मानव-चरित्र के विकास की गुणवत्ता के लिहाज़ से करना चाहिए।

दूसरा बिन्दु, भूमि और जंगल पर जनजातियों के अधिकारों को स्वीकार करने का है, वह गांधी के ट्रस्टीशिप के सिद्धान्त की याद दिलाता है जिसे 1945 में दाँतवाला ने व्यवस्थित रूप दिया था। इसे यूँ समझाया जा सकता है :

1. ट्रस्टीशिप समाज की वर्तमान पूँजीवादी व्यवस्था को एक समतावादी व्यवस्था में तब्दील करने का एक माध्यम है। यह पूँजीवाद को कोई छूट नहीं देता, लेकिन मौजूदा पूँजीपति वर्ग को यह अवसर देता है कि वह ख़ुद में सुधार लाए। यह सिद्धान्त इस विश्वास पर आधारित है कि मनुष्य का मूल स्वभाव अशुभ और पाप कर्म से मुक्ति पाने का है।
2. यह सम्पत्ति के निजी स्वामित्व के किसी भी अधिकार को मान्यता नहीं देता, जब तक कि समाज स्वयं अपने व्यापक कल्याण के लिए इसकी अनुमति नहीं देता हो।
3. यह धन के स्वामित्व और उपयोग को क़ानूनों के तहत लाने से नहीं बचता।

4. राज्य द्वारा संचालित ट्रस्टीशिप के तहत कोई भी व्यक्ति अपनी स्वार्थ सिद्धि या समाज के हित की अनदेखी कर धन को रखने या उपयोग करने के लिए स्वतंत्र नहीं होगा।
5. जैसे एक पर्याप्त समुचित मज़दूरी तय होनी चाहिए, उसी तरह समाज के किसी भी व्यक्ति के लिए एक अधिकतम आय की भी सीमा तय की जानी चाहिए। ऐसी न्यूनतम और अधिकतम आय के बीच का अन्तर उचित, न्यायसंगत और समय-समय पर परिवर्तनशील होना चाहिए। इसकी प्रवृत्ति ऐसी हो कि इनके बीच का अन्तर धीरे-धीरे लुप्त ही हो जाए।
6. गांधीवादी आर्थिक व्यवस्था के तहत उत्पादन का चरित्र सामाजिक आवश्यकता से निर्धारित होगा न कि व्यक्तिगत सनक या लालच से।

इस प्रकार, जहाँ तक किसानों या आदिवासियों के बुनियादी अस्तित्व की व्यवस्था का सवाल है तो उसमें गांधी और नेहरू का ढाँचा एक समान है। यह दो कारणों से अस्वाभाविक भी नहीं है। पहला तो यह कि पूरे स्वतंत्रता संघर्ष के दौरान दोनों ने भले ही अलग-अलग मुहावरों में बात की, मगर अपने बीच संवाद को बनाए रखा। दूसरा तथ्य यह कि जहाँ 'मोहक सीमावर्ती क्षेत्र' में नेहरू को देश के बाक़ी हिस्सों में रचनात्मक मानवतावाद की ताक़त को मज़बूत करने के लिए समृद्ध सामग्री मिली; वहीं दूसरी ओर, उसके कहीं पहले, जनजातीय आबादी के एक बड़े हिस्से ने, विशेषकर भारत के केन्द्रीय/मध्यवर्ती क्षेत्र में गांधीवादी आन्दोलन में शामिल होकर संगठित उपनिवेश-विरोधी संघर्ष में अपना योगदान दिया।

इस सबके बावजूद, जनजातियों की बुनियादी जीवन-पद्धति के प्रसंग में गांधी-नेहरू फ्रेमवर्क के निहितार्थों को विस्तार से कार्यरूप नहीं दिया गया है।

जब नेहरू आदिवासी लोगों को अपनी सहज प्रतिभा के आधार पर विकसित होने देने की बात करते हैं और बाहरी हस्तक्षेप का विरोध करते हैं, तो कोई भी यह सवाल कर सकता है कि आख़िर इसका दूरगामी परिणाम क्या होगा। इस सवाल का जवाब खोजने में जनजातीय समाजों के भविष्य के बारे में मानवशास्त्रियों के बीच प्रचलित दो विचारों को ध्यान में रखा जा सकता है। प्रमुख दृष्टिकोण जनजातीय सामाजिक संरचना को मानव समाज के विकास के एक चरण के रूप में देखता है। दूसरा नज़रिया किसी जनजाति को ऐसे समाज के रूप में देखता है, जो मनुष्य और मनुष्य व मनुष्य एवं प्रकृति के बीच सम्पर्क और संवाद के ज़रिये जीवन की सार्थकता खोजता है, न कि दमनकारी राज्यसत्ता और प्रतिस्पर्धी बाज़ार सरीखी संस्थाओं के ज़रिये। हालाँकि नेहरू ने इस विषय पर सैद्धान्तिक स्तर पर कुछ नहीं कहा, लेकिन उनके कई वक्तव्यों का निहितार्थ यही निकलता है कि वे उपरोक्त में से दूसरे नज़रिये को ही प्राथमिकता देते थे।

इस बात की पड़ताल करना उपयोगी होगा कि क्या आज़ादी के बाद भारत की आदिवासी नीति इसी आधार पर तैयार की गई? जब नेहरू ने कहा कि हमें जनजातीय इलाक़ों पर आवश्यकता से अधिक प्रशासन नहीं करना चाहिए तो वह स्वाभाविक ही ऐसा किसी दार्शनिक सन्दर्भ में नहीं, बल्कि व्यावहारिक धरातल पर ही कह रहे थे।

गांधी ने दार्शनिक और व्यावहारिक दोनों ही सन्दर्भों में बात की। गांधी राज्य-संगठन को एक बुराई की तरह देखते थे, लेकिन साथ ही, उन्होंने न्यूनतम राज्य की अवधारणा को एक संक्रमणकालीन व्यवस्था के रूप में परिकल्पित किया। जनजातीय क्षेत्रों में प्रशासनिक व्यवस्था के विकास की जाँच-पड़ताल करने पर पता चलता है कि नेहरू ने व्यावहारिक रूप से संचालन के स्तर पर जो परिकल्पना की थी, और, गांधी ने दार्शनिक और व्यावहारिक स्तर पर जो परिकल्पना की थी, वास्तविक रुझान उससे अलग है। यह विचलन भूमि और जंगल को लेकर जनजातियों के अधिकारों के मामले में सबसे ज़्यादा है। इस विचलन का स्रोत केवल निहित स्वार्थों का षड्यंत्रकारी दबाव ही नहीं है, बल्कि औपनिवेशिक विरासत की एक संज्ञानात्मक विरासत है जिसका गहरा असर न्याय-व्यवस्था पर अब भी जारी है। अभी कुछ पहले तक भूमि के सवालों से जुड़े अध्ययनों का रुझान मुख्य रूप से व्यवहारवादी-प्रत्यक्षवादी रहता था, लेकिन हालिया रुझान ऐतिहासिक-तुलनात्मक पद्धति को वरीयता देते दिख रहे हैं। यह दोनों दृष्टिकोण क़ानून की दो धाराओं के साथ जुड़े हुए हैं जिन्हें क़ानूनी प्रत्यक्षवाद और क़ानूनी बहुलतावाद कह सकते हैं (या, अधिक उपयुक्त शब्दों में कहें तो यह सामाजिक संगठन में मौजूद ज्ञानमीमांसा मूलक मूल्यवाद है)। क़ानूनी प्रत्यक्षवाद के अनुसार राज्य के सभी आदेशित क़ानून न्यायसंगत होते हैं। इसके विपरीत, क़ानूनी बहुलतावाद इस बात को दृढ़ता से कहता है कि राज्य के अनिवार्य मानदंडों के बजाय सामाजिक व्यवहार ही क़ानून की वैधता का जनक है। जब इसे भूमि-अधिकारों पर लागू करते हैं तो, इन दो विरोधी दृष्टिकोणों से दो प्रवृत्तियाँ सामने आती हैं। पहला है 'रेस-नलियस,' जिसके अनुसार सम्पत्ति पर किसी व्यक्ति के अधिकार कहीं से भी स्वतः उद्भूत नहीं होते हैं। इस तरह से राज्य का ही सभी भूमियों पर सर्वोपरि अधिकार है। दूसरा है 'लेक्स लोकी रे सिते' जिसका अर्थ है उस स्थान का अपना नियम जहाँ पर वह वस्तु अवस्थित है।

औपनिवेशिक काल में पहले दृष्टिकोण का बोलबाला रहा और अभी तक भी न्यायिक विचारधारा, किसी न किसी रूप में, इसी से निर्देशित होती है। लेकिन जैसा कि न्यायाधीश हिदायतुल्ला ने रेखांकित किया है, भारतीय परम्परा पूरी तरह से भिन्न है। इसके अलावा कई जनजातीय समुदायों में व्यक्तियों के अधिकार समुदाय के अधिकार के भीतर ही समाहित होते हैं। अगर किसी समुदाय को बिचौलियों के उन्मूलन के नाम पर अलग कर दिया जाता है, तो व्यक्ति के सदियों पुराने अधिकार भी समाप्त हो जाते हैं। राज्य द्वारा नये अधिकार दिए जाते हैं जिनका निर्धारण राज्य उपकरणों द्वारा अधिकारों के रिकॉर्ड बनाते समय किया जाता है। इसका परिणाम यह देखने में आता है कि कुछ राज्यों में जनजातियों के परम्परागत क़ब्ज़े वाली भूमि में से मुश्किल से एक प्रतिशत ही उनके हक़ में अभिलेखों में दर्ज़ हो पाती है। फिर यह भी पाया गया कि जब बड़े पैमाने पर विकास परियोजनाओं के कार्यान्वयन के नाम पर बड़ी संख्या में लोगों को उनके निवास-स्थान से हटा दिया जाता है तो उनके पारम्परिक अधिकारों को अमान्य मानते हुए उसके बदले में उन्हें कोई मुआवज़ा नहीं मिलता। आदिवासी क्षेत्रों में बहुत-सी अशान्ति और उथल-पुथल इस औपनिवेशिक

विरासत के जारी रहने के चलते है जिसे अब और अधिक सख़्ती से लागू करना सम्भव हो गया है क्योंकि इसके लिए ज़रूरी प्रशासनिक, संचार और दूसरे तंत्र भी अस्तित्व में आ गए हैं।

राष्ट्र गांधी-नेहरू ढाँचे से विचलन की क़ीमत चुका रहा है। यह वक़्त पीछे देखकर आगे बढ़ने का है।

~

नेहरू एक अर्थशास्त्री की नज़र में[1]

यान टिन्बर्जन

[इकोनॉमैट्रिक्स के संस्थापकों में से एक, और रेग्नार फ्रिश्च के साथ अर्थशास्त्र के पहले विजेता यान टिन्बर्जन (1903-1994) बीसवीं सदी के सबसे प्रभावशाली अर्थशास्त्रियों में से थे। इस आलेख में उन्होंने नेहरू के भविष्योन्मुख आर्थिक-सामाजिक नियोजन पर प्रकाश डाला है, जिसमें औद्योगिकीकरण और ग़रीब व कमज़ोर वर्ग के लिए न्याय—दोनों बिन्दुओं पर ध्यान दिया गया था।]

~

जब जवाहरलाल नेहरू के जन्म शताब्दी वर्ष के अवसर पर आ रही पुस्तक में मुझे अपना योगदान देने के लिए कहा गया, तो मैं इस सोच में पड़ गया कि इसमें भागीदारी के लिए कौन-सा विषय मेरे लिए ठीक रहेगा। चूँकि मोटे तौर पर आर्थिक नीतियाँ वह क्षेत्र है जिसका मैंने गम्भीरता से अध्ययन किया है इसलिए मैंने तय किया कि मैं इस महान भारतीय नेता के सम्मान में इसी क्षेत्र की नीतियों और कार्यों का एक स्केच पेश करूँ जो एक प्रधानमंत्री के रूप में उन्होंने किए। चूँकि किसी भी देश के संचालन में, ख़ासकर विश्व के सबसे बड़े लोकतंत्र के संचालन में, अनेक आत्मनिर्भर पहलू होते हैं इसलिए, लेख के निर्धारित विषय की सीमाओं में थोड़ा-बहुत अतिक्रमण भी हो सकता है। नेहरू के व्यक्तित्व और बाहरी दुनिया के बीच में भी एक गहरी परस्पर-निर्भरता है। नेहरू की मृत्यु के 25 वर्षों बाद उनके विचारों की दूसरे अग्रणी राजनीतिज्ञों के विचारों से तुलना करना भी विशेष रूप से रोचक होगा।

भारत के दूसरे अग्रणी नेताओं की तरह नेहरू भी महात्मा गांधी के जीवन-दर्शन के प्रति आकर्षित थे। नेहरू ने औपनिवेशिक सत्ता के अधीन अपने जीवन के 57 वर्ष गुज़ारे थे, उसके सभी प्रतिबन्धों के साथ; वह नौ बार जेल गए। उस वक़्त भारतीय लोग न तो रेलवे की प्रथम श्रेणी में सफ़र कर सकते थे और न कुछ ख़ास झीलों में तैर सकते थे, न जलयात्रा कर सकते थे।

1. 'जवाहरलाल नेहरू : सेंटेनरी वॉल्यूम' से।

सभी भारतीयों की तरह जो पहली समस्या उनके सामने थी वह यह थी कि वे अपने आपको एक आज़ाद देश का नागरिक किस प्रकार बनाएँ। इस समस्या का समाधान यथासम्भव एकता में छिपा हुआ था, और इस मामले में आज़ादी के कुछ समय पहले तक भारतीय नेताओं ने गांधी का ही अनुसरण किया। हालाँकि आज़ादी के कुछ पहले मुस्लिमों के नेता, जिन्ना, ने अपना मन बदल लिया था।

जब आज़ादी मिल गई, उसके बाद पूरे देश के नेता होने के नाते, नेहरू को दुनिया में हो रहे सतत बदलावों पर अपनी नज़र रखनी थी, जिससे वह भारत की ज़रूरियात के हिसाब से सवालों के जवाब ढूँढ़ सकें और उसी के अनुरूप नीतियाँ बना सकें। उन्होंने जो जवाब सुझाए, वह एक ओर तो व्यावहारिकता के दृष्टिकोण से प्रभावित थे, दूसरी ओर उनका एक वैज्ञानिक दृष्टिकोण भी था। मुझे अब भी याद है कि 1951 में अन्तर्राष्ट्रीय सांख्यिकी संस्थान के सम्मेलन को सम्बोधित करते हुए उन्होंने हमें याद दिलाया था कि एक वैज्ञानिक का कार्य समस्याओं के निराकरण में योगदान देना है और साथ ही उन्होंने जोड़ा कि भारत में यह बहुत ज़्यादा (समस्याएँ) हैं क्योंकि करोड़ों निवासियों में हरेक की ज़िन्दगी बनाए रखना ही एक समस्या है।

भारत को आज़ाद हुए केवल चार साल हुए थे जब मैं इस सम्मेलन के लिए वहाँ गया। यह वो दौर था जब उपनिवेश रह चुके देशों को यह बात सीखनी पड़ रही थी कि राजनीतिक आज़ादी अपने आप आर्थिक आज़ादी साथ लेकर नहीं आती। उसके लिए विकास नीति बनानी होती है। भयंकर, व्यापक ग़रीबी दूर करने के लिए उत्पादकता बढ़ाना बेहद ज़रूरी थी। इस प्रक्रिया के केन्द्र में सबसे ज़्यादा ज़रूरी यह था कि मशीनों, परिवहन के साधनों, कारख़ाने की इमारतों के साथ-साथ 'मानव सम्पदा' में भी निवेश किया जाए जिससे कि उन्हें और अधिक उत्पादक बनने की शिक्षा और प्रशिक्षण दिया जा सके।

1885 में बनी कांग्रेस पार्टी ऐसी और इस तरह की बहुत-सी दूसरी समस्याओं पर सक्रिय होकर विचार-विमर्श करती रही थी। जवाहरलाल नेहरू लम्बे समय तक इसके अध्यक्ष रहे थे। वह सोच के स्तर पर समाजवादी विचारों से प्रेरित थे। उन्होंने इन विचारों को स्वयं के लिए और अपने देश के लिए एक मार्ग-निर्देशिका बनाते समय उसमें समाहित किया। बेशक, वह लोकतंत्र को त्यागना नहीं चाहते थे, जिसकी कार्यप्रणाली उन्होंने ग्रेट ब्रिटेन में देखी थी। लेकिन वे योजनागत विकास की इस ख़ूबी से भी प्रभावित थे कि इससे आर्थिक नीतियों के तमाम घटकों को बेहतर तरीक़े से समायोजित किया जा सकता है। और, इसीलिए वह पब्लिक सेक्टर को प्राइवेट सेक्टर उत्पादन के लिए एक आधारभूत ढाँचा देनेवाला मानते थे। योजनागत विकास पर अपनी बहुप्रशंसित पुस्तक[1] में, सुखमय चक्रवर्ती नेहरू को 'भारतीय योजनाओं के मुख्य शिल्पकार' के रूप में प्रस्तुत करते हैं। नेहरू ने मिश्रित अर्थव्यवस्था का चयन किया। दूसरे शब्दों में कहें तो नेहरू किसी भी तरह के अतिवाद को ख़ारिज करते थे : न तो पूँजीवादी व्यवस्था और न ही सोवियत यूनियन की केन्द्रीकृत साम्यवादी

1. सुखमय चक्रवर्ती, 'डेवलपमेंट प्लानिंग : दि इंडियन एक्सपीरिएंस', नई दिल्ली, ऑक्सफोर्ड यूनिवर्सिटी प्रेस, 1987

व्यवस्था ही उन्हें प्रभावित करती थी। सोवियत संघ में पिछले दिनों हुए परिवर्तनों को देखते हुए, पश्चिमी यूरोपीय और जापानी व्यवस्थाओं, जो कि अमेरिकन व्यवस्था से भिन्न हैं, को ध्यान में रखते हुए निस्सन्देह कहा जा सकता है कि नेहरू का चयन स्पष्ट रूप से विश्व के वास्तविक विकास से कहीं आगे की सोच थी।

जनसंख्या नीति में भी एक ज़रूरी तत्त्व के रूप में नियोजन नीति का समावेश किया गया है : यह बिलकुल साफ़ था कि इस तरह का स्व-नियंत्रण एक सन्तुलित विकास नीति के लिए बुनियादी बात है। बहुत से ऐसे पिछड़े देश हैं जहाँ उत्पादन तो बढ़ा है लेकिन इस बढ़े हुए उत्पादन का एक बड़ा हिस्सा बढ़ी हुई जनसंख्या द्वारा उपभोग कर लिया जाता है। छोटे परिवारों की ज़रूरत सिर्फ़ इसलिए नहीं है कि वो पूर्ण जनसंख्या दर में कमी लाते हैं; बल्कि इसलिए भी ज़रूरी है-—और जो ज़्यादा महत्त्वपूर्ण है कि इससे वो बच्चों को बेहतर शिक्षा दे सकते हैं और इस तरह जनसंख्या की कार्यक्षमता में सुधार किया जा सकता है।

किसी आर्थिक नीति के तमाम घटकों और उपकरणों में समन्वय स्थापित करने का काम विज्ञान करता है। ख़ासतौर पर तकनीकी के विभिन्न उपयोगों से विकास में मदद मिलती है। भारत विज्ञान के क्षेत्रों जैसे गणित और सांख्यिकी में पहले से ही सहभागिता कर रहा था जैसा कि सांख्यिकी में महालनोबिस और बाद में भौतिकी में भाभा के नामों से ज़ाहिर होता है। अन्तर्राष्ट्रीय विकास में विकसित और विकासशील देशों की संस्थाओं और विद्वानों के परस्पर सहयोग का महान योगदान रहा है। यह 'हरित क्रान्ति' में देखा जा सकता है। इस क्रान्ति से उच्च उत्पादन क्षमता वाले बीजों और अन्य कृषि उत्पादनों का उत्थान हुआ। यह 1951 से लेकर 1971 के मध्य अनाज के उत्पादन में 58 मिलियन से लेकर 108 मिलियन की बढ़ोतरी के तमाम प्रमुख कारणों में से एक था और, इसी के चलते भारत अनाज के उत्पादन में आत्मनिर्भर हो सका। इस आत्मनिर्भरता का दूसरा कारक था सिंचाई का योजनाबद्ध तरीक़े से विस्तार।

औद्योगिक विकास के लिहाज़ से स्टील और स्टील उत्पादों की वृद्धि के आँकड़े कुछ इस तरह हैं : 1951 से 1961 के बीच स्टील उत्पादन 2.2 गुना बढ़ गया और मशीनों का उत्पादन 5 गुना; समग्रतः औद्योगिक उत्पादन लगभग दोगुना हो गया।[1]

जैसा कि कहा जा चुका है, मानव सम्पदा में निवेश की ज़रूरत को समझते हुए लक्ष्य निर्धारित किया गया, और 1951 से लेकर 1971 के बीच, विद्यालय जानेवाले बच्चों की संख्या 23.8 मिलियन से बढकर 83 मिलियन हो गई। यह केवल आर्थिक रूप से महत्त्वपूर्ण उपलब्धि नहीं थी, बल्कि सांस्कृतिक विकास की दृष्टि से भी इसके बहुत महत्त्वपूर्ण निहितार्थ थे।

प्रजातंत्र के जिस पहलू के बारे में हमने अब तक बात नहीं की है वह है उसका भौगोलिक पक्ष। भारत एक संघीय राष्ट्र है, जिसमें लगभग 20 राज्य हैं और वहाँ पर उनकी अपनी सरकारें हैं। यह सांस्कृतिक बहुलता का द्योतक तो है ही, साथ ही इस कारण से एक बेहतर आर्थिक नीति की सम्भावनाएँ भी इसमें हैं। स्थानीय और

1. सुखमय चक्रवर्ती, 'डेवलपमेंट प्लानिंग : दि इंडियन एक्सपीरिएंस', नई दिल्ली, ऑक्सफोर्ड यूनिवर्सिटी प्रेस, 1987

क्षेत्रीय प्रकृति की समस्याओं को अधिक कुशलता से सुलझाया जा सकता है अगर निर्णय-प्रक्रिया का कार्य एक से अधिक स्तरों पर रहे। इसके उलट कुछ समस्याएँ जैसे अन्तर्राष्ट्रीय सुरक्षा और पर्यावरण के महत्त्वपूर्ण मुद्दे को केन्द्र सरकार के स्तर पर नीतियों की अपेक्षा रखते हैं। भारत की एकता उतनी ही ज़रूरी है जितनी कि महान ताक़तों (संयुक्त राज्य और सोवियत संघ) की, या फिर पश्चिमी यूरोप की और इसके यूरोपीय समुदाय में एकीकरण की, और पूर्वी यूरोप के लिए द काउंसिल ऑफ़ म्यूचुअल इकोनॉमिक ऐड (सी.ओ.एम.ई.सी.ओ.एन.) की।

नेहरू ने इन समस्याओं को शुरू में ही समझ लिया था। उन्होंने ग़रीबी को 'वैश्विक समस्या' के रूप में देखा। उन्होंने विकास के लिए सहयोग की आवश्यकता पर बल दिया जैसा कि, 1961 में यूनाइटेड नेशंस में आम सभा को सम्बोधित करते हुए उन्होंने कहा था। यह वह वर्ष था जिसमें 'विकास दशक' की घोषणा की गई जिसे बाद में 'पहला विकास दशक' कहा गया। 1970 में द्वितीय विकास दशक की घोषणा हुई, जिसका प्रस्ताव यूनाइटेड नेशंस डेवलपमेंट प्लानिंग कमेटी ने रखा था। इसकी अध्यक्षता करने का अवसर मुझे प्राप्त हुआ था।[1] यहाँ, एक बार फिर नेहरू अपने समकालीनों से बहुत आगे थे।

यह स्पष्ट था कि विकसित देश, कुछ छोटे राष्ट्रों के अपवादों को छोड़कर, इसमें कम ही रुचि ले रहे थे। आज तक भी, फ्रांस के सम्भावित अपवाद को छोड़कर, विशाल और मध्यम आकार वाले औद्योगिक देशों ने पियर्सन कमीशन[2] के विकासशील देशों की प्रगति में अपना सहयोग देने के लिए, उनके मूल राष्ट्रीय उत्पाद में 0.7 प्रतिशत की राशि उपलब्ध कराकर आर्थिक सहयोग देने की, उनके ख़ुद के विशेषज्ञों की राय तक को लागू नहीं किया है। (जिसका एक परिणाम आज हम क़र्ज़ की समस्या के रूप में देख रहे हैं)

यह दबाव विकासशील देशों की तरफ़ से ही आना था। यहाँ पर भी 1955 में, बाडुंग, इंडोनेशिया में एशियाई और अफ्रीकी राजनीतिज्ञों के बीच हुई मीटिंग की समापन सभा में नेहरू सबसे अग्रणी शख़्सियत थे और फिर बेलग्राद (1961) में भी, जहाँ पर ग्रुप ऑफ़ नॉन अलाइंड नेशंस स्थापित हुआ। यह समूह किसी 'गुट' में शामिल नहीं होना चाहता था, चाहे वह 'पूँजीवादी' गुट हो या 'साम्यवादी' गुट हो। एक तरह से देखें तो यह दृष्टिकोण सहिष्णुता के मूल्य से जुड़ा हुआ है जो कि नेहरू की अपनी व्यक्तिगत विशेषता थी। इसी के साथ, इसका उद्देश्य निम्न आय वाले देशों की स्थिति मज़बूत करने का भी है, ताकि एक समान आय वितरण की ओर प्रवृत्त हुआ जा सके।

---

2. यूनाइटेड नेशंस, 'टुवड्‌र्स एक्सीलेरेटेड डेवलपमेंट : प्रोपोज़ल फॉर द सेकेंड यूनाइटेड नेशंस डेवलपमेंट डिकेड', न्यूयॉर्क, 1970; यूनाइटेड नेशंस, 'इंटरनेशनल डेवलपमेंट स्ट्रेटजी : एक्शन प्रोग्राम ऑफ़ द जनरल असेंबली फॉर द सेकेंड यूनाइटेड नेशंस डेवलपमेंट डिकेड', न्यूयॉर्क, 1970
3. एल.बी. पियर्सन व अन्य, 'पार्टनर्स इन डेवलपमेंट : रिपोर्ट ऑफ़ द कमीशन ऑन इंटरनेशनल डेवलपमेंट', न्यूयॉर्क, 1969

नेहरू की मृत्यु के तीन वर्ष बाद 1967 में एल्जीयर्स में हुई एक बैठक के दौरान जी-77 का गठन हुआ, जिसमें दक्षिण अमेरिकी राष्ट्रों ने भी हिस्सा लिया। इस समूह में अब सौ से ज़्यादा सदस्य देश शामिल हैं और यह तीसरी दुनिया के हक़ में कहीं अधिक दबाव बनाने में सक्षम हैं। साथ ही उन्होंने दूसरे पक्ष की दलीलें सुनना भी सीख लिया है।

एशिया दिनोंदिन महत्त्वपूर्ण होता जा रहा है। जापान तकनीक के क्षेत्र में संयुक्त राज्य अमेरिका से टक्कर ले रहा है। चीन सोवियत यूनियन की तरह एक नई सामाजिक व्यवस्था के प्रयोग कर रहा है। दुनिया का केन्द्र अब अटलांटिक से प्रशान्त महासागर की ओर स्थानान्तरित हो रहा है। एक एशियाई के तौर पर नेहरू ने एशिया को महत्त्वपूर्ण बनाने में योगदान किया। वह केवल भारत के ही अग्रणी राजनेता नहीं थे, बल्कि पूरी दुनिया के एक महान राजनीतिज्ञ थे। सच तो ये है कि उन्होंने तीसरी दुनिया के एक बड़े हिस्से को रास्ता दिखाया। बहुत कम ऐसे नेता हैं जिनसे उनकी तुलना की जा सकती है। लैटिन अमेरिका के लिए पॉल प्रेबिश, 'महान वयोवृद्ध व्यक्ति' ज़रूर हैं, लेकिन उनके ऊपर कभी भी राष्ट्रीय सरकार चलाने के साथ-साथ किसी भी तरह की अन्तर्राष्ट्रीय ज़िम्मेदारी नहीं थी। अफ्रीका में, जूलियस न्येरेरे ने राष्ट्रीय और अन्तर्राष्ट्रीय दोनों ही तरह की ज़िम्मेदारियाँ निभाईं लेकिन फिर तंज़ानिया भारत से बहुत छोटा देश है। पश्चिमी यूरोप, ज्याँ मानेट को महान व्यक्ति के रूप में देखता है जिन्हें पश्चिमी यूरोप—ख़ासकर स्टील और कोयले के उत्पादक देशों—के एकीकरण का जनक माना जाता है। इन्होंने अपने स्तर पर अन्तर्राष्ट्रीय ज़िम्मेदारियाँ निभाईं। एक अन्य यूरोपियन निश्चित रूप से विली ब्रांट हैं, जिनमें केवल अन्तर्राष्ट्रीय ही नहीं बल्कि वैश्विक दृष्टि है। महान राजनयिकों के इसी वर्ग में नेहरू शामिल हैं।

~

शान्ति और प्रगति का प्रतीक[1]

शेख़ मोहम्मद अब्दुल्ला

[शेख़ मोहम्मद अब्दुल्ला (1905-1982) जिन्हें शेर-ए-कश्मीर भी कहा जाता है, कश्मीर के सबसे महत्त्वपूर्ण नेताओं में थे। आज़ादी के बाद उन्होंने कश्मीर के द्वितीय मुख्यमंत्री के रूप में कार्य किया। स्वतंत्रता संघर्ष के दौरान उन्होंने नेहरू के साथ जुड़कर देश की आज़ादी के लिए कार्य किया और बाद में कश्मीर के भारत में विलय में भी मुख्य कारण बने।]

~

पंडित नेहरू की महत्ता इसमें है कि उन्होंने भारतीय स्वतंत्रता के संघर्ष को दिशा और धार दी और उसे विदेशी सत्ता के विरुद्ध सफल बनाया। भारतीय राष्ट्रीय

1. नेहरू अभिनन्दन ग्रंथ से।

आन्दोलन का विकास केवल संख्या-वृद्धि द्वारा नहीं बल्कि उत्तरोत्तर परिवर्धनशील राजनीतिक और आर्थिक योजनाओं के निश्चित क्रम द्वारा भी हुआ है। और इन योजनाओं को रूप देने में पंडित नेहरू ने एक विशिष्ट और प्रमुख भाग लिया है। भारत की राजनीतिक रणभूमि में उनके आने के पहले और उपरान्त भी देश के विभिन्न भागों में लोग स्वतंत्रता की स्थानीय लड़ाइयाँ लड़ रहे थे जो देश के बृहत्तर राष्ट्रीय आन्दोलन से प्राय: सम्बद्ध थी, उदाहरणतया कुछ रियासतों में या सीमान्त प्रदेश में। उनके गत्यात्मक व्यक्तित्व के कारण ही यह सम्भव हुआ कि ये धाराएँ एक होकर एक ऐसा तूफ़ानी प्रवाह बन गईं जिसमें एक महान् साम्राज्य बह गया।

आरम्भ में राष्ट्रीय आन्दोलन तथाकथित ब्रितानी भारत तक ही सीमित था। 'भारतीय' भारत में रहनेवाले जन-समुदाय में इतनी जागृति नहीं हो पाई थी कि देश को स्वतंत्र करने में वह कोई प्रभावशाली भाग ले सकता। रियासती जनता ग़ुलामी के बोझ से दबी कराहती ही रही। भारत में अंग्रेज़ों के सबसे बड़े मित्र राजा लोग थे। साम्राज्यवाद के इस क़िले की सैर किए बग़ैर विदेशी शासन के विरुद्ध किसी भी संघर्ष का सफल होना असम्भव था। भविष्य की गहराई में पैठकर इस बात का अनुभव करनेवालों में पंडित नेहरू पहले व्यक्ति थे, कि राष्ट्रीय आदर्श की प्राप्ति के लिए रियासती प्रजा का संगठन करना और रियासतों के अलग-अलग आन्दोलनों को प्रधान राष्ट्रीय आन्दोलन का ही अंग बनाना नितान्त आवश्यक है।

ऐसी किसी संस्था को भारतीय कांग्रेस से तो अलग होना ही था, क्योंकि रियासती प्रजा की समस्याएँ ब्रिटिश भारत की जनता की समस्याओं से बहुत बातों में भिन्न थी। रियासतों की वस्तुस्थिति भिन्न थी। पंडित जी को उनका अनुभव करने का अवसर तब मिला था जब गाभा रियासत के अधिकारियों ने उन्हें ज़बरन हिरासत में ले लिया था। वहाँ की स्थिति इस बात से और उलझ गई थी कि विदेशी सत्ता से लड़ने के लिए पहले राजाओं की निरंकुश शक्ति और स्वेच्छाचारिता को समाप्त करना था। इसलिए आवश्यकता पड़ी रियासती प्रजामंडल की जिसे राजाओं के विरुद्ध मोर्चा लेना था। रियासती प्रजामंडल के निर्माण में पंडित जी प्रधान प्रेरक रहे हैं।

सन् 1925 के पूर्व हमारी रियासत कश्मीर में प्रजा अपने दुख और कष्ट की बात शासक के पास प्रार्थनापत्र भेजकर ही प्रकट कर सकती थी। किन्तु सन् 1925 में, इतिहास में प्रथम बार, प्रजा ने संगठित रूप से राजनीतिक आन्दोलन का सूत्रपात किया। सरकारी रेशम मिल के मज़दूरों ने, शिक्षा और अधिक वेतन की माँगों पर, हड़ताल कर दी। किन्तु फिर भी, अधिकांश जनता निस्पन्द ही रही। सन् 1931 तक असन्तोष सर्वव्यापी हो गया। कारण वही थे जिनकी परिणति भारत में असहयोग आन्दोलन में हुई थी। भूख और ग़रीबी की भयंकर विभीषिका किसान की सहन-सीमा पार कर गई थी और देश भर में बेकारी फैली हुई थी। इस सबका एकमात्र समाधान था पुराने ढर्रे का नाश। सारी रियासत एक बृहत्

राजनीतिक भूकम्प से हिल उठी। खेतिहर ने अपनी मेहनत के फल पर अपने हक़ की माँग की; और रोज़गार के तथा शासन में जनता के भागी होने के अधिकार पर ज़ोर दिया गया।

इस आन्दोलन की एक निर्बलता थी इसका अकेला होना। लोगों ने उसकी निन्दा यह कहकर की कि आन्दोलन का उद्देश्य और रूपरेखा साम्प्रदायिक है। यह पंडित जी की अक्षय कीर्ति की बात है कि उन्होंने हमारे आन्दोलन की रक्षा इन आक्षेपों का जवाब देकर की। उन्होंने घोषित किया कि यह आन्दोलन स्वेच्छाचारिता और विदेशी शासन के विरुद्ध कश्मीरियों की प्रगतिशील भावना की अभिव्यक्ति है। और हमारे आन्दोलन की रियासती प्रजामंडल से सम्बद्ध कराने का श्रेय भी उनको ही प्राप्त है।

इसी प्रकार पठानों के स्वातंत्र्य-आन्दोलन के सम्बन्ध में भी पंडित जी का कार्य स्तुत्य है। सैनिक दृष्टि से भारत के सबसे अधिक महत्त्वपूर्ण और सबसे कमज़ोर सीमान्त प्रदेश के निवासी पठानों ने सिकन्दर से लेकर अंग्रेज़ों तक किसी भी भारत-विजेता के सामने सिर झुकाना स्वीकार नहीं किया। अंग्रेज़ों ने निर्मम बल प्रयोग द्वारा, रिश्वतें देकर और आपस के झगड़े उभारकर उन पर शासन करने की कोशिश की है। ख़ान भाइयों ने पठानों को संगठित किया, और अनन्त कष्ट सहते तथा महान् त्याग करते हुए सामूहिक शत्रु के विरुद्ध उनका नेतृत्व किया। अपने इस उत्कट संघर्ष में उन्हें सबसे अधिक आवश्यकता थी मित्रों की। जो लोग भारत के मुसलमानों के परिवार के संरक्षक होने का दम्भ कर रहे थे उन्होंने पठानों को कोई भी सहायता देना अस्वीकार कर दिया। पंडित नेहरू ने उन्हें गले लगाया और खुदाई ख़िदमतगारों को राष्ट्रीय कांग्रेस से सम्बद्ध करवा दिया।

पंडित नेहरू केवल राष्ट्रीय स्वतंत्रता के लिए ही नहीं लड़ते रहे हैं। उनके कार्यों का क्षेत्र बहुत विस्तृत रहा है। वे सदैव संसार भर की अत्याचार-पीड़ित जातियों की मुक्ति के लिए संघर्ष करते रहे हैं। अपने ऐतिहासिक दृष्टिकोण के कारण वह सदैव अनुभव करते रहे हैं कि राष्ट्रीय स्वतंत्रता और अन्तर्राष्ट्रीय उन्नति अन्योन्याश्रित है। संसार में दो प्रतिद्वन्द्वी शिविर हैं : प्रगति और प्रतिगति के, जनतंत्र और तानाशाही के। स्वतंत्रता और जनता की विजय प्रगति के शिविर में एकता पर निर्भर है। किसी भी देश में प्रगति की पराजय दूसरे देशों में प्रगतिशील शक्तियों को कमज़ोर बनाएगी। यही कारण है कि जब नात्सियों ने बिएना के सुन्दर स्थानों को पदाक्रान्त किया, तब पंडित जी का हृदय रो पड़ा था; और इसी कारण इस्लामी गृहयुद्ध के समय वह इतने व्यस्त थे। फिलिस्तीन के अरबों का उन्होंने प्रबल समर्थन किया है। इधर उनकी चिन्ता का एक नया विषय है हिन्देशिया की आज़ादी पर उसी का आक्रमण। अत्याचार और अन्याय के विरुद्ध सबसे ऊँचा स्वर रखनेवाले पंडित नेहरू हमारे युग के ज्ञानी तो हैं ही, साथ ही उनमें अपने आदर्शों को कार्य-रूप में परिणत करने का सामर्थ्य भी है।

इस तुलना में शेली की हेठी नहीं होती, क्योंकि पंडित जी हृदय से कवि ही हैं। तीक्ष्ण संवेदनहीनता और उदार बुद्धि के साथ उनके व्यक्तित्व में वे सब उपकरण मौजूद हैं जिनसे कवि का निर्माण होता है। अपने देशवासियों की ग़रीबी और अज्ञान की तात्कालिक समस्याओं के कारण उन्हें अपनी सारी शक्ति और प्रतिभा को राजनीतिक आँधी-तूफ़ान को समर्पित करना पड़ा है। किन्तु जब कभी उन्हें अपनी भावनाओं का 'शान्ति में स्मरण' करने का अवसर मिला है तथा जेल की कोठरी के एकान्त में, तब-तब उन्होंने गद्य में गीत-सृष्टि की है। उनकी कृतियाँ गद्य-गीतिया ही तो हैं।

पंडित नेहरू को मैं अब दस वर्ष से अधिक से अच्छी तरह से जानता हूँ। वह मेरे सहयोद्धा ही नहीं रहे हैं, वरन् मेरे मित्र, मंत्रदाता और पथप्रदर्शक भी रहे हैं। उन्होंने मुझे सदा अपना निश्छल स्नेह दिया है और जम्मू तथा कश्मीर की जनता के प्रति, संकट में जिसकी रक्षा के लिए वे सदैव आगे आते रहे हैं, उनका प्रेम सदा ही प्रचुर रहा है। 'कश्मीर छोड़ो' आन्दोलन के समय, जब हम निरंकुश स्वेच्छाचारिता के विरुद्ध अपनी लड़ाई की आख़िरी खाई में थे, वह दौड़े हुए कश्मीर आए और उस घोर विपदा के समय हमारी सफलता के लिए जो कुछ भी कर सकते थे वह सब उन्होंने किया।

पंजाब और दिल्ली के साम्प्रदायिक उपद्रवों के समय पंडित नेहरू का व्यक्तित्व अपने उच्चतम शिखर पर पहुँच गया। एक उन्मत्त संसार में, जब इनसान इनसान नहीं रहा था, जब सभ्यता आदिम बर्बरता हो गई थी, जब अपराध अपराध नहीं रह गए थे, जब हत्या और बलात्कार देशभक्ति समझे जाते थे, तब गांधी जी के साथ पंडित नेहरू एक तूफ़ानी सागर में प्रेम, शान्ति और सहानुभूति का प्रकाश विकीरित करते चट्टान की भाँति दृढ़ खड़े थे। और, अन्त में, उनका पक्ष सही साबित हुआ है। वे इस बात को सिद्ध करने में सफल हुए हैं कि साम्प्रदायिक एकता का और भारत में असाम्प्रदायिक लौकिक शासन की स्थापना का मार्ग ही उन्नतिकर सही मार्ग है।

विकट ऊहापोह में आज के विच्छिन्न विश्व में पंडित नेहरू शान्ति और प्रगति के भव्य प्रतीक के रूप में विद्यमान हैं। यद्यपि गत महायुद्ध के आघातों से संसार अभी तक सँभल नहीं पाया है, फिर भी कुछ शक्तियाँ उसे फिर विनाशकारी ज्वाला की ओर धकेले लिये जा रही हैं। संघर्ष की शक्तियाँ दो शिविरों में विभक्त हो रही हैं, जिनके युद्ध का परिणाम मानवता का विनाश होगा। शस्त्रीकरण की दौड़ आरम्भ हो चुकी है और हम अपने पुराने अनुभव से जानते हैं कि इस दौड़ का अन्त कहाँ जाकर होगा। आज की सबसे बड़ी आवश्यकता है शान्तिकामी शक्तियों को समझने और अन्तर्राष्ट्रीय झगड़ों को निपटाने के लिए युद्ध के साधन का बहिष्कार। और तुला को शान्ति की ओर झुका सकने में समर्थ सबसे महत्त्वपूर्ण अकेला उपकरण है—पंडित नेहरू।

~

अमन के संघर्ष में अभी भी हमारे साथ...[1]

मार्टिन लूथर किंग जूनियर

[मार्टिन लूथर किंग, जूनियर (1929-1968) अमेरिका में नागरिक आन्दोलन (1955 से 1968 में अपनी हत्या तक) के सबसे बड़े प्रवक्ता थे। वह अहिंसा और सिविल नाफ़रमानी की गांधीयन विधियों को अपने आन्दोलन का आधार बनाने के लिए विख्यात हैं। वह नेहरू के भी प्रशंसक थे, और उन्हें अश्वेत अमेरिकियों को अलग-थलग रखने की नीतियों के विरुद्ध संघर्ष के प्रेरणास्रोतों में गिनते थे। दोनों के बीच में संक्षिप्त पत्राचार भी हुए और 1959 में दिल्ली में एक मुलाक़ात भी, जिसमें दोनों नेताओं ने बहुत-सी राजनीतिक और सामाजिक चिन्ताएँ एक-दूसरे से साझा कीं।]

~

जवाहरलाल नेहरू एक साथ तीन असाधारण युगों से आते थे। उन्होंने अपने देश के उपनिवेशवाद-विरोधी लम्बे संघर्ष में नेतृत्वकारी भूमिका निभायी, दूसरे देशों में ऐसी संघर्ष चेतना को प्रेरित भी किया।

उन्होंने विजय हासिल की, और फिर एक दूसरे युग के संघर्ष में जुट गए—द्वितीय विश्वयुद्ध के बाद शान्ति की स्थापना। इस चरम संघर्ष में गांधी उनके साथ नहीं थे, लेकिन महान स्वतंत्र गणतंत्र भारत की जनता उनके साथ थी।

इस पूरे कालखंड में नेहरू और भारत के योगदान का पूरा मूल्यांकन कर पाना बहुत कठिन है। यह वो दौर था जब मानव जाति एक भयंकर अन्त के एक सतत ख़तरे से गुज़र रही थी। इस दौर में, एक भी क्षण ऐसा नहीं था जब परमाणु युद्ध की आशंका न बनी रही हो। ऐसे वक़्त में नेहरू एक कद्दावर वैश्विक शक्ति के रूप में, पूरब और पश्चिम की महान ताक़तों की आपसी शत्रुताओं के बीच, भारत की शान्ति सम्मति को स्थापित कर रहे थे।

दुनिया को एक ऐसे मध्यस्थ और 'ईमानदार बिचौलिए' की ज़रूरत थी, अन्यथा उसने अचानक जो विनाश की ताक़त हासिल कर ली थी, उसमें कोई भी पक्ष दुनिया को मानव जाति के अन्तिम युद्ध में डुबो सकता था। नेहरू में वो प्रतिष्ठा, बुद्धिमत्ता और साहस था कि वो इस भूमिका को निभा सकें।

आज जो तनाव में कमी दिखती है, वो नेहरू की विरासत भी है, उनकी यादगार भी।

हमें यह नहीं भूलना चाहिए कि 1963 में हुई परमाणु परीक्षण निरोधक सन्धि का प्रस्ताव सबसे पहले नेहरू ने ही रखा था। हमें यह भी याद रखना चाहिए कि उपनिवेशवाद जिस तेज़ी से पूरी दुनिया से अपने पैर समेट रहा है, उसकी मूल जड़

1. 'द लीगेसी ऑफ़ नेहरू : ए मेमोरियल ट्रिब्यूट', सम्पादक कुँवर नटवर सिंह, (न्यूयॉर्क : जॉन डे, 1965)

भारत की विशाल जीत में छिपी थी। और यह भी याद रखना चाहिए कि नेहरू उस 'एशियन अफ्रीकन ब्लाक' को करोड़ों लोगों की एक संयुक्त आवाज़ बनाने में मार्गदर्शक बने जो आधुनिक विश्व बनने की ओर केवल अनुमान से बढ़ रहे थे।

वह गुटनिरपेक्षता या तटस्थता के नीति-निर्माता थे जो कि नये उभरते राष्ट्रों को अपनी स्वतंत्र अभिव्यक्ति देने के लिए बनाई गई थी, जिससे वह वैश्विक मुद्दों पर अपनी रचनात्मक भूमिका भी निभा सके।

नेहरू का तीसरा युग उनकी मृत्यु के बाद सामने आ रहा है। भले वह भौतिक रूप से उपस्थित नहीं हैं, लेकिन उनकी आध्यात्मिक उपस्थिति एक जीवनी शक्ति के रूप में अपनी मौजूदगी बनाए हुए है। आज भी महान शक्तियों के आपस में मैत्रीपूर्ण सम्बन्ध नहीं हैं, फिर भी गुटनिरपेक्ष संसार की मदद से इन शक्तियों ने परस्पर समझदारी-भरा नियंत्रण बनाना सीखा है। इसमें एक स्थायी शान्ति का आधार छुपा है। इसके आगे भी, शान्तिपूर्ण सहअस्तित्व पर भरोसा रखने और उसके लिए काम भी कर सकने का जो उदाहरण नेहरू के रूप में हमारे पास है, उसने मानवता को एक उम्मीद-भरी आशा दी है।

इस काल में मेरे लोगों, यूनाइटेड स्टेट्स के नीग्रो[1] लोगों, ने सभी पुरानी नज़ीरों का अतिक्रमण करके आज़ादी की ओर क़दम बढ़ाया है। हमारी सफलता का श्रेय उन अहिंसात्मक सीधी कार्यवाहियों और बुराई के साथ असहयोग की युक्तियों को है जिन्हें गांधी की प्रेरणा से नेहरू ने असरदार ढंग से लागू किया।

यह साम्राज्यवाद की कुटिलता थी कि उसने बड़ी आसानी से दुनिया को इस भ्रम में उलझाए रखा कि वो आदिम सभ्यताओं को सभ्य बना रही है जबकि वो पूरी तरह से उनका शोषण कर रहे थे।

सत्याग्रह ने इस मिथक को तोड़ दिया और उसने खुलासा कर दिया कि जो लोग अत्याचार के शिकार थे, वास्तव में पूरी तरह से सभ्य तो वही थे। उन्होंने हिंसा को ख़ारिज किया और प्रतिरोध करते रहे, जबकि अत्याचारी को हिंसा के प्रयोग के अलावा कोई दूसरा रास्ता ही पता नहीं था।

हमारे लोगों ने भी यूनाइटेड स्टेट्स में उत्पीड़कों के ख़िलाफ़ इसी सत्याग्रह की नीति अपनाई जिससे ये साफ़ हो गया कि कौन सही था और कौन ग़लत। सत्य की इसी अपराजेय नींव पर बहुसंख्यक जनता एक न्यायसंगत समाधान के लिए संगठित हो सकी।

अभी हमने पूरी जीत नहीं हासिल की है, क्योंकि उपनिवेशवाद के ख़िलाफ़ संघर्ष अभी जारी है, और सबसे ज़रूरी यह कि एक स्थायी शान्ति की सफलता अभी हमसे दूर है।

एक सच्ची सभ्यता के लिए मानव जाति द्वारा किए जा रहे इन सारे संघर्षों में, संवादों में हर जगह नेहरू की ऊँची शख़्सियत मौजूद है, भले ही भौतिक रूप से वे अब दुनिया में न हों।

---

1. आजकल नीग्रो शब्द का उपयोग करना उचित नहीं माना जाता, लेकिन डॉ. किंग के समय यही शब्द चलता था। मूल लेख में डॉ. किंग ने इसी शब्द का उपयोग किया है।

उनकी कमी पूरी दुनिया को खलती है, कितने सारे लोग सोचते हैं कि काश, नेहरू हमारे साथ होते...

इसीलिए, आज इस बेचैन दुनिया में नेहरू अभी भी हमारे साथ हैं।

~

सदा मानवीय[1]

अनु बन्द्योपाध्याय

[अनु बन्द्योपाध्याय एक गांधीवादी विद्वान और पत्रकार थीं। नेहरू पर यह संस्मरण एक निजी मुलाक़ात के सन्दर्भ में नेहरू की उदारता और बड़प्पन को बख़ूबी दिखाता है। अनु बन्द्योपाध्याय की अनोखी किताब 'बहुरूप गांधी' (1964) की भूमिका नेहरू ने लिखी थी।]

~

जब मैं जवाहरलाल नेहरू से पहली बार आमने-सामने मिली, उस वक़्त मेरी उम्र सत्ताईस साल थी। वो मुझसे तीस वर्ष बड़े थे। बहुत सारे दूसरे लोगों की तरह मैं भी उनकी प्रशंसक थी। तब मेरी आलोचनात्मक बुद्धि ऐसी न थी कि उनके भाषणों या उनके कार्यों पर किसी तरह की टिप्पणी कर सकूँ। उस समय मैं बम्बई में स्वर्गीय डी.जी. तेन्दुलकर के साथ गांधी जी के जन्मदिन के उपलक्ष्य में एक वॉल्यूम पर काम कर रही थी।

एक शाम जब मैं अपनी मेज़बान के आलीशान आवास में लौटी तो मैंने पाया कि वहाँ एक चुप्पी-सी छाई हुई है। फूल मँगाए-लगाए जा रहे थे। कलात्मक तरीक़े से रोशनी की व्यवस्था की गई थी। मेरी मेज़बान एक सादी लेकिन सुरुचिपूर्ण खादी साड़ी में थी। उनके चेहरे पर एक लालिमा-भरी चमक थी।

मेरे पूछने पर ये पता चला कि वहाँ जल्दी ही जवाहरलाल नेहरू आनेवाले हैं। मैं शायद ही कभी अपने पहनावे को लेकर चिन्तित होती थी। फिर भी मैंने बड़े दया भाव से अपनी सिकुड़ी हुई सलवार-कमीज़ को देखा, मगर फिर मैं सीधे छत पर चली गई जहाँ उन्हें बैठकर बात करनी थी। वहाँ मौजूद महिलाओं का व्यवहार और उनकी कलात्मक खादी की साड़ियाँ यह बात साबित कर रही थीं कि महिलाएँ जवाहरलाल नेहरू पर मरती थीं।

मैं बाहरी लोगों के सामने कभी भी सहज नहीं हो पाती। जमात में मेरी ज़ुबान सिल-सी जाती है। मैंने अगले दिन जवाहरलाल नेहरू के साथ भेंट करना तय किया। मितव्ययी होने के बावजूद इस इंटरव्यू पर समय पर पहुँचने के लिए मैं टैक्सी से कृष्णा हठीसिंग के घर पहुँची।

---

1. जवाहरलाल नेहरू : सेंटेनरी वॉल्यूम से।

मैं सीढ़ियों से होकर ऊपर पहुँची, घंटी बजाई और उनकी बैठक में पहुँची। वहाँ बड़े-बड़े कुत्ते मौजूद थे। उन्होंने मुझे सच में डरा दिया। एक मिनट के भीतर जवाहरलाल नेहरू अन्दर आ गए और मुस्कुराते हुए बोले, 'डर लग रहा है?' 'जी थोड़ा-थोड़ा,' मैंने कहा।

राजनीति मुझे समझ नहीं आती। औपचारिक कुशल-मंगल के बाद मेरे भीतर की नारीवादी ने उनसे सवाल किया कि 'क्या आप वाकई स्त्री-पुरुष समानता पर यक़ीन रखते हैं, मेरा मतलब है कि स्त्री के शारीरिक रूप से कमतर होने के बावजूद?'

यह मेरा सबसे प्रिय सवाल है। मैं अलग-अलग समय में यह सवाल अपने पिता, टैगोर, महात्मा गांधी और बादशाह ख़ान से कर चुकी हूँ।

मेरी बात सुनकर जवाहरलाल ने पहले तो अपनी त्योरियाँ चढ़ाईं फिर मुस्कुराकर बोले, बेशक, मैं यक़ीन करता हूँ। ऐसा लगता है कि आप महिलाओं के अधिकार और उनकी कमतरी को लेकर लड़ने की हद तक सचेत हैं, और फिर, थोड़ी देर ठहरकर उन्होंने मुझसे पूछा, 'आपने शादी क्यों नहीं की?'

अचानक आए इस सवाल से मैं थोड़ा हक़बका गई, लेकिन मैंने कहा, 'मुझे इस बात को लेकर विश्वास नहीं है कि मैं एक अच्छी पत्नी बन पाऊँगी। मैं एक जीवनसाथी को लेकर बहुत ज़्यादा नुक़्ताचीनी करनेवाली हूँ।'

आँखों में चमक लाकर उन्होंने मुझसे पूछा, 'मेरे बारे में क्या ख़याल है?'

'ओह, आप मुझसे बहुत बड़े हैं।'

'वरना?'

मैं मुस्कुराई।

'इस काम के ख़त्म हो जाने के बाद आप क्या करेंगी?'

'मुझ यह स्वीकारने में बड़ी शर्म आ रही है कि मैं राजनीतिक रुझान वाली नहीं हूँ। मैं गांधी के रचनात्मक सामाजिक काम पसन्द करती हूँ, विशेषकर उन्होंने समाज के कमज़ोर तबक़े के उत्थान के लिए जो कुछ किया है, समाज के वंचितों, दबी-कुचली औरतों के लिए, न कि केवल हरिजनों के लिए।'

'बिना आज़ादी को हासिल किए, जिसके लिए राजनीति ज़रूरी है, क्या इसे असरदार ढंग से किया जा सकता है?'

'सही बात है, लेकिन इसी के साथ ये भी सही है कि तमाम तथाकथित आज़ाद देशों में भी औरतें आज़ाद नहीं हैं, उन्हें या तो दबाया गया है, या फिर उनके साथ बेकार का लाड़-प्यार दिखाया जाता है या उनकी पूजा तक की जाती है—यह सब उतना ही अरुचिकर है जितना मूर्ति बनाकर भगवान को चढ़ावा चढ़ाना।'

'आपको पूजा-पाठ पसन्द नहीं?'

'मैं ईश्वर या उनकी अनुकम्पा और उस सब पर यक़ीन नहीं करती। मैं आपका क़ीमती समय और नहीं लेना चाहती, केवल आपसे मिलना चाहती थी। इसके अलावा...'

'इसके अलावा क्या?'

'मैंने बहुत बड़ी बेवकूफ़ी की है। मैं नर्वस थी और टैक्सी ड्राइवर को पैसे देना भूल गई। उसका किराया अब तक बहुत बढ़ गया होगा। ये बेताज जवाहरलाल के साथ बहुत महँगा इंटरव्यू हो जाएगा।'

वो मुस्कुराए और उन्होंने मुझे हल्के से थपथपाया और मैं वहाँ से चली आई।

हमारी अगली मुलाक़ात कुछ सालों बाद हुई जब वो आज़ाद भारत के प्रधानमंत्री थे। उस समय मैं बम्बई गवर्नमेंट हाउस में रह रही थी और कलेक्टेड वर्क्स ऑफ़ महात्मा गांधी पर काम कर रही थी। मैंने उन्हें अपने विभाग में चल रही अनियमितताओं के बारे में एक शिकायती पत्र लिखा था। वे बम्बई किसी ज़रूरी काम से आए हुए थे। लाइब्रेरी से लौटने पर मुझे एक नोट मिला, 'प्रधानमंत्री आपसे शाम 7 बजे गोल्डन हॉल में मिलना चाहते हैं।' मैं यह पढकर थर्रा गई। मेरे पास न तो कोई साधन था और न ही इतना समय था कि मैं अपने मित्र तेन्दुलकर से इस मामले में सलाह ले सकूँ। मैंने अपने पिता को याद किया और मैंने अपने आपसे कहा कि मुझे किसी की मदद नहीं लेनी चाहिए।

मैं हॉल में गई और बमुश्किल तीन मिनट इन्तज़ार करने के बाद जवाहरलाल नेहरू फुर्तीले क़दमों से चलते हुए वहाँ आ गए। कुशल-मंगल हुआ। उन्होंने कहा, 'अनु, तुम लड़ाकी हो और सबसे झगड़ा करती रहती हो।'

'हो सकता है। क्या मैं अपनी बात रखूँ, भले ही तरीक़ा आपको झगड़ालू लगे?'

उनकी सौम्य मुस्कान ने मेरा हौसला बढ़ाया। 'आख़िर गांधी जी ने ऐसा क्या बुरा किया था कि उनके समर्पित अनुयायी उनके ताबूत में अपने नाख़ून गड़ाए हैं? ताबूत शायद हिन्दू परम्परा के लिए सही शब्द नहीं है।'

'तुम्हारा कहने का मतलब क्या है?'

'अगर आपके भाषण अख़बारों में सटीक तरीक़े से नहीं लिखे जाते तो आप इतना नाराज़ हो जाते हैं और कहते हैं कि ये एक तरह से आपका मर्डर करना है। फिर गांधी जी की अंग्रेज़ी, जिसे ऑक्सफ़ोर्ड के अंग्रेज़ी के प्रोफ़ेसर भी बदलने की हिम्मत नहीं करते, के साथ छेड़छाड़ क्यों की जा रही है। क्यों एक आधे पढ़े-लिखे व्यक्ति को मेरे असिस्टेंट के रूप में नियुक्त किया गया, सिर्फ़ एक-एक केन्द्रीय मंत्री को ख़ुश करने के लिए? (मैंने उनका नाम लिया) यह भाई-भतीजावाद क्यों? अगर उन्हें तनख़्वाह वाली नौकरी की ज़रूरत थी तो वह तो उन्हें एक खादी भंडार में भी मिल सकती थी। यही होना है तो मैं इस्तीफ़ा देती हूँ।'

'मैं इस मामले को देखूँगा। लेकिन सच बताऊँ तो मेरे साथ काम करनेवाले सभी व्यक्ति खरे ईमानदार नहीं होते। मुझे अपनी सरकार ऐसे ही लोगों के साथ चलानी पड़ती है।'

'ख़ुशक़िस्मती से मेरे साथ ऐसी कोई मजबूरी नहीं है। ऐसे लोगों को नाराज़ करने से मेरी गद्दी नहीं छिन जाएगी।'

जवाहरलाल नेहरू, जल्दी अपना धैर्य खो देते हैं और नाराज़ हो जाते हैं, यह सब जानते हैं। मेरी बात से वो अप्रसन्न तो हुए लेकिन फिर भी उन्होंने मुझे पलटकर जवाब नहीं दिया। बजाय इसके, उन्होंने पूछा, 'इस रिसर्च को पूरा करने के बाद तुम

क्या करोगी? क्या तुम दिल्ली में कुछ काम करना चाहोगी? मुझे पता है तुम्हें फ़्लैट्स पसन्द नहीं। मैं तुम्हें लॉन और पेड़-पौधों वाला एक बँगला दूँगा।'

मैं यह सुनकर सन्न रह गई और कहा, 'यह कहने के लिए आपका बहुत-बहुत आभार। मैं एक ग़रीब ब्राह्मण अध्यापक की बेटी हूँ। मैं अपने घर कलकत्ता वापस लौट जाऊँगी, अपनी बूढ़ी, विधवा माँ के लिए खाना बनाऊँगी और घर की साफ़-सफ़ाई करूँगी।'

'तो तुम दिल्ली नहीं आ रही?'

'मेरा ख़याल है, नहीं।'

'तुम्हारे ख़िलाफ़ एक और शिकायत आई है। 'क' बहुत विनम्र और अच्छे स्वभाव वाला व्यक्ति है, तुम्हारी तरह लड़ाका नहीं है। तुमने यहाँ ठहरनेवाली बात पर उससे झगड़ा क्यों किया?'

मैं थोड़ा ठिठकी और मैंने कहा, 'हे भगवान, मैं सोच भी नहीं सकती थी कि इस प्रकार की व्यक्तिगत और मामूली बातें भी किसी राज्य के राज्यपाल और प्रधानमंत्री के बीच चर्चा का विषय बन सकती हैं।' मैंने उन्हें समस्या बताई, और उनसे पूछा कि 'अगर आप मेरी जगह होते तो क्या करते?'

वो कुछ नाराज़ से दिखे (हालाँकि, मुझसे नहीं)। अपनी नाराज़गी को सम्मोहक मुस्कान से ढककर वो मेरी पीठ ठोंकते हुए बोले, 'मुझे माफ़ करना। मैं उस तकलीफ़देह स्थिति को सही करने की कोशिश करूँगा।'

उस समय उनके चेहरे का वह करुण अवसाद जिसे मैंने उनकी तस्वीरों में अक्सर नोटिस किया है, देखकर मेरा मन दुखी हो गया। मुझे लगा कि मुझे उनसे अपना दुःख बताकर उन्हें परेशान नहीं करना था। नम आँखों से मैंने झुककर उनको प्रणाम किया और विदा ली।

तेंदुलकर, 1937 में जवाहरलाल नेहरू के बहुत क़रीबी दोस्त थे। जब उन्होंने चीन सहायता कमेटी में साथ-साथ काम किया था। उनके प्रभाव के चलते मुझे भी जवाहरलाल के साथ कभी-कभार पत्र-व्यवहार करने का मौक़ा मिलता रहता था। तमाम तरह के कामकाज और चिन्ताओं में घिरे रहने के बावजूद, वह हमेशा मेरे साथ मानवीय, शालीन और ख़याल रखनेवाले बने रहे। मुझे उनके इस तरह के पत्र पाकर बहुत ख़ुशी होती थी, जिसमें वो लिखते थे, 'आपके भेजे पेड़े (दरअसल वो मेरे बनाए सन्देश—बंगाली मिठाई—थे) के लिए धन्यवाद और आपने जो खजूर का गुड़ भेजा था उसे मैं ज़रूर चखूँगा।' (वह बंगाल के बने ठोस खजूर के गुड़ के बारे में बात कर रहे थे, जिसे भारत का चॉकलेट कहा जाता है) 'मैं इस पत्र के साथ छोटे बच्चे के लिए अपना एक ऑटोग्राफ़ भी लगा रहा हूँ। माफ़ करना मैं बंगाली अक्षरों में दस्तख़त नहीं कर सकता।'

मैंने गांधी जी पर अपनी छोटी पुस्तक की प्रस्तावना लिखने की उनसे गुज़ारिश की, बशर्ते वो पांडुलिपि पर एक सरसरी नज़र भी डाल लें। वह इसके लिए तैयार हो गए, और कहा, अगर इसमें मेरा बहुत सारा वक़्त न लगे, अगर तुम मुझे इसकी पांडुलिपि या बेहतर होगा कि उसके प्रूफ़ भेज दोगी तो मुझे फ़ैसला लेने में आसानी

रहेगी।' अपनी मृत्यु के सिर्फ़ दो महीने पहले उन्होंने मुझे भूमिका भेजी, जिसमें उन्होंने लिखा, 'ये पुस्तक बच्चों के लिए है, लेकिन मुझे विश्वास है कि बहुत से वयस्क लोगों को भी इस पुस्तक को पढकर आनन्द और फ़ायदा मिलेगा। यह शायद गांधी जी को और बेहतर समझने में हमारी मदद करेगी।'

जवाहरलाल नेहरू से मेरी आख़िरी मुलाक़ात तेन्दुलकर के घर में तब हुई जब वो अपने नाती संजय के साथ वहाँ आए। वो बम्बई में अप्सरा का उद्घाटन करने आए हुए थे। मैंने तेन्दुलकर से मज़ाक़ में कहा, 'आपके मित्र बम्बई आते हैं लेकिन कभी आपकी कुटिया तक देखने की परवाह नहीं करते।' तेन्दुलकर फ़ौरन ही सरकारी भवन गए और आधे घंटे में लौटकर मुझसे बोले, 'जवाहरलाल इस दोपहर यहाँ आ रहे हैं।'

मैं बहुत घबरा गई। हम बहुत थोड़े में ज़िन्दगी जी रहे थे। मैं बिलकुल अकेली थी, और काम में हाथ बँटाने के लिए कोई नहीं था। हम किस तरह से उनका स्वागत करेंगे जबकि हमारे पास तैयारी के लिए बमुश्किल तीन घंटे ही थे? हमसे उनके यहाँ आने की सूचना किसी भी मित्र आदि से साझा न करने और उसकी गोपनीयता बनाए रखने के लिए कहा गया था, यहाँ तक कि पड़ोसियों को भी न बताने को कहा गया था। उनके सुरक्षाकर्मी उस वक़्त काफ़ी हताशा में खीज से गए जब उन्होंने वहाँ बाहरी लोगों को रोकने के लिए कोई घेरा या गेट नहीं पाया। वह ग़ुस्से से कुलबुला रहे थे। उनमें से एक ने मुझसे कहा, 'सुनिए, कृपा करके इस ख़बर को फैला मत दीजिएगा कि प्रधानमंत्री आ रहे हैं। हमारे लिए भीड़ को नियंत्रित करना बहुत मुश्किल हो जाएगा।'

मैंने कहा, 'मुझे ये करने की ज़रूरत ही नहीं है, आप लोग ख़ुद ये काम बहुत अच्छे ढंग से कर रहे हैं।'

उसने कहा, 'कैसे?'

'इस साधारण से घर में कभी भी ख़ास बैज और राइडर्स के साथ कोई पायलट कार नहीं आई। सब लोग यह निष्कर्ष निकाल रहे हैं कि यहाँ कोई वी.आई.पी. आ रहा है, और वो राज्यपाल से भी बढ़कर है।'

आख़िरकार गुब्बारा फटा। अप्सरा के उद्घाटन के बाद जवाहरलाल दोपहर में रॉकी हिल्स आए, बड़ी फुर्ती के साथ टहलते हुए उस पूरी कुटिया का मुआयना किया, जिसकी ज़मीन उन्होंने बड़े सम्मान के साथ तेन्दुलकर को आजीवन रहने के लिए दे दी थी। कुटिया के सामने समुद्र के विस्तार को निहारते हुए वो बोले, "ये बिलकुल एक आश्रम जैसा लगता है। आपकी रसोई कहाँ हैं?" उनकी बात सुनकर मैं कुछ शरमा गई और चिन्ता भी हुई। वहाँ तक जाने के लिए बरामदा बहुत पतला सा था। मुझे लगा कहीं वो फिसलकर चोट न खा जाएँ।

'अरे आप इस रसोई में मेरी बनाई गई कोई चीज़ नहीं चखेंगे? यह सब घर की बनी हुई चीज़ें हैं।'

उन्होंने चुटकी लेते हुए कहा, 'तो क्या हुआ? बाज़ार के बने गुलाबजामुन, पेड़ा और नमकीन इतने भी बुरे नहीं होते।'

मैंने भी हाज़िर जवाब होकर उसी तरह बदला दिया,

'मैंने कभी नहीं बोला कि ये बहुत अच्छी हैं। मेरे कहने के पीछे कुछ ठोस कारण हैं। हो सकता है मैंने जो कुछ बनाया है वो बहुत स्वादिष्ट न हों, लेकिन इसका तो मुझे भरोसा है कि ये चीज़ें आपको परेशान नहीं करेंगी। आपके साथ आए हुए लोग कुछ खा क्यों नहीं रहे हैं?'

मुझे प्रोटोकॉल की जानकारी नहीं थी। जवाहरलाल ने एकाध कौर खाया, थोड़ा सा सन्तरे का जूस पिया और दूसरों को भी खाने को कहा।

जब वो कार में बैठने चले तो उन्होंने चारों ओर देखा और पूछा, 'ये लोग कौन हैं?'

'ये लोग उन उच्चाधिकारियों के ड्राइवर, धोबी और नौकर हैं जो हमारे पड़ोस में रहते हैं।'

वो बाहर आए, उनके नज़दीक जाकर उन्हें नमस्ते किया। मुझे आज तक उन लोगों की ख़ुशी और कृतज्ञता याद है। उन्होंने हमसे कहा कि 'आपकी वजह से हम लोग भारत के बेताज बादशाह को इतने नज़दीक से देख सके।'

तीन साल के बाद, जब मैं बद्रीनाथ-केदारनाथ से लौटकर देहरादून में रुकी हुई थी, जवाहरलाल स्वास्थ्य लाभ के लिए वहाँ ठहरे हुए थे। मेरी उनसे मिलने की बहुत इच्छा थी। मगर मैंने उन्हें वहाँ परेशान करना उचित नहीं समझा। एक दिन बाद जब मैं कलकत्ता पहुँची...

आल इंडिया रेडियो पर लगातार बज रही एकतान धुन सुनकर जम-सी गई।

~

नेहरू को याद करते हुए[1]

अमृतलाल नागर

[अमृतलाल नागर (1916-1990) बीसवीं सदी के हिन्दी के बहुत महत्त्वपूर्ण लेखक हैं। इस आलेख में उन्होंने अपने आरम्भिक जीवन पर पड़े नेहरू के प्रभाव के बारे में लिखा है, जब उन्होंने लखनऊ में नेहरू को क़रीब से देखा और उनकी निजी परेशानियों व दुःख से रूबरू हुए। उन्होंने उन रंग-बिरंगी अफ़वाहों के बारे में भी लिखा है जो उनके परिवार के बारे में चलती थीं। लेख में, नेहरू की लोकतंत्र के प्रति प्रतिबद्धता और उत्तरदायित्व-भावना की भी चर्चा की गई है।]

~

1. 'जवाहरलाल नेहरू : सेंटेनरी वॉल्यूम से'। यह लेख मूल रूप से हिन्दी में लिखा गया था, सेंटेनरी वॉल्यूम के लिए इसका अंग्रेज़ी अनुवाद सुश्री मृणाल पांडे ने किया है। बहुत खोजने पर भी हिन्दी मूल सुलभ न होने के कारण यहाँ अंग्रेज़ी अनुवाद से हिन्दी रूप करके दिया जा रहा है। कोई पाठक यदि मूल लेख सुलभ करा सकें तो कृपा होगी।

मुझे याद आती हैं मैथिलीशरण गुप्त की लिखी वे पंक्तियाँ जिनकी राष्ट्रीय असहयोग आन्दोलन और जलियाँवाला बाग के दौरान हमारे मासूम दिलो-दिमाग़ पर बहुत गहरी छाप पड़ी थी—

जो भरा नहीं है भावों से
बहती जिसमें रसधार नहीं,
वह हृदय नहीं है पत्थर है
जिसमें स्वदेश का प्यार नहीं।

हम स्थानीय अख़बार बेचनेवालों की वे शानदार गुहारें सुनकर बड़े हुए थे जिनके ज़रिये वे अख़बार की हेडलाइंस ज़माने को सुनाते हुए दो पन्ने का 'दुपहरिया आनन्द' बेचते थे। इससे हमें इस बात का पता चल जाता था कि हमारे कितने नेता जेल भेजे गए और कितने नेताओं पर पुलिस ने लाठियाँ चलाईं। यह वह दौर था जब महात्मा गांधी और नेहरू पिता-पुत्र—मोतीलाल और जवाहरलाल—बहुत तेज़ी से देश का ध्यान अपनी ओर खींच रहे थे।

यह याद करना तो मुश्किल है कि नौजवान जवाहरलाल कब अपनी उन अनगिनत तस्वीरों के ज़रिये हमारे दिलों में घर कर गए थे जो सभी राष्ट्रीय अख़बारों में नियमित रूप से छपा करती थीं, लेकिन मुझे इतना ज़रूर याद है कि मैंने 1927 या 1928 के आसपास झंडेवाला पार्क में दोनों नेहरुओं—पिता-पुत्र—को देखा था। हमने सुना था कि किस तरह से कुख्यात साइमन कमीशन का विरोध करते समय जवाहरलाल पुलिस के द्वारा क्रूरता से पीटे गए थे। मैं भी उस भीड़ का हिस्सा था जिसकी वह अगुआई कर रहे थे। इसीलिए मेरा उनके साथ एक अटूट और बेनाम दिली रिश्ता बन गया था। जब गांधी जी ने नये कांग्रेस अध्यक्ष का चयन करते हुए यह शब्द इस्तेमाल किए कि "हमारा जवाहर इस बार यह काँटों का ताज पहनेगा," तो मेरा किशोर मन एक बार फिर से कलाबाज़ियाँ खाने लगा।

जब नेहरू जी कांग्रेस के अध्यक्ष बने; उस समय तक भारत का युवा उनका पक्का समर्थक बन चुका था। उन्हें अक्सर भारत के जवाँ दिलों का बादशाह भी कहा जाता था। अब तक मैं एक पक्का पढ़ाकू बन चुका था। जब हमारे एक शिक्षक ने जवाहरलाल की एक अद्‌भुत किताब 'इनसाइड सोवियत रशिया' के बारे में तफ़सील से बताया, तो मैं तुरन्त ही वह किताब ख़रीद लाया। यह अंग्रेज़ी में लिखी पहली किताब थी जो मैंने पढ़ी थी। सही तो यह है कि मैं इसे आधी-अधूरी ही समझ पाया था, लेकिन समाजवाद के जो आदर्श इसमें प्रस्तुत किए गए थे, उन्होंने मेरे दिलो-दिमाग़ को आन्दोलित करना शुरू कर दिया। आज भी समाजवाद, नेहरू और सोवियत रूस मेरे दिमाग़ में बहुत गहन रूप से गुँथे हुए हैं।

मोतीलाल जी का निधन 1931 में, कालाकाँकर हाउस लखनऊ में हुआ। मुझे याद है गांधी जी उसी कार में बैठे हुए थे जिसमें मोतीलाल जी का पार्थिव शरीर रखा हुआ था। मीलों-मील तक चारों ओर फैली भारतवासियों की अपार भीड़ अपने

बेहद प्यारे नेता को अन्तिम विदा देने की कोशिश कर रही थी। मुझे यह भी याद है कि जब मैंने नेहरू को लखनऊ के झंडेवाला पार्क में एक सार्वजनिक सभा को सम्बोधित करते हुए देखा तो मुझे लगा कि कैसे नेहरू अपने पिता के देहान्त के कुछ महीनों बाद अचानक उम्रदराज़ नज़र आने लगे थे। उन दिनों, हम जब प्रभात फेरी के लिए निकलते थे, तो एक बहुत लोकप्रिय गीत गाते थे जिसका मूल भाव था कि कैसे वीर जवाहर ने अपने देश का नाम दूर-दूर तक रोशन किया है और कैसे उन्होंने अपने देशवासियों को आज़ादी के लिए लड़ना सिखाया है। बिस्मिल इलाहाबादी की ये पंक्तियाँ ख़ूब दोहराई जाती थीं :

शमा-ए-महफ़िल देख ले, ये घर का घर परवाना है।

1933 में जवाहरलाल जी की माता स्वरूपरानी नेहरू बीमार पड़ीं और लखनऊ के किंग जॉर्ज मेडिकल अस्पताल में भर्ती हुईं। यह महज़ संयोग ही था कि मुझे उनकी सेवा करने का मौक़ा मिला। जवाहरलाल जी उस समय जेल में थे, लेकिन उन्हें अपनी माताजी की देखभाल करने के लिए रिहा कर दिया गया था। लगभग एक महीने तक हर शाम और कभी-कभी सुबह के वक़्त भी, पंडित जी से मेरी लगातार मुलाक़ातें होती रहीं। उस समय किताबिस्तान, इलाहाबाद ने पंडित जी की दो छोटी पुस्तकें प्रकाशित की थीं। उनमें से एक का नाम ही मुझे याद रह गया है 'विन्डो इन दि प्रिज़न लैंड'। एक दिन जब मैं वहाँ पहुँचा तो यह किताब प्रकाशक के यहाँ से छपकर बस पहुँची ही थी। पंडित जी किताब पढ़ चुके थे, और उन्होंने उसे अपनी माताजी के बिस्तर से लगी मेज़ पर रख दिया था। जब पंडित जी ने मुझे बड़ी उत्सुकता से उस किताब पर नज़र गड़ाए हुए देखा तो वह मुस्कुराए और बोले कि अगर मैं चाहूँ तो यह किताब पढ़ने के लिए घर ले जा सकता हूँ। साथ ही उन्होंने इसमें यह बात भी जोड़ी कि उनके पास इसकी और भी प्रतियाँ हैं।

उस दिन से जवाहरलाल जी मेरे मन में एक देवता की तरह पैठ गए। उसके बाद मैं कई बार उनके विचारों से असहमत भी हुआ होऊँगा, लेकिन उस शाम जो श्रद्धा-भाव मेरे मन में जगा वह हमेशा बना रहा। मेरे मन में बहुत से नेताओं के लिए आदर-सम्मान है लेकिन मैं निस्संकोच स्वीकार करूँगा कि गांधी जी और पंडित नेहरू—ये दो शख़्सियतें हैं जिन्होंने मेरे मन पर सबसे गहरा असर किया।

हमारे शहर की हवाओं में दोनों महान नेहरुओं—मोतीलाल और जवाहरलाल—के बारे में लगातार तरह-तरह की अफ़वाहें तैरती रहती थीं। एक अफ़वाह यह थी कि जवाहरलाल इंग्लैंड में प्रिंस ऑफ़ वेल्स के सहपाठी और अन्तरंग दोस्त थे, तो दूसरी अफ़वाह यह कहती थी कि पंडित मोतीलाल जी के कपड़े फ्रांस के धोबीख़ाने में धुलाई के लिए जाते थे। ऐसी बहुत-सी कहानियाँ चारों ओर फैली हुई थीं। एक ऐसी ही अफ़वाह के मुताबिक़, जब पंडित मोतीलाल नेहरू जेल में थे, तो संयुक्त प्रान्त के गवर्नर श्री बटलर उन्हें चुपके से शैम्पेन की बोतलें पहुँचाया

करते थे। ऐसी ही एक अफ़वाह यह थी कि जब जवाहरलाल जी पढ़ाई कर रहे थे तब इंग्लैंड की महारानी उनके लिए अपने हाथों से दोपहर का खाना बनाकर, अपने बेटे के खाने के साथ-साथ, बर्किंघम पैलेस से टिफिन में भरकर स्कूल भेजा करती थीं। पता नहीं वे बेचारे जो इस तरह की अफ़वाहों का ताना-बाना बुन रहे थे, उन्हें इस बात का एहसास था भी या नहीं, कि नेहरुओं के प्रति अपने प्रगाढ़ प्रेम के चलते वे पश्चिम की मशहूर हस्तियों के साथ अपने नायकों की नज़दीकियों के दावे जिस तरह से बढ़ा-चढ़ाकर कर रहे थे, उससे उनकी प्रतिष्ठा में वे कोई इज़ाफ़ा नहीं कर रहे थे।

लेकिन जो सच्चाई मुझे दिख रही थी, वह इन सब अफ़वाहों को ख़ारिज करती थी। कोई भी, प्रिंस ऑफ़ वेल्स के तथाकथित घनिष्ठ मित्र और शाही भोजन खानेवाले को, रायबरेली ज़िले में गर्मियों के महीने में पैरों में धूल-भरी चप्पल पहने और कड़ी धूप से बचने के लिए सर पर गीला तौलिया डाले आज़ादी की लौ जगाने के लिए गाँव-गाँव भटकते और उन सामन्तों, ताल्लुकेदारों और ज़मींदारों को फटकारते हुए देख सकता था जो अवध के ग़रीबों का ख़ून चूसने, उन्हें दिनों-दिन और अधिक दरिद्र बनाने के लिए ज़िम्मेदार थे। आख़िरकार मैंने अपने आपसे कहा, तो क्या हुआ, अगर उनके ऊँचे ख़ानदान से सम्बन्ध हैं? ऊँचे और ताक़तवर लोगों से दोस्ती बेईमान आदमी के लिए मजबूरी साबित हो सकती है, लेकिन जो ईमानदार है, निष्पक्ष है, उसे क्या ऐसे सम्बन्धों से और अधिक मज़बूती हासिल नहीं होती? और जब साइमन कमीशन के ख़िलाफ़ विरोध प्रदर्शन करती भीड़ के अगुआ के रूप में ब्रिटिश पुलिस ने उन्हें पीटा तो दूसरे भारतीय नौजवानों की तरह मेरे मन का भी सारा भ्रम दूर हो गया। जवाहर ने हमें जीत लिया। बल्कि हमें तो उनकी कमज़ोरियों में भी बहुत आनन्द आने लगा; उनकी बेलगाम झुँझलाहटें, सारे बन्धनों को तोड़कर भीड़ के साथ आराम से घुल-मिल जाने की उनकी आदत, और इस सबके चलते कभी-कभार होनेवाली झड़पें भी। हमें इस सबसे प्यार था। एक बार जब मेरा एक मित्र गंगाजल की निर्मलता के गुण गा रहा था था, मैं अचानक ही बोल उठा, "गंगाजल जवाहरलाल के हृदय-सा निर्मल है।" फिर हमारी बातचीत का रुख़ धर्म से राजनीति की ओर मुड़ गया।

जवाहरलाल और धर्म के बारे में बातें करते हुए, हममें से ज़्यादातर लोग रह-रह कर यह सवाल उठाते कि आख़िर जवाहरलाल आस्तिक हैं या नास्तिक? उनके बारे में माना जाता था कि वह हिन्दू धर्म के प्रति कुछ न कुछ उपेक्षा का भाव रखते थे, लेकिन जैसा कि मैंने कहा, उनके मामले में कही-सुनी बातों के बीच से सच्चाई को अलगाना अक्सर मुश्किल होता था।

मेरे अपने दिमाग़ पर आधुनिक ज्ञान और परम्परागत हिन्दू दर्शन के मिले-जुले स्वरूप का बहुत गहरा प्रभाव था। मुझे हिन्दू धर्म के अन्धविश्वास और भद्दी रूढ़ियाँ बेहद नापसन्द थीं, लेकिन अपने धर्म के प्रति मेरी गहरी आस्था थी और वही एकमात्र कसौटी थी, जिस पर मुझे अपनी ईमानदारी को कसना होता था। मैं तर्क, बुद्धि और सही तथ्यों के लिए उत्सुक था, लेकिन मैं यह भी जानता था कि नये

विचारों को अपनाने के लिए, ख़ुद को उसके लिए तैयार करने के लिए, मेरे अन्दर धार्मिक विश्वास का होना ज़रूरी था। इस मामले में मैं गांधी का बहुत सम्मान करता था। मैं अक्सर महसूस करता था कि चूँकि जवाहरलाल गांधी जी के बहुत निकट थे, इसलिए उनके अनीश्वरवादी विचारों की सार्वजनिक अभिव्यक्तियों के बावजूद, उनके मानस में कहीं-न-कहीं बहुत गहरे धार्मिक तत्त्व ज़रूर विद्यमान होंगे। मुझे इस बात का ठोस जवाब बहुत अरसे बाद मिला, जब मैंने 'डिस्कवरी ऑफ़ इंडिया' पढ़ी। हालाँकि उस वक़्त तक मैंने केवल उनकी 'इनसाइड सोवियत रशिया' पढ़ी थी और ख़ुद को एक नई बौद्धिक ऊर्जा से भरा हुआ महसूस किया था। वह किताब एक नये वीरतापूर्ण संसार के बारे में बताती थी और उसने मुझे सोवियत रूस के नये वीरतापूर्ण संसार की याद दिलाई जिसके बारे में गणेश शंकर विद्यार्थी जैसे हिन्दी के पत्रकार अपने साप्ताहिक अख़बार 'प्रताप' में लिखते रहते थे। जवाहरलाल जी की किताब ने इस विषय की आगे झलक पेश की।

यही वह वक़्त था जब मैंने पहली बार कार्ल मार्क्स के बारे में सुना, हालाँकि मैं तब मार्क्सवाद के बारे में कुछ नहीं जानता था। जवाहरलाल जी की किताब ने मार्क्सवाद के सिद्धान्तों की ओर हमारा ध्यान खींचा। महान अक्टूबर क्रान्ति के लगभग दस साल बाद वह अपने पिता के साथ रूस का भ्रमण करके आए थे। उनकी पुस्तक उस दशक में रूस में घटित हुए चमत्कारों के शानदार सन्दर्भों से भरी हुई थी। कोई भी इस किताब में दिए गए उनके सन्दर्भों को पढ़कर उसी तरह के जादू से ख़ुद को भरा हुआ महसूस कर सकता था। हालाँकि यह किताब (इनसाइड रशिया) नये राष्ट्र-निर्माण की महान दौड़ में पीछे छूट गए लोगों पर हुई कम्यूनिस्ट क्रूरताओं के जीते-जागते विवरण भी देती है। कम्यूनिस्टों की क्रूरता के बारे में बहुत-सी अफ़वाहें फैली हुई थीं और ज़्यादातर उतनी ही अतिशयोक्तिपूर्ण थीं जैसी अफ़वाहें जवाहरलाल की पारिवारिक पृष्ठभूमि को लेकर होती थीं। उन्होंने साम्यवाद के ख़िलाफ़ कुछ लोगों के दिमाग़ में उसी तरह से पूर्वग्रहों को जन्म दिया जैसे मोतीलाल के पेरिस में कपड़े धुलाना और जवाहरलाल से जुड़ी प्रिंस ऑफ़ वेल्स के साथ भोजन की साझेदारी से जुड़ी किंवदंती ने किया। हमारे नगर परिसर और छोटे क़स्बे में चलनेवाले छोटे पुस्तकालयों में अचानक ही अंग्रेज़ी के उन जासूसी उपन्यासों की बाढ़ आ गई जिनमें बोल्शेविक क्रूरताओं की रोंगटे खड़े करनेवाली कहानियाँ हुआ करती थीं। इन पुस्तकों के साथ-साथ इनके हिन्दी अनुवादों को भी हमारे घरों में बड़े चाव से पढ़ा जाता था। इसमें होता ये था कि जो बोल्शेविज़्म के समर्थक थे और जो इसके ख़िलाफ़ थे, वे दोनों ही वीरतापूर्ण नये संसार की कहानियों को बढ़ा-चढ़ाकर पेश करने में एक-दूसरे से होड़ लेने लगते थे, और नतीजा यह होता था कि मेरे जैसे युवा इन कहानियों को सुन-सुनकर दुविधा में पड़ जाते थे। रूस के बारे में जवाहरलाल की किताब ने हमारे दिमाग़ में लगे जालों को साफ़ करने और उस पर पड़ी धूल को हटाने में बहुत मदद की।

उस समय तक मेरे ज़्यादातर दोस्त समाजवाद और पूँजीवाद में से किसी एक के प्रति अपनी खुली प्रतिबद्धता का चयन कर चुके थे। पहली तरह के लोगों का

सख़्ती से मानना था कि उन्हें रूसी लोगों की तरह ही अपने देशवासियों को कुत्सित पूँजीपतियों के शिकंजे से मुक्त कराना चाहिए और अपने समाज में सुधार लाना चाहिए जिससे भारत भी एक 'ब्रेव न्यू वर्ल्ड' बन सके।

हमारे मन में अक्सर यह सवाल आता था कि आख़िरकार जवाहरलाल जैसे जोशीले जवान आदमी ने गांधी जैसे अनुशासित व्यक्ति के साथ तालमेल कैसे बिठाया, जो हमेशा अजीबोग़रीब विचारों के साथ प्रयोग करता रहता था, जैसे कि नमक सत्याग्रह। मुझे भी उनका यह प्रयोग बहुत बचकाना लगा था, और जहाँ तक मुझे याद है नेहरू ने भी अपनी आत्मकथा की शुरुआत में उनके इस क़दम पर आश्चर्य ही जताया था। फिर अचानक हमने देखा कि यह विचार एक वायरस की तरह पूरे भारतीय समाज में फैल गया। नेहरू ख़ानदान की महिलाओं ने नमक बनाकर क़ानून तोड़ा और जेल गईं, और इस तरह से नमक बनाना देशभक्तों की तरह जेल जाने का सबसे नायाब तरीक़ा बन गया। मेरे जैसे अनेक बुद्धिजीवी, जो शुरू में नमक सत्याग्रह का विरोध कर रहे थे अब बड़े जोश-ख़रोश के साथ नमक आन्दोलन का हिस्सा बन गए।

अब मैं इस बात को महसूस करता हूँ कि जो चीज़ नेहरू और गांधी को साथ लाई और इस साथ को बनाए रखा, वह थी गांधी की तमाम अजीब और दुरूह क़िस्म के प्रयोगों में लिप्त रहने के बावजूद, संघर्ष करने की क्षमता, और नेहरू का मनुष्य की संघर्ष क्षमता पर अटल विश्वास। वह चाहते थे कि यह देश तब तक कड़ा संघर्ष करे, जब तक कि ब्रिटिशों के पास सिवाय वापस जाने के और कोई रास्ता न बचे, और भारतवासी फिर से एक आज़ाद देश में सम्मान के साथ आज़ाद क़ौम की तरह जी सकें। गांधी की वानर सेना के सदस्यों से लेकर कांग्रेस के युवा सदस्यों तक, गांधी की नियंत्रित दूरदर्शिता और नेहरू का जोशीला आदर्श हम भारतीयों को अदम्य उत्साह से भर देता था।

दांडी मार्च के मौक़े पर, हिन्दी कवि, सोहनलाल द्विवेदी की पंक्तियों को अक्सर सुना जा सकता था, 'चल पड़े जिधर दो डग मग में, चल पड़े कोटि पग उसी ओर।' सच में, उस समय लोगों ने युवा जवाहर का आँख मूँदकर अनुसरण किया। नेहरू के समाजवाद जो कि साम्यवाद के आसपास ही झूलता था, और गांधी की शान्त अहिंसा के सिद्धान्त में कोई टकराव नहीं हुआ। बल्कि इस मिलाप ने एक नई रोशनी अख़्तियार की।

नेहरू ने हममें से कई लोगों को चकित कर दिया जब देश को आज़ादी मिलने के बाद उन्होंने घोषणा कर दी कि भारत एक धर्मनिरपेक्ष राष्ट्र होगा। लेकिन मेरा विश्वास है उनके लिए धर्मनिरपेक्षता का जो मतलब था वह आज के मायने से बहुत अलग था। डॉ. राधाकृष्णन ने इसे बख़ूबी समझा और इसकी व्याख्या यह कहकर की कि धर्मनिरपेक्ष होने का मतलब अधार्मिक होना नहीं है बल्कि इसका मतलब सभी धर्मों के प्रति एक गहरी सहनशक्ति और सम्मान है।

नेहरू भारत को पाकिस्तान के इस्लामिक राष्ट्र के समानान्तर एक हिन्दू राष्ट्र नहीं बनाना चाहते थे। वह मानते थे कि इस देश के सभी धर्मों को बराबर स्थान और

सम्मान देना चाहिए और मैं महसूस करता हूँ कि यह उस गम्भीर, बुद्धिमान व्यक्ति का नये भारत के लिए सबसे बड़ा योगदान है।

व्यवस्थित और क्रमबद्ध रूप से कार्य करने की जो लगन नेहरू में थी, उसका स्रोत रूस की पंचवर्षीय योजनाओं से उनका प्रभावित होना था। वह अपने देश को, जो कि सदियों से फ़िज़ूल की परम्पराओं में फँसा हुआ था, नये ज्ञान के रास्ते पर उसी तरह ले जाना चाहते थे जैसे कि रूस ने अपने देश में किया था। यही कारण था कि वह विवादास्पद हिन्दू कोड बिल लाए। लेकिन नेहरू में सामाजिक बदलाव की वकालत करते हुए आलोचनाओं का सामना करने के लिए वह प्रतिरोधक क्षमता नहीं थी जो कि गांधी के पास भरपूर थी। गांधी अस्पृश्यता निवारण और पर्दा प्रथा जैसे कुछ क्रान्तिकारी सामाजिक बदलाव लाने में सफल हो सके, जो कि शायद नेहरू अपने अलग स्वभाव और मानसिक बुनावट के चलते नहीं कर सकते थे। लेकिन हमें उनका यह ऋण अवश्य स्वीकार करना चाहिए कि उन्होंने देश को सच्ची धर्मनिरपेक्षता से परिचित कराया।

नेहरू की वित्तीय नीतियाँ उनका दूसरा महत्त्वपूर्ण योगदान हैं। आज़ादी के दस साल पहले जब ज़्यादातर नेता केवल आज़ादी प्राप्त कर सकने के लक्ष्य पर ध्यान दे रहे थे, नेहरू ने राष्ट्रीय योजना समिति का गठन कर लिया था। राष्ट्रीय योजना समिति की पहली रिपोर्ट में नेहरू ने लिखा था कि किस प्रकार से उनके दल का मुख्य आदर्श भारत में एक सच्चा लोकतंत्र स्थापित करना है, जिसमें हर नागरिक को समान अवसर मिल सके और उसे अपनी क्षमताओं को अभिव्यक्त और विकसित करने का मौक़ा हासिल रहे।

नेहरू केवल एक लोकतंत्रवादी नहीं थे, बल्कि वह स्वस्थ संसदीय परम्पराओं को बनाए रखने के लिए भी बहुत सावधान थे। इसी कारण उन्होंने अपने विश्वस्त सिपहसालारों जैसे शास्त्री जी (एक बड़ी रेलवे दुर्घटना के बाद) और टी.टी. कृष्णामचारी (मूँधड़ा कांड के बाद) के इस्तीफ़े स्वीकार कर लिये थे। कांग्रेस विधायी दल में भी वह उसी तरह से लोकतांत्रिक थे जैसे कि संसद में। उन्होंने अपने दल के सदस्यों को अपनी बात कहने की खुली छूट दी हुई थी और उन्होंने कभी भी जनता के निर्णय की उपेक्षा नहीं की।

सालों पहले जब मैं उत्तर प्रदेश के तत्कालीन मुख्यमंत्री श्री सी.वी. गुप्ता से मिलने गया तो उन्होंने पंडित जी की एक चिट्ठी दिखाई। वह हर सप्ताह सभी मुख्यमंत्रियों को पत्र लिखा करते थे। उस पत्र में पंडित जी ने मुख्यमंत्रियों से कलाकारों, लेखकों और दूसरी कला-परम्पराओं के लोगों की ख़ास तौर से मदद करने की सिफारिश की थी। टैगोर की तरह ही वह, अन्ततः कला और सौन्दर्य के उपासक थे। मेरी निगाह में जो व्यक्ति सच में सौन्दर्य का सम्मान और सराहना करता है, वह कभी भी अधार्मिक और नास्तिक नहीं हो सकता।

~

प्रतिभावान नेहरू[1]

जॉन ग्रिग

[जॉन ग्रिग (1924-2001) एक ब्रिटिश लेखक, इतिहासकार और राजनेता थे। इस आलेख में उन्होंने नेहरू की असफलताओं का बेबाकी से वर्णन किया है और आधुनिक भारत को बनाने में उनकी निर्विवाद भूमिका को रेखांकित किया है।]

~

नेहरू इतिहास की सबसे महान और आकर्षक हस्तियों में से एक हैं। हम जितना उनकी प्रतिभा, उनकी ख़ूबियों और उपलब्धियों से उनकी ओर खिंचते हैं, उतना ही उनकी महत्त्वपूर्ण ग़लतियों और उनकी असफलताओं से भी जुड़ाव महसूस करते हैं, क्योंकि इन्हीं के कारण हम उनको एक मनुष्य के रूप में देख पाते हैं, उनके प्रति अपने मन में एक सहानुभूति लेकर। उनके जीवन के करुण पल भी हमें उतना ही प्रभावित करते हैं, जितना उनके जीवन की चमक। इसके अलावा, वह कुछ ऐसे चुनिन्दा लोगों में से थे जिन्होंने इतिहास तो बनाया ही, साथ ही लिखा भी, और अपने कुछ बहुत भीतरी जज़्बात को सबके सामने खोला, इन्हीं सब वजहों से हम लोग उनके और भी क़रीब महसूस करते हैं।

निस्सन्देह वह उस दौर में एक विश्वस्तरीय नेता थे जब जनसंचार माध्यमों के द्वारा मनुष्य जाति अपने आत्म के प्रति पहली बार समग्रत: सजग हो रही थी। दुनिया-भर के लोगों पर उनका असर तब भी बहुत प्रभावकारी होता अगर वह अपने घर (हिन्दुस्तान) में ही रहते; लेकिन स्वतंत्र भारत के प्रधानमंत्री के रूप में उन्होंने विदेश मंत्रालय भी अपने पास रखा और दूसरे देशों की नियमित यात्राएँ भी कीं। इससे उनका विदेशों में प्रभाव और बढ़ा। 1950 के दशक में जब उनका राजनीतिक कैरियर शीर्ष-बिन्दु पर था, तब वह निश्चित रूप से विश्व फलक पर सर्वाधिक सम्मानित पाँच-छह राजनीतिज्ञों में गिने जाते थे।

तब वह सारी दुनिया से जुड़े हुए थे, और अब सारी दुनिया हमेशा उनसे जुड़ी रहेगी और उन्हें याद करेगी।

वैश्विक स्तर की शख़्सियत होने के बावजूद, दो देश ऐसे थे जिनसे वह बहुत गहराई और आत्मीयता से जुड़े हुए थे। पहला तो स्वाभाविक रूप से उनकी जन्मभूमि भारत, जिसकी सेवा में उन्होंने अपना पूरा जीवन समर्पित किया और जिसकी 'खोज' ने एक विचारक के तौर पर उनके परिपक्व मस्तिष्क को प्रेरित किया। और दूसरा देश निश्चित रूप से मेरा अपना देश इंग्लैंड है जिसकी भाषा, साहित्य और राजनीतिक परम्परा का बहुत जीवन्त प्रभाव आजीवन उन पर रहा। उनके व्यक्तित्व का निरूपण करते हुए डॉम मारेस सम्भवत: कुछ ज़्यादा ही बढ़ाकर कहते हैं कि वह 'एक ऐसी

1. जवाहरलाल नेहरू : सेंटेनरी वॉल्यूम से।

मूल प्रतिकृति हैं जिसका निर्माण इंग्लैंड में हुआ (भले ही उसके कुछ हिस्से ही भारत से लिये गए हों)। लेकिन, महात्मा गांधी तक ने एक बार कहा था कि वह 'विचारों और कार्यशैली में भारतीय से ज़्यादा अंग्रेज़ हैं।'

यह बात ख़ुद गांधी जी के बारे में भी कुछ हद तक सच थी, और उन दोनों के बीच जो मज़बूत रिश्ता बना उसकी वजह यही रही होगी, वरना दोनों एक-दूसरे से बहुत भिन्न भी थे। गांधी जी, जातीय वर्जनाओं को चुनौती देते हुए और अपनी पत्नी व बच्चों को अपने घर, गुजरात में छोड़कर, अपनी मर्ज़ी से इंग्लैंड गए थे। यह उनकी जीवन-यात्रा का सबसे पहला साहसिक क़दम था और यहीं से उनके दूसरे अभियानों का रास्ता खुला। इसका परिणाम यह हुआ कि उनके भीतर हिन्दू रहस्यवादी आध्यात्मिकता और विक्टोरियन उदारवादी झक्कीपन का सम्मिश्रण हुआ। वह एक तरह से, कुछ-कुछ भारतीय मिस्टर ग्लैडस्टॅन थे। उनके जीवन पर बनी एटनबरॉ की लोकप्रिय फ़िल्म में कई सारी कमियों के साथ एक जो बड़ी कमी है, वह यह है कि यह फ़िल्म गांधी के दक्षिण अफ्रीका प्रवास से शुरू होती है। इसके बजाय उस फ़िल्म को उन्नीस बरस के गांधी द्वारा अपने परिवार और समुदाय को छोड़ सागर पार करके इंग्लैंड जाने से शुरू होना चाहिए था। एक जीवनी के तौर पर इस यात्रा का बहुत महत्त्व था, जिसे इस फ़िल्म में अनदेखा किया गया है। इस तरह से, लन्दन में एक छात्र के रूप में उन्होंने जो दो साल बिताए, जिनकी उनके व्यक्तित्व निर्माण में बहुत महत्त्वपूर्ण भूमिका थी, उसकी भी उपेक्षा हुई है।

नेहरू गांधी से कहीं ज़्यादा अंग्रेज़ी वातावरण से परिचित थे क्योंकि उनका पालन-पोषण एक अंग्रेज़ी रहन-सहन वाले घर में हुआ था। एक अंग्रेज़ी बोर्डिंग स्कूल और फिर अंग्रेज़ी विश्वविद्यालय में जाने के पहले से ही, उनके घर के माहौल में काफ़ी अंग्रेज़ियत थी। काफ़ी हद तक, उन्होंने इंग्लैंड को उस तरीक़े से नहीं लिया जिस तरह से गांधी ने इंग्लैंड पर अपनी प्रतिक्रिया दी। वह रूमानी लेकिन संशयी आदर्शवादी थे, जबकि गांधी, सबसे बढ़कर, एक धार्मिक व्यक्ति थे। लेकिन, दोनों व्यक्तियों ने अंग्रेज़ी संस्कृति के बहुत से तत्त्वों को आत्मसात् किया और कुछ विशिष्ट अंग्रेज़ी मूल्यों को स्वीकार किया। इन दोनों शख़्सियतों को आपस में जोड़ने में यह साझा वैचारिक स्थिति भी उतनी ही उत्तरदायी थी जितना उन दोनों के मन में भारत के प्रति प्रेम और राष्ट्रीय मुक्ति की भावना क़े प्रति प्रतिबद्धता थी।

जिन लोगों से उन्हें राजनीतिक संघर्ष करना था ये दोनों व्यक्ति, निश्चित रूप से, उनसे कहीं ज़्यादा बेहतर प्रतिनिधि थे—अंग्रेज़ी संस्कृति के सकारात्मक पहलुओं और मूल्यों के। यह उनके लिए ही नहीं ब्रिटेन के लिए भी दुर्भाग्यपूर्ण था। बीट्राइस वेब ने 1912 में लिखा था कि 'भारत का अभिजात्य', 'ग्रेट ब्रिटेन के मामूलीपन' के अधीन है; और जब हम प्रथम विश्वयुद्ध के बाद भारत के प्रति संकीर्ण ब्रिटिश नीतियों पर ध्यान देते हैं तो यह टिप्पणी पूरी तरह से न्यायसंगत नज़र आती है। वृहत्तर साम्राज्य के भीतर भारतीय स्वराज—गांधी का यह विज़न एक रचनात्मक शासनकला के लिए एक दुर्लभ अवसर उपलब्ध कराता था। ख़ेद की बात है कि ब्रिटिश राजनेताओं ने यह अवसर गँवा दिया। इसी तरह, नेहरू ने जिस तरह से एक सैद्धान्तिक आधार

पर 1930 के दौरान हिटलर और मुसोलिनी का विरोध किया था, उसके आधार पर उन्हें और उनके देश भारत को जारी संघर्ष में बराबरी का दर्ज़ा दिया जाना चाहिए था। इसके बजाय 1939 में भारत को, बिना उसके चुने हुए नेताओं को विश्वास में लिये, युद्ध में ढकेल दिया गया। जिन नेहरू को चर्चिल और रूसवेल्ट के साथ युद्ध विषयक चर्चाओं और शान्ति की योजनाओं में नीतिगत भागीदारी करनी चाहिए थी, उन्हें आन्दोलनकारी होने के लिए विवश कर दिया गया।

उनकी शुरुआती ज़िन्दगी में लौटें तो किसी को भी ऐसा लग सकता है कि उस समय का एक भारतीय लड़का हैरो के एक बिलकुल अजनबी माहौल में जाकर बुरी तरह से दुखी रहा होगा लेकिन, सच यह है कि नेहरू के साथ ऐसा कुछ भी नहीं हुआ, इसके विपरीत, उन्होंने तो यह बताया कि स्कूल छोड़ते समय वह रोए थे। ब्रिटिश बोर्डिंग स्कूलों की तुलना अक्सर जेलों से की जाती है, और हैरो में नेहरू ने जिस तरह का सन्तुलन बनाए रखा, उससे यह कहा जा सकता है कि उन्होंने जेल से जीवन के साथ तादात्म्य तब ही बना लिया था जो बाद के उनके जीवन में उनकी ख़ासियत ही बन गया। 1922 में उन्होंने लिखा, 'जेल के बाहर बहुत अकेलापन महसूस होता है और निजी स्वार्थ जल्द ही यहाँ वापस आने को उकसाता है।' इसके बाद जल्दी ही उनके पिता, मोतीलाल को भी यह लिखना पड़ा कि 'मुझे यह जानकर दुख हुआ कि...कल मेरे आने से तुम्हारे सुखी जेल जीवन की सहज गति में ख़लल पैदा हुआ... मैं जेल के बाहर के जीवन में जितना ख़ुश हूँ उतना ही तुम जेल के भीतर ख़ुश हो।'

स्पष्टतया नेहरू असाधारण रूप से एक अन्तर्मुखी व्यक्ति थे—बहुत मामलों में एक स्वाभाविक एकाकी जैसे। यद्यपि उनकी राजनीतिक प्रतिबद्धताएँ और उससे जुड़ी आकांक्षाएँ उन्हें एक ऐसी ज़िन्दगी की ओर ले गई जिसमें हद दर्ज़े की भीड़ और मिलनसारिता ज़रूरी थी। जब वह जेल से बाहर होते तो उन्हें तमाम साथियों-सहकर्मियों के साथ मेल-मिलाप करना ही होता—व्यक्तिगत स्तर पर भी और सामूहिक रूप में भी। लेकिन वह अपना स्वभाव नहीं बदल सकते थे। चाहे वह आज़ादी पूर्व राष्ट्रीय आन्दोलन के नेता के रूप में हो या आज़ादी के बाद एक प्रधानमंत्री के रूप में हो। उनका जीवन, सर्वपल्ली गोपाल के शानदार शब्दों में—'भीड़ से घिरे हुए अकेलेपन का जीवन' था।

उनके व्यक्तित्व में यह जो विरोधाभास और तनाव था, उसने उन्हें एक लेखक के तौर पर और अधिक परिष्कृत किया, वैसे ही जैसे जेल के एकान्तवास ने उन्हें लिखने का अवकाश प्रदान किया। लेकिन इसके अन्य परिणाम उनके लिए इतने सौभाग्यपूर्ण साबित नहीं हुए। अकेलेपन की उनकी यह चाह तो ब्रिटिश सत्ताधारियों की कृपा से पूरी होती रही, लेकिन इसके चलते उन्हें अपनी पत्नी और पुत्री से बहुत लम्बे-लम्बे समय तक दूर रहना पड़ा। यह बात इसलिए भी अधिक दुखदायी साबित हुई क्योंकि उनकी पत्नी कमला जहाँ एक ओर लगातार बीमार रहती थीं और लगभग मर रही थीं वहीं दूसरी ओर घर के अन्य सदस्य भी उनके साथ बहुत अच्छा बर्ताव नहीं करते थे। इन्दिरा भी तब केवल बच्ची ही थीं। इस पर यह कि आत्मनिरीक्षण तो वे बख़ूबी कर लेते थे, लेकिन दूसरे लोगों को पहचानने में वे इतने होशियार नहीं थे। प्रधानमंत्री के

रूप में उन्होंने जो सहयोगी चुने, वह रिकॉर्ड बहुत अच्छा नहीं कहा जा सकता। अन्ततः उनके भीतर के एकाकीपन ने उन्हें उन लोगों के लिए इतना संवेदनशील बना दिया था कि जो भी उनका विश्वास हासिल कर लेता, वह सारी दुनिया के ख़िलाफ़ जाकर भी उसका पक्ष लेने लगते थे। एम.ओ. मथाई[1] के मामले में यह साफ़ दिखाई भी दिया।

उनके ख़ास अन्दाज़ की छाप जो उनकी किताबों और पत्रों में है, वह उनकी बातचीत और आचरण में भी दिखती थी। उनमें एक ख़ास तरह का जादू था—जिसकी मैं दूर से तो प्रशंसा करता ही था—लेकिन, मुझे उसे अनुभव करने का मौक़ा पहली बार 1957 में मिला जब मैं पत्रकारों के एक अन्तर्राष्ट्रीय दल के साथ दिल्ली आया। समूह के साथ और फिर व्यक्तिगत रूप से मिलकर मैं उनके आकर्षण में बँध गया। उनसे दूसरी बार मिलने पर मेरा स्वागत इन्दिरा गांधी ने किया। अपने पिता के आने तक उन्होंने मुझसे कुछ मिनटों तक बातचीत की, और फिर वह चली गईं। (मैं उन्हें बाद में ज़्यादा बेहतर ढंग से जान सका)। नेहरू ने इस बार खुलकर, बिना किसी अभिमान के, बल्कि बहुत विनम्रता से, अपनी उस विशिष्ट प्रतिष्ठा के बारे में बातें कीं जो उन्हें आज़ादी हासिल करने की लड़ाई के अगुवा के रूप में मिली थी। इस कारण, उनके जीवनकाल में कोई मज़बूत विपक्ष उनके सामने खड़ा नहीं हो सका था। लेकिन उनकी विशेष स्थिति उन्हीं के साथ समाप्त हो जानी थी और उसके बाद एक सामान्य राजनीति को विकसित होना ही था जिसमें सरकारें आती-जाती रहें।

वह पूरी बातचीत और नेहरू की वह छवि मेरे दिलो-दिमाग़ में बसी हुई है—उनका वह चुस्त पायजामा, लम्बी भूरी शेरवानी, और उसके तीसरे बटन में लगा हुआ गुलाब, उनकी शान्त, मधुर आवाज़ जो कॉफ़ी ऑर्डर करते हुए थोड़ी तेज़ हो गई थी, और सबसे ख़ूबसूरत उनकी वह गूढ़ मुस्कुराहट! लेकिन पीछे मुड़कर देखने पर लगता है कि श्रीमती इन्दिरा गांधी की शख़्सियत भी कम महत्त्वपूर्ण नहीं है। असल में तो इन्दिरा अपने पिता द्वारा जताए गए इस विश्वास पर विडम्बनापूर्ण टिप्पणी जैसी थीं कि 'नेहरू का जादू' बस उनके जीवनकाल तक ही रहेगा!

वास्तव में, यह जादू इन्दिरा तक ही नहीं, उनके बाद उनके जीवित बेटे में भी रहा। नेहरू वंश एक राजनीतिक वंश बन गया है, जहाँ से ही भारत के नेता का चयन किया जाना होता है भले ही सरकार चलाने के विषय में उसका पूर्व अनुभव कुछ भी रहा हो। बहुत सारे लोग तर्क देते हैं कि यह नेहरू की ही इच्छा और योजना थी कि इन्दिरा कुछ अन्तराल के बाद उनकी उत्तराधिकारी बनें। लेकिन, मुझे यह बहुत अतार्किक-सी बात लगती है। जैसा कि आसानी से तर्क दिया जा सकता है कि उन्होंने लाल बहादुर के उनके उत्तराधिकारी बनने की भूमिका तैयार कर दी थी लेकिन शास्त्री का कार्यकाल इतना संक्षिप्त होगा, यह पूर्वानुमान उन्हें कैसे हो सकता था? ज़्यादा से ज़्यादा यह सम्भावना तार्किक रूप से व्यक्त की जा सकती है कि वह यह चाहते थे कि उनकी मृत्यु के बाद उनकी बेटी राष्ट्रीय राजनीति में अपना

---

1. मथाई, नेहरू के निजी सचिव थे जिन पर वामपंथियों ने जासूसी और सत्ता के दुरुपयोग के आरोप लगाए थे। इन आरोपों के बावजूद, और मथाई के इस्तीफ़े के बाद भी, नेहरू ने उनसे सम्पर्क बनाए रखा।

योगदान करे। उन्होंने 1959 में इन्दिरा के कांग्रेस अध्यक्ष बनने को अपनी रज़ामन्दी दे दी थी, उनके लिए प्रचार भले ही न किया हो।

इन्दिरा को लेकर उनकी महत्त्वाकांक्षाओं के बारे में कयास लगाने के बजाय, बेहतर यह होगा कि इस बात पर चर्चा की जाए कि कैसे और क्यों वह उनके इतने निकट आ गईं और अन्त तक बनी रहीं, और उनकी इस निकटता का आनेवाली घटनाओं पर किस प्रकार का प्रभाव पड़ा। इस विषय पर डॉ. गोपाल मौन हैं जो समझ में आ सकनेवाली बात है। वह नेहरू की आधिकारिक जीवनी उस समय लिख रहे थे जब श्रीमती गांधी जीवित थीं और ज़्यादातर समय सत्ता में थीं। (पहले और तीसरे खंड के प्रकाशन के समय वह प्रधानमंत्री थीं और दूसरे संस्करण के प्रकाशन के समय जनता पार्टी की सरकार थी) लेकिन यह निश्चय ही ऐसा विषय है जिसमें नेहरू के किसी भी अध्येता की विशेष रुचि होनी चाहिए।

नेहरू इन्दिरा के बचपन में उन पर ध्यान न दे सके, इसकी चर्चा पहले की जा चुकी है। कुछ लोग यह मान सकते हैं कि यह उन्होंने देशभक्ति की क़ीमत चुकाई, लेकिन हम जानते हैं कि उन्होंने ख़ुद इस मसले पर इतना सरलीकृत या ख़ुद को दिलासा देनेवाला दृष्टिकोण नहीं रखा। वह बहुत संवेदनशील थे और हमेशा अपने मन के अन्दर झाँककर देखते रहते थे। उन्हें ख़ूब पता था कि यह भी हो सकता है कि उनके जेल में लम्बे समय तक रहने का कारण देशभक्ति के अलावा उनका ख़ुद से अतिशय लगाव भी हो। अपनी पत्नी को लेकर भी उनकी आत्मा उन्हें कचोटती थी और इन्दिरा को लेकर उनमें जो अपराध-बोध था उसमें इस वजह से और इज़ाफ़ा हो गया था। कहीं-न-कहीं उन्हें इस बात का भी आभास था कि अपनी युवावस्था की एक लम्बी अवधि इन्दिरा ने अकेले ही अपनी बीमार माँ की सेवा-शुश्रूषा में बिताई है। यह बिलकुल स्वाभाविक था कि जो मानसिक कष्ट इन्दिरा ने उठाया था उसकी भरपाई नेहरू, प्रधानमंत्री रहते हुए इन्दिरा को अपनी निकटस्थ सहयोगी और विश्वस्त बनाकर करना चाहते।

हालाँकि एक बार फिर, उनकी अच्छी नीयत एक तरह से उनके स्वार्थ के साथ जुड़ गई, उन्हें अपनी सुविधा के लिए भी इन्दिरा की ज़रूरत थी; सिर्फ़ अपनी एक परिचारिका के तौर पर नहीं, बल्कि एक ऐसे व्यक्ति के रूप में जिस पर वह पूरी तरह से विश्वास कर पाते थे, विशेषकर 1959 में मथाई के ज़बरदस्ती लिये गए इस्तीफ़े के बाद। त्रासद पुनरावृत्ति यह हुई कि जैसे उनकी शादी उनकी राजनीतिक और स्वभावगत ज़रूरतों की भेंट चढ़ गई थी, वैसा ही इन्दिरा की शादी के साथ भी हुआ, जब उन्होंने अपने पति और बच्चों से ज़्यादा अपने पिता के हितों को तरजीह दी। इन्दिरा ने नेहरू की अवज्ञा करके फिरोज़ से शादी की थी, जो इसलिए इस विवाह के ख़िलाफ़ नहीं थे कि यह एक अन्तरधार्मिक विवाह था—उनकी धर्मनिरपेक्षता के लिहाज़ से यह बिलकुल निरर्थक बात होती—उनकी अनिच्छा का कारण फ़िरोज़ गांधी का अस्थिर स्वभाव था।

नेहरू के अपने दामाद के साथ रिश्ते, धीरे-धीरे राजनीति के कारण और भी जटिल होते गए। फिरोज़ एक उग्र क़िस्म के, ख़ुदमुख़्तार राजनीतिज्ञ थे, जो अपने

इस स्वभाव के चलते कभी भी प्रधानमंत्री की छत्रच्छाया में उनके एहसान तले नहीं रहना चाहते थे। वह कांग्रेस के कर्तव्यच्युत बड़े नेताओं पर हमला करने और उच्च पदों पर हो रहे भ्रष्टाचार का ख़ुलासा करने के लिए पूरी तरह से आज़ादी चाहते थे। अपने इस मिशन में उन्हें कुछ हद तक सफलता भी मिली, लेकिन, इसकी क़ीमत उन्हें अपने ससुर के साथ बढ़ती समस्याओं के रूप में चुकानी पड़ी, क्योंकि नेहरू अपने द्वारा नियुक्त किसी भी व्यक्ति की, सीमा से आगे जाकर भी, तरफ़दारी करते थे। अगर फिरोज़, नेहरू के साथ बेहतर तालमेल बना पाते तो वह उनके बेहद अच्छे और ईमानदार सलाहकार हो सकते थे, ऐसे सहकर्मी जिसकी किसी प्रधानमंत्री को ज़रूरत होती है। लेकिन यह नहीं होना था और इन्दिरा एक ऐसी क्रूर स्थिति में फँस गईं, जहाँ उन्हें पति और पिता में से किसी एक को चुनना था।

उन्होंने अपने पिता को चुना, हालाँकि उन्होंने औपचारिक ढंग से अपनी शादी को ख़त्म नहीं किया। उनके लिए ऐसा करना आसान भी था क्योंकि उनके पिता का उन पर दावा ज़्यादा मज़बूत था, और उनका साथ देकर इन्दिरा कहीं-न-कहीं देश की सेवा भी कर रही थीं। लेकिन क्या उनके इस निर्णय में उनका कुछ व्यक्तिगत हित भी नहीं छिपा हुआ था? क्या उन स्थितियों में भी उनकी कुछ व्यक्तिगत महत्त्वाकांक्षाएँ नहीं थीं? और अगर अपने पिता की तरह ही वह स्वयं को उसी तरह के त्याग के लिए तैयार कर रही थीं जैसा कि उनके पिता ने किया था, तो यह बहुत सम्भव है कि उनमें भी अपने पिता की तरह वह दुखती नस रही हो कि वह भी अपने बच्चों को उनके पिता से दूर रखकर एक सामान्य पारिवारिक परवरिश से वंचित कर रही हैं। अगर ऐसा हुआ हो तो बहुत हद तक यह भी सम्भव है कि संजय ने जान-बूझकर या अनजाने ही उनको इस अपराध-बोध का एहसास दिलाया हो, इसीलिए वह यह महसूस करती हों कि उन्हें भी संजय के साथ उसी तरह सन्तुलन बनाना होगा जैसा कि उनके पिता ने उनके साथ बनाया था; जिसमें अपना निजी हित भी शामिल रहा। हो सकता है कि आनेवाली पीढ़ी में भी वही पुरानी कहानी दोहराई गई हो, और, जिसके परिणाम और त्रासद रहे हों।

एक बात तो निश्चित है कि एक वंश परम्परा का निर्माण हुआ और साथ ही इसकी मौजूदगी ने कहीं-न-क़हीं उस लोकतांत्रिक विकास की प्रक्रिया को रोका जिसकी भविष्यवाणी नेहरू ने बड़े आत्मविश्वास से तीस साल पहले की थी। हालाँकि भारत आज भी बुनियादी तौर पर लोकतंत्र है और आज़ादी के बाद के इतिहास में तानाशाही का अनुभव भी ख़ुशक़िस्मती से बहुत अल्पकाल का रहा है फिर भी, इसने यह असम्भव बना दिया कि यहाँ पर एक मज़बूत विपक्ष या एक सक्षम वैकल्पिक सरकार उभर सके या अखिल भारतीय स्तर पर नेहरू परिवार की जो सहज प्रतिष्ठा है उसे चुनौती दी जा सके। दूसरे लोकतांत्रिक देशों की अपनी कमियाँ हैं, कोई भी सम्पूर्ण नहीं है। चूँकि नेहरू की सबसे बड़ी उपलब्धि भारत में लोकतंत्र की स्थापना और उसे मज़बूती प्रदान करना थी, लेकिन, उनकी मृत्यु के उपरान्त लोकतांत्रिक प्रगति की यह प्रक्रिया उनके परिवार से जुड़ी आनुवंशिक प्रतिष्ठा के चलते बाधित हुई है। उनकी विरासत की कोई भी निष्पक्ष समीक्षा इस तथ्य को नज़रअन्दाज़ नहीं कर सकती।

इस विरासत के अन्य महत्त्वपूर्ण तत्त्व क्या हैं? गांधी के बाद निश्चित रूप से वह भारतीय राष्ट्रीय आन्दोलन के सबसे बड़े नेता थे—जब स्वतंत्रता 'पूरी तरह से या हर मायने में नहीं लेकिन काफ़ी हद तक' प्राप्त हुई थी। क्या यह कहा जा सकता है कि उनकी विरासत में उपमहाद्वीप का विभाजन भी शामिल है? क्या भारत का दुखद विभाजन उनकी किसी बड़ी ग़लती की वजह से हुआ था? इस बारे में आलोचकों द्वारा बहुत कुछ कहा जा चुका है कि 1946 में कैबिनेट मिशन योजना को बिना शर्त स्वीकार करने में असफलता उनकी सबसे भारी भूल थी, जबकि जिन्ना ने इसे प्रकट रूप से स्वीकार कर लिया था। इस बात से इनकार करना मुश्किल है कि यह गम्भीर नीतिगत भूल थी।

लेकिन इसमें भी कोई शक नहीं कि जिन्ना पाकिस्तान को लेकर अपने निर्णय पर पूरी तरह से अडिग थे, और नेहरू की ग़लती ने जिन्ना को बस ऐसी ज़िम्मेदारी से बचने का त्वरित बहाना दे दिया था। यह नहीं तो जिन्ना पाकिस्तान पर अड़ने का कोई और बहाना खोज ही लेते। मुझे यह कहना अच्छा नहीं लग रहा लेकिन विभाजन की सबसे ज़्यादा ज़िम्मेदार तो ब्रिटिश सरकार की प्रथम विश्वयुद्ध के बाद से लागू नीतियाँ थीं जिनमें साम्प्रदायिक मतभेदों को जान-बूझकर हवा दी गई और उनका इस्तेमाल किया गया। ब्रिटिश शासन काल में रिकॉर्ड के तौर पर बहुत-सी अच्छाइयाँ और कुछ बुराइयाँ भी गिनाई जा सकती हैं जैसा कि भारतीय लेखकों ने बड़ी उदारता के साथ स्वीकार किया है। लेकिन, मेरी नज़र में जो सबसे भयंकर बुराई ब्रिटिश सरकार के हिस्से में आती है वह है विभाजन की त्रासदी। जिन्ना की भी इसमें बड़ी भागीदारी है। नेहरू की भागीदारी तो इनके समक्ष नगण्य ही प्रतीत होती है।

कश्मीर में उनकी हठधर्मिता को लेकर उन पर तमाम तरह के आरोप लगाए जाते रहे हैं। लेकिन सच यह है कि उनके कमज़ोर रुख़ के कारण उनकी ज़्यादा आलोचना हो सकती है। उन्हें वहाँ पर जनमत संग्रह के विचार का कभी समर्थन नहीं करना चाहिए था। उनकी सभी मुसीबतों की मूल वजह उनकी यही शुरुआती भूलें थीं।

अगर हम व्यापक अन्तर्राष्ट्रीय फलक पर देखें तो उनकी सबसे महत्त्वपूर्ण देन गुट निरपेक्षता की नीति है। यह राष्ट्रीय हित के परिप्रेक्ष्य में तो पूरी तरह सही थी ही लेकिन सम्भवत: यह नैतिक रूप से भी एक श्रेष्ठ विचार है। बहुत बार ऐसे अवसर आए जब उन्होंने शीत युद्ध के पक्षों से समान दूरी नहीं बरती और उनका दृष्टिकोण पक्षपाती रहा। वह सोवियत संघ के कुकर्मों की निन्दा करने से बचते रहे और पश्चिमी लोकतांत्रिक देशों की आलोचना करने के लिए हमेशा तत्पर रहे जबकि वास्तव में पश्चिमी लोकतंत्र से उनकी बहुत-सी समानताएँ थीं। पश्चिम के राजनेता उनके इरादों को लेकर हमेशा सशंकित रहे। उदाहरण के लिए स्वेज संकट के समय उनकी नीति किसी भी प्रकार से ब्रिटेन और फ्रांस के ख़िलाफ़ नहीं थी और उससे सभी पक्षों को सन्तुष्ट रखकर झगड़े का समाधान किया जा सकता था। लेकिन ब्रिटिश और फ्रांस की सरकारों ने उसे ठुकरा दिया और एक ऐसा रास्ता चुना जो कि विनाशकारी और बेईमानी भरा था।

चीन के बारे में उनके ग़लत आकलन को विस्तार से बताने की आवश्यकता नहीं है। इस कारण उनके जीवन में सबसे त्रासद और अपमानकारी पन्ना जुड़ा और शायद उसी के कारण उनकी मृत्यु नज़दीक आ गई। उनका दिल इससे ज़रूर टूटा लेकिन उन्होंने अपना धैर्य और विवेक नहीं खोया। चीन की चुनौती पर देश ने जिस तरह से प्रतिक्रिया दी उससे उसकी ताक़त और एकता का पता चलता है और इसकी बहुत बड़ी वजह उनकी नेतृत्व क्षमता थी।

अगर उनकी विदेश नीति की मर्मज्ञता का हिसाब-किताब किया जाए तो उसमें एक ख़ास बात जिसका श्रेय उन्हें जाता है, वह यह है कि उन्होंने निर्णय लिया कि स्वतंत्र और गणतंत्र भारत राष्ट्रमंडल का सदस्य बना रहेगा और ब्रिटेन की नाममात्र की सम्प्रभुता स्वीकार की। उनके ऊपर उससे अलग हो जाने का भारी दबाव था और ऐसा करके वह अपनी 'ब्रिटिश' इमेज से भी छुटकारा पा सकते थे। लेकिन उनमें वह उदारता थी कि वह इस लुभावनी बात का विरोध कर सके और उनमें घटनाओं का पूर्वानुमान कर सकने की क्षमता भी थी कि आनेवाले समय में राष्ट्रमंडल एक मज़बूत तथ्य बन सकेगा और ब्रिटिश आधिपत्य की यादें धुँधली हो जाएँगी। आज राष्ट्रमंडल का महत्त्व लगातार बढ़ता जा रहा है और यह नेहरू की ही देन है।

देश के भीतर उन्हें अमरता प्रदान करने के लिए, राज्य के निर्माण के अलावा वह औद्योगिक ढाँचा है जो उन्होंने स्थापित किया। एक राजनीतिक स्वतंत्रता पाए देश में ऐसा होना इतिहास की पहली घटना थी। हालाँकि जयप्रकाश नारायण व अन्य नेताओं के द्वारा उनकी परियोजनाओं को 'विशालकाय' कहकर आलोचनाएँ की गईं, लेकिन वह जानते थे कि वह क्या कर रहे हैं। यह भारत के लिए सौभाग्य की बात थी कि उसका पहला प्रधानमंत्री विज्ञान का स्नातक था। इस बात के लिए उन्हें धन्यवाद देना होगा कि आज भारत दुनिया का अग्रणी औद्योगिक राष्ट्र है।

क्या उन्होंने कृषि क्षेत्र की उपेक्षा की? शायद उन्होंने इसके विकास के लिए जितना किया वह उससे ज़्यादा कर सकते थे। लेकिन गनीमत है कि उन्होंने मार्क्सवादी प्रयोग करने की बेवकूफ़ी नहीं की जिनकी ओर सैद्धान्तिक रूप से वह बढ़ सकते थे। आसानी से कहा जा सकता है कि अगर भारतीय कृषि को सहकारी बना दिया गया होता तो हरित क्रान्ति न हो पाती।

सामान्य रूप से, भारत की आर्थिक और सामाजिक समस्याओं के प्रति उन्होंने सतर्कता का दृष्टिकोण अपनाया। अगर यह एक ग़लती थी तो निश्चित रूप से सही ग़लती थी। मानसिक ऊर्जा से सम्पन्न और तेज़ी से काम करने के आदी होने के बावजूद जब वह उन समस्याओं से रूबरू होते थे जिनके बारे में उन्हें पता था कि वे जटिल और काफ़ी बड़ी हैं, तो बहुत धैर्य का परिचय देते थे। इसी तरह से, उन्होंने देश के भौतिक विकास के लिए बड़े पैमाने पर जो किया उससे लोगों के जीवन-स्तर में बड़ा सुधार हो जाता, अगर साथ ही साथ, देश में चिकित्सा क्रान्ति भी न आई होती जिसके कारण जीवन-प्रत्याशा में अभिवृद्धि हुई और जनसंख्या बढ़ती चली गई।

लोगों का उनसे स्नेह ग़लत नहीं था। वह एक देशभक्त थे जो अपने देशवासियों को मनुष्य समझते थे और साथ ही देश के आदर्श को भी अंगीकृत करते थे। नेहरू भले ही बौद्धिक और सांस्कृतिक रूप से अपने बहुत से देशवासियों से दूर रहे हों, लेकिन संवेदना के स्तर पर उनकी लय अपने देशवासियों से ख़ूब मिलती थी। यही नेहरू की मेधा थी, यही भारत की मेधा है।

~

पंडित जी के संस्मरण[1]

रामधारी सिंह दिनकर

[रामधारी सिंह दिनकर (1908-1974) हिन्दी के बहुत महत्त्वपूर्ण कवि और लेखक हैं। जब वे राज्य सभा सदस्य थे, तब लगभग 12 वर्ष नेहरू के समीप रहे और उनको नेहरू को जानने-समझने का अवसर मिला। उनकी कालजयी रचना भारतीय संस्कृति का इतिहास है जिसका शीर्षक 'संस्कृति के चार अध्याय' हैं। नेहरू ने इस किताब की भूमिका लिखी थी।

नेहरू के देहान्त के बाद दिनकर ने उनसे जुड़े अपने संस्मरण लिखे जिनमें नेहरू पर उनके अपने विचार भी हैं। उन्होंने अपनी इस किताब का शीर्षक ही रखा—'लोकदेव नेहरू'। यह आलेख उसी किताब का अंश है जिसे 'दिनकर समग्र' से लिया गया है।]

~

पंडित जी कवियों का आदर करते थे, किन्तु कविताओं से वे बहुत उद्वेलित कभी भी नहीं होते थे। संसद सदस्य होने के बाद मैं बहुत शीघ्र पंडित जी के क़रीब हो गया था। उनकी आँखों से मुझे बराबर प्रेम और प्रोत्साहन प्राप्त होता था और मेरा ख़याल है, वे मुझे कुछ थोड़ा चाहने भी लगे थे। मित्रवर फीरोज़ गांधी मुझे मज़ाक़ में महाकवि कहकर पुकारा करते थे। सम्भव है, पंडित जी ने कभी यह बात सुन ली हो, क्योंकि दो-एक बार उन्होंने भी मुझे इसी नाम से पुकारा था। किन्तु 'आओ महाकवि, कोई कविता सुनाओ', ऐसा उनके मुख से सुनने का सौभाग्य कभी नहीं मिला।

कविताएँ सुनकर उनकी प्रतिक्रिया क्या होती है, यह जानने को मैं बराबर उत्सुक रहता था, किन्तु उनकी प्रतिक्रिया पकड़ में बहुत कम आती थी। एक बार होली के अवसर पर प्रधानमंत्री के घर पर जो जलसा हुआ, उसमें 'जोश मलीहाबादी' भी आए थे और उन्होंने 'उठो कि नौबहार है' नामक अपनी नज़्म पढ़ी थी। इस कविता को पंडित जी ने बड़े ध्यान से सुना था और एक बार बेताब होकर कुछ बोल भी पड़े थे। फिर मैंने भी एक कविता पढ़ी, मगर पंडित जी का चेहरा मैं देख नहीं सका। जब मैं बैठ गया, पंडित

1. दिनकर रचनावली, खंड-13, सम्पादक : नंदकिशोर नवल और तरुण कुमार (नई दिल्ली, लोकभारती प्रकाशन, 2011)

जी उठ खड़े हुए और उन्होंने ऐलान किया, "ज़ाहिर है कि अब कविता का सिलसिला बन्द कर देना चाहिए।" मुझे ठीक-ठीक पता नहीं चला कि ऐसा उन्होंने ख़ुश होकर कहा या इस आशंका से कि दो कवियों के बीच कहीं कोई स्पर्धा न आरम्भ हो जाए।

संसद सदस्य होने के बाद जब मैं पहले-पहल पंडित जी से मिलने गया, मैं उनके लिए थोड़ी-सी पुस्तकें साथ ले गया था। पंडित जी ने पुस्तकों को इस भाव से ग्रहण किया, मानो इतना क़ीमती उपहार उन्हें पहले कभी और न मिला हो। फिर बड़े प्यार से बोले, "आप मेरे लिए कविताएँ ले आए हैं। अच्छा, मैं इन्हें देखूँगा।"

मैंने कहा, "पंडित जी, देखने का समय आपको कहाँ से मिलेगा? मैं तो सिर्फ़ इसलिए ले आया हूँ कि आपके पुस्तकालय में ये भी पड़ी रहें।"

वे बोले, "नहीं, इन्हें मैं अपने सोने के कमरे में रखूँगा। सोने के पहले थोड़ा-बहुत पढ़ लेता हूँ।"

पहली ही मुलाक़ात में मैंने एक ढिठाई की थी। बातों के सिलसिले में मैंने उनसे पूछ लिया था, "पंडित जी, आपने क्या-क्या पढ़ा है?" प्रश्न का आशय मुझे समझाना नहीं पड़ा।

वे ख़ुद ही बोले, "फ़ारसी का ज्ञान मुझे नहीं है। अंग्रेज़ी और फ्रेंच के सिवा मैंने हिन्दी पढ़ी थी। थोड़ी-सी संस्कृत भी पढ़ने का मौक़ा मिला था, किन्तु संस्कृत में जो कुछ पढ़ा था, वह सब-का-सब मुझे याद है।"

गीता वे जब-तब पढ़ा करते थे, यह ख़बर उनके मरने के बाद छपी है; किन्तु फीरोज़ से एक बार सुना था कि गीता का द्वितीय अध्याय पंडित जी बार-बार पढ़ते हैं और वह अध्याय उन्हें लगभग कंठस्थ है।

पंडित मोतीलाल जी के विषय में श्री प्यारेलाल जी ने जो लेख लिखा है, उससे एक और बात प्रकाश में आती है। मोतीलाल जी का स्वर्गवास प्रात: छह बजे के आसपास हुआ था। जवाहरलाल जी रात में उनके पास रहे थे। सुबह को जवाहरलाल जी ने गांधी जी से कहा कि "रात पिताजी ने मुझसे यह कहा था कि गायत्री-मंत्र बचपन में तुम्हें सिखाया गया था, किन्तु तुम उसका जाप नहीं करते हो। मैं यह मंत्र सचमुच ही भूल गया था। किन्तु विचित्र बात, कल रात खाट पर पड़े-पड़े मंत्र याद हो आया।"

स्वर्गीय पंडित रामनरेश त्रिपाठी संसद में आना चाहते थे। उनकी इच्छा थी कि इस विषय की चर्चा पंडित जी से मैं ही करूँ। इसी सिलसिले में त्रिपाठी जी ने मुझे बताया था कि एक समय, मोतीलाल जी के कहने से वे जवाहरलाल जी को तुलसीकृत 'रामायण' पढ़ाया करते थे।

पंडित जी के बारे में इतिहास और चाहे जो बातें लिखे या न लिखे; किन्तु यह बात वह अवश्य लिखेगा कि भारत के मन को आधुनिक बनाने की दिशा में जवाहरलाल ने जो अथक प्रयत्न किया, वह विस्मयकारी था। किन्तु आधुनिकता के इतने बड़े ध्वजधारी होने पर भी प्राचीन भारत के प्रति उनमें एक प्रकार की ममता थी, जो कभी-कभी ही प्रत्यक्ष होती थी। एक बार मिलने को उन्होंने मुझे विदेश मंत्रालय में बुलाया और बात ख़त्म होने के बाद अपने साथ मुझे वे एक छोटी-सी गोष्ठी में ले गए, जहाँ अफ्रीका के छात्रों का दल उनकी इन्तज़ारी कर रहा था। उन्हें सम्बोधित

करते हुए पंडित जी ने कहा, "आप जिस देश में आए हैं, वह बड़ा ही पुराना देश है। इसकी सभ्यता की कई परतें हैं और देश में घूमने पर इनमें से हर परत आपको कहीं-न-कहीं देखने को मिल जाएगी। यहाँ कुछ चीज़ें आप ऐसी देखेंगे जो यूरोप और अमेरिका में भी हैं और कुछ बातें ऐसी मिलेंगी, जिन्हें समझने में आपको परेशानी होगी। मगर यहाँ की हर चीज़ अहमियत रखती है, क्योंकि हिन्दुस्तान जैसा भी है, वह इन सभी चीज़ों के मेल से बना है। सभ्यता की जो परतें आपको खोखली मालूम हों, उनके बारे में यह समझिए कि किसी समय वे भी सारपूर्ण थीं।"

एक बार संसदीय हिन्दी परिषद की गोष्ठी पंडित जी के घर पर हो रही थी। पंडित जी उस समय घर पर नहीं थे, भाषण देने को शहर में कहीं बाहर गए हुए थे। जब वे आए, गोष्ठी में मेरा व्याख्यान चल रहा था और मैं लोगों को यह बता रहा था कि भारतीय जनता के पूर्ण रूप से एक होने में बाधाएँ कहाँ-कहाँ पर हैं। जब पंडित जी के बोलने की बारी आई, उन्होंने कहा, "अभी मैं उड़ीसा गया हुआ था। सुना, वहाँ के आदिवासी भाई आर्य रक्त वालों से नाराज़ हैं। वे कहते हैं कि एकलव्य अनार्य था और द्रोणाचार्य आर्य थे। इसी कारण द्रोणाचार्य ने उस अनार्य नौजवान का अँगूठा कटवा लिया।" यह बात सुनकर सभी श्रोता हँसने लगे किन्तु पंडित जी को हँसी नहीं आई बल्कि विचलित होकर उन्होंने कहा, "और अपनी बात मैं आपको बताऊँ? यह सब सुनकर द्रोणाचार्य पर मुझे गुस्सा हो आया।"

द्वापर से कलियुग बहुत दूर पड़ता है। लेकिन सच्ची मानवता इस दूरी को नहीं मानती। किन्तु कितनी सजीव थी उस पुरुष की मानवता, जो कलियुग में खड़ा होकर द्वापर के अन्याय से तिलमिला उठता था!

वे संचिकाओं पर केवल 'यथा प्रस्तावित' लिखनेवाले मंत्री नहीं थे। जो संचिकाएँ उनकी मेज़ से निकलती थीं, उनमें से अधिकांश पर अच्छी अंग्रेज़ी की दो-चार सतरें अवश्य रहती थीं। उनका सचिवालय इतना चुस्त और दुरुस्त था कि टेलीफ़ोन से भी समय माँगने पर हमें कोई-न-कोई जवाब ठीक समय पर अवश्य मिल जाता था। संसद सदस्यों के पत्रों का वे अत्यन्त सम्मान करते थे। ऐसा शायद ही कोई संसद सदस्य होगा, जिसके पत्र का उत्तर पंडित जी ने अपने हस्ताक्षर से नहीं दिया हो। अक्सर तो यह होता था कि आज आपने पत्र लिखा और कल नौ बजे भोर में ही प्रधानमंत्री का चपरासी उत्तर लिये आपके घर पर मौजूद है।

निर्धारित समय पर अगर वे दफ़्तर या सभा में नहीं पहुँच पाते, तो इसके लिए उन्हें खेद होता था। एक बार विदेश मंत्रालय में मुझे उन्होंने नौ बजे सुबह का वक़्त दिया था, मगर ख़ुद वे कोई चालीस मिनट देर से पहुँचे। आते ही बोले, "माफ़ करना महाकवि! मैं भी लाल क़िले और कुतुबमीनार की तरह दिल्ली का एक्जिविट (तमाशे की चीज़) हो गया हूँ। रोज़ ही सैकड़ों लोग गोल बाँधकर मिलने आते हैं। आज कुछ ज़्यादा लोग आ गए थे, सो थोड़ी देर हो गई।"

चीनी आक्रमण के बाद देश में जो हिंसात्मक नारे लगाए जाने लगे, उनसे पंडित जी अत्यन्त दुखी हो गए थे। अपना दर्द उन्होंने कई रूपों में व्यक्त किया था, जिनमें से एक रूप यह था कि "अभी भी मैं अपने देश के पाशवीकरण को पसन्द नहीं कर

सकता।" जब उन्होंने संसद में इस आशय की घोषणा की, मैंने उसके जवाब में एक कविता लिखी थी जो 'परशुराम की प्रतीक्षा' में संकलित है। पंडित जी जिस ऊँचाई से अपनी वेदना का बखान कर रहे थे, उस ऊँचाई की मैंने दाद दी है, मगर निष्कर्ष मेरा यह था कि पशुओं को उत्तर पशुबल से ही दिया सकता है।

अक्टूबर 1962 से लेकर मार्च 1963 तक पंडित जी ने एक तरह से पंचधुनी तापकर तपस्या की थी। उनके चारों ओर क्रोध उबल रहा था, कटूक्तियों के बाण बरस रहे थे, क्षोभ की ज्वालामुखियाँ भड़क रही थीं, मगर तब भी वे अविचलित और शान्त थे। उन दिनों कानाफूसी चला करती थी कि पंडित जी का नेतृत्व समाप्त हो गया। किन्तु, अब लगता है, उनके नेतृत्व की जैसी परीक्षा उन छह महीनों में हुई, वैसी परीक्षा और कभी नहीं हुई थी और अविचल रहकर अपने अत्यन्त ऊँचे नेतृत्व का जैसा परिचय उन्होंने उन दिनों दिया, वैसा परिचय और कभी नहीं दिया था। जीत हमेशा सीमित होती है। उससे इतिहास को प्रकाश नहीं पहुँचता। इतिहास को रोशनी अक्सर उस आदमी से मिलती है, जो पुण्य की राह पर हार गया हो। कृष्ण और अशोक, कबीर और अकबर, गांधी और जवाहरलाल ये पराजित पुण्य के प्रतीक हैं।

~

व्यक्ति और प्रतीक : एक टुकड़ा तारीफ़[1]

नार्मन कज़िन्स

[नार्मन कज़िन्स (1915-1990) एक अमेरिकी राजनीतिक पत्रकार, लेखक, प्रोफ़ेसर और शान्ति कार्यकर्ता थे। इस आलेख में वह नेहरू के व्यक्तित्व के कई आयामों को एक साथ रेखांकित करते हैं : उनके व्यक्तित्व का नि:स्वार्थ पहलू, किसी कमज़ोर की रक्षा के लिए ख़ुद को ख़तरे में डाल देने का जज़्बा, उनका हल्का-फुल्का मज़ाक़िया और व्यक्तिगत अन्दाज़ जो उन्होंने प्रधानमंत्री के आवास पर उनके साथ लंच में महसूस किया, और उनकी प्रचंड मेधा और करिश्माई, स्वजागृत नेतृत्व क्षमता।]

~

वह एक व्यक्ति मात्र नहीं थे, बल्कि कई व्यक्तियों के जुलूस सरीखे थे। उनमें आप एक राष्ट्रीय नायक, राजनीतिज्ञ, दार्शनिक, इतिहासकार, लेखक और शिक्षक—सब एक साथ देख सकते थे।

वह कई विसंगतियों, विरोधाभासों पर विजय के सूचक थे। वह स्वयं एक प्रखरतम तर्कवादी थे जिन्होंने एक ऐसे देश के दिलों पर राज किया जो दुनिया में सबसे सघन और जटिल धार्मिक बुनावट वाला देश था।

1. 'जवाहरलाल नेहरू : सेंटेनरी वॉल्यूम' से।

वह पश्चिमी सभ्यता की बौद्धिकता की देन थे, जिन्हें अफ्रीका और एशिया के उन सैकड़ों-लाखों लोगों ने अपने एक नेता के रूप में माना जो अन्यथा पश्चिम से आशंकाग्रस्त रहते थे।

वह एक सक्षम तार्किक थे जो अमूर्त और सूक्ष्मतम मनोवृत्तियों के साथ भी सघन रूप से जुड़े हुए थे।

वह एक पक्के आशावादी थे जो बड़ी मुश्किल से ही सोच-विचार से बाहर निकल पाते थे।

उनकी संवेदनशीलता इस हद तक थी कि उन्हें कोई हल्की-सी बात भी खटक सकती थी, लेकिन वह इतिहास को हिला देनेवाले निर्णय लेने में भी सक्षम सिद्ध हुए।

वह विश्वास करते थे कि राज्य का सर्वोत्कृष्ट कार्य किसी व्यक्ति की व्यक्तिगत क्षमता का विकास करना है, लेकिन उन्होंने एक ऐसे देश में सत्रह साल तक राज किया जहाँ व्यक्ति के निजत्व के विकास में दुनिया में सबसे ज़्यादा बाधाएँ थीं।

ऐसे व्यक्ति का आप पूरेपन में मूल्यांकन या सराहना नहीं कर सकते। अधिक से अधिक बस यह किया जा सकता है कि उसकी कुछ विशेषताएँ और गुण बता दिए जाएँ।

उस व्यक्ति का साहस

अगस्त, 1947 राष्ट्रीय आज़ादी और उपमहाद्वीप के भारत और पाकिस्तान के रूप में बँटवारे के साथ ही पैंतालीस करोड़ लोग भयंकर उथल-पुथल के शिकार हुए। हिन्दू और मुसलमान जिनका आपस में तनाव का एक लम्बा इतिहास है, उनमें हिंसक, डरावनी घटनाओं की एक क्रिया-प्रतिक्रिया की श्रृंखला बन गई। कोई नहीं जानता कि कितने लोगों की जानें गईं। लेकिन, एक करोड़ बीस लाख लोग बेघर हो गए। नृशंस अत्याचारों की अफ़वाहों और वास्तविक अत्याचारों के आपस के घालमेल ने लगातार बढ़नेवाले पागलपन को पैदा किया।

कुछ समय के लिए दिल्ली में स्थितियाँ शान्त थीं, जहाँ पर बड़ी मुस्लिम आबादी थी। फिर अचानक तूफ़ान आ गया। एक रोज़ देर रात हिन्दुओं की भीड़ ने नई दिल्ली के मुख्य बाज़ार कनॉट-प्लेस को घेर लिया। ये हिन्दू, उत्तर-पश्चिम में मुसलमानों द्वारा किए गए आतंक की कहानियों से उत्तेजित थे। दंगाइयों ने मुसलमानों की दुकानों को तोड़ना, लूटना और उन्हें बर्बाद करना शुरू कर दिया।

पुलिस बल जब तक वहाँ पहुँचता, जवाहरलाल नेहरू वहाँ पहुँच गए। वे अँधेरे में ही भीड़ में कूद गए और लोगों को होश में लाने की कोशिश करने लगे। उन्होंने अचानक देखा कि एक मुसलमान को हिन्दुओं ने पकड़ रखा था। उन्होंने उस व्यक्ति और उसे मारनेवालों के बीच में ख़ुद को खड़ा कर दिया।

अचानक एक चिल्लाती हुई आवाज़ आई, "अरे यह तो जवाहरलाल हैं! जवाहरलाल हैं यह। चोट न लग जाए जवाहरलाल को।"

यह आवाज़ भीड़ में फैल गई। इसका जादुई असर हुआ। लोग जहाँ थे वहीं ठहर गए और उन्होंने अपने हथियार छोड़ दिए। लूटे गए सामान वहीं डाल दिए गए। दंगाई भीड़ की मानसिकता बदल गई। जब तक पुलिस पहुँचती, लोग वहाँ से छँटने लगे थे। दंगा ख़त्म हो चुका था।

अगले दिन नेहरू के दोस्त लोग उनके पास पहुँचे और उन्हें डाँटने लगे कि क्यों उन्होंने दंगाई भीड़, जो कि हद पागलपन में थी, के सामने इस तरह ख़ुद को पेश कर दिया।

"वहाँ आपकी जान जा सकती थी," उनमें से एक ने कहा, "फिर क्या होता?"

"यह तो आपका सोचना है," उन्होंने शान्त भाव से जवाब दिया, "दूसरी बहुत-सी जानें भी कल रात जा सकती थीं। तब क्या होता?"

नेहरू ने एक, और केवल एक, मुसलमान के लिए अपनी जान को जोख़िम में डाल दिया; इस बात का बहुत ज़बरदस्त असर नई दिल्ली में ही नहीं, उससे बाहर भी हुआ। हज़ारों मुसलमान जो पाकिस्तान भाग जाने का मन बना रहे थे, भारत में रुक गए। उन्होंने अपनी ज़िन्दगियों को नेहरू की इस नीयत के भरोसे कर दिया कि वह उनकी रक्षा करेंगे और उन्हें न्याय दिलाएँगे। आनेवाले सालों में, भारत के मुसलमानों का नेहरू पर यह भरोसा भारत के एक मज़बूत और एकता वाला राष्ट्र बनने में प्रमुख कारक बना।

जब साम्प्रदायिक दंगे ठंडे पड़ने लगे, उसके कुछ हफ़्ते बाद ही, प्रधानमंत्री अपने एक विदेशी मित्र के साथ निजी कार में दिल्ली से क़रीब 15 मील दूर दक्षिण की तरफ़ जा रहे थे। सड़क पर ऊँटों के एक क़ाफ़िले के कारण ट्रैफ़िक जाम हो रहा था। ये देहाती इलाक़ा था जहाँ ज़्यादातर आबादी मुसलमान थी। अभी हाल ही में, इस गाँव में भीषण साम्प्रदायिक हिंसा हुई थी।

तीखी गर्मी, सूखी सड़क पर उठती भारी धूल, ऊँट हाँकनेवालों के तेवर, जाम में फँसी बसों में बैठे लोगों की चिल्लाहटें, ट्रक, बोझा ढोनेवाली गाड़ियाँ, चौपहिया वाहन—ये सब कुल मिलाकर एक ऐसा वातावरण बना रहे थे जो कि साम्प्रदायिक दंगा फूट जाने के लिए विस्फोटक सामग्री जैसा था। तभी गाँव से कुछ जवान मुस्लिम लड़के हाथों में चाकू लिये आ धमके। उन्होंने नेहरू की कार को घेर लिया। उनमें से एक ने नेहरू को पहचान लिया और ग़ुस्से में उन पर चिल्लाने लगा।

नेहरू कार से बाहर निकल आए। उस जवान लड़के के पास गए और उससे शान्ति से बात करने लगे। अचानक प्रधानमंत्री की जय-जयकार होने लगी। मुसलमानों ने उन्हें घेर लिया और उनके प्रति अपना प्यार और वफ़ादारी जताने लगे। फिर उनमें से कुछ अपने उस कृत्य के लिए शर्म के मारे रोने लगे। नेहरू ने उनसे बातें कीं, उनके सवालों के जवाब दिए और उनसे अपनी उम्मीदें साझा कीं।

नई दिल्ली वापस होते हुए, उनके मेहमान ने उनसे उनकी (प्रधानमंत्री की) सुरक्षा को लेकर चिन्ता ज़ाहिर की। नेहरू ने माना कि ख़तरा हो सकता था, लेकिन उन्होंने कहा, "ख़तरे के कारण मैं उस काम से मुँह कैसे मोड़ लेता, जो करना ज़रूरी था।"

उनकी इनसानियत

जनवरी 1951, रविवार। नई दिल्ली के इम्पीरियल होटल के एक कर्मचारी ने मुझे एक सन्देश दिया। यह प्रधानमंत्री के निवास से सुश्री सिंधी का सन्देश था। उस दोपहर को प्रधानमंत्री कुछ लोगों से मिलनेवाले थे और उम्मीद करते थे कि हम भी आ जाएँ। कोई ख़ास काम नहीं, बस इत्मीनान से बातचीत करने के लिए।

दर्शन और राजनीति पर एक बढ़िया बातचीत के लिए तैयार, हम क़रीब तीन बजे प्रधानमंत्री आवास पर पहुँच गए। मि. नेहरू दरवाज़े पर खड़े होकर मेहमानों का स्वागत कर रहे थे। वह बहुत अच्छे मूड में लग रहे थे। हम साथ के एक बड़े बरामदे में बिठाए गए। हमने कमरे के चारों ओर देखा और डॉ. सर्वपल्ली राधाकृष्णन को पहचान लिया जो प्रसिद्ध दार्शनिक और भारत के उपराष्ट्रपति थे। वहीं बी. शिवा राव भी थे जो एक प्रसिद्ध लेखक और प्रधानमंत्री के पुराने दोस्त थे। और जिन मेहमानों से हमारा परिचय कराया गया उनमें दो कैबिनेट मंत्री और एक न्यायाधीश थे।

नेहरू ने कमरे में प्रवेश किया। उनका नन्हा नाती उनके कन्धे पर सवार था और वह अपने नाना की पसलियों पर पैर मार रहा था कि जल्दी चलो।

"अब घुड़सवारी बाद में," नेहरू ने कहा, और बच्चे को अपने सर से उतारकर फ़र्श पर खड़ा कर दिया। उन्होंने बच्चे से कहा कि मैं तुम्हें सरप्राइज देनेवाला हूँ। उन्होंने आगे कहा, "वास्तव में, आप सभी को सरप्राइज़ देनेवाला हूँ। आज दोपहर हम लोग मज़ेदार वक़्त बिताएँगे। मैंने मनोरंजन के लिए कुछ इन्तज़ाम किया है।"

मनोरंजन के लिए एक जादूगर बुलाया गया था जिसने सबको चौंधिया देनेवाले करतब दिखाए। उसने लम्बे चाकुओं को छोटा कर दिया, वाइन को दूध बना दिया और काग़ज़ के मग से मुर्गी बना दी। फिर उसने अपनी धनुर्विद्या सिद्ध की, जब उसने लगभग बीस फीट दूर एक धागे को लटकाकर उसे बाण से हिट कर दिया। आख़िर में उसने मौजूद मेहमानों में से किसी को आगे आने को कहा। मि. नेहरू को ख़ूब मज़ा आ रहा था। वह वित्त मंत्री को आगे आने के लिए उकसाने लगे।

जैसे ही वित्त मंत्री को लगा कि उन्हें विलियम टेल के किसी एपिसोड[1] की तरह के तमाशे में फँसाया जा रहा है, वह हिचकिचाने लगे। मि. नेहरू उन्हें तमाशे में जाने के लिए प्यार से चिढ़ाने-मनाने लगे। वित्त मंत्री जिस कुर्सी पर बैठे थे, वहीं उनके सिर के 6 इंच ऊपर बहुत से बारीक़ धागों की बनी एक माला टाँग दी गई।

जादूगर ने घोषणा की कि वह एक ही तीर से सारे धागे तोड़ देगा और वह माला वित्त मंत्री के गरिमापूर्ण कन्धों पर पहन जाएगी। और फिर थोड़ा सोचने का अभिनय कर उसने कहा कि वह यह खेल अपनी आँखों पर पट्टी बाँधकर करेगा।

"कहते हैं कि बढ़िया वित्त मंत्री आजकल बहुत मुश्किल से मिलता है...कहीं कुछ हो न जाए...,' प्रधानमंत्री पूरी गम्भीरता से कह रहे थे...।

1. विलियम टेल चौदहवीं सदी के स्विस लोकनायक थे, जिन्होंने आस्ट्रियन सम्राट के विरुद्ध विद्रोह किया। उनकी बहादुरी और जवाँमर्दी के क़िस्से यूरोप में लोकप्रिय हैं।

जादूगर ने ताली बजाकर शान्त होने को बोला, अपनी आँखों पर पट्टी बाँधी, धनुष उठाया, उसकी कसावट देखी, और उसमें तीर लगा दिया। फिर वह कुछ क्षण रुका और आँखें बाँधे हुए ही लक्ष्य की ओर क़दम नापने लगा। और लड़खड़ाता-टटोलता हुआ चलता रहा। आख़िर में उसने अपने क़दम पीछे खींचे, अपनी जगह पर पहुँचा और धनुष-बाण तान दिया। मि. नेहरू ज़ोर से चिल्लाए, "अरे रुको-रुको, ग़लत निशाना साध रहे हो! उधर तो जज साहब हैं, उन्हें नहीं गँवा सकते हम...तुम्हारे शिकार तो बाएँ से 60 डिग्री पर हैं।"

अचानक से जादूगर ने तीर उड़ा दिया। तीर ने माला के धागों को तोड़ दिया और माला हार बनकर वित्त मंत्री के कन्धों पर पूरी सफ़ाई से गिर गई। वित्त मंत्री का पहली बार किसी ग़ैर वित्तीय रहस्य से सामना हुआ था और जैसे ही उनकी जान छूटी, वह भी सबकी हँसी में शामिल हो गए।

कुछ देर बाद कहानी-क़िस्से होने लगे। प्रधानमंत्री सबको प्याले में आइसक्रीम पेश कर रहे थे। उनके पास खड़ा वह छोटा बच्चा उनकी पैंट खींच रहा था और पूछ रहा था कि आपको घोड़ा बनाकर सवारी कब करूँगा।

वहाँ अगर कोई ऐसी बात हुई हो जिसे गम्भीर कहा जा सके, तो वह यह थी कि मि. नेहरू ने कुछ दिन पहले हुई अपनी एक बातचीत बताई, जो कि उनके पुराने स्कूल के साथी के साथ हुई थी, जो अब एक धनी उद्योगपति थे।

प्रधानमंत्री ने बताया कि एक दिन वह उद्योगपति उनके पास आया और शिकायत की कि अब चीज़ें हद से बाहर हो गई हैं; टैक्स तो मोहताज बनाए दे रहे हैं और इस बारे में कुछ न कुछ करना होगा। उसने कहा कि उसे नई दिल्ली में अपने निजी मकान तक पर कड़ा टैक्स चुकाना पड़ रहा है। उसे अपनी शिकार हेतु सुरक्षित जायदाद पर भी टैक्स देना पड़ा था। और जैसे इतना ही काफ़ी न हो, उसे बंगलौर के अपने एक घर का टैक्स देना पड़ा था। सबसे बुरा तो यह था कि उसे जुहू में समुद्र तट के किनारे वाले घर तक पर टैक्स देना पड़ा था।

उसने कहा, "जवाहरलाल, अब मैं तुमसे पूछता हूँ, क्या तुम मुझसे यह उम्मीद रखते हो कि इस तरह के टैक्सों को चुकाकर मैं इन मकानों को अपने पास रखूँ?"

नेहरू ने उससे पूछा, "क्या तुमने कभी इस तरह से सोचा कि एक या दो मकान छोड़ दो?"

"अरे यह किस तरह की सलाह तुम अपने ज़िन्दगी-भर के दोस्त को दे रहे हो?" उस व्यक्ति ने सवाल किया।

सारे लोग हँसने लगे।

मि. नेहरू बोले, "इस वाक़िए का सबसे मज़ेदार पहलू यह है कि एक ओर तो मैं शानो-शौक़त वाली सम्पत्तियों को ज़ब्त कर सकनेवाला क़ानून बनाने के लिए लड़ रहा हूँ और यह आदमी चाहता है कि उसे टैक्स से छूट मिल जाए। मुझे लगता है हर आदमी को अपनी ही सपनों की दुनिया में रहना होता है।"

इस तरह से वह दोपहर गुज़री। विदाई के समय डॉ. राधाकृष्णन ने कहा कि हम सब ने आज नेहरू का वह रूप देखा है जिसे बहुत कम लोग जानते हैं।

"प्रधानमंत्री में कुछ ऐसा है जो चिर युवा है बल्कि बालपन से भरा है," उन्होंने कहा। "लोग इनके बारे में सोचते हैं कि यह ऐसे शख़्स हैं जो हर समय सोच में ही डूबा रहता है, कि जिन्हें यही नहीं पता कि हँसा कैसे जाता है। ऐसा नहीं है; उन्हें हँसना अच्छा लगता है, जैसा कि हमने अभी देखा। यह देश के लिए बहुत अच्छा है कि वह हँस सकते हैं। इससे मन में ताज़गी भरती है। नेहरू के बारे में सबसे ख़ास बात यह है कि उन्होंने नौजवान की तरह सोचना जारी रखा है। इस तरह का आदमी कभी बूढ़ा नहीं हो सकता। वह कभी बूढ़े दिखेंगे नहीं, भले ही कितने ही बूढ़े क्यों न हो जाएँ। लेकिन उन्हें अपनी ख़ुद की देखभाल करनी चाहिए। वह बहुत ज़्यादा मेहनत करते हैं।"

लेखक, कवि, इतिहासकार, दार्शनिक और चिन्तक के रूप में

उन्हें लिखना पसन्द था। वह तब तक ख़ुद को अधूरा महसूस करते थे जब तक वह अपने विचारों को व्यवस्थित कर काग़ज़ पर न उतार दें। वह लेखन को सबसे ज़्यादा मेहनत माँगनेवाली, सबसे ज़्यादा थकानेवाली लेकिन सबसे ज़्यादा आत्म-सन्तुष्टि देनेवाली रचनात्मक कला मानते थे। लेखन ने उन्हें दिमाग़ को अनुशासन में रखने और क्रमबद्ध व रचनात्मक तरीक़े से सोचने के योग्य होना सिखाया। किसी विचार या अवधारणा को शब्दों में उतारकर जीवन देना; भाषा का उपयोग लोगों को प्रेरित करने के लिए करना या उसे एक बौद्धिक अन्वेषण और खोज की उड़ान के लिए प्रयुक्त करना—यह सब उनके लिए बहुत मायने रखता था।

वह कभी एकदम असम्पृक्त और तटस्थ इतिहासकार की तरह लिख सकते थे तो कभी बहुत संवेदनशील और गरिमायुक्त ढंग से भी। प्रकृति के किसी रूप को दिखाने के लिए वह पूरी तरह कवि-हृदय हो सकते थे। जैसे जीवन में, वैसे ही अपने लेखन में भी वह ख़ुद में, बहुत से लोगों को समेटे हुए थे।

बहुत सालों तक, उनके लेखन ने उन्हें पागल हो जाने से बचाया—यह बात अक्षरशः सत्य है—ख़ासकर भारत की आज़ादी के लिए उनकी जेलयात्राओं के दिनों के बारे में। किसी को नहीं पता कि उन्होंने जेलों में कितने हज़ार या शायद कितने लाख शब्द लिखे। उनकी आत्मकथा जेल में लिखी गई, 'डिस्कवरी ऑफ़ इंडिया' भी वहीं लिखी गई। इसके अलावा, पक्के तौर पर, उन्होंने न जाने कितने पैम्फलेट, निबन्ध, पुस्तिकाएँ लिखीं, जिन्होंने उन्हें आज़ादी की लड़ाई का बौद्धिक नेता बनाया।

बहरहाल, जेल में उन्होंने जो कुछ लिखा उसमें सबसे उल्लेखनीय और अद्भुत चीज़ वे चिट्ठियाँ हैं जो उन्होंने अपनी पुत्री इन्दिरा को लिखी थीं। यह बाद में 'ग्लिम्पसेज़ ऑफ़ वर्ल्ड हिस्ट्री' के नाम से प्रकाशित हुईं। उनके ये पत्र किताब की शक्ल में क़रीब 1000 पन्नों के हैं जिनमें उन्होंने सारी मनुष्यता के ऐतिहासिक दस्तावेज़ लिखे। इसमें यूरोपीय, एशियन, अफ्रीकन, अमेरिकन, आस्ट्रेलियन, सबकी सभ्यताओं का इतिहास है। यह केवल राष्ट्रीय और विश्व सभ्यता के विकास की कहानी भर नहीं है बल्कि मानवता की रचनात्मक प्रेरणा और गौरव की गाथा है।

इसके भीतर नेहरू की अन्तर्दृष्टियाँ और मनुष्य की क्षमता के प्रति उनका असीम प्रशंसा भाव साफ़ दिखाई देता है। उनकी यह किताब साहित्य के इतिहास में इसलिए भी अनूठा स्थान रखती है क्योंकि यह जेल में लिखी गई और वह जेल ऐतिहासिक दस्तावेज़ों और किताबों से पूरी तरह महरूम थी। उन्होंने ग्लिम्पसेज़ ऑफ़ वर्ल्ड हिस्ट्री में हज़ारों तथ्यों, घटनाओं और नामों का विवरण दिया और उनके पास इसे लिखते समय कोई भी किताब या सन्दर्भ नोट्स नहीं थे। मनुष्य की बौद्धिक क्षमता के लिहाज़ से यह किताब अपने आप में बेजोड़ है।

शायद ही कभी, उनके पहले या कभी उनके बाद, किसी लेखक या किसी एक व्यक्ति में पूरब और पश्चिम के जटिल विचारों का सार व निचोड़ इस तरह सामने आया हो। वह इन दो संस्कृतियों के अद्भुत मिश्रण थे। उनकी औपचारिक शिक्षा अंग्रेज़ी में हुई थी और परम्पराओं से वह भारतीय थे। उनकी बौद्धिकता की जड़ें यूरोपीय प्रबोधन में थीं, लेकिन उनकी आत्मा वेदों में निवास करती थी। हमारे समय के बहुत कम लोग उनकी तरह प्रतिबद्ध तर्कवादी होंगे, फिर भी, भारत और भारतवासियों के लिए उनकी भावनाओं में गहरी आध्यात्मिक अनुभूतियाँ थीं।

उन्होंने अपनी वसीयत में लिखा :

> मुझे बचपन से ही इलाहाबाद की गंगा और यमुना नदियों से एक लगाव रहा है, और जैसे-जैसे मेरी उम्र बढ़ती गई है, यह लगाव बढ़ता रहा है। जैसे-जैसे मौसम बदले हैं, मैंने इनके बदलते हुए रंग और रूप को देखा है, और अक्सर उस इतिहास, उन पौराणिक गाथाओं, उन परम्पराओं, उन गीतों और कहानियों को सोचता रहा हूँ जो इनके साथ कई युगों से जुड़ी हुई हैं और इनके बहते हुए पानी का हिस्सा बन गई हैं...गंगा जी मुझे हिमालय की बर्फ़ से ढँकी चोटियों और गहरी वादियों की याद दिलाती हैं जिन्हें मैं बहुत प्यार करता हूँ। इसके नीचे बने विशाल व समृद्ध मैदान भी, जहाँ काम करते हुए मेरी ज़िन्दगी गुज़री है।
>
> सुबह की रोशनी में मुस्कुराती और नृत्य करती, शाम ढलने के साथ रहस्यमयी, उदास और स्याह होते जाना; शीत में आहिस्ता-आहिस्ता सिमटती-सी गरिमामयी लकीर-सी धारा बन जाना, बरसात में एक विशाल हाहाकारी समन्दर की तरह चौड़े सीनेवाली हो जाना और समन्दर की तरह बर्बाद कर सकने की शक्ति धारण करना, यह गंगा मेरे लिए भारत के अतीत का एक प्रतीक और स्मृति है जो कि आज तक बहती चली आ रही है, भविष्य के महासागर की ओर।

बौद्धिक रूप से वह कभी भी भारत की असंख्य जातियों को नहीं बूझ सके और कभी-कभी उन्हें इनका मुक़ाबला करने में दिक़्क़त भी हुई। हिन्दू धर्म के प्रकट धार्मिक पहलू से जुड़ाव दिखाए बिना भी उन्होंने एक ऐसे देश के दिल पर राज किया जो उनके भीतर की गहरी आध्यात्मिक अनुभूतियों को महसूस करता और उनके साथ संवाद करता था। गांधी तो ईश्वर-स्वरूप थे; आसानी से धार्मिक

साँचे में फिट हो जाते थे। नेहरू, जो कि एक प्रखर तर्कवादी थे, उन पर यह बात लागू नहीं होती। फिर भी, जब गांधी की ज़िम्मेदारी किसी दूसरे को देने की बात आई तो वह नेहरू ही थे। किसी ने भी इस पर सवाल नहीं उठाया। उन दो लोगों के बीच में विचार, पद्धति और दृष्टिकोण को लेकर दुनिया-भर के अन्तर हो सकते थे, लेकिन, उन दोनों के बीच एक निर्बाध जुड़ाव था जो यह था कि दोनों, भारत की जनता के लिए पूरी तरह से समर्पित थे और भारत की जनता भी बदले में उन्हें वही समर्पण देती थी।

नेहरू ने लिखा, "मुझे भारतीय जनता का इतना ज़्यादा प्यार और स्नेह मिला है कि मैं उसका एक छोटा-सा टुकड़ा भी बदले में अदा नहीं कर सकता। पहले भी बहुत से लोगों को तारीफ़ें मिली हैं, कुछ लोगों को यहाँ पूजा भी गया है, लेकिन जिस तरह से भारतीय जनता के सभी तबक़ों से भरपूर अपनापन मुझे मिला है उससे मैं अभिभूत हूँ।"

नेतृत्व क्षमता और करिश्माई व्यक्तित्व

अप्रैल 1955, एशियन-अफ़्रीकन कॉन्फ्रेंस, बान्दुंग। यह दुनिया-भर के लोगों के लिए एक बड़े महत्त्व की घटना थी, जो विदेशी शासन से उनकी मुक्ति को ही प्रतीक रूप में व्यक्त नहीं करती थी बल्कि उन्हें मनुष्य जाति की पूरमपूर सदस्यता मिलने का प्रतीक भी थी। दुनिया के दो सबसे बड़े देशों के प्रमुख—भारत के जवाहरलाल नेहरू और पीपुल्स रिपब्लिक ऑफ़ चाइना के चाउ-एन-लाई—वहाँ आमने-सामने थे जिससे एक नाटकीय उत्तेजना का माहौल बन रहा था।

ये दोनों लोग जान रहे थे कि उनके देशों में जो कुछ घटित हो रहा है उसका इन नव-स्वतंत्र देशों के विकास पर बहुत प्रभाव पड़ेगा।

चाउ-एन-लाई दुभाषिये की सहायता से अंग्रेज़ी में बोले। उन दोनों में से पहले बोलनेवाले वह थे। उन्होंने चीन को एशिया और अफ़्रीका की आकांक्षाओं से जोड़कर सामने रखा। उन्होंने कहा कि इतिहास की गति चीन के साथ है। उन्होंने ऐसा किसी दावे की तरह नहीं, बल्कि घोषणा की तरह कहा। उन्होंने प्रतिनिधियों को चीन आने का निमंत्रण दिया और उनसे कहा कि वह ख़ुद आकर देखें कि समाजवाद के अधीन किस तरह से विकास किया जा सकता है। उनका कहने का तरीक़ा आक्रामक या भारी-भरकम शब्दों वाला नहीं बल्कि सीधा-साधा, दो टूक था।

कुछ समय बाद नेहरू बोले। दोनों लोगों के अपनी बात कहने के तरीक़े में भारी अन्तर साफ़ ज़ाहिर था। केवल यही बात नहीं थी कि नेहरू बिना किसी नोट के या बिना दुभाषिये की मदद के बोले, उनके बोलने में गर्मजोशी और अपनेपन का भाव था। वह लोगों में ताक़त भर रहे थे और लोगों की क्षमताओं को जगा रहे थे। वह अपना कोई एजेंडा मनवाने की कोशिश करते नहीं, सबकी उम्मीदें जगाते दिखे। उन्होंने भविष्य में आनेवाले किसी घटनाक्रम की ऐतिहासिक अनिवार्यता जानने की गर्व भरी निश्चिन्तता के साथ नहीं, मनुष्य की वर्तमान स्थिति की अनिश्चितताओं के

अहसास के साथ बात की। स्वाधीनता कुछ बेहतर कर सकने के अवसर के अलावा और किसी बात की गारंटी नहीं देती, और स्वाधीनता उस पल बान्दुंग कॉन्फ्रेंस में शामिल लोगों की पहुँच में थी।

बान्दुंग में जो प्रतिनिधि आए थे, वह चाउ-एन-लाई से प्रभावित तो हो सकते थे, लेकिन उन्हें विश्वास नेहरू पर था। यहाँ तक कि जब वह नेहरू से सहमत नहीं भी थे, तब भी नेहरू पर ही उन्हें भरोसा था। नेहरू का यही तरीक़ा उनके अपने लोगों पर भी लागू होता था। वे उन्हें बहुत बार समझ भले न पाएँ, लेकिन वह उन पर भरोसा करते थे और जानते थे कि यह शख़्स कुछ न कुछ अच्छा ही करेगा। यद्यपि वे उनकी बौद्धिकता से ख़ुद को जोड़ पाने में असमर्थ महसूस करते थे, लेकिन उन्हें कभी भी नेहरू की प्रतिबद्धता और ईमानदारी को समझने में दिक़्क़त नहीं हुई। और वे जानते थे कि नेहरू भारत को वहाँ ले जाना चाहते हैं जहाँ भारत को होना चाहिए।

बान्दुंग में, चाउ-एन-लाई अपने सुरक्षा गार्डों से घिरे रहते थे और नेहरू लोगों से, जो उनसे ढेर सारी बातें करना चाहते थे। ये लोग उन नये देशों के थे जिन्हें तुरन्त ही इतिहास रचने का अवसर मिला था और उन्हें वह आत्मविश्वास चाहिए था जो कि नेहरू ही उनमें भर सकते थे। वह दिव्य थे लेकिन लोगों से अलग-थलग और कटे हुए नहीं।

बान्दुंग कॉन्फ्रेंस के आख़िरी सत्र से पहले, नेहरू ने सुबह हम लोगों को अपनी विला में नाश्ते के लिए आमंत्रित किया जो शहर से क़रीब 15 मील दूर पहाड़ियों पर स्थित थी। हम ऊपर बरामदे में बैठे जहाँ से हरा-भरा ग्रामीण इलाक़ा दिख रहा था। नेहरू पहले से फूलों के बीच में थे और एक सन्तुष्ट भाव से गहरी साँसें लेकर उन्हें महसूस कर रहे थे। उस समय वह बहुत विचारमग्न थे। उन्होंने भारत और चीन के सन्दर्भ में एशिया के भविष्य पर बात की। उन्होंने कहा कि इस पर काफ़ी सोचा है, भारत में जो हुआ है उसका भारत के बाहर बहुत प्रभाव पड़ेगा—केवल एशिया में ही नहीं बल्कि अफ्रीका में भी। यहाँ लाखों लोगों के देखने-समझने के लिए दो महान जीवन्त उदाहरण मौजूद हैं। भारत का जीवन्त उदाहरण, अपनी सारी जटिलताओं और कठिनाइयों के साथ, यह दिखाता है कि किसी व्यक्ति के निजीपन को छीने बिना भी एक प्रगतिशील समाज बन सकता है। राज्य की शक्ति को कभी भी व्यक्ति के निजीपन के अधिकार का अतिक्रमण नहीं करना चाहिए; राज्य का दायित्व तो असल में यह है कि वह नये-नये तरीक़े खोजकर व्यक्ति की सेवा करे और उसे उदात्त बनाए। भारत में क़रीब 40 करोड़ लोग हैं और उनमें ज़्यादातर ग़रीब हैं। उन्हें रोज़गार, भोजन, दवाइयाँ, स्कूल और रहने को घर चाहिए। यही वे स्पष्ट ज़रूरतें हैं जिनके बारे में चीन के कम्यूनिस्ट कहते हैं कि इन्हें तब तक पूरा नहीं किया जा सकता जब तक पूरी तरह से एक नियंत्रित समाज न बनाया जाए। वे कहते हैं कि अगर यह करना है तो इसे तब तक जल्दी या पूरी तौर पर वास्तव में नहीं किया जा सकता जब तक कि एक पूर्ण मार्क्सवादी राज्य अपनी पूरी मशीनरी के साथ स्थापित न कर दिया जाए।

नेहरू ने कहा कि ये वे सवाल हैं जिन पर दुनिया के लोगों को निर्णय करना है। और, उन्हें विश्वास था कि भारत अपनी सारी कठिनाइयों के बावजूद प्रगति कर रहा था और इससे भी बेहतर कर सकता था।

हमने पूछा कि वह कम्यूनिस्ट चीन के विकास में कौन से बड़े गुण और कमज़ोरियाँ देखते हैं।

उन्होंने अपने ख़ास अन्दाज़ में जवाब दिया कि इस पर निर्णय देना उनका काम नहीं है; यह काम तो ज़्यादा अच्छी तरह से इतिहास करेगा। लेकिन, उन्होंने अपने ही अन्दाज़ में आगे यह भी जोड़ा कि वह यह मानते हैं कि राज्य के किसी भी अगुवा को उन आर्थिक और विचारधारात्मक सिद्धान्तों को सख़्ती से लागू करने के बारे में बहुत सावधानी दिखानी चाहिए जो कि क़रीब सौ साल पहले की दुनिया को देखते हुए बनाए गए थे।

क्या आपका इशारा मार्क्स और एंगेल्स के विचारों की तरफ़ है?

उन्होंने 'हाँ' में जवाब दिया। मार्क्स में ऐसा बहुत कुछ है जो सही और बेशक़ीमती था। लेकिन मार्क्स ने जब अपने सिद्धान्त प्रस्तुत किए, तब से दुनिया में बहुत बड़े बदलाव हो चुके हैं। उन सिद्धान्तों को शाश्वत प्राकृतिक सिद्धान्तों की तरह मानकर आज लागू करने की कोशिश करना अपने आप में, एक तरह से, प्रतिगामी क़दम है।

इसके अलावा, उन्होंने यह भी कहा कि मार्क्सवाद उन समस्याओं के समाधान के लिए बहुत संकीर्ण रास्ता सुझाता है जिनका सामना उसे करना पड़ा है। इसने आर्थिक कारकों पर इतना ज़्यादा ज़ोर दिया कि उसने मनुष्य को संचालित करनेवाले दूसरे सारे कारकों को दोयम दर्ज़े में रख दिया। जीवन केवल आर्थिक वृद्धि मात्र नहीं है बल्कि उससे बहुत आगे की चीज़ है। उन्होंने यह भी कहा कि उन्हें नहीं लगता कि मार्क्सवादी विचारों को अच्छी तरह से वो लोग भी समझ पाए हैं जो उन्हें लागू करने की कोशिश कर रहे हैं।

फिर, उनकी आँखों में हल्की-सी चमक आई और वे अपनी कुर्सी पर बैठ गए। अपनी बात को समझाने के लिए वह कॉन्फ्रेंस की एक घटना बताने लगे जिसका सम्बन्ध चाउ-एन-लाई से था :

"हम एक कमेटी में साथ-साथ थे। इस कमेटी को यह काम दिया गया था कि कॉन्फ्रेंस को लेकर एक छोटा-सा वक्तव्य तैयार करें। यह एक सामान्य-सा ड्राफ्ट बनना था जिसकी ज़रूरत थी। और हम आसानी से उसके मूल सार पर सहमत भी हो गए। मैंने चाउ-एन-लाई से उसका पहला ड्राफ्ट तैयार करने का निवेदन किया। उन्होंने मना कर दिया और कहा कि वह चाहते हैं कि उसे मैं तैयार करूँ।

"मैंने उसे अंग्रेज़ी में लिखा और फिर उसे उनके दुभाषिये की मदद से सुनाया। उन्हें यह अच्छा भी लगा लेकिन उन्होंने कहा कि इसमें ऐसे कई ख़ास शब्द हैं जिनके कारण वह बात ही नहीं रहेगी जो उनकी समझ से वक्तव्य में होनी ही चाहिए।"

"हमने फिर से सामान्य तौर पर वक्तव्य के उद्देश्य पर चर्चा की और, ख़ास कर उन शब्दों पर भी, जिनसे उन्हें दिक़्क़त हो रही थी। हमें उस वक्तव्य के वास्तविक मायनों पर सहमत होने में कोई दिक़्क़त नहीं थी। अब उसके बाद, कुछ अंग्रेज़ी

शब्दों को चीनी भाषा में अनुवाद करने का काम बचा। इसे करने के प्रयास में घंटों लगे—और फिर भी, मैं पूरी तरह से मुतमईन नहीं था कि अनुवाद सटीक हो सका।

"आप जानते हैं कि मेरे दिमाग़ में क्या आया जब मैं उस मीटिंग से उठा? मैंने अपने आपसे कहा, 'हे भगवान! जरा सोचो तुम्हारा क्या हाल होता यदि कार्ल मार्क्स ने चीनी भाषा में लिखा होता'।"

वह हँसे, और फिर बोले : "आप समझिए, मैं पूरी गम्भीरता से कह रहा हूँ।"

तभी मुझे प्रधानमंत्री के साथ कुछ पहले नई दिल्ली में हुई एक बातचीत याद आई। वहाँ भी हमने उस बात की चर्चा की थी जिसे स्टुअर्ट चेज ने 'शब्दों द्वारा उत्पीड़न' कहा है। ख़ासकर 'इनइवटिबिलिटी' (अपरिहार्यता), फ्री विल (स्वतंत्र इच्छा) और डिटरमनिज़्म (नियतिवाद) जैसे शब्द।

इस तरह के शब्दों के अर्थ कभी बहुत सटीक नहीं होते, तो, मैंने नेहरू से पूछा था कि क्या वह ऐसी संगदिल ऐतिहासिक शक्तियों के होने पर विश्वास करते हैं जिन पर इनसान का कोई ज़ोर नहीं चलता? उन्होंने जवाब दिया था कि इस तरह की बातों में सौ प्रतिशत शुद्ध निर्णय देने से बचना सही है। मैंने कहा कि फिर भी, शायद यह पूछना ज़्यादा सही होगा कि आप नियतिवाद और स्वतंत्र इच्छा की सनातन बहस पर क्या दार्शनिक जवाब देंगे।

"मैं अभी भी कोई अटूट निर्णय देना टालना चाहूँगा।" उन्होंने जवाब दिया था। फिर वह बोले, "वास्तव में, मैं समझता हूँ कि इन दोनों का आपस में मेल किया जा सकता है। क्या आप ब्रिज (ताश का एक खेल) खेलते हैं?"

"बहुत कम, और बहुत बेकार खेलता हूँ," मैंने जवाब दिया।

"कोई बात नहीं," उन्होंने बात जारी रखी। "नियति उन पत्तों की तरह है जिनसे आपको खेलना है। स्वतंत्र इच्छा वह है कि आप जिस तरह से उन्हें खेलते हैं। इन दोनों चीज़ों के आधार पर यह जाना जा सकता है कि आप एक इनसान के रूप में कैसे हैं—किसी देश के लिए भी सच यही है।"

पैग़म्बर और राजनीतिज्ञ के रूप में

जवाहरलाल नेहरू ने स्वतंत्र इच्छा और नियति के द्वन्द्व को भले ही अपने लिए समझ लिया हो, लेकिन वह कभी भी पैग़म्बर और राजनीतिज्ञ के बीच के अन्दरूनी संघर्ष को अपने भीतर शान्त नहीं कर सके।

एक पैग़म्बर के रूप में, उनका महात्मा गांधी के साथ गहरा नाता था। जब भी आप उनसे उनके सबसे भीतरी विश्वास के बारे में पूछते, वह पक्का यही कहते थे कि उनके जीवन का सबसे पक्का विश्वास—जो उन्हें महात्मा गांधी ने सिखाया—यही था कि अच्छे परिणाम पाने के लिए भी ग़लत रास्ता नहीं अख़्तियार करना चाहिए। हिंसा भले ही अच्छे उद्देश्य के लिए की जाए, लेकिन हिंसा उस अच्छे उद्देश्य को ही मार देती है।

"हमें बुराई का तुष्टीकरण क़तई नहीं करना है।" ऐसा उन्होंने 1951 में, हमारे साथ रिकॉर्ड की गई एक बातचीत में कहा था। और आगे यह भी कहा था : "लेकिन,

हमें यह भी ज़रूर याद रखना होगा कि बुराई को ग़लत हथकंडों से नहीं जीता जा सकता क्योंकि वह ख़ुद ही और बुराई पैदा कर देते हैं। मैंने बार-बार गांधी जी के सिखाए बुनियादी पाठ की सचाई महसूस की है—साधनों को साध्य के अधीन करके नहीं देखना चाहिए।"

"मैं जानता हूँ कि इस सोच को ज़िन्दगी में आसानी से नहीं उतारा जा सकता। एक राजनेता किसी पैग़म्बर की तरह नहीं चल सकता। उसे अपने आपको, लोगों की उसके बारे में समझ के आधार पर, रोकना पड़ता है। वरना वह काम ही नहीं कर पाएगा।"

"क्या होता है जब एक नैतिकतावादी एक राजनीतिज्ञ बन जाता है और उसे लोगों से अपना काम निकलवाने की ज़रूरत होती है?" हमने पूछा।

"मैं कोई नैतिकतावादी नहीं हूँ, और न ही एक अच्छा राजनीतिज्ञ हूँ। मैंने बस कई चीज़ों में हाथ आज़माया है क्योंकि कई चीज़ें मुझे दिलचस्प लगती हैं। एक राजनीतिज्ञ को समझौते करने पड़ते हैं। तभी वह एक राजनीतिज्ञ बनता है। लेकिन, फिर भी वह कुछ फ़र्क़ तो ला सकता है, अगर वह कम से कम कुछ प्रतिबद्धताओं और उसूलों के साथ शुरुआत करे। जो भी हो, मैं सोचता हूँ कि गांधी साध्य और साधन और हिंसा के बारे में सही थे। उनकी सीख को व्यावहारिक दर्शन का रूप देने में जहाँ तक सम्भव हो, जा सकूँ, यही मेरी उम्मीद है।"

कुछ साल बाद, एक पत्र में वह इसी विषय पर फिर लौटे।

"एक नेता को यही महसूस नहीं करना होता कि सही क्या है," उन्होंने लिखा, "बल्कि उसे आम लोगों को भी यह समझाना पड़ता है। इस तरह वह समझौतों की ओर बढ़ता है वरना वह नेता ही नहीं रह जाएगा। हाल के इतिहास में मैं केवल एक नज़ीर ऐसी जानता हूँ कि एक नेता ऐसा हुआ जिसने जो वह सही समझता था उसके साथ समझौते करने से इनकार कर दिया और वह गांधी हैं—और आख़िर में गांधी को मार डाला गया, जैसा कि पैग़म्बरों के साथ अमूमन होता है।"

यहाँ तक कि गांधी भी घटनाओं की भयावह स्थितियों के दबाव में समझौते करने को मजबूर हुए, भले ही वह उसके लिए सीधे ज़िम्मेदार नहीं थे। आज़ादी के कुछ समय बाद ही हथियारबन्द आक्रमणकारी उत्तर-पश्चिम की ओर से कश्मीर में घुसे। नेहरू ने हिचकिचाहट नहीं दिखाई और सैनिक कार्रवाई का आदेश किया। उन्होंने इसके लिए गांधी से सलाह-मशविरे का इन्तज़ार नहीं किया।

नेहरू जब यह सब कर चुके तब उन्होंने गांधी को बताया कि उन्होंने कश्मीर में ताक़त का इस्तेमाल करने का निर्णय लिया था क्योंकि उनके पास इसके अलावा कोई और चारा नहीं बचा था। उन्हें इस बात का अफ़सोस था कि उन्होंने जो किया उससे गांधी को दुख पहुँचा होगा।

गांधी ने अपना हाथ नेहरू के कन्धों पर रख दिया। उनके पास कहने के लिए कुछ नहीं था।

पैग़म्बर और राजनीतिज्ञ के आन्तरिक संघर्ष ने नेहरू का साथ कभी नहीं छोड़ा। जब तक देश को चलाने की ज़िम्मेदारी उन पर नहीं पड़ी, तब तक वह

ज़रूरत के हिसाब से अपने लक्ष्य निर्धारित कर सकते थे बजाय उनको लागू कर सकने या प्राप्त कर सकने के बिन्दुओं पर ध्यान देने के; वह अपने लक्ष्य की ओर आगे बढ़ सकते थे बिना इस बात की परवाह किए कि उन्हें पाने के लिए एक आम राय बनाई जाए; उन्हें तब क़ानून नहीं बनाना था बल्कि बहसें करनी थीं। सरकार में आने के बाद उन्हें कुछ ऐसी चालों से ख़ुद त्रस्त होना पड़ा जो कि पहले आज़ादी की लड़ाई में काफ़ी असरदार रही थीं। सारे देश में अलगाववादी आन्दोलन उछलने लगे; इस या उस, हर राज्य को अपनी भाषा या संस्कृति का डंका चाहिए था या कि राजनीतिक स्वायत्तता चाहिए थी। इन उद्देश्यों को पाने के लिए उनके तौर-तरीक़े स्वाभाविक रूप से वही थे जिन्हें अंग्रेज़ों के ख़िलाफ़ काफ़ी असरदार तरीक़े से इस्तेमाल किया गया था। इन तौर-तरीक़ों से निपटने के लिए नेहरू के लिए यह ज़रूरी हो गया कि वह सख़्ती दिखाएँ। यह बात उनके व्यक्तित्व की बुनावट से मेल नहीं खाती थी।

1961 में हम लोग भारत में थे, जब प्रधानमंत्री को सिख अलगाववादी नेता मास्टर तारा सिंह के चलते काफ़ी कठिन स्थितियों का सामना करना पड़ रहा था। अपने उद्देश्य को पाने के लिए मास्टर तारा सिंह भूख हड़ताल पर बैठ गए। हमने नेहरू से पूछा कि आपको इस तौर-तरीक़े का निशाना बनने पर कैसा महसूस हो रहा है, जबकि, आज से उलट, एक समय में वह ख़ुद ही एक आन्दोलनकारी थे, जिन्हें उन गांधी से जोड़कर देखा जाता था जिन्होंने उपवास और स्वयं कष्ट उठाने को इतिहास में एक सबसे ताक़तवर राजनीतिक हथियार के रूप में स्थापित किया।

उनके चेहरे पर जैसे बादल छा गए। मैं देख सकता था कि उनके लिए इस बारे में सोचना भी ख़ुद को दुख पहुँचानेवाला था।

उन्होंने कहा, "मैं साफ़गोई से कहना चाहूँगा कि मैं इसे पसन्द नहीं करता। मुझे नहीं लगता कि किसी सरकार को राज़ी करने का यह तरीक़ा सही है।"

हम उन्हें इतने सालों से जानते थे और पहली बार वह मुझे कुछ हकलाते से लगे। वे ख़ुद स्थिति की विडम्बना समझकर मुस्कुराए।

उन्होंने कहा, "मैं समझता हूँ कि मैंने आपको बताया है कि एक राजनेता को कुछ ख़ास तरीक़े से बर्ताव करना पड़ता है। और किया भी क्या जा सकता है? मैं उस आदमी के सामने झुक नहीं सकता क्योंकि ऐसा करना भारत को नुकीली किरचों वाला देश बनाना हो जाएगा।"

"क्या आपको लगता है कि भूख हड़ताल करना कमर से नीचे प्रहार करने जैसा है?"

"एक मायने में, बिलकुल हाँ।"

"आप तब कैसा महसूस करते थे जब गांधी ऐसा करते थे?"

"अगर मैं सच कहूँ तो तब भी मैं इसे बहुत सही नहीं समझता था। अगर मैं अपने मन का विश्लेषण करूँ तो कह सकता हूँ कि मैं इसको लेकर एक तरह से असहज महसूस करता था। लेकिन अगर आप मेरे विरोधाभासों को पकड़कर मुझे फँसाने की कोशिश करना चाहें तो आपको बहुत मेहनत करने की ज़रूरत नहीं है।

यह किसी भी उस दार्शनिक के लिए उसके पेशे से जुड़ी बीमारी है जिसे एक नेता के रूप में काम करना पड़ता है।"

1961 की उस मुलाक़ात में पहली बार मुझे यह दिखाई दिया कि नेहरू की सेहत में गिरावट आ रही है। उनके चेहरे का एक हिस्सा कुछ कड़ा-सा हो गया था, जैसे कि उन्हें कोई स्ट्रोक पड़ा हो। उनका अंग-विन्यास उस तरह से सीधा तना हुआ नहीं रह गया था जैसा पहले हुआ करता था। उनकी आवाज़ में थकावट के चिह्न दिखने लगे थे। आधी सदी से ज़्यादा उन्होंने भारत को ही अपनी ज़िन्दगी और काम बना रखा था। हमने सोचा कि शायद वह यह विचार कर रहे हों कि अब अपना भार उतार दें और लेखन और विचार की दुनिया में लौट जाएँ, इसलिए हमने उनसे पूछा कि अगर उनके लिए यह सम्भव हो कि वह अपनी सरकारी ज़िम्मेदारियों से मुक्त हो सकें तो वह क्या करना पसन्द करेंगे।

"आपका मतलब यह है कि अगर मैं रिटायर हो जाऊँ तो क्या करूँगा?"

"जी हाँ।"

हमें लगा था कि उनका चेहरा इस सम्भावना से खिल उठेगा। हुआ इसका उलटा। उन्होंने इस तरह देखा कि इससे ज़्यादा वाहियात चीज़ कुछ और नहीं हो सकती।

अपनी आवाज़ में बिना कोई उत्साह लाए उन्होंने कहा, "अच्छा, मुझे लगता है कुछ चीज़ें हैं जो मैं कर सकता हूँ। मुझे पहाड़ों पर चलना ख़ूब पसन्द है। मैं कुछ और पढ़ना भी चाहूँगा। लेकिन वास्तव में मैंने इस सब पर कुछ ज़्यादा सोचा नहीं है।"

पहले से भी ज़्यादा हमने महसूस किया कि नेहरू को अपने काम से प्यार था और वह इसे छोड़ने के बारे में क़तई नहीं सोच रहे थे; उन्हें इससे जुड़ी हर चीज़ पसन्द थी, इसके विरोधाभास, इसका आन्तरिक संघर्ष, कभी न ख़त्म होनेवाले दबाव, शारीरिक तनाव, पीड़ाएँ, बहुआयामी समस्याएँ और उनकी जटिलताएँ और न सुलझनेवाली गुत्थियाँ भी। सबसे बढ़कर—भारत के लोगों के साथ सीधा जुड़ाव और राष्ट्र की नियति से प्यार।

उनसे विदा लेने से पहले हमारे पास एक सवाल पूछने को और था—हालाँकि हम जानते थे कि वे उस सवाल को सुनकर भड़क उठते थे। लेकिन सारे भारत में बल्कि सारी दुनिया में, हर कोई यह सवाल पूछ रहा था : नेहरू के बाद कौन? अख़बार के सम्पादकों और सरकार के सदस्यों के साथ बातचीत करते हुए हमने यह महसूस किया था और यह कड़वाहट भी कि नेहरू ने अपने उत्तराधिकारी का चयन नहीं किया। एक सम्पादक ने कहा था कि उन्हें समझ नहीं आ रहा कि नेहरू क्यों उस अफ़रातफ़री और विघटन को देख नहीं पा रहे जिसका उनकी मृत्यु के बाद आना तय है क्योंकि उन्होंने किसी को अपना उत्तराधिकारी नहीं चुना है। कांग्रेस पार्टी के एक महत्त्वपूर्ण सदस्य ने हमें बताया था कि उत्तराधिकार की लड़ाई महीनों चल सकती है। उनका मानना था कि नेहरू अपनी इस ज़िम्मेदारी को नज़रअन्दाज़ कर रहे हैं। हमने यह सवाल प्रधानमंत्री के सामने रखा, लेकिन थोड़ी सावधानी से..."लोगों का मानना है कि गांधी की सबसे बेहतरीन विरासत का एक हिस्सा आप हैं। अब आपकी ओर से भारत का वारिस कौन है?"

वह एक पल के लिए भी नहीं हिचकिचाए।

"चालीस करोड़ लोग जिनके पास अपने लिए नेता चुनने की क़ाबिलियत है। मैं उनकी तरफ़ से यह काम नहीं करने जा रहा। ऐसा करना उनके साथ बदतमीज़ी करना होगा।"

"लेकिन मान लीजिए कि उनमें यह क़ाबिलियत नहीं है?"

"उनमें है। जो भी हो मेरे लिए यह विश्वास करना बहुत हताशा की बात होगी कि हमने लोगों को ख़ुद अपना शासन कर सकने के लिए जिस तरह से तैयार किया है, वह सारी कोशिशें नाकाम हो गई हैं। मुझे नहीं लगता कि हम इसमें असफल हुए हैं, कम से कम इस मामले में तो नहीं ही।"

"कुछ लोगों का कहना है—यहाँ तक कि आपके कुछ मित्र तक कहते हैं—कि अगर आप अपना उत्तराधिकारी तय नहीं कर देते तो उसे चुनने की अफ़रातफ़री में देश के टुकड़े हो जाएँगे। वह कहते हैं कि आपका किया हुआ सारा अच्छा काम व्यर्थ हो जाएगा, अगर आप किसी व्यक्ति को अपनी जगह लेने के लिए तैयार नहीं कर देते।"

"मुझे लगता है कि हम बहुत अच्छा करेंगे। मैं सोचता हूँ कि यह देश बहुत अच्छा करेगा।"

भारत के लोगों ने नेहरू के आत्मविश्वास को सही ठहराया है। उन्होंने उनकी सर्वोच्च आकांक्षाओं का भी औचित्य सिद्ध किया है। वास्तव में नेहरू की मृत्यु ने सही मायने में एक स्वतंत्र और परिपक्व भारत के युग की आहट दी। वह जैसी चाहते थे, उनकी विरासत वैसी ही सिद्ध हुई।

~

गांधी फ़िल्म निर्माण की स्मृतियाँ[1]

रिचर्ड एटनबरो

[रिचर्ड एटनबरो (1923-2014) एक अंग्रेज़ अभिनेता और फ़िल्म निर्माता थे। उन्हें सबसे अधिक उनके द्वारा निर्देशित ऑस्कर विजेता फ़िल्म 'गांधी' (1982) के कारण जाना जाता है, जो कि महात्मा गांधी के जीवन पर आधारित थी। फ़िल्म निर्माण से पहले वह जवाहरलाल नेहरू से मिले थे और नेहरू ने उनसे आग्रह किया कि वह अपने विषय से भटकें नहीं। यह ख़ूबसूरत वृत्तान्त रिचर्ड एटनबरो ने उन दिनों की याद में लिखा है।]

~

हमारी पहली मुलाक़ात थोड़ी अजीब थी, क्योंकि मैं उन्हें अपने हाथों में उठाकर लाया था। उस समय लगभग सुबह के डेढ़ बजे थे और मैं एक चैरिटी के लिए की जा

1. 'जवाहरलाल नेहरू : सेंटेनरी वॉल्यूम' से।

रही कलात्मक वस्तुओं की नीलामी कार्यक्रम से लौट रहा था। इस नीलामी में सभी सहयोगियों को या तो किसी प्रकार की कलाकृति दान करनी थी या उसे ख़रीदना था इसलिए मुझे भी एक कृति ख़रीदनी थी।

जब मुझे इस कलाकृति की नीलामी का कैटलॉग मिला तो उसमें सिर्फ़ एक बात लिखी थी, 'एप्सटीन रचित आवक्ष प्रतिमाएँ'। विषयवस्तु के बारे में कुछ भी नहीं लिखा था। वहाँ नीलामी में मुझे सबसे ख़ूबसूरत चेहरा और आकर्षक कन्धे वाली एक कांस्य प्रतिमा मिली जो पंडित जवाहरलाल नेहरू की थी। जितने भी लोगों से मैं मिला होऊँगा, उनमें शायद सबसे बुद्धिमान, दयालु, राजपुरुषोचित और जादुई व्यक्तित्व के धनी।

ये वर्ष 1962 की बात है जब मैं उस प्रतिमा को ख़रीदकर अपने घर लाया। तब तक मुझे बिलकुल अन्दाज़ा नहीं था कि उनके नाम, उनसे जुड़ी हुई तमाम बातें और उनके देश का कितना गहरा असर मेरी बाक़ी ज़िन्दगी पर पड़नेवाला है।

कुछ घंटे बाद बिना किसी पूर्व सूचना के अचानक मेरे पास एक टेलीफ़ोन कॉल आई, जो मोतीलाल कोठारी नाम के एक भद्रजन की थी। वो बाद में मेरे पार्टनर भी बने। उन्होंने कहा, वो चाहते हैं कि मैं महात्मा गांधी पर एक फ़िल्म बनाऊँ। उस समय तक मैं मोशन पिक्चर्स का डायरेक्टर नहीं था। मैं एक ऐसा अभिनेता-भर था जो हाल ही में प्रोड्यूसर बना था। बहरहाल कुछ ही हफ़्तों के भीतर मैं पूरी तरह से महात्मा के जादू में गिरफ़्तार हो गया और पहली बार मेरे भीतर डायरेक्टर बनने की तीव्र इच्छा जाग्रत हुई जिससे मैं वो ख़ास फ़िल्म बना सकूँ।

यह तो शुरू में ही साफ़ था कि भारत सरकार के सहयोग के बिना इस फ़िल्म को बना सकने की बात भी सोचना बेकार था। उस समय भारत में ये ही एकमात्र लिंक लॉर्ड माउंटबेटन ऑफ़ बर्मा थे जिनसे मेरी अच्छी जान-पहचान और मित्रता थी। मैंने (इस फ़िल्म के सन्दर्भ में) उनसे सहयोग माँगा। मेरी पैरोकारी के लिए भारत के आख़िरी वायसराय और प्रथम गवर्नर जनरल से बढकर कौन हो सकता था जो कि महात्मा गांधी और पंडित नेहरू, दोनों के घनिष्ठ मित्र भी थे।

लॉर्ड लुई सौभाग्य से दिल्ली में एक सप्ताह बितानेवाले थे। उन्होंने भी मेरे प्रस्ताव को आगे बढ़ाने की इच्छा जताई। मेरी ख़ुशी का ठिकाना न रहा जब 1963 की शुरुआत में मुझे उनका पत्र मिला कि पंडित नेहरू मेरी फ़िल्म के निर्माण के लिए सैद्धान्तिक रूप से सहमत हैं। मैंने तुरन्त अपना आभार व्यक्त करते हुए प्रधानमंत्री के निजी सचिव श्री एस.पी. खन्ना को एक पत्र लिखा। इस पत्र में मैंने श्री एस.पी. खन्ना से इस बात की गुज़ारिश की कि वो प्रधानमंत्री द्वारा मेरे प्रोजेक्ट में दिखाई गई रुचि के लिए मेरे आभार को उन तक पहुँचा दें और बताएँ कि क्या मैं मोतीलाल कोठारी के साथ उनसे एक बार व्यक्तिगत रूप से मिल सकता हूँ, जिससे कि मैं और मोतीलाल कोठारी प्रधानमंत्री से व्यक्तिगत रूप में मिलकर फ़िल्म के विषय में विस्तार से चर्चा कर सकें। कुछ ही दिनों में मेरे पत्र का जवाब भी आ गया जिसमें लिखा था कि प्रधानमंत्री 26 मई, रविवार के दिन हम दोनों से मिलना चाहेंगे।

मोतीलाल को हृदय रोग था और हमारी यात्रा पर निकलने के समय वो फिर बीमार हो गए जिसकी वजह से भारी मन से मुझे अकेले ही भारत की अपनी यात्रा पर निकलना पड़ा।

इतवार की सुबह आठ बजे के आसपास मैं मोती के भाई वाला के साथ श्री खन्ना के ऑफ़िस पहुँच गया। इतवार का दिन और सुबह का वक़्त होने के बावजूद वहाँ तमाम गतिविधियाँ चल रही थीं। लोग अपनी फ़ाइल्स और चिट्ठियाँ लिये हुए लगातार आ-जा रहे थे। ज़ाहिर था कि दुनिया के महान देशों में से एक के प्रधानमंत्री कितनी अधिक और कितनी अलग-अलग गतिविधियों में व्यस्त थे।

नेहरू जी से मेरी मुलाक़ात के पहले मिस्टर खन्ना ने बड़ी आत्मीयता से चुपचाप मुझसे कहा कि मुझे उनसे मिलने के लिए केवल आधा घंटा आवंटित किया गया है और इस मुलाक़ात के दौरान मुझे समय सीमा का ख़याल रखना होगा क्योंकि उनका पूरा दिन बहुत व्यस्त है और वह पहले से तय है। स्वाभाविक रूप से मैं इस आधे घंटे की मुलाक़ात के लिए ख़ुशी-ख़ुशी तैयार हो गया।

ठीक आठ बजकर तीस मिनट पर, वाला और मैं, प्रधानमंत्री कार्यालय में थे। नेहरू जी, जो एक बड़ी-सी मेज़ के पीछे बैठे हुए थे, हमें देखते ही उठ खड़े हुए और प्रणाम के साथ हमारा स्वागत किया और हमसे बैठने का अनुरोध किया।

अक्सर यह होता है कि हम किसी मशहूर व्यक्ति को उसकी तस्वीरों या उसके बारे में लिखी गई बातों के ज़रिये जानते हैं लेकिन जब हम उस शख़्सियत से पहली बार रूबरू होते हैं तो हम पाते हैं कि वो शख़्स हमारी देखी गई तस्वीरों से बहुत अलग है। लेकिन उस दिन इसका उलटा हुआ। नेहरू हूबहू वैसे ही थे जिसकी कल्पना मेरे मन में थी। वे मध्यम क़द के थे, उन्होंने हमेशा की तरह गांधी टोपी के साथ चूड़ीदार पाजामा और शेरवानी पहनी हुई थी। उनका चेहरा बहुत आकर्षक और आवाज़ में मधुरता थी। लेकिन मैं उनकी उन गहरी भूरी आँखों को कभी नहीं भूल सकता। वो आँखें जिनमें ममता और सावधानी घुली-मिली थी और हमें पूरी तरह से आश्वस्त कर रही थीं कि वो पूरे ध्यान और एकाग्रता से हमें सुन रहे हैं।

उन्होंने फ़िल्म के सन्दर्भ में लॉर्ड लुई से हुई अपनी बातचीत के बारे में ज़िक्र किया और साथ ही, गांधी जी के जीवन पर बनने जा रही फ़िल्म को लेकर कई बार अपने उत्साह और ख़ुशी को दोहराया। उन्होंने हमें तुरन्त औपचारिक संवाद के बन्धनों से मुक्त किया और मुझे खुलकर, स्वाभाविक ढंग से सहज बातचीत के लिए प्रेरित किया, जिससे कि हम खुल कर उनसे फ़िल्म को लेकर अपनी प्रेरणाओं और उत्साह को उनसे साझा कर सकें। उनके हिसाब से फ़िल्म में मुकम्मल तारीख़ें, घटनाओं का समय व अन्य बारीक़ विवेचनों का महत्त्व नहीं था। उनका ज़ोर इस बात पर था कि हम जो भी दिखाएँ उसमें गांधी जी के जीवन की मूल भावना और उनके जीवन का मूल तत्त्व स्पष्ट रूप से दर्शित होना चाहिए।

उन्होंने मुझसे कहा कि मैं उन्हें फ़िल्म के कुछ महत्त्वपूर्ण बिन्दुओं को समझाऊँ। गांधी जी के जीवन में घटित कुछ महत्त्वपूर्ण नाटकीय घटनाओं का ज़िक्र किया।

इन घटनाओं के बारे में सुनकर पंडित जी जैसा कि मैं उन्हें कहने लगा था—अपनी स्मृतियों में खो गए और अपने व्यक्तिगत संस्मरणों के साथ गांधी जी के उस प्रभाव की चर्चा करने लगे जिसकी छाप उनके या उनके समकालीनों के जीवन पर ही नहीं सम्पूर्ण भारत के भविष्य पर पड़ी थी।

वो मेरी इस बात से सहमत दिखे थे कि गांधी जी की कहानी को एक फ़िल्म के ज़रिये आसान तरीक़े से सामने लाने पर लाखों-करोड़ों लोग उस महान व्यक्ति की अद्भुत महत्ता के बारे में जान सकेंगे। इसी बात पर उन्होंने मुझे याद दिलाया कि एक बार उनके ये पूछने पर कि आप दुनिया को क्या सन्देश देना चाहेंगे, गांधी जी ने कहा था कि 'मेरा जीवन ही मेरा सन्देश है।'

मैं बेहद उत्साह मिश्रित उत्तेजना से चहक रहा था। ऐसा लग रहा था मानो हमें बातचीत करते अभी बस पाँच या छह मिनट ही हुए कि अचानक मैंने अपनी घड़ी पर नज़र डाली और यह देखकर मायूस हो गया कि नौ बज चुके थे। मैं वहाँ से हटने के लिए उठने लगा—

'ये क्या, कहाँ जा रहे हैं आप?' प्रधानमंत्री ने पूछा।

दरअसल सर, नौ बज चुके हैं।

"हाँ, हाँ, लेकिन हमारी बात अभी पूरी नहीं हुई;" उन्होंने कहा। "बैठ जाइए।" आख़िरकार वो अपनी जगह से उठे और तमाम चित्रों से भरा एक एलबम उठा लाए। हर एक तस्वीर किसी ऐतिहासिक घटना या किसी ख़ास व्यक्तिगत पल की कहानी कह रही थी। मैं सोच रहा था कि काश अपने साथ एक टेप रिकॉर्डर लेता आया होता जिससे कि मैं इन व्यक्तिगत क़िस्सों-कहानियों को सहेज सकूँ जो फ़िल्म की स्क्रीनप्ले को जानदार बनाने के साथ-साथ प्रामाणिकता भी दे सकते थे।

प्रधानमंत्री और मैं, अपने हाथों और गोद में तमाम तस्वीरें लिये बैठे थे। उसी समय दरवाज़े पर दस्तक हुई और प्रधानमंत्री के एक सचिव भीतर आए। जब उन्होंने देखा कि प्रधानमंत्री अपने नियत स्थान पर नहीं हैं तो वो चौंक उठे। और फिर झेंपते हुए उन्हें एक नोट पकड़ा दिया। नेहरू जी ने बिना उठे उस पर एक नज़र डाली और सिर्फ़ 'हाँ, हाँ' कहा। सचिव उनका जवाब पाकर वापस लौट गए। हम फिर से अपनी चर्चा में मशगूल हो गए। हमारे बीच जो बातें हो रही थीं वो फ़िल्म निर्माण में बहुत मददगार साबित होनेवाली थीं। उस समय बिताया जा रहा हर एक क्षण एक नये पहलू को सामने ला रहा था।

मुझे यह तो याद नहीं कि हम ठीक-ठीक कितनी देर तक वहाँ रहे। बस यह ज़रूर याद है कि जितना समय मुलाक़ात के लिए हमें दिया गया था उससे बहुत ज़्यादा वक़्त हमने प्रधानमंत्री के साथ बिताया था। आख़िर में प्रधानमंत्री ने मुझसे कहा कि 'मैं आपसे कुछ लोगों को मिलवाना चाहता हूँ, कुछ अधिकारी, और हाँ, अपनी बेटी से भी।'

वो उठकर फ़ोन के पास गए और अपने घर पर फ़ोन लगाया।

'मैं तुमसे मिलने के लिए इंग्लिश एक्टर और प्रोड्यूसर रिचर्ड एटनबरो को भेज रहा हूँ। वो बापू पर एक फ़िल्म बनाने जा रहे हैं।'

फ़ोन रखने के बाद, उन्होंने मुझसे कहा कि 'मेरी बेटी को आपसे मिलकर बहुत ख़ुशी होगी। आप फिर मुझसे मिलने ज़रूर आइएगा।' इतना कहते हुए उन्होंने बाहर के ऑफ़िस का दरवाज़ा खोल दिया। अब वो गलियारा कनॉट प्लेस जैसा लग रहा था जहाँ बहुत सारे लोग अपनी बारी की प्रतीक्षा कर रहे थे। बाहर जैसे ही मैंने श्री खन्ना का सीधा पर खिंचा हुआ चेहरा देखा तो मेरी अन्तरात्मा ने मुझे कचोट लिया।

इसी साल नवम्बर में दिल्ली के तीन मूर्ति भवन में पंडित जी से मेरी दूसरी और अन्तिम बार मुलाक़ात हुई। मोती इस बार मेरे साथ थे। हम छह महीने पहले ही तो मिले थे। लेकिन मैं यह देखकर अवाक् रह गया कि इन छह महीनों में ही पंडित जी की पूरी शख़्सियत पर बढ़ती हुई उम्र के लक्षण साफ़-साफ़ दिखाई देने लगे थे। वो कुछ अस्वस्थ से दिख रहे थे लेकिन फिर भी उन्होंने अपने स्वाभाविक अन्दाज़ में गर्मजोशी से हमारा स्वागत किया और हमसे हमारे प्रोजेक्ट के बारे में पूछताछ की। मैं उन पर तमाम दबावों को भली-भाँति महसूस कर रहा था और इस बात को लेकर विशेष रूप से सतर्क था कि जितना ज़रूरी हो, यह मीटिंग उतनी देर ही रहे।

वे इस बात को लेकर पूरी तरह से जागरूक थे कि फ़िल्म निर्माण के लिए हमें भारत में कम-से-कम एक ऐसे सम्पर्क सूत्र की बहुत आवश्यकता है जो दैनिक स्तर पर हमारे उन सभी सवालों का जवाब दे सके जो इस प्रोजेक्ट के दौरान हमारे सामने आने ही हैं। साथ ही सम्बन्धित विभागों के विशेषज्ञों से भी हमारा सम्पर्क करवा सके। साथ ही यह प्रोजेक्ट जीवित रहे न कि ठंडे बस्ते में चला जाए।

और इस ज़िम्मेदारी को उठाने के लिए उन्होंने जिसका चयन किया वे थीं उनकी बेटी इन्दिरा।

हालाँकि उनका ये निर्णय उस समय थोड़ा अजीब भी लग सकता था, क्योंकि इन्दिरा की कोई आधिकारिक स्थिति नहीं थी। लेकिन मैंने पाया कि उनका परिचय सभी से था और इसके अलावा पहली ही मुलाक़ात में मुझे इस बात का भी अन्दाज़ा हो गया था कि फ़िल्मों में उनकी गहरी रुचि है। प्रधानमंत्री ने कहा था कि जब भी हमें किसी भी प्रकार की जानकारी की ज़रूरत होगी, इन्दिरा हमारी मदद करेंगी। उन्होंने आनेवाले सत्रह सालों में बिलकुल ऐसा ही किया भी। हर अच्छी और बुरी परिस्थिति में उन्होंने हमारा साथ दिया। अन्ततः ये इन्दिरा जी का सहयोग, उनकी पैरोकारी, उनकी अपनी रुचि और उदार व्यवहार था कि 'गांधी' फ़िल्म बन सकी।

पंडित जी ने हमें बताया कि हमारी स्क्रिप्ट को पढ़ने का मौक़ा तो था लेकिन तमाम कार्यों की ज़िम्मेदारियों के चलते वह इसे विस्तार से पढ़ नहीं पाए। बहरहाल, उनका विचार था कि हमें मुख्य किरदारों को, जिन्हें हम अपनी फ़िल्म में दिखाना चाहते हैं, चुनने में बहुत ज़्यादा ध्यान देना होगा। उन्होंने यह तथ्य आराम से स्वीकार कर लिया कि आज़ादी की लड़ाई के सभी मुख्य किरदारों और ब्रिटिश हुकूमत के सभी महत्त्वपूर्ण लोगों को फ़िल्म में शामिल कर पाना तो असम्भव होगा। वो इस

बात के पूरी तरह ख़िलाफ़ थे कि बहुत सारे नामों को सतही तौर पर केवल नाम लेने के उद्देश्य से फ़िल्म में भर लिया जाए। वो चाहते थे कि मुख्य किरदारों की संख्या कम से कम रहे और केवल उन्हीं के माध्यम से उसे विस्तारित कर तमाम अन्य व्यक्तित्वों को सांकेतिक प्रतिनिधित्व दिया जाए।

उन्होंने फ़िल्म निर्माण के लिए ज़रूरी तत्त्व—एकलय संगीतबद्ध गत्यात्मकता का दृष्टिकोण—को स्वीकार किया जिसमें अलग-अलग घटनाओं को परिस्थितिजन्य ढंग से दर्शाते हुए कुछ बहसों और ठोस प्रतिबद्धताओं को नाटकीय अन्दाज़ में संक्षिप्तीकरण के साथ दिखाना सबसे आवश्यक था।

कलाकारों के चयन सम्बन्धी कुछ बातचीत के बाद हमने उनसे विदा ली और वो दरवाज़े तक हमें छोड़ने आए। जब मैं टैक्सी में बैठने ही जा रहा था तो उन्होंने एक और बात कही। इस बात को मैंने आनेवाले वर्षों में एक गाँठ की तरह बाँध लिया।

उन्होंने कहा, 'आप कुछ भी करिए लेकिन गांधी जी को देवता मत बना दीजिएगा—यह तो हम भारत में ख़ूब कर ही चुके हैं—और वो एक इनसान के रूप में इतने महान थे कि उन्हें देवता नहीं बनाया जा सकता।'

ये पंडित नेहरू के अन्तिम शब्द थे जो उन्होंने मुझसे कहे। मैं भीतर से उनके प्रति बहुत आभारी हूँ। उन शब्दों के लिए जो उन्होंने कहे और उस महान योगदान के लिए जिसने इस फ़िल्म को मूर्त रूप देने में सक्षम बनाया। इस फ़िल्म ने न केवल मेरी ज़िन्दगी बदल दी बल्कि सारी दुनिया के लाखों लोगों को महात्मा गांधी के जीवन से कुछ सीखने के लिए प्रेरित किया। लोग समझ सके कि बदलाव बिना हिंसा के भी सम्भव है।

आधुनिक राजनीतिक चिन्तन पर पंडित जी का प्रभाव नि:सन्देह ज़बरदस्त रहा है। यद्यपि वे मानवीय संवेदना से भरपूर और ज़बरदस्त ग़ुस्सा तक करनेवाले व्यक्ति थे, लेकिन मूलतः वो शान्ति के दूत थे। जैसा कि मैंने अपने निजी अनुभव से जाना वो स्वयं बहुत उत्साही थे और दूसरों को भी उत्साह से भर देते थे। उनके देशवासियों को जो तकलीफ़ें और अभाव झेलने पड़ रहे थे उसके लिए उनके मन पर गहरा असर था। वो उनके लिए और अपने आसपास के लोगों के लिए, जिन्होंने उनका विश्वास पाया था, अपने भीतर एक निष्ठा व वफ़ादारी जीते थे जो कि हृदय में जलती आग के समान थी। सबसे ज़रूरी बात, उन्होंने उन ज़िम्मेदारियों को पूरी शिद्दत से स्वीकार किया जो उन पर डाल दी गई थीं। वो ज़िम्मेदारियाँ इतनी बड़ी और भारी थीं कि हममें से ज़्यादातर लोगों के बस की बात ही नहीं है। इस सबके बीच उन्हें बिना टूटे हुए डटे रहने की ताक़त उस मानवीय करुणा और संवेदना के अद्भुत वाहक होने से मिलती थी, जो भारतीयों के जीवन, सम्मान और अधिकारों और सम्मान को सुरक्षित रखने व उनकी अभिवृद्धि करने की सतत प्रतिबद्धता से जुड़ी हुई थी।

~

प्रथम एफ्रो-एशियाई[1]

ली कुआन यू

[ली कुआन यू (1923-2015) सिंगापुर के पहले प्रधानमंत्री थे, जिन्होंने सिंगापुर के एक ब्रिटिश क्राउन कॉलोनी से स्वतंत्र राष्ट्र में रूपान्तरण का नेतृत्व किया। नेहरू के प्रति इस श्रद्धांजलि लेख में उन्होंने दुनिया-भर के उपनिवेशवाद-विरोधी संघर्षों में नेहरू के प्रभाव को याद किया है।]

~

नेहरू 1930 के दशक में ही महान व्यक्तियों की श्रेणी में शुमार थे। सिंगापुर में एक स्कूल छात्र के रूप में जब वो ब्रिटिश साम्राज्य का अंग ही था, मैंने उन्हें पढ़ लिया था। मैं अख़बारों में प्रकाशित उनकी ख़ूबसूरत तस्वीरें देखकर उन्हें पहचान जाता था। मैंने 'विश्व इतिहास की एक झलक' में उनके वे पत्र भी पढ़े थे, जो उन्होंने अपनी बेटी इन्दिरा को लिखे थे। मैं तब से ही उनकी ऊँचे दर्ज़े की और सहज-सरल भाषा शैली का क़ायल था।

भारत के आज़ाद होने के समय मैं इंग्लैंड में अपनी पढ़ाई कर रहा था। उसी दौरान मैंने बी.बी.सी. पर उनका भाषण सुना था और मैं उनके गर्मजोशी से कहे गए वो शब्द कभी नहीं भूल सकता :

"वर्षों पहले हमने नियति से एक क़रार किया था, और अब समय आ गया है जब हम अपनी प्रतिबद्धताओं को साकार करेंगे...इतिहास में कभी-कभार ही वह क्षण आता है लेकिन आता ज़रूर है...जब लम्बे समय से किसी राष्ट्र की दबी हुई आत्मा को शब्दों की अभिव्यक्ति मिलती है।" दिल को छू जानेवाले ऐसे गम्भीर शब्द केवल वही व्यक्ति बोल सकता था जिसका हृदय अपने देश और देशवासियों के प्रति मानवीय भावनाओं से भरा हुआ हो।

मेरी उनसे पहली मुलाक़ात जनवरी 1959 में दिल्ली में हुई, जब मैं दिल्ली के विज्ञान भवन में इंटरनेशनल कमीशन ऑफ़ जूरिस्ट्स द्वारा आयोजित कॉन्फ्रेंस में भाग लेने के लिए आया, वो एक साधारण सी मॉरिस ऑक्सफोर्ड कार में आए। ये भारत में बनी थी और 'हिन्दुस्तान' नाम से जानी जाती थी। (यहाँ आशय हिन्दुस्तान मोटर्स द्वारा बनाई जानेवाली एंबेसेडर कार से है) उनके पास पहले से तैयार की गई कोई स्क्रिप्ट नहीं थी। वे लगभग तीस मिनट तक बोले। मुझे उन्हें सुनकर निराशा हुई। उनके सम्बोधन में उनकी लिखी किताबों जैसी कसावट और सुसंगतता नहीं थी और उसमें भटकाव भी थे। अगर उसे लिख लिया होता तो उसमें एक कसाव होता और वो बीस मिनट में हो जाती। लेकिन शायद वो व्यस्त रहे हों और 'भूत लेखकों' (घोस्ट राइटर्स) का दौर अभी शुरू नहीं हुआ था। शायद किसी और से लिखवाकर नेहरू उसे अपना बताकर पढ़ते भी नहीं थे। मुझे ठीक-ठीक याद नहीं कि उन्होंने क़ानून के शासन और स्वतंत्र न्याय-व्यवस्था के बारे में क्या कहा था, लेकिन उनके सम्बोधन से उनके एक लिबरल मानवतावादी होने की फ़िलॉसफ़ी अवश्य सामने आई।

1. जवाहरलाल नेहरू : सेंटेनरी वॉल्यूम से।

पहली बार 1962 में मुझे उनसे मिलने और बातचीत का अवसर मिला। जब मैं स्वशासित यद्यपि ग़ैर स्वतंत्र सिंगापुर का प्रधानमंत्री था। मैंने उनसे सिंगापुर के मलाया संघ जिसमें बोर्नेओ क्षेत्र शामिल थे, को सिंगापुर में शामिल किए जाने की माँग के प्रति समर्थन माँगा।

उन्होंने मेरे विचारों से सहमति जताई। ख़ासकर मेरे उस सपने से जो एक बहुनस्ली राष्ट्र के निर्माण से जुड़ा हुआ था। मुझे बहुत अच्छी तरह याद है वो लंच जो उन्होंने फ्लैग स्टॉक हाउस में दिया था। वो फ्लैग स्टॉक हाउस जो अब तीन मूर्ति के नाम से जाना जाता है और नेहरू मेमोरियल म्यूज़ियम के रूप में तब्दील हो चुका है। उस लंच के दौरान हम एक आयताकार मेज़ के चारों ओर बैठे थे। भोजन पात्र के रूप में चाँदी की थाली थी जिसकी किनारियाँ उठी हुई थीं। इस थाली में से हम अपनी उँगलियों से चावल और कुछ बेहद स्वादिष्ट उत्तर भारतीय तरकारियाँ उठा-उठाकर खा रहे थे। मेरे और मेरी पत्नी के लिए ये बिलकुल नया अनुभव था। हमने सालों से इस तरह का भोजन नहीं किया था, यहाँ तक कि बचपन में भी नहीं। मैं कुछ असहज था। हमें सहज करने के लिए वो हमको भारत में पाई जानेवाली 'आम' की विभिन्न प्रजातियों के बारे में बताते रहे, साथ ही उनकी तुलना भी दुनिया में अन्य जगह पाए जानेवाले आमों से करते रहे जिन्हें उन्होंने कभी खाया था। उन्होंने सिंगापुर में खाए गए आमों की भी चर्चा की जहाँ वो युद्ध ख़त्म होने के तुरन्त बाद आए थे।

उन्होंने हमारी बातों को जिस धैर्य और उदारता के साथ सुना और हमारी दोस्ती को और अधिक प्रगाढ़ता दी, उसकी वजह से मेरे मन में उनका सम्मान बहुत बढ़ गया। मैं अपने मन में उनके प्रति बहुत आभार लेकर दिल्ली से लौटा।

छह महीने के बाद, अक्टूबर के महीने में चीन के साथ हिमालय क्षेत्र में तनाव बढ़ गया। इसके मद्देनज़र सिंगापुर सरकार ने एक वक्तव्य जारी किया, जिसमें चीन की आक्रामकता की आलोचना नहीं की गई थी।

1964 में अफ्रीका से लौटते समय, नई दिल्ली में मेरी उनसे एक बार फिर मुलाक़ात हुई। मुलाक़ात के दौरान उन्होंने इस बात का ज़िक्र किया। मैंने महसूस किया कि उनकी आवाज़ में निराशा और उलाहने का भाव था। मैंने उन्हें अपनी दिक़्क़त बताई जो कि सिंगापुर में 'एक व्यक्ति एक वोट' के आधार पर प्रशासन चलाने की थी। सिंगापुर की एक-तिहाई जनसंख्या चीनी थी, उसमें भी आधे से ज़्यादा लोगों का जन्म चीन में ही हुआ था। उनकी भावनाएँ, सही या ग़लत, हर हाल में चीन के साथ ही थीं। मुझे नहीं पता मेरी बातों से वो कितने सन्तुष्ट हुए। लेकिन मेरी सफ़ाई से उनके मन में व्याप्त निराशा में ज़रूर कमी हुई होगी, जो कि सिंगापुर सरकार के ढुलमुल वक्तव्य से पैदा हुई थी।

इसके पहले मैं उनसे लगभग डेढ़ साल पहले अप्रैल 1962 में मिला था। तब वो जोश और ऊर्जा से भरे हुए थे। लेकिन इस बार वो बेहद थके और निढाल से लग रहे थे। उनके इस कथन का कोई बीमारीजन्य कारण तो मुझे नहीं पता था। मुझे तब लगा कि शायद इस नैराश्य का सम्बन्ध हिमालय क्षेत्र की घटनाओं से था।

उनसे मेरी आख़िरी मुलाक़ात के दो महीने बाद उनकी मृत्यु हो गई। 30 मई, 1964 को जालान बेसर फुटबॉल स्टेडियम में उस महान व्यक्ति को श्रद्धांजलि देने के लिए भारी भीड़ इकट्ठी हुई।

मैंने अपने सम्बोधन में कहा, "नेहरू प्रथम एफ्रो-एशियाई थे। उन्होंने पचास वर्ष पूर्व उपनिवेशवाद-विरोधी संघर्ष ऐसे समय में शुरू किया था जब इस तरह के उपनिवेश-विरोधी संघर्ष का अर्थ ये नहीं था कि इससे तुरन्त ही आज़ादी या कोई बड़ा पद मिल जाएगा। बल्कि इस संघर्ष का अर्थ बेहद मुश्किल और कभी न ख़त्म होनेवाली कठिनाई और दमन था। द्वितीय विश्वयुद्ध के बाद ऐसे उपनिवेशवाद-विरोधी आन्दोलन में हिस्सा लेना अलग बात थी। उन्होंने सभी उपनिवेश-विरोधी क्रान्तियों को अपना समर्थन दिया, भले ही वो एशिया में हुई हों या अफ्रीका में। हमें भी उनका समर्थन मिला और भारतीय स्वाधीनता-संघर्ष से प्रेरणा भी।"

~

नेहरू को अटल बिहारी वाजपेयी की श्रद्धांजलि[1]

अटल बिहारी वाजपेयी

[नेहरू की मृत्यु (मई 1964) के समय अटल बिहारी वाजपेयी राज्यसभा सदस्य थे। उन्होंने इन शब्दों में नेहरू को अपनी श्रद्धांजलि अर्पित की थी।]

~

अध्यक्ष महोदय,

एक सपना था जो अधूरा रह गया। एक गीत था जो गूँगा हो गया। एक लौ थी जो अनंत में विलीन हो गई। सपना था एक ऐसे संसार का जो भय और भूख से रहित होगा। गीत था एक ऐसे महाकाव्य का, जिसमें गीता की गूँज और गुलाब की गंध थी। लौ थी एक ऐसे दीपक की जो रात-भर जलता रहा। हर अँधेरे से लड़ता रहा और हमें रास्ता दिखाकर, एक प्रभात में निर्वाण को प्राप्त हो गया।

मृत्यु ध्रुव है। शरीर नश्वर है। कल कंचन की जिस काया को हम चन्दन की चिता पर चढ़ाकर आए, उसका नाश निश्चित था। लेकिन क्या यह ज़रूरी था कि मौत इतनी चोरी-छिपे आती? जब संगी-साथी सोए पड़े थे। जब पहरेदार बेख़बर थे। हमारे जीवन की एक अमूल्य निधि लुट गई।

भारत माता आज शोकमग्न है। उसका सबसे लाड़ला राजकुमार खो गया। मानवता आज खिन्नमना है। उसका पुजारी सो गया। शान्ति आज अशान्त है। उसका रक्षक चला गया। दलितों का सहारा छूट गया। जन-जन की आँख का तारा टूट गया।

1. अटल बिहारी वाजपेयी, "वाजपेयी ऑन नेहरूज़ डेथ : भारत माता हैज़ लॉस्ट हर फेवरेट प्रिंस", दि प्रिंट, 16 अगस्त, 2018

यवनिका पात हो ग़या। विश्व के रंगमंच का प्रमुख अभिनेता अपना अन्तिम अभिनय दिखाकर अन्तर्धान हो गया।

महर्षि वाल्मीकि ने रामायण में भगवान राम के सम्बन्ध में कहा है कि वे असम्भवों के समन्वय थे। पंडित जी के जीवन में महाकवि के उसी कथन की एक झलक दिखाई देती है। वह शान्ति के पुजारी, किन्तु क्रान्ति के अग्रदूत थे। वे अहिंसा के उपासक थे, किन्तु स्वाधीनता और सम्मान की रक्षा के लिए हर हथियार से लड़ने के हिमायती थे।

वे व्यक्तिगत स्वाधीनता के समर्थक थे, किन्तु आर्थिक समानता लाने के लिए प्रतिबद्ध थे। उन्होंने समझौता करने में किसी से भय नहीं खाया, किन्तु किसी से भयभीत होकर समझौता नहीं किया। पाकिस्तान और चीन के प्रति उनकी नीति इसी अद्भुत सम्मिश्रण की प्रतीक थी। उसमें उदारता भी थी, दृढ़ता भी थी। यह दुर्भाग्य है कि इस उदारता को दुर्बलता समझा गया, जबकि कुछ लोगों ने उनकी दृढ़ता को हठवादिता समझा।

मुझे याद है, चीनी आक्रमण के दिनों में जब हमारे पश्चिमी मित्र इस बात का प्रयत्न कर रहे थे कि हम कश्मीर के प्रश्न पर पाकिस्तान से कोई समझौता कर लें तब एक दिन मैंने उन्हें बड़ा क्रुद्ध पाया। जब उनसे कहा गया कि कश्मीर के प्रश्न पर समझौता नहीं होगा तो हमें दो मोर्चों पर लड़ना पड़ेगा तो बिगड़ गए और कहने लगे कि अगर आवश्यकता पड़ेगी तो हम दोनों मोर्चों पर लड़ेंगे। किसी दबाव में आकर वे बातचीत करने के ख़िलाफ़ थे।

महोदय, जिस स्वतंत्रता के वे सेनानी और संरक्षक थे, आज वह स्वतंत्रता संकटापन्न है। सम्पूर्ण शक्ति के साथ हमें उसकी रक्षा करनी होगी। जिस राष्ट्रीय एकता और अखंडता के वे उन्नायक थे, आज वह भी विपदग्रस्त है। हर मूल्य चुकाकर हमें उसे क़ायम रखना होगा। जिस भारतीय लोकतंत्र की उन्होंने स्थापना की, उसे सफल बनाया, आज उसके भविष्य के प्रति भी आशंकाएँ प्रकट की जा रही हैं। हमें अपनी एकता से, अनुशासन से, आत्मविश्वास से इस लोकतंत्र को सफल करके दिखाना है।

नेता चला गया, अनुयायी रह गए। सूर्य अस्त हो गया, तारों की छाया में हमें अपना मार्ग ढूँढ़ना है। यह एक महान परीक्षा का काल है। यदि हम सब अपने को समर्पित कर सकें एक ऐसे महान उद्देश्य के लिए, जिसके अन्तर्गत भारत सशक्त हो, समर्थ और समृद्ध हो और स्वाभिमान के साथ विश्व शान्ति की चिरस्थापना में अपना योग दे सके तो हम उनके प्रति सच्ची श्रद्धांजलि अर्पित करने में सफल होंगे।

संसद में उनका अभाव कभी नहीं भरेगा। शायद तीन मूर्ति को उन जैसा व्यक्ति कभी भी अपने अस्तित्व से सार्थक नहीं करेगा। वह व्यक्तित्व, वह ज़िन्दादिली, विरोधी को भी साथ लेकर चलने की वह भावना, वह सज्जनता, वह महानता शायद निकट भविष्य में देखने को नहीं मिलेगी। मतभेद होते हुए भी उनके महान आदर्शों के प्रति, उनकी प्रामाणिकता के प्रति, उनकी देशभक्ति के प्रति, और उनके अटूट साहस के प्रति हमारे हृदय में आदर के अतिरिक्त और कुछ नहीं है।

इन्हीं शब्दों के साथ मैं उस महान आत्मा के प्रति अपनी विनम्र श्रद्धांजलि अर्पित करता हूँ।

सन्दर्भ ग्रंथ सूची

बी.आर. आंबेडकर, "पाकिस्तान ऑर दि पार्टिशन ऑफ़ इंडिया" इन राइटिंग्स एंड स्पीचेज़ वॉल्यूम-8, बॉम्बे : एजुकेशन डिपार्टमेंट, गवर्नमेंट ऑफ़ महाराष्ट्र, 1990

एम.जे. अकबर, नेहरू : दि मेकिंग ऑफ़ इंडिया, नई दिल्ली : रोली बुक्स, 2002,

शीला दीक्षित, के. नटवर सिंह, जी. पार्थसार्थी, एच.वाई. शारदा प्रसाद, एस. गोपाल एंड रविन्द्र कुमार, जवाहरलाल नेहरू : सेंटेनरी वॉल्यूम, नई दिल्ली : ऑक्सफोर्ड यूनिवर्सिटी प्रेस, 1989

राजीव दीक्षित, "नेहरू वाज़ डाइड ऑफ़ एस.टी.डी. (सेक्सुअली ट्रांसमिटेड डिज़ीज़), जिन्ना, नेहरू, एडविना एक्सपोज़्ड बाय राजीव दीक्षित" यूट्यूब वीडियो, 27:04, पोस्टेड बाय राजीव दीक्षित, 05 अक्टूबर, 2012, http://www.youtube.com/watch?time_continue=33&v=5XtcFiZwENY.

आर.के. करंजिया, दि माइंड ऑफ़ मि. नेहरू, लन्दन : जॉर्ज एलेन एंड अनविन, 1960

सुभाष कश्यप, जवाहरलाल नेहरू एंड दि कांस्टिट्यूशन, नई दिल्ली : मेट्रोपोलिटन, 1982

मार्टिन लूथर किंग जूनियर, "दि विल टू पीस", इन दि लीगेसी ऑफ़ नेहरू : ए मेमोरियल ट्रिब्यूट, एडिटेड बाय नटवर सिंह, न्यूयॉर्क : जॉन डे, 1965

नेहरू अभिनन्दन ग्रंथ : ए बर्डथे बुक, नई दिल्ली : नेहरू अभिनन्दन ग्रंथ कमेटी, 1949

जवाहरलाल नेहरू, एन ऑटोबायोग्राफी, नई दिल्ली, पेंगुइन, 2004

— ए बंच ऑफ़ ओल्ड लेटर्स, बॉम्बे : एशिया पब्लिशिंग हाउस, 1960

— दि डिस्कवरी ऑफ़ इंडिया, नई दिल्ली : पेंगुइन, 2010

— ग्लिम्प्सेज़ ऑफ़ वर्ल्ड हिस्ट्री, नई दिल्ली, पेंगुइन, 2004

— जवाहरलाल नेहरू : सेलेक्टेड स्पीचेज़ 1949-1953 वॉल्यूम-2, नई दिल्ली : पब्लिकेशन डिवीज़न, 1954

— जवाहरलाल नेहरूज़ स्पीचेज़ 1953-57, नई दिल्ली : पब्लिकेशन डिवीज़न, 1958

— सेलेक्टेड स्पीचेज़ वॉल्यूम-3, नई दिल्ली : पब्लिकेशन डिवीज़न, 1958

— सेलेक्टेड वर्क्स ऑफ़ जवाहरलाल नेहरू, वॉल्यूम-1, एडिटेड बाय एस. गोपाल, नई दिल्ली : ओरिएंट लॉन्गमैन, 1972

— सेलेक्टेड वर्क्स ऑफ़ जवाहरलाल नेहरू, वॉल्यूम-6, एडिटेड बाय एस. गोपाल, नई दिल्ली : ओरिएंट लॉन्गमैन, 1974

— सेलेक्टेड वर्क्स ऑफ़ जवाहरलाल नेहरू, वॉल्यूम-VI, नई दिल्ली : जवाहरलाल नेहरू मेमोरियल फंड, 1987

— दि यूनिटी ऑफ़ इंडिया : कलेक्टेड राइटिंग्स 1937-1940, न्यूयॉर्क : जॉन डे कम्पनी, 1942

अनिर्बन मित्रा, "दि नेताजी फ़ाइल्स रिवील ए टेल ऑफ़ नेहरूज़ वार्म्थ—नॉट सिनिस्टर कांस्पिरेसी", दि वायर, 27 मई, 2017, http://thewire.in/137206/netaji-files-family-nehru/.

श्रीनाथ राघवन, वार एंड पीस इन मॉडर्न इंडिया : ए स्ट्रेटेजिक हिस्ट्री ऑफ़ दि नेहरू इयर्स, रानीखेत : पर्मानेंट ब्लैक, 2017

अर्जुन सिद्धार्थ, "डिड जवाहरलाल नेहरू एवर से 'आई एम इंग्लिश बाय एजुकेशन, मुस्लिम बाय कल्चर एंड हिन्दू बाय एक्सिडेंट'?" अल्ट न्यूज़, 05 नवम्बर, 2018,

http://www.altnews.in/did-jawaharlal-nehru-ever-say-i-am-english-by-education-muslim-by-culture-and-hindu-by-accident/.

–लोकदेव नेहरू, लोकभारती प्रकाशन, 1965

अटल बिहारी वाजपेयी, "वाजपेयी ऑन नेहरूज़ डेथ : भारत माता हैज़ लॉस्ट हर फेवरेट प्रिंस", दि प्रिंट, 16 अगस्त, 2018, http://theprint.in/opinion/vajpayee-on-nehrus-death-bharat-mata-has-lost-her-favourite-prince/99455/.

सम्पादकीय टिप्पणी एवं आभार-ज्ञापन

पिछले कोई पाँच दशकों से मैं जवाहरलाल नेहरू के व्यक्तित्व और उनके विचारों की ओर आकर्षित रहा हूँ। यह आकर्षण तब भी फीका नहीं हुआ, जबकि मेरे चारों ओर नेहरू की स्मृतियाँ धूमिल होती दिखाई दे रही थीं। 2014 से सत्ता परिवर्तन के साथ नेहरू को नये सिरे से कुछ नये-नये आरोपों का निशाना बनाया जाने लगा। ख़ासतौर से उन पर यह आरोप लगाया गया, जिसे सिर्फ़ मिथ्या प्रलाप ही कहा जा सकता है, कि वह भारतीय परम्परा से असम्बद्ध या उदासीन थे, संस्कृति और धर्म की अवमानना करते थे, विशेषकर हिन्दू धर्म की। इसी सन्दर्भ में स्पीकिंग टाइगर के रवि सिंह से 2017 में हुई एक अनौपचारिक बातचीत के दौरान इस पुस्तक का विचार बना।

मैं श्रीमती सोनिया गांधी का बहुत आभारी हूँ कि उन्होंने बड़ी उदारता के साथ मुझे कॉपीराइट सामग्री का उपयोग करने की अनुमति दी।

पुस्तक का शीर्षक तय करने की उलझन से निकाला प्रिय मित्र, इतिहासकार रामचन्द्र गुहा ने। उन्होंने याद दिलाया कि नेहरू का एक वाक्यांश जो कि 'भारत माता की जय' के नारे में निहित लोकतांत्रिक मूल्यों का सुन्दर रेखांकन करता है, इस संग्रह के शीर्षक के तौर पर सबसे बढ़िया रहेगा। धन्यवाद राम, तो यह रही, 'कौन हैं भारत माता?'

इससे पहले कि मैं इस परियोजना में मदद करनेवाले बहुत से लोगों को धन्यवाद ज्ञापित करूँ, मुझे उन युवतियों और युवकों के प्रति अपनी प्रशंसा और कृतज्ञता दर्ज़ करानी है जिन्होंने पिछले कुछ वर्षों में जे.एन.यू., अशोका यूनिवर्सिटी (सोनीपत), लेडी श्रीराम कॉलेज और हिन्दू कॉलेज (दिल्ली विश्वविद्यालय) अज़ीम प्रेमजी फाउंडेशन (रायपुर), आग़ाज़ सांस्कृतिक मंच, दिल्ली, आई.टी.एम. यूनिवर्सिटी (ग्वालियर), कविता सिंह मेमोरियल लेक्चर (पटना) और राजीव गांधी स्टडी सर्किल, जयपुर, चंडीगढ़ और बनारस में होनेवाले मेरे व्याख्यानों और चर्चाओं में हिस्सा लिया। इन आयोजनों में हुए संवाद ने अपने विचारों में स्पष्टता लाने में मुझे मदद की, साथ ही यह विश्वास भी दिलाया कि भारत के नौजवान देश के भविष्य को लेकर सचमुच चिन्तित हैं और अतीत का आँख बन्द महिमामंडन करने या उसे ख़ारिज करने के बजाय उसके विषय में जानने-सीखने के इच्छुक हैं।

पिछले इतने वर्षों में, अनेक इतने अद्‌भुत लोगों के साथ जो बातें और बहसें होती रही हैं, उन्होंने भारतीय राष्ट्रीय आन्दोलन, गांधी, नेहरू और अन्य लोगों द्वारा निभाई गई ऐतिहासिक भूमिकाओं के बारे में मेरे विचारों को आकार देने में काफ़ी मदद की है।

ग्वालियर में मेरे बचपन और युवावस्था के शुरुआती दिनों में, चुम्बकीय व्यक्तित्व के धनी श्री प्रकाश दीक्षित ने मुझे 'हिन्दुस्तान की कहानी' पढ़ने के लिए प्रेरित किया और इस तरह से उन्होंने ही सबसे पहले मेरा परिचय नेहरू से कराया। मैं उनके दीर्घ जीवन की कामना करता हूँ।

'नवभारत टाइम्स' के तत्कालीन सम्पादक, समर्पित नेहरूवादी स्व. राजेन्द्र माथुर के साथ हुई अपनी गरमागरम चर्चाओं को बहुत आत्मीयता के साथ याद करता हूँ।

विख्यात प्रशासक, सामाजिक कार्यकर्ता और परिवार के वरिष्ठ सदस्य डॉ. बी.डी. शर्मा ने मुझे भारतीय, विशेषकर आदिवासी जन-जीवन के बारे में विशिष्ट अन्तर्दृष्टियाँ प्रदान कीं।

प्रोफ़ेसर नामवर सिंह, प्रोफ़ेसर बिपन चन्द्र और श्री मोहित सेन के साथ-साथ फ़ारुख़ शेख़, अनुपम मिश्र और ख़ुर्शीद अनवर मेरे लिए प्रेरणा और बौद्धिक उद्दीपन के निरन्तर स्रोत रहे। मैं इन सभी का कृतज्ञ स्मरण करता हूँ।

अविस्मरणीय टी.वी. धारावाहिक 'भारत : एक खोज' के निर्माता श्याम बेनेगल का बहुत आभारी हूँ। अशोक वाजपेयी, जावेद अख़्तर, शबाना आज़मी, अहमद पटेल, दिलीप सिमियन, देवी प्रसाद त्रिपाठी, कृष्ण कुमार, हरबंस मुखिया, भगवान जोश, महेश रंगराजन, गुरुदीप सिंह सप्पल, ओम थानवी, राजीव भार्गव, तानी भार्गव, अली जावेद, जमाल किदवई, देवकिशन सारडा, अशोक सिंह, रामबाबू अग्रवाल और रमाशंकर सिंह (पुराने लोहियावादी, जो इन दिनों बड़ी तेज़ी से नेहरू-प्रशंसक में तब्दील हो रहे हैं) का आभार जिनके साथ पिछले कई सालों के दौरान हुई चर्चाओं ने मुझे अन्तर्दृष्टियाँ हासिल करने में मदद की है।

आई.एल.एस.एस. (इंडियन लीडर्स फॉर सोशल सेक्टर) की अनु प्रसाद, अशोका यूनिवर्सिटी के यंग इंडिया फ़ेलोशिप प्रोग्राम की अनिहा बरार, वी.के. गुप्ता, कुन्दन यादव, प्रकाश बिन्दु और नीलाक्षी तिवारी कई मायनों में मददगार रहे हैं। अवधेश पांडे और नबनिता बरुआ के उत्साही प्रयासों से इस संकलन हेतु आवश्यक अधिकांश सामग्री जुटाना सम्भव हो सका। आप सभी का धन्यवाद।

मैं नेहरू मेमोरियल म्यूज़ियम एंड लाइब्रेरी, जे.एन.यू. लाइब्रेरी और साहित्य अकादमी लाइब्रेरी के सहयोग के लिए अपनी सराहना दर्ज़ कराना चाहता हूँ।

मेरी पत्नी सुमन, पुत्र ऋत्विक और पुत्री ऋतम्भरा और हमारी सहायिका सरस्वती द्वारा प्रदान किए गए निरन्तर भावनात्मक सहयोग और बौद्धिक जुड़ाव के बिना कुछ भी सम्भव नहीं होता।

अन्तिम, लेकिन बेहद महत्त्वपूर्ण, मैं अपने परिवार के आठ अन्य सदस्यों को धन्यवाद देता हूँ—ये हैं हमारी प्यारी, आज़ाद ख़याल बिल्लियाँ और बिल्ले।